“十二五”国家重点
出版物出版规划项目

中 国 志 书 精 品 工 程
High Quality Project of China's Local Records

汶川特大地震抗震救灾志

WENCHUAN TEDA DIZHEN KANGZHEN JIUZAI ZHI

《汶川特大地震抗震救灾志》编纂委员会 编

卷八

社会赈灾志

方志出版社
Publishing House of Local Records

图书在版编目（CIP）数据

汶川特大地震抗震救灾志. 卷八，社会赈灾志 /《汶川特大地震抗震救灾志》编纂委员会编. -- 北京：方志出版社，2015.8

ISBN 978-7-5144-1577-3

Ⅰ. ①汶… Ⅱ. ①汶… Ⅲ. ①抗震—救灾—概况—汶川县②社会团体—抗震—救灾—先进事迹—中国 Ⅳ. ① D632.5

中国版本图书馆 CIP 数据核字（2015）第 049062 号

汶川特大地震抗震救灾志

2008·5·12

汶

WENCHUAN
TEDA DIZHEN
KANGZHEN JIUZAI ZHI

WENCHUAN
TEDA DIZHEN
KANGZHEN JIUZAI ZHI

《汶川特大地震抗震救灾志》编纂委员会

《汶川特大地震抗震救灾志》编纂人员

总　纂

田　嘉　　邱新立

指导专家（按姓氏笔画排序）

王卫明　　王复兴　　齐家璐　　苏炎灶　　李　云　　张东升　　陈泽泓　　武铁良
罗保平　　周　慧　　赵庚奇　　段育达　　姜昆阳　　梅　森　　谭烈飞　　颜小忠
颜越虎

校　核（按姓氏笔画排序）

牛润珍　　毛东武　　仇玉英　　任根珠　　刘仕仲　　刘柏修　　杨大明　　李继隆
李维怡　　张世民　　陈　华　　陈　野　　林顺道　　欧阳发　　卓　林　　郑汝成
郑洪英　　孟庆斌　　陶利辉　　梁建楼　　梁滨久　　曾祥麟　　缴世忠

编　务

段志贤　　刘永强　　程方勇　　和卫国　　王会世　　曾　荣　　谷春侠　　李一龙
汪秀红

《汶川特大地震抗震救灾志》终审人员

朱佳木　　吴恒权　　项兆伦　　穆　虹　　姜　力　　杨士秋　　徐　科　　王国庆
赵和平　　孙原生　　刘永富　　江泽林　　陈祖武　　李孝聪

《汶川特大地震抗震救灾志·社会赈灾志》编纂委员会

主　任

李学举　李立国

副主任

罗平飞　姜　力　傅思和　吴恒权　宋　涛　王　伟　王　军　余效明
马儒沛　周　波　郑立中　常生荣　汤　奋　王海京　范宝俊　张作哈
张晓兰　姚引良

委　员（按姓氏笔画排序）

丁向阳　于再清　于来山　马正其　尹　力　王　炯　卢雍政　只升华
申联彬　白向群　乔　卫　刘　昆　刘　慧　孙永波　许卫国　吴德刚
宋恩华　宋璇涛　张光荣　张岱梨　李小敏　李小鹏　李容根　杨　雄
杨周复　辛维光　阿布力孜·尼牙孜　陈　桦　陈加元　陈达恒　陈秀榕
陈喜庆　金振吉　洛桑江村　胡延照　赵树丛　贾帕尔·阿比布拉　郭兆信
高　雄　曹建方　符跃兰　鲁　昕

《汶川特大地震救灾志·社会赈灾志》编委会办公室

主　任

邹　铭　张卫星

副主任

胡晓春　李　勇　李保俊　冯亚平　柴　梅　李全茂　王杰秀　冯金社
李小新　明立志　冯　铁　卞宝驰　由明春　张瑞民　程铁生　杜志滨

刘文达　张胜林　土旦赤列　石楚敬　张淑爱　王　平　刘国林　张晋川
三躲木滚　唐晓明　张柯兵　史俊通　刘曙阳　李保存

成　员（按姓氏笔画排序）

丁　东　丁先军　于德志　马伊里　王　伟　王大为　王凤刚　王敬威
令　勇　叶如强　田培忠　任高民　伊佩庄　刘　奇　刘亚玫　刘明欣
刘曙阳　孙　林　托乎提·亚克夫　朱国平　江华先　纪圣麟　许富昌
余敏安　吴　跃　吴世民　吴慧泉　吾买尔江·米孜艾合买提　张大松
张传亭　张成桂　更　阳　李小新　李元江　李国材　李建功　杨丽丽
苏远洋　邹占卿　陈　锋　陈吉学　陈如昌　陈百灵　陈建安　陈杰平
单增卓扎　周志敏　周杨基　帕尔哈提·贾拉勒　林依标　苟兴元　范希平
侯玉兰　侯宝森　俞志壮　冠武江　姚国华　施利民　种润之　赵德勤
钟起茂　骆招群　凌　航　徐国柱　晁海军　郭文强　曹汝涛　梅玉宝
盖文山　黄亚林　黄志江　黄瑞平　湛胜田　程中才　蒋兆岗　韩和平
甄燕驰　詹洪方　鄢一忠　蔡玉峰　颜学亮

联络员（按姓氏笔画排序）

丁长利　于世利　马　犁　从飞军　牛晓天　王　华　王　芸　王　敏
王　蕾　王宁生　王永泉　王江岩　王秀正　王国平　刘　文　刘　彬
刘乃山　刘凤兰　刘宝东　刘忠平　吉嘉松　向　炜　孙才洋　孙浩荃
朱　军　朱和平　江　宇　达明恒　吴　弢　张　渊　张大伟　张心国
张世高　张伯友　张国珍　李　剑　李庆宁　李庆华　陈跃斌　陈湘宏
林　舸　林志华　弭　鉴　赵春生　原　辉　夏建民　夏建民　徐巧飞
高永彦　高建华　常　青　曹文龙　黄元龙　曾松亭　程　伟　程　希
董　葵　韩　明　韩江洲　韩奎勇　谭志武　黎　伟

《汶川特大地震救灾志·社会赈灾志》编纂人员

主　编

李学举　李立国

执行主编

罗平飞　姜　力

副主编

傅思和　吴恒权　宋　涛　王　伟　王　军　余效明　马儒沛　周　波
郑立中　常生荣　王海京　范宝俊　张作哈　张晓兰　姚引良

总　纂

邹　铭　张卫星

执行总纂

李全茂

副总纂

庞陈敏　李保俊　柳永法

编纂办公室编写人员

孙浩荃　刘乃山　田颖男　王恩艳　刘元军　韩　颖　李佳策　段育达
李振炎　张太群　翟凌云　欧华兰　徐田丽　周　萍　高闻奇　翟启运
陈洪玲　裴　媛　徐富海　杨俊亮　李先瑞　朱晓丹

承编单位提供资料人员（按姓氏笔画排序）

丁书旺　丁长利　万志强　万质贵　于世利　马　军　马文越　马光明
马国华　马城屹　丑建功　卞宝驰　卞家贵　方旗娃　毛蓉蓉　牛　松
牛江峰　牛晓天　王　伟　王　华　王　晔　王宁生　王永利　王永峰
王立新　王江岩　王昌锋　王雨亭　王奎军　王庭建　王炳南　王钢治
王海涛　王善婷　丛　斌　付　蕊　付永新　付青燕　冯　晶　冯　鹤
冯志国　包瑞玲　卢申涛　卢亚美　卢建军　叶志超　玉梅英　甘显华

申　华	石清理	艾　军	乔　斌	乔忠民	任　强	伊沙克	刘　文
刘　诚	刘　彬	刘　敏	刘　梅	刘　睿	刘中威	刘凤兰	刘四海
刘宝东	刘宝坤	刘建国	刘振明	刘晓卿	刘祥富	向　炜	孙　兴
孙才洋	孙永福	孙浩然	孙黎明	朱　军	朱和平	江　宇	汤小泉
米建喜	许小宁	许长秋	闫　金	闫掌峰	齐世东	何　耘	何士坤
吴　弢	吴永建	宋　涛	张　昕	张　欣	张　渊	张一卫	张大伟
张广林	张心国	张文祥	张世高	张立宏	张志青	张和峰	张明远
张倪玲	张紊娟	张琼凯	李　迅	李　剑	李　艳	李习臻	李世跃
李兰颂	李三林	李伟先	李竹翠	李自明	李佳策	李承峰	李茂荣
李宪红	李晓林	李晓峰	李海琪	李惠东	杜　力	杨　昆	杨　淮
杨志忠	杨国义	杨宝山	杨胜生	杨　谦	杨潜德	汪多刚	沙　莎
肖春燕	苏　莉	连　峰	邱瑞田	邵倩波	陈　驰	陈　杰	陈文忠
陈华军	陈华荣	陈利丹	陈岸然	陈燕云	周　兴	周　宇	周　波
周　源	周广喆	周凤生	周扬基	周剑波	孟建军	易海威	林　彬
罗　盛	罗永林	苗得雨	郑　琢	姚志贤	姜桂胜	柯弼川	柳长森
胡明伟	费志荣	赵永涛	赵辰昕	赵青云	郝　鑋	饶际源	夏建民
夏赶秋	徐　叶	徐　洁	徐　超	徐巧飞	徐建利	柴随周	秦　洁
秦雅文	袁　媛	郭永波	郭春生	陶　鸣	高保华	崔　勇	常志东
常映明	康延涛	敏　昶	曹双平	梁　志	梁　艳	银　洁	阎　赤
黄元龙	黄友柏	黄宏溪	黄瑞平	黄鹏飞	傅　虹	喻尊平	彭　彬
彭伟光	曾令兵	曾发明	湛华国	程世平	童浩男	董敬伟	谢　慧
韩　冬	韩　刚	韩江洲	褚明华	雷王斌	廖如刚	潘　戈	潘晓东
黎　伟	穆建民	薛　雯	戴裕民	魏　昭			

《汶川特大地震救灾志·社会赈灾志》审稿人员

初审人员

邱新立　陈泽泓　齐家璐　赵庚奇　梅　森　周　慧　段育达

复审人员

田　嘉　邱新立　陈泽泓　姜昆阳　刘仕仲　裴正荣　张文祥　曾发明

陈　驰　赵志强　刘　彬　何　生　郝　鑋

凡　例

一、编纂《汶川特大地震抗震救灾志》（以下简称全志），坚持以邓小平理论、“三个代表”重要思想、科学发展观为指导，贯彻落实习近平总书记系列重要讲话精神，坚持辩证唯物主义和历史唯物主义的立场、观点和方法，存真求实，全面、客观、系统地记述汶川特大地震灾害、抗震救灾和灾后恢复重建的全过程，以存史资鉴。

二、全志设 11 卷，《总述》总括汶川特大地震灾害及抗震救灾、灾后恢复重建活动全貌，概述特点；《大事记》记述抗震救灾和灾后恢复重建中有全局性影响的大事、要事；《图志》直观再现汶川特大地震灾害、抗震救灾和灾后恢复重建的真实场景；《地震灾害志》记述地震灾区地质地貌、地震灾害成因等，反映地震破坏、次生地质灾害等对自然生态环境、经济社会发展的严重破坏和灾难性影响，以及人民生命财产的巨大损失；《抢险救灾志》记述在中共中央、国务院、中央军委的领导下，全党全军全国各族人民全力抢救人民生命财产、抢修基础设施和防治次生灾害等的全过程；《灾区生活志》记述党和政府全力实施生活救助、恢复生产、保障受灾群众生活等工作；《灾区医疗防疫志》记述各方支援，全力开展医疗救治、卫生防疫、卫生监督及恢复灾区医疗卫生服务等工作；《社会赈灾志》记述全国各地、社会各界、港澳台同胞、海外侨胞以及国际社会的捐助活动；《灾后重建志》记述灾区人民自力更生恢复生产、重建家园，以及各地对口支援和社会援建等工作；《英雄模范志》重点记述抗震救灾英雄集体和模范人物事迹；《附录》收录与抗震救灾和灾后恢复重建有关的法律法规、重要文献、部分媒体评论及文艺作品。

三、全志综合运用述、记、志、传、图、表、录等体裁，以志体为主。对影响面大、事关全局的典型、特色内容，采用专记记述；与各卷记述内容密切相关的重要文献、档案资料等，采用文献辑存方式收录于各卷正文之后。

《英雄模范志》以传记形式记述在抗震救灾中牺牲的烈士、因公殉职并受到省部级表彰的人物；以简介形式记述 2008 年 10 月 8 日中共中央、国务院、中央军委联合表彰的全国抗震救灾英雄集体和模范，国务院、中央军委记功的集体和个人，以及中央军委表彰或记功的集体和个人。

四、各卷记述时限，《总述》《大事记》《图志》《灾后重建志》和《附录》为 2008 年 5 月 12 日至 2011 年 10 月；《地震灾害志》《抢险救灾志》《灾区生活志》《灾区医疗防疫志》《社会赈灾志》和《英雄模范志》为 2008 年 5 月 12 日至 10 月 14 日。为保持记述内容的相对完整，在必要的背景内容、捐赠款物统计、与抗震救灾工作密切相关的原始文件、重大事件后续发展等方面，记述时限适当上溯、下延。

《灾后重建志》中恢复重建工作“三年”和“两年”的时间概念，从国务院制定的《汶川地震灾后恢复重建总体规划》印发之日算起。其中，“三年”指从2008年10月1日起，至2011年9月30日止；“两年”指从2008年10月1日起，至2010年9月30日止。

五、全志记述范围，涉及地震灾害的，以2008年7月22日民政部、发展改革委、财政部、国土资源部、地震局联合发布的《汶川地震灾害范围评估结果》所界定的灾区范围为准，重点记述极重灾区10个县（市）、重灾区41个县（市、区）的地震灾害及抗震救灾；涉及救灾、赈灾的，以有关主管部门公告为准；涉及灾后恢复重建的，重点为《汶川地震灾后恢复重建总体规划》所确定的规划范围，即上述位于极重灾区和重灾区的51个县（市、区），一般用“重灾地区”代指。支援抗震救灾与灾后恢复重建对口支援，以事件（事项）涉及地区为准，包括非灾区及相关国家和地区。

六、全志横分门类，纵述史实。除《总述》《大事记》《图志》《英雄模范志》《附录》外，其余各卷按篇、章、节编次，节下设目。卷首设概述，篇下设无题述，章、节下视需要设无题述。

七、全志记述顺序，灾区一般按《汶川地震灾害范围评估结果》界定的极重灾区、重灾区和一般灾区的顺序排列，非灾区按民政部《中华人民共和国行政区划手册·2009》（中国社会出版社，2009年3月版）所列行政区划顺序排列；记述国家、地区，按其英文名称首字母顺序排列。

《大事记》依时叙事，有具体时、分的事条居前，无具体时、分的排后；时间相同的，按中央国家机关、解放军和武警部队、社会团体、灾区和非灾区省（区、市），以及国家、地区和国际组织顺序排列；为体现事物的完整性，个别时间跨度较大的，或将其结果记于开始之日，或将其起始情况记于结束之时。

《英雄模范志》记述英烈人物，按教育、公安、其他行业、解放军、武警部队顺序排序，各系统内按烈士被批准的时间先后为序，时间相同者以相关文件中的排名顺序为序；其他因公殉职人物排列于烈士之后，以表彰时间为序。记述英雄集体和模范，以中共中央、国务院、中央军委表彰文件所列名单为序。由国务院、中央军委记功的集体和个人，分别排列于公安系统抗震救灾英雄集体和模范之后；由中央军委表彰或记功的集体和个人，分别排列于解放军抗震救灾英雄集体和模范之后。

《附录》按类收录文献，同类文献按公布、刊发时间顺序排列。碑文据其所在地区，按极重灾区、重灾区、一般灾区顺序排列。

八、全志记述内容涉及国家法律法规的，以其时现行者为准。

九、全志行文规范，按照全志编委会制定的《〈汶川特大地震抗震救灾志〉行文规范》执行，个别条款有所调整。

县级以上行政区划名称及其隶属关系，以民政部《中华人民共和国行政区划手册·2009》

（中国社会出版社，2009 年 3 月版）为准。乡镇名称及其隶属关系，以民政部《中华人民共和国乡镇行政区划简册·2010》（中国统计出版社，2010 年 9 月版）为准。国家、地区名称的规范简称，以《世界地图》（中国地图出版社，2009 年版）为准。

出现频率较高的党政机关、企事业单位、行政区划等名称，大体按照全志编委会办公室制定的《〈汶川特大地震抗震救灾志〉专有名称全称、简称使用规范》（见《索引》）使用简称；出现频率不高的部门、单位名称等，或用全称，或用约定俗成的简称。《英雄模范志》中英雄集体的名称使用表彰文件中的名称。

在上下文不产生歧义的前提下，记述汶川特大地震发生当年的事情，除《总述》“恢复重建”部分及《灾后重建志》外，其余各卷均直书月、日，不标注“2008 年”；其他年份，标明年、月、日。同一段落中连续记述同月发生的多条事项，首次出现时标注月份，后直书日期。记述灾后恢复重建工作，同一目下记述同一年度内容的，首次出现年份时注明年份，后承前省略；记述跨年度内容的，逐年注明年份。

出现频率、知名度较高的人物，首次出现时交代职务（职称），其后一般直书其名。《英雄模范志》中人物职务以表彰文件中所列职务为准。

《英雄模范志》人物传、简介所记人物，凡未注明性别、民族及学历者，分别为“男”“汉族”及“高中（含）以下”。

《附录》收入的原始文献，只校正其中的错字、漏字、衍字以及明显有误的标点符号，标题、目题版式根据全志统一要求予以调整。

记述货币，除特别注明的币种外，均为人民币。其他币种与人民币的汇率，均以当时市场汇率为准，一般不作换算。物资价值按照当年市场价格折算。

计量单位一般保持原貌，不特作统一处理，以避免换算后出现误差和约数；对“亿”“万”数据的表述，也不强求一致。

十、全志资料，主要由中央国家机关、各民主党派和人民团体、各省（区、市）、解放军、武警部队提供，个别摘引自媒体报道、官方网站、公开出版物等，一般不注明资料出处，情况特殊者随文交代。《附录》收录公布或刊发的文献，一般注明出处。

全志记述的主要灾情数据，以 2008 年 7 月 22 日民政部、发展改革委、财政部、国土资源部、地震局联合发布的《汶川地震灾害范围评估结果》为准；其他数据，以中央国家机关、各民主党派和人民团体、各省（区、市）、解放军、武警部队等提供者为准。其中，《地震灾害志》所用数据，反映灾区总体情况和川甘陕三省灾区的数据，采用《汶川地震灾害范围评估结果》中的评估数，以及民政部、发展改革委、财政部、地震局发布的《汶川地震灾害损失校核结果的报告》中的校核数；所记经济损失主要为直接经济损失，记述间接经济损失的随文说明。其他各卷数据，反映同一事物的数据，凡有校核数的用校核数，无校核数的用评估数；地方数据用各级地方政府提供的数据，专业数据用行业主管部门、专业部门提供的数据，另有少量调查数据。因统计时间、统计口径不同等因素，统计范围与统计分组可能与评估报告不完全一致，致使个别统计结果会有出入；数据亦可能因四舍五入计数保留法而出现分项之和与总数不完全一致的情况。

《灾后重建志》中涉及总体规划和专项规划实施情况的数据，由国务院汶川地震灾后恢复重建工作协调小组办公室提供，灾损数据以规划公布数据为准；其他行业（专项）情况和数据，由中央和国家机关有关部委提供；项目重建、软件支援情况和数据，由各灾区、对口支援省市和有关社会组织提供。由于灾后恢复重建项目资金来源多样，对口援建和社会支持部分项目资金只是对口支援单位的投资部分；部分项目投资规模大于援建资金规模的，包含了中央重建基金、灾区地方自筹资金，或两者兼有；两者个别数据不一致而又不便取舍时，分别交代其资料来源。

《社会赈灾志》中的统计数据，以政府职能部门统计者为准；凡未说明截止日期的，截止日期为2008年10月14日。

目　录

第三篇 中央部门单位和军队赈灾活动 / 81

第四篇 民主党派、人民团体及宗教界赈灾活动 / 143

第八篇 国际社会慰问援助 / 651

概　述

社会，是指以一定的物质生产活动为基础而相互联系的人类生活共同体。赈灾，是指用货币、衣被、粮食等资金和物资救济受灾群众。社会赈灾，就是在政府的主导下，各地区、各部门、各行业、各阶层、各族人民都行动起来，采取一切可以采取的办法，支援灾区人民抗灾救灾。

2008 年 5 月 12 日 14 时 28 分，四川省汶川县发生 8.0 级地震。顷刻间，山崩地裂，房倒屋塌，河流中断，交通瘫痪。严重的地震灾害波及四川、甘肃、陕西、重庆、云南等 10 个省（区、市）的 417 个县（市、区）。在 50 万平方公里的范围内，69227 人遇难，17923 人失踪，30 多万伤病者急待治疗，1510.6 万群众急需转移安置，4625.6 万多受灾群众急需提供衣、食、住、医等方面的生活救助。

面对重重困难，中共中央和中国政府果断决策，紧急部署，组织全党全军全国各族人民，迅速展开了一场波澜壮阔、规模空前的社会赈灾活动，支援抗震救灾斗争。港澳台同胞、海外侨胞以及国际社会，纷纷通过多种形式和途径，给灾区以人力、物力、财力等方面的大力支援，为保障受灾群众生活，搞好灾后恢复重建做出了重要贡献。

一

中共中央高度重视汶川特大地震的社会赈灾工作。

5 月 12 日晚，中共中央总书记、国家主席、中央军委主席胡锦涛主持召开中共中央政治局常委会议，研究和全面部署抗震救灾工作。会议号召，全国各地区各部门要大力发扬“一方有难、八方支援”的精神，万众一心，众志成城，迎难而上，百折不挠，共同夺取抗震救灾斗争的胜利。会议决定成立由中共中央政治局常委、国务院总理温家宝任总指挥的国务院抗震救灾总指挥部，指挥抗震救灾工作。

5 月 14 日，中共中央政治局常委会再次召开会议，进一步研究和部署抗震救灾工作。会议指出，要继续筹措和调运灾区急需的食品、饮用水、衣被、帐篷等物资，切实解决好受灾群众的吃饭、饮水、穿衣、住宿等问题。会议要求，全党和全国人民要更加紧密地团结起来，一切为了灾区，全力支援灾区，以实际行动为抗震救灾贡献力量。

5 月 22 日上午，中共中央政治局常委会又一次召开会议，研究部署继续全力做好抗震救灾工作。会议强调，各地区各部门要按照中央的决策部署，一手抓抗震救灾工作，一手抓经济社会发展，全力以赴支援灾区。

胡锦涛冒着余震不断发生的危险，先后深入四川、甘肃、陕西等重灾地区，深情慰问受灾群众，亲切看望战斗在抗震救灾第一线的人民解放军、武警部队官兵、公安干警、广大志愿者。他鼓励灾区干部群众："有党和政府的关怀，有全国人民的支援，有解放军、武警部队的支持，就一定能克服困难，渡过难关。"

中共中央政治局常委、全国人大常委会委员长吴邦国，中共中央政治局常委、国务院总理温家宝，中共中央政治局常委、全国政协主席贾庆林，中共中央政治局常委李长春，中共中央政治局常委、中共中央书记处书记、国家副主席习近平，中共中央政治局常委、国务院副总理李克强，中共中央政治局常委、中央纪律检查委员会书记贺国强等党和国家领导人，也分别深入灾区，慰问受灾群众，指导救灾工作，号召全国各地、各部门、各行业，积极参加和大力支持抗震救灾斗争，共同夺取抗震救灾斗争的胜利。

《人民日报》、新华社、《光明日报》《经济日报》、中央人民广播电台、中央电视台等中央新闻媒体和各地新闻媒体，及时宣传报道中共中央政治局常委会议关于抗震救灾的决策部署，及时宣传报道中共中央领导同志关于抗震救灾的重要讲话，及时宣传报道灾区人民自救互救、四面八方大力支援的动人事迹，及时报道灾情和灾区需求，为社会赈灾工作的大力开展创造良好的舆论环境。

二

国务院抗震救灾总指挥部把社会赈灾工作作为抗震救灾的重要内容。

5 月 15 日晚，温家宝在国务院抗震救灾总指挥部会议上强调指出，抗震救灾工作是关系全国、关系全局的大事，必须举全国之力，才能把这项工作做好。

5 月 16 日上午，温家宝在接受记者集体采访时说，必须举全国之力，以救人为核心，克服重重困难，把抗震救灾工作进行到底。

5 月 21 日上午，温家宝主持召开国务院第九次常务会议，研究部署抗震救灾和经济工作。会议指出，全国人民万众一心，众志成城，一方有难，八方支援，表现出不屈不挠、团结奋斗的民族精神，凝聚了海内外华人的情感和力量。目前，抗震救灾还面临许多困难和问题，要继续把抗震救灾作为当前最重要最紧迫的任务。要做好灾区群众安置工作，确保灾区群众有饭吃、有衣穿、有干净水喝、有安全住处。要举全国之力多渠道筹集灾后重建资金。

与此同时，国务院连续出台有关政策法规，鼓励各地各部门各单位支持地震灾区的抗震救灾斗争。

5 月 31 日，国务院办公厅发出《关于加强汶川地震抗震救灾捐赠款物管理使用的通知》。通知指出，汶川地震发生后，全国各族人民、港澳同胞、台湾同胞、海外华侨华人以及外国政府、国际组织和国际友人慷慨捐助，为抗震救灾提供了大量的资金和物资。地方各级人民政府、各有关部门和单位要充分认识做好救灾捐赠工作的重要性，加强组织领导，规范救灾捐赠活动，管好用好救灾捐赠款物，切实保护好捐赠人、受赠人和灾区受益人的合法权益。要遵照自愿捐赠、不得摊派，尊重意愿、专款专用，统一规划、突出重点，公开透明、加强监督的原则，确保救灾捐赠款物的安全。

6 月 8 日，温家宝签署国务院令，颁布实施《汶川地震灾后恢复重建条例》，明确指出，国家鼓励公民、法人和其他组织为地震灾后恢复重建捐赠款物。

6 月 29 日，国务院下发《关于支持汶川地震灾后恢复重建政策措施的意见》，要求充分发挥社会主义制度集中力量办大事的政治优势，贯彻“一方有难、八方支援，自力更生、艰苦奋斗”的方针，把国家支持、社会支援和生产自救结合起来，举全国之力支持地震灾后恢复重建。

7 月 3 日，国务院下发《关于做好汶川地震灾后恢复重建工作的指导意见》，进一步要求大力弘扬“一方有难、八方支援”的优良传统，充分发挥社会主义制度的优势，把政府主导和充分调动社会资源结合起来，组织实施好对口支援，广泛动员社会各界力量，采取多种形式，加快灾区恢复重建。

国务院抗震救灾总指挥部的正确指挥，国务院及时出台的政策法规，保障了社会赈灾工作规范、有序、高效地进行。

三

国务院抗震救灾总指挥部下设 9 个工作组，其中群众生活组由民政部、外交部、发展改革委、财政部、住房城乡建设部、农业部、商务部、中国红十字会总会等单位组成，民政部为牵头组织单位。群众生活组办公室设在民政部。各成员单位按照总指挥部的要求和群众生活组的分工以及本部门的职责，积极主动地开展社会赈灾的组织工作。

5 月 13 日上午，群众生活组在民政部召开第一次会议，协调解决救灾物资供应的有关问题，研究部署国内捐赠、国际援助、处理涉外事务等事宜。会议决定，启动部门救灾联动机制，协调铁路、交通、民航等部门，解决灾区救灾物资紧急调运等问题。会议要求，要发挥基金会、慈善会、公益性民间组织和城乡基层群众自治组织在组织和接收捐赠中的作用；要在重灾区广泛设立民政救助站点，发放应急救灾物资；要与宣传、文化、体育等部门协调，组织开展赈灾义演、义卖、义赛等捐赠活动；要协调做好救灾捐赠的相关保障工作。同日，民政部向各地下发《关于组织开展向地震灾区捐赠工作的通知》，向全社会公布了民政部和受灾省份接受社会捐赠的专用账号和救灾捐赠热线电话，并指导中国红十字会总会和中华慈善总会开展赈灾活动，接收国内外捐赠款物。

5 月 14 日上午，群众生活组召集民政部救灾救济司、外交部办公厅、海关总署办公厅、质检总局通关司，召开接收国际社会向地震灾区援助物资工作协调会，协商建立接收国外救灾援助物资的快速通道和协作工作机制。群众生活组办公室当日发函，商请海关总署、质检总局向所属机构下发通知，明确在办理境外捐赠物资时，凭民政部救灾司、全国妇联办公厅、中国红十字会总会、中华慈善总会或省（区、市）民政厅（局）的证明，先放行，后补办有关手续，加快救灾物资的运输。

5月17日，民政部下发紧急通知，要求各地民政部门精心组织救灾捐赠工作，积极动员社会各界广泛参与救灾捐赠，为抗震救灾提供重要支持。

5月22日，民政部下发紧急通知，确定由北京等21个省份分别对口支持四川省的一个重灾县。北京市、天津市除对口支援四川省有关重灾县外，还分别对口支援甘肃省的陇南市、甘南藏族自治州。未承担对口支援任务的省份接收的捐赠款物，重点用于支持陕西灾区的受灾群众生活安排和恢复重建，并具体提出对口支援的主要任务和工作要求。

6月24日至7月2日，根据国务院有关文件精神和社会各界捐赠热情越来越高、捐赠规模越来越大的实际情况，民政部又批准了16家全国性公募基金会可以接受社会捐赠款物，准予这些基金会可以根据灾区需求向灾区分配社会捐赠款物。

外交部及时发出国际援助呼吁，积极做好国际社会援助的接收工作。5月14日，外交部向国际社会发出第一批需求外援的物资清单，开始接收外国政府和国际组织对中国的援助。中国有关驻外使领馆紧急设立快速通道，在办理签证、物资交接、专机入境等方面为援助方提供最大方便，保障及时将国际捐赠物资送抵地震灾区。

5月19日，财政部发出通知强调，要认真落实1998年颁布实施的《关于救灾捐赠物资免征进口税收的暂行办法》，对外国政府、国际组织、外国民间团体、企业、友好人士和华侨以及香港、澳门和台湾同胞无偿向境内受灾地区捐赠的救灾物资，免征进口关税和进口环节增值税、消费税，确保灾后紧急救援。当晚，财政部、税务总局联合下发通知，要求采取有效措施，认真贯彻落实好现行税收法律、法规中可以适用于抗震救灾及灾后重建的有关税收优惠政策。8月4日，财政部下发《关于进口抗震救灾物资免税通关问题的通知》，鼓励和引导国内外社会各界踊跃捐赠物资，支持和帮助地震受灾地区开展生产自救，重建家园。

5月13日，中国红十字会总会通过国内媒体向社会发出紧急呼吁，并向全国各省级红十字会发出通知，在全国范围内广泛开展募捐活动，同时开通捐款热线，设立捐赠站点，通过银行、邮局、网络、手机短信等各种平台接收社会捐款。15日，中国红十字会总会通过红十字会与红新月会国际联合会，正式向国际社会发出紧急呼吁，请求国际社会支援中国的抗震救灾斗争。

群众生活组成员单位发展改革委、住房城乡建设部、农业部、商务部也制订措施，出台政策，保障社会赈灾工作的顺利开展。

国务院有关部门在国务院抗震救灾总指挥部的统一指挥及群众生活组的指导协调下，为保障社会赈灾工作发挥了积极重要的作用。交通运输部先后3次发出通知，要求在抗震救灾期间，对各地有关方面组织的向灾区运送抢险救灾物资的运输车辆，一律免缴车辆通行费，确保其优先快速通行。铁道部成立了救灾运输调度指挥台，迅速调发大量“抢”字头和“救”字头列车，对抗震救灾捐赠物资采取立即挂运、加速放行等非常措施，确保灾区群众急需物资快速到达。海关总署发出紧急通知，要求各海关设立专门的抗震救灾物资报关窗口，实行24小时通关服务，为进境的救灾捐赠物资、载运救灾物资的运输工具以及进出境的救灾人员、医疗队及专家提供通关便利，快速验放。民航局紧急协调各大航空公司，优先运输救灾物资，为抗震救灾人员、救灾物资提供快速安检通行，并免收运送救灾人员和物资的地面服务费、进近指挥费和航路费等费用。质检总局要求各口岸检验检疫机构坚持24小时不断岗，特事特办，随到随检，快速检测，快速放行，免收进境捐赠物资的检验检疫费用，保证境外援助物资和救援人员早到灾区。食品药品监管局要求各级食品药品监管部门要做好捐赠药品和医疗器械的监管工作，针对灾区需求及时调整急需药品、医疗器械目录，保证灾区需要的捐赠药品和医疗器械质量。

中央有关部门的大力协调和建立的快速通道，使全国各地以及国际社会的大批救灾物资很快通过公路、铁路、水路、航空，源源不断地运往灾区。

四

一场特大地震，把全国人民的心更加紧密地连在一起。不论是中央领导还是普通群众，不论是富裕的地区还是相对贫困的地区，不论是繁华的城市还是偏僻的乡村，不论是军营还是学校，社会各界、各行各业、亿万军民纷纷向灾区捐钱捐物献血。

5月14日，胡锦涛、江泽民、吴邦国、温家宝、贾庆林、李长春、习近平、李克强、贺国强等带头向灾区捐赠款物。中共中央、全国人大、国务院、全国政协以及全国各地各级党委、人大、政府、政协等机关和直属单位的广大干部职工，慷慨为灾区捐款捐物。在每一个部、委、办、厅、局，在每一个党校、干部培训学校、科研院所、文化体育部门，在每一个报社、杂志社、出版社、电台、电视台，都出现了热火朝天的捐赠场面。

广大共产党员充分发挥了在救灾捐赠中的模范作用。5月13日14时，党员、浙江省绍兴县村民祁友富，交纳10万元“特殊党费”支援灾区。北京、安徽等地的一些基层党组织和党员也向上级组织建议，希望通过交纳“特殊党费”的形式向灾区捐款。中组部很快采纳建议，18日印发了《关于做好部分党员交纳“特殊党费”用于支援抗震救灾工作的通知》。全国各地党员积极响应，不论党龄长短、职务高低、收入多少、家庭贫富，都踊跃交纳“特殊党费”。江西省泰和县95岁的老党员、原红军西路军妇女独立团团长王泉媛，坐着轮椅到捐赠点，交纳了2000元“特殊党费”。宁夏回族自治区87岁的老党员李占荣临终前委托亲属向党组织交纳了1000元“特殊党费”。沈阳发动机设计研究所党员李建华交纳两笔“特殊党费”，其中1000元是他自己的，500元是为他刚刚去世的父亲代交的，这是他父亲的遗愿。党员、新疆维吾尔自治区买买提明·日吉甫家里生活困难，他变卖了仅有的几件首饰，加上所有积蓄，向党组织交纳了1.5万元“特殊党费”。截至11月5日，全国共有4550多万党员，交纳“特殊党费”97.3亿元。

解放军和武警部队争先恐后向灾区捐款捐物。在军营的每个捐赠点前，都排起长长的队伍，每位官兵都伸出援助之手。中央军委、各总部、各军区领导率先捐款。生病住院、探亲休假、在外出差的官兵，打电话委托亲人或同事代为捐赠。部分已经确定转业、正在地方安排工作的干部赶回部队捐赠。一些刚刚入伍的新战士捐出当月津贴。总参谋部、北京军区、成都军区等单位在国外执行维和任务的党员，通过越洋电话委托他人交纳"特殊党费"。家在灾区、家庭受灾的官兵，还主动捐出组织发放的救济金。军队文艺工作者争先参加赈灾义演，踊跃捐赠。总政治部话剧团演员刘劲，在出国考察归来的当天就交纳"特殊党费"10.3万元。奋战在抗震救灾第一线的4万多名官兵，在救援现场捐款300多万元。正在南沙执行守礁任务的海军南沙巡防区主任刘堂，把积攒了3个月的守礁工资29991元全部捐出。

汶川地震发生后，各民主党派、各人民团体及社会组织迅速行动，通过各种形式为灾区送温暖、献爱心。民革、民盟、民建、民进、农工党、致公党、九三学社、台湾民主自治同盟等民主党派和全国工商联，纷纷举行义演、义卖、公益笔会、文艺晚会等活动，筹集善款。全国总工会、共青团、全国妇联、中国侨联、中国残联等人民团体，积极动员组织本部门、本系统干部职工，采取多种形式抗震救灾。中国佛教协会、中国道教协会、中国伊斯兰教协会、中国天主教爱国会、中国基督教协会等宗教团体分别以不同形式向地震灾区捐款捐物，表达对灾区人民的深情厚谊。上海宗教界捐赠资金和物资折价2664万元。河南嵩山少林寺捐赠资金50万元，还捐赠了价值40多万元的素饼1500箱，并组成由11名僧人参加的救援队，携带药品、担架、救护车赶赴灾区抢险救灾。中国道教协会在四川大邑鹤鸣山道观举行大型赈灾法会，募集资金物资计1400多万元。河北省沧州市172座清真寺普遍举行了捐赠活动，至5月底，全市共募集资金378.11万元。天主教河北进德公益事业服务中心、德国明爱慈善机构向灾区捐赠大米207.3吨、食用油23吨。5月23日，大连市佛教协会在莲花山寺举办"祈福和平、祈福奥运、消灾免难华严法会"，十方信众在大殿内共诵《大方广佛华严经》15天。

全国亿万人民群众纷纷捐善款、献爱心。从东海之滨到天山南北，从白山黑水到天涯海角，每个城市乡镇，都有许多无私奉献的义举，都有许多可歌可泣的故事。各行各业的先进工作者捐出组织奖励的奖品、奖金，奥运会、亚运会、全国性体育大赛冠军捐出了来之不易的金牌、奖金、纪念品，一些家庭捐出为亲人过生日、办寿辰、结婚典礼收受的贺喜礼金。有两套住房的上海市退休教师沈翠英参加"上海百家拍卖企业赈灾慈善拍卖会"，将一套住房拍卖了450万元全部捐赠给灾区。南京市新娘邱媛媛在新郎紧急奔赴灾区执行任务的情况下，如期在金陵饭店举行了"一个人的婚礼"。她带头捐赠礼金2万元，把结婚典礼的现场变成了救灾捐赠活动的现场，金陵饭店、婚庆公司、部分来宾也纷纷捐款。天津市社会科学院发展战略研究所所长杨立新的父亲去世，他决定丧礼从简，并把父亲生前的存款和原计划为父亲办丧事的钱及亲友们吊唁时送的现金全部捐出。

一些生活困难的群众也都千方百计捐赠款物。贵州省江口县村民胡政兴为给身患白血病的儿子治病已花光积蓄，他把家里仅有的15个鸡蛋卖了7元5角钱捐给灾区。四川省古蔺县土城乡村民王崇江无钱捐赠，就把家里的两只山羊送给乡政府，托乡政府把羊卖掉捐款支援灾区。安徽省阜阳市中学生岳静文家庭生活困难，她恋恋不舍地剪掉精心保养了多年的齐腰长的一双大辫子，卖了100元捐赠给灾区。

许多重症患者在弥留之际仍然想着灾区。5月16日，身患红斑狼疮的贵州毕节地区公安局警察马晓勤病危，她谢绝丈夫、儿子和医生们对她继续抢救的要求，提出把治疗款捐给灾区，以延续更多人的生命。在丈夫将给她治病的6000元钱捐给灾区后，马晓勤安详地离开了人间。许多流浪乞讨拾荒者，把积攒起来的钱慷慨捐出。重庆靠乞讨拾荒为生的王明胜，从随身携带的袋子里掏出零钱约180元投进募捐箱。

在全国各地的捐赠者中，有许多是行动不便的老弱病残孕人士。他们有的拄着拐杖，有的坐着轮椅，有的背着氧气袋，有的在亲人的搀扶下赶到捐赠处捐款。辽宁省葫芦岛市连山区村民张宝成是位结肠癌晚期病人，他不顾身上挂着3个治疗袋，步履蹒跚地赶到村委会，捐款100元。甘肃省甘谷县73岁的退休干部张怀西，拖着病体走了7.5公里到原工作单位捐款1000元，回家后与老伴商量决定次日再捐款1000元，但他因一天劳累过度，不幸于当晚去世。第二天，老伴为实现他的遗愿，未及料理其丧事，先托人到县民政局又捐了1000元。在天津市南开区，一位行动不便的孕妇在家人的陪伴下赶到市红十字会，替她即将出世的孩子捐款1000元。无锡市东河家园徐长卿老人年迈体弱，行走不便，他打电话让接收捐赠的工作人员赶到家里，躺在床上捐赠了他过106岁生日时亲朋好友送给他的1万元钱。

在数以亿计的捐款捐物者中，有许许多多人不愿留下自己的姓名。他们把捐赠的资金投进募捐箱，或交给募捐人员后，没有登记，不要收据，转身就走。接受捐赠的工作人员请他们留下姓名，他们也只是留下化名。浙江一位人士捐赠135.15万元、北京一对中年夫妇捐赠100万元、上海一位爱心人士捐赠100万元，都没有留下自己的单位和姓名。太原市一位女士委托他人到山西省慈善总会捐款60万元，在签名处写下了“平安女士”4个字。乌鲁木齐一位市民到募捐点捐赠97198元，当工作人员请他写下姓名时，他认认真真地写下了“爱心”二字。贵阳市一位男士掏出5万元投进募捐箱后转身离去，工作人员追上去问他的姓名，他说：“你就写‘唐山’吧”。广西壮族自治区来宾市一位女士把一个装满现金的信封塞进募捐箱就转身离去。信封上写着：“每个人的爱心都是微小的一滴水，当无数滴水积在一起时，一定会变成爱的海洋。”署名“一滴水”。在5月13日8时至9时一个小时中，重庆市涪陵区红十字会接收到一位不愿留下姓名的企业退休女职工捐赠的1000元；一位不留姓名的母亲代女儿捐款1000元；东风路小学一位不留姓名的学生捐款100元；南川区一位不愿透露姓名的女士捐款1万元；一位化名“众生”的男士先后3次共捐款9000元。像这样捐款不留姓名的事，全国各地到处都有，数不胜数。

在为灾区捐款捐物的同时，各地干部群众急灾区伤病员之所急，踊跃无偿献血。5月13日，清华大学紫荆学生公寓学生服务楼前，献血的青年学生排成了长队。至21日，广东省无偿献血的群众达2.3万人，在各个血站容量达到饱和的情况下，全省仍有1663个单位、35万个人预约献血。14日，贵阳市风雨交加，可在市人民广场，数千人顶风冒雨，排队献血。低保户庄风菊在献血时说：“捐钱捐物，我没有这个能力，我献出一点血出来，也许还能多救一条生命。”毕节市何官屯镇卫生院医生蒲先举已经有了7次献血的经历，震后他又赶到献血点献血。采血人员劝他献200毫升，他说：“这次是特殊情况，抽400毫升吧！”四川省马尔康县昌列寺的50多位僧众，自发赶到采血点，为灾区伤病员献血。

9月下旬，川西、甘南、陕南地区的天气已经变凉。为了让受灾群众温暖过冬，9月27日，中宣部、民政部、铁道部、交通运输部、解放军总政治部联合下发通知，组织开展全国为汶川地震灾区困难群众捐赠过冬衣被活动。截至11月27日，全国共募集各类衣被1900多万件（床）。这些御寒物资被迅速运往灾区，发给受灾群众。

五

汶川特大地震消息传出后，各中央企业及各地国有企业紧急行动，向灾区提供了大量的物资和资金援助。

5月12日晚，中航集团北京航空食品有限公司立即行动，一小时内就采购了方便面、饼干、矿泉水、八宝粥等7吨救灾物资，于当日19时送上飞往灾区的专机。成都邮电通信设备厂接到地震灾区为恢复通信急需光通信设备的通知，立即组织人员连夜加班生产，于次日清早将价值6万多元的数台光通信设备发出。

5月13日，中粮集团调配7辆印有“中粮地产赈灾爱心大行动”标语的大型货车，满载价值60万元的救灾物资运抵彭州灾区。中核集团四川核工业地质局调运一台120千瓦的发电机紧急运抵苍溪天然气抢险现场供电。一汽集团向成都市慈善会捐赠1000万元，还捐赠10辆四驱普拉多越野车。东风汽车公司捐赠116辆宿营车、自卸车、翻斗车，直接运往灾区。

在短短几天的时间内，各种救灾物资从各中央企业拨往灾区。国家电网向灾区捐赠价值1.3亿元的电力设备等物资，还向灾区捐赠价值7.95亿元的抢修物资。中国电信从19个省公司向灾区调运价值3.26亿元的食品、粮食、药品、生活用品，调运救灾抢修设备6639台（套）。航天科工集团向灾区捐赠呼吸机26台、野外急救车2辆、折叠方舱1台、紧急抢险车4辆、卫生防疫车2辆、救护车2辆。淄博赛福橡塑有限责任公司紧急调集14架直升机飞赴灾区抗震救灾。南方电网向灾区捐赠容量3110千瓦的柴油、汽油发电机311台、帐篷4995顶、应急灯590套等救灾物资。鞍钢集团打破常规生产方式，积极投入生产，很快生产出彩涂板1000吨捐赠灾区。宝钢集团紧急捐赠价值5000万元的彩板房，在灾区建成6个临时安置居住点，总面积48357平方米。

与此同时，各家企业积极参与有关部门和单位组织的募捐活动。截至6月底，150家中央企业捐赠资金和物资折价共59亿元。其中，国家电网、中国移动、中国电信、中国石油、南方电网、中交集团、宝钢集团等大型国有公司，捐赠资金和物资折价都在亿元以上。

众多非公有制企业也主动捐赠，贡献突出。截至6月5日，全国工商联8000多家民营企业，共捐款51.5亿元，捐赠物资折价10.9亿元。其中，捐赠1亿元以上的会员企业5家，捐赠1000万元至1亿元（不含）的会员企业92家，捐赠500万元至1000万元的会员企业有120家。泛海集团及泛海集团董事长卢志强捐赠20378万元，用于支持灾区重建和表彰抗震救灾英模人物。日照钢铁控股集团有限公司开展“千人献血、万人捐款”活动，向四川地震灾区捐款1亿多元。唐山地震孤儿、天津荣程联合钢铁集团有限公司董事长张祥青与其妻子张荣华，一再追加捐赠资金，捐赠总额达到1亿元。

六

在全国人民为灾区踊跃捐赠款物的同时，一支支志愿者大军不顾千难万险，千里迢迢赶赴灾区，直接参加抗震救灾斗争。他们有的抢险救人，有的搬运物资，有的打通道路，有的从事现场保障和服务工作，成为抗震救灾的生力军。

5月12日，安徽省怀远县农民刘兆水、刘兆本、刘兆刚、刘兆安四兄弟，组成“兄弟抗震救灾小分队”，带着两台价值400多万元的特种挖掘机，赴北川抢修道路，协助打通多条生命通道。

甘肃省庆城县农民徐进仓等5位村民，于5月13日赶赴灾区抢险救人。为了不给灾区添麻烦，他们自己花钱买吃买喝。随身带的钱快要花光时，徐进仓又返回老家，卖掉自己家里的12只羊，并向亲友们借了1000多元，返回灾区继续抢险救灾，一干就是3个多月。

山西省阳泉市志愿者张明以前曾学过修鞋，他自费购买了修鞋机、修鞋材料，义务给部队官兵和志愿者修鞋、修包、修伞，每天都工作十几个小时，修鞋修包数以千计。

曾在强烈地震之后得到全国人民关心支持的唐山市人民群众，先后自发组织了50多支服务队赶赴灾区抗震救灾。唐山大地震幸存者、唐山市集川药业公司董事长蒋跃勇，与总经理刘亚辉一起，组织一支由退伍军人组成的救援队，赶赴灾区抢险救灾。这支队伍往返6次，共向灾区运送1000多万元的救灾物资。

重庆市先后派出3批278人的餐饮服务队，在灾区设立餐饮服务点42个，紧张服务一个月，累计为灾区群众、解放军和武警官兵、广大志愿者免费提供饭菜83万份。

有的志愿者在后方尽心尽力。南宁仁心中医学校医疗服务队，不但用中药材熬制药水给灾区来的伤病员喝，而且还组织中医推拿和针灸技术服务队，到病房为伤病员服务，减轻他们的病情和伤痛。贵阳市586辆出租车都备有“亲情联系卡”，上面印有出租车司机的姓名和联系电话，发给至贵州治疗的灾区伤病员，保证随叫随到，提供24小时的免费服务。天津市塘沽区组织优秀母亲、和谐家庭、文明市民代表成立巾帼志愿者援助队，开展“伸手传递爱心送温暖活动”，缝制100床棉被邮寄给地震灾区。青海高德威生物保健品有限公司的干部职工，加班加点生产出价值20万元的冬虫夏草含片送到灾区部队，让解放军武警官兵补养身体。贵阳市105岁的退休医生吴梦麟老人，到解放军第44医院当心理服务志愿者，对来自灾区的一个一个伤病员进行抚慰，劝说他们树立信心、安心养伤。河南省妇联组成“救灾心理援助团”，先后到郑州女子监狱、省劳教戒毒所，对家乡遭受地震灾害的四川籍服刑人员和劳教人员开展心理关爱和情绪疏导。

七

港澳台同胞和全世界华侨华人心系祖国，心系灾区。

汶川地震的消息一传到香港，香港立即掀起捐赠热潮。香港特区政府为地震灾区捐款 3 亿港元。香港赛马会先后捐赠 10.3 亿港元，华润集团先后捐赠资金物资计 8000 万元，香港中华民族友好协会捐资 3000 万元，香港郭氏基金会捐赠基金 2300 万元，“成龙、杨受成公益慈善基金”捐款 1000 万元，世茂集团捐赠 1000 万港元（后又通过中央统战部捐赠 1 亿元），分别帮助灾区建设学校、医院、公路、民房。社会知名人士李嘉诚向灾区捐赠 1.4 亿元，邵逸夫捐款 1 亿港元，陈君实捐款 3000 万港元。一位 70 多岁的阿婆将女儿给的 3000 港元生活费，捐给因掩护学生而牺牲的教师谭千秋的家属。5 岁的黄静琳和她 9 岁的哥哥一起，将积攒的 6785 港元压岁钱全部捐出。6 月 1 日，来自内地（大陆）和港澳台的艺人在香港举行“5·12”关爱行动大会演，为灾区筹款 3000 多万港元。香港各界还组织各类志愿活动支持灾区开展抗震救灾。在紧急救援阶段，香港 3 支救援队在四川灾区顶风冒雨，昼夜不停地开展救援工作。香港医护人员在四川地震灾区搭建起“香港病房”，满腔热情、千方百计地救治伤病员。

灾害发生后，澳门掀起捐款捐物的高潮。澳门特区政府向地震灾区捐款 1 亿澳门元。澳门红十字会向灾区捐赠价值 1000 多万元的救灾物资。澳门基金会捐款 1000 万元，中华海外联谊会捐款 1000 万澳门元，澳门建筑机械工程商会捐款 185 万元。澳门粤剧曲艺总会发起粤曲筹款晚会，澳门兰艺会发起的国兰、洋兰义卖，澳门“澳大‘粽’动员”赈灾活动，共筹款 3600 多万澳门元。澳门渔人码头慈善晚会募款 6000 万澳门元。截至 6 月 29 日，澳门已向地震灾区总计捐助约 4.5 亿澳门元的善款以及价值 2000 多万澳门元的物资。

波涛汹涌的台湾海峡隔不断两岸人民的依依深情。5 月 12 日，中国国民党中央委员会致电中国共产党中央委员会，对四川汶川地震灾区表示慰问。中国国民党荣誉主席连战及主席吴伯雄、亲民党主席宋楚瑜、新党主席郁慕明等也分别致函致电表达对灾区的关切和慰问。台湾地区候任领导人马英九呼吁各市县和民间社团发扬人道主义精神，向灾区提供救助。13 日，马英九个人捐款 20 万元新台币，并再次呼吁民众以捐款和其他方式支援灾区；宋楚瑜捐款 100 万元新台币；连战 24 日捐赠价值 100 万元的 1 万件羽绒服。台湾顶新集团、台湾群光集团、台湾远东集团、金门酒厂实业股份公司等企业，都向灾区捐赠千万元以上的资金和物资。12 日，台湾佛光会与国际佛光会世界总会向四川地震灾区捐款 1000 万元新台币，随后又组织救援、医疗、物资及人道关怀于一体的“四合一”救援队到四川地震灾区实施救援。17 日，台湾红十字救援队在绵竹市汉旺镇救援群众，开创了台湾民间首次组织救援队参与大陆救灾的历史。18 日晚，在台北举办“把爱传出去”赈灾募款晚会，共筹集 2.27 亿元新台币。6 月 5 日，“两岸同心、重建家园”主题晚会在北京举办，许多台商、台资企业和台胞，在晚会上为灾区捐款 6400 万元，援建灾区 128 所学校。9 月 8 日，海峡交流基金会在成都举行仪式，将台湾社会各界捐赠的 2.72 亿元转交给四川省政府。

灾害发生后，海外华侨华人纷纷以不同方式表达对灾区的关心和支持。美国、俄罗斯、英国、法国、德国、加拿大、日本、澳大利亚等国家的华侨华人都为灾区开展了形式多样的募捐活动。由美国华商总会发起、旧金山湾区中国统一促进会以及各界四川地震赈灾委员会举办的“旧金山湾区各界支持四川地震赈灾筹款大会”，现场筹集赈灾款 11 万多美元；旅俄华侨华人在莫斯科集装箱市场举行赈灾集会，介绍汶川大地震灾情，近千人当场捐款 12 万多美元。全英华侨华人抗震救灾临时委员会在伦敦唐人街举办大型赈灾募捐活动，当天募得 6.5 万英镑。全法中国学联在巴黎举行“抗灾救灾、重建家园”的义演义捐活动，当场募集捐款 4.5 万欧元。德国华侨华人和留学生在柏林中国文化中心举办“中国加油”义演晚会，筹集善款 9900 欧元。加拿大四川同乡会、多伦多华人团体联合总会、加拿大专业人士协会等 50 家团体，共同举办“血脉相连、情系四川——多伦多华人大型抗震救灾义演”活动，华侨华人和各界人士 1000 多人参加活动，募集捐款 10.6 万加元。地震发生后，旅日华侨华人、留学生等，表现出了极高的关注热情，仅 5 月 13 日一天，就捐赠 3000 万日元。

在世界各地华侨华人的救灾捐赠中，有许许多多可歌可泣的动人故事。越南胡志明市年逾百岁的华人叶秋艰难地赶到中国驻胡志明市总领事馆，捐出自己多年辛辛苦苦售卖彩票积攒下来的 19 万越南盾。身患重病的韩国釜山华侨协会顾问李永山在医院做完手术后刚刚苏醒过来，躺在病床上委托家人向地震灾区捐款 200 万韩元。乌兹别克斯坦 76 岁的华人教师盖素娥每月的退休金不足 30 美元，她带病赶到中国驻乌大使馆捐赠 150 美元。意大利罗马的一家华侨，取消原定为新生婴儿过百日庆生会的活动，把省下来的筹办酒席的 1500 欧元捐给灾区。多米尼加华侨成立募捐委员会，分成小组，挨家挨户动员华侨华人捐赠款物，共募集捐款 22 万美元。巴西温州同乡会监事长诸士林、秘书长赵松强，在前往领事馆捐款途中，遇到持枪劫匪的拦截。他们不顾个人安危，奋力搏斗，甩脱了劫匪，赶到领事馆捐款 10 万元。

华侨华人在中国开办的许多企业也踊跃向灾区捐款捐物。5 月 30 日，新加坡吉宝（南通）船厂有限公司总裁李大逵代表公司捐赠 100 万元之后，专程回新加坡公司总部汇报汶川灾区受灾的严重情况和灾区重建的艰巨任务，建议增加对灾区捐款，得到公司总部同意，再次捐赠 100 万元。

八

外国政府、国际组织、团体和个人，纷纷向中国地震灾区捐款赠物，有的还派出救援队赴灾区抢险救灾。

5 月 13 日，国际奥委会主席罗格向中国国家主席胡锦涛发出慰问电，对灾区人民表示慰问，并代表国际奥委会向中国受灾地区捐款 100 万美元。15 日，沙特阿拉伯决定捐赠 5000 万美元现金及价值 1000 万美元的物资。18 日，美国军方将价值 70 多万美元的救灾物资运抵成都。25 日，俄罗斯国防部援助一批救灾物资。与此同时，德国也向四川地震灾区运输了大批救灾物资。阿拉伯联合酋长国捐赠 5000 万美元。巴基斯坦把国家战略储备库库存的所有帐篷都捐给灾区。为帮助汶川灾区重建，老挝政府捐赠价值 50 万美元的 1000 立方米木材。据不完全统计，截至 10 月

14 日，有 170 个国家和地区及有关国际组织通过中国外交部、中国红十字会总会、中华慈善总会等机构向地震灾区捐款折合人民币约 23.69 亿元。

许多外国驻中国领事机构和在中国各地经商办事的外国朋友，纷纷通过当地政府外事部门向灾区捐款捐物。仅以上海为例，地震发生后，就有巴西、挪威、法国、澳大利亚、卢森堡、匈牙利、瑞典、新加坡、日本、智利、西班牙、尼泊尔、瓦努阿图、俄罗斯等 14 个国家领事机构的领事官员通过上海市外办向灾区捐赠资金。卢森堡驻上海总领馆总领事费瑞朋除个人捐赠 1.7 万元外，还连夜致函本国政府并以个人名义致信政府预算与财政部长加大对灾区的支持。卢森堡政府接受了他的建议，在捐赠 50 万元基础上，追加捐赠 50 万元及一批救灾物资。5 月 30 日至 6 月 3 日，摩洛哥国王到上海进行私人访问时，通过上海市外办向市红十字会捐赠 10 万美元。日本企业波路梦捐赠资金 100 万日元和一批饮用水、食品等物资。韩国驻上海总领事馆副总领事廷上模、上海韩国商界负责人林修永到上海市民政局捐赠资金 6 万元和价值 10 万元的农心方便面。澳大利亚奥华黄金股份有限公司捐赠价值 250 万元的小型发电机 80 台及医用物品、食品、学生用品等物资，并从北京包机将这些物资运往四川灾区。美国公民 George Hanna 捐赠价值 2.8 万元的帐篷 100 顶。

与此同时，来自日本、韩国、新加坡和俄罗斯的 4 支救援队和来自日本、印度尼西亚、巴基斯坦、古巴、英国、意大利、法国、德国、俄罗斯、美国的 10 支医疗队，在四川、甘肃灾区开展救援行动。5 月 17 日 21 时，俄罗斯救援队在绵竹市汉旺镇成功救出一名中年妇女。俄罗斯医疗队在回国前捐赠价值 12 万美元的药品。俄罗斯米— 26 重型运输直升机把大型机械运抵唐家山堰塞湖，在抢险救灾中发挥了重要作用。从 7 月中旬起，国际劳工组织深入到成都、绵阳、德阳等重灾地区，对有创业意愿的灾区群众进行创业培训。国际社会给予中国政府和中国人民的援助，是新中国成立以来国外对中国最大规模的援助，外国救援队到灾区救援是国外政府第一次进入中国的救援合作行动，充分展现了生命至上的人道主义精神。

九

涓涓细流能汇成汪洋大海。

截至 2009 年 9 月 30 日，全国筹集社会捐赠资金和物资折价共计 797.03 亿元，其中捐赠资金 687.9 亿元、物资折价 109.13 亿元。捐赠场面盛况空前，捐赠数量史无前例。

中共中央、国务院对社会捐赠款物管理使用工作高度重视。胡锦涛要求一定要“向人民群众交一本明白账”，温家宝强调要“确保廉洁救灾”。5 月 20 日，中央纪委、监察部、民政部、财政部和审计署五部门联合发出通知，要求各部门加强对抗震救灾资金物资的监管，建立健全规章制度，并对各部门主要监管任务进行了分工。25 日，中组部制订《关于抗震救灾“特殊党费”收缴、使用和管理的暂行办法》，规范“特殊党费”的收缴和使用。29 日，中央纪委、监察部制定《抗震救灾款物管理使用违法违纪行为处分规定》。30 日下午，温家宝主持召开会议，研究抗震救灾捐赠款物的管理、分配使用等问题。会议要求抗震救灾捐赠款物管理遵循自愿捐赠、专款专用、公开透明等原则。31日，国务院办公厅下发《关于加强汶川地震抗震救灾捐赠款物管理使用的通知》，要求地方各级人民政府、有关部门和单位组织开展专项检查，对违纪违法的单位和个人要迅速查办。6月1日，民政部制定《汶川地震抗震救灾生活类物资分配办法》《汶川地震抗震救灾资金物资管理使用信息公开办法》，对捐赠资金物资的管理使用作出规定。13日，国务院办公厅下发《关于汶川地震抗震救灾捐赠资金使用指导意见》，规范捐赠资金的管理使用等问题。10月24日，民政部等五部委印发《关于汶川地震抗震救灾捐赠资金使用有关问题的意见》，就加强捐赠资金的规范管理和有效使用进一步提出要求。

与此同时，中央加大对捐赠款物的监督检查力度。5月28日，中央成立抗震救灾资金物资监督检查领导小组，中央书记处书记、中央纪委副书记何勇任组长，中央纪委副书记、监察部部长马馼，审计署审计长刘家义任副组长；成员由中央纪委、监察部、民政部、财政部、审计署分管领导组成。各地区也分别成立抗震救灾资金物资监督检查领导小组。中央抗震救灾资金物资监督检查领导小组先后4次召开会议，专门研究对救灾资金物资的检查监督工作，要求各相关地区、相关部门建立健全规章制度，规范抗震救灾款物管理使用，认真开展专项检查，及时公开信息，严肃处理抗震救灾资金物资管理使用中的违纪违法行为。

5月20日，中央成立汶川地震抗震救灾捐款使用协调指导小组，成员由民政部、财政部、发展改革委、教育部、卫生部、中国红十字会总会、中华慈善总会等部门负责人及四川、甘肃、陕西三省政府领导担任，统一协调救灾捐赠资金物资的管理使用。8月22日，协调指导小组召开会议，进一步规范捐赠资金使用的原则和范围，重点解决定向捐款过于集中、捐建项目投资规模和建设标准不平衡等问题，保证捐赠资金的合理使用。

各监督检查机构一经建立，即深入有关部门和单位，深入灾区，深入基层，检查捐赠款物的募集、管理和使用情况。6月，中央纪委、监察部派出两批5个专项检查组，分别赴四川、甘肃、陕西三省和中央有关部门、社会组织，对款物监管工作机构的设置和运行、社会捐赠款物的管理使用、受灾群众的救助执行情况开展专项检查。审计署将审计工作定位于抗震救灾工作的重要组成部分，把审计方式由以前的事后审计改变为提前介入、全过程跟踪审计，抽出大批人员，深入各地各部门展开审计，并综合协调各地各部门的审计力量协同审计，及时发现和纠正一些违规违纪的现象和苗头。民政部多次派出检查小组，检查救灾捐赠资金物资的管理、分发使用情况，指导救灾工作。国家质检部门对捐赠物资开展质量检查，确保捐赠物资质量安全。各地海关对进出境救灾物资、运输工具等物资进行认真监管，保证进出港物资的安全通畅。

各省（区、市）和新疆生产建设兵团也分别成立监管机构，制定印发规章制度，规范统计和接收渠道，统筹管理使用救灾捐赠资金和物资，并派出各种检查组，采取听取汇报、进行座谈、审核账目、实地查看、接受群众举报等方式，对捐赠款物的拨付、发放、使用等进行全过程跟踪检查。灾区省份还聘请人大代表、政协委员、教师等作为义务监督员，参与监督捐赠款物的发放使用。广大基层单位发挥居民、居民委员会以及村民、村民代表大会的作用，对捐赠款物的发放实行民主决策、民主监督、民主管理，保证捐赠款物使用的公正、公开、公平。

为加大社会监督力度，中央政府和各级政府还通过多种方式，及时公开捐赠款物的有关信息。从 5 月 13 日至 10 月 14 日，国新办共举行 32 次关于汶川特大地震的新闻发布会，通报有关情况。中央纪委、民政部、财政部、审计署等部门分别先后 3 次召开新闻发布会，专门介绍捐赠款物的接收、管理使用以及监管情况，接受社会监督。民政部委托中民慈善捐助信息中心建立了“汶川地震捐赠信息查询系统”，方便公众查询了解捐款接收使用情况。审计署先后向社会发布了 4 份审计公告。各相关部门单位和地方政府都主动与媒体沟通，公开捐赠款物的使用信息，接受社会各方面监督。社会各界群众和新闻媒体对救灾款物管理使用中发生的问题，及时反映和举报，促进了问题的解决。

有关部门和社会各界的有力监督，保障了救灾捐赠工作的健康、顺利开展。绝大多数地区和单位都能够严格执行各项规章制度，坚持把捐赠款物全部高效地用到保障灾区群众生活、搞好灾后重建之中，为夺取抗震救灾的全面胜利发挥了重大作用。

这次社会赈灾的实践再一次证明：任何困难都难不倒英雄的中国人民。在中国共产党的领导下，全党全军全国各族人民团结一致，同心同德，艰苦奋斗，共克时艰，就能够克服一切困难，战胜一切险阻，向着既定的目标胜利前进。

这次社会赈灾的实践再一次证明：中国特色社会主义制度是社会赈灾的重要保证。只有社会主义制度，才能集中力量办大事，才能凝全国之心、集全国之智、举全国之力，战胜灾害，重建家园。

这次社会赈灾的实践再一次证明：改革开放，是富国之路，强国之路。党的十一届三中全会以来，国民经济快速发展，社会财富快速增长，人民生活水平快速提高，为救灾捐赠工作的大力开展提供了强有力的物资保障。

这次社会赈灾的实践再一次证明：中华民族“一方有难、八方支援”的优良传统，具有强大的生命力和感召力。这个优良传统，过去是、现在是、将来依然是我们战胜自然灾害的强大精神动力。

这次社会赈灾的实践再一次证明：战胜自然灾害已经成为全世界人民的共同愿望和共同行动。伟大的国际人道主义精神，必将在人类与自然灾害的斗争中发挥更加重要的作用，取得更加丰硕的成果!

东风汽车公司
向四川地震灾区捐赠人民币
500万元
武汉钢铁(集团)公司
再捐1080万
湖北省烟草专卖局(公司)
向四川地震灾区
捐赠人民币1000
武汉铁路局
666万
512万
中国移动湖北公司
再捐512万

第一篇

组织和发动

汶川特大地震发生后，中共中央审时度势，正确决策，及时研究部署抗震救灾工作。国务院抗震救灾总指挥部采取有力措施，实施正确的组织领导。群众生活组及时发出捐赠倡议，迅速出台相关政策，指导捐赠活动健康开展。各成员单位分工合作，密切配合，切实加强快速通关保障、航空运输保障、铁路运输保障、公路和水上运输保障、质量监督与检疫保障、捐赠款物汇寄保障，使社会赈灾工作高效、规范、有序进行。

第一章 中共中央国务院决策部署

第一节 中共中央决策号召

5月12日20时，中共中央政治局常务委员会召开会议，全面部署当前抗震救灾工作。会议决定，立即组织解放军、武警部队、民兵预备役和医疗卫生人员，尽快赶赴灾区，全力抢救受伤人员。会议强调，要千方百计向灾区运送食品、饮用水、药品和帐篷、防寒衣被等救灾物资，确保灾区群众有饭吃、有衣穿、有干净水喝、有临时住处。全国各地区各部门一定要大力发扬“一方有难、八方支援”的精神，万众一心、众志成城，迎难而上、百折不挠，共同夺取抗震救灾斗争的胜利。

5月14日，中共中央政治局常务委员会再次召开会议，进一步研究部署抗震救灾工作。会议强调，要千方百计安排好灾区群众生活，继续筹措和调运灾区急需的食品、饮用水、衣被、帐篷等物资，切实解决好受灾群众的吃饭、饮水、穿衣、住宿等问题。中央号召全党和全国军民要更加紧密地团结起来，一切为了灾区，全力支援灾区，以实际行动为抗震救灾贡献力量。

5月16日，中共中央总书记、国家主席、中央军委主席胡锦涛到北川羌族自治县擂鼓镇看望受灾群众。他说，有党和政府的关怀，有全国人民的援助，有解放军、武警部队的支持，就一定能克服困难，渡过难关。

5月17日，胡锦涛到汶川县查看受灾情况，指导抗震救灾工作。他强调，要坚持把救人放在首要位置，继续争分夺秒地营救被困群众；要在妥善安置好受灾群众生活的同时，加快清理废墟，为下一步重建家园做好准备。晚上，胡锦涛在成都主持召开会议，听取四川省抗震救灾工作汇报，并发表讲话。针对灾区群众基本生活面临的困难，胡锦涛强调，要加强组织调运，继续筹措受灾群众急需的生活必需品，想尽一切办法，把粮食、食品、饮用水、药品、衣被等物资运往灾区，确保灾区群众有饭吃、有衣穿、有干净水喝、有临时住处。

5 月 22 日上午，中共中央政治局常务委员会又一次召开会议，研究部署继续全力做好抗震救灾工作。会议强调，要下大气力做好受灾群众安置工作，抓紧调运粮食、食品、饮用水、衣被等物资，加快帐篷、活动板房等急需物资的生产和调运，切实保障受灾群众基本生活，确保他们有饭吃、有衣穿、有干净水喝、有安全住处，特别要精心安置好孤儿、孤老、孤残。在全力做好抗震救灾工作的同时，各地区各部门要按照中央的决策部署，一手抓抗震救灾工作，一手抓经济社会发展，全力以赴支援灾区。

5 月 26 日，胡锦涛主持召开中共中央政治局会议，研究部署抗震救灾和灾后重建工作。会议指出，要坚持以人为本，在继续做好被困群众搜救工作的同时，把安置受灾群众、恢复生产、灾后重建摆在更加突出的位置，扎扎实实做好抗震救灾各项工作。会议强调，要着力安排好受灾群众生活，调动各方面资源，抓紧生产和调运帐篷、篷布、建房材料、活动板房等物资，抓紧调运生活物资，确保灾区群众临时居住和基本生活。要妥善安排孤儿、孤老、孤残生活，深入做好受灾群众心理安抚和思想疏导工作，加强社会管理，维护好灾区社会秩序。

5 月 31 日，胡锦涛到受灾严重的宁强县金山寺村一个简易防震棚内，看望正在复习功课的孩子们。胡锦涛在小黑板上写下“一方有难、八方支援、自力更生、艰苦奋斗”16 个大字。

吴邦国、温家宝、贾庆林、李长春、习近平、李克强、贺国强等党和国家领导人，分别就做好社会赈灾工作发表讲话，要求各地、各部门、各系统，发扬“一方有难、八方支援”的光荣传统，大力支援抗震救灾斗争。

中央各大媒体和各地各部门的媒体，大力宣传中共中央关于抗震救灾的指示精神，连续发表社论和评论员文章，呼吁社会各界积极参与汶川特大地震抗震救灾斗争，参与救灾捐赠和志愿者服务活动。地震发生当天，中央电视台就推出《关注汶川地震》和《抗震救灾、众志成城》专栏，中央人民广播电台和中国国际广播电台分别推出《汶川紧急救援》《守望汶川——众志成城、抗震救灾》等专栏，介绍地震灾情，倡导社会捐赠，大力支持抗震救灾斗争。5 月 14 日，《人民日报》发表评论员文章《紧急行动起来》。文章指出，灾情火急，人命关天，各级党委政府和中央各有关部门一定要紧急行动起来，把抗震救灾作为当前的首要任务，尽最大努力，把地震灾害造成的损失减少到最低程度。14 日，新华社发表《众志成城、抗震救灾》的评论员文章。文章指出，无论是对于危难之中急需救助的幸存者，还是对于奋战在救死扶伤最前沿的救援者，每一份关怀都是莫大的鼓舞，每一点援助都弥足珍贵。在这样的特殊时刻，社会各界都应以抗震救灾为己任，尽最大努力支援灾区。18 日，《人民日报》发表《举全国之力抗震救灾》的评论员文章。文章指出，战胜这场特大地震灾害，必须举全国之力。一方有难，八方支援，这是共克时艰的力量所在。必须一切为了灾区，全力支援灾区。此后，《人民日报》、新华社、中央人民广播电台、中央电视台、《经济日报》《光明日报》等中央媒体又连续发表文章，呼吁全国各地区、各部门、社会各界以及港澳台、华侨华人，迅速行动起来，支援灾区的抗震救灾斗争。各部门、各地区的媒体也纷纷开辟专栏，发表文章，呼吁倡导社会各界大力开展救灾捐赠活动。

第二节　国务院抗震救灾总指挥部组织指挥

5月12日晚，中共中央政治局召开常委会议，决定成立国务院抗震救灾总指挥部，中共中央政治局常委、国务院总理温家宝任总指挥，中共中央政治局常委、国务院副总理李克强和中共中央政治局委员、国务院副总理回良玉任副总指挥，全面负责抗震救灾工作。

一　组织动员

国务院抗震救灾总指挥部高度重视社会赈灾工作。

5月15日晚，温家宝主持召开国务院抗震救灾总指挥部会议时强调，抗震救灾工作是关系全国、关系全局的大事，必须举全国之力，才能把这项工作做好。

5月16日，温家宝接受媒体采访时说，无论从破坏性，还是从波及范围来说，四川汶川地震都是新中国建立以来最大的，超过了唐山大地震。面对这场特大地震灾害，必须举全国之力，以救人为核心，克服重重困难，把抗震救灾工作进行到底。

5月19日，回良玉在成都主持召开国务院抗震救灾总指挥部四川前方指挥部第五次会议，专题研究解决救灾帐篷调运、发放、使用等问题。当日，回良玉与广东、浙江、湖北、江苏、山东、河南六省主要负责人通电话，要求六省与绵阳、德阳、广元、雅安、阿坝五市（州）建立对口支援机制。支援的物资主要是帐篷、活动板房、照明设备、篷布、彩条布、食品、生活用品等灾区急需的物资。

5月21日上午，温家宝主持召开国务院第九次常务会议，研究部署抗震救灾和经济工作。会议指出，在中共中央、国务院的统一部署和直接指挥下，全国人民万众一心、众志成城，一方有难、八方支援，表现出不屈不挠、团结奋斗的民族精神，凝聚了海内外华人的情感和力量。目前，抗震救灾还面临许多困难和问题，要继续把抗震救灾作为当前最重要最紧迫的任务。要举全国之力多渠道筹集灾后重建资金，并建立严格的监管制度，管好用好捐赠款物。

5月21日，李克强在四川地震灾区深入受灾现场查看灾情。他强调，当前抗震救灾仍处在紧要关头，要举全国之力抗震救灾，首先要保证灾区生活生产急需的帐篷、食品、药品等物资运输。要进一步加大力度，把救灾物资运进所有受灾的乡镇和村庄。

5月21日，回良玉主持会议，专题研究救灾物资调运工作。他强调，加强救灾物资的调运管理事关重大，灾区群众十分关心，社会各界广泛关注。必须以对党和国家事业高度负责、对灾区人民高度负责、对援助者和捐赠者高度负责的精神，精心组织，科学调度，认真细致地做好救灾物资的接收、运送、发放工作，尽快把救灾物资送到受灾群众手中，最大限度地发挥救灾物资的效益，确保群众基本生活和灾区医疗防疫需要。

5 月 21—22 日，回良玉深入汶川、广汉等地考察指导抗震救灾工作。他指出，汶川地震灾害发生后，中共中央、国务院紧急调运救灾物资，全国人民踊跃支援灾区，国际社会积极提供援助，大量救灾物资已经并将继续送往灾区。当前，加强救灾物资调运管理并尽快发挥其作用，是抗震救灾的一件大事、急事，必须全力做好。一是尽量减少调运环节，尽可能把物资直送灾区灾点，提高效率，不断规范。二是在实施对口支援中搞好对接，快速筹集救灾物资，直接运到重灾市、县。三是加强道路等基础设施抢修恢复，努力保证交通通信畅通和运力需要，火车、汽车、飞机、水运多管齐下，将救灾物资迅速送达受灾群众。四是加强调度，衔接好物资的需求与供应，力保救灾物资供其所需、用其所急、解受灾群众所难；个别暂不需要的物资要妥善保管。五是确保救灾物资质量安全，减少破损率，发放给群众的食品药品绝不能超过保质期。六是加强救灾物资管理的制度建设，通过登记造册等多项措施，防止发生流失。物资分配和发放要公开、公正、公平。

5 月 24 日，全国对口支援地震灾区临时住所工作会议在成都召开，国务委员兼国务院秘书长马凯主持会议并讲话。他指出，举全国之力，发扬“一方有难、八方支援”精神，实行对口支援，是解决好受灾群众临时住所的有效办法，也是社会主义优越性的重要体现。他要求有关各方要从全局高度，统一认识，精心组织，密切配合，全力完成对口支援临时住所任务。

5 月 30 日下午，温家宝主持召开国务院抗震救灾总指挥部第 15 次会议，听取民政部、财政部关于规范四川汶川地震抗震救灾捐赠款物募集、使用和监管情况的汇报。会议决定：立即以国务院办公厅名义印发《关于加强汶川地震抗震救灾捐赠款物管理使用的通知》；民政部要尽快修改完善《四川汶川地震抗震救灾物资分配办法》《四川汶川地震抗震救灾资金物资管理使用信息公开办法》并公布实施；财政部印发的《关于加强汶川地震救灾采购管理的紧急通知》要及时向社会公布；其他有关部门也要根据抗震救灾工作的需要，及时制订相关规定和办法，做到成熟一个，公布一个；新闻媒体和有关部门、单位要通过多种形式广泛宣传抗震救灾款物使用管理的相关法律法规和办法，及时公布救灾捐赠款物的募集、使用和监管情况的信息，接受社会监督。会议指出，抗震救灾捐赠款物管理要遵循“自愿捐赠、不得摊派，尊重意愿、专款专用，统一规划、突出重点，公开透明、加强监督”的原则，切实保护捐赠人、受赠人和灾区受益人的合法权益。接收捐赠要按照《中华人民共和国公益事业捐赠法》及有关规定，做到手续完备、专账管理、专人负责、账款相符、账目清楚，切实保证捐赠款物全部用于抗震救灾和灾后重建，不被挪作他用。各种救灾捐赠都要在国务院和各级政府的统一协调下合理使用，充分尊重捐赠人的意愿，提高资金使用效益。会议要求建立抗震救灾资金物资使用管理信息公开制度，各级政府和接收捐赠的机构、社会团体，要主动向社会公开接收捐赠资金的来源、数额、种类、分配去向及使用效果，监察、审计部门要实行跟踪检查，并定期公布监督审计结果，向社会公众交一笔明白账。

5 月 30 日，回良玉在看望慰问四川省民政系统干部职工时强调，下一阶段的救灾工作要做得更细、更实，把党和政府的救助措施和社会各界的爱心捐赠落到实处。要加强制度建设，提高工作规范性，切实把救灾款物管理好、使用好，发挥最大效益。

二　制定政策法规

国务院抗震救灾总指挥部在部署指挥全国社会赈灾工作的同时，还组织制定了加强救灾资金物资管理等政策法规，动员和鼓励各地各单位支持地震灾区的抗震救灾和灾后重建。

5 月 28 日，国务院批转国务院抗震救灾总指挥部文件《关于当前抗震救灾进展情况和下一阶段工作任务》，要求继续鼓励社会捐赠，动员各方面力量参与和支持救灾工作。

5 月 31 日，国务院办公厅下发《关于加强汶川地震抗震救灾捐赠款物管理使用的通知》，主要包括 5 个方面的内容：一是确定了加强救灾捐赠款物管理使用的基本原则；二是规范救灾捐赠款物接收管理，保证捐赠工作有序进行；三是加强规划引导，合理有效使用救灾捐赠款物；四是完善统计和信息公开制度，增强救灾捐赠工作透明度；五是建立部门协调机制，加强对救灾捐赠工作的监督检查。通知指出，汶川地震发生后，全国各族人民、港澳同胞、台湾同胞、海外华侨华人以及外国政府、国际组织和国际友人慷慨捐助，为抗震救灾提供了大量的资金和物资。地方各级人民政府、各有关部门和单位要充分认识做好救灾捐赠工作的重要性，加强组织领导，规范救灾捐赠活动，管好用好救灾捐赠款物，切实保护好捐赠人、受赠人和灾区受益人的合法权益。要遵照“自愿捐赠、不得摊派，尊重意愿、专款专用，统一规划、突出重点，公开透明、加强监督”的原则，确保救灾捐赠款物的安全。

6 月 8 日，温家宝签署国务院令，颁布《汶川地震灾后恢复重建条例》，规定国家鼓励公民、法人和其他组织为地震灾后恢复重建捐赠款物。鼓励非地震灾区的企业、事业单位通过援建等多种形式，支持地震灾区恢复重建。

6 月 13 日，国务院办公厅下发《关于汶川地震抗震救灾捐赠资金使用指导意见》，强调救灾捐赠资金的使用应尊重捐赠者的意愿和政府引导相结合的原则，捐赠资金全部用于汶川地震受灾省份，优先用于民生项目，同时兼顾地区、项目之间投资规模和建设标准的基本均衡。

6 月 29 日，国务院下发《关于支持汶川地震灾后恢复重建政策措施的意见》，明确地震灾后恢复重建的指导思想和基本原则，要求充分发挥社会主义制度集中力量办大事的政治优势，贯彻一方有难、八方支援的方针，把国家支持、社会支援和生产自救结合起来，举全国之力支持地震灾后恢复重建。

7 月 3 日，国务院下发《关于做好汶川地震灾后恢复重建工作的指导意见》，进一步要求大力弘扬“一方有难、八方支援”的优良传统，充分发挥社会主义制度的优势，把政府主导和充分调动社会资源结合起来，组织实施好对口支援工作，广泛动员社会各界力量，采取多种形式，加快灾区恢复重建。

第二章 国务院抗震救灾总指挥部群众生活组统筹协调

第一节 成立机构

国务院抗震救灾总指挥部下设抢险救灾组、群众生活组、地震监测组、卫生防疫组、宣传组、生产恢复组、基础设施保障和灾后重建组、水利组、社会治安组等9个工作组。群众生活组由民政部牵头组织，由相关部门参加。

5月12日深夜，民政部根据国务院抗震救灾总指挥部的指示精神紧急召开会议，研究组建群众生活组事宜。群众生活组由民政部、外交部、发展改革委、财政部、住房城乡建设部、农业部、商务部、中国红十字会总会组成。群众生活组的主要任务是负责制订实施受灾群众救助工作方案和相应的资金物资保障措施，搞好灾区群众生活必需品供应，指导有关地区做好因灾倒房群众的紧急转移安置，保障灾区群众的基本生活，保障灾区市场供应，接收和安排国内捐赠、国际援助，处理涉外事务。群众生活组办公室设在民政部，具体工作由民政部救灾救济司负责（8月，救灾救济司更名为救灾司，以下统称救灾司），民政部副部长罗平飞担任群众生活组组长。由于救灾形势十分紧迫，为便于救灾捐赠物资的方便快捷运输，经与有关部门协商，群众生活组办公室吸纳了发展改革委价格司、民政部办公厅、民政部救灾司、财政部社保司、铁道部调度司、交通运输部公路司、民航局运输司、商务部市场运行司、解放军总参谋部应急办等单位各一名司局级干部为办公室成员。

第二节 部署工作

根据国务院抗震救灾总指挥部的工作部署，群众生活组确定了各阶段各成员单位的工作任务。各成员单位组织人力，开始全面组织协调有关救灾捐赠工作。民政部充分发挥群众生活组牵头单位的作用，积极与有关部门单位协调，确保救灾捐赠渠道的畅通。外交部紧急启动应急机制，制定接收国际援助的政策、措施，做好外援救灾物资的接收工作。发展改革委制定了抑制灾区物价上涨的措施，维护灾区市场稳定。财政部制订和完善了救灾捐赠减免税政策，鼓励向灾区捐赠。住房城乡建设部及时了解掌握灾区转移安置住所需求，积极组织临时住房材料的生产。农业部成立抗震救灾指挥部，要求各地农业部门迅速行动，出台政策，热情帮助和大力支持灾区抗震救灾。商务部组织做好灾区商贸流通和服务业恢复工作。中国红十字会总会组织全国各级红十字会大力开展救灾捐赠活动，并及时向国际红十字组织提出救助需求。

5 月 13 日，国务院抗震救灾总指挥部群众生活组召开会议，研究部署抗震救灾重点工作，进一步明确成员单位的责任分工。会议决定商务部负责食品、饮用水、小包装粮、食用油、日常生活用品等物资的市场供应；粮食局负责组织向灾区调运粮食、食用油；民政部、财政部负责制订保障受灾群众生活的具体规定，负责采购活动板房和简易房；民政部还负责组织生产调运帐篷，负责紧急采购和调运衣物、棉被，负责管理和组织开展社会捐赠活动，统筹管理和分配国内外捐赠资金和物资，负责遇难者遗体火化、埋葬工作，负责遇难家属的抚慰工作，负责灾区孤儿、孤老、孤残的安置工作；公安部、卫生部负责做好遇难者遗体的身份辨认工作；住房城乡建设部负责组织生产、安装活动板房和简易房；外交部代表中国政府负责接收外国政府和各界组织的捐赠资金和物资，负责做好外国救援队伍的接待和保障工作；中国红十字会总会负责组织本单位救灾捐赠款物的接收和分配使用，并指导本系统开展救灾捐赠工作。

5 月 13 日，根据《中华人民共和国公益事业捐赠法》《救灾捐赠管理办法》的规定，按照国务院抗震救灾总指挥部的工作部署，群众生活组根据职责分工向国内外通报灾情，公布救灾捐赠电话和接收捐赠专用账号，组织开展救灾捐赠活动。

5 月 13 日，民政部致电外交部，就接受境外援助有关问题进行沟通，建议制定接受国际援助的政策和措施，围绕灾区实际需求和抗震救灾工作需要，把握好救灾援助的需求口径，密切配合，共同做好国际社会捐赠物资接收工作。同时，明确由外交部负责发布外国政府和国际组织对中国的慰问和援助有关信息。

5 月 14 日，国务院抗震救灾总指挥部群众生活组组织召开了有民政部救灾司、外交部办公厅、海关总署办公厅、质检总局通关司有关人员参加的关于接收国际社会向地震灾区援助物资的工作协调会，协商建立接收国外救灾援助物资的快速通道和协作工作机制，包括与捐赠机构的联络协调、捐赠物资的免税审批和办理、物资入关的储存和运输等方面的工作。同日，国务院抗震救灾总指挥部群众生活组办公室发出《关于协助做好国际社会援助地震灾区物资接收工作的函》，商请海关总署、质检总局通知所属机构，在办理境外捐赠物资出入关工作中，凭民政部救灾司、全国妇联办公厅、中国红十字会总会、中华慈善总会或省（区、市）民政厅（局）的证明，先放行，后补办有关手续，确保援助救灾物资快速通行。

5月15日晚，民政部紧急召开群众生活组协调会议，就四川省提出的灾区救灾应急物资需求问题进行研究。会议商定在已计划向有关厂商采购救灾帐篷13.9万顶的基础上，统筹捐赠资金再紧急采购部分救灾帐篷，供灾区急需。

5月19日，民政部与财政部协商，开辟捐款拨付快速通道，简化捐款拨付程序，将捐款尽快拨付灾区。同时，民政部与财政部、税务总局、海关总署等部门协调，积极落实捐赠税收政策，鼓励社会各界向灾区捐赠。

5月22日，国务院抗震救灾总指挥部群众生活组办公室召集外交部办公厅，民政部救灾司、外事司，财政部社会保障司，民航局运输司、规划司及四川省驻京办事处有关负责人，针对救灾捐赠物资的运输问题，特别是驻外使领馆募集的大量救灾帐篷向灾区运输问题进行专题研究。

5月27日和28日，为落实国务院抗震救灾总指挥部第11次会议关于统筹考虑财政补助资金和社会捐赠资金用于汶川地震灾区群众过渡安置房建设的精神，加快过渡安置房建设进度，财政部社会保障司召集住房城乡建设部综合财务司、民政部财务和机关事务司、中国红十字会总会办公室、中华慈善总会等单位有关人员两次召开会议，专题研究使用社会捐赠资金为汶川地震灾区购建过渡安置房问题。会议主要确定了三大事项：一是社会捐赠资金用于购建过渡安置房的初步安排；二是社会捐赠资金购建过渡安置房的办法；三是社会捐赠资金购建过渡安置房的标识问题。

第三节 全力保障

一 快速通关保障

5月12日，海关总署下发紧急通知，要求各海关为入境的救灾物资和载运救灾物资的运输工具提供通关便利，加速验放。通知要求，各海关要设立专门的抗震救灾物资报关窗口，实行24小时通关服务；对入境的救灾物资，可凭民政部、地震局及省级部门出具的证明，先予登记放行，后补办手续，尽最大努力使救灾物资及时运抵灾区；对出入境的救援队、医疗队、专家及其随身携带的救护医疗设备，给予通关便利，快速验放。14日，海关总署下发做好救灾援赠物资通关工作的补充通知，要求各海关要高度重视此次救灾捐赠物资的通关工作，积极与相关部门协调配合，保证救灾捐赠物资快速通关。15日，海关总署再次下发通知，对于企业捐赠用于抗震救灾的加工贸易货物，可由企业向主管海关部门提出申请，主管海关部门应简化手续，特事特办，先登记放行，事后凭民政部救灾司、全国妇联办公厅、中国红十字会总会、中华慈善总会或各省（区、市）民政厅（局）出具的证明函及救灾捐赠物资清单，按规定补办相关手续。

5 月 18 日，外交部发布消息，中国有关驻外使领馆紧急设立“绿色通道”，为各国各地区在办理签证、物资交接、专机入境等方面提供最大便利，及时把国际社会捐赠的物资送抵地震灾区。

二 航空运输保障

民航局紧急协调各大航空公司，优先运输救灾物资，并紧急启用移动式陆空通信设备，以程序管制代替正常情况下的雷达管制。5 月 13 日，民航局下发《关于确保畅通优先保障抗震救灾物资和人员航空运输工作的通知》和《关于加强抗震救灾关键阶段有关工作的紧急通知》，要求空管部门优先放行运送救灾人员和物资的航班，全力保障抗震救灾人员和物资的航空运输，各航空公司要准备充足运力，优先运输救灾食品、药品和设备，抓紧建立民航机场抗震救灾绿色通道，对医用液态物品和专用设备，安检部门要特事特办。14 日中午，民航局下发通知，规定免收运送救灾人员和救灾物资飞机的航空性业务收费、地面服务费、进近指挥费和航路费。16 日，民航局下发通知，对救灾物资中的危险品运输作出简化手续、严格检查、包机运输等项规定。

三 铁路运输保障

铁道部专门成立救灾运输调度指挥台，对抗震救灾物资运输实施全过程盯控、及时调度、立即挂运、加速放行等非常措施，确保救灾人员和灾区急需的物资快速到达灾区。铁道部还从全国各地迅速调发大量“抢”字头列车、“救”字头列车，加大救灾物资运输力度。至 5 月 16 日 18时，全国铁路开行 230 列抗震救灾专列，运输部队人员 4 万多人，装运灾区群众急需的救援机械、食品药品、救护车等各类抢险救灾物资 2400 多车。18 日，铁道部与民政部、商务部、卫生部、工业和信息化部、国家粮食局、中储粮总公司、中国石油、中国石化、国家电网、中国红十字会总会等 10 个部门及单位，共同成立铁路抗震救灾物资运输协调小组，协调处理有关问题，最大限度满足抗震救灾物资运输需求。

四 公路和水上运输保障

5 月 12 日晚上，交通运输部启动应急预案，要求有关司局和有关地区做好相关应对准备，迅速抢修毁损公路，确保救灾物资的运输畅通。13 日，交通运输部向四川、陕西、甘肃三省交通厅和重庆市交通委下发《关于对抗震抢险救灾物资免缴车辆通行费的紧急通知》，要求在抗震救灾期间，对各地向灾区运送救灾物资的运输车辆，一律免收车辆通行费，并结合已有“绿色通道”等专用收费道口，采取措施确保车辆快速、优先通行。15 日，交通运输部下发《关于继续全力做好四川汶川地震抗震救灾交通保障工作的紧急通知》，要求各地交通主管部门、公路管理机构和高速公路运营单位对各地向灾区运送救灾物资的车辆，在报经省级人民政府同意后，按照优先快速通行的“绿色通道”政策，免收车辆通行费。同时，采取各种有效措施，改善和加强管理，保障救灾车辆优先、快速通过。16 日，交通运输部海事局发出紧急通知，要求全国海事系统各单位采取开辟绿色通道、简化办理程序、加强护航等措施，必要时采取非常规手段，千方百计，确保救援人员和物资的水上运输安全畅通。27 日，交通运输部发布 4 条救灾物资水陆联运线路信息，利用综合运输体系，缓解救灾物资运输压力。

五　质量监督与检验检疫保障

5 月 13 日，卫生部与食品药品监管局、中医药局联合下发通知，要求做好抗震救灾医疗卫生应急救援和食品药品安全监管工作，防止灾后传染病暴发流行。

5 月 13 日，质检总局与民政部、外交部、海关总署联合发出《关于做好震后国际援赠物资检验检疫相关工作的紧急通知》，对救灾物资实行“三快两免”政策（即快速受理、快速审查、快速检测和免收现场审查费、免收产品检测费）。通知要求各口岸要保证震后国际援赠物资安全便利通关；各级质检部门要加大质量监督和执法力度，确保灾区食品、产品等救灾物资质量安全。15 日，质检总局下发补充通知，要求各地出入境检验检疫机构，要设立国际援赠物资报检专用窗口，实行 24 小时受理报检服务；要按照特事特办的原则，采取有效措施，简化程序，给予国际救灾物资通关便利；要加强口岸现场查验力量，保证援赠物资质量安全。各地检验检疫机构要采取各种有效措施，保证国际救灾援赠物资质量安全和快速通关。相关检验检疫机构可凭民政部救灾司、全国妇联办公厅、中国红十字会总会、中华慈善总会或省（区、市）民政厅（局）的证明受理国际救灾援赠物资报检。17 日，质检总局向卫生处理药械生产、销售企业发出倡议书，号召向灾区捐赠卫生处理药品、器械，并保证产品质量，做好服务。

5 月 14 日，食品药品监管局下发《关于加强捐赠救灾药品和医疗器械监管工作的通知》，就加强捐赠救灾药品和医疗器械监管工作作出规定，鼓励和支持药品、医疗器械生产、经营企业捐赠救灾药品、医疗器械，同时要求食品药品监管部门要加强协调，积极做好监管工作。19 日，食品药品监管局下发《关于进一步做好捐赠救灾药品和医疗器械监管工作的通知》，要求各级食品药品监管部门要主动告知辖区内的生产经营企业以及有关单位和机构，使他们明确有关捐赠药品、医疗器械的具体要求，突出强调捐赠的药品、医疗器械应是灾区所需产品，尤其是援助药品目录中的紧缺产品，以免给灾区救援工作带来不必要的负担。在全面加强药品、医疗器械监管的同时，要重点加强对救灾药品、医疗器械的监督检查，确保产品安全有效。

六　捐赠款物汇寄保障

从 5 月 15 日起，邮政部门陆续开通了寄递爱心赈灾包裹、寻亲报平安和社会捐款汇兑服务 3 条抗震救灾“绿色通道”，方便受灾群众对外联系和社会救助。中国邮政集团公司还在全国开展了免费寄递业务，对寄往地震灾区 47 个市、县的赈灾包裹和救灾捐款免收邮费。23 日，中国邮政集团公司决定，凡个人用户到邮政营业窗口寄往四川、甘肃、陕西、重庆 47 个灾区市县民政局、红十字会、抗震救灾指挥办公室及慈善机构等的赈灾邮政包裹，一律免收邮费和包装用品费等相关费用。

5月15日，银监会通过中国银行业协会组织和金融机构，发布抗震救灾期间的6项服务承诺，包括开设抗震救灾捐款和汇款绿色通道、做好救灾款项的支付清算服务、做好资金调运和汇划、在保证安全的基础上设法恢复受灾地区网点的正常营业、对有关抗震救灾的国际救助资金快速办理并尽可能减免费用、开启抗震救灾绿色授信通道等，加快各地对灾区的资金支持速度。

七　激励政策保障

5月19日，财政部根据1998年颁布实施的《关于救灾捐赠物资免征进口税收的暂行办法》发出通知，要求进一步落实捐赠税收优惠政策，对外国政府、国际组织、外国民间团体、外国企业、国际友好人士和华侨、港澳台同胞，无偿向汶川地震灾区捐赠的直接用于灾区救灾的物资，免征进口关税和进口环节增值税、消费税，确保灾后紧急救援。当晚，财政部、税务总局联合下发《关于认真落实抗震救灾及灾后重建税收政策问题的通知》，要求各地财政税务部门采取有效措施，认真贯彻落实好现行税收法律、法规中可以适用于抗震救灾及灾后重建的有关税收优惠政策。

5月21日，税务总局发出通知，要求在个人向汶川地震灾区捐赠款物过程中，涉及收缴捐赠人的个人所得税时，各级税务机关应依法据实扣除，并通过各种媒体广泛宣传捐赠扣除的政策、方法、程序，提供优质纳税服务，方便扣缴单位和纳税人具体操作。

5月30日，税务总局发出通知，明确指出，汶川地震发生后，广大党员响应党组织的号召，以“特殊党费”的形式积极向灾区捐款。党员个人通过党组织交纳的抗震救灾“特殊党费”，属于对公益、救济事业的捐赠。党员个人的该项捐赠额，可以按照个人所得税法及其实施条例的规定，依法在交纳个人所得税前扣除。

7月30日，为鼓励社会各界支持抗震救灾和灾后恢复重建，使地震灾区早日恢复正常的生产生活秩序，财政部、海关总署、税务总局印发《关于支持汶川地震灾后恢复重建有关税收政策问题的通知》，规定自5月12日起，对企业、个人通过公益性社会团体、县级以上人民政府及其部门向受灾地区的捐赠，允许在当年企业所得税前和当年个人所得税前全额扣除。财产所有人将财产（物品）直接捐赠或通过公益性社会团体、县级以上人民政府及其部门捐赠给受灾地区或受灾居民所书立的产权转移书据，免征应缴纳的印花税。对单位和个体经营者将自产、委托加工或购买的货物通过公益性社会团体、县级以上人民政府及其部门捐赠给受灾地区的，免征增值税、城市维护建设税及教育费附加。

8月4日，财政部下发《关于进口抗震救灾物资免税通关问题的通知》，鼓励和引导国内外社会各界踊跃捐赠物资，支持和帮助地震受灾地区积极开展生产自救，重建家园。

8月28日，海关总署印发公告，规定在汶川地震发生后3个月内从国外进口的直接用于灾区抗震救灾的物资享受相应的进口免税政策。

第二篇

职能部门和募捐机构赈灾活动

在汶川特大地震抗震救灾捐赠活动中，民政部作为负责救灾捐赠的国务院职能部门，迅速成立救灾捐赠组织机构，及时发布救灾捐赠需求信息，大力组织发动全国性救灾捐赠活动；建立综合协调机制，健全捐赠物资运输保障机制；完善救灾捐赠管理制度，保证救灾捐赠工作规范有序开展。具有救灾宗旨的中国红十字会总会、中华慈善总会和其他基金会，大力组织开展社会募捐活动，积极募集抗震救灾捐赠款物。截至2009年9月30日，民政部接收捐赠资金50.67亿元（含外交部等有关单位、有关基金会汇缴的30.39亿元，不含“特殊党费”），中国红十字总会及红十字基金会、中华慈善总会和其他经批准可以开展抗震救灾捐赠活动的16家全国性基金会，接收捐赠资金和捐赠物资折价共84.28亿元，其中资金73.68亿元、物资折价10.6亿元。

第一章　民政部赈灾活动

第一节　组织领导

5 月 12 日下午，四川省民政厅向国家减灾委员会、民政部报送了汶川特大地震灾情信息。15 时 40 分，国家减灾委、民政部根据《国家自然灾害救助应急预案》的规定，紧急启动国家救灾二级响应。22 时 15 分，根据汶川地震的严重灾情，国家减灾委、民政部将救灾应急响应由二级提升为一级。按照一级响应的规定，民政部成立抗震救灾应急指挥部，全面部署抗震救灾捐赠和组织志愿服务活动。

一　成立机构

5 月 12 日晚，民政部成立抗震救灾应急指挥部，部长李学举任指挥长，副部长罗平飞任副指挥长，应急指挥部办公室设在救灾司，司长王振耀为主任。办公室下设紧急救援（综合）组、信息和物资保障组、宣传报道组、救灾捐赠组、综合保障组。

救灾捐赠组由民政部救灾司、财务和机关事务司、外事司、监察部驻部监察局和民政部国家减灾中心有关人员组成。该组负责国内、国际救灾捐赠工作，具体任务有：接收境内外救灾捐赠款物；设立捐助热线电话，解答接收救灾捐赠方面的有关问题；就涉外捐赠问题与外交部、商务部及中国驻外使领馆进行协调，提出国际救灾援助的对策和建议，与联合国有关机构和其他国际组织、外国驻华使馆进行联络；接待社会捐赠者和有关人士，举办捐赠仪式；分配和公告救灾捐赠款物。

为做好救灾捐赠工作，民政部机关取消出国考察、干部职工休假等安排。办公厅和救灾司实行 24 小时值班。机关团员青年组成青年志愿者服务队，协助开展抗震救灾工作。民政部还从机关和直属单位抽调100多名人员，充实各组的力量，特别是加强救灾捐赠组的力量，保障救灾捐赠各项工作有力开展。

二　组织发动

5月13日，民政部发出《关于组织开展向地震灾区捐赠工作的通知》，要求各地民政部门动员社会各界积极为灾区捐赠救灾款物。通知指出，由于灾区道路受阻，物资运输困难，鼓励以捐赠资金为主，并适当接收必要的生活类救灾物资，包括灾区急需的棉衣、绒衣、棉被、雨衣、雨具、帐篷、毛毯、净水器、手电筒、塑料布等物资。同日，民政部向社会公布了部本级和各灾区省份接收汶川地震抗震救灾捐赠账号，开始接收社会各界捐赠。为解决社会赈灾工作人力不足问题，民政部协调中国社会工作协会，由该会紧急发出《致全国广大志愿者加入到抗震救灾中来的倡议书》《关于向四川汶川地震灾区捐款的倡议》《社工协会致社区工作者和志愿者抗震救灾倡议书》等，倡导全国城乡社区工作者和城乡社区志愿者积极投入到抗震救灾的队伍，支援抗震救灾。

5月15日，民政部抗震救灾应急指挥部召开全体会议，研究部署救灾工作。会议要求民政部广大干部职工对救灾捐赠工作要高度重视，恪尽职守，切实准确把握灾情，及时提出应对措施，积极筹集物资，做好物资调拨工作；要全力开展好救灾捐赠和捐赠资金物资的接收管理工作，确保各项救灾工作有序开展。同日，民政部机关举行向灾区群众捐款活动。民政部党组书记、部长李学举，民政部党组副书记、副部长李立国，民政部党组成员、副部长罗平飞、姜力、窦玉沛，民政部党组成员、纪检组组长刘光和，民政部党组成员、全国老龄办常务副主任李本公等带头捐款，一些离退休老干部纷纷托人带去捐款。半天时间，民政部机关捐款90多万元。

5月16日，民政部下发《关于请有关省级民政部门向灾区紧急提供救灾物资的通知》，要求部分省市按照对口支援的方式，组织开展捐赠活动。同日，民政部协调全国11个省（区、市）民政部门，向四川、甘肃灾区调运棉被和衣物；协调铁道部、新闻出版总署向四川灾区运送有关抗震救灾自助图书；协调发展改革委、商务部、卫生部和铁道部解决甘肃灾区急需的方便食品、棉被褥、炊具、发动机、手术床、病床、急救车和海事卫星电话等救灾物资。

5月17日，民政部发出紧急通知，要求各级民政部门按照中共中央、国务院的部署和要求，根据《救灾捐赠管理办法》的规定，进一步加大工作力度，精心组织和协调好本地区的救灾捐赠活动，积极动员社会各界参与救灾捐赠，为抗震救灾提供重要支持。通知要求，各地按照“公开、透明”的原则，加强对捐赠物资和资金的管理，采取有效措施，及时将捐赠款物尽快发放到受灾群众手中，杜绝出现挤占、挪用救灾款物等违法违纪行为。通知强调，要充分发挥城乡基层政权组织、群众性自治组织和社会组织在抗震救灾中的重要作用，积极引导和广泛动员志愿者参与抗震救灾工作，为灾区群众提供各种志愿服务。通知要求，各地围绕抗震救灾的具体需要，引导和规范公益慈善类组织，动员广大会员和社会力量向地震灾区捐款捐物，帮助灾区人民共渡难关。通知指出，要组织专业社会工作人才，发挥其专业和技能优势，认真做好受灾群众尤其是孤儿的心灵抚慰和心理康复工作。

5月18日，民政部部署辽宁、吉林、黑龙江、江苏、浙江五省向甘肃省援助50万床棉被、毛毯、毛巾被和50万件衣服；部署安徽、福建、江西、山东四省向陕西省援助40万床棉被、毛毯、毛巾被和40万件衣服。

5月19日，民政部召开新闻发布会，公告社会公众应通过民政部网站和有关媒体公布的正规渠道捐赠善款，奉献爱心。同日，民政部致函财政部，建议建立四川汶川特大地震灾害救灾捐赠资金快速拨付机制，由民政部根据各地灾情制订捐赠资金分配方案，经财政部审核后，尽快拨付灾区使用。

5月19日下午，李学举到四川省民政厅指导抗震救灾工作。他强调，随着抗震救灾工作的不断深入，民政系统的任务将越来越重，救灾工作是今后一个时期的重点和中心工作，必须坚持“一切为了受灾群众、为了受灾群众一切”的工作理念，把救灾工作做深、做细、做实。各级民政部门要掌握和做好不同时段的重点工作，坚持“中央支持、全国帮助、社会动员、政府救济、受灾群众自救互助”的工作思路。民政部将进一步加大全社会动员力度。

5月21日，民政部召开以部机关、四川省民政厅机关为双主会场的全国民政系统支援汶川地震灾区视频会议，号召全国民政系统要进一步做好社会动员，掀起救灾捐赠的新高潮。

5月22日，为进一步推进四川汶川地震灾区群众生活安排和恢复重建工作，统筹协调使用捐赠资金和物资，民政部根据国务院抗震救灾总指挥部关于开展对口支援工作的总体部署，结合受灾省份和支援省份的实际情况，印发《关于对口支援四川汶川特大地震灾区的紧急通知》，明确上海市支援都江堰市、湖南省支援彭州市、黑龙江省支援温江区、山西省支援郫县、内蒙古自治区支援大邑县、河北省支援崇州市、江苏省支援绵竹市、辽宁省支援安县、北京市支援什邡市、山东省支援北川羌族自治县、吉林省支援平武县、河南省支援江油市、广东省支援汶川县、天津市支援茂县、浙江省支援青川县、福建省支援理县、安徽省支援松潘县、江西省支援小金县、广西壮族自治区支援黑水县、湖北省支援汉源县、海南省支援宝兴县等。通知要求对口支援地震灾区的各省（区、市），要为受灾群众提供临时住所，保障灾区群众的基本生活。

5月28日，为帮助四川、甘肃地震灾区受灾群众解决临时居住困难，民政部与财政部商定，从直接接收的救灾捐款中统筹安排部分资金，用于紧急采购过渡性活动板房，其中为四川省采购价值3.92亿元、为甘肃省采购1亿元的过渡性活动板房。

6月9日，民政部根据国务院办公厅有关文件精神发布第108号公告，要求没有救灾宗旨的公募基金会以救灾名义开展的募捐活动，应经同级民政部门批准，未经批准已经开展募捐活动的公募基金会在公告发布7日内，到同级民政部门补办审批手续。公告要求其他社会组织，应当在本公告发布后15日内，将接收的救灾捐赠款物转交给县级以上人民政府民政部门或其委托的社会捐助接收机构、红十字会、慈善会等具有救灾宗旨的公募基金会。红十字会、慈善会等具有救灾宗旨的公募基金会和经批准可以开展救灾募捐的其他公募基金会，要按照属地管理原则，将救灾捐赠款物的接收和分配使用情况报同级民政部门汇总统计。中国红十字会总会、中华慈善总会和经批准可以开展救灾募捐的其他全国性公募基金会，应将捐赠款物的接收和分配使用情况于每日中午12时前报民政部。公告还要求，红十字会、慈善会等具有救灾宗旨的公募基金会和经批准可以开展救灾募捐的其他公募基金会，要主动向社会公布捐赠款物的接收和分配使用详细情况，接受社会监督。各级社会组织登记管理机关，在进行2008年年度检查时，将重点检查社会组织开展救灾募捐情况。

7月2日，针对广大人民群众捐赠热情越来越高，捐赠规模越来越大，而法定接收捐赠单位相对较少的实际，民政部发布第110号公告，批准中国老龄事业发展基金会、中国宋庆龄基金会、中国光华科技基金会、中国残疾人福利基金会、中国人口福利基金会、中国青少年发展基金会、中国儿童少年基金会、中国少数民族文化艺术基金会、中华思源工程扶贫基金会、中国绿化基金会、中国光彩事业基金会、中国红十字基金会、中国教育发展基金会、中国健康促进基金会、中国妇女发展基金会、中华环境保护基金会等16家公募基金会，可以开展抗震救灾募捐活动。

7月14日，民政部、财政部、统计局共同发出《关于印发〈汶川地震抗震救灾捐赠款物统计办法〉的通知》，进一步明确民政部门为汶川地震抗震救灾捐赠款物综合统计汇总单位。民政部负责统计汇总中央级单位（中央和国务院各部门、各单位、各人民团体及各类全国性社会组织）和省级民政部门汇总上报的救灾捐赠款物信息。地方各级民政部门负责统计本区域内同级社会接收捐赠机构（党委、政府组成部门、人民团体和民政部门批准的各类社会组织）的捐赠信息和下级民政部门汇总的捐赠信息。按照谁接收、谁统计的原则，实行在地统计管理。同时，通知还明确了统计内容、统计对象、报送渠道、报送时间、填报要求、统计时点和频率，指出抗震救灾捐赠综合统计信息由民政部门管理并对外公布。

8月12日，民政部办公厅印发《关于可以开展汶川地震救灾募捐活动的基金会参与汶川地震灾后恢复重建工作有关问题的通知》，指出目前国家正在抓紧制订汶川地震灾后恢复重建的规划，规划出台后将充分尊重社会需要和公众意愿，首先由社会力量认建有关重建项目，以确保捐赠款物最大限度地发挥功能和效用。届时，民政部将协调有关基金会参与灾后重建项目，为此要求暂缓拨出尚未使用的抗震救灾捐赠款物，待国家重建规划发布及中央捐赠资金使用协调指导机制建立后，根据恢复重建工作重点和有关文件要求再进行安排使用。

在地震发生后的两个多月内，民政部和受灾省市坚持每日向社会发布灾情和救灾工作情况，并通过报刊、网络、电视等载体，及时公布接收捐赠款物的情况。同时，民政部随时向国务院抗震救灾总指挥部上报抗震救灾重要信息。为接受社会各界监督，民政部适时召开新闻发布会，通报救灾捐赠信息。

第二节　组织募捐活动

在抗震救灾捐赠活动中，民政部积极协调和配合有关部门、单位，努力做好赈灾义演、义卖、义赛等活动，募集救灾捐赠资金和物资。

一 赈灾义演活动

地震发生后，中宣部、中央外宣办、文化部、广电总局、新闻出版总署、解放军总政治部等决定于5月18日晚在中央电视台举办"爱的奉献——2008宣传文化系统抗震救灾大型募捐活动"，赈灾义演的海内外捐赠热线设在民政部机关（见图1）。为了保障晚会的顺利进行，民政部与中国电信北京公司协商并制定《抗震救灾活动热线电话服务保障方案》。中国电信北京公司在民政部新闻发布厅设置100部捐赠热线座席电话和4台传真机，开通由英语、日语、韩语、西班牙语、法语及粤语组成的57条热线，并由75名话务员和55名机务员参加热线服务工作。晚会期间，民政部赈灾捐赠热线电话现场共接听海内外捐赠咨询热线电话5860余次，接收社会各界通过多种形式现场为灾区捐赠资金15.28亿元。此次捐赠多为定向捐赠，民政部按照捐赠人要求，与中宣部等部门协商，逐步将捐款拨付灾区使用。

图1 5月18日，"爱的奉献——2008宣传文化系统抗震救灾大型募捐活动"民政部捐赠热线电话现场

（民政部 提供）

5月14日晚，民政部与中华慈善总会、中国红十字会总会、中华思源工程扶贫基金会等在北京21世纪剧院联合举办"同一首歌——凝聚每份爱·大型抗震救灾义演"晚会。近百位国内文艺工作者参加演出，现场募集社会各界捐赠资金1084万元。

二 福彩赈灾活动

6月25日上午，民政部召开全国民政部门负责人会议，专题研究福利彩票支持抗震救灾事宜，决定为地震灾区做3件事：一是通过福利彩票网点即开票和中福在线即开票，募集汶川地震"福彩赈灾公益金"；二是全国福利彩票系统节约开支，利用节省出来的部分福利彩票发行费捐资建立"汶川大地震'三孤'（孤儿、孤老、孤残）救助基金"；三是彩票发行机构对口支援灾区福利彩票发行销售机构恢复重建。民政部要求各级民政部门和福彩机构认真做好赈灾专项彩票的发行管理工作，坚持公开、公平、公正的原则，确保安全运行、规范操作，所有赈灾彩票资金纳入财政专户管理，并定期公布赈灾专项彩票的发行、销售及公益金筹集、使用情况，接受国家审计和社会监督，确保所筹"福彩赈灾公益金"全部用于支援灾区。

按照决定，民政部从2008年7月1日至2010年12月31日，组织全国福利彩票发行管理系统，以网点即开型福利彩票和中福在线福利彩票作为专门票种，组织开展为期两年半时间的"福彩赈灾公益金"专项募集活动，所筹彩票公益金全部用于灾区恢复重建。

三　捐赠衣被活动

8月，受灾地区天气逐渐转凉，受灾群众急需过冬衣被。四川省急需棉衣裤300万套、棉被200万床和毛毯100万床，甘肃省急需棉衣20万件和棉被20万床，陕西省急需棉衣10万件和棉被10万床。8月31日晚和9月1日晚，温家宝在四川主持召开国务院抗震救灾总指挥部第25次会议，明确要求10月份在全国组织开展向灾区困难群众捐赠衣被活动。根据会议精神，27日，民政部会同中宣部、中直机关工委、中央国家机关工委、解放军总政治部联合发出通知，共同组织开展2008年全国“送温暖、献爱心”——向汶川地震灾区捐赠衣被活动，要求各地、各部门、各单位继续弘扬团结互助、扶贫济困的中华民族传统美德，为汶川地震灾区困难群众捐赠过冬衣被；要求各省（区、市）按照《国务院办公厅关于印发〈汶川地震灾后恢复重建对口支援方案〉的通知》确定的对口支援方案，开展好棉衣被捐赠工作，承担对口支援任务的各省份募集的新衣被（毛毯）数量不低于20万件（床），其中棉被不少于10万床，优先支援所对口的重灾县，多余的衣被（毛毯）交由受援省民政厅统筹协调支援其他受灾县；接收的捐款要全部用于地震灾区，采购御寒衣物和取暖炉具，或直接发放给受灾地区解决困难群众过冬御寒问题。

10月14日，民政部举行“送温暖、献爱心”——向汶川地震灾区捐赠衣被活动仪式，为地震灾区困难群众奉献爱心。李学举、罗平飞、窦玉沛，部党组成员、纪检组组长曲淑辉，部党组成员、全国老龄办常务副主任陈传书等出席捐赠仪式并为灾区困难群众捐赠衣被（见图2），正在外地调研的李立国和正在灾区检查指导救灾工作的姜力，分别委托他人进行了捐赠。部机关全体人员和直属事业单位、部管社团共300余人参加了现场捐赠。

图2　10月14日，民政部组织向汶川地震灾区捐赠衣被活动现场，部长李学举（左一）及副部长罗平飞（左二）、窦玉沛（右二）、纪检组长曲淑辉（右一）等参加

（民政部　提供）

各地区、各单位积极开展向地震灾区捐赠棉衣棉被的活动。截至 11 月 27 日，全国共接收捐赠衣被 1900 多万件（床）、资金 8569 万元，衣被中含棉衣被约 1600 万件（床）。

中央部门单位和军队领导机关以及承担对口支援任务的省份，很快将接收的捐赠衣被和资金送到地震灾区，其中支援四川灾区棉衣被 1023 万件（床）、资金 5475 万元，支援甘肃灾区棉衣被 208.5 万件（床）、资金 562 万元，支援陕西灾区棉衣被 28.7 万件（床）、资金 400 万元。有些省份在完成对口支援任务的基础上，还对其他受灾地区进行跨省支援，如上海市支援四川灾区棉衣被共 473.62 万件（床）、云南灾区棉衣被 104 万件（床）。

北京市接受救灾捐赠事务管理中心具体承担了在京中央部门单位和军队领导机关棉衣被的接收和发运工作。10 月 24 日，中央部门单位和军队领导机关捐赠的 66.2 万件（床）棉衣被运抵成都。中央部门单位和军队领导机关捐赠资金 1962 万元，分别拨付四川省 1000 万元、甘肃省 562 万元、陕西省 400 万元，用于采购棉衣被及取暖用具等过冬物资。

这次捐赠衣被活动，基本满足了地震灾区群众过冬的需求。

第三节　接收捐款

为适应震后社会各界踊跃捐赠的需要，民政部抗震救灾应急指挥部在救灾捐赠组中又分别设立了捐赠热线小组、捐款接收小组、国际捐赠小组和信息统计小组等 4 个小组。

捐赠热线小组先后有 100 多人轮流值守，成员包括部直属机关的干部职工、社会团体派来的青年志愿者和高等院校的学生。5 月 14 日，民政部向社会公布 16 条救灾捐赠热线电话，开始接收社会各界咨询和捐赠（见图 3）。由于广大人民群众捐赠热情高涨，打电话的人多，热线受理

图 3　民政部“全国抗震救灾捐赠热线”接听现场
（民政部　提供）

量巨大，一度超过捐赠现场临时设置的小总机负载能力而致使小总机瘫痪。在中国电信北京公司的支持下，小总机迅速恢复工作。

捐款接收小组由民政部财务和机关事务司及志愿者共23人组成。5月15—21日，民政部接收社会捐赠现场累计接收社会捐赠1000余人次，接收捐款近4亿元，加上接收中央财政汇缴专户的直接汇款，累计接收捐款6.16亿元。

国际捐赠小组由外事司、中民慈善捐助信息中心的18名人员组成，主要职责是联络协调国外捐赠方、国内运输部门、海关和灾区等有关方面，及时为国际社会的援助物资顺利到达灾区提供快捷、高效的服务。

信息统计小组由民政部国家减灾中心和中民慈善捐助信息中心21名人员组成，主要职责是与中国红十字会总会、中华慈善总会、各地民政部门及外交部、港澳办、台办等部门密切沟通，统计汇总各地每日捐款情况，为中央抗震救灾决策和及时公开捐赠信息提供重要依据。

按照救灾捐赠管理的规定，民政部作为接收捐赠的单位，必须为捐赠人录入信息，打印收据凭证。地震发生后的初期，捐款接收小组以传统方式为捐款人打印收据，每天工作10多个小时，最多打印收据200多张，远远满足不了捐赠者的需要。群众生活组综合保障组组长孙浩荃组织技术力量，抓紧进行攻关研究，改进打印方法，提高了信息录入和打印效率，每天打印收据3000份以上，基本满足捐赠者需要。

在捐赠过程中，由于银行软件系统设计的原因，捐赠人通过银行向民政部汇款时，汇款信息上不能有效记录自己的通讯地址。为尽快使捐赠人得到捐赠收据，综合保障组经过缜密研究，提供了3种方式收集通过银行汇款到“民政部—中央财政汇缴专户”的捐赠人的通讯地址。一是请捐款人拨打免费长途电话40081—12349，向民政部提供捐赠人姓名、捐款金额、汇款的银行或账号，以及附言等内容，由热线接线员记录下他们的通讯地址；二是请捐款人登录网站juankuan.cndr.gov.cn，根据网上提示进行身份验证后，自行填报通讯地址；三是请捐款人将汇款银行收据或复印件连同通讯地址，邮寄或传真至民政部。在这一过程中，民政部与IBM中国公司全力攻关，IBM中国公司在向民政部捐赠的sahaha赈灾管理系统及相关的硬件设备基础上，又研究开发出通过计算机网络收集捐赠人通讯地址的网站，最大限度地保障了信息的安全可靠，操作简单，为从网络及热线收集捐赠人通讯地址提供了有效手段，保证了向捐赠人邮寄收据的及时性。

截至2008年年底，民政部共完成近10万份捐款收据打印工作，做到每一张收据编码、电脑系统编码、纸质档案编码三者一致，既节约了办公成本，又提高了工作效率。

一　现场接收捐款

社会各界向民政部捐款有3条途径：通过银行汇款，通过邮局汇款，到民政部现场捐款。几条途径一公布，社会各界立即掀起了捐赠热潮。许多人直接到民政部进行捐款。

5月13日上午，同方知网（北京）技术有限公司代表贾纲、黄志凯、赵章兰、刘芷君和一位不愿留姓名的老人到民政部向地震灾区捐款，这是民政部现场接收的第一批捐款。同日下午，香港艺人成龙、香港英皇集团董事局主席杨受成以“成龙、杨受成公益慈善基金”名义，通过中国社会工作协会向民政部捐赠1000万元，用于抗震救灾（见图4）。

图4 5月13日下午，香港艺人成龙（左二）、香港英皇集团董事局主席杨受成（右三）通过中国社会工作协会向地震灾区捐赠1000万元

（民政部 提供）

5月15日，民航系统在京各单位各部门共向灾区捐款2251万余元，其中个人捐款241万余元，首都机场集团公司捐款2000万元（见图5），中国民航报社、中国民航出版社捐款10万元。

5月16日，中国中信集团公司捐赠2000万元（见图6），北京市国有资产经营有限责任公司捐赠1000万元，中央国家机关工委和八一电影制片厂各捐赠100万元。

图5 5月15日，民航首都机场集团公司代表向地震灾区捐赠资金

（民政部 提供）

图 6 5 月 16 日，中信集团代表向四川地震灾区捐款 2000 万元（民政部 提供）

5 月 20 日，中国邮政集团公司捐赠《抗震救灾、众志成城》附捐邮票的邮资和附捐款共 2860 万元（见图 7）。

图 7 5 月 20 日，中国邮政集团公司捐赠《抗震救灾、众志成城》附捐邮票邮资和附捐款 2860 万元（民政部 提供）

5 月 21 日，民政部机关全体公务员及直属事业单位、部管社团干部职工捐赠 610.8 万元。安邦财产保险股份有限公司向民政部捐赠 1000 万元。

民政部根据财政部有关规定，将现场接收的捐赠资金，首先汇入中国建设银行总行，建设银行凭民政部开具的缴款通知书，将收到的捐赠资金上缴抗震救灾专设账户“民政部—中央财政汇缴专户”。

二　通过捐赠账户接收捐款

民政部公开汶川地震抗震救灾捐赠专用账号（中央财政汇缴专户）后，每日都有大量社会捐款汇入捐赠账户。

5月14日，民政部接收51笔捐赠资金共397.9万元。其中，河南省尉氏县洧川镇丁庄小学全体师生给民政部寄来一封信，信中有校长许长江的信和写着全校6个年级学生和教师姓名的心形卡片，并转交全校130名师生捐赠资金62450元。

5月15日，民政部接收378笔捐赠资金7015.91万元。

5月19日，民政部接收35942笔捐赠资金4.87亿元。

5月20日，民政部接收15279笔捐赠资金6.1亿元。其中，有一封夹着1000元汇款单的群众来信。来信人是当年"六十一个阶级兄弟"① 之一的现郑州市化工厂老工人牛文成。他身患癌症、脑梗塞、糖尿病等多种疾病，积蓄因治病花光，但他向单位预借工资捐款，希望用自己的绵薄之力支持灾区人民。日照钢铁控股集团有限公司捐款1亿元。证监会捐赠资金1.01亿元。

5月21日，民政部接收9022笔捐赠资金1.4亿元。

5月22日，民政部接收4400笔捐赠资金1.87亿元。其中，深圳市慈善协会捐赠资金1.3亿元。

5月23日，民政部接收3393笔捐赠资金3108.39万元。

……

截至10月14日，民政部通过捐赠账户接收社会各界捐款45.29亿元（含外交部等有关单位、有关基金会汇缴的捐赠资金）。其中，捐赠1亿元以上的单位有2个，捐赠3000万元至1亿元的单位有1个，捐赠500万～3000万元的单位77个，捐赠资金100万～500万元的单位有129个；捐赠资金1000万～5000万元的个人有范曾、陈君实、黄光裕、张近东等人，捐赠资金500万～1000万元的个人有沈国军、施国太、史玉柱等人，捐赠资金100万～500万元的有朱庆伊、刘婷、倪萍、毛阿敏、赵本山、倪国柱、张明亮等人，捐赠资金50万～100万元的个人有刘欢、王霞、李双江、吴红梅、谢中民等人，捐赠资金10万元以上的个人有176人。

三　接收转交捐款

国内外社会各界捐赠热情不断高涨，民政部门、红十字会和慈善会作为法定接收捐赠主体单位，虽然昼夜紧张工作，仍难以满足救灾捐赠工作的实际需求。为满足社会捐赠需求，中组部、中央统战部、中央台办、外交部、商务部、卫生部、体育总局、侨办等中央部门单位也分别接收

① 1960年，山西省承担着支援三门峡工程重点公路——从芮城风陵渡到平陆南沟的省级公路（简称风南公路）的建设任务。春节刚过，平陆县修路民工放弃假日休息时间，在张沟公路段上投入紧张劳动。2月2日，61名修路民工食物中毒。因情况危急，急需大量特种药品，县里和省里都无法解决。消息传到北京，卫生部、特种药品商店、民航局、人民空军都紧急动员起来，人民空军及时将药品投到该县，使61名修路民工获救。中央媒体发表通讯《为了六十一个阶级兄弟》，对这件事进行报道。

了社会救灾捐赠，并按照国务院有关要求，先后将接收的捐款转交民政部。截至 12 月 4 日，民政部共接收中央部门单位转交的捐赠资金 109 亿元（含“特殊党费”），其中中组部转交“特殊党费”79.88 亿元（此前中组部已向灾区预拨 17.42 亿元），统战部转交 9258.33 万元，台办（海峡两岸关系协会）转交 6.69 亿元，外交部转交 19.58 亿元，商务部转交 3958.69 万元，卫生部转交 4227.37 万元，新闻出版总署转交 136.14 万元，侨办转交 1106.94 万元，体育总局转交 154.35 万元，中华全国铁路总工会转交 1202.88 万元，共青团中央转交 1542.3 万元，全国总工会转交 6718 万元，金融工委转交 88.28 万元。

中央部门单位干部职工的捐款转交民政部，由民政部分配到各灾区；军队领导机关广大官兵的捐款由军队代表直接送到灾区。各单位捐赠的物资由民政部协调相关部门及时运抵灾区。

第四节　资金拨付

在抗震救灾捐赠资金的管理使用中，民政部根据国务院抗震救灾捐赠资金管理有关规定，尊重捐赠人的意愿，坚持专款专用、重点使用的原则，与财政部等有关部门协商，将捐赠资金及时拨付灾区。

5 月 24 日，民政部向四川省、甘肃省、陕西省、重庆市紧急下拨第一笔抗震救灾捐赠资金 12.4 亿元，其中定向资金 5.6 亿元、非定向资金 6.8 亿元。分别拨付四川省定向救灾捐赠资金 5.48 亿元；拨付甘肃省救灾捐赠资金 1 亿元，其中定向资金 500 万元、非定向资金 9500 万元；拨付陕西省 9850 万元，其中定向捐赠 550 万元、非定向捐赠 9300 万元；拨付重庆市 150 万元，用于受灾群众倒塌房屋恢复重建。另外，根据国务院抗震救灾总指挥部的统一部署，为帮助四川、甘肃地震灾区受灾群众解决临时居住困难，民政部从捐赠资金中拨付北京市民政局 2.92 亿元，为四川省采购过渡性活动板房；拨付浙江省民政厅捐赠资金 2 亿元，为四川省和甘肃省各采购价值 1 亿元的过渡性活动板房。民政部要求使用单位必须专款专用、严格管理，保障捐款使用公开、透明、高效。

5 月 28 日，民政部拨付浙江省海宁市民政局 3660 万元，为灾区采购救灾帐篷。

6 月 4 日，民政部根据捐赠人的定向捐赠意愿，将深圳市慈善总会捐赠的 1.4 亿元，分别拨付四川省 1 亿元、甘肃省 3000 万元、陕西省 1000 万元，全部用于灾区福利设施建设。

6 月 18 日，民政部向四川省、甘肃省、陕西省拨付抗震救灾定向捐款，用于灾区广电系统设施恢复重建，其中四川省 6000 万元、甘肃省 3500 万元、陕西省 2000 万元。

7 月 18 日，民政部根据境外捐赠人意愿和外交部要求，将外交部转交的部分国外定向捐款 3.659 亿元定向拨付四川、甘肃、陕西、重庆地震灾区，其中拨付四川省 2.2 亿元、甘肃省 7300 万元、陕西省 3600 万元、重庆市 3692.2 万元，专项用于学校、医院、民房重建及购买大米和饮用水。

根据审计署2010年1号公告，截至2009年9月30日，民政部共接收捐赠资金50.67亿元（含外交部等有关单位、有关基金会汇缴30.39亿元，不含“特殊党费”），共支出50.32亿元，其中，拨付灾区44.97亿元（四川省18.87亿元、甘肃省17.4亿元、陕西省8.1亿元、重庆市0.59亿元、云南省0.01亿元），拨付北京市和浙江省5.29亿元，用于为灾区购买活动板房和篷布，其他定向救灾支出0.06亿元。结存0.35亿元，继续用于地震灾区的生活救助和灾后重建工作。

第五节　协调运输捐赠物资

在抗震救灾捐赠活动中，全国各地以及国际社会向灾区捐赠了大量救灾物资。民政部积极协调航空、公路、铁路、海路等运输管理部门，将物资快速运往灾区。截至7月1日，民政部协调接收了43个外国政府（国家或地区）、10个驻外使馆、3个国际组织、34个外国企业和民间组织共90个单位捐赠的物资190批次，其中经普通航空运输143批次、包机或军机运输37批次、公路运输2批次、铁路运输3批次、海路运输5批次。

在抗震救灾捐赠活动中，民政部积极协调有关部门和单位做好救灾捐赠物资的接收工作。截至7月1日，民政部向有关部门和受灾省份发出协调函件201份，其中协调海关函件56份、民航函件72份、灾区省份函件59份、其他单位函件14份。

第二章　公募机构赈灾活动

中国红十字会总会（含中国红十字基金会）、中华慈善总会及经民政部批准的公募机构，在汶川地震发生后充分履行社会救助职能，发挥自身资源优势，发出募捐倡议，公布捐赠平台，组织大型募捐活动，为灾区募集了大量款物。一些非公募机构也积极行动起来，以各种形式支援灾区抗震救灾。

截至 2009 年 9 月 30 日，中国红十字会总会、中华慈善总会和其他经批准可以接收抗震救灾社会捐赠的 16 家全国性基金会，接收捐赠资金和物资折价共 84.28 亿元，其中资金 73.68 亿元、物资折价 10.6 亿元。

第一节　中国红十字会总会赈灾活动

一　组织发动

5 月 12 日 14 时 28 分，汶川地震发生。15 时 20 分，四川省红十字会致电中国红十字会总会（以下简称总会），报告四川汶川地震灾情；甘肃省、陕西省、重庆市、云南省红十字会也陆续致电总会，报告地震灾情。

5 月 12 日 23 时 50 分，总会通过中央电视台等媒体向社会各界发出救助汶川地震灾区募捐呼吁，公布抗震救灾募捐账号。同时，要求云南、陕西、广东等总会备灾救灾中心安排 24 小时值班，清点仓库，确定抗震救灾联系人名单和联系方式。要求各省（区、市）红十字会每天上报募集款物情况。

5月13日8时30分，总会常务副会长、党组书记江亦曼召开紧急会议，决定成立总会抗震救灾指挥部，江亦曼任总指挥。会议决定紧急向社会招募红十字志愿者，参与总会机关抗震救灾工作；紧急通知北京、上海、河北、安徽、湖南等省（市）红十字会和总会定点合作救助医院、武警总医院等单位组成专业救援队，即日启程奔赴四川地震灾区展开救援。

5月13日7时，总会用于抗震救灾的15部捐赠热线电话24小时全面对公众开放。9时，总会和四川省红十字会、香港红十字会、澳门红十字会、红十字会与红新月会国际联合会组成抗震救灾联合工作组，赴都江堰、北川考察地震灾情。18时，根据联合工作组报告，总会正式通知红十字会与红新月会国际联合会东亚地区代表团，决定通过红十字会与红新月会国际联合会发出抗震救灾国际紧急呼吁。

5月13日，总会从成都备灾救灾中心紧急调拨帐篷、棉被等物资，用于当地红十字会开展救助工作。同时，总会根据灾区急需帐篷、棉被、食品、饮用水、医疗用品、环境消毒剂和饮水消毒剂等物资需求，呼吁社会各界积极行动起来，发扬中华民族“一方有难、八方支援”的传统美德，积极捐款捐物，参与到紧急救助中来，为灾区群众奉献爱心。呼吁指出，鉴于运输条件所限，尽量以捐赠现金方式援助灾区。

同时，总会要求各级红十字会立即行动起来，严格依照《中华人民共和国红十字会法》的有关规定，依法开展募捐，积极投入救灾工作。为了方便群众捐赠，总会进一步公布了通过银行、邮局、互联网、短信等方式向红十字会捐款的具体方法，公布总会捐赠热线和查询电话。

5月15日，总会通过红十字会与红新月会国际联合会向国际社会发出汶川地震紧急呼吁，拟通过国际社会为汶川地震救援活动募集2007.64万元瑞士法郎，为10万受灾群众提供12个月的帮助，国际救助的款项主要用于购置紧急救助阶段所需的物资，如食物、饮用水、帐篷、保暖衣被、照明设备、通信设施等，并为灾后重建提供必要的援助。

5月19日，总会再次紧急发出呼吁，呼吁境内外相关组织为灾区提供人血白蛋白、多烯磷酰胆碱注射液、立止血、去甲肾上腺素、帐篷、20千瓦与40千瓦柴油发电机、棉被、衣裤等急需的物资援助。

二　制定规章制度

为保障救灾捐赠工作的健康开展，中国红十字会总会多次发出通知，提出具体要求和意见。

5月15日，总会发出《关于认真作好救助四川地震灾区捐赠工作的通知》，要求各级红十字会要依法接收和使用捐赠款物，有效地救助灾区群众：要严格按照《中华人民共和国红十字会法》关于中国红十字会“独立自主地开展工作”和“红十字会有权处分其接受的救助物资”的有关规定，依法独立开展募捐活动和处分救助物资；在处分捐赠款物时，要尊重捐赠者的意愿；要主动向各级党政领导和主管部门汇报沟通，积极争取各级政府对红十字会工作的支持，保障红十字会依法履行职责，发挥红十字会在人道救助领域的政府助手作用；要及时与总会和受灾省红十字会沟通，及时把募集的救灾款物拨付或运送到灾区，尽快使受灾群众受益；要加强救灾款物的管理，及时按规定向社会公示募捐情况和使用情况，主动接受社会监督和政府部门的审计。

5月18日，总会发出《关于切实做好5·12地震募捐款物管理、使用工作的通知》，通知要求各级红十字会要继续做好募捐动员工作，动员社会各界向灾区捐款捐物，支援灾区救援和重建工作；要切实加强捐赠款物的管理和使用，严禁以转入备灾基金等名义扣留、挪用、截留或用作其他事项；要根据救灾工作进展，切实安排好资金使用，要安排一定比例的捐款用于灾后重建；各级红十字会要及时向社会公布募捐情况及资金物资使用情况，提高透明度，自觉接受和配合审计部门的审计工作。通知强调，任何组织和个人不得侵占、截留、贪污、挪用救灾款物，不得违反采购规定和纪律，不得徇私舞弊和玩忽职守，违者依法惩处，追究相关责任。

5月22日，总会发出紧急通知，要求各级红十字会要切实加强捐赠款物的接收管理工作；要严格按照捐赠者意愿和有关规定管理使用捐赠款物，不得在汶川地震灾害捐款中提取管理费；要严格救灾物资接收、采购、分配及使用的日常管理和监督，提高捐赠款物的使用效益；要积极维护红十字会的公信力，接受社会监督，配合政府部门的专项审计工作。

6月2日，总会发出《关于加强汶川地震捐赠款物管理使用的通知》，要求各级红十字会要依法管理使用，任何组织和个人不得侵占和挪用红十字会的经费和财产；要尊重捐赠者意愿，在捐赠款物过于集中同一项目、同一区域的情况下，要主动征求捐赠人的意见，经捐赠人书面同意后，方可改变捐赠用途；要坚持专款专用原则，严禁将捐赠款以转入红十字基金等名义扣留、挪用或用作其他事项。捐赠资金不得用于机关工作人员的工资福利和与救灾无关的办公经费；救灾物资的采购应当按照《中华人民共和国政府采购法》以及其他相关的救灾物资紧急采购管理规定组织实施，本着"等价择优、等优择价、就近采购"的原则，严格采购规程，严肃采购纪律，确保采购资金的使用安全和使用效益；要严格资金使用审批制度。对金额大、数量大、影响大的支出，要坚持领导集体审批。捐赠款物的开支标准有政策法规依据的按相关法规执行，不得擅自提高标准，扩大开支范围；为提高捐赠款的使用效率，在征得受灾省红十字会同意后，总会及具有对口支援任务的省级红十字会可以直接与受灾省的地市级红十字会对接，将捐赠款汇往对口的地市级红十字会；要主动公开接受捐赠款物的来源、数量、种类和去向，自觉接受社会公众的监督；要切实加强捐赠款物管理使用情况的监督检查，及时发现和处理违法违规问题，确保捐赠款物全部用于灾区和受灾群众，以回应社会各界对捐赠款物管理使用情况的关注，给捐赠者交一本明白账、放心账。

三　接收社会捐赠

汶川地震发生后，全国各级红十字会通过与宣传、文化、企事业等部门、单位合作，开展义演、义卖、摆设募捐箱等多种形式筹集善款，并主动联系银行、邮电等相关部门，简化转账、汇款手续，减免手续费用，加快红十字会工作流程，方便单位和个人捐款捐物。

5月14日14时，中国红十字会会长彭珮云在新保利大厦出席"出发，为了生命的色彩——

中国当代艺术家赈灾义拍大型公益活动启动仪式”，并接收北京保利国际拍卖有限公司捐赠的价值3000万元的字画。

5月13日早晨，右脚骨折的北京市民李春平将捐赠的50万元汇入中国红十字会账户；下午，他坐着轮椅赶到捐赠现场，再次捐50万元。同日早上，演员陈佩斯赶到中国红十字基金会，捐款5万元；下午，演员朱时茂到总会捐赠现场捐款5万元。同时赶来捐款的演员陈坤捐赠20万元，并代歌手那英捐赠20万元，代演员赵薇和周迅各捐10万元。

5月14日中午，5岁半的侯宇琪在妈妈的陪同下来到总会捐款办公室，向灾区捐款200元。一位中年女子除捐了一张100元的钞票外，还捐了一兜1元的、5角的零钱。她说她是1976年唐山地震的幸存者，前年丈夫去世，去年自己又下岗了，平时靠打点零工维持自己和正在上中学的女儿的开支，很想为灾区的人们多做点什么，但能力太有限了，只能捐这么一点。一位前来捐款的中年男子看到长长的捐款队伍，十分着急，因他晚上还要出差。他找到工作人员商量，到前面“插队”捐了1万元，还代其他出差在外的同事捐款1万元。一位两眼噙着泪花的70多岁老大娘走进捐款办公室，捐出了自己一个月的退休金，在捐赠证明上签名“铺路石”。

5月15日一大早，中华印刷包装网董事长王圭平专程从上海搭乘飞机赶到北京捐款，一下飞机就乘出租车赶往总会。到达目的地后，出租车司机把他递过去的97元车费退还给他，说：“您来这儿肯定是捐款的，我不收您的车钱。四川发生地震，咱老百姓有力出力，也算我对灾区人民献了爱心”。同日，总会收到邓小平夫人、92岁高龄的卓琳10万元捐款。至15日，社会各界以短信方式向总会捐款已突破1亿元。

5月17日，演员、中国红十字基金会理事、“爱心天使”陶虹与其丈夫徐峥，通过中国红十字基金会捐款10万元。演员郭冬临到中国红十字基金会捐款10万元。

5月18日上午，已故演员陈晓旭的家人到中国红十字基金会，以“陈晓旭”的名义捐赠10万元。中午，中国红十字基金会“爱心天使”、演员吴京到中国红十字基金会捐款10万元。傍晚，盲人歌手杨光在母亲陪同下到总会捐款3万元。

5月22日，演员陶红向中国红十字基金会捐赠20万元，用于为灾区的伤员、妇女、儿童购买急需用品。中国羽毛球协会、中国羽毛球队在天坛饭店举行赈灾捐款仪式，现场拍卖中国羽毛球队捐赠的4枚金牌，筹得赈灾款420.5万元，捐给中国红十字基金会。

5月24日下午，演员潘虹携《亲人、爱人》剧组向中国红十字基金会汇款6万元。歌手何洁向中国红十字基金会捐款5万元。晚上，中国广播艺术团在北京民族文化宫举行“我们在一起”抗震救灾大型配乐诗文朗诵会，现场募集现金7.74万元、字画27幅（估价约100万元），全部捐赠中国红十字基金会。

5月26日，中央电视台《购物街》主持人高博代表栏目组捐赠他们筹集的救灾款12万元。

6月4日，韩国演员梁美京通过中国红十字基金会向四川地震灾区捐款5.9万余元。

8月23日，北京奥运会冠军、牙买加运动员博尔特通过中国红十字基金会向汶川地震灾区捐款5万美元。

9月16日，歌手翁倩玉、演员成龙到总会驻地，转交他们于7月间在日本东京举办帮助四川地震灾区群众重建家园慈善演唱会所募善款2700多万日元。

四 拨付捐赠资金与调运捐赠物资

5月12日16时，中国红十字会总会从中国红十字会成都备灾救灾中心紧急调拨单帐篷557顶、棉被2500床等价值78.86万元的救灾物资运往灾情严重的都江堰、绵阳、德阳等重灾地区。17时30分，红十字会与红新月会国际联合会决定，给予中国四川汶川地震灾区25万元瑞士法郎的援助，并先期从中国红十字会总会备灾救灾仓库借调单帐篷500顶、棉被5000床、饮水消毒剂300箱等总价值95.89万元的物资运往成都、德阳、绵阳等重灾地区。同日晚，总会调拨价值26.04万元的9300床毛巾被运往四川地震灾区。

5月12日晚，招商证券博爱基金、“中国红十字会李连杰壹基金计划”（以下简称壹基金）、中钢集团等紧急向四川灾区捐款近700万元。

5月14日，中国红十字基金会紧急向四川省红十字会拨付1000万元，发运折价489万元的救灾物资。

5月15日，总会决定向四川、甘肃、陕西、重庆、云南、贵州六省（市）紧急拨付救灾资金1亿元，用于采购帐篷、棉被、方便食品、饮用水等救灾物资。至15日12时，总会及地方各级红十字会已向灾区提供救灾款物计1.69亿元。

5月15日，经总会、海峡两岸关系协会共同协调，台湾地区红十字组织委托“中华航空公司”运载着台湾社会各界捐赠的价值12.69万美元的帐篷、毛毯、急救包、食品等救灾物资从台北直飞成都。香港红十字会通过中国红十字会总会捐赠的救灾款物计1388万元。

自汶川地震发生后，总会紧急从成都、辽宁、安徽、云南、湖北、广州、宁夏、上海、杭州、内蒙古等地备灾救灾中心调拨单帐篷、棉帐篷、拉纤式帐篷等不同规格的救灾帐篷运抵灾区。截至8月6日，总会已向灾区紧急调拨帐篷14万余顶（含红十字会与红新月会国际联合会紧急采购的10万顶）、棉被12万余床、衣物25万多件、蚊帐170万顶、粮食6480吨及方便食品、饮用水等紧急救援物资。

2010年3月10日，总会公布汶川地震捐赠款物接收、拨付、使用和结存情况：

总会（含中国红十字基金会）在开展汶川地震抗震救灾捐赠活动中，共接收捐赠款物57.12亿元，其中资金51.22亿元、物资折价5.9亿元。

总会和基金会捐赠资金支出主要有：救灾物资购置费16429.48万元；总会购买活动板房资金50825万元；拨付四川省141239.56万元；拨付甘肃省31438.5万元；拨付陕西省25665.63万元；拨付重庆市红十字会抗震救灾款551万元，其中总会拨付410万元、基金会拨付141万元；总会拨付云南省红十字会抗震救灾款400万元；总会拨付贵州省红十字会抗震救灾款200万元；总会援助残联残疾人关爱项目和计生委妇女关爱项目750万元；总会定向拨付心灵阳光技术培训中心建立灾区心理关爱中心等心理援助项目款500万元；总会巴蜀力量基金援建丹棱县何场中学及中江县白果乡中学重建款549万元；总会拨付6支地震紧急救援队经费300万元；总会壹基金援助灾区支出5888万元；基金会灾区重症儿童医疗救助和其他资助342.85万元，以及总会和基金会救灾工作其他经费支出。

救灾物资购置费支出主要分两类：基金会救灾物资购置费1754.48万元和总会救灾物资购置费14675万元。基金会救灾物资购置费具体支出情况为：购买折叠床182万元，购买药品225.88万元，购买粮食150万元，采购轮椅63.55万元，采购抗震装配式轻体房1007.99万元，采购图书99.4万元，购买棉被3.76万元，购买羽绒服14.75万元，购买毛毯7.15万元。总会救灾物资购置费具体支出情况为：采购棉被2420万元，购置医疗器械240万元，购买食品3653万元，购买衣物1919万元，采购帐篷1867万元，购买生活用品249万元，购买药品62万元，采购蚊帐4265万元。

拨付四川省资金支出主要分为两类：基金会拨付四川省43752.56万元，总会拨付四川省96787万元。基金会拨付四川省资金具体支出情况为：拨付四川省各级红十字会地震救灾及重建款24908.58万元，灾后重建公开招标中标项目资助支出87.18万元，拨付定向救灾及重建款18756.8万元。总会拨付四川省资金具体支出情况为：拨付定向救灾及重建款1990万元，拨付四川各级红十字会地震救灾及重建款94797万元。

拨付甘肃省资金支出主要分为两类：总会拨付甘肃省25962万元，基金会拨付甘肃省5476.5万元。总会拨付甘肃省资金具体支出情况为：拨付甘肃省红十字会救灾及重建款24129万元，拨付定向救灾及重建款1833万元。基金会拨付甘肃省资金具体支出情况为：拨付甘肃省红十字会救灾及重建款4476.5万元，拨付定向救灾及重建款1000万元。

拨付陕西省资金支出主要分为两类：总会拨付陕西省18492万元，基金会拨付陕西省7173.63万元。总会拨付陕西省资金具体支出情况为：拨付定向救灾及重建款776万元，拨付陕西省红十字会地震救灾及重建款17716万元。基金会拨付陕西省资金具体支出情况为：拨付陕西省红十字会地震救灾及重建款7101.13万元，灾后重建公开招标中标项目资助支出72.5万元。

壹基金援助灾区支出分为以下几类：援建四川灾区卫生院和学校款1000万元，援建甘肃灾区卫生院和学校款500万元，援建陕西灾区卫生院和学校款500万元，拨付上海李连杰壹基金公益基金会汶川地震重建项目款3500万元，壹基金援助阿坝羌族妇女就业帮扶中心羌绣项目款及壹基金之家儿童村项目款204万元，资料费、快递费、通讯邮寄费、差旅费等办公经费支出16万元；壹基金为灾区采购物资款（如移动厕所、电风扇及生活用品等）168万元。

总会和基金会救灾工作其他经费支出：运输费、报关费、宣传费、采购物资招标费、捐赠收据购买打印及邮寄费、总会驻四川办公室经费等工作经费支出1177.51万元，其中总会986万元、基金会191.51万元。

捐赠资金结存14.82亿元。其中，11亿元为已开工项目后续工程款，将随重建项目进度情况依照协议规定陆续拨付灾区；3.82亿元为待拨项目资金。

灾后恢复重建项目包括建设12.28万户民房、754所学校、3738所卫生院（站）和部分村民活动室、残疾人康复中心、敬老院、福利院、饮水工程及备灾仓库等。

12月25日，审计署就总会2008年汶川地震社会捐赠资金和物资审计发布审计评价意见称：审计结果表明，汶川地震发生后，中国红十字会总会进一步建立健全捐赠款物管理办法，认真落实国家相关救灾款物筹集和管理使用的规定，及时下拨各项救灾资金和物资，接收和拨付效率进一步提高；积极采纳审计建议，认真整改，救灾款物管理总体良好，审计未发现重大违法违规问题。

第二节 中华慈善总会赈灾活动

一 组织发动

5 月 12 日，汶川地震发生后，中华慈善总会会长范宝俊立即与四川省慈善总会联系，了解灾情，同时要求各部门密切关注灾情变化，做好救灾募捐准备工作，并就抗震救灾有关问题向民政部请示。当晚，中华慈善总会紧急决定向四川灾区拨付救灾款 100 万元，并调拨存放在石家庄储备仓库中的棉帐篷 400 顶给四川灾区。

5 月 13 日上午，范宝俊主持召开紧急会议，成立中华慈善总会抗震救灾领导小组，范宝俊任组长，秘书长刘国林任总协调人，领导小组下设宣传组、物资接收组、资金接收组。会议决定，开通捐赠电话，公布银行、网络、邮局及现场捐赠 4 条渠道，部署中华慈善总会及团体会员抗震救灾捐赠工作。

5 月 14 日，中华慈善总会向全国各地慈善会发出呼吁书，动员开展全国性救灾捐赠活动。

5 月 17 日，中华慈善总会成立四川赈灾一线工作组，派专人进驻四川省，负责中华慈善总会和各地慈善会运抵四川的救灾捐赠物资接收发放等工作。同日，工作组协调接收台湾佛教慈济慈善基金会捐赠的价值 400 多万元的药品和毛毯。工作组还深入北川、绵竹、什邡、青川、汶川等重灾地区了解灾情，检查捐赠款物发放情况和慰问受灾群众。截至 7 月底，工作组共接收通过中华慈善总会和各地慈善会捐赠的 200 余批次折价约 2 亿元的物资，并及时将救灾物资运往灾区。

5 月 28 日，中华慈善总会在绵竹市政府、市慈善会和援川解放军某部官兵的帮助下，搭建帐篷数百个，建立中华慈善总会受灾群众安置帐篷区。中华慈善总会副会长朱焘及凤凰卫视董事局主席、中华慈善总会荣誉副会长刘长乐赴绵竹，考察帐篷区并慰问受灾群众和解放军某部官兵。

6 月 27 日，中华慈善总会与汇丰银行慈善基金项目办，协同四川省教委举办“汇丰中华慈善四川灾区中小学教师培训班”。

6 月 29 日，范宝俊在成都主持召开四川、甘肃、陕西三省慈善总会负责人抗震救灾暨灾后重建工作协调会，进一步部署抗震救灾捐赠工作。

二 募捐活动

社会各界捐赠 汶川地震发生后，全国各地各级 700 多个慈善会，广泛开展救灾捐赠活动，接收到大批捐赠款物。

5月13日，海内外第一批向中华慈善总会捐赠物资的有：江苏雅迪公司捐赠价值21.5万元的帐篷和太阳伞、台湾佛教慈济慈善基金会捐赠价值1100万元的毛毯和生活用品、ShelterBox Trust（英国）捐赠价值68万元的帐篷等物资。同日，“关爱中国”（美国）北京办事处致电中华慈善总会，向中国地震灾区认捐50万美元；嘉德宝（法国）基金会致电中华慈善总会，认捐150万元定购救灾帐篷支援灾区。当晚，中华慈善总会即派人赶往河北廊坊帐篷厂家订购救灾帐篷。

在中华慈善总会捐赠现场，前来为灾区捐款的群众排起了长队。捐款人中，有政府机关公务员，有市场商贩，有青年学生，有解放军战士，有白发苍苍的老者，还有童稚天真的儿童。几十位工作人员和志愿者忙碌着接收捐款、开票、颁发证书。

5月13日10时，中国福利彩票发行管理中心向地震灾区捐赠500万元。下午，河北省张北县县长戎均文代表曾遭受过重大地震灾害的张北县人民，向中华慈善总会捐赠100万元。大型粮油食品集团益海嘉里向中华慈善总会捐赠2000万元。

5月14日14时，北京幸福泉幼儿园小朋友在老师的带领下前往中华慈善总会，捐款5290.66元。赴法国参加第61届戛纳国际电影节的演员张丰毅得知汶川地震灾情后，通过银行向中华慈善总会捐款10万元。

5月15日16时，企业家李厚霖捐赠2000万元设立“I Do儿童救助基金”，其中1000万元用于救助四川地震中的受灾儿童。

5月16日上午，诺华生物医学研究有限公司中国区代表到中华慈善总会捐赠1500万元和药品，其中公司员工捐赠100万元。诺华公司的代表乘坐出租车赶往中华慈善总会捐款，出租车司机得知他们要去捐款，不仅免收乘车费，还请他们代向中华慈善总会捐赠36元。同日下午，一位老人到中华慈善总会捐赠资金7万元后悄悄离开，签名“剑英后人”。经工作人员查证，这位老人系叶剑英元帅的女儿。同日，全国政协常委、周大福集团董事、总经理郑家纯代表周大福慈善基金，在全国政协礼堂通过中华慈善总会向汶川地震灾区捐赠4993万元。

5月17日下午，毛泽东主席的后代毛新宇夫妇和孔东梅、王效芝冒雨到中华慈善总会捐款。毛新宇和妻子刘滨捐3.4万元，孔东梅、王效芝分别捐3.3万元，共计捐款10万元。李敏的女儿孔东梅说：“邵华舅妈觉得我们三家人应该一起为灾区人民做点事情，于是委托我们4个毛家小字辈来捐款了。”

5月18日17时，凤凰卫视主持人陈鲁豫赶到中华慈善总会捐赠15万元。

5月19日11时30分，北京英才幼儿园所属龙城园、龙兴园、瑞海园、流星园、丰台区英才幼儿园等5家幼儿园，将两个塞满捐款的募捐箱送到中华慈善总会。

5月20日10时13分，画家王子洲将他历时两年创作完成的长达130米、估价700万元的《百年吉祥图》捐赠中华慈善总会，请总会予以拍卖，所得款项全部捐赠灾区。

5月21日9时43分，中华慈善总会接收北京市叔蘋奖学金得奖同学会的捐款10万元。10时23分，北京市大兴区瓜农王汉良带人开着两辆满载着50箱西瓜的面包车到中华慈善总会。他说：“这批西瓜是今年第一批成熟的牛奶西瓜，我们舍不得吃，也舍不得卖，希望能把这份最早到来的甘甜捐赠给在灾区昼夜奋战的慈善工作者及志愿者们。”同日下午，全国政协常委、万达集团董事长王健林代表大连万达集团向中华慈善总会捐赠6000万元。同日，戴姆勒东北亚投资有限公司向中华慈善总会捐赠515万元。

韩国艺人张娜拉、郑在娟通过中华慈善总会向北川第二小学捐赠32.4万元，用于灾后重建。

5月24日，Give2Asia（赠与亚洲）基金捐赠129.5万美元。26日，21世纪出版社与“童话大王”郑渊洁共向中华慈善总会捐赠60万元。28日，中国进出口银行向中华慈善总会捐赠547万元；中国个体劳动者协会通过中华慈善总会向四川省个体私营经济协会捐赠1500万元，用于地震灾区建设应急市场，救助个体工商户、私营企业会员中的孤儿、孤残、孤老人员，帮助受灾会员和地方协会的生产经营和恢复重建。

6月2日，江苏沙钢集团向中华慈善总会捐赠资金8136万元，这是中华慈善总会接收的金额最大的一笔抗震救灾捐款。同日，一位90岁高龄老人在家人的陪同下，到中华慈善总会捐赠200元。他说：“自己每月靠政府补贴200元生活。现在国家遇到了困难，自己也要尽一份力。”18日，中国个体劳动者协会再次捐赠725万元，用于灾区福利院建设和救助遭受地震灾害的孤儿、孤残、孤老人员。

截至10月14日，国内外团体组织、企业和个人共向中华慈善总会捐赠资金9亿多元。其中，江苏沙钢集团有限公司8136万元，万达集团股份有限公司6000万元，周大福慈善基金4993万元，澳门“川澳同心”委员会6000余万澳门元，中国个体劳动者协会3941万元，中国航空工业第一集团公司2260万元，CLEVER STREET TRADING LTD 2077万元，中国嘉德国际拍卖有限公司1766万元，荣宝斋1027万元，中国海油1000万元，广西李宁基金会1000万元，浙江吉利控股集团有限公司1000万元，北京兴大豪科技开发有限公司1000万元，天津市蓟县恒信黄金珠宝首饰1000万元，深圳市利联太阳百货有限公司1000万元，Give2Asia基金895.7万元，观澜湖高尔夫球会884万元；TSAI ENG MENG884万元，中国进出口银行800万元，香港沙钢船务有限公司796.7万元，武钢集团公司750万元，PCS ADMINISTRATION INC 692万元，南方李锦记有限公司（“思利及人”公益基金会）638万元，秦皇岛市慈善协会600万元，阿斯利康制药有限公司600万元，戴姆勒东北亚投资有限公司及关联公司515万元，广东步步高电子工业有限公司500万元，中国福利彩票发行管理中心500万元，四川雅居乐房地产开发有限公司500万元，北京兆泰置地集团股份有限公司500万元，华晨宝马汽车有限公司（宝马爱心基金）500万元，宝马（中国）汽车贸易有限公司（宝马爱心基金）500万元，澳门中华总商会450万元，海港城实业发展（深圳）有限公司450万元，秦山核电（集团）有限责任公司430万元，CHINA CARE FDN INC 346万元，内蒙古鄂尔多斯羊绒制品股份有限公司300万元，百胜咨询上海有限公司300万元，厦门市慈善总会300万元，北京润丰房地产开发有限公司300万元，延安市救灾募捐办公室282万元，CAPITALAND HOPE FOUNDATION（凯德置地）276万元，民生人寿保险股份有限公司260万元，晋江市慈善总会240万元，深圳高尔夫俱乐部有限公司220万元，中国教育电视台220万元。捐赠200万元的企业有：华捷联合信息（上海）有限公司、中南控股集团有限公司、北京利山房地产开发有限公司、红牛维他命饮料有限公司、萍乡钢铁有限公司、秦皇岛金海粮油工业有限公司、益海（连云港）粮油工业有限公司、上海益海商贸有限公司、泉州福海粮油工业有限公司、益海（广州）粮油工业有限公司、新元粮油（武汉）有限公司、百度在线网络技术（北京）有限公司、国家大剧院、北京兴荣基房地产开发有限公司、北京银基天创投资有限公司等企业。捐赠额在 100 万～ 200 万元之间的有 50 多家企业和个人。捐赠额在 10 万～ 100 万元之间有 400 多家企业和个人。

大型募捐活动　5 月 14 日，全国政协在政协机关举行全国政协委员和政协机关抗震救灾捐赠仪式，中共中央政治局委员、全国政协副主席王刚及副主席阿不来提·阿不都热西提、张梅颖、李金华、郑万通，全国政协机关党组书记、副秘书长杨崇汇及副秘书长孙怀山等出席并捐款，此次活动共捐赠 930 万元、1710 万港元，全部转交中华慈善总会，转赠地震灾区。当晚，由民政部、中华慈善总会、中国红十字会总会、中华思源工程扶贫基金会主办，新浪娱乐、“同一首歌”栏目、凤凰卫视协办的“凝聚每份爱”大型赈灾义演在北京 21 世纪剧场举办。这是演艺界为地震灾区举行的第一场大型演出活动。众多文艺工作者取消预定好的其他活动安排，积极加入这次抗震救灾义演。义演现场接收捐款 1084 万元。

5 月 18 日，中国畜牧饲料行业在西安举行抗震救灾募捐仪式，共向中华慈善总会捐赠 630 多万元和部分物资。

5 月 22 日和 6 月 15 日，中华慈善总会、中国出版集团公司与荣宝斋合作举办了两场“为了汶川·重建家园”赈灾义拍活动，拍卖书画家黄永玉、黄苗子、许麟庐、范曾、李铎等捐赠的作品，共筹集善款 1025.25 万元，援建冠名“荣宝斋爱心学校”的灾区中小学。

5 月 18 日 9—22 时，中华慈善总会与广东日生集团、中国养兰名家北京联谊中心、国际中国书画家交流促进会，在王府井大街举办“中华慈善总会王府井大街赈灾募捐活动”。艺术家程相昭、王谦祥、王玉等到现场捐献作品。此次活动接收社会各界、港澳台同胞及韩国、日本、泰国、菲律宾、伊朗、新加坡、印度、马来西亚、英国、瑞典、意大利、德国、荷兰、比利时、法国、西班牙、爱尔兰、俄罗斯、贝宁、美国、加拿大、墨西哥、澳大利亚、阿拉伯联合酋长国、波多黎各等 20 余个国家的友人捐款，共筹集捐款 23.98 万元，全部用于援建灾区国兰慈善小学。

5 月 23 日，中华慈善总会与国家大剧院合作举办第一届中国交响乐之春“众志成城、重建家园”特别音乐会，现场募集捐款 528.3 万元。

5 月 27 日，中华慈善总会在北京嘉里中心饭店举办“共同度过·中国当代艺术界赈灾义拍”活动，义拍作品涵盖油画、雕塑、影像艺术、装置艺术、录像等各门类，有近 200 位艺术家的 194 件精品上拍。在此次拍卖中，艾轩、杨飞云、王沂东等 20 多位中国写实画派画家创作的巨幅作品《热血 5 月·2008》非常引人注目。作品长 20 米、高 2 米，以抗震救灾为主题，生动形象地呈现了全国人民众志成城、奋力抗灾的悲壮情景。起拍价格定为 512 万元，经过 43 次叫价，最终以 3350 万元成交。此次义拍，总成交额达 5100 余万元，全部转赠四川灾区。

5 月 27 日，中国畜牧业协会犬业分会与中华慈善总会在北京二十一世纪饭店举办中国藏獒行业抗震救灾捐助活动，共募集捐款 496.2 万元，募集物资折价 13.6 万元。

6 月 1 日，中国关心下一代工作委员会主办“关心下一代健康论坛”，默沙东（中国）有限公司捐赠 150 万元，转交中华慈善总会。3 日，中华慈善总会、中国关心下一代工作委员会在北京电影学院演出厅举办“用爱搭建温暖的家”大型赈灾义演活动，老一辈革命家和书画界、演艺界、医疗系统等社会各界人士志愿者积极参与，现场募集捐款60余万元。

7月3日，中华慈善总会与澳门“川澳同心”委员会在钓鱼台国宾馆举行“重建家园善款捐赠仪式暨新闻发布会”，“川澳同心”委员会发起人何鸿燊、召集人周锦辉向中华慈善总会转交捐款6000余万澳门元，用于在四川地震灾区援建一座以澳门相关名义命名的村庄。

6月16日，中华慈善总会、中国艺术研究院、广东日生集团、国际中国书画家交流促进会，在全国政协礼堂隆重举行“重建校园、点燃希望、明天会更好——大型抗震救灾慈善爱心活动”。此次活动共收到捐赠书画作品150余幅，大连万达集团现场捐赠21万元。

汶川地震发生后，经青艾工程办公室和青艾工程形象大使白岩松共同倡议，由中华慈善总会、中国教育学会联合立项主办“1+1心联行动”，行动主要是整合公益慈善援助和教育资源，创建有序、专业、透明的长效心理援助机制。该项目于5月19日启动后，吸引了众多爱心人士参与，共募集专项善款500多万元，分别在绵竹、都江堰、汶川等地38所学校援建“心联小屋”和1所“1+1心联行动培训中心”、1家“1+1心联行动基地”。截至10月14日，该项目共组织15批次100名专家学者赴灾区援助，赠送心理书籍7万册，举办媒体说明会、1+1心理访谈专题、媒体恳谈会和雅虎、新浪、中青网视频聊天等，做好灾区教师学生的心理干预工作。

三　拨付捐赠资金与调运捐赠物资

捐赠资金拨付　截至2009年8月31日，中华慈善总会共接收汶川地震社会捐款93122.35万元，其中境内71634.6万元、港澳台15354.8万元、国外6132.95万元。按照捐赠人意愿和灾区需求，中华慈善总会共分配使用抗震救灾捐赠资金89476.54万元。具体使用情况如下：

拨付四川省定向捐款48560.33万元，其中拨付四川省慈善总会4.09亿元，主要用于受灾群众住房、学校、医院、卫生所、福利设施等恢复重建项目。

拨付甘肃省7312万元，其中拨付甘肃省慈善总会7010万元，主要用于灾区福利院、敬老院恢复重建项目。

拨付陕西省6863.56万元，其中拨付陕西省慈善总会6510万元，主要用于灾区福利院、敬老院恢复重建项目。

拨付重庆市慈善总会2010万元、云南省慈善总会2010万元，分别用于灾区福利设施的修建项目。

支付购置紧急救援物资资金18292.58万元，其中支付采购救灾帐篷资金6400.8万元、食品资金144万元、轮椅资金290万元、食用油资金690万元、活动板房资金10000万元、毛毯资金720万元、棉被资金47.78万元。

支付其他定向资金4428.07万元。

结余资金3645.81万元。根据国务院抗震救灾总指挥部群众生活组的安排和灾区需求，这些结余资金均用于灾后重建项目。

捐赠物资调运 截至9月28日，中华慈善总会共接收海内外各界捐赠物资143批次，接收捐赠物资折价16115.6万元。其中，接收捐赠活动板房8万立方米折价600万元、帐篷15464顶折价3685.84万元、药品5662箱折价1503.43万元、棉被1.04万床折价154.32万元、衣裤4.59万件折价945.47万元、食品12925箱折价185.48万元、通信器材56箱折价162.4万元、医疗设备85台折价1434.16万元、汽车20辆折价120万元、其他物资折价7324.5万元。对所接收的物资，中华慈善总会迅速协调，及时运抵灾区。

同时，中华慈善总会共采购和调运救灾帐篷4.6万多顶、轮椅车5000辆和食品、食用油、防潮垫、睡袋、活动板房、休闲旅游鞋等大量救灾物资，全部经铁路运至四川灾区。

第三节　公募基金会赈灾活动

根据《救灾捐赠管理办法》的规定和民政部审批同意，中国儿童少年基金会、中国老龄事业发展基金会等16家公募机构，积极开展救灾募捐活动，在抗震救灾工作中发挥了重要作用。

一　中国儿童少年基金会赈灾活动

募捐活动 5月12日晚，基金会研究决定，向四川灾区紧急拨付救灾款200万元，用于灾区群众的紧急救援。13日7时30分，全国妇联副主席、书记处书记、中国儿童少年基金会副理事长莫文秀，紧急主持召开全国妇联机关和基金会办事机构会议，部署全国妇联抗震救灾工作，明确抗震救灾的主要任务是辅助国家做好灾区儿童的救助、安置和灾后重建工作，并决定从身体救援、心理疏导，物资救助、精神支持，家园重建、校园重建3个层面上做好救援和赈灾工作。基金会成立了筹资小组、宣传小组和救援小组，制定了开展募捐和救助活动的方案。

5月15日，基金会开展“中国儿童紧急救助行动”，设立“中国儿童紧急救助基金”，并以捐建“抗震春蕾学校”“永久春蕾学校”等公益项目为载体，开展劝募、义卖、义演等多种形式的活动，同时开辟网上捐赠、手机公益短信捐赠、邮局汇款、银行汇款、固定电话捐赠等渠道，开展劝募活动，筹集款物。

基金会“中国儿童紧急救助基金”组织开展的募捐活动，得到国有企业、民营企业、港澳台企业以及外资企业的大力支持，其中捐赠100万元以上的企事业单位有50个。5月13日，贝因美公司捐赠价值259万元的婴幼儿食品及用品救助灾区儿童。15日，基金会联合九牧王（中国）有限公司举办“爱心点燃希望、行动改变未来”大型赈灾活动，九牧王有限公司捐赠100万元救助受灾儿童，并参与汶川受灾地区的学校重建。天津天士力集团向基金会捐赠价值200万元的现代中药，帮助灾区人民治疗胃肠型感冒、胃肠炎、上呼吸道感染、细菌性痢疾等常见病。16日，中兴通讯向基金会捐赠1000万元，设立“中兴通讯关爱儿童专项基金”，用于灾区儿童救助、学校重建以及发展贫困地区教育事业。北京医药集团有限责任公司向基金会捐赠208万元救助受灾儿童。都邦保险向基金会捐赠100万元支援灾区重建。21日，美国友邦保险有限公司上海分公司向基金会捐赠370万元，援建灾区孤儿院。22日，清华同方股份有限公司与基金会签署协议，共同开展“爱心书包行动”的公益捐赠活动，通过四川省教育厅向灾区儿童捐赠价值1000万元的书包、文具、图书以及10万套爱心慰问卡和价值32万元的可容纳480名学生的简易教室8间。亨氏公司向基金会捐赠价值100万元的婴幼儿瓶装辅助食品近1.5万箱，大溪地诺丽饮料（中国）有限公司向基金会捐赠价值100.8万元的果汁饮料，并捐赠29.2万元，用于受灾地区的紧急救助和灾后儿童健康恢复。23日，如新（中国）日用保健品有限公司向基金会捐赠价值220.08万元的蜜儿餐产品11004袋，用于紧急救助。

6月5日，基金会与搜狐网合作开展“4000元一对一资助灾区伤残儿童计划”，即捐助者一次性捐助4000元，可与一名灾区儿童结对，帮助孩子度过3个月左右的灾后恢复期。基金会依托成都、彭州、德阳、都江堰等重灾地区妇联组织筛查，确认并公布首批59名待资助伤残儿童名单后，捐助电话接连不断。6日，基金会与全国妇联、中国国际广播电台华语台联合举办“天地有爱、撑起‘绿伞’行动”，倡议华侨华人助养四川地震灾区失去父母或者生活困难的儿童。活动得到海外华侨华人积极支持，由基金会转移安置在云南省丽江民族孤儿学校的42名四川灾区学生得到海外侨胞资助，资助额33.6万元。中央人民广播电台《中国之声》从5月12日起在“汶川紧急救援”栏目中24小时播出基金会公益广告。基金会在全国30个城市的公交车上、在上海等5个城市的1万块显示屏上，布置和刊播公益广告，以让更多人了解灾区儿童情况。6月8日，又有59名四川重灾地区伤残儿童得到资助。截至2009年8月25日，“4000元一对一资助灾区伤残儿童计划”共资助四川重灾地区伤残儿童1315名，资助金额达526万元。

5月14日，全国政协委员、阳光文化基金会董事局主席杨澜倡议设立“汶川大地震孤儿救助专项基金”，并捐赠30万元，与中国儿童少年基金会共同推出该专项基金。她在博客中介绍：“这些孩子们已经失去了母亲，但是不能失去母爱，‘汶川大地震孤儿救助专项基金’设立后，首先会迅速投入紧急抢险救灾之中，更会着眼于这些孤儿在灾后重建中长时间的生活、教育、心理辅导等层面，帮助他们健康成长。特别希望这个行动得到更多女性朋友的参与，给失去母亲的孩子们送去母爱。”此后，杨澜的博客和基金会网站、电话的访问量急剧增加。众多企业、团体和个人纷纷捐款，给予支持。15日，金佰利（中国）有限公司向“汶川大地震孤儿救助专项基金”捐赠100万元。演员蒋勤勤为“汶川大地震孤儿救助专项基金”捐赠10万元。23日，在“汶川大地震孤儿救助专项基金”的捐赠仪式上（见图8），家乐福集团总裁杜哲睿代表集团捐赠400万元，阳光媒体集团行政总裁李立代表集团全体员工捐赠资金100万元及价值30万元的衣物。26日，家乐福（中国）同全国妇联、中国儿童少年基金会联合开展“同舟共济·患难真情——家乐福爱心捐助大行动”（“爱心1+1”），即每一名消费者在全国各大家乐福卖场每购物一次，家乐福（中国）替消费者捐赠0.1元，同时家乐福（中国）也捐赠0.1元；7月28日，家乐福（中国）将“爱心捐助大行动”开展以来筹集的665.93万元善款捐给

“汶川大地震孤儿救助专项基金”。截至 10 月 14 日，“汶川大地震孤儿救助专项基金”共募集善款 2447.66 万元，通过捐建“儿童康复中心”“爱心岛”、实施“救助伤残儿童”以及“利乐爱心助学项目”等公益项目和公益活动，改善灾区孤残儿童的教育和生活状况，促进灾区儿童身心健康成长。

图 8　5 月 23 日，中国儿童少年基金会举行“汶川大地震孤儿救助专项基金”捐赠仪式
（中国儿童少年基金会　提供）

汶川地震发生后，基金会每日都收到来自社会各界人士的捐款捐物。捐赠人中有八旬老人、有残疾人、有低保户、有服刑人员、有中小学生等。5 月 12 日 15 时左右，深圳律师刘振芳打电话到基金会捐赠 10 万元。15 日，演员刘亦菲取消去好莱坞的行程，到基金会向“中国儿童紧急救助基金”捐赠 100 万元。16 日，文艺工作者赵宝刚、宋丹丹、陈小艺到基金会分别捐赠 10 万元。21 日，北京市朝阳区望京街道花家地社区的低保户李学伶到基金会捐赠卫生巾 10 包和被子 1 床，表示尽微薄之力对灾区做点事情。23 日，刚从四川地震灾区返回北京的演员黄晓明到基金会捐赠 100 万元。8 月 29 日，空军某部队向基金会捐赠 255 万元，用于救助汶川、茂县、理县、什邡、绵竹、都江堰、彭州、青川、北川、平武 1000 名贫困初中生完成 3 年学业。

捐赠资金拨付与捐赠物资调运。截至 10 月 14 日，基金会募集资金和物资折价共 17451.09 万元，拨付灾区资金和物资折价共 7264.96 万元。结余资金和物资折价共 10186.13 万元，结余资金按照捐赠人的意愿和灾区政府的需求，用于灾后重建。

捐赠资金拨付 截至10月14日，基金会共分58次拨付捐赠资金2541.49万元（见表1）。

中国儿童少年基金会汶川地震抗震救灾捐赠资金使用情况统计表

表1

（截至10月14日）

单位：万元

日期	金额	使用去向
5月13日	200.00	拨付四川省儿童少年基金会汶川地震紧急救助款
5月20日	2.63	支付绵竹广场帐篷受灾群众区13名产妇、13名孕妇慰问金
5月20日	300.00	拨付四川省妇联地震紧急救助款
5月30日	1.64	拨付丽江民族孤儿学校四川灾区41名儿童生活费
5月30日	40.79	拨付甘肃省妇联采购救灾物资
6月2日	375.00	拨付抗震春蕾学校第一期工程款
6月2日	1.90	支付抗震救灾文化衫制作费
6月3日	10.00	拨付甘肃省妇女儿童发展基金会救灾款
6月7日	4.76	拨付安县秀水镇第一中心小学购桌椅款
6月17日	68.00	拨付四川省妇联救灾物资圆领衫款
6月18日	80.00	拨付广元市元坝区妇女联合会爱心之家建设款
6月19日	0.19	支付灾区儿童（树人学校）购买服装款
6月19日	0.30	支付接送阿坝藏族羌族自治州受灾儿童到北京树人学校就读租车费
6月20日	130.00	拨付都江堰、广元、彭州、德阳一对一资助儿童生活费
6月20日	3.00	支付灾区现场慰问金
6月25日	10.00	拨付在丽江民族孤儿学校就读的四川受灾儿童学习生活费
6月25日	460.00	拨付抗震春蕾学校第二期工程款
6月30日	2.71	拨付汶川县教育局、理县机关幼儿园灾后重建款
7月4日	0.61	拨付阿坝藏族羌族自治州妇联送灾区儿童到北京树人学校就读机票款
7月4日	40.00	支付135名四川灾区儿童到北京树人学校就读生活、学习费用
7月4日	2.81	拨付安县抗震救灾捐款专户慕尼黑捐助安县秀水一小学校设施款
7月8日	3.44	支付救灾物资运费
7月8日	1.00	支付5月21日四川省儿童医院伤残儿童现场慰问金
7月17日	6.89	支付四川灾区受灾学生79名到保定就读机票款等
7月17日	72.00	拨付中兴通讯捐建8所抗震春蕾学校购桌椅等设施款
7月23日	13.72	拨付甘肃省妇女儿童发展基金会建设灾后活动板房款
7月29日	0.64	拨付德阳市妇联印发心理援助手册款
7月29日	15.36	拨付广元市慈善会心理援助手册款

续表 1

日　期	金额	使用去向
7月29日	4.77	拨付救灾物资运费
7月29日	2.12	支付救灾筹款活动场地费
7月29日	1.00	支付接送四川灾区学生到邢台就读租车费
7月30日	60.00	支付在北京树人学校就读的受灾儿童135名学习生活费
7月31日	10.72	支付接送灾区学生100名到邢台就读的机票费等
8月6日	10.00	拨付德阳市妇联天元小学伯乐优才捐助购课桌椅等设施款
8月6日	6.13	拨付德阳市妇联兴安小学亚洲基金会捐助购课桌椅等设施款
8月6日	8.80	拨付德阳市妇联新丰分校巴索国际捐助购课桌椅等设施款
8月6日	22.80	拨付广元市妇联一对一资助儿童款
8月6日	85.60	拨付德阳市妇联一对一资助儿童款
8月6日	70.40	拨付都江堰市慈善会一对一资助儿童款
8月6日	40.80	拨付阿坝藏族羌族自治州妇联一对一资助儿童款
8月6日	4.44	拨付中兴通讯捐助德阳4所、江油1所抗震春蕾学校购电风扇款
8月6日	1.00	拨付为灾区儿童编织毛衣款
8月6日	40.61	拨付心理救援、“爱心岛”资助、画展等救灾活动费
8月19日	10.00	拨付陕西省妇联凤翔县阎家务小学综合楼灾后维修款
8月21日	21.45	支付德阳市受灾学生购买学习用品款
8月26日	20.00	拨付都江堰市慈善会一对一资助儿童款
8月26日	6.13	拨付安县教育局受灾学校购电风扇款
8月27日	2.32	拨付丽江民族孤儿学校地震受灾儿童就读机票款
8月27日	0.75	拨付丽江民族孤儿学校地震受灾儿童购买文具等费用
9月1日	65.00	拨付抗震春蕾学校工程余款
9月3日	168.87	拨付邢台春蕾学校100名受灾儿童就读第一笔资助款
9月16日	4.87	拨付成都家乐福超市有限公司购买“爱心岛”配置体育用品款
9月30日	1.61	支付救灾物资运费
9月30日	0.15	支付汶川大地震孤儿救助基金办公室闫昊驰“爱心岛”项目考察费
10月7日	0.40	拨付都江堰市聚源中学学生周仁贵一对一资助款
10月7日	0.73	支付在北京就读受灾儿童中秋月饼水果款
10月9日	1.30	支付汶川大地震孤儿救助基金“爱心岛”落成仪式T恤衫制作费
10月10日	21.33	拨付到邢台春蕾学校就读灾区学生100名的学费
合　计	2541.49	

捐赠物资调运　截至10月14日，基金会共接收捐赠物资折价4723.48万元，全部调拨至灾区（见表2）。

中国儿童少年基金会汶川地震抗震救灾物资调运情况统计表

表2　（截至10月14日）　单位：万元

日　期	物资名称	物资折价	接收单位
5月31日	药品	200.00	四川省妇联
6月2日	蜜儿餐、服装、矿泉水	370.08	四川省妇联
6月4日	毛毯、婴幼儿食品	130.00	四川省妇联
6月5日	服装	200.00	甘肃省妇联
6月6日	果汁、药品、儿童保健品、童装、香烛	310.82	四川省妇联
6月10日	妇女卫生用品、遮阳伞、T恤、生活用品	352.07	四川省妇联
6月11日、16日	湿纸巾、学习机	9.40	广元市
6月16日	服装、鞋	20.00	丽江民族孤儿学校
6月16—17日	药品、生活用品、矿泉水、帐篷	314.92	四川省妇联
6月17日	防晒霜、奶粉	129.99	德阳市妇联
6月17日	服装、鞋袜	630.00	四川省妇联
6月19—20日	凉席、文具、矿泉水	33.58	广元市慈善会
6月23日	玩具	6.24	德阳市妇联
6月25日	矿泉水	6.24	四川省妇联
6月26日	CD播放机及故事光盘	21.70	广元市慈善会
6月26日	乐天银泰CD播放机及故事光盘	0.90	丽江民族孤儿学校
6月26日	早教机、葆婴儿童保健品、服装、安全教育宣传片、奶瓶	151.15	广元市慈善会
6月27日	牙膏	28.00	四川省妇联
6月27日	消炎化妆品、防晒霜、卫生用品	756.56	广元市慈善会
6月27日	湿纸巾	12.50	绵竹市
7月3日	图书课本等	20.00	广元市慈善会
7月3日	建设物资	57.40	科力抗震春蕾学校
7月7—8日	奶粉、婴儿服装、药品、纸尿裤	504.22	四川省妇联
7月8日	童装	16.00	甘肃省妇联
7月9日	儿童服装	26.49	广元市慈善会
7月9—15日	童装、奶粉、防晒霜、消炎化妆品	54.57	四川省妇联
7月18日	童鞋、生活用品、图书	8.97	德阳市妇联
7月29日	童装	41.53	广元市慈善会
7月29日	T恤	0.80	丽江民族孤儿学校
7月29—30日	T恤、文具	2.17	北京树人学校
7月29日	T恤	2.77	罗江县妇联
7月29日	T恤	6.41	德阳市妇联
9月30日	文具	149.00	德阳市妇联
9月30日	文具	149.00	广元市慈善会
合　计		4723.48	

说明：表中日期为中国儿童少年基金会收到救灾物资接收单位回执的时间

赈灾项目　“安康家园”项目。“安康家园”是基金会与山东省日照钢铁控股集团有限公司联合开设的收留、安置地震孤儿的机构。

汶川地震后，基金会决定开展转移安置与父母失去联系的儿童、单亲家庭和困难家庭儿童的工作。从5月26日开始，基金会驻川工作组在副秘书长乌振英、秘书长助理郭晓的带领下，冒余震深入四川重灾地区德阳、绵阳、广元、阿坝等10个市（州）的31个县（市、区）、182个乡（镇）、340个自然村，转移安置与父母失去联系的儿童、单亲家庭和困难家庭的儿童。在日照钢铁控股集团有限公司等单位的捐助下，他们先后将1057名灾区儿童安全转移到云南丽江、山东日照、北京通州、河北保定和邢台等地学习、生活。

为了转移安置灾区儿童，日照钢铁控股集团有限公司决定，将公司在日照新竣工的5幢职工宿舍楼，改造成适应灾区儿童特殊身心情况的亲情化的“安康家园”，安置灾区儿童。5月31日，集居住、图书馆、电脑室、医疗室、餐厅等于一体的“安康家园”改造完工，一支由天津师范大学优秀教师齐建新为园长、128名中专以上学历的青年教师组成的“安康妈妈”教育管理队伍也建立起来。当日，首批14名德阳灾区的特困家庭儿童在基金会和日照钢铁控股集团有限公司工作人员的护送下，搭乘飞机到日照“安康家园”学习。截至6月30日，日照“安康家园”共接收22批717名灾区儿童。

随后，日照钢铁控股集团有限公司又决定通过基金会在双流捐建“安康家园”、新棠湖小学，扩建九江中学。8月19日，基金会、日照钢铁控股集团有限公司与双流县人民政府签署《关于转移安置四川地震灾区学生协议书》。协议规定基金会负责接收日照钢铁控股集团有限公司捐赠的资金，并按出资人意愿在双流捐建一所可容纳500名学生生活的“安康家园”，并捐建小学、中学各一所；基金会负责“安康家园”的规划、设计、建设以及相应设施设备的配置，10月15日前动工，2009年8月竣工；日照钢铁控股集团有限公司负责向基金会捐赠“安康家园”和两所学校的全部建设资金，包括“安康家园”和两所学校的内部道路、水、电、气、通信、绿化等相关教学、生活的辅助配套设施费用。每年向基金会捐赠所安置的学生全年所需的生活、学习、安全保险、医疗、生活管理费用，直至其完成学业；如学生考入大学或更高层次的学校，公司继续资助直至该批学生毕业或肄业或因其他原因离开学校。基金会负责组织承办“安康家园”和两所学校的设计、施工工作。该批灾区学生在中学或大学毕业后愿意到日照钢铁控股集团有限公司参加工作的，集团公司在同等条件下优先录用。10月15日，新棠湖小学奠基。随后，扩建九江中学和新建“安康家园”项目也相继开工。所有捐建项目规划建筑总面积3.85万平方米，需资金1亿元。

“抗震春蕾学校”项目。地震发生后，基金会决定利用社会捐赠的部分资金，帮助灾区建设22所“抗震春蕾学校”。5月27日，基金会收到演员赵薇汇款50万元，用于捐建“抗震春蕾学校”。6月3日，“抗震春蕾学校”捐建工作全面展开。10日，北京科力国昌技术有限公司捐赠50万元援建的首所“抗震春蕾学校”在安县落成。30日，中国联通捐赠734万元，援建一所“抗震春蕾学校”。7月12日，美国亨氏兹堡捐赠10.3万美元，捐建一所“抗震春蕾学校”。25日，华菱衡阳钢管集团有限公司向广元市元坝区朝阳小学捐赠100万元，援建一所“抗震春蕾学校”；29日，北京天鸿房地产开发有限责任公司通过基金会捐赠100.23万元，用于在陕西受灾地区重建一所春蕾学校。截至9月30日，基金会协调援建的“抗震春蕾学校”22所全部投入使用。学校建筑材质为GRC新型复合材料，抗震、防水、防火、保温、环保、隔音、防腐，可至少使用20年。捐建学校建筑面积平均为1000平方米，可安排学生500人。

“爱心岛”项目。基金会“汶川大地震孤儿救助专项基金”决定为灾区学校援建集娱乐、阅读、开展心理抚慰于一体的活动场所——“爱心岛”，丰富学生们的学习生活，帮助他们在特殊的环境中快乐学习、健康成长。6月26日，利乐包装（昆山）有限公司向基金会捐赠200万元，资助“爱心岛”项目。9月26日，基金会“汶川大地震孤儿救助专项基金”资助什邡市南泉中学“爱心岛”项目落成并投入使用。

二　中国妇女发展基金会赈灾活动

募捐活动　5月12日下午，基金会开通抗震救灾捐赠电话，启动“10699988”短信捐赠平台，并通过媒体开通并公布了邮局汇款、银行转账、短信捐赠、网络捐赠等捐赠方式；又先后与中国工商银行协商开通了现金捐赠“绿色通道”；与中国光大银行搭建了抗震救灾宣传平台；举办公益笔会、“心系地震灾区·中国百名书画艺术家爱心奉献大联动”等抗震救灾公益活动。

5月13日，基金会接收第一笔企业捐款——上海永琪公司捐赠300万元，用于都江堰市崇义中学宿舍楼重建及都江堰市职业中学开设“美容美发培训专业”课程。此后，社会各界积极响应基金会的募捐活动，西藏自治区妇联捐赠1万元，北京娜桑志服装服饰有限公司捐赠价值70万元的羽绒服，华北制药集团借助其健全快捷的药品配送网络，共向灾区捐赠运送价值500万元的药品。

5月14日，基金会28名员工捐款1.63万元。

5月16日，基金会与中国儿童少年基金会共同在中央电视台举办“情系灾区·爱心奉献大行动”赈灾公益晚会，现场为灾区募集资金和物资折价7000余万元。

5月20日，北京法制晚报社记者胡晓华主动联系基金会，共同发布“四川地震灾区的妇女儿童急缺卫生用品和奶粉”的募捐消息，立即得到社会各界的响应，当晚捐赠电话就络绎不绝地打进基金会值班室。第二天清晨，社会各界的捐赠者从四面八方赶到全国妇联办公楼大厅，捐赠卫生巾、卫生纸、奶粉、饼干和药品等妇女儿童急需的物资。一位不愿透露姓名的男同志，开着面包车捐赠三大箱妇女卫生巾，说代表他妻子向灾区尽一点责任。一对年轻夫妇购买了总价值20988元的66箱奶粉送至基金会的捐赠现场。两天时间里，基金会共收到78个单位和个人捐赠的价值417万元的物资。

截至5月31日，基金会募集资金和物资折价共6844.2万元，其中资金2903.9万元、物资折价3940.3万元。

捐赠资金拨付　截至12月30日，基金会共向四川、甘肃、陕西等灾区拨付资金1126万元。其中，5月13日向四川省妇联拨付200万元；6月6日，向重庆市妇联拨付10万元，向陕西省妇联拨付10万元；9月11日，基金会“中国军嫂爱心基金”一行，赴成都陆航团慰问邱光华机组烈士家属，并发放慰问金 5.2 万元，定向捐赠项目列支 900.8 万元。结余资金 1777.9 万元。结余资金按捐赠人的意愿和灾区的需求，用于地震灾区的灾后重建。

捐赠物资调运 截至 5 月 31 日，基金会接收捐赠物资折价 3940.3 万元，调拨物资折价 3940.3 万元，捐赠物资无结存。

5 月 15 日，基金会调运第一批方便面等食品，经铁路发往青川、绵竹等灾区。

5 月 22 日，基金会调运第二批 3 个车皮 180 吨价值 287.7 万元的救灾物资，经铁路运往四川、陕西灾区。其中，发运四川省物资折价 166.7 万元，发运陕西省物资折价 121 万元。

5 月 24 日，基金会协调世界物流发展促进组织免费安排 17 米长的运输物流重型车，调运棉被、服装、药品和日用品等物资，由两名司机轮换驾驶，经两昼夜兼程，将救灾物资运抵德阳市妇联，分配给什邡、绵阳灾区群众。

5 月 24 日，基金会调运总价值 100 万元的救灾物资，经铁路运往重庆市妇联。

5 月 31 日，基金会协调中国物流救灾协会免费安排 17 米长的特型运输车辆，调运总价值 127 万元、重 10 万吨、体积 140 立方米的物资直接运往德阳灾区。

6 月 20 日，基金会调运总价值 2.6 万元的阿司匹林等救灾药品 13 箱，经公路运往青川县妇联；调运总价值 1.98 万元的帐篷 30 顶，经公路运往什邡市妇联。

7 月 15 日，基金会调运价值 13.64 万元的食品、药品等救灾物资，经公路运往广元市妇联。

7 月 20 日，基金会调运总价值 50 万元的 5000 套保暖内衣给陕西地震灾区。8 月 5 日，基金会将价值 2033.9 万元的捐赠食品、服装、书籍等运往四川转交四川省妇联。

9 月 18 日，基金会调运总价值 97.7 万元的图书，经铁路运往四川省妇联。

9 月 22 日，转赠价值 4.3 万元的淋浴箱，经铁路运往绵竹。

赈灾项目 “灾区母亲安居工程”项目。5 月 22 日，基金会与歌唱家宋祖英共同发起“灾区母亲安居工程”募捐活动，为灾区募集资金。宋祖英捐赠 30 万元。6 月 30 日，基金会向德阳市妇联拨付“灾区母亲安居工程”项目资金 300 万元，用于帮助极重灾区绵竹市九龙镇和什邡市蓥华镇的 300 户受灾群众搭建永久性住房。

“爱心书屋”项目。5 月 23 日，基金会发出《中国母亲援助行动“爱心书屋”倡议书》，倡议社会各界，特别是广大妇女为灾区捐建“爱心书屋”，书屋配置采取“5+5”模式，即 1 间房屋、1 台电脑、1 台电视机、1 组书架、1 组桌椅加 5000 册图书。此倡议得到社会各界积极响应。6 月 19 日，上海易趣网络技术服务有限公司向基金会捐赠 22 万元，援建四川灾区小学临时建筑用房和设立“爱心书屋”。

“抚育百名地震灾区孤贫儿童直至成人”项目。6 月 28 日，基金会与依波公司合作，启动“抚育百名地震灾区孤贫儿童直至成人”慈善项目，依波公司捐赠 396 万元，帮助解决汶川灾区 100 名遗孤的生活困难，支持他们的学业，直至他们长大成人。

“安全饮水工程”项目。基金会设立“安全饮水工程”项目，向灾区捐赠净水饮水机 42 台，放置在灾区临时板房安置区和中小学校园内，保障居民和学生的饮用水卫生。8 月 2 日，上海康基环保设备有限公司通过基金会向灾区捐赠自动制水机 20 台，向四川省妇联捐赠总价值 820 万元的安全饮水机 42 台；18 日，上海康基环保设备有限公司派人分别将这批饮水机安装于 10 个极重灾县（市）的29所学校、医院和居民集中安置点。10月，百事基金会向基金会“安全饮水工程”捐赠30万美元，分别发放给四川省的中江县高峰村、花岩村、密封村，阆中市花石村、龙凤南山村及仁寿县大洪村和会理县白沙村等，解决地震灾区群众实际饮水困难。11月11日，基金会启动“安全饮水工程——城市行动计划”，康基集团捐赠价值1000万元的净水设备，并为灾区群众免费安装，支持农村安全饮水工程的建设。

“四川德阳什邡市红白镇伤残儿童资助”项目。2008年8月，基金会启动“四川德阳什邡市红白镇伤残儿童资助”项目，以救助因地震造成重伤或致残的15名儿童，为他们提供小学至初中毕业期间的基本生活、学习经费。项目计划实施7年。香港大学理学院向中国妇女发展基金会捐赠48.1万元作为项目资金，由四川省妇联逐年发放给接受资助的伤残儿童。

三　中国教育发展基金会赈灾活动

汶川地震发生后，中国教育发展基金会组织开展抗震救灾募捐活动。截至7月21日，基金会接收抗震救灾捐赠资金和物资折价共15931.34万元（不包括赈灾项目资金），支援灾后教育设施的恢复重建。

募捐活动　5月15日15时，基金会在教育部报告厅召开开展捐款活动支援灾区教育系统抗震救灾工作新闻发布会，秘书长张中原介绍了基金会配合教育部开展的抗震救灾工作情况，基金会在地震发生后已向四川灾区捐赠1000万元，用于帮助灾区受灾学生完成学业，并呼吁社会各界向地震灾区教育伸出援助之手（见图9）。截至新闻发布会结束，共募集资金6100万元。31日，

图9　5月15日，中国教育发展基金会赈灾募捐新闻发布会捐赠现场
（中国教育发展基金会　提供）

基金会和中国贫困地区文化促进会在北京世纪剧院举办“为了校园和心灵的重建·川籍音乐家感恩义演音乐会”活动，现场募集资金43.02万元，其中16.04万元用于四川地震灾区遇难中小学生家属抚恤金，26.98万元用于灾区高考录取新生的车船交通费补助。

捐赠资金拨付 灾区高考延期补助。5月20日，基金会通过银行向甘肃省教育厅汇款208.73万元，用于补助甘肃省8个地震重灾县（区）的1.39万名在校应届高三学生伙食费，补助标准为每人每天补助10元，补助15天。同日，基金会通过银行向陕西省教育厅汇款163.88万元，用于补助陕西省5个地震重灾县（区）的1.09万名在校应届高三学生伙食费，补助标准为每人补助15天，每天补助10元。28日，基金会通过银行向四川省教育厅汇款1091.67万元，用于补助四川省21个地震重灾县（市、区）（含10个极重灾县市）的3.64万名在校应届高三年级学生伙食费，补助标准为每人补助30天，每天补助10元。6月17日，基金会通过银行向四川省教育厅汇款1016.6万元（系人民教育出版社捐赠），用于补助四川省27个延期高考县（市、区）的4.07万名在校的应届高三年级学生伙食费，补助标准为每人补助25天，每天补助10元。同日，基金会通过银行向甘肃省教育厅汇款249.48万元（系人民教育出版社捐赠），用于补助甘肃省17个延期高考县（区）的1.83万名在校应届高三年级学生伙食费。20日，基金会通过银行向四川省教育厅汇款428.05万元，用于补助四川省5个延期高考市（州）直属学校的1.71万名在校应届高三年级学生伙食费，补助标准为每人补助25天，每天补助10元。至此，基金会共向陕西、甘肃、四川三省受灾地区高三学生发放伙食费补助款3158.41万元。截至12月29日，中国教育发展基金会下拨捐赠资金8668万元至四川、甘肃、陕西重灾地区，作为高三年级学生伙食费补助和延期高考普通高中应届高三学生伙食补助费。

罹难及失踪师生家庭抚恤金补助。6月5日基金会安排资金1415.1万元，8月18日安排资金189万元，用于四川省5347户遇难及失踪师生家庭的抚恤金补助，补助标准为每户3000元。基金会共向四川省受灾地区遇难及失踪师生家庭提供抚恤金补助款1604.1万元。

高考新生入校路费补助。8月18日，基金会安排资金1020万元，用于四川地震灾区5.64万名高考录取新生的入校路费补助。

物资调运 5月，基金会拨付捐赠资金66万元，由天津市永正裁缝店实业发展有限公司青岛市分公司制作文化衫2万件，由北京凯丽玩具商贸有限公司制作文化衫4.5万件，全部调运至四川灾区，帮助受灾儿童欢度六一儿童节。29日，基金会和蒙牛乳业集团组成的“中国牛奶爱心行动”灾区送奶特别行动小组到绵阳，向“九洲帐篷学校”“八一帐篷学校”、北川“帐篷学校”调运了总价值13.28万元的牛奶2894箱。截至6月18日，基金会调运价值533.78万元的图书、文具等物资，全部运抵地震灾区及其他地区。其中，向四川灾区调运价值474万元的物资，向重庆、甘肃、陕西等灾区调运价值36.39万元的《我们一起度过——献给地震灾后的孩子们》心理援助手册及价值数十万元的《我们一起度过——中小学生卫生防病知识》手册。此外，还向北京、山西、新疆、云南、上海、江西等23个省（区、市）和新疆生产建设兵团调运价值40.42万元的《挺起不屈的脊梁——抗震救灾中孩子们的感人事迹之一》图书。基金会将总面值100万元的电话卡，发放到灾区教育部门，其中阿坝藏族羌族自治州教育局10万元、广元市教育局6万元、绵阳市教育局16万元、德阳市教育局15万元、成都市教育局10万元、雅安市教育局5万元、四川农业大学都江堰校区6万元、四川工商职业技术学院2万元、绵阳师范学院5万元、阿坝师范高等专科学校14万元、四川信息职业技术学院2万元、四川水利职业技术学院2万元、西南科技大学5万元、成都东软信息技术学院2万元。8月5日，基金会调运价值26.28万元的《中华魂——爱国主义教育基地》图书，分发给四川地震灾区中小学校。基金会调拨资金300万元，采购物资，运至德阳、绵阳、成都灾区，帮助一些学校复课，救助受灾学生。

基金会共募集项目资金约8178.61万元，援建汶川地震灾区学校10所。

赈灾项目　汶川县雁门小学。汶川地震发生后，中国海外留学生、华人团体、澳门中华联合会以及外国友人，向基金会捐赠2000万元，重建汶川县雁门小学。由德杰盟工程技术（北京）有限公司按照汶川县教育局要求，免费设计小学的规划图；经过公开招投标，由中成集团建筑有限公司负责承建。

绵竹市拱星希望平安学校。5月20日，中国平安集团股份有限公司向基金会捐赠800万元，重建绵竹市拱星希望平安学校。德杰盟工程技术（北京）有限公司按照绵竹市教育局要求，免费设计学校规划图及建筑图，学校建成后被命名为拱星希望平安小学。

北川羌族自治县桂溪乡平安小学。5月20日，中国平安集团股份有限公司向基金会捐赠资金1690万元，重建北川羌族自治县桂溪乡平安小学。德杰盟工程技术（北京）有限公司按照北川羌族自治县教育体育局要求，免费设计学校规划及建筑图；经过公开招投标，由重庆黔程建筑集团有限公司承建，学校建成后被命名为桂溪乡平安希望小学。

北川羌族自治县通口小学。5月20日，香港董氏慈善基金会、香港协鑫集团控股公司向基金会捐赠800万港元，重建北川羌族自治县通口小学。德杰盟工程技术（北京）有限公司按照北川羌族自治县教育体育局要求，免费设计学校规划和建筑图；经过公开招投标，由绵阳圣鼎建筑有限公司承建。

什邡市禾丰小学。辽宁方大集团实业有限公司、北京维拓时代建筑设计有限公司、北京五岳鑫信息技术有限公司、北京律师协会、深圳市聚成企业管理有限公司等单位共向基金会捐赠776万元，重建什邡市禾丰小学。北京维拓时代建筑设计有限公司按照什邡市教育局要求设计学校规划和建筑图，经公开招投标，由什邡白果建筑公司承建。

汶川县龙溪乡阿尔小学。7月2日，东方家园家居建材商业有限公司向基金会捐赠资金650万元，重建汶川县龙溪乡阿尔小学。经过公开招投标，由湖南第五建筑公司中标承建。

江油市厚坝镇中心小学。8月28日，阿塞拜疆政府向基金会捐赠500万元，重建江油市厚坝镇中心小学。经过公开招投标，由四川川恒建筑有限公司中标承建。

北川羌族自治县香泉乡中心小学。8月21日，中国驻日本大使馆教育处、大阪教育室全日本中国留学人员友好联谊会向基金会捐赠200万日元，用于北川羌族自治县香泉乡中心小学重建。

陇南市武都区大李家小学教学综合楼。12月，中国法国工商会向基金会捐赠306.75万元，重建陇南市武都区大李家小学教学综合楼。综合楼由甘肃省轻纺工业设计院有限责任公司按照武都区教育局要求设计，陇南市第三建筑公司承建。

广元市利州区北街小学。12 月，北京大学向基金会捐赠 679.86 万元，用于重建广元市利州区北街小学。

四　中华思源工程扶贫基金会赈灾活动

汶川地震发生后，中华思源工程扶贫基金会组织开展抗震救灾募捐活动，接收抗震救灾捐赠资金和物资折价共 5504.05 万元，其中资金 4783.08 万元、物资折价 720.97 万元。

募捐活动　汶川地震发生后，正在国外参加达沃斯经济论坛会议的全国人大常委会副委员长、民建中央原主席、基金会理事长成思危，立即电话要求基金会启动救灾应急预案，并委托其夫人到基金会捐赠 2 万元。基金会副理事长兼秘书长李晓林连夜落实民建中央领导指示，迅速与有关媒体联系，联合开展抗震救灾募捐活动。

5 月 13 日，基金会开通全国抗震救灾免费募捐热线，并分别通过电视媒体、平面媒体、网络媒体发布赈灾倡议。民建会员企业迅速响应，新浪网、河南天明集团、爱国者集团、金蝶软件（中国）有限公司等纷纷向基金会捐款，北京图书批发交易市场总经理带领员工及商户代表，向基金会捐赠企业和商户的当日收益 12.98 万元。

捐赠资金拨付　基金会共接收捐款 4783.08 万元，使用 4218 万元，结余 565.08 万元。结余资金按捐赠人意愿和灾区需求，继续用于灾区灾后重建。

主要拨付情况：5 月 19 日，基金会向四川省教育厅拨付资金 1000 万元，分别救助剑阁县西庙新浪思源小学 670 名学生、天全县多功乡中心小学 273 名学生、绵阳市涪城区吴家镇留守儿童中心 210 名儿童、江油市青莲镇太白村小学 188 名学生、德阳市旌阳区思源初中 851 名学生、罗江县调元思源小学 841 名学生、崇州市桤泉镇思源学校 1200 名学生。21 日，基金会向甘肃灾区拨付资金 200 万元，向陕西灾区拨付资金 100 万元，用于帮助灾区学校恢复重建和救助受灾学生。6 月 14 日至 7 月 20 日，基金会拨付资金 568 万元，用于江油市一中、江油高中和广元市羊木小学、东溪河小学、金台小学、宣河小学、花石小学、之江小学共 8 所学校建设活动板房 202 间，总面积 13394 平方米。9 月 27 日，基金会拨付通威集团捐款 800 万元，用于修建成都大学教学楼，重建德阳市旌阳区八角井镇中小学和中江县黄鹿镇梨园分校，并向罗江县鄢家镇、什邡市隐丰镇等重灾地区约 2 万名残疾人养殖户捐赠饲料，帮助他们恢复生产，重建家园。11 月 20 日，基金会向汶川县拨付资金 1000 万元，用于修建汶川县第二小学。

捐赠物资调运　基金会共接收救灾捐赠物资折价 720.97 万元，已按捐赠人意愿调运灾区的物资折价 720.97 万元，捐赠物资无结存。5 月 19 日，基金会调运总价值 285 万元的液囊、帐篷、发电机、服装、食品、药品等物资，经铁路发往成都军区政治部。20 日，基金会调运服装 1.67 万件，经铁路运给民建四川省委会；调运价值 50 万元的爱国者“动力舱”1000 台，经铁路运给成都军区政治部。28 日，基金会调运物资 357 箱和价值 70 余万元的呼吸机 4 套，经铁路运往剑阁县。30 日，基金会调运价值 101.14 万元的诺氟沙星胶囊等药品，经铁路运往平武；调运价值 20 万元的儿童书籍 2780 件，经铁路运给民建德阳市委会。

赈灾项目　“重返家园”项目。5 月 13 日，基金会联合北京青年报社发起为灾区人民“重返家园”的劝募活动，先后募集价值515万余元的帐篷、食品、药品、卫生消毒品、医疗设备、应急电源、储水装置等物资5.41万件，分别采用航空、铁路和公路的运输方式运抵灾区，为灾区群众的生活提供了必要保障。基金会会同四川通威集团援助广汉、绵竹、什邡、罗江、中江、江油、都江堰、安县、三台、涪城等重灾地区1000余户受灾养殖户开展生产自救及重建家园。

“重返校园”项目。5月13日，基金会与新浪网联合发起“重返校园”倡议，并成立“重返校园”项目组。14日，项目组抵达四川省受灾最严重的地区实地考察，决定将募集的善款用于灾区学校重建，帮助受灾师生重返校园。5月19日至11月20日，“重返校园”项目共为四川、甘肃、陕西等地震灾区援建了“思源救灾学校”18所，救助灾区学生2万名。

心理救助项目。汶川地震给灾区群众带来严重的心理创伤，为抚平群众特别是儿童的心理创伤，5月17日，基金会与新浪网联合发起为灾区儿童心理救助活动倡议，先后募集价值134.85万元的图书51547册，并及时送抵绵竹、江油、广元、巴中等灾区的几所学校。

“思源·爱心火炬计划”项目。5月24日，全国青联常委成卓、奥运冠军罗雪娟等人和基金会共同发起“爱心火炬计划”，发出募捐倡议书，旨在通过为灾区及贫困地区的妇女提供创业资金支持和创业导师支持的双重支持模式，帮助灾区女性创业，为她们的生活、生产提供有利条件。此计划是将获诺贝尔经济学奖的“尤努斯小额贷款”模式与符合中国国情的风险投资模式引入赈灾扶贫工作，为支持灾后重建进行的有益尝试。26日，罗雪娟与基金会正式签署捐赠协议，将奥运火炬中国第一棒捐出，罗雪娟担任终身形象大使。7月5日，首届国际书法年展上，中国艺术研究院艺术家王镛、李胜洪、徐海、胡抗美等将50幅珍藏书法作品捐赠基金会，支持“思源·爱心火炬计划”。

“奥运龙”大地艺术作品展示活动。7月13日，北京市侨办等单位同基金会在居庸关举办“奥运龙”大地艺术作品展示活动。“奥运龙”组委会在会后将高达6.6米、青铜制的“奥运龙”龙头捐赠基金会，支持灾区公益事业。“奥运龙”龙头由香港爱国人士霍震霆、许晋奎、许晋义等捐资铸造，折价超过90万元。同时，联合国文化大使、艺术家陈锦芳将版画“点燃圣火”捐赠基金会，支持抗震救灾募捐工作。

“思源·AOC彩虹计划”。7月29日下午，基金会在北京召开“思源·AOC彩虹计划”启动仪式暨新闻发布会。该计划旨在支持灾区及贫困地区的文化、教育建设。基金会理事长成思危在新闻发布会上介绍说，在灾后重建和扶贫工作中着眼于文化教育，符合基金会“扶贫强本、育才重教”的指导思想，也是让公益行动创造更大社会价值的有益尝试。

“思源·观奥行动”。7月30日，在北京奥运会召开前夕，为让灾区民众可以观看奥运，由基金会组织的“观奥行动”爱心车队先后从北京、福州和成都三地出发，历时5天行程5000余公里，调运总价值120万元的液晶电视200台，送给广元、巴中、江油、都江堰等地的文化站和学校，并建成奥运观看点200个，使灾区群众能够收看到奥运比赛节目，同时为灾区群众送发价值近500万元的图书22万余册。

“思源·天使计划”项目。8月26日，基金会拨付“思源·天使计划”项目资金550万元，用于重建彭州市丽春镇公立卫生院门诊大楼、罗江县御营镇卫生院、绵阳市游仙区东林乡卫生院、广元市利州区大石镇卫生院、雅安市雨城区合江镇卫生院等乡镇卫生院5所。这5所卫生院建成后，可改善11.7万人的医疗条件。

“思源·温暖行动”。为响应国务院的号召，帮助汶川地震灾区群众度过灾后第一个冬天，9月3日，基金会联合新浪网等媒体发起“温暖行动”募捐倡议，并捐赠资金100万元，为四川灾区群众购置军用棉被1.5万床，经铁路运至阿坝灾区。11月4日，基金会“温暖行动·陕甘行”从北京发车，将社会各界捐赠的多媒体电脑90台、新棉衣750件、保暖内衣4028件运抵礼县、西河、徽县。7日，“温暖行动·陕甘行”赶赴汉中、勉县，捐赠多媒体电脑30台、棉衣250件、保暖内衣2000件。8日，基金会携手新浪网开展重返灾区“望川十日”温暖行动，走访什邡市马祖镇、洛水镇和灵杰镇的敬老院，捐赠棉被200床。19日，基金会联合首都8所高校学生，开展了为北川受灾群众“送温暖·献爱心”活动，募集棉服6000余件；22日，组成爱心车队，将棉衣运至擂鼓镇，发到715户村民手中。12月11日，基金会同凯德商用中国携手基金会开展“温暖行动·剑阁行”活动，共捐赠棉衣1800套、体育用品100余套，分别经铁路运至剑阁县义兴学校、西庙小学、碑垭小学、冠京小学、大桥小学、大仓小学、下寺小学。

因赈灾工作成绩显著，10月7日，基金会被中共中央、国务院、中央军委联合授予“全国抗震救灾英雄集体”荣誉称号。

五　中国宋庆龄基金会赈灾活动

中国宋庆龄基金会在汶川地震发生后组织开展抗震救灾捐赠活动。截至10月14日，募集资金和物资折价共计5594.11万元。

募捐活动　5月13日，基金会设立“紧急援助基金”，并开展救灾捐赠活动。14日，开通“紧急援助基金”网站在线捐赠通道。15日，“紧急援助基金”接收个人在线捐款3万多元。16日1时，开通“紧急援助基金”英文在线捐赠平台；至22时30分，基金会接收个人捐款6.9万元。

5月16日，基金会与中国教育电视台、黑龙江卫视、宁夏卫视等单位联合举办“有爱就有希望”大型赈灾义演。全国政协副主席郑万通、全国政协原副主席杨汝岱及基金会副主席俞贵麟、叱利群出席义演活动。叱利群代表基金会向灾区捐赠500万元。3个多小时的义演活动中，共筹集捐款2400多万元。

5月19日，美国克莱顿大学和圣玛丽学院师生代表团一行应基金会之邀来访，为四川灾区群众捐赠价值3万元的帐篷、药品、食品等救灾物资。

5月29日，基金会与多家主流网络媒体联合主办“网聚你我、给心灵插上希望的翅膀暨心灵彩虹计划启动仪式”赈灾义演晚会。奥运体育明星刘璇、杨阳、金晶及现场观众捐款20万余元。

6月1日，在北京宋庆龄故居，基金会与中国日报社主办“一切为了孩子——2008年国际儿童节爱心慈善会”，募集捐款18.5万元。

5月16日，基金会机关干部职工捐款7.1万元。至20日，基金会工会捐款3万元。21日，基金会全体党员交纳“特殊党费”8.97万元，团员捐款6000元。

捐赠资金拨付　截至10月14日，基金会接收抗震救灾捐赠资金和物资折价5594.11万元。其中，接收捐赠资金3869.67万元；使用1360.57万元，包括拨付四川省慈善总会1023万元、绵阳市抗震救灾指挥部 50 万元、甘肃省 2 万元、心理援建项目 20 万元、购车资金 127.8 万元、灾后重建资金 137.77 万元；结余 2509.1 万元，结余资金按捐赠人意愿和灾区需求，用于灾区灾后重建。

捐赠物资调运　截至 10 月 14 日，基金会接收捐赠物资折价 1724.44 万元，调运灾区物资折价 1724.44 万元，捐赠物资无结存。

赈灾项目　汶川地震后，基金会派基金部部长带队组成调研小组，先后赴绵阳、广元灾区的 5 个乡（镇）调研，与当地有关部门进行座谈，了解当地教育系统受灾情况，确定援建爱心小学、建设爱心图书室及资助贫困大学生的项目规划。

援建爱心小学。基金会在尊重捐资者意愿、满足灾区民众实际需要的基础上，本着对多方负责的精神，有计划、有步骤地开始援建爱心小学的工程。基金会拨付资金 2900 万元，援建地震灾区爱心小学 18 所，其中云南省 4 所、陕西省 1 所、四川省 7 所、甘肃省 6 所。

援建爱心图书室。基金会和新闻出版总署组织开展“呵护心灵成长、重建家园”为主题的向四川灾区青少年捐赠图书活动，共捐赠图书 860 万册，分赠给 50 个受灾群众安置点和 50 所中小学校。基金会“一汽丰田爱心图书室”和“星巴克爱心图书室”投入资金 40 万元，在四川、重庆、云南、陕西等受灾地区援建“爱心图书室”110 个。

资助贫困大学生。基金会针对受地震影响严重的西南交通大学、重庆大学的在校大学生，设立“丰田特别助学金”144 万元，资助受灾学生 60 名。基金会与四川大学合作设立“基金会·四川大学地震灾区学子学业完成基金”，募集资金 133.8 万元，计划 2008—2011 年资助家庭受灾、品学兼优的四川大学在校学生 200 人次，并拟利用学生的业余时间，组织他们开展各种实习、参观活动，增强其社会阅历和实践经验。

六　中国青少年发展基金会赈灾活动

5 月 13 日，基金会协调全国 33 家省级青基会并联合相关机构，共同启动“希望工程紧急救灾劝募行动”，号召社会各界，伸出援助之手，救助四川地震灾区受灾学生，帮助抢修因灾损毁学校。18 日，基金会与北京诚栋房屋制造有限公司捐建的全国第一所“抗震希望小学”在绵竹市遵道镇落成。

5 月 21 日，基金会与国航联合举办“爱心飞翔、零钱捐赠”机上募捐公益活动，国航从员工自发捐款中拨出 100 万元作为基金会此次公益活动的启动资金，用于紧急建设灾区希望学校。作为国航首位爱心旅客的孙红雷捐款 20 万元，其影迷会也积极响应，捐款 1 万元。

6 月 28 日，基金会在北京启动“5·12 心灵守望计划”公益行动，计划通过有序、科学、持续的专业心理支持、志愿服务和培训服务，为汶川地震受灾地区的教师和青少年的心理重建提供长期专项服务。“5·12 心灵守望计划”共募集资金 500 多万元，为 10 个极重灾县（市）100 所学校的 50 万名学生和 3 万名教师提供了专业心理干预服务。基金会委托北京华夏心理教育中心，组建来自海内外的专家团队 50 余人，为彭州、绵竹、什邡、罗江等县（市）80 所学校的 84 名老师提供了专业心理培训，对 10 万余名学生进行了团体辅导和个体咨询，对 100 余名师生进行了直接心理治疗。该项目后被评为2008年度民政部中华慈善奖“最具影响力慈善项目”。

8月31日，基金会在广元市利州区建立“希望工程快乐电影”公益项目，以从新学期开学伊始，通过电影的艺术魅力让灾区的少年儿童增长知识、陶冶情操、增强信心、健康成长，并为学校周边的农村送去他们急需的精神食粮。在众多爱心企业的支持下，“希望工程快乐电影”公益项目共接收捐赠资金451.98万元，为四川灾区希望小学购买了数字电影设备82套、影片17部，放映4248场，给近10万灾区师生及村民带去了精神享受。许多抗震希望学校不仅组织学生和村民观看数字电影，还开展了“电影伴我成长”影评征文等一系列文化活动。

截至11月30日，“抗震希望小（中）学”项目得到了宝洁、微软、迪士尼、谷歌、纳爱斯、中关村教育基金、北京律师协会、可口可乐、摩托罗拉、东芝、爱普生、国航旅客、招商银行信用卡持卡人等一批企业和社会爱心人士的积极参与。全国青基会系统为灾区援建“抗震希望小（中）学”211所，建设面积17.5万余平方米，为15万余名学生提供了未来两三年可使用的过渡性教学用房。其中，基金会援建“抗震希望小（中）学”131所，建筑面积11.7万平方米，容纳学生10万余名，还为建成的“抗震希望小（中）学”配置课桌椅、图书室、数字影院、电风扇、电脑教室等设施，帮助学校完善教学功能。广元市利州区搭建54所过渡性“板房学校”，基金会援建了其中的50所。

七 中国光华科技基金会赈灾活动

中国光华科技基金会在汶川地震发生后积极开展救灾捐赠活动。截至2009年8月4日，募集资金和物资折价共4236.46万元。

募捐活动 5月13日，基金会全体员工捐款1.33万元。基金会协调团中央青年企业家协会、团中央少年部、北京大学MBA校友会等开展救灾捐赠活动。团中央青年企业家协会募集资金400万元，其中北京人文大学捐赠25万元、神州数码（中国）有限公司捐赠100万元、蓝山投资咨询（北京）有限公司捐赠50万元、北京美国英语语言学院捐赠25万元、首航艾启威冷却技术（北京）有限公司捐赠50万元、沈阳全密封变压器股份有限公司捐赠10万元、北京东亚信鸿国际会展中心有限公司捐赠100万元、中城建第五工程局有限公司捐赠10万元、湖南老百姓医药连锁有限公司捐赠10万元、双全地产集团有限公司捐赠10万元、浪潮集团捐赠10万元。团中央少年部组织兴业基金管理公司捐赠50万元。北京大学MBA校友会募集311.6万元。新浪网技术（中国）有限公司捐赠70万元、北京雷霆万钧网络科技有限责任公司捐赠45万元、北京空中信使信息技术有限公司捐赠45万元、北京因特莱斯网络技术有限公司捐赠10万元、广东新媒信息产业有限公司捐赠10万元、深圳市腾讯计算机系统有限公司捐赠100万元、北京创艺和弦科贸有限公司捐赠30万元。

基金会募集定向捐赠资金610.72万元。其中，上海延芳文教基金签署协议捐赠200万元，援建四川灾区小学4所；上海欣天实业投资管理有限公司签署协议捐赠50万元，援建四川灾区小学1所；天津国民地产有限公司签署协议捐赠100万元，援建四川灾区小学2所；山东蓬莱王志强捐赠50万元，援建四川灾区小学1所；北京鸿智慧通实业有限公司捐赠100万元，用于为灾区民众购买和运输生活物资和医疗药品；广东人文学会廖冰兄人文专项基金管理委员会捐赠 93.22 万元，用于灾后重建；云南博发投资有限公司捐赠 10 万元用于灾后重建；电子工业出版社捐赠 7.5 万元，用于救助灾区 6 所学校 150 名学生。

基金会募集非定向捐款 36.97 万元，其中中油新兴能源产业集团有限公司捐赠 10 万元。

基金会坚持“独立建账、专人负责、归口管理、专款专用”的原则，开展救灾募捐工作。对捐赠款物的管理和使用，建立独立财务账目，专人负责管理和审批，每周进行统计，并在基金会网站上及时公开捐赠信息。对救灾物资采购，基金会遵循“全面询价、以购促捐、物美价廉、择优选择”的原则，使采购商品价格大幅低于同类同质商品价格。

捐赠资金拨付　截至 2009 年 8 月 4 日，基金会共接收捐赠资金 1483.67 万元，使用资金 1483.19 万元。其中，拨付团中央青年企业家协会支付灾区 404.9 万元，支付为灾区采购生活、学习和医疗药品 173.22 万元，拨付四川省农业产业化办公室 50 万元，支付物资运输费用、库房仓储管理费用、工作费用等 17.8 万元，拨付中国扶贫基金会 1 万元，拨付基金会所属“霍氏教育发展基金”向四川捐赠资金 16 万元，拨付四川青少年发展基金会 50 万元，汇缴民政部救灾专用账户 10 万元，汇缴绵竹市慈善会 311 万元，拨付灾区 6 所学校 7.5 万元，拨付共青团广元市委 400 万元援建 8 所灾区小学，拨付三台县 3 所卫生院援建资金 42.25 万元。

捐赠物资调运　截至 2009 年 8 月 4 日，基金会接收捐赠物资折价共 2753.27 万元，调运灾区物资折价 2753.27 万元。其中，调运价值 1000.9 万元的服装至四川灾区；调运价值 136 万元的生理干预自主平衡系统（SPCS）68 台至四川、甘肃、陕西灾区；调运价值 280 万元的长袖和短袖 T 恤衫至四川、甘肃灾区；调运价值 1.52 万元的大枣和桂圆至甘肃灾区；调运价值 10 万元的 1.3 万盒洗液至四川灾区；调运价值 21.38 万元的收音机至四川灾区；调运价值 72 万元的服装 8000 件至四川灾区；调运价值 23 万元的服装 2300 件至四川灾区；调运价值 40.05 万元的服装 1466 件至陕西灾区；调运价值 378.48 万元的面积 1182.75 平方米的木制框架房屋至四川灾区；调运价值 16.58 万元的服装至四川灾区；调运价值 111.05 万元的服装 20003 件至四川灾区；调运价值 120.86 万元的服装 15040 件至四川灾区。基金会经合作单位同意，调运其他公益项目价值 100 万元的食品至四川灾区；调运价值 53 万元的复印机 20 台至四川灾区；调运价值 102.54 万元的服装 2940 件至北京 3 所高校，分配给来自地震灾区家庭经济困难学生；调运价值 110 万元的服装 3816 件至四川、陕西、甘肃灾区。

八　中国残疾人福利基金会赈灾活动

5 月 12 日下午，基金会紧急召开全体干部职工大会，成立抗震救灾办公室，确定专人 24 小时值班，接收社会捐赠。基金会对其网站进行了改版，开辟了抗震救灾工作专栏，及时向社会各界公布抗震救灾进展情况。同时与雅虎、新浪等门户网站建立合作关系，开通网上捐款平台。

5 月 13 日，基金会举行捐赠活动，全体职工向灾区捐赠 9500 元。基金会印制公益项目推介书和劝募函，除在报纸、网站等媒体上刊登劝募函外，还向基金会理事、特邀理事、全国 500 强企业寄发劝募函。

5月16日晚，基金会配合中国残联在青岛天泰体育场举办“走进残奥、共享激情、情系灾区、奉献关爱”大型公益演出。全国政协副主席、北京残奥会组委会执行主席、中国残联主席、基金会会长邓朴方，国际残奥会主席菲利普·克雷文出席晚会。中外歌手卡雷拉斯、刘德华、于魁智、吕思清、阎维文、戴玉强、谭晶等参加演出。晚会共募集捐款1000万元。

6月1日，基金会和中国残联在北京共同举办“当代著名书画家向基金会捐赠作品仪式”。捐赠仪式上，全国政协常委、雕塑家袁熙坤，国家画院院长龙瑞等数十位国内当代书画家向基金会捐赠书画作品近百幅。捐赠作品拍卖所得款项全部用于支持灾区重建残疾人特教学校。

6月2日，基金会筹备“集善行动、让灾区残疾孩子站起来”公益项目。该项目旨在为灾区地震致残儿童解决生活急需提供捐助。项目筹集物资折价共400万元，捐给四川灾区。

6月7日下午，基金会向四川省残联和四川重灾地区的残疾人捐赠价值500多万元的救灾款物，同时把由香港旭日集团资助的1000辆轮椅也转赠四川省残联。

6月12日，基金会与成都市政府商定在都江堰建一所无障碍设施的九年义务教育示范学校。基金会牵线搭桥，与上海最好的无障碍学校对接，开展对口援助。

6月23日，基金会资助李月、郭婷婷、廖波3名地震中受伤的少年到中国康复研究中心北京博爱医院接受康复治疗。3名小伤员于2009年2月18日康复，重返校园。

截至10月14日，基金会共接收救灾捐赠资金2848.64万元，全部按捐赠人意愿，拨付灾区用于抗震救灾。

九 中华环境保护基金会赈灾活动

汶川地震发生后，中华环境保护基金会积极开展抗震救灾捐赠活动，共募集资金1089.51万元。

捐赠活动 5月13日，基金会职工捐款4200元，捐赠价值1万余元的环保卫生饭盒300个，全体党员交纳“特殊党费”2.34万元。

5月13日，基金会与57家社会组织共同发起《抗震救灾、十万火急，灾后重建、众志成城——中国民间组织参与汶川地震救灾行动联合声明》，号召中国民间组织全力以赴、各尽所能、协助政府、筹集资源、组织力量，大力支持抗震救灾。

5月15日，基金会联合《北京娱乐信报》、搜狐网共同向社会发出募捐倡议书，呼吁社会各界“一方有难、八方支援”，帮助灾区同胞战胜灾害，承诺接收的所有善款将交付灾区支持环保体系建设，捐赠明细将在基金会网站实名公布。

5月20日，基金会联合《中国环境报》向社会发出赈灾募捐倡议书，开通捐赠平台，接收救灾捐赠资金37.6万元，用于受灾群众安置点生态卫生厕所建设。

5月21日，基金会与民政部、四川省环保厅、四川省抗震救灾指挥中心等部门联系，商请有关企业捐赠了日处理1吨左右生活垃圾的焚烧设备、日处理180吨生活污水的小型生活污水处理设备及医疗垃圾处理设备、二氧化氯饮用水消毒设备、环境卫生设施、安全防护设备、便携式监测仪器设备、快速水质监测仪、卫星电话等，用于灾区环保建设。22日，接收腾讯公益慈善基金会捐款100万元，在雅安碧峰峡大熊猫基地为大熊猫建设馆舍，用于救助受灾的大熊猫；接收北京蓝洁士公司捐赠的价值25万元的智能环保生态卫生间10台，接收北京安民生物灭蚊蝇技术开发有限公司捐赠的价值9.2万元的大型户外用电灭蚊蝇器20台；接收北京利德天成科贸有限公司捐赠的价值2.13万元的大型饮水器3台、电开水器2台。

5月23日至6月4日，基金会接收施华洛世奇贸易有限公司职工捐款26.89万元。5月30日，基金会协助环境保护部将价值2万元的米老鼠书包100个、米老鼠文具大礼包20盒、米老鼠自动铅笔96套、米老鼠铅笔盒100个等物资转运四川灾区。

6月6日，基金会接收施华洛世奇公司通过慈善拍卖募集的捐款295.4万元。12日，基金会接收法国威力雅环境集团捐款400万元，用于支援15个受灾市、县建设环境监测用房。

6月28日，基金会接收宝山钢铁股份有限公司向四川省环境保护中心捐赠的一台价值22.48万元的越野车。

9月3日，基金会接收中国红十字会总会转拨的捐赠资金150.4万元，用于彭州灾区生态卫生厕所建设。

捐赠资金拨付 基金会接收的捐赠资金主要用于四川、甘肃、陕西地震灾区15个市、县的环境应急救助和灾后重建项目，共1026.4万元，结余63.11万元用于灾区恢复重建等工作。

拨付雅安大熊猫基地圈舍项目资金100万元。基金会协调腾讯公益慈善基金会捐赠100万元，用于援建雅安碧峰峡基地豹子山区域的大熊猫两套固定圈舍，圈舍面积2400平方米。该工程于6月开工，于2009年3月22日竣工并投入使用。

拨付生态卫生厕所建设项目资金231万元。基金会按捐赠人意愿，拨付资金231万元，援建彭州灾区生态卫生公厕65座，援建大邑县七里村入户生态卫生公厕100座。彭州市政府将生态卫生厕所纳入灾区重建的统一规划，按照川西民居和法式风情等风格，在受灾群众永久性安置点、社区、场镇、旅游区，按照卫生部《城市公共厕所设计标准》和抗震设防8度标准要求建设。

拨付灾区15个市、县监测站实验室板房建设项目资金400万元。基金会按捐赠人意愿，拨付资金400万元，为四川省的北川、广元、罗江、都江堰、阿坝、黑水、松源、茂县和理县，甘肃省的陇南、成县，陕西省的略阳、宁强、宝鸡、凤县等15个市、县环境监测站建设板房实验室3550平方米。同时对四川、甘肃、陕西的51个重灾县（市、区）环保局等基层环保管理人员，开展灾后固体废物管理、污染土壤清理和灾后废墟清理、重大自然灾害后垃圾处理方案、集中居住区小型水处理使用技术、灾后水环境管理和技术、引用水源污染防治管理、环境监测质量综合分析、环境应急监测等知识培训。

拨付"长江水学校"项目资金295.4万元。汶川地震使四川省境内的9所"长江水学校"遭受严重破坏。基金会按捐赠人意愿，拨付资金295.4万元，援建北川羌族自治县片口小学、平武县泗耳藏族乡中心小学、绵阳师范学院、松潘县白羊小学、绵阳市仙海区中心小学、都江堰市外国语实验学校、绵阳市东辰国际学校、北川民族中学、北川中学等9所"长江水学校"，为学校购置测水包、环境测速箱、显微镜、望远镜、玻璃器皿、实验台等实验仪器，开展保护水资源的教育活动（见图10）。

图 10　中华环境保护基金会捐资建设的北川中学“长江水学校”实验室

（中华环境保护基金会　提供）

捐赠物资调运　5 月 23 日，基金会派员将军用帐篷、防化服、大型室外灭蚊蝇器 20 台、大型立式饮水器、电开水器、环保卫生饭盒等物资送至成都市环保局，军用帐篷和防化服运至环境保护部西南督查中心现场指挥部，将智能环保厕所 10 台分别运至卧龙国家级自然保护区和阿坝藏族羌族自治州。

十　中国老龄事业发展基金会赈灾活动

5 月 13 日，中国老基会向全国各地老基会发出倡议书，动员各地老基会组织募集资金，援助受灾地区的老年人，并通过报刊、网站，向社会公布中国老基会救灾捐赠账号和捐赠电话。

从 5 月 15 日开始，中国老基会开始接收社会各界捐赠。各地老年基金会积极响应中国老基会的倡议，11 个省（区、市）的老年基金会共捐赠资金 155 万元，其中上海市老年基金会捐赠 100 万元。21 日 15 时，北京市宣武区退休老大妈倪汇淦拄着拐杖，由老伴和女儿陪伴，乘车一个多小时到东城区老基会，捐出她半个月的退休金 1020 元。广西壮族自治区北海市海合爱心护理院虽然刚成立，资金紧缺，10 多名员工和刚入院的老人仍自发捐款 2120 元（见图 11）。中国老基会接收的第一批物资是北京金致堂生物科技有限公司捐赠的价值 60 万元的乐之杰抗菌洗剂及圣女洁康中药卫生巾，老基会于 22 日将这批物资运往四川灾区。海航集团向中国老基会捐赠 529.9 万元，其中 500 万元用于援建礼县宽川中学。韩国亚利朗医疗器械公司采购价值 90 万元的康复器具，分别捐赠给四川省肢体伤残康复中心、四川大学华西医院、四川省肿瘤医院、解放军第 452 医院、四川省人民医院等医疗机构。山东凯利医疗器械有限公司、杭州接班人教育信息开发有限公司、北京大德岩晟工艺美术品有限公司、首都经济贸易大学培训中心等单位，捐赠了正骨套、棉被、毛巾等灾区急需的物品。中国老基会副秘书长黎学清深入都江堰，冒着余震危险，将救灾物资及时送到受灾群众手中。各地老年基金会的捐款，分别拨付给了四川省、甘肃省和陕西省老龄办，并通过他们转赠给该地区受灾的全国爱心护理工程试点单位，帮助他们修复院舍，增添设备和购买老人急需的物品。

图 11 北海市海合爱心护理院的老年人为灾区捐款（中国老龄事业发展基金会 提供）

广西老年基金会、北海市海合爱心护理院和陕西省澄城县鹤童老年公寓联合提出了认养灾区孤寡老人的倡议。5 月 18 日，中国老基会向全国爱心护理工程各地试点单位发出通知，支持他们的倡议并动员有条件的护理院进行认养。6 月 1 日，中国老基会在北京中民大厦举行“心牵抗震救灾、情系孤寡老人”慈善认养捐赠仪式，全国各地 39 家老年护理院报名认养汶川地震中失去儿女亲人的孤老 1200 多名，并愿无偿为其养老送终。

截至 2009 年 4 月 23 日，中国老基会共接收社会各界捐赠资金 1841.57 万元，接收捐赠物资折价 150 余万元，并将救灾捐赠资金和物资分批拨付和运送四川、陕西、甘肃灾区，支援抗震救灾。

十一　中国健康促进基金会赈灾活动

5 月 15 日，基金会机关开展救灾捐赠活动，并设立地震伤残救助基金，紧急呼吁社会各界积极行动起来，为灾区群众奉献爱心，救助地震中受伤人员尽早恢复健康、恢复生活。社会各界积极响应，中国多肽产业集团、美国信纳克公司、康辰医药股份有限公司、广东好普生物有限公司、武汉天天好生物制品有限公司等先后捐款。此外，基金会还组织部分中小学以及幼儿园开展“为地震灾区重建家园献爱心活动”，得到有关学校和家长们的积极响应。北京市第十五中学分校、北京翠微小学、哈尔滨市花园小学及北京地区中关村一小、三小、石油附小、人大附小、花园村二小、五一幼儿园、语言大学幼儿园等学校的部分同学，都为地震灾区捐出了自己的零用钱和压岁钱（见图 12）。基金会接收捐赠资金 31.22 万元，全额转交民政部并拨付地震灾区。

图 12　参加中国健康促进基金会爱心捐赠活动的小朋友们齐声高呼“四川灾区小朋友加油”

（中国健康促进基金会　提供）

除上述基金会外，中国人口福利基金会、中国少数民族文化艺术基金会、中国绿化基金会、中国光彩事业基金会、中国扶贫基金会等 5 家公募基金会，也积极组织了多种形式的募捐活动，接收了大量捐赠款物，支援灾区开展赈灾活动。

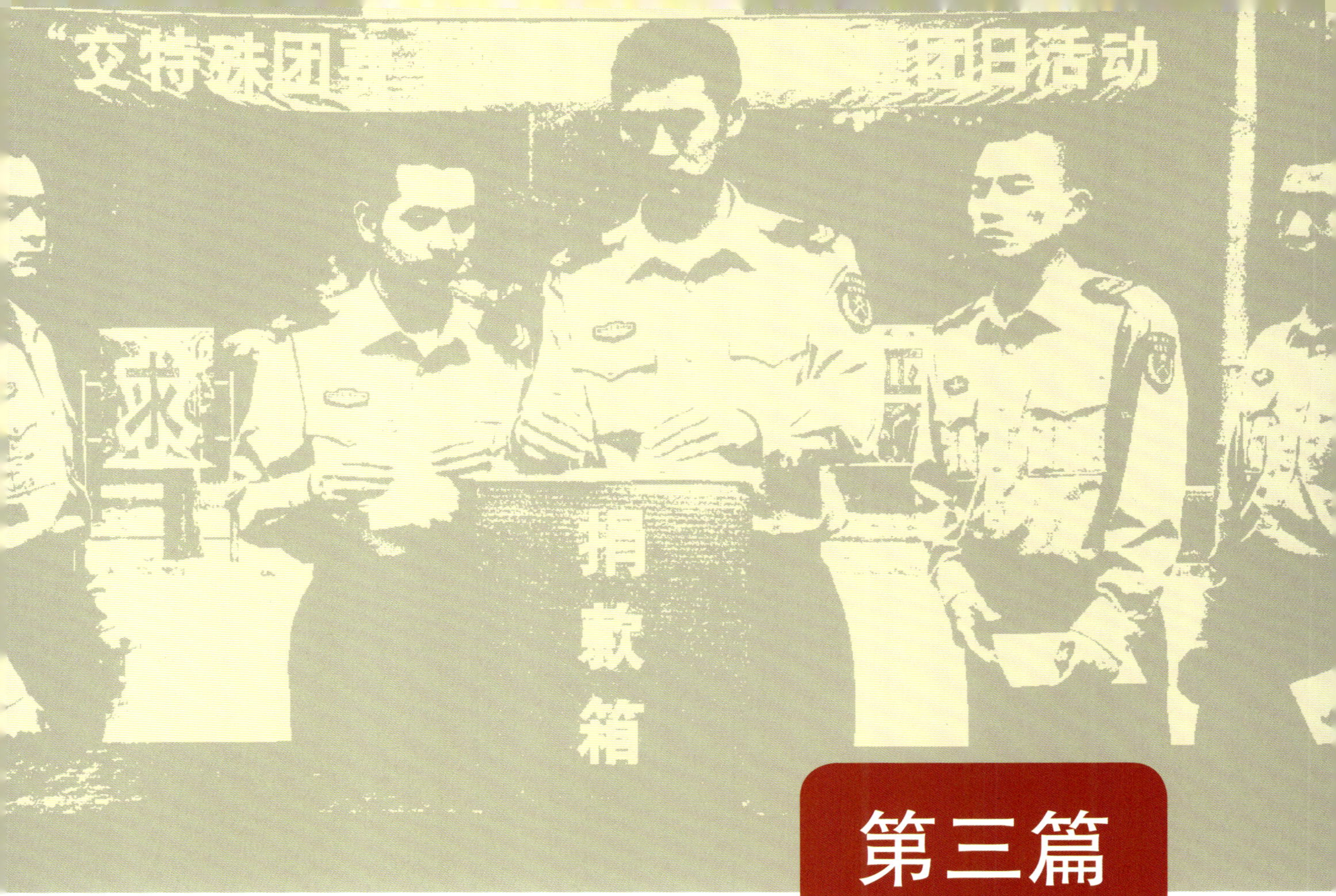

第三篇

中央部门单位和军队赈灾活动

汶川特大地震发生后，中共中央直属机关、中央国家机关、解放军和武警部队各大单位积极响应中共中央、国务院号召，认真组织开展多种形式的募捐活动，为灾区捐赠款物，救助灾区群众渡过难关。

中组部尊重普通党员的首创精神，组织广大共产党员开展自愿交纳“特殊党费”的活动。中宣部及时组织宣传中央抗震救灾决策，适时举办规模宏大的赈灾活动，募集巨额抗震救灾款物。中央统战部广泛动员统一战线各方面力量募集资金，支持抗震救灾。中央台办积极与台湾社会组织联系，协调台湾有关方面，组织救援队伍，募集捐赠款物。

外交部及时启动应急预案，组织和接收国际社会的大量援助。卫生部全力组织社会各界捐赠药品、医疗器械等物资。教育部多方募集救灾资金。国资委全面协调中央企业捐赠款物。体育总局积极协调体育界开展支援灾区募集资金的活动。商务部、外交部及时呼吁协调香港、澳门特区和国际社会援助灾区。港澳办、侨办广泛联系港澳同胞、海外侨胞，为灾区募集资金。其他有关部门也积极组织开展募捐活动，为灾区募集了大量资金和物资。

解放军和武警部队在中央军委的领导下，根据总政治部统一部署，开展了大规模的抗震救灾捐赠活动。

第一章　中共中央直属机关赈灾活动

第一节　中共中央组织部赈灾活动

一　“特殊党费”收缴

汶川地震灾害发生后，全国广大党员纷纷为受灾地区捐款捐物。5月13日，浙江省绍兴县党员、农民企业家祁友富向绍兴县柯岩街道党工委提出，希望交纳10万元“特殊党费”支援抗震救灾。浙江省委组织部立即将这一情况向中组部汇报。此外，北京、安徽等地一些中共基层组织和党员也反映，希望通过交纳大额党费的形式捐款，请中组部转交地震灾区用于抗震救灾。17日，中共中央政治局委员、中央书记处书记、中组部部长李源潮就此作出批示，尊重和鼓励党员以自愿交纳“特殊党费”的形式支援抗震救灾。中组部研究决定，在全国中共基层组织和广大党员中开展自愿交纳抗震救灾“特殊党费”活动。同日，《人民日报》、新华社、中央人民广播电台、中央电视台等中央新闻媒体播发了这一消息。

5月18日，中组部印发《关于做好部分党员交纳“特殊党费”用于支援抗震救灾工作的通知》。通知要求，党员自愿一次交纳1000元以上党费用于支援抗震救灾工作，地方的可由县级以上党委组织部代收后直接交中组部代转；在京机关单位、中管企业的，可由所在基层党委代收后，通过中央直属机关工委、中央国家机关工委、国资委党委组织部交中组部，也可由所在单位党委代收后直接交中组部代转。通知指出，交纳用于抗震救灾的“特殊党费”，可通过银行汇至中组部党费专用账户，也可直接送达中组部。党员自愿一次交纳1000元以上（含）抗震救灾“特殊党费”的，中组部收到款项后即向本人出具“中组部党费收据”。党员自愿一次交纳1000元以下“特殊党费”用于支援抗震救灾工作的，由各地各部门党委组织部根据实际情况办理。

胡锦涛、江泽民、吴邦国、温家宝、贾庆林、李长春、习近平、李克强、贺国强、王刚、王乐泉、王兆国、王岐山、回良玉、刘淇、刘云山、刘延东、李源潮、汪洋、张高丽、张德江、俞正声、王沪宁等中央领导同志，带头交纳“特殊党费”。许多曾经担任过党和国家领导职务的老同志，也纷纷带头交纳“特殊党费”。

广大党员交纳“特殊党费”十分踊跃。仅5月19日中组部接收“特殊党费”的第一天，就接到362个交纳“特殊党费”咨询电话，收到107名党员通过银行汇款交纳的“特殊党费”1756.15万元，101名党员直接到中组部交纳“特殊党费”63万元。19日下午，中组部部机关开展自愿交纳“特殊党费”活动，机关全体党员共交纳“特殊党费”385.88万元。

5月19日，中组部成立由部领导和部办公厅、组织局、机关事务管理局有关负责人组成的抗震救灾“特殊党费”工作小组及办公室，设现场收款接待组、电话咨询服务组、账款资料整理组，具体负责“特殊党费”工作。中组部开通两部“特殊党费”咨询服务专用电话，在部机关设立“特殊党费”现场收款接待处。

5月23日，中组部印发《关于进一步做好抗震救灾“特殊党费”收缴等有关工作的通知》，强调各地各部门党组织和党委组织部门在开展这一工作时，要坚持自觉自愿、不可强迫，量力而行、不定标准，不得作硬性要求，特别是不可采取从党员工资中统一扣缴的做法；要求各地各部门党组织对党员交纳的抗震救灾“特殊党费”，要严格管理，全部及时上缴中组部，不得以任何名义截留或挪作他用。党员交纳抗震救灾“特殊党费”，不论数额多少，县级或县级以上党委组织部门都要给本人开具抗震救灾“特殊党费”收据，以表示感谢。

这项活动很快在全国中共各级组织和党员中广泛展开。据各地各部门统计，截至11月5日，全国共有4557.89万名党员交纳抗震救灾“特殊党费”97.3亿元，其中交纳1000元以上的有303万人。泛海集团董事长卢志强在捐款1200万元之后，又交纳1000万元“特殊党费”；河南省汝州市农民企业家、党员王国奇在向灾区捐款115.8万元后，又到汝州市委组织部交纳100万元“特殊党费”；深圳海王集团公司董事长张思民交纳100万元“特殊党费”；62岁的山东省济南市退休职工、党员武丽云，将多年积蓄的6.97万元作为“特殊党费”寄给中组部；有72年党龄的张洁清，委托其女儿到中组部交纳3万元“特殊党费”；全国优秀党务工作者霍松勤交纳3万元“特殊党费”；长江引航中心镇江引航站16名党员，将1.56万元“特殊党费”汇至中组部；全国优秀共产党员、全国劳动模范申纪兰交纳1万元“特殊党费”；全国优秀共产党员许振超将中组部授予其“全国优秀共产党员”荣誉称号时奖励的1万元全部交纳“特殊党费”；中风患者、73岁的云南省丘北县退休职工赵鸿运，坐着轮椅将500元“特殊党费”交到县委组织部。

二 “特殊党费”管理

5月25日，中组部印发《关于抗震救灾“特殊党费”收缴、使用和管理的暂行办法》，要求各地区各部门党组织，将党员个人交纳的抗震救灾“特殊党费”，统一缴纳到中组部抗震救灾“特殊党费”专用账户，专款专用，全部用于抗震救灾工作；抗震救灾“特殊党费”收缴、使用和管理情况要公开透明，作为党务公开的重要内容，广泛接受党员、党组织和全社会的监督；要严肃工作纪律，坚决杜绝挪用、挤占或截留抗震救灾“特殊党费”的现象，对违反抗震救灾“特殊党费”收缴、使用和管理办法的，依据有关规定严肃查处。

中组部研究决定，抗震救灾“特殊党费”的收缴、使用和管理情况接受审计机关的审计、检查。6月13日，中组部、审计署联合印发《关于做好“特殊党费”审计监督工作的通知》。通知明确，中央和地方各级党组织“特殊党费”的收缴、管理、拨付和使用情况，纳入汶川地震救灾资金和物资的审计范围。通知要求，各级党委组织部门要积极支持和配合审计机关做好“特殊党费”的审计工作；各级审计机关要统筹计划，合理安排，分阶段适时对“特殊党费”进行跟踪审计，促进各级党委组织部门及相关单位做好“特殊党费”的管理使用工作；审计结果向中共中央、国务院报告，并在适当时候以适当方式向党内外公布。6月19日、7月21日，审计署两次派专人到中组部对抗震救灾“特殊党费”收缴、使用和管理情况进行审计和检查。各省（区、市）党委组织部收缴“特殊党费”的情况，也按通知要求接受当地审计部门的审计检查。

5月20日、24日、26日及6月3日、18日，中组部分别将抗震救灾“特殊党费”的收缴、使用情况在中央电视台、《人民日报》等中央新闻媒体上公布。

7月18日，中组部印发《关于交纳抗震救灾“特殊党费”工作告一段落的通知》。至18日，党员交纳抗震救灾“特殊党费”活动告一段落。通知要求，各级党委组织部门要认真做好为交纳“特殊党费”的党员开具收据工作，确保交纳抗震救灾“特殊党费”的每一名党员都能领取到党委组织部门开具的收据；要积极配合审计部门做好抗震救灾“特殊党费”收缴、使用和管理的审计工作，确保抗震救灾“特殊党费”工作不出任何问题。

中组部认真做好抗震救灾“特殊党费”收据的开具工作。9月、10月、12月，中组部组织局组织力量，对各地各部门发放抗震救灾“特殊党费”收据的情况进行抽查，确保“特殊党费”收据及时准确地发放到党员手中。

三 “特殊党费”使用

5月30日，中组部印发通知，书面征求各省（区、市）党委组织部、中央各大系统（部门）党（工）委组织部对抗震救灾“特殊党费”使用的意见建议。同时，从5月30日至6月4日，在党建研究网上以问卷调查的方式，公开征求意见建议。据统计，截至6月5日，各省（区、市）党委组织部、中央各大系统（部门）党（工）委组织部书面反馈意见建议190条。网上共有

53939人点击调查问卷，其中党员48519人、党外群众5420人；有13786人在网上留言，提出意见建议。综合各省（区、市）党委组织部、中央各大系统（部门）党（工）委组织部和网上征求的意见，对“特殊党费”使用方向比较集中的意见是：帮助灾区建设一批乡村小学或乡镇中学；对在抗震救灾中英勇牺牲者的家属给予补助；帮助灾区建设因灾受损的村级组织活动场所；为灾区因灾致孤的老人、儿童、伤残人员定期发放生活补贴。

按照国务院办公厅《关于汶川地震抗震救灾捐赠资金使用指导意见》的精神，根据党员和党组织对抗震救灾“特殊党费”使用的意见建议，中组部研究提出抗震救灾“特殊党费”分配和使用方向的初步意见，向国务院抗震救灾总指挥部上报《关于抗震救灾“特殊党费”使用意见的请示》，向中央抗震救灾资金物资监督检查领导小组上报《关于抗震救灾“特殊党费”有关情况的报告》，并多次同发展改革委、民政部、财政部等有关部门协商，形成抗震救灾“特殊党费”的使用意见：抗震救灾“特殊党费”全部用于支援灾区抗震救灾和灾后重建工作，其中四川省80.3亿元、甘肃省10亿元、陕西省5亿元、重庆市和云南省各1亿元，主要用于帮助每个极重灾县（市、区）重建中学、小学各一所，帮助每个重灾县（市、区）重建一所中学或一所小学；帮助灾区县援建房屋倒损农户住房等民生项目；帮助极重灾县（市）和重灾县（市、区）重建和修复因灾受损的村级组织活动场所、农村党员干部现代远程教育接收站点等设施；为在这次抗震救灾中因公牺牲人员家属发放慰问金。

11月17日，经中央领导同志同意，中组部、发展改革委、民政部、财政部联合印发通知，对抗震救灾“特殊党费”使用管理和监督提出明确要求。26日，中组部印发通报，通报抗震救灾“特殊党费”使用管理有关情况，同时，通过《人民日报》等中央新闻媒体向社会进行公告。12月1日，中组部将收缴的抗震救灾“特殊党费”结余资金全部划拨至民政部汶川地震抗震救灾捐赠专户。

第二节　中共中央宣传部赈灾活动

一　社会赈灾宣传报道

中宣部根据中共中央政治局委员、中央书记处书记、中宣部部长刘云山的要求，认真部署抗震救灾宣传工作，要求新闻、出版、文化等部门，大力宣传、热情支持抗震救灾工作。

从5月12日开始，《人民日报》、新华社、《光明日报》《经济日报》、中央人民广播电台、中央电视台等中央主要媒体积极宣传赈灾活动：及时报道中央领导同志关于抗震救灾的重要讲话和到灾区考察的行动；发表了系列社论和评论员文章，弘扬“一方有难、八方支援”的精神；及时报道全国各地积极支援灾区的行动和感人事迹，及时介绍灾情和灾区需求，倡导各地支持抗震救灾。各部门各地方的媒体也开辟专版，开设专栏，跟踪报道各地各部门各单位积极响应中共中央和国务院号召，紧急动员支援灾区，做好抗震救灾物资供应以及对口援建的情况。

与此同时，中央主要新闻媒体还及时报道台湾各界慷慨捐款捐物、香港特区派遣飞行队支援救灾等感人场景。中国新闻社跟踪报道港澳台救援队、医疗队在灾区工作的情况，全程跟踪报道港澳台和海外华侨华人捐赠物资在灾区发放的过程。5 月 13 日，中国新闻社联合 40 余个国家的 200 多家海外华文媒体，向港澳台和海外华文媒体发出倡议，共同举办“炎黄儿女情系四川地震灾区”活动，得到热烈响应，多家海外华文报刊在显著位置刊出倡议书。

新华社、中国国际广播电台全程跟踪采访奋战在灾区的日本、韩国、俄罗斯、新加坡、德国、古巴、法国等国家的救援队和医疗队在灾区抢险救灾的工作情况；积极宣传中国政府部门、灾区干部群众和全国人民对境外援助救援的真诚欢迎和感激之情，反映国际社会对中国以开放姿态接受国际社会援助救援的积极评价。

二　组织募捐义演和慰问演出

汶川地震灾害发生后，中宣部机关及各直属单位，按照中宣部部务会议的部署，积极组织抗震救灾募捐活动。

5 月 18 日晚，由中宣部、中央外宣办、文化部、广电总局、新闻出版总署、解放军总政治部等共同发起，中央电视台承办的“爱的奉献——2008 宣传文化系统抗震救灾大型募捐活动”，在中央电视台一号演播厅举行，并通过中央电视台第 1、3、4 频道实况直播。募捐活动在《爱的奉献》主题歌中拉开帷幕，由“灾情就是命令”“祖国与你同在”“生命不能等待”“凝聚每份爱”等板块组成。数百名中国当代文学艺术界、新闻出版界、文化企业界等宣传文化系统的知名人士、部队文艺工作者及体育界知名人士投入节目创作和演出。晚会在歌舞、诗朗诵、小品等节目中，穿插播出抗震救灾第一线的实情实景。

中共中央政治局常委李长春，中共中央政治局委员、中央书记处书记、中宣部部长刘云山，中共中央政治局委员、国务委员刘延东和全国政协副主席陈奎元出席募捐活动并捐款。参加活动的人员纷纷踊跃捐款。活动于 5 月 18 日 20 时开始，23 时 55 分结束。原定时间为 3 个小时的活动，由于捐款人员多、热情高，最后延长至近 4 个小时，现场共募集资金 15.28 亿元。这次活动，是新中国成立以来国内宣传文化系统规格最高、规模最大、阵容最强的一次募捐活动。募捐活动电视收视份额达 57.94%，收看总人数超过 6 亿人。央视网联合 21 家大型互联网站进行网上现场直播，央视网相关网页访问量达 2.16 亿人次，在线视频访问超过 648 万人次，创央视网访问最高纪录。央视手机网进行的全程视频、图文直播点击量超过 230 万人次。赈灾义演募捐热线现场收到短信留言近 4 万条，接到感言电话 5000 多个。

5 月 19 日，胡锦涛在《中央电视台简报（第 27 期）》的《“爱的奉献”抗震救灾大型募捐活动传递爱心、凝聚民心、坚定信心》一文上批示：“感谢中央电视台和发起单位的同志们，感谢广大文艺工作者！我们心连心，同呼吸，共命运，就没有克服不了的困难。胜利一定属于英雄的中国人民”。

在抗震救灾中，中宣部协调文化部、广电总局、中国文联等文艺主管单位，组织了多个“心连心”慰问演出团、小分队，分赴四川、陕西灾区，为数十万灾区群众和参与抗震救灾的解放军指战员、武警部队官兵、公安干警、医疗卫生工作者及志愿者演出上百场文艺节目。

三　组织捐赠

5 月 13 日，中宣部向四川省、重庆市拨付宣传文化设施恢复重建资金 800 万元，其中四川省 500 万元、重庆市 300 万元。同日，中宣部机关党委印发《关于向地震灾区捐款献爱心的通知》。14 日下午，中宣部机关党委举行抗震救灾捐款活动，共募集资金 25 万元、衣被 274 件（床），并采购棉被 2000 床捐赠灾区。此外，中宣部、中央外宣办、文化部、广电总局、新闻出版总署各捐赠 1000 万元，用于受灾县宣传文化部门购置基本办公设备、修复基层宣传文化设施，其中用于修复四川新闻网支出 200 万元。中宣部和新闻出版总署先后组织 40 家出版社，向灾区赠送了 90 多种抗震题材的出版物 970 万册。5 月 12 日至 6 月 20 日，全国新闻出版系统图书出版单位 596 家、报纸出版单位 1418 家、期刊出版单位 2728 家、音像电子网络出版单位 288 家、省（区、市）书报刊音像制品发行单位 31 家等捐赠资金物资折价共 10.6 亿元，分别用于灾区宣传文化设施恢复建设。

第三节　中共中央统战部赈灾活动

一　组织捐赠

汶川地震灾害发生后，中央统战部召开紧急会议，部署抗震救灾工作。

5 月 12 日，中央统战部向四川省委、省政府和四川省委统战部分别发出慰问电，并于 13 日向各地统战部门下发《发挥统一战线优势，紧急做好抗震救灾工作的通知》。

在抗震救灾捐赠活动中，中央统战部采取组织机关捐赠、赈灾义演、赈灾义卖等方式，募集资金和物资。

5 月 13 日下午，中央统战部组织“统一战线与灾区人民心连心”捐款捐物活动。全国政协副主席、中央统战部部长杜青林和其他部领导出席活动并带头捐款。各民主党派中央机关从主席、副主席到机关干部，从白发苍苍的离退休老人到刚参加工作的年轻人，纷纷慷慨解囊，踊跃捐款捐物。中国民主建国会第七届、八届中央委员会名誉主席孙起孟和著名学者季羡林在病床上委托他人捐款。同日，统战部副部长陈喜庆与为“统一战线与灾区人民心连心”活动捐款的无党派人士、非公有制经济人士和自由择业的知识分子代表座谈，引导鼓励无党派人士、非公有制经济人士、自由择业的知识分子和留学人员为抗震救灾做贡献。统一战线积极响应中共中央号召和统战部通知精神，为灾区捐款捐物。无党派人士通过统战部向灾区捐赠 227 万元，新的社会阶层人士捐赠 87.6 万元，海内外留学人员捐赠 280 万元。

5 月 19 日，统战部机关各部门、各系统单位相继开展交纳“特殊党费”活动，共交纳“特殊党费”82.9 万元。

5 月 20 日，统战部举办“统一战线著名书画家企业家捐赠活动”。参加活动的 55 位书画家共带来精心创作的作品 96 幅、现场创作 20 多幅（参见图 13），35 位企业家踊跃捐款，并积极认购书画作品。活动共募集资金 4600 万元。

图 13　5 月 20 日，统一战线著名书画家、企业家为四川地震灾区捐赠书画
（中央统战部　提供）

统战部积极组织非公有制企业和企业家开展社会赈灾工作。其中，全国政协委员、全国工商联副主席、世茂集团董事长许荣茂捐赠 1 亿元，计划为灾区捐建 100 所乡镇卫生院。全国人大代表、全国工商联副主席、四川宏达集团董事局主席刘沧龙捐赠 500 万元。山东日照钢铁集团、天津荣程钢铁集团、四川多元德太集团等民营企业，救助、抚养灾区孤儿 1600 名和孤老 3000 名。中国光彩事业促进会、中国光彩事业基金会组织非公有制企业家捐赠 2460 万元。

5 月 25 日，中共中央政治局常委、全国政协主席贾庆林在统战部《关于统一战线开展抗震救灾工作的情况报告》上批示：“四川汶川大地震发生后，中央统战部按照党中央、国务院的统一部署，迅速组织了统一战线广大成员和统战干部投入抗震救灾，捐款捐物，献计献策，以各种方式向灾区伸援手、献爱心、送温暖，取得了积极的成果。抗震救灾任务艰巨，中央统战部要组织统战系统各民主党派、工商联、无党派人士，认真学习贯彻胡锦涛同志重要讲话精神，把思想和行动统一到中央决策和部署上来，充分发挥统一战线的优势，继续为抗震救灾做出贡献”。

5 月 26 日，杜青林主持召开各民主党派中央、全国工商联有关负责人会议，就落实贾庆林重要指示精神提出要求。

5月27日，世茂集团举办捐建地震灾区百家爱心医院仪式，杜青林陪同贾庆林出席并讲话。

5月30日，贾庆林在成都主持召开各民主党派、工商联、无党派人士抗震救灾座谈会，听取党外人士的意见和建议。中共中央政治局委员、国务院副总理回良玉，全国政协副主席、中央统战部部长杜青林及中央统战部副部长楼志豪、陈喜庆等出席。

6月3日，亿达集团举行“亿达集团支援地震灾区捐款仪式”，通过统战部向四川地震灾区捐赠3000万元。

7月23日，台湾社会重建协会“两岸赈灾重建交流支援团”在统战部的安排下，赴四川地震灾区考察，并为四川灾区捐赠48万港元。

在全国抗震救灾捐赠活动中，统战部组织专职人员接收社会各界人士、非公有制企业的捐赠款物，开具统一收据和填写捐赠证书，及时召开新闻发布会，通过报纸、电视台、广播电台等形式公布相关信息，接受社会各界的监督。在资金的使用中，坚持尊重捐赠人的意愿，按照灾区应急生活救助和恢复重建的需要，拨付资金，编制恢复重建项目。坚持各项制度，专款（物）专用，重点使用。

二　转交捐款

6月13日，国务院办公厅下发《关于汶川地震抗震救灾捐赠资金使用指导意见》。意见提出，中央和国家机关及事业单位、人民团体接收的各类捐赠资金，中组部接收的“特殊党费”，集中到民政部汶川地震抗震救灾捐赠专户，按照规划使用。截至10月14日，统战部共接收社会各界捐赠资金12913.34万元，分期拨付至四川省赈灾账户3554.31万元，拨付至成都市武侯区红十字会赈灾账户100.7万元，并于10月15日将结余资金9258.33万元，划拨至民政部汶川地震抗震救灾捐赠专户；共接收国外捐赠价值2047.32万元的救灾帐篷和衣物等物资，并协调捐赠人及时将捐赠物资全部运往四川、甘肃地震灾区。

第四节　中共中央台湾工作办公室赈灾活动

一　接收捐赠

5月12日晚，中央台办成立抗震救灾应急指挥工作小组，中央台办主任陈云林任组长，海峡两岸关系协会（以下简称海协会）及台办秘书局、宣传局、经济局、交流局等部门负责人为成员，负责全国台湾事务系统的抗震救灾工作。应急指挥工作小组成立后，立即启动突发事件应急预案，部署抗震救灾工作。台办、海协会要求四川、甘肃、陕西、重庆、云南等有关省（市）台办启动突发事件应急机制，核实辖区内台胞人员伤亡情况和台资企业损失情况；采取措施救援救治受困、受伤台胞；对外公布台胞救助热线，确保受伤人员及其亲属及时了解灾情信息；建立每日情况通报制度，通报地震灾情，动员台胞为抗震救灾捐赠款物。15 日，台办举行抗震救灾捐款仪式，全办干部职工捐赠资金 22 万元，台办机关全体党员交纳“特殊党费”8 万余元。为妥善管理台胞捐款，台办商请民政部、财政部批准，由海协会设立专门赈灾账户接受台湾同胞捐款。6 月 12 日，陈云林与财团法人海峡交流基金会（以下简称海基会）董事长江丙坤举行会谈。海基会表示希望通过两会渠道将台湾各界募集的捐款 12 亿元新台币（约合人民币 2.72 亿元）转交大陆地震灾区，协助灾后重建。9 月 8 日，海协会受海基会委托在成都举行仪式，向四川等受灾省（市）转交该笔捐款（见图 14）。

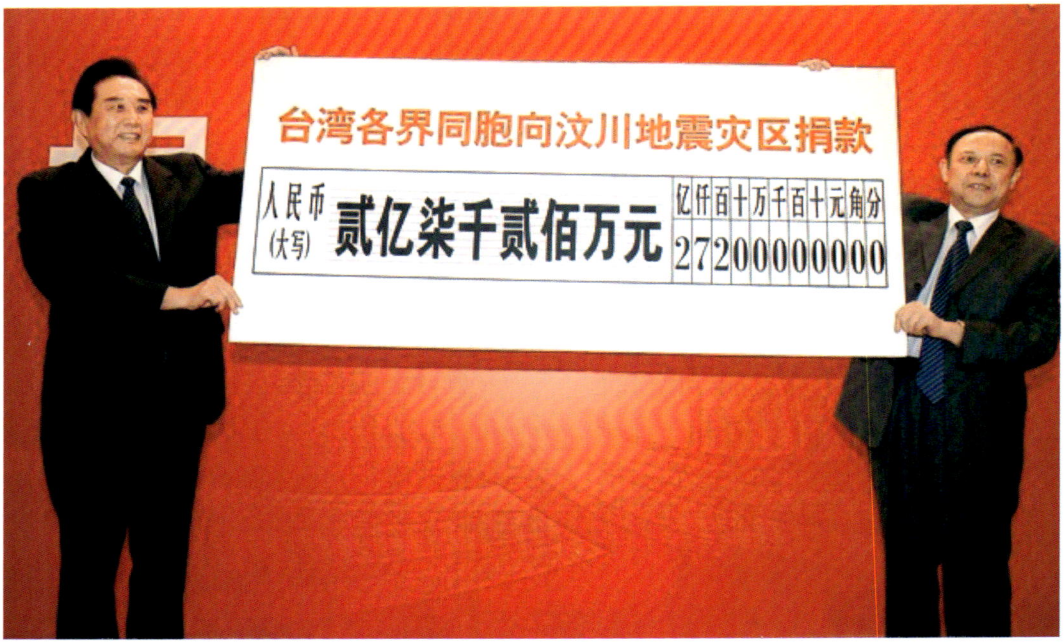

图 14　9 月 8 日，海峡两岸关系协会会长陈云林（左）向四川省副省长陈文华（右）转交台湾各界同胞的捐款

（中央台办　提供）

为感谢台湾同胞的善举，台办和海协会联名向每位捐赠者发出感谢信，并请中国书法家协会主席张海题写“爱源于根、血浓于水”八字，制成“汶川地震赈灾纪念牌”赠予每位捐赠者留念。纪念牌宽 5 厘米、底撑 12 厘米、高 14 厘米、长 28 厘米，意指 5 月 12 日 14 时 28 分，以铭记遇难同胞（见图 15）。

陈云林接受新华社专访时表示：“台湾社会各界以各种方式向灾区人民表达关切和慰问，并多次表示愿意派遣救援人员前来协助救援工作，充分体现了台湾同胞对大陆同胞血浓于水的手足亲情。大陆同胞感念、珍惜并铭记台湾同胞的真情义举。”

5 月 28 日，胡锦涛会见到访的中国国民党主席吴伯雄。胡锦涛表示，地震发生当天下午，

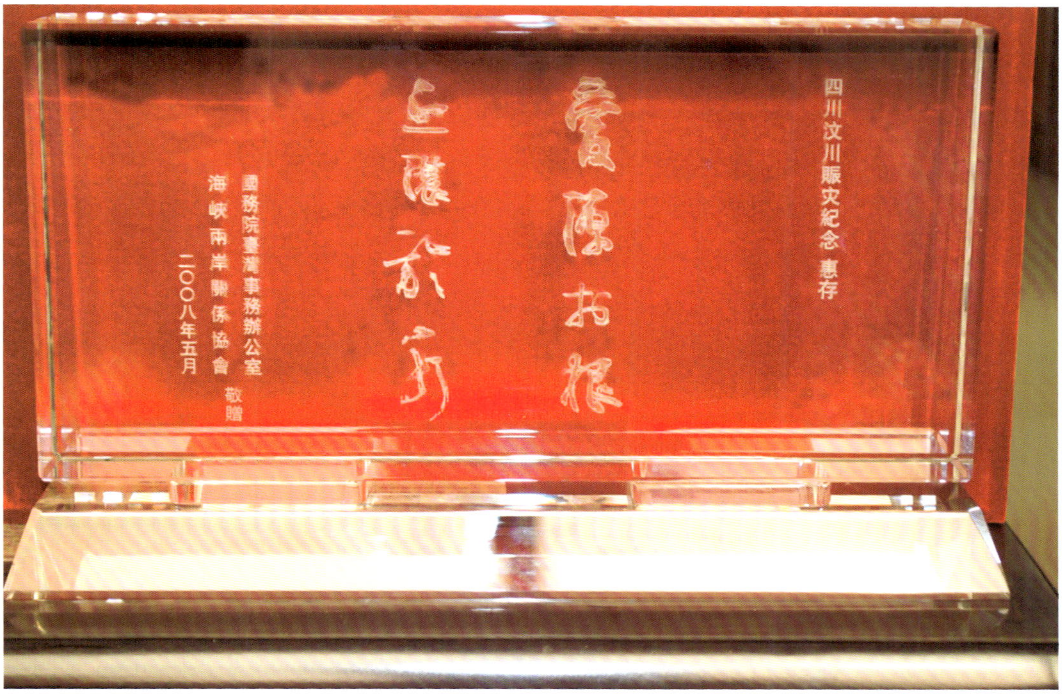

图 15　中央台办向捐赠者颁发的汶川地震赈灾纪念牌

（中央台办　提供）

中国国民党中央委员会立即发来慰问电，台湾社会各界以各种方式表达对地震灾区同胞的关心和慰问，给予慷慨援助和支持。广大台湾同胞的爱心和善举感人至深。胡锦涛指出，包括台湾同胞在内的全体中华儿女在患难之时体现出的同胞之爱、手足之情格外珍贵。这不仅是中华民族团结互助、共克时艰的精神力量，也将成为两岸同胞相互扶持、携手合作、共同开创两岸关系美好未来的强大动力。胡锦涛还向地震中遇难的台湾同胞表示深切哀悼，向他们的家属表示诚挚慰问。

截至 11 月 26 日，台办接收台湾同胞捐赠资金共 67221.61 万元（含利息 46.98 万元），其中定向资金 64452.15 万元、非定向资金 2769.46 万元；捐赠 100 万元以上单位有 45 家。（参见表 3）

二　转交捐款

中央台办按照国务院相关规定，于 8 月 7 日、9 月 25 日、12 月 1 日，将接收的捐赠资金用于农民住房重建计 865 户，用于灾区其他赈灾项目 260 余万元。

审计署对台办、海协会接收、管理和使用捐赠资金的情况进行了审计。审计署审计报告指出，台办、海协会在汶川地震发生后积极组织接收抗震救灾捐赠资金，严格按照国家有关规定管理使用，做到既符合国家统一规划，又充分尊重捐赠人意愿。台办、海协会重视救灾捐赠资金管理工作，经财政部批准在银行开设救灾捐赠资金专户，并单独设置会计科目核算，入账及时、准确；相关制度比较完善，为管理好抗震救灾捐赠款物提供了必要的制度保障。捐赠资金全部转交民政部汶川地震抗震救灾捐赠专户，经民政部、财政部审核后，转交四川、陕西、甘肃、重庆等地震灾区，用于134个恢复重建项目。其中，用于四川省重建项目96个共51766.4万元，用于甘肃省重建项目7个共2395.5万元，用于陕西省重建项目20个共2741.14万元，用于重庆市重建项目10个共2073.05万元；另与住房城乡建设部协商，并经民政部、财政部审核，支持甘肃省、陕西省7978万元，用于重灾区重建项目。

海峡两岸关系协会接收汶川地震抗震救灾捐赠资金100万元以上部分单位情况一览表

表3 （截至11月26日） 单位：万元

捐赠单位	捐赠资金额	捐赠单位	捐赠资金额
财团法人海峡交流基金会	25426	句容台泥水泥有限公司	300
台塑集团	10000	华新（中国）投资有限公司	300
国泰人寿慈善基金会	5000	两岸和平发展基金会、连战	219.4
奇美集团	2000	泰金宝光电（苏州）有限公司	200
全国台湾同胞投资企业联谊会	1070.93	金宝电子（中国）有限公司	200
裕隆集团	1005	威盛电子（中国）有限公司	200
金门酒厂实业股份公司	1003	统宝光电（南京）有限公司	200
台达集团	1000	康舒电子（东莞）有限公司	200
光宝集团	775	华宝通讯（南京）有限公司	200
东莞市台资企业协会	512	中橡集团	200
宝盛道吉（北京）贸易有限公司	506.65	台中市政府	153.14
中山宝宏鞋业有限公司	500	川亿电脑（深圳）有限公司	150
旺旺集团	500	重庆顶益食品有限公司	150
文向教育基金会	500	广州顶津食品有限公司	150
武汉统一企业食品有限公司	500	瑞福家族	103.82
仁宝电子科技昆山有限公司	500	达创科技（东莞）有限公司	100
东莞宝元数控科技有限公司	500	四川统一量贩超市有限公司	100
金门县政府	313	上海良机冷却设备有限公司	100
上银科技股份有限公司	312	无锡荣成纸业有限公司	130
广州宝元贸易有限公司	300	仲利国际租赁有限公司	100

捐赠100万美元以上的单位有：长荣集团1000万美元、和舰科技（苏州）有限公司288万美元、台湾信托慈善基金会143.8万美元、联发科技中国有限公司（香港）143.5万美元。

第五节　中共中央直属部门单位赈灾活动

汶川特大地震发生后，中共中央各直属部门单位踊跃捐赠款物，支援地震灾区（见表 4）。

中共中央直属部门单位汶川地震抗震救灾捐赠资金情况统计表

表 4　　（截至 10 月 14 日）　　单位：万元

部门单位	资金额	部门单位	资金额
中央纪委	89.77	中央编办	24.72
中央办公厅	350.05	中央党校	30.00
中组部	50.34	人民日报社	1125.53
中宣部	42.29	求是杂志社	605.00
中央统战部	82.90	中央文献研究室	18.78
中联部	52.54	中央党史研究室	11.05
中央政法委	23.34	中央编译局	15.04
中央政策研究室	20.60	中直机关工委	30.27
中央台办	12.41	中央国家机关工委	142.26
中央外宣办	20.37	合　计	2749.26
中央外办	2.00		

第二章　中央国家机关赈灾活动

第一节　外交部赈灾活动

5 月 12 日，外交部紧急启动应对地震灾情涉外工作应急机制，向有关国家驻华使馆通报外交部 24 小时值班电话，及时处理有关涉外工作。当晚，外交部长杨洁篪应邀与联合国秘书长潘基文通电话。潘基文代表联合国向中国政府和人民表示深切同情和诚挚慰问，表示联合国将全力支持中国的救灾和重建工作。13 日，外交部发言人在例行记者会上表示，中国对国际社会有关抗震救灾的援助表示衷心感谢和欢迎。14 日，中国有关驻外使领馆紧急设立快速通道，为各国各地区在办理签证、物资交接、专机入境等方面提供最大便利，及时把国际社会捐赠的物资送抵地震灾区。15 日，外交部发言人在例行记者会上说，中国人民在为失去同胞感到悲痛的时候，在举国上下抗震救灾的时候，也得到了国际社会的同情、理解、慰问和支援，中方感谢并欢迎国际社会提供各种形式的支持和援助。16 日，外交部发言人表示，中国政府本着邻近、快捷原则，已同意俄罗斯、韩国、新加坡三国政府派遣专业救援人员赴四川地震灾区协助救援行动。中国政府对向地震灾区提供物资援助的各国表示欢迎和衷心感谢。

一　接收捐赠

汶川特大地震灾害发生后，外交部党委研究制订呼吁国际社会援助汶川地震灾害的抗震救灾工作方案；举行新闻发布会，代表中国政府向外国政府、国际和地区组织通报汶川地震灾害的情况、抗震救灾的工作进程、灾区群众的需求，呼吁国际社会在力所能及的情况下，提供资金和物资等方面的援助，公布中国政府接收国际捐赠的部门和账号，以及捐赠物资通关的规定，并函告各驻外使领馆积极主动地做好救灾捐赠的协调工作。外交部成立了接收救灾捐赠的领导班子，确定实行专人 24 小时值班制度，为国际援助提供服务。

国际社会 161 个国家的政府、团体和个人（包括华侨华人）及 16 个国际组织，积极响应外交部的呼吁捐赠款物。截至 2009 年 6 月 30 日，外交部及各驻外机构共接收境外捐赠资金 208373.45 万元，其中外国政府、国际和地区组织捐赠 81551.43 万元，海外华侨华人、中资机构、留学生、外国团体和友好人士捐赠 126822.02 万元。

针对地震灾区的物资需求，外交部根据国务院要求，代表中国政府对外公布急需物资清单，要求各驻外使领馆想方设法筹集帐篷等救灾急需物资。各驻外大使和总领事及时向驻在国政府和组织紧急通报灾区急需物资情况，并组织人员联系国内外有关单位，解决物资供应和运输等问题。外交部还以各种方式向有关驻华外交机构和国际组织驻华代表通报灾区需要，并通过外交部发言人主动对外发布灾区急需物资的消息。国际社会根据中方需求积极提供帐篷、血液透析机、脱氧核糖核酸（DNA）测序仪等灾区急需的物资和设备。截至 7 月 3 日，国际社会共向中国援助帐篷 17.38 万顶。巴基斯坦将全国库存战略储备帐篷援助中国，俄罗斯在短时间内迅速派出米—26 直升机，为排除唐家山堰塞湖险情发挥了重要作用。外交部、民政部、民航局、海关总署等部门以及中国驻外使领馆，协调建立快捷的国外赈灾物资转运机制，设立绿色通道，加快了外援物资的运输速度。

二　转交捐款

从 6 月 4 日至 11 月 25 日，外交部先后分 12 次将接收的抗震救灾捐赠资金 195809.27 万元，转交民政部汶川地震抗震救灾捐赠专户（见表 5）。

外交部转交汶川地震抗震救灾捐赠资金情况统计表

表 5　（截至 11 月 25 日）　单位：万元

时　间	转交金额	时　间	转交金额
6 月 4 日	37262.31	8 月 5 日	13690.60
6 月 6 日	37256.27	8 月 27 日	3000.00
6 月 13 日	22783.95	9 月 12 日	7000.00
6 月 16 日	2177.34	10 月 15 日	7000.00
6 月 23 日	41149.80	11 月 25 日	4000.00
7 月 2 日	13682.60	合　计	195809.27
7 月 15 日	6806.40		

第二节　教育部赈灾活动

5 月 16 日，教育部办公厅、教育部直属机关党委联合下发《关于开展为地震灾区捐赠活动的紧急通知》。部直属机关组织开展“为了灾区的孩子”捐款活动，部长周济等带头捐款，直属机关 5000 多名工作人员和国家教育行政学院的参训学员踊跃参加，许多工作人员捐款都在 1000 元以上，有的工作人员捐款 1 万元。教育部原部长何东昌等离退休老同志也纷纷捐款；一些在外地出差、在国外访问或生病住院的工作人员，委托同事或家人代为捐款。至 22 日，教育部直属机关干部职工通过“为了灾区的孩子”活动捐赠资金 365.89 万元。

5 月 21 日，教育部直属机关党委下发《关于落实中央组织部〈关于做好部分党员交纳“特殊党费”用于支援抗震救灾工作的通知〉有关问题的通知》。周济、袁贵仁以及其他部党组成员带头交纳“特殊党费”。截至 6 月 30 日，直属机关全体党员自愿交纳“特殊党费”376.55 万元。

各驻外教育机构工作人员通过各种渠道积极开展募集活动。驻芬兰使馆教育组接收捐款 9803 欧元，驻加拿大使馆教育处接收捐款 11 万加元，驻芝加哥总领馆教育组接收捐款 21.3 万美元。截至 6 月 27 日，30 多个驻外使馆教育处（组）共接收捐款 1800 万元，均汇往中国教育发展基金会、中国红十字会等组织。

5 月 13 日，高等教育出版社决定分批向地震灾区捐赠 200 万元。14 日，高等教育出版社通过驻四川省教学服务中心院校代表，向四川工商职业技术学院等高校捐赠雨伞和药品。15 日，出版社向地震灾区高校捐赠《大学生危机自救手册》2000 册。18 日，出版社参加“爱的奉献——2008 宣传文化系统抗震救灾大型募捐活动”，捐赠 100 万元。22 日，出版社向四川、甘肃、陕西灾区高等院校，捐赠《灾难过后——台湾“9·21”大地震心理重建工作经验》10 万册。24 日，出版社出版《灾难心理救助使用手册》，向地震灾区捐赠 1 万册。至 30 日，出版社工作人员向灾区捐赠 42 万元，党员自愿交纳“特殊党费”47.3 万元，共青团员自愿交纳“特殊团费”1.3 万元。31 日，出版社向四川地震灾区高等院校捐赠折价 1500 万元的教材。

5 月 15 日，教育部举行新闻发布会，通过中国教育发展基金会开展教育系统抗震救灾捐赠活动，基金会率先捐赠 1000 万元，同时呼吁社会各界向地震灾区教育伸出援助之手。社会各界纷纷响应，积极向基金会捐款，基金会共接收捐款 6100 万元。

教育部根据国务院抗震救灾总指挥部的工作部署和全国教育系统抗震救灾的需求，向中国教育发展基金会发出《关于给甘肃、陕西两省地震重灾区高三学生发放伙食费补助函》，要求对甘肃、陕西两省 13 个重灾县高三年级学生每人每天补助伙食费 10 元，补助时间为 15 天，由中国教育发展基金会拨付甘肃省 208.73 万元、陕西省 163.88 万元。此后，教育部致函中国教育发展基金会，对四川省 21 个重灾县（市、区）普通高中高三学生每人每天补助伙食费 10 元，补助时间为 30 天，由中国教育发展基金会拨付四川省 1091.67 万元。6 月 12 日，教育部致函中国教育发展基金会，决定受灾严重的四川省 45 个县（市、区）以及甘肃省 17 个县（市、区）的2008年普通高考延期举行；对所有延期高考县的普通高中应届高三学生仍按每人每天10元的标准发放伙食费补助，建议所需经费由中国教育发展基金会支付。17日，中国教育发展基金会拨付四川省1016.6万元、甘肃省249.48万元。20日，中国教育发展基金会拨付四川省428.05万元。

5月15日，中国教育电视台举办“中华诵”大型募捐晚会，募集资金2460万元；全台工作人员共捐款和交纳“特殊党费”36.4万元。18日，人民教育出版社配合四川出版集团，由四川出版集团组织印制中小学教材共827898册，发往各受灾地区，帮助灾区学校恢复教学。19日，人民教育出版社向四川地震灾区中小学生捐赠教科书30万册、书包及学习用具4200多个。人民教育出版社、四川出版集团和四川新华书店将价值13.8万元的书包、文具5900套和中小学教材37万册，装7辆卡车运抵绵阳灾区；还赠送首批新加印的小学、初中、高中各年级的教科书，分别从成都送至部分受灾市、县临时搭建的“帐篷学校”和教学点，分发给5500名中小学生。22日，人民教育出版社配合教育部组织编辑出版了《我们一起度过——中小学生卫生防病知识》手册709570本，分发四川、甘肃、陕西、重庆等灾区。7月17日，人民教育出版社、四川出版集团与成都市教育局、成都市教育基金会，在成都举行捐建彭州市红岩九年制学校签字仪式，人民教育出版社和四川出版集团共同捐款1500万元，用于重建彭州市红岩九年制学校。8月6日，中国教育电视台向中华慈善总会捐款220万元。9月初，人民教育出版社向全国教育系统赠送《我们在一起——四川汶川大地震教育系统抗震救灾纪实》和《为了灾区的孩子——抗震救灾大型主题诗歌晚会》光盘1万套。

截至5月27日，教育部直属高等院校捐赠资金和物资折价共7000万元。其中，捐赠100万元以上的有：中山大学1000万元，清华大学932万元，北京大学870万元，中国人民大学252万元，暨南大学234万元，北京师范大学230.8万元，重庆大学226万元，中南大学200多万元，北京航空航天大学200万元，南京大学200万元，兰州大学155.68万元，北京邮电大学153万元，北京科技大学142万元，东北大学127万元，中央财经大学122.5万元，北京理工大学122.5万元，华北电力大学116万元，北京交通大学113万元，西北大学101万元，北京化工大学108万元。

第三节　科技部赈灾活动

科技部在做好本部门干部职工捐赠工作的同时，积极与救灾捐赠职能部门沟通，根据灾区群众需求，协调有关企业，捐赠灾区急需救灾物资。5月15日，科技部协调中国地理信息系统协会、国家遥感中心、中地数码集团公司，捐赠价值1000万元的地理信息系统软件。16日，科技部紧急组织的首批高新技术救灾产品运往灾区。首批捐赠物资包括多功能LED聚光灯2万盏、太阳能草坪灯2000个、太阳能野营灯1000个、太阳能手电筒2000个、200瓦便携式太阳能光伏电源 100 套、跟踪式太阳能卫星电视及照明系统 100 套、家用水压式净水器 1 万台、反渗透膜式供水净水器 200 套。科技部先后组织了 5 次捐赠活动，共捐赠 74 种抗震救灾物资，其中帐篷 1 万顶、饮水处理器 300 台、净水器 200 台、X 线机 1 台、呼吸机 50 台、生态厕所 30 个、简易板房 5000 平方米、吉普车 32 辆、《抗震救灾实用知识、技术与产品手册》7000 册、《重建家园知识挂图》5 万册、笔记本电脑 90 台和照明设备、衣物、药品等物资。

5 月 24 日，受科技部部长万钢、党组书记李学勇的委派，副部长刘燕华率国家汶川地震专家委员会灾害评估组一行 9 名专家赴甘肃，就地震灾害评估等情况进行考察。刘燕华一行奔赴受灾最为严重的文县碧口镇和中庙乡查看灾情，并于当天中午代表科技部向灾区捐赠救灾物资，包括 50 台笔记本电脑、40 箱衣物和 200 件奶粉。

在抗震救灾期间，科技部多次与民政部沟通，根据灾区需求，组织有关企业，积极向灾区捐赠生产和生活用品，支持灾区群众开展自救互救和恢复重建工作。

第四节　交通运输部赈灾活动

5 月 12 日，交通运输部启动应急预案，成立抗震救灾应急抢险指挥领导小组，由副部长翁孟勇任组长（后由部长李盛霖任组长），下设道路抢通组、运输保障组、宣传组、后勤服务组、综合组、恢复重建组等 6 个小组，明确分工，落实责任。部长李盛霖要求部机关和交通运输系统各单位迅速调整重心，把抗震救灾作为当前首要任务，组织动员干部职工全力以赴，千方百计争取早日抢通通往灾区的道路，努力做好救灾物资运输保障工作。要求部有关部门和有关地方做好相关应对准备，迅速抢修毁损公路，确保救灾物资运输畅通。交通运输部水路应急指挥中心还发出指令，要求四川、重庆、湖北、湖南水路交通人员在确保人身安全的前提下，排查和检测航电枢纽受损情况，对有隐患的要停机停航。

5 月 13 日上午，交通运输部向四川、陕西、甘肃、重庆等省（市）交通主管部门发出紧急通知，要求上述部门尽快报经所在省级人民政府同意，在抗震救灾期间，对各地有关方面组织向灾区运送抗震抢险救灾物资的运输车辆，一律免缴车辆通行费，并结合现有“绿色通道”等专用收费道口，采取有效措施，确保救灾车辆快速、优先通行。同日，交通运输部再次紧急下达公路抢修专项资金 1000 万元，用于四川灾区公路、桥梁及防护设施的抢修和恢复工程，并提醒将受灾地区各路段的通阻信息及时通过交通运输部公路出行信息服务网向社会发布。交通部中国交通通信中心分两批为灾区提供 50 台海事卫星设备，用于指挥抗震救灾及媒体报道工作，同时紧急开通一批海事卫星 SIM 卡，满足救灾通信的需要。国际海事卫星组织还应中国交通通信中心要求，为中国震区增加 2 倍卫星信道资源，提高了海事卫星设备在灾区的通信能力。

5 月 15 日，交通运输部下发《关于继续全力做好四川汶川地震抗震救灾交通保障工作的紧急通知》，要求各地交通主管部门、公路管理机构和高速公路运营单位对各地向灾区运送救灾物资的车辆，应报经省级人民政府同意，按照优先快速通行的“绿色通道”政策，免收车辆通行费。同时，采取各种有效措施，改善和加强管理，保障救灾车辆优先、快速通过。

5 月 16 日，交通运输部海事局发出紧急通知，要求全国海事系统各单位采取开辟绿色通道、简化办理程序、加强护航等措施，必要时采取非常规手段，千方百计，确保救援人员和物资的水上运输安全畅通。

5 月 20 日，交通运输部召开第八次视频会议，部署下一步抗震救灾工作，四川、甘肃、陕西、重庆等省（市）介绍了抗震救灾的情况。下午，交通运输部发出紧急通知，要求陕西、山东、湖北、山西、河南交通部门迅速集结力量，自带行李和施工装备，自备干粮和后勤补给，用最短时间赶赴灾区指定地区，全力以赴抢通灾区乡镇公路。

5 月 21 日，交通运输部下发通知，动员全国各级交通部门和相关大型交通企业开展向四川灾区捐赠公路抢通保通小型机械设备的活动。

5 月 27 日，交通运输部发布 4 条救灾物资水陆联运线路（上海—重庆—成都、上海—泸州—成都、上海—宜宾—成都、上海—乐山—成都），充分利用综合运输体系，以缓解救灾物资运输压力。

第五节　铁道部赈灾活动

一　紧急运输抗震救灾物资

5 月 12 日，铁道部成立抗震救灾指挥部，召开全路电视电话会议，要求全路紧急动员起来，迅速查明铁路设备设施的受损情况，开展线路和行车设备大巡查，确保列车运行的绝对安全。专门成立救灾运输调度指挥台，对抗震救灾物资运输实施全过程盯控、及时调度、立即挂运、加速放行等非常措施，确保救灾人员和灾区急需的物资快速到达灾区。22 时，铁道部运输局发布救灾运输的第一个调度命令（1840 号），要求郑州、上海、南宁铁路局立即在郑州东、合肥南、南宁南站装运 3.5 万顶帐篷，开行专列紧急运往成都东站。

5 月 13 日 9 时 1 分，郑州铁路局装载 1 万顶帐篷的第一列救灾物资专列“抢”87601 次从卫家店开出，驶向成都东站。11 时，南宁铁路局紧急将 1.5 万顶救灾专用帐篷和 5000 副担架运往四川灾区。同日，铁道部政治部发出《关于发挥政治工作优势，全力做好抗震救灾工作的通知》。

5 月 14 日，铁道部公安局印发《关于开展“平安”专项行动确保抗震救灾物资运输安全的紧急通知》和《关于全力做好抗震救灾和维护稳定工作的紧急通知》。

截至 5 月 16 日 18 时，全国铁路系统已经开行了 230 列抗震救灾专列，运送部队官兵 4 万多人，装运灾区群众急需的帐篷、救援机械、食品药品、救护车等各类抢险救灾物资 2400 多车，已到达灾区 837 车。

5 月 18 日，由铁道部发起，民政部、商务部、卫生部等 11 家单位参加的铁路抗震救灾物资运输协调小组成立。协调小组办公室设在铁道部运输局。

5 月 25 日，按照国务院下达的为灾区运送 100 万套活动板房的任务，铁道部初步确定采用集装箱班列的方式承运第一批 25 万套活动板房，并决定开行杨浦—绵阳等 14 条“房”字头班列随时承运。

二　组织捐赠

5 月 14 日，铁道部、铁道部政治部、中华铁路总工会作出铁路系统开展向地震灾区群众送温暖献爱心捐助活动的决定。

铁道部在抓好救灾物资运输保障的同时，号召全路广大干部职工，大力发扬工人阶级的优良传统，弘扬团结友爱、互相帮助、一方有难、八方支援的良好风尚。全路干部职工积极响应，纷纷向灾区捐款捐物。5 月 15 日 8 时 30 分，铁道部直属机关举行向地震灾区送温暖献爱心捐助活动，部领导带头捐款（见图 16），机关近千名干部职工积极捐款，许多出差在外的同志委托同事代为捐款；至下午活动结束时，共捐赠资金 450 万元、衣被 8516 件（床）。22 日，铁道部党组转发中组部《关于做好部分党员交纳“特殊党费”用于支援抗震救灾工作的通知》，开展自愿交纳“特殊党费”活动，铁道部机关 1100 名党员共交纳“特殊党费”603.86 万元，铁路系统 682768 名党员交纳“特殊党费”9695 万多元。铁路各级团组织交纳“特殊团费”235 万余元。

截至 9 月 27 日，铁路系统共向地震灾区捐赠资金 3.24 亿元和大批救灾物资，其中职工捐赠 22509.92 万元。广州铁路集团公司、北京铁路局、成都铁路局分别捐赠 1000 多万元。

图 16　5 月 15 日，铁道部机关举行向地震灾区群众送温暖献爱心活动现场

（陈涛　摄）

第六节　水利部赈灾活动

汶川特大地震发生后，水利部贯彻中共中央、国务院抗震救灾决策，全面部署水利系统的抗震救灾工作，部长陈雷要求水利部门要高度重视，千方百计采取措施，对堰塞湖和震损水库实施24小时监测和巡查，防止次生灾害发生。同时要求动员全国水利系统干部职工捐赠款物，调配人员赴灾区救援，动员水利企业参与社会赈灾，积极协调国际援助。

5月14日，水利部机关开展向地震灾区“送温暖、献爱心”活动，机关及其直属单位干部职工4200余人捐赠169万元。23日，部直属机关2700多名党员交纳“特殊党费”224万元。至31日，全国水利系统单位、职工共向地震灾区捐赠13038.03万元，交纳“特殊党费”“特殊团费”7786.68万元，还向灾区捐赠了价值2568.44万元的各类生活用品以及抢修、抢险、供水、监测用机械设备等物资。

水利部协调组织全国供水设备、材料生产企业，积极支持灾区应急恢复供水。据统计，各地企业捐赠了价值600多万元的日处理能力达5000多吨的供水、发电设备和水处理制剂。截至12月31日，全国水利相关企业为四川灾区捐赠救灾设备、生活物资0.72万件，捐赠资金物资折价计8360万元。

一些外国政府部门和驻华使馆、国际组织、外国企业通过水利部或其他水利部门单位，向汶川地震灾区提供技术和物资等援助，帮助灾区群众重建家园。截至12月31日，共捐赠相关救灾设备、生活物资700万件，捐赠资金和物资折价共2230万元。

第七节　商务部赈灾活动

5月12日晚，商务部召开紧急会议，成立抗震救灾应急领导小组，并启动了24小时应急值班机制，要求设在灾区的商务部特派员办事处和当地商务机构保持密切联系，及时了解灾情和灾区市场供求情况。同时，商务部与上海、天津、河南等省（市）商务主管部门紧急联系，落实第一批蜡烛、手电筒、电池、方便面、饼干、面包、火腿肠、矿泉水等应急救灾物资货源，随时准备运往地震灾区。13日11时，商务部从上海向四川灾区紧急调运1万支手电筒、4万节电池、20万支蜡烛，支援抗震救灾工作。14日上午，商务部紧急调运的16万箱饮用水到达地震灾区。当日，商务部集中采购200万箱饮用水，第一批25.2万箱在铁道部的配合下，于15时从武汉启运发往成都。

一　协调国内企业捐赠

根据商务部抗震救灾应急领导小组部署，市场体系建设司和市场运行调节司组建商务部抗震救灾生产恢复组和物资供应组，负责灾区物资供应和捐赠工作。商务部抗震救灾工作应急领导小组在组织部机关献爱心的同时，还动员组织企业捐赠资金和物资折价共5000万元以上。其中，厦门建发股份公司捐赠1110万元，康奈集团捐赠110万元，上海洋帆实业公司捐赠帐篷1000多顶，厦门进雄公司捐赠帐篷3000顶和睡袋数百个，浙江来飞户外用品公司捐赠帐篷1000顶，娃哈哈集团捐赠总价值123万元的饮用水6万件，农夫山泉股份有限公司捐赠总价值150万元的矿泉水6万件，康奈集团捐赠价值200万元的服装、皮鞋，还有一些企业捐赠了火腿肠、奶粉、应急灯、油桶、铁锹、劳保手套等物品。

二　协调国际捐赠

汶川地震发生后，许多外商投资企业立即与商务部联系，表示要向灾区捐款捐物。

5月13日，中国外商投资企业协会发出倡议，呼吁外商投资企业和跨国公司在华企业向灾区群众伸出援助之手，开展捐赠活动，帮助灾区群众渡过难关。外商投资企业和跨国公司积极行动支持抗震救灾。同日，美国麦当劳叔叔慈善基金会向中国红十字会总会捐赠50万元；当日晚，麦当劳绵阳餐厅恢复营业后，向北川受灾群众免费提供麦当劳食品和饮用水。14日，麦当劳成都餐厅向无偿献血者免费发放汉堡包；从15日起，餐厅为驻地武警官兵和消防干警每日免费提供食品1万份。成都国际社区麦当劳餐厅还被成都市政府列入抗震救灾专供餐厅。麦当劳公司通过商务部捐赠100万元。

5月13日，上海市外国投资工作委员会网站发布《上海外商投资企业抗震救灾倡议书》，英特尔（中国）有限公司、日本三得利株式会社、三得利（中国）投资有限公司、索尼（中国）有限公司、正大集团、上海大润发有限公司、飞利浦（中国）投资公司、恩智浦软件有限公司、普利司通（中国）投资有限公司、明尼苏达矿务及制造业公司中国有限公司（3M）、上海大众汽车有限公司、德尔福派克电气系统有限公司、上海日陆外联发物流有限公司等大批外商投资企业积极捐款捐物。至16日11时，上海市外商投资企业协会所属会员企业共捐赠资金1.57亿元，捐赠物资折价1200万元。

社会赈灾工作开始后，商务部抗震救灾工作小组与民政部、外交部保持密切沟通，积极向国际组织和外国政府通报信息并接受援助，确保接收国际抗震救灾援助渠道畅通。5月13日，商务部向对华提供发展援助的各援助方驻华机构发函，通报12日中国四川汶川发生特大地震及严重灾情，欢迎国际社会提供紧急救灾援助。16日，商务部召开抗震救灾援助国及国际机构情况通报会，介绍商务部接收紧急援助的执行方式和程序，各援助方迅速对商务部发布的信息作出反应。同时，商务部积极与外交部、民政部、民航局及四川省商务厅、民政厅等单位合作，全力组织将食品、饮用水、药品、帐篷、衣被、医疗器械和消毒用品等国际社会援助的物资运往灾区。

为保证外援物资运输畅通，商务部开展了大量协调工作。5 月 19 日，商务部国际司致函商务部交流中心，告知 16 日韩国政府援助的 50 万美元救灾资金已到账，请交流中心用该款从速采购帐篷、毛毯和衣服等物资，发四川省商务厅转运灾区。20 日，商务部致函总参作战部，告知商务部使用韩国政府紧急援助资金采购的救灾物资急需运往灾区，请总参作战部组织运力支持，确保救灾物资尽快运到灾区。21 日，商务部致函民政部，告知澳大利亚政府运输援助四川灾区物资的包机将于 23 日 13 时抵达成都双流机场，请民政部尽快向民航局出具外国政府救灾援助物资的相关证明，以便运输外援物资的飞机确定航线。22 日，商务部致函晋江、义乌等地机场，告知商务部应四川省要求，使用韩国政府紧急援助资金采购的冲锋衣 2 万件，将由总参谋部专机从晋江、义乌等地运往成都，请协助办理相关免检手续，确保救灾物资顺利发运。同日，联合国儿童基金会援助价值 60.2 万元的帐篷 400 顶。随后，韩国、日本、澳大利亚等国函告或照会商务部，向我国提供救灾资金物资援助。在商务部的积极协调和有关部门的密切合作下，以上外援资金和物资均迅速拨付和运至灾区。

四川省内 261 家外商投资企业在地震中损失严重。这些企业在做好恢复重建的同时，积极参加抗震救灾捐赠工作。截至 5 月 25 日，四川省外商投资企业捐赠资金 3 亿元，捐赠物资折价 2259.6 万元。

截至 7 月 14 日，外商投资企业、跨国公司（不含慈善机构和个人）通过商务部协调，直接向地震灾区援助资金和物资折价 38.37 亿元。其中，援助资金 31.54 亿元，援助的食品、药品、通信器材、车辆、工程机械设备、医疗器械、衣物、帐篷等物资折价 6.83 亿元。

7 月 30 日前，商务部按规定及时将直接接收的捐款 3958.69 万元，分两次汇缴民政部汶川地震抗震救灾捐赠专户。

三　其他活动

5 月 18 日，商务部部长陈德铭抵达四川考察北川灾情，并与四川省商务厅、成都市和德阳市商务局负责人，以及红旗、互惠等四川重点商贸企业代表进行座谈，研究帮助四川灾区尽快恢复市场供应体系事宜。19 日，陈德铭在西安主持召开部分省市保障灾区市场供应座谈会，听取陕西、甘肃、重庆等受灾省（市）关于市场供应情况的汇报，研究如何尽快恢复和搞好灾区的市场流通。

5 月 23 日，商务部根据灾区人民对救灾帐篷的急切需要，协助民政部组织落实 4 万顶帐篷货源，并积极组织调运。24 日，商务部、财政部在成都联合召开地震灾区恢复商业网点和保障市场供应现场会。26 日，商务部向灾区拨付社会捐款 6500 万元。同时，商务部向捐赠人寄送财政部统一印制的公益救济性捐赠票据，捐赠人可凭此申报所得税税前扣除。

第八节　文化部赈灾活动

5 月 14 日，文化部部长蔡武主持召开会议，研究部署文化系统抗震救灾工作。会议号召文化系统干部职工紧急开展“献爱心”活动，积极踊跃为灾区群众捐款，同时要加强对灾区文化部门的对口支援工作。

5 月 23 日晚，文化部全国文化信息资源建设管理中心组织整合 20 套卫星服务设备，连夜空运至灾区。24 日，又将 140 部抗震救灾资源光盘送至灾区。截至 6 月 5 日，该中心共向四川省拨付 10 万元用于维修主要文化工程设备。送往灾区的 140 部光盘、20 台移动播放器和 9 台共享机，价值共计 12.82 万元，向四川灾区邮寄的 20 套全国文化信息资源共享工程[①] 设备价值共 73.85 万元。

5 月 30 日，文化部、财政部、教育部等七部委联合举办第二批推荐新创少儿歌曲启动暨光盘赠送仪式，向来自地震灾区的孩子和灾区赠送了 1 万张光盘。

6 月，文化部积极筹措抗震救灾资金，分别向四川省文化厅和四川省委宣传部拨付抗震救灾资金200万元和1000万元，向甘肃省文化厅和陕西省文化厅分别拨付救灾经费120万元和80万元，支持灾区开展恢复重建工作。

6 月 20 日，文化部协调并组织了中国写实画派大型油画《热血 5 月·2008》赈灾捐赠仪式，画作义拍筹得的善款 3350 万元全部通过文化部捐赠给四川灾区，用于文化重建，初步意向用于羌族博物馆的建设，以及羌族文化生态保护区建设和绵竹年画博物馆的修复。

6 月 23—28 日，文化部组织由 27 名艺术家、2 名记者和 2 名工作人员组成的“心连心”慰问演出团，走进受灾最严重的汶川县映秀镇、漩口镇、水磨镇，彭州市白鹿镇、通济镇和都江堰灾区群众安置点等地进行慰问演出。

第九节　卫生部赈灾活动

5 月 12 日晚，卫生部党组书记、副部长高强主持召开党组会，启动卫生部抗震救灾应急响应机制，成立抗震救灾工作领导小组，领导小组下设办公室、医疗救治组、卫生防疫组、宣传信息组、物资保障组、接收捐赠组。领导小组负责全国卫生系统的抗震救灾工作。

---

① 全国文化信息资源共享工程是从 2002 年起，由文化部、财政部共同组织实施的国家重大建设工程。它利用现代信息技术，将中华优秀文化资源进行数字化加工整合，通过互联网、卫星、电视、手机等新型传播载体，依托各级图书馆、文化站等公共文化设施，在全国范围内实现共建共享。

一　组织捐赠

5 月 13 日 8 时，卫生部与食品药品监管局、中医药局联合下发通知，要求做好抗震救灾医疗卫生应急救援和食品药品安全监管工作，防止灾后传染病暴发流行。18 时，卫生部召开抗震救灾工作领导小组会议，落实人员分工。物资保障组负责救灾物品的供应和统一管理，接收捐赠组负责研究制订接收救灾捐赠工作程序，实施 24 小时值班制度，工作人员 24 小时开机，保证抗震救灾工作有序开展。

5 月 23 日下午，卫生部直属机关党委在部机关举行党员自愿交纳“特殊党费”仪式，机关和直属单位 448 名党员交纳“特殊党费”47.13 万元。经中组部和中央国家机关工委特批，部长陈竺作为无党派人士，也加入到自愿交纳“特殊党费”的队列中。原科教司司长、离休干部朱潮，1938 年参加革命，1941 年加入中国共产党，离休后因患脑梗塞失语，长期卧床不起，委托老伴交纳“特殊党费”1 万元。

在全国抗震救灾捐赠活动中，许多企业和个人向卫生部提出捐赠资金、药品、医疗器械等救灾物资的请求，支援灾区医疗救治和卫生防疫工作。鉴于捐赠药品、医疗器械的专业性，卫生部经请示同意，于 5 月 14 日开始接收抗震救灾捐赠药品、医疗器械和资金。

在接收捐赠资金物资的过程中，卫生部制订《抗震救灾紧急采购工作程序》《接受抗震救灾社会捐赠工作程序》《卫生部调拨四川汶川“5·12”地震灾区抗震救灾医疗救治和卫生防疫药品、医疗器械及消毒用品等中央财政专项资金支付程序》《捐赠款物的管理制度》《物资调配措施》等制度。卫生部明确捐赠资金物资分配使用：对有明确捐赠意向的资金物资，直接转交捐赠对象；对没有明确捐赠意向的资金物资，由相关部门提出分配方案，报部领导审核批准；对没有明确捐赠意向的药品和医疗器械等物资，由相关部门提出分配方案报规划财务司审核批准后，及时分配到灾区，对重要物资的分配方案报部领导审核批准；卫生部机关不属于捐赠受益人；捐赠人捐赠时要正式提交捐赠函，规划财务司对符合捐赠受理范围、通过审核的捐赠出具接收函（捐赠资金另出具收据）及感谢函；接受捐赠后，资金登记入账，物资转交受益人，文件整理归档备查；及时公布接受捐赠及分配使用情况，定期或不定期向部领导报告捐赠情况，及时向民政、审计部门报告捐赠资金物资的接收、分配情况，自觉接受监督；捐赠受益机构（人）应向卫生部和捐赠人报送捐赠资金和物资使用情况，接受纪检监察和审计部门的监督检查。物资保障组对捐赠款物要实行专人负责，专账管理；统筹安排，合理分配；及时公示，接受监督；尊重意愿、专款专用的管理方式。从 5 月 19 日起，卫生部规划财务司制定物资调配措施，确定调拨物资清单，并传真至四川省卫生厅，由四川省卫生厅制订物资分配方案抄送卫生部。相关部门每日 17 时向卫生部报送物资接收和出库发运情况，做好各种医疗防疫物资的配送和接收工作。卫生部医政司每日将地震灾区救援医疗队反映短缺物资的种类、数量和地点等信息，及时告知规划财务司，以便有针对性地做好物资分配与发运计划，搞好物资保障。卫生部统计信息中心通过统计信息中心短信平台，及时搜集前方所需物资的信息，为物资的分发提供依据。

根据5月16日国务院副秘书长毕井泉主持召开的协调会议精神，卫生部物资保障组经与部应急办、监督局、疾控局和医政司协商，提出四川抗震救灾急需的药品和医疗器械清单，经部国际合作司提交外交部，供外国政府和国际组织对中国抗震救灾提供捐赠时参考。为保障救灾工作的顺利进行，卫生部协调中国红十字会总会接受德国和意大利捐赠流动医院相关事宜，协调财政部落实救灾资金、明确相关政策，协调发展改革委落实国家储备药械的调拨和灾后恢复重建等工作，协调民航局、铁道部解决灾区急需物资的运输问题，协调民政部妥善解决接收地震灾区伤病人员有关问题及捐赠资金缴拨事项，协调质检总局、海关总署办理外企捐赠物资的相关手续，协调食品药品监管局确认捐赠药品接收事宜。截至6月23日，卫生部为协调捐赠物资运输起草证明书及承诺函达50余份。

截至9月28日17时，卫生部接收救灾捐赠资金和物资折价共12565.49万元，其中资金4227.39万元（境内捐赠3108.91万元、境外捐赠1118.48万元）、物资折价8338.1万元。

二　转交捐款

根据国务院有关救灾捐赠资金物资使用管理规定，卫生部于9月8日4时前，分两次将抗震救灾捐赠资金4227.39万元汇缴至民政部汶川地震抗震救灾捐赠专户。

6月10日，卫生部向民政部转交捐赠资金4180.73万元，同时提交了《关于申请使用捐赠资金的函》，对转交捐赠资金提出使用意见：拨付四川省卫生厅3958.64万元，由四川省卫生厅统筹安排用于地震灾区医疗救治和卫生防疫工作。其中，按捐赠人意愿，用于都江堰市中医院恢复重建200万元，用于受地震影响地区环境卫生管理和处理功能建设902.68万元，用于采购饮用水安全物资100.4万元，用于采购个人防护设备69.6万元。卫生部协调四川省卫生厅在捐赠资金中对四川大学华西医院补助1000万元，用于开展地震伤病人员医疗救治和国家组派医疗队防疫监督队临时后勤保障补助。另外，补助四川大学华西第二医院100万元，用于补助四川大学华西口腔医院和第四医院开展地震伤病人员医疗救治各50万元。其余资金用于国家组派医疗防疫监督队购置必要物资装备222.09万元。按捐赠人意向，用于奖励和表彰医务人员补助资金20万元。民政部同意卫生部的意见，使以上方案迅速实施。8月4日，卫生部再次向民政部转交赈灾捐赠资金46.66万元。9月4日，民政部向卫生部发出感谢信，同时表示将捐款及时转交灾区，帮助灾区群众渡过难关。

截至9月28日，卫生部共接收捐赠物资折价8338.1万元，包括药品、医疗器械、医学检验检测设备、耗材、软件、帐篷、矿泉水等物资，卫生部协调捐赠方全部及时将物资运至四川、甘肃、陕西等地震灾区（见表6）。此外，北京瑞星科技股份有限公司为卫生部部分救灾物资提供免费运输服务；中国移动北京公司为抗震救灾前线医疗卫生人员手机减免话费；中国人寿向抗震救灾医疗卫生人员提供了每人20万元的人身意外保险，并延长保险时间一个月。

卫生部接收汶川地震抗震救灾捐赠物资使用情况统计表

表 6　（截至 9 月 4 日）

捐赠单位	主要物品	数　量	物资折价（万元）	使用去向
北京第一生物化学药业有限公司	凝血酶冻干粉		51.14	灾区群众抗灾自救
费森尤斯卡比（中国）有限公司	"万汶"代血浆产品	1 万袋	140.00	四川灾区
SPENCER ITALIA S.R.L 公司	蓝色弹性固定夹板	150 个	14.50	四川灾区
费森尤斯卡比医药用品（上海）有限公司	血液透析机	10 台	450.00	四川灾区
云南白药股份有限公司	云南白药系列药品	654 件、1000 个、1 万余瓶	192.44	四川灾区
美宝国际集团	速愈贴	5.3 万袋	360.00	四川灾区
北京丰茂植保机械有限公司	背负式手动喷雾器	2000 台	20.00	灾区卫生防疫
南京金地普慧医药科技有限公司	抗菌医用敷料产品	30 万片	100.83	灾区群众抗灾自救
石药集团有限公司	0.5g 注射用头孢唑林钠	600 箱	108.00	灾区伤员救治
百特（中国）投资有限公司及其子公司、关联公司	持续性肾脏治疗设备及静脉治疗注射液等药品	7 台、20.886 万袋、720 套、200 个	525.00	灾区伤员救治
中国生物技术集团公司	破伤风抗毒素	50 万支	64.50	四川、甘肃、陕西等省卫生厅组织灾区伤员应急救治
富士医疗器材（上海）有限公司	计算机 X 线摄影系统等医疗设备	12 台和 60 套	350.00	灾区伤员救治
欧姆龙（中国）有限公司	电子血压计、电子体温计等设备	600 台	30.00	四川灾区医疗救治
杭州华威冷暖电力成套设备有限公司	太阳能照明杀虫灯	5 台	2.25	灾区受灾群众重建家园、解决受灾群众照明问题、预防地震灾后病虫害
奥林巴斯（北京）销售服务有限公司	气管插管纤维内窥镜	5 台	90.00	抗震救灾医疗队抢救伤员
广州暨华医疗器械有限公司	JH2000 血液透析机	2 台	45.00	四川灾区医疗救治
西安艾润科技发展有限公司	活力氧便携式氧气呼吸器	1 万瓶	49.00	四川灾区医疗救治
金宝肾护理产品（上海）有限公司	连续性血液净化设备、治疗配套耗材	20 台、400 套	760.00	灾区抢救病人
重庆山外山科技有限公司	血液透析机、持续血液净化系统及血液灌流机、全自动血液灌流机及耗材	器械各 1 台、耗材 10 套	102.00	灾区医疗救治
日本参天制药株式会社北京办事处	可乐必妥滴眼液	1.3 万支	51.50	支援灾区群众

续表 6

捐赠单位	主要物品	数　量	物资折价（万元）	使用去向
亚美亚（中国）通讯设备有限公司	呼叫中心设备	1 套	30.00	抗震救灾及以后的医疗卫生紧急救助
上海哈勃化学技术有限公司	过氧化氢消毒液	20 吨	10.00	灾区医疗救治
深圳欧泰华环保技术有限公司	欧泰华二氧化氯消毒剂发生器	5 台	100.00	灾区医疗救治
复星医药集团	消毒液、抗病毒口服液等药品	3460 瓶、26320 盒	50.00	四川、重庆灾区
北京科兴生物制品有限公司	甲肝灭活疫苗孩尔来福儿童剂型	313 箱、50080 支	470.75	四川省卫生厅 250 箱（4 万支），甘肃省卫生厅 63 箱（10080 支）
韩国汉城环境（株）事会与山东永上医疗卫生科技发展有限公司	消毒剂	1000 公斤	12.00	甘肃灾区伤员医疗救治
强生（中国）投资有限公司及强生（上海）医疗器材有限公司、西安杨森制药有限公司、上海强生制药有限公司、强生（中国）有限公司	医疗设备、医疗产品	8 台、4 套	925.00	四川灾区
中山大学附属第一医院	收音机	3760 台	28.20	四川灾区
北京合众思壮科技股份有限公司	GPS 卫星定位导航仪	20 套	13.60	15 套分配给中国疾控中心，5 套分配给卫生部下派的医疗队
北京天绿恒力科技有限公司	二氧化氯消毒剂	10 箱	1.20	甘肃灾区
北京航天中兴医疗系统有限公司	数字化 X 线检查车	1 台	85.00	甘肃灾区
武汉康桥环保设备有限公司	臭氧消毒剂生产机	10 套	29.00	四川灾区
北京超思电子技术有限责任公司	脉搏血氧仪	10 台	1.85	四川灾区
拜耳医药保健有限公司	拜复乐片、西普乐	34020 盒、6 万瓶	800.00	四川灾区群众医疗救治
山东德州安捷高科消毒制品有限公司	84 消毒液	500 箱	2.50	四川、重庆灾区伤员医疗救治
住友制药（苏州）有限公司	美平	2800 支	63.64	四川、重庆灾区伤员医疗救治
广西广明药业有限公司	水解蛋白口服溶液	100 件（1.8 万瓶）	120.00	四川灾区伤员救治
日本光电集团	脉搏床边监护仪和心电图机	15 台和 20 台	158.00	四川、重庆灾区伤员医疗救治
安徽天康医疗用品有限公司	一次性使用无菌注射器	60 万支	21.00	四川、重庆灾区伤员医疗救治
北京洲际资源环保有限公司	氧化电位水生成器及其配套装置	9 套	180.00	四川灾区伤员医疗救治
天津泰瑞工贸有限公司	消毒液动力机组及配套设施	1 套	9.50	四川灾区伤员医疗救治
威海银兴集团山东迈帝生物科技有限公司	创伤负压治疗仪及配套引流套装	20 台	205.60	四川灾区伤员医疗救治

续表 6

捐赠单位	主要物品	数 量	物资折价（万元）	使用去向
法国生物梅里埃中国有限公司	全自动免疫荧光酶标仪和微生物鉴定及药敏分析系统	11 台	260.00	四川灾区伤员医疗救治
麦克奥迪实业集团有限公司	生物显微镜	60 台	30.27	四川灾区伤员医疗救治
赛诺菲安万特（中国）投资有限公司、赛诺菲安万特（北京）投资有限公司	易善复	4000 盒	44.96	四川灾区伤员医疗救治
美宝国际集团、汕头市美宝制药有限公司	美宝曲咪新乳膏	438 件	40.00	四川、重庆灾区伤员医疗救治
北京嘉和美康医用设备有限公司	美国伟康 Esprit 呼吸机	5 台	100.00	四川、重庆灾区伤员医疗救治
郑州日产汽车有限公司	尼桑皮卡	1 辆	16.88	四川灾区伤员医疗救治
美商必帝股份有限公司台湾分公司	酒精棉片	834 箱	50.04	四川灾区伤员医疗救治
意达全亚（北京）国际科技有限公司	连续性血透机	3 台	70.00	四川灾区伤员医疗救治
国药集团联合医疗器械有限公司	医疗仪器设备	141 台	890.95	四川、重庆灾区伤员医疗救治
惠氏制药有限公司	医疗仪器设备	3 台	12.00	陕西灾区伤员医疗救治

第十节　国资委赈灾活动

一　组织捐赠

5 月 13 日，国资委印发紧急通知，要求中央企业迅速启动应急预案，积极组织救援队伍和多种设备投入抗震救灾；灾区企业要做好自救工作，尽力减少损失；要全力抢修和恢复灾区重要基础设施，确保灾区急需物资的生产和运输，认真履行中央企业的社会责任。与此同时，国资委广泛动员中央企业向灾区捐款捐物，支援灾区人民抗震救灾。14 日，国资委召开抗震救灾工作紧急视频会议，与救灾一线的中央企业进行现场连线。国资委主任李荣融在会上讲话，通报了国资委和中央企业抗震救灾情况，对下一步抗震救灾工作作出具体部署，并向东方电气集团和其他受到地震灾害影响的中央企业以及奋战在抗震救灾第一线的中央企业广大职工表示慰问。各中央企业均向所属单位下发了关于统一组织向地震灾区募捐的紧急通知，号召所属企业干部职工参与抗震救灾募捐活动。各中央企业广大党员积极响应号召，踊跃捐款。截至 6 月底，共有 150 家中央企业捐赠资金和物资折价共 59.02 亿元，其中资金 38.96 亿元（包括“特殊党费”8.69 亿元）、物资折价 20.06 亿元（见表 7）。

中央企业捐赠汶川特大地震抗震救灾资金物资情况统计表

表7　（截至6月30日）　单位：万元

单　位	合　计	捐款额	捐赠物资折价
国家电网公司	125622.00	31659.00	93963.00
中国移动通信集团公司	42107.00	14192.00	27915.00
中国电信集团公司	33504.00	11452.00	22052.00
中国石油天然气集团公司	33175.00	31994.00	1181.00
中国石油化工集团公司	30756.00	21840.00	8916.00
中国南方电网有限责任公司	12926.00	10075.00	2851.00
宝钢集团有限公司	11650.00	6428.00	5222.00
中国远洋运输（集团）总公司	8553.00	8440.00	113.00
中国建筑工程总公司	8482.00	6004.00	2478.00
中国航空工业一集团公司	8341.00	7568.00	773.00
中国华能集团公司	7988.00	7936.00	52.00
中国核工业集团公司	7692.00	7030.00	662.00
中国航天科技集团公司	7628.00	7559.00	69.00
中国兵器工业集团公司	7350.00	6827.00	523.00
中国国电集团公司	7213.00	7075.00	138.00
中国网络通信集团公司	7211.00	5966.00	1245.00
中国铝业公司	6969.00	6916.00	53.00
中国海洋石油总公司	6615.00	5840.00	775.00
华润（集团）有限公司	6566.00	4766.00	1800.00
中国船舶重工集团公司	6467.00	6174.00	293.00
中国华电集团公司	6107.00	6096.00	11.00
中国交通建设集团有限公司	6086.00	5876.00	210.00
招商局集团有限公司	6047.00	4639.00	1408.00
中国航空二集团公司	5917.00	3426.00	2491.00
中国铁路建筑总公司	5907.00	5907.00	—
东风汽车公司	5706.00	3920.00	1786.00
中国铁路工程总公司	5644.00	5062.00	582.00
中国机械工业集团有限公司	5100.00	2779.00	2321.00
中国第一汽车集团公司	4988.00	3961.00	1027.00
中国冶金科工集团公司	4854.00	4815.00	39.00
神华集团有限责任公司	4731.00	4731.00	—
中国航天科工集团公司	4670.00	4020.00	650.00
中粮集团有限公司	4531.00	2183.00	2348.00
中国中化集团公司	4405.00	4210.00	195.00
武汉钢铁集团公司	4298.00	4298.00	—
攀枝花钢铁集团公司	4235.00	3620.00	615.00
鞍山钢铁集团公司	4157.00	4157.00	—
国家开发投资公司	4136.00	3986.00	150.00

续表 7

单　位	合　计	捐款额	捐赠物资折价
中国五矿集团公司	3985.00	3985.00	—
中电科技集团	3824.00	3745.00	79.00
中国煤电科工集团有限公司	3704.00	3704.00	—
中国大唐集团公司	3461.00	3402.00	59.00
中国联合通信有限公司	3449.00	3046.00	403.00
中国建筑材料集团公司	3178.00	2276.00	902.00
中国长江三峡工程开发公司	3127.00	3127.00	—
中国海运（集团）总公司	3050.00	3050.00	—
中国水利水电建设集团公司	3007.00	1932.00	1075.00
中国东方航空集团公司	2844.00	2844.00	—
中国船舶工业集团公司	2608.00	2398.00	210.00
中国航空集团公司	2511.00	2511.00	—
中国化工集团公司	2508.00	1817.00	691.00
中国兵器装备集团公司	2405.00	2355.00	50.00
中国通用技术（集团）控股有限责任公司	2356.00	1186.00	1170.00
中国保利集团公司	2313.00	2303.00	10.00
中国储备粮食管理总公司	2280.00	801.00	1479.00
中国中材集团公司	2135.00	2042.00	93.00
新兴铸管集团	2106.00	1459.00	647.00
中国电子科技集团	2063.00	2013.00	50.00
中国钢铁集团公司	2061.00	2054.00	7.00
中国葛洲坝集团公司	2003.00	1543.00	460.00
中国南方航空集团公司	1974.00	1974.00	—
中国电力投资集团公司	1915.00	1915.00	—
中国农业发展集团总公司	1705.00	1031.00	674.00
中国水电工程顾问集团公司	1552.00	1552.00	—
中国外运长航集团有限公司	1530.00	1530.00	—
中国新时代（集团）控股公司	1509.00	509.00	1000.00
中国北方车辆集团公司	1453.00	1453.00	—
中国化学工程集团公司	1409.00	1316.00	93.00
华侨城集团公司	1364.00	1064.00	300.00
中国港中旅集（团）公司	1310.00	1310.00	—
中国长江航运（集团）公司	1307.00	1307.00	—
中国南方车辆集团公司	1302.00	1252.00	50.00
中国有色矿业集团有限公司	1259.00	1247.00	12.00
中国航空油料集团公司	1245.00	400.00	845.00
中国电力工程顾问集团公司	1145.00	1135.00	10.00
中国国药集团总公司	1093.00	439.00	654.00

续表 7

单　位	合　计	捐款额	捐赠物资折价
中国核工业建设集团公司	1063.00	679.00	384.00
中国广东核电集团公司	1046.00	868.00	178.00
中国普天信息产业集团公司	1036.00	566.00	470.00
上海贝尔阿尔卡特有限公司	1031.00	1000.00	31.00
哈尔滨电气集团公司	998.00	983.00	15.00
中国铁通集团公司	901.00	901.00	—
中国节能投资公司	863.00	813.00	50.00
中国铁路通信信号集团公司	830.00	680.00	150.00
中国铁路物资总公司	806.00	803.00	3.00
中国生物技术集团公司	788.00	363.00	425.00
中国黄金集团公司	763.00	763.00	—
电信科学技术研究院	716.00	306.00	410.00
武汉邮电科学研究院	670.00	240.00	430.00
中国冶金地质总局	647.00	647.00	—
中国盐业总公司	636.00	632.00	4.00
西安电力集团	629.00	603.00	26.00
中国卫星通信集团公司	620.00	184.00	436.00
中国钢研科技集团公司	600.00	584.00	16.00
中国煤炭科工集团有限公司	577.00	577.00	—
中国煤炭地质总局	576.00	576.00	—
中国中纺集团	532.00	310.00	222.00
横田集团	518.00	518.00	—
华诚投资管理有限公司	515.00	88.00	427.00
中国诚通集团有限公司	511.00	505.00	6.00
中国新兴集团有限公司	473.00	423.00	50.00
中国航空材料集团公司	445.00	233.00	212.00
中国建筑设计研究院	375.00	313.00	62.00
中国房地产开发集团公司	351.00	351.00	—
中国海诚国际工程投资总院	344.00	344.00	—
中商企业集团公司	338.00	188.00	150.00
中国商用飞机有限责任公司	335.00	335.00	—
中国乐凯胶片集团公司	331.00	213.00	118.00
中国邮电器材集团公司	327.00	313.00	14.00
中国第二重型机械集团公司	316.00	210.00	106.00
中国国际技术智力合作公司	309.00	309.00	—
中国民航信息集团公司	304.00	304.00	—
中国华录集团有限公司	284.00	284.00	—
中国第一重型机械集团公司	281.00	281.00	—
北京有色金属研究总院	262.00	262.00	—

续表 7

单　位	合　计	捐款额	捐赠物资折价
中国储备棉管理总公司	247.00	174.00	73.00
国家核电技术有限公司	245.00	245.00	—
中国华孚贸易发展集团公司	241.00	231.00	10.00
中国建筑研究院	229.00	229.00	—
中国冶金矿业总公司	226.00	226.00	—
中国国际工程咨公司	206.00	206.00	—
中国成套设备进出口（集团）总公司	186.00	186.00	—
中国轻工集团总公司	184.00	143.00	41.00
彩虹集团公司	180.00	165.00	15.00
中国国旅集团有限公司	178.00	178.00	—
中国高新投资集团公司	165.00	165.00	—
中国中煤能源集团公司	164.00	164.00	—
中国工艺（集团）公司	162.00	151.00	11.00
中国汽车技术研究中心	149.00	128.00	21.00
南光（集团）有限公司	148.00	113.00	35.00
中国轻纺集团公司	140.00	136.00	4.00
中国水利投集团公司	139.00	139.00	—
中国农业机械化研究院	136.00	127.00	9.00
中国电子工程设计院	135.00	135.00	—
上海船舶运输科学研究所	132.00	126.00	6.00
长沙矿冶研究院	131.00	131.00	—
中国农业机械科学研究总院	129.00	129.00	—
振荣公司	127.00	126.00	1.00
上海医药工业研究院	117.00	82.00	35.00
中国出国人员服务总公司	102.00	102.00	—
中国轻工业对外经济技术合作公司	100.00	100.00	—
北京矿业总院	98.00	98.00	—
中国远东国际贸易总公司	91.00	91.00	—
中国纺织科学研究院	89.00	89.00	—
中国林业集团公司	77.00	77.00	—
中国丝绸进出口总公司	71.00	71.00	—
中国包装公司	67.00	49.00	18.00
中国印刷集团公司	50.00	50.00	—
中国华星集团公司	34.00	34.00	—
中企国际投资有限公司	4.00	4.00	—
合　　计	590210.00	389606.00	200604.00

5月12日，中国移动与中国红十字会总会联合开展“红十字救援行动”，中国移动用户可通过发送手机短信至“1069999301”捐赠资金。至21日16时，参与中国移动用户短信捐款人数达5798万人次，共捐赠14750万元。截至10月底，中国移动用户捐赠资金和物资折价共5.05亿元，其中资金2.26亿元、物资折价2.79亿元；全公司46.09万名党员交纳“特殊党费”2235万元，向灾区人民和赴灾区客户共捐赠移动电话充值卡、免收移动电话通信费2.79亿元。

5月12日晚，诚通集团所属成都邮电通信设备厂（505厂），接到汶川、眉山等地震灾区为恢复通信急需光通信设备的通知，立即组织人员连夜加班生产，于次日清早将价值6万多元的数台光通信设备发往灾区。诚通集团所属中储成都物流中心、中储发展股份有限公司天一分公司、天二分公司在本单位受灾的情况下，仍采购了价值4万多元的救灾食品，于15日送到彭州市通济镇抗震救灾指挥中心。5月15日至6月中旬，诚通集团所属中国物流公司北京物流中心抢运了500吨帐篷、药品、食品、棉被等物资。截至6月19日，诚通集团所属中国物流公司成都分公司共出动抢运救灾物资人员318人次、车辆115台次，向成都、德阳、绵阳、广元等重灾地区运送挂面、帐篷、药品、食品、牛奶、矿泉水、棉被、消毒粉、活动板房等救灾物资约3020吨。

5月13日15时，中粮集团调配7辆印有“中粮地产赈灾爱心大行动”标语的大型货车，满载价值60万元的救灾物资运抵彭州灾区。中粮地产西南区运送大伞200把至都江堰灾区，并征用公司车辆运送灾区伤员。中粮集团还为灾区定制帐篷500顶，组织员工捐款捐物，义务献血。15日14时，中粮集团捐赠价值700万元的金帝巧克力和福临门食用油运抵彭州灾区。19日，中粮集团上海粮油进出口有限公司年近80岁的离休干部马振琼，到上海市宝山区红十字会捐出平时省吃俭用积攒的10万元。26日，中粮集团副总裁董忠心率11人的慰问团，向四川省民政厅、成都市爱心食堂捐赠价值1300万元的大米、面粉、食用油、罐头等救灾物资。截至6月30日，中粮集团捐赠资金和物资折价共4531万元，其中资金2183万元、物资折价2348万元。

5月13日下午，中核集团四川核工业地质局调运一台120千瓦的发电机紧急运抵苍溪河天然气抢险现场供电，保障救灾工作的进行。广大干部职工纷纷捐款捐物，截至6月30日，中核集团捐赠资金和物资折价共7692万元，其中资金7030万元、物资折价662万元。

从5月13日开始，中国华电四川广安发电有限责任公司、湖北华电黄石发电股份有限公司、华电青岛发电有限公司、四川华电攀枝花发电公司、四川华电宜宾发电有限责任公司、福建华电漳平发电有限公司等单位，积极向地震灾区捐赠了大量的救灾资金物资。截至6月30日，中国华电向灾区捐赠资金和物资折价共计6107万元。

5月13日，一汽集团向成都市慈善会捐赠1000万元，还捐赠了四驱普拉多越野车10辆。截至6月30日，一汽集团共向灾区捐赠资金和物资折价共4988万元，其中资金3961万元、物资折价1027万元。

5月13—21日，东风汽车公司先后捐赠宿营车、自卸车、翻斗车等116辆，并送往灾区。29日14时，公司又向四川灾区捐赠东风“猛士”越野车15辆，于6月1日交付成都军区。公司捐赠资金和物资折价共5706万元，其中资金3920万元、物资折价1786万元。

中国房地产开发集团公司离休人员王伟分两次向灾区捐款1200元，并让子女代笔写下：“我是一名晚期癌症患者，听到汶川地震的消息，心里很悲痛。我现在无法像当年参加革命战争时奔赴前线，但是请转达一个革命老战士的问候，先捐600元，再捐600元，愿四川灾区‘六六’大顺”。他捐款后于5月28日22时离开人世。

国家电网向四川灾区捐赠了价值1.3亿元的发电机、电力设备等物资，向四川、陕西、甘肃灾区捐赠物资折价7.95亿元。国家电网所属各单位及员工积极参加所在地政府和机构组织的捐赠活动，纷纷向地震灾区捐赠资金物资。截至6月30日，国家电网系统各单位和广大员工通过中国红十字会总会、中国青少年发展基金会和中国残联，捐赠12.56亿余元，其中员工个人捐赠1.66亿元，党员交纳“特殊党费”1.04亿元，捐赠物资折价近9.4亿元，是中央企业中捐赠数额最多的公司。

中航集团各单位大力开展捐赠活动。截至5月30日，全集团累计向地震灾区捐赠2095.54万元，有12629名党员交纳“特殊党费”206.73万元，共青团员交纳“特殊团费”30余万元。5月12日17时38分，中航集团领导电话通知北京航空食品有限公司，要求尽快采购一批食品、饮用水。北京航空食品有限公司立即行动，一小时内采购方便面600箱、饼干100箱、大矿泉水320箱、小矿泉水160箱、榨菜20箱、小毛巾1600条、湿纸巾8000张、八宝粥100箱等7吨物资，按要求于19时前送往专机机场发往灾区。21日，国航与中国青少年发展基金会联合举办“爱心飞翔、零钱捐赠”机上募捐公益活动，活动是以国航国际航线和国内航线的飞机客舱为平台，面向旅客开展自愿捐助零钱行动，旅客通过客舱乘务员获取爱心捐款信封，自愿将善款放入信封交乘务员，完成爱心捐赠。至24日晚，国航客舱部接收旅客爱心捐款40万元，全部转交中国青少年发展基金会。6月16日，国航总部举行援建四川灾区“抗震希望小（中）学”捐款仪式，国航党委书记谭植洪代表国航将员工捐款430万元转交中国青少年发展基金会。

中国电信配合中国红十字会总会，从5月13日至20日24时，面向广大小灵通用户开展短信募捐活动，共募集资金246.96万元。中国电信从19个省公司调拨通信和生活物资支援灾区，向四川、甘肃运送了价值3.26亿元的食品36928件、粮食31吨、药品5.65万件、生活用品116123件，调用救灾抢修设备6639台（套）。甘肃公司共发送了价值626.5万元的小灵通、村通终端、光电缆、电杆、测试仪表、帐篷、食品、汽油发电机、活动板房等物资至陇南灾区。陕西公司向陕西电视台深入地震灾区一线的记者，赠送21部小灵通及超级无绳连心卡。截至6月30日，中国电信向灾区捐赠资金和物资折价共33504万元。

中国石油所属企业通过各种方式向地震灾区捐赠了大批帐篷、衣被、食品和药品等物资。中国石油所属长庆油田公司、新疆油田公司、青海油田公司、华北油田公司和西部钻探工程公司等单位，紧急筹集帐篷2600顶和大量食品、衣被等物资运往四川灾区。参股中国石油的中意人寿保险有限公司，向22名医学专业志愿者每人赠送意外伤害保险50万元和意外医药补偿保险3000元，保险总价值超过1100万元；向赴四川灾区的深圳医疗救援分队18名队员赠送意外伤害保险360万元。截至6月30日，中国石油向灾区捐赠资金和物资折价共33175万元，其中资金31994万元、捐赠物资折价1181万元。

5月14日，航天科工集团向四川灾区捐赠了价值527.5万元的呼吸机26台、野外急救车2

辆、折叠方舱1台、紧急抢险车4辆、卫生防疫车2辆、救护车2辆。航天科工集团四院第四总体设计部组织干部职工开展抗震救灾捐款活动，退休职工何伯阳捐赠了年初父亲去世的抚恤金1万元。

5月14日，中航工业集团一航综合所举行“倾听生命的呼唤·用爱心搭起希望的桥梁”为地震灾区捐款仪式，全所员工踊跃捐款。

5月14日上午，农发集团乾元浩生物股份有限公司，捐赠价值26.3万元的鸡新城疫IV系疫苗2000万羽份、狂犬病活疫苗50万头份、禽流感灭活疫苗（Re-1株）300万羽份运送至地震灾区。农发集团所属中牧股份公司，捐赠价值300万元的疫病防控物资。27日，中牧股份公司向四川灾区再次捐赠价值300万元的动物疫苗和疫苗冷链设备，捐赠灾区防疫急需的猪乙脑、狂犬病等疫苗和设施，正式启动四川灾区重大动物疫病防控工作。15日，农发集团所属中牧山丹马场紧急调运价值102.2万元的新军用帐篷150顶、棉被100床、棉大衣100件至灾区。干部职工捐款6万多元，还捐赠了价值7500元的毛毯、衣物等物资，并于19日组织车辆将捐赠资金和物资送往陇南灾区。截至6月30日，农发集团共向灾区捐赠资金和物资折价共1705万元。

5月15日，中国海油所属淄博赛福橡塑有限责任公司，将加班两昼夜赶制出来的价值13.48万元的高品质覆胶防护手套2万副，捐赠给奔赴救灾前线的济南军区某部队。同日，又紧急调集14架直升机飞赴灾区，列入中国民航局统一调配，投入抗震救灾。在参与救援的55天里，14架直升机先后执行了北川救助、绵阳救险、唐家山堰塞湖泄洪等急难任务，飞行90多架次、240多小时，运送伤员、受灾群众、解放军和武警官兵、消防及医疗救助人员等300多人，运送救灾物资3吨多。中国海油投入的这些直升机仅租金就达1936万元。

南方电网积极动员组织向地震灾区捐款捐物。截至6月30日，南方电网向地震灾区捐赠资金和物资折价共12926万元，其中捐赠容量3110千瓦的柴油、汽油发电机311台、帐篷4995顶、应急灯590套、安全帽260顶、雨衣水鞋500套、防护服2000套以及导线、变压器和电表等电力物资，捐赠物资折价2851万元。

鞍钢集团为早日生产出灾区急需的救灾用彩涂板，推迟了6月份彩涂板部分出口合同交货期，暂停了7月份彩涂板出口合同，打破常规生产方式，积极投入生产。6月2日，首批彩涂板1000吨发往灾区，创下彩涂板从签订合同到交货最短时间纪录。

宝钢集团发挥企业优势，提出“宝钢要以实际行动提供灾区最需要、宝钢最有能力提供的支援”，紧急捐赠彩板房折价5000万元，于5月29日在都江堰市幸福镇翔凤桥社区、彭州市军乐镇等灾区建成了6个临时安置居住点，总面积达48357平方米。截至6月30日，宝钢集团捐赠资金和物资折价共11650万元，其中资金6428万元、物资折价5222万元。

5月13日，中国储备棉管理总公司党委召开会议研究部署抗震救灾工作，决定紧急加工棉被5000床捐赠灾区。由于时间紧急，公司委托四川省棉麻公司24小时不间断紧急加工。15日，中储棉公司派专人飞赴四川，与四川省抗震救灾指挥部、省民政厅衔接，及时将新做的棉被运抵地震灾区。16日，获悉东方电气集团灾情严重、急需棉被的信息后，公司又紧急联系有关厂家加工棉被500床，送往东方电气集团应急指挥中心。截至6月30日，该公司向灾区捐赠资金和物资折价共247万元。

从5月16日起，东航集团围绕“救灾同心、你我同行”的主题，开展“售出一张票捐出10元钱”的活动，东航每售出一张国际或国内机票将捐款10元，支援地震灾区的救灾抢险和灾后重建工作。活动共募集资金1200万元。从6月15日起，公司开展“爱心客票”活动，东航员工及各协作单位共认购3449张“爱心客票”，每张500元，票款合计172.45万元。他们将这批捐款捐赠给了参加四川抗震救灾的部队官兵。东航还开展了“爱心救灾月——爱心妈妈”活动，员工自发为灾区捐赠妇女用品、婴儿奶粉、尿布等420余件，棉衣、棉被、羽绒服、毛线衣等12512件（床）。截至6月30日，东航共向灾区捐赠资金和物资折价2844万元。

南航集团向多名灾区学生提供免费探亲机票，组织接送数百名灾区学生前往各地过儿童节和夏令营。

5月16日10时，中交集团广州分公司组成5辆货车车队，装载价值5.5万元的冷气被子200床、机械充电手电筒200支、饼干50箱、方便面50箱、瓶装水30箱、帐篷20顶、急救药品10箱等救援物资，从广州出发，历时48小时，于18日9时30分运抵绵阳，将所运物资发放给绵阳市游仙区魏城镇受灾群众。21日，按照交通运输部《关于开展向汶川地震四川灾区捐赠公路抢通保通小型机械设备活动的通知》的要求，中交集团组织购置了价值217.5万元的220型履带式挖掘机1台、50型装载机1台、移动式汽油和柴油发电机组15台，于6月10日前全部运抵成都转交四川省公路局。

5月18日晚，兵器工业集团在中央电视台“爱的奉献——2008宣传文化系统抗震救灾大型募捐活动”现场捐赠1300万元，并为东方电气集团提供紧急援助100万元。23日，兵器工业集团工会发出倡议，号召全体员工及家属捐衣捐物，450多名职工家属捐赠了4704件棉衣、毛衣、被子、毛毯、鞋子、书包等物资。中国北方车辆研究所共青团组织向全所青年发出为灾区儿童捐款购买儿童节礼物的倡议，一天内募集捐款2.38万元，并以最快速度为灾区儿童选购学习用品500件、体育用品600件、益智文具300件、生活用品200件，转交中国红十字会成都备灾救灾中心。泸州北方化学工业有限公司从15日起，每天组织人员加班加点生产氯酸钠消毒液，支援灾区；至25日，共捐赠价值30万元的氯酸钠消毒溶液、次氯酸钠消毒液154.26吨，用于阿坝、广元、绵阳、德阳、雅安、成都等重灾地区消毒防疫，同时捐赠爆破炸药5吨，用于爆破倒塌的钢筋结构建筑物。兰州北方机械厂、山西柴油机厂、西南技术物理研究所、北京北方车辆制造厂等单位，也向灾区捐赠了大量物资。

5月12日下午，听到汶川地震的消息后，中国二重仅用了两小时就组织了一批工作服、手套、雨衣、雨靴、照明油料、快餐等物资运抵绵竹汉旺东汽。中国二重职工、家属冒着大雨和余震的危险，募集了300余编织袋的棉被、棉衣，于21日用3辆加长卡车分别运抵东汽、绵竹市内医院和绵竹其他灾区。5月12日至6月11日，中国二重共捐赠价值77万多元的工作服、雨衣、麻绳、柴油、手套以及食品、学习用品等救灾物资。截至6月30日，中国二重向地震灾区捐赠资金和物资折价共316万元，其中资金210万元、物资折价106万元。

6月6日，中国普天所属上海普天邮通科技股份有限公司，向地震灾区捐赠了价值35万元的投影仪等电教设备30台，通过上海市红十字会、上海市民政局、绵阳市教育局，将设备转赠给北川中学、平武中学、江油中学、绵阳二中等30所学校。

中国生物技术集团公司先后向地震灾区调拨价值2500万元的人血白蛋白、破伤风人免疫球蛋白、破伤风抗毒素和甲肝疫苗、伤寒疫苗等9个品种的防疫赈灾药品6119件、127万瓶。

二　建立重建援助基金

5月27日，86家中央企业委托国资委转交捐赠资金3.5亿元。国资委联合中国红十字基金会用这笔经费建立了"5·12灾后重建中央企业援助基金"。国资委和相关企业作为捐赠方确定资金的使用意向，监督资金的使用情况；中国红十字基金会作为接受方，负责建立专项基金科目，管理善款，在国家总体援建计划的框架下，尊重捐赠方意愿，安排援建项目，监督项目的建设实施，并及时向捐赠方反馈基金使用情况，组织安排媒体宣传，接受社会监督。

按照有关中央企业意愿和灾区需要，中国红十字基金会将捐赠资金转赠重灾区地方政府，用于有关受灾企业设施重建和受灾企业职工家属安抚1.6亿元；用于支援灾区学校、医疗设施重建1.9亿元，其中各项目标准投入资金1.6亿元、项目质量提升准备资金0.3亿元。援助项目主要包括：计划在重灾县和乡镇建"中央企业援建博爱小学"100所，共计投入5200万元；在重灾乡村援建"中央企业援建卫生站"100个，每个卫生站10万元，共计投入1000万元；在重灾乡镇建"中央企业援建博爱卫生院"20个，每个乡镇卫生院100万元，共计投入2000万元；在重灾县的中心乡镇建"中央企业援建博爱中学"50个，每个中学100万元，加上中国建筑意向在北川建"中国建筑博爱中学"所投资金450万元、一汽集团意向在都江堰建"一汽解放博爱中学"所投资金450万元、中煤集团意向在绵阳建"中煤博爱中学"所投资金450万元，共计6350万元。基金资金按上述计划安排后，不足部分协调企业进行补捐。

截至2009年8月21日，"5·12灾后重建中央企业援助基金"援建的项目已有39个卫生站、7所卫生院、11所学校、1个老年护理院竣工或交付使用。

第十一节　海关总署赈灾活动

5月12日晚，海关总署迅速启动突发事件应急预案，发出紧急通知，要求各海关配合做好四川汶川地震抗震救灾工作，加强应急处置，实行24小时值班制度，为进境的救灾物资和载运救灾物资的运输工具提供通关便利，对进出境的救灾人员、医疗队和专家以及他们随身携带的救护医疗设备给予通关便利并快速验放。12日，海关总署成立海关抗震救灾指挥部，署长盛光祖为总指挥，总署办公厅、政法司、关税司、监管司、加贸司、科技司、财装司、信息中心主要负责人为成员，全面部署和指挥全国海关抗震救灾工作。

5月17—19日，盛光祖赴成都、绵阳等地，现场指挥境外救灾物资及救灾人员的入境监管工作，看望慰问奋战在抗震救灾一线的海关关员。17日14时45分，盛光祖指挥成都海关快速验放了西班牙政府捐赠的一批抗震救灾物资共5.6吨，主要是消炎类药品，折价61.7万元。西班牙驻华大使对中国海关的工作表示感谢（见图17）。

图17　5月17日，西班牙驻华大使卡洛斯·布拉斯科对中国海关的高效工作表示感谢
（海关总署　提供）

5月19日，海关总署抗震救灾指挥部设立综合协调组、业务指导组、后勤保障组、网络安全组4支应急队伍。综合协调组履行应急协调等任务；业务指导组负责指导全国海关进口救灾物资、救援队、医疗队和专家及其携带的搜救、医疗设备的快速通关监管及税费减免等工作；后勤保障组负责后勤保障工作；网络安全组负责全国海关通关业务、口岸电子执法系统网络维护等工作。

海关总署抗震救灾指挥部要求位于地震灾区及周边地区的成都、重庆、西安、兰州海关及接受境外救灾物资重要口岸的北京、上海、大连、青岛、厦门、广州、深圳、湛江等海关机构设立专门的进境救灾物资报关窗口，实行24小时通关值班，为具有接收单位的救灾物资、载运救灾物资的运输工具、进出境的救援队与医疗队以及携带的搜救、医疗设备提供通关便利，加速验放。位于地震震中及周边地区的成都、重庆、西安、兰州海关还按照《海关系统突发公共事件应急预案》的要求，启动突发事件应急响应机制，成立抗震救灾指挥部，负责组织领导本关区抗震救灾工作。

全国海关安排24小时专人值班，海关总署每日向国务院汇报全国各口岸验放救灾物资和人员情况。同时，海关总署加强与国家各部门之间的联系沟通，共同做好救灾物资和人员进出境工作。与外交部、民政部协调，明确直接用于救灾的进口捐赠物资等可由进口地海关先凭民政部等部门或各省（区、市）民政厅出具的有关证明函及救灾捐赠物资清单，特事特办，先登记放行，后补办相关海关手续；与食品药品监管局、商务部和质检总局协调解决涉及进口药品通关单、自动进口许可证和入境货物通关单的药品、食品、机电产品等物资监管问题；与财政部、税务总局加强沟通，共同协商解决关于涉及进境救灾物资免费免税等问题。

海关总署与香港海关建立协调配合机制，保证经香港飞往成都运送救灾物资的包机或航班信息的及时传递。海关总署还明确，对于目的地为成都、西安、兰州的直接用于抗震救灾的捐赠物资，应转关至上述海关办理相关手续；对确实需要在口岸办理清关手续的，应及时通知物资运送最终目的地海关，跟踪了解物资转运情况。5月26日，上海海关与成都海关通过设立专职联络员、电话预告和24小时特事特办等措施，建立了抗震救灾物资快速转运联络机制。成都海关在成都双流机场与其他口岸联检部门建立现场协调配合机制，与四川省民政厅、省药监局、机场部门建立协调配合机制，加快救灾物资通关速度。

各海关在做好进口救灾物资服务工作的同时，还注重做好统计工作。为确保向政府和社会各界提供完整、准确的捐赠物资统计数据，成都海关逐票审核捐赠物资的接收清单、减免税申请表、报关单等原始资料，对商品名称、数（重）量、金额等主要统计指标做了精准复核。截至7月11日14时，全国海关共快速验放国际社会援助的净水设备、服装、帐篷、通信设备、医疗器械等抗震救灾物资1004批次。

第十二节　质检总局赈灾活动

5月12日晚上，质检总局紧急召开会议，贯彻落实国务院抗震救灾紧急工作会议精神。会后印发紧急通知，要求各级质检部门立即启动抗震救灾应急预案；按照应急预案，做好口岸安全、食品安全和特种设备安全工作；严格值班值守，遇到重大情况及时报告等。

5月13日下午，质检总局成立抗震救灾领导小组。同日，领导小组召开第一次会议，要求加强对全国质检系统抗震救灾的组织领导，做好人、财、物的救援准备；加强救灾物资质量安全监管，确保国际援助物资通关顺畅；加强信息沟通，实行零报告制度；加强安全保卫，保障正常工作秩序。同日，质检总局连续发出《关于加强应急值班值守的紧急通知》《关于做好震后国际援赠物资检验检疫相关工作的紧急通知》《关于加大质量监督和执法打假力度，确保灾区食品、产品和救灾物资质量安全的紧急通知》《关于切实做好抗震救灾有关特种设备安全监察工作的紧急通知》，部署对救灾物资实行“三快两免”政策，即快速受理、快速审查、快速检测和免收现场审查费、免收产品检测费。要求各口岸保证震后国际援赠物资安全便利通关；各级质检部门要加大质量监督和执法力度，确保灾区食品、产品等救灾物资质量安全；要保障特种设备安全，重点做好援赠的食品、医疗器械等检验检疫监管工作，保证灾区人民的救治和生产生活必需品的安全。

5月15日，质检总局向外交部提供中国明令禁止进口的物资清单，由外交部发给中国驻外使领馆，供接收或婉拒外国政府援助物资时参考。该清单包含动物产品和植物产品两大类，涉及上百个国家和地区。同日，质检总局下发补充通知，要求各地出入境检验检疫机构设立国际援赠物资报检专用窗口，实行24小时受理报检服务；按照特事特办的原则，采取有效措施，实行简化程序，给予国际救灾物资通关便利；加强口岸现场查验力量，保证援赠物资质量安全。各地检验检疫机构要采取各种有效措施，保证国际救灾援赠物资质量安全和快速通关。相关检验检疫机构可凭民政部救灾司、全国妇联办公厅、中国红十字会总会、中华慈善总会或省（区、市）民政厅（局）的证明受理国际救灾援赠物资报检。在应急援助阶段，如货物已到，相关部门证明还未出具，可先检验放行，接受单位后补手续。对国际救灾援赠的中国明令禁止进口的物资，各相关检验检疫机构不受理报检；各相关检验检疫机构要设立专门的国际救灾援赠物资报检窗口，实行24小时受理报检服务，做到随到随检，快速验放。

5 月 16 日 14 时和 16 时 30 分，质检总局连续两次向重庆市质监局下达向灾区急送救灾物资的通知。重庆市质监局立即联系生产液氧的重庆朝阳气体有限公司和生产医用氧气瓶的重庆益峰高压容器有限公司，向灾区运送了 500 罐崭新的医用氧气瓶（40 升 / 罐）。

5 月 17 日，质检总局局长李长江奔赴四川，连夜听取四川检验检疫局、四川省质监局抗震救灾情况汇报。他提出，要科学救灾、务实救灾。科学救灾，就是充分利用质检部门的人才、技术优势，突出发挥质量检验检测、卫生除害处理、维护特种设备安全的作用，确保灾区人民群众食品和日用品质量安全，确保国际国内捐赠物资卫生安全，确保分布众多、情况复杂的特种设备排除隐患，高度警惕和预防各种安全问题的发生，尽最大努力保护人民群众生命健康安全，帮助灾区抗震救灾。务实救灾，就是针对灾区最紧迫的实际需要，采取实实在在的措施，为灾区人民提供实实在在的救助，帮助灾区人民渡过难关、重建家园。

5 月 17 日，质检总局向卫生处理药械生产、销售企业发出倡议书，号召向灾区捐赠卫生处理药品、器械，并保证产品质量，做好服务。

5 月 18—25 日，质检总局协调厦门卫健医药有限公司分批次向灾区运送了 10 万份应急药盒和 1 万支驱蚊剂，应急药盒内药品包括：抗生素类——复方磺胺甲恶唑片（SMZ）；治疗外伤类——创可贴、碘药水棒；治疗腹泻类——氟哌酸（处方药）或盐酸小柴碱、口服补液盐；感冒药——维 C 银翘片；止痛药——去痛片；清凉解毒类——清凉油、仁丹等。

5 月 19 日，质检总局发出紧急通知，要求全国质检系统以救灾食品和建筑材料为重点，开展抗震救灾物资质量安全执法打假行动，通过 12365 投诉举报电话，及时做好救灾便民、执法监管等服务。

第十三节　广电总局赈灾活动

5 月 12 日，地震发生后，广电总局党组立即部署抗震救灾工作，局长王太华到总局安全播出调度指挥中心了解灾区广电系统受灾情况，对做好抢险救灾工作做出部署。分管局领导在安全播出调度中心现场指挥安全播出工作，立即启动全国安全播出应急预案，通过预警系统向四川、重庆、陕西、山西、湖南、湖北等省（市）广电部门发出紧急指令，要求做好安全播出工作，及时报告灾情。副局长胡占凡立即组织召开宣传工作会议，部署广播电视抗震救灾宣传，要求把抗震救灾宣传报道作为当前广播电视宣传工作的重中之重。中央电视台、中央人民广播电台、中国国际广播电台立即安排部署抗震救灾报道。

同日，广电总局安全播出调度中心立即启动突发事件预案，与灾区各级广电部门建立信息通报机制，随时统计受灾情况和播出受影响情况，为总局决策提供依据。同日，广电总局无线电管理局立即开动 8 部短波发射机、1 部中波发射机，总功率 9000 千瓦，用 9 个频率向四川灾区转播中央电台第 1 套广播节目。

5月13日下午，广电总局向全系统发出关于全力做好抗震救灾工作、做好广播电视抗震救灾宣传、确保广播电视安全播出的通知，部署抗震救灾宣传工作。同日，广电总局决定捐赠四川灾区便携式收音机（中短波）5万台（价值500万元），随后又决定增加2.25万台。同时给四川广电系统拨付救灾款专项资金1500万元，用于紧急抢修恢复安全播出设施；紧急调拨专项资金100万元，用于四川灾区影院的抢修恢复。15日，广电总局向灾区捐赠的第一批收音机，送到都江堰市、彭州市受灾群众手中。

5月16日，广电总局协助泰景信息科技有限公司向在灾区报道的广电记者以及当地党委、政府有关部门捐赠1500部模拟电视手机。中央电视台在灾区报道的记者，用手机第一次看到该台的电视画面。18日，中国普天集团通过广电总局捐赠给中央电视台的一辆卫星电视转播车运抵四川灾区，用于现场报道。

6月19日，广电总局组成23人的中国广播艺术团小分队，先后到江油市太平镇、大康镇，安县花荄镇、睢水镇、安昌镇，绵阳市北川中学临时教学点，长虹培训中心和解放军陆航团所在地演出8场，总行程1200公里，观看演出的受灾群众、中学生、抢险救灾的解放军指战员、援建工人和奋战在第一线的广大医护人员、志愿者达11.2万余人。

6月25日，广电总局组成电视节目主持人、艺术家参加的抗震救灾“心连心”艺术团中央电视台小分队，深入灾区进行慰问演出。小分队原计划在雅安、绵阳演出6场，后来又加演3场。29日，中央电视台小分队在绵阳市九洲体育馆外广场，为最后一批撤离九洲体育馆的灾区群众进行慰问演出。广场仅能容纳3000多人，演出却吸引了1万多观众，广场外的草坪上、道路上都挤满了人。在深入灾区的5天时间里，小分队行程1300多公里，演出9场，观众达10万人。

第十四节　体育总局赈灾活动

一　组织捐赠

5月13日上午，体育总局召开紧急会议，研究部署抗震救灾工作，要求总局系统立即行动起来，以实际行动支援灾区人民重建家园。体育总局下发紧急通知，要求各直属单位要积极动员广大干部职工、教练员、运动员为灾区人民捐款，奉献爱心。截至7月1日，体育总局直属党委3177名党员交纳“特殊党费”242.5万元，直属单位的40名非党人士捐款4.2万元。

5月13日，体育总局、中华全国体育总会、中国奥林匹克委员会向灾区发出慰问电并捐赠500万元，体育总局体育彩票管理中心捐赠600万元。姚明及其基金会先后向灾区捐赠1600万元。同日，在天津参加2008年国际体联世界杯的中国体操队教练员、队员举行捐款仪式，向灾区捐款。体育总局体操运动管理中心向灾区捐赠100万元。管理中心紧急订购帐篷1000顶，由生产厂家直接发往四川省慈善总会。管理中心还调集衣物8000余件运往四川省体育局转送灾区。中体产业集团公司向各下属集团、公司、员工发出援助四川灾区抗震救灾募捐的倡议，募集资金394.61万元。中国奥林匹克花园集团向各奥林匹克花园项目公司及公司员工、业主，发出《关于援助四川灾区抗震救灾的倡议书》，募集资金540.59万元，募集口罩、被子、矿泉水、方便面、饼干、彩条布、手套等物资3卡车。江西瑞金奥运火炬传递前夜，火炬手屈荣莉和队友发起为灾区捐款的倡议，队友们积极响应，捐赠资金逾100万元。龙岩站火炬手、中国龙工控股有限公司董事局主席李新炎在当日下午举行的火炬传递城市庆典活动上宣布公司向灾区捐赠500万元。

5月13日，体育总局小球运动管理中心携所属中国高尔夫球协会、中国台球协会、中国保龄球协会、中国地掷球协会、中国橄榄球协会、中国板球协会、中国壁球协会、中国藤球协会，向全国各省（区、市）相关协会、业内单位和从业人员发出为灾区人民奉献爱心的倡议，得到热烈响应。深圳观澜湖高尔夫球会捐赠2000万元，观澜湖高尔夫球会主席朱树豪捐赠100万港元，沃尔沃公司（VOLVO）捐赠200万元，还捐赠了价值700万元的挖掘机等设备。台资企业汤臣集团捐赠700万元。至20日11时，行业内共30多家企业或个人捐赠资金和物资折价共6027.8万元。

5月14日，体育总局举行备战2008年北京奥运会中国体育健儿向地震灾区捐款仪式，体育总局党组书记、局长刘鹏一行以及在京集训的国家队运动员、教练员500人参加捐款仪式，共捐赠资金251.26万元。在长春参加中国公开赛的中国乒乓球队捐赠98万元；中国女子网球队首席赞助商TCL集团股份有限公司携同中国女子网球队捐赠100万元；中国篮球职业联赛委员会向CBA所有的俱乐部和球员发出倡议，中国篮协CBA联赛办以“CBA与你在一起”的名义，统一向灾区进行捐款，16家俱乐部捐赠354.7万元，俱乐部母公司富邦公司捐赠200万元。福建SBS浔兴集团捐赠650.7万元。15日，中国业余篮球公开赛（CBO）运动队向灾区捐赠篮球100个、T恤衫400件。

5月15日，参加中国业余篮球公开赛的各球队纷纷向成都市政府捐款，纽约群星队捐赠400美元、香港及锋队捐赠400美元、台北老马队捐赠1070美元、印度尼西亚棉兰海洋队捐赠2200美元。

5月17日，中国桥牌协会主办的“宏宇杯”全国桥牌锦标赛在武汉开赛，参选队员纷纷向灾区捐款，林荣强捐赠330万元，刘忠环捐赠20万元。奥运圣火在浙江绍兴传递期间，组织传递活动的部门在沿途设立了许多捐款箱；火炬手张顺芳宣读《赈灾倡议书》，她挥舞着“传递激情传递爱、你我同行抗灾害”的条幅从人群前跑过，市民纷纷慷慨解囊。在温州站，108名火炬手捐赠47.552万元；在绍兴站，100名火炬手捐赠7.6万元。

5月18日，中体倍力健身俱乐部把长安店周年庆典改为赈灾活动，并通过捐款、拍卖纪念品等方式募集善款。上海申花、武汉光谷足球比赛，参赛的球员、教练、裁判、足协官员现场捐赠10.28万元、30美元、20澳元，捐赠欧米茄手表1块，球队投资人朱骏捐赠100万元。同日，中国乒乓球公开赛结束，国家乒乓球队返京参加中央电视台“爱的奉献”抗震救灾大型募捐活动，刘国梁、施之皓等9人代表全队将本届赛事所获得的8.28万美元奖金捐赠灾区。中国登山队将有吉吉、王勇峰、尼玛次仁、黄春贵和次仁旺姆5位珠穆朗玛峰登顶火炬手签名的华硕笔记本电脑3台、华硕超便携电脑易PC机2台和伴随队员们登顶的部分重要纪念品进行现场竞拍，将拍卖所得16.66万元捐赠四川地震灾区。19日，中国足球超级联赛组委会和教练员、运动员共捐赠1220万元，长沙金德足球俱乐部捐赠200万元，大连实德俱乐部董事长捐赠500万元。21日，田径运动员刘翔委托父母向上海市红十字基金会捐赠300万元。

5月22日，中国羽毛球协会、中国羽毛球队联合中国队长期合作伙伴发起了主题为“众志成城、共渡难关”赈灾捐款仪式，主教练李永波及队员鲍春来、林丹和谢杏芳捐出“汤姆斯杯”“尤伯杯”冠军金牌4枚，再次筹集资金418万元，其中定向捐赠雅安灾区50万元，向四川省体育局和成都市体育局分别捐赠20万元和10万元，用于修建场馆。全国男子篮球联赛（NBL）各个赛区募集资金172.69万元。体育总局外派墨西哥的教练团34名教练捐款35395墨西哥比索，交中国驻墨西哥大使馆转赠灾区。

5月27日，中国棋牌运动管理中心将1000副象棋捐赠北川中小学生，中国象棋协会将1000副象棋捐赠绵阳市。28日，中国篮球协会在广东东莞举办“情系灾区、奉献爱心”中美男篮赈灾义赛，现场观众和企业主捐赠419万元和1万美元。29日，好家庭公司联合花样滑冰世界冠军申雪、赵宏博夫妇，经中国教育发展基金会向灾区重建的100所学校，捐赠了总价值100万元的100套体育器材。31日，体育总局社会体育指导中心主任胡建国、中国信鸽协会主席李杰、副主席公冶民等向中国红十字会总会捐赠100万元用于灾区学校重建。在国外训练的中国赛艇队捐赠7.2万元和300美元。体育总局水上中心赞助单位燕京啤酒公司全体员工捐赠306.8万元。体育总局排球运动管理中心、篮球运动管理中心、乒乓球羽毛球运动管理中心各捐赠100万元，分别向陕西省、甘肃省和重庆市体育局各拨100万元，其中甘肃省体育局从100万元中拨付50万元转赠陇南市体育局。

5月28日至6月1日，体育总局举办体育博览会。体育总局器材装备中心在广泛收集捐赠情况的基础上，在展会现场制作“爱心墙”，公布各企业的捐赠情况，同时携同百余家新闻媒体展开深入报道。这一措施激励了参展单位的捐赠热情。美国盖世威（K-Swiss）公司向灾区援助运动鞋3000双，耐克公司为四川省在外训练的18支运动队捐赠服装和训练鞋1000套，松下电器公司捐赠1000万元，海尔集团捐赠2083万元，全国74家体育用品企业共捐赠8247万元。

6月1日，国家跳水队结束国际泳联南京站比赛后，全队教练员、运动员将国际泳联颁发的奖金4.4万美元和企业赞助资金20万元，全部捐赠灾区，用于重建一所希望小学。2日，天使军团女子网球俱乐部在北京万商美居酒店举办“爱心的持久与鲜活——灾区重建有我一份力”的网球慈善活动，现场筹集资金3.76万元。7月3日，四川籍网球运动员郑洁捐赠126万元。

9月20日，中国乒乓球队15人赴绵阳灾区，乒羽中心主任刘凤岩代表国家队捐赠400万元援建北川中学、资助受灾学生。30日，中华全国体育基金会和中国运动员教育基金在北京举行“中国奥运金牌名将慈善宴2008”活动，北京奥运金牌得主张怡宁、林丹、张宁、郭晶晶、李小鹏、邹凯、程菲捐赠物品进行现场拍卖，拍得资金329万元，其中奥运冠军集体签名的奥运邮票长卷拍得100万元。活动共筹得善款1918万元，全部捐赠四川灾区。

9月，体育总局协调香港赛马会捐赠1.35亿元，用于重建都江堰奥林匹克体育学校。社会体育指导中心各协会通过举办义赛、义演等活动募集捐款支援灾区。信鸽协会两次共向地震灾区捐赠230万元，其中130万元援建重庆信鸽爱心学校。体育舞蹈协会捐赠100万元。2008年全国桥牌赛和北京桥牌邀请赛的运动员、教练员、裁判员和棋牌爱好者，现场捐赠22.7万元。北京奥组委向四川灾区捐赠了价值61万元的体育器材和辅助器材547件。体育总局基金中心在北京奥运会期间邀请四川地震灾区5个城市业余体校的篮球小运动员到北京观摩，支付费用11万元；该中心工作人员在雅安挂职锻炼期间，联系捐赠资金和物资折价共1616万元。举重摔跤柔道运动管理中心和省市33个举重队共捐赠资金17.22万元。

二　接收国际体育组织及个人捐赠

5月12日，国际奥委会主席罗格向中国国家主席胡锦涛发来慰问电。13日，国际奥委会在瑞士洛桑宣布为中国地震灾区捐赠100万美元，经北京奥组委转交地震灾区。14日，世界桥牌联合会副主席、新加坡籍华人蔡国雄向四川地震灾区捐赠100万港元。22日，美国奥委会主席尤伯罗斯同中国国家体育总局局长、中国奥委会主席刘鹏通电，向中国四川地震灾区捐赠价值27万美元的帐篷1000顶；帐篷于美国时间29日起运，直接运往成都。28日，美国篮球职业联赛（NBA）捐赠1400万元，用于四川地震灾区开展救援和重建工作。

5月13日，世界跆拳道联盟主席赵正源致电刘鹏和中国跆拳道协会主席崔大林，表示慰问并捐赠3000美元。国际跆拳道联合会主席、国际奥委会委员张雄致函刘鹏表示慰问，并捐赠3500美元。6月4日，招商银行杯第20届亚洲电视快棋赛决赛在北京结束，两位韩国棋手分获冠、亚军，李世石将冠军奖金约16万元、赵汉乘将亚军奖金3.2万元全部捐赠中国地震灾区。美国NBA球队火箭队老板莱斯利·亚历山大经火箭队慈善基金会向地震灾区捐赠资金10万美元，NBA球星纳什、戴维斯、奥登和WNBA球星特雷西都向姚明基金会捐款，休斯敦市市长向姚明基金会转交该市市民捐赠的10万美元。11日，大韩体育会中国分会会长李炳权访问体育总局，转交为地震灾区募集的资金5.05万元。7月23日，日本奥委会及下属协会通过体育总局向四川地震灾区捐赠2万美元。

8月2日，国际奥委会、中国奥委会和北京奥组委向四川地震灾区捐赠800万美元。其中，罗格代表国际奥委会向四川地震灾区转交400万美元，北京奥组委主席刘淇和中国奥委会主席刘鹏分别代表北京奥组委和中国奥委会向灾区各转交200万美元。4日，韩国奥委会捐赠2万美元用于四川灾区重建。10月7日，世界门球联合会向四川地震灾区捐赠150万日元。

三　转交捐款

截至10月14日，体育总局通过干部职工捐款和协调国内国际体育组织等各方面力量，募集资金28.43亿元，还募集了大量的体育器材和辅助器材等物资，支援地震灾区。除直接拨付灾区外，体育总局于10月14日前，分两次将捐赠资金154.35万元汇缴民政部汶川地震抗震救灾捐赠专户。

第十五节　侨办赈灾活动

一　组织捐赠

5月12日，侨办主任李海峰致电四川省政府侨务办公室，对四川省受灾群众尤其是在四川的海外华侨华人和灾区归侨侨眷表示慰问。13日，侨办紧急启动“侨爱工程——抗震救灾温暖行动”，成立抗震救灾工作领导小组，负责全国侨办系统的抗震救灾工作。领导小组由李海峰任组长，侨办副主任马儒沛任副组长，各有关司局负责人为成员。同日，侨办印发紧急通知，要求全国各级侨办积极开展“侨爱工程——抗震救灾温暖行动”，引导广大侨胞和归侨侨眷参与抗震救灾工作。当日下午，侨办举行“侨爱工程——抗震救灾温暖行动”新闻发布会暨捐赠仪式（见图18），海外侨胞及侨资企业为地震灾区捐赠款物折合6000多万元，侨办机关及在京直属单位干部职工捐赠12.75万元。14日，侨办向四川省侨办发去慰问电。

图18　5月13日，国侨办紧急启动“侨爱工程——抗震救灾温暖行动”

（国侨办　提供）

广大海外侨胞积极通过“侨爱工程——抗震救灾温暖行动”向灾区捐款。5月16日，马儒沛接受中央电视台、凤凰卫视等媒体采访，对广大华侨华人救助地震灾区的善举表示感谢。21日晚，由侨办倡议发起，全球几十个海外侨团联合参加的全球华侨华人烛光悼念汶川地震遇难同胞活动在世界各地同步举行。侨办多次举办仪式，接收海外侨团捐赠资金物资。25日晚，马儒沛接受中央电视台国际频道“抗震救灾”直播栏目专访时首次表示，侨办将把广大海外华侨华人的捐赠款物管理好、监督好、使用好，计划在3—5年内资助灾区建设百所侨爱学校和百所侨爱卫生院（“双百项目”）。至25日，海外侨胞通过各种渠道向地震灾区捐赠款物逾7亿元。29日，侨办党组召开会议，研究部署华侨华人捐赠资金物资管理使用工作。29—31日，马儒沛率队前往四川灾区考察灾情。

6月2日16时，新闻办举行第21次新闻发布会，由侨办介绍全球华侨华人支持中国抗震救灾及捐赠监管使用情况，马儒沛出席并介绍侨办实施“侨爱工程——抗震救灾温暖行动”情况。5日，中国华文教育基金会出资200万元援建的可容纳1600名学生入学的木结构简易过渡学校在平武县南坝中学动工兴建。10日，侨办成立抗震救灾捐赠款物管理使用领导小组，制定《国务院侨办抗震救灾捐赠款物管理使用办法》。中旬，侨办启动集中海外侨胞的捐赠资金重点支持灾区重建“双百项目”建设工作。

7月4—7日，侨办和四川省政府共同举办“携手共建——知名侨资企业家四川行”活动。活动以“关爱四川、携手共建、合作发展”为主题，侨办主任李海峰、副主任任启亮与来自美国、澳大利亚等8个国家和地区的20多名知名侨资企业家及海外代表50余人，前往地震灾区考察灾情并为灾后重建建言献策。四川省委书记刘奇葆、省长蒋巨峰会见考察团。7日，中共中央政治局委员、国务院副总理王岐山在中南海紫光阁会见参加活动的侨商代表。王岐山指出，中共中央、国务院对海外华侨华人的善行义举给予充分肯定，希望侨商们建言献策，通过各种方式参与灾区重建，帮助灾区群众早日恢复生产、重建美好家园。

8月25—27日，马儒沛再次率队前往四川灾区考察灾情。28日，部分省市“侨爱工程——双百项目”建设工作会议在西安召开，马儒沛在会上要求各级侨办把“侨爱工程”做成灾后重建的精品。

截至9月28日，侨办机关和在京直属单位的干部职工向地震灾区捐款61.45万元、捐赠衣被1990件（床），640名党员交纳“特殊党费”62.07万元。侨办直接接收捐赠资金物资共2.19亿元。

二　捐赠款物接收与使用

赈灾捐赠款物接收情况　截至9月28日，侨办直接接收的救灾款物合计2.19亿元，其中捐赠资金14399.63万元、捐赠物资折价7510万元。14399.63万元捐赠资金中，包括侨办直接接收的海外侨胞捐款13666.25万元（参见表8）、职工捐款53.38万元，另有约680万元未经过侨办账户，由捐赠人直接汇至灾区侨办。接收捐赠物资折价7510余万元，包括通信设备、药品、矿泉水、帐篷、棉衣、毛毯、食品等，均由捐赠人直接运至灾区，侨办协助联络并出具证明信等。在款物接收过程中，侨办坚持做到“四个一”，即每笔捐款开具一份收据，向每位捐赠人发出一份由侨办主任李海峰签署的感谢信，向每位捐赠人颁发一份由侨办出具的捐赠证书，对捐款（物）10万元以上者颁发一块书有“侨爱工程、惠泽桑梓”字样的荣誉牌匾。

国侨办直接接收抗震救灾10万元以上捐款情况统计表

表8 （截至9月28日）

捐赠者	捐款金额	折合人民币（万元）	附　注
印尼盐仓集团蔡道行家族	300万美元	2077.71	
印尼金光集团总裁黄志源	2000万元	2000.00	
泰国TCC集团董事长苏旭明	1140万港元	1011.52	
上好佳（中国）有限公司董事长施恭旗	1000万元	1000.00	
泰国正大集团董事长谢国民	500万元	500.00	另500万元由捐款人直接捐往灾区
世茂集团董事局主席许荣茂	1000万港元	893.80	
印尼侨胞	100万美元	692.27	
世纪金源集团董事长黄如论	600万元	600.00	
华夏董氏兄弟商贸集团董事长董佩永	600万元	600.00	
东莞玖龙纸业有限公司董事长张茵	600万元	600.00	
福耀玻璃工业集团董事局主席曹德旺	500万元	500.00	
法国华侨华人会	35.5万欧元	359.48	
印尼侨胞	300万元	300.00	
法国华人服装总商会	26万欧元	279.50	
巴拿马中华总会	30万美元	206.44	
中国侨商投资企业协会	200万元	200.00	
印尼《国际日报》报业集团董事长熊德龙及《国际日报》读者	23.64万美元、1000港元、30.05万元	189.92	
旅法华人胡振国及其家族	11万欧元	118.20	
法国陈氏兄弟国际集团	9.5万欧元	102.53	
上海豪都房地产开发经营有限公司董事长屠海鸣	100万元	100.00	
力宝集团董事长李文正	100万元	100.00	
香港华文影视有限公司（国侨办所属机构）	100万港元	88.20	
意大利Mirandola市侨胞	5万欧元	54.31	
香港华达集团董事长李晓华	50万元	50.00	
无添加贸易（上海）有限公司董事长陈志明	50万元	50.00	
俄罗斯滨海边疆区华人工商联合会	6.78万美元	47.00	
意大利米兰浙江华侨华人会	40万元	40.00	
新加坡华源会	5.28万美元	36.45	
菲律宾侨胞	100万菲律宾比索	17.30	
美国SUNIC公司总裁、盛尼克能源环保技术（重庆）公司董事长熊天渝	10万元	10.00	
泰国正华国际贸易有限公司董事长马剑波	10万元	10.00	

赈灾捐赠资金使用情况　5 月 15 日，李海峰赴成都向四川省政府转交抗震救灾捐款 2012.75 万元，支持四川灾区抗震抢险救灾，该款包括海外侨胞捐款 2000 万元和侨办职工捐款 12.75 万元。6 月 11 日，李海峰前往西安向陕西省转交海外侨胞捐款 1000 万元。13 日，马儒沛前往兰州向甘肃省转交海外侨胞捐款 1000 万元和价值 500 多万元的救灾物资。18 日，侨办分别拨付四川省侨办 8000 万元、甘肃省侨办 1000 万元、陕西省侨办 1000 万元、重庆市侨办 500 万元、云南省侨办 100 万元，以上合计拨付灾区抗震救灾捐款 1.06 亿元。7 月 16 日，侨办转交民政部 1098.29 万元。8 月 20 日，侨办转交民政部 8.65 万元。至此，侨办共向民政部转交海外侨胞抗震救灾捐款 1106.94 万元。以上款项共使用 13719.69 万元，加上未经过侨办账户由捐赠人直接汇至灾区侨办约 680 万元的捐款，合计使用 14399.69 万元。

赈灾捐赠物资使用情况　侨办接收的赈灾捐赠物资折价 7510 万元，物资定向使用情况见表 9。截至 9 月中旬，物资全部运抵四川、甘肃、陕西灾区。

经国侨办协调向灾区捐赠的物资使用情况一览表

表 9　（截至 9 月中旬）　单位：万元

捐赠者	捐赠物资	物资折价	使用情况
中信 21 世纪（香港）有限公司执行副主席陈晓颖	通信设备	3000	5 月 15 日转交四川及救灾部队价值 2000 万元物资，后又追加价值 1000 万元物资
华夏董氏兄弟商贸集团董事长董佩永	矿泉水	1700	定向捐赠四川、甘肃、陕西
东莞玖龙纸业有限公司董事长张茵	帐篷 4000 顶、矿泉水 120 万瓶	400	帐篷定向捐赠都江堰灾区、矿泉水定向捐赠成都军区联勤部
美国成功集团董事长李玉玲	棉衣	1000	定向捐赠四川阿坝
泰国正大集团董事长谢国民	救灾物资	800	定向捐赠四川灾区
香港乐腾达国际有限公司董事长蔡村	消毒用品	400	定向捐赠四川灾区
上好佳（中国）有限公司董事长施恭旗	救灾物资	100	定向捐赠四川灾区
印尼金光集团总裁黄志源	救灾物资	100	定向捐赠四川灾区
香港华达集团董事长李晓华	药品	10	定向捐赠四川灾区
合计	7510		

第十六节　港澳办赈灾活动

汶川特大地震发生后，港澳办迅速启动《涉港澳突发事件应急预案》，按照国务院抗震救灾总指挥部工作部署，收集汇总有关信息，提供政策建议和意见，协调港澳特区政府参与抗震救灾。

5月12日下午，港澳办立即与香港、澳门特区政府和有关方面联系，协调力量救助滞留在灾区的港澳同胞，及时救治了一名在都江堰受重伤的香港同胞，并帮助其返回香港；联系和安排10余个香港旅行团近400名游客安全撤离四川灾区；协调帮助香港媒体记者赴灾区采访，为他们创造安全、便捷的工作条件。同时，港澳办协调香港和澳门特区政府组织飞行服务队、医疗救援队、卫生防疫队等救援组织赶赴灾区参与抗震救灾工作；联系协助香港、澳门特区政府，中央政府驻港、驻澳联络办及有关方面，直接将捐款拨付灾区赈灾账户。香港特区行政长官曾荫权、澳门特区行政长官何厚铧分别致电港澳办，对受灾同胞表示慰问，对遇难者表示哀悼。

5月13日，全国政协副主席、港澳办主任廖晖，要求在全办开展捐款活动，港澳办广大党员干部和职工积极响应，踊跃捐款。

第十七节　民航局赈灾活动

5月12日下午，民航局立即启动应急机制，全面开展抗震救灾工作。民航局紧急协调各大航空公司，优先运输救灾物资，并紧急启用移动式陆空通信设备，以程序管制代替正常情况下的雷达管制，使受到地震影响的成都双流机场于当日夜间逐步恢复运行。当天下午，民航局下发《关于做好抗震救灾工作的紧急通知》，成立抗震救灾领导小组；晚上，下发《关于进一步做好抗震救灾工作的紧急通知》。同日，民航局公安局下发《关于做好震区机场安全保卫有关工作的通知》，要求落实值班和信息报告制度，全力做好抗震救灾工作，确保抗震救灾期间飞行安全等。民航局空管局召开运行协调视频会议，要求民航西南、西北、中南地区空中交通管理局立即启动应急保障程序，做好保障专机和救灾飞行的准备。

5月12日晚，民航局局长李家祥即率领工作组，乘坐成都双流机场开放后的第一个航班赶赴灾区，指导四川地区民航的抗震救灾工作，并随机携带17吨救灾物资。13日10时，李家祥率工作组查看民航西南地区管理局抗震救灾应急现场，要求认真领会把握中共中央、国务院的部署，牢固树立全国抗震救灾一盘棋的思想，高度重视成都双流机场的中心枢纽地位，全力协调好、保障好双流机场航空大通道的畅通；全力以赴保障好救灾物资和人员的运输工作；采取一切措施，尽快恢复航班运输正常；关心一线干部职工的冷暖，提供必要的物资保障。13日上午，民航局下发《关于确保畅通优先保障抗震救灾物资和人员航空运输工作的通知》，要求空管部门优先放行运送救灾人员和物资的航班，各航空公司尽量调配大型飞机执行地震灾区航班任务，允许往来灾区同航线上的旅客在各航空公司航班间无条件签转。18时30分，李家祥主持召开民航局抗震救灾领导小组第二次会议，会后下发了《关于加强抗震救灾关键阶段有关工作的紧急通知》，要求全行业全力保障抗震救灾人员和物资的航空运输，各航空公司要准备充足运力，优先运输救灾食品、药品和设备；抓紧建立民航机场抗震救灾“绿色通道”，对医用液态物品和专用设备，安检部门要特事特办；加紧抢修双流机场受损的空管设施设备，为空中交通管制指挥由程序管制恢复为雷达管制创造条件，尽早恢复到正常空管保障水平。同日，民航局公安局下发《关于为抗震救灾人员物资提供快速安检通行的紧急通知》，确保抗震救灾人员和物资快速通行。

5月14日中午，民航局下发通知，规定免收运送救灾人员和救灾物资飞机的航空性业务收费、地面服务费、进近指挥费和航路费。

5月16日，民航局下发通知，对救灾物资中的危险品运输作出了简化手续、严格检查、包机运输等项规定。

5月18日，民航局下发通知，要求所属各单位要坚持抗震救灾航空运输任务优先的原则，协调好民航与部队、地方及民航系统各单位之间的关系，加强与军方管制部门的沟通协调，为抗震救灾提供安全可靠的空中运输服务。

5月19日，民航局安排国航、东航、南航包机，分别从上海、武汉、北京、太原、郑州起飞，把近200吨防疫和医疗物资紧急运往灾区。

5月21日，民航局下发《关于做好利用航班运输和转运国外援助物资的紧急通知》，要求协助做好国外援助物资空中运输工作。

同时，民航局还组织大量飞机，向灾区运送人员和物资。截至6月30日，民航局共调集客、货运输机150多架，组织执行抗震救灾飞行任务1600余班，运送部队、武警、公安消防官兵及抢险、医疗等人员51098人次，运送救灾物资15447吨；改装飞机9架，专门用于向川外转运伤员，飞行99班次，向20个城市运送伤员3495人。调集直升机31架，共执行任务1006架次，向灾区运送各类救灾人员789人，从灾区接运伤员、受灾群众及其他人员2395人，运送各类物资790.2吨。民航系统各单位和广大干部职工踊跃向灾区捐款，共捐款1.29亿元；民航系统2万多名党员交纳“特殊党费”1256.89万元。

第十八节　邮政局赈灾活动

5月12日16时30分，邮政局召开紧急会议，研究抗震救灾工作。会议决定，立即启动一级应急响应，成立邮政局抗震救灾领导小组，由局长马军胜任组长，党组其他成员任副组长，负责邮政业抗震救灾的指挥协调工作。

图 19 《抗震救灾　众志成城》附捐邮票
（邮政局　提供）

5 月 13 日 10 时 45 分，邮政局向各省（区、市）邮政管理局和中国邮政集团公司发出传真电报《关于做好抗震救灾工作的通知》。

5 月 14 日，邮政局、中国邮政集团公司研究，决定特别发行《抗震救灾　众志成城》附捐邮票，并将发行收入和附捐全部捐赠地震灾区。20 日，《抗震救灾、众志成城》附捐邮票正式发行（见图 19），并在全国县级以上主要邮政网公开销售。该套邮票是新中国邮政发行的第七套向社会募捐的邮票，采用主、附票形式，画面表现了全国各族人民在严重的地震灾害面前手拉手、心连心、众志成城的坚定意志和无私奉献精神，是第二次采用主、附票形式的抗灾附捐邮票。邮票一套一枚，售价 2.2 元，其中邮票面值 1.20 元、附捐金额 1 元，发行量 1300 万套。邮票发行当日，中国邮政集团公司将发行邮票的全部邮资和附捐 2860 万元，交由民政部转赠地震灾区。

5 月 15 日起，邮政部门陆续开通寄递爱心赈灾包裹、拨打寻亲报平安电话和社会捐款汇兑服务 3 条抗震救灾“绿色通道”，打通受灾群众对外联系和社会救助的通道。中国邮政集团公司还在全国开展了免费寄递业务，对寄往地震灾区 47 个市、县的赈灾包裹和救灾捐款免收邮费。

5 月 23 日，中国邮政集团公司决定，凡个人用户到邮政营业窗口寄往四川、甘肃、陕西、重庆 47 个市、县民政局、红十字会、抗震救灾指挥办公室及慈善机构等的赈灾邮政包裹，一律免收邮费和包装用品费等相关费用。

5 月 25 日，邮政局向各省（区、市）邮政管理局发出《关于收寄发往地震灾区邮（快）件和汇款等注意事项的通知》，公告寄往灾区的邮件应注意的事项。

截至 7 月 9 日，邮政局及邮政系统共免费收寄快递爱心包裹 49740 件、混合邮件 37 件及平安书信 151784 件，免费汇款 35.2 万笔，汇款金额 2.2 亿元。群众通过邮局拨打平安电话 2112 次，成功寻亲 201 人。此外，顺丰公司等快递企业也免费收寄赈灾物品。

邮政航空共飞行 50 班次 112 个小时，运送紧急救灾物资 270 吨。快递企业帮助红十字会等组织运送救灾物资 1800 多吨，邮政企业抢运救灾物资 470 余吨。联邦快递公司（Fedex）从美国向成都灾区免费航空运送应急药品及大型净水系统集装器 250 个。敦豪公司（DHL）将香港红十字会和国际红十字会募集的救灾物资 15 吨，由香港空运至成都。顺丰速运、民航快递、中铁快运、宅急送、申通快递、圆通快递、天天快递、联合包裹（UPS）等快递企业，安排专车专人积极抢运救灾物资。

与此同时，邮政局组织全国邮政行业积极捐款捐物。上海市邮政公司退休职工、104 岁的沈世兴老人向灾区捐款 1040 元（见图 20）。

截至 7 月 10 日，全国邮政行业共捐赠资金 18214.8 万元，捐赠物资 300 多吨、帐篷 1200 余顶、棉被4000余床以及其他灾区生产生活急需物资。其中，中国邮政集团公司及所属企业、员工捐赠资金和物资折价共11560.7万元、发电机100台；快递企业及员工捐赠资金和物资折价共计5971万元；集邮市场及邮商捐赠资金159.5万元、明信片6万枚、物资折价3.6万元；全国971个邮政用品用具生产企业捐赠602.6万元。台湾“中华邮政工会”向四川地震灾区捐款100万元新台币。

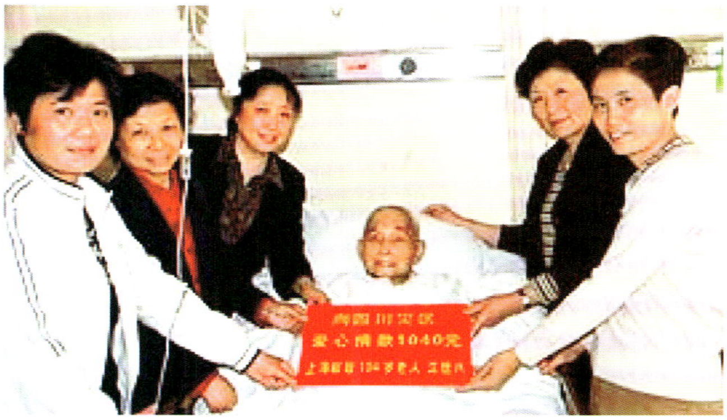

图20　上海市邮政公司退休职工、百岁老人沈世兴向汶川地震灾区捐款

（邮政局　提供）

第十九节　食品药品监管局赈灾活动

5月12日15时，食品药品监管局要求有关部门立即与四川省食品药品监督管理局取得联系，了解受灾情况；加强应急值守，密切关注灾情，做好应急准备。

5月12日，食品药品监管局召开局党组扩大会，决定成立局抗震救灾工作领导小组，启动一级应急响应，同时召开第一次领导小组会议，部署抗震救灾工作。

5月13日下午，食品药品监管局局长邵明立与四川省食品药品监督管理局取得联系，询问抗震救灾工作进展情况，了解应急药品、医疗器械供应情况和灾区食品药品监管情况。他代表食品药品监管局党组向四川省食品药品监督管理局全体职工及其家属表示亲切慰问，并希望灾区各级食品药品监管部门在当地党委、政府的统一领导下，团结一心，全力以赴，切实加强食品药品监管，确保灾区人民群众饮食用药安全。

5月14日，食品药品监管局下发通知，就加强捐赠救灾药品和医疗器械监管工作作出规定：一是鼓励和支持药品、医疗器械生产经营企业捐赠救灾药品、医疗器械，食品药品监管部门要加强协调，积极做好监管工作。二是捐赠的药品、医疗器械应为救灾所需相关产品，具体品种应符合灾区提供的需求目录。三是捐赠境内生产的药品，必须是经食品药品监管局批准生产、获得批准文号且符合质量标准的品种，有效期限距失效日期必须在6个月以上。捐赠境内生产的医疗器械应是经药品监管部门批准生产，获得医疗器械产品注册证且符合质量标准的产品，其中一次性使用无菌医疗器械的有效期限距失效日期必须在6个月以上。捐赠境外生产的药品，应为中国药品标准收载或中国已批准注册的品种，以及国际上通用药典收载、在注册国合法生产并上市且符合质量标准的品种（未经中国批准注册的生物制品除外）。捐赠境外生产的医疗器械应为已获得进口医疗器械产品注册证或已经外国政府部门批准上市且质量合格的产品。四是捐赠人对捐赠的药品、医疗器械的质量安全负责，捐赠时须向受赠人提供产品清单和检验报告。五是接受药品、医疗器械的受赠人应为灾区省级人民政府指定的受赠机构或省级以上民政部门、卫生行政管理部门、中国红十字会总会、中华慈善总会及其各省级以上分支机构。受赠人应向所在地省级药品监管部门提交受赠产品清单（包括名称、剂型、规格、数量、生产批号、有效期、生产单位、进口口岸等）；应对受赠药品、医疗器械建立质量验收制度，由所在地省级药品监管部门组织对受赠药品、医疗器械进行质量验收，必要时进行检验，合格后方可分发。受赠人应当制订分发、使用计划，建立分发记录，并指导、监督使用单位使用，以保证捐赠药品、医疗器械临床使用的安全性、有效性和可追溯性。对没有中文标识的产品，受赠人在分发时应附中文说明书。捐赠的药品、医疗器械不得销售。六是各级食品药品监管部门要切实加强救灾期间的药品安全监管工作，进一步加大对救灾和捐赠药品、医疗器械的监管力度。灾区食品药品监管部门要全面开展药品、医疗器械生产、流通、使用监管工作，严厉打击制售假劣药品、医疗器械等违法行为，对捐赠药品、医疗器械存在假冒伪劣、过期失效及其他违反《药品管理法》和《医疗器械监督管理条例》规定情形的，要依法严惩。非灾区食品药品监管部门要密切关注辖区内救灾所需药品、医疗器械的生产、流通等情况，积极做好相关工作。

5 月 15 日，食品药品监管局对抗震救灾急需医疗器械的生产和库存情况进行了统计，协助发展改革委实施调用。

5 月 19 日，食品药品监管局下发通知，就进一步做好捐赠救灾药品和医疗器械监管工作的有关事项作出规定：一是灾区省级食品药品监管部门，要在当地政府的统一指挥下，主动与相关部门密切配合，根据救援工作的需要及时调整急需药品、医疗器械目录，向社会公布。二是各级食品药品监管部门将对捐赠药品、医疗器械的具体要求，主动告知辖区内的生产经营企业以及有关单位和机构，突出强调捐赠的药品、医疗器械应是灾区所需产品，尤其是目录中紧缺产品，以免给灾区救援工作带来不必要的负担。三是各级食品药品监管部门在全面加强药品、医疗器械监管的同时，要重点加强对救灾药品、医疗器械的监督检查，确保产品安全有效。四是非灾区食品药品监管部门要积极配合灾区食品药品监管部门工作，密切关注辖区内相关药品、医疗器械的生产、流通情况，对已经检验或者确认合格的捐赠药品、医疗器械应及时通报灾区食品药品监管部门。

第二十节　其他部委赈灾活动

汶川特大地震发生后，中央国家机关各部门各单位及其直属机构，都积极响应中共中央、国务院号召，及时动员本部门、本单位及其直属机构干部职工向灾区捐赠。广大干部职工视救灾为己任，把受灾群众当亲人，热情捐赠款物。据不完全统计，截至 10 月 14 日，中央国家机关部门单位及其直属机构共捐赠 2.89 亿元。

第三章　解放军和武警部队赈灾活动

中共中央和国务院发出大力弘扬“一方有难、八方支援”的精神、共同夺取抗震救灾斗争胜利的号召后，中央军委领导高度重视，要求部队在全力以赴抗震救灾的同时，积极开展向地震灾区捐赠活动。根据解放军总政治部统一部署，解放军和武警部队迅速行动，开展了大规模的抗震救灾捐赠活动。

第一节　解放军和武警部队赈灾捐款

一　组织部署

5 月 14 日，根据中共中央、中央军委的部署，总政治部下发《关于在全军和武警部队开展向地震灾区捐赠工作的通知》。通知指出，捐赠工作主要在全军部队党员和干部中进行，不规定指标，不平均摊派。直接参加抗震救灾部队官兵、家住灾区的官兵、非党员士兵、职工和家属原则上不参加捐赠；党员士兵、院校学员、离退休干部自愿参加。捐赠以捐款为主，可适当捐赠必要的生活类物资。捐赠资金统一上缴各大单位财务部门，于 20 日前将捐款数额报总政治部。总政治部商民政部后，制订转赠计划安排，由各大单位直接送往灾区。所捐物资按照属地管理原则，转交当地民政部门，由地方政府统一组织转送灾区群众。

各大单位政治部立即行动，对所属部队捐赠工作作出具体安排。各级主要领导迅速部署、动员、组织。沈阳、兰州、成都军区和军事科学院、国防大学、国防科学技术大学等单位，利用军营广播、政工信息网等载体，向官兵发出“情系灾区人民、千里传递爱心”的倡议。北京、济南、南京、广州军区和军委办公厅等单位，对在外执行任务、学习、休假、住院的同志，采取打电话、发短信等方式，及时通知到每个人。总参谋部、总政治部、总后勤部、总装备部和海军、空军、第二炮兵、武警部队等单位，针对所属部队分散、点多线长的实际，采取分片组织、统一实施的办法，把党中央的号召和军委、总部的倡议传达到每个单位。许多部队组织官兵收看收听地震灾情的实况报道，激发官兵自觉为党分忧、为民解难的政治热情。

各大单位普遍成立捐赠领导小组或办公室。许多部队、机关、院校设立捐赠站（点），公布捐赠热线电话，安排专人昼夜值班。省军区系统和各级群工部门充分发挥职能作用，认真制定捐赠实施方案，及时召开驻军协调会，保证捐赠活动有序展开。各单位认真做好捐赠款物的接收、登记、核对、保管工作，建立专门账目，并张榜公布，做到账目清、手续全，确保捐赠款物一分不差、一件不少。

二　开展捐赠

解放军和武警部队领导带头捐赠，官兵争献爱心。中央军委机关举行捐赠活动，中央军委领导、老首长和军委办公厅的同志积极捐款，现场捐款 40 多万元。总参谋部、总政治部、总后勤部、总装备部和各大单位普遍举行捐赠仪式，主要领导组织，带头捐赠。捐赠虽然未定标准，但许多师级以上领导干部自发捐出一个月的工资。在军营的每个捐赠点，都排起长长的队伍。许多单位全员参与，个别生病住院、探亲休假和在外出差的官兵，打电话委托亲属或同事代为捐赠；部分已确定转业的人员，纷纷赶回部队参加捐赠；一些 2007 年年底入伍的战士，主动捐出当月津贴；一些家庭受灾官兵，主动捐出救济金。军队文艺战线的许多知名艺术家，争先参加各种赈灾义演，慷慨解囊，踊跃捐赠。奋战在抗震救灾一线的 4 万多名官兵就地捐赠资金 300 多万元（见图 21）。不少老红军、老八路拄着拐杖、坐着轮椅，在子女和工作人员的陪同下，亲自将捐款送到捐赠点。战争年代多次负伤的二等伤残离休干部、南海舰队原政委王昕将全年 9600 元

图 21　抗震救灾一线官兵自发为灾区群众捐款

（总政治部　提供）

抚恤金全部捐出。兰州军区离休人员文景山在两个女儿下岗待业的情况下，先后 3 次共捐款 2 万元。老红军、济南军区原副司令员范朝利重病卧床，委托家人捐赠 1.5 万元。上海警备区第五干休所离休人员苏舵在美国探亲，特地打电话委托干休所代捐 1 万元。曾在汶川、茂县等地战斗过的济南军区离休人员范学忠，平时生活十分简朴，得知救灾捐赠信息后，立即捐赠 1 万元和 20 件衣物。总装备部某部退休人员常梦雄向红十字会捐赠 1 万元后，又参加单位捐款。一些部队合同制工作人员和临时聘用人员纷纷捐款，部队幼儿园的孩子们也捐出自己的零花钱。

截至 5 月 23 日，解放军和武警部队向地震灾区捐赠资金 4.27 亿余元（见表 10）、衣被 2.1 万件（套）。部队官兵所捐衣物，均送交地方民政部门转赠灾区；所捐资金由总政治部商民政部制订转赠计划，各大单位直接送往灾区。

解放军和武警部队向地震灾区捐赠情况统计表

表 10　　（截至 5 月 23 日）　　单位：万元

单　位	捐款总数	转赠地区
总参谋部	2000.00	成　都
总政治部	580.00	成　都
总后勤部	2573.73	德　阳
总装备部	2451.06	绵　阳
海　军	6019.00	绵竹、绵阳、阿坝
空　军	5252.78	什邡、阿坝、陇南
第二炮兵	1724.29	绵阳、汉中、宝鸡
沈阳军区	1077.99	成　都
北京军区	2471.36	雅　安
兰州军区	2665.58	甘肃、陕西地震灾区
济南军区	1000.00	彭　州
南京军区	4000.00	广元、陇南
广州军区	2230.37	梁平、陇南、四川地震灾区
成都军区	2358.76	四川地震灾区
军事科学院	110.00	德　阳
国防大学	500.00	陇　南
国防科学技术大学	328.00	德　阳
武警部队	5387.64	四川、甘肃、陕西地震灾区
军委办公厅	47.60	成　都
总　计	42778.16	

根据抗震救灾和群众需要，总政治部组织驻京部队出版社开展向灾区赠书活动。截至 5 月 24 日，共捐赠价值 1100 多万元的优秀图书。这批图书包括灾后防病、食品安全、心理卫生、中小学教辅和文艺类图书，主要帮助灾区群众抚慰心理创伤、丰富精神生活，并支持灾区群众恢复生产、重建家园和灾区中小学生复学复课。

解放军出版社向地震灾区小学捐赠价值110万元的图书，援建“母亲爱心书屋”并捐赠价值25万元的图书；给抗震救灾一线官兵赠送价值270多万元的书刊。长征出版社和长城出版社向地震灾区捐赠“中小学教辅系列图书”“救灾减灾图书”等适合灾区群众阅读的书籍。长征出版社捐赠价值22.4万元的《男孩女孩成长系列》《快乐作文辅导系列》等图书16925册。长城出版社捐赠价值142.876万元的《光荣》《士兵笔记》等15种优秀图书、15750本画册，给灾区群众和救灾官兵以精神和智力支持。5天时间内，出版单位捐赠灾区的图书，全部发到成都、雅安、阿坝、绵阳和都江堰等灾区。

一些部队还主动配合中共地方组织和地方人民政府，做好捐赠物品的装卸、运输工作。武警天津市总队、黑龙江省总队、山东省总队和武警某部等单位，出动官兵2200多人、车辆100多台次，帮助运送、装卸物资2000多吨。许多奋战在抗震救灾一线的部队还结合灾区实际，开展多种形式的帮扶活动，主动为受灾群众送矿泉水、衣被、米面、粮油等生活必需品，组织医务人员送医送药，解决群众的燃眉之急。

三 交纳“特殊党费”和“特殊团费”

5月19日，总政治部及时转发中组部通知，对做好解放军和武警部队党员交纳抗震救灾“特殊党费”工作做出部署。兰州军区当晚下发组织党员交纳“特殊党费”活动的通知。总政治部、国防大学和广州军区等单位组织本级领导机关举行交纳“特殊党费”仪式。

中央军委、总参谋部、总政治部、总后勤部、总装备部领导和各大单位主官率先垂范，每人交纳“特殊党费”1万元以上。军以上领导干部交纳1万元以上的共539人，团以上领导干部普遍把一个月的工资交纳“特殊党费”。工程院院士、总后勤部军需物资油料部原副部长周国泰，交纳“特殊党费”10万元。正在南沙执行守礁任务的海军某部军官刘堂，把3个月的守礁工资29991元全部交纳“特殊党费”。据统计，解放军和武警部队20多万名团以上军官共交纳“特殊党费”5.3亿多元。总政治部话剧团演员刘劲家在阿坝，亲人罹难。他在出国考察回国当天就交纳“特殊党费”10.3万元，成为军队交纳“特殊党费”最多的党员之一。北京军区军械汽车技工训练大队教导员卢自明，将个人获得的“全军优秀参谋人才”奖金1万元作为“特殊党费”捐给灾区。空军某部士官轩世星，把入伍以来积攒的2万元工资和津贴，全部交纳“特殊党费”。一些在外地执行任务、探亲休假、外出学习的党员，也都专门委托同事或家人代为交纳。总参谋部、北京军区、成都军区等单位在国外执行维和任务的党员，通过越洋电话委托他人交纳“特殊党费”。“海空卫士”王伟的妻子阮国琴、中央电视台“2007年度感动中国人物”第二炮兵某旅孟祥斌的妻子叶庆华，分别以烈士的名义向其生前所在部队中共组织交纳2090元和2000元“特殊党费”。一部分确定转业复员的党员得知消息后，专程返回部队交纳“特殊党费”。武警部队湘潭市支队退伍战士马红兵，回中队交纳1万元。家在北川的总参谋部机关党员干部樊海军，将一个月的工资和单位发的1000元慰问金全部交纳“特殊党费”。总后勤部120名“火线入党”的新党员，在组织集体宣誓的同时，庄严地向党组织交纳“特殊党费”。

许多离退休党员积极主动交纳“特殊党费”。军事科学院80岁高龄的离休人员于若平坐着轮椅交纳8000元“特殊党费”。刘伯承元帅遗孀汪荣华于5月27日去世，其子女按照母亲的遗愿，交纳“特殊党费”14.8万元。江苏省南通军分区离休人员朱大玉的遗孀，交纳“特殊党费”1万元后动情地说：“老朱临终前交代，合适的时候帮他再交最后一次党费。现在四川地震灾情这么严重，应是了却他遗愿的时候了”。

解放军和武警部队从将军到士兵，从现役官兵到离退休人员，从救灾一线到全军各部队，积极踊跃交纳“特殊党费”。截至6月5日，共交纳“特殊党费”10.03亿元，其中交纳1000元以上的425108名、交纳1万元以上的754名。

地震发生后，解放军和武警部队广大共青团员心系灾区，纷纷自愿交纳“特殊团费”。（参见图22）“特殊团费”由各级组织部门会同财务部门，逐级上缴总政治部“特殊团费”账户。总政治部组织部按照共青团中央通知要求，将共青团员自愿交纳的“特殊团费”630万元集中转交给共青团中央。

图22　解放军某部开展“交特殊团费，献特别爱心”主题团日活动，向灾区献爱心
（总政治部　提供）

四　组织募捐义演

根据中共中央的统一部署，5月18日晚，驻京部队艺术家和文艺工作者近300人参加由中宣部、中央外宣办、文化部、广电总局和总政治部等9家单位联合主办的大型赈灾募捐义演活动。代表军队的89名艺术家和优秀文艺工作者捐赠790.16万元，八一电影制片厂捐赠100万元，参加活动的军队单位和个人共计捐赠890.16万元。军队文艺工作者积极参与，热情高涨。他们中间既有阎肃、田华、王晓棠、李铎、张道兴、马玉涛、陶玉玲等老一代艺术家，也有彭丽媛、阎维文、宋祖英、黄宏、刘大为、郭达、刘斌、戴玉强、李幼斌、宋春丽等中青年艺术家，还有谭晶、王宏伟、侯勇、吴娜、张海庆等青年演员。另有40多名军队文艺工作者应邀参加了中国文联各协会的捐助团队。许多军队艺术家主动请缨，有的放弃赴外地演出机会，有的不顾年高体

弱，有的带病坚持上场。总政歌舞团演员黄宏，参加中宣部组团在国外考察，主动请求提前回国。空政文工团演员牛莉抱病坚持参加排练演出。许多老艺术家以身作则当表率，准时到场，认真排练。在募捐义演中，军队文艺工作者表演了大合唱《祖国在召唤》、领唱与合唱《永远是人民子弟兵》。中国人民解放军合唱团和解放军艺术学院合唱团也参加了多个节目的表演。

第二节　解放军和武警部队转赠捐款

总政治部经与民政部协商，于5月25日下发通知，对解放军和武警部队转赠捐款工作做出部署。通知强调，要遵循突出重点、兼顾平衡的原则转赠捐款，重点支援四川、甘肃、陕西、重庆等省（市）10个市（州）的36个县（市、区）中地震灾情最重的县（市、区），主要用于帮助群众解决生产生活困难和灾后重建工作等。

6月12日，各大单位派出24个精干转赠小组，将解放军和武警部队官兵捐款送到四川、重庆、甘肃、陕西等地震重灾区。相关省军区积极协调捐赠单位、当地政府和民政部门，制定转赠方案。转赠活动一切从简，不给地方增添负担。当地新闻媒体适当宣传报道，《解放军报》和解放军电视宣传中心对转赠情况统一播发消息。

成都军区、济南军区、海军、空军、第二炮兵，按照参加抗震救灾的责任区确定捐赠地点。成都军区转赠青川县1358万元，济南军区转赠彭州市1000万元，海军转赠绵竹市2000万元、绵阳市2000万元、阿坝藏族羌族自治州1925万元，空军转赠什邡市1320万元、阿坝藏族羌族自治州2000万元，第二炮兵转赠绵阳市500万元。兰州军区捐赠的2662万元，转赠甘肃、陕西两省地震灾区。其他大单位的捐赠资金，采取定点转赠方式，总参谋部、总政治部、军委办公厅和沈阳军区转赠成都市3705万元，总后勤部、军事科学院、国防科学技术大学转赠德阳市3011万元，总装备部转赠绵阳市2451万元，第二炮兵转赠汉中市800万元、宝鸡市424万元，国防大学转赠陇南市500万元，北京军区转赠雅安市2471万元，南京军区转赠广元市2000万元、陇南市2000万元，广州军区转赠梁平县1020万元、陇南市500万元，武警部队转赠阿坝藏族羌族自治州2194万元。

各大单位从灾区实际出发，从简组织。成都军区、济南军区、海军、空军等单位，委托正在一线组织部队抗震救灾的领导代为转赠。对口转赠德阳市的总后勤部、军事科学院和国防科学技术大学，转赠陇南市的南京军区、广州军区和国防大学，主动沟通、统一行动、一同捐赠。总参谋部、总政治部和沈阳军区、北京军区、兰州军区等单位，把转赠仪式变成实地调研，详细了解转赠地区灾情，同中共地方组织、地方人民政府一起研究商讨灾后重建事宜。总装备部、第二炮兵、武警部队等单位还结合转赠活动，组织抗震救灾部队开展系列爱民助民活动。

第四篇

民主党派、人民团体及宗教界赈灾活动

汶川特大地震发生后，各民主党派、人民团体与宗教界，充分发挥各自的组织优势，积极履行社会职能，组织成员单位以各种形式为灾区捐款捐物，提供志愿服务。

中国国民党革命委员会、中国民主同盟、中国民主建国会、中国民主促进会、中国农工民主党、中国致公党、九三学社、台湾民主自治同盟等民主党派和中华全国工商业联合会，发扬肝胆相照、荣辱与共的优良传统，组织本系统单位和个人，采取多种方式，向灾区人民奉献爱心。

全国总工会、共青团中央、全国妇联、全国侨联、中国残联，立足本职，发挥优势，募集款物，开展志愿服务，在抗震救灾中发挥了重要作用。

佛教、道教、伊斯兰教、天主教、基督教界立即行动，纷纷为灾区捐款捐物，并以多种方式纪念亡者、祝福生者，在抗震救灾中展现出了“和而不同”之爱。

第一章　民主党派与工商联赈灾活动

第一节　中国国民党革命委员会赈灾活动

一　中国国民党革命委员会中央组织捐赠

5 月 12 日下午，全国人大常委会副委员长、民革中央主席周铁农致电民革中央副主席、民革四川省委会主委钮小明询问地震情况，表示慰问。13 日上午，周铁农和常务副主席厉无畏，委托民革中央办公厅致电民革四川省委会主委，向四川省全体民革党员表示慰问，指示民革四川省委会要按照中共四川省委和省政府统一部署，全力配合做好抗震救灾工作。14 日，民革中央办公厅向民革各省（区、市）委会办公室发出《关于及时报送民革地方组织抗震救灾捐款捐物信息的通知》。16 日，民革中央向各省（区、市）委会、中央各工作部门发出《关于以实际行动支援地震灾区的通知》，要求各级组织和民革党员迅速行动，采取多种形式支援灾区人民。

5 月 13 日，民革中央组织为地震灾区捐款活动，募集资金 20 万元。27 日，民革中央画院与北京中山书画社联合举办“伸出博爱之手——抗震救灾民革在行动”公益笔会，50 位书画家参加笔会，笔会收到捐赠作品 54 幅，现场创作书画作品 79 幅，募集资金 327 万元，连同义卖书画作品所得 1.9 万元，用于支援灾区学校建设（见图 23）。6 月 4 日，钮小明率领由民革四川省委会副主委、秘书长、民革省委机关干部及省直支部民革党员 18 人组成的博爱行动小分队，携带价值 7.2 万余元的物资，赶赴绵竹慰问救灾官兵和受灾学生。7 月 4 日，民革中央

图 23　5 月 27 日，民革中央画院与北京中山书画社联合举办“伸出博爱之手——抗震救灾民革在行动”公益笔会

（民革中央　提供）

机关发起第二次为灾区人民伸援手、献爱心的捐款活动，民革中央机关干部及离退休干部、团结报社职工、团结出版社职工共捐赠 10 万余元，捐款统一汇缴至民革四川省委会专户，用于灾后重建项目。

5 月 22 日，民革中央向民革各省（区、市）委会、中央各工作部门下发《关于认真学习胡锦涛 5 月 17 日重要讲话，积极参与新阶段抗震救灾工作的通知》，要求民革系统各部门积极行动起来，继续开展捐助活动，向灾区人民送温暖、献爱心，支援灾区抗震救灾。通知强调，在组织捐助活动时，要注意工作有序、账目清楚。

6 月 3 日上午，民革中央召开机关全体工作人员大会，周铁农进一步动员民革党员和群众，继续开展向灾区群众“伸援手、献爱心、送温暖”活动，做好为灾区捐款捐物工作。6 日，民革中央办公厅向各省（区、市）委会发出《关于进一步以实际行动支援地震灾区的通知》。

民革各级组织和党员，纷纷捐款捐物，支援灾区。参加捐款的民革党员年龄最大的 99 岁，捐款最多的达 800 多万元。许多民革机关干部主动提出交纳“特殊党费”，用于支援抗震救灾。民革企业家慷慨解囊，以企业和个人名义多次为灾区捐款。

二　地方各级民革组织和民革党员捐赠

北京市民革各级组织和民革党员捐赠 2284 万元。民革党员、企业家穆麒茹捐赠 800 万元，陈丽华捐赠 420 万元和价值 150 万元的被子、毛毯等物资；民革党员、荣丰房地产公司董事长王征捐赠 100 万元；民革党员、北京天勤信通科技有限公司股东张仲韬，代表公司向成都抗震救灾指挥中心捐赠价值 100 余万元的水星网络（Mercury）综合语音通信调度指挥系统。民革北京市委协同北京非常空间物业管理有限公司，6 月底赴四川灾区开展“献爱心、送岗位”活动，在民革四川省委会、德阳市委会的协助下，在什邡市洛水、马井等 14 个镇（街道）挑选出 28 名应聘者。在对应聘者进行两周岗前培训后，于 7 月 1 日安排他们到北京就业。

天津市民革各级组织和民革党员共捐赠资金和物资折价 618 万元。其中，民革党员付玉成组织企业职员捐赠 240.38 万元，张健捐赠 55 万元，于维陆捐赠了价值 122 万元的医疗器械。民革天津市委会联系海外人士，捐赠了价值 30 万美元的 1.8 万顶帐篷发往灾区。

河北省民革各级组织为四川地震灾区捐赠 249.38 万元，捐赠物资折价 19.2 万元。

民革山西省委会 5 月 19 日统计，各级组织和党员捐款 65.44 万元，捐赠物资折价 3 万元。内蒙古自治区民革各级组织和民革党员积极为灾区献爱心，先后捐赠 81 万余元。

辽宁省民革各级组织及民革党员共捐赠 485.66 万元，还捐赠了价值 131.62 万元的书画作品。全国政协委员、民革辽宁省委会原副主委、书画家宋雨桂捐赠了《红运图》并参加义卖，将拍卖所得 33 万元全部支援灾区。民革党员、鞍山市烹饪协会副会长、鞍山市香府海鲜大酒店总经理段会良，组织发起鞍山市餐饮行业向四川地震灾区献爱心捐款活动，市民革企业家共捐赠 33 万余元，转交市慈善总会。

吉林省民革各级组织和民革党员通过多种形式支援灾区，捐赠资金 211.57 万元、字画 32 幅。

黑龙江省民革各级组织和民革党员捐赠资金和物资折价 324.21 万元。

上海市民革各基层组织和党员通过各种渠道捐赠 305 万元。民革上海市委会民办教育咨询中心副主任、新纪元教育集团董事长陈伟志发动集团所属的 4 所学校的师生员工为灾区捐赠资金 110 多万元，并向灾区儿童捐赠价值 20 万元的图书。集团捐赠 200 万元，为广元市 20 名地震孤儿学习提供免费食宿，直至他们高中毕业。

江苏省民革各级组织和民革党员捐赠资金和物资折价共 694 万元。民革江苏省委会委员、江苏南极星科技有限公司董事长胡毓晓捐赠 10 万元，捐赠物资折价 100 万元。民革江苏省委会委员、民革南京市委会常委杨林购买了价值 80 余万元的帐篷、医用口罩、毛毯、棉被和其他生活用品，送抵绵阳市抗震救灾指挥部。民革江苏省委会委员、江苏通灵翠钻有限公司总经理沈东军动员公司员工捐赠 100 万元。江苏省政协委员、民革省委会常委、企业家孙达华捐赠 120 万元后，又于 5 月 21 日向四川地震灾区捐赠大米 200 吨。

浙江省民革各级组织和民革党员捐赠 983.26 万元，捐赠物资折价 686.59 万元。民革党员、杭州建人专修学院董事长桑坚信，为四川灾区在杭务工人员子女扩招一个班，免除在班里学习的灾区小学生 1 ～ 6 年级学杂费、书费、住宿费等费用，计划每年义务支出近 50 万元。

安徽省民革各级组织和民革党员捐赠资金和物资折价 240 多万元。

福建省民革各级组织和民革党员捐赠资金和物资折价 247.2 万元。

江西省民革各级组织和民革党员通过各种途径，以各种方式为灾区捐赠资金和物资折价共 920 余万元。江西大宇学院董事长章跃进邀请灾区 72 名师生到南昌参加“心连心夏令营”活动。7 月 12 日，北川中学—南昌五中 2008 心连心夏令营开始，大宇学院对报到的四川籍新生每人减免学杂费 1000 元，重灾地区学生学杂费全免，减免费用达 100 万元。

山东省民革各级组织和民革党员共捐赠资金和物资折价 310.05 万元，交纳“特殊会费”31.22 万元，11 人赴四川抗震救灾。山东德州汽车摩托车专修学院院长魏庆荣捐赠 100 万元，资助北川羌族自治县职业高级中学 111 名学生和 8 名教师到德州汽车摩托车专修学院复课，学院除给每位学生免除在校两年的学费、书本费、住宿费 7200 元外，还给每人每月发放生活费 300 元。

河南省民革各级组织和民革党员向灾区捐赠 225.2 万元、书画作品 120 幅。

湖北省民革各级组织和民革党员向灾区捐赠资金物资折价 100 余万元。

湖南省民革各级组织和民革党员捐赠 104 万余元。

广东省民革各级组织和民革党员捐赠资金和物资折价共 600 万元。

广西壮族自治区民革各级组织和民革党员共捐赠 80.34 万元，还捐赠了价值 2500 万元的药品和食品 10 吨。柳州市民革党员、企业家赵卫民捐赠 20 多万元，他组织的“‘心与心相连’柳州市援助四川地震灾区募捐晚会”，筹集资金 2077 万元。

海南省民革各级组织和民革党员为灾区捐赠资金 187 万余元、药品折价 20 万元。全国劳模、民革保亭支部主委程天富在自己经营的海南槟榔园景区，安置了一批北川灾区群众就业。

重庆市民革各级组织和民革党员捐赠资金 430 余万元、物资折价 35.7 万元。

四川省民革各级组织和民革党员捐赠资金和物资折价 5745.6 万元，为灾区献血 280 人次。成都市棒棒娃实业有限公司董事长兼总经理、民革成都市委会社会服务工作委员会副主任李涌，捐赠总价值 40 余万元的牛肉干 1 万余袋，于 5 月 14 日空投至绵竹、汶川等地震灾区。民革党员、四川万达公司总经理韩志超捐赠价值 60 万元的“四海春”酒，送抵灾区慰问救援的解放军和武警部队官兵。民革党员、厦门证券成都营业部经理苗武赴汉源、什邡、北川、青川等地，为受灾群众捐赠总价值 120 万元的帐篷 1500 顶。民革党员、企业家王华军捐赠资金和物资折价 130 万元。

贵州省民革各级组织捐赠资金 234 万元、物资折价 226 万元。5 月 13—17 日，民革党员、贵州吉仁药业董事长戴吉洪组织全厂员工加班生产了价值 106 万元的急需药品，于次日运抵四川地震灾区。20 日上午，安顺民革党员、97 岁的刘可里拄着拐杖到捐赠点捐赠 1.2 万元。

云南省民革各级组织和民革党员捐赠资金和物资折价共 733 万余元。

陕西省民革各级组织和民革党员通过各种形式募集资金和物资折价共 245.46 万元。

甘肃省民革党员通过各种途径向地震灾区捐赠资金和物资折价 91 万元。5 月 16 日，民革甘肃省委会与省妇联联合举办“一方有难、八方支援，抗震救灾、字画义拍”活动，拍卖所得善款 10 万元转交给甘肃妇女儿童发展基金会，用于陇南地震灾区灾后重建。

青海省民革各级组织和民革党员捐赠 6.18 万元。宁夏回族自治区民革各级组织和民革党员捐赠 45.99 万元。新疆维吾尔自治区民革各级组织和民革党员捐赠 11.13 万元。

第二节　中国民主同盟赈灾活动

一　中国民主同盟中央组织捐赠

5月12日，全国人大常委会副委员长、民盟中央主席蒋树声和全国政协副主席、民盟中央第一副主席张梅颖通过电话向四川民盟组织和盟员表示慰问，表示民盟中央将根据民盟四川省委会的请示迅速积极地提供支持，并部署了盟中央及全盟的抗震救灾工作。

5月14日，民盟中央向全体盟员发出倡议书，号召全体盟员积极行动起来，尽力而为，踊跃捐款，向灾区提供力所能及的帮助。19日，民盟中央再次发出倡议，号召全体盟员伸出援手，集全盟之力，发挥民盟的优势和特色，支援灾区恢复重建，并公布了赈灾募捐的银行账号和联系方式。

5月21日，民盟中央下发《认真学习胡锦涛同志在抗震救灾工作会议上的讲话精神，切实为夺取抗震救灾灾后重建工作胜利贡献力量》的通知，号召民盟各级组织和广大盟员，各尽所能，出资出力，建言献策，积极投入到抗震救灾和灾后重建工作中去。27日，民盟中央成立抗震救灾重建家园领导小组，全国人大常委会副委员长、民盟中央主席蒋树声任组长，第一副主席张梅颖、常务副主席张宝文任副组长，副主席吴正德、李重庵、索丽生为成员。领导小组下设办公室，办公室下设联络组、项目组、宣传组、捐款管理组。联络组负责组织发动盟员捐款，了解灾区学校、医疗机构损失情况及盟员受灾情况。

5月13日，民盟中央捐赠12万元支援灾区建设。14日上午，民盟中央机关动员全体干部职工为地震灾区踊跃捐款，奉献爱心，帮助灾区人民渡过难关（见图24）。民盟中央领导率先捐款，原民盟中央主席丁石孙，原民盟中央副主席冯之浚、俞泽猷、吴修平委托他人代为捐款。民盟中央机关、群言杂志社、群言出版社和机关服务中心的全体干部、职工纷纷解囊。机关离退休人员也以不同方式奉献爱心。截至11月，全体盟员和民盟各级委员会机关干部共捐赠资金和物资折价逾2亿元。民盟中央专门账户共接收捐赠资金1706万元，资金用于民盟参加灾后教育恢复和灾区学校的重建。

图24　5月14日，民盟中央机关干部向地震灾区捐款现场

（民盟中央　提供）

二 地方各级民盟组织和民盟盟员捐赠

地方各级民盟组织和广大盟员纷纷捐款捐物，以各种形式支援地震灾区。

全国政协委员、民盟中央常委、民盟中央教育委员会副主任、新东方教育科技集团董事长兼总裁俞敏洪得知地震灾害发生后，招募新东方教师志愿者赴灾区协助教育部门恢复教学工作，组织集团7000多名教职员工为灾区捐款，俞敏洪带头捐赠800万元。5月15日，新东方集团通过民盟中央再次捐赠500万元，用于灾区学校重建和恢复教学工作。新东方集团先后共向灾区捐赠资金和物资折价2000多万元。北京友成企业家扶贫基金会通过民盟中央、民盟北京市委会与民盟四川省委会取得联系，筹集了价值500多万元的物资运往灾区。当晚，他们又将首批价值30多万元的灾区紧缺药物运抵绵竹灾区。18日，在国外出席会议的民盟盟员范曾得知汶川地震消息后，当即赶回北京，在中央电视台举行的“爱的奉献”抗震救灾大型募捐活动中捐赠1000万元。97岁高龄的盟员季羡林身在病房，却一直关注四川灾区的情况，以个人名义捐赠20万元，用于资助损毁学校的重建。

辽宁省朝阳市盟员王刚捐赠一批价值490万元的日记本；6月17日，民盟中央将他捐赠的日记本转赠四川灾区儿童。

民盟盟员、原黑龙江省政协常委、92岁高龄的哈尔滨工业大学土木学院退休教授李德滋委派自己的孙女到土木学院，向四川地震灾区捐款2万元。

民盟盟员、上海复星集团董事长郭广昌和关联企业向灾区联合捐款1440万元。上海致达科技（集团）股份有限公司董事长严健军代表企业捐款100万元。民盟盟员、上海建桥（集团）有限公司董事长周星增以公司名义捐款100万元。民盟盟员、华夏大众公交客运公司吴云仙捐款50万元。民盟盟员汪观清在上海市抗震救灾名家书画义拍活动中，将自己创作和收藏作品所拍得的143万元善款通过慈善机构捐给地震灾区。

民盟江苏省委会副主委、江苏演艺集团总经理顾欣率领员工举办“众志成城、情系灾区”大型义演，共募集捐款41.8万元援助灾区抗震救灾。

民盟浙江省上虞市总支和天外天伞业有限公司向上虞市对口支援的青川县捐赠4068顶救灾帐篷，并派出4名技术员随车押送，到灾区后指导受灾群众安装帐篷。民盟教育委员会委员、浙江慈溪育才学校董事长沈宏邦得知四川、甘肃、陕西等地遭受严重地震灾害后，赶到学校捐赠7.9万元，并交“特别盟费”10万元，用于民盟组织援建灾区学校。5月19日，沈宏邦通过民盟中央再次捐赠100万元。

5月27日，民盟盟员、安徽水井王子酒业有限公司董事长兼总经理徐莉，参加中国扶贫协会举办的赈灾义演，现场捐赠11万元，并表示愿领养孤儿50名。

民盟盟员、厦门源昌集团有限公司董事长侯昌财捐款50万元，并发动源昌集团全体员工为灾区人民募集善款13万元。

民盟山东省菏泽市委会联合致公党菏泽市委会，依托盟员毛爱英创办的菏泽理工中专，免费收录200名四川灾区学生。民盟青岛李沧区工委副主委、山东国运集团有限公司董事长姜丰寿心系灾区，先后向红十字会等协会组织捐款44万元。5月14日，民盟临沂市委会副主委孟凡明、左志文带领近20名盟员到临沂市血站，为灾区群众献血近5000毫升。

5月15日23时，民盟盟员、河南省洛阳平乐正骨学校郭芫沅带领学校医疗队，携带价值5万余元的药品和医疗器械赶赴地震灾区，于16日下午抵达绵阳市游仙区，将物资转交当地红十字会。17日，医疗队在北川灾区协助当地医疗卫生工作者从事救护、防疫工作，以平乐正骨法服务受伤群众。他们紧急筹集中药原料，用祖传秘方熬制成药剂3000余袋，交当地红十字会发给一线救援官兵，用于提高身体抵抗力。民盟河南省黄河设计公司组成3个工作组，紧急调配6辆越野车，随车携带帐篷、应急灯等近50种物品、药品赶赴四川灾区救助。

民盟湖北省委会常委赵作斌向灾区捐赠价值100万元的药品，价值50万元的棉被、帐篷，并捐赠10万元。民盟潜江市支部主委陈勇个人捐款35万元。93岁高龄的民盟老盟员、著名油菜遗传育种学家、华中农业大学教授刘后利，因病每天需吸氧12小时，他带着氧气袋将2万元存折交至校植物科技学院负责接收捐款的人员手中。

广东民盟盟员万捷捐款165万元，张家同捐款42万元，赖坤洪捐款30万元，李林楷广东榕泰实业股份有限公司捐款220万元；民盟中山市委会主委马志刚筹集资金100万元。

5月12日下午，重庆德庄集团董事长、盟员李德建组织德庄集团员工献血；14日清早，李德建随德庄志愿者队伍一起赶赴都江堰救灾现场，为救灾人员做饭送饭。随后，他以重庆市火锅协会副会长名义向重庆市火锅协会和餐饮商会提议，号召所有的重庆餐饮人参与到抗震救灾的“粥棚”行动中。李德建被重庆市火锅协会任命为重庆餐饮服务团团长，负责组织重庆餐饮企业共同开展赈灾行动。15日，以重庆市商业委员会为主体，重庆各大餐饮企业共同参与的重庆粥棚志愿者服务队迅速成立。在李德建的带动下，德庄在灾区搭起了第一个粥棚，为灾区群众做饭充饥。李德建率领团队顶烈日、冒余震，为群众做饭送饭，自己每天只吃一顿饭，休息四五个小时。随后，成都、北京乃至全国的餐饮企业都积极参与，在灾区建立大量粥棚，解决了众多受灾群众的吃饭问题。后李德建被重庆市委、市政府授予“重庆市抗震救灾先进个人”荣誉称号，被重庆市工商联、重庆市工商联餐饮商会表彰为重庆市餐饮行业抗震救灾“粥棚行动”先进个人。民盟盟员、重庆西山科技有限公司董事长郭毅军向德阳灾区先后捐赠总价值达78万多元的5台DK手术动力装置。

民盟盟员、四川利尔药品有限公司总经理骆俊清捐赠价值300万元的药品。民盟盟员、四川恒泽动力有限公司董事长兼总经理陈志忠为灾区捐款100万元。民盟盟员、四川省政协委员、四川园丁房地产开发有限公司董事长熊方军捐款100万元。

民盟盟员、陕西省大荔县燎原职业技术学校校长孙存堂免费接收50名四川灾区初中毕业生到该校接受短期技能培训。

民盟盟员、甘肃兰泰环境保护有限公司董事长林禾杰向灾区捐赠2万袋总价值20万元的“净水宝”产品。民盟盟员、青海纵横文化有限发展公司董事长马金祁和美国“纽斯顿”三重奏音乐家在长沙、西宁举办6场大型义演募捐活动，将所得善款全部交由红十字会转交给灾区。

第三节　中国民主建国会赈灾活动

一　中国民主建国会中央组织捐赠

5 月 12 日汶川地震发生后，正在浙江调研的全国人大常委会副委员长、民建中央主席陈昌智，立即委托第一副主席张榕明安排部署救灾工作，对民建四川省各级组织乃至民建全国各省级组织开展抗震救灾工作提出明确要求。

5 月 13 日，民建中央向四川灾区发出慰问信，通过民建四川省委会向地震灾区遇难者家属和受灾群众以及受灾地区民建会员表示慰问，要求民建四川省各级组织高度重视，把保护人民生命财产安全放在第一位，在中共四川省委、省政府的领导下，组织会员全力投身到抗震救灾工作中，同时动员广大会员积极捐款捐物，帮助灾区人民克服困难，战胜灾害。当日，民建中央向全国民建省级组织发出《关于做好抗震救灾及捐款捐物工作的通知》。22 日，民建中央向民建各省（区、市）委会发出《关于贯彻落实胡锦涛总书记讲话精神，进一步开展灾区救援工作的通知》。23 日下午，张榕明到中华思源工程扶贫基金会看望工作人员时强调，基金会要做好捐赠款物使用的公布工作，接受社会监督；要在新闻媒体和民建中央、基金会网站上公布所有捐款企业和个人名单、捐赠款物来源和捐款使用情况，保证把每一分钱、每一件物资都送到灾区人民手中；要尽快做好民建在四川捐建希望小学的选址工作，帮助受灾儿童尽快重返校园。26 日，民建中央召开全体机关干部会议，常务副主席马培华主持会议。陈昌智在会上动员广大会员特别是企业家会员积极捐款捐物；要求把抗震救灾、恢复生产、重建家园作为今后一个时期参政议政的重要内容来抓，发挥本会特点和优势，有针对性、有重点地开展参政议政活动，积极提出科学、合理的意见和建议，举全会之力，服务灾区重建。

5 月 13 日，民建中央组织开展募捐活动，机关干部职工积极向地震灾区捐款。正在国外访问的民建中央原主席成思危得知灾情后，连夜打电话表示慰问并捐款。105 岁的民建中央原顾问王艮仲捐出两个月的离休金 1.6 万元，并向民建中央发函表达心声，为灾区人民祈福。民建中央主席、副主席、机关干部、民主与建设出版社和中国风险投资公司的职工及会内老会员，半天内捐款 6.54 万元。同日，民建中央副主席辜胜阻在中央统战部出席“统一战线与灾区人民心连心”捐款仪式，代表民建中央机关和机关全体同志向灾区捐赠 16.5 万元。10 月 14 日，民建中央机关开展向汶川地震灾区捐赠御寒衣被活动，共募捐衣物 293 件、棉被 152 床。

抗震救灾期间，副主席张少琴带领社会服务部，积极协调推动各省级组织和会员开展救灾捐赠活动，协调中华思源工程扶贫基金会开展募集资金和公益宣传工作。

5 月 24 日，民建中央委员、中华职业教育社副理事长马国湘向灾区捐赠隔热保温、抗风抗震的彩钢板活动房 7000 平方米，援建安县 4 所“板房学校”。房子建成后，他们在房上树立“民建就是你们的家”的旗帜。由新浪网创始人、民建中央委员汪延策划，由新浪网与中华思源工程扶贫基金会联合发起，呼吁所有爱心企业、社会组织和热心公众，积极关注和支持地震灾区校园重建活动。14日，基金会募集到第一笔捐赠资金200万元和部分救灾物资后，汪延带领人员奔赴受灾地区，落实了在北川援建一所小学的计划。

二　地方各级民建组织和民建会员捐赠

全国各省（区、市）民建组织积极开展抗震救灾工作，紧急动员会员参与地方政府、所在单位和民建的捐助活动，为抗震救灾捐款捐物，帮助灾区渡过难关，重建家园。

民建北京市委会全力开展抗震救灾捐赠活动。5月13日，民建会员郝文书捐赠100万元，民建会员杨劲捐赠130万元，民建会员甘连舫捐赠120万元。民建北京市西城区工委、宣武工委、丰台工委等基层组织捐款都在百万元以上。截至8月6日，民建北京会员捐赠资金和物资折价共达1732.3万元。民建会员、北京德坤瑶医医院院长覃迅云地震时正随同北京市门头沟区政协考察团在广西考察，得知四川发生地震后，他马上联系12名医生于5月13日携带药品直奔灾区，开展医疗救助工作。覃迅云17日返京后，要求医院列支150万元资金购买救护车5辆和急需药品捐赠灾区，并带领24位内外科、传染病、卫生防疫方面经验丰富、医术精湛的专家，于21日再赴灾区。队员们深入成都、绵阳、江油、绵竹、彭州等重灾地区，为群众实施医疗救助。14日下午，民建会员、北京九华山庄董事长夏敏与集团40多名四川籍员工座谈，询问员工家庭受灾情况，企业列支专项资金给家住四川灾区员工发放抚慰金，并组织员工向灾区捐款。21日，夏敏与中华思源工程扶贫基金会磋商，决定启动思源基金励志计划“抗震助学”特别救援行动，以九华集团的名义，向中华思源工程扶贫基金会捐赠200万元，专项用于对灾区学生的救助。根据计划安排，九华旅游职业学校免费接收受灾严重的都江堰市、北川羌族自治县、汶川县和文县学生300名，并提供食宿及生活费。学生毕业后由九华集团安排工作。

天津市民建2800多名会员为地震灾区捐赠资金和物资折价共2439.6万元。民建会员、天津摩力达置业有限公司董事长齐莹捐赠价值500万元的木结构简易房。老会员、天津金桥焊材集团董事长侯立尊捐赠221.5万元。天津现代投资集团总经理马成喜捐赠210.5万元。天津新华投资集团总经理张春静捐赠108.3万元。金书芳捐赠价值100万元的消毒液和消毒器械。

民建上海市委会各级组织和9500多名民建会员向灾区捐款5924.8万元。5月13日一早，正在广西参加会议的主委周汉民就联系民建上海市委会机关，对民建上海市委发动各级组织和广大会员积极参加抗震救灾工作提出要求。回到上海后，周汉民先后4次捐款，并给捐款的会员寄送感谢信。13日上午，民建上海市委会全体机关干部即向灾区捐款：民建会员、上海宏安建设工程有限公司总经理侯义宏捐款10万元，上海西本钢铁贸易发展有限公司总经理虞钢捐款205万元，上海殷行建筑有限公司董事长徐国强捐款100万元，上海龙建事业发展总公司董事长管宝龙捐款123万元，华丽家族股份有限公司董事长王伟林捐款100万元，上海中通置业（集团）有限公司董事长孙贴成捐款60万元，新发展集团有限公司董事长丁福如捐款50万元，安信地板有限公司董事长卢伟光捐款50万元，上海月月潮工贸有限公司总经理殷建飞捐款50万元，上海森银发展公司总经理林勇捐款50万元，上海龙宇投资有限公司董事长刘振光捐款50万元，中际投资控股集团有限公司总裁蔡宇驰捐款50万元，中欧国际集团总裁吴国琳向灾区捐赠价值120万元的物资。民建奉贤区委会副主委戚时明向有关部门认养10名孤儿。民建大铭敬老院院长何晓俭除积极捐款外，明确表示可以收养灾区5位孤老并长期赡养。

浙江省民建会员及会员企业捐赠资金和物资折价6500万元。5月12日下午，民建金华直属二支部主任、义乌市政协委员龚辉弟，捐出刚刚结算的工程款10万元。13日清早，他再次向民建中央捐赠账号汇捐10万元。14日，93岁高龄的民建会员应谷声，从电视中看到汶川地震灾害的消息，将平日节省的8000元退休金捐赠《绍兴日报》代为转交灾区。民建会员、浙江省人大代表、浪莎集团董事局主席翁荣金，代表集团向地震灾区捐赠200万元，还捐赠了价值300万元的内衣、食物等，并组织“爱心车队”将捐赠物资运抵四川灾区。民建杭州市委会副主委吴忠泉组织金都房产集团先后向灾区捐赠1551万元。民建会员、报喜鸟集团有限公司董事长吴志泽捐赠价值300万元的衣物。

福建省各级民建组织和会员通过各种渠道向地震灾区捐赠资金和物资折价5510万元。5月15日，民建会员、鸿星尔克集团董事长吴汉杰通过福建省红十字会向四川地震灾区捐赠600万元。民建会员、福建七匹狼股份有限公司董事长周少雄向四川地震灾区捐赠500万元。

山东省民建各级组织和会员向四川灾区捐赠资金和物资折价2931.3万元，为灾区提供就业岗位600余个。民建省直七支部副主任、山东蓝翔高级技工学校董事长荣兰翔捐赠100万元，免费接收培训四川灾区两年制以上高级技工学生100名（每人培训费3.5万元），并提供挖掘机等装备30台供灾区调配使用。聊城民建会员、全国人大代表、聊城三合纺织集团董事长宛秋生捐赠总价值167万元的帐篷2000顶、毛巾被1.5万条、方便面1万箱等物资，并派车直接运抵四川灾区。

湖北省各级民建组织纷纷开展向灾区捐款捐物活动，截至8月6日，共向灾区捐赠资金和物资折价2418.4万元。民建襄樊市委会副主委王元山组织举办抗震赈灾晚会，现场募集资金121万元。民建会员、武汉和康工程机械公司董事长张文举，组织震前在都江堰附近从事工程机械销售和服务的20多名职工，听从当地抗震救灾指挥部的安排，参加“抗震救灾、重建家园”的服务行动。截至5月24日，和康公司组织的机械累计为灾区工作超过3000小时。当得知堰塞湖的危急情况时，张文举立即从上海港调运库存的大型挖掘机17台限期抢运至灾区。宜昌民建会员谢明万等企业家，租船租车将价值100多万元的灾区急需生活用品运至雅安，并捐赠资金20万元。黄冈民建会员赵承伟捐赠100万元。

民建四川省委会广大会员积极参与捐款捐物，通过抢救被困人员，转运伤员和救灾物资，并办赈灾食堂，参与开路架桥，搭建帐篷和板房、安置受灾群众等方式参与抗震救灾。5月17日晚，胡锦涛在四川主持抗震救灾工作会议，并会见四川省党政领导。当得知四川省副省长陈文华是民建会员时，他勉励说：“肝胆相照，荣辱与共，让我们一起努力，夺取抗震救灾全面胜利！”在地震中，民建会员企业因灾受损达4.96亿元。民建中央委员、民建四川省委会副主委、四川三友集团董事长郝士权在震后15分钟内，就将所属部门西区医院230位病人全部转移到安全地带。接到120指挥中心紧急指示后，西区医院救护车组第一个赶到都江堰市聚源中学救援现场展开营救。郝士权连续20多天指挥成都西区医院抢险救人，及时抢救伤员476名。他们用最好的医生、药品和治疗手段免费救治伤员，免费提供食品、饮用水和营养品，并向灾区捐赠资金和物资折价210余万元。都江堰市蒲阳镇成都遛洋狗食品有限公司在地震中直接经济损失达2480万元，但仍然大力支援灾区。民建会员、公司总经理邓波将价值15万元的牛肉干分发给受灾群众，捐赠价值10万元的食品至灾区，并从成都购进药品救助儿童和老人，主动腾出公司2000平方米的库房作救灾物资中转站，将公司置留的空地让出作为救灾物资空投点，还抽调30多名员工配合空军某部队进行物资储存转运。地震发生后，在北京出差的民建中央常委、民建四川省委会副主委、通威集团董事局主席刘汉元立即赶回成都，在公司遭受损失的情况下，号召集团干部职工参与抗震救灾。13日，通威集团募集雨衣近万件、雨伞上千把和大量的水、食品、衣物等灾区急需物资，派货车送往德阳、绵阳、都江堰等重灾地区。通威集团德阳分公司主动安置受灾群众500人，并解决他们的生活问题。当得知在前线连续奋战十几天的人民子弟兵没有吃上一顿好饭菜的消息时，刘汉元立即调集价值100万元的300多头猪，连夜屠宰和分装，于24日清早送抵灾区，慰问一线抗震救灾部队（见图25）。刘汉元还捐赠800万元用于建设成都大学教学楼和两所通威小学。通威集团捐赠资金和物资折价共1280多万元。后刘汉元被四川省委统战部评为“抗震救灾先进个人”，通威集团也被四川省人事厅、四川省工商行政管理局、四川省个体私营经济协会授予“抗震救灾先进私营企业”称号。

图25　5月24日，通威集团运往四川灾区赈灾的猪肉车队

（民建中央　提供）

截至8月6日，全国30个民建省级组织捐赠资金和物资折价共计6.1亿元。其中，民建北京市委会（包括各级组织和会员，以下同）捐赠1732.3万元，民建天津市委会捐赠2439.6万元，民建河北省委会捐赠2969.5万元，民建山西省委会捐赠990.8万元，民建内蒙古自治区委员会捐赠473万元，民建辽宁省委会捐赠1941.4万元，民建吉林省委会捐赠889万元。民建黑龙江省委会捐赠1371.8万元，民建上海市委会捐赠5924.8万元，民建江苏省委会捐赠1621.5万元，民建浙江省委会捐赠6500万元，民建安徽省委会捐赠605.9万元，民建福建省委会捐赠5510万元，民建江西省委会捐赠1272.1万元，民建山东省委会捐赠2931.3万元，民建河南省委会捐赠资金物资共计949万元，民建湖北省委会捐赠资金物资折价2418.4万元，民建湖南省委会捐赠1175万元，民建广东省委会捐赠6309.1万元，民建广西壮族自治区委员会捐赠973.9万元，民建海南省委会捐赠369.4万元，民建重庆市委会捐赠1993.6万元，民建四川省委会捐赠6778.7万元，民建贵州省委会捐赠401.7万元，民建云南省委会捐赠557.8万元，民建陕西省委会捐赠1469.7万元，民建甘肃省委会捐赠211.2万元，民建青海省委会捐赠205.6万元，民建宁夏回族自治区委员会捐赠287.7万元，民建新疆维吾尔自治区委员会捐赠37.7万元。

第四节　中国民主促进会赈灾活动

一　中国民主促进会中央组织捐赠

5月12日，正在江苏调研和考察的全国人大常委会副委员长、民进中央主席严隽琪和全国政协副主席、民进中央常务副主席罗富和，得知汶川发生特大地震的消息后，立即致电民进中央相关部门，全面部署抗震救灾工作。13日，民进中央向全会发出《关于积极支援四川省抗震救灾工作的通知》，要求民进各级组织迅速行动起来，通过多种途径为灾区人民送温暖、献爱心、做贡献，围绕抗震救灾、恢复生产、重建家园，积极做好参政议政和社会服务工作。

5月13日，民进中央组织机关全体工作人员为灾区群众捐款，身在外地的严隽琪、罗富和等民进中央领导委托他人代为捐款，副主席王佐书、朱永新等民进中央领导和机关工作人员踊跃捐款。截至6月23日，民进全会通过多种形式共向灾区捐款1.12亿元。

5月22日，民进中央发出通知，要求全会把抗震救灾作为当前最重要最紧迫的任务，切实加强领导，进一步动员全会的力量，支援灾区人民打胜抗震救灾这场硬仗；灾区民进各级组织要带领广大会员协助中共地方组织和政府，稳定人心，理顺情绪，畅达社情民意，维护好特殊情况下的社会秩序，并在捐款捐物的同时，开展支教、医疗救助、心理安抚、志愿服务等专项工作；围绕抗震救灾、恢复生产、重建家园，充分发挥民进自身特点和优势，建言献策，献计出力，广泛收集社情民意，为灾后各项重大决策提供依据。

5月26日，民进中央下发《关于在全会开展“为了灾区的孩子们——捐款献爱心活动”的通知》，明确规定活动所得款项全部用于灾后重建学校及救助受灾师生。

民进广大会员积极响应民进中央的号召，为在六一国际儿童节为灾区孩子尽一份爱心、出一份力，民进各省级组织和民进书画界会员，捐出自己珍藏的作品。冯骥才、段成桂、言恭达、陈永锵、吴山明、陈国桢等391位书画家将783幅书画捐赠民进中央，民进中央决定于6月1日上午对捐赠的书画作品进行义卖，为灾区募集资金。民进企业界会员在多次捐款捐物后，再次踊跃致电民进中央认购书画作品。截至5月31日，大部分准备在活动当日义卖的书画作品已经被提前预约认购。6月1日上午，民进中央举行“为了灾区的孩子们”抗震救灾书画义卖捐赠活动（见图26）。严隽琪、罗富和，全国人大常委会原副委员长、民进中央原主席许嘉璐，全国政协原副主席、民进中央原第一副主席张怀西，民进中央副主席冯骥才、王佐书、刘新成、朱永新，民进中央原副主席王立平出席义卖捐赠活动，活动共募集善款429万余元。罗富和郑重承诺，民进中央对这些捐赠一定做到来源清楚、统计准确、去向明晰、用途透明，全部用于重建灾区学校和救助受灾师生。民进要按照中共中央、国务院统一部署，充分发挥自身特点和优势，竭尽全力参与抗震救灾和灾后重建工作。15日，在民进中国特色社会主义主题教育活动经验交流会上，民进中央再次举行“为了灾区的孩子们”民进各省级组织捐款仪式。民进中央社会和法制委员会委员孟庆法向地震灾区捐赠书法作品《桃花源记》和《赤壁赋》，书法家封俊虎捐赠书法作品《龙》。书法家、民进江苏省委会副主委言恭达举办个人赈灾义捐书法精品义拍活动，将18件书法精品拍得的112.8万元捐赠灾区。5月13日，民进会员、岭南画派大师陈永锵把原准备举办“树·生命·年轮”个人画展酒会的6万元，全部捐赠地震灾区。

截至11月17日，民进416位书画家捐赠书画作品834幅，共募集资金（含“特殊会费”）862.5万元。

7月29日，民进中央主席会议研究决定，将接收社会捐赠资金中的770万元用于四川、甘肃、陕西、重庆等省（市）与教育相关的灾后复建项目。

图26　6月1日，民进中央“为了灾区的孩子们”抗震救灾书画义卖捐赠活动捐款现场
（民进中央　提供）

二 地方各级民进组织和民进会员捐赠

截至6月6日，民进北京市各级组织和会员通过各种渠道向灾区捐赠资金225万余元、书画作品140幅，其中向民进中央开展的“为了灾区的孩子们”系列捐赠活动捐赠（含“特殊会费”）5.55万元。为帮助受灾地区师生早日重返校园，市委会发起设立“北京民进爱心助学专项基金”，共募集资金50余万元。

截至5月27日，民进天津市各级组织和会员共捐赠67.8万元。

民进河北省委会动员各级组织和全省会员，以实际行动为抗震救灾做贡献。民营经济界36名会员各捐赠1万元以上，其中河北同盟房地产有限公司董事长甄金钟捐赠101万元。在民进中央抗震救灾书画义卖捐赠活动中，河北省共收到13位知名书画家的书画作品30幅。截至6月20日，河北民进会员通过各种方式捐赠367.2万元，捐物（含书画义卖）折价67.1万元。唐山民进会员、86岁的张润兰到民进河北省委会机关交纳“特殊会费”500元。

截至6月12日，民进山西省各级组织和会员捐赠资金180多万元，募集书画作品30件。5月13日，年近九旬的民进山西省委会原主委秦国栋一大早赶到机关交纳“特殊会费”2000元。山西省民进会员、仙竹酒业有限公司董事长郝鸿峰火速采购价值12万元的帐篷连夜运往灾区。

截至6月25日，民进内蒙古自治区委员会共募集资金27.42万元，其中机关和直属支部捐赠5.49万元，筹集社会捐款21.93万元。

民进辽宁省委会多次召开专门会议、下发文件，动员部署抗震救灾工作。全省民进会员捐赠1234.6万元，其中省直会员张永财个人与其所在企业共计捐赠902万元。省委会响应民进中央开展抗震救灾书画义卖捐赠活动号召，共捐书画作品80余幅，其中26幅送北京参加民进中央举办的“为了灾区的孩子们”义卖会，义卖所得善款（含“特殊会费”）2.64万元。

民进吉林省委会号召全省各级组织以实际行动支援灾区人民抗震救灾，通过各种渠道共筹集资金140余万元。吉林省16名书画家会员捐赠字画30幅，企业界会员踊跃认购，筹集资金6.2万元。

民进黑龙江省委会向民进全省各级组织和全体会员发出倡议，向灾区人民献爱心。截至6月13日，全省会员捐赠223.82万元，其中通过民进组织捐赠资金40.36万元，捐赠食品、药品和医疗设备等物品折价141万元。省企业界21名会员捐赠资金110多万元、物资折价140万元。省书画界会员精心创作了10幅作品参加赈灾义卖，企业界会员积极认购作品3.6万元。

民进上海市委会转发民进中央的通知，动员各级民进组织和广大会员参与抗震救灾工作和捐款献爱心活动。民进上海市各级组织和会员向地震灾区捐赠387万元；民进企业家联谊会成员经营的企业向地震灾区捐赠427万余元，还捐赠了价值1000万元的服装。上海市作家协会和上海民进企业家联谊会联合建立的“人文关怀”阳光基金，募集资金234万元，开展支援灾区教育项目。上海市民进会员俞利峰自费赶赴灾区，驾车运送30多吨救灾物资，接送20多名受伤群众。

民进江苏省委会倡议全省各级民进组织紧急行动起来，开展交一次“特别会费”的活动，支援灾区抗震救灾。全省会员交纳“特殊会费”170万元。民进苏州市委会举办“情系灾区儿童重建温馨校园”大型书画义拍活动，所得善款101.42万元汇寄灾区。民进江苏省委会经济界会员联谊会会长、雨润集团董事局主席祝义才，组织集团为抗震救灾捐赠3000万元。

民进浙江省委会连续召开主委会议和常委会议，研究部署全省组织开展抗震救灾工作。民进浙江省各级组织和广大会员通过各种渠道捐赠资金和物资折价2360多万元。浙江民进参与民进中央组织开展的“为了灾区的孩子们”系列捐款献爱心活动，直接汇缴民进中央账户资金（含“特殊会费”）40余万元。民进浙江企业界联谊会副会长、荣安集团董事王久方捐赠230万元，温州圣雄集团董事长林圣雄捐赠200万元。

民进安徽省委会在地震发生后，立即召开机关全体人员会议，开展捐款活动。省委会向民进四川省委会汇款1.2万元。省委会及时转发民进中央有关抗震救灾、书画义卖捐赠、捐款献爱心活动等通知，号召全省民进各级组织和会员踊跃捐款、捐画支援灾区，为抗震救灾、恢复重建献计出力。截至6月20日，安徽省民进各级组织和近3000名会员通过多种渠道共捐赠资金433.82万元。

民进福建省委会号召各级组织和全体会员，以各种形式向灾区伸援手、献爱心。全省会员捐赠资金193.43万元、物资折价90.9万元。47位会员向灾区献血，18位书画界会员响应民进中央举办的“抗震救灾书画义卖捐赠活动”，共创作书画作品24幅，认购金额达7.6万元。会员响应民进中央开展的“为了灾区的孩子们”系列捐款献爱心活动，踊跃交纳“特殊会费”25万元。

民进江西省各级组织和会员积极参加和支援抗震救灾工作。全省民进各级机关、广大会员踊跃捐款捐物。截至7月18日，江西民进会员通过各种渠道向灾区捐赠资金和物资折价221.3万元。在民进中央举行的“为了灾区的孩子们”系列捐款献爱心活动中，会员捐款（含“特殊会费”）24.23万元。民进会员、江西民进经济界联谊会副会长、富士达鞋塑有限公司董事长陈国栋捐赠资金和物资折价100万元。省民进会员赵彤通过所办的南昌女子职业学校，免费接收来自地震灾区的326名家庭经济困难学生就读，每月提供一定的生活补助，使灾区学生能在学校安心学习。民进会员、女企业家涂红英将准备扩大经营订购的价值5万元的新款服装1000套直接从厂家发往灾区。

民进山东广大会员在各自单位通过不同渠道捐赠404.06万元。5月26日，民进山东省委会下发《关于开展抗震救灾爱心捐助活动的通知》，广大会员积极响应。山东民进书画院捐赠书画作品17幅。会员共交纳“特殊会费”27.6万元，汇缴民进中央，集中用于灾区重建项目。民进山东省委会筹集资金2万元汇捐“绵阳八一帐篷小学”。

民进河南省委会周密安排，积极行动。全省民进会员在各自单位捐赠80余万元，又通过民进组织捐赠16.48万元。民进会员陈国桢等书画家的15幅作品参加民进中央的书画义卖活动。

截至10月14日，民进湖北省各级组织通过各种渠道捐赠125万元。其中，“为了灾区的孩子们”系列捐款献爱心活动筹得善款（含“特殊会费”）4.03万元。5月中旬，四川灾区近50名学生转送黄石市学校就读，民进黄石市委会号召全体会员再次以“特殊会费”的形式奉献爱心，资助灾区学生就读。6月19日，武汉市委会在彭州市敖平小学举行“武汉民进市委会援助灾区学校（敖平小学）捐赠仪式”，捐赠总价值16万元的新校服1700件。荆州民进会员、同诚通航公司经理徐国清率两个直升机机组飞赴四川灾区参加抗震救灾“空中运输”工作。

民进湖南省各级组织和会员共募集资金和物资折价300多万元，交纳“特殊会费”6.01万元。

民进广东省各级组织和会员通过多种形式和渠道捐款捐物。截至6月12日，共向灾区捐赠资金1421.6万元、物资折价200多万元。省委会组织会内知名书画家和企业家参加民进中央举办的“民进抗震救灾书画义卖捐赠活动”，共接收价值115万元的书画作品，落实书画订购款80万元。会员在“为了灾区的孩子们”系列捐款献爱心活动中捐赠（含“特殊会费”）73.2万元。

民进广西壮族自治区各级组织和广大会员通过各种渠道向灾区捐赠资金339.1万元、药品折价100万元，其中，区直组织和会员捐赠154.7万元，市级组织和会员捐款165.5万元。5月25日，区委会和南宁市委会举行书画义卖活动，全天共卖出作品39件，成交总金额28.52万元。

民进海南省委会会员交纳“特殊会费”18.66万元。民进会员和会员企业通过各种渠道向灾区捐赠资金263.25万元（其中以省委会名义捐赠19.39万元）、药品折价7.8万元，其中“为了灾区的孩子们”系列捐款献爱心活动筹得善款（含“特殊会费”）5.06万元。

汶川地震发生后，民进重庆市委会动员民进各级组织与广大会员通过捐赠资金物资等形式，向灾区群众提供力所能及的帮助。截至6月23日，民进重庆市各级组织和会员通过各种渠道捐赠资金和物资折价共422.08万元。市委会组织会员积极参与民进中央组织的“民进抗震救灾书画义卖捐赠活动”，在3天时间里，征集书画作品36幅，拍卖募得资金（含特殊会费）5万元。民进会员、浙江大学网新控股集团重庆公司董事长田鹰，购买了价值10万元的救灾物资，带领员工赴灾区慰问。

民进四川广大会员以多种形式向灾区伸援手、送温暖、献爱心，以实际行动为受灾群众解困，为国家分忧。民进四川省委会主委张雨东先后率队赴重灾地区考察工作并慰问灾区群众，看望坚守在抗震救灾一线的民进会员、机关干部，将100万元捐赠资金集中用于民进中央支持的灾后教育重建规划。四川省各级民进组织通过各种渠道向灾区捐款捐物共计1500万元，共接收“特殊会费”66.7万元。

民进贵州省各级民进组织和广大会员通过各种渠道向地震灾区捐赠资金和物资折价300万元。省委会领导、企业界会员带头捐款捐物，广大会员交纳“特殊会费”18.66万元。贵州省民进新会员高海翔组织带领一支由30人和16辆车组成的援助队伍，装载价值76万元的物资赶赴灾区。民进贵州省委会副主委、青利集团董事长周世立捐赠160万元。

民进云南省委会共为灾区募集资金18.6万元。

民进陕西省委会召开专题会议通报灾情，研究、组织、协调支援抗震救灾工作。陕西省各级民进组织及4000余名会员共捐赠资金和物资折价649.9万元。省委会举行抗震救灾捐赠仪式，接收爱心捐款6.06万元及价值10万元的救灾物资。民进中央联络委员会副主任、西安华海医疗信息技术公司董事长张孝林捐赠价值100.4万元的进口原装急救监护仪器。

民进甘肃省各级组织和会员捐赠资金和物资折价88万余元。在民进中央举行的“民进抗震救灾书画义卖会捐赠活动”中，甘肃民进书画界会员捐赠书画作品24幅。

民进宁夏回族自治区各级组织和会员时刻关注灾情和救援情况，区委会机关干部捐赠5600

元，全区会员共捐赠 49.47 万元。5 月 23 日，区委会举行抗震救灾书画义卖活动，区内会员中的书画名家现场创作，共募集书画作品 99 幅，其中现场认购 21 幅，筹得善款 4 万元，部分作品上缴民进中央参加抗震救灾书画义卖捐赠活动。

民进新疆维吾尔自治区委员会领导班子成员率先捐款，人均捐款 1500 元以上。新疆民进会员共向灾区捐赠 11.32 万元，会员创办的学校等单位捐赠 31 万余元。区委会动员全区 700 多名会员，积极响应民进中央“为了灾区的孩子们”系列捐款献爱心活动，3 日内共募集“特殊会费”3.09 万元，并将价值 34 万元的书画作品上交民进中央，参加抗震救灾书画义卖捐赠活动。

截至 12 月，各级民进组织和广大会员共为抗震救灾捐赠资金和物资折价 1.4 亿元。

第五节　中国农工民主党赈灾活动

一　中国农工民主党中央组织捐赠

5 月 13 日，农工党中央向全党发出《关于积极做好抗震救灾工作的紧急通知》，号召各级组织和全体党员立即行动起来，积极投入到抗震救灾之中，为夺取抗震救灾斗争的胜利贡献力量。农工党中央指示中国初级卫生保健基金会设立“农工党员赈灾专项基金”，并号召全体农工党员捐款捐物支援灾区。同日，全国人大常委会副委员长、农工党主席桑国卫以中国药学会理事长、中国化学制药工业协会名誉会长的身份，号召、呼吁广大医药企业积极响应中共中央、国务院的号召，紧急行动起来，全力以赴投入到抢险救灾、防疫治病的战斗中去；号召各相关单位要坚守药品生产的第一线，向灾区人民奉献爱心，踊跃捐赠救灾急需的药品。截至 6 月 26 日，一大批医药企业捐赠灾区紧缺的药品和医疗器械等物资折价 2.6 亿元。

5 月 15 日，农工党中央成立农工党支援地震灾区重建工作协调小组，由副主席汪纪戎任组长。协调小组下设办公室，办公室设在中央社会服务部和中国初级卫生保健基金会。16 日，农工党中央召开协调小组第一次工作会议，确定协调小组办公室的主要职责：与农工党各省级组织保持联系，收集农工党在抗震救灾工作中的情况；指导农工党各级组织开展捐赠活动，汇总捐款捐物的详细情况；组织党内外专家座谈讨论，积极为灾后重建工作建言献策等。

5 月 22 日，农工党中央召开主席办公会议，研究部署下一阶段农工党的抗震救灾工作。会议研究决定，继续组织动员全党力量为地震灾区募捐，将援助工作重心放在支援地震灾区重建工作上。

5 月 28 日，农工党中央下发紧急通知，号召农工全党在现有工作的基础上，开展“缴纳百元‘特殊党费’支援灾区重建”活动。

农工党各级组织和广大党员积极响应农工党中央号召，捐款捐物。截至 12 月 14 日，农工党各级组织和农工党员共捐款 4596.8 万元，捐赠物资折价 6821.6 万元。

5 月 13 日，农工党中央在中央机关举行“农工党中央机关向地震灾区献爱心捐赠活动”，广大机关干部及离退休老同志积极捐款，当日共捐赠 15 万元，全部用于支援地震灾区。中国初级卫生保健基金会副理事长高翔、理事杜江涛等向灾区捐赠资金 185 万元，捐赠价值 1008 万元的药品。基金会下属健康扶贫工程委员会共募集资金 77.23 万元和价值 115.9 万元的 B 超等医疗设备。基金会下属定点医院管理局组织浙江省兰溪市永球医院的 7 名医疗队员，携带价值 10 万元的药品赴广元灾区实施救助，并与北京首都机场有关单位发起“共同携手、爱心传递”活动，为灾区募集资金 26 万元。

5 月 20 日，中央统战部举行“统一战线著名书画家企业家捐赠活动”，农工党员、92 岁高龄的著名画家娄师白，农工党员、书画家汪国新、韩卫国、孙云等参加现场捐画、作画及义卖活动。（参见图 27）活动共募集资金 500 万元，所筹资金由中央统战部统一捐赠地震灾区。截至 12 月 14 日，全国农工党员共交纳“特殊党费”738.7 万元。

地震发生后，全国政协原副主席、农工党中央原常务副主席李蒙，多方联系倡议成立“巴蜀力量基金”，得到中国红十字会总会大力支持，并设立以区域为单位的专项基金——中国红十字巴蜀力量基金。5 月 23 日下午，全国政协、农工党中央、中国红十字会总会在全国政协礼堂隆重举行“中国红十字巴蜀力量基金启动仪式”，当日共筹集资金 1600 多万元。

图 27　5 月 20 日，农工党书画家参加“统一战线著名书画家企业家捐赠活动”

（农工党中央　提供）

5 月 29 日，桑国卫在成都看望慰问来自抗震救灾第一线的农工党员代表时，代表农工党中央向四川地震灾区捐赠资金 100 万元和一批净水设备，由农工党四川省委会专项用于支持乡镇卫生院建设、小型净水工程与安全饮用水等方面的项目，并向绵阳市捐赠总价值 23 万元的净水设备 5 台。

二　地方各级农工党组织和农工党员捐赠

农工党地方各级组织积极响应农工党中央开展救灾捐赠的号召，组织农工党员，积极捐赠资金和物资，支援地震灾区。

5 月 15 日，山西省政协副主席、农工党山西省委会主委、山西中医学院院长周然，主持召开“情系灾区、关爱学子”座谈会，与 79 名来自四川、甘肃、陕西等受灾地区的学生座谈，并现场组织为家庭受灾最严重的同学捐助生活费。在他的倡议下，山西中医学院领导与 13 名家庭受灾严重的学生“结对子”进行帮扶。周然与 3 名学生“结对子”。

5 月 16 日，农工党内蒙古自治区委员会妇女工委、农工党呼和浩特市委会在呼和浩特联合举办以“捐赠一份热血、奉献一片爱心”为主题的向灾区无偿献血活动，共献血 1 万毫升。

5 月 15 日，安徽省淮南市政协副主席、农工党淮南市委会主委吴健带领 40 余名农工党员，在市中心血站义务献血 7000 余毫升。

农工党海南省委会副主委、海南立升净水科技实业公司董事长陈良刚代表公司，向灾区捐赠价值 1000 万元的净水设备，并派出专业安装调试小组赶赴灾区，先后在都江堰、彭州、绵竹、什邡等地安装净水设备 11 台，抽取自然水源净化成合格饮用水，满足了数万受灾群众及当地卫生院、政府、救援部队等人员的饮用水需求。陈良刚夫妇协同立升公司全体员工，援建灾区一所占地面积 150 平方米的板房式“立升爱心中学”，使 70 多名被营救的学生早日复课，继续学业。

农工党四川省水利厅总支党员、四川省绿色江河环境保护促进会会长杨欣，迅速向全国各地的绿色江河志愿者发出紧急动员令，利用非政府组织的资源和目标管理经验帮助灾区。杨欣和绿色江河环境保护促进会捐赠价值 18.4 万元的物资，并很快将物资运抵灾区。

第六节　中国致公党赈灾活动

一　致公党中央组织捐赠

5 月 12 日，全国政协副主席、科技部部长、致公党中央主席万钢向致公党四川省委会致电，询问灾情及在川致公党员的情况，并表示致公党中央一定大力支持抗震救灾及灾后重建工作，同时号召致公党全体党员捐款捐物支援灾区。

5 月 14 日，致公党中央下发通知，要求各级组织在中共地方组织的领导下，配合各级政府部门做好抗震救灾工作；要高度重视这次地震灾害给当地生产生活带来的影响，及时了解情况，反映社情民意，努力帮助政府出谋划策；要动员广大党员捐款捐物，开展社会救助，切实帮助受灾群众早日走出困境。致公党中央同时向海外发出倡议，号召海外侨胞伸出援助之手，捐款捐物，帮助灾区群众战胜灾难，重建家园。同日，致公党员、中联亚房地产开发有限公司董事长史维学向灾区捐赠 20 万元。

5 月 28 日，致公党中央下发倡议书，号召全党与全国人民一道，捐款捐物、献计献策，为抗震救灾做出积极贡献。

6 月 2 日，致公党中央召开主席办公会议，决定成立致公党中央抗震救灾共建家园领导小组，由常务副主席王钦敏任组长，副主席李卓彬任常务副组长，副主席严以新、致公党四川省委会主委陈杰任副组长，下设 5 个工作组，即四川工作组、救灾重建组、宣传组织组、专家组和综合组。会议决定，继续加强对捐款的组织管理，加强抗震救灾的组织和宣传工作，并由致公党中央组织部组织开展致公党员特别捐助活动，将抗震救灾工作作为参政议政工作的重要内容来抓。

6 月 5 日，致公党中央下发通知，鼓励致公党员以“特别捐助”的形式继续为地震灾区捐款，为灾区重建提供财力支持。

6 月 23 日，致公党中央抗震救灾共建家园领导小组第三次会议召开，各工作组组长汇报前段抗震救灾和灾区重建工作，讨论下阶段如何进一步开展工作的问题。会议认为，应进一步摸清各地方组织捐款捐物的情况，并汇总致公党员捐赠款物 10 万元以上（含 10 万元）名单和致公党员捐赠款物 1 万元以上至 10 万元以下名单，作为致公党十三届第三次中常会会议文件；在致公党即将召开的中常会上向全体党员发出号召，请全体党员进一步做好抗震救灾工作，积极建言献策。

5 月 13 日，致公党中央机关组织全体工作人员向灾区人民捐款。主席、副主席带头捐款，原致公党中央主席罗豪才等参加捐款。当日，致公党中央通过中央统战部向地震灾区捐赠资金 10 万元。致公党员、致公党社会发展与服务委员会副主任、大连实德集团总裁建议中国光华科技基金会研究决定捐赠 300 万元，在绵阳、乐山、攀枝花捐建 3 所卫生院，以缓解灾区群众就医难问题。同日，该总裁通过大连市民政局以个人名义捐赠 500 万元；在大连实德队与陕西队中超联赛中，又以个人名义捐赠 60 万元，大连实德俱乐部将义赛的门票收入及职工捐赠资金 200 多万元转赠四川地震灾区。

二 地方各级致公党组织和致公党员捐赠

北京市致公党员、悦康药业有限公司总裁于圣臣捐赠价值 500 万元的抗生素药品，通过中国红十字会总会运抵灾区。致公党员、学大教育科技（北京）有限公司董事长兼总裁李如彬向地震灾区捐赠资金 50 万元，捐赠价值 50 万元的学习用品。致公党员、北京兴荣基房地产开发有限公司董事郭滨向地震灾区捐赠 470.6 万元。致公党员、北京润丰集团董事长陈水波代表公司向灾区捐赠1000万元，后被民政部授予2008年度“中华慈善奖”称号。

致公党上海市委会组织广大党员捐赠50万元，在对口帮扶的都江堰市建设一座科普教育活动中心，为灾区孩子的科技教育搭建平台。

江苏省致公党员、江苏柯菲平医药有限公司秦引林向四川灾区捐赠资金5万元，捐赠了价值百万元的抗生素、止血药品等物资。

浙江省致公党员、温州挺宇集团董事长潘佩聪向灾区捐赠了价值164万元的药品，并联系民航运抵灾区。

安徽省致公党员、神行太保教育集团董事长盛吉琛，通过致公党安徽省委会向安徽省教育厅申请，免费招收地震灾区学生60名，帮助其完成学历教育和职业技能教育，承担其衣食住行和护理等全部费用。灾区学生毕业后，集团负责安排工作，预计资助总费用达180余万元。

福建省致公党员、世纪金源集团董事局主席黄如论和集团员工向灾区捐赠1820万元。福建省致公党员、福建三叶集团董事长叶维新捐赠100万元。

山东省致公党员、青州尧王集团董事长李金凤在灾情发生后与四川省慈善会联系，将价值100余万元的救灾急需药品通过火车运往四川抗震救灾一线。山东省致公党员、烟台新潮实业股份有限公司总经理宋向阳，向灾区捐赠资金和物资折价124.9万元。

湖南省湘潭市致公党员、湖南胖哥食品有限公司董事长王继业捐赠资金和物资折价计120万元。广东省致公党员朱志强向都江堰市政府捐赠100万元。海南省致公党员、海南广安堂药品超市连锁经营有限公司董事长刘成才，率下属35家连锁超市，向灾区捐赠资金75万元，还捐赠了价值45万元的急救药品。

8月，青川县姚渡镇发生一次6级以上余震，致使姚渡镇中心学校全面停课，115名即将升入初三的初二学生的学习受到严重影响。致公党中央、致公党四川省委会及北大青鸟集团，于8月12—14日派出工作人员深入姚渡镇调研，与教育部门协商学生异地复课事宜。致公党中央和致公党中央社会发展与服务委员会委员、北大青鸟集团总裁许振东共同决定，由致公党和北大青鸟集团联手，在集团下属的3所北大附属实验学校中，免费培养地震灾区中学生100余名，学生吃、住、学习和交通等费用全部由北大青鸟与致公党共同承担。29日，全国政协常委、致公党中央副主席李卓彬赴成都参加为姚渡中心学校115名初二学生异地复课送行仪式（参见图28），这批学生分别乘飞机抵达北京、珠海和南宁开始新学年的学习生活。青川县姚渡镇中心学校3名老师随队照顾他们的饮食起居，3所北大附属实验学校还为这批学生配备了生活老师和心理辅导员，保证他们以最好的状态投入到初三年级的学习中。全国人大代表、四川启阳集团董事长王麒组织“我们在一起”募捐晚会，现场募集资金79.5万元。王麒率启阳集团与合作伙伴共向灾区捐赠总价值1000多万元的越野车20台、帐篷500顶。年已八旬的致公党老党员、四川美食家协会会长李树人呼吁协会成员单位有钱出钱、有力出力，得到银杏酒楼、巴国布衣、谭鱼头、三只耳等成都市知名餐饮企业响应，为灾区捐赠资金和物资折价600余万元。他还邀请全聚德等北京知名餐饮企业的百位名厨，自带厨具、灶具和原料，包机飞抵成都，为灾区群众烧菜做饭献厨艺。

致公党地方组织及海外华侨华人响应致公党中央号召，为灾区贡献力量。辽宁省87岁的致

图 28 8 月 29 日，致公党中央及北大青鸟集团举行接收灾区学生异地复课仪式
（致公党中央 提供）

公党员、马来西亚归侨陈彦雄在学生的搀扶下，将他和身患绝症的老伴张维春的捐款投入捐款箱中。致公党四川省委会共募集捐赠资金和物资折价 5305.61 万元。5 月 12 日，致公党四川省委会与爱德基金会联系，采购首批赈灾物资，并在当夜运往都江堰、绵阳重灾地区，发放给受灾群众。云南省印尼侨眷、律师许宁带头捐赠资金 1.1 万元。

抗震救灾期间，致公党中央带领 3 万名党员和所联系的海外华侨、华人及各方力量，通过各级统战部门、中国红十字会、各类慈善组织等多种途径共捐赠资金和物资折价 14409 万元，其中资金 8643 万元、物资折价 5766 万元。致公党联系的海外华侨、华人、留学生组织通过中国驻各所在国（地区）使领馆和机构捐款捐物，汇缴致公党中央机关账户的海外捐赠资金共 22.21 万美元、2100 港元、9968 欧元。致公党中央机关支部及干部职工、各地方组织致公党员共捐赠 117.36 万元。

5 月 20 日，“台湾中华全球洪门联盟”通过致公党中央向四川灾区捐赠灾区急用的消毒剂 3600 包。

美洲各地中华会馆、中华公所、华侨总会联谊会代表团访问上海期间，从媒体上得知汶川地震的消息，于 5 月 14 日捐赠 1920 美元，由致公党上海市委会转交地震灾区。美国波士顿侨团人员募集善款 10 万美元，通过致公党中央转交灾区。总部设在菲律宾的海外致公党联谊会现场募集款 12 万美元。澳洲洪门致公党名誉会长、澳洲太平绅士李健民会同广西壮族自治区梧州市红十字会和梧州市慈善总会发起为灾区募捐活动，共募集资金 7.6 万元。

第七节　九三学社赈灾活动

一　九三学社中央组织捐赠

5 月 13 日，九三学社中央向全社印发《关于发挥九三学社优势，迅速投入抗震救灾工作的紧急通知》，要求全社各级组织迅速行动起来，发挥优势，为夺取抗震救灾的胜利做出应有贡献；灾区的九三学社各级组织要认真贯彻中共地方组织和地方政府关于抗震救灾的各项部署，动员广大社员积极参与抗震救灾工作，为受灾群众解难，为中国共产党和政府分忧；全社各级组织要采取捐款、捐物、献血等多种方式向灾区伸援手、献爱心、送温暖，努力形成共克时艰的强大合力。

5 月 22 日，九三学社中央印发《关于认真学习贯彻胡锦涛同志重要讲话精神，为夺取抗震救灾斗争全面胜利做出新贡献的通知》，要求灾区的九三学社各级组织在当地中共地方组织和政府统一领导下，发挥优势和特长，明确责任和任务，出主意想办法，为尽快解决灾区群众的当务之急，特别是解决受灾群众有饭吃、有衣穿、有干净水喝、有临时住处和卫生防疫、受伤人员救治、受灾人员心理抚慰等问题，发挥积极作用。全社各级组织要有钱出钱、有人出人、有力出力，通过多种方式向灾区伸援手、送温暖、献爱心。

九三学社充分发挥科技人才荟萃的优势，向抗震救灾工作提出了大量可操作的意见建议。九三学社中央、各级地方组织以及社员个人共提交相关提案或建议 50 多件。其中，九三学社中央以“直通车”的形式，7 次向中共中央、国务院建言。

5 月 23 日，九三学社中央针对汶川地震灾后重建工作建言，提出全面总结地震规律和防震抗震经验，统筹规划、强化管理，因地制宜、合理建设等建议，其中特别强调将灾后恢复重建工作纳入法制化轨道、制定科学的灾后重建规划、开展对口支援。6 月 2 日，就“治理并保护堰塞湖”问题提出建议，并提出具体的实施方案。4 日，提出《关于立即开展重点区域防震抗震能力检查的建议》，建议对中国地震高烈度重点区域、城镇的防震抗震能力立即进行系统检查，提高其防震能力和水平，并从加强地震预测与预报研究、开展重点区域农村建筑抗震能力审查、开展生命线工程抗震防震能力的全面检查、建立国家综合应急管理部门等方面提出具体建议。5 日，全国人大常委会副委员长、九三学社中央主席韩启德致函国务院，就灾区村镇建筑重建问题提出建议。建议包括对于集镇、建制镇（包括县城城关镇）和村庄的重建方案，并附《汶川特大地震灾区村镇重建的工作方案》。同日，韩启德就《关于灾区重建规划选址的几点建议》再次致函国务院，提出“在山区灾后重建规划过程中，应特别重视地质环境与历史变迁对灾后重建场地选址的影响”。“建议”对地震灾害情况进行了分析，指出此次地震造成的巨大损失不仅仅是由地震直接造成，在相当程度上是由于地震引发的山体滑坡、崩塌、堰塞湖等次生地质灾害造成的，“建议”对重建规划提出了具体的意见。6日，针对灾后心理干预工作中存在的一些问题，韩启德向国务院提出了《关于灾后心理干预的建议》。8月6日，韩启德就《关于地震灾区恢复重建工作的几点补充建议》致函国务院，“建议”根据一个时期以来全社尤其是灾区九三学社基层组织重建提出的数百条建议以及对灾区有针对性的调研结果，提出加快灾区城镇体系规划和农村建设规划、统筹兼顾利用好板房建设用地、灾后恢复重建要切实以民生为重、坚决杜绝虚假浮夸现象、实施灾区战略性产业重建、促进灾区经济发展和人民就业、加强对过渡安置板房社区的管理等项建议。这些建言受到中共中央、国务院的高度重视，大多被采纳、吸收到抗震救灾和灾后重建的政策措施中。

6月2日上午，韩启德主持召开主席办公会议。会议指出，九三学社中央要继续动员广大社员捐款捐物，支持和参与抗震救灾工作，协助灾区中共地方组织和政府做好协调关系、化解矛盾、维护稳定的工作。会议结束后，九三学社中央立即向全社发出倡议书，号召在全社开展一次“灾后重建伸援手、募集善款献爱心”活动，以捐款形式帮助灾区群众渡过难关，重建家园，为夺取抗震救灾的全面胜利再尽一份力量，把广大社员的爱心落到实处。3日，九三学社中央向各级组织和全体社员印发倡议书，号召全社同志以捐款形式帮助灾区群众重建家园。

截至7月11日，九三学社全社捐赠资金和物资折价共5894.18万元。其中，广东省委会捐赠733.93万元，浙江省委会捐赠672.9万元，黑龙江省委会捐赠483.72万元，四川省委会捐赠482.39万元，河北省委会捐赠404.61万元。

九三学社社员中的企业家纷纷慷慨解囊，伸出援助之手。5月20日上午，统一战线著名书画家企业家捐赠活动在中央统战部礼堂举行。九三学社中央常委、九三学社中央书画院副院长王林旭，九三学社社员、九三学社中央书画院副院长李燕、叶培贵参加活动并为灾区捐赠书画作品。他们不仅带去自己的藏品，还现场创作多幅作品。王林旭捐赠丈二匹书画作品《竹报平安》。叶培贵捐赠8尺整张《自作诗和谐颂》及近100平尺的长卷《自书诗》。李燕不仅捐赠了自己的书画作品《岱英图》，还捐出其父李苦禅先生的遗作《远瞩》。

二　地方各级九三学社组织和九三学社社员捐赠

88岁的九三学社北京市委会原副主委范子昌坚持到机关捐款。九三学社北京书画社成员邵玉铮、陈翰彬、孙克、范贻光、单良生、赵英杰、叶培贵等出席“为了汶川的孩子们——首都统一战线定点重建地震灾区学校大型募捐笔会”活动，捐赠作品30余幅。著名书画家、九三学社老社员王超尘、徐照海捐出他们的画作。北京市九三学社社员谢苗荣主编的《灾害及紧急医学救援》和《急诊传染病防治手册》，由北京科学技术出版社出版并捐赠地震灾区。从5月13日起，由韩启德指导，九三学社中央委员、学苑出版社社长孟白组织，九三学社有关专家积极编写的《地震灾后防病必备常识》，经五昼夜连续奋战，完成编写任务，首次印刷10万册，通过灾区的九三学社组织免费送到灾区群众手中。此后，学苑出版社又重印16万册，发往甘肃、陕西、重庆受灾地区，为灾后防疫防病工作贡献力量。

河北省唐山市九三学社社员韩志强捐赠资金20万元，还捐赠价值100万元的药品。九三学社邢台市委会委员、优秀民营企业家任广进，向东汽捐赠价值100万元的生产设备。

九三学社黑龙江省委会共募集善款43万余元，用于剑阁县剑门关中学综合楼重建。5月22日，正出国考察的九三学社黑龙江省大庆市委会委员、大庆大丰科技集团有限公司董事长高雁鸣，特地停止考察，从国外赶回单位，除以公司名义向灾区捐赠100万元外，还以个人名义捐赠100万元。九三学社社员、黑龙江省画院院长、国画家吴团良捐赠1万元，并将自己义卖书画所得的善款21万元全部捐赠四川地震灾区。6月15日，九三学社大庆市委会委员、油田建设集团设计研究院建筑规划设计所职工安然，在自己的婚礼上安排了一个特殊仪式，共同为四川灾区遇难同胞祈祷，并将“爱心社费”2385.4元交九三学社大庆市委会。

上海市川籍九三学社社员、男高音歌唱家廖昌永先后参加“血脉相连、众志成城——上海市社会各界赈灾文艺晚会”、中央电视台“爱的奉献——2008宣传文化系统抗震救灾大型募捐活动”、上海四川商会举办的募集活动，多次向家乡四川灾区捐款。

九三学社中央书画院副院长、九三学社文澜书画院院长骆恒光，参加浙江书画界赈灾义拍活动，创作捐赠了书法作品《竹石》，并捐款6000元。杭州市萧山区九三学社社员邵法平捐赠100万元。

中科院资深院士、九三学社山东省青岛市委会原主委刘瑞玉已87岁，他在单位组织的捐款活动中捐赠1万元，又在“缴纳特别社费、支援地震灾区”活动中交纳“特别社费”5000元。

6月8日，由九三学社湖南省委会和湖南省红十字会、湖南省参事室文史研究馆、湖南经济电视台联合主办，金鹰报刊社、楚湘文化艺术收藏品拍卖会共同承办，湖南省美术家协会、潇湘华天大酒店等众多单位协办，举行了“心系汶川、情动潇湘”名人名家书画艺术品赈灾义卖会，共拍得善款143万元，款项全部交湖南省红十字会捐赠四川地震灾区，用于援建学校。义卖会上，湖南画家李自健捐出为活动创作的《听泉的汶川女娃》，画作拍得128万元，捐款用于援建地震灾区的希望学校。九三学社社员、湖南科技大学艺术学院副教授、水墨画家刘坚，将自己一幅作品拍卖所得的3.3万元捐赠灾区。

广西壮族自治区九三学社社员、84岁高龄的书法篆刻艺术家帅立志，将自己书画拍卖所得的1.3万元全部捐给灾区。

九三学社社员、重庆山外山科技有限公司董事长高光勇，捐赠价值100余万元的血液净化设备4台。成都市美术家协会主席、九三学社四川书画院院长刘正兴捐赠150万元。九三学社四川省直文化艺术支社社员、诗丽堂美容美体连锁集团董事长李伟成捐赠131万元，用于援建灾区小学。他还组织企业员工义务献血、开展项目义卖活动，所得款项全部捐赠灾区。李伟成还捐赠了价值20万元的妇女用品，并资助灾区年满18～35周岁的300名女性每人3080元的岗前技术教育费用，委托诗丽堂美容美发技能培训学校将她们培训两个月后，安排到全国诗丽堂连锁机构工作。

第八节　台湾民主自治同盟赈灾活动

一　台湾民主自治同盟中央组织捐赠

台盟中央于 5 月 14 日、22 日两次下发通知，要求全盟各级组织积极组织开展捐款捐物活动，为灾区人民送去温暖和关怀。

5 月 29 日，全国政协副主席、台盟中央主席林文漪赴四川地震灾区，看望慰问奋战在抗震救灾一线的台盟盟员、机关干部和遇难者家属，指导抗震救灾工作。林文漪希望全体盟员尽己所能，积极投身于受灾群众安置、恢复生产、灾后重建等各项工作。

截至 10 月 14 日，台盟中央募集资金物资折价 205.81 万元，其中台盟中央机关捐赠资金 15.123 万元、物资折价 32.45 万元。

二　地方各级台盟组织和台盟盟员捐赠

地震发生后，在北京的广大台胞迅速行动起来，为灾区人民捐款捐物奉献爱心。5 月 13 日，北京市台联代表全市台胞率先向市红十字会捐款，向四川省台联发去慰问信。14 日上午，台盟北京市委会、市台联和部分在京台胞，参加"向灾区人民献爱心"捐赠活动。22 日下午，台盟北京市委妇委会和北京市台联妇委会，参加北京市妇联、北京市慈善协会组织的抗震救灾捐款活动，参与对四川灾区妇女儿童的救助。30—31 日，台盟北京市委会、市台联参加中共北京市委统战部组织的"为了汶川的孩子们"——首都统一战线定点重建地震灾区学校大型募捐活动。全国台联老会长、全国人大华侨委原副主任林丽韫不仅多次向本单位和街道捐款，还通过市台联向灾区人民捐款，表达自己的爱心。在长沙定居的 82 岁的台盟北京市委会老主委林云身患重病，特意委托在京的子女到台盟北京市委会机关捐赠 1 万元。市台联顾问、80 岁的盟员何标刚做完手术，身体虚弱，但仍赶到邮局向中国红十字会汇赠资金 1 万元。市台联理事陈云英、邱健勇、陈燕妮、王涛及青年台胞邱林等捐款都在万元以上。台盟盟员詹志芳向灾区捐赠价值万余元的衣物。80 多岁的老台胞谢德贞由家人推着轮椅赶到北京市台联，将自己当月的津贴全部捐出。许多台胞和盟员分别参加了本单位和统战系统组织的捐款活动。仅北京市台联就收到台胞直接捐款 3 万余元。

台盟沈阳市委会 92 岁高龄的盟员赵荣立，女儿因病去世，老伴患重病刚做完手术，家庭经济比较困难。他在工作单位捐赠 1000 元后，又到台盟沈阳市委会机关捐赠 1000 元。台盟上海市委会委员、上海和通建设工程咨询有限公司董事长林慧军，以公司名义捐赠 10 万元。台盟浙江省委会杭州市支部盟员、杭州江南布衣服饰有限公司总经理吴健，以企业名义通过杭州市红十字会等向灾区捐赠 40 万元，还捐赠价值 30 万元的衣物。台盟湖北省委会副主委张天弓将自己的书法作品拍卖所得的 1 万元全部捐给灾区。

台盟成都市支部成华区盟员谢飞，5 月 16 日向灾区捐赠总价值 1.5 万元的军用棉被 100 床和一批手套、蛋白粉等物资，随后又在社区义务向人们宣传疫病预防知识，并赠送价值 1000 多元的洗手消毒物品。地震发生后，绵阳市银都领地住宅小区部分房屋受损不能使用，台盟成都市支部盟员彭梅与志愿者在 3 天内筹集价值 8 万元的帐篷 180 顶，送到银都领地住宅小区。彭梅还倡导参与“为儿童捐献过节礼物”的活动，2 天内收到社会各界捐赠的 8 编织袋儿童玩具，全部送到成都市儿童医院，分发给从灾区转移来的儿童，并为小朋友们送去爱心卡，鼓励他们战胜困难、重塑信心。台盟成都市支部盟员、阿斯利康制药有限公司（中国）成都地区经理陈丹，在地震发生后立即向总部求援，半个月内将价值 50 万元的救灾药品、公司捐款 700 万元、职工捐款 110 万元，分别转送（汇）至四川省卫生厅、中华慈善总会、民政部，并代表公司宣布援建 600 万元的灾后重建项目。台盟云南省委 81 岁高龄的老盟员范送辉捐款 3400 元。

截至 10 月 14 日，台盟地方组织捐赠资金和物资折价共计 222.99 万元。其中，台盟北京市委会捐赠 17.87 万元，台盟天津市委会捐赠 9.39 万元，台盟辽宁省委会捐赠 8.34 万元，台盟吉林省委会捐赠 1.99 万元，台盟上海市委会捐赠 28.96 万元，台盟南京市委会捐赠 4.68 万元，台盟浙江省委会捐赠资金 47.22 万元、物资折价 30 万元，台盟安徽省委会捐赠 1.72 万元，台盟湖北省委会捐赠 9.03 万元，台盟福建省委会捐赠 16 万元，台盟广东省委会捐赠资金 26.79 万元、物资折价 2.3 万元，台盟海南省委会捐赠 2.33 万元，台盟重庆市委会捐赠 3.24 万元，台盟成都市支部捐赠 3.35 万元，台盟云南省委会捐赠 1.78 万元，台盟陕西省委会捐赠 8 万元。（参见图 29）

图 29　5 月 22 日，台盟陕西省委会联合陕西省台联举行“让爱从心底流出”捐赠活动现场
（台盟中央　提供）

第九节　中华全国工商业联合会赈灾活动

一　全国工商联组织捐赠

汶川地震发生后，全国工商联立即召开紧急会议，全国政协副主席、全国工商联主席黄孟复对抗震救灾工作做出部署。5月13日、14日和21日，全国工商联先后3次发出通知，要求各级工商联响应中共中央、国务院号召，组织动员民营企业捐款捐物，支援灾区各项工作。

5月15日，全国工商联举行全国工商联会员企业及机关和直属单位干部职工向四川地震灾区捐赠仪式，现场共捐赠人民币2740万元、港币10万元及价值700万元的药品。全国工商联还专门下发紧急通知，要求各级工商联组织严格按国家规定，进一步加强对所接收的捐赠款物的管理，引导民营企业按正规渠道、规范程序捐赠。

5月20日，全国工商联副主席孙安民率工作组，冒着余震的危险奔赴四川、陕西、甘肃，实地考察当地工商联和民营企业的受损情况，并与三省省政府就全国工商联系统参与灾区重建进行对接和谋划，提出很多建设性意见。31日，黄孟复前往灾区考察，还特意以“你们的朋友”的身份给灾区儿童写信，向他们致以节日的问候，并用全国工商联机关干部职工的部分捐款向绵竹市东汽小学和彭州市新兴镇小学捐赠了6000余册少儿课外图书和部分学习用品。

6月2日，全国工商联召开专题会议，研究贯彻落实全国政协主席贾庆林在各民主党派、工商联抗震救灾工作座谈会上的讲话精神，提出了工商联系统参与抗震救灾工作的具体方案。10日，全国工商联专门召开工商联系统抗震救灾对口支援专题座谈会，21个省级工商联的领导到会与灾区县级工商联负责人进行面对面的沟通交流和对接，会后专门下发了《全国工商联十届一次常委会议关于积极参加抗震救灾和灾后重建工作的决议》和《关于积极配合政府做好汶川地震灾后恢复重建对口支援工作的通知》，要求各级工商联组织和全体会员把受灾群众安置、重建家园与扶贫、光彩事业工作相结合，把引导东南沿海地区产业转移与恢复灾区生产经营相结合，充分运用非公有制企业在人才、智力、资金、技术等方面的资源，在各地党委政府的统一领导下，开展多种形式的对口援助。

7月15—18日，中央统战部副部长、全国工商联党组书记、第一副主席全哲洙率调研组赴四川，就抗震救灾及灾后恢复重建有关情况特别是灾后民营企业恢复重建问题进行调研，考察汶川县映秀镇、都江堰、什邡、绵竹、青川、北川等地灾情，看望受灾群众、民营企业家和企业员工以及灾区工商联的干部职工，并与灾区地方政府对灾后重建工作交换了看法，对企业重建工作提出要求。

7月1日，全国工商联召开各直属行业商会参与的灾后重建工作座谈会，组织引导各行业商会有序参与灾后重建工作。10月27日，全国工商联和四川省政府、工商总局共同举办“民营企业灾后重建与发展论坛”，全国31个省（区、市）的民营企业家代表及四川省各市州的民营企业家600多人参加论坛，正式签订民营企业灾后重建项目22个，金额达200多亿元。

二　地方各级工商联和工商联会员捐赠

各级工商联及各行业商会通过多种形式组织会员企业捐赠资金和物资。截至6月底，全国工商联各直属行业商会捐款达19.1亿元，捐物折合2400万元。全国工商联家具业商会组织“为汶川设计——2008中国家具设计大赛”，为汶川县所有小学提供全部教学用的课桌椅，并号召会员企业以“一帮十”“一帮百”等形式对灾区受灾家庭进行援助。全国工商联旅游业商会配合四川省政府积极恢复四川旅游，将震区内受损的景区与川外的会员企业的景区挂钩，采取“一帮一”或“多帮一”的形式，帮助灾区受损的民营旅游企业恢复重建设施，并吸纳灾区旅游企业员工到非灾区会员企业工作。全国工商联美容化妆品业商会专门成立中国美容行业专项慈善基金，为受伤受灾群众提供免费医疗整形救助，为灾区愿意从事美容美发行业的18～30岁的青年提供免费的专业培训，吸纳灾区群众1300人就业，并组织会员企业向灾区受损的美容美发院店提供“点对点”“一对一”的帮助，使其迅速恢复经营。全国工商联新能源商会号召会员企业向地震灾区捐赠太阳能热水器，商会常务副会长单位——江苏太阳雨集团向江油市最大的受灾群众安置点太平镇援建了四川地震灾区首个太阳能浴室。全国工商联农业产业商会积极组织所属会员企业为灾区运送急需的食品。全国工商联厨具业商会组织会员捐赠炊事设备，帮助解决受灾群众吃饭问题。

四川省工商联在地震发生后立即成立抗震救灾工作领导小组。震后第二天，领导小组负责人到达重灾地区绵阳、德阳、广元等地，把成都市民营企业家向灾区捐助的3200万元现金及1800万元的药品、食品、衣物等分送到灾区政府和群众手中。同时，为保障空中运输救灾物资的快速通畅，四川省工商联组织500名民营企业志愿者突击队赴成都双流机场和太平寺军用机场抢运救灾物资。

北京、天津等省（市）工商联以及部分行业商会专门组织车队，由省（市）工商联或行业商会领导带队，将捐赠物品迅速运送到灾区。北京市工商联交通运输业商会组织了由20辆挖土机、推土机、运输翻斗车、发电机等重型工程车辆和设备组成的“北京民企工程抢险队”，于5月25日抵达灾区现场，协助当地政府打通道路、清理现场。

5月27日，河南省永城市工商联、面粉协会组织面粉行业企业家出动11辆大卡车，装载280吨救灾食品运往四川地震灾区，又于28日将230吨优质小麦面粉、50吨优质挂面送到灾区。贵州省安顺市工商联和兴伟集团冒着频频发生的余震，带领20多名民兵不顾生命危险两次入川救灾，并将安顺市非公经济人士捐赠的价值370余万元的大米、矿泉水、棉被、药品等物资运往灾区。

据不完全统计，至5月21日，河北省工商联会员企业向灾区捐赠款物折价近2.9亿元；山西省工商联组织民营企业捐赠款物2283.3万元；吉林省各级工商联干部、职工和部分民营企业家捐款4913万多元；黑龙江省工商联会员企业捐款捐物6410.9万元；上海市工商联系统捐款捐物4459.5万元和300万港元；江苏省民营企业捐赠款物计1亿多元；福建省工商联会员企业通过各种渠道向地震灾区捐赠资金和物资折价 2000 多万元；浙江省民营企业捐赠款物 4.7 亿元；江西省民营企业捐赠款物 6271 万元；河南省民营企业捐赠款物 7185 万元；湖南省民营企业捐款捐物 3632 万元；广东省民营企业捐款 5413.3 万元；重庆市工商联会员企业捐赠款物 2408 万多元；成都市民营企业家向灾区捐款捐物近 5000 万元；云南省工商联会员企业捐赠款物 3101 万元；陕西省工商联在做好本省抗震救灾工作的同时，还将价值 54 万元的物资和 112 万元现金送往四川广元灾区；甘肃省工商联组织机关工作人员和在兰州的非公有制经济人士捐款捐物 695 万余元。

截至 6 月 5 日，全国 8000 多家民营企业捐赠资金 51.5 亿多元、物资折价 10.9 亿多元，共计 62.4 亿多元。其中，捐赠额 1 亿元及以上的会员企业有 5 家，1000 万元至 1 亿元（不含）的会员企业有 92 家，500 万元至 1000 万元（不含）的会员企业有 120 家。全国工商联企业家副主席、常委和中国民间商会副会长个人和企业捐赠款物总额 7.6 亿元，其中泛海控股集团及其董事长卢志强和企业员工捐款 2.0378 亿元（见图 30）。

在北京，从事户外用品研发和生产的北京探路者公司除向安县、绵阳、绵竹等地捐助帐篷、保暖衣、防水服装、照明灯具等价值 244 万元的救援物资外，还组建了一支赈灾救援小组，于 5 月 14 日凌晨到达成都，参加灾区一线救援行动。北京润泽东方环保工程有限公司向四川捐赠价值 1000 万元的污水处理设备——微波化学污水处理应急车，每天帮助灾区 2 万～3 万人解决用水问题和生活污水的处理问题。

图 30　5 月 28 日，中国泛海控股集团及其董事长卢志强和企业员工通过中央统战部、全国工商联向汶川地震灾区捐款

（全国工商联　提供）

山西长治潞宝集团董事局主席韩长安除捐款500万元，还安置了1000名受灾学生和孤儿到长治学习，并解决他们的学习、生活以及教师、工勤人员所需费用。山西振东集团总裁李安平筹备了总价值1000余万元的药品，于5月20日包专机送往受灾地区医院。

全国工商联副主席、内蒙古亿利资源集团董事长王文彪，在震后一小时就召集董事会，作出向灾区捐款1000万元的决定，并于次日上午将该笔款项汇给灾区。

5月21日，全国工商联副主席、大连万达集团董事长王健林在全国政协举办的全国政协抗震救灾捐赠仪式上宣布捐款6000万元，专项用于四川灾区重建一座震不倒、水准高的新型中医院。5月21日，贾庆林会见王健林时指出，作为改革开放的受益者，广大非公经济人士要致富思源，义利兼顾，发扬“一方有难、八方支援”的精神，积极履行社会责任，有力出力，有钱出钱，帮助灾区人民抗震救灾、重建家园，做出重要贡献。广大非公人士的义举，弘扬了中华民族“扶危济困、乐善好施”的传统美德和崇高精神，表达了对灾区人民的一片真情，履行了所承担的一份社会责任。

浙江娃哈哈集团紧急调集20多万瓶娃哈哈饮料，火速送往灾区。

安徽省蚌埠市工商联常委、怀远县工商联兼职副主席刘兆水和他的3个兄弟，组织8名挖掘机操作手，开着2台重型挖掘设备，长途跋涉，于5月17日到达绵阳。在灾区10多个日日夜夜里，刘氏四兄弟率领的团队，协助打通了7条公路，疏通了3个堰塞湖。

5月17日，山东日照钢铁公司通过山东省慈善总会向四川地震灾区捐款1000万元，通过日照岚山区红十字会向灾区捐赠职工捐款253万元。22日晚，在日照市宣传文化系统举办的“情系灾区、奉献爱心”活动中捐款1000万元。23日晚，在山东省宣传文化系统举办的“鲁川血脉情，帮灾区人民建个家”赈灾义演晚会上再捐2000万元。至26日，该公司已累计向地震灾区捐款1.53亿元。

湖南三一重工集团一次性向灾区捐赠价值1500万元的15台重型机械设备，并在灾区召集当地志愿者，现场对志愿者进行机械操作培训。三一重工集团还派出50人的救灾小组奔赴灾区参与生命搜救，并于5月17日成功营救出被困约117小时的受灾群众季中山。

深圳桃源居集团先后捐资2530万元用于都江堰市聚源中学重建。

抗震救灾期间，广西举办首届非公有制企业运动会。运动会组委会特将原定5月16日举行的开幕式、18日的闭幕式，改为16日向地震灾区的捐赠仪式。91家非公有制企业、广西壮族自治区党委统战部、自治区工商联机关干部及参赛的500名运动员参与捐赠，共募集救灾款物折价2390多万元。

海航积极调配运力，抢运抗震救灾人员和物资，花费1.84亿元。均瑶集团旗下的吉祥航空每天一班次免费为救灾行动提供空中运输服务；复星医药公司把价值50万元重达4吨的药品，通过均瑶集团的专机运抵灾区，缓解了赴川救援的解放军和武警部队官兵药品缺乏问题。恒基伟业科技发展有限公司根据灾区救灾的实际需要，经过三昼夜研发，成功地在公司光能手机中植入疫情上报软件，生产出900台光电疫情通手机捐赠到灾区，有效缓解了灾区供电不足、通信断续等问题，为救灾防疫提供有力的支持。

贵州白志祥骨科医院院长白贵春除个人捐资100万元外，还组织医疗队自带8万元骨伤药品和2辆救护车连夜赶往灾区从事医疗救援。在灾区，这支民营医疗救援队曾经连续30小时不休息，10天内做手术60台次，救治了400多名伤病员。

地震发生后，陕西西安高新区新竹防灾救生设备公司连夜生产安装8套“微型大力士”救援专用设备，同时配备8套充气泵、30套矿灯、100盏应急灯、100顶安全帽和30套帐篷、气垫床等设备送往灾区前线指挥部。伟志集团股份有限公司董事长向炳伟于5月15日率企业自行组织的两支抗灾救援小分队，分赴陕西省和四川省的重灾地区开展救援工作。他们冒着生命危险为受灾群众及救援部队购买、运送馒头、矿泉水、帐篷布、奶粉、衣物及洗漱用品等物资，与西安大康心理咨询小分队一道对受灾群众特别是儿童进行心理抚慰。

三　灾区民营企业捐赠救助活动

灾区受灾的民营企业在因灾停产经济损失无法估计的情况下仍然慷慨解囊，主动为灾区群众捐款捐物。

四川汉龙集团、四川蓝光集团、四川宏达集团在企业遭受严重损失的情况下，主动为重灾地区群众捐款5030万元。

许多企业在自救的同时不忘抢险救灾、救助受灾群众。四川宏达集团在自身财产损失达7.7亿元、受灾员工数量众多的情况下，一面全力救助受灾员工，一面抽调本已严重缺乏的铲车、吊车、挖掘机等大型工程机械，紧急支援地方学校抢救被埋学生、抢修公路。5月13日，四川剑南春集团在收到上级调送的第一批饮用水和食品时，当即拿出一半送往东汽。他们还用消防车从德阳拉水供应员工和周边受灾群众，惠及上万人，同时用酿酒用的粮食熬粥，为上万人供应粥饭。四川龙蟒集团总裁李家权在公司人员伤亡众多、20多家下属企业全部瘫痪，直接经济损失达13亿元的情况下，调动所有可用的吊车、挖掘机、小车等各种车辆100多台奔赴受灾现场，参与营救和抢险工作；组织水车15台，每天向受灾群众运送生活用水；紧急组织采购价值300多万元食品、药品100多吨、篷布40多万平方米，及时发送到受灾群众手中。四川恒丰集团迅速排除公司钢结构厂房的险情后，震后第二天就安置了2000多名从绵竹汉旺转移来的受灾群众；董事长吉祥带领众员工，每天煮粥200锅，为1万余名受灾群众提供就餐。四川双虎公司主动停产，利用厂房和生活设施免费为受灾群众提供安全住所和一日三餐。13日，四川白家食品有限公司董事长陈朝晖接到四川省商务厅要求他们迅速提供12万件、价值600万元的方便食品的通知后，立即命令工厂迅速恢复生产。公司全体员工冒着余震危险上岗，加班加点生产，彻夜搬运救灾产品，保证及时发往灾区。

德阳市工商联餐饮业商会得知德阳各大医院医护救援人员、伤员和受灾群众等数万人缺乏食品后，紧急组织各会员企业迅速行动。许多餐饮业会员企业顾不上自家饭店的损失，冒着余震不断的险情开灶做饭，向伤员、义工、医护人员、外援救护人员免费供餐。据统计，该商会共设置救灾饮食点30余处，每天解决上万名受灾群众、医务人员、公勤人员的就餐问题。

第二章　人民团体赈灾活动

第一节　中华全国总工会赈灾活动

一　全国总工会组织捐赠

汶川地震发生后，中共中央政治局委员、全国人大常委会副委员长、全国总工会主席王兆国立即作出指示，要求全国总工会迅速与四川省总工会联系，了解灾情，及时帮助解决四川工会组织和灾区广大职工的问题和困难。正在国外访问的全国总工会党组书记、副主席、书记处第一书记孙春兰通过电话，对工会的抗震救灾工作提出要求，并提前回国组织全国总工会的抗震救灾工作。

5 月 13 日上午，王兆国对全国总工会和各级工会组织抗震救灾工作提出明确要求，强调各级工会组织和工会干部要认真贯彻中共中央的部署，全力做好抗震救灾捐赠工作。全国总工会党组副书记、副主席、书记处书记乔传秀主持召开全国产业工会、全国总工会各部门及直属单位负责人会议，具体部署全国总工会和各地工会抗震救灾工作。会议决定，成立总工会抗震救灾工作协调小组，总工会副主席徐德明任组长，办公厅、财务部、服务中心、经济技术部、基层组织部、保障部、宣教部、机关党委及驻会产业工会负责人为成员。协调小组负责组织捐款；及时与受灾地区工会沟通联系，了解灾区需求；拨付捐款，发送物资；制定政策措施，搞好对口支援工作。

5 月 13—19 日，全国总工会连续下发《关于全力做好抗震救灾工作的紧急通知》《关于进一步做好地震灾区捐款捐物及有关工作的紧急通知》《关于在工会会员中开展“重建家园、再献爱心”大行动的倡议书》，并转发国务院农民工工作联席会议办公室《关于做好抗震救灾期间农民工工作的紧急通知》等文件，要求各级工会和广大工会干部积极投身抗震救灾工作，深入灾区企业和职工中开展帮扶救助，确保受灾职工群众有饭吃、有衣穿、有干净水喝、有临时住处。对因受灾导致特殊困难的职工、劳动模范，要重点帮扶救助，解决他们的实际问题。

5 月 14 日下午，全国总工会机关举行抗震救灾献爱心捐助活动，王兆国、孙春兰等领导带头捐款，共捐赠 92.81 万元。19 日，机关党委下发文件，倡导全国总工会机关和直属单位党员干部参加交纳“特殊党费”活动。广大党员积极响应，共交纳“特殊党费”93.61 万元。全国总工会机关、全国总工会直属单位、全国各产业工会，连续组织 3 次抗震救灾献爱心捐助活动。中国机冶建材工会、中国国防邮电工会分别捐赠 1500 万元和 700 余万元。

5 月 22 日，全国总工会女职工委员会下发通知，要求各级工会要组织和引导广大女职工积极投入到“重建家园、再献爱心”的大行动中。

二　地方各级工会组织和工会会员捐赠

全国各级工会响应全国总工会号召，迅速行动，组织广大职工为灾区捐款。同时，通过开展动员工会会员交纳“特殊会费”、发动企业开展赈灾义卖活动和工会企事业赈灾捐款、发动职工文艺团体义演募捐、动员劳动模范和先进集体带头捐赠、组织职工无偿献血、组织捐资助学、关爱灾区孤残儿童、关心家在灾区的外地务工人员等多种形式的救灾捐赠活动，支持抗震救灾。

首钢总公司工会捐赠 1200 万元。天津市总工会开展“支援灾区、重建家园、再献爱心”大型募捐活动，全市约 600 名女劳模、女先进人物捐款近百万元。上海市总工会接收全市各级工会组织、会员个人、外国友好工会代表团、外籍员工等捐款 8186.66 万元。江苏省总工会向地震灾区紧急捐赠 90 万元，同时组织全省各级工会和职工群众捐赠资金和物资折价 1300 万元，还组织企业劳模捐赠 200 万元，省总工会机关及直属单位 505 名党员交纳“特殊党费”19.1 万元。安徽省各级工会和广大职工组织捐赠资金和物资折价 5533 万元，其中通过全国总工会转交灾区 1394 万元，转交地方民政、慈善和红十字会 3624 万元，省总工会直接拨付灾区 515 万元。福建省总工会积极响应“重建家园、再献爱心”大行动的倡议，组织全省工会组织和会员捐赠 1117.95 万元，其中省总工会本级组织会员捐赠 598.59 万元；他们将这些捐款汇缴全国总工会 561.2 万元，直接转赠彭州市 30 万元，交省民政厅 7.39 万元。山东省总工会机关、离退休人员及直属单位 490 名工作人员捐赠 6.38 万元；青岛市开发区各级工会发动职工捐赠 350 万元，崂山区数万名职工捐赠 500 余万元；青岛建设集团麦岛家园项目部为 117 名四川籍建筑工人提前发放工资 80 多万元；崂山区在建施工企业共捐赠1200万元。湖南烟草有限公司工会捐赠1000万元。5月20日至6月19日，湖北省总工会共收到“重建家园、再献爱心”行动捐款 2067.82 万元。5 月 18 日，广东省总工会向全省工会会员发出“每位工会会员向灾区人民捐款一元”的倡议，一天时间就筹集资金 1600 万元；至 26 日，全省女会员共捐赠 1012 万元。

全国许多获得“五一劳动奖状”单位、全国劳模和“五一劳动奖章”获得者纷纷为灾区捐款。5 月 14 日，黑龙江省各级劳动模范和获“五一劳动奖状”的优秀企业、“五一劳动奖章”获得者捐赠 133.52 万元。同日，湖北省总工会组织全省获得全国“五一劳动奖状”的单位、全国劳模和“五一劳动奖章”获得者为四川灾区人民捐款；至17日，湖北省总工会共收到湖北祥云集团、中国一航航宇救生装备有限责任公司等单位和王国久、张晓林等个人捐赠241.23万元。23日，西藏自治区和拉萨地区劳模共捐赠31.62万元，汇缴全国总工会财务部。全国劳动模范旺堆是墨竹工卡县的一位普通农民，靠经营百货批发店维持生活，在收到西藏自治区总工会发出的倡议书后，他第一个到区总工会捐赠1万元。

六一国际儿童节到来前夕，各级工会组织纷纷慰问灾区儿童。东汽工会为东汽3个受灾职工临时生活点建立起“红领巾小学校”。重庆市总工会购买了价值3万余元的物品100份，送到地震灾区的儿童们手中。上海市总工会和各级工会女职工委员会为四川灾区的儿童筹集书包3万多个，铅笔、字典等学习用品600多箱，服装2万套，胶鞋2万双。

截至7月7日，全国各级工会组织（含基层工会、工会会员）向灾区捐赠资金和物资折价约36亿元。其中，各级总工会组织企业和社会力量捐赠资金和物资折价17.94亿元，全国工会会员个人捐赠资金和物资折价约14.27亿元，各级工会用节省的工作经费捐赠资金和物资折价共3.73亿元（见表11）。此外，全国总工会还陆续接收了台湾、香港、澳门等地的捐赠资金325.58万元。

全国工会系统接收汶川地震抗震救灾捐赠资金物资情况统计表

表11　　（截至7月7日）　　单位：万元

单　位	工会经费捐赠	会员捐赠	社会捐赠	小　计
北京市	100.00	339.80	24595.00	25034.80
天津市	382.07	4847.96	9996.38	15226.41
河北省	30.00	1209.14	—	1239.14
山西省	—	630.00	—	1818.07
内蒙古自治区	38.00	523.86	1290.15	1852.01
辽宁省	323.00	5267.00	3637.54	9227.54
吉林省	112.00	416.00	11779.00	12307.00
黑龙江省	338.06	4023.51	2831.17	7192.74
上海市	4983.92	—	—	4983.92
江苏省	90.00	1300.00	218.29	1608.29
浙江省	465.99	3210.32	51.74	3728.05
安徽省	65.67	902.42	3862.06	4830.15
福建省	526.64	2416.16	16317.28	19260.08
江西省	20.63	343.87	1980.19	2344.69
山东省	120.00	1640.00	—	1760.00
河南省	4204.79	17845.96	15961.49	38012.24
湖北省	294.50	1540.60	10179.15	12014.25

续表 11

单　位	工会经费捐赠	会员捐赠	社会捐赠	小　计
湖南省	360.30	10599.50	10861.00	21820.80
广东省	328.13	5034.54	40443.39	45806.06
广西壮族自治区	26.80	1245.99	2048.98	3321.77
海南省	120.00	422.87	—	542.87
重庆市	370.48	250.65	—	621.13
四川省	14246.50	13.27	—	14259.77
贵州省	—	475.00	—	475.00
云南省	2592.66	19987.23	312.96	22892.85
西藏自治区	127.56	31.73	38.64	197.93
陕西省	40.00	215.05	15346.64	15601.69
甘肃省	—	—	7055.70	7055.70
青海省	61.00	70.42	15.00	146.42
宁夏回族自治区	5.00	270.86	2.00	277.86
新疆维吾尔自治区	664.28	357.69	5.81	1027.78
铁路系统	1066.39	9183.69	—	10250.08
民航系统	1183.40	4667.28	—	5850.68
金融系统	3236.00	36233.30	—	39469.30
国家机关	230.00	7158.16	—	7388.16
中直机关	158.26	—	—	158.26

说明：山西省小计金额包括工会经费捐赠和社会捐赠在内

三　全国总工会接收捐赠资金物资与使用

截至 9 月 1 日，全国总工会向灾区拨付 25797 万元，其中四川省 21511 万元、甘肃省 2192 万元、陕西省 1724 万元、重庆市 260 万元、云南省 90 万元、贵州省及其他 20 万元。根据国办发〔2008〕39 号文件规定，于 2009 年 1 月 14 日前分两次将结存资金汇缴至民政部抗震救灾捐赠专户。

截至 6 月 6 日，全国总工会共接收救灾捐赠物资折价 2000 多万元，全部调运地震灾区。王兆国多次过问、部署，机关相互配合，同心协力，保障救灾物资快速运输。5 月 18 日，全国总工会部署调运物资工作。19 日 5 时，全国总工会 30 多名干部职工到北京大红门火车站，调运第一批价值千万元的4类19个品种、128845件（套）救灾物资，经铁路运至四川地震灾区。21日，全国总工会调运第二批价值500余万元共8节车厢的帐篷、折叠床、药品、食品、手电筒、收音机和简易炉灶等物资，经铁路运至四川地震灾区。23日，调运第三批价值400余万元的帐篷、彩条布、棉被、服装、手电筒、雨衣、蜡烛等物资，经公路运至甘肃地震灾区。此后，采购活动板房5000平方米分装20辆卡车，经公路发运四川灾区。26日，调运第四批价值300余万元4节车厢的帐篷、棉被、服装、雨衣、雨鞋、折叠床、食品等物资，经铁路运至陕西地震灾区。30日，调运第五批总价值150万元的帐篷2000顶，经铁路运至甘肃灾区。6月6日，调拨第六批总价值121万元的帐篷900顶，经铁路运至陕西灾区。

汶川地震发生后，湖北、上海、江苏等各地工会迅速行动，为灾区提供急需物资。5月13日、17日，南京市总工会将价值80万元的收音机和价值30万元的应急药品发运四川等地震灾区。17日，四川省总工会协调四川出版集团调运价值3万余元的少儿图书5000余册，用汽车运至绵阳市九洲体育馆。19日，上海市总工会先后两次采购670余万元的生活和学习用品，用火车和汽车运抵地震灾区。截至2009年8月14日，湖北省总工会拨付灾区重建资金1263万元，其中拨付汉源县总工会1173万元、雅安市总工会90万元，还调运价值340万元物资至汉源县。

第二节　中国共产主义青年团赈灾活动

一　共青团中央组织捐赠

5月12日晚，共青团中央书记处第一书记陆昊、常务书记杨岳与灾区团委负责人紧急联系，了解灾区情况，布置赈灾工作。13日上午，陆昊主持团中央书记处会议，专题研究抗震救灾工作，广泛动员机关干部、青联委员、青年企业家、青年致富带头人为灾区捐款捐物。会议安排北京、广东、山东、福建、上海、天津、江苏、浙江等省（市）团组织与四川、甘肃、陕西、云南等灾区团组织建立结对帮扶关系，展开对口支援工作。会上，团中央书记处决定向灾区紧急拨款1405万余元，其中团费100万元、团中央直属机关干部职工捐赠资金105万余元、募集资金1200万元，支持灾区抗震救灾和灾后重建工作。会后，团中央即下发通知，部署全国共青团系统抗震救灾工作。

5月15日上午，共青团中央书记处召开会议，进一步部署抗震救灾工作。决定向共青团甘肃、陕西、重庆三省（市）委各拨付资金100万元。会议决定，成立团中央抗震救灾联合办公室，团中央书记处书记卢雍政任联合办公室主任，机关相关部门负责人为成员，负责全国共青团系统的抗震救灾工作。

5月19日，卢雍政主持召开抗震救灾工作联合办公室第一次会议，研究确定各成员单位职责：办公厅负责定期汇总共青团中央向灾区捐赠款物情况，负责相关审计、监督等工作；城市青年工作部负责组织青企协会员单位向灾区捐款捐物，汇总各地青企协捐款捐物情况；学校部负责灾区高校、中学和在外就学的川籍学生的就学资助等帮扶工作；少年部负责灾区少年儿童和少先队员的救援和慰问安抚工作；统战部负责发动青联委员为灾区捐款捐物，并受理港澳青联委员的捐赠，处理涉台救灾工作。中国青少年发展基金会实施“抗震希望小学”等资助灾区的项目，并定期汇总及发布全国青基会系统的捐款捐物信息；中国光华科技基金会组织社会各界向灾区捐款捐物，及时汇总、发布捐款捐物信息，推动建立支持灾后重建、受灾青少年救助等捐赠项目等。

5 月 29 日，增加共青团中央组织部、机关党委为共青团中央抗震救灾工作联合办公室成员单位，组织部负责协调抗震救灾“特殊团费”相关事宜；机关党委负责依据有关规定对救灾款物的筹集、分配、拨付、使用和效果进行全程监督检查，对在救灾款物的筹集、管理和使用过程中存在的弄虚作假、贪污私分、截留克扣、挤占挪用救灾款物等违法违纪行为进行调查核实，并提出处理意见。同日，团中央办公厅下发通知，明确共青团各省级团委对口支援灾区的主要任务、工作安排和要求。

6 月 20 日，共青团中央下发通知，要求各级团组织要按照“自愿捐赠、不得摊派，尊重意愿、专款专用，统一规划、突出重点，公开透明、加强监督”的原则，规范完善救灾捐赠款物的管理和使用，加强救灾捐赠款物使用情况的监督检查。

截至 7 月 10 日，共青团系统共募集资金物资折价 16.7 亿元，其中资金 11.2 亿元、物资折价 5.5 亿元。

共青团中央机关各部门及直属单位迅速行动，投入到抗震救灾中。城市青年工作部、中国青年企业家协会下发通知，动员广大青年企业家响应中共中央、国务院的号召为灾区捐款。截至 10 月 14 日，共募集抗震救灾捐赠资金 1094.54 万元，由团中央统一拨付灾区。全国少工委紧急部署、大力推进“手拉手关爱地震灾区少年儿童”工作，号召广大少先队员力所能及地帮助灾区困难小伙伴。截至 5 月 20 日，有 14 个省（区、市）少先队组织共募集资金 6158 万元。全国青联秘书处通过短信平台，号召广大委员为灾区捐款捐物。全国青联副主席彭丽媛的捐款是全国青联救灾捐赠收到的第一笔善款。全国青联委员、第十八届中国十大杰出青年王结是一位盲人，向灾区捐赠 5000 元。扎根山区的全国青联委员、第七届中国十大杰出青年、湖北省五峰土家族自治县三坪希望小学校长宋芳蓉捐赠 200 元。截至 5 月 28 日，全国青联共接收青联委员捐赠资金 4100.34 万元。

共青团中央直属机关广大党员自觉交纳“特殊党费”。团中央书记处全体成员带头交纳“特殊党费”。直属机关 115 名党员分别交纳“特殊党费”1000 元以上。少年部党员张爱民在老家休病假，特地通过邮局汇寄“特殊党费”1 万元。中国国际青年交流中心阎学谦已通过其他方式向灾区捐款，又交纳“特殊党费”1 万元。团中央实业发展中心、中国青少年研究中心、中国青年出版总社、中华儿女报刊社、中国青少年发展服务中心、中国国际青年交流中心、中国青年旅行社总社、中国青年实业发展总公司等单位的领导班子成员都积极主动交纳“特殊党费”。中国青年出版总社所属农村青年杂志社的 5 名党员，在积极交纳“特殊党费”的同时，还为绵竹灾区的小学生购买了价值 1.36 万元的学习用品和衣服。82 岁的团中央机关离休干部、党员苏喆搭乘公共汽车到机关，交纳“特殊党费”1000元。党员、中国少先队事业发展中心退休干部、享受政府特殊津贴的专家刘恪山捐赠3000元后，还将自己画作义卖所得款项全部捐给灾区。机关和直属单位的离退休党员都主动联系交纳“特殊党费”，部分不能当场交纳“特殊党费”的党员，积极通过电话、电子邮件或委托他人代为交纳。截至5月28日，团中央直属机关党员共交纳“特殊党费”36.65万元。

5月19日，中国青年报社、中国青基会联合中关村科技园区管理委员会、中国人民大学共同举办“万家企业、万名师生、心系灾区、为国分忧”誓师大会暨中关村科技园区抗震救灾捐赠仪式，中关村2万家企业代表集体誓师，向四川地震灾区捐赠款物计3亿元，并设立上千万元的“中关村教育基金”，支持灾区学校重建。

二　地方各级共青团组织和共青团员捐赠

各地共青团组织响应共青团中央号召，开展各种形式的募捐活动。5月12日下午，北京奥运会志愿者工作领导小组办公室、共青团北京市委、奥组委志愿者部向灾区拨付捐赠资金100万元，共青团山西省委向地震灾区捐赠15万元。13日，北京市青基会向四川捐赠100万元，并面向社会开通抗震助学专门捐助账户。共青团安徽省委机关党员干部交纳“特殊党费”7.71万元，向四川汇捐办公经费10万元。共青团贵州省委募集资金8.02万元。共青团西藏自治区委向四川团省委捐赠5万元。共青团甘肃省委干部职工捐赠1.89万元。共青团青海省委组织部职工捐赠2.12万元，转交汶川灾区。共青团宁夏回族自治区委机关捐赠6000多元。14日，内蒙古、江苏、福建、山东、辽宁、河南等省（区）团委机关工作人员分别捐赠1.43万元、1.67万元、2.85万元、3.25万元、3.31万元、4.28万元；吉林省、黑龙江省及新疆生产建设兵团团委也组织机关干部职工开展救灾捐赠活动，支援地震灾区。

各共青团省（区、市）委除组织社会捐赠外，还组织义演、义卖、义拍等多种大型劝募活动，募集款物。5月14日，共青团北京市委、北京市青年联合会与首都慈善组织联合举办“首都音乐家慈善义演音乐会”，现场募集资金1179.79万元。共青团福建省委在福州市区集中开展“心和你们在一起”地震灾区紧急救援志愿者劝募行动，当日筹募资金15.9万元。17日，共青团安徽省委联合安徽省青年联合会、共青团合肥市委、合肥书画协会举办“情系灾区孤儿爱涌捐赠巴蜀——省市书画家赈灾”活动，现场筹集资金10万元。共青团山东省委在济南泉城公园举办“万众一心、众志成城”抗震救灾大型义演活动，现场募集资金68.1万元。共青团陕西省委、陕西人民广播电台发起“托起希望——灾后学校重建行动”爱心募捐活动，陕西省人民广播电台第九套频率主持人分赴两个募捐点，进行现场劝募，捐款的群众络绎不绝。西安市长安区一位盲人农民早早拄着拐杖赶到现场捐款200元。一名学生先捐款100元，后再捐50元，一摸兜里还有21元，就又捐了20元，仅留下1元公交车钱。活动现场募集资金11.75万元。

5月18日，共青团河南省委举办“为了灾区孩子——河南青年在行动”系列活动，组织希望工程义工200多人，走上街头宣传劝募。中共河南省委副书记陈全国、副省长宋璇涛出席活动并带头捐款，现场募集资金 360 万元。共青团海南省委、海南省青少年发展基金会举办“为了灾区孩子——宜欣百货大型捐助义演晚会”，宜欣商业管理有限公司捐赠 50 万元，用于在灾区援建一所希望小学。

各地共青团组织积极发动高校学生和少先队员为灾区捐款。截至 5 月 21 日，北京大学、清华大学、中国人民大学、中央民族大学等 60 多所高校学生捐赠资金超过 400 万元。上海师范大学团委利用校园网络平台、校园演出开展募捐活动，一日内募集资金 60 万元。上海中医药大学、东华大学、华东政法大学开展赈灾义演活动，募集捐款。驻沪高等院校共募集资金 500 多万元。甘肃省 35 所高等院校团组织共捐赠资金 208.06 万元。陕西师范大学、长安大学号召全校师生，通过各种方式进行募捐，分别捐赠 91 万元、100 万元。陕西铁路工程职业技术学院 2006 级学生邢易衡，将自己勤工助学辛苦积攒的 3000 元钱捐赠灾区。江苏省学生联合会启动“江苏青年学子支援抗震救灾专项行动”，募集资金 90.36 万元；全省少先队员通过变卖废品、举办爱心义卖、节省零花钱等方式募集资金 94.09 万元，统一汇缴共青团中央。湖南省少工委发动所有学校少先队员为地震灾区小伙伴捐款，至 5 月 19 日，募集资金 620.9 万元。震后，贵州省贵阳市实验小学的少先队员们发起向灾区小朋友献爱心捐款活动。有的少先队员利用课余时间上街卖报，为灾区募集捐款；路人纷纷掏出 10 元、20 元、50 元买一份平时只要 5 毛钱的报纸，实验小学全体师生共为灾区募集资金 26 万元。

各地共青团组织以多种形式资助灾区孤儿和困难学生，援助“希望工程”。共青团陕西省委、陕西省“希望工程”办公室联合华商报社开展“希望工程圆梦——牵手行动”等系列大学新生助学行动，募集专项资金 467 万多元，资助贫困学子 1520 名，还为贫困学子提供了爱心助学岗位近 160 多个。河北省青年联合会副主席丁立国捐赠资金 1 亿元，计划在未来 10 年中，每年用 1000 万元资助灾区贫困儿童 1000 名，直至他们大学毕业。截至 5 月 19 日，共青团上海市委、上海市青少年发展基金会接收社会各界捐赠资金 1400 余万元，用于“地震灾区孤儿助养助学基金”700 余万元。上海市“希望工程”办公室推出“我的四川娃”助学活动，设立“都江堰爱心助学基金”，共筹集资金 200 余万元，其中 51 万元资助困难学生 510 余名。共青团浙江省委设立“希望工程”紧急救助基金——浙江“希望工程”汶川基金，共接收捐赠资金 1909.92 万元。共青团江西省委、江西省青少年发展基金会先后开展“希望工程紧急劝募行动”“希望工程助学活动”，为灾区募集资金和物资折价 5000 余万元。共青团湖北省委通过“心系汶川灾区——希望工程紧急行动”，募集资金 1540.57 万元。

各地少先队组织积极开展“手拉手关爱地震灾区少年儿童”活动。在震后一个月时间内，仅北京、重庆、湖南、黑龙江、浙江、广东等省（市）少先队组织及少先队员，捐赠资金和物资折价就达 7000 多万元。其中，黑龙江省少工委捐赠资金 100 多万元，捐赠总价值 400 万元的衣物 5 万余件、防震知识手册 2 万余册、文具 30 万件。六一儿童节之际，北京市海淀区少工委开展“情系灾区、心系伙伴——红领巾爱心传递行动”，海淀区 117 所学校的 12 万名少先队员，向灾区捐赠“爱心书包”1.5 万个、红领巾 3 万条、课外书籍 8 万册及福娃、玩具、文具 5 万多件（套）等。共青团江西省委、江西省青基会开展“援建抗震希望小学行动”等募捐活动，为小金县地震灾区援建“抗震希望小学”5 所。同时，发动共青团员和青年为小金县学生捐赠御寒衣被，还捐赠字典1万册等学习生活用品。各地共青团组织纷纷将帐篷、御寒衣被、教学设备、教辅图书、文具用品等物资邮寄到受灾学校，帮助受灾学生重返校园。

部分港澳台胞也通过共青团组织向灾区捐款。共青团四川省委接收香港童军总会申请香港特区政府批准的支援地震灾区重建信托基金3844万港元，香港李家杰珍惜生命基金捐赠的500万港元。澳门地区全国青联委员赴四川灾区考察时捐赠100万元援建青川县一所希望小学，捐赠50万元支持广元灾区青年就业创业。5月22日，共青团中央统战部接收在北京参加“两岸菁英北京大学总裁营”学习的台湾青年企业家集体捐款20万元。

中国在境外工作的广大青年也纷纷向灾区捐款。5月15日，在圭亚那的江苏青年志愿者得知四川灾情后，集体到中国驻圭亚那大使馆捐款。贵州省派出赴突尼斯援非的6名青年志愿者得知地震消息后，打来电话要求捐款捐物。截至7月25日，共青团中央接收出国青年捐赠资金和物资折价1644.9万元，全部转赠灾区用于抗震救灾。

国外一些青年机构、相关组织及友好人士在向共青团中央、全国青年联合会致发慰问电的同时，还通过共青团中央向灾区捐款。团中央国际联络部负责协调各国青年友好组织的捐款工作，并陆续收到泰国泰华农民银行捐款20万元、日本产业开发青年协会捐款30万日元、日本青年团协议会捐款100万日元、日本青年会议捐款200万日元。新中日友好21世纪委员会日方委员石川好专程赴四川灾区，代表日本漫画家协会向绵阳市南山中学捐赠200万日元，用于校舍修复。日本东京海上火灾保险公司捐赠1500万日元，用于为广元地震灾区小学和北京农民工子弟小学购置教学用品。

三　共青团收缴“特殊团费”

许多共青团员以上缴“特殊团费”的形式支援抗震救灾。5月13日，共青团河北省委汇捐全省各界青年交纳的“特殊团费”30万元给四川灾区，这是全国共青团系统汇到灾区的第一笔“特殊团费”。18日，中组部发出《关于做好部分党员交纳“特殊党费”用于支援抗震救灾工作的通知》后，各地共青团组织和广大团员纷纷效仿，掀起交纳“特殊团费”的热潮。19日，甘肃省高校交纳“特殊团费”4.74万元，共青团广西壮族自治区委向四川捐赠“特殊团费”20万元。

5月22日15时，河南省青基会接收南阳市驻郑团工委交纳“特殊团费”4.05万元。24日，河南省三门峡市举行交纳“特殊团费”支援抗震救灾活动，三门峡市新老共青团员现场交纳“特殊团费”5.31万元。26日，在共青团黑龙江省第十二次代表大会开幕式上，与会代表共同倡议交纳“特殊团费”支援四川灾区，现场550名代表交纳“特殊团费”6.5万余元。

5月30日，共青团中央书记处研究决定，团中央接收共青团员自愿交纳“特殊团费”并转交地震灾区。团中央办公厅下发通知，规定共青团员自愿交纳的“特殊团费”，可由所在单位共青团组织代收后上缴团中央代转，额度较大者，也可直接交共青团中央代转；团员交纳的“特殊团费”，可以通过银行汇至团中央团费专用账户；通知还公布了捐赠账号及开户银行。通知下发后，各地共青团组织纷纷转发，广大团员青年积极交纳“特殊团费”，支援灾区。

共青团江苏省委接收“特殊团费”1162万元，并以此建立“江苏省青少年发展基金会共青团员绵竹重建基金”。共青团广东省委接收“特殊团费”1273 万元。四川省虽然受灾严重，但广大团员仍然踊跃交纳“特殊团费”387 万余元。新疆生产建设兵团团委接收“特殊团费”180.44 万元，有 388585 名青少年参加爱心活动。铁道部系统团员交纳“特殊团费”235.36 万元。

共青团中央直接接收“特殊团费”1988.18 万元。根据各地意愿，承担对口支援任务的各省团员交纳的“特殊团费”，部分直接划拨至对口支援地区。团中央组织部向自愿交纳“特殊团费”的共青团员发放了“特殊团费”专用收据。

四　共青团中央接收捐赠资金物资与使用

截至 10 月 14 日，共青团中央直接接收捐赠资金 1542.3 万元，全部汇缴至民政部抗震救灾捐赠专户；接收捐赠物资折价 6600 多万元，已全部调运灾区。

5 月 14 日下午，共青团四川省委向团中央提出灾区急需雨具、棉衣被、帐篷、药品等救灾物资。团中央书记处立即部署，要求团中央办公厅调动各种资源，多方筹集，限时完成调运物品任务。当晚，团中央紧急从浙江省调运 5 万把价值 50 万元的雨伞运往四川灾区；筹集棉被 5000 床、帐篷 500 顶、药品 198 箱共 5 个列车车皮的物资，于 15 日从北京经铁路运往四川灾区；16 日，调运价值 205 万元的棉衣、睡袋、药品等物资，分别从秦皇岛、武汉、深圳等地经铁路运往四川灾区。16 日晚，卢雍政带领工作组抵达成都，代表团中央向共青团四川省委转赠资金 1400 万元及价值 580 万元的物资。17 日凌晨，得知四川灾区急需矿泉水、速食食品和抗生素、消毒药品、口罩、帐篷等物资后，陆昊立即打电话给正在四川指导共青团组织抗震救灾工作的卢雍政，紧急拨款 200 万元，委托共青团重庆市委在当地采购急需物资，并运往四川灾区。在得知四川重灾地区房屋倒塌，受灾群众和救援人员上厕所困难时，共青团中央紧急协调采购用六面聚酯材料制成、耐腐蚀、耐压、拆卸方便、不需用水冲洗的环保厕所 100 个，由总参谋部和空军某部空运至成都。共青团四川省委迅速将 100 个厕所运抵德阳、都江堰等重灾地区投入使用。21 日，根据灾区需求，共青团中央城市青年工作部调运价值 545 万元的药品、电话机、传真机、女性卫生用品，运往四川灾区。

共青团北京、上海市委等发挥交通优势，开辟救灾物资运送“绿色通道”支援灾区。5 月 14 日，共青团北京市委所属北京青少年发展基金会、北京志愿者协会、《北京青年报》《法制晚报》开通“爱心航线”，动员市民和各企事业单位捐赠瓶装饮用水、饼干、棉衣棉被、帐篷等灾区急需物资，协调中国联合航空公司每日通过一架波音 737—800 飞机将物资运往四川灾区，成为运送救灾物资的“绿色通道”。共青团河北、广西、新疆等省（区）委发挥资源优势，紧急调拨药品和食品等物资经铁路运往地震灾区。共青团河北省委调运价值 80 万元的药品运抵地震灾区。27 日，共青团广西壮族自治区委将价值 20 多万元的防暑降温药品，紧急运抵四川灾区。5 月 27 日至 6 月 4 日，共青团新疆青年服务队向绵竹捐赠馕 1.5 万个、肉 1 吨、红萝卜 3 吨、清油 1 吨共 22 吨物资；新疆青年服务队还在绵竹市剑南镇、玉泉镇和什邡市洛水镇等地用 3 口大锅做饭，让当地 2.5 万人次受灾群众和救援人员吃上了新疆手抓饭等特色饭菜，并向灾区捐赠 15 万元。

共青团福建省委联合各级红十字会、慈善总会，发动青年志愿者，开展“心和你们在一起”地震灾区紧急救援志愿者劝募行动，动员青年企业家、青年致富带头人、青联委员等各界青年奉献爱心，为灾区提供资金、物资等方面的支持，与灾区人民共渡难关。全省共青团组织及青联委员、青企协、青商会成员募集资金7215.63万元，募集价值2840.41万元的食品、生活用品、建筑材料等物资。重庆、贵州、广东等地团省（市）委利用地理优势，筹集帐篷、纯净水、手电筒、饼干等物资紧急运往灾区。

第三节　中华全国妇女联合会赈灾活动

一　全国妇联组织捐赠慰问

5月13日，全国妇联党组书记、副主席黄晴宜主持召开党组紧急会议，部署抗震救灾工作。当日，全国妇联分别向四川省委省政府、汶川县委县政府及四川省妇联、汶川县妇联发出慰问电，向灾区人民群众特别是妇女儿童表示慰问。同时，向四川省妇联捐赠300万元，向汶川县妇联捐赠200万元。当日上午，全国妇联党组召开机关各部门、各直属单位主要负责人会议，要求各部门、各单位迅速行动起来，捐款捐物，以实际行动落实中共中央的工作部署。

5月13—30日，全国妇联先后下发关于动员组织广大妇女为夺取抗震救灾斗争胜利做贡献、做好近期灾区儿童救助关爱工作、做好抗震救灾资金和物资募集、管理和使用工作等6个通知，组织发动广大妇联干部和妇女群众积极参加抗震救灾工作。

5月16日，全国妇联决定再紧急拨付250余万元支持四川抗震救灾工作。17—18日，受全国人大常委会副委员长、全国妇联主席顾秀莲和黄晴宜的委托，全国妇联副主席莫文秀深入四川灾区，了解灾情并看望慰问受灾妇女儿童。

5月22日上午，王兆国到全国妇联看望慰问正在紧张搬运抗震救灾物资的工作人员，并与大家一同搬运救灾物资。王兆国向全国各级妇联组织、地震灾区的广大母亲和全国广大妇女表示亲切慰问，并对妇联进一步做好抗震救灾工作提出要求。

同时，全国妇联其他领导也先后深入灾区，了解灾情，慰问受灾群众。

汶川地震发生后，许多国家妇女组织及其领导人向全国妇联发来慰问电。5月14日，塞拉利昂总统夫人在华访问期间，向全国妇联领导表达对中国人民的慰问。塞拉利昂、日本、瑞典、海地、俄罗斯、泰国、法国、德国、秘鲁、巴基斯坦等16个国家的20多个组织向全国妇联发了慰问函电，对中国四川汶川遭受强烈地震，造成人员巨大伤亡表示沉痛哀悼和诚挚慰问。许多组织还以不同方式表示支援的意愿，新日本妇女会、日本女性会议和日本全地妇联致函致电，表示将在日本国内发起救灾捐款行动。泰国妇女院主席表示将向中国援助血浆。正在上海召开的经济与社会妇女论坛亚洲大会在会上组织捐款，表达对灾区人民的慰问。全国妇联国际部接到慰问函电后，及时与中国红十字会等部门联系，将捐款捐物的相关渠道及时告知外方组织。

5 月 13 日上午，全国妇联机关党委动员和组织广大党员、干部职工、离退休老同志开展抗震救灾捐赠活动，共捐赠 51.19 万元。18 日，全国妇联党组织根据中组部《关于做好部分党员交纳“特殊党费”用于抗震救灾工作的通知》，组织妇联机关各部门和直属单位及离退休的党员交纳“特殊党费”，全体党员积极响应，共交纳“特殊党费”89.3 万元。全国各地妇联组织通过组织干部职工捐款，协调社会资源募集资金物资。全国妇联在震后采取开通抗震救灾捐赠热线、组织赈灾义演活动、设立“汶川大地震孤儿救助专项基金”等形式，为灾区募集资金和物资折价共计 3 亿元。

5 月 16 日，由全国妇联、交通运输部、农业部、卫生部、保监会五部委主办，中国儿童少年基金会、中国妇女发展基金会承办，在北京举行“情系灾区・爱心奉献大行动”公益晚会（见图 31），顾秀莲及其他部委领导出席并捐款，晚会现场共募集资金和物资折价 7000 余万元。

5 月 28 日，全国妇联与共青团中央、全国少工委联合发出《关于开展“心系灾区小伙伴，爱心奉献我行动”的倡议》，倡导全国少年儿童每人为灾区小伙伴捐零花钱 1 元，校外教育工作者每人为受灾儿童捐生活费 10 元。活动得到了全国校外教育机构和广大少年儿童的响应，先后有江苏、新疆、黑龙江、贵州、内蒙古、湖南、吉林、辽宁、北京、广西、安徽、天津等近 30 个省（区、市）的校外教育单位的近百万少年儿童参与。他们通过举行大型演唱会、开展慈善募捐、书画义卖、写慰问信、邮寄爱心千纸鹤等活动，向灾区小朋友送温暖、献爱心。31 日，来自

图 31　5 月 16 日，“情系灾区・爱心奉献大行动”公益晚会现场

（全国妇联　提供）

四川灾区的300多名少年儿童在北京中国儿童中心参加了“情系灾区小伙伴”全国少年儿童送温暖献爱心大救助主题日活动，顾秀莲、黄晴宜等妇联领导与孩子们一起度过六一国际儿童节。截至6月16日，四川省儿童活动中心共接收全国各地少年儿童捐赠的“情系灾区小伙伴”救助金81万元，通过灾区民政、妇联等机构向灾区儿童转交了来自各地各界的各种慰问品70多车，收转全国各地邮寄的救灾包裹（包括书籍）上千个，派人派车直接到灾区一线接儿童、送物资20次，接听全国乃至世界各地咨询和爱心人士电话3.5万次，收转全国小朋友寄给灾区小伙伴的信件和千纸鹤数以万计。

5月23—25日，中国妇女发展基金会、中国文学艺术基金会联合在北京新东安广场举办了“心系灾区·中国百名书画艺术家爱心奉献大联动”活动，第十届全国人大环资委委员、原全国妇联副主席刘海荣，中国文学艺术界联合会副主席刘兰芳，中国妇女发展基金会副秘书长秦国英出席。活动得到中国美术家协会、中国书法家协会的大力支持，一百多位书画艺术家参与活动并现场创作，奉献爱心。

5月30日晚，中国儿童少年发展基金会民族孤儿救助基金联合中华女子学院在该学院礼堂举行了“情系灾区、爱暖童心”抗震助孤慈善晚会，接收200名四川地震孤儿的云南丽江民族孤儿学校的学生代表以及演艺界、企业界和书法艺术界的知名人士参加。晚会现场共募集资金200多万元。中华女子学院还专门为灾区孤儿们准备了儿童节礼物，安排专人陪同他们参加学院组织的节日活动。

8月19日，中国儿童少年基金会、日照钢铁控股集团有限公司与双流县人民政府签署了“关于转移安置四川地震灾区学生协议书”，由日照钢铁集团捐资1.1亿元，在双流迁建棠湖小学、扩建九江中学、新建一个“安康家园”。

地震发生后，国务院妇女儿童工作委员会办公室与联合国儿童基金会共同合作实施了“儿童友好家园项目”，帮助灾区儿童消除地震造成的影响。截至12月，已在四川省21个极重灾和重灾县（市、区）建立了40所儿童友好家园。

全国妇联联合四川省妇联、成都市各级妇联、中华医学会、健康863网、中国儿童少年基金会、中科院心理所等单位开展了汶川灾区心理救援大行动，组织人员深入灾区对受灾群众进行心理干预。全国妇联、中国儿童少年基金会还组织开展了其他大型活动：5月15日，联合九牧王（中国）有限公司启动“爱心点燃希望、行动改变未来”大型赈灾活动；31日，联合橙天娱乐、正东集团等单位举办“关爱中国娃、我们在行动——爱心慈善义拍义演活动”。6月1日，联合中央人民广播电台共同开展“童心耀中华”大型直播募捐义演；3日，在湖南卫视举行“童看奥运、共享光明——呼唤把爱心奉献给孩子”大型慈善晚会；6日，联合中国国际广播电台华语台共同举办“天地有爱、撑起‘绿伞’行动”；26日，联合家乐福（中国）开展“爱心1+1”捐助大型活动等，募集资金物资，支援地震灾区。

二　地方各级妇联组织捐赠

全国各地妇联组织积极响应中共中央、国务院的号召，认真落实全国妇联关于开展抗震救灾的通知，踊跃向灾区捐款捐物。截至 9 月 28 日，各省（区、市）妇联和新疆生产建设兵团妇联组织共接收捐赠资金物资折价 9 亿多元（见表 12）。

全国各省（区、市）及新疆生产建设兵团妇联接收汶川地震
抗震救灾捐赠资金物资情况统计表

表 12　　（截至 9 月 28 日）　　单位：万元

单　位	接收资金和物资折价	单　位	接收资金和物资折价
北京市	1229.00	湖南省	1923.14
天津市	333.00	广东省	4552
河北省	6142.05	广西壮族自治区	2516.77
山西省	2017.17	海南省	110.28
内蒙古自治区	4100.00	重庆市	50.41
辽宁省	5530.00	四川省	8974.74
吉林省	3352.00	贵州省	6.13
黑龙江省	442.55	云南省	69.00
上海市	1839.00	西藏自治区	227.00
江苏省	6533.00	陕西省	3770.56
浙江省	22300.00	甘肃省	3081.15
安徽省	829.25	青海省	31.00
福建省	4587.97	宁夏回族自治区	13.00
江西省	2915.00	新疆维吾尔自治区	42.00
山东省	201.00	新疆生产建设兵团	123.00
河南省	2915.00	合　计	90771.01
湖北省	14.84		

香港、澳门和台湾地区妇女同胞积极向地震灾区捐款。5 月 13 日，在北京参加香港妇女界女性培训班的学员，在即将返回香港前捐赠 1 万元。香港特区政府妇女事务委员会于 18 日组团赴北京访问，向全国妇联捐赠 10 万港元。澳门妇联总会在澳门各界展开募捐行动，共捐赠 230 万澳门元。台湾“中华妇联总会”主任委员辜倬云发函向灾区人民表示慰问，并代表该会捐赠 100 万元。台湾“中华工商妇女企业管理协会”荣誉理事长刘费阿祥捐赠 70 万元。

三　全国妇联接收捐赠资金物资与使用

截至 9 月 11 日，全国妇联本级直接接收捐赠资金和物资折价共 505 万元，已按捐赠人意愿和灾区需求全部拨付和调运地震灾区。5 月 15 日，全国妇联调运第一批价值 30 万元的帐篷、卫

生用品、衣服、被子、食品等物资，经铁路紧急运送青川、绵竹灾区；22日，调运第二批价值321万元的帐篷、生活用品、食品等物资，经铁路运往四川、陕西灾区；同日，又调运第三批妇女卫生用品和儿童服装、食品、药品等物资，运送四川地震灾区。

同时，全国妇联还协调国际组织援助：联合国儿童基金会援助价值480万元的紧急救灾物资，美国圣徒慈爱协会援助价值154.5万元的物资，法国女性论坛向四川地震灾区援助39.3万元。全国妇联与联合国开发计划署、国际劳工组织、联合国儿童基金会、联合国妇女发展基金、联合国人口基金会等5个联合国驻华机构，启动了6个灾后重建合作项目（为期3年），投入资金总额167.3万美元；与日本国际协力机构签署了5年在灾区进行心理援助人才培养项目，投入资金总额2000余万元。

河北、山西、辽宁、浙江、江西、河南、湖北、湖南、重庆等省（市）妇联组织，开展为灾区妇女儿童捐款捐物活动，组织机关干部为灾区儿童编织爱心毛衣上万件。仅浙江省妇联就捐赠资金和物资折价2.23亿元。天津、吉林、黑龙江、山东、安徽、云南等省（市）妇联伸出救援之手，结对帮扶灾区妇女儿童，并接收受灾学生就学。江苏省与绵竹市开展“爱心妈妈牵手”活动，组织女企业家、女能手与198户受灾贫困妇女结对，计划3年内每年帮扶每户1000元。四川省妇联组织1000个“巾帼文明岗”，结对帮扶受灾村1000个。吉林省妇联与黑水县妇联开展“‘情系灾区、关爱孤儿’、‘吉林爱心妈妈、爱心爸爸’”活动，与灾区孤贫儿童牵缘对接，首批对接96名“吉林爱心妈妈、爱心爸爸”，为灾区捐赠5.76万元，分别寄往黑水和北川灾区，救助96名孤贫儿童。截至12月底，黑水县妇联向吉林省提出的3批共300名灾区孤贫儿童全部得到资助。

第四节　中华全国归国华侨联合会赈灾活动

一　中国侨联组织捐赠

汶川地震发生后，中国侨联向四川省政府发出慰问信，并要求四川省各级侨联积极配合当地党政部门做好救灾工作。同时，中国侨联及时向全国侨联系统发出援助地震灾区的倡议书，号召广大归侨侨眷和海外侨胞向地震灾区捐款捐物，做好抗震救灾工作。

5月13日下午，中国侨联主席林军通过中央电视台，向海内外侨界发出倡议，号召侨界群众为灾区人民奉献爱心、多做贡献。中国侨联所属中国华侨经济文化基金会负责抗震救灾捐赠款物的接收管理和拨付使用。

5月14日，中国华侨经济文化基金会通过中国侨联网、中国华侨经济文化基金会网并联合凤凰网发出捐赠倡议，开通捐赠电话，公布捐款账号。同日，中国侨联下属的中国侨商联合会向中国侨商联合会会员、各级侨联所属侨商会会员发出开展“向四川地震灾区捐款救助”活动的倡议，公布捐款账号。16日下午，中国侨联在北京华侨大厦举行“心系灾区、重建家园”捐赠仪式（见图32），宣布联合凤凰网启动“心系灾区、重建家园”签名捐助活动，号召全国各级侨联、海外华侨华人社团积极行动起来，捐赠资金物资，与受灾同胞共克时艰。林军代表中国侨联接收广大归侨侨眷和海外侨胞首批捐赠资金3327万元。其中，北京、上海、广东、河北等省（市）侨联代表共捐赠1000多万元，澳洲和平统一促进会、潮州会馆、华人团体协会、新南威尔士州议会亚太友好委员会和悉尼华侨华人共捐赠1000万元，世纪金源集团捐赠300万元，山水文园集团捐赠220万元，菲华金丘集团董事局主席邱天祝捐赠100万元，全国政协委员、中国侨联常委、宁夏回族自治区侨联主席朱奕龙捐赠100万元，重庆华商会捐赠100万元，北京秀水街市场捐赠资金和物资折价100万元。此外，侨界人士黄少良、高希仲、浦江、陈国庆等和中国侨联机关全体工作人员也纷纷捐款。

图32　5月16日下午，中国侨联“心系灾区、重建家园”捐赠仪式现场
（中国侨联　提供）

广大侨胞积极响应并踊跃捐款。5月14日，中国华侨经济文化基金会理事、新加坡华人郑添文、许婉华夫妇捐款10万港元。同日，美国高士环球实业集团、高士（厦门）担保投资有限公司董事长高希仲，通过中国侨联权益保障部向中国华侨经济文化基金会汇捐35万元，并通过北京市侨联转交捐赠资金10万元，用于中国侨联开展抗震救灾活动。同日，美国华商会会长、美国龙胜行集团董事长、中国华侨经济文化基金会理事邓龙，致电中国华侨经济文化基金会，希望将他们募集的所有善款委托基金会全额转交灾区群众，帮助灾区同胞重建家园。美国华商会也立即行动，与刚刚成功举办纽约“和平奥运”万人集会的组织者——One China NY共同举办为汶川灾区募捐、义卖、义演等活动。从15日起，美国华商会在美东地区设立募款点200多个，组织100名义工上街募款、义卖文化衫。会长邓龙带头捐赠20万元，其他华侨华人、社会各界也踊跃捐赠，几日内募集资金25万余美元。在芬兰赫尔辛基理工大学造纸专业就读的扬州女学生杨阳，得知汶川地震消息后，不仅立即打电话让母亲在国内捐款，还会同其他中国留学生联系芬兰红十字会发动募捐。18日11时30分至16时30分，杨阳等22名中国留学生志愿者分成11组，每组

2人，分散在商业区各个地段募捐。他们一人拿着芬兰红十字会提供的捐款箱，一人举着四川灾区的照片募捐，共募集资金折合人民币6万元。西班牙华侨华人募集资金，支援地震灾区，至22日，西班牙共有9批数十个侨团到中国驻西班牙大使馆捐赠100多万欧元。祖籍泰州的爱国侨领、法学博士、全英华侨华人统一促进会会长、江苏省侨联顾问单声，组织全英华侨华人和社会团体开展抗震救灾募捐活动，至28日，全英华侨华人和社会团体捐赠60.1万英镑。正在外地的美国华商会副会长、太平洋美洲有限公司副董事长兼首席执行官陈国庆，急电公司捐赠10万元，回美国后又动员美国泛洋海运有限公司总裁马连君捐赠50万元。23日，澳大利亚华侨华人社团通过中国侨联向四川地震灾区捐赠1000万元、救灾帐篷2100多顶（见图33）。澳洲中国和平统一促进会会长邱维廉说："在获悉震灾后，澳大利亚侨胞在24小时内筹集捐赠资金1000万元，两天内几乎买光了澳大利亚境内所有供4人以上使用的帐篷，支援灾区。"他本人购买净水器10套捐赠灾区。澳大利亚澳华交流中心主席林晋文，通过中国侨联和广东省侨界仁爱基金会捐赠180万元，援助汶川地震灾区的108名初中生到广东轻工职业技术学校就读3年。28日，邓龙再次捐款10万元。由60多个旧金山湾区华人社团联合组成的北加州中国"5·12"地震救助委员会，为支援中国抗震救灾举办了两场大型筹款义演晚会及一系列筹款活动，所得款项直接汇缴北加州中国"5·12"地震救助委员会在线付款（ncc512 Paypal）账户，捐赠四川灾区。马来西亚《星洲日报》集团副董事经理、总编辑萧依钊，通过贵州省侨联表示为灾区捐建学校。6月24—26日，萧依钊同云南、安徽、河南、贵州侨联负责人与四川省侨联召开"爱心助学计划"交流会，一同前往灾

图33　5月23日，中国侨联接受澳大利亚华侨华人社团捐赠现场

（中国侨联　提供）

区进行学校重建选点考察，决定捐赠1000万元援建雅安市的荥经县新添乡石龙小学、六合乡中心小学、烈太乡中心小学及芦山县隆兴中心学校、飞仙中心学校等5所学校。7月3日，萧依钊再次赴川与四川省侨联及荥经县、芦山县政府签订了捐资1000万元、援建5所侨爱（心）小学的协议书。马来西亚《星洲日报》集团“爱心助学计划”援助108万元，援助四川贫困学生1500名。10月14日，周康美（女）赴南部县花罐镇中心学校考察，捐赠资金30万元援建该学校。14—15日，美国爱心第二春文教基金会傅伟廉一行，赴四川考察因地震受损学校情况，捐赠20万元援建阆中市东兴乡小学。

截至6月11日，中国华侨经济文化基金会已接收美国、英国、西班牙、日本、马来西亚、比利时、澳大利亚等地华侨华人、归侨侨眷及各级侨联组织、侨商会捐赠资金和物资折价1560多万元，其中资金712万元。

6月9—11日，全国政协常委、中国侨联副主席兼中国华侨经济文化基金会理事长林明江，同台湾财团法人爱心第二春文教基金会创始人王建煊、理事张君达等一行6人，赴四川了解地震灾情，看望和慰问受灾的侨界群众及战斗在抗震一线的侨联工作者，并就支持灾区重建工作与有关部门商谈。21日，中国侨联下属社团中国华侨摄影学会和北京丰联文化有限公司，在北京丰联广场联合主办“爱无界——为你翻山越岭”抗震救灾大型公益图片展。

7月2日，王兆国在人民大会堂香港厅会见林军和即将赴四川慰问考察的部分成员。2—4日，林军率香港特区和国外的侨领、企业家及社团负责人，组成中国侨联赴川慰问考察团，到北川、都江堰进行慰问考察。林军向四川省省长蒋巨峰转达广大侨胞、港澳台同胞和归侨侨眷提出的捐建北川中学的迫切愿望。8月27日，中国侨联召开援建北川中学新闻发布会。

二　地方各级侨联组织捐赠

5月13日，四川省侨联紧急召开党组会议，成立抗震救灾领导小组。重庆、陕西、甘肃等省（市）侨联也成立了抗震救灾领导小组，实行24小时值班。上海、江苏、广东、福建、安徽等省（市）侨联及时通报捐赠情况，宣传爱心善举，激发公益热情。浙江、河南等省侨联深入侨资企业，发动捐款捐物。山东、河北、重庆等省（市）侨联利用网站、杂志等开辟抗震救灾专栏，及时发布有关信息。江苏、北京、上海、河南、安徽等省（市）侨联，开展多种形式捐赠活动。北京、上海市侨联联合艺术界及华商开展抗震救灾书画义卖等活动筹集善款。江苏省南通市侨联与中国华侨经济文化基金会联合举办赈灾义演，募集捐款。沈阳、丹东、南通、石狮等市侨联，及时将捐款汇缴中国华侨经济文化基金会。

全国共有6000多个侨联组织和社团参与“心系灾区、重建家园”签名捐助活动，联名呼吁广大归侨侨眷和海外侨胞帮助灾区群众抗震救灾重建家园。河北省侨联联系的侨资企业捐赠了价值500万元的矿泉水运抵灾区；山西省唯一一位健在的91岁的抗日老归侨蔡明训，身患重病，仍在家人的搀扶下到单位捐款500元。上海市侨联顾问、90岁高龄的欧美同学会会长、两院院士、美国归侨严东生捐赠2万元。江苏省无锡市归侨徐长卿刚过106岁生日，将儿孙们赠送的生日礼金1万元捐赠灾区；南通市崇川区虹桥街道侨联分会副会长、侨眷陈慕君，3个女儿先后下岗，老伴也已退休，但他仍将为孙辈秋季上学准备的学费1万元捐赠灾区；镇江市丹阳市侨联委员吕存，经过3天苦战，完成了“乱针绣”（正则绣）《纪念四川汶川大地震》作品，捐赠汶川灾区馆藏。浙江省温州市85岁的法国归侨叶洪钦，不顾重病，坐轮椅到温州市侨联捐赠资金1万元。湖南省长沙市80岁退休特困老归侨黄海斌，月退休工资仅1000多元，还要照料患病的丈夫和儿子，仍毅然捐出多年的积蓄4000元。5月22日，广东省侨商周志光一行赴四川考察灾情，捐赠价值100万元的救灾物资。14日下午，广西壮族自治区南宁市缅甸归侨联谊会会员、侨眷吕东海，组织举行了“两罐玉叶清、真情献灾区”的义卖赈灾活动，并将义卖所得20万元捐赠地震灾区。重庆市华商会副会长、重庆陶然居集团总裁严琦组织集团218名厨师，组成援助四川灾区的餐饮服务队，在汶川、北川等极重灾县（市）设置服务点40多个，为灾区群众提供热食45.6万余份。

截至10月14日，中国侨联接收各省（区、市）和新疆生产建设兵团捐赠资金15383.64万元（见表13）。

中国侨联系统接收汶川地震抗震救灾捐赠资金情况统计表

表13　　（截至10月14日）　　单位：万元

接收捐赠单位	接收捐赠资金额	接收捐赠单位	接收捐赠资金额
北京市侨联	281.82	河南省侨联	4.46
天津市侨联	1.34	湖北省侨联	8.24
河北省侨联	0.59	湖南省侨联	6.17
山西省侨联	2.16	广东省侨联	58.96
内蒙古自治区侨联	1.26	广西壮族自治区侨联	34.53
辽宁省侨联	0.50	海南省侨联	19.59
吉林省侨联	0.16	四川省侨联	21.32
黑龙江省侨联	10.00	贵州省侨联	1.96
上海市侨联	133.53	云南省侨联	8.76
江苏省侨联	240.99	陕西省侨联	0.60
浙江省侨联	312.94	新疆维吾尔自治区侨联	0.10
安徽省侨联	151.71	中央国家机关转交	6.11
福建省侨联	2.54	基金会直接接收	14051.09
江西省侨联	21.95	合　计	15383.64
山东省侨联	0.26		

三　举办“襄助万人就业”活动

5月30日，中国侨联与人力资源社会保障部在成都举行“侨商心系灾区·襄助万人就业”

启程授旗仪式。江苏省侨联、省侨商总会、连云港侨商会和来自江苏省的德华建材（苏州）有限公司、金鹰国际集团物业管理有限公司、连云港亿人城建开发有限公司、江苏君臣实业集团有限公司、江阴福汇纺织有限公司、常州欧凯电器有限公司首批6家侨商企业组成的招聘团参加了启程授旗仪式和现场招聘活动。江苏省侨联副主席史宇一天内就落实20个企业的30多个工种的800个岗位。江苏省侨联、省侨商总会、连云港市侨商会共提供就业岗位1500多个，并分别在绵阳、青川、绵竹开展为期3天的现场招聘会。后中国侨联、人力资源社会保障部联合授予江苏省侨联“抗震救灾共襄义举”匾牌。截至2009年5月20日，北京、广东、河北、重庆、福建、广西、江西、江苏、浙江9个省（区、市）的侨商企业，为地震灾区提供就业岗位1.5万多个，实际解决就业3000多人。在积极安排就业的同时，各地侨联还在灾区开展培训、助学等活动，培训、助学1000多人。中国侨商联合会会员闫景艳创办的唐山玉田银河中学，免费接收安县晓坝镇251名学生就读。江西侨商陈文华夫妇创办的南昌女子职业学校，免费招收四川、甘肃灾区学生327名。

6月15日，北京华商会会员、北京中菱阳光科技发展中心总经理陈俊彪所属的企业接收第一批来自成都市新都区清流镇、彭州市等6名人员就业。9月22—24日，北京国际生物制品研究所有限公司通过对什邡市和成都高新技术产业开发区进行实地考察后，董事长唐丽英将公司多年研究的成果、国家重点科技项目、科技部“九五”“十五”攻关课题——芎芍胶囊落户四川，支持四川灾后重建工作。

河北省侨联、河北省侨商会组织侨商企业，安置四川灾区就业人员300余名。哈尔滨市侨联在侨属企业中，为灾区提供了上百个岗位。浙江省侨联连续多次召开会议进行专题研究，并通过短信平台向省侨商会、省侨联青年总会等会员进行广泛动员，发动20余家企业为灾区落实就业岗位1000多个。江西省侨联主席曾华新，代表江西省侨联与四川省侨联签订就业援助岗位意向1000个。江西奥得电子电器有限公司为灾区提供工作岗位150个。广东省肇庆、韶关、惠州、佛山、广州、东莞、江门、河源等地侨联和侨商企业，为灾区准备了就业岗位5000个。广东省侨联、广东国际华商会组织侨商企业深入灾区开展招聘活动，先后解决灾区群众近千人就业。

8月13—15日，世界孙中山基金会会长、美国安良工商会元老彭伟权，在广东省中山市侨联主席徐瓦等陪同下赴川考察，就安置四川地震重灾地区学生赴中山进行职业培训事宜与四川省侨联进行洽商，决定开展“培训一人、就业一人、解困一户”的学习培训项目，帮助灾区失学贫困学生。经过认真准备，此项目得以实施。11月15日上午，来自汶川县漩口镇的42名贫困学生到中山旅游职业培训学校，接受为期一年的免费职业技能培训；培训结束后，他们将被推荐到中山市各星级酒店工作。该培训计划得到美国安良工商会和世界孙中山基金会资助75万元。重庆市侨联、重庆华商会与四川省侨联签订了提供3000个就业意向岗位的协议书，并先后3次深入灾区举办专场招聘会，落实就业岗位400余个。

四　中国侨联引领援建北川中学

北川中学伤亡和损毁的惨烈状况，引起了社会各界尤其是广大侨胞的同情和关注。中国侨联顺应广大侨胞援建北川中学的愿望，决定将归侨侨眷和海外侨胞、港澳台同胞捐赠地震灾区的资金，除一部分用于抗震救灾应急救援和其他定向捐赠外，其余资金用于支援北川中学重建。

6月9—11日，林明江率队赴四川灾区考察，就援建北川中学事宜与四川省教育厅、绵阳市领导进行商谈，再次表达广大归侨侨眷、海外侨胞及港澳台同胞重建北川中学的愿望和决心。16日，中国侨联召开主席办公会，研究援建北川中学方案。8月25日，中国侨联召开主席办公会议，审订《援建北川中学新闻发布会方案》《中国侨联关于援建北川中学的意见》《中国华侨经济文化基金会关于北川中学专项捐赠办法》《中国侨联援建北川中学奖励办法》《中国侨联援建北川中学倡议书》。会议决定成立援建北川中学领导小组，全面负责援建北川中学工作。27日，中国侨联、四川省政府在国新办新闻发布厅举行“援建北川中学新闻发布会”，林军宣布由中国侨联负责组织归侨侨眷、海外侨胞力量援建北川中学的工作正式启动，并通报北川中学将在2010年9月1日前建成使用，学校占地15公顷左右，容纳学生5000人以上，预计建设资金超过2亿元。

9月11日，林军、董中原召集中国侨联机关各部门负责人会议，研究援建北川中学募捐宣传问题。为落实中国侨联援建北川中学的工作部署，中国华侨经济文化基金会坚持自愿捐赠的原则，开展“两个一”的捐赠活动，即海外的华侨华人和港澳台同胞每人捐款1美元，国内的归侨侨眷和广大爱心人士每人捐款1元，共同援建北川中学。21日，中国侨联在北京举行援建北川中学项目设计启动仪式，林军、董中原及清华大学、香港大学和美国麻省理工学院、哈佛大学等项目设计团队的代表共30余人出席。此后，新北川中学设计工作开始；至2009年4月26日，共进行了12次设计方案评审会，最终确定了新北川中学设计方案。

中国侨联援建北川中学，得到广大归侨侨眷和海外侨胞以及世界各地的大力支持。6月初，西班牙北京同乡会将同乡会成立大会节省下的1万欧元捐款援建北川中学；7月初，西班牙华侨华人协会马德里中文学校捐赠26478.88欧元。8月28日，厦门一位不留姓名的老大妈捐出一个月的生活费800元。9月1日，80岁的越南老归侨李越果捐赠2000元。

截至2010年7月中旬，中国华侨经济文化基金会接收侨界援建北川中学的捐赠资金共计1.93亿元。

第五节　中国残疾人联合会赈灾活动

一　中国残联组织捐赠慰问

5月12日，中国残联党组、理事会召开会议，研究部署残联系统抗震救灾工作。13日，中国残联主席邓朴方和中国残联党组、理事会分别致函四川省委、省政府和省残联表示慰问。同日，中国残联下发通知，要求各地残联紧急行动起来，支援灾区，尽最大努力把地震灾害造成的损失减少到最低程度。14 日，中国残联成立中国残联抗震救灾工作领导小组，中国残联党组书记王新宪、理事长汤小泉任组长，领导小组下设办公室。中国残联在门户网站上开辟“众志成城、抗震救灾”专题，及时报道灾情，宣传救灾事迹，开通网上专用邮箱，保持与灾区残联的信息通畅。各省级残联也相继成立抗震救灾机构，残联主要领导负责组织开展抗震救灾援助工作。

5 月 14 日，中国残联党组、理事会成员及机关和直属单位的干部职工举行“向四川地震灾区献爱心捐赠仪式”，现场捐赠 41.8 万元。同日，中国残疾人事业新闻促进会协调中国移动北京公司向灾区残联捐赠面值共 1 万元的电话充值卡。15 日，中国残联康复部会同中国康复研究中心相关专家针对震后伤员的身心康复和护理需求，紧急编写了《地震伤残的康复与护理》一书，由中国残疾人福利基金会资助，北京协和医科大学出版社和华夏出版社出版、印刷，并紧急发往灾区。16—24 日，鉴于灾区医护人员缺乏康复医疗知识和康复治疗经验等问题，中国残联康复部会同卫生部医政司再次组织中国康复研究中心的专家学者紧急编写了一套面向医护人员的地震伤残治疗康复与护理系列丛书——《地震骨科伤员早期康复（上、下）》《地震截瘫伤员的护理》《地震截瘫伤员并发症的防治》《地震脊髓损失伤员的功能训练》《地震脑外伤伤员康复》《地震四肢损失并发症的防治与功能训练》《地震伤员辅助器具的使用与功能训练》《地震泌尿系统损失的治疗与康复》《地震伤员的心理康复》，全部由中国残疾人福利基金会资助，由协和医科大学出版社出版、印刷，作为培训教材，免费发放给灾区的康复医务人员。

5 月 19 日，中央国家机关共青团工委发出《关于组织开展“中国，挺起脊梁”青春献祖国行动的通知》后，中国残联立即转发给各部门、各直属单位共青团组织，号召广大共青团员青年充分发扬“党有号召、团有行动”的优良传统，迅速行动起来，为灾区人民捐款捐物。截至 6 月 12 日，中国残联的共青团员和青年捐款 13 万元，交纳“特殊团费”2493.7 元。

5 月 21 日，中国残联下发《关于做好下一阶段抗震救灾工作的指导意见》，明确了支援抗震救灾和灾区恢复重建工作的基本要求和指导原则，要求各级残联充分认识做好下一阶段支援抗震救灾和重建工作的必要性和重要性，采取有力措施，全力做好此项工作。

5 月 22 日，王新宪率中国残联抗震救灾工作组和国家抗震救灾康复医疗队赴四川，组织开展震后伤病员的医疗康复工作。同日，中国残联直属单位中国康复研究中心作为国家抗震救灾康复医疗分队，携带 2 吨 69 件的救灾物资抵达成都开展抗震救灾工作。同时，中国康复研究中心紧急加印肢体康复类图书 2 万册发往四川灾区，该中心党员交纳抗震救灾“特殊党费”1.44 万元。华夏出版社派专人赴成都，转交新华文轩公司慰问款 10 万元；截至 5 月底，华夏出版社及职工共捐赠 24.74 万元。24 日，中国残疾人奥林匹克管理中心的工作人员和在训的国家残疾人集训队队员捐赠 4.5 万元。六一儿童节前夕，中国聋儿康复研究中心语言训练部 200 名聋幼儿捐赠 2276.77 元。至 19 日，中国盲人协会捐赠 5 万元。

5 月 23 日，王新宪带领中国残联赴四川抗震救灾工作一组先后抵达都江堰、彭州灾区，代表中国残联向两地残联捐赠 20 万元，并赠送《地震伤残的康复与护理》。同日，汤小泉带领中国残联甘肃抗震救灾工作组抵达陇南灾区看望慰问受灾残疾人，督导抗震救灾工作。24 日，汤小泉一行抵达成县黄陈镇苇子沟村，走访、看望住在临时帐篷内的受灾残疾人 18 人，并向每人发放 600 元慰问金和康复治疗药品；在陇源工贸有限公司看望 20 名受灾致残职工并发放康复治疗药品和康复知识读物，同时向住房倒塌的 4 名残疾职工发放慰问金 2 万元；在武都区慰问聋哑学校残疾学生并赠送慰问金和药品及康复知识读物；在陇南市人民医院慰问正在帐篷医院接受治疗的 10 位残疾人并赠送慰问金、药品和康复指导手册，向医院捐赠医疗器械和康复器材 10 箱；在陇南市慰问受灾残疾人和当地残联工作人员，并捐赠 20 万元慰问金和残疾人辅助器具、抗震救灾宣传资料等物品。同时，同行的甘肃省残联领导代表省残联向陇南市捐赠 20 万元。同日，孙先德带领中国残联赴四川抗震救灾工作二组赴广元查看当地基础设施受损情况，部署抗震救灾工作，慰问当地受灾残疾人和残联工作人员并发放慰问金和受灾群众急需的生活用品；中国残联副理事长申知非带领中国残联赴四川抗震救灾工作三组赴绵阳督导抗震救灾工作，看望当地受灾残疾人和残联工作人员并发放慰问金。

5 月 25 日，中央军委 、中国残联 、四川省政府在成都召开会议，共同商讨建设四川省残疾人康复中心事宜。6 月 12 日，中央军委决定出资 3 亿元，用于四川省的残疾人康复中心基础设施建设及设备购置。7 月 8 日，中央军委 、中国残联 、四川省政府在成都再次召开会议商讨四川省建设残疾人康复中心事宜，确定四川省的残疾人康复中心名称为“四川省八一康复中心”。10 月 16 日，军地三方在北京签署了军队援建四川省八一康复中心项目合作协议书。

6 月 2 日，中国残联党组、理事会召开会议，研究灾区残疾人援助和恢复重建残联系统基础设施中长期建设规划的主要事宜，部署加强抗震救灾捐赠款物的监管以及尽快恢复灾区基层残疾人综合服务设施的工作。6 月，中国残联信息中心向 IBM 全球服务（中国）有限公司募集价值约 50 万元的 PC 服务器 11 台，用于四川、甘肃灾区残疾人康复、教育、就业等业务管理系统重建工作，并为四川省残联编写《四川省残联网络系统集成方案》。

6 月 4 日，中国残疾人福利基金会特邀理事、外交部老干部何理良，向中国残疾人福利基金会捐赠 3 万元用于抗震救灾。5 日，中国残疾人福利基金会收到一汽集团党委统战部统战人员的捐赠资金 3.25 万元和轮椅 65 辆。10 日，日本社团法人“全国肢体不自由児者父母の连合会”向中国残联捐赠 100 万日元。12 日，台湾伊甸社会福利基金会向中国残联捐赠总价值 200 万元新台币的轮椅 500 辆。美国普仁罗华基金会向中国残联捐赠 1.5 万美元，专项用于地震灾区购置水和食品等急需救灾物品。

6 月 10 日，中国残联和中国残疾人福利基金会组织开展“集善行动·让灾区残疾孩子站起来”公益行动，第一批工作人员赴四川重灾地区慰问残疾儿童，捐赠价值 400 万元的物资。

6 月 17 日，由中国残联主管的华夏出版社发起“牵手青川学子爱心火炬传递”大型赈灾行动，呼吁全社会关心和援助灾区受灾儿童，尽最大努力让受灾学生恢复正常学习，并联合北京海淀外国语实验学校、中国红十字基金会互力健康基金，组织 73 名青川学生到北京免费学习。

6 月 20 日，中国残联制订《“5·12”地震义肢轮椅捐赠项目实施方案》，并印发各省残联。该项目由中国残联与李嘉诚基金会合作开展，依托遍及全国的 180 个残联系统假肢服务装配站，采用多种服务形式免费为汶川地震灾区所有因灾致残的缺肢者及确需轮椅的伤残者提供假肢、矫形器装配和轮椅配发服务。该项目使3000名因灾致残人员受益。

6月25日晚，中国残联、中国残疾人福利基金会在北京人民大会堂组织举办“爱心永恒·温暖家园”大型公益演出。邓朴方和相关部委、基金会领导及社会各界爱心人士和志愿者6000人参加。在抗震救灾捐赠活动中，全国政协委员邰丽华、薄绍晔在中国红十字会总会，代表全国政协12位残疾人委员和残疾人工作者委员，向四川地震灾区捐赠11万元，用于救助地震灾区孤残老人和儿童。

中国残联、中国银行青年联合会、中国银行团委、中国青少年发展基金会、共青团四川省委共同发起“志愿牵手一家亲行动”，为汶川地震灾区的孤儿、孤寡老人、孤残人员提供长期资助。中国残联常务副理事长吕世明，中国银行总行纪委书记张林，中国银行总行副行长、青年联合会主席王永利，中国青少年发展基金会常务副秘书长杨晓禹出席启动仪式。中国银行首批参与“志愿牵手”的全国级“青年文明号”单位有162个、总行级青年文明号单位526个，参与行动的各级青联委员600人、员工1万人。

8月19日，中国残联与中国红十字会总会研究并商四川省政府，共同实施四川地震灾区“红十字博爱”康复援助项目。9月10日，中国残联、中国红十字会总会、四川省政府在北京签署援建项目备忘录，为四川灾区援建阿坝康复中心、德阳康复中心和5个辅助器具服务中心以及基层医疗与康复服务网络重建，总投资6500万元。其中，香港红十字会在四川建立了“红十字博爱”德阳康复中心等一批康复机构，并选派专业人员为地震伤残人员提供及时有效的康复服务。“集善嘉年华”为灾区捐赠价值400万元的急需物资。

11月底，中国残联同中国残疾人福利基金会在北京举办“纪念国际残疾人日集善嘉年华·北京2008”大型公益演出，募集资金2000万元，用于资助地震灾区残疾儿童假肢装配和截瘫残疾人康复训练。

二 地方各级残联组织和残疾人捐赠

各省（区、市）残联认真组织开展抗震救灾捐赠活动，截至5月19日，全国省级残联捐赠资金和物资共计634.26万元。各省级残联还通过各专门协会、残疾人企业家、社会各界募集资金361.46万元。

6月，北京市残联为灾区在京治疗的91名伤残人员配备了轮椅等辅助器具，还紧急购买轮椅100辆，由北京市赴灾区慰问团转赠四川灾区。北京市残联机关党委举行支援抗震救灾交纳“特殊党费”仪式，机关和直属单位161名党员交纳“特殊党费”9.84万元。北京市盲人吴续安向灾区捐赠价值10万元的学生用练习本。

河北省残联积极开展抗震救灾捐赠活动。石家庄市残联组织全体干部职工捐赠2万元，其中平山县残疾人郝三友捐赠6000元。5月29日，石家庄市新华区未来之星三语幼儿园的老师和残疾儿童，带着亲手折叠的千纸鹤1000只、捐赠的衣服和购买的图书、水果等，到省医院同正在那里接受康复治疗的四川灾区受伤小朋友一起欢度六一儿童节。石家庄威纳邦日化有限公司的18名残疾员工，紧急生产价值15万元的消毒液和药皂捐给地震灾区。截至6月4日，河北省残联及所辖 11 个地市级残联共捐赠 49.5 万元。

山西省残联募集资金 11.5 万元。至 5 月 19 日，内蒙古自治区残联共接收本级和各盟市残联系统募集资金 87.9 万元。

吉林省各级残疾人组织和广大残疾人积极为灾区捐款捐物。长春市残联系统的干部职工捐赠 4.66 万元，长春市残疾人培训就业服务中心刀刻画教师蔡清云捐赠 1000 元。“心语”志愿者协会把义卖手工艺作品所得款项 2506.85 元全部捐赠灾区。延边朝鲜族自治州各级残疾人组织（企业）举行捐款活动 68 次，28767 名残疾人共捐赠 13.58 万元。

上海国际康复活动中心在震后逐一核查本单位四川籍员工 10 人，其中有 6 位员工家在重灾区绵阳，家中房屋因地震全部坍塌，1 位员工的母亲在地震中受重伤，中心立即组织动员员工为其捐款 1.75 万元。

江苏省苏州市残联向德阳市残联发出慰问信并捐赠 10 万元。6 月 6 日，苏州市残联举行“手足同心、共创未来”康复器具捐赠仪式，向在苏州接受康复治疗的四川地震伤员捐赠轮椅 51 辆、拐杖 68 副，为 17 位伤残人员免费安装假肢。

浙江省残联、省残疾人福利基金会捐赠资金 20 万元，向德阳市捐赠价值 25 万元的康复器具。省残联组织机关和直属单位干部职工捐赠 4.4 万元，党员交纳“特殊党费”5.6 万元。温岭残疾人林小琴除个人捐赠 5 万元外，还发动他人捐赠 66 万元。宁波市盲人协会捐赠 10 万元。富阳市里山镇残疾人夏建军、张帆、朱肖华、朱利萍，捐出在富阳市首届残疾人文艺会演中荣获表演一等奖和创作奖而得的奖金 1600 元；春江街道残疾人金词勇捐赠 1 万元。5 月 21 日，杭州市萧山区残联和区残疾人福利基金会捐赠 10 万元。22 日，浙江日报报业集团、天台县委县政府举办“情系灾区·情系我的残疾兄弟姐妹”赈灾捐助暨就业助残启动仪式，现场募集善款 8.15 万元。

山东省残联、省残疾人福利基金会，组织全省开展“情系绵阳残疾人兄弟姐妹——支援绵阳伤残人灾后康复重建”活动。省残联机关及直属单位 164 名党员交纳“特殊党费”10.49 万元。青岛市残联系统捐赠 28.31 万元。5 月 15 日，青岛盲校 200 余名师生开展救灾捐赠活动（见图 34），不到 10 分钟就接收捐款 1 万多元，全校党员交纳“特殊党费”1 万元；24 日，该校高二（2）班 406 宿舍的刘浩、门殿友等 8 名同学向中国红十字基金会汇捐 1100 元。23 日，省残联、省残疾人福利基金会紧急募集了价值 30 万元的康复床 20 张、智能拐杖 300 副、轮椅 20 辆、棉织床单 3500 床和一些布匹调运地震灾区。

湖北省咸宁市残联、盲人协会积极组织救灾捐赠活动。5 月 13 日，186 名盲人捐赠 4080 元。14 日，武汉市西桥社区残疾人曹一钢、林厚凯、黄成民等人捐赠 2500 元。15 日，武汉市在青山广场举办“身残志坚、情系灾区”的大型义演，现场募集资金 19.4 万元；武汉市按摩医院盲人按摩医生捐赠 1.3 万元，大冶有色自强服务公司 120 名残疾员工捐赠 1.8 万元。29 日，武汉市汉阳区新光弹簧厂等 5 家福利企业捐赠 1.6 万元。

湖南省洞口县回龙婚纱照相馆经营者肖硕金，与残疾朋友杨兴林、尹江勇捐赠 5000 元。“全国助残日”期间，常德湘联实业有限责任公司为灾区捐赠 1.8 万元，武陵区 500 名残疾人共捐赠 3 万余元。

广东省深圳市临景盲人按摩中心的盲人技师捐赠 5000 元，龙门县 18 名残疾人捐赠 1.56 万元。

图 34　5 月 15 日，青岛盲校学生系上黄丝带上台表演节目，募集善款
（中国残联　提供）

海南省残联募集资金 17.2 万元。

成都市金牛区的盲人郑廷彬捐赠资金和物资折价 300 元，还发动社区盲人按摩机构捐赠资金 2000 元，并捐赠了一批衣物和食品，转交金牛区残联。

贵州省残联捐赠资金和物资折价 16.49 万元，其中残联机关、直属单位和职工捐赠 6.64 万元。贵州省残联肢残人协会捐赠价值 5 万元的轮椅、拐杖等物资运抵四川灾区。

云南省残联系统共募集资金 76 万元，并按中国残联要求，分两次购置价值 75 万元的帐篷 200 顶、被子 300 床、方便面 500 箱、劳保手套 1200 双、雨鞋 4300 双、雨衣 500 件、消毒药水和药片等物资 25 件，派车运至成都市残联。

陕西省残联系统共募集资金 73.5 万元，其中机关、直属单位及干部职工家属捐赠 3.88 万元。陕西省残疾人福利基金会通过 114 助残捐赠电话，接收捐赠资金 11 万元，接收捐赠收音机 100 台。陕西省残联会同陕西省黄鹤楼餐饮有限公司共同举行“你行、我行、大家同行”情系灾区捐赠活动，募集资金 3.67 万元。

甘肃省、市、县三级残联干部职工捐赠 27 万元。新疆维吾尔自治区残联系统募集资金 6.8 万元。

三　中国残联接收捐赠资金物资与使用

5 月 22 日，中国残联调拨雨靴 4000 双、帐篷 150 顶、消毒液等物资，经铁路运给成都市残联；23 日，调拨轮椅 299 辆经铁路运给成都市残联。

6 月 5 日，中国残疾人福利基金会调拨价值 400 万元的急需救援物资，调配汽车送给四川灾区；7 日，调拨价值 500 多万元的救灾物资，经铁路运往四川灾区。此后，中国残疾人福利基金会分别向灾区调运总价值 140 万元的救护车 10 辆、价值 100 万元的残疾人康复器材和用品用具、价值 20 万元的《康复知识普及手册》及香港工商界爱心人士向基金会捐款购置的轮椅 1000 辆。

截至 6 月 27 日，中国残联共接收捐赠资金 241.98 万元，汇缴民政部汶川地震抗震救灾专门账户；接收物资折价共 2000 多万元，按捐赠人意愿和灾区需求，全部调运地震灾区。

第三章　宗教界赈灾活动

第一节　佛教界赈灾活动

一　中国佛教协会倡议捐赠

5 月 14 日，中国佛教协会（以下简称中国佛协）向全国各省（区、市）佛教协会发出通知，要求各级佛教协会、各大寺院发扬佛教“慈悲济世、人溺己溺、无缘大慈、同体大悲”的精神，积极行动起来，向受灾地区捐助善款，同时举行消灾祈福法会，为四川受灾地区人民祈祷风调雨顺，消除灾厄。

5 月 14 日上午，中国佛协在北京广济寺举行“为地震灾区消灾祈福大法会”，中国佛教协会会长一诚法师、协会本部僧俗工作人员、中国佛学院全体师生，以及中国佛教协会直属寺院北京广济寺、灵光寺、法源寺、深圳弘法寺、北京佛教居士林的法师居士数百人参加。法会开始前举行为地震灾区捐款活动，会长一诚法师、副会长学诚法师带头捐款，广济寺、灵光寺分别捐赠 20 万元，法源寺捐赠 10 万元，深圳弘法寺捐赠 40 万元，北京佛教居士林捐赠 10 万元，与会信众纷纷捐款捐物。当日，中国佛协募集资金 240 余万元、物资折价 100 万元。19 日，中国佛协在广济寺隆重举行诵经祈祷法会，一诚法师在讲话中要求佛教界充分发挥自身的优势和特点，积极主动开展抗震救灾工作，把抗震救灾作为最重要、最紧迫的任务，发扬佛教慈悲无畏的精神，克服一切艰难困苦，与全国人民一道，坚决打胜抗震救灾这场硬仗。之后，与会法师信众共同诵经祈祷。14 时 28 分，大雄宝殿内钟鼓齐鸣，全体法师信众合掌，为在地震灾害中遇难的同胞默哀 3 分钟。

5 月 14 日，十一世班禅大师班禅额尔德尼·确吉杰布委派身边工作人员，以个人名义通过中国佛协向灾区捐赠 10 万元，并亲笔写下慰问信向灾区表达关切之情。21 日，班禅额尔德尼·确吉杰布在雍和宫主持祈愿法会，并亲诵超度祈祷经，为遇难同胞追荐超度，为灾区人民祈福。中国藏语系高级佛学院和雍和宫的活佛、喇嘛参加祈愿法会。

5 月 29 日上午，中国佛协在成都宝光寺举行“中国佛教界为汶川地震灾区祈福追荐赈灾大法会”（见图 35），全国各地（包括港澳台地区）的高僧大德、佛教信众参加了祈福法会。一诚法师在讲话中呼吁广大佛教徒要继续关注灾区，关爱受灾群众，携手同心，各尽所能，支援灾区同胞重建家园。现场进行赈灾募捐，共筹集资金 2600 多万元。29—31 日，一诚法师代表中国佛协深入四川灾区，看望慰问在抗震救灾中表现突出的什邡罗汉寺和佛教界在灾区创办的“仁爱学堂”，考察地震中受灾严重的青城山普照寺、绵竹九龙镇吉祥寺、无影寺、武都广化禅院、彭州三昧禅寺等 6 所寺院，慰问受灾僧尼并发放慰问金。

图 35　5 月 29 日上午，中国佛协在成都宝光寺隆重举行“中国佛教界为汶川地震灾区祈福追荐赈灾大法会”
（中国佛教协会　提供）

二　灾区省市佛教界自救互救

汶川地震灾害使位于地震灾区的佛教寺院遭受严重损失，部分法师、居士在地震中遇难。当地佛教界四众弟子在物资匮乏的条件下组织抗灾自救，并向广大受灾群众伸出爱心援手。

5 月 13 日，四川省佛教协会发出号召，要求省内广大佛教徒在中共地方组织和政府的领导下，积极投身到抗震救灾工作中；留在寺院的僧尼，要在管理好寺院的同时，于早晚课诵中虔诚祈祷国泰民安，回向超度在地震灾害中遇难的父老乡亲。17 日，峨眉山佛教协会组织全山僧尼在大佛禅院举行为重灾地区募捐活动，现场筹集资金 46 万元，转交中国红十字会。峨眉山伏虎寺在捐赠 5 万元后，又募集了价值 2 万多元的物资，于当日上午从峨眉山运往北川灾区。19 日，乐山市红十字会将峨眉山佛教协会菩提心互助功德会捐赠的价值 15.62 万元的药品、衣物、食品、收音机和牛奶等灾区急需物资运往汶川。在积极做好抗震自救的同时，乐山凌云寺、乌尤寺分别举行“抗震救灾祈福法会”，为遇难者祈福。

成都市佛教界开展自救互救，文殊院、大慈寺、昭觉寺和彭州隆兴寺等佛教寺院，为群众提供避难场所，并组织人员为避难群众提供馒头、稀饭、牛奶、茶水等食物。文殊院在弘法利生部设置救灾捐赠点，组织捐赠物资送抵救灾一线。5 月 17 日，成都市佛教协会在文殊院举行祈福消灾法会，为遇难同胞超度。至 28 日，成都市佛教界共募集资金 130 余万元。绵阳市佛教界筹集资金 3 万元转交市民政局。从 13 日起，圣水寺、白衣庵的僧尼，每日熬粥、蒸馒头，分别送至在绵阳市骨科医院、协和医院、第 404 医院医治伤病的受灾群众手中。13 日，马尔康昌列寺启建修颇瓦法，超度遇难同胞，并将每日诵经修行的功德回向灾区同胞，寺院僧众捐赠 10 万元，50 多位僧众自发为灾区献血。15—16 日，中江白塔寺、南充栖乐寺先后举行消灾祈福法会。

5 月 13—16 日，宜宾慧光寺住持演林法师带领福音艺术团，在叙府商城广场组织赈灾义演活动，现场募集资金 27 万元，并购买 6 卡车新鲜蔬菜送抵都江堰灾区。21—25 日，慧光寺为地震灾区举行祈福法会，祝愿亡者安息、生者平安。29 日，攀枝花同德观音寺为地震灾区举行祈福追荐法会，当地 200 多名年迈居士自发为遇难者诵经祈福，并积极捐款，现场募集资金 2300 余元转交攀枝花市仁和慈善会。

5 月 14—20 日，德阳市大鹤山万佛寺念佛堂的 30 多位常住法师及居士，在极重灾区什邡市施粥 7 日，每日受益的受灾群众达 500 余人。16—31 日，万佛寺举办祈福息灾法会，为死难者诵经超荐。19 日，什邡罗汉寺举行超度法会，为地震死难者超度，为抗震英雄祈福。26—27 日，罗汉寺法师向什邡基督教堂、大王庙、洛水清真寺、大鹏寺等 7 家宗教团体赠送米面、素食、帐篷、药品等急需物资。射洪登云寺、龙泉寺、广寒寺在地震中严重受灾，遂宁市佛教界与其他宗教团体赶赴受灾寺院，抢救伤员、疏散旅客、安抚僧众，妥善处理遇难者事宜，协助搭建临时帐篷，提供生活必需品，至 21 日，共向受灾严重寺院捐赠资金和物资折价 17 万余元。广安市佛教界开展自救互救，16 日，岳池县举行“宗教界抗震救灾捐赠仪式”，现场募集资金 3 万元。

6 月 3 日，四川省佛教协会工作人员前往安县飞鸣禅院和河清镇普济寺，察看两寺受灾及抗震自救情况，送去大米、油、帐篷、药品等急需物资。19 日，由四川省佛教协会会长永寿法师、副会长大恩法师及秘书长等 20 多人组成的慰问团，前往江油罗汉寺、绵阳圣水寺、安县飞鸣禅院和普济寺等寺院慰问，送去慰问金和生活物资。

5 月 15 日，兰州市各大寺院住持、僧尼和信众在五泉山浚源寺举行为灾区群众诵经祈福和捐赠活动。五泉山浚源寺、双林院、嘛呢寺、法雨寺、玉佛寺、卧龙寺、佛光寺、净业寺、石洞寺、报恩寺、普陀寺、文殊院等寺院及佛教信众积极为灾区捐款。17 日，白银市平川区佛教界积极开展救灾募捐，各宗教活动场所和广大信教群众参加“一滴水行动”，现场募集资金近 2 万元，各佛教寺院还举行“震灾消弭、国泰民安”祈福消灾法会。同日，甘谷县大像山永明寺举行诵经祈福消灾吉祥法会，超度亡者。法会结束后，永明寺及全县各佛教活动场所的僧俗大众捐赠 6.6 万余元。19 日，兰州市三县五区重点寺院分别举行募捐和祈福法会，筹集资金 15.53 万元。同日，武威市凉州区佛教界在海藏寺举行为地震灾区祈福荐亡捐助法会，区佛教协会全体理事、海藏寺、鸠罗什寺等 18 个寺院的僧众及信教群众约 2000 人参加法会，募集资金 19751.2 元。25 日，

图 36　5 月 25 日，兰州报恩寺举行为地震灾区祈福法会暨募捐仪式

（中国佛教协会　提供）

兰州报恩寺举行为地震灾区祈福法会暨向地震灾区募捐活动（见图 36），住持普正法师代表报恩寺慈善功德会，向甘肃省慈善总会捐赠 20 万元，并通过中华团结进步协会向灾区捐赠 5 万元。当日 20 时，在甘肃省电视台演播大厅举行的“与爱同行”大型赈灾义演晚会上，普正法师再次代表报恩寺慈善功德会捐赠 20 万元。平凉市崆峒山佛教协会举办祈福法会，并组织僧俗信众为灾区捐款；截至 6 月 13 日，崆峒山佛教协会共募集资金 6.17 万元。

5 月 13 日，西安兴教寺启建百僧梁皇消灾祈福法会，倡议区内僧俗大众为灾区群众捐款。14 日上午，青龙寺举办为汶川地震灾区捐赠仪式，兴教寺、香积寺、沣德寺、道安寺、华严寺、观音寺、紫竹林寺、清凉寺、西山寺、法音寺、净业寺的法师及西安地区佛教信众，共募集资金 13.29 万元。16—19 日，宝鸡市佛教协会组织僧俗信众向地震灾区捐赠 40 余万元；17 日，市佛教协会在扶风大明寺举行息除地震祈佑国泰民安捐助度亡法会，并向灾区募捐，扶风大明寺、岐山白雀寺、凤翔净慧寺以及渭滨区和陈仓区佛教协会捐赠 13 万元。19 日，扶风法门寺为四川地震灾区举行捐款祈福超度大法会，参与人员捐赠 20 万元。23 日，法门寺将价值 45.66 万元的军用帐篷、彩条布、塑料盆、毛巾和药品等救灾急需物资装车运往地震灾区。同日，法门寺僧众与 12 名志愿者抵达绵竹，开展救灾援助、安抚受灾群众工作。25 日上午，法门寺与北京龙泉寺的 11 位法师为在地震中因教学楼坍塌遇难的绵竹市五福二小 129 名学生举行超度法会；下午，又冒着余震将救灾物资运抵绵阳圣水寺，将物资分发给绵阳几所寺院，并再次捐赠一批物资交绵阳市佛教协会分发给所辖的 47 所佛教寺院。此外，法门寺佛学院全体师生每天诵读《妙法莲华经》，为四川地震灾区的众生超度祈福回向。

重庆华岩寺方丈道坚法师是北川羌族自治县陈家坝乡四坪村人，有 26 位亲人在地震中遇难。5 月 12 日，道坚法师在承受悲痛的同时，安排华岩寺僧众为灾区罹难者及受灾群众启建 3 天的消灾祈福超荐回向法会。15 日，道坚法师带领僧伽救护队赴北川，辗转于县城、陈家坝乡、擂鼓镇以及平武县等重灾地区，分发救灾物资，实施救援。16 日，他们又将捐赠的 30 吨大米、药品、矿泉水、方便面、榨菜、棉被等救灾物资，运抵平武县响岩镇。17—19 日，华岩寺先后向平武运送两批救灾物资。20 日，华岩寺会同绵阳罗汉寺、兴佛寺在重灾区举办施粥活动。华岩寺僧众深入灾区，对受伤群众进行医疗诊治、分发中药口罩，并对受灾群众安置场所喷药消毒。

5 月 16 日上午，云南省西双版纳勐泐大佛寺内的百名南传佛教僧人及数百名来自中国境内和老挝的信众，为灾区受难群众诵经祈福，并为死难者亡灵进行超度，现场僧人和信众为地震灾区捐赠 7.5 万元。截至 6 月底，云南省佛教界共募集资金 320 万元。

三　非灾区省（区、市）佛教界捐赠

5 月 13 日，北京市佛教协会向市属寺院发出赈灾通知，要求大力支持抗震救灾。连续几日，雍和宫、通教寺、广化寺、居士林、龙泉寺、天宁寺、潭柘寺等市属 15 家寺院纷纷响应，为地震灾区举行祈福法会，并组织信众捐赠款物。其中，雍和宫、潭柘寺、戒台寺、通教寺、天宁寺通过红十字会向地震灾区捐款 100 万元。15 日上午，灵光寺为四川地震灾区举行消灾祈福法会后举行募捐活动，现场募集资金 20 万元，其中寺内常住及信众捐赠 15.25 万元。6 月 23 日，广济寺捐赠 66 万元，用于援建天水市秦州区皂郊镇杨集村弘慈小学。截至 6 月底，北京市佛教界共募集资金 212.24 万元。

5 月 14 日，天津市佛教界召开动员大会，号召各寺院发扬佛教慈悲为怀、扶贫济困的优良传统，积极为灾区群众捐款。大悲禅院、荐福观音寺、挂甲禅寺、潮音寺、居士林、莲宗寺等共募集资金 65.6 万元。

截至 6 月底，河北省佛教界共募集资金和物资折价 43 万元。其中，邢台市佛教界募集捐赠资金 3 万元、衣物 2000 多件，保定市佛教界筹集资金 30 余万元。河北省佛教协会援建江油市受灾群众安置点“观音村”工程，沿街搭建帐篷近百顶，为数百名灾区群众提供了临时居所。

5 月 13 日，山西省佛教协会发出倡议，号召全省佛教界积极行动起来，“伸出援手、救苦救难、奉献爱心”，为灾区人民群众举办祈福消灾法会，捐助善款，帮助他们重建家园。至 15 日，山西省佛教界共募集资金 256.8 万元。

内蒙古自治区佛教协会向各盟市佛教协会和各寺院及佛教学校，发出举行祈祷法会或诵经祈福活动并积极捐款的通知。自治区佛教界共募集资金 101 万元，其中呼和浩特大召寺、席力图召、观音寺、千手千眼观音院和包头五当召等寺院捐赠 35 万余元。阿拉善广宗寺举行法会祈祷，全寺僧众捐赠 1.8 万余元。

5 月 13 日，辽宁省大连市佛教协会号召全市佛教界四众弟子向灾区捐赠款物，各寺院僧俗大众共捐赠 80 余万元。19 日，大连正觉讲寺、莲花山寺撞钟 108 响，悼念遇难同胞。23 日，大连市佛教协会在莲花山寺举办“祈祷和平、祈福奥运、消灾免难华严法会”，十方信众在大殿内共诵《大方广佛华严经》15 天，为此诵经功德祈祷祝福、回向四川汶川地震灾区。截至 6 月底，辽宁省佛教界共募集资金 763 万元。

5 月 14 日，吉林省佛教协会倡议全省各级佛教协会、各寺院，动员广大信教群众积极开展“情系灾区献爱心”捐助活动，向受灾地区捐款捐物。同日，长春万寿寺僧众前往血站义务献血。20 日，大佛寺住持正行法师代表省佛教协会和全省佛教界向灾区捐赠 300 余万元。22 日，敦化正觉寺举行祈福赈灾法会，住持佛性法师率全体僧众及来自吉林、辽宁、黑龙江三省的各地信众 6 万余人，为灾区民众诵经祈祷。法会结束后举行捐款仪式，佛性法师向灾区捐赠 10 万美元。

5 月 14 日，黑龙江省鸡西市佛教协会在华严寺举办赈济汶川地震诵经法会及募捐活动，决定从当日起连续 7 天为死难及受难者诵经祈福消灾，并以寺院为单位组织捐款，当日筹集资金 3 万元。至 23 日，黑龙江省的华严寺、净土寺、密山弘法寺、虎林青云寺、兰岭曼殊净苑等寺佛教僧众，共捐赠 26.37 万元。绥芬河大光明寺向灾区捐赠资金 13 万元、衣物 2000 余件。大庆市佛教界捐赠资金 74 万余元，募集新衣物 3000 余件。截至 6 月底，黑龙江省佛教界募集资金和物资折价共计 525 万元。

5 月 13 日，上海市佛教协会向灾区捐赠 100 万元。14 日，上海市佛教界 10 多家寺院团体汇集在玉佛寺，向四川地震灾区捐赠 180 万元，其中玉佛寺 100 万元、真如寺 50 万元，97 岁高龄的沉香阁住持观性法师到市红十字会捐赠 6 万元。19 日，龙华寺举行“佛光共心光、爱心共佛心——守望相助、众志成城、爱心涌动、情系灾区”爱心募捐活动，现场募集资金 100 万元，其中龙华寺捐赠 30 万元，还捐赠了价值 100 万元的大米、面粉、棉被、毛毯等物资 120 吨。31 日晚，玉佛寺与上海市慈善基金会、上海市精神文明建设委员会办公室、上海市红十字会、上海市佛教协会、上海市文化发展基金会、上海市青少年发展基金会和 40 余家寺院在玉佛寺举行“用爱托起明天的希望”大型赈灾义演，上海市佛教界向市慈善基金会捐赠 500 万元，用于资助灾区学生的学习和生活，玉佛寺僧众及护法居士自发捐赠 250 万余元。截至 6 月底，上海市佛教界募集资金和物资折价共计 1680 万元。

5 月 12 日下午，江苏省江阴市周庄青龙寺、飞锡寺的 25 名佛教信众到峨眉山旅游，刚到峨眉山下便发生地震。他们当即向导游要求停止旅程，立即投入到救助受灾群众的行列中，并返回成都市中心市民广场参加义务献血。13 日，他们向当地红十字会捐赠 3100 元，并将随身带去的毛衣、外套捐赠灾区群众。同日，无锡市祥符禅寺方丈无相法师通过市红十字会向四川等灾区捐赠 20 万元。同日上午，常州市佛教协会发出救灾募捐倡议，号召全市佛教界人士立即行动，为灾区人民捐款捐物；下午，常州市宗教界在天宁寺举行捐款仪式，天宁寺捐赠 5 万元。同日，南通狼山广教寺举行三宝护佑、震魔消弭、人民安康祈祷法会，法会结束后举行募捐仪式，现场筹集资金 7.8 万元。14 日，无锡祥符禅寺通过省佛教协会慈善基金会向受灾地区再次捐赠 15 万元。南京玄奘寺举行为四川地震灾区“息灾超度法会”，并向灾区募捐善款。15 日下午，镇江辛丰大圣寺安养院民 180 余名、平均年龄在 80 岁以上的老居士们自发捐赠 32510 元，捐赠衣物 1000 多件。

15—16日，苏州寒山寺举行“护国息灾祈福平安法会”，为地震灾区人民祈福，并开展捐款活动。16日，南京市宗教局举行为灾区捐款仪式，全市佛教界共捐赠60万余元。17日，南京毗卢寺筹集资金23.31万元。18日，南京市佛教界举办“为生者祈福、愿逝者往生”法会，并向地震灾区捐赠1.6万元。同日，苏州市吴中区佛教协会各寺院法师居士捐赠22万余元。20日，常州天宁寺天宁宝塔捐出3天的门票收入4.6万余元，全体员工捐赠1万余元，经常州市红十字会转赠灾区。22日，徐州市佛教界捐赠25.9万元。24日，南京毗卢寺为四川灾区捐赠10万元。截至6月底，江苏省佛教界捐赠资金和物资折价共计1267万元。

5月13日下午，浙江省普陀山佛教协会在舟山市定海区举行为地震灾区捐款仪式，浙江省佛教协会会长、普陀山方丈戒忍法师代表普陀山佛教协会向舟山市红十字会捐赠120万元。28日，戒忍法师一行20人，赴四川地震灾区开展“心灵抚慰”活动，向成都市捐赠100万元，随后向都江堰市、彭州市各捐赠100万元，并走访慰问两地医院、学校、受灾群众安置点的受灾群众。15日，杭州市佛教协会在“把杭州的爱送到千里之外”向四川地震灾区捐款活动中，捐赠200万元。温州市佛教协会捐赠80万元。台州市佛教协会护法慈善功德会向四川灾区陆续捐赠价值259万元的帐篷、食品、饮料、空调席、学生用品、雨衣、被子、彩条布、口罩等物资，向甘肃地震灾区捐赠物资折价745万元。截至6月底，浙江省佛教界捐赠资金和物资折价共计2796万元。

5月15日，安徽省九华山佛教协会在肉身宝殿举行“息灾祈福平安”大法会，各大寺院及海内外的千余名僧俗信众为地震灾区人民诵经祈福，共捐赠150万元。在宣城市委、市政府举行的向地震灾区捐赠活动仪式上，宣城市佛教协会捐赠10万元。19日上午，宣城市佛教协会为四川地震灾区举行息灾祈福法会并组织现场捐款活动，全市数十家寺院僧尼及护法居士数百人现场捐款105万元。至20日，宣城市佛教界共募集资金143万元。

5月13日下午，福建省厦门市佛教界、南普陀寺举行“四川汶川大地震诵经超度祈福大法会暨捐赠仪式”，现场募集善款120.72万元。14日，宁德市福鼎太姥山平兴寺举行为灾区捐款活动，共筹集资金10万元。15日，厦门南普陀寺举行为期5天的为地震灾区现场募捐祈福活动，当日筹集资金12万余元。15—21日，南普陀寺“赈灾捐款慈善箱”和闽南佛学院举办的“献爱心、慈善行”书画义卖活动，共筹集资金104.55万元。16日，厦门普光寺举行为地震灾区同胞祈福药师法会，法会结束后举行募捐活动，共募集资金近12万元。泉州大开元寺举行“为地震灾区消灾祈福三天大法会”，现场募集资金64万元。17日晚，虎溪岩寺举行烛光祈福法会暨赈灾募捐仪式，筹集资金23.09万元，泉州市佛教界捐赠410万元。20日上午，长乐市佛教协会在普济寺举行“为汶川地震受灾同胞祈福及为灾区献爱心捐款活动”，各寺院及四众弟子捐赠94万元。22日，莆田广化寺举行祈福大法会暨向地震灾区捐赠活动，莆田市佛教协会四众弟子300多人共捐赠30万余元。截至6月底，福建省佛教界募集捐赠资金和物资折价共计2092万元。

5月16日，江西省东林慈善功德会通过重庆华岩寺华岩文教基金会，在重庆采购价值10万元的大米30吨运抵平武县南坝镇。6月初，东林慈善功德会在绵阳设立长期援助站点，定期派志愿者在每月末的周六、周日将募集的赈灾物资发放到受灾群众手中。5月17日下午，江西省宗教界举行抗震救灾捐款仪式，各寺院和僧众捐赠76.6万元。23日，庐山东林慈善功德会将价值30

万元的物资运抵绵阳灾区，并开展施粥活动（见图 37）。截至 6 月底，江西省佛教界募集资金和物资折价共计 860 万元。

图 37　5 月 23 日，庐山东林慈善功德会把捐赠的价值 30 万元物资运抵绵阳，并在绵阳为受灾群众施粥
（中国佛教协会　提供）

5 月 14 日，山东省济南市宗教界举行支援灾区抗震救灾捐款仪式，济南市佛教界捐赠 2.3 万元。青岛市佛教界组织青岛湛山寺等寺院僧众举行为地震灾区捐款活动，共捐赠 20 余万元。17 日，淄博金陵寺向地震灾区捐赠 10 万余元。截至 6 月底，山东省佛教界募集资金和物资折价共计 320 万元。

5 月 13 日，河南省开封市佛教协会在大相国寺天王殿前举行向地震灾区群众捐款仪式，大相国寺、古观音寺、宝珠寺及开封市河南佛学社的僧众居士 300 多人参加，共募集资金 20 万元。洛阳市白马寺、齐云塔院僧尼及四众弟子 500 多人捐赠 18 万元。当日下午，河南省嵩山少林寺举行“祈祷世界安宁、国土无殃超度灾区亡灵大法会”，为地震遇难者进行超度。14 日，少林寺组织僧众为地震灾区捐赠 50 万元。19 日，又捐赠价值 40 多万元的素饼 1500 箱，并于当日下午派出 11 名僧人组成的救护队，携带药品、担架和救护车等赶赴北川灾区参加救灾。截至 6 月底，河南省佛教界共募集资金物资折价 293 万元。

5 月 14 日，湖北省佛教协会发出倡议，倡导积极募集资金物资支援灾区。15 日，武汉归元寺向灾区捐赠食品、药品、文具及矿泉水等灾区急需物资，武汉市佛教界捐赠资金 50 余万元、物资折价 50 余万元。17 日，黄石市佛教界在慈湖禅院举行为地震灾区消灾祈福捐款法会，筹集资金 20 余万元。截至 6 月底，湖北省佛教界共募集资金物资折价 410 万元。

5 月 14 日，湖南省衡山祝圣寺、南台寺、上封寺、大善寺，祝圣寺法师及居士信众一同到省宗教局，向灾区群众捐赠 14.69 万元。截至 6 月底，湖南省佛教界共募集资金 342 万元。

5 月 13 日，广东省广州光孝寺举行为地震灾区祈福消灾法会；19 日，全寺僧人与四众弟子捐赠 150 余万元。14 日，广东省民族宗教系统举行向四川地震灾区捐款仪式，广东省佛教协会捐赠 10 万元，广州光孝寺捐赠 100 万元。同日，深圳市佛教协会发出倡议，号召深圳四众弟子及善心人士积极为地震灾区捐款，深圳市佛教界捐赠资金500多万元、物资折价400万余元。汕头市佛教界捐赠300万元。6月21日，广东省佛教协会在广州天河体育馆举行“慈悲喜舍、奉献爱心——广东省佛教界抗震救灾慈善募捐晚会”，现场筹集资金3200多万元，其中广州光孝寺和六榕寺、深圳弘法寺、韶关南华寺等寺庙共捐赠2000万元。截至6月底，广东省佛教界募集捐赠资金和物资折价共计6000余万元。

5月15日上午，海南省三亚南山寺举行“祈福消灾、天佑中华”为四川地震灾区消灾祈福大法会。南山寺方丈、年届90岁的新成老法师带领50余名法师一起诵念《大悲咒》《心经》《药师佛赞》，为灾区人民诵经祈福。法会后，南山景区员工代表、南山寺僧众、信众和游客共捐赠70万元。

5月17日上午，贵州省贵阳黔灵山弘福寺举行为地震灾区群众祈福献爱心大法会暨向地震灾区捐款仪式，共筹集资金34万元。遵义市佛教界向灾区捐赠30余万元。截至6月底，贵州省佛教界募集捐赠资金和物资折价180多万元。

5月14日，西藏自治区拉萨哲蚌寺举行法会，为灾区民众祈福。西藏各地寺院也纷纷举行法会，为灾区遇难同胞祈福诵经。各寺院僧众自发捐款，向灾区同胞奉献爱心。截至6月10日，西藏自治区佛教界共为地震灾区募集资金117.22万元。

5月14日，青海省塔尔寺捐赠15万元。29日清晨，塔尔寺500余名僧侣在大经堂集体诵经，为地震灾区受难民众祈祷平安，超度亡灵。祈愿法会结束后，僧众捐赠15万元。截至6月底，青海省佛教界共募集资金104万元。

5月13日，宁夏回族自治区宗教局向全区信教群众发出倡议书，号召各宗教信徒以祈祷、捐款等形式奉献爱心。至28日，宁夏回族自治区佛教界共募集资金39.26万元。

四　香港、澳门、台湾佛教界捐赠

地震发生后，香港佛教界立即行动，投入赈灾工作。香港佛教联合会会长觉光长老号召全港佛教道场于早晚二课，至诚恳切礼佛诵经，称念“南无大慈大悲救苦救难广大灵感观世音菩萨”，超度灾难亡灵早登极乐，祈求受灾群众早获救护，脱离苦海，祈福灾区安宁，人心安定。至5月14日，香港佛教界捐赠630万港元，其中香港佛教联合会100万港元、香港正觉莲社100万港元、香港西方寺及菩提学会300万港元、香港宝莲禅寺100万港元、道平法师30万港元。由香港佛教联合会副会长黎时暖、总务主任智慧法师、司库何德心和常务董事道平法师、果德法师、演慈法师及董事宽运法师、弘法工作委员会副主任宏明法师联袂前往中央人民政府驻香港特别行政区联络办公室（以下简称香港中联办）总部转交支票，香港中联办主任高祀仁、副主任黎桂康接收捐款。捐款经香港中联办赈灾专户，统一转交内地有关赈灾机构。17—23日，香港旭日集团杨钊居士捐资，邀请法师大德在华岩寺启建为期7天的《梁皇宝忏》法会，为地震灾区人民祈祷，香港慈辉基金会捐赠100万港元。19日，香港正觉莲社多位法师及100多名社员举行集体虔诵《地藏菩萨本愿功德经》法会。20日清早，觉光长老率香港佛教联合会、香港正觉莲社、香港观宗寺、香港佛教文化协会、佛教中谛学会等佛教团体代表，前往中联办，在中联办大厅为地震罹难同胞

图 38　5 月 21 日，香港佛教界在红磡体育馆举行“护国息灾冥阳两利祈福法会”

（中国佛教协会　提供）

设置的灵堂前，三问讯并默哀 3 分钟，寄托哀思和祈愿。21 日晚，香港佛教界在红磡体育馆举行“护国息灾冥阳两利祈福法会”，为遇难同胞超度亡灵（见图 38）。

地震发生后，澳门佛教界积极募捐救灾。5 月 15 日至 7 月 3 日，澳门功德林发起为地震灾难举行 49 天的《地藏经》法会。16—19 日，澳门禅净中心为地震灾区举办超荐祈福法会，祈愿诵经拜忏功德回向罹难者，使其离苦得乐、往生西方。20—23 日，在澳门功德林住持戒晟法师的呼吁下，内地和香港、澳门三地佛教及民间慈善团体及个人组成救灾访问团，赴灾区慰问受灾群众和派送救援物资。戒晟法师等人携带 60 余万元，在广州、成都采购了米、油、盐、面条、婴儿奶粉等生活必需品和 15 种药品，先后运抵绵竹市汉旺镇、什邡市龙居镇和红白镇及彭州市小鱼洞镇、龙门山镇、银厂沟等地慰问受灾群众。访问团离开灾区前，将剩余善款委托给当地的志愿团体“麦田计划”，请他们继续为灾区购买运送物资。访问团还考察了灾区的学校重建，并计划在灾区兴建希望学校 2 ~ 5 所。6 月 3 日，四川省侨联将澳门青年佛教中心捐赠的价值 20 万港元的棉被 700 床和帐篷 178 顶运抵青川县孔溪乡，分发给受灾群众。

地震发生后，台湾地区佛教界积极募集款物，支援灾区。5 月 12 日，台湾金山弥陀寺住持慧礼法师率领四众弟子，发起 108 日 24 小时不断扣钟诵经法会，祈求浑厚悠远之钟声，传布法音，回向不幸于地震灾难中罹难的众生。13 日，原籍四川的台湾中台禅寺惟觉老法师，组织该寺法师及护法会居士进行赈灾募款，共筹集资金 1100 万元新台币，转交四川灾区。台湾十方禅林住持首愚法师在获悉灾情后，立即呼吁海内外佛教三宝弟子伸出援助之手，慷慨解囊救困，共筹集捐款 3600 万元转汇四川地震灾区，还募集生活物资 50 吨，于 18 日起分批运往四川灾区。12 日，台湾佛光山与“国际佛光会”世界总会率先向地震灾区捐款 1000 万元新台币。17 日 20 时，台湾佛光山住持心培法师及全体法师，带领全球五大洲的佛光人、游客，同步为四川地震死伤受灾群众举行“百万人共同念佛祈福回向法会”。台湾“国际佛光会”捐赠资金 1100 万元，还捐赠了价值 1500 万元的物资 150 吨。23 日，台湾创价学会理事长林钊捐赠 100 万元新台币。6 月 1 日下午，台湾生命电视台台长海涛法师，在重庆华岩寺举行赈灾募捐活动，现场募捐 60 万元；3 日，海涛法师在华岩寺方丈道坚法师陪同下，携带价值数十万元的 4 卡车米、油、盐等生活用品运抵北川。2 日，四川省宗教局举行“台湾佛光山佛光会援助四川地震灾区恢复重建项目捐赠仪式”。经过 10 多天的实地救援和考察，“国际佛光会”决定再向江油、青川灾区捐建江油市彰明中学 1 所（需资金 1200 万 ~ 1300 万元）、青川县木鱼镇初级中学 1 所（需资金 1200 万 ~ 1300 万元）和木鱼镇中心卫生院 1 所（需资金 700 万 ~ 800 万元），恢复重建重灾区佛教道场（需资金 700 万元）

和捐建云水医院（居民安置过渡期医疗所）。6日，台湾佛教正觉同修会理事长张公仆将台湾佛教界募集的资金1863万新台币，委托国家宗教局转交四川灾区用于灾区学校重建、受损庙宇修缮以及抚恤等事项。台湾“中国佛教会”、佛光山、法鼓山、中台禅寺、慈济慈善基金会、灵鹫山、“中华佛教居士会”、诺那华藏精舍、千佛山、金山弥陀寺等佛教团体和寺院纷纷举行法会，为遇难者超度，为受灾者祈福，并号召四众弟子为灾区人民捐款捐物。

五 国际佛教界捐赠

汶川地震发生后，国际佛教界广泛关注，积极募捐款物支援灾区。

5月12日，加拿大佛教会会长、湛山精舍住持达义法师即表示，为四川地震灾区提供援助。14日，湛山精舍捐赠7500加元至加拿大华侨华人成立的四川地震赈灾委员会。15日，多伦多慈济佛教功德会会员，分别在多伦多4家最大的华人超市连锁店超市门口，手捧募款箱，向来往行人散发“募爱心到四川”的海报，为四川受灾群众募集捐款。18日，温哥华佛光山举行“四川地震死伤受灾群众祈福法会”，并于19日、25日两度举行光明灯法会及弥陀法会，为灾区祈福。25日，多伦多佛教界在多伦多佛光山寺的后停车场举行“佛光童军洗车筹款赈灾”活动，佛光山寺参加法会的佛光会员和信众接受这项洗车服务，而且多是加倍付费，为灾区募捐。当晚，国际佛光会温哥华协会在温哥华市中心富大酒楼举办“佛光素宴暨四川大地震赈灾筹款晚会”，800多人出席，现场共筹集近3万加元。

5月13日，美国佛教联合会洗尘长老和“中华佛教会”妙峰长老召开紧急会议，发动信众捐赠1.5万美元。24日，美国纽约佛光山寺住持永固法师及依果、永如、天琴、妙住、如贤、妙余等法师，与“国际佛光会”纽约协会会员一行100多人，走上法拉盛街头为四川赈灾劝募，这是“行脚托钵送爱到四川”的首次行动。随后，佛光山法师们及纽约佛光会成员陆续前往曼哈顿中国城、布碌仑华埠、曼哈顿市区等地游行募款，筹集资金3.2万美元。截至6月22日，纽约佛光山寺共募集资金15.8万美元。

5月13日，世界佛教徒联谊会秘书长帕洛普向中国佛教协会会长一诚法师发来慰问电，代表联谊会主席瓦纳米提与联谊会总部及地区中心、泰国佛教徒、泰国各佛教组织，向中国人民所遭受的巨大损失表示关切和慰问。世界各国佛教界友好人士，纷纷以实际行动支援中国地震灾区的抗震救灾及灾后重建工作，并以不同形式表达对中国灾区人民的慰问。

5月13日，非洲阿弥陀佛关怀中心理事长慧礼法师，向四川地震灾区捐赠1万美元。14日，在北京广济寺消灾祈福法会上，前来参加祈福法会的慧礼法师又捐赠7万元。

5月15日，韩国能仁禅院德润法师专程到天津荐福观音寺捐款2万元，委托天津市佛教慈善功德基金会转交灾区。29日，韩国佛教放送理事长、韩中佛教文化交流协会会长林影潭法师，到国家宗教局捐赠大米60吨。6月5日，韩国曹溪宗满月寺真明法师捐赠1万元，韩国圆佛教向四川地震灾区捐赠12万元。

5月15日，日本佛教界通过日本红十字会、中国驻日本大使馆、中国佛教协会、四川省佛教协会、国家宗教局、中国国际友好联络会等渠道，向中国佛协发来慰问电，并向中国地震灾区捐款。同日，日本友人水上逸朗在厦门南普陀寺组织的募捐祈福活动中捐赠100万日元。19日，日本天台宗宗务总长滨中光礼长老一行拜访中国佛协并捐赠100万日元；日本临济宗妙心寺派灵云院住持则竹秀南长老代灵云院国际禅友好交流协会、日本临济宗妙心寺花园会本部、日本南太平洋友好协会、日本高等布教讲习会等机构捐赠135万日元。28日，日本阿含宗会长桐山靖雄向中国国际友好联络会捐赠1000万日元，用于灾区修建希望小学。6月4日，日本立正佼成会东京教区中国佛迹巡礼团一行50人，向中国佛协捐赠150万日元。5日，日本佛教友人、日本“枣寺日中友好朋友会”会长菅原钧长老，通过中国佛协向地震灾区捐赠10万日元。7—8日，在江苏无锡召开的“中日第十二次佛教学术交流会议”上，日本佛教大学捐赠5000美元。日中友好宗教者恳话会捐赠100万日元，日中韩国际佛教交流协会捐赠10万日元。日本佛教界向灾区捐赠资金共计6405.6万日元、5000美元。

5月17日上午，新加坡80岁的陈淑琴居士得知厦门佛教界为地震灾区捐款的信息后，特委托在厦门的外甥代她捐赠10万元。在新加坡佛牙寺龙华院佛像开光盛典上，来自斯里兰卡、中国、韩国、泰国、马来西亚、新加坡以及印度尼西亚等国家及地区的长老法师，联合为四川地震赈灾主持筹款仪式，募集款物。同日，菲律宾佛教慈济会组织的首批188箱毛毯由菲航班机运抵成都。19日，新加坡佛教居士林内全体法师和居士为地震幸存者举行消灾普佛，下午施放瑜伽焰口超度亡灵。他们在活动现场设立捐赠资金处8个，现场募集50万新元。据统计，居士林共为四川灾区捐赠310万新元（折合1550万元），其中黄鸿年捐赠200万新元。新加坡佛教居士还计划将所筹善款用于帮助灾区修建防震学校，此举得到慈善家和新加坡公众的支持，新加坡慈善家捐赠200万美元，公众捐赠50万美元。

5月24日，柬埔寨智慧大学在首都金边为中国地震和缅甸严重自然灾害遇难者举行诵经超度仪式和捐款活动，布格里僧王、国务兼教育青年体育部大臣高平，中国驻柬埔寨大使馆政务参赞段金柱和缅甸驻柬大使、柬佛教信众和智慧大学师生共2000余人出席，共筹集资金约1.2万美元。56名高僧参加此次为遇难者诵经超度仪式。

5月25日，“国际佛光会”昆士兰协会第二青年分团在澳大利亚布里斯班中天寺客堂举办爱心茶会，进行慈善募款，并邀请昆士兰大学及麦格雷戈（McGregor）高中的20名学生参加。佛光会青年亲手做糕饼、巧克力蛋糕等精致甜点并进行义卖，共筹集资金525澳元。

5月25日上午，德国柏林佛光山举行“为缅甸及中国四川罹难者悼念活动”，由觉海法师、妙衍法师带领诵《阿弥陀经》、称念弥陀圣号，百余位中德人士拈香助念，祈愿亡者往生佛国、莲登九品，生者消灾免难、健康如昔。

5月26日，越南胡志明市华人佛教团体得强法师、慧功法师率各界善信，到中国驻胡志明市总领事馆向四川地震灾区捐赠23600万越南盾和800美元。6月1日，胡志明市佛教会为灾区遇难者举行超度仪式，数千名僧侣参加，并向灾区捐赠2万美元。2日，胡志明市莲华寺惟镇法师代表僧众，到中国驻胡志明市总领事馆向灾区捐赠1500万越南盾。

5月27日，澳大利亚卧龙岗南天寺觉屏法师应Illawarra社区国际学生委员会邀请，到卧龙岗大学参加该组织为汶川大地震及缅甸受灾群众举行的多元宗教追思活动，以表达对受灾群众的关怀。觉屏法师领众读诵英文“为四川大地震受灾群众祈愿文”，为受灾群众祈福。

新西兰北岛佛光山义工在端午节之际，在库头妙禹法师的带领下，包粽子义卖赈济地震灾区。截至6月3日，制作和义卖粽子2000多个，所得全部收入作为汶川地震的赈济资金。

马来西亚佛教总会获悉汶川发生特大地震灾害后，设立“中国四川地震受灾群众救济金”，呼吁全国佛教徒及善心人士，发慈悲心，共同救济受灾群众。总会长日恒法师吁请各寺院庵堂、佛教团体与信众及善士，携手救济苦难人士。马来西亚佛教界纷纷响应，通过举行法会、组织义卖、社会募集等各种活动，为灾区人民祈福捐款。马来西亚十几个州近50个佛教团体和组织，为灾区共筹集资金200余万令吉。

截至6月30日，据各省（区、市）佛教协会统计，佛教界共募集捐赠资金和物资折价3.8亿多元。其中，内地佛教界共募集资金和物资折价2.3亿元，港澳台地区佛教界募集资金和物资折价1.5亿元。

第二节　道教界赈灾活动

一　中国道教协会倡议捐赠

汶川地震灾害发生后，中国道教协会（以下简称中国道协）会长任法融、副会长张继禹等多次致电四川省和成都市道教协会，询问所属宫观和青城山道教学院的受灾情况，向灾区道教界表示慰问。5月13日上午，中国道协召开紧急会议，研究配合灾区道教界做好抗震救灾工作的措施，同时向全国各级道教协会和各地重点宫观发出紧急通知，号召各地道教界向地震灾区捐款，奉献爱心。

5月14日，中国道协举行为地震灾区捐款活动，员工们踊跃捐款。15日，在中国道协的倡议下，内地道教界以重点宫观为主举行法会，祈祷灾区被困人员尽快脱险获救，祈祷救援工作顺利进行，祈祷遇难同胞早得超升。任法融在楼观台道观法坛率领合观道众虔诵法音。

5月31日，任法融参加在道源圣城大邑鹤鸣山举办的“中国道教界为汶川地震灾区祈福・追荐・赈灾大法会”，后赴大邑县鹤鸣山道观、都江堰二王庙，以及青城山道教学院、青城山建福宫、天师洞等地查看灾情。6月1日，受任法融委托，副会长张继禹、唐诚青及秘书长袁炳栋一行前往彭州阳平观、什邡大王庙、绵竹严仙观、德阳玉皇观、游仙玉皇观、绵阳敕法仙台和安县金霞洞等道观，查看宫观受灾情况，慰问所属道众，并向各宫观发放慰问金。中国道协副会长黄信阳、黄至安、丁常云、唐诚青、赖保荣、刘怀元、林舟、张金涛、张凤林道长以及各地道协负责人在灾区道观参加祈祷法会。

二　灾区省市道教界自救互救

灾区省市道教协会和道观，积极开展自救互助和募集资金物资活动。截至5月30日，灾区省市道教界共募集资金和物资折价248.85万元。

四川道教界在地震发生后，积极开展赈灾活动。四川省道教协会在部分道教宫观受到地震损害的情况下，仍主动捐赠40多万元。5月12日下午，四川省道教协会会同成都市道教协会召开会议，部署抗震救灾工作，并于当晚派员赶赴青城山，查看灾情，慰问道教界人士，将伤员送往医院救治；通过电话、短信等方式联系各地道协、宫观，了解全省道教界受灾情况。14日，四川省道协发出通知，要求各地道协全力参与抗震救灾活动，并倡议全省道教界本着慈悲济世、关爱他人、回报社会的情怀，为灾区人民捐款捐物，奉献爱心。全省道教界迅速行动起来，纷纷为地震中遇难的同胞举行祈福消灾解厄法会，组织各种募捐活动。16日，四川省道协领导先后到都江堰、德阳等重灾地区，查看灾情，慰问受灾道众，送去大米、矿泉水、帐篷等救灾物资。四川省道协在组织全省道教界开展自救互助的同时，还积极募集救灾物资帮助其他受灾群众。18日，成都市道协在青羊宫举行道教界抗震救灾捐款活动，共筹集资金20余万元，其中青羊宫道观捐赠10万元。21日，成都市道教界共捐赠资金和物资折价35万余元。广元市道协、西昌市道协分别捐赠2万元，并不断向灾区运送赈灾物资。31日，中国道协在大邑鹤鸣山道观举办“中国道教界为汶川地震灾区祈福·追荐·赈灾大法会”，来自全国各地（包括港澳台地区）的道教界人士500余名参加。法会活动中，道教界代表以及香港恒基兆业集团董事局主席李兆基等慈善大德先后上香，与会者在经师的领诵下，齐声诚诵《中国道教界为汶川地震罹难者祈祷文》：“伏愿震灾宁息，罪咎消平，众圣宣慈，金汤安壤”，“伏愿赐福无边，祥庆永延，虔修法事，愿鉴丹诚。寰瀛一统，中华昌盛。共倾捧日之心，咸沐太上之佑”。随后举行捐款活动。内地各省级道教协会积极认捐善款。北京白云观、陕西省道协、上海市道协、山东省道协、唐山市道协、山西省道协、吉林辽源福寿宫、重庆老君洞等都做出重要贡献。大德信士丁一、张籍元、余萍、康华、李建民、许萍等也借法会胜缘，踊跃为灾区捐款。活动现场共募集资金802.7万元、185万港元，募集药品折价400万元，募集电气设备和衣物折价80万元。其中，内地道教界捐赠资金700多万元，捐赠药品和电气设备等物资折价420万余元；香港道教联合会、啬色院、蓬瀛仙馆、圆玄学院、青松观、飞雁洞佛道社、香港道教文化基金会，台湾“中华道教总会”、台湾高雄道德院，澳门道教协会等捐赠资金185万港元、169万元，捐赠方便面3500箱、矿泉水3200箱以及衣物折价60多万元。活动结束后，香港道教联合会、台湾“中华道教总会”经师分别在祖天师殿、三官殿举行“虚皇科”“三官经”科仪。四川道教界组织经团举行“救苦科”“城隍牒”“摄招安灵”“铁罐斛食”科仪。

四川、甘肃、陕西、重庆等灾区省（市）的许多道观不同程度受损，道教界不等不靠，积极组织自救互救。重庆老君洞监院邓信德道长，在所在宫观受损的情况下，仍在重庆筹措食品、药品等物资运往四川受灾宫观，帮助灾区群众渡难关。

三　非灾区省（区、市）道教界捐赠

非灾区省（区、市）道教组织和主要宫观响应中国道协的倡议，积极向灾区捐款捐物。截至5月30日，非灾区道协组织各种形式的募捐活动，共募集款物折价1339.56万元、1.3万元新台币、

500美元。13日，中国道协和北京白云观向中国红十字会总会捐款30万元。14日，中国道协在北京白云观举行“祈愿地震灾区消灾解厄法会”，协会全体道教教职人员和白云观道众在老律堂为灾区祈祷。浙江省道教界捐款429万元，其中温州市道教界捐款172万元。福建省道教界捐款319万元。湖北省道协吴信玄道长在网上征集网友，调集4辆货车将食品、帐篷及发电机等物品运抵受灾地区道观。武当山道协会长李光富，同武当山文物宗教局等有关人员，将捐款12万元转赠受灾严重的青城山道协和大邑鹤鸣山道观、都江堰二王庙、崇州上元宫、绵竹严仙观、什邡大王庙及彭州阳平观和葛仙山等道教宫观，用于恢复建设。广东省道教界捐款156万元。宁夏回族自治区道协捐款2万余元。

非灾区各省（区、市）道协组织和各道长，纷纷在本地组织祈祷和募捐活动。上海市道协组织各道观的道长、上海道教学院全体学员，在松江区东岳庙内举行法会，为灾区祈祷。南岳衡山道教界和中国道教学院坤道班全体学员在南岳大庙圣帝殿举行法会，为灾区祈祷。辽宁省千山无量观、沈阳太清宫，江苏省苏州玄妙观、茅山道院，浙江省杭州抱朴道院，福建省泉州玄妙观、福清石竹山道院，江西省龙虎山天师府、庐山仙人洞、南昌万寿宫，山东省崂山太清宫、泰山碧霞祠，河南省嵩山中岳庙，湖北省武汉长春观、武当山道观，广东省广州三元宫、罗浮山冲虚古观，以及重庆老君洞、贵州省贵阳仙人洞、青海省西宁土楼观等各地道观也纷纷举办祈祷法会，很多道教信徒和游客也参与法会活动。

四　香港、澳门、台湾道教界捐赠

香港特区、澳门特区和台湾地区道教界十分关心汶川地震灾区人民的疾苦，纷纷联系中国道协，希望能赶赴灾区慰问和参加救援，祈祷灾区灾消福生，同时踊跃向灾区捐款。

截至5月30日，香港特区道教界共捐赠750万港元，澳门特区道教界共捐赠46万多澳门元，台湾地区道教界共捐赠2200多万元新台币。

第三节　伊斯兰教界赈灾活动

一　中国伊斯兰教协会倡议捐赠

5月12日15时，中国伊斯兰教协会（以下简称中国伊协）负责人接到四川省伊协报告汶川地震灾情的电话后，立即指示伊协机关迅速与四川等省伊协联系，了解受灾情况。13日上午，中国伊协向全国各省（区、市）伊协发出倡议，号召各级伊协、各地清真寺、穆斯林群众和穆斯林企业家，发扬伊斯兰教扶危济困精神，向灾区群众捐赠款物，积极投入到为灾区人民献爱心的活动中，并用伊斯兰教的宗教形式为灾区人民祈求平安。14日，中国伊协发出倡议书，号召各地伊斯兰教协会、清真寺民主管理委员会及教职人员、广大穆斯林群众援助灾区，各地可通过当地红十字会等相关渠道捐款。同日，四川省伊协发出《关于开展穆斯林救灾互助行动的倡议》，号召穆斯林互相团结，互相支援，积极为灾区捐赠救灾款物，帮助灾区穆斯林共渡难关。四川省伊协成立“穆斯林救灾互助行动小组”，组织开展募捐活动，所募集款物全部用于抗震救灾，并向社会公布了“救灾互助大行动”小组负责人名单、联系方式和捐赠账号，捐赠款物情况，及时向社会公布，接受社会监督。

5 月 16 日上午，台湾回教协会理事长马如虎向中国伊协发慰问电，表示台湾回教协会已启动赈灾募捐活动，并询问捐赠渠道。中国伊协回信表示感谢，将四川省伊协赈灾捐款账号及联系方式函告台湾回教协会。19 日，中国伊协向各伊斯兰国家慈善组织和福利机构发出支援灾区的呼吁。21 日，中国伊协再次向全国各地伊协发出倡议书，号召各地穆斯林组织，组织当地穆斯林群众在主麻日为在地震中遇难归真的穆斯林教胞举行缺席殡礼，为伤者祈求早日康复，并祈求真主慈悯众生，降赐平安。

5 月 23 日（主麻日），全国政协常委、中国伊协会长、中国伊斯兰教经学院院长陈广元大阿訇，出席中国伊斯兰教经学院在本院礼拜殿举行的为在汶川地震灾害中归真的穆斯林教胞特殊缺席殡礼。

6 月 12—15 日，中国伊协会长办公会议决定，中国伊协副会长兼秘书长洪长有等 5 人赴都江堰、什邡、北川、青川等地震灾区，慰问受灾的穆斯林群众，并对灾区的 7 座清真寺受损情况进行实地调研。

5 月 13 日上午，中国伊协组织开展捐赠活动，协会捐赠 5 万元，干部职工捐赠 1.06 万元。6 月 12 日，中国伊协向都江堰清真寺和部分受灾穆斯林群众转赠捐款 2 万元。13 日，中国伊协将穆斯林群众捐赠的物资转运北川灾区，并向北川清真寺管委会捐赠 2 万元，将清真方便食品运抵平武、江油、盐亭等受灾地区。

二　灾区省市伊斯兰教界自救互救

汶川地震灾害发生后，四川、甘肃、陕西、重庆、云南等省（市）伊协、清真寺、穆斯林，积极组织开展转移避险、应急救护、自救互救、恢复重建，大大减少了损失，保障了受灾群众的生活。在灾情稳定后，他们组织开展救灾捐赠活动，募集救灾资金和物资。四川省各地伊协、各个清真寺、穆斯林之间，互相帮助，共渡难关，全省各级各地伊协共募集资金 620 万元，用于应急采购救灾物资和帮助恢复重建清真寺等设施；地震发生后，广元清真寺及时向青川县两个回族乡运送清真食品 4 车，广元市宗教界提供米面 20 吨；阆中市政协常委、回族穆斯林企业家马利民，积极组织、联合本市的民营企业家向灾区捐赠 30 多万元。甘肃省伊协、清真寺、穆斯林共募集资金 626 万元，以救济灾区群众和修复重建清真寺院；临夏市伊斯兰教界人士积极倡议募捐，各清真寺开展穆斯林关注灾情献爱心活动。陕西省伊协、清真寺、穆斯林募集资金 60 万元，用于修复清真寺及设施。5 月 21 日，西安市各清真寺召集众穆斯林募集捐款，募集了价值 120 万元的清真方便面、矿泉水、饮料、袋装牛奶、碘盐、香醋、酱油、食用植物油、花生米、清真糕点、清真羊肉、清真油茶粉、礼拜毡、棉被、防雨布、帐篷、雨衣、消毒液等物资，租用大货车17辆将物资运抵重灾区救助受灾群众。西安穆斯林企业家沙鹏程主持的穆斯林商会捐赠价值50万元的药品，并运抵绵阳灾区。重庆市伊协、清真寺、穆斯林开展抗震救灾捐赠活动，募集资金10.71万元，以恢复修缮清真寺院。云南省伊协、清真寺、穆斯林募集资金220万元，以恢复清真寺和配套设施，同时支援四川、甘肃、陕西、重庆等重灾地区的生活救助和恢复重建。

三　非灾区省（区、市）伊斯兰教界捐赠

中国伊协发出赈灾倡议后，迅速得到全国各地伊协、清真寺、穆斯林企业家和广大穆斯林群众响应，各地穆斯林立即行动，积极募集资金和物资，支援地震灾区清真寺院恢复重建。

5月16日，北京市牛街礼拜寺举行仪式，为遇难的民众做“杜阿”，并设立“乜帖箱”为灾区群众募捐。参加聚礼的中外穆斯林，虔诚地为死难者做“杜阿”，踊跃捐款，支援地震灾区。

5月16日，河北省伊协组织全省418座清真寺举行捐赠活动。在阿訇的带领下，各清真寺聚礼的穆斯林同一时间集体为地震中逝去的民众做“杜阿”，为幸存者和救灾人员祈求平安（见图39）。沧州市近6万名穆斯林群众自发组织起来，分别在172座清真寺为在地震中遇难的穆斯林同胞举行缺席殡礼，殡礼结束后踊跃捐款，当日捐赠23万多元。16日，沧州市新华区义和街69岁回族智障老人带重病到清真南寺，参加捐款活动，现场捐款72.96元。汶川地震发生时，沧州对外经济公司经理、回族企业家尹广军带领公司部分员工正在日本进修。得知地震的消息后，他立即倡议在日本的公司员工为灾区捐款共390万日元。回国后，他个人捐赠1.7万元，交纳“特殊党费”1万元。承德市滦平县王家沟村属经济落后的回族聚居村，全村共290户，在村委会和清真寺管理委员会的带领下，全村从小孩到老人纷纷捐款，共捐款14340元。廊坊大厂京福华清真肥牛肉类有限公司向地震灾区捐赠100万元。21日，山西省长治市民族广场设立献血点，400多名穆斯林群众登记并献血。

图39　5月16日，河北省穆斯林为汶川地震中罹难的穆斯林同胞做“杜阿”现场（河北省伊斯兰教协会　提供）

5 月 15 日，内蒙古自治区呼和浩特市清真东北寺穆斯林群众积极捐款，并为遇难的民众做“杜阿”。至 27 日，呼和浩特市伊斯兰教界捐款 10 多万元，包头市伊斯兰教界捐款 10 多万元。全区各地穆斯林共捐赠 42.03 万元。

吉林省穆斯林群众也踊跃向灾区捐款捐物。吉林皓月集团总经理从连彪捐赠 120 万元，修正药业集团监事长李彦华捐赠 10 万元。全省各地穆斯林共募集资金 158 万元。

5 月 16 日，浙江省杭州市穆斯林在凤凰寺为汶川灾区遇难的同胞举行缺席殡礼，并为他们做“杜阿”。全省各地穆斯林共募集资金 2.4 万元。

安徽省穆斯林共募集资金 120 万元。蚌埠市回族企业家李世均和王雄伟自备车辆向灾区运送了他们捐赠的 10 吨柴油和价值 2 万元的清真食品。

山东省穆斯林共募集资金 1029.54 万元，用于支援地震灾区应急救助和灾后重建。

5 月 16 日 14 时 30 分，中国伊协接湖北省伊协来电，称《武汉晚报》记者获知灾区穆斯林群众缺乏清真食品。中国伊协将此情况报告国家民委，请求通过抗震救灾指挥部反映，在条件允许的情况下给予帮助。19 日，胡锦涛得知青川县蒿溪回族乡的回族穆斯林同胞缺乏清真食品时，批示火速组织清真食品送往蒿溪救助回族受灾群众。20 日，大批清真食品送达灾区受灾群众手中。回良玉会见蒿溪回族乡党委书记强海英，并转达胡锦涛对回族同胞的亲切问候。28 日上午，强海英赶到县城，将一封带有 109 位穆斯林亲笔签名和按有红手印的感谢信，转交给正在指导抗震救灾工作的回良玉。穆斯林群众在感谢信中转告胡锦涛：“全乡和外来避灾的 2000 多名回族受灾群众现在不仅有水喝、有地方住，还吃上了清真食品，我们深情感谢中共中央总书记胡锦涛、人民政府和亲人解放军对灾区少数民族的关爱。”

地震发生后，青海省伊斯兰教界共募集资金 460 万元，其中穆斯林企业家冶福财捐赠 100 万元。新华寺募集价值 18 万元的帐篷、面粉、清真食品、饮料、毛毯、棉被等救灾物品及资金数万元，下二社清真寺募集了价值 19 万多元的帐篷、面粉、清真食品、饮料、手电筒、茶叶、大米、口罩、手套、毛毯、棉被等救灾物品及数万元资金。

5 月 14 日，宁夏回族自治区伊协召开会长会议，安排捐款活动，并发布募捐倡议。16 日，自治区伊协会同银川市伊协在银川中大寺举办募捐活动，来自周边的各清真寺伊玛目、寺管会主任、阿语职业学校师生、回族幼儿园小朋友、穆斯林企业家以及穆斯林群众约 800 余人参加，现场募集资金 6 万元。穆斯林企业家李志海、马耀庭、杨少军、金晓云在得知灾区回族受灾群众缺乏清真食品后，专程到自治区伊协机关捐赠 25 万元，用于给灾区群众购买清真食品。宁夏银行石油城支行捐赠 1 万元、保伏桥清真寺捐赠 2000 元，委托自治区伊协给灾区穆斯林购买清真食品。同心县 2000 余名穆斯林群众捐赠 11 万余元，同时还发动群众烹炸清真食品并组织车辆送抵灾区。青铜峡市 77 座清真寺代表及群众到小坝清真寺捐赠 2.6 万余元。至 23 日，全区伊斯兰教界人士和穆斯林群众为灾区捐赠资金 105 万余元，捐赠价值 60 余万元的大米 200 吨。

新疆维吾尔自治区紧急赶制易于储存的馕，经铁路运往灾区。5 月 21 日，石河子市 500 多名穆斯林群众向灾区捐款数万元。

截至 5 月 23 日，全国 3.5 万余座清真寺举行了捐款活动。全国伊斯兰教界募集捐赠资金和物资折价共计 6281.68 万元。

第四节　天主教界赈灾活动

一　中国天主教爱国会、中国天主教主教团倡议捐赠

5 月 13 日，中国天主教爱国会、中国天主教主教团（以下简称中国天主教一会一团）向各省（区、市）的天主教爱国会和中国天主教教务委员会（以下简称天主教两会）及教区下发《关于向地震灾区捐款的通知》，要求两会和各教区组织各堂区为灾区人民祈祷，举行弥撒大祭，向灾区捐款。23 日，中国天主教一会一团再次向天主教两会及教区下发《关于向灾区教堂捐款的通知》，要求各地天主教两会、教区，号召广大神长教友继续发扬爱德精神，为修复重建因地震而遭受破坏的圣堂进行捐助。

6 月 13 日，中国天主教一会一团发出“对口帮扶、救援灾区”号召，各地神长教友纷纷响应，本着“天主爱乐捐的人”的圣训，陆续为地震灾区踊跃奉献，为灾区教友祈祷。中国天主教一会一团呼吁神长教友直接通过堂区的某一堂口或多个堂口捐款，也可将款项汇至中国天主教一会一团，一会一团将根据灾区堂口受灾情况统一调配。16—18 日，中国天主教一会一团向四川各地教会赠送《圣经》1 万册。9 月 28—29 日，中国天主教爱国会副主席刘柏年、秘书长刘元龙到成都、绵阳、德阳了解天主教堂灾害损失、灾后自救和重建规划情况，部署抗震救灾工作。

二　灾区省市天主教界自救互救

5 月 14 日，四川省天主教两会工作人员踊跃向灾区捐款，并向兄弟教会、广大信教群众及社会各界发出抗震救灾呼吁，希望发扬爱德和奉献精神，帮助灾区恢复重建。15 日，四川省天主教两会向全省各地教会及爱国会下发通知，要求各地教会爱国组织要立即成立抗震救灾领导小组，协助政府组织的救援工作，建议将捐款更多地用于解决当地教会和省内受损受灾的困难教友和群众，减轻政府压力；组织教友为受灾教会和群众祈祷；念玫瑰经，祈求中华圣母赐予国泰民安。16 日，四川省天主教爱国会工作人员赴德阳、绵阳等重灾地区，发放慰问金，搭建帐篷，送水和食物，慰问受灾地区的神长教友。17 日，四川乐山教区神长教友一行 4 人赶到都江堰，向地震灾区捐赠价值 2 万元的生活用品。同日，自贡市天主教爱国会发动各县区爱国会及各堂口民主管理小组堂口教友捐赠 8966 元。18 日，四川省天主教两会根据彭州市天主教会急需一批塑料薄膜搭建防震雨棚的求援电话，紧急与省农资部门联系并采购塑料薄膜 0.6 吨，运抵彭州市天主教会。四川天主教成都教区捐赠价值 12 万元的大米给都江堰等地。峨眉山市天主教神长教友捐赠大米 1 吨给什邡市。康定县天主教神长教友捐赠价值 2 万元的食品给地震灾区。

5月20日，四川省天主教两会召开主席工作会议，通报全省天主教会受灾及救灾情况，讨论对灾区的统筹捐助工作，研究开展抗震救灾工作措施。会议决定成立四川省天主教两会抗震救灾领导小组。同时，要求各教区、市州爱国会要配合政府救援工作，对教会教堂、房产进行全面细致排查，安排好宗教活动场所，安抚受灾教友群众；配合协调分配赈灾资金物资；成立堂区互助自救小组，走访、慰问、安抚受灾伤亡教友家庭；坚固信仰，以祈祷方式调节他们的心灵创伤，以多种形式举行祈祷，团结、安抚教友心灵。

2009年5月25日，四川省天主教两会和天主教成都教区在绵竹天主堂旧址举办了“5·12”地震周年追思感恩活动，国家宗教研究中心，全国天主教一会一团及省、市宗教部门负责人，河北、重庆、辽宁、吉林等省（市）教区代表和四川天主教各地教友共700余人参加纪念活动。活动期间举行募捐活动，共募集资金77.55万元转赠成都教区，用于灾区教堂维修。

甘肃、陕西、重庆、云南等省（市）天主教界也积极开展救灾募捐活动，募集资金物资支援地震灾区。

三　非灾区省（区、市）天主教界捐赠

汶川地震发生后，非灾区天主教界纷纷向灾区天主教界发慰问电，赴灾区帮扶救灾，组织捐赠资金和物资，帮助灾区恢复重建。

5月22日，河北献县教区主教李连贵向彭州市捐赠价值3万元的大米，向成都市捐赠价值1万元的药品。27—29日，河北省天主教进德公益联系的德国明爱捐赠价值890万元的帐篷4050顶，其中运送彭州市新兴镇1000顶、都江堰市900顶，送往什邡市700顶、绵竹市600顶，送往安县秀水镇、沸水镇等地850顶。29日，四川省天主教两会同河北进德公益、德国明爱、国际明爱慈善机构在四川省民政厅举行帐篷捐赠仪式。6月2日，河北进德公益和四川天主教两会在德国明爱的资助下，通过四川省慈善总会再向四川灾区捐赠价值410万元的帐篷2500顶，并于当日17时空运至成都双流机场。3日8时，天主教两会、德国明爱等派员到机场联系帐篷通关、提货事宜，由于机场货运站装卸任务繁重，装卸人员不够，随车的主教、神父们在烈日下参加搬运装车4个多小时，于16时装车完毕，由14辆大货车分别将帐篷运往绵阳市游仙区1200顶、江油市500顶、安县300顶及广元市500顶。13日，河北进德公益向安县8个乡（镇）捐赠大米100吨、食用油10吨。19日，河北进德公益、德国明爱捐赠价值40多万元的大米107.3吨、食用油13吨运抵绵阳市游仙区魏城镇。天主教南京教区捐赠5万元，天主教江西教区捐赠3万元，用于灾区教堂恢复重建。8月1日，进德公益协同海外合作伙伴，为汶川灾区捐赠价值346万元的帐篷1000顶，其中运送汶川县漩口镇300顶、银杏乡300顶、映秀镇400顶。河北进德公益、德国明爱还捐赠价值260万元的被褥7400多床，送往北川、平武、青川等灾区。

截至2009年6月20日，部分省（区、市）及境外天主教界共捐赠6306.6万元。

第五节　基督教界赈灾活动

一　中国基督教三自爱国运动委员会和中国基督教协会倡议捐赠

5 月 13 日，中国基督教三自爱国运动委员会和中国基督教协会（以下简称中国基督教两会），呼吁全国基督徒为地震灾区群众和教会献上祈祷，并希望各地教会和兄弟姊妹能献出爱心，为灾区捐款，与灾区群众和教会一同渡过难关。

5 月 14 日上午，中国基督教两会举行为四川地震灾区祷告及捐款活动，70 位同工同心合意献上祈祷。同工们纷纷慷慨捐献，筹集资金 1.1 万元。当日下午，中国基督教两会捐赠 100 万元，转交中国红十字会总会。

6 月 3—6 日，受中国基督教两会的委托，中国基督教三自爱国运动委员会秘书长徐晓鸿牧师赴甘肃、陕西灾区，了解教会受灾情况，并代表委员会主席傅先伟长老、中国基督教协会会长高峰牧师，慰问灾区教会的同工同道，鼓励大家充满信心，重建家园，重建圣堂。

7 月，中国基督教两会同工联系上海复旦申花净化技术股份有限公司，决定为绵竹市拱星社区受灾群众改善饮用水的水质。后经专家多次商讨，最终确定净化水质方案。8 月，中国基督教两会组织人力，赶赴灾区，安装好水净化设备，并移交当地社区（见图 40）。此设备出水可直接饮用，可解决 2000 多户受灾群众生活用水需求。

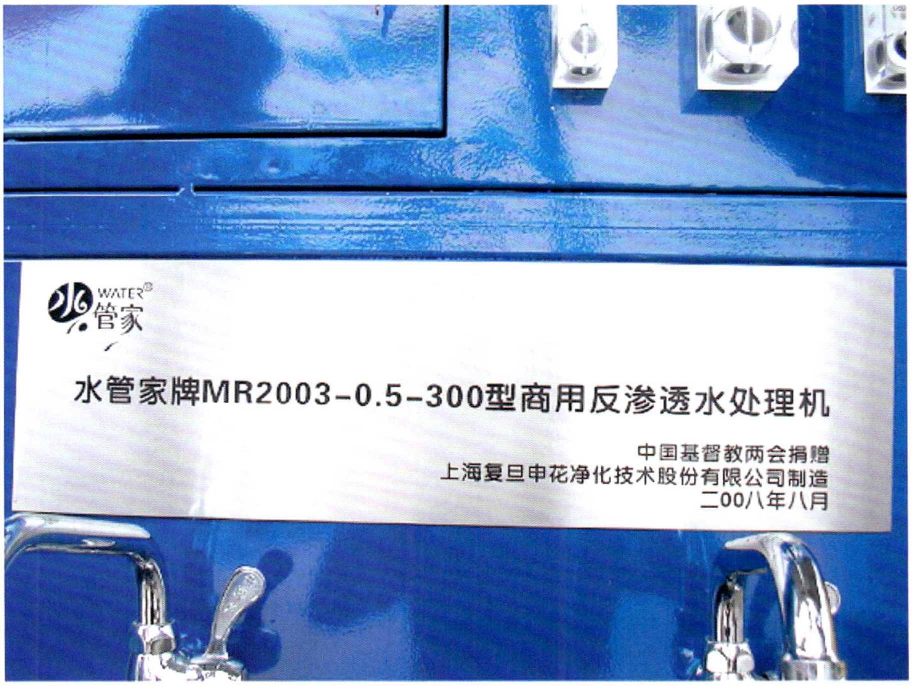

图 40　中国基督教两会为绵竹市拱星社区受灾群众捐建的水净化设备（中国基督教两会　提供）

二　灾区省市基督教界自救互救

汶川地震发生后，四川、甘肃、陕西、重庆、云南等省（市）基督教两会积极响应中国基督教两会的号召，广泛动员各地教会和兄弟姐妹奉献爱心，为地震灾区捐赠款物，帮助解决灾区群众基本生活和恢复重建中的困难。截至5月29日，四川、甘肃、陕西、云南等省（市）基督教两会共募集资金366.57万元。

四川省基督教两会的工作人员赴江油、都江堰等灾区查看灾情，慰问教会同工，运送救灾物资，同时发出倡议书，倡导积极募集救灾资金。甘肃省基督教两会向全省教会下发《为四川灾区捐款的紧急通知》，要求全省各地教会积极响应省两会的号召，募集款物，支援灾区。陕西省基督教两会号召广大信徒为灾区祷告，奉献爱心。各个教会、教堂及聚会点的教徒立即行动，踊跃捐款。

5月16日，四川省基督教两会办公室积极组织驻会同工为灾区祈祷，举行“抗震救灾献爱心”捐款活动，募集资金8000元，省两会募集资金5万元，并于当日将捐赠资金5.8万元转交省红十字会。同时，省两会发出电话通知，要求省内各教会积极为灾区捐款捐物。18日，省两会将接收捐赠的价值14万元的物资送抵地震灾区。全省各教会分别向民政、慈善、红十字会捐赠资金72.75万元，捐赠价值305.85万元的帐篷、药品、食用油和大米等物资。港澳台和一些外国基督教会也先后捐款赈灾。截至9月16日，四川省基督教两会共接受包括来自中国香港、台湾地区和韩国、美国、加拿大等国家的捐赠资金222笔，共1024.04万元。

陇南市武都区两会捐赠3000元，购置篷布发放受灾群众。文县教会虽灾情严重，仍捐赠5700元采购手电筒、蜡烛、彩条布、药品等物资救助受灾群众，并组织志愿者42名，配合政府分发救灾物资，为救灾部队送米送菜送肉、烧水煮饭。甘肃省教会向四川灾区捐赠80余万元，省两会向天水、陇南、甘南等重灾区，下拨募捐资金30万元，用于灾区教会过冬的应急费用。

陕西、重庆、云南等省（市）基督教两会积极组织募集资金物资，转交民政、红十字会等单位，支援灾区。

三　非灾区省（区、市）基督教界捐赠

全国25个非灾区省（区、市）的基督教两会，分别举行为四川地震灾区祷告和捐款活动。据基督教全国两会不完全统计，截至5月29日，非灾区各省（区、市）基督教两会共募集资金11531.06万元。其中，北京市180万元，天津市48万元，河北省320万元，山西省151.04万元，内蒙古自治区125.5万元，辽宁省711万元，吉林省380万元，黑龙江省250万元，上海市430万元，江苏省1000万元，浙江省2259.57万元，安徽省612.64万元，福建省2241.49万元，江西省98万元，山东省732.94万元，河南省847.97万元，湖北省148万元，湖南省135万元，广东省660万元，广西壮族自治区50万元，海南省43.44万元，贵州省50万元，青海省8.1万元，宁夏回族自治区18万元，新疆维吾尔自治区30.37万元。此外，广东省、河北省、河南省、福建省厦门市的基督教两会还分别向四川省基督教两会捐赠了资金。

第五篇

受灾省市赈灾活动

面对严重的自然灾害，四川、甘肃、陕西、重庆、云南等省（市）党委、政府，认真贯彻中共中央、国务院抗震救灾决策部署，把抗震救灾工作作为首要任务，积极主动地组织自救互救。他们一方面组织开展抢险救援工作，一方面大力组织开展救灾捐赠和志愿服务工作。各地报刊、广播电台、电视台、网络等媒体，及时介绍灾情，广泛宣传报道开展抗震救灾捐赠活动的情况，动员社会各界捐款捐物，以各种形式支援地震灾区。民政部门、红十字会、慈善协会等单位和组织，立即向社会各界发出抗震救灾募捐倡议，提供捐赠渠道，接收社会捐赠。各地党政机关、企事业单位、人民团体和广大人民群众积极捐赠款物，为夺取抗震救灾的胜利发挥了重要作用。

各受灾省市在组织自身救灾捐赠的同时，还携手相助，共克时艰。比邻四川省的重庆市以最快的速度向四川送去大量救灾物资。甘肃、陕西、云南等省也迅速筹集资金、物资调运至四川，支援四川省的抗震救灾。

第一章　四川省赈灾活动

第一节　组织领导

一　组织机构

四川省“5·12”抗震救灾指挥部　5月12日地震发生后，四川省委书记、省人大常委会主任刘奇葆迅速召集有关省领导和省直部门负责人会议，紧急部署抗震救灾工作。当日，四川省委、省政府成立抗震救灾临时指挥中心，后改称四川省“5·12”抗震救灾指挥部，刘奇葆任指挥长，省委副书记、省长蒋巨峰等任副指挥长，有关省领导为成员，统一指挥全省抗震救灾工作。指挥部下设总值班室、医疗保障组、交通保障组、通信保障组、水利监控组、救灾物资组、宣传报道组。其中，救灾物资组负责救灾物资募集、接收、发放工作。救灾物资组根据省抗震救灾指挥部工作部署，动员社会各界广泛开展救灾捐赠活动，帮助灾区群众渡过难关。15日，省委、省政府决定在指挥部框架下设立港澳台及国际救援人员联络协调小组。

四川省民政厅抗震救灾领导小组　5月12日，四川省民政厅迅速启动自然灾害应急救助预案，成立省民政厅抗震救灾领导小组，民政厅厅长黄明全为组长，5位副厅长为副组长。领导小组负责组织协调全省民政系统抗震救灾工作。13日8时，厅机关召开紧急会议，部署抗震救灾工作，成立灾情管理、灾情报道、物资调运、捐赠接收、日常值班等小组，全面开展抗震救灾工作。15日，厅抗震救灾领导小组增加5位厅领导为副组长，进一步加强组织指挥力量，调整机构，成立综合宣传、救灾应急、接收捐赠、物资供应、物资分配调运和后勤保障6个工作小组，全厅干部职工实行统一领导、统一指挥、统一调配、统一安排。

5月16日，物资分配调运组在机场、火车站等处设立8个工作站，筹集运送救灾物资，组织各地民政部门和志愿者在地震灾区建立民政救助站2610个，负责灾区的救助工作。17日，物资供应和接收捐赠组合为一个工作组，增设遇难者遗体处理组。24日，接收捐赠组与物资分配调运组合并为接收捐赠和调运组，将救灾应急组调整为救灾救济安置组。救灾救济安置组在负责组织指导全省灾区受灾群众生活保障和转移安置工作的同时，还负责联络协调对口援建、救助的相关工作。

二 组织发动

5月12日，四川省抗震救灾指挥部召开会议，部署抗震救灾和社会捐赠工作。13日，分管救灾物资组的副省长召开救灾物资组会议，建立救灾物资工作运行机制，对重灾市州的物资需求情况进行分析，并作出安排。

5月13日，四川省妇联向各市州妇联机关、事业单位发出开展抗震救灾捐赠活动通知。同日，四川省直机关工作委员会下发《关于广泛动员机关党员干部积极参与抗震救灾，搞好捐助活动的通知》，共青团四川省委下发《关于抗震救灾援助灾区的倡议书》。14日，四川省总工会发出开展对受灾职工群众进行慰问帮扶的通知。

5月14日，四川省委办公厅、省政府办公厅下发《关于开展向灾区捐助活动的通知》。通知指出，开展向地震灾区捐助活动是一项紧迫的政治任务，各地、各部门要以高度政治责任感和社会责任感，切实抓紧抓实抓好；捐助活动坚持自愿和量力而行的原则，以捐款为主；各级党政机关、企事业单位党员干部特别是领导干部要带头捐款捐物，发挥表率作用；要立即开展援助动员，抓好捐赠资金物资的接收、分配、运输和发放工作；省直部门（单位）的捐赠活动由省直机关工委组织实施。

5月15日，四川省抗震救灾指挥部发布公告，动员全省机关、企事业单位和社会民众积极参与救灾捐赠活动。公告明确由团省委统一组织抗震救灾志愿者服务工作，凡愿做志愿者或开展志愿服务活动的个人和单位可与团省委联系赴灾区抗震救灾；各部门、各单位接收的捐赠物资，要与附近捐赠工作站联系，由捐赠工作站集中调配运输。同日，四川省国资委发出倡议书，要求国有企业积极开展抗震救灾捐赠活动。

5月17日，四川省抗震救灾指挥部下发《关于确保抗震救灾物资安全运输的紧急通知》，要求各级各地运输部门积极采取措施，保证运输力量和救灾物资快速运送。18日，四川省抗震救灾指挥部派出6个工作组，会同6个重灾市（州）纪检监察部门对救灾物资实施监督。20日，救灾物资组牵头协调火车成都东站及双流机场救灾物资的接收转运工作。

5月18日，四川省抗震救灾指挥部发布《规范社会募捐行为公告》。

5月20日，四川省财政厅会同省监察厅、省审计厅下发《关于切实加强抗震救灾款物管理使用与监督检查工作的通知》。6月16日，省财政厅下发《关于重申抗震救灾捐赠资金管理有关规定的紧急通知》，要求杜绝截留、挤占、挪用救灾捐赠资金的行为发生。

5 月 22 日，刘奇葆深入重灾地区安置点和福利院等地，慰问受灾群众（见图 41），了解受灾群众需求，强调加强社会捐赠工作。

图 41　5 月 22 日下午，四川省委书记、省人大常委会主任刘奇葆（前排左二）深入地震重灾地区看望慰问受灾群众
（四川省民政厅　提供）

5 月 25 日，四川省抗震救灾指挥部召开会议，要求赈灾物资发放以民政部门为主，赈灾资金发放以财政部门为主，民政和财政部门各司其职、各负其责；纪检监督部门整合各方监督力量，组建社会监督员队伍参与对救灾款物发放使用的全程监督；救灾物资发放，要坚持先群众后干部、先基层后机关的原则和公开、公正、公平、透明的原则；对挪用、侵占救灾资金物资的行为给予严肃查处。

5 月 26 日，由四川省纪委、监察厅公开征集社会监督员，加强对抗震救灾资金物资管理和发放工作的监督。

5 月 28 日，四川省委办公厅、省政府办公厅下发《加强救灾捐赠资金管理的规定》。

5 月 29 日和 6 月 18 日，蒋巨峰先后到德阳、广元灾区调研，听取当地干部和受灾群众对重灾地区和困难群众的救助意见，要求除广泛发动社会捐赠外，还要充分利用市场机制筹措救灾资金和物资，做深做细灾区恢复重建的前期工作（见图 42）。

6 月 2—6 日，四川省抗震救灾指挥部连续下发《关于公布公示救灾物资接收和分配情况的通知》《救灾物资发放工作流程》《组织社会监督员开展抗震救灾物资监督工作实施方案》等文件，成立省抗震救灾资金物资监督检查领导小组，负责救灾款物的监督检查工作。救灾物资组工作由集中管理、集中办理转为集中管理、分散办理和统一信息。

6 月 18 日，四川省委办公厅、省政府办公厅下发《四川省救灾捐赠款物管理使用过错责任追究办法》。办法规定，对救灾捐赠款物管理使用中的 19 种过错行为必须追究责任。这些行为包括：以救灾募捐为名，骗钱敛财的；接受捐赠的单位不按规定向捐赠人出具有效收据，或对捐赠情况不如实登记造册、不如实上报，或伪造、变通、毁损救灾捐赠款物原始登记资料及相关账簿

图42　6月18日，四川省省长蒋巨峰（前左二）在广元灾区调研救灾资金、物资筹措情况
（四川省民政厅　提供）

的；接收非定向救灾捐赠不按规定缴入指定专户的；接收定向救灾捐赠不按捐赠人要求处置救灾捐赠款物，或未经捐赠人同意，擅自改变定向救灾捐赠款物性质、用途的；不及时或不如实将代收救灾捐赠款物转交有关法定机构或受赠人的；违反政府援助计划或灾后重建规划使用救灾捐赠款物的；贪污、私分、截留、挪用、克扣、挤占救灾捐赠款物的；不按照救灾捐赠款物发放程序或要求随意分配，优亲厚友的；虚报灾情，冒领救灾捐赠款物的；有偿调拨、违规转让、变相出售救灾捐赠款物，违规收取折价款、补偿金、管理费的；在救灾捐赠款物中虚列支出，或违反规定从救灾捐赠资金中列支工作经费的；将救灾捐赠款物用于非救灾事项的；违反救灾捐赠款物管理制度，失职渎职，致使救灾捐赠款物滞拨滞留、流失、严重浪费或毁损的；接收捐赠单位救灾捐赠款物管理制度不全，账目不清，项目不明，手续不完备，责任不落实的；在救灾捐赠款物的储存、运输、搬运、检测、检验、检疫、免税、入关、维护等工作中玩忽职守、徇私舞弊的；不按照救灾捐赠款物信息披露要求公开救灾捐赠款物的来源、数量、种类、去向、发放情况等，或不按规定向政府有关部门报告救灾捐赠款物管理、使用情况，接受监督的；对捐赠人提出的合理查询要求、合理建议等拒不接受，推诿拖拉的；不依法履行对救灾捐赠款物的监督、检查、审查、评估、审计等职责的；有其他违反救灾捐赠款物管理使用规定行为的。办法规定，要追究过错行为，情节较轻的采取5种办法进行责任追究：给予口头警告；责令作出书面检查；取消评先评优资格；通报批评；诫勉谈话。情节较重的采取4种办法进行责任追究：组织处理；追究党纪责任；追究政纪责任；移送有关部门处理。办法特别规定，在抗击重大灾害过程中，对违反本办法的行为，应从快、从严、从重查处；造成严重后果或者恶劣影响的，加重处理。

7月12日，根据四川省委办公厅、省政府办公厅《关于加强抗震救灾捐赠资金管理的意见》，四川省财政厅规定除省慈善总会、省红十字会按捐赠人意愿定向使用的捐赠资金外，其他省级单位必须将接收的捐赠资金，全额缴入财政厅开设的救灾捐赠资金专户。

10 月，四川省开展“送温暖、献爱心”活动，为灾区群众募集棉衣被。28 日，省政府举行向汶川地震灾区捐赠衣被活动启动仪式。

11 月 6 日，四川省抗震救灾指挥部发出通知，要求各地要扎实做好灾区防寒保暖工作；要制定并实施防雨、防风、防寒、防潮、防冻、防火等应急工程措施，确保受灾群众安全温暖过冬；要按照以自筹为主、援助为辅的原则，抓好物资的筹集发放，并强化督促检查，做到工作务实，责任落实到村到户，不留空当；对因工作不作为、不到位、不得力，影响受灾群众温暖过冬的，要严肃追究责任。

第二节　捐赠活动

一　四川省属机关单位捐赠活动

四川省委、省人大常委会、省政府、省政协的领导和机关干部职工带头捐款。省直部门单位积极响应省委、省政府号召，踊跃捐赠款物，支援灾区。截至 6 月 3 日，省属机关单位干部职工捐赠资金 1011.08 万元，并捐赠粮食、衣被、帐篷、药物器械等大批救灾物资。此外，省直部门接收大量社会各界捐赠资金和物资。其中，省经委接收科伦药业、地奥集团等 23 家医药企业捐赠资金 1361.95 万元，捐赠物资折价 4656.65 万元；省质监局接收 109 家国家免检生产企业捐赠资金 2.4 亿元，捐赠物资 5520 吨、折价 1642.05 万元；省农委办接收农劳系统和农民工捐赠资金 2 亿元，捐赠物资折价 3000 余万元；省司法厅接收律师行业捐赠资金 417.2 万元；省建设厅接收全省建设系统捐赠资金 1451.31 万元；省国土资源厅接收厅机关及直属单位干部职工和社会各界捐赠资金 274.16 万元，捐赠帐篷 303 顶、电脑 10 台等物资；省交通厅接收厅机关及直属单位干部职工和社会各界捐赠资金 4161.33 万元；省农业厅接收厅直属单位干部职工捐赠资金 836.99 万元和捐赠衣物、食品等物资；省文化厅接收社会各界捐赠资金 2405.37 万元；省旅游局接收省内旅行社捐赠资金 19.33 万元和捐赠矿泉水、衣被、药品等物资；省宗教局接收海内外宗教界捐赠资金 9606.43 万元。

四川省委组织部组织收缴“特殊党费”　地震发生后，根据中组部有关通知精神，四川省委组织部先后 3 次下发关于党员交纳“特殊党费”支援抗震救灾有关事项的通知。党员领导干部带头交纳“特殊党费”。刘奇葆、蒋巨峰、陶武先等省领导带头交纳两个月工资作为“特殊党费”，其他省级领导也纷纷交纳“特殊党费”。省政府办公厅 345 名党员共交纳“特殊党费”27 万元。

各地党员积极交纳“特殊党费”。（参见图 43）盐亭县永泰乡乡长杨广旭在紧张的抢险救援中，委托妻子到县委组织部交纳“特殊党费”3000 元。松潘县水晶乡寒盼村党支部书记张秋硕登（藏族），将平时零售金针菇所得款 1 万元交纳“特殊党费”。截至 2009 年 2 月，四川省 270 万名党员共交纳“特殊党费”2.8亿元，有7万余名党员交纳的“特殊党费”超过1000元。6个重灾市（州）的党员交纳“特殊党费”10374.13万元，其中成都市6409.16万元、广元市464.87万元、绵阳市1041.57万元、德阳市1080.65万元、雅安市697.82万元、阿坝藏族羌族自治州680.06万元；15个非重灾市（州）和由省委组织部直管的7个单位共交纳“特殊党费”17648.06万元。

图43　5月23日，攀枝花市西区举行共产党员交纳“特殊党费”启动仪式
（四川省民政厅　提供）

老党员主动交纳“特殊党费”。成都木材综合工厂有52年党龄的陈功卿，到四川省委组织部将一个月的退休金1284元作为“特殊党费”上交。曾参加过抗日战争和解放战争的内江市医药公司80岁的离休党员张雪，将一个月的离休费4560元交纳“特殊党费”。华蓥市87岁的党员但功荣，在生命垂危之际交纳“特殊党费”500元。阿坝藏族老党员格木基在地震中受伤卧床，特意叫子女到州委组织部代交“特殊党费”1万元。泸县双目失明的老党员尹崇德，将刚领到的1000元生活补助金交纳“特殊党费”。洪雅县农村老党员张玉清，地震中家财损失万余元，仍借款500元交纳“特殊党费”。内江市老党员黄洪章，徒步一个多小时到乡党委，将多年积攒的养老金1000元交纳“特殊党费”。广元市82岁党员吴国贤，将积蓄1万元交纳“特殊党费”。南充市70岁的残疾人村医侯方杰，不仅交纳“特殊党费”2万元，还带领学生到灾区郫县免费为地震伤员治伤看病。什邡市师古镇65岁老党员陈道安，将平日摆摊卖茶水积蓄的2680元交纳“特殊党费”。安县中学党员教师蒋秀华，将积蓄的9.01万元交纳“特殊党费”，是绵阳市个人交纳“特殊党费”最多的人。原江油市地方志办公室主任康昭宣身患重病，在老伴搀扶下到单位交纳“特殊党费”2000元。在绵阳住院治病的退休干部叶开荃捐款5000元，交纳“特殊党费”5000元，还主动要求早出院，让出床位以接收地震中的受伤人员。

流动党员以各种方式交纳“特殊党费”。广元市在外务工党员赵华恩，特地从甘肃赶回广元交纳“特殊党费”1000元。成都市下岗职工党员阎隆刚在绵阳务工，委托其弟代交“特殊党费”1万元。丹棱县在汶川县务工党员朱国明，在地震中幸免于难，返回家乡后将在外务工积攒的400元交纳了“特殊党费”。泸县在昆明务工党员喻培德，委托母亲代交“特殊党费”5000元。

家庭生活困难的党员自愿交纳“特殊党费”。成都市温江区低保户党员易开祥，妻子患有癫病，他将自种的莲花白和生菜700余公斤捐送灾区，并交纳“特殊党费”300元。蓬安县88岁党员康定国，拄着拐杖步行两个多小时到党支部交纳“特殊党费”50元。成都市青羊区党龄70年的姜克，患有糖尿病、肺气肿等严重疾病，为支付药费而变卖了房子，仍交纳“特殊党费”400元。退休医生袁国清，震后曾3次向灾区捐款，又交纳“特殊党费”1512元。极重灾区北川羌族自治县、平武县、安县的许多党员在地震中财产损失严重，仍响应党组织号召，踊跃交纳“特殊党费”。不少遇难党员的家属忍受着剧痛，含泪自愿替亲人交纳最后一次“特殊党费”，作为对逝者的祭奠。江油市武都镇五通村幼儿园副园长王光香，为抢救孩子不幸遇难，党组织根据她生前表现和意愿追认她为共产党员，其丈夫为她交纳了“特殊党费”。北川法院审判员、党员赵义会遇难后，其女母茜含泪代母亲将生活费2000元交纳“特殊党费”。安县千佛镇千佛村张传锡在地震中遇难，家中房屋垮塌，其妻子王德清主动找到受灾群众救助站临时党组织，为他交纳“特殊党费”50元。

四川省委宣传部组织捐赠活动 在抗震救灾捐赠活动中，四川省委宣传部部署发动宣传文化系统开展义演、义卖等募捐活动，募集资金物资支援地震灾区。5月15日和23日，攀枝花市抗震救灾指挥部办公室、市委宣传部、市广电总局、市民政局等单位，在市东区广场举行两场“情系汶川”——攀枝花市赈灾募捐晚会（见图44），现场募集资金4071.7万元。遂宁市志愿工作者联合会组织赈灾义演活动，现场募集资金3.86万元，募集矿泉水、食物、药品等物资615件。17日下午，资阳市委、市政府举行“万众一心、抗震救灾”募捐义演，千余名干部群众自觉捐款，其中一位不愿留下姓名的老人捐款4万元，活动现场共募集资金50余万元。17日晚，内江市红十字会举办“博爱天空、七彩人生”赤色救助活动——“5·12”抗震救灾募捐义演晚会，现场筹集资金22.8万元。

5月18日，宜宾市电视台与宜宾市慈善总会联合举办“我们众志成城”——宜宾市抗震救灾大型义演，现场募集资金2000万元；当日晚，宜宾市电视台录播《生命的力量——电视诗会》、《情系灾区励志前行》节目，募集款物。同日上午，南充市顺庆区商务局、区红十字会组织开展

图44 “情系汶川”——攀枝花市赈灾募捐晚会现场

（四川省民政厅 提供）

“抗震救灾 · 爱心在顺庆”——商务系统大型赈灾义演活动，现场募集资金36.3万元、物资折价25万元。22—29日，内江市文化局组成专业演职员抗震救灾义演小分队，深入乡镇开展“情系你我他”抗震救灾募捐演出，观众2万多人，现场募集资金4万余元。23日，雅安市委宣传部、市广电总局、市文联、市慈善总会联合举行“5·12”抗震救灾义演晚会，现场募集资金2100余万元。30日，广安市委宣传部、军分区政治部、市慈善总会、市文联、市电视台举行“爱心大行动”赈灾义演晚会，现场认捐527万元，电话认捐资金和物资折价80.29万元。

7月9—10日，德阳电视台、北京电视台、江苏电视台、南京电视台联合在德阳举办“爱在天地间”特别捐赠义演活动，活动募集资金1105万元、物资折价1200多万元。甘孜藏族自治州在“康定情歌”广场举行救灾募捐活动，现场募集资金246.93万元。四川省文艺演出团体在灾区开展各类文艺演出850余场次，其中省直属文艺院团和艺术院校开展赈灾义演和慰问演出197场，共募集资金4300多万元。

5月17日，射洪县文学艺术界举办抗震救灾书画作品现场义卖募捐活动，募集资金2.5万元。同日，叙永县举办书画义卖活动，募集资金4.6万元。26日，泸州市纳溪区组织书画作品现场义卖活动，募集资金7000元。

四川省委统战部组织捐赠活动 截至5月底，四川省委统战部接收民主党派、工商联、民族宗教界人士、非公有制经济人士、港澳台同胞和海外侨胞捐赠资金和物资折价近80亿元。其中，全国各工商联及会员企业捐赠资金和物资折价共9.58亿元；上海世贸集团捐资1亿元，援建灾区乡村“世贸爱心医院”100所。

四川省委台湾事务办公室组织捐赠活动 截至2009年7月，四川省台办共接收台湾有关单位和个人捐赠资金13.2亿元、物资折价2亿多元，用于重建灾区学校192所。其中，2008年5月13日，省台办接收台湾富士康科技集团捐赠资金6000万元；14日，接收旺旺、统一、康师傅等台资企业捐赠食品、饮料折价1500万元；15日，接收台湾同胞专机承运的捐赠物资153吨；9月8日，接收海峡两岸协会会长陈云林转交台湾各界人士捐赠资金2.72亿元，用于救助四川、甘肃、陕西三省灾区。接收台湾顶新集团捐赠资金3200万元、台湾群光集团捐赠资金2000万元、台湾烨联钢铁捐赠资金2000万元、台湾远东集团捐赠资金1000万元。

四川省外事办公室组织捐赠活动 四川省外事办积极协调港澳同胞以及国际社会捐赠款物。5月16—29日，省外事办先后接收巴基斯坦政府捐助帐篷6批次1.27万顶、毛毯500条、塑料垫1000个及药品、矿泉水等物资530吨；22—23日，接收香港特区政府捐赠帐篷3350顶及口罩、防护衣等物资9吨。6月2—7日，省外事办接收新西兰奥克兰华侨华人捐赠帐篷、睡袋等物资1853件，接收香港中文大学医学院捐赠帐篷1000顶及价值685万元的药品和医用器械；10日，接收澳门医疗服务队捐助药品、医疗器械等物资188箱。截至7月25日，四川省外事办共接收港澳台地区及61个国家和国际组织的380批次总计8878.82吨药品、帐篷等救灾物资。

四川省侨务办公室组织捐赠活动 5月13日，四川省侨办、侨联联合下发抗震救灾募捐工作的通知，同时向全球华侨华人、港澳同胞、归侨侨眷和侨资企业发出《“侨爱赈灾”行动》倡议书，提出开展“侨爱赈灾计划”，计划用3—5年时间在四川新建“侨爱学校”100所、“侨爱医院”

100所、“侨爱孤儿（老人）院”10所、“侨爱新村”10个。广大华侨华人积极响应，纷纷捐赠款物援建“侨爱学校”“侨爱医院”和“侨爱新村”。截至6月1日，省侨办协调海外侨胞捐赠款物共计11.33亿元，接收菲律宾、澳大利亚、新西兰、美国、日本、加拿大、马来西亚等地华侨华人捐赠帐篷等物资123.35吨。其中，菲律宾华侨华人捐赠帐篷、睡袋6.12吨，澳大利亚华侨华人捐赠帐篷22.76吨195顶，新西兰华侨华人捐赠帐篷59.49吨，美国华侨华人捐赠帐篷、睡袋5.53吨，日本华侨华人捐赠帐篷、奶粉、T恤衫24.62吨及其他物品1500件，加拿大华侨华人捐赠帐篷21顶，马来西亚华侨华人捐赠帐篷603箱。

四川省民政厅组织捐赠活动 5月12日，四川省民政厅发布《接收抗震救灾捐赠公告》《向地震灾区提供捐赠和援助的紧急通知》。13日，省民政厅下发紧急通知，要求广泛开展救灾捐助活动，加强救灾款物管理。同日，省民政厅发出《5·12汶川抗震救灾活动倡议书》，并通过新闻媒体向社会公布接收捐赠地址、单位、开户银行、账户账号、咨询电话等。民政厅统一协调，在厅机关、双流机场、太平寺机场、火车成都东站等处设立8个捐赠物资接收点。厅领导分别到各捐赠接收点进行指挥、协调和检查，厅机关和省慈善总会全体干部职工及志愿者，不分昼夜接收捐赠款物。在接收捐赠款物高峰期，工作人员每日要接收上百个单位（个人）的捐赠资金物资。省民政厅、省慈善总会领导连续不断地组织发动捐赠活动，社会捐赠量不断扩大，民政厅为此安装了90多部捐赠和咨询电话。在赈灾捐赠活动中，省民政厅先后下发31个文件，组织厅机关三分之二的工作人员深入一线开展赈灾工作，足迹遍及各个极重灾和重灾县（市、区）。

四川省监狱管理局组织捐赠活动 地震发生后，四川省监狱管理局先后接收山东省济南监狱捐赠鞋子2000双，陕西省红岩监狱向阿坝监狱捐款2.8万元，江西省饶州监狱捐助价值6.91万元的药品，北京光华慈善基金会捐赠46万元的药品、棉絮、被套等救灾物资。四川监狱组织18.1吨原煤支援燃料紧缺的蓬安监狱，并组织民警及家属为灾区捐款16.5万元（参见图45）；新源监狱向阿坝监狱运送价值近10万元的救灾物资；成都女子监狱向崇州、新源监狱各捐赠救灾帐篷20顶。川北监狱在组织捐赠活动中，专门安排在押服刑人员参与捐赠，为其提供改造悔罪的机会（见图46）。

图45 四川雷马屏监狱民警踊跃捐款
（四川省民政厅 提供）

图46 四川川北监狱在押服刑人员向灾区捐款
（四川省民政厅 提供）

二 民主党派、人民团体、社会组织、宗教界捐赠活动

四川省民主党派捐赠活动 民革四川省委会启动“博爱行动”计划，动员省内外民革党员企业家、民革组织捐赠资金和物资折价共5745.6万元；接收省外民革组织捐赠资金146.7万元、个人捐赠资金196.7万元；募集收音机300台。5月27日下午，成都市文联、成都画院和成都丙戌金石书画研究会，在成都画院联合举行“抗震救灾真情奉献大型书画义卖会”，谢季筠、刘为俊等20余位民革成都市委会书画界人士献出珍藏的36幅名家真迹作品参加义卖，并将拍卖所得20余万元善款转交广元市政府驻成都办事处，援建青川县“抗震希望小学”。

民盟四川省委会向全国省级同盟会发出倡议、致信函，募集资金3046.78万元、物资折价2281.36万元。

民建四川省委会募集捐赠资金和物资折价共计6778.7万元。

民进四川省委会募集省内外捐赠资金295.38万元，募集物资折价6100多万元。民进四川省委会在全省会员中发起救助受灾群众、帮助受灾会员的“特殊会费”募集活动，广大会员积极响应，踊跃缴纳。民进四川省委会用“特殊会费”购买急救药品、食品、饮用水送往灾区帮助受灾群众，给67名房屋倒塌的会员发放慰问金。

农工党四川省委会募集社会各界捐赠资金1.2亿元，组织农工党员交纳“特殊党费”1000万元，动员企业捐赠资金和物资折价共计3亿多元。

致公党四川省委会协调组织海外侨胞捐赠，募集资金和物资折价共计5305.61万元。

九三学社四川省委会募集资金1282.4万元，其中九三学社四川书画院院长刘正兴个人义卖名画捐赠150万元。

四川省工商联捐赠活动 四川省工商联与省光彩事业促进会发起“联手行动、抗震救灾”的倡议，组织开展非公有制人士抗震救灾捐赠活动。四川新希望集团等60多家企业积极响应，共捐赠2.5亿元。全省会员企业及国内各地工商联累计捐赠资金7.41亿元、物资折价2.17亿元。省内各市州工商联接收抗震救灾捐赠资金和物资折价共75043.22万元，其中捐赠物资折价1724.47万元。省工商联直属125家会员企业捐赠资金和物资折价共16012.54万元，其中捐赠物资折价3409万元；直属行业商会（同业分会）捐赠资金和物资折价180万元。全省捐赠10万～20万元的企业12家，捐赠20万～50万元的企业15家；捐赠50万～100万元的企业12家，捐赠100万～500万元的企业36家；捐赠500万～1000万元的企业有：四川双虎家具公司捐赠820万元，四川科伦集团捐赠620万元，四川白家粉丝公司捐赠600万元，四川川威集团捐赠520万元，成都多地德泰捐赠500万元，苏宁电器四川公司捐赠500万元；捐赠1000万元以上的企业有：四川汉龙集团捐赠3000万元，成都迈普集团捐赠1500万元，四川新希望集团捐赠1420万元，四川金广集团捐赠1300万元，四川通威集团捐赠1200万元，四川仁和集团捐赠1050万元，四川华侨凤凰集团捐赠1050万元，四川宏达集团捐赠1030万元，四川蓝光集团捐赠1000万元，四川国栋集团捐赠1000万元。省工商联联系上海市工商联协调世贸集团捐赠资金1亿元，为四川灾区援建乡村“世贸爱心医院”100所。

四川人民团体捐赠活动 四川省总工会发出通知和倡议，要求各级各地工会组织开展抗震救灾捐赠活动。省总工会机关党员交纳“特殊党费”17.87万元，干部职工捐赠87.03万元。截至7月22日，省总工会接收国内外捐赠资金235笔、22208.66万元，接收捐赠物资折价3355万元。其中，接收全国总工会转拨资金17252.24万元，省外县以上工会捐赠资金2452.08万元，省内县以上工会捐赠资金382.09万元，其他单位捐赠资金2071.34万元，个人捐赠资金9.88万元，国际组织捐赠资金41.03万元；接收全国总工会转赠物资折价1105万元，各省工会捐赠物资折价1454万元，企事业单位和个人捐赠物资折价496万元。

共青团四川省委发出抗震救灾捐赠倡议书，组织开展交纳“特殊团费”等一系列救灾捐赠活动，募集资金7.79亿元。团省委开展“我与灾区人民心连心”等主题团日活动，收缴“特殊团费”387.76万元，募集物资折价8315万元。团省委还先后接收香港信托基金捐赠资金3844万元、香港李家杰珍惜生命基金捐赠资金500万港元、“赠与亚洲”基金捐赠资金342万元，用于援建灾区青少年活动阵地建设项目。

四川省妇联组织机关及直属单位捐赠64.02万元，机关和直属单位党员交纳“特殊党费”7.81万元。省妇联共募集资金1981.14万元，其中接收全国妇联捐赠资金841.29万元、各省（区、市）妇联捐赠资金424.91万元、本级直接募集资金512.56万元、省基层妇联捐赠资金63.97万元、省有关部门拨入资金138.41万元；募集捐赠物资折价6993.6万元，其中社会捐赠物资折价3463.55万元、中国妇女发展基金会捐赠物资折价2881.4万元、全国妇联捐赠物资折价162.61万元、广东省红十字会捐赠物资折价486.04万元。

四川省残联和各市州残联捐赠资金和物资折价共计59.83万多元，各地残疾人企业家、福利企业、特殊教育学校等捐赠资金和物资折价共245万元。省残联接收中央军委、中国红十字会、中国残联、中国残疾人福利基金会及全国各地残联等捐赠资金和物资折价共计5亿多元。

四川省社会组织捐赠活动 四川省慈善总会募集资金41.28亿元，其中定向资金34.61亿元、非定向资金6.67亿元。5月13日，四川省慈善总会办公室发出慈善赈灾倡议，号召社会各界参与捐赠活动。同时，设立捐赠接收点，组织现场捐赠活动，广泛募集款物；设立救灾捐赠资金接收点，开设捐赠资金接收账户（见图47）；联系省工商银行在民政厅机关开通捐款快速通道。15日16时20分，省慈善总会启动网上银行账号；16日11时55分，设立美元、港元、欧元捐赠接收账户。省慈善总会还主动与国内外慈善组织和企事业单位联系，密切与相关部门和新闻媒体合作，组织有捐赠意向的境内外慈善机构赴灾区考察，争取他们的援助和支持；协调有关部门，开辟机场、铁

图47 四川省慈善总会设立的抗震救灾捐赠接收点正在接收社会各界捐赠

（四川省民政厅 提供）

路、公路"绿色通道"，为捐赠物资及时运达灾区提供保障；努力从建立健全规章制度、完善接受捐赠程序、增强捐赠款物管理使用透明度等方面做好救灾款物的募集工作。

四川省红十字会募集款物折价24.98亿元，其中资金13.9亿元、物资折价11.08亿元。5月12日18时，四川省红十字会发出《抗震救灾紧急通知》，与中央驻川新闻单位和省市各大媒体连线，公布赈灾专户账号。13日，开通募捐热线，向社会紧急呼吁为灾区捐款捐物。14日，在省红十字会机关开设捐赠现场，并组织机关干部职工和50多名志愿者现场接收捐款捐物。各市州红十字会也采取街头宣传、义演、义卖等形式，广泛开展募捐。

四川省青少年发展基金会共接收捐赠资金7015.39万元。其中，捐赠资金数额较大的有蓝剑饮品集团捐赠1000万元，伊士曼柯达公司捐赠239万元，三一重工股份有限公司捐赠250万元，湖南省青少年发展基金会捐赠818万元，浙江省青少年发展基金会捐赠705万元，北京市青少年发展基金会捐赠650万元，香港和富基金、百仁基金捐赠885万元。

四川省光彩事业促进会共募集资金9258.62万元，其中定向资金9124.13万元、非定向资金134.49万元，募集物资折价2.86亿元。

四川省扶贫基金会在成都设立7个募捐点，募集社会捐赠资金20.2万元；接收本系统企业及个人捐赠资金279.33万元，接收云南、广东、天津捐赠物资折价700万元；协调四川省乾盛矿业有限公司捐赠资金4500余万元，修建汉旺潘州家园栋梁中学；协调浙江慈善总会捐赠棉衣被折价600万元；联系国际友人捐赠资金130万元，捐赠价值238万元的食品、帐篷、图书和音乐体育器材，捐赠农民技能培训资金200万元。截至12月，共募集救灾资金1.46亿元。

四川省教育基金会接收雅居乐地产控股有限公司、中国石油、四川新华文轩连锁股份有限公司、中华思源工程扶贫基金会等境内外企业、社会组织捐赠资金3.64亿元，其中境内资金2.19亿元、境外资金1.45亿元。

截至8月30日，四川省海外联谊会接收港澳台地区及海外侨胞捐赠资金7748万元、物资折价1000万元。其中，接收捐赠帐篷5943顶、药品171箱、大米10吨、组合屋310间、毛巾被1780条、毛毯被褥700条、手套5.76万双、睡袋1.09万个、衣服1.8万件、毛棉毯360床、空调毛棉被2071床、书桌椅500套；接收联合国贫困儿童救助基金会向绵阳市捐赠资金1亿港元，援建孤儿院、学校、卫生院和敬老院17所。省海外联谊会还联系中华海外联谊会港澳工商界人士到川投资22.45亿元，并捐赠1.49亿元；接收澳门雷安莉捐赠资金2000万元，用于灾区学校、医院灾后重建。

四川省浙江商会动员广大会员捐赠资金和物资折价1.44亿元，出动车辆3300台次、人员12.7万人次，帮助350名游客撤离地震灾区，安置受灾群众3000余人次。

成都市个体私营经济协会组织全市个体协会捐赠资金5000万元，募集物资折价5220余万元。

四川省宗教界捐赠活动 四川省佛教协会号召佛教界人士发扬慈悲为怀、济世利人的大爱精神，接收境内外佛教界人士捐赠资金325万元。

四川省道教协会组织动员全省道众参与抗震救灾捐赠活动，募集资金和物资折价共405.73万元，其中资金358.73万元、物资折价47万元；积极联系新加坡、马来西亚等道教界人士，募集资金1000余万元、物资折价200余万元。

四川省伊斯兰教协会发布倡议书，号召广大穆斯林及社会爱心人士为灾区募集资金物资。省伊协募集社会捐赠资金188.66万元，组织各市州伊协为灾区捐赠资金和物资折价共计2400万元。

四川省天主教爱国会组织各大教区和天主教爱国组织积极开展募捐活动，共募集资金149.89万元、物资折价2138万元。

四川省基督教协会开展“抗震救灾献爱心活动”，共募集资金1315.67万元，其中中国港澳台地区和美国、韩国、加拿大等国基督教组织和个人捐赠资金469.31万元。

三　各市州捐赠活动

成都市捐赠活动　地震发生后，成都市委、市政府认真贯彻执行省委、省政府有关抗震救灾工作的指示精神，全面部署抗震救灾捐赠工作，广泛开展社会赈灾活动。截至12月31日，成都市共接收捐赠资金24.13亿元，其中市级接收10.4亿元、各县（市、区）接收13.73亿元。全市各民主党派接收捐赠资金6692.73万元，市工商联接收捐赠资金5294.5万元，市各人民团体接收捐赠资金2210.65万元，市宗教界接收国内外宗教界募集资金9838.62万元。全市接收港澳台胞、海外侨胞捐赠资金10368.13万元，捐赠帐篷8.8万顶、棉被8.85万床、衣物300余万件、方便食品2.29万件、矿泉水13.69万件。市直90个机关单位共捐赠1569万元。

德阳市捐赠活动　震后，德阳市慈善会落实执行市委、市政府抗震救灾工作部署，向全国地级市慈善机构发出抗震救灾求助函，各地积极响应，纷纷组织开展“抗震救灾支援灾区”“抗震救灾重建校园”“为遇难学生家庭募捐”等专项募捐活动。截至11月19日，德阳市累计接收捐赠资金8.37亿元。其中，中央、省级拨入2.34亿元，市级接收3.57亿元，县级接收2.46亿元。截至7月15日，德阳市累计接收捐赠物资折价共计20亿元，总重量达10万余吨。其中，民政系统接收物资占总数的29%，红十字会系统接收物资占总数的25%，卫生系统接收物资占总数的20%，粮食系统接收物资占总数的20%，商务系统接收物资占总数的5%，其他单位接收物资占总数的1%。

绵阳市捐赠活动　震后，绵阳市成立抗震救灾工作领导小组，全面部署抗震救灾捐赠工作，组织动员全市各个部门、各级组织和社会各界开展抗震救灾捐赠活动，支援地震灾区。5月23日，市委、市政府举行“汇集爱心、重建家园”大型广场慰问演出活动，现场募集资金和物资折价共计49729万元。截至12月31日，绵阳市共接收救灾捐赠资金和物资折价共计13.2亿元，其中资金5.49亿元，物资折价7.71亿元，其中政府部门捐赠物资折价4280万元，省民政厅调拨物资折价2.6亿元（含境外物资折价2500万元），社会捐赠物资折价1.93亿元，省红十字会转赠物资折价2.75亿元（包括帐篷55万顶、毛毯近10万床、衣物160万件、食品14万件、药品8万余件、机具类4.8万件、日用品22万件）。极重灾区北川羌族自治县接收捐赠资金10492.34万元、救灾粮油4835.89吨、其他各类物资229.39万件，安县接收捐赠资金14907.25万元、救灾物资折价44210万元，平武县接收捐赠资金1544.91万元；重灾区江油市接收捐赠资金6876万元。

广元市捐赠活动　震后，广元市红十字会、慈善会通过新闻媒体和网站向社会发出募捐呼吁，公布捐赠电话、救灾捐款账户、账号，主动与全国各地各级红十字会联系，争取资金物资援助。截至12月31日，广元市共接收捐赠资金和物资折价共计7.59亿元，其中资金3.94亿元、物资折价3.65亿元。

雅安市捐赠活动 震后，雅安市迅速成立抗震救灾指挥部，召开紧急会议，发出紧急通知，号召全市人民开展抗震救灾捐赠活动。5月23日晚，市委宣传部、市红十字会、市慈善会等单位举办“我们在一起”——“5·12”大地震赈灾义演，各界人士2万多人观看演出，现场募集资金2100余万元和部分救灾物资。截至12月30日，雅安市共接收社会各界捐赠资金2.76亿元，接收捐赠帐篷、车辆、活动板房、机具等救灾物资41.63万件（台）。

阿坝藏族羌族自治州捐赠活动 震后，阿坝藏族羌族自治州慈善会、红十字会发出抗震救灾募集倡议，通过新闻媒体发布救灾捐赠接收地点、电话、账号。州红十字会向各县红十字会下发紧急通知，在全州开展救灾捐赠活动。截至11月19日，阿坝藏族羌族自治州共接收捐赠资金7.7亿元、物资折价1.5亿元。

自贡市捐赠活动 震后，自贡市委、市政府成立抗震救灾指挥部，召开救灾捐赠专题会议，并下发《关于有序做好救灾捐助救援工作的通知》，规定救灾捐赠款物管理使用原则，确定由红十字会、慈善会负责救灾捐赠工作。5月22日，市委宣传部等单位联合举办“爱心·奉献”抗震救灾募捐活动，现场募集资金1900.21万元。截至7月上旬，自贡市共接收捐赠资金和物资折价6003.9万元，其中资金4523.6万元、物资折价1480.3万元。

攀枝花市捐赠活动 震后，攀枝花市在全市开展支援地震灾区抗震救灾捐赠活动，市委、市人大常委会、市政府、市政协领导和机关干部职工带头捐款，共向灾区捐赠100万元。攀钢（集团）公司在产品外发和原料进货受到严重影响的情况下，向灾区捐赠资金1000万元、物资折价2500万元。截至11月19日，攀枝花市共接收捐赠资金和物资折价8490.57万元。

泸州市捐赠活动 震后，泸州市慈善会、红十字会发出开展抗震救灾捐赠的倡议，号召社会各界捐款捐物支援地震灾区。5月16日，市委宣传部、市民政局、市广电总局、市文化局、市慈善总会、泸州电视台共同举办“泸州汶川、心脉相连”大型赈灾义演活动，现场募集资金443.5万元（见图48）。17日，市红十字会组织义演、义卖活动，募集资金

图48 5月16日，“泸州汶川、心脉相连”大型赈灾义演活动现场

（四川省民政厅 提供）

491.58万元、物资折价250.16万元。市直机关干部捐赠资金和物资折价共589.94万元。全市归侨侨眷、海外华侨华人和侨资企业通过不同渠道捐赠资金和物资折价共724.3万元。截至9月1日，共接收捐赠资金和物资折价12613.97万元，党员交纳“特殊党费”733.39万元。

遂宁市捐赠活动 震后，遂宁市委、市人大常委会、市政府、市政协组织市级机关干部职工捐款105.52万元。5月19日，遂宁市调集100多辆汽车运送救灾物资到地震灾区。6月1日，市委宣传部、市民政局等单位举办汶川特大地震赈灾书画拍卖会，拍得善款40余万元。遂宁市红十字会向全社会发出《捐赠倡议书》，募集资金291.53万元。截至12月30日，遂宁市共接收捐赠资金4155万元。

内江市捐赠活动 震后，内江市委、市政府下发《关于在全市开展援助汶川“5·12”地震受灾群众募捐活动的通知》。5月17日晚，市红十字会举办“博爱天空、七彩人生”抗震救灾义演晚会，募集资金22.8万元。内江市建筑协会会员捐赠38.53万元。河南省79岁高龄的周道宪夫妇到内江探亲遇到地震，在留下返家路费后，将携带的4000元现金全部捐出。截至11月19日，内江市共接收捐赠资金4607.32万元，收缴“特殊党费”572.72万元。

乐山市捐赠活动 震后，乐山市慈善总会、市红十字会通过电视、电台、报刊、互联网等各种渠道向社会发出抗震救灾募捐倡议，号召全市人民为地震灾区捐赠款物。截至12月30日，乐山市慈善总会共接收捐赠资金和物资折价4621.26万元，其中资金4263.4万元、物资折价357.86万元；市红十字会接收捐赠物资折价277.56万元。

南充市捐赠活动 震后，南充市红十字会通过电视、电台、报刊、互联网发布抗震救灾募捐倡议，组织6支红十字志愿者分队，在市中心6个固定募捐点开展募捐活动，市直机关干部职工带头捐款。5月16日，市残联在北湖公园开展捐赠活动，广大群众、特别是残疾人踊跃捐款（见图49）。截至6月15日，南充市红十字会接收捐赠资金和物资折价共计5739.68万元，其中资金2468万元、物资折价3271.68万元。

图49 5月16日，南充市盲人向地震灾区捐款
（四川省民政厅 提供）

眉山市捐赠活动　震后，眉山市成立抗震救灾指挥部，部署抗震救灾捐赠工作。市红十字会成立抗震救灾募捐办公室，市慈善总会对外公布募捐电话、联系人和募捐地点，接收社会捐赠。5 月 14 日，眉山市召开全市抗震救灾广播电视动员大会，市委、市人大常委会、市政府、市政协、市直各部门代表 2000 余人参加并捐款。截至 11 月 19 日，眉山市共接收捐赠资金和物资折价 5849.29 万元，其中资金 5051.19 万元、物资折价 798.1 万元；市红十字会接收捐赠资金和物资折价共 1024 万元，其中资金 775.9 万元、物资折价 248.1 万元；市慈善总会募集捐赠资金和物资折价共 4825.29 万元，其中资金 4275.29 万元、物资折价 550 万元。

宜宾市捐赠活动　震后，宜宾市委办公室、市政府办公室下发《关于切实做好向地震灾区捐助活动的通知》，市民政局、市红十字会成立救灾捐赠机构，全力开展救灾募捐活动。5 月 18 日，市电视台与市慈善总会举办"我们众志成城"赈灾义演晚会，现场募集资金和物资折价共 2000 余万元。截至 12 月 31 日，宜宾市接收捐赠资金和物资折价共计 9935.78 万元，其中资金 8135 万元、物资折价 1800.78 万元。

广安市捐赠活动　震后，广安市民政局成立抗震救灾领导小组，下设救灾捐物接收组、捐款接收组、对外募捐组、信息统计组，建立规范救灾捐赠款物接收管理操作程序。5 月 13 日，市红十字会发出《抗震救灾募捐倡议书》，呼吁社会各界捐赠款物。15 日，市委、市政府组织机关干部职工捐赠 200.88 万元。30 日，市委宣传部、市民政局等单位举办"爱心大行动"赈灾晚会，现场认捐 609.9 万元。截至 6 月 5 日，广安市民政部门共募集资金 4075.52 万元，其中市本级募集资金 1141.99 万元，5 个县（市、区）募集资金 2732.53 万元，其他单位募集资金 201 万元；市慈善会募集了大批捐赠物资，包括饮料、水、奶类物资 3006 件，方便食品类物资 238 件，衣被（袜子）类物资 7.3 万件（双），帐篷 80 顶，口罩、手套类物资 4400 副（双），鸡蛋 5 吨，其他类物资 1041 件等。

达州市捐赠活动　震后，达州市委、市政府发出向汶川地震灾区献爱心公告，举行市级领导和各部门班子成员向地震灾区献爱心捐赠仪式，现场募集资金 8 万元。市慈善会、市红十字会通过《达州日报》、达州电视台发出《抗震救灾募捐倡议书》，各级各部门通过多种形式开展捐赠活动。达州一位 80 多岁的老人，捐出一天拾荒所得的 3 元钱。在深圳务工的万源市石窝乡罗家庵村村民向登光，赶回家到万源市政府捐赠点捐出近年务工积攒的 10 万元（见图 50）。截至 8 月 30 日，达州市共接收捐赠资金 8474.59 万元。

图 50　万源市农民工向登光（右二）向地震灾区捐款 10 万元
（四川省民政厅　提供）

巴中市捐赠活动 震后，巴中市委、市政府机关干部职工积极捐赠资金物资支援地震灾区。5月23日，市委宣传部、市民政局、巴中电视台联合举办“共克时难、艰辛同行”——巴中抗震救灾大型募捐活动，现场募集资金617.14万元，其中山西省巴中籍创业人员捐赠207万元。截至11月底，巴中市共接收捐赠资金4262.89万元，募集衣被4.68万件（床）、棉衣裤6.25万件、单衣裤39.7万件、食品9吨、饮用水1661箱、药品6件。

资阳市捐赠活动 5月14日9时，资阳市举行市直机关支援地震灾区现场捐赠仪式，市委书记、市人大常委会主任、市长、市政协主席等市领导带头捐款，市直90多个部门单位参加，现场募集资金32.07万元。市企业联合会发出抗震救灾募捐倡议书，组织开展专项募捐活动，全市57家企业、3名企业家捐赠资金和物资折价共1013万元。截至9月26日，资阳市接收捐赠资金和物资折价共计7336.37万元，其中资金5540.65万元、物资折价1795.72万元。

甘孜藏族自治州捐赠活动 震后，甘孜藏族自治州慈善总会发出为“5·12”地震灾区献爱心捐款公告，动员社会各界捐赠款物。州级机关、省属单位党员共交纳“特殊党费”159.5万元。5月15日，州慈善总会、州红十字会在康定县情歌广场举办“5·12”地震灾区赈灾募捐活动，市直单位及社会群众捐赠246.93万元。泸定县、康定县、丹巴县、九龙县和海螺沟景区共募集资金1056.5万元。截至2009年11月，甘孜藏族自治州慈善总会接收捐赠资金和物资折价共计1350多万元，其中资金1300多万元、物资折价50万元。

凉山彝族自治州捐赠活动 震后，凉山彝族自治州州委办公室、州政府办公室下发《关于开展向“5·12”地震重灾区群众捐款捐物活动的通知》，号召全州各部门单位、企业和社会各界积极参加抗震救灾捐赠活动，支援地震灾区。截至8月30日，凉山彝族自治州共接收捐赠资金和物资折价共12436.1万元，其中资金11228.53万元、物资折价1207.57万元。在接收的款物中，州慈善总会接收资金5522.38万元、物资折价1207.57万元；州红十字会接收资金1001.98万元；其他部门接收资金1792.95万元；州委组织部收缴“特殊党费”1370.46万元；州委统战部接受资金1529.59万元；州团委收缴“特殊团费”11.17万元。

四 企业等捐赠活动

在抗震救灾捐赠活动中，中央和地方企业等响应中共中央、国务院和四川省委、省政府号召，积极捐赠款物，支援地震灾区。（参见图51）四川九洲电器集团在地震中直接经济损失7.36亿元，董事长张正贵仍组织集团向重灾地区捐赠300万元，职工个人共捐赠100万元。截至6月6日，捐赠资金物资折价500万～1000万元的企业等有37家（参见表14）；捐赠资金物资折价1000万～5000万元的企业等有60家（参见表15）；捐赠资金5000万～1亿元的企业有台湾长荣集团、台湾鸿海集团、中国烟草总公司、鸿富锦精密工业深圳公司；捐赠资金1亿元以上的企业有中国石化、中国石油、台湾台塑集团。

图51　中央和地方企业向地震灾区捐款献爱心活动现场（四川省民政厅　提供）

部分向四川灾区捐赠抗震救灾资金物资折价 500 万 ~ 1000 万元企业等统计表

表 14　　（截至 6 月 6 日）　　单位：万元

捐赠单位	捐赠款物	捐赠单位	捐赠款物
联发科技中国有限公司（香港）	999.20	上海证券交易所	500.00
交通银行股份有限公司成都分行	900.00	四川恒鼎实业有限公司	500.00
南亚电子材料（昆山）有限公司	847.00	四川水井坊股份公司	500.00
南亚环氧树脂昆山有限公司	840.00	中国太平洋保险（集团）股份公司	500.00
中国电力投资集团公司（职工捐助）	842.70	中山宝宏鞋业有限公司	500.00
日本三菱重工有限公司	833.00	武汉统一企业食品有限公司	500.00
南亚热电（昆山）有限公司	810.00	仁宝电子科技昆山有限公司	500.00
心成玻璃纤维（昆山）有限公司	805.00	宝盛道吉（北京）贸易有限公司	500.00
中国华能集团公司	800.00	泰国正大集团	500.00
杉杉集团	800.00	苏宁电器股份有限公司	500.00
华泰证券股份有限公司	730.00	二滩水电开发有限责任公司	500.00
中国大唐集团公司	706.00	昆明万达房地产有限公司	500.00
南亚玻纤布（昆山）有限公司	670.00	德力西集团	500.00
小松（中国）投资有限公司	600.00	中航第一集团公司	500.00
华电四川发电有限公司	600.00	群光电子（苏州）有限公司	500.00
台达电子电源（东莞）有限公司	600.00	上海浦东发展银行成都分行	500.00
中国南方电网有限责任公司	519.00	联合利华食品（中国）有限公司	500.00
中国五矿集团公司	500.00		

部分向四川灾区捐赠抗震救灾资金物资折价 1000 万～ 5000 万元企业等统计表

表 15　（截至 6 月 6 日）　单位：万元

捐赠单位	捐赠款物	捐赠单位	捐赠款物
攀枝花钢铁（集团）公司	3500.00	中国银行股份有限公司	1000.00
贵州茅台集团	3671.10	青海省格尔木藏格钾肥公司	1000.00
台湾顶新集团	3200.00	深圳证券交易所	1000.00
四川汉龙集团	3000.00	川渝中烟工业有限责任公司	1950.00
宜宾五粮液集团	2800.00	浙江省新湖集团股份有限公司	1000.00
雅戈尔集团	2200 万元和 600 万元物资	中国烟草总公司四川省公司	1000.00
泸州老窖集团	2680.00	中航集团	1000.00
郎酒集团	2130.00	迈普集团	1000.00
浙江康恩贝集团	捐赠药品和善款 2100.00	深圳市茂业股份有限公司	1000.00
群光电子股份有限公司	2000.00	中国民生银行股份有限公司成都分行	1000.00
台湾烨联钢铁公司	2000.00	华侨凤凰集团	1050.00
阿里巴巴集团	2000.00	中旭投资有限公司	1000.00
台湾和航科技（苏州）有限公司	1963.00	四川亚东水泥有限公司	1000.00
台湾南亚电路板（昆山）有限公司	1812.00	中国铝业公司	1000.00
中国长江三峡工程开发总公司	1500.00	浙江正泰集团	价值 1000 万元电器设备
农业银行总行	1500.00	吉利集团	1000.00
浙江金都集团	1500.00	复星高科集团	1000.00
宁波奇美电子有限公司	1200.00	娃哈哈集团	物资和善款共计 1000.00
世界银行	1050.00	云南中烟工业有限责任公司	1000.00
南亚电子材料（昆山）有限公司	1021.00	中华思源工程扶贫基金会	1000.00
裕隆集团	1005.00	国家开发投资公司	1000.00
中国人民保险集团公司	捐资 1700 万元，另为参加抢险救灾的解放军指战员和武警官兵每人提供 10 万元的意外伤亡保险保障和 10 万元的意外伤残医疗保险保障	一汽集团丰田汽车	1000.00
		瑞安汇达房产公司	1000.00
		湖南中烟工业有限责任公司	1000.00
		中国水利水电建设集团公司	1000.00
		国家开发银行	1000.00

续表 15

捐赠单位	捐赠款物	捐赠单位	捐赠款物
兴业银行股份有限公司	1000.00	台湾旺旺集团	1000.00
中国远洋运输（集团）公司	1000.00	蓝光实业集团公司	1000.00
上海证券交易所（第二次捐款）	1000.00	中国海洋石油公司	1000.00
台湾远东集团	1000.00	中国南方航空股份有限公司	1000.00

五　社会民众捐赠活动

汶川地震发生后，四川省社会民众积极参加募捐活动，踊跃为灾区捐款捐物。

5 月 13 日，会理县城 20 名残疾人到县残联办公室捐赠 385 元。古蔺县土城乡村民王崇江，清晨步行 5 公里，将家中价值 1000 元的 2 只山羊交乡政府募捐办公室，请他们代为出售后将款捐赠灾区。地震发生后，什邡市银杏酒店停业，业主陈词君带领酒店员工为灾区群众和救援部队官兵免费提供饭菜；13—19 日，免费为重灾地区群众和官兵送去价值 3 万多元的饭菜 8000 多盒。14 日，白血病患者王中正到内江市红十字会捐款 100 元，是内江市红十字会的第一名捐赠者。宣汉县 95 岁老红军李贵元，在家属陪同下到县慈善会捐款 2000 元。石棉县 86 岁退休职工石志强夫妇，先后 3 次向灾区学校捐款 2500 元。德阳市旌阳区城南街道的低保户多则捐 1000 元，少则捐赠 1 元，共计捐款 1.9 万元；香山巷社区 83 岁低保户黄庭玉捐 40 元后，在电视中目睹重灾地区房倒屋塌惨景，19 日再捐 1000 元；南塔社区低保户杨顺琼捐 100 元，丈夫卓远金在医院做鼻腔手术，又从医药费中挤出 20 元捐赠，其女儿闻讯后捐赠 100 元和卫生纸 15 提，大儿子、二儿子也分别捐赠 100 元和矿泉水 15 件。德阳市经济技术开发区职工沈海鹏，拟定于 18 日举行婚礼，地震发生后，她毅然捐出备办酒席的资金 1 万元，又组织同学、朋友筹集 1.5 万元购买棉衣、棉被等物资支援灾区。22 日，自贡市 91 岁的梅家慧坐着轮椅到捐款现场，捐出他 30 多年积攒的 6 万元。全国“无偿献血奉献奖”获得者朱世开，家里生活困难，仍捐赠 600 元。眉山市东坡区复兴乡山祠村有受灾村民 590 户，接到上级下发的救灾款 3000 元，他们决定自己克服困难，把钱用到重灾地区群众身上，53 名村民代表向灾区捐款 3772 元。四川省民政干部学校志翔班 160 余名孤儿学生为灾区义务献血，并捐出政府发给的生活补助费 3625 元。绵竹市受灾严重的困难户、80 多岁的曾令英和老伴王顺富向重灾地区老百姓捐款 100 元。

六　解放军及武警部队捐赠活动

5 月 14 日，成都军区对驻云南、贵州、西藏、重庆抗震救灾的部队发出开展救灾捐赠活动的通知。15 日，军区司令部机关干部捐赠 23 万多元；军区政治部机关干部和直属队官兵捐赠 23.9 万余元，捐赠衣物数百件；军区联勤部机关和直属队官兵、职工捐赠 26 万多元；军区装备部组织装备部党委成员、退休老干部、机关全体干部和直属单位官兵捐赠 7 万余元。19 日，成都军区政治部副主任张建华受军区首长委派，到四川省民政厅转交捐赠资金1000万元（见图52）。6月2日，军区向青川县捐赠资金1300万元。截至6月3日，成都军区官兵共计捐赠6920.24万元，其中7万多名党员共交纳“特殊党费”3460.34万元，交纳1000元以上的党员15610人，交纳1万元以上的党员32人。

武警四川省总队积极动员各支队及单位为灾区捐款捐物。截至11月，武警四川省总队各级官兵捐赠资金和物资折价共计230余万元。

图52　5月19日，成都军区代表向四川省民政厅转交军区官兵向四川灾区捐款1000万元
（四川省民政厅　提供）

第三节　捐赠资金拨付与捐赠物资调运

一　使用规定

四川省民政厅先后下发《关于进一步加强抗震救灾资金物资监督检查的通知》《关于进一步加强救灾款物发放工作的紧急通知》《关于加强救灾资金、物资监督管理工作的通知》《“5·12”汶川地震捐赠物资接收、调运管理暂行办法》等10多个规范性文件，建立各级民政部门特别是受灾地区民政部门的资金物资接收、分配、监管的规章制度，规范省、市、县、乡级捐赠款物的接收、调运、发放等各环节程序。明确对定向捐赠款物，按照捐赠人的定向捐赠函、捐赠意向，由民政厅分管厅领导审核，主要领导审批后拨付调运；对非定向捐赠款物，民政厅根据捐赠款物数量、受灾地区灾情和重点使用方向提出分配方案，报分管省领导审批后拨付调运，并将捐赠款物拨付、运送到受赠市州，由市州分配到县级，县级分配到乡镇，乡镇分配到村和受灾群众

手中，一律不越级分发；接受捐赠物资有接收捐赠函、捐赠意向、货物清单、提货单，下拨捐赠物资有物资调拨单、派车单、收据等，做到收发有据；采购救灾物资，做到需求清单、采购清单（发票）、分配清单和收据齐全完整，账目一清二楚。

5 月 18 日，四川省教育厅下发《抗震救灾捐赠资金管理使用办法》《抗震救灾援助物资管理办法》。《资金管理使用办法》规定，接收的捐款要全部用于救灾急需和灾区学校重建，单独建账，规范管理。对捐赠人有具体意愿的，尊重其意愿，并协调落实；对捐赠人未确定具体项目的，省教育厅会同有关部门统筹确定具体项目并向捐赠人通报；使用捐赠资金项目的单位须专人管理专项资金，按照项目名称设置明细账，实行专账核算，并接受捐赠人、主管部门和财政部门的监督和同级审计部门的审计。《物资管理办法》要求对接收的物资一律开具票据，登记入账；有特定捐赠对象的捐赠，尊重捐赠者意愿；没有特定指向的，根据救灾急需程度和复课计划统筹安排到急需的灾区学校，由受援市州、县教育部门和学校签收确认；大宗物资派人跟踪落实，保证不被截留、滞留、挤占和挪用；接受捐赠物资到位后，接受单位要将每一宗物资的落实情况随感谢信邮寄捐赠者。

5 月 20 日，四川省财政厅会同省监察厅、省审计厅下发《关于切实加强抗震救灾款物管理使用与监督检查工作的通知》，要求抓好抗震救灾款物的接收、分配、拨付、管理、使用和监督检查工作，确保救灾款物专款专用、专物专用。6 月 16 日，省财政厅下发《关于重申抗震救灾捐赠资金管理有关规定的紧急通知》，再度要求杜绝截留、挤占、挪用救灾捐赠资金的行为发生。7 月 12 日，省财政厅贯彻省委办公厅、省府办公厅《关于加强抗震救灾捐赠资金管理的意见》，规定除省慈善总会、省红十字会按捐赠人意愿定向拨付捐赠资金外，其他省级单位必须将捐赠资金全额缴入省财政开设的救灾捐赠资金专户。

二　资金拨付

截至 2009 年 8 月 15 日，四川省接受捐赠资金 178.37 亿元。其中，省民政厅接收 41.28 亿元，全部下拨到灾区，救助受灾困难群众 707 万人，抚慰遇难者家属 2.64 万人。省财政厅接收 40.93 亿元，安排使用 40.08 亿元，其中非定向使用 31.83 亿元、定向使用 8.25 亿元；非定向资金分别用于成都、德阳、绵阳、广元等市受灾城乡住房重建 7.56 亿元，用于成都、自贡、攀枝花、遂宁、内江、乐山、南充、达州、眉山、巴中、雅安、甘孜 12 个市（州）公共教育服务建设 17.76 亿元，用于射洪、夹江、南部、仪陇、简阳、仁寿、巴州、雨城、名山、天全、金川、康定 12 个县（市、区）公共卫生服务建设 2.9 亿元、公共文化服务建设 7144 万元、基础设施建设 2.2 亿元、农村建设 6874 万元。省慈善总会接收 41.28 亿元，安排使用 40.87 亿元，其中非定向使用 6.25 亿元、定向使用 34.62 亿元，非定向使用资金主要用于灾区恢复生产、受灾群众安置、福利机构建设、学校重建及受灾职工慰问等。省红十字会接收 13.9 亿元，安排使用 13.84 亿元，其中非定向使用 6.82 亿元、定向使用 7.02 亿元；非定向使用资金中，应急阶段拨付重灾市州 1.54 亿元，用于学校灾后维护和重建 5.03 亿元，用于医疗设备购置及支付救灾物资运输费 2500 万元。省教育厅接收 36403.91 万元，安排使用救灾资金 3.64 亿元，用于救灾应急、灾区学生生活补助、异地安置学生购置夏服等696.09万元，灾区中小学校舍维修加固3000万元，扶助因地震伤残等学生2000万元，灾区学校恢复重建3.07亿元，结余3.91万元。还有许多单位也接收了捐赠，并将捐赠资金用于抗震救灾。

中央分配四川省“特殊党费”80.3亿元，省委组织部提出“用好每一分钱、不出半点差错”的使用要求。12月，省委组织部牵头与省发展改革委、财政厅、民政厅制定《四川省“特殊党费”援助项目方案》，确定用于中小学校重建项目49个，投入资金19.94亿元；援建受灾农户住房和购置必要的生活设施项目，投入资金49.41亿元；重建和修复村级组织活动场所、农村党员干部现代远程教育接收站点设施，投入资金10.81亿元；向因公牺牲人员家属发放慰问金1400万元。

三　物资调运

四川省接收捐赠物资的使用、调运由省抗震救灾指挥部救灾物资组统筹计划，各级民政部门具体负责分配、调运工作。截至12月31日，四川省共接收捐赠物资折价39.42亿元。省民政厅共向灾区发运帐篷126.1万顶、彩布条3594.9平方米、篷布683万平方米、方便食品200余吨、饮用水9300余吨、棉被399.12万床、衣服431.9万件、取暖器13.9万台、发电机2275台、药品及其他生活用品2000余吨。成都、德阳、绵阳、广元、雅安、阿坝等重灾地区克服道路不通、运力不足等困难，对救灾物资及时转运。在发放使用中，重点向极重灾区倾斜，首先确保受灾群众的需要。截至8月15日，四川省接收的捐赠物资全部由相关接收单位或市州送达灾区，发放给群众。

第二章 甘肃省赈灾活动

第一节 组织领导

一 组织机构

甘肃省抗震救灾应急指挥小组 5月12日晚，甘肃省委、省政府召开紧急会议，决定成立甘肃省抗震救灾领导小组和总指挥部，由省委书记、省人大常委会主任陆浩任组长，省委副书记、省长徐守盛任副组长和总指挥部总指挥，省委常委、常务副省长冯健身等任副总指挥。指挥部下设救援组、预防检测组、医疗卫生组、生产生活安置组等7个工作组，其中生产生活安置组负责抗震救灾捐赠等工作。

甘肃省民政厅抗震救灾工作领导小组 5月13日上午，甘肃省民政厅成立抗震救灾工作领导小组，由厅长田宝忠任组长，领导小组下设办公室，并设立协调联络、灾情汇总、工作指导、资金物资调配、救灾款物捐赠、新闻宣传、后勤保障和应急值班等8个组，每组各负其责，全面开展应急救援和救灾捐赠工作。当日下午，省民政厅先后派出由4名厅领导带队的工作组，分赴受灾最严重的市州指导组织开展抗震救灾工作。

5月21日，甘肃省民政厅抗震救灾工作领导小组办公室进行调整，设综合协调保障组、灾后恢复重建指导组、恢复重建资金筹集组。

二 组织发动

5月12日晚，甘肃卫视、甘肃电视台公共频道、中华慈善报道栏目、都市频道等新闻媒体，滚动播出省慈善总会的捐赠电话和捐赠账号，呼吁海内外慈善组织、省内外企业团体、社会各界伸出援手，捐款捐物，支援灾区。省民政厅设立了救灾捐赠接收点，通过报纸、电视、网络等媒体向社会公布了捐赠电话和账户，利用多种形式广泛动员社会力量奉献爱心。省红十字会通过新闻媒体发布《抗震救灾紧急募捐呼吁书》，向社会公布募捐地点、捐赠电话和账户。

5月13日，甘肃省委办公厅、省政府办公厅下发《关于开展募捐活动支援地震灾区群众生产生活的通知》，要求全省各级、各部门动员和组织社会各方力量，积极捐款捐物，支持灾区群众渡过难关；号召广大党员特别是各级党员领导干部带头踊跃捐款，用实际行动支援抗震救灾工作；明确省民政厅设立捐款专用账户，接收各种捐款，并确定各种捐赠物资由市州民政部门负责接收。

5月15日，甘肃省政府办公厅下发《关于切实加强抗震救灾捐助款物管理使用工作的通知》，规定除陇南市外的各市州、各单位募集的抗震救灾捐款，一律汇缴省民政厅设立的捐款专用账户；捐款由省抗震救灾总指挥部统一分配，未经省抗震救灾总指挥部同意，任何单位和个人不得调拨捐款；各市州、各单位捐赠的物资在向省民政厅报送清单后，按省抗震救灾总指挥部审定的调配方案，直接运往灾区；切实加强对社会各界捐助款物的管理，对捐赠的每项款物都要登记造册，并通过新闻媒体向社会公布，接受广大群众的监督；任何单位和个人不得截留挪用捐赠款物，各级财政、审计、监察部门要对捐赠款物的管理使用情况进行监督和审计。

5月16日，甘肃省政府办公厅下发《关于严格规范社会捐赠活动的紧急通知》，明确凡举办各种形式的捐赠活动，必须严格按照《中华人民共和国公益事业捐赠法》和《甘肃省慈善捐助管理办法》的规定，报请民政部门审批后，方可设立或举办。

5月19日，甘肃省政府办公厅批转省财政厅、民政厅、审计厅、监察厅等部门《关于甘肃省抗震救灾资金和物资管理办法的通知》，规定救灾捐赠、募捐活动以及捐赠款物分配、使用情况，由县级以上民政部门定期向社会公布。同日，省公安厅下发通知，要求各级公安机关特别是灾区公安机关，在切实维护抗震救灾期间社会治安稳定的同时，要严厉打击各种非法募捐活动。各市（州）、县（市、区）政府、民政部门也做出相应规定，发布公告，制定规章，严格规范管理捐赠活动。

5月22日，甘肃省民政厅下发《抗震救灾捐赠和募捐活动备案制度》，明确募捐活动的备案对象、备案部门、备案内容、备案统计、监督审计等内容。31日，省民政厅制定下发《抗震救灾捐赠资金接受管理操作规程》。6月6日，省红十字会发布《关于开展抗震救灾募捐工作的声明》，广泛动员社会各界开展救灾募捐活动。

6月13日，甘肃省政府办公厅下发《关于进一步加强抗震救灾捐赠款物管理使用的通知》。通知规定，救灾捐赠款物管理必须遵循自愿捐赠、不得摊派，尊重捐赠者意愿、专款专用，统一规划、突出重点，公开透明、加强监督的基本原则；各级民政部门负责以政府名义接受救灾捐赠款物；各级红十字会、慈善会等具有救灾宗旨的公募基金会可以救灾名义向社会开展募捐活动，接收救灾捐赠；救灾捐赠款物接收部门和单位要依照《公益事业捐赠法》及有关法规政策，制定严格的工作程序，明确纪律要求，建立责任制度；接收救灾款物必须做到手续完备、专账管理、专人负责、账款相符、账目清楚，并向捐赠人出具符合国家财务、税收管理规定的接受捐赠凭证；组织开展义演、义赛、义卖等各类救灾募捐活动，要按规定报请有关部门批准，募集的捐赠款物要及时移交民政部门或者红十字会、慈善会等具有救灾宗旨的公募基金会；救灾捐赠款物要在各级政府的统一协调下合理使用，并提高使用效益；各级民政部门以及红十字会、慈善会等公募基金会要定期向社会公布捐赠款物的接收和分配使用详细情况；审计、财政部门要对救灾捐赠款物接收部门和单位的相关工作进行跟踪检查，定期公布检查结果，发现问题及时处理；监察部门要对救灾捐赠款物的管理使用情况以及有关部门履行监管职责的情况开展专项检查，对违法违纪的单位和个人要迅速查办，从严处理。

10 月 29 日，甘肃省委办公厅、省政府办公厅下发《关于组织开展向地震灾区“送温暖、献爱心”捐赠活动的通知》，在全省组织开展主要以接收越冬所需生活物资为主的捐赠活动。

第二节　捐赠活动

一　甘肃省属机关单位捐赠活动

在甘肃省抗震救灾捐赠活动中，省委、省人大常委会、省政府、省政协领导和机关干部职工带头捐款。5 月 14 日，省委、省政府机关举行为地震灾区捐款活动，省委书记、省人大常委会主任陆浩以及其他省委领导参加捐助仪式并捐款。在地震灾区现场指导抗震救灾工作的徐守盛和其他省领导以及因公出差的省领导，分别委托工作人员代为捐款。省委、省政府的 600 多名干部职工共捐赠 30 多万元。省政协向陇南市捐赠资金 10 万元，捐赠药品折价 3 万元。省直部门单位积极响应省委、省政府号召，踊跃捐赠款物，支援地震灾区。省人口计生委向陇南市捐赠资金 20 万元、物资折价 10 万元。省国税局向陇南市捐款 20 万元。省农牧厅机关向陇南市捐赠强力消毒灵 15 吨、防护服 400 套、彩条塑料布 54 件。省地税局向陇南市捐赠 30 万元。省农牧厅机关及下属单位职工和学生捐赠 32.38 万元。省直机关工委、省财政厅向陇南市捐赠衣被、帐篷，折价 10 万元。省核工业地质局向陇南市捐赠资金 30 万元，捐赠帐篷 10 顶折价 2 万元。省广播电影电视局捐赠 75.14 万元。

10 月，甘肃省委机关举行向地震灾区“送温暖、献爱心”捐助仪式，省委领导、省委办公厅、省纪委、省委组织部、省委宣传部等机关干部职工捐赠资金 41 万元、衣被近 2000 件（床）。省政府机关举行为地震灾区献爱心捐款活动，省政府领导、政府办公厅各处室、厅属各单位、省政府研究室、省政府金融办、省政府法制办、省信访局等干部职工共捐赠 30 万元。体育局机关和直属单位干部职工捐赠资金 14.64 万元，捐赠总价值 10 万元的衣物 3581 件，并向陇南市体育局拨付体育彩票公益金 10 万元、捐赠物资折价 5 万元，向天水市体育局、甘南藏族自治州体育局分别拨付体育彩票公益金各 5 万元。

甘肃省委组织部组织收缴"特殊党费" 5月18日，甘肃省委组织部下发《关于做好党员交纳"特殊党费"用于支援抗震救灾工作的通知》。19日，省委组织部收到第一笔由255名党员交纳的"特殊党费"共3.26万元。26日上午，省直机关工委与省委各部门机关党委组织省委机关党员交纳"特殊党费"活动，陆浩等省领导到场带头交纳"特殊党费"；省委办公厅、省纪委等11个部门的党员交纳"特殊党费"48万余元。同日，省人大常委会机关、省政协机关共缴纳"特殊党费"13万余元。兰州军区部队共缴纳"特殊党费"、"特殊团费"1825万元。兰州军区五里铺干休所老干部文景山，前期已向红十字会捐赠6000元，又交纳"特殊党费"1万元。

陇南市武都区81岁的离休党员黄澄清，在家人陪同下到区委组织部交纳"特殊党费"1000元，这是武都区委组织部收到的第一笔"特殊党费"。秦安县各乡镇农村党员虽家庭受灾，经济状况并不宽裕，但纷纷交纳"特殊党费"。其中，妇幼保健站83岁的离休党员杜炳黎，在儿女们搀扶下到单位交纳"特殊党费"1000元。礼县中坝乡格子村党支部书记巨王苍，将个人半年的村干部务工补助800元交纳"特殊党费"；老党员王芳兰家庭生活困难，但全家4名党员每人交纳"特殊党费"40元；一些外出务工党员，得知家乡受灾严重，用辛苦积攒的务工收入交纳"特殊党费"。7月2日，文县法院干警张雷雨到县委组织部将省社会治安综合治理委员会、见义勇为基金会颁发给自己的"抗震救灾见义勇为英雄"奖金1万元全部交纳"特殊党费"。西和县卢河乡草川村党支部书记王成红，全家5口人生活全靠几亩地的农业收入和小儿子外出务工收入维持，仍将积蓄的1500元交纳"特殊党费"，还将家中的1吨小麦和2吨马铃薯捐给缺粮的受灾群众。武都区公安干警卯辉，在深山禁毒时被地震摇落的山石砸成重伤住院，省公安厅发给他3000元慰问金，被他全部交纳了"特殊党费"。

截至10月14日，甘肃省749939名党员共交纳"特殊党费"12439.05万元，另有部分基层党组织将"特殊党费"直接汇缴中组部。

甘肃省委宣传部组织募捐活动 甘肃省委宣传部部署全省宣传文化系统开展救灾捐赠活动，组织演职人员参与赈灾义演、赈灾义卖活动，募集资金物资，支援地震灾区。

5月15日，甘肃省文联、省书法家协会举办"丹青行动"主题系列书画义卖募捐活动，募集书画义卖资金12万元。17日，省委宣传部、兰州市委市政府共同举办"我们在一起——大型烛光祈福赈灾活动"，现场募集资金1051.7万元。18—20日，甘肃省和兰州市新闻媒体先后举办了两次赈灾募捐大型义演活动，现场募集资金79万元。23日晚，省民政厅、省红十字会、甘肃日报社等单位联合举办"情暖中国——大型赈灾义演活动"，现场募集资金和物资折价共100余万元。25日晚，省委宣传部、省民政厅等单位联合举办"与爱同行——甘肃省大型赈灾义演"（见图53），现场募集资金6709.69万元、物资折价2789.4万元。

甘肃省委统战部组织捐赠活动 甘肃省委统战部组织动员全省统一战线各界人士开展抗震救灾捐赠活动，募集资金和物资折价共4897.17万元。5月14日，省委统战部及机关干部职工捐赠10.26万元，并连夜采购价值3.4万元的棉被350床、方便面260箱、饼干15箱，于15日送往地震灾区。至23日，省委统战部机关党委所属117名党员共交纳"特殊党费"9.47万元。

图 53　5 月 25 日晚，甘肃省委宣传部等单位联合举办“与爱同行——甘肃省大型赈灾义演”演出现场
（李桐叶　摄）

甘肃省委台湾事务办公室组织捐赠活动　甘肃省委台湾事务办公室组织机关全体干部职工和台胞开展抗震救灾捐赠活动，支援地震灾区。截至 5 月 28 日，省台办组织在兰州台资企业捐赠资金 9.3 万元、物资折价 300.3 万元，甘肃台商捐赠资金物资折价 300 万元。6 月 27—29 日，台湾红十字组织深入西和县实地考察灾情，捐赠 9300 万元，援建西和县灾后重建学校 21 所、卫生院 19 所。在援建的 21 所学校中，台湾红十字组织还援助每班一名家庭经济困难学生，共援助学生 213 名，援助金额 11.15 万元。台湾顶新集团向天水市捐赠 45 万元，购置图书和体育器材，提供 20 个学生名额的奖学金，资助优秀高中毕业生进入大学学习。台湾部分企业捐赠 1500 余万元支援学校灾后重建。截至 2009 年 2 月，经省台办和海峡两岸关系协会协调，民政部、财政部审核，省台办共向甘肃转拨台湾捐赠资金 8501.27 万元。其中，2008 年 11 月转拨 6105.77 万元，用于陇南市武都区、文县、康县和甘南藏族自治州舟曲县的 698 户受灾群众住房重建；2009 年 2 月，转拨台湾捐赠资金 2395.5 万元，用于两当县、文县、康县、舟曲县及天水市麦积区等 5 个县（区）医院、敬老院和学校重建。

甘肃省外事办公室（省港澳办、省侨办）组织捐赠活动　甘肃省外事办（省港澳办、省侨办）呼吁并协调港澳同胞、海外侨胞和国际社会捐赠资金物资，支援地震灾区。截至 10 月 14 日，省外事办接收港澳同胞、海外侨胞和国际社会捐赠资金和物资折价共 26768.8 万元，其中港澳社会各界捐赠资金和物资折价共 1061.1 万元。2009 年 4 月 11 日，澳门红十字会援建甘肃省灾后重建项目在舟曲县正式签约，援建武都区、文县和舟曲县农村学校 2 所、乡镇卫生院 4 个，捐赠项目资金 599.54 万元。

甘肃省接收海外侨胞捐赠资金和物资折价共 2953.2 万元（不含项目经费）。5 月 26 日，全国政协委员、中华慈善总会名誉会长、美国成功集团董事长李玉玲通过国侨办向甘肃省捐赠物资折价52.08万元。加拿大河南同乡会捐赠11.29万加元，援助甘肃省南部灾区新建学校1所。6月13日，国侨办向甘肃省转交海外侨胞“侨爱工程——抗震救灾”温暖行动捐赠资金1000万元、物资折价500多万元（见图54），援建陇南市小学14所和乡镇医院10所。23日，方树福堂基金会华侨方树华向武都区捐赠50万元，援建武都区马家镇马家小学和洛塘镇盘底小学。25日，甘南藏族自治州政协副主席、侨眷丁目迪向临潭县回民中学捐赠资金10万元、电脑50台。澳大利亚华侨、华夏董氏兄弟集团公司董事长董佩永向甘肃省捐赠矿泉水折价1000万元，并于7月5日向甘肃省捐赠100万元，援建2所“侨爱学校”；9月7日，再次捐赠价值50万元的冷冻车1台。7月11日，马来西亚星洲媒体集团捐赠250万元，修建“侨爱学校”5所。18日，美籍华人李兰生向武都区、文县捐赠价值15.3万元的药品。20日，澳大利亚华侨、香港慈善人士龙凤翔向陇南灾区捐赠40.51万元，援建“侨爱五保家园”1所和“侨爱卫生站”3所。24日，俄罗斯克拉斯诺亚尔斯克边疆区华人协会会长赵虹捐赠20万元，作为甘肃地震灾区在俄罗斯疗养学生的伙食补贴、运动服和文具等费用。25日，印度尼西亚春金集团公司总经理林益达向卓尼县扎古录学校捐赠75.07万元，援建学生宿舍楼600平方米。10月，应善良福利基金会创办人、华侨沈炳麟捐赠20万元，援助礼县重建万河庆恩小学，并捐赠衣物折价5万元。

图54 6月13日，国侨办向甘肃省转交海外侨胞捐款
（殷春永 摄）

6月5日，联合国儿童基金会中国办事处向甘肃省捐赠帐篷49顶，联合国儿童基金会捐赠总价值452万元的帐篷200顶及学习、教学用具，为康县1.6万余名农村小学生每人捐赠书包和学习用具一套，为西和县13个学区的39所小学搭建“板房学校”102间7413平方米。6日，联合国难民署向甘肃省捐赠价值1600万元的帐篷4000顶。7月6—10日，红新月会国际联合会捐款600万元援建陇南市、甘南藏族自治州红十字会备灾仓库，捐赠275万元支援陇南市、天水市的15个农村开展农村社区建设项目。23日，国际红十字会向甘肃省捐赠价值100万元的药品。

5月23日至6月16日，巴基斯坦政府先后8次共向甘肃省捐赠总价值5592万元的帐篷

13980 顶。5 月 24 日，土库曼斯坦政府向甘肃省捐赠总价值 140 万元的衣物 1.4 万件，乌兹别克斯坦政府向甘肃省捐赠总价值 480 万元的帐篷 1020 顶。26—28 日，哈萨克斯坦政府先后两次共向甘肃省捐赠总价值 857.06 万元的帐篷 300 顶、食品 17110 箱、衣物 27696 件、生活用品 4960 件和部分药品。5 月 26 日、6 月 2 日，吉尔吉斯斯坦政府先后两次共向甘肃省捐赠总价值 105.1 万元的帐篷 20 顶和矿泉水 8100 箱。5 月 28 日，格鲁吉亚政府向甘肃省捐赠总价值 24 万元的帐篷 60 顶。塔吉克斯坦政府向甘肃省捐赠总价值 79 万元的帐篷 150 顶、矿泉水 2000 箱和棉被 1500 床。27 日，巴基斯坦政府组织的援甘医疗队赴甘肃实施医疗救援，捐赠价值 190 万元的药品和医疗设备。30 日，巴基斯坦等国家向天水市捐赠资金，支援地震灾区重建医院和学校（见图 55）。31 日，阿拉伯联合酋长国迪拜政府捐赠 421 万元。印度尼西亚医疗队在甘肃救援期间，向受灾群众捐赠 7700 元。

图 55　5 月 30 日，巴基斯坦向天水市捐赠资金，援建灾区学校和医院
（天水市民政局　提供）

6 月 2 日，阿联酋迪拜酋长基金会主任阿布杜向天水市特殊教育学校捐赠 30 万元。3 日，越南政府向甘肃省捐赠总价值 60 万元的帐篷 100 顶、奶粉 167 箱。8 日，斯里兰卡政府向甘肃省捐赠总价值 400 万元的帐篷 1000 顶。16 日、22 日，希腊政府两次向甘肃捐赠总价值 40 万元的帐篷 100 顶和医用口罩、医用服装、橡胶手套等。25 日，以卡塔尔慈善活动官方促进会易卜拉欣·沙里姆为团长的卡塔尔国援助小组在兰州向甘肃省捐赠总价值 2053.9 万元的帐篷 3500 顶、大米 1100 吨、面粉 2312.5 吨。孟加拉国向地震灾区捐赠物资折价 28.88 万元。沙特阿拉伯王国政府向甘肃省捐赠总价值 720 万元的帐篷 1800 顶。27 日，阿联酋迪拜酋长基金会向宕昌县捐赠救灾帐篷 500 顶。

7 月 1 日，美国政府向甘肃捐赠总价值 264.9 万元的帐篷 52 顶、衣物 24414 件。2 日，美国旧金山市向甘肃省捐赠总价值44.8万元的帐篷112顶。8日，黑山共和国政府向甘肃省捐赠总价值15.8万元的帐篷10顶、衣物800件等。22日，日本政府向甘肃省捐赠物资折价9万元。10月15日，罗马尼亚国防部向甘肃省捐赠价值3800万元的铁锹、背包、帐篷、炊具等军用工程及生活物资。22日，沙特阿拉伯王国政府向甘肃省捐赠总价值2920万元的活动板房1460套（见图56）。30日，日本红十字会向甘肃省捐赠3574.9万元，援建徽县、张家川回族自治县和清水县乡镇卫生院21所、农村学校9所。

图56　10月22日，沙特阿拉伯王国财政部中央服务次大臣穆罕默德·本·阿卜杜拉赫曼·穆盖提布（左二）将活动板房钥匙模型交到甘肃省委常委、副省长刘永富（右一）手中

（司小平　摄）

汶川地震发生后，外国友人及公司、社会组织积极向甘肃灾区捐款捐物。30名在甘肃留学的韩国学生、商人以及韩国驻西安总领事馆部分工作人员向甘肃省捐款1.47万元。日本友好人士捐赠价值48.7万元的物资及价值14.6万元的帐篷27顶。日本人吉田博子、吉田君江各捐赠5万日元。加拿大红十字会向甘肃省捐赠价值1600万元的帐篷4000顶。英国穆斯林之手国际慈善会向甘肃省捐赠总价值213.6万元的帐篷534顶。加拿大人迈克捐赠2000元。挪威MAZ技术有限公司向甘肃捐赠总价值1000万元的高品质冬季帐篷、冬季睡袋等物资。沙特阿拉伯圣尼迪纺织公司两次共向甘肃省捐赠总价值900万元帐篷2250顶。美国MAZ能源国际科技公司向陇南市捐赠物资折价1000万元。日本东芝家用电器株式会社捐赠物资折价92万元，美国华平投资集团有限公司捐赠物资折价13万元。印度尼西亚春金集团捐赠75万元，援建礼县湫山乡双郑小学。美国伊顿公司捐赠物资折价1.1万元，美国华平投资集团有限公司捐赠物资折价13.2万元。日本松下电器捐赠帐篷100顶。安赛乐米塔尔公司捐赠1000万元，援建天水市新华门小学；英国诺德安达教育集团捐赠50万元，援建秦州区天水镇王家庄小学；新加坡佛教居士林捐赠280万元，援建成县苇子沟学校和水泉小学。美国阿拉斯加华联会（总会）向甘肃省捐赠物资折价6000美元。9月22日，日本特定非营利活动法人黄河森林绿化网络组织向甘肃省捐赠62万日元。

2009年，加拿大红十字会向两当县捐助1187.2万元，援建乡镇卫生院13所。澳大利亚红十字会向两当县援助资金1187.2万元，援建乡镇卫生院13所和麻风病疗养院1所。2009年3月5日，日本利民工程援助项目签字仪式在兰州举行，日本政府提供无偿援助资金180万元，援助灾区医院急救车3辆；捐助1000万日元，援建文县中寨新寨小学教学楼工程。

2008—2009年，国际社会向甘肃省捐赠资金和物资折价共计22754.5万元。

甘肃省商务厅组织捐赠活动　甘肃省商务厅动员全省商务系统积极开展救灾捐赠活动。5月13日，厅机关和直属单位干部职工共捐赠26.18万元。16日，省商务厅接收甘肃省广东商会捐赠物资折价13万元。至23日，省商务厅募集资金1444.92万元，募集食品、饮料、衣被、帐篷、蜡烛等物资折价215.46万元。

甘肃省教育厅组织捐赠活动　甘肃省教育厅部署全省教育系统广泛开展抗震救灾捐赠工作，教育厅机关及直属单位干部职工捐款和党员交纳“特殊党费”共计63.64万元。全省教育系统为抗震救灾捐款和交纳“特殊党费”共计5538.54万元，同时捐赠棉被121床，雨衣、棉衣7807件，以及毛巾、大衣、饼干、蜡烛、手电筒等物资。

甘肃省卫生厅组织捐赠活动　甘肃省级卫生厅机关和直属单位干部职工捐款和党员交纳“特殊党费”共187.16万元。截至10月底，甘肃省卫生系统募集资金和物资折价共14634.71万元。

二　民主党派、人民团体、社会组织、宗教界捐赠活动

甘肃省民主党派捐赠活动　甘肃省各民主党派积极响应中共甘肃省委和省政府号召，广泛开展募捐活动，支援灾区。截至5月28日，全省各民主党派募集资金和物资折价共400余万元。其中，民革甘肃省委会各级组织和党员募集资金和物资折价共76万元，民盟甘肃省委会各级组织和党员募集资金和物资折价共41万元，民建甘肃省各级组织和党员募集资金和物资折价共130万元，民进甘肃省各级组织和党员募集资金和物资折价共56万元，农工民主党甘肃省各级组织和党员募集资金和物资折价共40万元，九三学社全省各级组织和社员募集资金和物资折价共37.4万元。

甘肃省工商联捐赠活动　截至8月31日，甘肃省工商联组织会员企业募集资金和物资折价共计1850.6万元。其中，甘肃建新集团有限公司捐赠1306万元，省工商联江苏商会捐赠衣物折价133万元，甘肃天庆集团、西和恒安工矿贸易有限公司、甘肃亚特投资有限公司、西和县中泰矿业有限公司捐赠资金都在100万元以上。远达集团捐赠60万元。

甘肃省人民团体捐赠活动　截至12月，甘肃省总工会组织社会各界募集资金和物资折价共计7055.7万元；共青团省委募集资金和物资折价共1513.32万元，其中资金955.32万元、物资折价558万元，用于援建25所抗震希望学校；省妇联募集资金和物资折价共3081.15万元，其中资金1348.77元、物资折价1732.38万元，用于灾区“春蕾学校”修建、“母亲水窖”修建及修复、地震灾区单亲特困母亲住房重建补助、资助灾区贫困家庭妇女儿童等。

甘肃省社会组织捐赠活动　截至12月，甘肃省红十字会募集资金和物资折价共计99769.41万元，其中资金77789.71万元、物资折价21979.7万元。省慈善总会募集资金和物资折价共11685万元，其中资金7663万元、物资折价4022万元。省科学技术协会共募集资金110万元。

省青少年发展基金会募集资金2189.93万元。省光彩事业促进会募集资金和物资折价共2075万元。省扶贫基金会募集资金和物资折价共970.03万元。省温州商会募集资金100万元。省律师协会募集资金15.15万元。全省律师和注册会计师、注册资产评估师事务所募集资金55.8万元。

甘肃省宗教界捐赠活动 震后不久，甘肃省各级伊斯兰教协会、清真寺管委会及教职人员、广大穆斯林群众募集资金和物资折价共153.93万元，其中资金49.5万元、物资折价104.43万元。科威特友人艾哈迈德·丹卜斯向兰州市伊斯兰教协会捐款23万元，兰州伊协根据捐款者的意愿，采购帐篷100顶、毛毯1000条，并随同艾哈迈德·丹卜斯把物资送到地震灾区。兰州穆斯林文化教育促进会募集食品、药品、篷布等物资折价15万元。

三 各市州捐赠活动

截至12月，甘肃省各市州募集资金和物资折价共计8.17亿元。

兰州市捐赠活动 5月14日，兰州市委办公厅、市政府办公厅下发紧急通知，部署抗震救灾捐赠工作。15日，市旅游局举行60家旅游企业救灾捐赠活动，现场募集资金6.63万元、衣物209件。17日晚，兰州市委、市政府同甘肃省委宣传部举办“我们在一起——大型烛光祈福赈灾活动”，现场募集资金1051.7万元（见图57）。

图57 5月17日晚，兰州市委、市政府同甘肃省委宣传部举办“我们在一起——大型烛光祈福赈灾活动”现场

（兰州市民政局 提供）

截至 10 月 14 日，兰州市共接收捐赠资金 9258.5 万元。其中，市民政局接收 3364 万元，市工会接收 246 万元，市慈善总会接收 743 万元，市红十字会接收 195 万元，团市委接收 27.86 万元，各县区接收 2678.62 万元，市委组织部收缴“特殊党费”2004.02 万元。兰州市共接收捐赠物资 28794 件折价 421.26 万元。

5 月 18 日，兰州市政府向平凉市捐赠 100 万元，向定西市捐赠 50 万元，向徽县捐赠 10 万元；拨付采购抗震救灾物资资金 296.7 万元，其中市商务局 16.9 万元、市粮食局 99.6 万元、市民政局 81.5 万元、市卫生局 98.7 万元。28 日，兰州市政府向天水市捐赠 100 万元。29 日，兰州市委、市政府向陇南市、甘南藏族自治州捐赠价值 200 万元的棉大衣、棉被、食用油、面粉、彩条布等 241 件（床）。

嘉峪关市捐赠活动　5 月 13 日，嘉峪关市成立市献爱心抗震救灾活动领导小组，组织实施抗震救灾募捐活动。14 日，市政府向甘肃地震灾区捐赠 270 万元，其中向陇南市捐赠 150 万元，向天水市捐赠 50 万元，向甘南藏族自治州捐赠 40 万元，向庆阳市、平凉市捐赠 30 万元。同日，市委、市政府办公室下发《关于在全市开展“献爱心”社会捐助活动的通知》。7 月 29 日，市委决定，拨付资金 1500 万元，支持灾区重建。截至 10 月 14 日，嘉峪关市共接收救灾捐赠资金 1204.02 万元，其中市民政局接收 458.69 万元，市委组织部收缴“特殊党费”667.14 万元，市红十字会接收 60.97 万元，市总工会接收 17.22 万元。市房地产系统 28 家企业捐赠 25.78 万元。嘉峪关市共接收捐赠衣被 38111 件（床）、食品 10 箱，其中上缴省总工会衣物 1586 件，调拨甘南地震灾区衣物 36525 件，调拨陇南灾区救灾帐篷 25 顶。

金昌市捐赠活动　5 月 14 日，金昌市委办公室、市政府办公室下发开展为地震灾区群众捐赠活动的紧急通知。市民政局在《金昌日报》向社会公布市民政局救灾捐赠开户银行、账号及联系电话，并组织群众为地震灾区捐款（见图 58）。市电视台每晚以字幕形式滚动播放救灾捐赠情况。同日，金川集团股份有限公司组织职工向灾区捐款，募集资金和物资折价共 1.18 亿元，其中资金

图 58　5 月 14 日，金昌市各界群众为地震灾区捐款（金昌市民政局　提供）

1.11 亿元。24 日、30 日，金川集团派出大卡车 13 辆，将价值 286 万余元的棉被、衣服、雨衣、雨鞋、手电筒等物资送抵陇南地震灾区。金昌水泥集团有限公司向陇南地震灾区捐赠水泥 100 吨。金昌市江苏商会捐赠价值 15 万元的彩条布 600 件、手电筒 320 支、棉被 100 床，送抵陇南地震灾区。截至 10 月 30 日，金昌市民政系统接收 462.43 万元，市委组织部收缴“特殊党费”359.3 万元，市红十字会接收 28.64 万元。市工会系统将接收的价值 408.3 万元的棉被、毛毯、衣服、雨具 18.72 万件（床），上缴省工会。市民政局将接收的价值 3.5 万元的毛毯、单（棉）衣被 946 件（床），上缴省民政厅。

白银市捐赠活动　5 月 14 日，白银市委、市人大常委会、市政府、市政协机关组织向地震灾区捐款活动，市直机关、企事业单位积极向地震灾区捐款，现场募集资金 81 万元（见图 59）。15 日，市委、市政府向陇南市捐赠资金 50 万元、物资折价 50 万元；向天水市捐赠 20 万元。市民政局紧急采购价值 50 万元的棉被、方便面、矿泉水等物资送往灾区。白银在恩生物科技公司捐赠价值 30 万元的药品。16 日，市慈善协会举办“送温暖、献爱心、抗震救灾”赈灾义演晚会，现场募集资金 2 万余元。截至 10 月 10 日，白银市共接收抗震救灾捐赠资金和物资折价 3648.05 万元，其中资金 3394.89 万元、物资折价 253.16 万元。市民政局接收捐赠资金和物资折价共 726.54 万元，其中资金 683.96 万元、物资折价 42.58 万元。市红十字会接收捐赠资金和物资折价共 125.26 万元，其中资金 68.26 元、药物折价 57 万元。市慈善会接收捐赠资金 50.2 万元。市总工会接收捐赠资金

图 59　5 月 14 日，白银市直机关、企事业单位积极向地震灾区捐款

（白银市民政局　提供）

和物资折价 135.32 万元，其中资金 13.32 万元、物资折价 122 万元。市委组织部收缴“特殊党费”1197.63 万元。团市委及各县区团委收缴“特殊团费”17.53 万元。

天水市捐赠活动　天水市委、市政府贯彻执行省委、省政府关于开展抗震救灾工作的决策部署，组织全市开展抗震救灾捐赠活动，募集资金物资支援地震灾区。5 月 16 日上午，全市工商企业界举行“抗震救灾献爱心”捐款仪式，40 多家企业及个人现场捐赠 600 余万元（见图 60）。

图60　5月16日，天水市工商企业界“抗震救灾献爱心”捐款仪式现场（天水市民政局　提供）

地震发生后，天水市不断接收到市外的大量捐赠：酒泉钢铁集团有限责任公司捐赠 150 万元、临夏回族自治州政府捐赠 20 万元、嘉峪关市政府捐赠 50 万元、武威市政府捐赠 10 万元、酒泉市政府捐赠 30 万元、白银市政府捐赠 20 万元、甘肃建筑设计院捐赠 20 万元、96363 部队捐赠 5 万元、哈尔滨松江铝业有限公司捐赠 100 万元、甘肃省光彩事业促进会捐赠 50 万元、江西省南昌市西湖区慈善会捐赠 10 万元，湖南和立房地产开发公司捐赠 10 万元、青海省西宁市城北区民政局捐赠 10 万元、兰州市城关区政协捐赠 10 万元、湖南兴荣投资有限公司捐赠 8 万元、海南省海口市龙华区人大常委会捐赠 5 万元、贵州省贵阳市白云区人大常委会捐赠 2.6 万元、湖南省长沙市天心区政协捐赠 2 万元、黑龙江省哈尔滨市香坊区人大常委会和吉林省长春市南关区慈善协会各捐赠 2 万元。中国煤炭城市发展联合促进会捐赠 500 万元，中国红十字会转赠 6700 万元，中国矿业资源集团捐赠 100 万元，天津市慈善协会捐赠 100 万元。兰州、酒泉、白银、嘉峪关和酒钢集团、中国南车、中电投集团西北公司等单位捐助资金共 760 万元。世界宣明会援助资金 500 万元，阿拉伯联合酋长国迪拜酋长基金会援助资金 421 万元，阿联酋迪拜酋长基金会为特殊教育事业捐赠 30 万元。同时，天水市接收自宁夏、上海、天津、吉林、内蒙古、新疆、杭州、深圳、秦皇岛等 10 多个地方政府、企业、团体以及国际组织、外国政府及社会各界捐赠的 6 类 73 种物资，折价共 3.66 亿元，其中帐篷（板房）33311 顶（套）、篷布 768 个、衣物 23306 包、被褥 11212 包、食品 116168 件、其他物资 1661 件。

天水市各县区也接收了大量捐款：秦州区 674.4 万元、麦积区 619 万元、秦安县 187.38 万元、甘谷县 133 万元、武山县 182.53 万元、清水县 47.87 万元、张家川回族自治县 113.9 万元。

武威市捐赠活动 5月14日，武威市委、市政府部署全市抗震救灾捐赠工作。天祝藏族自治县县委举行抗震救灾捐赠仪式，募集资金71.18万元。民勤县组织党政机关干部开展捐赠活动，捐赠10万元。15日，市委举行抗震救灾募捐活动，募集资金20余万元。截至9月底，武威市共接收捐赠资金1383.63万元（不含“特殊党费”）。其中，市、县区民政局接收1345.32万元，包括市民政局接收465.87万元、凉州区民政局接收445.3万元、古浪县民政局接收190.77万元、民勤县民政局接收126.05万元、天祝藏族自治县民政局接收117.33万元；市红十字会接收17.45万元；市、县区工会接收20.86万元。

酒泉市捐赠活动 5月14日，根据酒泉市委、市政府抗震救灾工作部署，市民政局、市慈善协会组织开展全市范围内的救灾捐赠活动，募集资金物资，支援地震灾区。21—23日，敦煌市政府向文县捐赠资金10万元以及价值20.65万元的棉被800床、彩条篷布155件。玉门市政府向文县和迭部县各捐赠40万元。截至10月14日，酒泉市共接收捐赠资金1921.65万元。其中，市委组织部收缴“特殊党费”531.22万元，民政系统接收捐赠资金916.53万元、红十字会系统358.19万元、工商联系统44.89万元、市工会15.7万元，团市委收缴“特殊团费”5.12万元，市财政接收捐赠资金50万元。市红十字会接收物资折价20.07万元。

张掖市捐赠活动 5月14日，张掖市民政局、市慈善协会、市红十字会、市总工会、团市委、市妇联、市工商联在《张掖日报》共同发出《关于开展募捐活动支援灾区的倡议书》。同日上午，市委、市政府在市政府大院举行抗震救灾捐助仪式，募集救灾款物。21日晚，市委宣传部等26家单位在市中心广场举行“感同身受、与爱同行”的赈灾义演晚会，募集资金，支援地震灾区。截至7月30日，张掖市共接收捐赠资金1404.21万元，全额上缴省级有关部门，其中上缴省财政厅796.16万元、省民政厅500万元、省红十字会43.17万元、省慈善总会19.94万元、省总工会18.96万元、省妇女儿童发展基金会18.04万元、团省委组织部7.94万元。全市共接收捐赠衣物、棉被等2.02万件（床）。

庆阳市捐赠活动 5月15日，庆阳市民政局发布公告，呼吁广大人民群众捐赠款物，奉献爱心。16日，市红十字会发布《抗震救灾紧急募捐呼吁书》，动员社会各界募集款物，支援地震灾区。全市社会公众积极响应，踊跃捐款捐物。截至10月14日，庆阳市共接收捐赠资金2189.59万元。其中，市民政局接收资金668.54万元，市总工会接收资金24.6万元，市委组织部收缴“特殊党费”323.89万元，团市委筹集捐款48.98万元，市辖8个县（区）共接收捐赠资金1123.58万元。市红十字会接收捐赠资金和物资折价共3333.07万元，其中资金166.85万元、物资折价3166.22万元。

平凉市捐赠活动 5月14日，平凉市委办公室、市政府办公室下发紧急通知，部署全市救灾捐赠工作。28日，市委、市政府在人民广场举办“爱的力量”平凉抗震救灾专场晚会，募集救灾款物（见图61）。

平凉市受灾后，陆续接收到省内外捐赠资金：嘉峪关市30万元、酒泉市40万元、华亭煤业集团有限公司300万元、省慈善总会64.08万元、临夏回族自治州政府10万元、瓜州县政府10万元、酒泉市红十字会30万元、甘肃滨河集团等3家公司10万元、金川集团股份有限公司30万元，上海甘肃经济促进会64.08万元，甘肃光彩事业促进会35万元，江苏省常州、扬州、无锡三

图 61　5 月 28 日晚，平凉市委、市政府在人民广场举办“爱的力量”平凉抗震救灾专场晚会
（李文瑛　摄）

市红十字会 1000 万元，河南省巨象商贸公司 26 万元，香港慈恩基金会 75 万港元。全国总工会捐赠物资折价 50 万元，深圳法路易娜有限公司捐赠物资折价 86.18 万元。截至 9 月 30 日，平凉市共接收捐赠资金 4925.71 万元。其中，市委组织部收缴“特殊党费”420.44 万元，市民政局、红十字会等单位接收捐赠资金 4505.27 万元。全市接收物资折价 3848.17 万元。

定西市捐赠活动　震后，定西市委、市政府全面部署抗震救灾捐赠工作，募集资金物资，支援灾区。

5 月 14—15 日，漳县团委组织青年志愿者服务队 124 名团员和群众共献血 2.7 万毫升，陇西县各界群众 212 人自发到采血车献血 4.34 万毫升，安定区 320 人共献血 6.63 万毫升。定西市无偿献血人数突破 1200 人次，献血总量达到 30 万毫升。15 日，临洮县红十字会联合“临洮在线”和中心血站在县城开展捐款献血活动，265 名群众共献血 3.5 万毫升。16 日，岷县红十字会在县城开展献血捐款活动，106 名群众共献血 2.3 万毫升。23 日，安定区幼儿园组织孩子们进行“情系灾区小朋友”募捐活动（见图 62），孩子们争先恐后捐款。截至 10 月 14 日，共接收捐赠资金 2097.33 万元，其中民政部门接收 1175.37 万元、红十字会接收 381.28 万元、团市委系统接收 50 万元、市委组织部收缴“特殊党费”490.68 万元。

图 62　5 月 23 日，定西市安定区幼儿园组织孩子们进行“情系灾区小朋友”募捐活动

（晁君杰　摄）

陇南市捐赠活动　5 月 13 日，陇南市慈善协会开通捐赠电话，在市扶贫办大楼前设立现场捐赠点，接收社会捐赠资金 112.1 万元、物资折价 1744.11 万元。14 日，市民政局举行“陇南市抗震救灾捐赠接收仪式”，接收捐赠资金 110 万元、物资折价 50.1 万元。15 日，市慈善协会举行抗震救灾捐赠接收仪式，陇南卧龙置业有限公司捐赠 20 万元，陇南新欧亚房地产开发有限责任公司捐赠 10 万元，新疆金升房地产有限公司陇南分公司捐赠 10 万元，陇南市中环置业有限责任公司捐赠 10 万元，陇南兴隆房地产有限责任公司捐赠 8 万元。16 日，市抗震救灾指挥部办公室发出救灾募捐倡议，公布捐赠地点、接受捐赠账号和捐助联系人及电话。20 日下午，市委、市政府举行全市工商企业抗震救灾募捐仪式，40 户工商企业现场捐赠资金 1349.15 万元、面粉 5 吨、矿泉水 400 箱。截至 10 月 14 日，陇南市共接收捐赠资金和物资折价 4.83 亿元，其中资金 2.19 亿元、物资折价 2.64 亿元。

临夏回族自治州捐赠活动　地震发生后，临夏回族自治州州委、州政府组织全州各族人民捐款捐物，支援灾区。5 月 13 日，州红十字会向全州各界发出紧急呼吁。15 日，州委、人大常委会、政府、政协机关分别举行支援灾区募捐活动。州慈善协会向全州各界发出捐款捐物倡议，州佛教协会、道教协会、伊斯兰教协会向全州宗教界人士、信教群众发出捐款捐物倡议。同日，州委统战部、州宗教局举行捐款仪式（见图 63），各宗教场所及宗教界人士、各族信教群众代表现场捐赠资金 21 万余元。自治州部分清真寺得知广元市伊协急需清真食品，自发采购价值 100 多万元的帐篷、面粉、大米、土豆、毛毯、手电筒等基本生活物资，募集资金 2 万余元，派人赴广元灾区慰问。23 日，自治州宗教界群众自发组成 3 个抗震救灾组分赴地震灾区慰问：第一组捐赠资金 3 万余元及价值 17 万余元的帐篷、面粉、食品、饮料、毛毯、棉被等物品，送至四川灾区；第二组捐赠价值 19 万余元的帐篷、面粉、手电筒、茶叶、大米、手套等物品，送至文县灾区；第三组捐赠价值 4.65 万元的地毯、毛毯、饮料、八宝粥、方便面等急救日常用品送至四川灾区。截至 10 月 14 日，共接收抗震救灾捐赠资金 1519.72 万元。其中，州民政局接收捐赠资金 219.8 万元，州慈善会接收捐赠资金 14.26 万元，州红十字会接收捐赠资金 35.05 万元，州委组织部收缴"特殊党费"467.51 万元，州工会系统接收捐赠资金 11.43 万元，团委系统接收捐赠资金 8.13 万元，州辖 8 个县（市）民政局接收 763.54 万元。自治州共接收捐赠衣物 21436 件。

图 63　5 月 15 日，临夏回族自治州宗教界在红园广场举行为地震灾区捐款启动仪式
（临夏回族自治州民政局　提供）

甘南藏族自治州捐赠活动　5 月 14 日，甘南藏族自治州州委办公室、州政府办公室下发通知，组织动员社会各界捐赠资金物资。自治州本级捐赠 121.5 万元。截至 10 月 14 日，共接收捐赠资金 2503.57 万元、物资折价 5174.82 万元。

甘肃矿区捐赠活动　甘肃矿区位于甘肃河西走廊西端、酒泉市境内，全矿区面积 1260 平方公里，是一个电力充足、资源丰富、交通便利、生活设施配套的新型城市。汶川地震发生后，矿区组织社会各界开展救灾捐赠活动，支援灾区（见图 64）。截至 11 月 3 日，矿区接收捐赠资金

图 64　甘肃矿区捐款支援地震灾区活动现场

（甘肃矿区民政局　提供）

和物资折价 182.45 万元，其中资金 162.45 万元，帐篷 15 顶、汽车 3 辆、衣服等物资 844 件。11 月 3 日，矿区办事处安排车辆将捐赠物资运送陇南灾区。

四　企业捐赠活动

中央驻甘企业捐赠　5 月 14 日，中铁第一勘察设计院集团有限公司捐赠 30 万元，交通银行甘肃分行捐赠 100 万元。15 日，中国银行甘肃省分行捐赠 15 万元，中国石油甘肃销售公司捐赠 100 万元。16 日，中国石油玉门油田分公司捐赠 50 万元，中国人民银行兰州中心支行捐赠 20 万元，中铝公司兰州分公司职工捐赠 34.28 万元，国家开发银行甘肃省分行捐赠 150 万元，兰州飞行控制有限责任公司职工捐赠 15.07 万元。17 日，中国建设银行甘肃省分行职工捐赠 50.56 万元。18 日，中国烟草总公司甘肃省公司捐赠 500 万元。19 日，中国水利水电第四工程局有限公司捐赠 20 万元，中国华能捐赠 200 万元。21 日，中国网通甘肃分公司员工捐赠 11.8 万元，中国联通甘肃分公司员工捐赠 20 万元，中核集团五〇四厂捐赠 50 万元。27 日，中铝公司兰州分公司捐赠 50 万元，兰州兰石集团捐赠 21 万元，中国工商银行甘肃省分行捐赠 160 万元，中国人寿甘肃分公司捐赠 20 万元，中国农业银行甘肃省分行捐赠 50 万元，兰州铁路局工会捐赠 330 万元，中国太平洋保险（集团）股份有限公司捐赠 100 万元，中国国电捐赠 2 万元，中国移动甘肃有限公司捐赠 120 万元，招商银行兰州分行员工捐赠 40.04 万元，交通银行兰州分行员工捐赠 27.72 万元，中国华电捐赠 100 万元。

6月2日，中国银河证券股份有限公司捐赠100万元，中材水泥有限公司捐赠200万元，国家开发投资公司捐赠100万元，长风信息集团职工捐赠1万元，中国大唐甘肃发电有限公司捐赠300万元。4日，中国华能平凉发电有限责任公司捐赠200万元，中国黄金集团公司直属机关工会捐赠100万元，中国黄金股份有限公司捐赠100万元，中国农业发展银行甘肃省分行捐赠20万元。7日，交通银行捐赠100万元。11日，航天科技集团捐赠200万元，中核集团捐赠200万元，中国人民银行清算总中心捐赠250万元，中国印钞造币总公司捐赠220万元，中国石油捐赠1200万元。

甘肃省属企业捐赠 截至7月底，甘肃省国资委和省属企业及员工捐赠资金7753万元（含“特殊党费”1150余万元），捐赠物资折价1224万元。捐赠资金和物资折价30万元以上的企业有金川集团股份有限公司、酒钢集团有限公司、白银有色集团股份有限公司等14家企业。金川集团紧急调运大型机械设备15台，参加康县道路抢修，并组织人员昼夜加班，紧急加工钢支架大型救灾帐篷100多顶送往灾区。省医药集团公司接到国家发改委下发生产药品通知后，立即组织全体员工连续工作28小时，生产价值175万元的10个大类、53个品种、2914件药品运往地震灾区。兰州电机有限公司组织职工加班调试安装1千瓦汽油发电机100台捐赠陇南市和甘南藏族自治州。甘肃省建设投资（控股）集团总公司捐赠款物共计197.1万元、24352美元，其中职工捐赠86.27万元、24352美元，交纳“特殊党费”69.88万元、“特殊团费”2.96万元，捐赠价值38万多元的救灾物资，所捐物资由总公司调集6辆货车送达甘南灾区。7月13日，华亭煤业集团有限公司两次捐赠250万元，甘肃明珠矿业有限公司文县分公司捐赠100万元。金川集团共捐赠款物折价1714.2万元，甘肃省人保财险公司捐赠35万元，文县太富黄金矿业有限公司捐赠55万元，金川万方实业有限公司捐赠帐篷等物资折价100万元，白银有色集团有限公司捐赠200万元。甘肃省电力投资集团公司捐赠130万元，甘肃省电力投资集团公司职工捐赠37.4万元。国营长风机器厂捐赠15万元、国营长风机器厂职工捐赠16.61万元。

甘肃省民营企业捐赠 截至7月底，甘肃省非公有制经济人士捐赠资金和物资折价共3835.3万元，其中捐赠资金和物资折价20万元以上的企业有16家。5月12日晚，兰州亚太实业集团有限公司召开会议，筹措捐赠资金和物资折价共85万元，并组织8辆大卡车，装载矿泉水、方便面、帐篷、衣服棉被等物资，昼夜兼程送往灾区。甘肃奇正藏药实业（集团）有限公司董事长雷菊芳迅速调集价值103万元的内服外用药品，与省工商联和省光彩事业促进会联系，将药品转送灾区。15日，省委统战部、省工商联、省光彩事业促进会组织兰州地区非公有制经济代表人士开展“支援灾区、奉献爱心”捐赠活动，甘肃天庆房地产集团有限公司捐赠100万元为天水市和陇南市各建一所学校，甘肃开盛实业集团王焕臣捐赠20万元，西北矿业集团捐赠20万元，甘肃陇鑫实业有限公司李海珊捐赠20万元，甘肃建新实业集团有限公司刘建民捐赠50万元，兰州天正房地产开发有限公司王金生捐赠50万元，兰州盛达集团股份有限公司赵满堂捐赠60万元。21日，甘肃大圣生物科技股份公司董事长齐进军组织公司员工捐赠21.9万元，采购方便面2000箱、矿泉水2000箱、棉被600床运至陇南地震灾区。远达集团向陇南灾区捐赠100余万元。22日，兰州正和房地产开发有限公司举办“心系灾区、爱心奉献”大型赈灾音乐会，募集资金305.1万元，用于康县教育事业灾后重建。28日，兰州市大成置业有限责任公司向文县上德小学捐赠76.86万元，兴建“希望小学”。天水大通公司捐赠30万元，兰州惠仁堂药业公司捐赠20.04万元，甘肃建新实业集团有限公司捐赠100万元。10月13日，南方李锦记有限公司捐赠50万元，重建礼县城关镇红星小学教学楼。

五　社会民众捐赠活动

地震灾害发生后，甘肃省各界群众纷纷自发前往各级民政部门、红十字会、慈善会等社会捐赠机构设立的捐赠点，踊跃捐款，奉献爱心。

5月13日上午，张掖市甘州区妇幼保健站退休干部程根元，到区民政局捐款1万元。老人激动地说：“我代表我们全家向灾区人民献上自己的一片爱心，我相信在胡总书记和温总理强有力的领导下，在全国人民的支持下，灾区人民一定能够取得抗震救灾的伟大胜利。”16日清早，甘谷县国税局73岁退休干部张怀西，拖着病体走了7.5公里到县国税局捐款1000元，回家后和老伴商定再到民政局捐款1000元，因劳累过度，不幸于当晚病故。第二天，老伴为实现他的遗愿，委托他人到民政局捐款1000元。16日15时，兰州市一位爱心女士到募捐点向募捐箱里投入50元现金后，又拿出一枚后经鉴定重量为8克的黄金戒指准备捐献，由于戒指太大无法放入捐款箱内，在志愿者的陪同下，她多次辗转最终将戒指典当了1450元现金，捐赠省红十字会，并一再要求不留姓名。18日，定西市安定区鲁家沟镇太平村村支书王守成和当地的养鸡大户赵席珍，昼夜驱车千余里将本村百户养鸡农户捐赠的4吨鸡蛋送到文县。19日，两名乞丐到省民政厅捐赠点分别捐款10元。兰州市一位市民突发心脏病去世，20日清早，他姐姐遵照其临终遗言代他将抚恤金7000元全部捐赠灾区。姐姐唯一的要求就是不留姓名，因为逝者的父母和弟弟、年幼的儿子都还不知道这个噩耗。

5月20日，山丹县城个体户薛积山得知在成都军区某部任副指导员的儿子赴汶川抗震救灾的消息后，立即赶到募捐点，捐出身上仅有的现金1000元。21日，他又从银行取出1万元捐给市红十字会，以此支援正在灾区一线参加抗震救灾的儿子。平凉市58岁的回族市民雷乾坤，一家人住在借来的棚屋里，多年来依靠捡卖废品勉强维持全家4口人的生活，老伴前不久还做了子宫肌瘤切除手术，但他仍为灾区捐款2000元。他说：“跟灾区那些人相比，我们的日子好得很，人要知道感恩。我身体好着呢，也能吃苦，等老婆身体好了，我再去收废品挣钱。再过几年，我们一家子就会住上自己的房子。”西北工业大学二年级学生车雪妮，因一年前运动时受伤，一直休学在家。汶川地震牵动着她的心，她架着双拐在父亲的陪同下到省红十字会，捐出在学校所得的奖学金600元。25日，全国爱国拥军模范、甘肃润通实业投资集团董事长辛建国，到省民政厅捐赠100万元。

碌曲县郎木寺闻思学院僧人俄项智华捐赠1万元。甘南藏族自治州藏学家、德尔隆寺活佛赛仓·罗藏华尔丹嘱咐合作寺、德尔隆寺、卡加寺僧众念诵《大悲皈依经》，并捐赠6万元。赛仓活佛专程到省委统战部捐赠1万元。

六　解放军和武警部队捐赠活动

地震发生后，甘肃省不断接到解放军和武警部队的捐助。解放军某部捐赠资金和物资折价共269万元。南京军区捐赠2000万元，广州军区机关捐赠600万元。国防大学捐赠500万元。解放军总装备部27652工厂给文县横丹小学搭建板房教室12间。96363部队官兵到徽县虞关乡向受灾小学生捐赠学习用具170套，96351部队向陇南市捐赠资金100万元及价值69万元的衣被、食品、药品，63600部队捐赠162万元援建陇南市武都区锦屏小学。兰州军区捐赠2633万元，为灾区空投食品折价9.6万元（参见图65），向陇南灾区捐赠价值35万元的食品。兰州军区空军向省民政厅捐赠150万元，捐赠价值50万元的棉衣被，并空运至甘南灾区。甘肃省军区所属部队、民兵预备役3次共捐赠110.62万元，支援重建资金129.04万元，捐献衣被7822件、水泥12吨，义务献血1.5万毫升。

武警总部捐赠150万元。武警甘肃省总队先后捐赠70万元援建康县长坝镇吴家坝小学，并

图65　5月19日，兰州军区空军调用直升机为甘肃地震灾区运送食品

（甘肃省民政厅　提供）

向小学捐赠药品、食品折价共17万元；捐赠资金88.3万元，援建“帐篷学校”2所；捐资212万元，在康县援建“武警小学”1所。10月10—24日，武警甘肃省总队组织开展向地震灾区群众“送温暖、献爱心”捐助活动，捐赠资金25.26万元、衣物10086件。武警陇南森林支队筹备组官兵捐赠4000元。

第三节　捐赠资金拨付与捐赠物资调运

一　资金拨付

截至12月底，甘肃省共接受各类捐赠资金34.69亿元。

甘肃省民政厅接受捐赠资金22.81亿元，除6.74亿元非定向捐赠资金由省财政安排下拨外，其余16.07亿元定向捐赠资金，均按照捐赠者意愿由省民政厅商财政厅下拨使用，其中用于农村居民住房重建补助8.39亿元、教育项目重建3.12亿元、卫生项目重建1.32亿元、福利服务设施建设1.46亿元、其他公共服务设施建设1.78亿元。救灾捐赠资金无结余。

甘肃省红十字会接受来自国内外抗震救灾捐款6802.68万元，向陇南、甘南、天水、平凉、庆阳、定西等灾区下拨捐款1092.45万元；按照捐赠方意愿，定向支付为灾区采购各类物资资金1494.49万元；支付救灾物资运输费49.76万元；预留应对次生灾害和紧急突发事件救助款346万元；结存资金3819.98万元，已全部纳入灾后重建项目。

甘肃省慈善总会共接受海内外、省内外及社会各界捐款7663万元。根据捐赠者意愿，省慈善总会决定在地震灾区新建城乡敬老院或社会福利院100所，下拨陇南、甘南、定西、临夏、平凉、天水、庆阳、白银、武威、张掖、兰州等市（州）“三院一校”（即敬老院、社会福利院、儿童福利院、慈善学校）资金5226万元，结存资金2437万元，用于灾区重建项目。

甘肃省总工会共募集抗震救灾资金2028.75万元。向陇南、甘南、平凉、天水、定西、临夏等受灾市（州）工会共拨付抗震救灾资金1625.43万元，结存资金403.32万元，用于重建项目。

共青团甘肃省委募集捐款955.33万元。其中，支付购置救灾物资资金19.8万元，上缴省民政厅18.1万元，上缴省财政厅26.43万元，拨付陇南团市委救灾资金17万元、天水团市委11万元、甘南团州委9万元，拨付其他市州救灾资金共计29万元；支付全省18所高校因灾家庭经济困难学生600名救助资金30万元；拨付全省86个县（市、区）团委救灾经费86万元。结存资金666.43万元，用于灾区重建项目。省青少年发展基金会共接收资金2189.93万元，向文县拨款35万元，拨付灾区中、小学生和大学生1911人救助资金196.44万元；结存资金1958.49万元，用于抗震希望学校建设。

截至2009年12月31日，甘肃省妇联、省妇女儿童发展基金会共募集抗震救灾捐赠资金1363.88万元，全部下拨地震灾区。其中，拨付灾区“春蕾学校”修建资金249.38万元，拨付灾区“母亲水窖”修建及修复资金147万元，用于地震灾区单亲特困母亲住房重建补助资金807.5万元，拨付资助灾区贫困家庭妇女儿童资金55万元，拨付陇南、甘南、庆阳、平凉、定西、临夏、天水等7个市（州）灾区购买棉衣棉被资金100万元，拨付文县妇联建设板房教室5万元，救灾捐赠资金无结余。

截至10月14日，甘肃省共有749939名党员交纳“特殊党费”12439.05万元。12月，中组部、发展改革委、民政部、财政部联合下发《关于抗震救灾“特殊党费”使用管理有关问题的通知》，先后分配甘肃省抗震救灾“特殊党费”10亿元，用于支援甘肃省灾后恢复重建工作。甘肃省将“特殊党费”全部拨付8个重灾县（区），其中安排农村居民住房重建补助金5.87亿元、村级活动场所建设费2.6亿元，补助8所中学1.48亿元、农村党员干部现代远程教育终端站点建设费500万元。

二 物资调运

截至12月31日，甘肃省共接受捐赠物资折价18.17亿元，全部调拨至地震灾区。

甘肃省民政厅接受3个国际组织、17个国家、全国13个省（区、市）以及民政部调拨甘肃省价值15.1亿元的救灾捐赠物资46850吨，全部按照捐赠人的意向或省抗震救灾指挥部的分配，及时通过公路、铁路、航空等渠道运送到地震灾区。

甘肃省红十字会共接受来自国内外捐赠救灾物资折价21979.7万元，分别调拨发运至陇南、甘南、天水、平凉、庆阳、定西等灾区红十字会，由当地红十字会及时发放到灾区群众手中。

甘肃省慈善总会共接受海内外、省内外及社会各界捐赠的物资折价4022万元，分7批次将这些物资运往陇南、天水、定西、甘南等地震灾区，并与当地民政、慈善等部门办理了交接手续。

甘肃省总工会接受救灾物资折价3000万元，全部及时送往陇南、甘南等地震重灾区。

共青团甘肃省委接受社会捐赠棉衣被折价258万元，全部被及时调拨至地震灾区。团中央拨付甘肃省用于为灾区青少年购置过冬衣物的资金200万元，于2009年8月16日、20日，经省财政厅公开招标，采购了价值199.56万元的棉衣1.5万件、绒衣裤2.611万套，运抵甘南、陇南受灾地区。省青少年发展基金会接收省电力公司捐赠折价300万元的建筑材料，全部用于灾区抗震希望学校建设。

截至10月14日，甘肃省妇联、省妇女儿童发展基金会共接受捐赠物资折价1732.38余万元，全部及时下发灾区基层妇联。

第三章　陕西省赈灾活动

第一节　组织领导

一　组织机构

陕西省抗震救灾指挥部　5 月 13 日，陕西省委书记赵乐际主持召开省委常委扩大会议，研究部署抗震救灾工作，决定成立陕西省抗震救灾指挥部。省委副书记、省长袁纯清任总指挥，省委常委、常务副省长赵正永和副省长姚引良任副总指挥，省政府办公厅、省发展改革委、省监察厅、省民政厅、省财政厅、省审计厅等 40 个部门为成员单位；确定由省政府秘书长负责商请省委、省人大常委会、省政府、省政协办公厅在省级机关中组织一次集中募捐活动；所有救灾捐赠资金物资由省民政厅统一管理，主要用于受灾群众住房的恢复重建；广泛开展救灾募捐活动，倡导社会各界积极捐款捐物，支援灾区恢复重建工作。抗震救灾指挥部统一领导和统筹协调全省抗震救灾及救灾捐赠工作。随后，全省 10 个设区市和杨陵区均成立了抗震救灾指挥部，全面负责本地抗震救灾工作。

陕西省民政厅自然灾害应急救助领导小组　5 月 13 日，陕西省民政厅成立自然灾害应急救助领导小组，厅长曹莉莉任组长。领导小组下设救灾募捐资金管理组等 6 个工作组，其中救灾募捐资金管理组和救灾物资接收调运组负责救灾捐赠款物的接收管理工作。

二　组织发动

5 月 13 日，陕西省民政厅、省红十字会、省慈善协会通过《陕西日报》、陕西电视台等新闻媒体发布救灾捐赠公告。省慈善协会向中华慈善总会和各省慈善组织通报灾情，请求援助。

陕西省各级新闻媒体对抗震救灾捐赠活动进行广泛宣传报道。5月13—15日，《陕西日报》共刊登抗震救灾和救灾捐赠活动稿件100多篇。从14日起，《陕西日报》开辟“众志成城、抗震救灾”专栏，宣传报道社会赈灾和救灾捐赠活动。5月15日至10月24日，省民政厅和省救灾募捐办公室共举行了6次集中接收捐赠仪式。陕西省延长石油集团公司、有色金属集团公司、煤业化工集团及省工商联、工商总会组织的80余家企业踊跃捐赠。

5月16日至7月1日，陕西省民政厅先后下发《公益性民间组织捐赠活动中必须遵循的基本程序》《加强捐赠款物管理使用的通知》《关于进一步加强捐赠款物管理等有关问题的紧急通知》。省民政厅会同省财政厅联合下发《关于做好“5·12”特大地震灾害救灾款物管理使用工作的紧急通知》，省民政厅、省监察厅、省财政厅、省审计厅联合下发《陕西省抗震救灾捐赠款物监督管理办法》。省抗震救灾指挥部发布《关于规范救灾捐赠活动的公告》，指导各地、各单位规范救灾捐赠活动。为有效做好应急时期对灾区群众的生活救助，加强救灾款物的管理使用，省民政厅先后制定、下发《陕西省救灾物资管理发放流程》《关于规范基金会救灾捐赠款物管理的通知》《关于加强抗震救灾资金物资监管的通知》，发布《关于进一步规范救灾捐赠工作的公告》，颁布《陕西省抗震救灾捐赠款物监督管理办法》。

第二节　捐赠活动

一　陕西省属机关单位捐赠活动

在汶川地震抗震救灾捐赠活动中，陕西省委、省人大常委会、省政府、省政协领导和干部职工带头捐款。省直部门单位积极响应省委、省政府号召，踊跃捐赠款物，省直属机关工委共募集资金148.73万元。省交通运输厅系统干部员工捐赠607.97万元，其中省交通运输厅机关及直属单位募集资金382.77万元，省交通厅直管的各辖区市公路部门捐赠资金225.2万元、物资2994件。

陕西省委组织部组织收缴“特殊党费”　5月13日，陕西省委组织部接收中组部下拨陕西抗震救灾党费100万元。18日上午，省委组织部举行省委组织系统交纳“特殊党费”启动仪式，现场收缴“特殊党费”48.42万元。19日，省委组织部下发关于做好部分党员交纳“特殊党费”用于支援抗震救灾工作的通知，全省各地各部门党员积极响应。截至11月底，陕西省共有1185276名党员自愿交纳“特殊党费”1.567亿元，其中党员个人和党组织直接上缴中组部8766.6万元、上缴省委组织部6904.6万元。25438名党员个人交纳“特殊党费”1000元以上。

6月11日，陕西省委组织部下发《关于开展“结对帮扶、传递爱心”活动，支援受地震灾害村级党组织和党员做好恢复重建工作的意见》，375个省级部门和企业、中央驻陕单位、高校、非受灾市县，认真贯彻意见精神，派出干部666名，到灾区结对帮扶受灾村375个，其中汉中市

259个、宝鸡市103个、安康市13个。帮扶单位共投入资金5540万元，捐赠物资折价757.2万元；新建村级活动场所230个、59538平方米，维修活动场所43个、11753平方米；帮助群众新建房屋2900平方米，维修房屋95556平方米；新建、维修校舍9835平方米；投入资金1468万元，新修整修公路192公里，恢复通电9个村。

11月5日，中组部、发展改革委、民政部、财政部下拨陕西省“特殊党费”5亿元（含此前预拨“特殊党费”1亿元），陕西省全部用于抗震救灾和灾后恢复重建工作。12月，陕西省委组织部将省管党费中留存的“特殊党费”6904.6万元，全部转入陕西省抗震救灾财政专户。

陕西省委宣传部组织募捐活动 陕西省委宣传部动员部署宣传文化系统单位和演职人员开展赈灾义演、赈灾义卖活动，募集救灾资金物资，支援灾区。截至12月30日，陕西省宣传文化系统募集资金和物资折价共404.18万元，其中资金316.78万元、物资折价87.4万元。

5月15日晚，陕西省戏曲研究院与陕西电视台、华商报社、陕西书画艺术研究院联合举办“爱是永恒的主题”赈灾义演文艺晚会，现场募集资金20余万元。16日，省文联、省美术家协会举行赈灾义卖活动，14名画家现场创作作品进行义卖，义卖善款12万元捐赠省慈善协会。17日，陕西电视台、省文史研究馆和西安大唐芙蓉园联合举办“书画满情谊、爱心献灾区”赈灾义卖活动，70多位书画家现场创作书画，并将义卖所得善款40万元捐赠地震灾区。18日，省文联在西安举办“我们心心相印”义卖活动，募集善款41.7万元捐赠地震灾区。

5月17日晚，陕西省委宣传部、省民政厅、省广电局、省红十字会、省慈善协会、省电视台在西安联合举行“我们万众一心”赈灾文艺晚会（见图66），现场100余家大型企业、单位和广大市民捐赠资金604万元，场外认捐1057万元，现场募集捐赠物资折价396万元。

图66　5月17日晚，陕西省举办“我们万众一心”大型赈灾晚会捐赠现场

（李炫秦　摄）

陕西省委台湾事务办公室组织捐赠活动　陕西省委台湾事务办公室在组织机关干部职工捐款捐物的同时，积极协调台湾同胞参与抗震救灾捐赠活动。省红十字会接收台湾红十字会组织捐赠项目资金 7300 万元。台湾“中华社会福利联合劝募协会”、台湾儿童暨家庭扶助基金会捐赠 200 万元。财团法人海峡交流基金会、金门县政府、台中市政府、台资企业、东莞宝元数控科技有限公司捐赠 1120 万元。省台办转交台湾同胞委托海峡两岸关系协会向陕西省定向捐赠资金 2741.14 万元，这笔资金意向援助灾区学校和村恢复重建项目 7 个，其中援助留坝县江口初级中学 629 万元、城固县盘龙乡团结村基础设施 324 万元、南郑县歇马乡中心小学 350 万元、宁强县阳平关镇中心小学 311 万元、宝鸡市金台区逸夫小学 300 万元、麟游县两亭初级中学 587.14 万元、旬阳县甘溪镇初级中学 240 万元。

陕西省发展改革委组织捐赠活动　5 月 14—17 日，陕西省发展改革委机关开展向地震灾区捐款活动，共募集资金 18.34 万元。21—30 日，省发展改革委机关党员交纳“特殊党费”22.43 万元。6 月 15 日上午，省发展改革委在西安市新城广场举行“2008 年陕西省节能宣传周”活动启动仪式，省委常委、常务副省长赵正永出席仪式，省发展改革委、省财政厅代表省政府举办“节能减排、情系灾区”高效照明产品赠送活动，向地震灾区宁强县、略阳县和凤县捐赠高效照明产品和光伏发电设备（见图 67）。

图 67　6 月 15 日，陕西省发展改革委、省财政厅举办“节能减排、情系灾区”照明产品赠送活动现场（陕西省民政厅　提供）

陕西省商务厅组织捐赠活动　5 月 14 日，陕西省商务厅机关举行“捐助灾区、奉献爱心，与灾区人民共渡难关”募捐活动，干部职工共捐款 11.92 万元。23 日上午，商务厅机关及直属单位党员交纳“特殊党费”21.31 万元。同日，商务厅组织成品油经营企业捐赠 259 万元，组织外省在陕 17 家商会、12 个办事处捐赠资金和物资折价共 8024.8 万元，其中资金 5521 万元、物资折价 2503.8 万元。

陕西省教育厅组织捐赠活动 陕西省教育厅组织全省教育系统开展救灾捐赠活动。汉中、宝鸡、西安、咸阳、安康等5个受灾市教育系统共募集资金2345.06万元，其中汉中市18万元、宝鸡市352.13万元、西安市1130万元、咸阳市457.35万元、安康市387.58万元。陕西省接收社会各界定向捐赠中小学校灾后恢复重建资金4031.08万元，其中捐赠汉中市2319.3万元、宝鸡市1711.78万元。礼泉县石潭初中退休教师王芳臣，患脑出血行动不便，老伴用车把她推到学校捐款100元。兴平市马嵬镇羊圈小学原校长李生茂捐款5000元。在他的带动下，仅5月15日、16日两天，兴平市学校师生共捐赠42万元。30日，西安市教育局、市工商联、团市委等单位在西安市高级中学举行“爱心涌动西安——抗震自救、重建校园”公益演出活动，现场募集资金658万元，用于西安市受灾学校灾后重建。西安市教育局对接收的灾区390名学生全部减免了学杂费和课本费，向广元市和宁强县学校捐赠重建资金47万元。

陕西省文物局组织捐赠活动 5月18日，陕西省文物局下发《关于将“5·18”门票收入捐赠灾区的通知》，要求秦始皇兵马俑博物馆、西安碑林博物馆、西安半坡博物馆、汉阳陵博物馆、法门寺博物馆、乾陵博物馆等省文物局直属博物馆，将18日当日博物馆门票收入全部汇捐省救灾募捐办公室，共捐赠60.4万元。省文物局局机关和直属单位干部职工捐款和交纳“特殊党费”60多万元。

陕西省外事办公室（港澳办、侨办）组织捐赠活动 陕西省外事办公室积极组织干部职工捐赠8.04万元，并协调港澳台同胞和海外侨胞参与抗震救灾捐赠活动。截至9月30日，省外办系统接收港澳台同胞捐赠资金和物资折价共3246.25万元。其中，接收香港同胞捐赠资金665.83万元（不含项目资金）：香港施乐会捐赠73.19万元，香港理工大学何崇本捐赠100万元，香港方树福堂基金会捐赠25万元，香港福慧慈善基金会捐赠200万元，香港社区伙伴捐赠207.64万元，香港中国染厂集团董事、总经理沈大馨捐赠60万元。香港红十字会签订协议捐赠6519.29万元。

接收海外侨胞捐赠资金1251.94万元，其中国侨办转交海外侨胞捐赠资金1000万元（见图68），马来西亚侨胞捐赠251.94万元。省外办系统协调接收国（境）外援助项目到账资金7200万元，其中捐赠10万元以上的有：日本大阪政府捐赠22.01万元；哈萨克斯坦国际一体化基金西安代表处捐赠20万元；比利时特恩豪特市捐赠37万元；德国凯傲集团林德叉车有限公司捐赠50万元；日本出云市、佐夏市、新潟县共捐赠14.9万元和220万日元；日本利民工程项目捐赠120.1万元和救护车3辆；日本红十字会签协议捐赠1050.16万元；日本克斯莫石油公司董事会捐赠500万日元；日本出云市向汉中市捐赠103万元；日本京都府政府、议会、友好团体以及5003名职员捐赠352万日元；日本奈良市向西安市捐赠200万日元；泰国红十字会签协议捐赠232.3万元；泰国TCC集团董事长苏旭明捐赠500万元，援建灾区学校5所和卫生院5所；马来西亚星洲媒体集团捐赠250万元，援建灾区学校5所；华夏董氏兄弟集团捐赠100万元，援建灾区学校1所、卫生院1所；世纪金源集团董事局主席黄如论和集团员工捐赠1820万元，捐建灾区学校5所、卫生院5所。

图 68　国侨办主任李海峰（左三）向陕西灾区转交海外侨胞捐款 1000 万元
（陕西省外事办公室　提供）

二　民主党派、人民团体、社会组织捐赠活动

陕西民主党派捐赠活动　陕西省各民主党派募集抗震救灾捐赠资金和物资折价共 2895.42 万元。其中，民革陕西省委会募集资金 245.46 万元，民盟陕西省委会募集 321.95 万元，民建陕西省委会募集资金 1469.7 万元，民进陕西省委会募集资金和物资折价 647 万元，九三学社陕西省委会募集资金 118.4 万元、物资折价 66.5 万元，农工党陕西省委会募集资金 18.41 万元，台盟陕西省委会募集资金 8 万多元。

陕西省人民团体捐赠活动　陕西省总工会积极响应全国总工会关于开展抗震救灾捐赠的号召，在全省各级工会中开展抗震救灾捐赠活动。5 月 19 日，省总工会下发《开展抗震救灾捐赠的紧急通知》，公布省总工会组织捐赠联系方式和捐助账户。5 月 26 日至 6 月 17 日，在《陕西工人报》开设专栏，分 7 批公布省总工会直接接收捐款 208.48 万元的情况。截至 7 月 7 日，陕西省总工会接收抗震救灾捐赠资金和物资折价共 15601.69 万元，其中工会经费捐赠资金和物资折价 40 万元、会员捐赠资金和物资折价共 215.05 万元、社会各界捐赠资金和物资折价 15346.64 万元。

汶川地震发生后，陕西省妇联向全国妇联及各省（区、市）妇联组织、联合国妇女儿童基金会、国内外民间慈善组织通报陕西地震灾情，争取救灾资金物资援助。截至 9 月 28 日，省妇联和妇女团体募集捐赠资金和物资折价共 3770.56 万元，其中资金 2984.96 万元、物资折价 785.6 万元。资金募集具体情况是，省妇联募集资金 1625.7 万元，省妇女理论家庭研究会募集资金 830.63 万元，10 家民间组织联合组成的“陕西 NGO 赈灾联盟”募集资金 10 万元，陕西省妈妈环保志愿者协会募集资金 97.57 万元，陕西省女企业家协会募集资金 337.37 万元，陕西省红凤工程志愿者协会募集资金 29 万元，陕西省妇女健康促进会募集资金 50 万元，西安市基督教女青年会募集资金 4.69 万元。

共青团陕西省委募集资金和物资折价共4106.6万元，包括资金3716.6万元、物资折价390万元。其中，团省委开展“希望工程紧急救灾劝募行动”和“托起希望——灾后学校重建行动”募集资金2249.6万元，开展“希望工程圆梦——牵手行动”募集捐款467万元；协调天津市青年基金会捐赠1000万元。捐款数额较大的单位有：陕西汽车（集团）有限责任公司捐赠581.56万元，中铁第一勘察设计院集团有限公司捐赠100万元，长安大学师生捐赠100万元，陕西师范大学师生捐款91万元。在接收的捐赠物资中，团省委开展“红手套温暖行动”募集手套、围巾、棉衣、棉被等各类物资价值210万元；接收民营企业兰溪集团捐赠两部合计180万元的重症型救护车。

陕西省社会组织捐赠活动　陕西省红十字会共募集资金45895.76万元。省慈善协会募集资金和物资折价共13231.8万元，其中资金12265.18万元、物资折价966.62万元。陕西省个体劳动者协会募集资金209.88万元。

三　各市捐赠活动

截至10月，陕西省11个设区市接收捐赠资金和物资折价共计3.91亿元，其中资金2.48亿元、物资折价1.43亿元。

西安市捐赠活动　5月14日，西安市委办公室、市政府办公室下发《关于开展抗震救灾募捐活动的紧急通知》，市民政局成立救灾捐赠办公室，负责全市救灾捐赠工作。15日，市直机关举行“抗震救灾、众志成城”的捐赠仪式。16日，市慈善协会与西安电视台联合举办“我们在一起”抗震救灾晚会，现场募集资金和物资折价680万元，其中资金615万元、物资折价65万元。在救灾捐赠活动中，西安市先后捐赠100万元以上的单位有：西安乔盛房地产开发有限公司100万元，西北勘测设计院100万元，陕西鼓风机集团100万元，陕西平安高速客运集团100万元，西安万达商业广场有限公司100万元，西安斯强实业有限公司108万元，西安旅游集团有限责任公司130万元，西安大明宫实业（集团）有限公司160.4万元，兰溪集团180万元，西安翻译学院225.7万元，西安东盛科技股份有限公司226万元，西安银桥乳业有限公司300万元，西安亨通光华制药有限公司1500万元。西安市捐赠款物10万元以上的个人有：清涧浴所总经理捐赠11.8万元，“无名氏”捐赠20.6万元，户县“心连心”捐赠16万元，王勇、叶明恩、周长伟等人捐赠40万元，王西京捐赠书画义卖资金和捐赠物资折价78万元。

5月23日，西安市政府领导带队赴广元捐赠260万元，捐赠折价600多万元的救灾物资。同日，西安市红十字会向广元市捐赠折价137.3万元的物资。6月3日，西安市红十字会向宝鸡市陈仓区捐赠折价61万元的物资。截至10月，西安市共接收捐赠资金1.19亿余元（不含“特殊党费”），其中市民政系统直接接收资金8038.4万元、市红十字会接收资金2719.1万元、市慈善协会接收资金853.9万元、团市委募集资金61.2万元、各民主党派捐赠资金231万元。市委组织部收缴“特殊党费”3103.8万元，另有党员直接上缴中组部24.1万元。西安市共接收捐赠物资折价2282.6万元，其中民政部门接收物资折价1581.8万元、市红十字会接收物资折价530.3万元、市慈善协会接收物资折价78.5万元、各民主党派捐赠物资折价92万元。此外，在市民政局备案的自发社会援助活动80余次，接收捐赠资金和物资折价共2400多万元，直接捐赠给成都、绵阳、广元和汉中、宝鸡等地震灾区。

延安市捐赠活动 5月13日，延安市委办公室、市政府办公室下发紧急通知，号召市直单位、各县区和社会各界开展救灾捐赠活动，支援地震灾区。社会各界积极响应，捐赠款物。陕西双翼石化公司捐赠100万元，张平捐赠50万元，马逸飞捐赠20万元，王世春捐赠20万元，刘新义、左林忠、赵玉科、刘忠亮、赵文忠、庞永宁、白宏明、曹春景、姜良东、李虎军、续海中、余学明、董江元等13人分别捐赠10万元以上。截至9月28日，延安市共接收救灾捐赠资金3043.62万元，其中市级募捐机构接收1080.94万元、各县区接收1962.68万元。延安市对口支援太白县捐赠2598.82万元，向汉中、宝鸡灾区各捐赠50万元，向中华慈善总会汇捐资金282.07万元。

铜川市捐赠活动 5月13日，铜川市委、市政府在宜君县召开全市抗震救灾工作会议，全面部署抗震救灾捐赠工作。24日，市委、市政府领导赴汉中、宝鸡慰问受灾群众，向汉中市、宝鸡市各捐赠100万元。截至10月，铜川市共接收捐赠资金和物资折价1648.39万元。其中，接收捐赠资金1548.37万元，包括民政部门接收715.6万元、慈善协会接收11.3万元、红十字会接收9.47万元、市委组织部收缴“特殊党费”476.89万元、其他部门接收335.11万元；接收捐赠物资折价100.02万元。

渭南市捐赠活动 5月13日，渭南市委办公室、市政府办公室下发通知，全面部署抗震救灾捐赠工作。14日，市级机关组织抗震救灾捐赠活动。17日，市委、市政府举办“肩并肩、我们在一起”大型募捐活动，为灾区募集款物。至30日，渭南市共接收捐赠资金和物资折价5517.6万元。其中，接收捐赠资金5119.2万元，包括民政部门接收3632.1万元、红十字会募集283.3万元、组织部门收缴“特殊党费”1203.8万元；接受物资折价398.4万元。

咸阳市捐赠活动 5月14日，咸阳市委办公室、市政府办公室下发通知，部署全市抗震救灾工作。市民政局、市慈善协会、市红十字会广泛开展救灾捐赠活动，募集资金物资，支援地震灾区。（参见图69）在救灾捐赠活动中，咸阳市捐赠资金和物资折价100万元以上的单位有：彬县煤炭责任有限公司捐赠110万元，咸阳家有缘有限公司捐赠180万元，咸阳步长制药公司捐赠135万元，陕西君堂制药有限公司捐赠200万元，清华科技园捐赠价值180万元的救护车3辆。此外，一位不留名的咸阳市民个人捐赠50万元。截至5月28日，咸阳市共接收捐赠资金和物资折价4479.72万元，其中资金4235.92万元、物资折价243.8万元。市救灾募捐办公室、市红十字会、市慈善协会等市级募捐机构接收捐赠资金2295.9万元，各县（市、区）接收捐赠资金1940.02万元。

宝鸡市捐赠活动 5月14日，宝鸡市委办公室、市政府办公室下发通知，部署全市抗震救灾捐赠工作。市精神文明建设办公室、市民政局、市救灾募捐办公室、市总工会、团市委、市妇联、市慈善协会、市红十字会等8个部门联合下发《抗震救灾募捐倡议书》，号召社会各界开展救灾捐赠活动。市委宣传部在岐山县举行抗震救灾义演，现场募集资金130余万元。凤县举行赈灾募捐文艺晚会，现场募集资金1437万元。截至10月中旬，宝鸡市共接收捐赠资金1.34亿元，其中市级募捐机构接收1.05亿元，各县区接收2888.36万元。

图 69　淳化县群众捐赠救灾款物活动现场

（淳化县民政局　提供）

汉中市捐赠活动　5 月 14 日，汉中市委办公室、市政府办公室下发紧急通知，部署全市抗震救灾捐赠工作。开发区管委会和石门书画院联合举行赈灾书画义卖活动，市委宣传部牵头举办“我们手挽手、共建新家园”赈灾书画义卖活动。汉台、城固、勉县、南郑等 10 个县（区）也分别举行救灾捐赠仪式，募集资金物资，支援灾区。

汉中市先后接收市内外捐赠资金 100 万元以上的单位有：西安开元商城有限公司捐赠 100 万元，中航工业集团捐赠 220 万元，铜川市委、市政府捐赠 100 万元，中核集团陕铀浓缩有限公司捐赠 100 万元，神木县民政局捐赠 150 万元，咸阳市委、市政府捐赠 100 万元，上海浦东发展银行西安分行捐赠 100 万元，解放军某部捐赠 800 万元，陕西延长石油（集团）有限公司捐赠 500 万元，府谷县委、县政府捐赠 500 万元，榆林市榆阳区委、区政府捐赠 500 万元，陕西省有色集团捐赠 2000 万元，汉中钢铁集团有限公司捐赠 510 万元，略阳县诚信矿业有限公司捐赠 130 万元，略阳县锌远矿业有限公司捐赠 110 万元，宝鸡东岭集团捐赠 100 万元，陕西煤业化工集团有限公司捐赠 100 万元，陕西华澳矿业有限公司捐赠 100 万元，世界宣明会捐赠 487 万元，天津市慈善协会捐赠 649 万元，天津市工商联捐赠 972 万元，香港福慧慈善基金会和陕西省海外联谊会捐赠 200 万元，天津市委转交“特殊党费”2900 万元。截至 10 月中旬，汉中市共接收抗震救灾捐赠资金和物资折价 7.19 亿余元，其中资金 6.26 亿元、物资折价 9360.3 万元。

榆林市捐赠活动　5 月 14 日，榆林市委办公室、市政府办公室下发倡议书，部署全市抗震救灾捐赠工作。机关干部职工、企业和社会公众积极捐款。张林、冯建军、刘军、袁玉平、武状田等个人捐赠资金都在 10 万元以上。杜林捐赠 20 多万元，李文宽、王荣等个人捐赠资金 50 万元以上，黄瑜、郝正荣等个人捐赠 100 万元。榆林市捐赠 100 万元及以上的企业有：府谷县煤业化工集团捐赠 100 万元，府谷县兴茂集团捐赠 100 万元，神木县恒源集团捐赠 105.55 万元，府谷县煤业集团捐赠 200 万元。15—16 日，市政府向省内 5 个受灾市各捐款 50 万元，共计 250 万元。7 月 3 日，市政府与汉中市签订《对口支援南郑县灾后恢复重建框架协议》，向南郑县捐赠 5000 万元，其中用于农村受灾群众建房 4000 万元、医院恢复重建 1000 万元。21 日，团市委向汉中、安康、宝鸡三市共捐赠 150 万元，援建 8 所“希望小学”。市委组织部向汉中市捐赠 630.5 万元，统战部向南郑县捐赠 10 万元，团市委向安康市捐赠 30 万元。榆林市所辖 10 个县（区）共向汉中市所辖宁强、略阳、南郑、城固、洋县、佛坪、留坝、汉台等 8 个县（区）和宝鸡市捐赠 1936.5 万元，用于灾后恢复重建。截至 10 月，榆林市共接收救灾捐赠资金和物资折价 7322.22 万元，其中资金 7189.05 万元、物资折价 133.17 万元。

安康市捐赠活动　5 月 12 日下午，安康市市级机关举行向四川地震灾区献爱心捐赠仪式。18 日，市慈善协会、市义工联、安康学院、安康平安保险公司联合举办“烛光祈福晚会”。23 日，市委宣传部、市文化文物局、市文明办、市文联联合开展“安康文艺界抗震救灾献爱心”活动，募集捐赠款物，支援地震灾区。截至 10 月 14 日，安康市共接收救灾捐赠资金和物资折价 4368.23 万元，其中捐赠资金 2865.2 万元、物资折价 1503.03 万元。

商洛市捐赠活动　5 月 12 日，商洛市委办公室、市政府办公室下发《关于在全市开展向四川地震灾区捐款活动的通知》，全市群众积极响应，踊跃捐款支援地震灾区（见图 70）。截至 6 月底，商洛市共接收捐赠资金 1229.2 万元，其中民政部门接收 979.3 万元、市红十字会接收 131 万元、慈善协会接收 118.9 万元。全市接收捐赠物资 8.5 万件。

图 70　商洛市群众积极向地震灾区捐款（商洛市民政局　提供）

杨陵示范区捐赠活动　5 月 14 日、18 日，杨陵示范区举行“情系灾区赈灾募捐活动”，共接收捐赠资金 13.64 万元。23 日，杨陵示范区举行企业抗震救灾捐赠仪式，73 家企业捐赠资金 96 万元、物资折价 342.2 万元。截至 6 月 2 日，杨陵示范区共接收救灾捐赠资金物资折价 454.84 万元，其中资金 112.64 万元、物资折价 342.2 万元。

四　企业捐赠活动

中央驻陕企业捐赠　联通集团捐赠10万元，中国水电集团十五工程局捐赠10万元，达生集团捐赠10.42万元，中国移动陕西有限公司捐赠36.75万元，西部证券股份有限公司捐赠50万元，西部机场集团公司捐赠100万元，中国光大银行捐赠100万元，中国华电捐赠100万元，国家开发银行陕西省分行捐赠100万元，交通银行西安分行捐赠100万元，中国银行陕西省分行捐赠100万元，太平洋人寿陕西分公司捐赠资金100万元，中国建设银行陕西省分行捐赠100万元，中国华能陕西分公司捐赠200万元，中国烟草总公司陕西分公司捐赠200万元，中国航空工业第一集团公司捐赠300万元，中国石化捐赠300万元，中国石油长庆油田分公司捐赠300万元，中国人民银行捐赠500万元，长江三峡工程开发总公司捐赠500万元，中国石油捐赠500万元。

陕西省属企业捐赠　陕西省属企业捐赠资金7690万元。捐赠100万元以上的企业有：西安国际信托有限公司捐赠200万元，陕西煤业化工集团公司捐赠600万元，陕西有色金属集团公司捐赠1212.67万元，陕西延长石油集团公司捐赠2616万元、职工捐赠410万元（见图71）。

民营企业捐赠　5月15日，陕西省工商联、省总商会动员组织商会15个、民营企业86家，

图71　5月15日，陕西延长石油集团公司、陕西煤业化工集团公司、陕西有色金属集团公司等企业向灾区捐款现场

（陕西省民政厅　提供）

向灾区捐赠资金和物资折价共2628.56万元，其中资金1918.51万元、物资折价710.05万元。捐赠50万元以上的企业有：西安大唐西市置业有限公司捐赠50万元，开元控股集团捐赠50万元，西安海星集团捐赠100万元，中天集团捐赠100万元，陕西申华集团捐赠105.3万元，陕西黄河矿业公司捐赠120万元，西安大明宫集团捐赠155万元，西安金花企业集团捐赠200万元。

五　社会民众捐赠活动

在抗震救灾捐赠活动中，陕西省社会公众踊跃捐赠款物，支援地震灾区。5月12日，宝鸡市渭滨区金拇指幼儿园贾蕊春捐款105.69元。15日，1936年参加革命、86岁的陈克刚老人，到省慈善协会捐款1000元。18日，下岗职工田安平到省慈善协会捐出一个月的生活费200元。一位名叫王世彬的人士捐款4000元后，还留下一首自己创作的诗——《伸出你的手》。6月1日，郭永红夫妻带着儿子郭富睿到募捐点，为灾区重建“希望学校”捐赠1万元，并将“慈善捐赠证书”作为给儿子的六一儿童节礼物。宝鸡市金台区人事劳动局退休干部杨正魁，在病重弥留之际留下向灾区捐款的遗愿。他去世后，其妻代他到区民政局捐款5000元。截至10月，陕西省社会民众共计捐赠153.04万元，其中27人捐款在1万元以上。

六　解放军和武警部队捐赠活动

陕西省军区和驻陕部队共捐赠1374.62万元。其中，兰州军区机关捐赠64.62万元，兰州军区空军机关捐赠50万元（见图72），陕西省军区机关捐赠50万元，空军工程大学捐赠50万元，第四军医大学捐赠50万元，西安卫星测控中心捐赠80万元，武警陕西省总队捐赠30万元。陕西省军区捐赠375.6万元，还协调20个单位捐赠185万元，共计捐赠560.6万元，援建宁强县金山寺“八一”小学和略阳县白雀寺“八一”小学。两所学校占地面积共9480平方米，新建校舍

图72　5月22日，兰州军区空军部队向陕西地震灾区捐款50万元（李炫秦　摄）

3270 平方米，新建 3 层教学楼 1 栋、3 层宿舍楼 2 栋、食堂 1 栋、标准化沼气厕所 2 栋，达到农村示范小学的标准。武警陕西省总队又捐赠 200 万元，援建宁强县铁锁关镇爱民小学。截至 2008 年年底，驻陕部队援建的 3 所学校全部竣工。

第三节　捐赠资金拨付与捐赠物资调运

一　使用原则

6 月 16 日，陕西省抗震救灾指挥部下发《关于切实做好救灾资金管理使用监督的通知》，要求各级政府要统筹安排各项救灾资金，所有中央财政和国家有关部委下拨资金、省财政和省级有关部门安排资金和社会各界募捐资金，都要按照“渠道不乱、用途不变、捆绑使用、各记其功、公开透明”的原则，在省抗震救灾指挥部的统一领导下，统筹安排，科学调度，确保各项救灾资金全部用于抗震救灾和灾后恢复重建。同时明确，省、市各部门和各社会团体所接受的捐赠款物，应主动汇缴省募捐中心统一管理，实行“专户管理、专款专用、收支两条线”，由省抗震救灾指挥部按照应急救助和灾后重建规划需要统一调度，专项用于抗震救灾和灾后恢复重建。除慈善协会、红十字会外，任何部门不经省抗震救灾指挥部同意，不得随意使用所接受的捐赠款物，绝不允许将捐款存入私人账户，绝不允许随意截留捐赠款物。所有定向捐赠的抗震救灾款物一定要尊重捐赠人的意愿，在统一规划中，努力把捐赠人的心愿变成现实。任何部门和社会团体不得向非灾区拨款，不得用于弥补救灾之外的其他社会救济费的不足，不得擅自扩大抗震救灾款物使用范围，将其用于地方其他事业费和任何行政经费开支。

二　使用范围

5 月 23 日，陕西省民政厅、财政厅联合下发《关于做好“5·12”特大地震灾害救灾款物管理使用工作的紧急通知》，要求要加强救灾资金的管理使用，应急时期的救灾应急资金主要用于解决灾害发生过程中群众紧急抢救、转移安置所需要的费用，重点解决在紧急转移安置阶段受灾群众的临时吃、穿、住等生活困难。各级民政、财政部门要按照中央有关救灾款管理使用政策和《陕西省基层救灾款物管理使用暂行办法》，做好救灾款的发放管理工作。5 月 25 日、7 月 1 日，省民政厅两次下发文件，对救灾捐赠款物的使用作出规定，进一步明确捐赠款物使用范围：解决受灾群众衣、食、住、医等生活困难；紧急抢救、转移和安置受灾群众；受灾群众倒塌房屋的恢复重建；捐赠人指定的与救灾直接相关的用途；经同级人民政府批准的其他直接用于救灾方面的必要开支；运输、保管和发放救灾物资发生的费用。救灾捐赠款物要严格按规定专项使用，优先照顾“三孤”（孤老、孤残、孤儿）、“三无”（无房可住、无生产资料、无收入来源）对象，不得平均发放、优亲厚友。对于捐赠人明确提出捐赠四川及其他受灾省份的款物，要进行登记造册，并报省救灾募捐办公室备案。对于捐赠的资金各接受机构要及时转赠，物资则由各接受单位自行联系送往灾区。

三　分配办法

陕西省抗震救灾指挥部规定，省救灾募捐办公室接受的捐赠资金，要及时上缴省财政专户管理，根据全省受灾群众生活救助和恢复重建需要，由省民政厅商省财政厅提出分配意见，报省抗震救灾指挥部审定后下拨各受灾地区。省红十字会、省慈善协会以抗震救灾名义接受的捐赠资金，要按照省抗震救灾指挥部提供的灾区恢复重建项目和需救助人员情况，严格按有关规定分配下拨各受灾地区。具有救灾宗旨的公益性民间组织接受的捐款，全部上交省救灾募捐专户，不得用于增加原始基金。榆林、延安两市民政系统接受的救灾捐款和物资按省抗震救灾指挥部统一安排，分别对口支援汉中市的宁强县、略阳县和宝鸡市的陈仓区、千阳县，其他市接受的捐款留作自用，记入灾后恢复重建款分配基数。所有捐赠款物的发放，都必须登记造册，并经受灾群众签字（盖章）。发放过程中，主动邀请纪检监察、审计部门和受灾群众代表参与监督。

四　使用去向

资金拨付　截至 2009 年 9 月 30 日，陕西省共接受抗震救灾捐赠资金 269238.58 万元。

中央直接拨入资金 127942.54 万元。其中，陕西省民政厅接受民政部拨入 81205.4 万元，省红十字会接受中国红十字会总会及红十字基金会拨入 26893.96 万元，省慈善协会接受中华慈善总会拨入 6635.8 万元，其他省级政府部门（含党委部门）接受上级主管部门下拨资金 7679 万元，省级人民团体、社会组织接受上级主管部门下拨资金 2041.58 万元，各市、县接受中央部门单位直接拨入资金合计 3486.8 万元。

陕西省直接募集捐赠资金合计 99424.67 万元。其中，省民政厅募集 21727.01 万元，省红十字会募集 8199.62 万元，省慈善协会募集 2735.99 万元，其他省级政府部门接受捐赠 723.76 万元，省级人民团体、社会组织直接募集 543.98 万元，各市、县直接募集 65494.31 万元。

陕西省接收外省捐赠资金合计 41871.37 万元。其中，省财政厅接收捐赠资金 13100 万元，民政部门接收外省募捐资金 13490 万元，省红十字会接收外省捐赠资金 5408.31 万元，省慈善协会接收天津、宁夏等省份拨入 1692.84 万元，其他省级政府部门接收外省捐赠资金 70 万元，省级人民团体、社会组织接收外省捐赠资金 554 万元，各市、县直接接收省外捐赠资金合计 7556.22 万元。

捐赠资金支出 191276.42 万元。其中，直接上划中央有关部门 331 万元，陕西省直接使用捐赠资金 86156.13 万元，拨往外省的捐赠资金 4615.13 万元，剩余的 100174.16 万元转为混账资金专户，该资金与财政性资金 329510.43 万元打捆混合计入全省混账资金，总额为 429684.59 万元。

在全省混账资金中支出57043.35万元，其中抗震救灾支出133万元、灾后重建支出56910.35万元。在灾后重建支出中，城乡住房建设支出20109.35万元、学校及配套设备支出26108.9万元、医院及配套设备支出6704.1万元、其他支出3988万元；结存372641.24万元（均为县级结存）。

在陕西省混账资金总额429684.59万元中，用于重灾地区汉中市118355万元、宝鸡市93900万元，用于其他灾区合计217429.59万元。

陕西省直接使用捐赠资金86156.13万元，其中抗震救灾支出19788.09万元、灾后重建支出66368.04万元。在灾后重建支出中，城乡住房建设支出21285.85万元，学校及配套设备支出30315.06万元，医院及配套设备支出10020.48万元，道路、桥梁等基础设施建设支出3530.33万元，其他支出1216.32万元。在陕西省直接使用的捐赠资金中，用于汉中市30797万元、宝鸡市19809万元，用于其他市、县合计35550.13万元。

直接拨往外省的资金共4615.13万元，其中拨给四川灾区4454.13万元、甘肃灾区161万元。

资金结余77962.16万元。结余资金转入陕西省财政混账专户，用于灾后重建专项管理。

截至2009年9月30日，陕西省支出41428.75万元（汇缴中组部8766.6万元、与财政性资金和社会捐赠资金打捆混合用于灾后重建32051万元、宁强县村级党组织建设支出611.15万元），结存14383.42万元用于灾后重建项目。

物资调运 截至9月30日，陕西省共接受抗震救灾捐赠物资折价45246.08万元。其中，中央拨入物资折价1511.87万元，本省直接募集物资折价33892.71万元（国内捐赠物资折价33884.94万元、国外捐赠物资折价7.77万元），外省调入物资折价9841.5万元。分配灾区使用物资折价44594.42万元，其中调拨四川灾区使用物质折价1909.95万元、本省灾区使用物资折价42684.47万元（抗震救灾支出物资折价40023.36万元、用于灾后重建物资折价2661.11万元）。结存物资折价651.66万元（为市、县结存），结存物资仍用于灾后重建。

根据民政部对口支援安排，福建、江西、山东、安徽、河南、山西、青海、宁夏、新疆、贵州、西藏等11个省（区）向陕西省捐赠了大量物资。陕西省民政厅分批将这些物资调拨灾区使用。其中，向汉中市、宝鸡市紧急调运救灾帐篷5.77万顶、彩条布2.78万件，向全省灾区发放棉衣被58万件（床）、粮食558万公斤、食品8.7万件、药品1.59万箱；另外，还组织向四川调运救灾帐篷5000顶、各种救灾物资1000多吨。

第四章 重庆市赈灾活动

第一节 组织领导

一 组织机构

重庆市抗震救灾总指挥部 5月13日上午，重庆市委召开常委会议，对抗震救灾工作进行紧急部署。会议决定成立重庆市抗震救灾总指挥部，由市委副书记、市长王鸿举任总指挥长，市委常委、副市长马正其，市委常委、政法委书记刘光磊，副市长刘学普任副总指挥长。社会赈灾活动由市抗震救灾总指挥部统一组织领导。市抗震救灾总指挥部对抗震救灾工作进行了分工：市民政局负责救灾捐赠接收工作（参见图73），市商委负责“粥棚行动”，市卫生局负责献血工作，市建委、市民政局、市经委负责援建活动板房工作，市交委负责组织运输车辆工作，团市委负责组织志愿者工作，市纪委、监察局、审计局、财政局、民政局负责捐赠款物监督管理工作等。指挥部负责全市抗震救灾组织领导工作。

图73 6月3日，重庆市政府社会捐助接收办公室工作人员正在接收捐赠

（重庆市民政局 提供）

重庆市委办公厅、市人大常委会办公厅、市政府办公厅、市政协办公厅、市委组织部、市委宣传部等部门都迅速成立了社会赈灾组织机构。

重庆市各受灾区县也分别成立了抗震救灾指挥部，负责本地的社会赈灾工作。

重庆市民政局抗震救灾工作领导小组　5月13日，重庆市民政局成立市民政局抗震救灾工作领导小组，市民政局局长刘涛任组长，领导小组下设8个工作组：综合联络组、捐赠接收组、救灾救济组、物资运输组、救灾款物监督组、受灾群众救助组、信息组、宣传组。领导小组负责全市民政系统抗震救灾工作和全市救灾捐赠工作。

二　组织发动

5月13日上午，重庆市委召开常委会，传达中共中央、国务院关于抗震救灾的指示精神，研究部署抗震救灾工作。市委主要领导要求，四川省作为重庆市的友邻，应尽最大努力，帮助四川尽快战胜灾害。在重庆市抗震救灾紧急电视电话会议上，王鸿举对全市抗震救灾工作进行部署。同日，市财政局紧急转发财政部紧急通知，要求各受灾区县立即启动本区县财政应急保障预案，及时拨付抗震救灾资金。

5月12日19时和22时，重庆市红十字会分别通过市广播电台、电视台、网站等媒体，向全市各行各业及市民发出募捐倡议。同日，市红十字会在《重庆时报》《重庆晚报》等主要媒体上刊登抗震救灾公告，并印制了宣传抗震救灾资料13万余份，在全市各地各街道的醒目位置张贴。13日，市主要报刊连续刊登市社会捐助接收办公室等捐赠接收单位地址、捐赠电话、银行户名、开户银行、银行账号。重庆电视台“天天630”栏目和移动频道、重庆广播电台等媒体纷纷在黄金时段滚动播出抗震救灾捐赠的信息。重庆市各级宣传部门、新闻单位制定抗震救灾宣传工作方案，实时报道救灾捐赠活动及先进典型。

5月15日，重庆市民政局下发通知，部署全市民政系统救灾捐赠工作。市民政局、财政局下发《关于加强“5·12”抗震救灾捐赠款物管理有关问题的紧急通知》，规定抗震救灾捐赠款物接收、拨付、使用工作程序。

5月17日，重庆市政府办公厅下发《关于做好地震救灾捐赠款物管理工作的紧急通知》，要求全市抗震救灾捐赠资金实行“全市统筹、统一划拨”，指定各级政府社会捐助接收办公室、慈善会、红十字会为此次抗震救灾捐赠款物接收主体单位，并在各媒体播发通告。

5月中旬，重庆市统计局对主城九区2542户居民家庭中16～69岁人群作随机抽样调查。结果显示，市民参与抗震救灾捐赠比例达96.9%，低收入捐赠者达93.2%，全市12个区（县）募集资金1000多万元。

5月下旬，重庆市民政局会同财政、审计等部门相继出台了《重庆市抗震救灾捐赠接受管理办法》《重庆市抗震救灾社会捐赠资金接受综合统计管理办法》；市民政局制定了《关于加强“5·12”抗震救灾款物监督工作的意见》《“5·12”抗震救灾捐赠物资管理办法》《重庆市民政局“5·12”抗震救灾应急物资临时采购办法》等10多个抗震救灾捐赠管理制度，规范捐赠款物的管理使用。

6月4日，重庆市委办公厅、市政府办公厅下发《关于对抗震救灾捐赠款物进行公示的通知》。市纪委、监察局、财政局等有关部门先后下发《关于严肃纪律强化对抗震救灾资金物资管理的通知》《关于加强抗震救灾资金监管的通知》，建立健全救灾捐赠款物监督、管理制度。

6月18日、9月18日，重庆市政府两次召开新闻发布会，市民政局、市慈善总会、市红十字会负责人向社会各界通报救灾捐赠款物接收、支出和管理情况。市抗震救灾捐赠款物监督领导小组办公室将捐赠款物接收、使用情况，分期在《重庆日报》、市政府公众信息网、市民政局公众信息网上公布，接受社会监督。市政府社会捐助接收办公室对每笔捐赠款物的使用情况，逐一向捐赠人进行信函通报；市民政局、市慈善总会、市红十字会每日向抗震救灾总指挥部抗震救灾捐赠款物监督管理领导小组上报相关数据，自觉接受监督。

6月下旬，重庆市民政局、财政局、监察局下发《关于进一步加强抗震救灾捐赠资金物资管理使用的通知》，民政局、财政局下发《关于进一步做好汶川地震救灾款物使用管理的通知》，进一步明确救灾捐赠款物使用范围。

10月7日，为贯彻落实温家宝关于全国要向汶川地震灾区捐赠御寒衣被的指示精神，重庆市直属机关工委、市委宣传部、市民政局、市交通委员会、重庆警备区政治部发出《关于组织开展2008年全市“送温暖、献爱心”向汶川地震灾区捐赠衣被活动的通知》，社会各界积极捐赠。江北区观音桥街道建北小学的小学生，连夜手工编织新围巾数百条，并将围巾放在由彩笔绘成的心形图案包装袋中送出。市有关部门为捐赠物资运输开辟了“绿色通道”，重庆警备区、武警总队派出军车和官兵协助运送。截至11月25日，重庆市共接收、调拨棉被10.55万床、冬衣41.02万件、单衣22.4万件。

第二节　捐赠活动

一　重庆市属机关单位捐赠活动

在汶川地震抗震救灾捐赠活动中，重庆市委、市人大常委会、市政府、市政协领导及机关干部职工带头捐款，市直部门单位积极响应市委、市政府的号召，踊跃捐赠资金物资，支援地震灾区。市国土房管局组织干部职工捐赠186.91万元，并紧急购置帐篷90顶运送四川地震灾区。市文化广播局捐赠47.72万元，并向四川省文化厅和四川广播电视局捐赠帐篷200顶、发电机3台、电视发射机3台、电视系统3套、折叠床300张、电脑17台、传真扫描打印一体机17台、电脑桌17张。市政法委系统捐赠38.8万元、物资折价98.7万元，并协调采购价值109.7万元的挖掘机1台、装载机1台、推土机1台捐赠德阳市交通局。市建筑业企业和员工共捐赠3918.41万元，捐赠医药物品折价297万元。市质监局系统捐赠资金和物资折价共477.27万元。市民政局组织机关及直属单位干部职工向灾区捐款20.52万元。

5月17日晚，重庆市委、市政府和德国外交部在朝天门广场共同举行“我们是一家人”大型赈灾义演（见图74），接收德国联邦政府捐赠资金1100万元、德国企业界捐赠资金200万元、重庆友好城市杜塞尔多夫市捐赠资金 50 万元。同时，全市社会各界通过现场捐款和电话捐赠资金和物资折价共 10060 万元。

图 74　5 月 17 日，重庆市在朝天门广场举行“我们是一家人”大型赈灾义演。演出现场，企业踊跃捐款（重庆市民政局　提供）

重庆市委组织部组织收缴“特殊党费”　5 月 19 日后，重庆市委组织部先后下发做好部分党员交纳“特殊党费”工作的 5 个文件，组织动员各级党组织和广大党员积极交纳“特殊党费”，支援地震灾区。

重庆市委、市人大常委会、市政府、市政协四大班子党员领导干部带头交纳“特殊党费”，市级和县级党员领导干部分别交纳一个月工资作为“特殊党费”。

綦江县原县委书记、88 岁的离休党员杨殿贵，冒雨到县委组织部交纳“特殊党费”1000 元。重庆市国土房管局机关 16 名离退休党员每人交纳“特殊党费”1000 元以上。奉节县旅游局退休干部余永康交纳“特殊党费”5120 元。九龙坡区市政工程处退休党员刘天财生活并不宽裕，妻子是改制企业退休职工，儿子无固定工作，但他专程到区委组织部交纳“特殊党费”1012 元。潼南县邮政局退休职工戴新民，在两次捐款之后，丈夫不幸去世，她又将丈夫去世的抚恤金 1.2 万元交纳“特殊党费”。

重庆市建工集团身患癌症住院的党员冯奇林，交纳“特殊党费”300 元后，于次日中午病故。身患癌症的江北区村党支部书记张英，交纳“特殊党费”1000 元。万州区殡葬管理所党员成良开，身患癌症 3 年多，听说要交“特殊党费”，将治病借的 1400 元交纳“特殊党费”。长寿区副镇长廖勇身患肺癌，因治病已负债累累，仍交纳了 1200 元的“特殊党费”。

大足县珠溪镇 65 岁的党员周民治，生活拮据，仍将自己精心培植多年的 10 多盆花草出售，把所得的 311 元和平时节省的 201 元全部交纳“特殊党费”。江北区公安分局刑警支队党员唐志川，在全家欠债 10 多万元的情况下，忍受着女儿患重症救治无效不幸离世的巨大悲痛，先后将准备还欠款的 6110 元交纳“特殊党费”。重庆市第三社会福利院 80 多岁党员葛学惠、邓怀本，分别交纳“特殊党费”1000 元。合川区铜溪镇残疾人党员唐付华，将一个月的残疾津贴 500 元交纳“特殊党费”。沙坪坝区80多岁的伤残军人党员欧治章，将老伴的治病款500元交纳“特殊党费”。南岸区老党员刘忠福，将捡卖废品得到的500元交纳“特殊党费”。大足县农民工党员欧治模，主动到县委组织部交纳“特殊党费”3000元。

开县在北京、成都、昆山等地的11个流动党员党组织，组织党员交纳“特殊党费”20余万元。合川区外出务工党员周高银、刘昌明，分别向村党支部邮寄“特殊党费”1000元。綦江县在加拿大暂住的党员古财全，委托女儿代缴“特殊党费”1000元。九龙坡区留学法国的党员周凌懿，委托母亲代交“特殊党费”1000元。

截至10月15日，重庆市共接收党员交纳“特殊党费”13806.77万元，共有47406名党员交纳“特殊党费”1000元以上。

重庆市委宣传部组织募捐活动 汶川地震发生后，重庆市委宣传部积极部署宣传文化系统的广大干部职工，开展各种形式的募捐活动，为灾区募集资金和物资。5月16—21日，重庆商报社与重庆都市广播电台、重庆广播电视报社、重庆晨报社、北京“当然音乐”合作开展“祈福黄丝带”活动，并举办“国殇”抗震救灾图片展。重庆市影视动画学院戏剧影视专业的师生奋战36小时，为中国教育电视台“有爱就有希望——大型公益慈善音乐会”赶制出汶川场景模型。市慈善总会、市工商联、市残联联合社会各界举办“苍天无情、红尘有爱、万众一心、抗震救灾”活动，20多天募集资金和物资折价共6936万余元。

5月17日，重庆商报社第一个以义卖方式募集善款15.56万元。重庆商报社联合29家企业单位捐赠公益广告费40万元。四川美术学院在重庆召开“川美行动——我们为四川地震灾区做贡献”动员会，计划拍卖一批美术作品。为了顺利拍卖，支援灾区，作者李占洋在募捐登记中低报价，仅为自己的捐赠作品《卵石上的少女》标价1元。6月19日10时，四川美术学院师生、重庆市美术家协会会员在重庆美术馆、四川美术学院美术馆举行“四川地震灾区募捐艺术作品专场展览暨捐赠仪式”，现场募集善款160万元，转交市红十字会。东海集团向重庆晨报社捐赠20万元，编辑出版《汶川大地震十日志》进行义卖，首日义卖活动募集善款17万元，用于灾后教育基础设施建设。

5月18日20时，重庆一号戏剧工作坊在洪崖洞巴渝剧院上演创作的话剧《天亮请睁眼》，设立募捐箱现场募捐。歌手林俊杰演唱了他谱写的新歌《爱与希望》，并现场捐赠10万元。

重庆市委统战部组织捐赠活动 5月14日，重庆市委统战部组织抗震救灾捐赠活动，市委统战部、市工商联（总商会）共募集资金2408万元。15日，统战部机关及直属单位举行抗震救灾捐赠仪式，募集资金29.62万元。16日，统战部举行重庆统一战线“聚力救灾助相邻”捐赠活动，27个单位和部门共捐赠3087.18万元、50万港元，捐赠物资折价914万元。

重庆市委台湾事务办公室组织捐赠活动 重庆市委台湾事务办公室组织动员台胞参与抗震救灾捐赠活动。5月13日，重庆大自然制药有限公司董事长、璧山县台胞汪孝文捐赠价值59.4万元的汪氏拳酒200件、跌打化瘀散9件、衣服500件及纱布、绷带、药棉等物资，并组织车辆运抵都江堰市应急指挥中心。15日，重庆市台湾同胞联谊会组织在渝台胞，在城市花园和西南大学举办“助灾区、迎奥运”为主题的公益音乐会，募集资金和物资折价3.33万元。

重庆市港澳、侨务办公室组织捐赠活动 重庆市港澳、侨务办公室贯彻执行市委、市政府抗震救灾的决策部署，号召港澳同胞、海外侨胞奉献爱心，支援地震灾区。截至 10 月 15 日，香港宝利来集团捐赠 350 万元援助梁平县礼让镇小学。在渝侨资企业通过红十字会、慈善总会等渠道定向捐赠项目资金 3831.8 万元。

重庆市外事办公室组织捐赠活动 重庆市外事办公室积极组织机关干部职工捐赠，呼吁国际社会援助重庆地震灾区。印度 TVS 摩托有限公司到市红十字会捐赠 7 万元，这是重庆市红十字会收到的第一笔国外捐款。澳大利亚布里斯班城市委员会捐赠 12.9 万元，用于梁平县学校灾后重建。日本广岛市政府、议会及朝阳贸易株式会社员工、日本学生等捐赠 230 万日元，用于铜梁县侣俸、大庙两镇敬老院的改、扩建项目。德国民间组织以及德国在渝企业捐赠 250 万元。日本归国者北大阪协会会长阿部子臣，副会长王荣华、唐永茜向梁平县礼让镇小学捐赠 52 万日元。德国联邦政府向地震灾区捐赠 1100 万元，德国亚太经济委员会和巴斯夫集团捐赠 200 万元。美国福特汽车公司协同长安福特马自达和江铃汽车捐赠价值 500 万元的救援车辆，加上美国福特基金提供的捐助，共捐赠 2300 万元；美国熙可控股集团在已向灾区捐赠价值 200 余万元救援设备后，再向重庆市红十字会捐赠 20 万元；韩国全罗南道务安郡郡守徐参锡捐赠 7 万美元；柬埔寨驻渝总领事洪希娜捐赠 1 万元。韩国仁川市议会捐赠 5 万美元。美国林同棪国际工程咨询公司董事长、美国国家工程院院士邓文中捐赠 10 万元。

重庆市卫生局组织捐赠活动 重庆市卫生局组织全市开展义务献血活动，社会各界积极响应。5 月 13 日，秀山土家族苗族自治县县委书记张泽洲同秀山县级领导到县中心血库为地震灾区人民无偿献血，许多干部群众随同献血，共献血 1.42 万毫升。当日 17 时，重庆大学接到重庆市血液中心电话，四川地震灾区救护伤员用血告急，全校紧急动员。18—20 时，有数千名师生赶到采血现场志愿报名献血，采集血液 102 袋，并组建献血志愿者队伍 5000 人，随时可为灾区人民献血。14 日，重庆市广大市民积极无偿献血，全市各个采血点都排起长队，一天采集血液 2227 袋。市财政局参加无偿献血的人员有 48 人，市质监系统参加无偿献血人员有 12 人。綦江高速公路收费所青年突击队在得知灾区伤员急需 AB 型血液的情况后，及时与綦江县血库联系，组织该血型人员义务献血。（参见图 75）

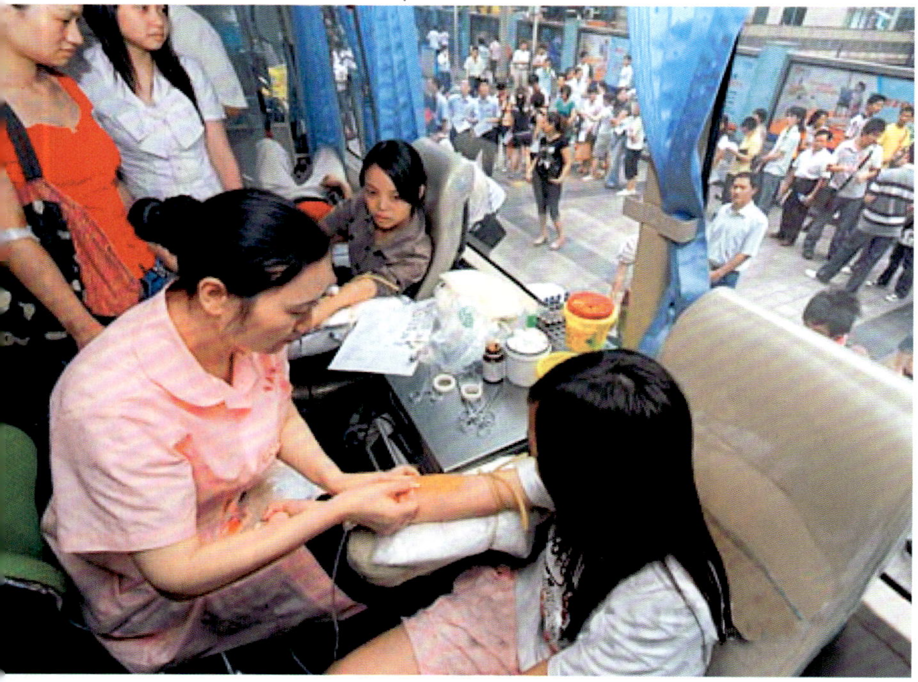

图 75　5 月 13 日，重庆市民在市血液中心流动采血点踊跃为四川地震灾区献血

（重庆市民政局　提供）

二　人民团体、社会组织捐赠活动

重庆市人民团体捐赠活动　重庆市总工会响应全国总工会的号召，组织全市各级工会开展抗震救灾捐赠活动，募集资金和物资折价共 621.13 万元，其中会员捐赠资金和物资折价 250.65 万元。市总工会向四川省总工会捐赠资金 20 万元，捐赠价值 460 多万元的急需物资 425 吨。

重庆市妇联响应市委、市政府的号召，组织动员全市各级妇联组织和广大妇女开展抗震救灾捐赠活动，募集资金和物资折价共 50.41 万元。

重庆市残联举行“牵手残疾人、走进残奥会”“残疾人朋友心系灾区、奉献爱心情暖人间”赈灾捐赠暨“全国助残日”募捐活动，共募集资金和物资折价 522.32 万元，其中资金 500.75 万元。

重庆市社会组织捐赠活动　重庆市红十字会募集捐赠资金和物资折价共 26486 万元，其中资金 18880 万元、物资折价 7606 万元。市慈善总会募集资金 10966 万元。重庆软包装协会共募集资金 6.85 万元。重庆市拍卖行业协会与重庆四川商会发出“川渝兄弟情、共建新家园”的赈灾慈善义拍活动倡议，征集拍品 203 件。拍卖会现场接收捐赠物品 16 件，共拍出捐赠作品 139 件，总成交额 71 万元，全部捐赠四川灾区。

三　各区县捐赠活动

重庆市各区（县）委、政府贯彻执行市委、市政府抗震救灾捐赠工作的部署，组织开展抗震救灾捐赠活动，募集款物支援地震灾区。（参见图 76）截至 7 月 23 日，重庆市 40 个区（县）及北部新区共接收抗震救灾捐赠资金 31871.56 万元（见表 16）。

图76　5月15日，重庆市沙坪坝区各界群众向地震灾区捐款（重庆市民政局　提供）

重庆市各区县接收救灾捐赠资金情况统计表

表 16　　（截至 7 月 23 日）　　单位：万元

单　位	资金额	单　位	资金额
渝中区	1830.16	铜梁县	737.14
大渡口区	653.79	大足县	512.00
江北区	1216.00	荣昌县	492.28
沙坪坝区	1618.32	璧山县	795.49
九龙坡区	1562.40	垫江县	158.25
南岸区	1472.00	武隆县	413.00
北碚区	1229.18	丰都县	533.36
万盛区	522.70	城口县	228.10
双桥区	119.60	梁平县	2984.38
渝北区	970.10	开　县	676.98
巴南区	1142.69	巫山县	445.88
永川区	953.96	巫溪县	367.88
黔江区	115.46	奉节县	621.67
长寿区	734.05	云阳县	1290.00
江津区	1097.43	忠　县	200.00
合川区	1015.36	石柱土家族自治县	158.88
万州区	835.57	彭水苗族土家族自治县	99.99
南川区	695.83	酉阳土家族苗族自治县	255.00
綦江县	551.00	秀山土家族苗族自治县	416.25
潼南县	571.23	北部新区	787.80
涪陵区	790.40	合　计	31871.56

四　企业捐赠活动

重庆市各企业积极捐赠款物，支援地震灾区。重庆金冠汽车制造股份有限公司、北碚区企业嘉皇房地产开发有限公司、重庆勿忘我商贸有限公司、重庆乌江实业集团、重庆华邦制药股份有限公司、重庆市典当行业协会等单位捐赠资金和食品、药品、成品油、汽车、摩托车等物资折价共 3600 余万元。

5 月 12 日 15 时 30 分，贝卡尔特集团组织员工捐赠 200 万元。东海集团向灾区捐款 228 万元。15 日，重庆华宇集团在重庆市委统战部组织的救灾捐赠活动中捐赠 500 万元，在市工商联举行的捐款仪式上捐款 100 万元。

5 月 15 日，中国石油向重庆市商委捐赠资金 20 万元，向市政府捐赠 200 万元，并在所属加油站开设“绿色通道”，向四川省发送成品油 2202 吨。同日下午，市商委组织商贸行业协会及企业开展救灾捐赠活动，现场募集资金 500 余万元，其中全市 225 家商贸单位共捐赠 370 万元。

15—21 日，西部航空在各个航班上设置爱心捐赠箱，共募集资金 262947.28 元和 2633.8 港元、80 澳元、1 万日元、5 加元、1 美元；西部航空还开展飞机模型义卖活动，募集资金 1.8 万多元。重庆中渝物业发展有限公司动员所属的香港、重庆两地公司及员工捐款捐物，共募集资金 740 万元。重庆东原房地产有限公司员工捐款 442 万元。16 日，嘉陵集团员工及家属捐赠资金 48 万余元、衣物 6000 余件。该集团从 5 月中旬起，连续 3 个月在全国近 5000 个销售网点开展“众志成城抗震灾、嘉陵摩托在行动”捐资助学活动，与市红十字会、市红十字基金会共同设立“嘉陵集团爱心专项基金”，每销售出一辆摩托车，公司代为消费者向灾区捐款 10 元，用于灾区小学校园的重建。重庆西部机动车交易市场、重庆万事达、灵通、永鑫等 76 家民营货运企业向灾区捐赠 33 万元。民营货运企业职工自发向灾区捐赠 37 万余元。

5 月 21 日，石柱土家族自治县“家世界超市”个体经营户王忠，向县红十字会捐赠当日超市义卖所得全部货款 1.5 万元。重庆市进驻北京的 25 家建筑企业的 3700 多名员工捐赠 104 万元。29—31 日，重庆博友文化用品有限公司举办“六一”大型义卖活动，将销售总额的 5% 约 44250 元作为公益金，采购书包、作业本、铅笔、橡皮、直尺等文具 11 种，并于 31 日晚送抵成都，作为六一儿童节礼物赠送灾区的儿童。

6 月 4 日，重庆英利房地产开发有限公司向梁平县捐赠 1000 万元（见图 77），用于文化镇中心小学（后更名为“重庆市英利育才小学”）重建。7 月 1 日，中国泛海控股集团向重庆市定向捐赠 2086 万元，用于全市社会福利受损设施的恢复重建。

图 77 6 月 4 日，重庆英利房地产开发有限公司为梁平县捐款

（重庆市民政局 提供）

五　社会民众捐赠活动

在抗震救灾捐赠活动中，重庆市各界社会群众踊跃捐款，奉献爱心，支援灾区。

5月13日8时，华宇集团董事长蒋业华向重庆市红十字会捐赠100万元，这是市红十字会收到的第一笔个人捐款。当日9时，涪陵区红十字会接收一位不愿留下姓名的企业退休女职工捐款1000元；一位不留姓名的母亲代女儿捐款1000元。南川区一位不愿透露姓名的女士捐款1万元，一位化名“众生”的男士3次共捐款9000元。

5月14日清晨，荣昌县万隆小区伤残军人贺际万，到县慈善会捐出多年积蓄的抚恤金8000元，分别向汉源、阿坝灾区各捐赠4000元。华夏银行重庆分行向全分行发出“情系灾区、奉献爱心”活动倡议，职员杜鹏因胃出血住院，委托他人代交捐款5000元；分行负责人均捐款7000元以上。16日，重庆电瓷厂102岁退休工人葛树荣在儿子的搀扶下到市民政局捐款1000元。退伍老兵舒先祥、李素齐、杨华荣代表部分老战友到市社会捐赠接收办公室捐款8035元，还递交一份随时听从抗震救灾召唤的请战书。万盛区小学80岁退休教师徐家娥，每月退休工资不足1000元，居住在棚户区的小房子里，仍到区民政局捐款1万元。江北区尧利忠，将80岁寿辰收到的礼金14.4万元全部捐赠市慈善总会，用于资助灾区学生（见图78）。永川区60多岁的张正中、李世荣夫妇，靠捡煤为生，他俩到荣昌县慈善会，要求捐出他们的存款5000元，由于存款未到期，他们同慈善会人员向银行协商领取现金5000元，捐出4900元，仅留100元路费。

渝北区一位聋哑人在为汶川地震捐款明细单中写道：“我们聋哑人都不富裕，全靠做手工活挣钱度日。其中，81岁的阎守仁生活清贫，捐赠资金20元；罗思文本人没工作，生活靠父母，他动员父母从不富裕的生活费中捐赠资金100元；贺强捐赠资金5元；王庆捐赠资金50元；周鸿雁捐赠资金10元；杨文捐赠资金5元……这些现金都是他们平时卖瓶子、报纸、杂志一分一角省下来的。请收下我们残疾人的一片心意，支援灾区。”残疾人王开树将刚领到的月低保金200元，全部投进社区的捐款箱。在他的带动下，20多位低保户每户捐赠100元。福利企业红旗

图78　6月11日，重庆市民尧利忠将80岁寿辰收到的14.4万元礼金捐赠给重庆市慈善总会
（重庆市民政局　提供）

开关厂退休残疾职工令狐云青，拄着拐杖到单位捐赠600元。渝北区龙凤幼儿园近300名小朋友捐款5365.56元；该园5岁的李震，身患脊髓灰质炎致残，父母在外打工，家庭经济十分困难，仍捐款100元。

5月25日14时，一名拾荒男子到江北区观音桥步行街募捐现场，拿出一个口香糖盒子，掏出里面的一张100元、一张50元和一叠零钱，直接放入募捐箱，工作人员送他一件赈灾纪念衣，他拒绝了，说："留给更需要的人"。工作人员统计该男子捐款约180元。这位拾荒男子在一张纸条上写道："这些钱是我7年来的全部积储……有我流浪中捡垃圾赚的钱，也有我2008年大年初一在解放碑行乞的钱……大钱，是我7年前打工的钱，流浪7年一直没舍得用，今天把它献给四川汶川地震灾区，尽我的一份力……2008.5.20夜12时书于嘉陵江大桥下，我名，王明胜。"

一位下岗后没有收入的城镇低保户女子，主动捐款1000元。一位捡废品的老大娘将卖废纸所得的100元投入募捐箱。奉节县残疾女青年石胜兰，在母亲及好心人的陪护下，坐轮椅到县红十字会捐出自己22天刺绣的作品《金鸡独立》出售款600元。汶川县映秀湾发电厂职工马元江，是重庆大学在职硕士研究生，在大地震中被埋179个小时获救，经现场救援后转到重庆住院治疗，重庆大学领导到医院慰问并送慰问金5000元，马元江请求将此款捐赠重庆市民政局。

渝中区第二实验小学六年级一班的学生吕嘉雯，向地震灾区捐出压岁钱5000元，孩子家长也一同捐献5000元。一位父亲带着10岁的女儿到市抗震救灾捐赠接收处，小女孩将存钱罐里存了5年的压岁钱共1235.89元全部捐出。

第三节　紧急援川

一　抢运救灾物资

组建重庆市抗震救灾车队　5月12日18时，重庆市交委迅速启动道路运输行业应急运输工作预案，协调公交集团、交运集团开展应急运力准备，迅速组织运力，投入运送救援人员、救灾物资和伤员转运工作。市运管局紧急调集客、货车各100辆，组成重庆市交通运输抗震救灾车队。该车队参加支援车辆编组，按建制管理，每5辆车编为一组，并迅速集结，经渝遂高速公路赶赴四川。

5月16日，重庆市运管局和市汽车维修行业管理办公室，紧急启动维修救援服务网络，支援抗震救灾保障工作。他们动员各区县维修救援网入网企业，切实做好救灾运输车辆施救工作，并对施救车辆减免费用，确保无一辆救灾运输车辆在辖区内因故障滞留。21日，市公交集团组织大巴车30辆参加成都抗震救灾车队。

截至5月24日，重庆市道路运输行业组织抗震救灾客货运输车辆937台，运送救援人员和旅客8480人次，运送救灾物资3216余吨。重庆驻川抗震救灾车队共运送灾区救援人员及受灾群众5950人，运输救灾物资2249吨。

紧急调运生活物资　5月12日晚，重庆市民政局得知四川灾区急需照明设备、药品等情况后，立即多方联系组织货源，并从局机关抽调党员干部27人，组成“援川救灾物资运送队”，冒着余震不断，沿途山体随时可能发生塌方、泥石流的危险，昼夜兼程，行驶在重庆至四川重灾地区之间，及时安全地将救灾物资运达地震灾区。13日清早，由市民政局副局长田培忠带队，将市政府调运的第一批发电机100台、价值100万元的药品和医疗器械、蜡烛、应急灯及手电筒等5卡车救灾物资送往绵阳地震灾区。13日晚，市质检部门按照质检总局要求，将价值200万元的帐篷、棉被、药品、食品、电池、计算机、生活用品、电筒等灾区急需物资运往四川灾区。

5月14日凌晨，重庆市政府调运第二批价值439.64万元的食品、饮用水、衣物、棉被等救灾物资，市民政局机关干部带队星夜将物资运至德阳地震灾区。同日下午，重庆市政府第三次调运价值203.5万元的救灾物资，运往青川灾区，其中3辆大型货车装运生活物资运送至四川省质监局。同日下午，重庆市渝惠食品集团发动干部职工150多人连夜加班7个小时，按要求完成装载方便面、饼干、瓶装水、火腿肠、面包等760吨12.8万件救灾食品的任务，并于22时运往四川灾区。至15日，重庆市共向四川地震灾区组织发运救灾物资140车。

5月17日8时30分，重庆市典当行业协会组织重型货车10辆，装运矿泉水13.5万瓶及面包等物资运往绵阳，并按绵阳市抗震救灾指挥部的要求，将物资送达安县桑枣农场受灾群众安置点。同日，他们又装运价值100多万元的医药设备、药品、衣物、收音机、方便食品、矿泉水等160吨，运往安县。18日，重庆市湖北商会采购价值12万元矿泉水2000箱、方便面1500箱送往四川地震灾区。铜梁县与重庆市相关部门组织食品、药品、帐篷等300余吨救灾物资，由县预备旅汽车营安排货车10辆运往四川灾区。24日，重庆市装运价值150余万元的物资运往江油地震灾区。26日，重庆市质监局调运价值14.7万元的大米、咸菜、小食品等物资，由副局长带领车队送往绵阳市。6月12日10时，奥康集团装运价值1000万元的奥康鞋，组织货车4辆运往成都、绵阳。

截至6月5日，重庆市共向汶川、都江堰、彭州、崇州、青川、江油、北川、什邡等重灾地区，组织调运捐赠物资折价20358万元，其中食品类物资折价3457万元、医药类物资折价6860万元、生活用品类物资折价7062万元、其他类物资折价2979万元。通过民政部门登记发证运往灾区的救灾物资1921车次，物资折价1.3亿元。（参见表17）

紧急调运急需药品　5月16日，重庆市质监局接到灾区因医疗救治急需氧气的请求，立即与重庆益峰高压容器有限公司和重庆朝阳气体有限公司联系，两公司分别捐赠医用氧气瓶500个和合格医用液氧20立方米，并于19日14时30分，由市质监局总工程师带领专家组随车安全运抵四川灾区。

重庆市抗震救灾总指挥部组织重庆康硕科技有限公司、方正集团、重庆华邦制药股份有限公司、重庆长龙实业（集团）有限公司、重庆天圣制药股份有限公司、重庆市惠民医疗联合会等企业捐赠医疗器械和药品折价4500万元，其中捐赠最新智能胶囊内镜设备4台、折价500万元。重庆成盛集团（康刻尔）制药厂新研发的口腔崩解片，是灾区急需药品。该厂从5月13日起连续加班46小时生产302箱，并协调火车送往四川地震灾区。

5 月 24 日 17 时，重庆科瑞制药有限责任公司接到重庆市抗震救灾总指挥部急电，前线抗震救灾战士身患疱疹，有患者被感染，急需该公司生产的无极膏。公司立即决定捐赠 1000 盒，于 19 时运往四川地震灾区。

中央媒体报道“前方最缺干净饮用水和药品”的信息后，重庆药品生产企业立即向腾讯大渝网集结，以和平药房为首的药品零售商家捐赠价值 40 万元的药品。为征召运输车辆，大渝网在网站论坛发出求助帖，不到两小时，有货车车主打电话应征，红十字会为他们开具了特别通行证，当日下午这批物资就被运抵绵阳。截至 5 月 19 日，大渝网先后发送价值 463 万元的物资 4 批 16 车。腾讯大渝网通过网络宣传，动员商家捐赠帐篷折价 50 万元，协助医药协会和各大医药企业组织捐赠药品和物资折价 600 万元。

紧急捐运妇女用品 5 月 21 日 8 时，“重庆女人”论坛组织捐赠妇女儿童用品折价 30 多万元，安排 5 辆货车将用品运送绵阳地震灾区。

重庆市调运汶川地震抗震救灾捐赠物资情况统计表

表 17 （截至 8 月 5 日）

接收单位	物　资	数　量
成都市商务局	棉　被	10000 床
广元市	棉大衣	3000 件
	救灾帐篷	500 顶
	方便面	2550 箱
	棉　被	160 床
	洗衣粉	200 袋
	儿童女裤	1000 条
	饼　干	300 箱
	矿泉水	50 箱
四川省	花生奶	50 吨
	奶制品	3000 箱
	空调被	10020 床
	饮　料	17821 箱
	庆铃越野车（QL64700Y11）	8 辆
四川省民政厅	大米、医疗器械等	一批
四川省残联	注射用头孢	18000 支
德阳市	棉纱手套	100000 双
	帆布手套	100000 双
绵阳市、广元市	炊　具	一批
汶川县映秀镇	T 恤衫	700 件

二 粥棚行动

川渝一衣带水，口味相近，地震后四川灾区群众急切想吃上热菜热饭。5 月 14 日上午，重庆市委主要负责人要求由市商委组织重庆厨师到四川重灾地区提供餐饮服务。市商委立即在 24 小时内组建了第一批由 7 名商委党员干部、60 多名餐饮服务人员组成的支援四川灾区餐饮服务队。服务队筹备了大米 28 吨、面粉 14 吨、榨菜 20 万包、食用油 4 吨、食盐 4 吨、酵母粉 1000 袋、饮用水 24 吨、棉被 60 床及所需餐厨设备，前往四川灾区实施"粥棚行动"。15 日上午，由重庆市小天鹅、德庄、阿兴记、顺风 123、君之薇、加州乐园、菜香源、骑龙、家全居等 9 家餐饮知名企业，组成第二批抗震救灾餐饮服务队，携带饮食物资和餐厨设备，分乘大卡车 8 辆，奔赴汶川、北川、绵竹、都江堰、雅安等灾区服务（见图 79）。下午，餐饮服务队抵达灾区后，设立服务点 11 个，其中汶川 3 个、北川 3 个、绵竹 2 个、都江堰 2 个、雅安 1 个。当日，汶川县餐饮服务点向救援救护人员免费供应稀粥 4500 份、鸡蛋 300 枚、方便面 130 包、馒头 240 个；都江堰市等 5 个服务点免费供应馒头 6000 份、稀饭 6000 份、盒饭 2700 个。16 日，各服务点供应稀饭 3000 份，盒饭、馒头、包子等 2.75 万个，矿泉水 1500 瓶。江油市 4 个服务点 16 日、17 日共用大米 700 公斤、面粉 300 公斤、食用油 75 公斤，为来自北川、平武的受灾群众提供饭菜 8000 份，累计供应稀粥 1.55 万份、鸡蛋 300 枚、方便面 130 包，盒饭、馒头、包子等 3.62 万个。21 日，贺国强在重庆市主要领导陪同下，冒雨到渝州宾馆会见重庆市第二批餐饮服务队，赞扬"重庆组建餐饮服务队到灾区服务，是一个很好的创意，体现了重庆人民和四川人民心连心"。6 月 1 日 6 时 30 分，重庆市第三批抗震救灾餐饮服务队赴四川灾区提供餐饮服务；至此，重庆市累计派出赴川抗震救灾餐饮服务队员 278 人。至 5 日，服务队共在灾区设立服务点 42 个，每日解决数万人次的吃饭问题。在近 30 天的"粥棚行动"中，重庆餐饮服务队累计为灾区群众、参加救援的解放军官兵、志愿者免费提供饭菜 83 万份。12 日，参与抗震救灾的餐饮服务队完成任务后返回重庆。

图79　5月15日，重庆市支援四川灾区"粥棚行动"队员出发前举行宣誓活动（重庆市民政局　提供）

6月18日，正值我国传统的端午节，餐饮服务队从重庆组织调运总价值16.63万元的粽子5.5万个、白酒4000瓶，分别送到都江堰和安县晓坝镇、雎水镇3个餐饮服务点，与在灾区救援的重庆市公安局特勤总队干警、济南军区某部官兵、重庆建工集团的职工共度节日。中央电视台、《人民日报》、四川电视台、重庆电视台、《重庆日报》及网易、搜狐、新浪、新华、华龙网和英国《经济学家》、新加坡《联合早报》等国内外媒体200多家，对餐饮服务队的活动进行宣传报道，盛赞重庆粥棚是“灾区人民的生命大本营”“灾区的五星级饭店”“灾区爱心餐厅”和“灾区炊事班”。中央电视台抗震救灾直播频道播出反映“重庆粥棚行动”的专题电视片《为了灾区人民吃上热饭热菜》。10月，重庆市支援四川灾区餐饮服务队临时党支部被中共中央、国务院、中央军委授予“全国抗震救灾英雄集体”荣誉称号。

三 殡葬援助

汶川地震发生后，重庆市民政局在全市殡葬系统组织开展殡葬援助行动。5月12日下午，市民政局与都江堰市殡仪馆联系，准备提供援助。13日，市民政局与生产厂家联系紧急调拨尸袋5000条。14日，重庆江南殡仪馆20名工作人员组成突击队长途跋涉4个多小时到达灾区新的工作岗位，帮助灾区殡葬部门展开遇难群众遗体火化工作，连续三昼夜不休息，提高了火化速度。15日中午，由江南殡仪馆、潼南殡仪馆、荣昌殡仪馆等29名殡仪职工组成第一批殡葬服务队，分3个小分队支援德阳、都江堰、江油等重灾地区殡仪馆。21时，第一批殡葬服务队全部到达援助地点，立即投入遇难者遗体火化工作之中。在都江堰殡仪馆，来自重庆江南殡仪馆的20名队员接替该馆的火化工、殡殓工，展开紧张工作。16日中午，来自重庆市石桥铺殡仪馆、北碚（江东）殡仪馆、璧山县殡仪馆、涪陵区殡仪馆、万州区殡仪馆、开县殡仪馆等的26名殡仪职工，组成第二批殡葬服务队，奔赴四川地震灾区。绵竹汉旺东汽中学教学大楼，形成多层楼板坍塌，每一层都埋压了大量遇难学生遗体。同时，教学楼楼顶随时都有倒塌的危险。殡葬服务队员不怕危险，同武警官兵一起，到废墟前对遇难学生遗体进行包裹、装袋、抬进运尸车内。

在此次援助任务中，火化工江涛一人操作两台火化炉，还承担着维修维护火化设备的任务，每日连续工作20余小时。重庆锡周殡仪服务公司经理魏庆田，主动要求到抗震救灾前线，同公司18名员工连续工作三昼夜没有休息。大家啃面包，喝凉水，全力为灾区服务。服务队以“安死者之心、慰亡者之灵、宽生者之藉”为宗旨，为遇难者和家属提供精心服务。5月15—19日，重庆市援川殡葬服务队55名队员，收集、整理、转运遇难者遗体1950具，火化遗体905具，搬运装尸袋135吨。7月，重庆市援川殡葬服务队被全国总工会授予“抗震救灾重建家园‘工人先锋号’”称号。

四 救助受灾群众

汶川地震发生后，重庆市全力为出入本地区的四川受灾群众提供服务。5月14日，市民政局设立“受灾群众救助服务热线”，6名接线人员24小时值守咨询电话，认真详细地解答群众关切的问题。15日，市民政局从市救助管理站抽调人员21名，在菜园坝火车站、火车北站、江北汽车北站、朝天门长途客运站、南坪长途客运站、陈家坪长途客运站、江北机场等地设立了7处“重庆民政——四川受灾群众救助站”（参见图80），免费为灾区群众发放矿泉水、方便面、药品等物资。19日，汶川村民胡红在料理完地震中遇难的父母亲和妹妹后事后，到重庆乘火车去武汉务工。在重庆火车站，她不慎丢失钱包，民政救助站工作人员得知消息后，为她捐款捐物并送她上火车。20日，北川妇女金俊，抱着刚满6个月大的婴儿辗转重庆去杭州。民政救助站工作人员在帮她提行李时，得知她急需婴儿奶粉，立即派三路人员紧急到各大商场寻找购买奶粉，并在火车开动前一刻将奶粉送到金俊手上。至6月20日8时，市救助站累计接听、处理受灾群众求助服务电话7043人次，救助至渝四川受灾群众2381人次，发放生活物资及药品折价11万元，资助灾区群众离渝车船票和途中生活费9.4万元，护送灾区180多名已治愈伤员返回四川。

图80　5月15日，重庆市民政局分别在火车北站等地设立了7处四川受灾群众救助站（重庆市民政局　提供）

五　援建活动板房

面对四川灾区群众无房居住的情况，重庆市委、市政府决定向四川灾区援建活动板房。5月16日，重庆市成立活动板房援建领导小组，由市建委牵头，市民政局、市经委、市质监局、市交委、市财政局等部门为成员单位。领导小组拟定了《援建四川灾区活动板房工作意见》，建立了指挥调度、规划设计、基础施工、生产加工、交通运输、安装施工、后勤保障的工作协调机制。17日，市委、市政府要求市民政局、市经委迅速为四川灾区援建活动板房10万平方米，解决灾区过渡安置问题。市民政局、市经委立即协调各方，抓紧准备工作。

5月17日15时30分，重庆市政府、南岸区政府在南岸区政府广场举行承建援助都江堰市临时安置房行动出发仪式，副市长刘学普出席。此次援建行动，拟建临时住房1万平方米、住房500套，可供安置受灾群众1500人。全市组织了由140余名工程技术人员参加的援建队伍，携带

25 车救援物资和 30 多台施工设备，于 23 时 40 分到达都江堰市胥家镇后，连夜开展活动板房建设工作。18 日 10 时，援建队建成活动板房 4 栋 320 平方米，作为都江堰市应急指挥部工作用房。

5 月 18 日上午，王鸿举、黄奇帆、马正其等重庆市领导赴敏诚钢结构公司，研究援川简易住房有关问题。下午，市民政局牵头召集民政救助组和相关成员单位参加援建活动板房工作会议，研究落实措施。19 日，市民政局局长刘涛带领相关人员赴四川省民政厅落实援川事宜，并在四川省民政厅设立援川抗震救灾工作联络组，协调落实援助简易住房及其他援川协调服务工作。当日晚，重庆首批援川的 1 万平方米简易房材料运抵汶川县。

5 月 18 日，住房城乡建设部向重庆市下达了援建任务。重庆市立即在原援建机构的基础上，调整成立由市建委统筹，市经委、市民政局、市质监局、市交委、市财政局、南岸区政府等有关单位和重钢集团、重庆建工集团及其他企业组成的活动板房援建工作机构。19 日，市建委组织有关专家专题研究重庆市援建过渡安置房的规格标准、结构形式、方案设计等内容。为便于快速生产安装和满足地震灾区居住要求，市建委还委托具有相应资质的检测单位对设计的过渡安置房的力学性能进行测试，确保使用安全。市民政局、市建委与市交委、市公安局等部门协调解决过渡安置房原材料运输事宜，并按照国务院相关部委的授权，印制救灾安置房物资通行证，用于运输过渡安置房物资车辆使用。

5 月 20 日零时 20 分，重庆市民政局和市经委组织工作队，在汶川县映秀镇组织安装活动板房 5871 平方米。22 日晚，市政设施组组长、市建委主任程志毅主持召开紧急会议，具体部署落实住房城乡建设部安排重庆市对口支援成都灾区修建简易活动板房的工作任务。23 日，程志毅带领援建工作队赶赴灾区，与四川省建设厅、成都市建委、都江堰市抗震救灾指挥部及有关乡镇政府商定过渡安置房援建事宜，建立援建协调机制。市建委成立了重庆市建设系统抗震救灾前线指挥部和重庆市援建过渡安置房协调小组，全面负责协调援建活动板房工作。24 日 12 时 30 分，联合国秘书长潘基文一行在汶川县映秀镇考察重庆市援建活动板房工作，给予了很高的评价。

5 月 27 日下午，重庆市在都江堰市胥家镇高家桥村，举行首批抗震救灾活动板房援建移交仪式（见图 81），住房城乡建设部副部长黄卫、重庆市副市长凌月明等相关领导和群众出席。此次移交活动板房 500 套，每套约 20 平方米，建筑面积共 1 万平方米，占地 20 公顷，水、电、气等设施配套齐全，可过渡安置 1500 人。这是提供给灾区群众的全国第一批活动板房，被当地群众称之为“重庆村”。至 27 日 14 时，重庆市向灾区运送简易活动板房材料 3.81 万平方米，安装完成 965 套 1.55 万平方米活动板房。

图 81　5 月 27 日，重庆市在都江堰市胥家镇高家桥村举行抗震救灾活动板房移交仪式

（重庆市民政局　提供）

6月2日，重庆市完成援建过渡安置房全套施工图设计。3日，市建委分别与重庆钢铁集团等6家过渡安置房生产加工企业签订了生产供货合同，落实援建所需原材料。市建委委托市计量质量检测研究院对过渡安置房原材料质量进行监督，严格实行出厂检测，并派专人进驻各生产加工企业，督促和监督供货进度和生产加工，确保各企业按合同交付产品。5日，各加工企业按照合同约定全面供货，过渡安置房材料不断运抵灾区。重庆建工集团建立了赴川援建过渡安置房指挥部和物流配送中心，保障顺利实施过渡房安装施工。市建设工程质量监督总站抽调技术骨干20余人进行现场跟踪管理、技术指导和质量监督。过渡安置房建成后，质检部门按照住房城乡建设部的要求，对每套过渡安置房入户电线穿墙处是否设套管、竖向彩钢板的底槽槽钢与基础处缝隙是否渗水、屋顶是否漏水以及塑钢窗滑槽处是否设置泄水孔等问题进行逐项检查和整改，确保质量。建筑部门还制定了成都市活动板房防火、用电、使用、安全等10个方面的说明，在每间房内张贴一张，每户发放一册。按照住房城乡建设部《地震灾区过渡安置房建设技术导则》要求，建筑部门在每一个安置点都建有供水点、垃圾收集点、淋浴房、公共厕所等。同时，健全消防、通电、防雷等安全设施，防火单元、建筑间距、消防通道、安全疏散场地以及消防设施等设置均达到或超过相关技术标准。

6月12日，重庆市建委再次增派工作人员，组建过渡安置房移交前线工作组，专职负责协调过渡安置房的移交工作。市建委要求各生产加工企业指派专业技术人员赶赴灾区，协助做好过渡安置房的安装工作，加快施工进度。25日，重庆市完成援建成都灾区活动板房10189套。自5月20日始，重庆市援建汶川县映秀镇、漩口镇，什邡市蓥华镇，都江堰市胥家镇、工业区及彭州市葛仙山镇等6个乡（镇、工业区）建设过渡安置房，共平整场地111851平方米，实际安装活动板房100062平方米。其中，帮助映秀镇平整场地4000平方米，安装活动板房3822平方米；帮助漩口镇平整场地7000平方米，实际安装活动板房6700平方米（加上后期市经委请示市政府领导批准运输的3200平方米，共计9900平方米）；帮助蓥华镇平整场地4713平方米，安装活动板房4141平方米；帮助胥家镇平整场地20138平方米，安装板房15404平方米；帮助都江堰市工业区平整场地2.2万平方米，安装活动板房20117平方米；帮助葛仙山镇平整场地5.4万平方米，安装活动板房49878平方米。截至7月28日，重庆市在都江堰、彭州、什邡、汶川累计援建过渡安置房19907套、316983平方米，其中住房16860套、256034平方米，配套设施3047套、60949平方米，提前完成住房城乡建设部调整给重庆市援建1.8万套过渡安置房的任务。

第四节　捐赠资金拨付与捐赠物资调运

一　资金拨付

截至10月15日，重庆市接收捐赠资金和物资折价共10.76亿元，其中资金8.46亿元、物资折价2.3亿元。

捐赠资金使用　截至 10 月 15 日，重庆市共列支救灾捐赠资金 8.46 亿元。列支资金支援四川灾区 39242 万元，占支出的 48.33%。其中，支援崇州市 22030 万元，划拨四川省其他灾区 7418 万元，用于救治四川伤病员费 2758 万元，用于四川伤病员及陪护人员生活补助 940 万元，用于四川受灾群众返乡救助费 289 万元，用于为四川灾区采购活动板房 3950 万元，用于四川灾区抢险救灾物资及运输费 1455 万元，用于四川灾区粥棚粮肉补贴费 100 万元，用于四川灾区卫生、学校、福利设施设备维修恢复等支出 302 万元。列支用于重庆市内灾区 41952 万元，占支出的 51.67%。其中，用于教育、卫生、交通、商业系统基础设施恢复重建分别为 11478 万元、5825 万元、2000 万元、725 万元，用于福利基础设施恢复重建 2392 万元，用于震损水库建设 3000 万元，用于抢险救灾设施设备维修维护等其他支出 1629 万元，用于市内受灾群众生活救助 1727 万元，各区县自行安排用于毁损民房、学校、医疗设施建设等项目共计 13176 万元。此外，援助甘肃灾区 3 万元。

“特殊党费”使用　截至 9 月 2 日，重庆市委组织部共接收党员交纳“特殊党费”13806.77 万元，全额上缴中组部。

二　物资调运

截至 10 月 15 日，重庆市共接收抗震救灾捐赠物资折价共计 23049 万元。捐赠物资按捐赠者的意愿分为定向和非定向两类，定向捐赠物资按捐赠者的意愿分发调运其指定灾区，非定向物资由接收单位按规定程序分发调运。对市社会捐赠接收办公室接收的非定向捐赠物资，由物资接收组根据灾区需要，编制分发调运方案交市民政局领导审签后，再报市领导审定，凭市领导审定方案开具调拨单，办理调出手续后即行调往灾区。同时规定，调运捐赠物资，每批次必须安排押运人员，由押运人员持运输清单将物资安全护送到指定地点，由接收方在其运输清单上签字盖章，作为回执，交物资接收组备查。对暂不需调往灾区的捐赠物资，由接收组分类列出清单，报部门领导批准后，存入救灾物资储备仓库备用。对应急特殊情况下的物资调运，由物资组边请示边办理，并补办报批手续。物资组于每日 17 时前将物资调运使用情况报送救灾款物监督组，由监督组对每步程序运行情况进行抽查。

截至 10 月 15 日，重庆市调运四川省物资折价 21375 万元，自行使用物资折价 1674 万元。

第五章　云南省赈灾活动

第一节　组织领导

一　组织机构

云南省抗震救灾指挥部　5 月 12 日，云南省委召开常委扩大会议，研究部署抗震救灾工作。省政府启动《云南省地震应急预案》，并设立省抗震救灾指挥部，由副省长曹建方任指挥长，省政府副秘书长为副指挥长，省政府办公厅、省应急办、省地震局、省财政厅、省民政厅、省公安厅、省水利厅、省农业厅、省红十字会、省慈善总会等 31 个单位负责人为成员。指挥部下设省防震应急办公室，办公室设在省地震局，省地震局局长兼任办公室主任。指挥部负责全省抗震救灾工作。

云南省民政厅抗震救灾工作应急领导小组　5 月 12 日，云南省委、省政府决定由省民政厅负责全省开展汶川地震抗震救灾捐赠活动。13 日，省民政厅召开党组会议，成立民政厅抗震救灾工作应急领导小组，厅长王树芬任组长。领导小组下设抗震救灾捐赠办公室，省救灾储备中心主任任办公室主任。办公室设捐赠接收组、捐赠财务组、捐赠宣传组、捐赠保卫组。救灾捐赠办公室在电视、广播、报刊等主要媒体发布开展抗震救灾社会捐赠工作倡议书，公布抗震救灾捐赠办公室地址、捐赠电话、联系人员、收款单位、开户银行、捐赠账号等信息，开展日常接收工作，并将接受捐赠情况及时向社会通报。

至 5 月 14 日，云南省所辖 16 个市（州）分别成立了抗震救灾捐赠办公室，办公室负责本辖区范围内救灾捐赠工作。

云南省抗震救灾“特殊党费”使用管理协调、监督小组　5 月 18 日，云南省委、省政府决定成立云南省抗震救灾“特殊党费”使用管理协调小组和云南省抗震救灾“特殊党费”使用管理监督小组，由省纪委、省监察厅负责人任组长、副组长，省委组织部、省发展改革委、省民政厅、省财政厅、省审计厅的负责人为成员，领导小组负责全省“特殊党费”收缴、管理和使用。

二 组织发动

5 月 12 日，云南省委、省政府决定，全省救灾捐赠工作由各级民政部门、慈善机构和红十字会负责组织实施。当日 17 时，省红十字会启动《云南省红十字会社会捐赠应急预案》，成立省红十字会救援领导小组，紧急组织部署募捐救援工作。领导小组下设社会捐赠组、社会募捐组、抗震救灾救援组。

5 月 13 日，云南省红十字会向全省社会各界发出募捐救灾呼吁，开通 24 小时在线捐赠电话 3 部，公布捐赠账号，向各市州红十字会下发通知，要求各地迅速开展救灾募捐。省红十字会组成 14 个募捐组，其中 7 个募捐组在昆明市闹市区开展街头募捐工作。当日，省红十字会调运首批价值 250 万元的救灾物资发往四川、云南昭通地震灾区。

5 月 13 日，云南省民政厅召开紧急会议，安排部署抗震救灾捐赠工作，决定开通两部捐赠电话，通过电视、广播和报纸向社会公开接受社会捐赠的相关信息，省接收救灾捐赠办公室实行 24 小时值班。14 日，省接收救灾捐赠办公室通过新闻媒体向全省发布捐赠公告、公布接收救灾捐赠地址、银行账户。

5 月 15 日，云南省政府办公厅下发《关于进一步规范赈灾捐赠资金和物资工作的通知》。18 日，受省委、省政府主要领导委托，省政府秘书长主持召开抗震救灾专题会议，研究贯彻落实省委、省政府主要领导关于进一步加强抗震救灾工作的指示。会议决定开展以“汶川大救援、云南大行动”为主题的五大抗震救灾行动：救援大行动，成立支援四川抗震救灾云南协调小组；医疗救助大行动，云南省派出医疗救援队赴安县开展救援行动，接收从安县转移的 1000 名受伤人员到云南省医疗条件较好的医院救治；爱心大行动，开展“把爱留给孩子——七彩云南爱心大行动”活动，接收部分因灾失去学习和生活条件的小学生到云南临时学习和生活；志愿者大行动，组织志愿者赴灾区开展抗震救灾各项服务活动；赈灾大行动，深入开展全省社会各界救灾捐赠活动，全面动员全省各方力量支援灾区。

云南省政府 1996 年 4 月 30 日发布的《云南省接收救灾捐赠款物管理暂行办法》规定，救灾捐赠资金和物资由各级民政部门、慈善会、红十字会接收；对捐赠款物按照专款专用的原则及时转运灾区；各级民政部门、慈善会、红十字会要及时向捐赠单位反馈捐赠情况，并适时向社会公布捐赠款物的使用情况，自觉接受社会监督。汶川地震抗震救灾，云南省坚持了这一制度。

5 月 23 日，云南省纪委、省监察厅、省民政厅、省财政厅、省审计厅联合下发《关于加强对抗震救灾资金物资监管的通知》。通知要求，要确保抗震救灾工作各项规章制度落实到位，确保救灾款物规范筹集，确保救灾款物合理使用；要提高救灾款物管理使用的公开透明度，要加强监督检查，强化对救灾款物的跟踪审计监督。

5月28日，云南省财政厅、财政部驻云南省财政监察专员办事处转发财政部关于建立救灾资金物资监管的规定，下发《关于加强抗震救灾资金物资监管的紧急通知》，建立救灾捐赠资金物资筹集、分配、管理制度。

6月19日，云南省政府办公厅转发《国务院办公厅关于加强汶川地震抗震救灾捐赠款物管理使用的通知》，要求各地、各部门切实做好捐赠款物的接收、管理、使用和统计、信息公开等工作，全省接收救灾款物情况的统计汇总工作统一由省民政厅负责。为切实提高捐赠资金的使用效益，各级民政部门、红十字会、慈善会等接收的捐赠资金必须及时足额对口移交省民政厅、省红十字会、省慈善总会，不得自行安排使用。对社会捐赠资金的使用，由省民政厅牵头审核并报省政府审定后支付。对捐赠款物，要严格按专款专用的原则及时转送灾区。捐赠者明确捐赠地区和用途的定向捐赠款物，由接收捐赠部门和单位按照捐赠人的意愿安排使用；对于非定向捐赠款物，要根据灾情，按规定分配使用。

第二节　捐赠活动

一　云南省属机关单位捐赠活动

在汶川地震抗震救灾捐赠活动中，云南省委、省人大常委会、省政府、省政协领导和机关干部职工带头捐赠33.69万元；省直各单位各部门积极响应省委、省政府号召，踊跃捐赠款物，支援地震灾区。省纪委和省监察厅捐赠35.3万元，省高级人民法院捐赠16.24万元，省发展改革委捐赠13.84万元，省司法厅捐赠13.9万元，省财政厅捐赠16.24万元，省质监局捐赠11.9万元，省劳动和社会保障厅捐赠16.57万元，省经委捐赠17.3万元，昆明海关捐赠11.9万元，省建设厅捐赠53.35万元，省文化厅机关及直属单位捐赠36.67万元，省安全厅捐赠74.2万元，省公安厅捐赠64.14万元，省林业厅捐赠35.64万元，省广电局捐赠31.94万元，省国资委捐赠267.1万元。省属23个机关捐赠衣物19114件、棉被101床、毛毯100床、枕头100个、食品3300件、矿泉水1832件等物品。

云南省委组织部组织收缴"特殊党费"　根据中组部《关于做好部分党员交纳"特殊党费"用于支援抗震救灾工作的通知》精神，云南省委召开常委会进行专题研究，要求全省各级党组织要组织好党员交纳抗震救灾"特殊党费"活动。省、市、县各级组织部门分别成立了收缴"特殊党费"的工作机构，倡导广大党员自愿交纳"特殊党费"。省委主要负责人、省长秦光荣、省委副书记李纪恒等省领导带头交纳抗震救灾"特殊党费"。

5月20日，云南省委组织部收到第一笔由昭通市中医院党支部党员交纳的"特殊党费"1.19万元。22日，省、市（州）、县（市、区）各级组织部门同时举行党员自愿交纳"特殊党费"支援抗震救灾活动，共收缴"特殊党费"23.03万元。截至12月29日，共收缴"特殊党费”20457.37万元（含利息29981.39元），其中有53441名党员交纳“特殊党费”1000元以上。

云南省委宣传部组织募捐活动　云南省委宣传部部署全省宣传文化系统开展救灾捐赠活动，动员演职人员参加赈灾义演、义卖，募集资金物资，支援地震灾区。5月22日，省委宣传部、省红十字会、云南电视台共同举办“汶川大救援、云南大行动”大型赈灾义演直播晚会（见图82）。晚会设置捐赠电话，现场110家单位和众多个人参与捐款，募集资金280万元、物资折价2396.89万元。省委宣传部机关及直属单位干部捐赠款物折价441万元。

图82　5月22日，云南省举办“汶川大救援、云南大行动”大型赈灾义演晚会场景

（云南省民政厅　提供）

云南省商务厅组织捐赠活动　5月15日，云南省商务厅下发《情系灾区·重建家园——云南省商务厅紧急启动抗震救灾行动倡议书》，要求机关各处室、各事业单位、外贸企业为支援灾区人民重建家园贡献力量，当天募集资金29.56万元。同日，省商务厅安排市场流通处协调昆明吉庆祥食品有限公司、云南大山饮品有限公司和相关单位紧急调运价值30万元的方便食品和饮用水40吨，雨夜兼程，运往地震灾区。18日至19日凌晨6时，省商务厅协调大理白族自治州商务局、云南大山饮品有限公司、玉溪百信商贸集团有限公司等单位，冒雨调运价值90.5万元的方便

面 2000 件、面包 1400 件、饼干 1460 件 200 吨、火腿肠 567 件、矿泉水 6900 件、牛奶 32.25 吨、酸奶 27.75 吨等物资运抵昆明火车东站，由救灾专列发往四川地震灾区。省商务厅组织机关干部职工捐赠资金 19.55 万元。

云南省教育厅组织捐赠活动 5 月 13 日，云南省教育厅下发《关于做好“5·12”地震抗灾救灾工作的紧急通知》，要求各受灾地区教育系统积极开展抗震救灾工作、校舍安全排查工作，确保师生生命财产安全。14 日，省教育厅组织干部职工为灾区捐赠 10.35 万元。至 5 月下旬，全厅党员交纳“特殊党费”33 万元。全省 29 所高校的党员交纳“特殊党费”793.6 万元。截至 6 月底，全省教育系统共为地震灾区捐赠 7699.9 万元，其中云南农业大学 43.37 万元、云南民族大学 33.48 万元、滇南武校 30 余万元、云南大学 107.78 万元、昆明理工大学 82.36 万元、云南师范大学附小 34 万元。6 月 23 日，建水县教育局与安县教育体育局签订援建协议，将全县教育系统捐赠的 104.56 万元拨付安县，帮助安县乐兴中学灾后恢复重建。

云南省卫生厅组织捐赠活动 5 月 14 日，云南省卫生厅下发《开展抗震救灾捐赠活动的通知》，组织卫生系统开展献爱心活动。省卫生厅举行“情系灾区献爱心”捐赠活动，厅机关及 26 个直属单位干部职工捐赠 178.9 万元，党员交纳“特殊党费”87.9 万元，捐赠衣物 8602 件。云南省派驻乌干达医疗队通过中国驻乌干达大使馆经济商务参赞处为灾区捐赠 450 美元。昆明医学院第一附属医院捐赠 30.03 万元、第二附属医院捐赠 16.97 万元，省第一人民医院捐赠 26.02 万元、第二人民医院捐赠 11.12 万元。

5 月 14—15 日，云南省卫生厅组织全省抗震救灾无偿献血活动，广大人民群众积极响应。昆明市区参加献血的人数是日常的 3 倍以上，云南昆明血液中心血液储备量两日内就达到上限。各省级血站储血总量达 100 万毫升。参加“抗震救灾应急储备队”的预备献血人员约 1.5 万人。

二 人民团体、社会组织捐赠活动

云南省人民团体捐赠活动 云南省总工会响应全国总工会的号召，组织全省各级工会组织开展救灾捐赠活动，募集资金和物资折价共 20300.19 万元，其中会员募集资金和物资折价 19987.23 万元，社会各界募集资金和物资折价 312.96 万元。共青团云南省委机关捐赠 1.55 万元，全省共青团系统募集资金和物资数百万元。省妇联响应省委、省政府号召，广泛动员和组织全省各级妇联组织开展募捐活动。5 月 21 日下午，省妇联联合省民政厅、省教育厅及昆明市妇联、市教育局、市卫生局广泛开展募捐活动，募集资金 69 万余元、衣物 8000 余件（套），救助四川省和云南省地震灾区儿童。

云南省社会组织捐赠活动 云南省红十字会接受救灾捐赠资金和物资折价共 35534.33 万元，其中资金 30255.14 万元、物资折价 5279.19 万元。省慈善总会接受救灾捐赠资金 2444.18 万元。全省其他社会组织募集资金和物资折价共 215.84 万元，其中省兰花协会 15.93 万元、省建材工业行业协会 13.58 万元、省电子工业行业协会 12.15 万元、省轻纺工业行业协会 7.98 万元、云南会计学会 6.1 万元、荷兰百合种植联合组织 4.28 万元、省武术协会 4.17 万元、省公共保洁与家政行业协会 3.31 万元、省收藏协会 3.28 万元、省律师协会 81.89 万元、省商会 33.17 万元、云南潮商总商会 30 万元。

三　各市州捐赠活动

截至 10 月 31 日，云南省 16 个市（州）接收捐赠资金和物资折价共计 40574.61 万元，其中资金 39850.52 万元、物资折价 724.09 万元。

昆明市捐赠活动　5 月 14 日，昆明市委、市政府决定开展“向地震灾区人民献爱心捐赠活动”，成立昆明市抗震救灾社会捐赠工作小组，领导小组下设办公室，办公室设在市民政局。15 日，市民政局下发《关于开展向地震灾区人民献爱心捐赠活动的通知》，部署全市抗震救灾捐赠工作。18 日，市民政局紧急采购价值 24.939 万元的矿泉水 5545 箱、方便面 4800 箱，经火车专列运送四川地震灾区。23 日，市委、市政府向汶川县汇捐 500 万元，向昭通市汇捐 200 万元。同日，紧急采购价值 80 万元的救灾帐篷 500 顶和价值 85 万元的药品，发运雅安灾区。28 日，市民政局调运价值 300 余万元的食品、药品、衣物 2514 件（箱）发运四川灾区（见图 83）。6 月 10 日，市委组织部、市直机关工委下发紧急通知，动员全市党员干部开展捐赠活动。截至 7 月 16 日，昆明市接收捐赠资金和物资折价共计 6194.48 万元，其中资金 6079.98 万元、物资折价 114.5 万元。

图 83　昆明市向四川地震灾区运送救灾物资专列（云南省民政厅　提供）

曲靖市捐赠活动　5 月 14 日，曲靖市成立市政府救灾捐赠领导小组，市政府分管民政工作的副市长为组长，市政府副秘书长、市民政局局长、市红十字会理事长为副组长，领导小组下设救灾捐赠办公室，市民政局和市红十字会负责救灾捐赠工作。各县（市、区）都成立了救灾捐赠工作领导小组，并在市电视台、各报刊上公布接收捐赠账号及捐赠电话，市红十字会通过新闻媒体发出紧急募捐呼吁书。18 日，市政府向四川省政府汇捐 50 万元。云南冶金集团总公司驻曲靖驰宏公司汇捐 295.29 万元。云南云峰化学工业有限公司捐赠价值 468 万元的化肥 2520 吨，装载 42 个车皮经铁路运往四川地震灾区。24 日，市红十字会在珠江源广场举行“援助汶川地震灾区赈灾募捐义演”活动，现场募集资金 62.9 万元。截至 6 月 19 日，曲靖市共接收捐赠资金 5382.32 万元，其中市民政局救灾捐赠办公室接收捐赠资金 4165.82 万元，市红十字会接收捐赠资金 919.5 万元。此外，市委组织部收缴“特殊党费”1680.14 万元。共接收物资折价 300 多万元。

玉溪市捐赠活动 5 月 12 日，玉溪市委、市政府决定开展抗震救灾捐赠活动，并通过媒体进行广泛宣传动员。当日，玉溪红塔集团向四川省捐赠 200 万元。15 日，市委、市政府向四川省捐赠 50 万元。16 日，红塔区一市民到区社会捐赠接收办公室捐赠 200 万元（见图 84）。19 日，玉溪市烟草专卖局（公司）向汶川县捐赠 100 万元。新平仙福钢铁（集团）有限公司及员工捐赠 36.53 万元，云新糖业公司及员工捐赠 20.55 万元。江川县 50 多名老干部组织支部书记、学习组长代表全县 1675 名离退休老干部捐赠 11.75 万元。22 日，元江傣族协会在县城文化广场举行向四川地震灾区献爱心赈灾义演晚会，募集资金 0.8 万元。截至 8 月 13 日，玉溪市共接收救灾捐赠资金 3994.1 万余元，其中市红十字会系统接收 613.4 万余元，市民政系统接收 3380.7 万余元。

图 84 5 月 16 日，玉溪市红塔区一市民捐赠 200 万元（云南省民政厅 提供）

保山市捐赠活动 5 月 13 日上午，保山市委、市政府向阿坝灾区发出慰问电，向阿坝藏族羌族自治州州委汇捐慰问金 20 万元。同日，市民政局向全市发出开展救灾捐赠公告，市本级和五县（区）全面开展救灾捐赠活动，募集资金物资，支援地震灾区。截至7月20日，保山市共接收救灾捐赠资金838.16万元，其中隆阳区352.41万元、腾冲县370.97万元、龙陵县39.39元、昌宁县75.39万元。

昭通市捐赠活动　5月12日，昭通市委、市政府召开抗震救灾工作会议，部署全市开展抗震救灾捐赠活动。民政局负责抗震救灾捐赠工作。截至2009年8月26日，昭通市共接收捐赠资金1803.66万元、白糖100吨、食品及矿泉水1216件、衣物4936件（箱、床）。

丽江市捐赠活动　5月14日，丽江市委、市政府召开抗震救灾紧急会议，部署全市抗震救灾捐赠工作。17日，市委、市政府召开支援四川地震灾区抗震救灾工作会议，成立市支援四川地震灾区抗震救灾工作协调领导小组，负责全市抗震救灾工作。同日，市委、市人大常委会、市政府、市政协机关组织干部职工举行"心系四川地震灾区"捐赠仪式，共捐赠107.5万元。古城区政府捐赠56.37万元；玉龙县捐赠30多万元。22日，市委、市政府举办"汶川、丽江两地情"赈灾义演，现场募集资金406.39万元。24日，市总工会组织全市全国劳模、五一劳动奖章获得者及省部、市级劳模100多人捐赠5.45万元。截至10月，丽江市共接收救灾捐赠资金和物资折价2260.02万元，其中资金2247.37万元（民政部门接收1810万元、慈善会接收26.1万元、红十字会接收411.27万元）、物资折价12.65万元。

普洱市捐赠活动　5月13日，普洱市委、市政府下发《关于向四川汶川地震灾区捐款的紧急通知》，由市委组织部、市民政局、市红十字会负责抗震救灾捐赠工作。截至9月30日，普洱市共接收救灾捐赠资金1678.71万元，其中市红十字会接收207.09万元、市民政部门接收1471.62万元。

临沧市捐赠活动　5月14日，临沧市委召开常委会议，决定在全市开展抗震救灾捐赠工作，捐赠工作由市民政部门和市红十字会负责组织实施。当日，市民政局和市红十字会下发《关于开展抗震救灾捐赠活动的通知》，组织全面开展救灾捐赠活动，广泛募集资金物资，支援地震灾区。截至9月9日，临沧市共接收捐赠资金1573.47万元，其中民政部门接收699.22万元、市红十字会接收874.25万元。全市共接收捐赠物资折价143.26万元，其中民政部门接收物资折价7.15万元、市红十字会接收物资折价136.11万元。

德宏傣族景颇族自治州捐赠活动　5月14日，德宏傣族景颇族自治州州委、州政府向阿坝藏族羌族自治州发出慰问信，并汇捐20万元。潞西市政府向汶川县汇捐15万元。同日，州民政局、州红十字会通过新闻媒体发布捐赠倡议书，公布接收救灾捐赠地点及账号。15日，州政府举行抗震救灾捐赠仪式，州直各行政机关、企事业单位、学校纷纷开展救灾捐赠活动。25日，州民政局、州红十字会举行抗震救灾赈灾义演，现场募集资金79.38万元。截至10月14日，德宏傣族景颇族自治州共接收捐赠资金和物资折价1605.72万元，包括资金1590.46万元、物资折价15.26万元。其中，民政部门接收捐赠资金176.87万元、捐赠物资折价1.51万元，红十字会接收捐赠资金1413.59万元、捐赠物资折价13.75万元。民政部门接收的捐赠款物于7月底前全额汇缴、调运省民政厅；州红十字会除救助家在地震灾区农民工的返乡交通费2.6万元外，其余资金全额汇缴省红十字会，接收捐赠物资经请示省红十字会并征得捐赠者同意后，转赠本省地震灾区使用。

怒江傈僳族自治州捐赠活动 5月13日，怒江傈僳族自治州州委、州政府迅速制定救灾捐赠活动方案，由州红十字会组织开展抗震救灾捐赠活动。全州广播电台、电视台、报刊、网络等新闻媒体，广泛宣传报道救灾捐赠工作情况，动员全州开展救灾捐赠款物活动，支援地震灾区。截至7月，怒江傈僳族自治州共接收救灾捐赠资金431.47万元。其中，州直机关单位接收捐赠112.04万元，兰坪白族普米族自治县接收155.68万元，泸水县接收58.45万元，贡山独龙族怒族自治县接收66.03万元，福贡县接收39.27万元。

迪庆藏族自治州捐赠活动 5月13日，迪庆藏族自治州州委、州政府召开全州机关单位抗震救灾捐赠紧急会议，动员州、县各级组织开展捐赠活动，募集款物，支援地震灾区。州委、州政府从财政列支应急资金20万元，支援抗震救灾。截至9月30日，迪庆藏族自治州民政部门接收救灾捐赠资金和物资折价共计378.19万元，其中资金357.91万元、物资折价20.28万元。

大理白族自治州捐赠活动 5月12日，大理白族自治州州委、州政府研究部署抗震救灾工作，决定开展抗震救灾捐赠活动。州民政局、州慈善会、州红十字会成立救灾捐赠办公室，组织开展抗震救灾捐赠活动。同时，通过广播、电视、报刊等新闻媒体向社会发布赈灾捐助倡议书，公布接收捐赠办公室地址、捐赠电话、联系人员、收款单位、开户银行、捐赠账号，招募青年志愿者460余人参加救灾捐赠工作。18日，州民政局、州慈善总会、州红十字会、州电视台等单位联合举办"情系灾区、爱在大理"公益赈灾义演，现场募集资金160多万元。24日，州红十字会举行"凝聚大理情、爱心献汶川"社会赈灾募捐义演活动，现场募集资金59.76万元。31日，州红十字会组织下关少儿艺术团、市电视台、杨杨艺术培训班等小朋友进行募捐义演，现场募集资金7.82万元。截至7月20日，大理白族自治州接收捐赠资金和物资折价共3464.15万元，其中资金3398.85万元、物资折价65.3万元。

楚雄彝族自治州捐赠活动 5月12日，楚雄彝族自治州党委组织召开抗震救灾会议，决定开展抗震救灾捐赠活动，同时部署全州抗震救灾捐赠工作，成立州民政局灾情核查组、社会捐赠接收组。各县市民政部门统一设立捐赠款物接收处，负责各县市抗震救灾捐赠工作。截至8月21日，楚雄彝族自治州接收捐赠资金1406.32万元、衣物607件。其中，州民政局接收捐赠资金319.35万元、衣物42件；双柏县民政局接收捐赠资金57.17万元；牟定县民政局接收捐赠资金54.65万元；南华县民政局接收捐赠资金120.67万元；姚安县民政局接收捐赠资金74.99万元；大姚县民政局接收捐赠资金180.67万元；永仁县民政局接收捐赠资金68.58万元；元谋县民政局接收捐赠资金144.59万元、衣物3件；武定县民政局接收捐赠资金193.19万元、衣物211件；禄丰县民政局接收捐赠资金192.46万元。

红河哈尼彝族自治州捐赠活动 地震发生后，红河哈尼彝族自治州州委、州政府决定大力开展募捐活动，支援灾区。5月14日，红河哈尼彝族自治州州政府向阿坝藏族羌族自治州慈善总会汇捐20万元。州民政局、州红十字会转发省民政厅、省红十字关于组织捐赠活动的紧急通知，向社会公布接收捐赠地点、捐赠电话、账号，印发倡议书、呼吁书。同日，州红十字会与州直机关工委下发《在州级机关开展向四川"5·12"地震灾区赈灾募捐活动的紧急通知》。15日，在州行政中心广场举行募捐活动，募集资金121.76万元。截至10月31日，红河哈尼彝族自治州共接收捐赠资金 3460.26 万元，其中民政部门接收 2091.47 万元、红十字会接收 1368.79 万元。

文山壮族苗族自治州捐赠活动 5 月 14 日，文山壮族苗族自治州州委、州政府研究部署抗震救灾工作，决定由民政局、州红十字会、州委组织部负责抗震救灾捐赠工作，广泛动员社会各界，募集资金物资，支援地震灾区。截至 10 月 14 日，文山壮族苗族自治州共接收抗震救灾捐赠资金 3004.42 万元，其中州捐赠办公室接收 1370.44 万元，州红十字会接收 964.5 万元，州委组织部收缴“特殊党费”669.48 万元。接收捐赠物资折价 20.58 万元。

西双版纳傣族自治州捐赠活动 5 月 14 日，西双版纳傣族自治州州委、州政府部署抗震救灾工作，决定在全州开展救灾捐赠活动，州民政局成立汶川特大地震接收捐赠办公室，负责全州救灾捐赠工作。同日，州委、州政府机关组织救灾捐赠活动，募集资金 5.79 万元。16 日，州直机关企事业单位捐赠 155.86 万元。当晚，州委、州政府举行抗震救灾捐赠义演晚会，现场募集资金 9.33 万元、10 港元。17 日，州委宣传部、州民政局举行抗震救灾献爱心募捐义演，现场共募集资金 19.41 万元、1000 港元、16 美元。截至 10 月 14 日，西双版纳傣族自治州接收捐赠资金和物资折价共计 1252.17 万元，其中资金 1219.91 万元、物资折价 32.26 万元。

四 企业捐赠活动

在救灾捐赠活动中，中央驻滇单位企业、省属企业及其他企业积极捐赠款物，支援地震灾区。截至 10 月 24 日，云南省共接收 41 家中央驻滇单位、企业捐赠 2000 多万元。其中，中船重工集团 750 试验场捐赠 30 万元、集团公司捐赠 30.26 万元，昆明中铁集团公司捐赠 46.64 万元，兵器工业集团二一一研究所捐赠 52.19 万元，昆明铁路局捐赠 304 万元，东航云南分公司捐赠 67.5 万元，十四冶建设集团有限公司捐赠 73.5 万元，中国移动云南有限公司捐赠 86.9 万元，云南省国防科工办捐赠 117.88 万元，富滇银行捐赠 137.67 万元，昆明船舶设备集团有限公司捐赠 150 万元，红云烟草集团有限公司捐赠 180 万元，云南华能澜沧江水电有限公司捐赠 300 万元；共 33 家中央及省外驻滇单位捐赠衣物 19120 件、毛毯 50 床、大米 30 吨。天波通信公司捐赠通信设备折价 11 万元，中储粮总公司云南分公司捐赠大米折价 10.8 万元。

云南企业界捐赠方面，云南方舟集团捐赠资金 20 万元、价值 25 万元的珍茗金龙矿泉水 1 万箱，昆明神农汇丰化肥有限责任公司捐赠资金和物资折价 30 万元，云南世博集团有限公司捐赠资金和物资折价 30 万元，云南潮汕总商会捐赠资金和物资折价 30 万元，昆明金星啤酒有限公司捐赠资金和物资折价 30 万元，云南映象文化产业发展有限公司捐赠资金和物资折价 30 万元，昆明冶金集团总公司捐赠资金和物资折价 31.67 万余元，云南上海商会捐赠资金和物资折价 33.17 万元，中国联通云南分公司捐赠资金和物资折价 35 万元，云南建水锰矿有限责任公司捐赠资金和物资折价 40 万元，中国工商银行云南省分行营业部捐赠资金和物资折价 45.64 万余元，云南煤化集团共捐赠 50 万元，云南国际信托有限公司捐赠资金和物资折价 50 万元，云南国贸阳光房地产开发有限公司捐赠资金和物资折价 50 万元，昆明万裕房地产有限公司捐赠资金和物资折价 50 万元，中国银行云南省分行捐赠资金和物资折价 50 万元，云南中凯集团有限公司捐赠资金和物资折价 50 万元，云南昭通铅锌矿捐赠资金和物资折价 50 万元，云南涌鑫金属加工有限公司捐赠资金和物资折价 50 万元，云南润鑫铝业有限公司捐赠资金和物资折价 50 万元，云南冶金集团进出口有限公司捐赠资金和物资折价 50 万元，云南澜沧铅矿有限公司捐赠资金和物资折价 50 万元，云南永昌铅锌股份有限公司捐赠资金和物资折价 50 万元，昆明有色冶金设计研究院捐赠资金和物资折价 50 万元，昆明冶研新材料股份有限公司捐赠资金和物资折价 50 万元，云南磷化学工业（集团）公司捐赠资金和物资折价 58.56 万余元，昆明滇虹药业有限责任公司捐赠资金和物资折价 60 万元，云南文山斗南锰业股份有限公司捐赠资金和物资折价 60 万元，昆明鸣泉得胜家具销售有限公司捐赠资金和物资折价 60.16 万元，中国邮电工会云南省邮政委员会捐赠资金和物资折价 80 万元，云南机场集团有限责任公司及员工捐赠资金和物资折价 80.3 万余元，中国建行云南省分行捐赠资金和物资折价 84.1 万余元，云南省律师协会捐赠资金和物资折价 81.89 万余元，昆明理工大学及师生捐赠资金和物资折价 82.36 万余元，红塔烟草（集团）有限责任公司工会捐赠资金和物资折价 98.89 万余元，云南铜业有限公司捐赠 100 万元，红云集团捐赠资金和物资折价 100 万余元，昆明城建房地产股份有限公司捐赠资金和物资折价 100 万元，云南驰宏锌锗股份有限公司捐赠资金和物资折价 100 万元，云南铝业股份有限公司捐赠资金和物资折价 100 万元，云南三环中化嘉吉化肥有限公司捐赠资金和物资折价 100 万元，云南天宁矿业有限公司捐赠资金和物资折价 100 万元，云南磷化集团有限公司捐赠资金和物资折价 100 万元，云南盐化股份有限公司捐赠资金和物资折价 100 万元，云南省冶金集团分公司捐赠资金和物资折价 134.66 万余元，云南俊发地产有限责任公司捐赠资金和物资折价 150 万元，云南冶金集团总公司捐赠资金和物资折价 170 万元，云天化集团有限责任公司工会捐赠资金和物资折价 194.9 万余元，昆明中如贸易有限公司捐赠资金和物资折价 217.82 万元，云南云天化股份有限公司捐赠资金和物资折价 229 万余元，云南云天化国际化工股份有限公司捐赠资金和物资折价 237 万余元，云南省农村信用社联合社捐赠 298.81 万元，云天化集团有限责任公司捐赠资金和物资折价 300 万元，云南省烟草专卖局（公司）捐赠 2000 万元（见图 85），云南云河药业

图 85　云南省烟草专卖局（公司）通过云南省红十字会向地震灾区捐款 2000 万元
（云南省民政厅　提供）

有限公司捐赠药品折价 100 万余元，云南鸿翔药业有限公司捐赠药品折价 100 万余元，昆明制药集团股份有限公司捐赠药品折价 100 万余元，昆明圣火药业集团有限公司捐赠药品折价 101 万余元，云南省药物研究所制药厂捐赠药品折价 101 万余元，云南英和医疗设备有限公司捐赠药品折价 129 万余元，云南大东生物制药股份有限公司捐赠药品折价 160 万元，中国医学科学院医学生物研究所捐赠药品折价 211 万余元，云南大唐汉方药业有限公司捐赠药品折价 250 万余元。

五　社会民众捐赠活动

汶川地震发生后，云南省社会公众通过各种方式表达对灾区群众的关爱之情。（参见图 86）

图 86　5 月 17 日，云南省社会各界踊跃向灾区捐款

（云南省民政厅　提供）

5月16日上午，70多岁的张逸吾、李群芳夫妇在报刊上看到汶川地震灾情后，立即到云南省接收救灾捐赠办公室捐赠1万元。50多年前曾在汶川战斗过的杨胜清老人和家人为灾区购买了价值3.15万元的药品，送到省接收救灾捐赠办公室，并捐赠800元。5岁小女孩陈雅婷，在父亲带领下，抱着心爱的储钱罐，到省接收救灾捐赠办公室捐赠157.82元。

中央电视台播出四川地震灾区急需大量婴儿食品的信息后，云南省的网友们马上通过QQ群，发起为灾区婴儿捐赠物资的活动。活动发起者收到48名网友的捐款后，用捐款购买婴儿配方奶粉70箱，自费联系车辆将这批救灾物资送往四川灾区。女企业家何美仪发起给灾区妈妈送爱心的活动。她个人捐赠10万元，并动员朋友、下属单位捐款，购买了价值16万元的妇女用品，送抵四川灾区。

5月21日上午，一位戴着帽子、口罩和手套的男士，到云南省红十字会云南电视台募捐点，匆匆捐赠1万元后便转身离去。后据志愿者回忆，他是一个月前在昆明电视台《街头巷尾》节目中报道的曾在省第一人民医院住院的白血病患者。同日，玉溪市红塔区民政局接收市民个人捐赠200万元。昆明市631名自主择业的军队转业干部捐赠17.1万元。昆明王旗营蔬菜批发市场摊主捐赠2.17万元。昆明机场工作人员转交昆明机场过境旅客捐赠的4268.92元、20港元。在社会公众的捐赠中，省红十字会接收捐赠资金1万元以上的有129人（次），其中刘晚霞、吴永春、石磊、马介彰、刘友波等分别捐赠10万元；昆明钟惠培训学校校长邱钟英夫妇捐赠100万元。23日，云南大学附中一位初三老师到省接收救灾捐赠办公室捐赠2万元，说是代他们班正生病住院的兰东蔚同学和她妈妈赵雪捐的款。

六　解放军及武警部队捐赠活动

截至10月24日，驻云南部队捐赠衣物10011件。解放军第7321工厂负责人从电视上看见灾区群众打地铺的情况，组织干部职工加班生产行军床100张捐赠灾区。

第三节　捐赠资金拨付与捐赠物资调运

一　资金拨付

截至8月24日，云南省共接收省内外和国际社会捐赠资金71306.21万元。其中，全省民政部门接受37106.26万元，全省慈善会系统接受2444.81万元，省红十字会接受30255.14万元，其他单位接受1500万元。截至2009年8月3日，云南省共支出60858.54万元，结存10447.67万元。结存资金用于灾后重建。另外，云南省委组织部收缴“特殊党费”20457.37万元，于12月29日全额上缴中组部。

二　物资调运

截至 8 月 20 日，云南省接受捐赠物资折价共计 5700.74 万元。省民政厅、省红十字会等有关部门根据灾区需求，通过公路、铁路、航空等运输渠道，及时将物资运往灾区。

5 月 13 日，云南省民政厅紧急调拨救灾棉被 1 万床、衣服 1 万件，经铁路发运四川灾区。14 日 13 时，根据民政部要求，省民政厅紧急调拨救灾帐篷 1500 顶，经航空运输至四川灾区。17 日、18 日，省民政厅调拨价值 120 万元的药品、食品、衣被和通信用品，由昆明申通快递有限公司免费航空运输至四川灾区。至 18 日，省民政厅已累计发送救灾帐篷 1 万顶至四川灾区。

5 月 18 日，云南省委、省政府紧急安排省民政厅、省商务厅、省经委、省红十字会和昆明市，采购价值 559 万元的矿泉水、方便面、火腿肠、饼干、大米、面包、毛毯等物资，通过铁路发往四川灾区。同日，省民政厅调运救灾棉被 2570 床、大衣 800 件、衣服 4000 件，由汽车运送至昭通市的绥江、水富、永善、威信四县。至 24 日，云南省接收救灾捐赠办公室共向四川地震灾区发送帐篷、衣物、药品、医疗器械、通信设备、雨伞、文具、方便食品、大米、食用油、牛奶、矿泉水、茶饮料等灾区急需的物资 1168.6 吨。（参见图 87）此外，至 27 日，云南省众多爱心单位和爱心人士，自发组织了大批救灾物资送抵四川灾区，仅通过省接收救灾捐赠办公室出具运输证明的物资即超过百余吨。

图 87　5 月 18 日，云南省运送救灾物资的车辆艰难地在道路上行驶
（云南省民政厅　提供）

第六篇

非灾区省（区、市）及新疆生产建设兵团赈灾活动

汶川特大地震发生后，北京、天津、河北、内蒙古等26个省（区、市）和新疆生产建设兵团，坚决贯彻中共中央、国务院关于抗震救灾的工作部署，迅速成立了抗震救灾领导机构，统一领导本地区本单位的救灾捐赠工作。各地发动报纸、电台、电视台等众多媒体，及时发布灾区遭受的巨大损失和灾区群众急需的救助物资等信息，大力倡导社会各界向灾区伸出援助之手，通过多种形式向灾区捐款捐物，支援抗震救灾。各地通过开设捐赠热线、公布捐赠账户、设置接收站、开通网上募捐和开展义捐、义演、义卖、义拍等形式，接收社会各界的捐赠。各地在组织社会捐赠的同时，按照中共中央和国务院的通知精神，加强与受灾省市的沟通，加强与航空、铁路、公路、水路部门的联系，组织大量人员和车辆，把救灾捐赠物资运往灾区，保证灾区群众有饭吃、有衣穿、有水喝、有帐篷住、有医生看病治病。

第一章　北京市赈灾活动

第一节　组织领导

一　组织机构

北京市对口支援地震灾区领导小组　6月2日，北京市委、市政府成立了对口支援地震灾区领导小组，中共中央政治局委员、市委书记刘淇任组长，市委副书记、市长郭金龙任副组长。领导小组下设指挥部，常务副市长吉林任指挥。指挥部下设灾后重建联合办公室、救灾办公室。救灾办公室设在市民政局，市教委、市交通委、市商务局、市卫生局等为成员单位。救灾办公室主要负责对口支援和救灾捐赠相关工作。7月1日，指挥部将下设的2个办公室调整为4个办公室和3个分指挥部，即重建办公室、救灾办公室、资金办公室、人力资源办公室和重建规划分指挥部、建设分指挥部、前线分指挥部，增加市红十字会、市青少年发展基金会、市慈善协会为救灾办公室成员。

北京市民政局支援地震灾区领导小组　5月22日，民政部下发紧急通知，确定由北京市对口支援什邡市和陇南市抗震救灾工作。24日，北京市民政局成立支援地震灾区领导小组，局长吴世民任组长，副局长任副组长，救灾处、社会救助处、办公室、计划财务处、市捐赠中心负责人为成员。领导小组下设支援什邡、陇南前线抗震救灾工作组、抗震救灾综合协调组、抗震救灾对外联络组、抗震救灾物资调运组等10个工作组。机构成立后，先后派出两批工作小组奔赴什邡、陇南灾区，深入了解灾情和需求。

二　组织发动

5 月 12 日，北京市委、市政府召开专题会议，通报有关震情，号召全市各界紧急行动起来，援助四川地震灾区。同日，北京市委、市政府向四川省委、省政府发出慰问电，并捐赠 300 万元。13 日，刘淇主持召开市委、市人大常委会、市政府、市政协主要负责同志碰头会，专题研究支援抗震救灾工作。市政府根据有关法规，指定市红十字会、市慈善协会、北京青少年发展基金会和市、区（县）接收救灾捐赠中心为募捐接收单位，市接受救灾捐赠事务管理中心（以下简称市捐赠中心）为物资接收和发运单位，市红十字会为捐赠药品接收单位。14 日，市委常委会专题会议决定，再向灾区捐赠 1000 万元，并继续组织首都各界的捐赠活动。

5 月 12 日，北京市红十字会发出“汶川救援行动”倡议，通过北京交通台直播，呼吁全社会开展募捐活动，并开通“999 捐赠热线”，公布捐赠账户，设置募捐接收站，出动募捐车，开通网上募捐，当日接收捐赠资金 50 万元。到 13 日 8 时 5 分，接收捐赠资金 200 万元，并于当天 9 时将接收的捐赠资金拨付四川灾区。此外，市红十字会备灾救灾服务中心坚持 24 小时值班，随时接收、转运救灾物资。

5 月 13 日，北京市民政局通过首都慈善公益组织联合会发出倡议，在全市开展“捐赠十元钱、爱心送汶川”的紧急募捐活动。市红十字会、市慈善协会、市捐赠中心、北京青少年发展基金会及 18 个区（县）接收捐赠站点，依托市、区（县）、街道（乡镇）、社区四级经常性社会捐赠服务网络，向社会公布接收捐赠热线电话、银行账号、现场接收捐赠地点等信息，24 小时接收救灾捐赠。28 日，市民政局下发《关于加强支援四川抗震救灾社会捐赠款物管理工作的通知》，明确首都慈善公益组织联合会为全市捐赠款物的接收单位，其他部门和社会组织一律不得接收社会捐赠。通知要求，市捐赠中心等 4 家接收单位要制定严格的工作程序，保障接收捐赠工作安全高效。10 月 17 日，市民政局下发《北京市对口支援地震灾区捐赠资金管理暂行办法》，要求对口支援地震灾区救灾捐赠资金要依照《救灾捐赠管理办法》等有关法律、法规和章程的规定使用，坚持尊重捐赠者意愿和政府引导相结合的原则，按照本市对口支援地震灾区救灾和恢复重建规划的总体要求统筹安排。

北京市委、市政府领导高度重视抗震救灾工作。5 月 14 日、21 日、28 日，刘淇 3 次主持召开市委常委会，对抗震救灾工作进行再动员和部署。15 日，在全市“抓党建、促奥运”经验交流座谈会上，刘淇特别强调，要进一步动员一切力量，全力支援抗震救灾。时值奥运火炬在国内传递，北京市委、北京奥组委迅速研究决定，当奥运火炬在北京传递时，用默哀一分钟、设立募捐箱、悬挂抗灾标语等方式，把群众参与奥运圣火传递的热情与抗震救灾的实际行动有机结合起来，并缩减规模、调整线路、注重简朴、节省经费，以支援灾区。郭金龙于 13 日、19 日、27 日分别召开市政府专题会、市长碰头会、市政府常务会议，研究部署支援抗震救灾工作。26 日，北京市委、市政府向四川、甘肃、陕西三省发出慰问电，并向四川灾区再捐赠 700 万元，向甘肃、陕西两省灾区各捐赠 500 万元。6 月 21 日，刘淇带队赴什邡了解灾情，慰问受灾群众，部署援建相关工作。7 月 17 日，常务副市长吉林与甘肃省常务副省长冯健身座谈救灾工作。座谈会后，北京市从接收救灾捐赠资金中列支1亿元，用于支援陇南地震灾区学校、医院、福利设施等项目建设。25日，市对口支援地震灾区指挥部下发《关于做好对口支援地震灾区恢复重建项目和资金管理工作的通知》。

10月9日，北京市启动“捐赠衣被温暖灾区”募捐月活动，活动以捐赠新衣被为主，捐款为辅，同时还捐赠闲置的电视机、电脑等。全市干部群众纷纷响应，把家里的棉衣棉被捐献出来。有的群众家里没有棉衣棉被，就到厂家定做棉被，到商场购买羽绒服、保暖棉服，或自己买来新棉花亲手缝制棉被，捐赠灾区。很多人还将祝福的纸条夹在棉衣被中，鼓励灾区人民振奋精神重建家园。19日，郭金龙与刘奇葆、蒋巨峰就共同开展救灾工作进行座谈。根据座谈会精神，北京市集中募集的92万件棉衣被，于25日发送什邡灾区；29日，又从全市接收救灾捐赠资金中列支1亿元拨付什邡，用于受灾群众过冬物资准备及生活安置。随后，市政府将民政部下拨的中央级接收救灾捐赠资金2.92亿元，分两批全部拨付市建委，用于为灾区购建过渡安置房。

5月中旬，北京市民政局根据民政部确定北京市承担生产帐篷1.1万顶的任务，深入4家企业检查督导。生产厂家科学安排，抓紧生产（见图88），按要求于6月20日前将帐篷分批运往灾区。

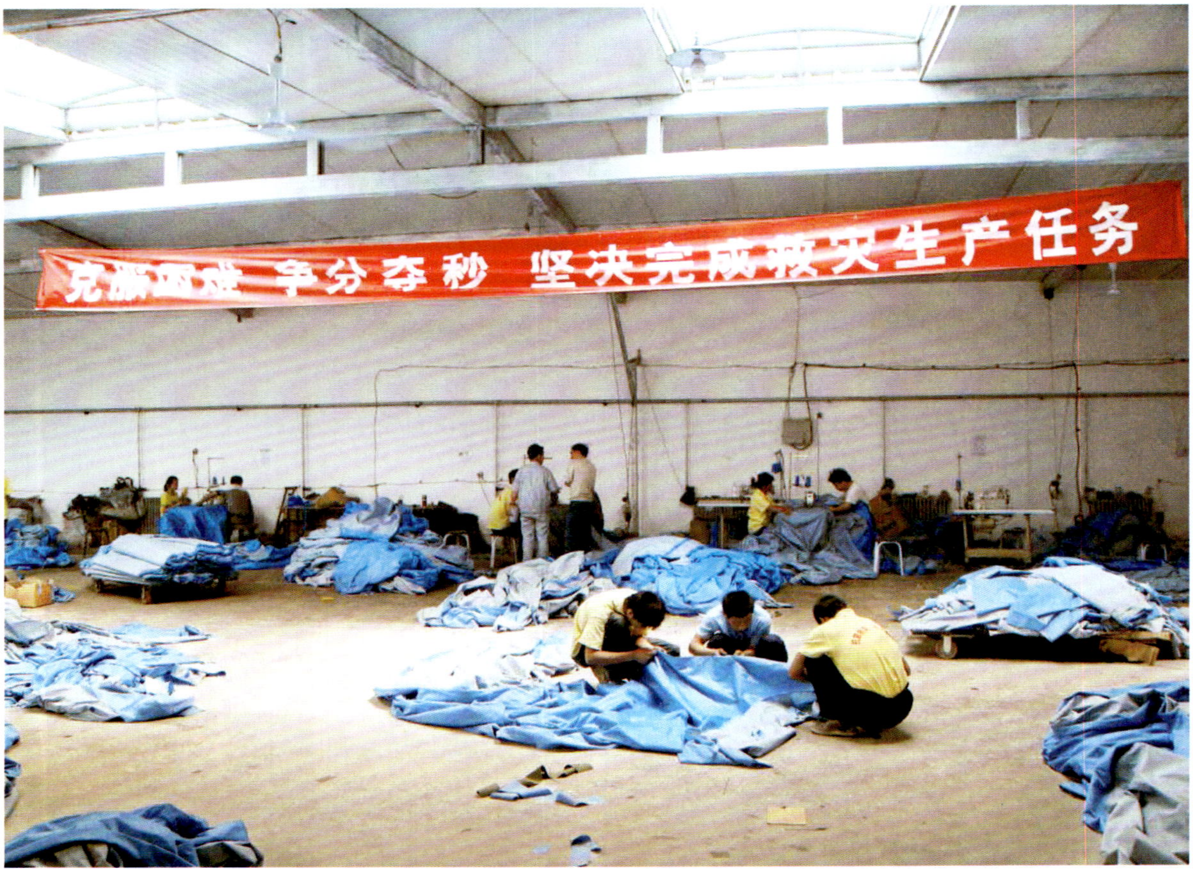

图88 北京市生产厂家抓紧时间生产救灾帐篷

（北京市民政局 提供）

第二节　捐赠活动

一　党政机关及直属单位捐赠

在汶川地震抗震救灾捐款活动中，北京市委、市人大常委会、市政府、市政协领导和机关干部职工积极参加捐款活动，支援抗震救灾。

北京市委组织部组织收缴“特殊党费”　北京市党员响应中共中央号召，落实中组部的精神，主动通过各种渠道交纳“特殊党费”。市委、市人大常委会、市政府、市政协机关及直属单位党员共交纳“特殊党费”391.8 万元。截至 12 月 30 日，全市党员共交纳“特殊党费”34771.73 万元，其中有 132480 名党员交纳“特殊党费”在 1000 元以上。

北京市委宣传部组织募捐活动　北京市委宣传部召开会议并下发通知，要求有关部门和单位通过举办赈灾义演义卖等公益活动为灾区募捐。各单位积极响应。5 月 14 日晚，共青团北京市委、市青联等单位在北京举办首场赈灾义演——首都音乐家慈善义演音乐会，郎朗、张也、吕思清、戴玉强、殷秀梅等艺术家登台献艺，现场募集资金 1179.79 万元。在首都剧场上演曲剧《北京人》和话剧《两个人的法式晚餐》的两剧组，将首场演出收入 6.3 万元捐赠德阳灾区。市捐赠中心与有关部门联合举办了“托起明天的太阳赈灾晚会”“爱心直通车”等 5 次较大规模的捐赠活动。北京电台等单位组织“爱心航线”和“爱心新干线”募捐活动，共接收社会各界捐赠物资 2000 余吨。这些物资都很快被运往四川灾区。

5 月 24 日，北京晚报社在都江堰、彭州等重灾地区发起“为灾区人民送上热饭”赈灾活动。北京晚报社主办，北京烹饪协会协办，京城数十家美食联盟餐饮会员企业自发组成“北京餐饮赈灾救助团”分批次进入灾区，用自筹资金购买米面、肉菜、帐篷、厨具等生活物资和其他用品，在都江堰、彭州等地建立餐饮救助站 3 个，开设送餐点 6 个，每日为近 7000 人免费提供饭菜。北京青年报社与北京青少年发展基金会、中华思源工程扶贫基金会联合发起“抗震救灾基金”捐款行动，刊发公益广告 42 版，介绍灾区情况和灾区需求，倡导募捐，募集资金 1772.1 万元。市慈善协会与北京电视台“七日七频道”栏目组组成流动募捐车，绕城一周进行募捐，以满足部分市民急切捐款的需求。6 月 21 日，由北京近 30 家媒体发起“小书包、传爱心”活动，为灾区少年儿童募集文具。至 27 日活动结束，市捐赠中心共接收图书 1.5 万册、书包 240 个、纸质笔记本 3569 本，折价 33 万余元。31 日，这批图书和学习用品被发往陇南灾区。

北京市委统战部组织捐赠活动　北京市委统战部组织统一战线系统广大干部职工和非公有制经济人士及部分海外华侨华人募集资金和物资折价共计 2.67 亿元。

北京市建委组织捐赠活动　北京市城乡建设委组织所属市、区县两级建设房管行政管理部门共捐赠资金 294.1 万元，大型集团公司捐赠 2430 万元，行业各协会捐赠 20.6 万元；建筑施工、板材生产等企业捐赠资金和物资折价8000余万元；北京建工、城建、北辰、市政路桥、中建一局、金隅、新兴、中建二局等集团公司捐赠资金和物资折价近5000万元，全市、区县建委系统捐赠资金和物资折价近2亿元。

北京市教委组织捐赠活动 5月13日，北京市教委下发《关于做好教育系统师生员工参与抗震救灾相关工作的通知》，倡导教育系统开展捐款、捐物、献血等活动。各教育机关教职员工、广大学生等积极响应，踊跃捐款捐物。六一儿童节前夕，市教委与北京电视台、团市委和中国青少年发展基金会等单位共同举办“托起明天的太阳——献给灾后第一个儿童节”大型募捐活动，募集资金和物资折价共8000余万元，并紧急采购7种型号的教学和生活帐篷50顶支援四川灾区学校；为灾区学校募集中小学教学辅导图书1万余册，作为送给灾区小学生的六一节礼物。截至7月20日，全市教育系统募集捐赠资金和物资折价2.22亿元。

二 工商联、人民团体、社会组织捐赠活动

北京市工商联开展捐赠活动 5月16日，北京市工商联会同市光彩会、市非公有制经济人士联谊会，联合举行“万众一心·众志成城——北京非公企业抗震救灾捐赠仪式”，现场27家企业认捐619.68万元。截至6月4日，全市非公有制企业共向地震灾区捐赠18735.27万元，捐赠物资折价6055.75万元，捐赠资金和物资折价总计24791.02万元。其中，18个区（县）工商联组织非公企业捐赠资金和物资折价23655.37万元，市工商联捐赠资金和物资折价512.52万元，市工商联直属商会捐赠资金和物资折价623.13万元。

北京市人民团体开展捐赠活动 北京市总工会于5月15日下发通知，号召全市各级工会和广大职工通过各种形式筹集救灾资金和物资。18日，市总工会紧急募集棉被1万床、毛巾被1万床、床单1万件、军用蚊帐1万件，并快速送达四川灾区。19日，市总工会干部职工捐赠181.84万元；全市各行业劳动模范和先进集体代表1000余人响应市总工会的号召，到市总工会捐赠249.84万元。市总工会机关系统党员交纳“特殊党费”、捐赠资金49.35万元。截至9月1日，全市各级工会组织及其职工募集资金和物资折价共计25034.8万元，其中会员捐赠资金和物资折价339.8万元，社会各界捐赠资金和物资折价24595万元，工会经费捐赠资金和物资折价100万元。

北京市妇联于5月22日举办“为了灾区的母亲和孩子奉献我们的爱——首都各界妇女救助四川灾区妇女儿童募捐活动”，活动共募集资金和物资折价1229万元。同时，市妇联与市青少年发展基金会联合举办了“首都儿童和灾区儿童心连心”抗震救灾捐赠活动，募集资金8.58万元，募集物资折价8.5万元。

北京市残联组织本系统干部职工开展抗震救灾捐赠活动，共募集资金43.3万元。同时，市残联协同市卫生部门做好地震伤员的接收、安置、救治和康复工作。6月14日，市盲人指导中心向全市盲人保健按摩机构和从业人员发出“情系灾区·我们行动”的倡议书，全市191家盲人保健机构和793名盲人共捐赠101.755万元，捐赠物资折价1万元。

北京市社会组织捐赠活动 北京市红十字会共募集资金40532.5万元。市慈善协会募集资金

5595.73万元。首都公益慈善联合会于5月13日率先向全市发出募捐倡议，并赶制“爱心登录榜”海报6万张和“爱心贴”20万个发往全市各捐赠站点。首都慈善公益组织联合会与北京市商业联合会发出紧急倡议，并于25日在全市开展“北京商界为灾区重建家园义卖创收一日捐”活动，参加活动的单位捐出当日销售额9479.18万元中的427.47万元；27日，首都慈善公益组织再次在全市范围内开展“捐赠十元钱、爱心送汶川”活动，活动以各区县为单位，以捐赠资金为主，同时为灾区群众募集帐篷、活动房屋、灶具、雨衣等物资。至6月10日，全市1186家社会组织成员参与志愿服务1089人次，捐赠资金和物资折价5.89亿元，其中社会组织自身捐赠物资3.52亿元、社会各界捐赠资金和物资折价2.37亿元。截至10月14日，首都慈善公益组织联合会联合各会员单位接收捐赠资金和物资折价共计7.14亿元。

北京青少年发展基金会联合北京青年报社等单位，紧急启动“抗震助学重建校园”计划，开展多种形式的救灾捐赠活动，共募集资金8277.78万元。

三　各区县捐赠活动

截至12月30日，北京市各区县接收捐赠资金和物资折价70223.82万元（见表18），其中资金61691.23万元、物资折价8532.59万元。

北京市各区县接收汶川地震抗震救灾捐赠资金物资情况统计表

表18　（截至12月30日）　单位：万元

单　位	小　计	资金额	物资折价	附　注
东城区	1808.94	1612.96	195.98	—
西城区	4493.61	4081.61	412.00	物资40059件
崇文区	1848.00	1648.00	200.00	物资3万余件
宣武区	894.47	679.66	214.81	—
朝阳区	9911.25	8523.85	1387.40	物资15.28万件
海淀区	8500.10	8500.10	—	—
丰台区	10250.10	6600.10	3650.00	物资约47万件
石景山区	1613.20	1513.10	100.10	—
门头沟区	1631.00	1631.00	—	—
房山区	2500.00	2500.00	—	—
通州区	4290.70	3898.50	392.20	—
顺义区	13126.50	11586.40	1540.10	—
昌平区	2058.49	2058.49	—	—
大兴区	2700.00	2400.00	300.00	—
怀柔区	850.00	820.00	30.00	—
平谷区	1226.05	1226.05	—	—

续表 18

单　位	小　计	资金额	物资折价	附　注
密云县	1272.00	1272.00	—	—
延庆县	1249.41	1139.41	110.00	—
合　计	70223.82	61691.23	8532.59	—

说明：“特殊党费”未纳入统计

四　企业捐赠活动

首都企业界积极响应北京市委、市政府抗震救灾捐赠的号召，踊跃向灾区捐款捐物。截至7月底，捐赠资金和物资折价共计3.55亿元。

5月12日，北京福田汽车股份有限公司向德阳市捐赠30万元。13日，市建工集团公司捐赠138.04万元，此后，又组织劳模先进人物捐赠600万元援建灾区一所职业中学。14日，首都钢铁总公司捐赠1286万余元；北京现代汽车有限公司向参加抗震救灾的武警部队捐赠汽车5辆，向灾区捐赠资金500万元；北京公交集团在全市600余条公交线路的首末车站设立了募捐箱，当日募集资金300万元并转交市民政局。15日，北汽控股公司捐赠350万元；北京奔驰公司捐赠价值100万元的汽车5辆；北京福田汽车股份有限公司捐赠价值80万元的汽车6辆；北汽有限公司捐赠价值120万元的汽车4辆；海纳川公司及所属企业捐赠50万元，全系统职工捐赠资金162万余元。16日，北京二商集团分两批向地震灾区捐赠食品折价249.08万元；三元集团通过“爱心专列”向灾区捐赠价值1000万元的优质牛奶；北京纺织控股公司捐赠手提水囊折价310万元、饮用水折价20万元、止血纱布8箱等物品折价20万元；北京环卫集团捐赠价值70万元的环卫专用车5辆；一商集团北京七彩枫叶商业有限公司捐赠物资折价160余万元，并运往灾区；中国移动北京分公司捐赠药品及防护品等28箱，18日又捐赠一台频谱分析仪送往成都；北京京城控股公司所属京城重工和日方合作伙伴共同捐赠价值550万元的汽车起重机3台；北京市政路桥管理养护集团紧急采购价值500万元的公路设备15台运往灾区；华夏银行向地震灾区捐赠2913.28万元，并向受灾的北川学生捐赠助学金20万元；泰康人寿捐赠200万元援建北川、什邡、绵竹、青川、汉源等5所“希望小学”，并通过友成扶贫基金会为派往四川地震灾区的53名医务人员提供每人20万元保额的人身意外保险；双鹤药业向德阳市卫生局捐赠优质抗生素和防疫药品折价560万元；新华保险向公安部消防局派出的第一批1000余名救援官兵，赠送2.5亿元保险额的人身意外保险。19日，北辰实业集团公司向地震灾区捐赠资金和物资折价500万元；北京市重点特色商业街通过捐款、义卖和捐赠物品等形式支援灾区，至20日，南锣鼓巷、南新仓、什刹海烟袋斜街、红桥市场、世贸天阶、秀水街市场、北京古玩城、潘家园旧货市场等特色商业街的管理单位、职工、商户和相关协会捐赠资金和物资折价386万元；北京控股集团公司、北京铁路局向四川地震灾区再次捐赠980万元和484万元；诺基亚通过合作伙伴四川移动，捐赠价值300万元的手机和物资送往灾区，并组建志愿者团队、手机充电维修车和医疗队赶赴灾区服务。至23日，市商业联合会、各区（县）商业联合会及其所属300余家会员单位捐赠资金和物资折价共计15255.88万元。5月23日至6月10日，北京新华百货联合中国儿童少年基金会举办“关爱儿童救助灾区”大型募捐销售活动，活动期间，新街口新华百货携手各大品牌生产厂家，全场进行5折促销，将销售额的10%捐赠给灾区用于学校重建、救助受灾儿童。5月25日，北京商界举办“为灾区重建家园义卖创收一日捐”活动（见图89）。截至9月，北京电子控股公司为灾区捐赠674.65万元。

图89　5月25日，北京商界举办“为灾区重建家园义卖创收一日捐”活动

（曹欣　摄）

五　社会民众捐赠活动

北京市社会民众积极捐款捐物，奉献爱心。（参见图90）5月12日下午，海淀区复兴路83号院社区的居民们率先自发举行捐款活动，现场募集资金4万余元。16日，北京新发地市场将20周年落成庆典变为地震灾区募捐义演活动，现场共募集资金69万余元。其中，一家残疾人商户捐赠出自己一个月利润款1万元。朝阳区南新园社区联合优品国际社区、可创铭佳艺苑等单位，举办“赈灾有我·众志成城”抗震救灾大型慈善活动，共筹集资金150余万元。20日，一对中年夫妇到红十字会捐赠办公室捐赠100万元，仅留下“一滴水”的签名。21日

上午，一位76岁老大妈到石景山区金顶街街道办事处捐赠7000元，执意不肯留名。经了解，该老人每月仅有700元的生活费，这笔捐款是她3年省吃俭用积攒下来的。同日，正在紧张筹备北京残奥会开幕式节目表演的北京市残疾人艺术团的50名演员和工作人员，在集训基地举行为汶川地震灾区祈福捐款活动，有的残疾小演员捐赠出参加集训的全部补贴。聋哑人小演员刘爱思家境贫寒，平日不舍得花一分钱，但她把所有的补助都投入了捐款箱。22—25日，“好运北京”中国田径公开赛在北京“鸟巢”国家体育场举行，场地里设置了捐款箱，共接收捐赠资金13万元。6月1日，崇文区七旬老人李君兰，捐出亲友为其祝寿的礼金4.41万元。大兴区西红门无业居民、临产孕妇潘玉萍，冒雨赶到捐赠点捐款500元后，又购买一床棉被捐赠给灾区。北京市兴海隆华再生资源市场从事废品收购的外来务工者200余人，从他们微薄收入中捐出1.095万元。良乡华龙市场个体商户张付文，16日捐款1000元，18日再次捐款1万元。一位未留姓名的江苏籍农民工经过北京市慈善协会办公地点时看到募捐广告，立即到慈善协会捐了200元。市社科院退休研究员邓亦兵，孤身一人且身患癌症，毅然从医药费中拿出2000元捐赠灾区。

图90　北京市小朋友为地震灾区捐赠款物，奉献爱心

（北京市民政局　提供）

第三节　捐赠资金拨付与捐赠物资调运

一　资金拨付

截至2009年8月1日，北京市共接收社会捐赠资金22.49亿元。其中，直接接收15.08亿元，全市部分单位向中央在京及其他接受单位捐款和直接向灾区捐款共计7.41亿元。

北京市民政局（市捐赠中心）共接收社会各界捐赠资金48260.33万元，对口支援支付什邡市35931.13万元，支付四川、甘肃灾区12329.2万元，捐赠资金无结余。

北京市红十字会共接收社会捐赠资金40532.5万元，支付什邡市30070.36万元，支付四川、甘肃灾区10462.14万元，捐赠资金无结余。

北京市青少年发展基金会共接收社会捐赠资金8277.79万元，支付什邡市6400万元，支付四川、甘肃、重庆灾区1877.79万元，捐赠资金无结余。

北京市慈善协会共接收社会捐赠资金5595.73万元，支付四川、甘肃灾区5595.73万元，捐赠资金无结余。

朝阳区、丰台区、顺义区、海淀区慈善协会共接收捐赠资金8201.78万元，支付四川、甘肃灾区13个项目8201.78万元，捐赠资金无结余。顺义区、丰台区捐赠中心和其他单位接收捐赠资金39920.24万元，支付甘肃省、四川省项目以及救灾物资运费39920.24万元，捐赠资金无结余。

北京市直接接收资金150788.36万元，支付四川省、甘肃省资金150788.36万元，捐赠资金无结余。

二　物资调运

截至2009年8月1日，北京市共接收救灾捐赠物资折价3.95亿元，均紧急调拨运送到四川、甘肃等地震灾区，捐赠物资无结余。

5月14日凌晨，北京市民政局紧急调运价值2700万元的棉衣被30万件（床），市政府领导到北京大红门火车站现场协调指挥，驻京部队和武警官兵也赶赴现场支援，顺利发出第一趟前往四川灾区的抗震救灾物资专列。

5月16日，北京市民政局紧急调运价值1070.5万元的棉衣被5万余件（床）、装有电池的半导体收音机1万台、饮用水2万箱、食品1万箱、药品1416箱、帐篷70顶及各类生活用品2万箱，发出第二趟救灾专列前往四川灾区。

5月20日，北京市民政局紧急调运价值6018.17万元的帐篷1414顶、食品6.5万箱、药品302箱、棉衣17.54万件、棉被2.32万床、卫生车和移动厕所21台、矿泉水7.58万箱、口罩及其他物品7.74万个，发出第三趟救灾专列“抢”948次前往四川灾区。

5 月 21 日，北京市民政局紧急调运装载车、吊车、挖掘机等重型机械设备 49 台，以及帐篷、食品等灾区急需物品，刘淇、郭金龙等领导到火车站参与装运。当日，发出第四趟救灾专列前往四川灾区。

5 月 25 日，北京市民政局调运价值 6867 万元的节能屋 100 套、食品 8.88 万箱、药品 4325 件、瓶装水 4916 箱、帐篷 1626 顶、棉衣 50.2 万件、棉被 1.26 万床及其他所需的各类生活用品，发出第五趟救灾物资专列“抢”10675 次前往什邡灾区。

6 月 12 日，北京市民政局调运价值 6590932.4 元的救灾物资，发出第六趟救灾专列前往四川灾区。

北京市还向灾区运送了大批其他救灾物资。

第二章　天津市赈灾活动

第一节　组织领导

一　组织机构

5 月 13 日，天津市委召开常委扩大会议，决定开展抗震救灾捐赠活动。15 日上午，天津市委再次召开常委扩大会议，决定成立天津市支援灾区抗震救灾协调领导小组，副市长只升华任组长，市应急办公室、市民政局、市公安局、市卫生局、市慈善协会、市红十字会负责人为成员，领导小组下设办公室。办公室设在民政局，局长张中华兼任办公室主任，办公室下设社会捐赠组、综合协调组、信息报道组。协调领导小组负责社会捐赠资金、物资的监督管理，救灾物资转运的联络、协调工作，加强与民政部的沟通、协调，及时了解掌握国家赈灾工作的重大部署，并及时向市委、市政府报告工作情况；社会捐赠组负责全市救灾捐赠资金和物资的接收、储存和管理，安排救灾物资的转运；综合协调组负责资金和物资的下达、统筹、协调以及车辆、资金等保障工作；信息报道组负责全市接收捐赠、物资转运等信息的收集、汇总、上报，相关新闻采访的联络以及阶段性工作的总结。当日下午，协调领导小组召开第一次小组会议，提出“建立制度、高速运转、昼夜值班、及时调度，灾区人民需要什么我们就支援什么”的要求。

协调领导小组成立后，先后下发了《关于为四川地震灾区募集棉被的紧急通知》《关于进一步做好支援地震灾区工作的通知》《关于紧急募集帐篷的通知》《关于做好救灾捐赠款物管理使用的紧急通知》等 18 个文件，指导救灾捐赠工作。

二 组织发动

从5月12日至6月3日，中共中央政治局委员、天津市委书记张高丽主持召开了3次市委常委扩大会议、1次市委常委会议，研究部署抗震救灾工作。其中，他两次听取了市协调领导小组关于全市抗震救灾工作情况的汇报，要求把抗震救灾工作作为当前最重要、最紧迫的任务，全力完成好。同时他多次批示强调，灾区人民需要什么，就尽最大努力支援、提供什么。

5月13日，天津市民政局下发《关于转发〈民政部关于组织开展向地震灾区捐赠工作的通知〉的通知》；市直机关工委下发《关于在市级机关开展向汶川地震灾区献爱心捐款活动的通知》，并在市级机关开展向汶川地震灾区献爱心捐款活动；市红十字会、市慈善协会和市接收救灾捐赠工作站将地址和捐赠热线在新闻媒体上公布，公开承诺24小时昼夜值班，服务捐赠。当日16时30分，市民政局紧急召开各区县民政局长和救灾科长会议，部署抗震救灾捐赠工作。会议决定，从即日开始，市民政局党组实行24小时值班制度。14日，市民政局下发《关于加强救灾捐赠资金和物资管理的紧急通知》，要求建立监管机制，加强对社会捐赠款物的监督和管理。

5月22日，天津市委召开常委会，张高丽对抗震救灾工作提出5点要求：要把思想认识行动高度统一到中央的精神上来，坚决贯彻落实中央政策部署；要继续做好赈灾款物的募集工作，积极筹集灾区急需的帐篷、衣被、粮食、食品、饮用水、药品等各种物资，抓紧调运，尽快送往灾区；调整充实市级抗震救灾队伍，热情关心奋战在一线的抗震救灾人员；要主动参与灾后重建工作，组织力量协助搞好规划、设计与施工，优质高效地完成本市承建的8万套板房住宅建设任务；开展多种形式的救助活动，充分发挥人民团体、群众组织的优势，动员社会各界献爱心。

5月24日，天津市民政局下发《关于继续做好支援抗震救灾工作的通知》。通知强调，要把抗震救灾作为当前的头等任务抓紧抓好，全力做好救灾捐赠工作。同日，张中华等考察本市帐篷生产厂家，指导督察生产质量和进度。

5月26日，天津市委副书记、市长黄兴国主持召开天津市政府第八次常务会议，张中华参加会议并汇报抗震救灾和救灾捐赠情况。会议研究确定了下一阶段社会捐赠的重点，进一步布置了救灾捐赠工作。

5月30日，中央办公厅秘书局编发的《信息综合专报》（四川汶川县地震情况及抗震救灾工作）第541期，刊登了《天津市精心组织做好支援灾区和对口帮扶工作》一文。张高丽就此批示："这是中央对天津做好支援灾区和帮扶工作的肯定……我们要更加扎实地做好各项工作，绝不辜负中央的希望。"

6月2日，张高丽主持召开天津市委常委扩大会议，研究通过《关于节约行政经费开支支援抗震救灾的意见》。12日，天津市召开支援抗震救灾工作暨表彰先进党组织、优秀共产党员会议。天津市委下发《关于表彰支援抗震救灾先进党组织、优秀共产党员的决定》。市委办公厅、市政府办公厅下发《关于节约行政经费开支支援抗震救灾的通知》，要求全市各级党政机关和国有企事业单位都要压缩经费开支，用于支援灾区；年内市级机关压缩经费10%，其中包括办公用房、公务用车等专项购置经费和出国经费、会议费、差旅费、接待费等专项业务经费。预计年内节约资金 5000 万元，计划全部用于支援抗震救灾。

6 月 17—19 日，张高丽、黄兴国率天津市党政代表团访问汉中等重灾区，捐赠价值 2800 万元的救灾物资，并与当地领导进行座谈。

6 月 4 日，天津市政府办公厅下发《天津市对抗震救灾重要物资实行临时价格干预措施的实施办法》，规定对为生产地震灾区抗震救灾过渡安置房所需主要原材料的价格，实行临时价格干预措施。

6 月 6 日，天津市财政局报经市政府批准下发《天津市抗震救灾捐赠款物管理办法》。办法规定，全市抗震救灾捐赠工作和捐赠款物的调配使用由市政府统一领导，市民政局、红十字会、慈善协会负责接收捐赠款物，市财政局负责全市捐赠款物的专户核算与集中管理。市民政局、红十字会、慈善协会等接收捐赠部门依照有关法律规定，制定接收捐赠款物的工作程序，明确纪律要求，建立严格的责任制度。

第二节　捐赠活动

一　党政机关及直属单位捐赠活动

5 月 12 日、13 日，天津市党委、政府分别向四川灾区捐助 500 万元、300 万元及相应物资；14 日，向四川灾区捐款 500 万元，向甘肃、陕西灾区分别捐款 200 万元；18 日，再次向四川灾区捐款 1000 万元。在救灾捐赠活动中，天津市委、市人大常委会、市政府、市政协领导和机关干部带头捐款捐物，市直部门单位积极响应市委、市政府号召，踊跃捐赠款物，支援地震灾区（见图 91）。市交通邮电系统捐赠 10026.8 万元，捐赠物资折价 789.06 万元；市政法系统捐赠 1800 万元，其中市公安系统捐赠 724 万余元；市民政系统捐赠

图 91　5 月 13 日，天津市委机关干部踊跃为四川地震灾区捐款

（天津市民政局　提供）

120余万元；市金融保险系统捐赠1500余万元，并为前线抢险人员提供人身意外险额1.5亿元；市建委系统捐赠1420余万元；市一轻系统捐赠699.82万元；市政协组织政协委员和机关干部捐赠1.2亿余元。

天津市委组织部组织收缴"特殊党费" 5月19日，天津市委组织部下发《关于做好部分党员交纳"特殊党费"用于支援抗震救灾工作的通知》，部署"特殊党费"收缴工作。张高丽、黄兴国及市委、市人大常委会、市政府、市政协党员领导干部带头交纳"特殊党费"20余万元。全市595529名党员和所有入党积极分子，无论是在职在岗，还是已经离退休、下岗或是务农、从事自由职业，都积极响应，共交纳"特殊党费"1.25亿元。其中，交纳1000元以上的党员37938名；交纳1万元以上的党员14人：北辰区双街镇沙庄子村党总支书记赵志厚交纳10万元，天津帝旺集团有限公司董事长、民营企业家丁冰交纳10万元，北辰区李杰交纳5万元，麦购集团有限公司党委书记、董事长胡时俊交纳2万元，80岁高龄的越剧表演艺术家陈佩君交纳2万元，北辰区赵文杰交纳1.05万元，河西区友谊路街平江南里退休老教师张九龄交纳1万元，南开区体育中心街阳光公寓社区苑中良交纳1万元，北辰区周新民、周立、李立民、杨少刚、杨学犟、杨学忠等各交纳1万元。

天津市委宣传部组织募捐活动 天津市委宣传部部署全市宣传文化系统开展救灾捐赠活动，组织演职人员参加赈灾义演，组织赈灾义卖活动，募集款物，支援灾区。5月14—21日，天津炎黄文化研究会、今晚报社等多家文化机构共同举办"情系汶川——书画义捐义卖活动"，500位画家的700余件作品参与义卖；6月2日上午，天津市政协书画艺术研究会举行书画家义捐义卖活动，全市书画家再次向四川地震灾区捐赠10万元。5月17日，市委宣传部、市协调领导小组、市民政局、市红十字会、市慈善协会等单位联合举办"情系汶川——天津各界支援灾区大型晚

图92 "爱心传递、携手抗灾——天津市文化系统赈灾义演活动"首演现场

（天津市民政局 提供）

会”，市委、市政府、市慈善协会领导出席晚会，现场募集资金5000万元、物资折价2000万元。

5月22—31日，天津市委宣传部、市文化局共同举办为期10天的“爱心传递、携手抗灾——天津市文化系统赈灾义演活动”（见图92）。市京剧院、青年京剧团、评剧院、河北梆子剧院、市曲艺团、杂技团、人民艺术剧院、儿童艺术剧团、歌舞剧院等23家单位联合演出20场，演职员达1800人次，其中包括国家一级演员142人、国家二级演员187人。义演活动共募集资金45万元。

5月28日，天津市委宣传部、市抗震救灾协调领导小组、市民政局等单位联合举办“‘支援灾区、重建家园’赈灾义演晚会”，现场募集资金4.7亿元。

天津市外事办公室组织捐赠活动 天津市外事办公室在组织干部职工捐赠款物的同时，还倡议国际社会和友人为地震灾区献爱心。在津韩国基督教徒委托天津市宗教事务局捐赠19.14万元；坐落在大港区的韩国大宇电子（天津）有限公司20名韩国驻站员工捐赠8.18万元；正在天津进行友好访问的几位韩国作家捐赠20万韩元。日本润滑脂有限公司副总经理高桥捐赠2万元；居住在南开区的日本友人小泉春树捐赠5000元；日本盲人青木阳子在捐赠1万日元后，又代表其父亲捐赠1万日元。一位不留名的新加坡商人到天津市慈善协会捐赠200美元。英国友人大卫在捐赠7500元之后，再次替他的儿子捐赠2.75万元。南开区华兰国际幼稚园几位师生代表该园64位老师和180名孩子向灾区捐赠2.32万元，捐款的小朋友最大的6岁、最小的只有1岁。加拿大籍华人张建芳捐赠10万元。

天津市卫生系统组织义务献血活动 地震发生后，天津市卫生局动员和组织全市群众积极参加向灾区献血活动。5月12日，一位在津的川籍务工人员得知家乡受灾后，第一个上献血车献血400毫升。在梅江芳水园担任保安的徐治光、刘义春，为了早点献血，下夜班后直接赶往滨江道的献血车。小区业主得知他们献血后，便买了鸡蛋和红糖送给他们；又得知物业会计王燕玲刚刚献了血，小区业主也为她送去了营养品。仅12日、13日，天津市就有1500余人献血，使天津血液中心血库迅速处于饱和状态，强烈要求预约登记献血的有1.3万余人。一家大型民营企业的负责人代表全体职工多次到市血液中心，表达为灾区人民献血的意愿。

天津市教育局组织捐赠活动 天津市教育局组织教育系统积极开展救灾捐赠活动。截至9月27日，市教育系统捐赠资金和物资折价共计5640万元，其中捐赠资金5253万元、物资折价387万元。

天津市商务系统组织捐赠活动 5月15日，天津市商务局下发《关于全力配合做好抗震救灾和保障市场供应紧急工作的通知》，动员部署救灾捐赠工作。17—19日，市商务局紧急募集衣被33万件（床）、帐篷1万余顶、活动板房2915套、利达面粉60吨、毛毯150条、垫子180条转赠灾区。截至9月27日，市商务系统企业和个人共捐赠资金和物资折价2107.87万元。

二 人民团体、社会组织捐赠活动

天津市人民团体开展捐赠活动 天津市总工会于5月15日举办“众志成城·抗震救灾——唱响我们共同的心声”天津市职工合唱募捐活动，现场募集资金131.19万元。19日，市总工会困难职工帮扶中心募集价值 84 万元的棉被 2000 床、毛巾被 2000 床、蚊帐 2000 顶、牛仔裤 1 万件、枕头 1000 个、半导体收音机 1000 台、手电筒 1000 个、电池 4000 节和羚羊感冒胶囊、章氏万用膏等物资。截至 9 月 1 日，市总工会募集资金和物资折价共计 15226.41 万元。其中，工会个人捐赠资金和物资折价 4847.96 万元，募集社会资金和物资折价 9996.38 万元，工会经费捐赠资金和物资折价 382.07 万元。

共青团天津市委募集捐赠资金和物资折价共 1167.73 万元，其中募集“爱心助孤”和援建“希望小学”等定向捐赠资金 883.43 万元；募集物资折价 284.3 万元，其中价值 110 万元的钢结构活动板房 2000 平方米，各类救灾物资和药品折价 90 万元，服装折价 50 万元，食品和饮用水折价 15 万元，防疫口罩、劳动手套、消毒液、手电筒、电池折价 1.3 万元，睡袋 1000 条折价 9 万元，生活用品折价 6 万元，大型水囊折价 3 万元。5 月 22 日，团市委、市青联和天津电视台、市青少年发展基金会在天宇大酒店举办抗震救灾“爱心助孤基金”启动仪式，天津华明集团现场捐赠 100 万元，用于在孤儿相对集中的灾区援建两所“华明希望小学”。25 日，由团市委、市青联、天津电视台、市青少年发展基金会、天津电视台公共频道共同举办了“抗震救灾我们一起行动——‘爱心助孤’大型公益劝募活动”，募集资金 615.93 万元。所有捐款按照捐助方的意愿以一次性生活补贴、结对救助、学费资助、建设希望小学为主要形式，为灾区孤儿提供必要的生活、求学资金。

截至 9 月 1 日，天津市妇联募集资金和物资折价共 333 万元。

天津市社会组织开展捐赠活动 天津市红十字会共募集资金和物资折价 22129 万元，其中资金 16855 万元、物资折价 5274 万元。市慈善协会募集资金和物资折价 17883 万元，其中资金 13676 万元、物资折价 4207 万元。

三 各区县捐赠活动

天津市委、市政府号召开展抗震救灾捐赠活动后，各区县、各条口、各乡镇街道和集团公司分别成立捐赠领导小组，制定救灾捐赠方案，充分利用区报、广播电台、有线电视台、板报、网络、手机短信等多种方式进行宣传，募集款物，支援灾区。截至 6 月 12 日，全市 18 个区（县）募集资金和物资折价共计 36216.83 万元，其中资金 31419.06 万元、物资折价 4797.77 万元（见表 19）。

天津市各区县接收汶川地震抗震救灾捐赠资金物资情况统计表

表 19　（截至 6 月 12 日）　单位：万元

单　位	资金额	物资折价	小　计
和平区	1782.54	1756.40	3538.94
河东区	908.01	13.97	921.98
河西区	824.90	493.40	1318.30
南开区	1291.60	—	1291.60

续表 19

单　位	资金额	物资折价	小　计
河北区	1840.60	115.00	1955.60
红桥区	570.00	—	570.00
塘沽区	2427.85	—	2427.85
汉沽区	403.81	95.83	499.64
大港区	1631.30	116.00	1747.30
东丽区	2272.41	—	2272.41
西青区	3997.73	1051.45	5049.18
津南区	1471.55	—	1471.55
北辰区	4283.08	—	4283.08
武清区	1675.00	253.00	1928.00
宝坻区	1754.49	342.42	2096.91
蓟　县	1320.19	114.30	1434.49
宁河县	1100.00	300.00	1400.00
静海县	1864.00	146.00	2010.00
合　计	31419.06	4797.77	36216.83

四　企业等捐赠活动

在抗震救灾捐赠活动中，天津市属企业等积极响应市委、市政府号召，慷慨解囊，奉献爱心，捐赠款物（见图 93）。截至 6 月 27 日，市属企业捐赠资金达 3.71 亿元。在捐赠资金的企业、

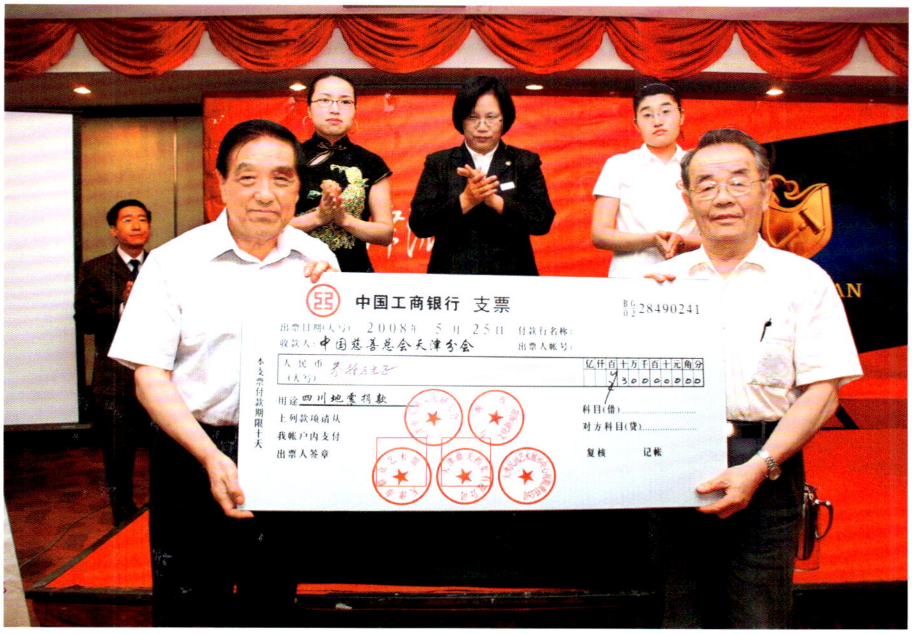

图 93　天津市企业界积极参与社会捐赠活动（天津市民政局　提供）

公司中，捐赠资金超过100万元的有108家（见表20）。企业捐赠物资折价100万元以上的单位有19家，共计5200万元。天津市政协委员、天津荣程联合钢铁集团有限公司董事长张祥青和妻子张荣华，都亲身经历过唐山地震，张祥青是位孤儿。5月13日，张祥青夫妇赶赴市红十字会捐赠1000万元。15日晚，张祥青在包头某酒店和客户谈生意时，又打电话和妻子商量再向灾区捐赠2000万元。18日，张祥青在中央电视台抗震救灾“爱的奉献”大型募捐活动晚会上接受主持人采访时，手捧“捐款3000万元”的牌子激动地说：“我刚跟夫人商量好，决定再追加捐赠资金7000万元，帮助灾区人民尽快重建好家园，为孩子们建最好的学校，建震不垮的学校！”

天津捐赠汶川地震抗震救灾资金100万元以上企业等统计表

表20　　　（截至6月27日）　　　单位：万元

捐赠单位	资金额	捐赠单位	资金额
天津荣程联合钢铁集团有限公司	10000.00	天津渤海化工集团有限公司	127.79
天津市东丽湖旅游开发总公司	1300.00	天津宝成集团公司	120.00
天津城市基础设施建设投资集团有限公司	1000.00	天津住宅建设发展集团有限公司	120.00
天津天钢集团有限公司	1000.00	天津劝业华联集团有限公司	118.00
天津铁厂	1000.00	天津市建工集团（控股）有限公司	110.00
天津物资集团	801.20	西营门街王顶堤集团	110.00
天津泰达建设集团有限公司	800.00	胜兴家具有限公司	103.00
天津保税区投资有限公司	720.00	天津市医药集团有限公司	102.20
天津市安居建设发展总公司	630.00	天津移动通信公司	101.00
天津泰达投资控股有限公司	530.00	天津市立林石油机械有限公司	100.00
天津市永泰红磡房地产有限公司	500.00	中国工商银行天津分行	100.00
天津市中环电子信息集团有限公司	500.00	天津城建集团有限公司	100.00
天津铁路集团	500.00	天津冶金轧一钢铁集团有限公司	100.00
天津交通集团	500.00	中国移动天津分公司	100.00
天津港集团公司	500.00	天津市宏达热力有限公司	200.00
天津市汽车工业（集团）有限公司	500.00	天津美伦医药集团	100.00
东丽区华明示范镇（天津滨海华明投资实业有限公司）	500.00	天津鑫裕建设发展有限公司	100.00
天津东泰世纪投资有限公司	500.00	天津市津东房地产开发集团有限公司	100.00
天津燃气集团有限公司	458.00	天津凯达房地产开发公司	100.00
天津海泰控股集团有限公司	450.00	大寺镇大桥焊材集团公司	100.00
天津滨海新区基础设施建设投资有限公司	450.00	力拓钢制品有限公司	100.00
天津市自来水集团有限公司	430.00	李七庄街宁发集团	100.00
中新生态城投资开发有限公司	400.00	中国天辰工程有限公司	100.00
天津市房地产信托集团有限公司	360.00	天津达亿钢铁有限公司	100.00
天津钢管集团股份有限公司	348.00	天津化工设计院	100.00

续表 20

捐赠单位	资金额	捐赠单位	资金额
天津公共交通集团（控股）有限公司	300.00	中国网通集团天津通讯公司	100.00
天津农垦集团公司	300.00	天津银行	100.00
恒隆（天津）有限公司	300.00	渤海银行股份有限公司	100.00
天津市津房置业发展有限责任公司	300.00	铁道第三勘察设计集团有限公司	100.00
天津松江集团有限公司	300.00	天津市金耀集团有限公司（天津药业集团有限公司）	100.00
仁恒发展（天津）有限公司	300.00	天津赛象科技股份有限公司	100.00
天津滨海发展投资控股有限公司	280.00	天津赛瑞机器设备有限公司	100.00
天津利和进出口集团有限公司	280.00	天津城建道桥工程有限公司	100.00
天津市一商集团有限公司（天津一商友谊商厦）	260.00	天津经济技术开发区房地产开发公司	100.00
天津市旅游集团有限公司	252.00	天津市润兆投资有限公司	100.00
天津钢铁有限公司	235.20	天津华汇工程建筑设计有限公司	100.00
天津市福光集团	230.00	天津市房地产开发经营集团有限公司	100.00
天津津桥焊材集团	200.00	汉拿（天津）房地产开发有限公司	100.00
天津现代集团	200.00	天津鸿正集团有限公司	100.00
捷普集团日新（天津）塑胶有限公司	200.00	天津龙都置业投资开发集团有限公司	100.00
大港油田集团有限责任公司、大港石化公司	200.00	天津津投金厦房地产发展股份有限公司	100.00
天津市房地产发展（集团）股份有限公司	200.00	天津华厦建设发展股份有限公司	100.00
天津北方创业市政工程集团有限公司	200.00	天津华惠安信装饰工程有限公司	100.00
中法合营王朝葡萄酒有限公司	200.00	天津大通建设发展集团有限公司	100.00
天津市万顺置地有限公司	200.00	天津富力城房地产开发有限公司	100.00
天津仁爱集团有限公司	200.00	天津万隆集团有限公司	100.00
天津天狮生物发展有限公司	200.00	天津万事兴房地产开发集团有限公司	100.00
天津市市政建设开发有限责任公司	195.00	天津优联投资发展集团有限公司	100.00
中国烟草总公司天津分公司	180.00	天津市津洋置业有限公司	100.00
渤海证券有限责任公司	180.00	天津市河东区美东房地产开发公司	100.00
天津市正信集团	170.00	天津市米兰商业有限公司（津乐房地产基团）	100.00
天津市道路运输管理处	160.00	天津开发区福祺置业发展有限公司（天津福光集团）	100.00
天津市河西区道路运输培训部	155.53	麦购（天津）集团有限公司	100.00
渤海石油公司	153.00	合　计	36859.92
天津嘉里房地产开发有限公司	140.00		

天津市企业界捐赠物资折价100万元以上的单位：米盖尔天津发展有限公司捐赠服装折价1000万元，应大集团捐赠服装折价700万元，摩力达置业有限公司捐赠木结构板房折价500万元，塑力集团捐赠电缆折价500万元，永正制衣（天津）有限公司捐赠西装1万套折价500万元，天津武田药品有限公司捐赠药品折价390万元，天士力医药集团有限公司捐赠药品折价300万元，西青保洁工业有限公司捐赠洗涤用品折价148.4万元，武清区王庆坨镇万方彩钢有限公司捐赠价值120万元的彩钢板房1300平方米，天津日商卫生科技发展有限公司捐赠卫生巾折价100万元，天津市联强机械密封技术有限公司捐赠价值150万元的高温蒸汽灭菌设备1台，天津托福医用原子能科技公司两次捐赠“救命皮肤”药品折价120万元，国家纳米技术与工程研究院捐赠药品折价108万元，天津正天医疗器械有限公司捐赠骨板、螺丝等折价106.69万元，韩国大宇电子（天津）有限公司（外）捐赠家电产品折价100万元，广州宝洁有限公司天津分公司（外）捐赠价值101万元的各类清洁洗涤用品2500箱，中国大冢制药有限公司捐赠药品折价100万元，天津普尔兰德旅游装备有限公司捐赠帐篷等物资折价100万元，天津红日药业股份有限公司捐赠物资折价100万元，天津海河乳业有限公司捐赠奶粉等折价100万元，天津大维制衣公司捐赠衣物折价100万元。

天津市医药集团捐赠价值800万元的原有库存，并紧急生产药品。金耀集团所属天安药业股份有限公司、药业集团有限公司等企业捐赠职工加班生产的价值103万元的药品1530件，金耀集团金耀氨基酸公司捐赠紧急生产的价值100多万元的药物17.1万支，天士力集团捐赠紧急生产的价值850万元的药品。

天津市民营企业家捐赠资金和物资折价共计20346万元。企业家以个人名义捐赠大额资金的有：天津市政协委员朱立人捐赠10万元，天津市侨商会副会长穆瑞峰捐赠10万元，塘沽区政协委员、天津华北建材陶瓷批发市场董事长苏国伟捐赠10万元，滨海英驰集团有限公司总经理王鲸捐赠10万元，天津亚都有限公司经理张斌捐赠10万元，珠江装饰城建材批发交易市场有限公司经理庞长春捐赠10万元。

五　社会民众捐赠活动

5月15日，天津市美协主席、画家何家英捐赠5万元后，又将其作品《花语默默》在北京保利“中国当代水墨”专场拍卖中进行拍卖，所得资金112万元捐赠灾区。中国文联副主席、天津市文联主席冯骥才捐赠42万元，画家萧朗捐赠5万元，书画家王学仲捐赠3万元，书法家孙伯翔捐赠2万元。北辰区天穆镇的天穆村、柳滩村、王庄村、刘房子村等共捐赠40余万元。塘沽区三川桥村村民任玉华捐赠5万元。16日晚，塘沽区环渤海石材城内居住的四川籍务工人员自发捐赠2万余元。17日，在南开区沸腾鱼乡、巴渝人家餐厅打工的川籍员工捐赠2万元。汉沽区唐山大地震截瘫病人、第六届远南残疾人奥运会TT3级男子乒乓球冠军庞宗栓捐出奖金1万元。东丽区1200余名残疾人自发捐赠36.4万元。在和平区的一次捐赠活动中，150名残疾人在10分钟内捐赠5.22万元。河北区优抚对象、一等伤残军人王连福，拄着双拐到民政局捐款400元。塘沽区新村辖区崇安里社区盲人马树贵在家庭困难的情况下，到社区捐款300元。塘沽区残疾人刘宝祥卧病在床，还特意电话委托居委会捐款100元。大港区一位低保户捐款360元。河东区低保户刘刚身患重病，靠透析才能维持生命，仍委托母亲到居委会捐款100元。津南区99岁的"五保"老人张善述捐款100元。武清区南蔡村镇张辛庄村村民杨宝生，全家3口，仅靠种地、养几只羊维持生计，妻子罗振铃还患有严重的皮肤病，常年需要打针吃药，女儿读高中，家庭经济非常困难，但他却不惜在羊价正低时售出两只羊，将1000元捐赠灾区。北辰区80岁"五保户"高世文捐款5000元。

西青区军休干部谭会忠双腿不能行走，先后3次委托家人捐赠1.12万元。河北区91岁高龄老人吴炳麟是唐山大地震的亲历者，汶川地震发生时，正住在唐山亲戚家。震后，他专程从唐山赶回天津捐赠1万元。和平区70岁的杜家义老人从拆迁款中拿出1万元捐赠灾区。一位手拄拐杖、满头银发的老人到南开区民政局捐赠1万元却不肯留下姓名。居住在河东区的一位公司经理捐赠100万元，他母亲知道后表示非常支持，并与家人再捐1000元。泰达国际养老院79岁老人黄洁心捐赠1万元。武清区养老院的老人们自发捐赠12410元。河北区居民王春芬，捐出为小孙女过周岁生日的宴席款1500元。南开区一位5岁的小朋友在地震当天捐出家长为其举办宴会的1000元。北辰区小淀镇刘安庄村高鸿运同母亲一起将领取的独生子女父母奖励费120元捐赠灾区，其他40余名儿童也同父母将独生子女奖励费120元捐赠灾区。一位不留姓名的孕妇由家人陪伴到天津市红十字会，替她未出世的孩子捐款1000元。74岁的吴教授代表他的姑妈吴承先捐赠2万元。此前，吴教授曾代表全家将从清朝康熙年间（1662—1722年）传下来的几张祖辈画像捐赠松江博物馆，松江博物馆向其全家支付奖金，吴承先分得2万元。吴承先居住在台北，嘱托吴教授将此款代她捐赠给灾区最需要帮助的地方。多年来靠卖果仁、修自行车为生的80岁老人姜会亭，捐出积攒的养老金5万元。河西区83岁老人刘桂荣捐出省吃俭用的2.5万元，表示要为灾区重建一间教室。

在国外读书的王书宁打电话，请住在南开区的父母以全家名义捐赠1万元。河西区的王昕、郑媛媛5月18日举行婚礼，19日就将婚礼上双方父母给的4000元礼金捐赠灾区。汉沽区现役军人宋铁委托其父母，将其自入伍后区政府发放的优待金2000元捐赠灾区。大港区消防支队一位家在灾区的战士，将天津市消防局和"战友互助基金会"捐助的6000元现金捐赠灾区。德阳灾区学生赵茗、刘静到天津投亲，将社区为她们捐赠的2000元钱转赠四川灾区。

天津市社科院发展战略研究所所长杨立新父亲病逝，为支援地震灾区，决定葬礼一切从简。杨家子女将老人生前的5083元存款和原计划的1.2万元葬礼费用及亲友吊唁的767元礼金一并捐赠灾区。在场的亲友、乡邻也纷纷捐款，共计捐款9000余元。南开区袁运喜捐赠价值48万元的保暖内衣1000件，马松奇捐赠物资折价25万元，臧玉芝捐赠菩提膏折价10万元。

在社会民众中，捐赠资金（不含"特殊党费"）10万元以上的个人有：朱立人、穆瑞峰、苏国伟、张斌、王鲸、庞长春、邢志合、张冬鹏、赵绍强、王玉庆、张家庆、张建芳（加拿大籍华人）等，于胜坤捐赠15万元，谢铁桥捐赠51.5万元。还有一些捐赠资金在10万元以上的，未留姓名。

第三节　捐赠资金拨付与捐赠物资调运

一　资金拨付

截至 6 月 27 日，天津市接收捐赠资金 11.33 亿元（包括“特殊党费”1.25 亿元），支付资金总计 9.11 亿元，其中拨付灾区 5289.5 万元（市慈善协会支付 950 万元、市红十字会支付 4339.5 万元）；经有关部门批准，动用捐赠资金 4387.3 万元采购救灾物资；上缴中组部“特殊党费”1.25 亿元。结余资金上缴市财政专用账户，列入对口支援陕西省项目专项管理。

二　物资调运

截至 6 月 27 日，天津市共接收物资折价 1.62 亿元，调运灾区物资折价 10282 万元。其中，市红十字会向灾区调运 16 批物资折价 4816 万元，市慈善协会向灾区调运物资折价 2166 万元，市委、市政府向四川省调运物资折价 500 万元；市党政代表团向甘肃灾区调运物资折价 2800 万元。结余棉被、帐篷等物资折价 5918 万元。结余物资储存于天津市救灾物资储备仓库，陆续调拨灾区。

为加快向灾区调运物资，天津市交通部门成立领导小组，全面启动抗震救灾工作应急预案，应急调运救灾物资（见表 21）。

天津市汶川地震抗震救灾捐赠物资调运情况统计表

表 21　（截至 6 月 27 日）

时　间	运输方式	品名及数量	附　注
5 月 13 日	空　运	急救药品、救治器材和帐篷等	—
		12 平方米单帐篷 4000 顶	民政部在津储存
		夜间搜救抢险照明车设备 10 台	—
5 月 14 日	空　运	单帐篷 4600 顶	民政部在津储存
	专　列	120 救护车 20 辆	—
5 月 15 日	空　运	强光搜索灯 600 套	—
	专　列	棉帐篷 1.2 万顶	民政部在津储存
5 月 16 日	专　列	36 平方米单帐篷 1980 顶	民政部在津储存
	专　列	饼干 35 吨	—
	专　列	垃圾清运车 3 辆、洒水车 1 辆、吸粪车 1 辆、移动公厕 10 座	—

续表 21

时　间	运输方式	品名及数量	附　注
5 月 17 日	专　列	衣被 22.33 万件（床），帐篷 2249 顶，药品、食品、瓶装水 2 车皮	—
	汽　车	燃油型手持切割锯 100 台、切割片 2100 片、断线钳 100 台	—
5 月 18 日	空　运	05A 型防毒面具 200 套	—
5 月 19 日	汽　车	汽油发电机组 50 台、强光搜索灯 50 套	—
	空　运	可供应 2 万 ~3 万人生活饮用水的膜净水设备 1 台	—
	空　运	发电机 100 台	—
	空　运	汽油发电机组 69 台、强光搜索灯 100 套	—
5 月 20 日	专　列	灭火洗消动力机组 8 套	—
	专　列	天津市红十字会第 10 批救灾物资	—
	汽　车	木结构简易房 20 套	—
	专　列	漂白粉精 150 吨	—
	铁　路	汽油发电机组 50 台、强光搜索灯 50 套	—
	铁　路	帐篷 1.03 万顶	—
5 月 21 日	专　列	装载机 10 台、挖掘机 10 台	—
	专　列	棉被、毛巾被、毛毯等 12.6 万床	—
5 月 22 日	专　列	帐篷 6273 顶	—
5 月 23 日	专　列	安置房板材 2000 套	—
5 月 24 日	专　列	帐篷 1500 顶	—
5 月 26 日	专　列	彩板活动房 800 套	—
5 月 27 日	专　列	帐篷 6000 顶	联合国难民署捐
5 月 28 日	专　列	帐篷 122 顶，衣被 32.6 万件（床），药品、食品、瓶装水 1.8 万箱，其他物资 2.8 万件	—
5 月 29 日	汽　车	过渡安置房 102 套、大型活动房 48 套（96 间）	—
6 月 3 日	汽　车	活动板房、帐篷、办公设备、交通工具、通信工具、供电设备、装备等各类物资折价 350 万元，警车 14 辆	市公安局对口支援灾区公安局
6 月 12 日	专　列	柴油 5080 吨	2 列火车
6 月 16 日	汽　车	帐篷 12115 顶、棉被 44747 床、毛巾被 13622 床、自行车 1000 辆、睡袋 400 个和天津市红十字会提供的食品、药品、帐篷、矿泉水等，总计 192244 件	对口支援甘肃
6 月 27 日	专　列	帐篷 44 顶、衣被 5.09 万件（床）、药品 815 箱、食品 200 箱、洗涤用品 3491 箱、自行车 1000 辆、照明灯 603 套、书本文具 20182 本（套）、活动板房 10 套、净水系统 2 套	对口支援甘肃

航空速运　5月13日12时，民政部紧急通知，要求向四川地震灾区空运民政部在津储存的12平方米单帐篷4000顶。天津协调领导小组办迅速协调武警天津市总队一支队60名官兵协助装运，于22时将4000顶帐篷全部运至天津滨海国际机场，滨海机场当即开辟"空中抢运救灾物资通道"，分两架次将救灾帐篷运抵成都。同日，社会捐赠的10台夜间搜救抢险照明车设备由奥凯航空运抵成都；社会捐赠的50台照明设备也被空运至成都。14日11时，民政部紧急通知，要求向四川地震灾区空运民政部在津储备的帐篷4600顶，市救灾物资储备站与有关各方共同努力，于当日21时将这批帐篷运至天津滨海机场，分两架次运抵成都。截至6月14日，天津航空共承运救灾人员2322人次，运送药品、医疗器械、手机、帐篷、迷彩服、棉被、工具等救灾物资873.498吨。

铁路抢运　应急救援期间，北京铁路局天津办事处及时报送救灾专列紧急报告，天津西站、陈塘庄货运场等单位，快速调集货运棚车，实行抢运救灾物资24小时装卸作业制度。陈塘庄货运场启动《抢险救灾运输应急预案》。自5月14日至6月14日，天津各站共向四川、甘肃等地震灾区发出"抢"字头、"房"字头专列133列，运送救灾物资2243车，共计118762.76吨。5月14日，装载着天津市支援灾区的20辆救护车的首列救灾物资专列——"抢"87633次抵达青川。同日，市协调领导小组紧急协调驻津某部派600余名官兵，赶到天津市救灾物资储备站和陈塘庄货运场进行装车，下午又增派300名官兵支援。22时，市协调领导小组组长只升华到陈塘庄货运场现场指挥抢运并慰问正在抢运救灾帐篷的部队官兵。至次日4时，将1.2万顶棉帐篷装入41个车皮运往天水灾区。16日，由天津货站发运7车皮36平方米单帐篷1980顶至四川灾区。同日，市协调领导小组紧急安排2节"抢"字头车皮，装运饼干5384箱发往四川灾区。同日晚，市容委将垃圾清运车3辆、洒水车1辆、吸粪车1辆、移动公厕10座运抵德阳灾区。17日下午，只升华到货站指挥，将衣被22.33万件（床）、帐篷2249顶和药品、食品、瓶装水2车皮等共31个车皮发往四川灾区。18日深夜，市政府接到上级紧急募集帐篷的通知。协调领导小组立即向各区县民政局发出《关于紧急募集帐篷的通知》，连夜向300余家单位下达紧急募集任务。20日，天津市将1.03万顶帐篷发运至四川灾区。27日，国务院抗震救灾总指挥部群众生活组通知天津市接收联合国难民署捐赠的帐篷6000顶，并按要求于28日运至四川灾区。6月12日，大港石化公司干部职工经过近6小时的奋战，把5080吨柴油装满2列火车发运至四川灾区。27日，市政府发运帐篷44顶、衣被5.09万件（床）、药品815箱、食品200箱、洗涤用品3491箱、自行车1000辆、照明灯603套、书本文具20182本（套）、活动板房10套、净水设备2套至甘肃灾区。

公路调运　从5月12日至6月14日，天津市交通集团组建由120辆大货车、50辆客车组成的抢险应急车队，累计完成运输任务31673.4吨。天津警备区按照上级要求和天津市委、市政府的统一部署，积极协调组织驻津部队抢运抗震救灾物资。驻津部队某旅、某师和武警部队先后出动官兵3000余人次、车辆800余台次，昼夜奋战，向灾区装运帐篷、衣被、矿泉水、药品等救灾物资2000余吨。市财政局紧急拨付运输专款700万元。5月16日，市建委组织全市20家建筑骨干企业，捐赠燃油型动力手持切割锯100台、切割片2100片、断线钳100台，并派专车送抵四川省建设厅。19日，市交通集团组织车辆将社会捐赠的汽油发电机组50

台和强光搜索灯 50 套紧急运抵陇南灾区。6 月 3 日，市公安局对口支援茂县、甘南地区公安机关装备物资的车队，装载总价值 350 万元活动板房、帐篷、办公设备、交通工具、通信工具、供电设备、装备等各类物资，从天津出发，行程 2900 公里，于 6 日送达甘南灾区，7 日下午又把部分物资送达茂县。16 日，市委、市政府通过公路运送总价值 2800 万元的物资至汉中灾区。

第三章　河北省赈灾活动

第一节　组织领导

一　组织机构

河北省支援四川灾区工作领导小组　5月13日，河北省成立支援四川灾区工作领导小组。省委常委、副省长杨崇勇任组长，省政府办公厅、省民政厅、省政府应急办、省财政厅、省商务厅、省建设厅、省卫生厅、省地震局和省委宣传部9个部门负责人为小组成员。同日，河北省成立驻四川灾区协调小组，省民政厅副厅长王保珍任组长，民政厅有关人员为小组成员。省支援四川灾区工作领导小组负责全省抗震救灾工作。

河北省民政厅抗震救灾工作领导小组　5月13日，河北省民政厅成立抗震救灾工作领导小组（河北省救灾援助指挥中心）。省民政厅厅长古怀璞任组长，其他各厅级领导为成员。领导小组下设办公室，办公室分设综合组、宣传组、捐赠组、驻四川灾区救援协调工作组、保障组。同日，各设区市的民政部门也成立了支援四川灾区工作领导小组。

二　组织发动

5月12日，河北省委书记张云川、代省长胡春华作出批示，要求河北各界紧急动员起来，全力支援四川灾区。

5月13日7时30分，杨崇勇主持召开援助四川抗震救灾紧急会议，明确各部门分工和责任，要求以最快的速度开展支援地震灾区的各项工作。同日，河北省委、省政府向四川省委、省政府发去慰问电，向四川省捐赠500万元，紧急调拨棉衣1万套、棉被1万床。同日下午，杨崇勇到省民政厅检查指导工作，要求民政厅突出抓好支援灾区各项物资调运、资金募集工作，明确社会各界捐赠款物统一由民政部门归口接收管理，支援灾区捐赠款物统一以省委、省政府名义实施。同日，省政府办公厅下发《关于做好支援四川灾区有关工作的紧急通知》，派民政厅副厅长前往成都负责协调救灾物资运到灾区后的交接事宜。省民政厅转发民政部《关于组织开展向地震灾区捐赠工作的通知》，并提出要求，通过新闻媒体和互联网公布河北省救灾捐赠中心捐款账号、开户行、联系途径，以及省救灾援助中心办公室咨询电话。省红十字会、省慈善总会及11个设区市都通过媒体和网络公布了接收捐赠款物的联系方法。

5月14日，河北省委办公厅、省政府办公厅下发《关于在全省开展支援四川地震灾区捐赠活动的通知》。15日，省政府办公厅下发《关于进一步加强灾区捐赠资金管理的通知》。16日，张云川主持召开省委常委会议，部署全省抗震救灾和社会捐赠工作。21日，胡春华主持召开省支援四川灾区协调工作领导小组会议。会议决定，河北省为灾区建造安装过渡安置房6万套，总建筑面积约126万平方米。16日，国务院抗震救灾总指挥部群众生活组下达河北省紧急调运棉衣10万件、棉被10万床的通知。17日，省民政厅和省直工委联合下发《关于紧急组织开展向四川地震灾区捐赠急需救灾物资的通知》。18日，省民政厅、省纪委驻厅纪检组联合下发《关于加强援川震灾款物监管的紧急通知》，明确规定各地要严格落实款物接收的有关规定和管理程序。21日，民政厅下发《关于继续加强支援四川灾区社会捐赠工作的紧急通知》，通报灾区急需大批帐篷、过渡安置房及大量建设资金的情况。

5月22日，河北省政府办公厅下发《关于进一步加强对四川地震灾区捐赠款物统计管理的紧急通知》，规定各级各部门和社会各界向灾区捐赠的款物都要统一归口上交省民政厅和省红十字会统一管理，统一向灾区实施捐赠。23—31日，省民政厅与省通信管理局、河北移动、河北联通、河北网通，联合举办了为期7天的“心系灾区、短信送情”手机捐赠活动。24日，胡春华就安置房建设情况到省建设厅调研。同日，副省长宋恩华实地查看都江堰市聚源中学地震遗址及河北省援建的简易校舍。

5月25日，胡锦涛到河北廊坊实地考察救灾过渡安置房生产情况，张云川、胡春华等陪同考察。26日，胡春华主持召开省委、省政府专题会议，贯彻落实胡锦涛在廊坊考察时的讲话精神和国务院支援灾区工作会议精神，研究支援灾区过渡安置房生产建设工作。同日，省政府召开全省加强抗震救灾资金物资监管会议，省委常委、省纪委书记臧胜业出席并讲话。经省政府批准，省财政厅、省民政厅、省审计厅、省监察厅等部门联合下发《河北省省级重大灾害社会捐赠资金管理暂行办法》。27日，省政府召开全省支援四川灾区过渡安置房生产建设电视电话会议，宋恩华出席会议并讲话。28日，宋恩华到石家庄火车站调度指挥中心、石家庄运输公司调研，督导支援灾区过渡安置房运输工作。

5月29日，河北省政府召开支援灾区建设安置房调度会议。6月3日，宋恩华赴四川，对河北省援建崇州市和都江堰市安置房进行督导；与广元市政府沟通衔接，落实援建该市2万套过渡安置房任务。6日，实地考察了两个援建点。7月12—14日，杨崇勇受张云川、胡春华委托，率省直有关部门负责人赴平武考察，协商研究对口支援、恢复重建工作。8 月 27—29 日，张云川、胡春华率团赴四川考察对口支援灾后重建工作（见图 94）。

图 94　8 月 27—29 日，河北省委书记张云川（前左一）、代省长胡春华（前左二）率团赴四川考察对口支援工作

（河北省民政厅　提供）

10 月 11 日，河北省委办公厅、省政府办公厅下发《关于在全省开展“送温暖、献爱心”向四川地震灾区捐赠衣被活动的通知》，全省开展向地震灾区献爱心活动，共接收捐赠棉被 15.6 万床、棉衣 23.54 万件、资金 660 万元。捐赠棉衣被发往平武县，捐赠资金按规定上缴财政专户，用于帮助灾区困难群众温暖过冬。

第二节　捐赠活动

一　党政机关及直属单位捐赠活动

5 月 14 日，河北省委办公厅举行救灾捐赠仪式，张云川、胡春华等省领导和机关干部带头捐款，共捐款 12.42 万元（见图 95）。省人大常委会领导、离退休老同志、机关干部职工共捐赠

5.29 万元。省政府、省政协领导和机关干部职工共捐赠 16.4 万元。省直各部门各单位积极响应省委、省政府的号召，踊跃捐赠款物，支援地震灾区。

图 95　5 月 14 日，河北省委办公厅、省政府办公厅组织向四川地震灾区捐款活动

（河北省民政厅　提供）

河北省委组织部组织收缴“特殊党费”　5月18日，中组部下发《关于做好部分党员交纳“特殊党费”用于支援抗震救灾工作的通知》。19 日，河北省委组织部转发中组部通知，要求各级党组织加强对党员交纳“特殊党费”工作的领导，广泛动员和引导广大党员充分认识交纳“特殊党费”的意义，尊重和鼓励党员采取多种渠道、多种方式交纳“特殊党费”。21 日，省委机关、省人大常委会机关、省政府机关、省政协机关、省委组织部举行“支援地震灾区、交纳特殊党费”仪式，全体省级领导、离退休老同志、机关单位的党员都自愿交纳了“特殊党费”。全省各地党员积极响应中组部的号召，争先恐后交纳“特殊党费”。各市委组织部、县（市、区）委组织部加强对交纳“特殊党费”工作的领导，落实专职人员负责收缴“特殊党费”，建立收缴“特殊党费”明细台账，坚持日统计上报制度，做到账目相符、账款相符。截至 10 月 30 日，省委组织部共接收党员交纳“特殊党费”35919.66 万元。

河北省委宣传部组织募捐活动　河北省委宣传部部署全省宣传文化系统，积极开展赈灾义演义卖活动，募集款物，支援灾区。5 月 14—20 日，省救灾捐赠中心与河北省四川商会联合举办为期一周的捐赠活动，募集资金和物资折价 150 万元。15 日，省电视台与省红十字会联合举办赈灾义演晚会，现场募集资金和物资折价共计6330万元，其中资金4950万元、物资折价1380万元。省民政厅先后与省委宣传部、石家庄市委宣传部门及河北省四川商会等单位联合举办了3场赈灾义演晚会，共募集资金5564.5万元。23日晚，石家庄市宣传文化系统举行抗震救灾义演，募集资金和物资折价390万余元。26日晚，省红十字会、《燕赵晚报》、河北交警艺术团共同举办大型赈灾义演，现场募集资金33.68万元。28日晚，邢台市委宣传部、市民政局和红十字会联合举办“感恩的邢台人”大型赈灾义演，现场募集资金3166万元。

5月15日，省内大型商业集团北人集团与省民政厅组织夜场义卖，将全部销售额200余万元捐赠灾区；北人集团当晚还捐赠了价值47.5万元的羽绒服和棉被。18日，省电视台、省慈善总会、省作家协会举行河北省文化文艺界人士义卖暨捐助活动，募集资金50余万元。19日，河北省艺术名家举行“情系四川灾区”书画作品大型赈灾义卖活动，活动共收到捐赠作品478幅，义卖善款22万元捐赠灾区。22日，邢台市美术界捐出168件作品，义卖善款5.12万元捐赠市红十字会。邢台市老年书法研究会捐赠0.3万元，并捐出几十幅书法作品。秦皇岛市均奉画院义卖33幅字画，募集资金2.72万元捐赠市红十字会。24日，北国电器、省慈善总会等单位在北国电器总店门口，举办为期两天的“河北省民间书画家抗震救灾大型义卖”活动，北国电器员工捐赠3.67万元，捐赠作品义卖资金3.43万元，活动共募集资金7.1万元。安仁实业集团邢台山泉水有限公司将矿泉水进行义卖，并将所得1.2万元捐赠市红十字会。

河北省委统战部组织捐赠活动 河北省委统战部组织机关干部职工捐赠18.9万元，机关党员交纳“特殊党费”17.37万元。省各民主党派共捐赠资金和物资折价4.34万元，省工商联捐赠10万元。截至5月26日，河北省统战系统募集资金和物资折价共计50.72万元。

河北省外事办公室组织捐赠活动 河北省外事办公室（侨办、港澳办）积极协调组织外国友人、海外留学生向省红十字会捐赠18.38万元。5月14日，在石家庄演出的韩国表演团体捐款2600元。德国施耐德公司捐赠1万元。石家庄韩国人会、留学生会、韩国语学校捐赠1.5万元。海外留学生捐赠10万元。在澳大利亚留学的刘涛委托母亲捐款500元。21日，河北新大东纺织印染有限公司的一位美国客户委托该公司捐赠100美元。截至6月17日，河北省外事办系统募集资金和物资折价共计32.1万元，其中资金22.9万元、物资折价9.2万元。

二　人民团体、社会组织、宗教界捐赠活动

河北省人民团体开展捐赠活动 河北省总工会积极响应全国总工会的号召，募集资金物资支援地震灾区。截至9月1日，省总工会募集资金和物资折价共计1239.14万元，其中工会会员捐赠资金和物资折价1209.14万元。

共青团河北省委响应团中央号召，组织动员各级团组织开展救灾捐赠活动。截至12月1日，团省委募集资金590.52万元。

河北省妇联响应省委、省政府号召，组织各级妇联开展募捐活动。截至 9 月 1 日，河北省妇联募集资金和物资折价共计 6142.05 万元。

河北省社会组织开展捐赠活动 河北省红十字会共募集资金 16006.32 万元，省慈善总会共募集资金 54327.35 万元，其他行业社会组织共募集资金 2682.78 万元。

河北省宗教界开展捐赠活动 河北省宗教团体共募集资金 6000 余万元。境外友好宗教团体捐赠资金近 3000 万元，捐赠帐篷 7050 顶，捐赠大米、食用油、防暑药品等物资折价 2000 余万元。省佛教界先后筹集资金 611.13 万元，募集物资折价 261 万元。（参见图 96）省道教协会募集资金 1543 万元，捐赠物资折价 810 万元。全省伊斯兰教团体和穆斯林募集资金 378.11 万元，捐赠发电机 10 台、衣物 243 件、棉被等棉织品 43 床和折价 38 万元的清真食品。省天主教协会募集资金 700 余万元、物资折价 1680 万元。省天主教“一会一团”所属进德公益事业服务中心，与法国、波兰、澳大利亚等 13 个国家的友好宗教团体募集棉帐篷 6550 顶送往汶川灾区。省基督教会募集资金 400 余万元，捐赠棉被衣物、药品食品等物资折价 10 万余元。

图 96　5 月 21 日，河北省佛教协会到江油了解灾情并捐赠大米 110 吨

（河北省民政厅　提供）

三 各市捐赠活动

截至9月8日，河北省11个设区市接收捐赠资金和物资折价共计193687万元（见表22），其中资金175673万元、物资折价18014万元。

河北省各市接收汶川地震抗震救灾捐赠资金物资情况统计表

表22 （截至9月8日） 单位：万元

单位	资金额	物资折价	小计
石家庄市	34496.00	2558.00	37054.00
保定市	29314.00	2211.00	31525.00
张家口市	12175.00	1130.00	13305.00
承德市	6366.00	1386.00	7752.00
唐山市	23483.00	1913.00	25396.00
廊坊市	13545.00	1127.00	14672.00
沧州市	8059.00	1582.00	9641.00
衡水市	7385.00	1304.00	8689.00
邢台市	9432.00	1412.00	10844.00
邯郸市	22340.00	1624.00	23964.00
秦皇岛市	9078.00	1767.00	10845.00
合计	175673.00	18014.00	193687.00

四 企业捐赠活动

河北省企业界积极响应省委、省政府的号召，踊跃捐赠款物，支援地震灾区。

5月13日，保定市长城汽车公司捐赠总价值200余万元的皮卡汽车20辆，邢台市沙河恒利制药集团捐赠价值150万元药品，邢台市隆尧华龙集团捐赠价值150万元的方便面。14日，石家庄乐仁堂捐赠价值100万元药品；廊坊华森集团捐赠价值100万元的3D数字可视电话500部，捐赠资金40万元用于兴建博爱学校2所；河北以岭药业集团捐赠价值200万元药品；石家庄天远建设机械有限公司捐赠100万元（见图97）。16日，北国商城在爱心捐赠发布仪式现场捐赠资金20万元，接收市民捐赠的价值30余万元的衣服、棉被、雨伞等。河北文丰钢铁有限公司捐赠200万元。从台酒业有限公司干部职工捐赠51.68万元。河北华南工程有限公司捐赠20万元。河北石青高速有限公司捐赠50万元。平安人寿河北分公司捐赠19.74万元。金龙控股有限公司捐赠30万元。

图 97　5 月 14 日，石家庄天远建设机械有限公司通过河北省红十字会向四川灾区捐款 100 万元

（河北省民政厅　提供）

截至 10 月 15 日，河北省企业捐赠资金和物资折价 100 万～500 万元的有 183 家，捐赠资金物资 500 万元以上企业有 13 家。邯郸市 7 家企业共捐赠 5508 万元。河北省前进钢铁集团有限公司向省慈善总会捐赠 1000 万元，成为全省捐赠最多的企业。（参见表 23）

河北省捐赠汶川地震抗震救灾资金 100 万元以上部分企业统计表

表 23　（截至 9 月 28 日）　单位：万元

单　位	资金额	物资折价	小　计
河北前进钢铁集团有限公司	1000.00	—	1000.00
河北普阳钢铁有限公司	822.90	—	822.90
峰峰集团有限公司	726.00	—	726.00
邯郸钢铁集团有限公司	527.50	132.50	660.00
邯邢冶金矿山管理局	650.00	—	650.00
邯郸矿业集团有限公司	650.00	—	650.00
卓达房地产集团有限公司	500.00	108.00	608.00
巨力索具股份有限公司	400.00	138.00	538.00
长城汽车股份有限公司	24.00	500.00	524.00
河北搏达实业有限公司	115.00	400.00	515.00

续表 23

单　位	资金额	物资折价	小　计
新兴铸管股份有限公司	500.00	—	500.00
天津铁厂	500.00	—	500.00
华夏幸福基业股份有限公司	378.85	—	378.85
邯郸供电公司	350.00	—	350.00
中太建设集团	212.50	131.30	343.80
荣盛集团	330.00	—	330.00
三河市思菩兰集团有限公司	322.35	—	322.35
邢台矿业集团有限责任公司	320.91	—	320.91
宏润新型面料有限公司	320.00	—	320.00
秦皇岛港务集团公司	310.00	—	310.00
河北邯峰发电有限责任公司	300.00	—	300.00
唐山钢铁股份有限公司工会	300.00	—	300.00
张家口卷烟厂有限责任公司	300.00	—	300.00
石家庄常山纺织股份有限公司	135.00	138.00	273.00
邢台钢铁有限责任公司	256.00	—	256.00
国电河北龙山发电有限责任公司	250.00	—	250.00
石药集团	45.00	200	245.00
河北露露股份有限公司	21.89	200	221.89
石家庄大远东房地产有限公司	208.62	—	208.62
中钢集团邢台机械轧辊有限公司	200.00	—	200.00
德龙钢铁有限公司	200.00	—	200.00
涞源奥宇钢铁公司	200.00	—	200.00
河北文丰钢铁有限公司	200.00	—	200.00
邯郸纵横钢铁集团有限公司	200.00	—	200.00
邯郸热电厂	200.00	—	200.00
河北鸿舟实业集团有限公司	200.00	—	200.00
宣化钢铁集团有限公司	200.00	—	200.00
开滦集团蔚州矿业有限公司	200.00	—	200.00
河北白沙烟草有限责任公司	200.00	—	200.00
石家庄钢铁有限责任公司	200.00	—	200.00
石家庄焦化集团有限责任公司	200.00	—	200.00
承德磁源矿业集团有限公司	200.00	—	200.00
新奥集团	200.00	—	200.00
河北新金钢铁有限公司	200.00	—	200.00
滦平县新远通冶金物资有限公司	190.00	—	190.00
河北建新集团	176.00	—	176.00

续表 23

单　位	资金额	物资折价	小　计
易县瑞通矿业有限责任公司	170.00	—	170.00
石家庄市中宏房地产开发有限公司	165.00	—	165.00
邯郸钢铁总厂	27.50	132.50	160.00
石家庄市天滋房地产开发有限公司	160.00	—	160.00
安胜矿业有限公司	159.52	—	159.52
宏泰集团	153.80	—	153.80
张家口供电公司	150.00	—	150.00
石家庄供电公司	150.00	—	150.00
河北东丽房地产开发有限公司	150.00	—	150.00
石家庄国瑞房地产开发有限公司	150.00	—	150.00
河北万信房地产开发有限公司	150.00	—	150.00
河北众美房地产开发集团有限公司	150.00	—	150.00
石家庄嘉实房地产开发有限公司	150.00	—	150.00
河北天山实业集团有限公司	150.00	—	150.00
石家庄北国人百集团有限责任公司	150.00	—	150.00
石家庄市东方元顺房地产开发有限公司	150.00	—	150.00
河北高远房地产开发股份有限公司	150.00	—	150.00
石家庄泰丰房地产开发有限公司	150.00	—	150.00
河北置业房地产开发有限公司	150.00	—	150.00
河北鑫科投资发展集团有限公司	150.00	—	150.00
河北精工建设工程质量有限公司	150.00	—	150.00
山海关船舶重工有限责任公司	149.38	—	149.38
鹿泉东方鼎鑫水泥有限公司	145.00	—	145.00
唐山港陆实业有限公司	142.78	—	142.78
三河汇福粮油集团有限公司	136.00	—	136.00
秦皇岛海湾安全技术有限公司	135.40	—	135.40
河北铁马矿业有限公司	135.00	—	135.00
唐山建龙实业有限公司	133.60	—	133.60
保定市中铁实业集团有限公司	126.00	—	126.00
承德建龙钢铁有限公司	122.69	—	122.69
秦皇岛光岳房地产开发有限公司	122.36	—	122.36
遵化市矿山行业协会	121.83	—	121.83
河北卓正实业集团有限公司	120.00	—	120.00
河北兴华钢铁有限公司	118.84	—	118.84
建滔（河北）焦化有限公司	111.00	—	111.00
承德畅达天然营养品公司	10.20	100.10	110.30

续表 23

单 位	资金额	物资折价	小 计
邢台龙海钢铁集团	110.00	—	110.00
河北文丰钢铁有限公司	110.00	—	110.00
河北省燕都房地产开发集团有限公司	110.00	—	110.00
廊坊市鑫达铁合金有限公司	110.00	—	110.00
河北日强矿业集团有限公司	110.00	—	110.00
河北钢铁集团承钢公司	110.00	—	110.00
秦皇岛市天洋控股有限公司	109.38	—	109.38
三利集团有限公司	108.00	—	108.00
石家庄双环汽车有限公司	—	108.00	108.00
河北裕泰实业集团有限公司	106.00	—	106.00
河北东日房地产开发集团有限公司	102.23	—	102.23
河北兴达集团公司	102.00	—	102.00
秀兰房地产有限公司	101.00	—	101.00
秦皇岛北方玻璃集团华洲公司	100.80	—	100.80
邢台供电公司	100.00	—	100.00
河北中煤旭阳焦化有限公司	100.00	—	100.00
邢台市邢房房地产开发有限责任公司	100.00	—	100.00
河北兴泰发电有限责任公司	100.00	—	100.00
河北旭阳焦化有限公司	100.00	—	100.00
河北华安铸造有限责任公司	100.00	—	100.00
恒祥房地产有限公司	100.00	—	100.00
英利集团	100.00	—	100.00
阜平炭灰铺煤业有限责任公司	100.00	—	100.00
涉县天利煤化有限责任公司	100.00	—	100.00
河北玉洲煤化工业股份有限公司	100.00	—	100.00
河北太行华信建材有限责任公司	100.00	—	100.00
河北省武安市元宝山工业集团有限公司	100.00	—	100.00
河北金鹏煤化竖炉工业有限公司	100.00	—	100.00
河北东山冶金工业有限公司	100.00	—	100.00
河北启信贸易集团公司	100.00	—	100.00
邯郸交通运输集团有限公司	100.00	—	100.00
唐山市国义特种钢铁有限公司	100.00	—	100.00
唐山市顺利实业集团有限公司	100.00	—	100.00
河北永顺实业集团有限公司	100.00	—	100.00
唐山惠达陶瓷（集团）有限公司	100.00	—	100.00
开滦集团有限公司	100.00	—	100.00

续表 23

单　位	资金额	物资折价	小　计
冀东石油	100.00	—	100.00
唐山三友碱业（集团）有限公司	100.00	—	100.00
迁安市九江工贸有限公司	100.00	—	100.00
迁安联钢燕山钢铁有限责任公司	100.00	—	100.00
迁安联钢鑫达钢铁有限公司	100.00	—	100.00
迁安市蔡园银山铁矿	100.00	—	100.00
迁安市隆宇工贸有限责任公司	100.00	—	100.00
迁安市马兰庄镇南山铁矿	100.00	—	100.00
河北省宣工机械发展有限公司	100.00	—	100.00
中国长城葡萄酒有限公司	100.00	—	100.00
河北金能张家口矿业集团有限公司	100.00	—	100.00
沧州市天成房地产开发有限公司	100.00	—	100.00
沧州市达力普石油专用管有限公司	100.00	—	100.00
沧州华元房地产 · 一城风景	100.00	—	100.00
河北新化股份有限公司	100.00	—	100.00
河北西柏坡发电有限责任公司	100.00	—	100.00
华北制药集团信达有限公司	100.00	—	100.00
华能国际电力股份有限公司上安电厂	100.00	—	100.00
河北国建房地产开发有限公司	100.00	—	100.00
河北海天房地产开发有限公司	100.00	—	100.00
河北开元房地产开发股份有限公司	100.00	—	100.00
河北中基房地产开发有限公司	100.00	—	100.00
石家庄联邦伟业房地产集团开发有限公司	100.00	—	100.00
河北顺驰房地产开发有限公司	100.00	—	100.00
河北滨江房地产开发有限公司	100.00	—	100.00
石家庄金正房地产开发有限公司	100.00	—	100.00
石家庄隆瑞达房地产开发有限公司	100.00	—	100.00
河北诚信有限责任公司	100.00	—	100.00
河北敬业集团	100.00	—	100.00
河北凯跃化工集团有限公司	100.00	—	100.00
秦皇岛安丰有限公司	100.00	—	100.00
秦皇岛恒源房地产开发有限公司	100.00	—	100.00
秦皇岛海三金屋房地产开发集团有限公司	100.00	—	100.00
河北远洋运输股份有限公司	100.00	—	100.00
承德京城矿业集团有限公司	100.00	—	100.00
承德兆丰钢铁集团有限公司	100.00	—	100.00

续表 23

单　位	资金额	物资折价	小　计
承德天宝矿业集团有限公司	100.00	—	100.00
承德剑丰矿业集团有限公司	100.00	—	100.00
承德盛丰钢铁有限公司	100.00	—	100.00
承德泰丰矿业集团有限公司	100.00	—	100.00
承德宽丰矿业集团有限公司	100.00	—	100.00
承德龙源矿业集团有限公司	100.00	—	100.00
丰宁县奥翔矿业集团有限公司	100.00	—	100.00
国鑫矿业有限公司	100.00	—	100.00

五　社会民众捐赠活动

河北省各界群众响应省委、省政府的号召，积极捐款捐物，支援灾区。

石家庄市九旬老人康泽于 5 月 13 日向省红十字会捐款 4000 元。石家庄市新婚夫妇潘超和王佳，将结婚时亲朋好友赠送的礼金 3 万元捐赠灾区。隆尧县 91 岁党员于文秀捐款 6600 元。巨鹿县农民安书君捐出积蓄的种地收入 6 万元。张家口市下岗职工张悦英捐款 500 元，并将为儿子结婚准备的 2 床新棉被捐给灾区。邯郸市一位不留姓名的中年男子捐赠 30 万元。14 日，承德市红十字会工作人员接到市中心医院住院病人刘金妹的电话，说因行动不便，请他们前往接收捐款。工作人员赶到病房接收刘金妹夫妻捐赠的 500 元时，才知道因交通事故，刘金妹头部、左肩裹着纱布不能动，她丈夫双下肢骨折还打着石膏，在场人员都感动得流下了眼泪。

图 98　5 月 15 日，石家庄市南三条批发市场的 1000 余家商户和 20 余家商城为四川地震灾区捐款

（河北省民政厅　提供）

5 月 15 日，河北省红十字会接收石家庄市学生捐赠资金 20 万元。原承德市政协副主席赵发想将一年的工资 3 万元捐给灾区，因病不能下床，请省红十字会上门接收捐赠。石家庄市南三条批发市场开展救灾捐赠活动，千余家商户和 20 余家商城踊跃为灾区捐款（见图 98）。18 日，中国书法家协会副主席、散文诗学会副主席旭宇与爱人到省红十字会捐赠 10 万元。

5 月 24 日，行唐县一名白血病患儿将 50 元捐款汇入省红十字会募捐账号。25 日，在灾区的王增庆、王爱玲、阚翠花、卢青梅 4 名唐山志愿者捐赠 1 万元并分发给当地受灾群众。秦皇岛市某企业领导杨秋华，地震期间正在四川出差，亲身感受到灾区人民的痛苦和损失。他回到家乡后第一件事就是到市红十字会捐赠5万元，同时号召本企业职工进行捐赠，募集资金1万元。一位半身不遂、不愿透露姓名的老大爷，让儿子用轮椅将他推到省红十字会，路上走了两个小时，捐赠1000元。唐山市开滦煤矿王永刚临终时委托家人代他向灾区捐赠1万元。一位署名“唐山人”的女士捐赠20万元。唐山地震孤儿张有路等人发起的“唐山孤儿向四川孤儿献爱心捐赠仪式”在唐山纪念碑广场举行，参与活动的孤儿近300名，曾分别就读于石家庄育红学校、邢台育红学校、唐山育红学校。许多孤儿虽然不能到现场，但都委托同学带去捐款，还填写了100余份《红十字会志愿者登记表》。文安县搏强塑料制品有限公司经理孟玉强，得知灾区急需攀登保护绳，立即联系廊坊市红十字会将攀登保护绳及时运抵灾区，使百余名受灾群众获救。石家庄市一对下岗夫妻，把领回的社保金500元投入募捐箱。石家庄市北翟营村委会集体捐赠10万元。承德市双桥区大石庙镇庄头营村生活并不富裕的农民，自发组织捐款活动。村民们排着队依次捐款，残疾人坐着轮椅、重病老人在儿女陪同下捐款，不到一小时就捐赠2.7万余元。

河北省捐赠资金和物资折价100万元以上的个人有唐山市孙宏林捐赠200万元、蠡县李惠生捐赠110万元，捐赠100万元的个人有北方矿业有限公司梁平安、唐山市皇甫志友和姜涛、保定市刘雪松、秦皇岛市刘江华。高碑店市边宗文捐赠85万元，容城县胡海立捐赠80万元，高碑店市李清陪捐赠60万元，阜平县葛玉鹏捐赠55.7万元、吕继龙捐赠55.1万元，黄骅市孙文城捐赠55万元，高阳县张小志捐赠55万元，阜平县段玉社捐赠50.2万元。捐赠50万元的个人有唐山金山冶金设备有限公司田建全、迁西金信矿业有限公司谷连春、迁西福珍全矿业有限公司刘文福、唐山市韩凤奎、唐山市胡荣利、开平银水实业集团有限公司赵利、秦皇岛市于福江、宣化区雷彬。定州市张建军捐赠42万元，遵化市华宇民用爆破器材厂陈国良捐赠40万元，雄县王二社捐赠40万元，高阳县李更田捐赠36万元，涞水县张宝泉捐赠35.9万元，阜平县孙二利捐赠33.1万元，雄县王杏田捐赠33万元，捐赠32万元的有大城县刘文革和定州市杨东升、郭志辉、赵建夯、周学会、陈占营、张建道，阜平县张新雪捐赠31.2万元，定州市赵红卫捐赠31万元，河北华戈化学集团有限公司戈建华捐赠30.2万元，大城县刘虎生捐赠30.2万元，阜平县李国新捐赠30.1万元。捐赠30万元的有唐山新天地房地产公司宋君、河北樱花矿业有限公司赵立臣、唐山建兴房地产开发有限公司鞠林国、唐山市京华制管有限公司温朝江、河北凯诚饮品有限公司董事长武建春、宽城满族自治县杨立军、涞水县高翔鹰、雄县杨增民和王鹏、高碑店市张振堂、涞水县王金铎。高阳县吴立明捐赠27.4万元，捐赠25万元的有高阳县房广安、赵彦忠、郭艳庆、边文才，蠡县张德洛捐赠21万元，阜平县杜凤海捐赠21万元。捐赠20万元的有安平县魏志民、唐山市陈淑玲、滦南县建业公司林永国、唐山东海钢铁集团有限公司林国镜、唐山安泰钢铁有限公司高雄、迁西勤胜铁选厂刘汉生、迁西县刘为、丰润金塔房地产开发公司钱立军、唐山益旺废旧金属回收加工有限公司岳文清、河北亚塑塑料制品有限公司张连成、迁西县长江矿业有限公司李晓英、唐山市宏伟企业投资有限公司孙宏伟、唐山市宏忠钢铁有限公司王子忠、唐山市兴业工贸有限公司闫占新、河北北辰集团电网有限公司李保胜和叶振学、赵县兴柏淀粉糖业有限公司刘中须、固安县田俊芬、容城县李彦军，阜平县白文军、吕占文、陶文和梁弘，顺平县刘雪松、曲阳县葛玉鹏和苗会、雄县孙振基、安国市左云龙、定州市张建伟、顺驰房地产开发有限公司马洪顺、抚宁县明星房地产公司黄俊久、宽城满族自治县张志强。唐山信德锅炉有限公司王小越捐赠 7.5 万元。

第三节　捐赠资金拨付与捐赠物资调运

一　资金拨付

截至 9 月 28 日，河北省共募集抗震救灾捐赠资金 253181.17 万元（不含“特殊党费”），其中财政性资金 55861.14 万元、社会捐赠资金 197320.03 万元。在接收的社会捐赠资金中，省民政部门接收 124303.58 万元，省红十字会接收 16006.32 万元，省慈善协会接收 54327.35 万元，其他社团组织接收 2682.78 万元。截至 10 月 30 日，全省收缴“特殊党费”35919.66 万元，全部上缴中组部。

截至 2010 年 6 月，河北省接收捐赠资金已全部拨付对口支援单位平武县。

二　物资调运

截至 9 月 28 日，河北省共接收抗震救灾捐赠物资折价 26284 万元，其中民政系统接收物资折价 22630 万元，省红十字会接收物资折价 3212 万元，省慈善总会接收物资折价 442 万元。这些物资全部调运至四川等地震灾区。（参见表 24）

河北省汶川地震抗震救灾捐赠物资调运情况统计表

表 24　　（截至 6 月 9 日）　　单位：万元

时　间	运输方式	捐赠物资	物资折价	运抵地点
5 月 13 日	公路运输	棉衣棉被各 1 万床、帐篷 200 顶	460.00	青　川
5 月 15 日	公路运输	2000 箱药品	400.00	阿　坝
5 月 15 日	航空运输	200 顶帐篷、方便面、药品	200.00	成　都
5 月 15 日	公路运输	400 顶帐篷	—	青　川
5 月 15 日	公路运输	毛毯、锁具、方便面、鸡肉	170.00	青　川
5 月 16 日	航空运输	1100 顶帐篷、1 万副口罩	230.00	成　都
5 月 16 日	铁路运输	4 万床棉被、1 万件衣物	1520.00	成　都

续表 24

时　间	运输方式	主要物资及数量	物资折价	运抵地点
5月16日	公路运输	药品	3.00	广　安
5月16日	公路运输	方便面、矿泉水、饼干	3.00	广　安
5月16日	铁路运输	10台监护仪、10台心电图机	100.00	成　都
5月17日	铁路运输	30吨食用油	50.00	成　都
5月17日	公路运输	1万件衣物、1万床棉被、药品	145.00	成　都
5月17日	公路运输	方便面、矿泉水、棉被	1.00	雅　安
5月17日	铁路运输	药品消毒剂、棉被、棉花	660.00	成　都
5月17日	公路运输	药品	153.00	成　都
5月17日	公路运输	1万床棉被、1万件衣物	150.00	什　邡
5月18日	铁路运输	药品、医药器具、方便面	1470.00	成　都
5月18日	铁路运输	棉被（衣）、毛毯、收音机、水	1185.60	成　都
5月19日	铁路运输	棉被（衣）、方便面、牛奶、水	888.00	成　都
5月20日	铁路运输	医疗光片、消毒液	389.60	成　都
5月20日	公路运输	4辆炊事车	160.00	成　都
5月21日	铁路运输	大米、食品、可乐	140.00	德　阳
5月21日	铁路运输	大米、食品、可乐	140.00	绵　阳
5月21日	航空运输	药品、衣物	400.00	成　都
5月23日	公路运输	6万套活动板房、1000顶帐篷	—	崇　州
5月26日	航空运输	药品	1100.00	成　都
5月27日	铁路运输	食品、蜡烛、被服	108.00	成　都
5月28日	公路运输	药品、学习用具、奶粉	11.60	崇　州
5月29日	公路运输	学习用具、雨衣	260.00	崇　州
5月30日	公路运输	食品、药品、电力设备	119.30	崇　州
5月30日	公路运输	学校建筑材料	160.00	崇　州
5月31日	铁路运输	学习用具、衣被、药品	260.00	崇　州
6月1日	公路运输	帐篷、食品	80.00	崇　州
6月1日	铁路运输	矿泉水、方便面等	200.00	崇　州
6月3日	铁路运输	食品、药品	1100.00	崇　州
6月6日	铁路运输	矿泉水、方便面	30.00	崇　州
6月6日	铁路运输	食品等	40.00	崇　州

第四章　山西省赈灾活动

第一节　组织领导

一　组织机构

汶川地震发生后，山西省委书记张宝顺紧急召开抗震救灾会议，部署抗震救灾工作。会议决定由省委副书记、省长孟学农负责抗震救灾工作。5 月 13 日上午，山西省委、省政府向四川省委、省政府发出慰问电，并向四川省慈善总会汇捐 1000 万元。27 日，省委常委会议研究部署对口支援四川地震灾区恢复重建工作，决定成立山西省对口支援四川地震灾区抗震救灾恢复重建领导小组。由省委副书记薛延忠任组长，省委常委、常务副省长申联彬和副省长张建民任副组长，省政府应急办、省民政厅、省公安厅、省建设厅、省交通厅、省武警总队、省教育厅等单位负责人为成员。领导小组下设办公室，省政府秘书长兼任办公室主任。领导小组全面负责抗震救灾恢复重建工作。

此后，省辖 11 个设区市均成立了支援四川地震灾区工作协调指挥部或领导小组，下设办公室，办公室均设在各市民政局，负责本级救灾捐赠和恢复重建工作。

二　组织发动

5 月 12 日，山西省民政厅召开厅党组紧急会议，研究部署全省抗震救灾应急工作，并确定一名副厅长直接领导指挥省社会捐助事务管理中心工作。当晚，省社会捐助事务管理中心草拟支援地震灾区捐助活动方案，成立捐助协调组、捐款接收组、物资接收调运组，3个组立即开展捐赠款物接收工作。当日，省红十字会召开紧急办公会议，专题研究部署救灾捐赠等相关事宜，迅速启动《山西省红十字会突发事件应急预案》，向全社会呼吁开展募捐活动，并通过各种形式公布捐款账号、募捐电话等信息，向全省各市红十字会下发开展救灾募捐的紧急通知。

5月13日，张宝顺、孟学农等省领导带头捐款。同日，省委办公厅、省政府办公厅下发《关于开展“向四川地震灾区人民献爱心”社会捐助活动的通知》，全省立即开展支援地震灾区捐助活动。省政府召开有省民政厅、省卫生厅、省煤监局、省红十字总会等有关部门参加的会议，研究部署支援灾区抗震救灾捐赠工作。

5月13日，山西省慈善总会下发开展抗震救灾捐赠工作的通知，号召开展募捐活动，并公布省慈善总会的捐赠账号，开通捐赠热线电话。14日，省慈善总会与《山西晚报》联合发出“让我们手挽手用爱心温暖灾区”的紧急倡议，发布省市慈善会10部捐赠热线电话和捐赠账号。

5月18日，山西省委组织部转发中组部通知，要求全省各级组织部门积极做好收缴“特殊党费”工作。26日，省委组织部下发《关于进一步做好抗震救灾“特殊党费”收缴工作的紧急通知》。

5月23日，山西省委办公厅、省政府办公厅下发《关于切实做好援助地震灾区信息统计相关工作的通知》。

5月28日，山西省财政厅、省民政厅、省红十字会、省慈善总会联合下发《关于划缴救灾捐赠款的紧急通知》。通知规定，各市、县民政部门、红十字会和慈善会接收的救灾捐赠款要划缴省级专户，统一管理，统一使用。各级民政部门接收的救灾捐赠款划入省民政厅指定的省社会捐助事务管理中心开设的专户；各级红十字会接收的救灾捐赠款划入省红十字会开设的专户；各级慈善总会（分会、协会）接收的救灾捐赠款划入省慈善总会开设的专户。对捐赠款物的管理，要做到专人负责、专账管理、专款专用，保证记录完整、账目清楚，并接受纪检、监察、审计等部门的监察审计。

7月4日，山西省纪委、省监察厅、省财政厅、省红十字会、省民政厅、省审计厅、省慈善总会联合下发《关于抗震救灾捐赠资金实行全省统一管理统筹使用的通知》。通知规定，全省统一管理、统筹使用捐赠资金的范围，包括各级民政部门社会捐助机构接收的捐赠资金、各级红十字会接收的捐赠资金、各级慈善机构接收的捐赠资金、其他社会组织接收的捐赠资金（不含定向捐赠资金）；各级相关捐赠管理机构要将接收的抗震救灾捐赠资金如数上缴省级相关机构专户，不得滞留；捐赠资金全部用于抗震救灾、恢复重建；捐赠资金在省政府统一协调下，科学安排，合理使用。资金的使用由省抗震救灾恢复重建领导小组办公室根据省对口支援恢复重建规划及受灾地区的实际需要，提出资金需求计划。省财政厅据此提出资金统筹安排的具体意见，并根据时间要求、项目进度等实际情况及时拨付；切实加强对捐助资金的监督检查。

第二节　捐赠活动

一　党政机关及直属单位捐赠活动

山西省委、省人大常委会、省政府、省政协机关领导和干部职工带头捐赠款物。省直各部门各单位积极响应省委、省政府的号召，踊跃捐赠款物，支援地震灾区。省体育局捐赠资金和物资折价91.9万元，省交通厅机关干部职工捐赠资金440余万元、物资9700余件，全省征稽系统捐赠54.7万元，高速公路管理系统干部职工捐赠资金104.9万元、衣被5443件（床），省交通科研院捐赠32万余元，山西交通职业技术学院师生共捐赠24.85万元。

山西省委组织部组织收缴“特殊党费”　山西省党员积极交纳“特殊党费”。省交通系统党员交纳284.6万元，省征稽系统党员交纳91万元，省高速公路管理系统党员交纳85万元，省交通科研院党员交纳2.85万元，山西交通职业技术学院党员交纳7.5万元。截至9月28日，山西省党员交纳“特殊党费”46529.11万元，其中交纳1000元以上的党员有162249人。全国唯一的第一至十一届人大代表、全国劳动模范、平顺县党员申纪兰，将其多年省吃俭用积攒下来的1万元作为“特殊党费”交给组织。中共十七大代表、山西沁新煤焦有限公司党委书记、总裁孙宏原交纳“特殊党费”150万元。阳高县王官屯镇村党支部书记任祥在已经捐款200元后，又将给老伴治病的1000元作为“特殊党费”交纳组织，带动王官屯镇21个农村支部书记均交纳超过1000元的“特殊党费”。85岁的太原钢铁厂老党员、被联合国环境规划署列入“保护及改善环境卓越成果全球500佳名录”的李双良，交纳“特殊党费”1万元。闻喜县东镇镇川口村党支部书记、中鑫矿业公司董事长、海鑫钢铁集团有限公司监事会主席李春元捐赠资金10万元、面粉1000袋后，又交纳“特殊党费”60万元。文水县海威钢铁（集团）有限公司总裁、公司党委书记李增虎交纳“特殊党费”100万元。在乡宁县支援四川抗震救灾党员交纳“特殊党费”暨煤矿企业赈灾捐款仪式上，枣岭乡井子滩煤业公司向灾区捐赠50万元后，董事长贺方广又交纳“特殊党费”50万元。全国政协委员、全国劳模、山西常平集团董事长陈忠孝交纳“特殊党费”100万元。沁源县12位非公有制企业家党员交纳“特殊党费”413万元。

高平市抗战时期入党的92岁的王长清老人委托子女交纳“特殊党费”200元。临县90余岁、有60年党龄的陈候林将多年积蓄的1100元交纳“特殊党费”。中阳县老党员王学茂、老红军乔其因行动不便，通过交纳“特殊党费”电话专线，各交纳“特殊党费”1000元。交口县79岁党员王炳元是一位参加过解放战争、抗美援朝战争的二等甲级伤残军人，体内至今还残留着5块弹片，家庭经济也很困难，但他仍将184元治疗费作为“特殊党费”交纳给党组织。昔阳县伤残老党员王文明，病危期间嘱咐儿女代他到村党支部交纳“特殊党费”1200元，当日下午他听到村里大喇叭广播其捐款事迹后，安详地离开了人世。送葬当天，村党支部和村委会为他送去“终生爱国心、大震捐大款”的牌匾。山西省“十大杰出青年”、河津市下化乡南桑峪村党支部副书记、村委会主任王国清交纳“特殊党费”55万元。沁源县预备党员石慧，刚生下小孩，就立即委托丈夫代其交纳“特殊党费”1万元。泽州县在外经商党员冯来河向该镇党委邮寄“特殊党费”1万元。截至5月29日，山西省有920名流动党员主动向党组织交纳“特殊党费”。

山西省委宣传部组织募捐活动　山西省委宣传部及时部署全省宣传文化系统和演职人员，积极参加赈灾义演义卖活动，募集资金，支援灾区。省直5个艺术表演团体心系灾区，连夜创作赶排赈灾节目，组织义演。5月14日、15日，山西省晋剧院举办两场赈灾义演，现场共募集资金6.4万元。15日，省委宣传部、省文化厅、省广播电视局、电视台、省红十字会举办“献出一份爱、温暖万人心”的大型赈灾义演晚会，现场募集资金1亿元。

5月16日，山西省慈善总会与《生活晨报》《工人日报》在太原南宫广场举办“情系灾区、读者捐款仪式”募捐活动，现场募集资金18.26万元。18日，省红十字会、黄河电视台、山西文艺广播电台、省社会捐助事务管理中心、省慈善总会、省青少年基金会等在迎泽公园联合举办“爱暖灾区、共渡难关”大型赈灾援助活动，募集资金300万元。19日，省红十字会、省广播电视台经济资讯频道“天下晋商”栏目组在省广播电视局主楼前举办“让行动把爱传递”捐赠活动，全省30余个民营企业家现场捐赠资金共计51.5万元。

5月21日，山西省文联举办“情系灾区、奉献爱心——山西省文联百名书画名家赈灾笔会”，书画家创作200余幅书画作品，义卖50万元捐赠四川地震灾区。

山西省委统战部组织捐赠活动　5月13日，山西省委统战部组织机关全体人员、离退休干部、各民主党派开展捐赠活动。15日，省工商联举办募捐活动，民主党派机关干部和广大会员捐赠资金和物资折价达2177万元。截至9月28日，山西省统战系统共接收社会捐赠资金4.6亿余元。

山西省台湾事务办公室组织捐赠活动　山西省台湾事务办公室组织全省台商、台胞、台胞家属及省台办机关工作人员开展捐赠活动。台胞黄郑沙非捐赠5万元，晋中经济开发区台资企业、山西万升五金铸造有限公司负责人、台胞邱永清捐赠5万元，平遥台资企业华兴电机铸造有限公司、祁县台资企业丰盛尔鹏玻璃工艺制品有限公司各捐赠1万元。

山西省外事（侨务、港澳）办公室组织捐赠活动　山西省外事办公室共募集资金和物资折价3000余万元。其中，驻阳泉市日本能源润滑油有限公司捐赠21.6万元，俄铝碳素有限公司捐赠3.5万元，正在河津市探亲的新西兰籍华侨卫漳荣委托其亲属向省红十字会捐赠5万元，美籍华人许承德托人捐赠400美元。

山西省商务厅组织捐赠活动　山西省商务厅系统捐赠资金和物资折价共计9516.92万元。6月4日，商务厅机关及直属单位的干部、职工、离退休人员捐赠61.45万元，商务厅系统党员交纳“特殊党费”54.72万元。山西省外商投资企业协会发出“抗震救灾倡议”，全省100家外商投资企业共捐赠资金8658.53万元、物资折价742.22万元。

山西省教育厅组织捐赠活动　山西省教育厅组织全省教育系统开展救灾捐赠活动，省教育厅机关及直属单位干部职工捐赠32.75万元，交纳“特殊党费”75万元，筹措购买军用帐篷23顶。全省院校工委捐赠1004.73万元，交纳“特殊党费”1225.64万元。教育厅退休干部原光辉，将一月工资3425元作为“特殊党费”交纳。太原电力高等专科学校学生党员吴竞、吴慧玲，将刚获得的国家励志奖学金5000元作为“特殊党费”交纳。忻州师范学院组织师生捐赠106.12万元，献血 20 万毫升。山西省高校共有四川籍学生 3600 余人，其中 1200 余名学生家庭不同程度受灾，600 人家庭受灾比较严重。全省各高校对受灾的四川籍学生进行安抚和帮扶：太原理工大学对四川省家庭受灾学生每人补助 500 ~ 1000 元，忻州师范学院向家中房屋损毁的 28 名四川学生每人发放慰问金 1000 元。

山西省卫生厅组织捐赠活动 5 月 12 日晚，山西省卫生厅接到卫生部关于调集运送血液支援地震灾区的指令后，立即安排省血液中心（太原市红十字血液中心）紧急调集 650 袋共 53.16 万毫升血浆，紧急送往北京，于 13 日 14 时与其他救灾物资一起由北京空运至成都。6 月 5 日，省卫生厅向省民政厅转交救灾募捐资金 134.15 万元，向省总工会拨转捐款 1500 元，向省直属机关工作委员会上缴“特殊党费”124.73 万元。

二 民主党派、人民团体、社会组织、宗教界捐赠活动

山西省民主党派捐赠活动 民革山西省委会组织募集捐赠资金和物资折价共计 510 余万元。其中，民革党员、山西省企业家联谊会会长李虎全捐赠 300 余万元，援建都江堰一所中学，并于 5 月 29 日带领 3 辆满载价值 10 多万元的帐篷、矿泉水、玩具等物资的车队，赴都江堰市聚源镇进行支援。民盟山西省委会募集资金 227 万余元。民盟企业家、海鑫集团总经理李文杰捐赠 5 万元，组织集团员工捐赠 69.06 万元，此后他个人再次捐赠 50 万元。民建山西省委会组织捐赠 990.8 万元。民建会员、太原市医生王锦惠捐出太原市发放的优秀专家津贴 2400 元。民进山西省委会捐赠物资折价 240 余万元。全省民进会员捐赠“特殊会费”32 万元。民进会员、山西仙竹酒业公司董事长郝鸿峰 5 次共捐款 28 万元。全省农工党员通过各种形式捐赠资金和物资折价 140 万元，其中资金 115 万元。九三学社各级组织成员捐赠 60 万元。

山西省工商联捐赠活动 山西省工商联系统捐赠资金和物资折价共计 3.4 亿元。其中，捐赠 10 万 ~ 30 万元的企业 77 家，捐赠 30 万 ~ 50 万元的企业 46 家，捐赠 50 万 ~ 100 万元的企业 31 家，捐赠 100 万 ~ 1000 万元的企业 51 家，捐赠 1000 万元以上的非公有制企业 8 家。5 月 14 日，山西东辉集团董事长张亚平，第一个打电话要求捐款，捐赠 100 万元。15 日，省工商联举办大型募捐活动，现场募集资金和物资折价 2400 万元，其中 56 家非公有制企业的企业家和商会现场捐赠资金和物资折价 1300 余万元，24 家涉及煤焦铁企业捐赠资金 1208 万元。太原工商联捐赠 6886.15 万元，大同工商联捐赠 2805.4 万元，阳泉工商联捐赠 1074.1 万元，长治工商联捐赠 3122.9 万元，晋城工商联捐赠 770.7 万元，朔州工商联捐赠 820.67 万元，忻州工商联捐赠 1233.04 万元，晋中工商联捐赠 1385 万元，吕梁工商联捐赠 6356.7 万元，临汾工商联捐赠 3600 万元，运城工商联捐赠 2971 万元。15 日，山西省工商联组织民营企业通过省红十字会向四川地震灾区捐赠资金和物资折价 1300 余万元。

山西省人民团体捐赠活动 山西省总工会响应省委、省政府的号召，组织动员全省各级工会组织会员和社会各界捐赠资金和物资折价共计 4462 万元。5 月 13 日 9 时，潞安集团工会向全国总工会捐赠 100 万元。21 日，省总工会组织开展“重建家园、再献爱心”的活动，煤炭系统的 24 名劳模捐赠 131 万元，煤炭企业的 10 家工会捐赠 750 万元，16 名国有企业的劳模捐赠 72 万元，

8 名民营企业全国“五一劳动奖章”获得者、省劳模捐赠 59 万元，现场共募集捐款 1012 万元。

共青团山西省委及各级团组织募集救灾资金和物资折价共计 1300 余万元。

山西省妇联响应省委、省政府开展抗震救灾捐赠的号召，组织各级妇联组织募集资金和物资折价共计 2017.17 万元。其中，省妇联机关及直属单位干部职工捐赠 1.2 万余元。全省妇女中的国家级和省级个人标兵、集体标兵捐赠 29 万元。吕梁市优秀女企业家、山西联盛能源有限公司总裁李凤晓代表企业捐赠 2000 万元。

山西省社会组织捐赠活动　山西省红十字会募集资金和物资折价共计 2700 万元。省慈善总会募集资金和物资折价 5882.66 万元，其中资金 5326.36 万元。省信鸽协会募集资金 89.47 万元，鸽友李香太先后捐赠资金共计 78 万元。省青少年发展基金会募集资金 944.73 元。

山西省宗教界及少数民族群众捐赠活动　山西省宗教界团体共募集资金 1000 万元，其中五台山宗教界人士捐赠资金 162 万元。长治市五大宗教信教人员捐赠 150 余万元。临汾市 17 个县（市、区）的少数民族群众和宗教界人士捐赠资金和物资折价 116.1 万元。

三　企业捐赠活动

山西省各类企业，响应省委、省政府开展救灾捐赠的号召，履行社会责任，捐赠款物，支援地震灾区。省国资委组织省属各企业职工自愿捐款、交纳“特殊党费”，累计向灾区捐赠资金和物资折价 2.1 亿元。其中，捐赠资金 500 万元以上的企业有太原钢铁集团（太原钢铁集团捐赠资金和物资折价 1700 多万元）、山西焦煤、同煤集团、阳煤集团、潞安集团、晋煤集团、省煤运公司、汾酒集团、煤炭进出口集团等单位。省国资委所属企业多数处于停产半停产状态，许多党员和职工生活困难，但企业广大职工在大灾大难面前奉献爱心，踊跃捐款，自愿捐赠资金 53 万元，3442 名党员交纳“特殊党费”52.58 万元。列入国家破产计划的特困企业大众机械厂，职工两天内捐赠 16.4 万元，党员交纳“特殊党费”19.7 万元。东声器材厂已停产多年，职工生活异常艰难，但仍捐赠 3 万余元，党员交纳“特殊党费”5 万元。省医药集团公司所属工业企业捐赠价值 267.9 万元的药品。

5 月 14 日上午，山西省国资委在省委举行抗震救灾捐款仪式（见图 99），省国资委机关和直属单位及其管理的国有企业现场捐赠 7550 万元。16 日，山西新华化工有限公司接到国家紧急订

图 99　5 月 14 日，山西省省属国有企业在山西省委大院向灾区捐款

（山西省民政厅　提供）

货的生产任务后，克服一切困难，全力为灾区生产救灾防护用品，紧急赶制检测设备 6 台、防护口罩 35 万套、滤毒罐 90 万个、净水活性炭 110 吨。24 日，省慈善总会举行“山西省慈善总会三晋通物流有限公司赈灾车队”发车仪式，调运三晋通物流有限公司捐赠的价值 500 余万元的救灾物资，送往四川灾区。至 6 月 25 日，全省国防科工系统累计捐赠资金 930.19 万元。中国辐射防护研究院向灾区捐赠折价 21 万元的药品、折价 10 万余元的帐篷、折价 190 余万元的辐射监测设备、折价 4200 元的新棉被。山西北方风雷工业集团有限公司捐赠 110 万元，对口支援相关单位 60 万元。晋西机器工业集团有限公司捐赠 125 万余元。26 日，山西沁新集团向省慈善总会捐赠价值 100 万元的物资。

5 月 13 日，福源大酒店全体员工向四川灾区捐赠 4.3 万元。山西沁新集团向中国红十字会汇捐 100 万元。14 日，山西聚义集团对本公司四川灾区籍员工发放救助款 75 万元。15 日，全国劳动模范、山西安泰集团公司董事长李安民、总经理李猛先后捐赠 450 万元。山西西建（集团）股份有限公司累计捐赠 978.9 万元。全国政协委员、山西建峰集团董事长郝建秀在出差途中获悉地震消息，立即电话通知公司在晋负责人捐赠 100 万元。联盛集团捐赠 2000 万元。海鑫集团捐赠 1300 万元。20 日 20 时，山西振东集团总裁李安平包专机将筹集的价值 1000 余万元的药品和公司员工 60 余万元的捐款，送抵受灾地区医院；后捐赠资金 100 余万元，资助在长治医学院就读的 87 名灾区学生和 2008 年在地震重灾区招收的 11 名学生学习到大学毕业。山西金业集团捐赠 890 余万元。23 日，乡宁县举办大型捐助活动，工商联会员企业中 75 家非公有制煤炭企业共捐赠 1898 万元（见图 100）。

全国人大代表、山西潞宝集团董事局主席韩长安向灾区捐赠 500 万元，同时派员赴汶川联系接收灾区的孩子到长治市长安慈善学校过渡复学，并由潞宝集团承担所有学生、孤儿、教师、工勤人员在长治期间的学习、生活、医疗保险费用。6 月 4 日，潞宝集团教育考察团一行 7 人专程

图 100　5 月 23 日，乡宁县民营企业界在山西省政协大院向灾区捐款
（山西省民政厅　提供）

到汶川县考察，并同意安置1000名灾区学生和孤儿到长安慈善学校过渡复学。同时，潞宝集团还决定用2—3年时间，帮助灾区重建10所学校。在长治市召开的抗震救灾座谈会上，长治市委、市政府有关领导对韩长安的义举给予充分肯定和大力支持。会后，韩长安投资300万元，对长安慈善学校进行整体改建、扩建。7月5日，首批660名灾区师生抵达长安慈善学校；14日，第二批灾区400余名师生也抵达长治（见图101）；18日，全国人大常委会委员、副秘书长、机关党组书记王万宾一行到长安慈善学校看望和慰问汶川县漩口中学全体师生。9月3日，省委书记张宝顺到长安慈善学校看望和慰问全体师生；14日，长安慈善学校礼堂举行“中秋月圆亲情大型晚会”，四川省、山西省有关领导、潞宝集团领导与师生共度中秋佳节。11月4日羌历新年，中央电视台在长安慈善学校举办“温暖灾区行”现场直播公益活动，1000余名“爱心妈妈”为孩子们送上了亲手编织的毛衣。12月7日，师生乘专列回汶川过春节，2009年3月返回长安慈善学校。2009年6月30日，漩口中学全体师生结束了在长安慈善学校的过渡复学，乘专列返回汶川新建的漩口中学学习。

图101　7月14日，汶川县第二批400余名师生到达长治长安慈善学校

（山西省民政厅　提供）

四　社会民众捐赠活动

5月13日，太原市88岁老人马淑玉，坐着轮椅，在家人陪同下到山西省红十字会捐赠1万元。曾捐赠压岁钱3400余元的太原市小学生吉锐博，在母亲陪同下又捐款1000元。一位化名“平安女士”的人，委托他人到省慈善总会捐赠60万元。太原聚宝彭装饰商城董事长刘炳福捐赠

1万元，商城所辖商户捐赠7万余元。15日，小亲亲幼儿园的小朋友在老师带领下，到省慈善总会捐款7500余元。古县丁玉萍共捐赠240万元。

截至6月11日，山西省社会各界通过不同渠道，直接向四川地震灾区汇出捐赠资金7000万元，直接运到灾区的物资折价8000余万元。

第三节　捐赠资金拨付与捐赠物资调运

一　资金拨付

截至9月28日，山西省共筹集财政性资金50009.18万元。支出共计35586.96万元，其中用于救灾工作经费631.65万元，用于受灾群众救济57万元，用于物资储备和调运3553.27万元，用于医疗卫生支出1065.03万元，用于公安、教育、广电救灾、消防救护队设备费用支出1694.54万元，其他支出27955.47万元；直接拨往四川灾区630万元。结余14422.22万元。结余资金转入省财政混账专户，列入对口援建项目专项管理。

山西省接收社会救灾捐赠资金共计113118.43万元，支出共计52907.31万元，其中直接上缴中央有关单位2386.74万元，民政救济3.2万元，物资储备调运91.65万元，医疗卫生支出852.76万元，公安、教育、广电等救灾支出102万元，其他34291.55万元，直接拨往灾区15179.41万元（四川省14933.61万元、陕西省115万元、甘肃省115.8万元、重庆市15万元）；资金结余60211.12万元，其中民政部门结余44123.8万元，红十字会结余3780.02万元，慈善总会结余3258.74万元，行政单位结余1287.45万元，人民团体和社会组织结余619.75万元，各类基金会结余767.58万元，其他单位结余6373.78万元。结余资金全部转入省财政混账专户，列入对口支援项目专项管理。

另外，截至9月28日，山西省委组织部收缴“特殊党费”46529.11万元，全部上缴中组部。

二　物资调运

截至9月28日，山西省各级民政部门、慈善会、红十字会等单位接收捐赠物资折价共计8686.92万元，调运物资折价共计8417.71万元，结余储存物资折价269.21万元。结余储存物资将支援灾区恢复重建。

为加快向灾区运输物资，山西省政府应急办成立支援灾区救援队和救灾物资运送协调工作组，以省交通厅、太原铁路局、民航机场管理局、东航山西分公司、海航山西分公司等单位负责人为成员，负责全省救灾物资的协调运输。

航空运输　山西省民航机场管理局成立抗震救灾工作领导小组，开辟专用安检通道和值机专用柜台，优先保证前往地震灾区执行任务的人员乘机，优先放行运送救灾人员和物资的航班；启动快速货运预案，保证抗震救灾物资迅速装机和运送。截至6月11日，省民航部门累计投入安检、货运、服务、公安干警等人员共1600余人次。省民航机场管理局所属太原武宿国际机场先后保障44架次抗震救灾包机执行救灾运输任务（参见图102），使用东航、海航和国航的飞机将山西特勤队、移动救援队、卫生医疗队、防疫队、重建过渡安置队等1383人和抗震救灾物资98吨及时运抵四川灾区。

图102　山西省向四川灾区空运救灾物资

（山西省民政厅　提供）

铁路运输　山西铁路部门实行24小时值班，对救灾物资坚持“有多少、装多少”“一切优先、一路畅通”的原则。截至6月11日，共发出救灾列车21列，抢运救灾物资161车、共计9600吨，其中帐篷9车3091件、药品9车12347件、医疗设备14车41353件、水及饮料29车81404件、衣被34车13935件（床）、食品19车46782件、工具机具40车12598件。

公路运输　山西省交通厅启动《山西省道路交通应急预案》，全省所有公路收费站开通抗震救灾物资运输专用通道，对所有运输抗震救灾物资和人员的车辆，一律优先免费放行。仅高速公路就开通救灾物资专用通道132条，累计放行救灾物资运输车辆12320辆，免收通行费239.08万元。省交通厅组建14支战略物资运输应急保障车队、11支旅客运输应急保障车队、38支公路工程应急保障中队和覆盖全省的汽车维修救援网络，共有专业保障人员8000余人、保障车辆1400余辆、战备钢桥41座、冲锋舟4艘、浮箱128节、机械设备1600余台（件）。紧急运送物资21万吨，运送旅客8万余人，紧急救援车辆7万余辆次。各市也都以最快的速度组织药品、食品等救援物资，以最快捷的方式运抵地震灾区。全省运管系统调动 5329 辆应急保障车辆，运送救灾物资 7.8 万吨、过渡板房 33448 套。（参见图 103）5 月 14 日、15 日，省交通厅紧急调用豪华客车 50 辆，两次连夜运送四川返乡农民工 2000 余人。此后，全省交通部门共组织应急客车 203 辆，运送四川返乡农民工 9000 余人。20 日，长治市支援四川地震灾区协调指挥部办公室协调当地驻军全力保障，向灾区运输抗震救灾物资总计 189 吨。

山西省民政厅、质检局等有关部门严把救灾物资质量关、价格关。对捐赠的纤维制品，省纤维质量检验部门现场抽检，保证合格；对食品类救灾物资，检查保质期、检验产品出厂的时间和产品合格证明等；对药品，检验药监局证明等，保证将合格的救灾物资运抵灾区。

图 103　太原钢铁集团向地震灾区运输赈灾物资

（山西民政厅　提供）

第五章　内蒙古自治区赈灾活动

第一节　组织领导

一　组织机构

5月16日，内蒙古自治区党委书记储波主持召开常委扩大会议，专题研究部署支持四川抗震救灾工作。会议决定，成立自治区支援四川抗震救灾工作领导小组，自治区党委常委、自治区政府副主席任亚平任组长，18个委、办、厅、局和社会团体及企业的主要负责人为成员。领导小组下设办公室，办公室设在自治区政府应急办。

二　组织发动

5月13日上午，内蒙古自治区党委、政府致电四川省委、省政府进行慰问，并捐赠资金300万元。15日，再次向四川省捐赠700万元。

5月15日，任亚平主持召开主席办公会，专题研究支援四川地震灾区的捐赠工作。会议指定各级民政部门和红十字会为接收捐赠的主要渠道，并提出具体要求。同日，自治区民政厅下发《关于组织开展向地震灾区捐赠工作的通知》，公布接收社会捐赠开户银行、账号和联系电话等。各级民政部门和红十字会，都设立了接收捐赠办公室，负责接收、存储、拨付、运送救灾款物的工作。自治区和各盟市报刊、广播、电视等媒体及时报道灾区灾情，报道全区人民万众一心、众志成城的抗震救灾精神，报道解放军、武警官兵、公安干警全力以赴投入救灾，在废墟中奋不顾身抢救生命的英雄壮举。

5月16日，内蒙古自治区党委召开常委（扩大）会议，专题部署支援四川省抗震救灾工作。会议要求，要精心组织抢险、医疗等救援队伍，做好食品、药品、帐篷、棉衣、棉被等救灾物资应急准备工作，做好交通、电力等基础建设与维修、卫生防疫等方面应急准备工作，随时待命出征；要积极动员社会向灾区捐赠款物，做好救灾捐赠工作。

5月17日上午，储波及自治区党委副书记、自治区代主席巴特尔和副主席任亚平等自治区领导到支援四川省抗震救灾工作重点部门和单位检查指导工作。

5月22日，民政部确定内蒙古自治区对口支援大邑县，负责向大邑县提供帐篷、活动板房、过渡简易房等临时住所，提供衣食、饮水、棉被、灶具、床等急需物品，解决灾区群众基本生活等任务。为做好对口支援工作，自治区党委、政府先后两次派员赶赴大邑与县委、县政府进行接洽，同时自治区政府给大邑县发去函电，要求出具具体援助项目。

5月27日，内蒙古自治区党委常委会议再次听取自治区政府关于支援四川抗震救灾工作汇报，研究部署下一步的工作。

6月3日，内蒙古自治区民政厅下发《关于进一步加强抗震救灾捐赠款物管理使用工作的通知》，要求各级民政部门对本地接收救灾捐赠情况进行全面、细致的统计，及时通过新闻媒体发布和公示捐赠款物接收、分配、使用的情况。

第二节　捐赠活动

一　党政机关及直属单位捐赠活动

5月13日，内蒙古自治区党委、人大常委会、政府、政协等领导和机关组织干部职工带头捐款，自治区直属各部门、各单位响应自治区党委、政府的号召，踊跃捐款捐物，支援地震灾区。截至9月24日，自治区党政机关和事业单位共捐赠15357.88万元。

内蒙古自治区委组织部收缴“特殊党费”。5月18日，中组部下发《关于做好部分党员交纳“特殊党费”用于支援抗震救灾工作的通知》后，自治区党委及时部署交纳“特殊党费”的工作。全区各级党组织、党员领导干部和党员积极交纳“特殊党费”。截至9月24日，全区有61万余名党员交纳“特殊党费”1.18亿元，交纳1000元以上的党员2.7万余人。另有部分基层党组织将“特殊党费”直接上缴到中组部。

二　人民团体、社会组织捐赠活动

内蒙古自治区人民团体开展捐赠活动　截至9月24日，内蒙古自治区总工会募集资金和物资折价共计1852.01万元，其中会员募捐资金和物资折价523.86万元，社会各界募集资金和物资折价 1290.15 万元。自治区妇联募集资金 4100 万元。自治区残联募集资金和物资折价共 439.1 万元，其中资金 89.1 万元、物资折价 350 万元。

内蒙古自治区社会组织开展捐赠活动　截至 9 月 24 日，内蒙古自治区红十字会系统募集资金和物资折价共计 35513.89 万元（参见图 104），其中资金 31551.89 万元、物资折价 3962 万元。全区其他社会组织募集资金 1533.94 万元，其中内蒙古乌兰夫基金会 100 万元。6 月 19 日，内蒙古公益事业联合会举办“千台轮椅万件用品送灾区”爱心赈灾活动，以募集资金物资支援灾区。

图 104　5 月 16 日，内蒙古自治区红十字会在呼和浩特市维多利购物中心广场组织向四川地震灾区的募捐活动，在呼和浩特的四川籍群众自发前往捐款

（牟野　摄）

三　各盟市捐赠活动

截至 9 月 24 日，内蒙古自治区 12 个盟（市）接收救灾捐赠资金和物资折价共计 18097 万元，其中资金 17185.05 万元、物资折价 911.95 万元（见表 25）。

内蒙古自治区各盟市接收汶川地震抗震救灾捐赠资金物资情况统计表

表 25　（截至 9 月 24 日）　单位：万元

单　位	资金额	物资折价	小　计
呼和浩特市	1577.59	238.00	1815.59
包　头　市	1900.00	5.00	1905.00
乌　海　市	514.70	—	514.70
赤　峰　市	2528.35	24.60	2552.95
通　辽　市	318.00	6.60	324.60
呼伦贝尔市	2930.63	20.00	2950.63
鄂尔多斯市	3881.79	60.00	3941.79
乌兰察布市	487.50	197.00	684.50
巴彦淖尔市	911.44	345.00	1256.44
兴　安　盟	—	4.60	4.60
锡林郭勒盟	181.03	11.15	192.18
阿 拉 善 盟	1954.02	—	1954.02
合　计	17185.05	911.95	18097.00

四　企业捐赠活动

内蒙古自治区各类企业响应自治区党委、政府的号召，积极捐赠资金和物资，支援地震灾区。截至 9 月 24 日，全区企业募集捐赠资金和物资折价共计 8676.25 万元，其中资金 5346.25 万元、物资折价 3330 万元。

5 月 13 日，蒙牛乳业公司捐赠价值 520 万元的牛奶 200 万包，直接运抵四川灾区。鄂尔多斯新大地集团捐赠 100 万元。亿利资源集团捐赠 1000 万元。16 日，内蒙古伊泰集团捐赠 2000 万元。27 日，内蒙古电力集团捐赠 186 万余元，内蒙古奈伦集团捐赠牛奶折价 25 万元，内蒙古全浆实业股份有限公司捐赠服装折价 86 万元。内蒙古庆华集团董事长霍庆华夫妇捐赠 1000 万元。鄂尔多斯市施美珠制衣公司捐赠衣物折价 1140 万元（见图 105）；伊利集团捐赠 100 万元，捐赠牛奶折价 700 万元。

图 105　5 月 5 日，内蒙古自治区妇联工作人员将女企业家施美珠捐赠的 3000 套西服打包运往四川地震灾区

（内蒙古自治区妇联　提供）

鄂尔多斯集团捐赠 100 万元，捐赠羊毛衫折价 700 万元。全区药械生产企业捐赠药品和急救医疗器械折价 1000 余万元。

五　社会民众捐赠活动

5 月 13 日，赤峰市光荣院 27 名老红军捐赠 5000 元。在 20 世纪 60 年代国家国民经济困难时期，上海市有部分孤儿生活困难，经国家有关部门协调，上海市将 30 名孤儿送到锡林郭勒抚养。至汶川地震发生时，这 30 名孤儿已 50 多岁，他们捐款 3100 元。巴彦淖尔市临河区华侨村 97 岁侨胞杨海涛，两次共捐款 6000 元。一位坚持不留姓名的女市民到呼和浩特市慈善总会捐赠 2 万元。赤峰市翁牛特旗一位不愿留姓名的老太太捐出年轻时父母给的一副银镯子和一对耳环。

第三节　捐赠资金拨付与捐赠物资调运

一　资金拨付

截至 9 月 24 日，内蒙古自治区接收捐赠资金和物资折价共计 83493.15 万元，其中资金 70852.76 万元、物资折价 12640.39 万元。具体情况是，自治区民政厅共接收捐赠资金 18210.73 万元、物资折价 4411.95 万元，自治区红十字会共接收捐赠资金 31551.89 万元、物资折价 3962.04 万元，其他单位接收捐赠资金 21090.14 万元、物资折价 4266.4 万元。

内蒙古自治区接收的抗震救灾捐赠资金中，汇缴中央和国家有关部门 13649.88 万元。其中，自治区委组织部上缴中组部 11798 万元，内蒙古军分区上缴北京军区 452 万元，武警内蒙古自治区总队上缴武警总部 127 万元，呼和浩特铁路局上缴铁道部和全国总工会 696.8 万元，区工会上缴全国总工会 450 万元，国税局上缴税务总局和汇捐四川省国税局 63.98 万元，银监局汇捐中国银监会 9.2 万元，航天六院汇捐航天科工集团 52.9 万元。

内蒙古自治区各级党委、政府及有关单位汇捐灾区 18199.75 万元。其中，自治区党委政府 1000 万元、呼和浩特市政府 100 万元、包头市委市政府 100 万元、鄂尔多斯市委市政府 300 万元、自治区民政厅 6537.19 万元（含采购物资 2537.19 万元、捐赠陕西省和甘肃省各 2000 万元）、自治区党委宣传部 30 万元、自治区公安厅 100 万元、自治区广电局 45 万元、自治区政协 20 万元、自治区计生委 13 万元，自治区红十字会 1000 万元、自治区各级红十字会 3222.3 万元，内蒙古残疾人福利基金会 16 万元、赤峰市慈善总会 300 万元、内蒙古青年基金会 60 万元、内蒙古教育基金会 10 万元，各大企业 5346.26 万元。

内蒙古自治区捐赠资金结余 39003.13 万元（含采购衣被资金），其中自治区民政厅系统结存

11673.54万元，自治区红十字会系统结存27329.59万元。结余资金转入自治区财政混账专户，列入对口支援大邑县恢复重建专项管理。

二　物资调运

截至9月24日，内蒙古自治区共接收捐赠物资折价12640.39万元，大部分调往灾区。（参见图106）其中，自治区民政系统接收物资折价4411.95万元，使用物资折价3634.6万元，结存物资折价777.35万元；自治区红十字会接收捐赠物资折价3962.04万元，调拨物资折价2000万元，结余物资折价1962.04万元；其他单位接收捐赠物资折价4266.4万元，调拨物资折价4266.4万元。结存物资折价2739.39万元。结存物资储存于内蒙古救灾物资储备仓库，用于灾害应急救助。

5月16日，国务院抗震救灾总指挥部紧急通知，要求内蒙古自治区为甘肃地震灾区紧急筹集被褥10万床、衣物10万件，自治区支援四川抗震救灾工作领导小组立即向各盟市下发紧急采购被褥和衣物的通知。至23日，自治区共向甘肃地震灾区运送50余个车皮的衣物25万余件、被褥11万床，超额完成任务。6月2日，自治区食品药品监督管理局组织药品生产经营企业将价值53万元的捐赠药品，发运大邑县。

图106　武警内蒙古自治区总队派出运输分队，帮助驻地将救灾物资运往地震灾区
（内蒙古自治区民政厅　提供）

5月29日，内蒙古自治区向大邑县捐赠100万元，用于灾区学校购置教学和学习用品，同时还捐赠了食品、药品等物资。6月4日，自治区公安厅采购灾区公安机关急需的办公、通信设备，运往大邑县公安局。内蒙古自治区消防总队采购一台价值50万元的消防水罐车，送往大邑县消防大队。

第六章　辽宁省赈灾活动

第一节　组织领导

一　组织机构

辽宁省对口支援安县受灾群众生活救助工作领导小组　6月13日，辽宁省委、省政府决定成立对口支援灾区受灾群众生活救助工作领导小组。省委常委、常务副省长许卫国任组长，省政府办公厅、省发展改革委、省财政厅、省民政厅、省卫生厅、省教育厅、省劳动和社会保障厅、省交通厅、省建设厅和综合办负责人为小组成员，领导小组下设办公室，办公室设在民政厅，民政厅厅长徐铁南兼任办公室主任。由民政厅派出一名厅领导驻安县工作组。领导小组全面负责全省抗震救灾工作。

辽宁省民政厅支援地震灾区领导小组　5月12日，根据辽宁省委、省政府工作要求，徐铁南连夜召开厅长办公会，成立省民政厅支援地震灾区工作领导小组。徐铁南任组长。领导小组下设办公室，办公室设在救灾处。办公室下设灾情信息组、捐赠款物接收组、综合协调组、信息报道组。领导小组负责全省民政系统的抗震救灾和支援地震灾区的工作。

二　组织发动

5月12日晚，辽宁省委书记、省人大常委会主任张文岳主持召开省委常委会，紧急部署支援四川灾区工作。会议决定由省政府落实支援四川灾区救灾物资、运输工作、救援队伍、救灾捐赠的具体措施。

5月13日12时，张文岳主持召开省委常委会，强调要切实组织好支援地震灾区工作，并决定向四川省紧急捐赠1000万元。省长陈政高主持召开省政府常务会，具体研究落实支援地震灾区工作。

5月13日，辽宁省民政厅转发民政部开展抗震救灾捐赠工作的通知，部署全省抗震救灾捐赠工作。副省长、省红十字会会长滕卫平部署红十字会系统开展募捐工作，省红十字会下发《关于在全省开展为四川地震灾区紧急募捐活动的通知》和募捐呼吁书。当日10时，省红十字会召开新闻发布会，通过13家媒体向全省发出为四川地震灾区募捐的呼吁，并公布红十字会24小时咨询电话、银行账号以及捐赠方式。20日，省民政厅下发《关于印发向地震灾区捐款管理使用规定的通知》。

5月22日晚，辽宁省民政厅接到《民政部关于对口支援四川汶川特大地震灾区的紧急通知》，立即向省委、省政府主要领导汇报。省委、省政府决定23日向安县捐赠1000万元，张文岳批示："尽快做好衔接，抓好落实"。陈政高批示："请务必高度重视，尽快提出落实意见，报省政府常务会、省委常委会研究。"许卫国立即组织民政厅进行研究，决定向安县派出联络组。

5月23日，由许卫国带队的对口支援联络组迅速赶赴安县开展工作，并深入到安县的重灾乡镇，实地查看了解情况。

5月26日，辽宁省委常委会召开专题会议，听取对口支援联络组的汇报，研究对口支援措施。27日，省委、省政府派出由省委常委、省总工会主席王俊莲和副省长滕卫平带领的慰问组，携带款物3000余万元，赴安县慰问受灾群众。同日，省公安厅派出400名公安干警赴安县帮助维护社会治安。

5月28日，辽宁省纪委、省监察厅、省民政厅、省审计厅、省财政厅联合下发《关于加强救灾资金物资监管的通知》。31日，民政厅下发《关于规范对口支援安县受灾群众生活救助有关问题的通知》。

6月9日，许卫国率省发展改革委、省财政厅、省民政厅、省卫生厅、省建设厅、省综合办、省政府办公厅等部门40余人组成的对口支援工作组到安县，并在7日内走访18个乡（镇）的村、医院、学校，研究制定对口支援项目和筹措资金方案。

6月11日，辽宁省红十字会下发《关于进一步做好抗震救灾红十字会志愿服务工作的通知》《关于转发中国红十字会总会〈关于加强汶川地震捐赠款物管理使用的通知〉的通知》。

10月，辽宁省民政厅、省委宣传部等5家单位，在全省组织开展向四川地震灾区捐赠棉衣被活动，省直机关单位和市、县级政府积极组织捐赠资金和棉衣被，共募集资金2240万元，为安县采购棉被14万床、棉大衣14万件，并在入冬前发放到安县灾区群众手中。

第二节　捐赠活动

一　党政机关及直属单位捐赠活动

在汶川地震抗震救灾捐赠活动中，辽宁省委、省人大常委会、省政府、省政协领导和机关干部职工带头捐赠款物，省直各部门各单位积极响应省委、省政府号召，踊跃捐赠款物，支援地震灾区。省公安厅向安县公安局捐赠价值 250 万元的警用吉普车 20 辆、摩托车 10 辆。

辽宁省委组织部组织收缴“特殊党费”　5 月 18 日，中组部下发《关于做好部分党员交纳“特殊党费”用于支援抗震救灾工作的通知》，辽宁省委领导立即批示要求落实。19 日，省委组织部转发中组部通知，部署全省“特殊党费”的收缴、管理工作，制定下发 8 个相关文件和通知，要求全省各级党组织，要将中央和省委精神传达给每一个基层党组织和每一名党员干部，同时将广大党员对灾区群众的无私奉献精神上报中央。同日，张文岳、陈政高等省级党员领导干部，向所在党组织交纳“特殊党费”。省直各部门、各单位分别召开党组会、党委会、党员大会，举行交纳“特殊党费”仪式和开办“特殊党课”。

辽宁省委组织部副巡视员金锋患重症已卧床两年余，靠呼吸机维持生命，接受喉管切开手术后语言困难。他从电视得知要交纳“特殊党费”时泪流不止，爱人问他是不是要交“特殊党费”，他使劲地眨眨眼睛表示同意，爱人立即到省委组织部代他交纳“特殊党费”1000 元。康平县东关屯镇苏家岗村 76 岁党员高景昌，骑自行车 5 公里多赶到康平县委组织部交纳“特殊党费”1000 元。兴城市下岗女工纪清云将下岗后开包子馆积攒的 4.5 万元作为“特殊党费”交纳给党组织。沈阳市东陵区前进街道望花村党员王成山，将女儿结婚用的 1 万元作为“特殊党费”交纳给党组织。沈阳发动机设计研究所党委收到党员李健华为自己交纳的 1000 元“特殊党费”，以及替他刚去世的父亲交纳的 500 元“特殊党费”。沈阳市皇姑区新乐街道北陵社区党员冷静在国外留学，打电话委托母亲交纳“特殊党费”1000 元。大连市抗震救灾医疗队党员董志扬、赵锐、李元忠得知要交纳“特殊党费”的消息后，立即发短信请同事代为交纳 1000 元。大连海事大学交通运输管理学院 2005 级学生党员翟志伟，家庭经济非常困难，母亲下岗，仅靠父亲月工资 1000 元维持生活，但他第一个到学院党委将刚获得的“吴福振华奖学金”1000 元上缴“特殊党费”。本溪市党员马忠宏家 4 人中有 3 人有残疾，属社区的低保户，地震发生后马忠宏仍到社区捐赠 2000 元，并交纳“特殊党费”。

辽宁省委宣传部组织募捐活动　辽宁省委宣传部部署全省宣传文化系统单位和演职人员，积极参加赈灾义演义卖活动，募集资金物资，支援地震灾区。5 月 16 日晚，省委宣传部、省文化厅、省广电局、省慈善总会、省文联在辽宁大剧院联合举办“心系汶川”赈灾义演（见图 107），现场共募集资金 3164 万元，其中 24 家企业及新闻单位捐赠 3160 万元，现场观众捐赠 4 万元。18 日，大连市举办“山海心相连、情动心动大连行动”大型赈灾义演电视直播晚会，募集资金 6080.2 万

图 107　5 月 16 日，辽宁省举办“心系汶川”赈灾义演晚会现场

（辽宁省民政厅　提供）

元。抚顺市举办“天佑中华、爱感人间”大型义演活动，募集资金 120 余万元。本溪市举办慈善义工“情系灾区、赈灾义演”活动，现场募集资金和物资折价 13.47 万元。

鞍山市、丹东市、辽阳市、盘锦市红十字会与企业、媒体等合作，联合开展书画（鞍山、丹东、辽阳）、钻戒（盘锦）义卖活动，募集爱心捐款，支援地震灾区。

二　人民团体、社会组织捐赠活动

辽宁省总工会响应省委、省政府开展救灾捐赠的号召，组织全省各级工会组织和会员开展救灾捐赠活动，募集资金和物资折价共计 8904.54 万元，其中会员募捐资金和物资折价 5267 万元，社会各界捐赠资金和物资折价 3637.54 万元。丹东市工商业者联合会捐赠 400 万元。

辽宁省妇联响应省委、省政府开展救灾捐赠的号召，组织全省各级妇联组织开展救灾捐赠活动，募集资金和物资折价 5530 万元。

截至 10 月 14 日，辽宁省红十字会开展多种形式的募捐活动，募集捐赠资金和物资折价 3.14 亿元，其中资金 27618 万元、物资折价 3782 万元（见表 26）。

辽宁省各地红十字会接收抗震救灾捐赠资金物资情况统计表

表 26　　（截至 10 月 14 日）　　单位：万元

单　位	资金额	物资折价	小　计
省本级	4312.47	85.10	4397.57
沈阳市	5048.93	1376.46	6425.39
朝阳市	1249.60	711.10	1960.70
阜新市	615.39	148.51	763.90
铁岭市	804.24	—	804.24
抚顺市	744.64	344.91	1089.55
本溪市	410.79	—	410.79
辽阳市	906.91	107.10	1014.01
鞍山市	1286.35	148.14	1434.49
丹东市	1578.80	29.40	1608.20
大连市	7402.35	701.95	8104.30
营口市	1329.26	85.53	1414.79
盘锦市	448.07	0.60	448.67
锦州市	724.86	43.20	768.06
葫芦岛市	755.34	—	755.34
合　计	27618.00	3782.00	31400.00

三　各市捐赠活动

辽宁省 14 个设区市响应省委、省政府开展救灾捐赠的号召，募集款物，支援灾区。截至 10 月 14 日，各市募集捐赠资金和物资折价共计 140660.74 万元（见表 27），其中资金 129264.63 万元、物资折价 11396.11 万元。

辽宁省各市捐赠汶川地震抗震救灾资金物资情况统计表

表 27　　（截至 10 月 14 日）　　单位：万元

单　位	资金额	物资折价	小　计
沈阳市	21394.39	3323.37	24717.76
朝阳市	4221.58	614.40	4835.98
阜新市	2254.80	220.31	2475.11
铁岭市	3408.03	41.57	3449.60
抚顺市	5105.00	325.91	5430.91
本溪市	3952.89	77.55	4030.44

续表 27

单 位	资金额	物资折价	小 计
辽阳市	5543.07	107.10	5650.17
鞍山市	7004.52	422.13	7426.65
丹东市	6291.86	593.09	6884.95
大连市	50603.75	4249.31	54853.06
营口市	5795.70	267.73	6063.43
盘锦市	3757.96	883.60	4641.56
锦州市	4573.12	250.22	4823.34
葫芦岛市	5357.96	19.82	5377.78
合 计	129264.63	11396.11	140660.74

说明：此表含各市直接向灾区捐赠款物，但不包括“特殊党费”

四 企业捐赠活动

辽宁省各类企业响应省委、省政府开展救灾捐赠的号召，积极捐赠资金和物资，支援地震灾区。截至 10 月 14 日，辽宁省各类企业捐赠资金和物资折价共计 5.89 亿元。

大连万达集团股份有限公司捐款超过 1 亿元。大连亿达集团有限公司捐赠 3200 万元。鞍山钢铁集团向安县捐赠 2500 万元。大商集团股份有限公司捐赠 1600 万元。辽宁依生生物制药有限公司捐赠价值 1100 万元的药品。辽宁电力公司捐赠 700 万元。辽宁天龙药业有限责任公司捐赠价值 700 万元的药品。本溪钢铁（集团）有限责任公司捐赠 500 万元。大连银行股份有限公司捐赠 500 万元。大连实德集团有限公司捐赠 500 万元。STX（大连）造船公司捐赠 350 万元。辽宁连山钼业（集团）有限公司捐赠 350 万元。辽宁北方石油化工集团捐赠 300 万元。大连港集团有限公司捐赠 300 万元。北台钢铁（集团）有限责任公司捐赠 300 万元。中国烟草总公司大连市公司捐赠 300 万元。营口盼盼安居股份有限公司捐赠价值 100 余万元太阳能热水器，组织车队经 3 个昼夜送抵四川灾区。

五 社会民众捐赠活动

在救灾捐赠活动中，辽宁省各界群众踊跃捐赠资金物资，支援地震灾区。

沈阳市 80 岁的谭振威、侯文华夫妇捐赠 4000 元。经销生态鸡蛋的鞍山市一对新婚夫妇多次到捐赠处捐款，第一天捐赠营业额的 10%，以后每天递增 10%，直到第十天捐出所有的营业收入。抚顺市新抚区时代养老院“五保户”史春弟，把生活费中节余的 30 元捐赠灾区。本溪市溪湖区 200 名残疾人中有 90% 以上的人靠政府低保金维持生活，但他们却自发捐赠 963 元。本溪市居民鲁静和爱人，尽管生活困难，仍将为孩子上学和成家准备的5万元存款捐赠灾区。恒仁满族自治县村民张玉清、王长发采购价值6万余元的食品物资，驱车8000公里送到四川灾区。本溪满族自治县林玉安将3万元“见义勇为积极分子”奖金捐赠灾区。丹东市三年级学生任英辉是个小天文爱好者，原本想用积攒的500元压岁钱买天文望远镜，震后他毅然决定将这些钱捐赠灾区，此后又将100条红领巾和他亲手制作的99颗许愿星捐赠灾区。营口市夕阳红托老园30余位年龄在60～103岁的老人，自发捐赠800元。大石桥市税务局86岁退休干部邱永信捐款1万元。阜新市102名军休干部捐赠1.775万元。阜新市六年级小学生杨宇晴幼年患先天性心脏病，在市“蓓蕾生命救助行动”的救助下治愈了疾病。他到市慈善总会捐出储蓄罐中的26.6元。葫芦岛市连山区村民张宝成，是位结肠癌晚期病人，全身挂有3个治疗袋，仍步履蹒跚地走到村委会捐献100元。建昌县实验小学一位不愿留姓名的三年级女学生，捐出她几年来积攒的硬币721.8元。建昌县一位不留姓名的农民，中午满头大汗地赶到捐赠点，捐出身上所有的272元后，再徒步5公里回家。在加拿大留学的葫芦岛籍学子何雨濛给家人打电话，委托捐款1000元。

第三节　捐赠资金拨付与捐赠物资调运

一　资金拨付

截至10月14日，辽宁省共接收救灾捐赠资金17.96亿元，其中民政和慈善部门接收11.75亿元、省红十字会接收2.76亿元、省委组织部接收党员交纳的“特殊党费”3.45亿元；支出共计125379.38万元，其中直接上划中央有关单位34500万元（“特殊党费”），用于物资调运储备费用3477.17万元，用于灾区医疗卫生支出814.15万元，用于灾区教育支出201万元，用于灾区活动板房支出25037万元，用于灾区应急救援支出1037.06万元，直接拨付灾区60313万元；结存5.42亿余元，结存资金转入省财政混账专户，列入对口支援重建专项管理。

二　物资调运

截至10月14日，辽宁省各级民政部门、慈善部门、红十字会等单位共计接收救灾捐赠物资折价1.37亿元，包括民政和慈善部门接收捐赠物资折价0.99亿元、省红十字会接收捐赠物资折价0.38亿元。此批物资全部运往灾区，其中调运四川省物资折价1.23亿元、甘肃省物资折价0.14亿元，救灾捐赠物资无结存。

5月12日晚，民政部通知辽宁省紧急调运帐篷4000顶、棉被5万床运往四川。辽宁省民政厅连夜向省委、省政府汇报，联系有关部门单位，落实首批支援四川省的棉被5万床、帐篷4000

顶任务，并立即与中国民航局联系，于13日凌晨落实2架747大型运输专机，协调省武警部队出动300余名官兵和20台运输车辆装运物资（见图108）。15日，满载360余吨物资的4架飞机（次）运抵四川灾区。

5月13日，辽宁省民政厅从沈阳火车站发运装载51车皮的帐篷1.27万顶运往天水。18日上午，接民政部关于立即支援甘肃灾区棉被褥10万床、衣服10万件通知，省民政厅上报省委、省政府批准后，通过各种渠道紧急采购棉被10万床和衣物12万件，于20—23日，分别从沈阳、大连火车站装载32节车皮，经铁路分4批发往甘肃灾区。21日，省民政厅调运帐篷2000顶、方便面2.6万箱、药品6985件等物资，装载12节车皮从沈阳火车站发运至四川灾区。5月27日至6月3日，省民政厅分别从沈阳、辽阳、锦州火车站装载24节车皮，分4批将大米435吨、帐篷1000顶、棉被褥2万床、饮料4.45万箱及其他救灾物资发运至安县。6月13日，省民政厅调运棉被3万床、篷布5万平方米及大米、饮料、方便面、药品、衣物等物资，从沈阳火车站装载12节车厢，发运安县灾区。

截至10月14日，辽宁省向地震灾区发运价值1.37亿元的救灾物资1.1万余吨，共发出火车专列12趟车皮154节、航空专机4架次，运至四川灾区。

图108　5月14日，辽宁省向四川地震灾区紧急发运救灾物资。图为武警部队某部官兵在沈阳桃仙机场装运物资

（辽宁省民政厅　提供）

第七章　吉林省赈灾活动

第一节　组织领导

一　组织机构

5 月 12 日，吉林省委、省政府决定成立省抗震救灾工作机构，由省委常委、副省长竺延风负责牵头组织抗震救灾工作，尽全力支援地震灾区抗震救灾。13 日，省民政厅成立全省向地震灾区捐赠协调工作领导小组，厅长张晶任组长。领导小组下设综合协调组、捐赠接收组、宣传报道组，综合协调组设在救灾救济处。领导小组协调省慈善总会、省减灾中心、省救灾物资储备中心共同开展救灾工作，并负责全省抗震救灾捐赠工作。

5 月 18 日，根据吉林省政府要求，省民政厅对吉林省向地震灾区捐赠协调工作领导小组成员的构成进行调整，增设救灾物资采购运输组和驻灾区救援协调工作组；驻灾区救援协调工作组于当日 18 时飞赴成都，协调救灾物资应急运输事宜。

二　组织发动

5 月 13 日，吉林省委书记王珉主持召开省委常委会议，要求全省各地尽全力向灾区提供及时、无私、有效的援助。同日，省长韩长赋主持召开省政府专题会议，研究部署组织支援四川灾区抗震救灾工作。同日，省委办公厅、省政府办公厅下发《关于迅速组织开展向地震灾区捐赠活动的紧急通知》；省政府召开新闻发布会，明确各级民政部门、慈善会、红十字会为抗震救灾捐赠接收主渠道，公布接收捐款账号和捐赠电话；省民政厅、省红十字会、省慈善总会通过《吉林日报》等新闻媒体刊登《携手同心，抗震救灾倡议书》。

5 月 14 日，吉林省直机关工委、省红十字会、省妇联下发开展救灾募捐的紧急通知。19 日，省委组织部转发中组部通知，发动党员交纳“特殊党费”。20 日，省总工会下发开展支援汶川地震灾害救灾募捐的紧急通知，部署全省工会救灾捐赠活动。

5 月 17 日，吉林省民政厅下发《关于捐赠款物上报汇总的通知》。18 日，民政厅下发《关于进一步做好对地震灾区救援捐赠工作的紧急通知》。23 日，民政厅下发《关于严格加强抗震救灾捐赠款物管理的紧急通知》。

5 月末，吉林省政府领导到省民政厅检查指导抗震救灾捐赠工作（见图109），要求按照省委、省政府的工作部署，全力做好捐赠款物的接收、使用和调运工作，为抗震救灾、支援地震灾区做出贡献。

图 109　吉林省政府领导在省民政厅考察指导抗震救灾捐赠工作

（吉林省民政厅　提供）

7 月 5 日，吉林省政府办公厅下发《关于进一步加强支援地震灾区救灾捐赠款物管理办法》。15 日，省政府办公厅下发《关于进一步加强支援地震灾区救灾捐赠款物管理的通知》。

8 月 22 日，吉林省民政厅下发紧急通知，要求各地抓紧现有库存抗震救灾物资的处理工作，加快对灾区的支持。

第二节　捐赠活动

一　党政机关及直属单位捐赠活动

在汶川地震抗震救灾捐赠活动中，吉林省委、省人大常委会、省政府、省政协领导和机关干部职工带头捐赠 51.68 万元。省直部门单位积极响应省委、省政府号召，踊跃捐款捐物，支援地震灾区。省发展改革委机关及直属单位捐赠 11.35 万元，省民政厅机关及直属单位捐赠 13.87 万元，省建设厅机关及直属单位捐赠 20 万元，省交通厅机关及直属单位捐赠 66.45 万元。截至 6 月 25 日，省直机关及直属单位捐赠 2970 万元。

吉林省委组织部组织收缴“特殊党费”　5 月 19 日，吉林省委组织部转发中组部《关于做好部分党员交纳“特殊党费”用于支援抗震救灾工作的通知》，要求全省各级党组织和广大党员，积极参加抗震救灾交纳“特殊党费”活动。省委组织部下发《关于做好部分党员缴纳“特殊党费”支援抗震救灾工作的通知》，要求各级党组织要将交纳“特殊党费”作为当前一项重要工作任务，传达给每个基层党组织和每位党员，将支援抗震救灾的奉献事迹及时上报。省委组织部确定专职人员，明确收缴“特殊党费”的工作程序，建立每日统计上报、专户缴存、专户管理、登记备案、公示公开、填发收据等制度。各级党组织领导干部、广大党员踊跃交纳“特殊党费”。截至 12 月 30 日，全省党员交纳“特殊党费”10228.33 万元，其中省直机关党员交纳 1798.05 万元，长春市党员交纳 2757.42 万元，吉林市党员交纳 1165 万元，四平市党员交纳 672.61 万元，松原市党员交纳 872.16 万元，辽源市党员交纳 426.42 万元，白城市党员交纳 392.56 万元，白山市党员交纳 462.93 万元，通化市党员交纳 707.49 万元，延边朝鲜族自治州党员交纳 952.56 万元，长白山管委会党员交纳 21.13 万元。

吉林省委宣传部组织募捐活动　吉林省委宣传部部署全省宣传文化系统单位及演职人员，积极参加抗震救灾义演义卖等活动，募集资金，支援灾区。5 月 14 日，长春市和平大剧院与《新文化报》联合举办“手足相连、情系灾区”文艺晚会，现场募集资金 10 万元。15 日，省慈善总会、省文化厅、省民政厅在长春市文化广场举办“众志成城、抗震救灾”大型抗震救灾文艺晚会，现场募集资金和物资折价共计 700 万元。16 日，省委统战部、省文化厅、长春市委宣传部等单位在吉林东风二人转剧场举办“情系汶川、心系灾区——我们和你在一起”大型赈灾义演活动，现场募集资金和物资折价共计 1350 万元。

5 月 23 日晚，吉林省委宣传部、省文化厅、省广播电视局、省新闻出版署、省民政厅单位与省工商联等吉林宣传文化系统和社会团体，联合举办“白山蜀水心连心”赈灾晚会，现场募集资金 3230.6 万元，募集物资折价 3424.6 万元（见图 110）。长春市、吉林市、四平市、松原市、东辽县、东丰县等地通过赈灾义演，募集资金和物资折价共计 430 余万元。

图 110　5 月 23 日，“白山蜀水心连心”赈灾晚会现场，社会各界踊跃捐赠，奉献爱心

（吉林省民政厅　提供）

二　人民团体、社会组织、宗教界捐赠活动

吉林省人民团体捐赠活动　吉林省总工会响应全国总工会开展救灾捐赠的号召，组织各级工会开展救灾捐赠活动，募集资金和物资折价共计 12307 万元。其中，会员捐赠资金和物资折价 416 万元，社会各界捐赠资金和物资折价 11779 万元，工会经费捐赠资金和物资 112 万元。

共青团吉林省委组织各级共青团、青年组织募集资金 537 万元。团省委联合《城市晚报》开展“城市晚报 25 周年特刊义卖”活动，每份报纸售价 5 元，义卖所得作为为灾区青少年筹集的善款；组织开展“情暖四川”“冬日暖阳”等活动，募集价值 30 余万元的学习用品等物资捐赠四川灾区。7 月 11 日，共青团吉林省委向黑水县捐赠 200 万元，用于设立“吉林—黑水共青团助学金”，捐赠 150 万元用于援建“吉林—黑水抗震希望小学”。

吉林省妇联组织各级妇联组织开展抗震救灾捐赠活动，募集资金和物资折价共计 3352 万元，其中省妇联机关及直属企事业单位干部职工捐赠 3.67 万元；省妇联组织开展的“心系灾区小伙伴、爱心奉献我行动”活动，募集捐赠物资折价 3 万元；白山市妇联系统募集资金 52 万元；延边朝鲜族自治州妇联组织各界妇女群众募集资金 294 万元。

吉林省社会组织捐赠活动　吉林省红十字会组织各种形式的募捐活动，募集资金和物资折价共计 49656.45 万元，其中资金 21070 万元、物资折价 28586.45 万元。省个体私营企业协会募集资金 408 万元。

吉林省宗教界捐赠活动　吉林省宗教界募集资金1058.49万元。其中，佛教界募集资金400万元（包括佛教协会230万元、敦化正觉寺住持释佛性法师10万美元、各地寺院僧侣及信徒100万元），道教界募集资金20.43万元，伊斯兰教界募集资金158万元，天主教界募集资金22.26万元，基督教界募集资金457.8万元。

三　各市州捐赠活动

吉林省9个市（州）党委、政府和长白山管委会广泛开展救灾捐赠活动，募集款物，支援地震灾区。截至10月14日，共募集资金和物资折价39847.73万元，其中资金36256.09万元、物资折价3591.64万元（见表28）。

吉林省各市州、管委会接收汶川地震抗震救灾捐赠资金物资情况统计表

表28　（截至10月14日）　单位：万元

单　位	资金额	物资折价	小　计
长春市	10517.20	474.18	10991.38
白城市	1811.65	226.44	2038.09
松原市	3162.20	50.79	3212.99
吉林市	7597.88	714.98	8312.86
四平市	3199.36	100.00	3299.36
辽源市	1429.13	197.03	1626.16
通化市	3114.64	617.97	3732.61
白山市	1765.14	166.00	1931.14
延边朝鲜族自治州	3586.05	1044.25	4630.30
长白山管委会	72.84	—	72.84
合　计	36256.09	3591.64	39847.73

四　企业捐赠活动

吉林省内各企业积极响应省委、省政府开展救灾捐赠的号召，履行社会责任，踊跃捐款捐物。其中，捐赠款物100万元以上企业48家，捐赠款物折价共计35773.69万元（见表29）。

吉林省捐赠汶川地震抗震救灾捐赠资金物资折价100万元以上企业统计表

表29　（截至10月14日）　单位：万元

单　位	捐赠资金和物资折价	单　位	捐赠资金和物资折价
中国第一汽车集团有限公司	7278.60	吉林市天瑞房地产开发有限公司	200.00
修正药业集团	4300.00	中国移动吉林公司	263.06
辉南辉发制药股份有限公司	2518.16	吉林省农村信用社	248.00
通化钢铁集团股份有限公司	2513.20	吉林出版集团	244.15
吉林省电力有限公司	1392.10	长春吴太药业集团	210.00
吉林万通药业集团	1320.00	通化矿业集团公司	152.00
长春生物制品研究所有限责任公司	1150.42	吉林北方医药有限公司	210.00
中国吉林森林工业集团股份有限公司	1050.00	杉松岗矿业集团公司	102.00
中国电力工程顾问集团东北电力设计院	144.00	吉林紫鑫药业股份有限公司	204.00
中国石油吉林油田公司	1031.90	吉林省北方医药有限责任公司	200.00
长春海外制药集团有限公司	1010.00	梅河口市阜康酒精有限公司	200.00
吉林亚泰集团股份有限公司	1000.00	四平红嘴集团	200.00
长春大成实业集团	1000.00	吉林市大成农业开发有限责任公司	200.00
中国石油吉林石化公司	1307.00	吉林康乃尔药业有限公司	200.00
长生生物科技股份有限公司	850.00	吉林银行	171.20
中国北车长春轨道客车股份有限公司	580.00	珲春矿业集团公司	155.00
吉林省温馨鸟集团有限公司	500.00	富华国防实业集团中国有限公司	152.67
吉林昊融有色金属集团有限公司	437.00	吉林正业集团责任有限公司	133.90
吉林敖东药业集团股份有限公司	435.86	长春皓月集团	120.00
辽源矿业集团公司	422.30	吉林日报报业集团	104.60
吉林吉尔吉药业有限公司	320.00	华港国际集团生物有限公司	200.00
吉林天景食品有限公司	300.00	通化东宝药业股份有限公司	100.00
长春天诚药业有限公司	299.00	吉林吉安新能源集团有限公司	100.00
吉林粮食集团有限公司	276.00	合　计	35773.69
长影集团有限责任公司	267.57		

说明：此表按接收时间排序

五　社会民众捐赠活动

在救灾捐赠活动中，吉林省广大社会公众情系受灾群众，奉献爱心，捐款捐物，支援灾区。

5 月 13 日清晨，小学生李娜捐款 370 元，这是吉林省慈善总会接收到的第一笔捐款。梅河口市残疾个体户孙小军坐着轮椅，在家人的陪同下到市慈善总会捐赠 1 万元。15 日，在长春市雁鸣湖畔一个建筑工地，近百名农民工为灾区捐赠 1.19 万元。一汽集团 75 岁退休职工党员金英子先后捐赠 3 万元。19 日，长春市一名残疾低保户代表社区 14 名低保人员到省慈善总会捐款 600 元。20 日，84 岁身患重病不能行走的王秀君打电话向灾区捐款 500 元，省慈善总会副秘书长上门接收捐赠资金。长春市净月监狱服刑人员向地震灾区捐赠 1.21 万元，四平市 200 余名退伍老兵自发聚集到英雄广场为灾区捐赠 1.45 万元。六一儿童节，无数家长带着孩子冒雨到长春市慈善总会捐赠资金；最小的捐款者魏萌仅 4 个月大，父母代她捐款 100 元。

第三节　捐赠资金拨付与捐赠物资调运

一　资金拨付

截至 2009 年 11 月 30 日，吉林省共接收救灾捐赠资金 51761 万元，其中民政（慈善）部门接收 30691 万元、红十字会接收 21070 万元。救灾支出 6714 万元，其中转交中央部门 4852.2 万元，应急采购救灾物资 1832.1 万元，其他支出 29.7 万元；对口支援资金 44265.14 万元（见表 30）。结余 781.86 万元，结余资金划入省财政混账专户，列入对口支援专项管理。

另外，截至 12 月 30 日，吉林省委组织部接收党员交纳“特殊党费”10228.33 万元，全部上缴中组部。

二　物资调运

截至 12 月 30 日，吉林省接收捐赠物资折价共计 75894.74 万元，先后大部分调运灾区。经省民政厅、省财政厅审批，全省不适用灾区的库存抗震救灾物资折价 9466.78 万元，转为省内救灾物资。

5 月 14 日，吉林省民政厅调运捐赠大米 100 吨、农夫山泉吉林公司矿泉水 10 万箱，经铁路发送四川灾区，韩长赋到装载现场指挥装载。

5 月 16 日，吉林省委、省政府紧急调用一汽集团捐赠的 20 辆运输车，装载价值 1125.78 万元的矿泉水 1000 箱、大米 50 吨、救灾药品及医疗器械运往四川灾区。

5月20日，吉林省天景食品有限公司捐赠价值100万元的速冻玉米和玉米汁饮料，送往平武。21日，省民政厅调运价值1728.2万元大米368吨、药品4700箱、压缩饼干2.2吨和豆油等救灾物资10车皮，经铁路运送绵阳灾区。

5月22日，吉林省建设厅紧急采购压缩垃圾车1台、吸污车2台、移动公厕20座送往四川。

5月24日，吉林省民政厅按照民政部通知，组织各市州民政局紧急采购被褥10万套、衣物10万套、儿童节礼物5000套，经铁路发运甘肃灾区。

5月30日，吉林省民政厅调拨价值1210万元的帐篷500顶、豆油60吨、白面11吨、方便米饭855箱、快餐面840箱、煲姜可乐500箱、药品1761箱，运往平武灾区。

7月1日，吉林省民政厅调运药品150件、棉被2000床，空运至黑水灾区。

7月8日，吉林省民政厅调运棉被1870床、棉褥1000床、毛毯2864床、药品16件，由汽车运往黑水灾区。

吉林省汶川地震抗震救灾捐赠资金支出统计表

表30　　（截至2009年11月30日）　　单位：万元

单位	救灾支出								对口援建		
	民政部门（慈善）				红十字会						
	转交	采购	其他	小计	转交	采购	其他	小计	民政部门（慈善）	红十字会	小计
省直	300.00	743.40	20.50	1063.90	600.00	—	—	600.00	10340.90	3500.00	13840.90
长春市	500.00	115.70	—	615.70	2160.00	—	9.00	2169.00	2000.51	5732.00	7732.51
吉林市	—	333.80	—	333.80	500.00	101.00	—	601.00	5692.08	971.00	6663.08
四平市	36.00	130.00	—	166.00	—	—	—	—	1851.36	1182.00	3033.36
辽源市	—	32.00	—	32.00	—	—	—	—	524.14	823.00	1347.14
松原市	—	—	—	—	—	—	—	—	2001.20	1161.00	3162.20
白山市	11.20	54.40	0.20	65.80	20.00	80.00	—	100.00	1084.98	324.00	1408.98
白城市	—	22.00	—	22.00	125.00	—	—	125.00	1474.65	190.00	1664.65
通化市	—	89.80	—	89.80	—	—	—	—	2477.84	547.00	3024.84
延边朝鲜族自治州	—	—	—	—	600.00	130.00	—	730.00	—	2315.00	2315.00
长白山管委会	—	—	—	—	—	—	—	—	72.48	—	72.48
合计	847.20	1521.10	20.70	2389.00	4005.00	311.00	9.00	4325.00	27520.14	16745.00	44265.14

第八章　黑龙江省赈灾活动

第一节　组织领导

一　组织机构

黑龙江省支援汶川地震灾区抗震救灾协调指挥小组　5 月 12 日，汶川地震发生后，黑龙江省委书记吉炳轩、省长栗战书立即作出全力做好支援灾区工作的指示。13 日，省委常委、省委秘书长刘国中主持召开支援汶川地震灾区协调会，研究部署紧急支援地震灾区工作。会议明确，由副省长黄建盛负责全省的支援工作，省民政厅具体负责支援工作的组织协调。省民政厅立即成立支援汶川地震灾区办公室，厅长杨喜军任办公室主任。办公室下设捐赠接收组、物资调运组、协调联络组。支援汶川地震灾区办公室负责全省救灾捐赠接收和向地震灾区调运救灾物资的工作。

5 月 15 日，黄建盛主持召开支援汶川地震灾区协调工作会议。会议决定，成立黑龙江省支援汶川地震灾区抗震救灾协调指挥小组，黄建盛任组长，17 个省直部门和驻军部队负责人为成员，领导小组下设办公室，办公室设在省民政厅，民政厅救灾救济处处长任办公室主任。领导小组负责全省支援四川汶川地震灾区的抗震救灾工作。

黑龙江省支援四川省汶川等地抗震救灾和灾后重建工作领导小组　5 月 30 日，黑龙江省委办公厅、省政府办公厅下发《关于成立黑龙江省支援四川省汶川等地抗震救灾和灾后重建工作领导小组的通知》，吉炳轩任组长，省直 20 个部门单位负责人为成员；领导小组下设办公室，办公室设在省民政厅，杨喜军兼任办公室主任，领导小组负责全省支援四川省汶川等地抗震救灾和灾后重建工作。6 月 14 日，领导小组办公室改设在省发展改革委，省发展改革委主任唐修亭兼任办公室主任。25日，黑龙江省成立对口支援四川省剑阁县灾后恢复重建前线指挥部。

二　组织发动

5月12日，吉炳轩在汶川地震信息文件上批示："致电慰问，做好援助准备"。栗战书在汶川地震信息摘报上两次批示，要求关注地震灾情，做好支援地震灾区的准备。同日，黑龙江省委、省政府向四川省委、省政府发出慰问电。副省长、省红十字会会长程幼东主持召开紧急会议，要求省红十字会立即启动一级应急预案，第一时间向灾区展开救援活动。13日，栗战书在赴大兴安岭行署驻地加格达奇市调研途中指示杜家毫、黄建盛："请即考虑向四川灾区援助一部分资金。并请示民政部，物资上需我省支援什么，立即予以组织发运"。

5月13日，黑龙江省委办公厅、省政府办公厅下发《关于组织开展支援汶川等地震灾区救灾工作的紧急通知》，并通过广播、电视、报纸、网络等媒体向全社会发出向地震灾区捐赠款物的号召。省民政厅编发《支援四川灾区情况快报》，在《生活报》、东北网、黑龙江慈善网公布全省捐赠、接收款物和支援灾区情况。同日，省红十字会通过媒体向社会各界发出向灾区捐赠的倡议，并下发《关于全省红十字会系统开展向四川地震灾区募捐活动的通知》，全省各级红十字会立即行动起来，保证了救灾捐赠渠道畅通。

5月14日，黑龙江省委组织部、省直机关工委、省妇联、团省委、省总工会先后下发关于组织开展支援汶川等地震灾区救灾工作的紧急通知和开展捐赠活动的倡议书。15日，程幼东出席省红十字会募集善款仪式并作动员讲话，部署救灾捐赠工作。

5月14日，黑龙江省红十字会党组制定下发《关于为四川地震灾区募捐款物接收分发使用的有关规定》；18日，省红十字会转发中国红十字会总会《关于切实做好"5·12"地震募捐款物管理、使用工作的通知》，加强对抗震救灾捐赠款物的管理。

5月21日晚，栗战书主持召开省政府常务会议，听取关于支援四川灾区抗震救灾工作的情况汇报，进一步研究部署全省支援地震灾区工作。23日上午，吉炳轩、栗战书到火车哈尔滨南站查看向四川省捐赠2400吨大米的运载情况（见图111）。

图111　5月23日，黑龙江省委书记吉炳轩（右一）、省长栗战书（右二）在火车哈尔滨南站查看运送大米列车装载情况

（黑龙江省民政厅　提供）

5月25日，黑龙江省纪委下发《关于切实做好抗震救灾资金物资监管工作的通知》《黑龙江省抗震救灾资金物资监督检查领导小组暨联席会议制度》，要求全省筹集、分配、拨付、使用援川救灾款物，要建立台账，详细登记，做到出入手续完备、专账管理、专人负责、账款相符、账目清楚。

5 月 27 日晚，副省长于莎燕部署省住房和城乡建设厅援建过渡安置房生产的启动工作。29 日，吉炳轩到黑龙江省公安消防总队基地，看望慰问赴川参加抗震救援的 512 名官兵。同日，栗战书主持召开省政府专题会议，研究援建 2 万套四川地震灾区过渡安置房生产工作。同日，省委常委、省纪委书记李延芝主持召开全省抗震救灾捐赠款物监管工作会议，部署全省抗震救灾捐赠款物监管工作。

6 月 12 日，吉炳轩主持召开省委常委会议，听取全省支援四川地震灾区阶段性工作情况汇报，要求继续全力做好救灾捐赠和对口支援工作。

6 月 4 日，黑龙江省民政厅党组下发《关于全省民政系统做好抗震救灾捐赠款物监管的紧急通知》，要求全省各级民政部门切实强化对抗震救灾捐赠工作的监督，确保捐赠款物全部用于地震灾区，防止发生违规违纪问题，真正做到善款善用。

6 月 30 日，黑龙江省监察厅、省民政厅、省审计厅联合下发《关于进一步加强抗震救灾捐赠款物管理的通知》。通知要求，规范救灾捐赠款物的接收、管理和使用，提高救灾捐赠款物使用效益和公开透明度，强化对捐赠款物的跟踪审计和监督，加强对捐赠款物管理使用情况的监督检查工作。

第二节　捐赠活动

一　党政机关及直属单位捐赠活动

5 月 14 日，黑龙江政府向灾区捐助 411.97 万元。同日省委、省人大常委会、省政府、省政协、省纪委等部门举行为地震灾区捐赠活动，省级各领导班子成员带头捐赠，离退休老同志积极参与捐赠款物。省直机关 136 个部门、单位 144696 人共捐赠 2384.51 万元。

黑龙江省委组织部组织收缴“特殊党费”　5 月 19 日，黑龙江省委组织部根据中组部关于交纳“特殊党费”的部署，制定下发《关于做好部分党员交纳“特殊党费”支援抗震救灾工作的通知》《关于加强“特殊党费”服务管理工作的紧急通知》，动员全省基层党组织和广大党员做好支援抗震救灾工作的组织、引导、服务和宣传等工作。省委组织部大力宣传交纳抗震救灾“特殊党费”中涌现出的典型人物，引导各级党组织和广大党员更好地投入到支援抗震救灾工作中。截至 9 月 30 日，黑龙江省有 123.2 万党员交纳“特殊党费”共计 22019.6 万元（含利息），其中交纳 1000 元以上的党员有 52768 人。

黑龙江省委宣传部组织募捐活动　黑龙江省委宣传部部署宣传文化系统抗震救灾捐赠工作，要求广泛开展各项活动，募集资金物资，支援地震灾区。5 月 15 日晚，黑龙江电视台与中国扶贫基金会、凤凰卫视在北京联合举办“众志成城、抗震救灾”大型赈灾义演。全国人大常委会原副委员长成思危出席晚会，30 多位演艺界明星及爱心企业代表和部分奥运冠军代

表300人参加演出，现场募集资金1.4亿元。16日，伊春市红十字会、伊春市残疾人自强艺术团联合举办“众志成城、情系灾区”义演活动募集资金。同日晚，黑龙江电视台与中国宋庆龄基金会、中华慈善总会、中国教育台联合举办“有爱就有希望”抗震救灾义演，现场募集资金1.6亿元。22日，大庆市委、市政府在大庆歌剧院举办“爱心永远”赈灾义演活动，募集资金和物资折价1267万元。23日晚，哈尔滨市慈善协会、团市委、市文化局、《哈尔滨生活报》、市儿童艺术剧院、市青年宫、黑龙江远大购物中心有限公司在哈尔滨青年宫共同举办“为了灾区的孩子们”大型儿童剧《花季如歌》赈灾义演活动，现场观众捐赠151.56万元。同日晚，哈尔滨市支援灾区工作领导小组、市委宣传部、市民政局、市文化局、市广播电视局、市慈善总会、市红十字会、市文学艺术界联合会、市工商联合会和哈尔滨日报报业集团在哈尔滨电视台共同举办“大灾有大爱——哈尔滨市支援灾区”大型义演，市领导带头捐款，现场募集资金4400万元。

哈尔滨市少工委启动“捐出文具和图书、帮助灾区小伙伴”全市红领巾特别行动，为灾区学生捐赠价值30万元的图书、文具和课本30万份。牡丹江市举办“网聚爱心、支持灾区——汶川地震现场募捐活动”，募集资金80.1万元。黑龙江人民广播电台举行“众志成城、携手同行”赈灾特别节目，募集资金152万余元，募集价值150万元的药品和衣物（见图112）。6月3日，伊春市开展以“千山万水心相连、千言万语慰伙伴”为主题的“十百千万”活动，号召每个县（市、区）为灾区小朋友捐赠10种文具、100个书包，伊春市学校至少1000个班级参加，并为地震小朋友写信1万封；活动按计划全部实施，全市共捐赠书包及文具2260套。

图112　黑龙江人民广播电台“众志成城、携手同行”赈灾特别节目场景

（黑龙江省民政厅　提供）

黑龙江省委宣传部和省画院举办义卖活动，12 名省内知名画家将 14 幅艺术作品义卖所得善款 20 万元捐赠地震灾区。哈尔滨市举办“点燃希望、共献爱心——名家书画作品义卖”活动，将百余幅书画作品现场义卖所得资金 4.7 万元捐赠地震灾区。黑龙江省著名艺术家捐献优秀作品，举办“情系巴蜀、爱心助老”抗震救灾义卖活动，将拍卖所得资金 21.53 万元捐赠地震灾区。哈尔滨市举办“迎奥运、庆六一”赈灾义卖活动，现场将拍卖 88 件爱心物品所得资金 28.7 万元捐赠地震灾区。

黑龙江省体育局、黑龙江电视台、大庆市体育局、大庆电视台承办，辽宁盼盼篮球俱乐部、大庆石化公司在大庆举办“心系汶川、奉献爱心”黑龙江男子篮球队和辽宁盼盼男子篮球队的赈灾义赛。两支球队的队员、教练、裁判以及现场的领导和观众共捐赠 52.71 万元。

黑龙江省委台湾事务办公室组织捐赠活动 黑龙江省台湾事务办公室倡导各级台协积极组织、动员广大台商奉献爱心，募集捐赠资金和物资折价共计 113.8 万元。

黑龙江省外事办公室组织捐赠活动 黑龙江省外事办公室积极组织外事系统开展救灾捐赠活动。在大庆眼科医院工作的俄罗斯专家莉莉娅和莫斯科友谊大学眼科专家杜申各捐款 1000 元。日本新潟县工人福祉协议会事务局长佐藤文男一行在哈尔滨以新潟县工人福祉协议会和工会联合会的名义向省总工会捐赠 60 万日元。曾因腿部疾病在中国获得救治的澳洲老人扎伊克捐款 6000 元，并感激地说：“我永远忘不了我身上流的是中国人民的血”。俄罗斯 6509 次国际列车员工捐款 1700 元并转赠当地红十字会（见图 113）。在中国出生，20 岁时回到俄罗斯的维克多・卡伊戈洛多夫委托朋友向黑龙江省慈善总会捐款 1000 元，并在信中写道：“我一直没有忘记我生在伟大的中国。相信四川灾区人民一定会早日恢复自己的家园，建得更美”。俄罗斯妇女达尼娅向黑河市慈善总会捐款 3000 元。俄罗斯人廖涅带着两个孩子在绥芬河边防检查站捐款 2580 卢布和 305 元。日本东方水上丝绸之路贸易促进协议会参加第 19 届中国哈尔滨国际经济贸易洽谈会时向省外事办公室捐赠 23 万日元。日本滋贺县 NPO 法人爱之会向省外事办公室捐赠 30 万日元。

图 113 俄罗斯 6509 次国际列车员工为汶川地震灾区捐款（黑龙江省民政厅 提供）

黑龙江省教育厅组织捐赠活动 黑龙江省教育厅组织动员全省教育系统开展救灾捐赠活动，募集资金支援地震灾区。东北林业大学一名女学生捐赠1000元，并坚持留下“国泰民安”的名字。哈尔滨医科大学2005级学生田佩捐出奖学金8000元。黑龙江农业经济学院组织师生捐赠资金10万元，给在校川籍学生每人发放慰问金500元。在成都生活的杜新馨和姐姐杜新萍带着两个孩子回到老家七台河，七台河市第十小学立即接收孩子就学，并帮助他们解决学习和生活中的困难。哈尔滨市南岗区总工会及南岗区教育局工会领导到海城小学，为从绵阳、彭州灾区到哈尔滨读书的学生和农民工子女，赠送书包、课本、文具、运动服，并向家住四川的孩子赠送电话卡。省红十字会与省教育厅、《生活报》共同发起“帮助灾区学子读大学”活动，捐助18万元为25名在黑龙江就读的四川灾区贫困学子提供生活费用。省妇女儿童基金会与《新晚报》联合推出四川籍在哈大学生救助活动，共募集资金123.52万元，救助四川籍学生168人。省总工会、省教育工会向在哈尔滨高校就读的36名剑阁籍大学生，每人发放慰问金2000元。

二 民主党派、人民团体、社会组织、宗教界捐赠活动

黑龙江省民主党派捐赠活动 黑龙江省各民主党派响应中共中央、国务院抗震救灾号召，积极参与抗震救灾捐赠活动。民革黑龙江省委会系统募集捐赠资金和物资折价324万元。民盟黑龙江省委会举行了“凝聚力量、奉献爱心、为灾区多做贡献”主题捐赠活动，全省各级民盟组织和盟员募集资金和物资折价207.5万元；民盟黑龙江省委、黑龙江金马建设开发集团有限公司定向捐赠100万元，用于援建地震中受损严重的彭州市升平中学。民建黑龙江省委会系统募集捐赠资金和物资折价1376.13万元。民进黑龙江省委会募集捐赠款物折合810万元。农工民主党黑龙江省委会系统捐赠资金和物资折价1064.44万元，中国十大杰出青年、农工党黑龙江省委会副主委高翔捐赠价值1000万元的血浆代用品和抗病毒药品空运至成都。九三学社黑龙江省委会系统募集资金587.7万元。

黑龙江省人民团体捐赠活动 黑龙江省总工会响应全国总工会的号召，动员全省各级工会组织开展救灾捐赠活动，募集资金和物资折价共计7197.74万元。其中，会员捐赠资金和物资折价4023.51万元，社会各界捐赠资金和物资折价2836.17万元，工会经费捐赠资金和物资折价338.06万元。团省委募集资金和物资折价623.6万元，其中资金572.6万元、物资折价51万元。省妇联募集资金和物资折价442.55万元。

黑龙江省工商联募集资金和物资折价15086.5万元。省侨联向全省发出向灾区群众伸出援助之手的倡议。5月21日，黑龙江省第六次归侨侨眷代表大会召开，现场募集资金21万余元。各地侨联启动“助灾区、献爱心”活动，全省侨界捐赠资金和物资折价237.6万元、8万欧元、1.5万美元、2.8万日元。

黑龙江省社会组织捐赠活动 黑龙江省红十字会系统募集资金和物资折价11029.93万元。省慈善总会募集资金和物资折价计34135.7万元。全省其他社会组织募集资金情况：省青少年发展基金会募集资金166.3万元，省房地产协会募集资金1023万元，省金属材料流通协会募

集资金和物资折价 422 万元，省银行业协会募集资金 173.77 万元，省奶业协会募集资金 1900 万元。

黑龙江省宗教界捐赠活动　黑龙江省宗教界在较短时间内即为地震灾区募集资金 154.92 万元，其中佛教界募集资金 137.24 万元，道教界募集资金 0.7 万元，伊斯兰教界募集资金 3.2 万元，天主教界募集资金 3 万元，基督教界募集资金 10.78 万元。

三　各地市捐赠活动

黑龙江省辖各地市党委、政府贯彻执行省委、省政府关于开展抗震救灾捐赠的工作部署，加强领导和协调指挥，下发抗震救灾捐赠工作文件，组织机关单位企业和社会公众积极参与捐赠款物。截至 9 月 30 日，各地市接收捐赠资金和物资折价共计 44018.98 万元（见表 31）。

黑龙江省各地市接收汶川地震抗震救灾捐赠资金物资情况统计表

表 31　（截至 9 月 30 日）　单位：万元

单　位	接收资金和物资折价	单　位	接收资金和物资折价
哈尔滨市	13163.50	伊春市	2082.50
齐齐哈尔市	4454.19	七台河市	1464.75
牡丹江市	2483.60	鹤岗市	2185.50
佳木斯市	1736.33	黑河市	1158.45
大庆市	7010.40	绥化市	3635.09
鸡西市	1265.45	大兴安岭地区	1275.09
双鸭山市	2104.13	合　计	44018.98

四　企业捐赠活动

在抗震救灾捐赠活动中，黑龙江省各类企业积极捐赠资金和物资，支援地震灾区。

5 月 14 日，黑龙江龙煤矿业集团向省慈善总会捐赠 500 万元，集团职工捐赠 982.48 万元。同日，哈药集团调整生产结构，组织 2 万多名员工昼夜加班生产价值 1800 万元抗病毒类药物，包专机运抵四川灾区。哈飞汽车工业集团通过中国红十字基金会向地震灾区捐赠价值 100 万元的哈飞赛豹 V 轿车 10 辆。18 日下午，哈电集团及所属三大动力厂等企业主要领导奔赴四川地震灾区，向东方电气集团捐赠 500 万元，向中国二重捐赠 100 万元。19 日，工大集团红博商业举办“情系同胞、爱佑四川”大型捐助活动，700 多个业主捐赠价值 1256 万元的衣物 7.85 万件（见图 114）。红军五路 14-1 厅商户在捐赠服装的包装上写道：“中国人不哭，心心相牵。亲人们挺住，四川同胞们，我们永远支持你们。”20 日，黑龙江省电力有限公司捐赠价值 390 万元、总容

图 114　工大集团红博商业捐赠衣物现场

（黑龙江省民政厅　提供）

量 17790 千伏安的配电变压器 124 台。22 日，人和商业控股有限公司紧急购置价值 1130 万元的食品和衣物，并调集运输车 22 辆将这些物资运抵广元灾区。23 日，大庆石化公司炼油厂紧急调运 0 号柴油 2300 吨发运陕西灾区。黑龙江省捐赠资金和物资折价 100 万元以上企业有 68 家（见表 32）。

黑龙江省农垦总局按照出口标准 AA 级紧急加工大米 2400 吨，由“北大荒”号 40 节火车棚车装载发往四川灾区。7 月 21 日，黑龙江盛兴集团股份有限公司捐赠 5050 套实木桌椅和讲台运至剑阁县，帮助灾区学生提前复课。

黑龙江省捐赠汶川地震抗震救灾资金物资折价 100 万元以上企业统计表

表 32　（截至 9 月 30 日）　单位：万元

单　位	资金物资折价	单　位	资金物资折价
哈药集团	2000.00	双鸭山市东方墙材工业公司	154.00
人和商业控股有限公司	2000.00	大兴安岭林业集团	150.00
黑龙江龙煤矿业控股集团有限责任公司	1982.48	大商集团大庆新玛特休闲购物广场	150.00
牡丹江等离子体物理应用科技有限公司	1440.00	大庆新潮（集团）家私装饰材料有限公司	145.09
工大集团红博商业	1256.00	黑龙江红星集团股份有限公司	138.00

续表 32

单　位	资金物资折价	单　位	资金物资折价
大庆石化公司	1096.00	黑龙江北雪毓人服饰有限公司	122.00
哈尔滨誉衡药业股份有限公司	1060.00	哈尔滨重元贸易有限公司	121.25
黑龙江迪龙制药有限公司	1018.93	宝宇房地产开发公司	121.00
哈尔滨圣泰制药股份有限公司	1000.00	黑龙江辰能投资集团有限责任公司（原黑龙江省电力开发公司）	112.34
哈尔滨人和集团股份有限公司	997.60	大庆市庆客隆超市	110.60
西林钢铁集团有限公司	699.20	黑龙江省顺峰房地产开发有限公司	105.00
中发实业集团董事局	650.00	黑龙江贵龙医药有限公司	102.96
黑龙江中房地产开发公司	600.00	黑龙江地纳制药股份有限公司	102.00
哈尔滨翔鹰集团股份有限公司	600.00	哈尔滨市新瑞捷羽绒服饰有限公司	101.39
大庆油田有限责任公司	556.00	黑龙江省澳利达医药集团	100.73
泰富实业公司	520.00	黑龙江倍丰农业生产资料集团公司	100.00
哈电站集团	500.00	黑龙江中北邮电房地产开发公司	100.00
哈尔滨爱达投资置业集团	500.00	哈飞汽车工业集团	100.00
黑龙江电力有限公司	490.00	哈尔滨老鼎丰食品有限公司	100.00
黑龙江盛兴集团股份有限公司	460.00	哈尔滨市投资集团	100.00
黑龙江伊春中植企业集团有限公司	410.00	哈尔滨光宇蓄电池有限公司	100.00
哈达农副产品股份有限公司	400.00	中良生化能源（肇东）有限公司	110.00
黑龙江葵花药业有限公司	310.00	哈尔滨电站设备集团公司	100.00
大庆市银锣乳业有限公司	310.00	中国烟草总公司黑龙江省分公司	100.00
黑龙江宝泰隆煤化工集团	304.22	哈尔滨人和国际健身俱乐部	100.00
哈尔滨光宇集团股份有限公司	281.00	哈尔滨东安发动机集团有限公司	100.00
哈尔滨蒲公英药业有限公司	264.00	哈尔滨环球动力科技实业有限公司	100.00
哈尔滨三联药业有限公司	203.80	哈尔滨亿阳集团	100.00
大庆大丰科技集团有限公司	202.50	哈尔滨红旗家具城	100.00
黑龙江筑安建筑集团	202.30	黑龙江建龙钢铁有限公司	100.00
中融国际信托有限公司	200.00	轩辕集团实业开发有限责任公司	100.00
黑龙江兴安矿业集团	200.00	大庆大正房地产开发有限公司	100.00
大庆大丰油田科技有限公司	200.00	大庆华圣房地产开发有限公司	100.00
黑龙江省建设集团有限公司（原黑龙江省建工集团和黑龙江省路桥集团重组）	181.52	顺天通房地产开发集团有限公司	100.00

图 115　当年和“铁人”王进喜一起参加大庆石油会战的老战友向汶川地震灾区捐款

（黑龙江省民政厅　提供）

图 116　齐齐哈尔市文化村村民向汶川灾区捐款

（黑龙江省民政厅　提供）

五　社会民众捐赠活动

黑龙江省社会各界群众，踊跃捐赠资金和物资，支援地震灾区。

哈尔滨贵夫人皮草广场董事长于长江，采购价值 16 万元的迷彩服 4000 件捐赠省慈善总会。黑龙江珍宝岛药业集团董事长、总裁方同华捐赠 120 万元。哈尔滨市道里区个体业主林延章捐赠 10 万元及价值 121.2 万元的衣物 194 箱。省编办李东民将 1.2 万元奖金捐赠灾区。全国劳动模范朱莲香退掉儿子结婚家具，降低酒席标准，捐赠 1 万元。南丁格尔奖获得者、哈尔滨医科大学二院护理部主任李秋洁捐款 1000 元。全国消防部队英雄、哈尔滨市消防支队马玉清、马忠学两位烈士的遗属捐款 5000 元。大庆油田组织干部职工捐赠 556 万元（见图 115）。

获得多吉美项目资助的哈尔滨市晚期肾癌患者张守刚，让儿媳到省慈善总会捐款 1000 元后，于次日病故。一位癌症患者到省红十字会捐款 500 元。曾得到社会救助的铁力市身患白血病的女大学生杨阳捐款 200 多元。身患腺泡状横纹肌肉瘤的密山市中学生宋春娆捐出治病钱 2178 元。嫩江县低保户采玉喜夫妇到社区捐款 200 元。庆安县 60 岁的残疾人胡宝林步行 7 公里到镇政府捐款 105 元，其中 5 元是他父亲、一位参加过抗美援朝战争的老军人临终前留下的。81 岁的抗美援朝战争老战士曲云武早上 6 时出发，从市郊换乘 3 次车到省民政厅捐款 1000 元。哈尔滨市南岗区党员邓兰亭、裴英霞两位老人向灾区捐赠多年积攒的 11 万元。省民委丁聪夫妇向灾区捐赠举办婚礼节省下的费用和礼金 4 万元。齐齐哈尔市文化村村民积极为汶川灾区捐款（见图 116）。

第三节　捐赠资金拨付与捐赠物资调运

一　资金拨付

截至 9 月 30 日，黑龙江省共接收救灾捐赠资金和物资折价 103544.14 万元，其中资金 87137.18 万元（含“特殊党费”）（见表 33）。共支付资金 47310.3 万元，其中 22019.6 万元（含利息）“特殊党费”全部上缴中组部专户；支付灾区 25290.7 万元，其中支付四川省 23690.7 万元、甘肃省 500 万元、陕西省 500 万元、重庆市 300 万元、云南省 300 万元；结余 39826.88 万元，结余资金转入省财政厅专户，列入对口支援专项管理。

黑龙江省接收汶川地震抗震救灾捐赠资金情况统计表

表 33　（截至 9 月 30 日）　单位：万元

接收单位	资金额	接收单位	资金额
民政系统	16109.50	组织部门（“特殊党费”）	22019.60（含利息）
红十字会	6824.74	其　他	5212.00
慈善会	34135.70	合　计	87137.18
社会组织	2835.64		

二　物资调运

截至 9 月 30 日，黑龙江省接收救灾捐赠物资折价共计 16406.96 万元，调拨灾区物资折价 16406.96 万元，捐赠物资无结余。捐赠物资通过航空、铁路、公路 3 种方式转运灾区。

航空速运　5 月 13 日，黑龙江省机场管理集团有限公司调配人员、物资和设备，设立机场抗震救灾绿色通道，简化手续，优先安检和放行救灾人员和物资，全力做好支援灾区运输保障工作。同日下午，黑龙江省民政厅按民政部救灾司向四川地震灾区紧急空运在黑龙江省储备的国家救济单帐篷通知的要求，紧急协调南航黑龙江分公司从总部迅速调集一架波音 747 货机到哈尔滨太平国际机场执行连续飞行任务。省武警总队增派 200 名官兵，省交通厅增调长厢卡车 10 辆到太平机场装运帐篷。从 14 日 9 时 50 分至 15 日，5 个班次专机将单帐篷 9995 顶运抵成都。18 日，省民政厅调运价值 327 万元的帐篷、被褥、毛毯和哈尔滨市红十字会捐赠价值 300 万元的药品空运至成都。18 日，省民政厅调运帐篷 5000 顶空运至成都。20 日，哈尔滨市红十字会调运价值 150 万元的物资空运至成都。21 日，哈尔滨红十字血站调运血浆

20万毫升空运至成都。在抗震救灾中，从黑龙江省通过民航运送救灾物资和人员79架次，其中专机7架次。

铁路抢运　5月13日，哈尔滨铁路局成立救灾调度台，开通了99901、99902专用电话，本着“急事急办、特事特办”的原则，开通救灾物资运输“绿色通道”，对救灾物资优先审批、优先请车、优先承认、优先配空、优先挂运，保证救灾物资不积压。黑龙江省民政厅紧急协调省交通厅调集长厢卡车10辆、哈尔滨铁路局调集棚车5辆、省武警总队出动官兵100名到省国家物资仓储中心装运2万床棉被和2000件棉衣，运至火车站装车，当日22时，满载棉衣被的铁路棚车“抢”字头专列发往德阳。

5月22日，黑龙江省科技厅紧急采购价值71万元的消毒机1500台、个体用LED矿灯520台、婴儿奶粉400箱、止血防感染包扎用医疗辅料10包，经铁路发运专列运至四川灾区。22日，省民政厅调运大米601吨，经铁路运往四川灾区。

5月23日，黑龙江省农垦总局捐赠“北大荒”大米2400吨经哈尔滨铁路局发运成都，采购价值90.25万元的消杀灭药品56.775吨经铁路发运成都。抗震救灾期间，哈尔滨铁路局共开行抗震救灾列车33列219车。截至11月20日，哈尔滨铁路局分3次用20辆棚车将20.85万件（床）棉衣被运往剑阁。

公路快运　截至9月30日，黑龙江省协调全省公路交通部门，十余次组织车辆运送帐篷、食品、药品、棉被、衣物、活动板房至成都、剑阁等地震灾区（见表34）。

黑龙江省汶川地震抗震救灾公路运输捐赠物资情况一览表

表34　（截至9月30日）　单位：万元

时　间	单　位	主要物资及数量	物资折价	运抵地点
5月21日	哈尔滨市民政局	大米1280吨	500.00	成　都
5月22日	黑龙江省民政厅	大米203吨、方便面1000箱、面粉50吨、药品1312箱、苏打水900箱、衣物3956件、帐篷92顶	—	成　都
5月22日	人和商业控股有限公司	大米350吨、牛奶5车、矿泉水和衣物5车	800.00	广　元
5月24日	伊春市	药品510件、刨花板35立方米、松木杆21立方米、棉被2825床	300.00	绵　阳
5月26日	哈尔滨市南岗区	活动板房4400平方米、166套	—	广　元
5月29日	牡丹江市	低温等离子体灭菌机10台	1000.00	成　都
6月5日	哈尔滨市交通局	东风自卸翻斗车14吨	28.00	成　都
6月11日	牡丹江师范学院	图书	4.30	剑　阁
6月17日	黑龙江农业工程职业学院	学校办公设备	10.00	剑　阁

续表 34

时　间	单　位	主要物资及数量	物资折价	运抵地点
8 月 12 日	黑龙江省民政厅	棉被 10536 床、衣物 48548 件、食品 8991 箱、药品 553 箱、大米 144 吨、单帐篷 124 顶	—	剑　阁
8 月 18 日	哈尔滨市和哈尔滨医科大学附属第一医院	药品	566.81	剑　阁
8 月 28 日	黑龙江省民政厅	车辆和办公设备	40.00	剑　阁
9 月 3 日	黑龙江省公安厅	刑事技术设备 15 台（套）	27.00	剑　阁
9 月 8 日	哈尔滨市米旗食品公司	月饼	50.00	剑　阁
9 月 23 日	黑龙江省同源文化发展有限公司	图书 209 类 5655 册	7.42	剑　阁

第九章 上海市赈灾活动

第一节 组织领导

一 组织机构

上海市救灾援助指挥协调工作小组 5月13日，上海市委、市政府决定成立上海市救灾援助指挥协调工作小组，市应急办、市合作交流办、市经委、市民政局、市卫生局、市建设交通委等21个部门和单位为成员单位，指挥协调工作小组办公室设在市政府应急办。市政府副秘书长沙海林任组长。指挥协调工作小组下设7个组，即物资统筹组、交通运输组、宣传报道组、救助协调组、综合联络组、简报编写组、社会捐赠组。物资统筹组由市经委牵头，交通运输组由市建交委牵头，宣传报道组由市政府新闻办牵头，救助协调组由市卫生局牵头，综合联络组由市合作交流办牵头，简报编写组由市政府办公厅牵头，社会捐赠组由市民政局牵头。

上海市民政局“5·12”汶川地震救灾捐赠领导小组 5月13日，上海市民政局制订救灾捐赠工作方案，并成立市民政局“5·12”汶川地震救灾捐赠领导小组。民政局局长马伊里任组长，副局长张喆人、高菊兰任副组长，各处室负责人为捐赠领导小组成员。领导小组对外挂“上海市社会捐助工作领导小组办公室”的牌子，并行使指挥协调小组社会捐赠组的职责，内设宣传报道组、捐赠接收组、综合协调组。同日，上海市19个区（县）分别成立由区（县）委、政府主要领导为组长的抗震救灾捐赠工作领导小组。区（县）级捐赠工作领导小组办公室设在区（县）民政局，延伸到街道（乡镇）、居（村）委，各基层街道（乡镇）、居（村）委会分别成立抗震救灾捐赠工作小组。

二　组织发动

5 月 12 日，中共中央政治局委员、上海市委书记俞正声及市长韩正连夜召开紧急会议，要求全市各级党政机关紧急动员，组织全市人民，全力支持灾区人民抗震救灾。

5 月 12 日下午，上海市食品药品监督管理局下发做好抗震救灾工作的紧急通知，次日成立抗震救灾食品药品质量保障工作领导小组。

5 月 13 日，俞正声在上海双拥表彰会议上指出：上海有今天的发展，得益于全国人民的支持，灾区有难，上海人民、上海各级党委和政府应该响应中央号召，尽最大力量，全力以赴支援灾区人民。同日，上海市委办公厅、市政府办公厅下发《关于全力做好支援四川抗震救灾工作的紧急通知》，部署全市抗震救灾捐赠工作。全市广播、电视、视频、报纸、杂志等各类媒体紧密配合开展公益宣传，市文明办公益广告管理中心制作一批招风旗、标语横幅灯箱、救灾捐赠广告牌，广泛宣传抗震救灾。上海文明网、东方网、上海热线等沪上大型网站连续在首页醒目位置展示宣传口号、播放宣传片及提供抗震救灾公益广告的下载服务。

5 月 14 日，上海市质量技术监督局开辟抗震救灾应急食品市场准入绿色通道，批准上海冠生园益民食品有限公司的申请，准许他们生产加工军工干粮（压缩饼干）和民用压缩饼干等抗震救灾应急食品。市质量技术监督局会同药品监督管理局、民政局和出入境检验检疫局采取严格措施，对本市向灾区捐赠食品药品和医疗器械等物资进行严格检查。

5 月 15 日，上海 12 家货运企业 180 辆各类运输车辆落实到位，确保抗震救灾物资的快速运输；上海铁路局全天候开放闵行、北郊、桃浦、杨浦、南翔等 5 个火车站点，安排 1492 名装卸工轮班装车；民航华东管理局会同上海机场部门，全力做好救援人员和救灾物资的运输保障；邮政企业紧急启动应急预案，向全网发出紧急通知，全力联系指导灾区分公司及在外员工开展自救互救，迅速打通中断了的灾区邮路。市经委与市发展改革委等有关部门成立市救灾援助指挥协调工作小组物资统筹组，统筹上海市支援灾区的应急物资，并积极做好上海赴川救援人员的物资保障。工商银行在网站上开辟“社会公益捐款绿色通道”，向灾区捐款一律免收手续费并优先办理。中国银行上海市分行对赈灾账户免除全部捐款的汇款手续费。18 日，市政府办公厅下发《关于加强本市抗震救灾募捐管理的紧急通知》，要求统一管理抗震救灾募捐活动，切实规范募捐行为，严格加强监督检查。24 日，市民政局和上海市社团管理局联合发出通告，对全市以抗灾救灾名义开展义演、义赛、义卖等募捐活动进行备案管理。

5 月25 日，上海市民政局连续下发《关于组织开展向“5·12”汶川地震灾区捐赠工作的通知》《关于贯彻落实〈上海市人民政府办公厅关于加强本市抗震救灾募捐管理的紧急通知〉的有关事项通知》《关于加强抗震救灾募捐资金管理的通知》《关于建立救灾捐赠和募捐活动备案制度的通知》《关于进一步做好定向捐赠的通知》《关于加强救灾捐赠物资管理的通知》《关于加强抗震救灾食品药品和医疗器械等捐赠物资管理规范工作的通知》等文件，建立救灾捐赠公示制度、捐赠接收备案通报制度、捐赠接收审计制度、职能部门分工监管责任制度。市民政局还下发通知，要求各区县民政部门注意做好灾区来沪人员救助、接待及灾区在沪就业、就读人员的帮困、安抚工作。

上海市教委会同各高校启动自然灾害应急预案，全面摸排地震灾区生源学生的家庭受灾情况，主动做好安抚工作。闵行区内有33所农民工子弟学校的805名学生来自重灾地区，其中333名学生家中有直系亲属身亡或家中房屋全部倒塌。团工委组织人员对这些学生进行心理疏导。闵行区中小学校接收了147名地震灾区来沪学生借读。

上海市司法局对上海在押在册的震中及周边省份的劳教人员和服刑人员进行摸排，安排家在灾区的劳教、服刑人员拨打亲情电话，及时了解家人的动态。各监所及时采取相关措施进行安慰和稳控，并让心理矫治人员对他们进行心理引导和干预，防止劳教人员发生过激行为。6月12日，上海市爱心帮教基金会在北新泾监狱举行爱心赈灾救助款发放仪式，向12个监所和监狱总医院的200余名在汶川地震中家庭受灾的服刑人员发放救助款6.52万元。

5月27日，上海市政府办公厅下发《关于进一步做好支援灾区抗震救灾工作的通知》。8月5日，市财政局下发《上海市市级抗震救灾援助财政专项资金管理办法》。18日，市民政局、市财政局、市统计局联合转发《民政部、财政部、国家统计局关于印发“汶川地震抗震救灾捐赠款物统计办法”的通知》。9月1日，市财政局、市国税局、市地税局发出通知，鼓励社会各界支持抗震救灾和灾后恢复重建。自5月12日起，对单位和个体经营者捐赠货物，免征增值税、城市维护建设税及教育费附加。对专项用于抗震救灾和灾后恢复重建的新购特种车辆，免征车辆购置税。

10月10日，上海市政府召开“上海市送温暖、献爱心社会捐赠活动动员大会”。市民政局和市经委协调，使用定向捐赠资金1813万元定制新棉衣被，保证20万件（床）新棉衣被任务按时保质完成。全市在此次捐赠活动中，共接收各类衣被718.01万件（床）；募集新品62.4万件，装车总量352个车皮。上海市共接收社会各界捐赠资金5375.63万元，其中定向捐赠资金2612万元用于购置棉衣被。

第二节　捐赠活动

一　党政机关及直属单位捐赠活动

上海市委、市政府几次向四川、甘肃、陕西三省捐助资金物资。（参见《大事记》有关记述）在抗震救灾捐赠活动中，上海市委、市人大常委会、市政府、市政协领导和机关干部职工带头捐赠资金114.55万元。5月27日，在市政府常务会议上，韩正号召全市机关公务员厉行节约，全市市级机关经常性预算开支削减10%，停止新增公务用车，鼓励全市19个区（县）机关经常性经费预算开支压缩5%，削减压缩的资金全部用于抗震救灾。5—10月，市机关工委组织党员、干部、职工捐赠资金和物资折价2.28亿元。

上海市委组织部组织收缴“特殊党费”　上海市各级党组织认真贯彻中组部《关于做好部分党员交纳“特殊党费”用于支援抗震救灾工作的通知》精神，把接收“特殊党费”作为支援灾区的重要工作来抓。各区县、大口工作党委[①]组织部门按照党费管理的有关规定，安排专人接收党员的“特殊党费”。接收“特殊党费”按级管理，全市各基层党组织将党员交纳的“特殊党费”及时汇入区（县）委、大口工作党委组织部党费账户，并及时将“特殊党费”汇入中组部党费账户。各区县、大口工作党委党组织在收缴“特殊党费”工作中，做到专人负责、及时登记入账、存入指定银行、坚持每日一报制度等，确保数额清楚，自觉接受党组织和广大党员的监督。截至9月8日，上海市共有1067854名党员交纳“特殊党费”2.98亿元，其中一次性交纳1000元以上的党员有109012名。

上海市委宣传部组织募捐活动　上海市委宣传部部署全市宣传文化系统单位和演职人员，积极参加赈灾义演、赈灾义卖等各项活动，募集款物，支援地震灾区。5月14日晚，上海时空之旅文化发展有限公司在上海马戏城举办上海市首家赈灾义演，门票收入10万元和现场捐款全部捐赠灾区。同日，市信息化行业协会等单位举办“川之情、海之声——心系震区”赈灾文艺义演，现场募集资金119.8万元。由希望工程“爱心大使”郎朗发起的“我们在一起——希望工程百星赈灾义演”晚会，参加义演艺人近百人，募集资金援建震区学校。同日，上海乐团举办“在巴比伦河畔——合唱600年音乐会”赈灾义演，募集资金2.6万元。

5月17日，上海市委宣传部、市精神文明建设委员会办公室举办“血脉相连、众志成城——2008年上海市社会各界赈灾文艺晚会”（见图117），俞正声、韩正等参加，晚会共募集资金5.09亿元。

图117　5月17日，在“血脉相连、众志成城——2008年上海市社会各界赈灾文艺晚会”上，各界人士踊跃捐款

（上海市民政局　提供）

---

① “大口工作党委”是上海市党委的一个派驻机构，是上海市特有的一个工作机构。它是将全市的政府部门和机构按照产业或行业划分为若干大口，由市委派出的大口党委进行归口管理。

5月18日，上海市演出行业协会举办“为了灾区的儿童”第七届上海优秀儿童剧展演专场赈灾义演，邀请来自四川灾区在沪的民工子女参加，当晚义演票房收入和剧团全体演职员捐款共计10万元。23日，上海越剧界举办“上海越剧界联合赈灾义演”专场，众多新老越剧演员参加演出，现场共募集资金56.5万元。同日，卢湾区举办“情牵汶川——卢湾在行动”抗震救灾义演募捐活动，现场共募集资金1050万元。

5月14日，市有关部门举办“抗震救灾重建家园——名家书画义拍”活动，共募资金143.7万元捐赠灾区重建校园。15日，在上海中国画院赈灾书画作品拍卖会上，由画院57位画家捐献的345幅作品装裱而成的30本册页，拍得728.36万元，全部捐赠给都江堰市，为在地震中失去儿女的孤老建造养老院。17日，上海市政府侨办组织百名侨界书画家捐赠百幅作品义卖所得和侨界企业、人士捐赠共1000万元，援助都江堰市虹口小学恢复重建。22日，由金山农民画创始人吴彤章和上海市书法家协会在金山区朱泾镇举行“百姓绘奥运、义卖赈灾区”的楼组家庭书画精品展，义卖所得1.1万元善款捐赠镇红十字会。同日，8位农民画家发起的上海廊下农民画义拍赈灾会，募集资金5.76万元。25日，由徐家汇商业圈港汇、东方、汇金、六百、美罗、宜家、星游城等主要商厦举办的“赈灾慈善拍卖会”，200余件拍品共筹得善款40万元。27日，上海市第四聋哑学校退休教师沈翠英带着儿子、儿媳、孙子、孙女到四川北路的上海拍卖行，正式签署了捐赠委托书，把位于徐家汇南丹东路、曹溪北路的亚都国际名园2号楼10楼、建筑面积147.88平方米的一套三房二厅二卫住房进行拍卖。6月12日，上海拍卖行业协会联合百家拍卖企业举行赈灾慈善义拍活动，为灾区筹集资金，将沈翠英该套房产拍卖所得450万元款项全部用于建设都江堰尚慈翠英小学。为帮助灾区人民解决实际问题，沈翠英又把仅有的另一套住房抵押，成立上海聚爱实业公司，专门销售都江堰特色农副产品，并承诺将销售额的15%用于灾区重建，把余生投入到慈善实业中。沈翠英每月的退休金仅1380元，两套房产是她的全部家产。她的善举得到全家人的支持，并被灾区人民亲切地称为“上海奶奶”。5月31日，上海市慈善基金会联合上海东方传媒集团公司（SMG）艺术人文频道举办“上海艺术家赈灾爱心义拍活动”，陈佩秋的画、孔祥东的琴、奚美娟的奖杯等18件由上海艺术家私人捐赠的艺术品以超过百万元的总价全部拍卖，善款用于灾区重建。市慈善基金会巾帼圆桌基金在上海四季酒店举行慈善义卖晚宴，共有19件拍品参加义卖，善款用于救助地震灾难中的孤儿、孤老及伤残儿童。

上海市委统战部组织捐赠活动 上海市委统战部组织动员机关干部职工、统战对象开展救灾捐赠活动，募集款物。施氏家族慈善基金向上海慈善基金会捐赠20万美金，上海市台协会长李茂盛个人捐赠150万元，并向上海红十字会捐赠医用手套20万双以转赠灾区，上海市台协荣誉会长叶惠德个人捐赠100万元。

上海市外事办公室（侨办、港澳办）组织捐赠活动 上海市省外事办公室积极协调港澳台同胞和国际社会救灾捐赠，募集款物。美籍华人丁悦捐赠1万元；日本福井县小浜海产物株式会社社长上野清治捐赠10万日元；旅德上海华侨华人通过上海市侨办向地震灾区转交所募集资金20万元；一位在外企工作的德国籍男士代表公司捐赠价值30万元的照明器具；韩国驻上海总领事馆副总领事廷上模、上海韩国商界负责人林修永到市民政局捐赠资金6万元和价值10万元的方便面；埃高（上海）信息科技有限公司的日籍负责人饭高敏弘捐赠1万元；加拿大籍华裔潘音子捐赠1万元；在澳大利亚定居的John Kirby和吴垚垚夫妇到沪旅游时捐款1000元；日本驻上海总领事馆代表日本政府捐赠价值700余万元的50台透析机及配套设备（见图118）；澳大利亚奥华黄金股份有限公司捐赠价值250万元的小型发电机80台及医用物品、食品、学生用品等物资，并从北京包机将这些物资运往四川灾区。上海日本商工俱乐部发动会员及在沪日本企业开展捐赠活动，并首先从会费内支取100万元。一位印度人士委托在沪朋友捐款3500元。刚动过手术的99岁美籍华人宋绰人委托朋友捐赠1万元。王宁光、岩田依子夫妇捐款6000元。日本长崎电视台捐赠80万日元。美国公民George Hanna捐赠价值2.8万元的帐篷100顶。

图118　5月19日，日本驻上海总领事馆代表日本政府通过上海市民政局，向四川灾区捐赠50台透析机及配套设备。图为在上海市民政局会议室举行的捐赠设备仪式

（上海市民政局　提供）

外国驻沪领事机构中有巴西、挪威、法国、澳大利亚、卢森堡、匈牙利、瑞典、新加坡、日本、智利、西班牙、尼泊尔、瓦努阿图、俄罗斯等14个国家的领事官员通过上海市外办捐赠5.8万元、690美元、2000澳元。卢森堡驻沪领事馆总领事费瑞朋除个人捐赠1.7万元外，还连夜致函国内政府并以个人名义致信卢政府预算与财政部长，建议加大对中国灾区的支持；卢森堡政府在捐赠50万元基础上，又追加捐赠50万元资金及价值万元的救灾物资。5月26日，联合国难民署捐赠的救灾帐篷1250顶由上海送往地震灾区。5月30日至6月3日，摩洛哥国王到上海进行私人访问时，通过市外办向市红十字会捐赠10万美金。日本福岛县郡山市商工会议所访华团捐赠10万日元，日本名古屋俱利加罗不动寺方丈森下捐赠10万日元，大阪日中友好协会副会长捐赠2万日元，日本企业波路梦捐赠100万日元和一批饮用水、食品等。阿拉伯联合酋长国捐赠价

值 9.1 万元的小毛毯 1.3 万条。6 月 6 日上午，联合国难民署地区高级全球采购专员高天瑞代表该署向甘肃灾区捐赠帐篷 4000 顶（见图 119）。截至 6 月 13 日，上海海关累计验放入境抗震救灾物资 121 批。

图 119　6 月 6 日上午，联合国难民署地区高级全球采购专员高天瑞（左）代表联合国难民署向甘肃地震灾区捐赠 4000 顶帐篷

（上海市民政局　提供）

上海市卫生局组织捐赠活动　根据卫生部紧急部署，5 月 12 日，上海市各级采供血机构立即着手部署储血工作。同日，现役军官李向阳到虹口彩虹献血屋献血 400 毫升。13 日上午，一位名叫胡燕的女孩，跑进七宝爱心献血屋要求献血。当日，仅闵行区两个献血屋就有 89 人献血，献血量 117 人份（每人份 200 毫升）；松江区有 5540 人次参加无偿献血，献血量 6366 人份。14 日之后，市血液中心库存血量日均保持在 1 万单位以上（基础存量为 8500 单位）。鉴于要求参加献血的市民络绎不绝，而血液保质期较短，且尚未接到卫生部对血液的统一调令，14 日，上海市血液办发出紧急通知，要求市血液中心及街头采血车从下午起暂时停止采血，采取发放无偿献血登记表、预约登记的办法，适当延长单位组织的集体献血时间，指导居民有序献血。市血液办希望市民保留爱心，通过开通的预约献血热线，向各区县血液办进行预约登记。15 日，市学联按照团市委统一部署，向全市青年学生发出倡议，要求义务献血志愿者做好充分准备，随时为灾区人民献血。上海电影艺术学院 447 名学生自愿参加献血。13—15 日，各献血点接待近万名市民自愿无偿献血，采血总量达 220 万毫升，平均每天 3000 余份。21 日，市港口管理局质监站在岗的 16 名干部职工中，有 14 人主动报名献血。22 日，闵行区发起的“编织生命的红白丝带——追思逝者、

传递爱心”倡议活动，一周内无偿献血 1022 人次，预约应急献血人数 6225 人。23 日，市财税局 80 余名团员报名为“活血库”，随时待命为灾区无偿献血。据市血液办统计，震后全市每天采集血液激增至 3000 ~ 4000 袋。至 30 日零时，市血液中心库存 11703 人份，既能支援灾区救治用血，又可兼顾上海市日常医疗临床用血。当天市民信箱“关注汶川大地震市民调查”一周来的结果显示，市民除捐款捐物外，还以多种方式支援灾区，其中有意献血者占 24%。

5 月 14 日至 6 月 12 日，共有 8120 名志愿者和 100 余家企事业单位报名担任无偿献血应急救援志愿者，建立了一个能够招之即来、来之即献的“活血库”，在必要时为灾区提供所需血源。（参见图 120）

图 120 上海市卢湾区民营企业家积极排队献血
（上海市民政局 提供）

二 人民团体、社会组织、民族宗教界捐赠活动

上海市人民团体捐赠活动 上海市总工会响应全国总工会抗震救灾捐赠的号召，动员全市各级工会组织和会员开展救灾捐赠活动。截至 7 月 24 日，市总工会募集全市各级工会组织、外国友好工会代表团、会员个人、外籍员工等捐赠 8186.66 万元，全市总工会系统募集资金和物资折价 4983.92 万元。5 月 13 日，市总工会向灾区捐赠 30 万元；14 日，向四川灾区捐赠 230 万元，向陕西、甘肃灾区各捐赠 10 万元。19 日，各级工会安排专项帮扶资金 5280.24 万元。25 日，市总工会捐赠 240 吨价值 500 万元的消毒机械、学生用品、女性用品等救灾物资送抵灾区。8 月 7—10 日，市级机关工会开展为都江堰市“职工书屋”捐书活动，54 家单位 17611 名干部共捐书 18.8 万册，成为上海市捐书最多的系统。

共青团上海市委响应团中央抗震救灾捐赠的号召，募集捐赠资金和物资折价共计1700余万元。5月13日，团市委发起“上海青少年爱心救灾大行动”，共青团市级机关募集书包1225个、各类文具9282件、铅笔2万支。团市委向灾区捐赠价值120万元的消毒用品、药品、医疗器械、学习、生活用品等。6月10日，上海希望工程办公室成立小分队奔赴都江堰援建上海首所“抗震希望小学”。7月，希望工程办公室再次推出“我的四川娃”助学活动，设立“都江堰爱心助学基金”，筹集资金200万元，与都江堰困难学生380人结对，资助助学款40余万元。8月，希望工程办公室联合39家企业，捐赠450万元援建“上海都江堰希望电影城”。截至10月14日，希望工程办公室在灾区共建成42间抗震希望教室，立项新建13所永久性“希望小学”，捐赠1200余万元。

上海市妇联开展多种形式的募捐活动，募集资金和物资折价共计1839万元。5月14日，市妇联举行上海市妇联系统支援四川灾区爱心捐款行动，共募集资金61.07万元。15—17日，由世界女性经济与社会论坛主办，全国妇联与上海市妇联协办的“第一届女性论坛亚洲大会”在上海召开，来自法国、英国、挪威、美国等国的各界重要人士及杰出女性代表共600余人出席论坛，论坛成员捐赠19.27万元。市妇女儿童工作委员会、市妇联、市儿童基金会举办“上海母亲关爱震区孤儿”行动，7日内共募集资金1268万余元，募集价值560余万元的儿童服装、女性卫生用品等物资。

上海市社会组织捐赠活动 截至8月底，上海市各类社会组织及其会员单位通过市民政局、市慈善基金会和市红十字会向四川地震灾区捐赠资金和物资折价近10亿元，其中社会组织捐赠资金4034万元，发动会员捐赠资金9.44亿元。市教育发展基金会、市律师协会、市侨商会、市装饰装修行业协会等12家社会组织募集资金253万元。市老年基金会发出开展募捐活动倡议书，并在电视新闻公布联系地址和电话。上海吴孟超医学科技基金会捐赠价值510万元急救药品。东方爱心基金会4次共捐赠100万元。上海唐君远教育基金会、市工商界爱国建设特种基金会分别捐赠100万元。上海市核学会等28家社团共捐赠30万元。市老年基金会、市拥军优属基金会分别捐赠100万元。上海真爱梦想公益基金会将募集到的1万余顶帐篷和其他物资运送到地震灾区。市浙江商会发动会员企业捐赠资金和物资折价达1.6亿元，并通过会员企业均瑶集团旗下的吉祥航空连续10天向灾区运送价值300万元的药品。市外商投资企业协会通过会员企业捐赠资金3.1亿元和价值1850万元的物资。上海通信广播电视行业协会发动会员捐赠资金和物资折价9600万元。市海外联谊会捐赠9400万元，市福建商会捐赠4700万元，市四川商会捐赠4000万元，市石材行业协会捐赠3000万元，集成电路行业协会捐赠1800万元，保健品行业协会捐赠1200万元，市科技企业联合会捐赠1100万元。

上海市民族宗教界开展捐赠活动 截至6月底，上海市民族宗教界共捐赠资金和物资折价2664万元，其中上海市少数民族联合会58万元、佛教界1680万元、道教界175万元、伊斯兰教界85万元、天主教界200万元、基督教界466万元。5月13日，市佛教协会会长、玉佛寺方丈觉醒及道教、伊斯兰教、天主教、基督教负责人到市红十字会捐赠280万元。14日，上海佛教界10余家寺院代表汇集到玉佛寺，向市慈善基金会捐赠180万元，其中玉佛寺捐赠100万元、真如寺捐赠50万元。16日，市伊斯兰教协会将上海7坊清真寺在伊斯兰教的“主麻”聚礼日募集资金 10 万元转交市红十字会。18 日，天主教上海教区各教堂举行为灾区群众祈祷的弥撒，并将当日信徒奉献金 100 万元转交上海红十字会，其中德国信徒 5000 欧元、韩国信徒 3 万元，各国信徒共捐 20 余万元。31 日，市道教协会会长史孝进等参加中国道教协会在四川鹤鸣山举办的“中国道教界为汶川地震灾区祈福 · 追荐 · 赈灾大法会”，再次捐赠 100 万元。

上海市少数民族联合会 51 个团体会员单位和少数民族群众，共捐赠 793.4 万元。另外，联合会还集资 50 万元为灾区援建一所上海民族希望小学。6 月 4 日下午，130 余位来自青海化隆、循化、贵南、平安、民和、尖扎等县以及西宁市的回族、撒拉族群众代表 1500 家清真拉面馆捐赠 10.46 万元，通过上海市少数民族联合会援建灾区民族希望小学。

三 企业捐赠活动

在抗震救灾捐赠活动中，上海市企业界响应市委、市政府抗震救灾捐赠的号召，履行社会责任，捐赠款物，支援地震灾区。上海市有 135 家企业捐款超过百万元。

5 月 13 日，上海大润发公司代表总公司通过商务部捐赠 5000 万元。正大集团通过商务部捐赠 1000 万元。上海振华港口机械集团股份有限公司通过市慈善基金会捐赠 2000 万元。14 日，宝钢集团向市红十字会捐赠 1000 万元，并捐赠价值 5000 万元的彩板房。东方希望集团有限公司向市红十字会捐赠 1000 万元。上海烟草集团公司捐赠 1000 万元。盛大网络于 14 日、16 日分别向浦东新区红十字会、全国工商联捐赠 100 万元、900 万元。19 日，上好佳（中国）有限公司向国侨办捐赠 1000 万元。绿地集团继首期捐赠 300 万元支持灾区重建 6 座中小学之后，20 日又向上海市慈善基金会捐赠 700 万元。上海汽车工业集团总公司捐赠 3198 万元。上海电气集团总公司捐赠 2221.34 万元。百联集团捐赠资金 1638.92 万元、物资折价 100 万元。上海实业集团有限公司捐赠资金 887.88 万元、物资折价 342.3 万元。上海国际港务集团股份有限公司捐赠 1139.7 万元。光明食品有限公司捐赠资金 1138.25 万元、物资折价 187 万元。上海复星高科技（集团）有限公司捐赠资金 300 万元、物资折价 700 万元。上海证券交易所捐赠 3000 万元、员工捐赠 42 万元，还捐赠价值 300 余万元的通信器材和电脑网络设备。海通证券在捐赠 1000 万元后，员工又捐赠 213 万元。

截至 10 月 14 日，上海国资委系统企业捐赠资金和物资折价 24462.56 万元，其中单位捐赠 12926.89 万元、员工捐赠 8461 万元，捐赠物资折价 3074.67 万元。医药企业界在市食品药品监管局的倡议下，46 家企业中向灾区捐赠物资价值百万元以上的企业有 8 家。16 日，市食品药品监管局紧急呼吁上海市药品、医疗器械生产、经营企业向灾区捐赠救灾药品、医疗器械，上药集团、麒麟鲲鹏生物药企、上海输血技术有限公司等 20 余家药品、医疗器械企业，捐赠价值近 916 万元的灾区紧缺药品和医疗器械，并通过市红十字会紧急运往地震灾区。5 月 20 日至 6 月 16 日，上海泰利福医疗器械商贸有限公司、上海医用吸引器厂、上海仁和医疗设备有限公司、上海诺诚电气有限公司、上海尼普洛贸易有限公司上药处方药事业部、上海天龙药业有限公司、德勤华永会计师事务所等 21 家企业捐赠物资折价 1300 万元。

截至6月30日，在沪台资企业捐赠资金和物资折价3.81亿元（其中捐赠资金约合3.21亿元、物资折合0.6亿元）。捐赠资金和物资折价超过500万元的台资企业有上海大润发有限公司、旺旺集团、统一中投公司、达丰电脑、顶新集团、震旦集团、汤臣集团、达芙妮鞋业、百脑汇、长荣集团、裕隆集团、正隆集团等12家。5月15日，永恩投资（集团）有限公司达芙妮中国总部向市慈善基金会捐赠运动鞋折价1500万元，捐赠500万元；顶新集团捐赠300万元，捐赠食品折价700万元。英达科技有限公司捐赠400万元，员工捐赠100万元。上海达丰电脑公司捐赠500万元。台湾正隆集团上海市中隆纸业控股有限公司捐赠200万元。上海金钱豹餐饮公司捐赠120万元，捐赠抗灾物品折价30万元。19日，上海震旦家具有限公司和震旦国际大楼上海有限公司分别向浦东慈善基金会捐赠200万元和300万元。同日，汤臣高尔夫上海有限公司和汤臣海景花园上海浦东新区有限公司分别向慈善基金会浦东新区分会捐赠200万元和300万元。汤臣集团投资的大道置业公司捐赠100万元，汤臣集团持股的张江微电子港捐赠100万元。上海克莉丝汀食品有限公司捐赠110万元，捐赠食品折价30万元。中芯国际捐赠100万元。

上海外资企业及港台资企业也积极向灾区捐款捐物。英特尔（中国）有限公司与英特尔基金会向中国红十字会捐赠30万美元，日本三得利株式会社、三得利（中国）投资有限公司向上海市红十字会捐赠1000万日元，索尼（中国）有限公司通过中国红十字会捐赠100万元，菲利浦（中国）投资公司捐赠200万元，恩智浦软件有限公司捐赠100万元，比欧西（中国）投资公司捐赠200万元，法国保乐力加中国贸易有限公司先后3次向市红十字会共捐赠203万元。捐赠资金100万元的企业有阿迪达斯体育中国公司、株式会社韩进海运（中国）有限公司、巴斯夫中国有限公司、金大元集团、新加坡星展银行（中国）有限公司、中信泰富（中国）投资有限公司、联强国际贸易（中国）有限公司和伊顿（中国）投资有限公司8家。

此外，上海市各民营企业积极捐赠资金物资支援灾区。（参见图121）

图121　在上海市2008年光彩事业活动日现场，民营企业踊跃为抗震救灾捐款（上海市民政局　提供）

四　社会民众捐赠活动

上海市广大社会群众积极捐款捐物，支援地震灾区。5 月 12 日，留学日本的陆俊卿连夜打电话，委托母亲代他到居委会捐款 1000 元。13 日，松江区民政局收到的第一笔个人捐款来自一名 22 岁的小伙子。小伙子出生时由于早产颅内出血，生活不能自理，属于政府重残无业补助对象，政府每月补助 520 元，这次他在父亲陪同下捐款 500 元。上海悦苗残疾人寄养园全园老师和智障孩子捐款 2236.5 元；江西到沪务工人员小胡捐赠 2 万元；在沪做生意的湖南人龙志捐赠 10 万元，另外，他在自己的轿车后窗上张贴上海慈善基金会与上海红十字会的捐款联系方式，成为名副其实的"慈善赈灾捐款流动宣传车"，并先后 5 次到市慈善基金会转交募集到的 54790 元。退休盲人曹月芳乘出租车到市慈善基金会捐款 1000 元。一位在宝山工作的市民捐赠 1 万元，捐赠点工作人员询问其姓名及联系方式，他说："就叫沪汶川吧，希望汶川人民知道，上海人民永远是他们的坚强后盾"。上海鑫桥汽车维修有限公司 89 名农民工捐赠 16810 元；嘉定区 Virginia 面包店老板高晓江捐献一天义卖营业额 2000 余元；四方锅炉厂劳模薛英将获得李斌式标兵的奖金 1 万元捐赠灾区；江宁学校八年级学生王文清和妈妈商量后，捐出积攒 10 余年的压岁钱 5 万元；长宁区某居民捐赠价值 20 万元的轻便手推车 100 辆和被褥；市青少年发展基金会、市希望工程办公室和文汇报社发起设立汶川地震灾区孤儿助养助学基金后，市民王建忠捐赠 10 万元、杨思慈捐赠 8 万元、杨坚捐赠 2 万元、陈明钊捐赠 1 万元。至 22 日，该基金接收捐赠资金已达 1090.7 万余元。靠捡废品维持生活的赵翠香捐款 1500 元。一位到沪务工人员打工 5 年存了 2 万元，留下 2500 元作生活费，其余 1.75 万元全部捐给灾区。市民朱海珍主动与开服装厂的亲戚商量，捐赠价值近 4 万元的羽绒背心 800 件。市慈善基金会收到一位不愿留名的吴姓市民捐赠的 100 万元和一封满怀深情的信。

5 月 13 日，闵行区华漕镇有 60 余年党龄的退休伤残军人吴邦盛，捐出省吃俭用积蓄的 10 万元。108 岁的王云妹捐款 500 元，是市慈善基金会成立以来年纪最大的捐赠者。徐汇区一位姓徐的退休老人，清早同妻子向灾区捐赠 3 万元，下午又代已经过世的老母亲捐赠 1000 元。87 岁的 20 世纪 50 年代全国劳模张金妹，在孙子的搀扶下到街道工会捐出两个月退休工资 4000 元。至 15 日，浦东新区 62 家养老机构中的 5120 位老人捐赠 22.9 万元。普陀区人民医院退休孤老、83 岁的张新保，毅然捐出自己动迁补偿费 10 万元。92 岁的退休工人庄树甫，每月退休工资仅 1500 元，祖孙三代挤住在 24.6 平方米的老公房，却捐赠 1 万元。上海癌症康复俱乐部的会员捐赠 14 万元。普陀区离休干部张波、王连生夫妇捐赠 20 万元。凉城新村街道离休干部曹元寿捐赠 5.1 万元。五世同堂、102 岁的丁妹英每月收入仅有 460 元，在孙女和重孙陪同下，坐着轮椅车，将原准备的白内障手术费 1000 元捐给市慈善基金会。居民丁老太太是一名癌症患者，尽管行动不便，却坚持到居委会捐了 100 元。几日后，老人过世，临终前反复叮嘱老伴再捐 1000 元。

在美国的著名篮球运动员姚明于 5 月 13 日通过国内的经纪团队向中国红十字会捐赠 50 万元，又在美国向中国红十字会捐赠 21.4 万美元，捐赠资金共计 200 万元，并发起和参与国内体育界的奉献爱心联合倡议。原国家女子足球队队员孙雯与队友向灾区人民捐款5000元。在北京备战奥运会的运动员刘翔及其教练孙海平捐赠50万元，刘翔委托父母向上海市红十字会捐赠300万元。在上海的巴金家人通过他们设立的尧林教育助学基金捐赠25万元，用于在四川灾区建设一座“希望小学”；此外，巴金的子女李小林、李小棠姐弟以巴金本名“李尧棠”的名义捐赠10万元救助灾区孤儿。作家池莉从即将出版的新书稿酬中捐出10万元。歌手费玉清委托代理人向上海慈善基金会捐赠50万元，表演艺术家秦怡捐赠20万元，上影演员田海蓉捐赠10万元，奥运会金牌获得者庄泳与其爱人捐赠10万元，越剧演员肖雅捐赠10万元，85岁画家王仲清捐出作品《达摩始祖像》。

豪都房地产开发经营有限公司董事长屠海鸣在香港捐赠200万元，返沪后再次捐赠500万元。上海市侨联海外顾问顾文元捐赠175万元，卢国富捐赠105万元，市侨联海外委员吴蓓琪捐赠100万元，印度尼西亚金光集团执行董事黄栢年捐赠500万元。

5月13日，企业家丁劲松向上海青少年发展基金会捐赠100万元，杨浦区青联常委徐国强捐赠100万元，市侨商会副会长肖松林个人捐赠100万元，虹宸置业有限公司负责人倪海春捐赠100万元，民营企业家管宝龙捐赠210万元。上海来符特商贸有限公司总裁专程到捐赠款物接收工作站捐赠100万元支票，并表示：“如果条件允许，将每月定期为灾区捐赠资金100万元，用于恢复家园和灾区重建，直至灾区不需要为止”。民营企业家任国龙、企业股东奚文亮各捐赠100万元。安利台湾公司营销人员陈婉芬捐赠10万元，并以她孙子陈盛泽的名义再次捐赠250万元。

第三节　捐赠资金拨付与捐赠物资调运

一　资金拨付

截至10月14日，上海市共接收社会捐赠资金25.25亿元，支付灾区7.25亿元。其中，全市捐赠直接支出0.48亿元，捐向四川省6.28亿元、甘肃省0.27亿元、陕西省0.2亿元、其他地区75万元。结余18亿元，其中市民政局5.66亿元、市红十字会9.31亿元、市慈善基金会3.03亿元，结余资金转入市财政局混账账户，列入对口支援专项管理。

另外，截至9月8日，上海市接收“特殊党费”2.98亿元。

二　物资调运、采购与生产

物资调运　截至10月14日，上海市共接收救灾捐赠物资折价2.52亿余元，共调运救灾捐赠物资折价2.52亿余元，其中衣被107.08万件（床）折价1.07亿元、其他物资180.9万件折价

1.45 亿元；按系统分，民政系统调运物资折价 7509.25 万元，红十字会调运物资折价 8445 万元，慈善基金会调运物资折价 9314.18 万元。除上海市红十字会尚存零星物资折价 12 万元外，其余物资已全部送往灾区。

物资运输　5 月 13 日上午，上海市政府举行抗震救灾紧急会议，市应急办、市经委、市卫生局、市民政局、市财政局、市政府新闻办、上航、东航、上海铁路局派员出席会议。会议传达了俞正声和韩正“尽快组织采购物资发运”及“抓紧筹运，尽快发出，药品物资按灾区需要，听听各方情况，按灾区需求和中央的要求，尽一切可能帮灾区”的批示，部署了救灾物资的快速运输工作。市委领导及时深入物资运输现场指挥。至 15 日 16 时，上海市共调运应急物资 13 批、约 278.8 吨，其中空运 12 批、铁路 1 批，物资包括照明设备、医疗设备、衣物帐篷、急救药品、食品等。

5 月 13 日 14 时 45 分，上海市经委与市发展改革委调运第一批照明物资空运至成都。16 时，第二批医药急救物品空运至成都。19 时，第三批医疗器械与药品空运至成都。21 时，第四批防寒防疫物资由铁路发往成都。14 日 6 时，第五批防寒物资空运至成都。至 15 日，市经委紧急调用价值 1288 万元的市级储备物资和紧急采购物资，共组织 10 批抗震救灾支援物资 191 吨。其中，市经委、市发展改革委调运 5 批价值 450 万元的物资 150 吨，协助调运 5 批价值 838 万元的物资 41 吨，包括照明物资 7.6 吨、防寒防疫物资 121 吨、食品 5 吨、医疗器械与药品 52 吨、通信设备 5 吨。

5 月 14 日晚，上海市民政局紧急调集 6 ～ 9 人型帐篷 1680 顶空运至成都双流机场，通过铁路调运棉被 4000 床至成都东站。16 日，市救灾援助指挥协调小组协调运力，将企业捐赠的帐篷 3000 顶、睡袋 2400 个空运至成都，将帐篷 3000 顶空运至绵阳。市民政局调运棉被 20 万床由汽车运至成都。

物资应急采购　截至 6 月底，上海市卫生局紧急采购价值 1452.53 万元的医疗设备 2711 台（件），由市民政局在接收的社会捐赠款中列支。

5 月 13 日，上海市经委召开抗震救灾物资生产保障工作会议，重点部署药品、食品、防寒防疫三大类物资的生产调度。会议建立了由市经委、区县经委、大集团和生产企业组成的三级协调网络，监控药品和医疗器械、日用品、食品等三大类 126 家企业的生产调度情况，初步掌握其库存及生产能力。

5 月 21 日，上海市民政局收到国务院抗震救灾总指挥部群众生活组通知，抓紧组织捐赠或通过紧急采购方式，帮助解决衣物 10 万件、被子（含毛毯、毛巾被等）10 万条。至 31 日，已向灾区发运衣服 25.5 万件、被子（睡袋）2.49 万件。市经委向上海纺织集团紧急采购价值 620.36 万元的毛巾被 5.99 万床、内衣裤 5.45 万套、毛巾 2000 条、袜子 1000 双，于 6 月 2 日前分 4 批运往四川灾区。

物资应急生产　5 月 12 日晚，上海荣辉蜡艺公司接到松江区政府通知，组织员工连夜加班 9 小时生产 20 万支蜡烛并装箱运往地震灾区。13 日始，冠生园（集团）有限公司每天连续工作 12 个小时，按时完成生产灾区急需压缩饼干 150 吨的任务。上海罗氏制药有限公司职工放弃休息时间完成价值 500 万元的高效抗生素药物的生产及检验工作，紧急运往灾区。

市经委组织上海洋帆实业有限公司（见图 122）、上海鑫苑休闲用品公司、上海德新旅游用品有限公司和上海爱立达野营用品有限公司等 4 家帐篷生产企业，加班加点生产灾区急需的帐篷。31 日，俞正声和市委常委、市委秘书长丁薛祥，副市长胡延照、沈骏先后到奉浦钢结构工程有限公司和上海洋帆实业有限公司，查看上海救灾物资生产情况。6 月 10 日上午，上海向川、甘、陕三省分别捐赠帐篷 4 万顶、1 万顶和 1 万顶。30 日，洋帆实业有限公司等 4 家帐篷生产企业，除完成民政部要求的帐篷生产任务外，还顺利完成上海市再次向四川、甘肃、陕西三省捐赠 6 万顶帐篷的生产任务。地震发生后，上海市累计向灾区发运帐篷近 16 万顶。

上海市经委协调宝钢等企业，从 5 月 29 日起，每天提供彩钢板 900 吨，共完成彩钢板 1.6 万吨的生产任务，确保灾区援建过渡安置房所需的彩钢板供应。

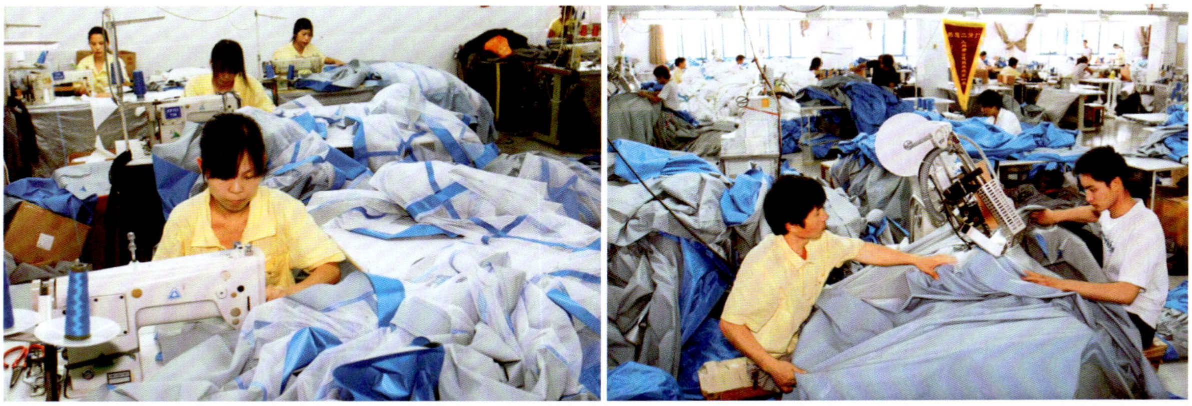

图 122　上海洋帆实业有限公司职工正加班加点赶制支援灾区的帐篷

（上海市民政局　提供）

第十章　江苏省赈灾活动

第一节　组织领导

一　组织机构

江苏省支援抗震救灾协调领导小组　5 月 12 日下午，江苏省委、省政府领导作出批示，要求有关方面继续加强震情监测，及时向社会发布信息；加强舆情引导，维护社会稳定；做好支援灾区准备，随时提供各种援助；加强值守应急，及时报告相关情况。

5 月 13 日，省长罗志军主持召开省长办公会议，研究部署抗震救灾工作，决定成立江苏省支援四川地震灾区抗震救灾领导小组。罗志军任组长，省政府办公厅、省民政厅、省建设厅、省财政厅、省公安厅等单位负责人为成员。领导小组全面负责江苏省支援抗震救灾的组织协调工作。

江苏省民政厅抗震救灾指挥部　5 月 12 日，江苏省民政厅厅长吴洪彪主持召开紧急会议，全面部署抗震救灾工作，决定启动灾害应急救助预案。13 日，民政厅党组下发《关于成立民政厅抗震救灾指挥部的通知》，吴洪彪任总指挥。厅抗震救灾指挥部下设综合协调组、宣传报道组、接收捐赠组、物资筹集运输组、军供保障组，分别负责开展抗震救灾情况收集、宣传发动、捐赠接收、数据统计、物资筹运等工作。

二　组织发动

江苏省委召开常委会议，研究紧急向四川灾区调运急需物资和组织抗震救灾物资生产工作。省委要求，凡是有关抗震救灾的事项，相关部门要急事急办、特事特办，尽最大努力、以最快的速度办好；江苏是各种救灾物资生产企业比较集中的省份，要根据国务院抗震救灾总指挥部的要求以及抗震救灾工作的实际需要，组织企业加紧生产，确保需要，出色地完成中央下达的任务。

5月13日，江苏省委、省政府向四川省委、省政府发出慰问电，并捐赠1000万元。同日，省委办公厅、省政府办公厅下发《关于做好当前抗震救灾有关工作的通知》。省民政厅根据民政部关于开展向地震灾区捐赠工作的精神，向省政府呈送开展向地震灾区捐赠活动的请示，建议省级机关、省属企事业单位的捐赠由省委机关工委统一组织开展；各地的捐赠活动由属地民政部门统一部署，接收捐赠以资金为主。省政府批示，明确省民政厅为全省接收社会各界捐款的牵头单位，捐赠资金由省政府统一调度安排。同时要求完善救灾捐赠手续，专账管理，专人负责，账款账物相符，统一开具收据，加强对救灾捐赠款物的监督管理。同日，吴洪彪紧急召开全体厅领导、相关处室工作人员参加的会议，部署全省开展支援四川地震灾区的捐赠活动。省民政厅成立接收捐赠组，负责接收社会各界的捐赠，按时统计上报数据至综合协调办公室；开通4部捐赠电话，安排值班表，电话24小时有专人接听，资金、物资有专人接收。省慈善总会与《新华日报》《扬子晚报》《金陵晚报》、江苏交通广播网等新闻媒体联合，公布总会的受捐账号和捐赠电话；与江苏交通广播网联合组织“心系灾区、守望相助”活动，由交通广播网组织18支爱心车队，在全省13个省辖市设立现场募捐点，向社会募集善款。

5月14日，梁保华、罗志军分别作出批示，要求全省各地、各部门坚决响应中央号召，发扬“一方有难、八方支援”的精神，急灾区所急，想灾区所想，全力支持灾区抗震救灾。15日，由省民政厅牵头，省社会组织促进会、省印刷行业协会、南京大学教育发展基金会、江苏振达帮困助学基金会、江苏华夏三农事业发展基金会等7家民间组织发出倡议，号召全省民间组织向灾区人民伸出援助之手，解囊相助，奉献爱心，为灾区人民走出困境，重建家园，夺取抗震救灾斗争的全面胜利贡献力量。同日，团省委、江苏省青年联合会、江苏省学生联合会、江苏省青年商会、江苏省志愿者协会联合下发通知，要求各级团组织在各级党委、政府的统一领导下，动员和组织广大青年以及社会公众以多种形式投身抗震救灾工作。省红十字会在机关设立3个捐赠接收点，在备灾救灾中心、现代快报社各设立一个捐赠接收点，接收社会各界和广大群众的捐赠。

5月18日，江苏省民政厅转发民政部的紧急通知，要求各级民政部门高度重视抗震救灾工作，把当前支援灾区抗震救灾作为头等大事来抓；要加强领导，全力以赴按照省政府办公厅《关于进一步有力有序做好支援地震灾区抗震救灾工作的通知》的要求，积极组织、协调、配合有关部门，切实做好各项支援地震灾区抗震救灾工作。

5月19日，江苏省委、省政府动员部署全省抗震救灾的工作。省民政厅调整充实抗震救灾指挥部，由吴洪彪担任总指挥，在全厅抽调人员组成工作班子，统筹安排社会捐赠工作，并立即向各市民政局下发通知，要求各市服从中央和省里的统一部署，认真做好省内救灾应急工作，对口援助灾区。同日，省慈善总会根据中华慈善总会《关于进一步做好抗震救灾活动的通知》，要求各市慈善总会根据有关抗震救灾文件精神，继续做好抗震救灾的各项工作。

5月19日，江苏省委组织部转发中组部《关于做好部分党员交纳“特殊党费”用于支援抗震救灾工作的通知》，后又转发中组部《关于在抗震救灾中进一步发挥各级党组织战斗堡垒作用、各级领导干部模范带头作用和广大共产党员先锋模范作用的通知》，要求做好全省干部交纳“特殊党费”的工作。

5 月 20 日，省委副书记王国生主持召开学习实践科学发展观活动试点工作座谈会，要求全省各级党组织，要把支援抗震救灾作为当前党建最重要、最紧迫的任务，作为学习实践科学发展观活动的重要内容，充分发挥各级党组织、党员领导干部和广大党员在支援抗震救灾中的战斗堡垒作用、示范带头作用和先锋模范作用。同日，受省委、省政府委派，省政府副秘书长、办公室主任李一宁率前方工作组抵达德阳，同德阳市委、市政府领导商谈支援工作。同日，罗志军到省民政厅指导抗震救灾工作，看望慰问民政厅救灾救济系统日夜奋战的工作人员。

5 月 21 日，江苏省委办公厅、省政府办公厅下发《关于进一步做好支援四川地震灾区抗震救灾工作的通知》，要求各地各部门继续发扬“一方有难、八方支援”的精神，广泛宣传动员，进一步加强组织领导，迅速筹运救灾物资，为夺取抗震救灾的胜利做出贡献。22 日，共青团江苏省委下发《关于进一步做好支援抗震救灾工作的通知》。省红十字会组织志愿者开展多种形式的募捐活动（见图 123）。同日，梁保华召集各市、有关县主要负责人和部分救灾物资生产企业及运输部门负责人召开会议，研究支援四川灾区抗震救灾工作，重点部署灾区急需的帐篷、活动板房的生产和调运工作。

图 123　5 月 22 日，江苏省红十字会组织志愿者冒雨开展募捐活动

（江苏省民政厅　提供）

5月22日上午，罗志军到无锡考察为四川地震灾区生产救灾物资的企业，下午主持召开省政府常务会议，贯彻国务院常务会议和江苏省委支援抗震救灾工作紧急会议精神，研究部署支援四川灾区抗震救灾和当前经济工作。23日，省委召开常委会议，传达贯彻胡锦涛在浙江考察救灾物资生产时的重要讲话精神，研究支援四川灾区抗震救灾工作，部署紧急做好帐篷和活动板房生产调运工作。梁保华主持会议并讲话。会议要求继续全力支援抗震救灾，扎实做好当前救灾捐赠等各项工作。

5月26日，江苏省民政厅、省慈善总会在南京召开全省民政、慈善系统支援抗震救灾工作协调会议，传达省支援四川地震灾区抗震救灾领导小组会议精神，总结12日以来救灾捐赠工作情况，部署全省捐赠工作。会议要求进一步加强抗震救灾捐赠工作领导，加强捐赠款物的规范管理，保证款物合理使用。

5月27—29日，罗志军先后在南京、镇江、常州和泰州调研考察，要求一手抓支援抗震救灾，一手抓经济社会发展，以又好又快发展的实绩，为灾区人民分忧解难，为全国发展大局多做贡献。他要求企业保证质量，降低成本，加班加点，生产更多更好的抗震救灾物资。

5月14日，江苏省政府办公厅下发《关于加强救灾捐赠管理工作的通知》，要求全省救灾捐赠工作按照统一部署、有章可循、规范有序的要求全面展开，切实加强对救灾捐赠工作的组织领导，严格管理使用救灾捐赠款物，强化对救灾捐赠工作的监督指导。省交通厅、省物价局、省财政厅联合下发《关于对运送四川抗震救灾物资和人员的车辆给予免缴通行费政策的紧急通知》，要求对经过江苏省境内高速公路、普通公路、跨江公路大桥运输支援灾区物资和人员的车辆免收路桥通行费。

5月22日，江苏省民政厅下发《关于加强对全省民政系统救灾捐赠款物监管检查的通知》，要求各级民政部门严格按照《救灾捐赠管理办法》制定和执行筹集、分配、拨付、调运、使用等制度，促进救灾款物管理规范；要组织协调好救灾捐赠活动，确保救灾款物规范募集；要加强对救灾款物管理使用情况的监督检查，保证救灾捐赠款物真正用于灾区、用于灾区人民。

5月23日，江苏省经贸委、省物价局联合下发《关于切实加强帐篷和活动板房等抗震救灾物资生产质量及价格管理的紧急通知》，要求各级经贸、物价部门加大监管力度，强化相关商品价格监测。

5月31日，江苏省红十字会下发《关于上报抗震救灾资金和物资使用情况的通知》，要求各市红十字会尽快上报接收捐赠的渠道、数量和转赠、拨付情况；捐赠资金和物资使用范围、主要流向及监督情况；用捐款购买物资的程序，采购种类、数量、价格和采购方式，采购物资去向；社会捐赠款物管理使用中的困难和措施等。

6月1日，经江苏省政府同意，省民政厅、省财政厅下发《关于印发〈江苏省支援四川地震灾区抗震救灾资金管理办法〉的通知》，通知明确规定抗震救灾资金的来源、用途、监督和管理，要求各级民政部门、慈善总会、红十字会等社会团体，根据《中华人民共和国公益事业捐赠法》《中华人民共和国红十字法》《救灾捐赠管理办法》等有关法律法规接收社会捐赠，筹集抗震救灾专项资金。30日，省财政厅、省审计厅、省民政厅下发《关于加强抗震救灾款物管理的通知》，加强救灾捐赠资金募集、款物接收、核算统计等管理，严格抗震救灾资金用途和审批拨付程序，规范救灾资金的支出管理，加强救灾款物筹集使用的监督检查。

9 月 27 日，民政部、中宣部、铁道部、交通运输部、解放军总政治部等五部门联合下发《关于开展 2008 年全国“送温暖、献爱心”——向汶川地震灾区捐赠衣被活动的通知》。江苏省民政厅按照通知要求，组织开展“送温暖、献爱心”向绵竹对口支援捐赠棉衣被活动。10 月 11 日，省委、省政府发出倡议，要求全省广大干部群众、社会各界弘扬一方有难、八方支援和团结互助、扶贫济困的中华民族传统美德，积极开展向绵竹地震灾区“捐赠衣被、温暖灾区”活动。截至 10 月 25 日，江苏省各级民政部门共接收价值 23410 万元的全新棉衣被 59.91 万件（床），其中棉被 27.5 万床，棉衣裤、羽绒服、大衣、绒（毛）衣裤 32.41 万件。江苏省共接收社会各界捐赠资金 431.5 万元，全部用于购买全新衣被；共接收和调运棉衣被 65.22 万件（床）至绵竹灾区。

三 捐赠宣传

根据中宣部、江苏省委宣传部的要求，江苏省属各新闻单位、各市委新闻单位加大了对社会赈灾活动的宣传力度，相关部门密切配合，全力做好救灾信息的发布。

5 月 15 日，江苏省红十字会党组书记、副会长张立明做客龙虎网嘉宾直播室，接受主题为“赈灾援助——心系灾区人民、展现博爱江苏”的现场访谈。16 日，省红十字会新闻发言人朱燕君做客江苏教育电视台并接受采访，主要介绍了江苏省红十字会接收社会捐赠款物及使用、发运情况。

5 月 17 日，江苏电视台记者到省慈善总会采访，并将捐赠情况通过江苏卫视现场直播。

5 月 19 日，江苏省民政厅召开新闻发布会，民政厅副厅长刘广忠就社会广泛关注的抗震救灾捐赠情况进行通报，并对规范捐赠情况做了说明。此后，中国江苏网根据省红十字会提供的数据，每天公布江苏省红十字会接收捐赠款物情况，直至 6 月 24 日。

5 月 25 日，中央电视台军事频道对徐州市拥军模范曹迎军、倪振娥夫妇慰问抗震救灾部队官兵和受灾群众的事迹进行报道。14 日下午，曹迎军、倪振娥一家四口携带 4 万元现金和价值近万元救灾物资奔赴灾区，慰问在都江堰参加抗震救灾的成都武警指挥学院官兵和部分受灾群众。

第二节 捐赠活动

一 党政机关及直属单位捐赠活动

5 月 14 日，江苏省委、省人大常委会、省政府、省政协领导和机关干部职工带头捐赠 40 多万元，省直各部门、各单位积极响应省委、省政府号召，踊跃捐赠资金物资，支援地震灾区。省民政厅机关及直属单位干部职工捐赠10.4万元。江阴市华西村召开向地震灾区人民献爱心会议，进行“三个一百”的援助，即向灾区人民捐款100万元，收养100名8岁以下的孤儿，赠送100台拖拉机帮助灾区尽快恢复生产（见图124）。

图124　5月15日，江阴市华西村召开献爱心会议，通过江苏华仁扶贫发展基金会向灾区捐款

（江苏省民政厅　提供）

江苏省委组织部组织收缴“特殊党费”　5月18日中组部下发交纳“特殊党费”支援抗震救灾的通知后，19日，江苏省委组织部下发《关于贯彻中共中央组织部〈关于做好部分党员交纳“特殊党费”用于支援抗震救灾工作的通知〉的通知》，号召全省各级党组织和广大党员，积极响应中组部号召，通过交纳“特殊党费”方式支援抗震救灾工作。江苏省机关工委也下发了关于交纳“特殊党费”的通知。

5月19日，江苏省委组织部机关139名党员交纳“特殊党费”15.11万元。省民政厅机关及其在宁直属单位310名党员交纳“特殊党费”13.33万元。20日，团省委机关79名机关党员缴纳“特殊党费”55963元。21日，省委、省人大常委会、省政府、省政协领导都在所在党支部交纳大额“特殊党费”。同日，省财政厅568名党员交纳“特殊党费”38.41万元。已退休的盲人党员包玉芳，在94岁老父亲的搀扶下，辗转近3个小时，到常州市委组织部交纳“特殊党费”2000元。22日，无锡红豆集团党委书记、总裁周海江交纳“特殊党费”100万元。新四军老战士、无锡市人口和计生委离休干部季军与陈敏夫妇交纳“特殊党费”10万元。江阴市华西村党委迅速组织党员缴纳“特殊党费”250万元。25日，常州市武进区前黄镇大成村90岁老党员朱友庚因病卧床，委托儿子朱建光将多年积蓄的2万元作为“特殊党费”交纳。27日，家居淮安市区西大院的84岁老党员张化民，在子女陪同下到淮安市委组织部交纳“特殊党费”1万元。31日，98岁的老红军刘应启向灾区捐款2000元，又交纳“特殊党费”2000元。原江都化工厂党员罗明，家庭生活困难，仍交纳“特殊党费”1088元。截至9月28日，省委组织部共接收全省党员交纳“特殊党费”59811.03万元。

江苏省委宣传部组织募捐活动　江苏省委宣传部部署全省宣传文化系统单位和演职人员，积极参加赈灾义演、义卖等活动，募集款物支援灾区。5月14日，镇江团市委、镇江市学联、镇江市交通广播电台、驻镇江4所高校联合在江苏大学礼堂举行“青春有爱、情系灾区”镇江市首届校园歌手联盟大赛决赛，现场募集资金5000余元。18日，江苏省慈善总会与江苏省文化厅、省慈善书画艺术中心、省公益美术馆爱涛艺术中心联合举办“天地无情·人间有爱”江苏省抗震救灾慈善书画拍卖会（见图125），将募集的书画作品115幅进行拍卖，所得善款323.7万元捐赠省慈善总会。《中国少年报》江海少年通讯社的孩子们利用周末休息时间，把自己办的报纸拿到街头义卖，将所得资金2680.25元捐赠南通市慈善会。

图125　5月18日，江苏省慈善总会和省文化厅等单位联合举办“天地无情·人间有爱”抗震救灾慈善书画拍卖会现场

（江苏省民政厅　提供）

5月16日，江苏省慈善总会与江苏交通广播网联合在新街口举行“心系灾区、守望相助”抗震救灾募捐仪式，后清点统计交广网爱心车队设在全省13个省辖市募捐点所募善款，共募集资金208.8万元、1120港元、2美元。

5月17日，江苏省红十字会与南京市红十字会、江苏省广电总台、现代快报社等单位联合举办“我们万众一心——2008大型赈灾义演”，现场募集资金120万元。南京市委宣传部、市文化局、市国资集团、南京广电集团联合举办“我们心连心——2008南京赈灾义演晚会”，现场募集资金670多万元。

江苏省委统战部组织捐赠活动 地震发生后，江苏省委统战部召开机关干部职工、各民主党派负责人会议，部署抗震救灾捐赠工作。5月15日，南京市委统战部在市机关大礼堂前，举行“南京市统一战线向四川地震灾区人民捐款仪式”，统战人士和民营企业捐赠资金和物资折价共计2917万元。省委统战系统等单位捐赠19.46万元。徐州市委统战部、市工商联、市光彩事业促进会组织民营企业家举行“情义徐州、情牵汶川、民营企业与灾区人民心连心”大型捐赠活动，募集资金2000余万元。

江苏省侨务办公室、港澳事务办公室捐赠活动 江苏省侨务办公室、省港澳事务办公室组织动员港澳同胞、台湾同胞、海外侨胞以及国际友人参与抗震救灾捐赠活动。5月14日，中日友好商会株式会社和成友株式会社的董事长专程乘机从东京、大阪赶到无锡捐赠1000万日元。日本吉田铁工企业董事长吉田孝雄代表吉田铁工企业和江苏省友协研修生，专程从日本石川县到江苏省红十字会捐赠20万日元。26日，日本冲绳的徐葆光纪念事业期成会的90位友人捐赠6500元。在苏州访问的日本鸟羽伊势志摩地区代表团的20位成员捐赠1145元和6.9万日元。6月3日，太阳雨澳籍首席科学家哈丁博士将国际太阳能最高奖“霍特尔奖”奖金1万美元捐赠连云港市慈善总会。意大利客商马图西·朱赛贝捐赠40万元。

江苏省教育厅组织捐赠活动 江苏省教育厅广泛发动全省教育系统教职员工，积极募集资金物资支援灾区。5月14日，南京卫生学校全校师生捐赠6.4万元，学校还组织了10名专业技能过硬的护理班学生到全市各献血点服务，为献血的市民量血压、填表格、消毒采血。16日，淮安市实验小学教育集团8000多名师生在学校操场，开展“情系灾区人民、奉献一片爱心”捐助活动，一位学生捐款3000元，说他自己捐1000元、代表其父母捐2000元；市实验小学六年级学生肖亮捐5万元，许可捐2000元；仅一小时，该校捐款超过20万元。6月19日，昆山市玉峰学校捐赠25万元转交北川曲山小学。江苏翔宇教育集团师生员工捐赠80万元。

二 民主党派、人民团体、社会组织、宗教界捐赠活动

江苏省民主党派捐赠活动 江苏省各民主党派募集资金和物资折价共计6700余万元。其中，募集资金和物资折价100万元以上的单位有：民革苏州市委会募捐140万余元。民建常州市委会募捐200万元，民建南京市委会各级组织和会员募捐资金和物资折价291万元。民进江苏省委会仅接收全省会员交纳的“特殊会费”即有170万元。农工党江苏省委会共募捐351万元，农工党江苏省委会和有关党员所在企业募捐价值502万元的医疗药品、帐篷和睡袋。

江苏省人民团体捐赠活动　江苏省总工会积极响应全国总工会的号召，组织全省工会系统开展救灾捐赠活动，募集资金和物资折价共计 1608.29 万元。其中，会员募捐资金和物资折价 1300 万元，社会各界捐赠资金和物资折价 218.29 万元，工会经费捐赠资金和物资折价 90 万元。

共青团江苏省委组织各级共青团组织募捐资金和物资折价 1300 多万元。5 月 16 日，团省委向全省少先队员发出倡议，开展“捐献一顶帐篷、奉献一片爱心”手拉手特别行动。江苏省广大少先队员通过变卖废品、举办爱心义卖、节省零花钱等方式，募集资金 100 万元。

江苏省妇联组织各级妇联组织募集资金和物资折价 6533 万元。

江苏省社会组织捐赠活动　江苏省红十字会募集资金和物资折价共计 135187.78 万元，其中资金 106691.89 万元、物资折价 28495.89 万元。省青少年发展基金会共募集救灾资金 1162 万元，省保险行业协会捐赠 121 万元，淮安市廉租房爱心基金会募集资金 82.172 万元，苏州义工联合会募集资金 15.63 万元，南京台州经济促进会、南京温州商会等 10 个商会捐赠资金 1500 多万元。

江苏省宗教界捐赠活动　5 月 14 日，南京玄奘寺举行“息灾超度法会”，祈祷三宝护佑、震魔消弭、人民安康、灾区人民早日重建家园，现场募集资金 3 万元。普贤寺方丈能忍法师捐赠 1 万元，普贤寺共募集资金 3.8 万元。南通市狼山广教寺募集资金 7.8 万元。

三　各市捐赠活动

在抗震救灾捐赠活动中，江苏省 13 个省辖市贯彻落实省委、省政府抗震救灾捐赠工作部署，加强领导，统一指挥，制定方案，规范管理，机关带头，广大企业和民众纷纷参与。

5 月 15 日，由无锡市广电局紧急策划，广播、电视、报纸、网站等部门单位在无锡太湖广场举办“和地震灾区人民心连心”大型活动（见图 126），募集资金和物资折价 400 多万元。同日，淮安市在市体育馆前广场举办“携手抗灾、友爱同行”红绸带爱心行动赈灾义演，现场市民和单位纷纷捐赠资金。淮钢特钢有限公司捐赠 61 万元，淮阴师范学院全体师生捐赠 36.62 万元，淮阴卷烟厂捐赠 30 万元，现场募集资金 200 万元。盐城市委、市政府在盐城新体育馆举办“蓝色畅想”大型赈灾综艺晚会，现场接收捐赠资金 1000 多万元。17 日，苏州市相城区元和街道组织“感恩祖国母亲、奉献人间爱心”的抗震救灾慈善义演，现场募集资金 37 万元。18 日，由无锡市慈善总会、平安保险、无锡经济广播在无锡市体育中心联合举办“平安与希望同行、我们和你心连心”大型赈灾公益活动，万名市民从四面八方赶来为灾区献爱心。100 多位市民踊跃报名献血，奥运会冠军、“爱心大使”葛菲与顾俊夫妇到现场捐款，现场共募集捐赠资金 374.64 万元。常州市慈善总会、市红十字会、市总商会在中天钢铁体育馆举办“献我爱心、救我同胞”常州全民捐款赈灾大行动晚会。中天钢铁集团有限公司、江苏新城实业集团有限公司分别捐赠 1000 多万元，4 家企业捐赠 500 万元以上，16 家企业各捐赠 400 万余元。21 家单位和 180 名市民通过现场热线电话认捐 362.58 万元。晚会中举牌认捐的金额 1.7 亿元全部到账。苏州日报报业集团直属“苏州新闻网”发起网民募捐活动，募集资金 7 万多元和一批棉被等。《姑苏晚报》定向为北

图 126　5 月 15 日，由无锡市广电局紧急策划，广播、电视、报纸、网站等部门、单位联办的“和地震灾区人民心连心”大型新闻行动现场

（江苏省民政厅　提供）

川新建爱心小学发出募款倡议，共募集资金 10 万元。由连云港市委宣传部、广电局、民政局、卫生局、文化局、总工会、团市委、妇联、文联、连云港日报社、市红十字会、市慈善总会和连云港电视台在市广电中心演播大厅举办“因为有爱”连云港市抗震救灾晚会，市领导出席募捐活动并带头捐款，现场募集资金和物资折价 4000 余万元。25 日，南通市奥组委决定，在通城奥运圣火传递的活动中增加抗震救灾募捐内容。在南通市鹏欣宾馆大厅、体育广场、海上明月、麦客隆、易初莲花、体育会展中心等地设置募捐箱 11 个。在火炬途经的主要路口悬挂“迎圣火、援灾区”的巨大横幅。南通市民和大学生志愿者积极参与募捐。在奥运圣火传递启动仪式上，南通籍奥运冠军葛菲、李菊等 104 位奥运火炬手纷纷捐款，现场募集资金 22.4 万元。30 日，民进苏州市委会、苏州市工商联、苏州市红十字会和市光彩事业促进会联合举办“情系灾区儿童、重建温馨校园”大型书画义拍活动，共筹资金 101.42 万元。31 日，由民进无锡分会、无锡市政协书画社、无锡市个体私营经济协会和无锡市慈善总会联合举办的无锡市书画名家赈灾义卖，义卖所得 9.25 万元捐赠无锡市慈善总会。苏州市慈善总会与中国移动苏州分公司联合举办“携手奥运、心系汶川”捐款活动，栾菊杰、林莉、张军、阎森 4 位江苏籍奥运冠军现场捐款，活动募集资金 9.05 万元。

截至 9 月 27 日，江苏省 13 个市募集救灾捐赠资金和物资折价共计 297260.71 万元，其中资金 255013.4 万元、物资折价 42247.31 万元（见表 35）。

江苏省各市接收汶川地震抗震救灾捐赠资金物资情况统计表

表 35　（截至 9 月 27 日）　单位：万元

单　位	政府捐款	民政局、慈善总会		红十字会		小　计
	资　金	资　金	物资折价	资　金	物资折价	
南京市	503.00	15033.18	2561.80	14946.26	3647.05	36691.29
徐州市	1130.00	9994.16	286.72	2396.84	359.03	14166.75
连云港市	100.00	4620.86	3327.36	2182.91	377.46	10608.59
宿迁市	—	1819.16	380.84	1605.43	161.52	3966.95
淮安市	—	4020.22	19.57	2062.67	256.15	6358.61
盐城市	—	3946.84	527.59	3537.57	456.02	8468.02
扬州市	—	4335.56	1853.74	3513.45	798.16	10500.91
泰州市	—	6840.21	367.40	2876.38	500.05	10584.04
南通市	220.00	7953.86	645.72	9925.21	2152.39	20897.18
镇江市	150.00	7159.77	1585.88	2667.80	120.27	11683.72
常州市	500.00	24455.06	3433.57	10776.37	5040.96	44205.96
无锡市	140.00	20155.31	1451.29	15911.01	851.74	38509.35
苏州市	2092.00	43007.27	4369.18	24435.04	6715.85	80619.34
合　计	4835.00	153341.46	20810.66	96836.94	21436.65	297260.71

四　企业捐赠活动

江苏省内企业积极履行社会责任，踊跃捐赠资金和物资，同时主动承担应急生产救灾物资任务。

5 月 12 日，江苏苏宁电器捐赠 500 万元，常州四药制药有限公司捐赠 10 万元，江苏通鼎集团捐赠 100 万元。江苏天地龙集团捐赠 54.7 万余元。常州市龙虎医疗器材有限公司、江苏亿乐医疗用品有限公司、江苏吉春医用器材有限公司捐赠近 10 万支价值 100 万元的一次性输液器、50 余万支一次性注射器。连云港市鹰游纺机、天明机械等 31 家民营企业捐赠资金和物资折价 700.54 万元。常州泰富百货集团有限责任公司举行“三捐”（捐款、捐物、无偿献血）活动，公司捐赠 100 万元，员工捐赠物资折价 7.15 万元，300 余名员工参加义务献血。16 日，苏州沙钢集团董事局主席、总裁、党委书记沈文荣代表江苏沙钢集团和 1 万余名员工捐赠 8136 万元。17 日，江苏中兴建设有限公司捐赠 30 万元，并无偿提供一辆车供四川省建设厅使用。江苏进川施工企业捐赠 52.5 万元。南京市质监站捐赠价值 38.26 万元的房屋安全鉴定用经纬仪、水准仪、钢筋定位仪、非金属超声波分析仪、数显式混凝土回弹仪、激光测距仪等设备 12 套。常州奥斯迈医疗器械有限公司捐赠骨科植入物折价 510 余万元。常州市康辉医疗器械有限公司捐赠价值 100 万元的接骨钢板、接骨螺钉、脊柱内固定器、髓内钉、鹅头钉钢板等骨科器材。

5月27日，全国人大代表、中国光彩事业促进会副会长、雨润集团董事局主席祝义材捐赠资金2000万元，捐赠雨润食品折价300万元，至此，雨润集团捐赠资金和物资折价达3000万元。30日，吉宝（南通）船厂有限公司捐赠202.55万元，公司总裁、新加坡籍华人李大逵捐赠100万元。得知灾区重建需要更多援助，李大逵赴新加坡公司总部请示后，再次捐赠100万元。

6月4日，江苏东恒集团捐赠价值120万元的救护车4辆。江苏五星电器有限公司捐赠200万元。扬州江扬电缆有限公司向绵竹市捐赠总长近万米的电缆。

五　社会民众捐赠活动

在江苏省开展的救灾捐赠活动中，社会各界民众踊跃捐款捐物，奉献爱心。（参见图127）

5月12日，南京市江宁区机关幼儿园王木梓小朋友捐款1000元，这是南京市收到的第一笔捐款。扬州市人民机电金属化轻有限公司董事长何其林捐赠1万元。13日，顺源集团董事长白元龙个人捐赠50万元。同日，悠哈小朋友2周岁生日，父母代她向南通市慈善协会捐款540元。南通市港闸区五星村以磨剪刀为生、已80岁高龄的吴锦泉夫妇捐款1000元。无锡市惠龙军休所80多位军休干部捐赠2.5万元，75岁的王维杰同24名离退休干部捐赠1.5万元。

5月16日，南京新娘邱媛媛在新郎赶赴灾区执行飞行任务的情况下，按期在南京金陵饭店举

图127　5月16日，苏州市民纷纷到苏州市红十字会各捐赠接收点捐款捐物

（江苏省民政厅　提供）

行“一个人的婚礼”，邱媛媛捐赠礼金 2 万元，金陵饭店、婚庆公司和部分来宾现场捐赠 14.75 万元。南京市“五一劳动奖章”获得者宋非捐出全部奖金 2000 元。17 日，无锡市东河花园徐长卿老人捐出亲友祝贺他 106 岁生日的礼金 1 万元（见图 128）。白血病患者胡扬珊到扬州市慈善总会捐赠一个月的退休金 826 元。

5 月 19 日，残疾青年徐建平，坐着轮椅到镇政府民政办公室捐款 1000 元。常州市民蒋洪秀等 50 余名退休女职工赶制新棉被 100 床并捐款 8.7 万元。26 日，南京大学美术研究院院长吴为山捐赠 16.53 万元。27 日，淮安市新涟社区 90 岁的王玉秋捐款 1000 元。翔宇教育集团董事长王玉芬个人捐赠 100 万元。6 月 1 日，无锡惠枫怡康院残疾人徐文忠和杨康，倡议院内残疾人捐款 6000 元。

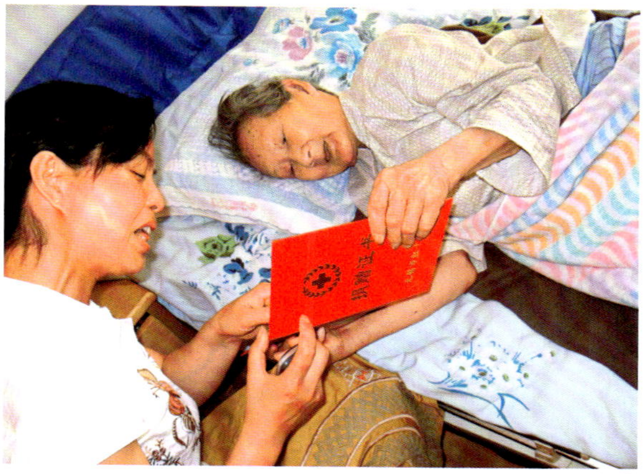

图 128　5 月 17 日，106 岁老人徐长卿把祝贺他生日的 1 万元礼金捐给无锡市红十字会。图为无锡市红十字会工作人员给徐长卿老人颁发捐赠证书

（江苏省民政厅　提供）

第三节　捐赠资金拨付与捐赠物资调运

一　资金拨付

截至 10 月 22 日，江苏省共接收救灾捐赠资金 322012 万元；支付资金 97489.85 万元，其中上缴中央相关部门 30663.53 万元、支付灾区资金 66826.32 万元；结余资金 224522.15 万元，结余资金转入省财政厅混账专户，列入对口支援项目管理。

江苏省委组织部共接收“特殊党费”59811.03 万元，全额上交中组部。

二　物资调运

截至 9 月 27 日，江苏省各级民政部门、慈善、红十字会等单位接收社会捐赠物资折价共计 82180.77 万元，物资调运折价 82180.77 万元。捐赠物资无结余。捐赠物资通过航空、铁路、公路运抵灾区。

航空运输　5 月 13 日，南京市总工会调运价值 20 万元的抗生素、静脉注射以及小型医疗器械等 5 类医疗物品，空运至成都。18 日，江苏省政府调运价值 200 万元的钢筋混凝土检测仪、裂缝宽度测试仪、裂缝深度测试仪、激光测距仪等房屋安全检测设备76台（套），经航空运抵成都。20日，南京市政府调运价值33万元的高效镇痛药芬太克空运至汶川。22日，常州市政府调运南通友诚工贸有限公司和南通恒发敷料有限公司紧急生产的价值15万元纯棉口罩10万副和防水安全服1000件，空运至成都。

铁路运输 5月12日，江苏省民政厅调运价值28万元的“爱特福”84消毒液和“飞毛腿”杀虫剂，经铁路发运汶川。15日，常州市慈善会调运价值2018.71万元的帐篷2010顶、被褥4000件、衣服115万件、折叠床1000张、挖掘机19台等物资，经铁路发运四川灾区。16日，江苏省民政厅按四川省民政厅请求，采购并调运价值55万余元的矿泉水5000箱、火腿肠3000箱、饼干3000箱等共100余吨物资经铁路发运成都灾区。省红十字会调运价值990余万元的小灵通基站天线、发电机、医疗器械、口罩、衣被、鞋子、帐篷、睡袋、毛毯、食品、消毒剂、茶杯等物资经铁路发运四川灾区。省红十字会调运价值500余万元的食品等物资，经铁路发运绵阳灾区。18日，省红十字会调运价值610万元的物资，经铁路发运绵阳灾区。19日，省慈善总会调运50吨价值42.4万元的物资，经铁路发运绵阳市民政局和德阳市民政局。南京市调运价值280余万元的防护服200箱及帐篷、医用口罩等生活用品，经铁路发运绵阳灾区。常州市调运价值30.58万元的特效止血针“奥克”经铁路发运成都。20日，苏州市民政局调运价值1500万元的帐篷、衣服、医疗器械等救灾物资，分装6个车皮发运德阳灾区。镇江市民政局等调运价值410余万元的帐篷1000顶、棉衣被、发电机等共37401套（件），分装3个车皮经铁路发运绵阳灾区。21日，苏州市民政局调运常熟市价值512万元衣物，经铁路发往四川灾区（见图129）。22日，苏州市红十字会调运价值106万元的棉被、羊毛衫等日用品及药品，分装4个车皮经铁路发运四川灾区。23日，省水利厅调运帐篷110顶和钢丝笼1万个，经铁路发运绵阳灾区；宿迁市红十字会调运价值155万元的帐篷50顶及被褥、衣物、食品，经铁路发运陇南灾区。25日，省红十字会调运采购的彩条防雨布，经铁路发运什邡、绵竹。28日，省慈善总会调运价值330万元的矿泉水、150台打药机、30万副口罩、200箱卫生巾、1套供水系统，经铁路发运德阳灾区。29日，淮安市红十字会调运价值200余万元的物资，经铁路发运德阳灾区。至30日，江苏省已按照国务院抗震救灾总指挥部群众生活组要求，调运衣物10万件和棉被褥10万床，经铁路发运天水灾区。

图129 5月21日，常熟市慈善会与常熟市服装协会组织大批捐赠物品，通过苏州火车站统一发送四川灾区
（江苏省民政厅 提供）

6 月 1 日，无锡市慈善总会调运价值 182.52 万元的 50 瓦照明系统 34 套、劳保用品 163 箱等物资，经铁路发运四川灾区。6 日，江苏省红十字会备灾救灾中心调运价值 210 万元的救灾物资，经铁路发运甘肃灾区；将价值 2 万余元的帐篷 50 顶，经铁路发运绵竹灾区。9 日，苏州市红十字会调运价值 38.3 万元的各类药品，经铁路运往地震灾区。11 日，江苏省慈善总会调拨价值 185.02 万元的医疗器械转交省卫生厅，调运价值 720 万元的春夏季服装、学习用品、编织袋等物资经苏州火车站发运绵竹灾区。13 日，省建设厅调运价值 50 万元的公务车 5 辆交绵竹市规划建设局。23 日，省民政厅采购调运价值 32.17 万元的幼儿教学、娱乐设备和价值 210 万元的焚烧炉及污水处理系统，经铁路发运四川灾区。30 日，扬州市政府调运帐篷 1500 顶及衣被、医疗器械等物资经铁路发运绵竹市教育局。8 月 19 日，苏州市红十字会调运空调被 38996 床，经铁路发运绵竹灾区。9 月 18 日，盐城市政府调运价值 32 万元的药品和毛毯 1000 床、棉被、食品、饮用水等物资，经铁路发运四川灾区。

公路运输 5 月 13 日，扬州市红十字会调运价值 117.71 万元的帐篷、医疗器械、药品和食品等物资，用汽车运往绵阳灾区。14 日，江苏省红十字会调运价值 1205 万元的药品、瓶装饮用水 6000 箱、方便面 2400 箱、防雨布 1734 张，用汽车运往成都、绵阳。15 日，南京市调运价值 200 万元食品、帐篷 2000 顶、医疗急救床 1000 张，用汽车运往四川灾区。无锡市调运价值 150 万元的衣物，用汽车运往四川灾区。泰州兴化沙沟水产批发市场姜绍喜采购 3 万余元的食品、药品、生活用品，驱车 2300 公里于 15 日晚送达成都市红十字会。17 日，南京市团委组织 12 辆大货车的爱心车队，调运价值 1500 万元的物资，用汽车运往绵阳灾区；南京市调运价值 110 万元的物资，用汽车运往四川灾区；市总工会调运 10 万元急需药品经公路运往汶川。18 日，南京市调运 COTF 一体化户外机 10 套送往成都灾区；苏宁电器捐赠 15 车的食品、药品、矿泉水等物资，用汽车运往北川、都江堰灾区；市红十字会调运价值 200 万元的食品用汽车运往四川。21 日，企业家孙达华捐赠大米 200 吨，驻军某部调集军车 26 台将物资运往四川灾区。

5 月 21 日，南通市红十字会协调市交通局和公交运输集团，安排 7 辆大挂车调运价值 304.89 万元的救灾物资运往绵阳灾区。22 日，常州市调运价值 368 万元的棉被、床垫 2000 床，用汽车运往四川灾区。23 日，江苏省建设厅调运价值 140 万元的垃圾清运车 3 台、洒水车 1 台、吸粪车 1 台、移动公厕 20 座，用汽车运往四川灾区。8 月 13 日，镇江市民政局调运价值 690 万元的挖掘机 10 台、装载机 20 台至灾区。26 日，省青联、中船重工集团 724 研究所等单位，调运价值 160 万元的移动天气雷达系统，用汽车运往四川。9 月 20 日，苏州市常熟波司登男装公司捐赠价值 5058 万元的 10 万件防寒服、棉衣、毛衫等衣物，用汽车运往绵竹灾区。

苏州市红十字会调运价值 300 余万元的活动无菌室、消杀剂、气动夹板，价值 150 万元的采血大客车设备，价值 223.93 万元的其他救灾物资，用汽车运往四川灾区。南通市民政、慈善系统调运价值 179.24 万元的救灾物资经公路运往绵竹市新市镇灾区。

第十一章　浙江省赈灾活动

第一节　组织领导

一　组织机构

5 月 13 日，浙江省委、省政府成立浙江省支援四川抗震救灾协调小组，统一组织全省抗震救灾工作。常务副省长陈敏尔任组长，省政府办公厅、省地震局、省民政厅、省卫生厅、省公安厅、省交通厅、省商务厅、省安全厅等单位为成员，领导小组下设办公室，办公室设在省政府办公厅。各设区市都相继成立了抗震救灾组织机构，负责本级抗震救灾工作。

二　组织发动

5 月 12 日晚，浙江省委召开常委会议，部署抗震救灾工作，决定在全省开展救灾捐赠活动。救灾捐赠工作由各级民政部门负责组织、协调，捐赠款物由各级民政部门（慈善机构）负责接收，各级红十字会、有关基金会等按照有关规定开展救灾募捐活动。当日晚，省民政厅紧急启动应急预案，召开由省慈善会、省红十字总会参加的救灾捐赠会议，部署全省抗震救灾捐赠工作。

5 月 13 日，浙江省各级民政部门、慈善会、红十字会公布救灾捐赠接收地点、接收账号、联系电话。同日，省民政厅下发《关于在全省开展救灾捐赠活动的通知》。省红十字会召开紧急会议，成立省红十字会援助四川地震灾区赈灾工作领导小组，领导小组下设赈灾募捐组、宣传发动组、物资筹备组。省红十字会发动浙江省 20 位知名作家到省红十字会志愿服务，体验义工生活，并创作文艺作品 20 余篇；联系广告发布商发布路牌、灯箱等户外广告，印制募捐呼吁书、救灾募捐宣传小折页、爱心卡，广泛散发。省慈善总会向全省各级慈善机构下发募捐通知。省爱心事业基金会紧急部署，印制宣传资料。省义工办公室通过电话、网络紧急招募千名“阳光义工”参加募捐活动。

5 月 13—14 日，浙江省各级党委、政府传达中共中央、国务院和浙江省委、省政府有关精神，组织开展抗震救灾捐赠工作。各市县、各单位、各部门积极行动，快速反应，全面发动。从 15 日起，省民政厅不定时地通过省级媒体向社会公布灾区急需物资种类，提高捐赠物品的针对性。

5 月 17—19 日，奥运火炬在浙江传递，浙江省委、省政府决定在火炬传递现场和沿途展示赈灾标语条幅，设置捐款箱，设立无偿献血点。

5 月 19 日，浙江省委组织部下发通知，要求各级党组织号召党员自愿交纳“特殊党费”。19 日下午，省委常委会议研究部署进一步加强支援四川抗震救灾工作。

6 月 30 日，浙江省民政厅批复同意 9 个公募基金会，按照有关规定接收救灾捐赠款物。

10 月，浙江省委、省政府在全省各级党政军机关、社会团体、企事业单位、城镇居民、大专院校开展“送温暖、献爱心”社会捐助活动。全省共接收社会各界捐赠棉被 13.5 万余床、衣裤 87 万余件、毛毯 1.8 万余床、其他物资 24.4 万余件，组织购买棉被 5.7 万床。根据对口支援地震灾区的要求，于 11 月将接收捐赠和购买的防寒衣物运抵青川灾区。

在救灾捐赠工作中，浙江省财政厅、省民政厅、省红十字会、省慈善总会联合下发通知，规定捐赠款物接收、管理、使用工作程序，保证了捐赠活动有序开展。各级民政部门、红十字会、慈善会和其他基金会将接收的捐赠资金分别上缴当地财政和省财政。抗震救灾捐赠资金的使用除定向捐款外，统一由各级援建办和援建指挥部申报计划，财政部门统一划拨使用。在统筹安排各类捐赠资金时，对捐赠人有明确捐赠意向的，严格遵照捐赠人意向安排使用；如捐赠人指定的受捐方确实不需要捐赠的，在征得捐赠人同意的基础上，按照恢复重建规划调整使用。

第二节　捐赠活动

一　党政机关及直属单位捐赠活动

在汶川地震抗震救灾捐赠活动中，浙江省委、省人大常委会、省政府、省政协领导和机关干部职工带头捐款捐物，省直各部门、各单位积极响应省委、省政府号召，踊跃捐款捐物，支援地震灾区。截至 10 月 14 日，全省机关单位干部职工捐赠 29.3 万元。在全省民政系统接收的捐赠中，有 9 个部门单位捐赠资金在 100 万元以上：浙江省环境保护科学院捐赠 100 万元，浙江师范大学捐赠 100.81 万元，宁海县教育系统捐赠 352.42 万元，宁波市鄞州区古林镇捐赠 100 万元，浙江工商大学师生捐赠 147.05 万元，兰溪市教体系统捐赠 131.9 万元，瑞安市侨办捐赠 220 万元，宁波市鄞州区教育系统捐赠 300 万元，慈溪市观海卫镇政府捐赠 194.81 万元。

浙江省委组织部组织收缴“特殊党费” 绍兴县农民企业家、35年党龄的祁友富，于5月13日14时，到绍兴县柯岩街道党工委交纳党费10万元，叮嘱转交四川地震灾区，由此引发浙江省乃至全国党员交纳“特殊党费”的热潮。19日，省委组织部转发中组部关于交纳“特殊党费”的通知。21日，省委组织部下发通知，要求更广泛地动员和引导社会各方力量，多渠道、全方位募集救灾资金物资；要尊重和鼓励党员交纳“特殊党费”支援地震灾区。21日上午，省委、省人大常委会、省政府、省政协在省政府大院举行交纳“特殊党费”活动，赵洪祝、吕祖善、周国富、夏宝龙等省领导和机关干部职工积极主动交纳“特殊党费”349万元。截至10月14日，浙江省共收缴“特殊党费”49967万元。

浙江省委宣传部组织募捐活动 浙江省委宣传部动员和组织宣传文化系统，积极参与赈灾义演、义卖等活动，募集款物，支援地震灾区。5月14—24日，省慈善总会与浙江电视台民生休闲频道合作举办“浙川心连心”1818黄金段抗震救灾特别直播节目，共募集资金440万元。

5月26日，浙江省慈善总会、浙江日报报业集团、《钱江晚报》《今日早报》、浙商杂志社联合举办“情系广元、牵手未来”大型慈善赈灾活动，共募集定向建校助学资金300万元。

6月1日，浙江省慈善总会、《钱江晚报》举办“情系广元、牵手未来——爱心1+1”大型助学活动，募集资金71.29万元，救助灾区孩子712人。

浙江省教育厅组织捐赠活动 浙江省教育厅组织募集资金229万元，用于为灾区学校添置黑板、桌椅等设施。全省各地多所学校共接收来自灾区的中小学生1660人；120名护理专业大学生志愿者参加救护灾区伤员工作；37名服装专业师生紧急参加救灾帐篷的生产；宁波启动“甬川携手、万人助学”行动计划，热心市民捐助灾区学生9600余人。宁波市教育系统向灾区捐赠5050万元。

二　人民团体、社会组织捐赠活动

浙江省人民团体捐赠活动 浙江省总工会响应全国总工会关于开展抗震救灾捐赠活动的号召，大力组织开展救灾捐赠活动，募集资金和物资折价共计3728.05万元。其中，会员捐赠资金和物资折价3210.32万元，社会各界捐赠资金和物资折价51.74万元，工会经费捐赠465.99万元。

浙江省妇联组织动员全省各级妇联组织，广泛开展救灾捐赠活动，募集资金和物资折价共计2.23亿元。

浙江省社会组织捐赠活动 浙江省红十字会募集捐赠资金和物资折价10.75亿元，其中资金8.89亿元、物资折价1.86亿元。省慈善总会募集资金物资折价共计22.4亿元，其中资金20亿元、物资折价2.4亿元。

6月3日，浙江省慈善总会向广元市转交捐赠资金1亿元（见图130）。

浙江省爱心事业基金会、房地产业协会、省区域合作企业发展促进会、省渔业互保协会、省总会计师工作研究会、省清华学子总裁经济合作促进会、省救济救灾协会、省银行业协会、浙江

图 130　6 月 3 日，浙江省慈善机构在广元市赈灾晚会现场捐款 1 亿元
（浙江省民政厅　提供）

绿色共享教育基金会、浙江宜尔阳光教育基金会、省残疾人福利基金会等，组织开展救灾募捐活动，共募集资金 4400 万元。

三　各市捐赠活动

浙江省各市贯彻执行省委、省政府抗震救灾决策，积极开展抗震救灾募捐工作。截至 10 月 14 日，各省辖市共接收捐赠资金 217457.75 万元（见表 36）。

浙江省各市接收汶川地震抗震救灾捐赠资金情况统计表

表 36　（截至 10 月 14 日）　单位：万元

单　位	民政部门	其他组织	小　计
杭州市	—	48918.50	48918.50
湖州市	3972.00	3251.50	7223.50
嘉兴市	7055.00	7161.96	14216.96
舟山市	1545.00	2466.06	4011.06
宁波市	17877.00	24064.46	41941.46
绍兴市	1556.00	20681.38	22237.38
衢州市	1821.00	2832.36	4653.36
金华市	2081.00	19190.43	21271.43
台州市	1579.00	14460.17	16039.17
温州市	6586.00	25549.59	32135.59
丽水市	1671.00	3138.34	4809.34
合　计	45743.00	171714.75	217457.75

四 企业捐赠活动

浙江省各类企业响应省委、省政府抗震救灾捐赠的号召，积极承担社会责任，捐赠款物，支援灾区。

正泰集团捐赠价值1000万元的高低压电器设备，用于灾区现场抢修及灾后恢复重建。森马集团捐赠价值1000万元的保暖衣物。浙江新湖集团捐赠1000万元。浙江振兴阿祥集团捐赠300万元及价值600万元的T恤衫2万件。宁波京典投资咨询有限公司捐赠693.62万元。高邦集团捐赠50万元，并向成都市红十字会捐赠价值400万元的衣物。华峰集团委托四川分公司向灾区捐赠520万元。美特斯·邦威集团捐赠400万元的衣物。宁波亚鑫投资咨询有限公司捐赠346.74万元。宁波日通投资咨询有限公司捐赠346.35万元。康奈集团将原计划举行的“康奈员工文化节男女火炬接力跑”活动方案，改为“康奈集团万人抗震救灾捐赠启动仪式”，董事长宣布为灾区捐赠110万元，并捐赠价值200万元的皮鞋、服饰、内衣等物品。浙江圣奥集团公司员工捐赠12.35万元，公司向杭州市红十字会捐赠300万元，帮助灾区建造“爱心中学”1所。浙江省交通投资集团捐赠300万元。红蜻蜓集团有限公司捐赠100万元及价值200万元的救灾物资。雅丽斯特制衣有限公司捐赠254.85万元。雪歌集团捐赠250万元。吉尔达鞋业有限公司温州本部捐赠160万元及价值80万元的物资。巨石集团有限公司捐赠237.68万元。宁波银行股份有限公司捐赠200万元。罗蒙集团股份有限公司捐赠200万元。温州市隆德轿车修理厂捐赠186.27万元。温州市雷迪鞋业有限公司捐赠175.95万元。桐昆集团股份有限公司捐赠172.73万元。永嘉卡里法特服饰有限公司捐赠170.14万元。浙江玛洛斯鞋业有限公司捐赠162.39万元。浙江正特集团捐赠帐篷2100顶。人民电器集团捐赠158万元。新凤鸣集团捐赠150万元。浙江华威达房地产开发有限公司捐赠120万元。浙江嘉隆集团机械设备有限公司捐赠116.1万元。温州市桂香村食品有限公司捐赠112.18万元。天正集团向中华思源工程扶贫基金会捐赠101万元。捐赠100万元的企业有：宁波韵升股份有限公司、宁波港集团有限公司、好阳光置业有限公司、湖州朗惠置业有限公司、捷马化工股份有限公司、浙江申洲针织有限公司、浙江乔治白服饰股份有限公司、春和集团有限公司、飞科集团、奥康集团、庄吉集团、青山控股集团、金帝鞋业公司、报喜鸟集团、杭州萧山永王养殖有限公司。

6月3日下午，佑康集团、浙江省爱心事业基金会捐资30万元的“爱心端午粽”6万个，特定生产蛋黄、豆沙、水果等10余个种类食品，由物流车从杭州佑康集团总部运抵四川灾区，使当地数万军民在8日端午节吃上粽子和其他食品。

五 社会民众捐赠活动

在浙江省抗震救灾捐赠活动中，全省社会各界积极向地震灾区捐赠资金物资，仅温州市就有36个单位的职工和3名个人捐赠资金100万元以上，其中温州市南浦小学南校区一年级师生捐赠 110.43 万元，温州丰华鞋业有限公司员工捐赠 270.83 万元，永嘉光辉鸟鞋业有限公司员工捐赠 124.38 万元，温州长运集团客运中心站乘客捐赠 188.58 万元，浙江舒美特鞋业有限公司员工捐赠 292.96 万元，温州展盛眼镜厂员工捐赠 152.8 万元，温州瓯海新鑫饰品厂员工捐赠 260.65 万元，温州市申城建设集团勤奋路 7 号项目部嘉汇锦苑全体员工捐赠 195.34 万元，温州时代物业管理有限公司员工捐赠 114.54 万元，文成县大峃镇石坟垟居民区捐赠 167.33 万元，温州市强利人造革有限公司员工捐赠 195.34 万元，永嘉县桥下镇西岙村村民捐赠 256.91 万元、上塘镇峙口村民捐赠 151.05 万元、乌牛镇西岙村村民捐赠 277.01 万元，永嘉县铸诚机械制造公司员工捐赠 176.18 万元，永嘉县界坑乡各村村干部捐赠 174.52 万元，温州嘉华纽扣服辅饰品有限公司员工捐赠 198.45 万元，永嘉县乌牛镇水对头村村民捐赠 153.73 万元、岩头镇下烘头村捐赠 108.31 万元、东皋乡中心小学捐赠 294.87 万元、巽宅镇中学捐赠 287.42 万元、孤山中学捐赠 261.86 万元、应坑学校捐赠 229.82 万元、界坑中学捐赠 228.9 万元、上塘镇黄屿小学捐赠 224.46 万元、岩头镇五尺中心小学捐赠 213.68 万元、山坑乡中心学校捐赠 186.02 万元、徐岙中心小学捐赠 173.37 万元、西溪乡瓯渠小学捐赠 169.67 万元、瓯渠中学捐赠 152.18 万元、岭头中学捐赠 137.52 万元、上塘镇路口小学捐赠 130.81 万元、乌牛镇岭下小学捐赠 124.24 万元、私立瓯北高中捐赠 105.71 万元、大岙乡中心小学捐赠 103.6 万元、黄南中心小学捐赠 102.54 万元；沈潜捐赠 149.9 万元，王意红捐赠 132.81 万元，一位未留姓名者捐赠 135.15 万元。宁波市云龙镇各界捐赠 178.41 万元。富阳市万市镇何家村 87 岁的老人邵雪昌，患病 20 多年，为治病借了 5 万多元的债，生活困难，听说汶川发生地震，让儿孙代为捐款 200 元。

第三节　捐赠资金拨付与捐赠物资调运

一　资金拨付

截至 10 月 14 日，浙江省共接收社会各界捐赠资金 34.6 亿元。已划拨灾区资金 8.87 亿元，其中省本级支出 5.56 亿元（民政厅支出 1.09 亿元、慈善总会支出 3.47 亿元、红十字总会支出 1 亿元），各接收救灾捐赠公募基金会划拨灾区 0.26 亿元，各省辖市支出 3.05 亿元（其中划拨灾区 1.26 亿元、直接支出项目建设 1.17 亿元、采购物资 2600 万元）。结余 25.73 亿元，结余资金转入省财政厅混账专户，列入对口支援专项管理。

二　物资调运

截至 10 月 14 日，浙江省共接收救灾捐赠物资折价 6.5 亿元，调运物资折价 6.5 亿元，救灾捐赠物资无结余。

5月13日晚，浙江省民政厅连夜组织汽车将价值1000万余元的帐篷2100顶运往青川灾区。14日，省民政厅收到四川省请求援助物资清单后，各级民政部门启动紧急采购程序，采购价值2500万元的食品、棉衣、棉被等灾区急需物资，经铁路运往四川灾区。19日，省民政厅按照民政部下达的紧急采购任务，采购衣物3.5万件、棉被2万床，经铁路运往甘肃灾区。21日，省民政厅采购篷布50万平方米、彩条布3万米，经铁路运往四川灾区。25日，省民政厅组织海宁市3家企业为灾区紧急生产篷布500吨，经铁路运往灾区。10月，省民政厅在“送温暖、献爱心”社会捐助活动中，共接收棉被13.5万余床、冬衣裤87万余件；组织采购棉被5.7万床，经铁路运往对口支援的青川县。

浙江省其他部门单位也向灾区运送了大量救灾物资。截至11月5日，浙江省向四川灾区调运帐篷72049顶、简易房5213间、被子52.1万件、衣服333.7万件、食品1388吨、饮用水1171吨。

第十二章　安徽省赈灾活动

第一节　组织领导

一　组织机构

安徽省支援四川灾区抗震救灾工作领导小组　5 月 12 日下午，安徽省委书记王金山作出批示，要求与四川省联系，立即做好安徽省支援灾区抗震救灾工作的相应安排。省长王三运指示，向国务院抗震救灾指挥部报告并与四川省政府联系，做好准备，听从调遣，积极配合。13 日上午，王金山主持召开省委常委会议，通报汶川强烈地震情况，研究贯彻落实中央抗震救灾部署，做好支援四川灾区抗震救灾工作。会议决定成立安徽省支援四川灾区抗震救灾工作领导小组，省委常委、常务副省长孙志刚任组长，省政府办公厅、省地震局、省民政厅、省财政厅、省公安厅、省交通厅、省水利厅、省卫生厅、省教育厅、省发展改革委、省建设厅、省安监局等为成员单位，领导小组下设办公室，办公室设在省政府应急办，省政府副秘书长张秋保任办公室主任。领导小组负责支援四川灾区抗震救灾工作。17 日上午，孙志刚主持召开省支援四川灾区抗震救灾工作领导小组会议，决定领导小组下设综合组、抢险救援组、医疗救援组、救灾捐赠组、宣传报道组，其中救灾捐赠组组长由省政府副秘书长张秋保担任，省民政厅、省直机关工委、省国资委、省工商联、省红十字会、省慈善协会等为成员单位，负责全省救灾捐赠工作。

安徽省民政厅支援抗震救灾领导小组　5 月 13 日，安徽省民政厅成立支援抗震救灾领导小组，厅长刘健任组长，厅办公室、救灾处、计划财务处、监察室负责人为成员。领导小组下设办公室，救灾处处长兼任办公室主任。厅支援抗震救灾领导小组办公室实行 24 小时值班制度。

二 组织发动

5月12日，安徽省红十字会紧急启动救灾应急预案，向社会各界发出紧急呼吁，在新闻媒体公布募捐方式。各级红十字会迅速开展赈灾募捐活动。省慈善协会向社会发出捐赠倡议书，公布接收捐赠信息，组织开展慈善募捐活动。

5月13日上午，孙志刚主持召开安徽省支援四川灾区抗震救灾工作领导小组第一次会议，贯彻落实中央和省委决策部署，研究布置支援四川灾区救灾各项工作。同日，省民政厅紧急召开党组扩大会议，下发《关于组织开展向地震灾区捐赠活动的通知》，又与省直机关工委联合发文，组织开展省直机关党员干部捐赠活动。民政厅公布捐赠账号和捐赠电话，建立24小时值班制度，接收社会各界的捐赠款物。

5月14日，安徽省教育厅下发《关于做好支援灾区抗震救灾工作的紧急通知》，省妇联下发通知动员组织广大妇女积极投身抗震救灾活动。

5月15日上午，安徽省委召开常委会议，全面部署安徽支援四川地震灾区工作，决定在全省范围内广泛开展抗震救灾捐赠及献血活动，继续做好专业救援人员、药品和医疗器械准备，随时听从指挥，并做好收治灾区伤员和接收孤儿的准备。同日，省志愿者协会下发通知，发动志愿者参与抗震救灾工作。16日，省妇联、团省委和省少年儿童工作委员会联合下发开展“与灾区小伙伴心连心、爱心奉献我行动”活动的倡议；省志愿者协会下发通知，要求做好前往四川地震灾区参加抗震救灾活动的志愿者登记工作。

5月22日，安徽省委办公厅、省政府办公厅下发通知，要求做好援川抗震救灾人员亲属慰问工作。23日，王金山主持召开省委常委会专题会议，研究部署对口支援工作。会议决定，坚决贯彻中共中央、国务院和国务院抗震救灾总指挥部的决策部署，扎实做好对口支援工作，全力支持灾区打赢抗震救灾硬仗。26日，王三运主持召开省政府常务会议，进一步安排落实对口支援工作。

6月2日，安徽省民政厅下发《关于规范抗震救灾捐赠款物统计的通知》。通知要求，各级民政部门加强与相关部门及慈善协会、红十字会沟通，核实捐赠数字，防止发生重计、漏计、错计等问题，每日12时前通过救灾专用信箱报省民政厅，由民政厅汇总全省接收捐赠情况。

6月8日，安徽省政府办公厅下发《关于加强和规范抗震救灾捐赠款物管理使用的通知》，规定省民政厅、省红十字会和省慈善协会救灾捐赠账户中的非定向捐赠资金，设置单一支出通道，定期向“安徽省救灾捐赠资金专户”全额汇缴，并根据灾区需求及对口支援工作需要，适时转拨地震灾区。抗震救灾捐赠款物要进行分类统计、集中汇总和信息公开。救灾捐赠款物接收部门和单位按照捐赠人意愿，分清定向捐赠和非定向捐赠；救灾捐赠款物接收情况实行日报制度，各市民政部门按照属地原则，汇总统计本级及所辖县（市、区）民政部门和慈善协会接收救灾捐赠款物情况，并每日报省民政厅，各地红十字会接收救灾捐赠款物情况每日报送省红十字会，省红十字会负责全省红十字会系统接收救灾捐赠款物情况并每日报送省民政厅，省民政厅负责汇总全省情况每日报送省政府；省民政厅定期向社会公布全省抗震救灾捐赠款物接收、分配、使用情况，省红十字会、省慈善协会按规定发布信息。

6 月 24 日，安徽省质量技术监督局、省民政厅联合下发《关于加强抗震救灾物资质量监管工作的通知》，明确全省支援四川灾区物资质量监管范围，对食品、水泥、钢材、电线电缆、劳动用品、絮棉制品、帐篷、活动板房等物资进行重点监管，确保救灾物资质量安全。

6 月 26 日，安徽省委召开第八届八次全会，要求发扬“全国一盘棋”的大团结、大协作精神，以坚决的态度、积极的行动、主动的精神，出色完成中央交给的任务，以实际行动为灾区群众分忧解难。7 月 10 日，王金山、王三运到松潘看望慰问灾区群众和奋战在抗震救灾第一线的安徽省干部职工，召开安徽省对口援建松潘县工作汇报会，举行安徽省对口支援松潘县签字仪式。

10 月 8 日，安徽省民政厅、省委宣传部、省交通厅、省军区政治部在全省组织开展“送温暖、献爱心”向汶川地震灾区捐赠衣被活动，确定 17 个省辖市每市原则上募集新棉衣被 1 万件（床）。同日，省民政厅、省直机关工委下发《关于在省直单位开展 2008 年“送温暖、献爱心”，向汶川地震灾区捐赠衣被活动的通知》。活动开展后，至 11 月底，共接收捐赠资金 1000 万元、衣被 38.88 万件（床），其中省直及中央驻皖单位捐赠资金 344.07 万元、棉衣 2.65 万件、棉被 3.66 万床。省民政厅将接收捐赠资金 1000 万元和经检验合格的全新棉衣被 22.84 万件（床）（其中棉被 11.83 万床），分两批经铁路发运松潘，超额完成民政部下达的募集 20 万件（床）棉衣被任务。

第二节　捐赠活动

一　党政机关及直属单位捐赠活动

安徽省委、省政府于 5 月 13 日向四川灾区捐助 300 万元；20—21 日，向陕西、甘肃、重庆灾区分别捐助 200 万元。在汶川地震抗震救灾捐赠活动中，安徽省委、省人大常委会、省政府、省政协领导和机关干部职工带头捐赠款物，省直部门单位积极响应省委、省政府号召，踊跃捐赠款物，支援地震灾区。省直 122 个单位捐赠 2057.3 万元，其中全省司法行政系统捐赠 720 余万元。

安徽省委组织部组织收缴“特殊党费”　5 月 18 日，根据中组部下发的《关于做好部分党员交纳“特殊党费”用于支援抗震救灾工作的通知》，安徽省委组织部部署交纳“特殊党费”工作。省委、省人大常委会、省政府、省政协党员领导干部带头交纳“特殊党费”，每人交纳额都在 1000 元以上。全省各级党员领导干部交纳“特殊党费”参与率达到 100%。19 日，芜湖红花山集团董事长俞乃平交纳“特殊党费”5 万元。阜阳市颍泉区行流镇仁和村党员桑修峰，多年在山西创业，返乡得知开展交纳“特殊党费”活动后，主动交纳“特殊党费”50 万元。在浙江宁波经商的党员夏登好，专程到庐江县委组织部交纳“特殊党费”1 万元。无为县电信公司职工谢冰在结婚庆典仪式上，将结婚用的 4000 元交纳“特殊党费”。省盐业总公司 97 岁高龄的老党员伍纯委，托家人交纳“特殊党费”1000 元。7 月 3 日，王金山收到一张 2008 元的没有留下姓名和地址的特殊汇款单，这是一位党员在 7 月 1 日党的生日那天寄发的，汇款单上只写了“抗震救灾特殊党费”几个字。安徽明星电缆有限公司董事长李广元交纳“特殊党费”200.81 万元。截至 10 月 14 日，安徽省 157.48 万名党员交纳“特殊党费”20872.5 万元。

安徽省委宣传部组织募捐活动 安徽省委宣传部部署全省宣传文化系统单位和演职人员，积极组织参加义演、义卖等活动，募集资金物资，支援灾区。5 月 23 日，省红十字会、省广播电影电视局、安徽电视台、安徽人民广播电台等单位共同举办“与爱同行、共建家园”大型赈灾义演活动（见图 131），义演现场设立 10 部捐助电话，演员和晚会主持人担任捐助热线的义工接线员并现场捐款。内地、港澳台 20 余名演艺界明星参加义演，200 余家企业及文艺界知名人士踊跃捐款，现场募集资金 2.52 亿元。6 月 1 日，省少年儿童基金会、省妇联共同举办“奉献爱心、情系儿童”大型“六一”赈灾义演，现场募集捐赠资金和物资折价 160.45 万元。

图 131　5 月 23 日，“与爱同行、共建家园”大型赈灾义演捐赠现场
（安徽省民政厅　提供）

5 月 15 日，安徽省红十字会与《新安晚报》、安徽交通广播、安徽电视台网站联合举办“爱涌巴蜀、情动江淮”大型赈灾募捐活动，现场募集资金和物资折价 1070 万元。18 日，省民政厅、安徽人民广播电台、安徽电视台举办“相信、我们都是一家人”救灾捐赠宣传活动，现场募集资金 1089.15 万元。28 日，奥运火炬在合肥传递，合肥市开展“传递圣火、奉献关爱”活动，现场募集资金 2000 余万元。30 日，中国奥组委、安徽省政府在奥运圣火绩溪县传递仪式上，举行“与四川人民心连心”捐款活动，现场募集资金 40.3 万元。

5 月 27 日，宿州市举行“百块灵璧石、百幅钟馗画义卖赈灾活动”，奇石爱好者和石友捐献出珍爱的灵璧奇石 79 块；23 位画师精心创作并捐赠 100 幅钟馗绘画作品，画师尹友杰一家 3 人共同参与，捐赠钟馗绘画作品 13 幅，义卖筹得善款 7 万余元。同日，埇桥籍 30 余位书画家现场挥毫泼墨，倾情奉献作品 100 余幅，义卖筹集资金 18 万余元。

安徽省委统战部组织捐赠活动 5 月 16 日，安徽省委统战部、省光彩事业促进会在合肥举行全省非公有制经济人员抗震救灾新闻发布会暨向灾区捐款仪式，现场募集资金 970 万元。截至 8 月 20 日，安徽省统战系统共募集资金 2816.7 万元。

安徽省教育厅组织捐赠活动　安徽省教育厅组织全省教育系统干部职工和师生，通过民政、工会、红十字会等渠道捐赠 13472.3 万元。其中，全省高校及省教育厅直属中专学校捐赠 1885.9 万元，市级教育行政部门及其所属中等及以下学校捐赠 11489.9 万元，省教育厅捐赠 28.5 万元、捐赠价值 68 万元的教学帐篷 400 顶。

二　人民团体、社会组织捐赠活动

安徽省人民团体捐赠活动　安徽省总工会响应全国总工会抗震救灾捐赠号召，组织各级工会开展救灾捐赠活动，支援地震灾区，募集资金和物资折价 4830.15 万元。其中，会员捐赠资金物资折价 902.42 万元，社会各界捐赠资金 3862.06 万元，工会经费捐赠资金 65.67 万元。

共青团安徽省委响应团中央的号召，组织全省各级团组织和团省委直属高校、大型企业团员青年开展捐赠活动，捐赠资金和物资折价 2079.66 万元，其中团省委募集捐赠资金和物资折价 100 万元。

安徽省妇联响应省委、省政府的救灾捐赠号召，积极开展救灾募捐活动，募集资金和物资折价 829.25 万元。

安徽省社会组织捐赠活动　至 10 月 14 日，安徽省红十字会募集资金 27188.25 万元，省慈善协会募集资金 31678.04 万元。省浙江商会会员单位捐赠 1787.07 万元，省外商投资企业协会会员单位捐赠 3000 万元、1 亿日元，省女企业家协会会员捐赠 413.88 万元，省农资流通协会会员单位捐赠 230.33 万元，省粮食行业协会会员单位捐赠 672.79 万元，省离退休教育工作者协会会员单位捐赠 209.17 万元。

截至 10 月 14 日，安徽省爱国宗教团体募集资金 1700.63 万元。

三　各市捐赠活动

在安徽省开展的社会捐赠活动中，合肥、宿州、淮北、阜阳、亳州、蚌埠、淮南、滁州、马鞍山、芜湖、铜陵、安庆、黄山、六安、巢湖、池州、宣城等市党委、政府广泛发动机关、企事业单位和广大市民，积极参与救灾捐赠活动，捐赠款物，支援灾区。截至 10 月 14 日，各市接收捐赠资金和物资折价共计 72177.17 万元，其中资金 67669.03 万元、物资折价 4508.14 万元。

四　企业捐赠活动

安徽省各类企业，积极捐赠款物支援灾区。截至 10 月 14 日，安徽省企业捐赠资金和物资折价共计 8545.85 万元，其中资金 7595.85 万元、物资折价 950 万元。省属企业捐赠价值 2500 余万元的大型机械设备 200 余台。

5 月 12 日，马鞍山市惊天液压机械制造有限公司捐赠价值 22 万元的液压破碎锤 3 台。13 日，奇瑞公司董事长兼总经理尹同耀捐赠总价值 403 万余元的瑞麒邮政通信系统适用车 20 辆、瑞虎越野车 10 辆和帐篷 1 万顶；奇瑞公司在四川、甘肃、陕西、重庆等 8 个省（市）区域内的 95 家维修点，全部开通紧急服务救援专线电话，随时响应受困车主的呼救需求，免费为受困滞留人员提供饮水、食物等救援物资。15 日，奇瑞公司捐赠 1200 万元；23 日，奇瑞公司再次捐赠 500 万元。安徽明星电缆有限公司捐赠资金和物资折价 1045.59 万元，并到合肥、杭州等地紧急采购帐篷、食品、矿泉水等物资，租用专机将物资运至四川灾区。同日，安徽省商务厅根据商务部要求，紧急通知芜湖市桅灯厂在 16 日 11 时前提供桅灯 183280 盏并送到合肥骆岗机场，芜湖市桅灯厂立即清理库存并组织加班生产。16 日上午，芜湖市桅灯厂用 13 辆大货车将 18 万盏桅灯运抵骆岗机场，后通过 3 架军用运输机将这些物资紧急空运至四川灾区。

5 月 17 日，马鞍山惊天液压机械制造有限公司向四川灾区紧急调运价值 480 万元的惊天液压锤 60 台；19 日，又调集价值 320 万元的液压锤 40 台紧急发往四川灾区，并派出两批安装服务队，先后在北川羌族自治县擂鼓镇、马槽乡和什邡市蓥华镇、北川二炮某部施工现场等地提供服务。此后又紧急加工生产公路液压破碎锤 100 台运抵四川灾区。23 日，江淮汽车集团通过四川经销商紧急调用江淮“亲情赈灾车”10 辆参加抢险救灾，紧急调集 200 台车开往灾区；至 29 日，江淮汽车集团出动车辆 1605 台次、驻守灾区的驾驶人员 100 余人，总行驶里程 19 万公里，运送伤员 320 人，运送救灾人员 2800 人，抵达一线目的地 131 个。24 日，芜湖市政府紧急采购价值 240 万元的药品、棉被（衣）、帐篷等，连同芜湖市慈善总会接收的 64 万余元捐赠物资，组成车队发往绵阳（见图 132）。26 日上午，安徽省水利建筑工程总公司向四川调集履带式挖掘机 2 台、推土机 5 台，选调 16 名经验丰富、技术娴熟的施工人员参加抗震救灾。30 日，安徽华源医药股份有限公司捐赠灾区急需的价值 1000 万元的第三代抗菌素类药品，并组织货车 10 辆将这些药品直接运抵四川灾区。

图 132　5 月 24 日，芜湖市政府在华强主题公园举行支援绵阳市抗震救灾捐赠物资启运仪式
（安徽省民政厅　提供）

五　社会民众捐赠活动

在汶川地震抗震救灾捐赠活动中，安徽省社会公众踊跃捐款，奉献爱心。（参见图 133）

5 月 12 日，马鞍山市 80 岁的老党员赵亦农拄着拐杖到市慈善总会捐赠 1 万元，年仅 6 岁的小朋友刘欣悦捐出储蓄罐里的 67 元零花钱。亳州市谯城区个体经营户怀淑英捐赠 4 万元。蒙城县城关镇望月社区居民杨佰峰捐赠 2 万元。利辛县一位不愿透露姓名的政协委员捐赠 2 万元。涡阳县耿皇乡村民赵广华从邮局汇款 1 万元至灾区。涡阳县青疃镇村民邱阳一家 3 人捐赠 1.05 万元。涡阳县农业科技专家刘伟民捐赠科技奖金 4500 元。淮南市供电公司 90 高龄的离休老干部袁先开，让老伴推着轮椅到市慈善协会捐赠 3000 元。淮南市潘集区农民杨井亮捐出修房款 5 万元。22 岁残疾青年陈特鑫捐赠小报亭一月收入 1193 元。游泳小运动员杜诗月，捐赠她参加省第十一届运动会获得的游泳冠军奖金 2000 元。8 岁的杜诗阳捐出压岁钱 2000 元。随子女在澳大利亚居住的原淮滨电影院退休职工郝艳琴，打电话委托在淮南市的儿媳代她将 5 月份工资 1600 元捐给灾区。

宿松县居民虞华，丈夫系伤残军人，自己靠在街头摆水果摊维持生计，捐赠 1 万元。祁门县金字牌镇莲花村莲花组 77 岁村民叶天社，系抗美援朝战争五级伤残军人，两个儿子智力残障，

图 133　合肥市社会各界排队向地震灾区捐款

（安徽省民政厅　提供）

全家靠伤残金生活，5月12日晚看了汶川地震报道后，他一夜未眠，第二天乘车到县民政局捐款1000元。因心脏病正住院治疗的张振中，赶到捐赠现场捐赠1万元。盲人汝伟宁拄着拐杖到捐赠现场捐款50元。太和县城关镇76岁的张月兰老人捐赠150万元，帮助松潘县重建一所小学。六级伤残军人、下岗职工魏庆峰捐赠全年的伤残抚恤金7080元。颍上县二中高一（14）班学生郑旭捐赠多年来积蓄的1.4万元。阜阳市颍州区职业高级中学学生岳静文毅然剪下精心养护多年齐腰长的辫子，变卖了100元捐给地震灾区。

滁州市公安局因公牺牲干警李勇的父亲李宗桥，代表全家向汶川地震灾区捐赠5万元。一位家庭收入并不富裕的大姐毅然变卖结婚陪嫁的铂金项链，将所得的3540元全部投入募捐箱。一位热心公益的企业家捐赠23.5万元。一位母亲代表远在澳大利亚墨尔本留学的女儿李霓捐款105澳元。宣城市佛教协会会长释圣富捐赠100万元，是该市捐赠数量最多的个人。郎溪县庄沿村青年孟宪委托家人捐赠打工积蓄的2万元。泾县一名推着板车卖西瓜的青年连续15天每日下午都到县民政局捐40元钱。六安市工交干部学校职工程登林向市慈善协会捐1000元，此后又两次捐2200元；六安职业技术学院0601班学生刘云辉，捐赠上学年获得的奖学金5000元。六安城区滨河公园76岁的公厕管理员魏友娣，捐赠一个月的公厕收费230元。一位孕妇以自己和未出世的孩子的名义捐500元。淮北市居民彭庆英捐出自己精心培育的600余盆花卉以及收藏多年的玉石、字画、工艺品等进行义卖，得义卖款1600余元，捐赠灾区。池州市贵池区60岁老人张为民捐出收捡废旧物品所得的3655元。已经退休、在南京子女家居住的贵池中学82岁教师舒光中，通过电话委托学校同事代捐1000元，接着又电汇“特殊党费”1万元。阜南县王家坝镇农民捐赠12588元。安庆市宜秀区姥山社区敬老院44名“五保”老人自发捐款2050元。铜陵县钟鸣敬老院80余名老人捐款2886元，其中盲人李木林捐1000元。庐江县、舒城县3位盲人，相互搀扶着到安徽省红十字会，每人捐50元。许多市民主动到募捐点捐款而不留姓名。

第三节　捐赠资金拨付与捐赠物资调运

一　资金拨付

截至10月14日，安徽省接收抗震救灾捐赠资金105467.15万元；支出总额57481.64万元，其中上缴中央2525.62万元，拨付灾区50429.11万元（四川省47844.93万元、甘肃省656.98万元、陕西省1787.2万元、云南省20万元、重庆市100万元、青海省20万元），本级直接用于抗震救灾4526.91万元（含紧急采购物资款）；结余47985.51万元，结余资金转入省财政混账专户，列入对口支援松潘县专项管理。（参见表37）

另外，安徽省委组织部收缴“特殊党费”20872.5万元，全部汇缴中组部，无结余。

安徽省各市抗震救灾捐赠款物收支情况统计表

表 37　　（截至 10 月 14 日）　　单位 万元

单 位	一、捐赠款物	1. 捐赠款	2. 捐赠物资折价	二、捐赠支出	1. 转到其他受赠单位	其中转出捐赠款	转出捐赠物资折价	2. 直接支出捐赠
合肥市	12398.27	11107.21	1291.06	12398.27	12386.82	11095.76	1291.06	11.45
淮北市	1719.75	1695.45	24.30	1719.75	1719.75	1695.45	24.30	—
亳州市	2390.79	2382.36	8.43	2390.79	2390.79	2382.36	8.43	—
宿州市	3231.05	3201.88	29.17	3231.05	3215.25	3186.08	29.17	15.80
蚌埠市	3169.60	3065.93	103.67	3169.60	3135.40	3031.73	103.67	34.20
阜阳市	4412.00	3152.24	1259.76	4412.00	4354.00	3094.24	1259.76	58.00
淮南市	1473.08	1473.08	—	1473.08	1419.88	1419.88	—	53.20
滁州市	4365.91	4336.60	29.31	4365.91	4350.71	4321.40	29.31	15.20
六安市	4383.54	4212.22	171.32	4383.54	4309.23	4137.91	171.32	74.31
马鞍山市	4248.21	4079.86	168.35	4248.21	4248.21	4079.86	168.35	—
巢湖市	5181.01	4793.94	387.07	5181.01	5132.53	4745.46	387.07	48.48
芜湖市	7482.87	6755.80	727.07	7482.87	6889.96	6162.89	727.07	592.91
宣城市	4359.40	4292.53	66.87	4359.40	4359.40	4292.53	66.87	—
铜陵市	1299.87	1299.87	—	1299.87	1231.27	1231.27	—	68.60
池州市	2138.78	2114.90	23.88	2138.78	2138.78	2114.90	23.88	—
安庆市	7014.79	6893.61	121.18	7014.79	6949.80	6828.62	121.18	64.99
黄山市	2908.25	2811.55	96.70	2908.25	2869.85	2773.15	96.70	38.40
合 计	72177.17	67669.03	4508.14	72177.17	71101.63	66593.49	4508.14	1075.54

二　物资调运

截至 10 月 14 日，安徽省接收抗震救灾捐赠物资折价 6711.01 万元。其中，调拨灾区物资折价 6685.54 万元，直接用于本级抗震救灾物资折价 25.47 万元，救灾捐赠物资无结余。

航空运输　汶川地震发生后，安徽民航机场集团合肥机场分公司与相关航空公司、民航安徽空管分局紧密配合，紧急开通救灾飞行空中走廊，开启安全检查绿色通道，设立救灾专用候机区域和固定停机位，共保障救灾航班 70 架次，运输救灾物资 160.81 吨，运送救援医疗队员 1004 名和伤员 104 人。

公路运输　5 月 12 日 21 时 30 分，根据民政部指令，安徽省民政厅协调省武警部队调动官兵 500 名、军车 25 辆，出动地方货车 18 辆，从国家救灾物资合肥储备库紧急装运救灾帐篷 1.5 万顶发运四川灾区。15 日、17 日，省交通厅连续发出紧急通知，要求全力做好抗震救灾物资和救援人员运输保障工作，规定对向四川灾区运送救灾物资车辆执行“绿色通道”免费政策。20 日、25

日，省民政厅调运衣服 10 万件、棉被 10 万床，省政府组织车队，分两次运往陕西灾区。截至 7 月 11 日，安徽省免收通行费 810 万元。

水路运输 芜湖、铜陵、安庆长江海事处在长江辖段范围内开启抗震救灾物资运输“绿色通道”，对抗震救灾物资提供优先签证、优先通过、优先引航的“三优先”服务。同时免征船舶劳务费，提供全程保驾护航，确保抢险救灾物资运输便捷畅通。5 月 17 日，安徽省民政厅调运 8000 吨救灾物资，由“远洋 1006”号和“远洋 1009”号两艘油轮执行水上运输任务，芜湖、铜陵、安庆长江海事处采用“接力”式全辖段护航的办法，相继派出执法人员 200 余人次、海巡艇 30 余艘前行引航和保驾护航，使两艘油轮平安通过皖江运抵四川灾区。

铁路运输 合肥火车站、蚌埠火车站加强与地方政府有关部门的配合，开辟救灾物资运输“绿色通道”，安排专人负责抢险救灾物资的车源落实工作，优先运输救灾物资。5 月 13 日，安徽省民政厅调运药品等 4 棚车物资，分别由合肥火车站和蚌埠火车站组织紧急运输工作，经铁路发运至成都灾区。25 日，调运衣被 8 万件（床）经铁路发至西安。29 日，调运棉被 4 万床发往西安。6 月 12 日，省政府调运大米 2700 吨和棉被 5000 床，经铁路发运成都（见图 134）。14 日，省政府调运大米 2000 吨，经铁路发往成都、绵阳。18 日，省政府调运大米 2300 吨和棉被 5000 床，经铁路发往成都、广元、江油。24 日，省政府调运捐赠大米 3000 吨，经铁路发往德阳、江油。从 5 月 12 日至 7 月 2 日，合肥火车站累计发送救灾物资 46 次 286 车共 14459.3 吨，出动劳力 2800 余人次，动用各类机械 100 余台次，中转物资 2655 车，平均每天装运 5.6 车；蚌埠火车站累计发运救灾物资 26 次 106 车，出动劳力 800 余人次。

物资采购 5 月 17 日，安徽省民政厅接到国务院抗震救灾总指挥部群众生活组和民政部关于要求安徽省紧急筹集 10 万件衣物、10 万床棉被褥送往陕西地震灾区的紧急通知后，立即报

图 134 6 月 12 日，安徽省政府援助四川地震灾区的救灾大米正装运待发

（安徽省民政厅 提供）

告省支援四川灾区抗震救灾工作领导小组，紧急协调省民政厅、省经委、省商务厅、省军区、省武警总队等单位，确定通过紧急采购和救灾捐赠筹集衣被。当日，省民政厅成立抗震救灾物资紧急采购小组，按照“质量可靠、价廉物美”的原则组织采购，物资供应单位奉献爱心，在保证质量的前提下，以最低的价格售出，采购小组在24小时内完成第一批8万件（床）衣被的采购任务，20日晚从合肥火车站经铁路发往西安。29日，采购的第二、三批棉被和衣物发往西安。

5月28日，由安徽省国资委紧急采购的价值300余万元的7台机械设备，由汽车运往绵阳，投入堰塞湖抢险工作。同日，省交通厅获悉四川灾区公路抢险恢复工作急需小型机械设备，迅速采购价值约800万元的机械设备26台，其中履带式挖掘机4台、50型装载机4台、推土机5台、自卸车8辆、移动式空压机1台、移动式柴油发电机组4台，由汽车运至四川省交通厅。

第十三章　福建省赈灾活动

第一节　组织领导

一　组织机构

5月13日，福建省委、省政府向四川省委、省政府发去慰问电，并捐赠500万元。14日上午，省委书记卢展工主持召开省委常委会议，研究部署支援四川地震灾区抗震救灾工作。会议决定，在全省范围内开展捐助活动，省里成立专门援助灾区的协调机构，统一指挥抗震救灾。同日，省长黄小晶主持召开省政府第五次常务会议，安排支援四川灾区抗震救灾工作，成立省援助灾区协调联席会议，常务副省长张昌平为召集人，省委宣传部部长和省委秘书长为成员。援助灾区协调联席会议与已有的应急机制相衔接，统一部署，统一协调，着眼灾区需要，组织捐赠款物。

二　组织发动

5月14日，黄小晶主持召开福建省政府第五次常务会议，部署全省支援四川抗震救灾工作。同日，省委办公厅、省政府办公厅下发《关于做好支援四川地震灾区抗震救灾工作的通知》，要求省直各单位和地方各级党委、政府，贯彻落实省委常委会议和省政府常务会议精神，全省以“心系灾区、共渡难关”为主题，有序开展捐助救援活动。同日，省民政厅、省红十字总会、省慈善总会分别发出向灾区捐款倡议书，在网络、电视、《福建日报》等媒体上公布省民政厅、省红十字总会、省慈善总会的捐赠账号、接收地点和咨询电话。民政部门依据《救灾捐赠管理办法》负责捐赠组织协调工作，省直机关工委与省民政厅共同负责组织实施省直和中央驻闽有关单位的捐赠工作。各设区市民政局负责收集各区市募集款物并汇总报省民政厅；省级有关单位和团体组织募集的款物直接报送省民政厅，由省协调联席会议统一安排发往灾区；省民政厅负责各级、各类捐赠款物的统计、汇总工作。

5 月 20 日，福建省委组织部转发中组部《关于做好部分党员交纳“特殊党费”用于支援抗震救灾工作的通知》，要求全省各级党组织和广大党员积极参与抗震救灾交纳“特殊党费”活动。22 日，省政府办公厅下发《关于进一步做好汶川地震救灾捐赠工作的通知》，要求各地大力募捐款物，开展对口支援，完成中央安排的各项任务；有序开展各类募捐活动，依法规范募集行为；加强捐赠款物监管，自觉接收社会监督。

5 月 26 日上午，卢展工主持召开福建省委常委会议，听取支援四川地震灾区工作汇报，研究部署继续支援四川地震灾区抗震救灾工作。27 日，黄小晶主持召开省政府常务会议，研究部署下一阶段抗震救灾工作。6 月 5 日下午，黄小晶主持召开省政府第七次常务会议，听取全省援助四川地震灾区捐赠款物管理和审计工作情况汇报。会议要求，继续开展募捐活动，规范募捐行为，做好款项及衣被等物品的募捐工作；把好捐赠物资的质量关，更好地满足灾区群众的需要；加强收支管理，做到手续完备、账目清楚，使救灾捐赠的每一本账都成为明白账、放心账；加强监管，确保每一项款物都用在援助灾区上；完善规章制度，确保信息公开，接受社会监督；注意防范和打击以捐款名义实施诈骗等不法行为；加强衔接，统筹安排，做好对口支援工作。

9 月 21 日，福建省政府办公厅下发《福建省支援灾区抗震救灾和恢复重建资金管理办法》，规范抗震救灾援建资金的来源、筹集、支出范围、使用、拨付、管理、监督等内容。

10 月 13 日，福建省政府召开“送温暖、献爱心”捐助会议，部署开展捐赠衣被活动。省委宣传部、省民政厅、省交通厅、省军区政治部联合下发《关于开展“送温暖、献爱心”——向汶川地震灾区捐赠衣被活动的通知》。省直机关工委向省直机关发出通知，要求省直机关开展捐赠衣被活动。省委宣传部制定宣传报道方案，明确这次捐赠活动以“捐赠衣被、温暖灾区”为主题。民政部门联系宣传部门、交通运输部门及省军区后勤部，协调全省捐赠衣被活动。铁路交通部门简化手续，为运送捐赠衣被提供快捷通道。16 日上午，省直机关在省政府大院举行“送温暖、献爱心”——向汶川地震灾区捐赠衣被仪式（见图 135），22 个省直部门和单位的 200 余

图 135　10 月 16 日，福建省直机关举行向汶川地震灾区捐赠衣被活动
（福建省民政厅　提供）

名党员干部代表参加捐赠。截至 11 月 15 日，福建省共募集冬衣 18.15 万件、棉被 11.96 万床，捐赠资金 685.56 万元，捐赠款物全部拨付、发运至彭州地震灾区，帮助灾区群众安全过冬。

第二节　捐赠活动

一　党政机关及直属单位捐赠活动

在汶川地震抗震救灾捐赠活动中，福建省委、省人大常委会、省政府、省政协领导和机关干部职工带头捐款（见图 136）；省直部门单位积极响应省委、省政府的号召，踊跃捐赠款物，支援地震灾区。截至 5 月 22 日，省直机关及干部职工共捐赠资金 6811.94 万元，其中个人 3745.85 万元、单位 3066.09 万元。

图 136　5 月 15 日，福建省委书记卢展工在福建省委、省政府机关捐赠仪式上带头捐款
（福建省民政厅　提供）

福建省委组织部组织收缴“特殊党费”　5月20日，福建省委组织部转发中组部《关于做好部分党员交纳“特殊党费”用于支援抗震救灾工作的通知》，先后下发7份文件，进行动员部署，多次组织专项工作督查。各级党组织认真按照中组部和省委组织部部署，深入组织开展交纳“特殊党费”活动。（参见图137）

图137　莆田市荔城区溪白村党员干部向四川灾区交纳“特殊党费”（福建省民政厅　提供）

95岁高龄的老红军、老党员铁坚，得知汶川发生地震后，立即让子女捐款8000元。后得知开展交纳“特殊党费”活动，又让子女代交“特殊党费”2000元。上杭县102岁失散红军、老党员丘秋子，在家人的搀扶下到县组织部门捐赠现场交纳“特殊党费”1000元。莆田市荔城区有55年党龄的退休干部陈鸿达，病危弥留之际向党组织交纳“特殊党费”2万元。诏安县西潭乡新春村农民、被公安部消防局授予“英雄母亲”称号的许幼贤，虽然丈夫因病丧失劳动力，全家仅靠1300多平方米田地的收入和她外出打工维持生计，仍交纳“特殊党费”1000元。福州市鼓楼区洪山镇干部何春华，将平时积攒的10万元交纳“特殊党费”。南平市延平区樟湖镇溪口村在外创业的流动党员陈明，在捐款5.2万元后，又主动回乡交纳“特殊党费”2.8万元。永定县培丰镇东中村82岁高龄的老党员阮爱华，左眼失明，右眼患白内障，把省吃俭用节省下来的1万元悉数捐给灾区。在英国剑桥大学医学院攻读博士学位的李杨眉，打电话委托父亲代缴“特殊党费”1000元。截至9月28日，福建省100万余名党员共交纳“特殊党费”19133.25万元（含党外人士捐款和利息）。

福建省委宣传部组织募捐活动　在救灾捐赠活动中，福建省委宣传部部署全省宣传文化系统单位和演职人员参与义演义卖等多种形式的活动，募集资金物资支援灾区。5月17日晚，福建省委宣传部、福州市委市政府共同举办“心系灾区、情满海西——福建省、福州市‘5·12’赈灾文艺晚会”（见图138），省委、省政府和省直有关部门、驻闽部队、福州市领导以及海内外嘉宾

图 138　5 月 17 日，福建省委宣传部和福州市委市政府共同举办赈灾文艺晚会

（福建省民政厅　提供）

3000 余人出席。晚会上，71 个企事业单位现场举牌认捐资金和物资折价 2.39 亿元。同日晚，厦门市委宣传部、市文明办、市文化局、市民政局、市红十字会、市慈善总会、市广电集团等单位共同举办“心系灾区、共渡难关”赈灾专场晚会，现场募捐 4914 万元。17 日、18 日、23 日、24 日，厦门音乐广播和厦门经济交通广播连续举办 4 场赈灾义演，共接收社会各界捐款 615.4 万元，募集物资折价 12.5 万元。18 日，厦门市举办“情系灾区兄弟姐妹”赈灾义演，现场募集资金 20 万元。同日，三明市举办“心系灾区、共渡难关”赈灾义演活动，113 个单位和个人现场认捐，募集捐款 797.7 万元，募集药品折价 160 万元。22 日，厦门市翔安区区委宣传部等单位共同举办“让世界充满爱”大型赈灾义演活动，区机关和 71 家企业捐款 719.8 万元。22 日晚，龙岩市举办“心系灾区、情满海西——为四川汶川地震灾区献爱心赈灾演出”晚会，现场募集捐款 600 余万元。

5 月 12 日，厦门日报社读者呼叫中心 968820 开通“关爱专线”接收社会捐款。13 日，北京 2008 年奥运会火炬在龙岩传递。在奥运火炬交接和庆典仪式上，火炬手们向全国火炬手发出支援灾区献爱心的倡议，大家踊跃捐款，其中龙岩站火炬手、中国龙工集团董事局主席李新炎捐赠 500 万元。17 日，福建省红十字会联合省人民广播电台举办“众志成城、传递爱心”募捐活动，现场募集资金 71.19 万元。

5 月 17 日，厦门市红十字会与厦门日报社举办“新闻大篷车赈灾义演义卖”活动，文艺家们纷纷参与义演义卖，募集资金 33 万元。民进会员、著名书画家王永钊在“情系灾区、共渡难关”大型慈善拍卖文艺晚会上，将一幅书法作品现场拍卖所得 8.6 万元捐赠灾区。同日，泉州市慈善总会与市文化局举办“携手同心、八方来援——为四川地震赈灾募捐义演”现场义拍会。金威集团有限公司总经理蔡贤良、副总经理蔡良善两兄弟认购泉州籍著名邮票设计家万维生捐赠的一幅天鹅图，并现场捐赠 250 万元。18 日，福建电视台新闻频道联合省红十字会、省书画家协会、省音乐家协会等单位发起的“心系灾区、共渡难关”福建—汶川爱心传递祈福义拍募捐活动，李珊珊的火炬以 109 万元被福建福马集团拍得，加上当晚其他义拍，该集团共向灾区捐赠 150 万元。福州、厦门两地义拍及捐赠资金共 450 余万元，交省红十字会转赠地震灾区。18 日，省红十字会联合省电视台公共频道举办“心系灾区、共渡难关”“我们都是一家人”主题赈灾募捐活动，社会各界捐赠资金 450 余万元。

5 月 22 日，福建省广播电视集团与省红十字会联合主办“携手人道、抗震救灾——梦舟足球明星对抗赛”，比赛门票收入全部捐赠灾区，义赛当日募集资金 2000 万元，梦舟足球队捐赠物资折价 100 万元，也全部捐赠灾区。22 日，厦门市开展以集体结对助养灾区孤儿、单亲特困儿童、孤老为对象的“大爱助孤”活动，募集资金 164.25 万元。

福建省台湾事务办公室组织捐赠活动　福建省台湾事务办公室响应省委、省政府的号召，广泛开展救灾捐赠活动。5 月 27 日，厦门市台资企业在厦门台商会馆举行捐赠仪式，261 家台资企业共捐赠 2246.5 万元。10 月 13 日，在台福（福州）有限公司等 6 家台资企业倡议下，福州市 15 家台资企业与福州慈善总会签订长期认捐协议，为彭州市 23 户重灾户每月提供救助资金 800 元，历时 3 年，救助总额 66 万元。截至 10 月 14 日，福建省台商及台资企业为地震灾区捐赠资金和物资折价 8244.65 万元（见表 38）。

福建省各设区市接收台资企业抗震救灾捐赠资金情况统计表

表 38　（截至 10 月 14 日）　单位：万元

单　位	捐资金额	单　位	捐资金额
福州市	2002.26	泉州市	296.44
漳州市	722.80	三明市	140.80
莆田市	2315.70	南平市	12.35
龙岩市	85.50	合　计	8244.65
厦门市	2668.80		

福建省外事办公室（港澳办、侨办）组织捐赠活动　5 月 13 日，福建省侨办以省海外交流协会和世界福建青联会的名义，向海外侨胞发出倡议书，并通过福建侨网、《福建侨报》等媒体渠道及时将灾区情况传递给海外华侨华人，呼吁世界各地闽籍社团、侨资企业、乡亲捐赠款物，支

援灾区人民渡过难关。17 日上午，应邀到福州参加“5·18”海交会的旅美乡亲举办募捐活动，美国福建同乡会、美国华人社团联合会分别捐赠 68.88 万元和 60 万元。中国侨商投资企业协会常务副会长黄志源捐赠 2100 万元，益海嘉里集团有限公司创始人郭鹤年捐赠 2000 万元，阳光国际集团有限公司董事长林腾蛟捐赠 1000 万元，世茂集团股份有限公司董事长许荣茂捐赠 1 亿元和 1000 万港元，世纪金源集团董事局主席黄如论和集团员工捐赠 1820 万元，新加坡金鹰集团有限公司主席陈江和捐赠 1100 万元，上好佳食品（集团）有限公司董事长施恭旗捐赠资金和物资折价 1200 万元。捐赠 10 万元以上的闽籍侨胞有 266 人。海外闽籍侨胞向四川地震灾区捐赠资金和物资折价共计 4 亿余元。

二　各市捐赠活动

福州、厦门、漳州、泉州、三明、莆田、南平、龙岩、宁德九市贯彻执行省委、省政府抗震救灾的决策部署，开展救灾捐赠活动。截至 10 月 14 日，各市接收资金和物资折价共计 145809.78 万元，其中资金 120540.48 万元、物资折价 25269.3 万元（见表 39）。

福建省各设区市接收汶川地震抗震救灾捐赠资金物资情况统计表

表 39　（截至 10 月 14 日）　单位：万元

单　位	资金额	物资折价	小　计
福州市	21269.24	5509.24	26778.48
厦门市	28404.99	2741.58	31146.57
漳州市	8627.85	564.27	9192.12
泉州市	29128.10	12501.30	41629.40
三明市	7368.08	332.62	7700.70
莆田市	7917.22	2740.20	10657.42
南平市	5302.38	126.17	5428.55
龙岩市	6722.17	556.54	7278.71
宁德市	5800.45	197.38	5997.83
合　计	120540.48	25269.30	145809.78

三　民主党派、工商联、人民团体、社会组织、宗教界捐赠活动

福建省民主党派捐赠活动　在救灾捐赠活动中，福建省各民主党派积极募捐款物，支援地震灾区。民革福建省各级组织和党员募集捐款和物资折价 247.2 万元。民盟福建省各级组织和成员募集捐款 500 余万元，民盟成员、残奥会全球形象大使侯斌在个人捐款 7000 元之后，又捐出自己首枚残奥会金牌，将其拍卖所得款项捐赠灾区。民建福建省各级组织和会员募集资金和物资折价

5110 万元，其中福州市民建会员、中国侨商会副会长、福耀玻璃工业集团董事局主席曹德旺捐赠 500 万元，福耀玻璃工业集团捐赠 888.66 万元。民建会员、东煌企业集团董事局主席潘振东，发动集团本部和全国各地的 30 多家子公司共捐赠 529.48 万元。民建会员李顺堤捐赠 700 万元。民进福建省各级组织和成员募集捐款 193.43 万元，募集物资折价 90.9 万元。农工党福建省各级组织和党员共募集资金 297.91 万元，募集物资折价 102.57 万元；农工党泉州市南安总支党员、南安协进建材有限公司副总经理杨宝贵捐赠价值 100 万元的瓷砖，支援灾区灾后重建；农工党泉州市惠安总支党员、深圳市富川实业有限公司董事长兼总经理许培川捐赠 25.5 万元，用于修建灾区临时教室；农工党省属科教文总支党员沈国捐赠 20 万元。致公党福建省各级组织及党员募集捐款 1743.1 万元、1 万港元，捐赠价值 20 万元的药品；致公党员、福建省鞋业协会秘书长王建在省内鞋业界发起倡议为灾区募捐，募集资金和物资折价共计 2550 余万元；致公党员叶维新捐赠 100 万元；致公党员、漳州聚善堂药业有限公司总经理林雅玲捐赠 5 万元，捐赠药品折价 20 万元。九三学社福建全省各级组织和社员募集捐款 107.1 万元。全省台盟各级组织、盟员及机关干部共捐款 13.6 万元。

福建省工商联捐赠活动　福建省工商联积极组织会员单位企业开展救灾捐赠活动，募集资金 7 亿多元、物资折价 1 亿余元。

福建省人民团体捐赠活动　福建省总工会系统募集资金和物资折价 19260.08 万元。共青团福建省委开展救灾捐赠活动，募集资金和物资折价 10056 万元。省妇联开展募捐活动，募集资金和物资折价 4587.97 万元。

福建省社会组织捐赠活动　福建省红十字会募集资金和物资折价 11314.19 万元，其中资金 8204.66 万元、物资折价 3109.53 万元。省慈善总会募集资金 1506.89 万元。福建省留学生同学会组织各分会小组募集资金 254.19 万元。福州泉州商会捐赠价值 280 万元的垃圾焚烧炉。晋江市青年商会及其会员企业捐赠款物折价 1348.44 万元，其中资金 673.96 万元。截至 6 月 8 日，在四川的福建商会会员企业共捐赠资金 4500.42 万元、物资折价 1182.84 万元。安溪县在外异地商会、异地促进会募集资金 1056 万元。北京泉州商会会长陈水波捐赠 1000 万元。

福建省宗教界捐赠活动　截至 10 月 14 日，福建省佛教界募集资金 2500 万元。厦门市佛教界、南普陀寺举行“四川汶川大地震诵经超度祈福大法会暨捐赠仪式”，共募集资金 237 万元。省道教界募集资金 369.85 万元，省天主教界募集资金 44.85 万元。基督教厦门教会将 5 月 17 日（安息日）、18 日（主日）作为奉献日，募集资金 122 万元。福州、宁德、龙岩、漳州、莆田五地的基督教协会与基督教三自爱国运动委员会共募集资金 4511 万余元。

四　企业捐赠活动

福建省内各企业响应省委、省政府开展救灾捐赠号召，积极承担起社会责任，捐赠款物，支援灾区。5 月 13 日，福州市紫山集团董事长洪长水组织加班生产价值 34 万元的矿泉水，并运抵四川灾区。新大陆集团董事长胡钢共捐赠 100 万元，捐赠价值 100 万元的移动式纯净水处理装置和空气消毒机，并运抵四川灾区。福建达利集团董事长许志辉得知地震消息后，13 日凌晨赶到成都，向地震灾区捐赠500万元，集团员工捐赠资金35万元及价值500万元的食品。百姓药业公司捐赠价值115万元的药品和食品，运抵都江堰、彭州、什邡等重灾地区。博大男科医院、博爱医院、天府医院等在川福建商会会员单位捐赠100余万元。14日，泉州企业界举行捐赠仪式。恒安国际集团有限公司捐赠资金500万元及价值500万元的物资。安踏体育用品有限公司捐赠资金500万元及价值500万元的物资。福建361°体育用品有限公司总裁丁伍号捐赠资金400万元及价值400万元的物资。福建柒牌集团有限公司捐赠资金300万元及价值300万元的物资。鸿星尔克集团有限公司捐赠资金300万元及价值300万元的物资。富贵鸟集团鞋业有限公司董事会捐赠500万元。南益集团（福建）有限公司捐赠500万元。中绿食品集团有限公司捐赠500万元。新华都集团股份有限公司董事长陈发树捐赠500万元。七匹狼股份有限公司捐赠200万元及价值300万元的物资。泉州南安市商会捐赠2000万元，南安商会会长、三叶集团有限公司董事长叶维新捐赠1000万元。

5月19—20日，从晋江启运发往地震灾区各类捐赠物资价值2000万元。香港华光功德会捐赠价值442万元的毛（绒）衣3000件。福建保德箱包皮具有限公司捐赠价值300万元的书包2万个。才子服饰股份有限公司捐赠价值200万元的服装2.4万件。英博雪津啤酒有限公司员工捐赠160万元。福建新威电子工业有限公司捐赠资金110万元和价值40万元的物资。郭氏集团投资有限公司捐赠资金22万元和价值128万元的物资。协丰鞋业有限公司捐赠资金和物资折价123万元。福建众和股份有限公司捐赠价值127.7万元的服装2万件。华港农牧集团捐赠101万元。中通恒基集团捐赠101万元，并组织全体员工义务献血。三棵树涂料股份有限公司捐赠资金50万元和价值50万元的物资。涵江区260多家规模企业捐赠资金和物资折价共计500余万元。漳州灿坤实业有限公司捐赠100万元。新格金属有限公司捐赠52.6万元。正兴车轮有限公司捐赠120万元。福建同发食品集团有限公司捐赠价值138万元的即食蔬菜、水果罐头124吨。百创药业生物制药有限公司在捐赠创伤药4000瓶给消防官兵后，再次捐赠价值1000万元的创伤药。福建省信息产业厅7个行业会员企业，捐赠资金和物资折价共计3000万元，组织福州卓异电子有限公司捐赠卫星电缆接收机5000台。省国资委系统及所属国有企业干部职工共捐赠人民币3744.58万元、5168美元、149万中非法郎（其中单位捐赠2518.26万元），捐赠物资折价194.57万元。

五　社会民众捐赠活动

汶川地震灾情牵动着普通民众的心。5月12日，厦门日报社读者呼叫中心968820开通“关爱专线”，接受社会捐款。当日晚，70岁的石狮市市民邱志强因惦记灾区一夜未睡。13日凌晨，他把老伴、儿子召集到一起商量捐款一事，当日就筹集105760元捐出。

5月13日，2008年北京奥运会火炬接力在龙岩市传递。在奥运圣火交接和庆典仪式上，火炬手们向全国火炬手发出了“支援灾区捐款献爱心倡议书”。同日上午，厦门日报社将接受的第一笔社会捐款15万元汇往灾区，福建省警察学院全体学员通过有关渠道捐款14.92万元，福州市民梁彪赶到福建省慈善总会捐款5000元。福建林业职业技术学院市郊教学林场职工陈阿兰，年近八旬，先后两次从仅存的7万元养老金中拿出5万元捐赠给灾区。屏南县医院退休护士包著琼将仅有的2万元积蓄悉数捐赠灾区。长泰县77岁农村老人薛期贵搭乘班车奔波30多公里到县城汇款1万元捐助灾区。在南平市延平区募捐现场，一位买菜的老大妈将5000元积蓄匿名捐出。生活在光泽县社会福利院的90岁老人郑思玲，在管理员的陪同下拄着拐杖走了两里多路到县民政局捐出积攒20年的1000元。

第三节 捐赠资金拨付与捐赠物资调运

一 资金拨付

截至9月28日，福建省募集救灾资金181952.95万元，包括财政性资金23427.67万元、社会各界捐赠资金139392.03万元、“特殊党费”19133.25万元（含党外人士捐款和利息139.68万元）；共计使用38961.61万元，其中上划中央级单位22934.56万元，拨往灾区13106.32万元，本级使用2920.73元；结存142991.34万元，包括财政性资金15591.42万元、社会各界捐赠资金127399.92万元，结余资金转入省财政厅专户，列入对口支援专项管理。

二 物资调运

经福建省审计厅审计，截至9月28日，福建省筹集汶川地震救灾物资折价共计27049.29万元，调拨灾区物资折价26560.85万元，结余物资折价488.44万元。

截至9月28日，福建省红十字会共分13批次向灾区紧急调运物资。

5月14日，调拨价值100万元的救护车10辆，由汽车运往四川灾区。

5月15日，调拨价值200万元的运动服装，空运往成都。

5月16日，分两批次调拨价值300万元的鞋、价值300.45万元的药品，经铁路运往四川省红十字会。

5月17日，调拨价值200万元的鞋、服装458箱，经铁路运往四川省红十字会。

5月18日，调拨捐赠价值24万元的矿泉水、方便面等物资，经铁路运往四川省红十字会。

5月19日，调运20辆大卡车装载价值1300万元的衣服、药品、帐篷、手电筒、防水衣、各类食品等物资，组成援助地震灾区爱心车队运往四川省红十字会。

5月20日，调拨价值27万元的帐篷、雨衣、防潮垫、熊胆胶囊、利胆片等，由火车运往梓潼县红十字会。

5月21日，调拨价值20万元的帐篷，由火车运往成都市红十字会。

5月22日，调拨价值415.75万元的卫生巾、成人纸尿裤等，由火车直接运往绵阳、德阳。调拨价值618.2万元的棉被、衣服、药品、食品、饮料及各种生活用品等救灾物资，装两节火车厢，经铁路运往彭州。

5 月 23 日，调拨价值 4 万元纸尿片、成人护理垫等，由火车直接运往四川省肿瘤医院。

6 月 15 日，调拨价值 100 万元的浓香型铁观音茶叶 5 吨，由汽车运往四川省红十字会。

福建省民政厅分 3 批次向地震灾区紧急调运物资：

5 月 19 日零时 30 分，福建省民政厅调拨棉被 2 万床、衣物 2 万件，从铁路运往安康。14 时 30 分，民政厅调拨棉被 2 万床、衣物 2 万件，从铁路发往宝鸡。

5 月21 日，福建省民政厅调运棉被 2 万床、衣物 2 万件，从铁路分别发往汉中、渭南、商洛。

5 月 23 日 9 时 30 分，根据民政部《关于对口支援四川特大地震灾区的紧急通知》，福建省民政厅在全省民政系统筹集第一批对口支援物资 6000 顶帐篷，由福州发往理县。

第十四章　江西省赈灾活动

第一节　组织领导

一　组织机构

江西省支援灾区共建家园领导小组　汶川地震发生后，江西省委、省政府连夜召开紧急会议，研究部署支援四川地震灾区工作。省委主要负责人要求全省人民迅速行动起来，支援灾区抗震救灾，号召广大干部群众积极向灾区捐款捐物，以实际行动帮助灾区重建家园。5 月 20 日下午，省长吴新雄主持召开江西省支援灾区、共建家园紧急动员大会，成立江西省支援灾区共建家园领导小组，吴新雄任组长，省委常委、副省长陈达恒任常务副组长，省委常委、常务副省长凌成兴，副省长洪礼和、史文清，省长助理胡幼桃任副组长，省政府办公厅、省建设厅、省财政厅、省民政厅等有关部门负责人为成员。领导小组下设办公室，办公室设在省政府办公厅，办公室设综合协调组、重建规划组、资金保障组、项目审计组、资金物资监督检查组。领导小组负责全省的抗震救灾工作。全省 11 个设区市也成立了相应的领导机构，由各市市长负总责。

江西省民政厅支援灾区共建家园领导小组　5 月 12 日，江西省民政厅成立抗震救灾捐赠工作领导小组，全面担负起全省抗震救灾捐赠职责。6 月 2 日，省民政厅成立支援灾区共建家园领导小组，厅长徐毅任组长，副厅长钟起茂任副组长；领导小组下设办公室，办公室设在厅救灾处，救灾处处长任主任，厅办公室副主任任副主任。办公室下分设综合协调组、重建规划组、资金保障组、项目审计组、资金物资监督检查组。领导小组负责全省民政系统支援灾区重建家园工作。

二　组织发动

5月12日，江西省委、省政府连夜召开紧急会议，研究部署全省抗震救灾工作。当日晚，省红十字会启动突发公共事件应急预案，实行24小时值班，确保救灾信息畅通。13日，省政府召开全省抗震救灾工作会议。会议要求，全省广大干部群众要坚决贯彻落实中共中央、国务院有关抗震救灾工作的全面部署，积极向灾区捐款捐物，奉献爱心；要组织医疗等救灾队伍赴灾区开展抗震救灾工作；要紧急组织一批灾区急需的食品、药品、医疗器械等救灾物资尽快运往灾区；各级党政机关要认真组织社会各界群众开展救灾捐赠活动，全力以赴支援四川灾区抗震救灾。

5月14日，江西省民政厅紧急召开党组会议，研究抗震救灾具体措施并启动紧急救灾预案，决定省救灾捐赠接收办公室具体指导全省开展救灾捐赠接收工作，尽快开通捐赠电话，组织赈灾募捐，举办赈灾义演，向灾区调运救灾物资。省慈善总会立即联合大江网，发布募捐倡议书，公布捐赠方式、捐赠账号和捐赠电话。省内各大电视台、广播电台、报刊公布和刊登捐赠账号及捐赠热线，省慈善总会将工作人员分成3班，24小时接听捐赠电话。同日，省委办公厅、省政府办公厅下发《关于做好四川地震抗震救灾有关工作的通知》，省民政厅转发民政部的通知。15日，省民政厅发出倡议书，号召全省社会组织踊跃开展社会捐赠活动，支援灾区重建。

5月15日，江西省委常委会议召开，部署全省支援四川地震灾区抗震救灾工作。九江、南昌、上饶、景德镇、鹰潭、抚州、新余、宜春、萍乡、吉安、赣州等11个设区市也分别召开会议，部署本市的社会赈灾捐赠，支援四川灾区抗震救灾工作。17日上午，省委主要负责人了解共青团组织前一阶段支援抗震救灾工作情况，并指示团省委迅速派遣青年志愿者服务队奔赴四川灾区抗震救灾。

5月19日，江西省召开全省支援地震灾区协调工作小组会议，研究部署省委、省政府援助四川灾区救灾物资运输专列的开行准备和开展支援灾区恢复重建等工作。同日，省委办公厅、省政府办公厅下发通知，明确全省各级慈善会、红十字会是开展救灾募捐活动的主体，具体负责捐赠款物的接收、管理和使用，其他任何部门、单位和团体不得擅自单独开展募捐活动。通知要求全省各地接收的捐赠资金必须实行归口管理，统一汇入省慈善总会账户或省红十字会账户。

5月20日，江西省召开支援灾区、共建家园动员大会，吴新雄部署全省支援灾区工作，要求在3个月内完成好建设4万套临时过渡性安置房的任务。25日下午，吴新雄主持召开省支援灾区共建家园领导小组第三次会议。会议决定由省财政厅统一管理民政、慈善总会、红十字会等单位募捐资金；财政厅要会同民政厅、红十字会、慈善总会对资金建账立卡，严格管理，跟踪审计，确保资金不挪作他用；活动板房建设任务由省里统一组织，11个设区市只负责提供资金，由省政府统一部署，组织资金的拨付、调度、材料的运输、安装等工作。

5月30日，江西省政府办公厅下发紧急通知，明确规定各级慈善总会、红十字会是开展救灾募捐活动的主体。各市、县政府要督促各部门、各单位将所有捐款及时汇入当地慈善会和红十字会。各市、县级慈善会、红十字会要将接收到的捐赠款物逐级上缴汇入省慈善总会和省红十字会，由省慈善总会和省红十字会汇入省财政厅支援四川地震灾区财政专户，按省政府部署，统一用于对口援建四川灾区。

6月30日，江西省民政厅、财政厅、红十字会联合下发通知，要求各市、县慈善会和红十字会严格加强对捐赠款物的管理。对接收的捐赠款物，要落实专人负责、逐项清点、登记造册，做好捐赠款物的收集、整理工作，并定期将捐款的接收情况向社会公布，自觉接受社会监督、舆论监督和群众监督。

10月17日，江西省民政厅会同省委宣传部、省交通厅、南昌铁路局和省军区下发《关于切实做好2008年“送温暖、献爱心”——向汶川地震灾区捐赠衣被活动的通知》，按照对口支援任务计划，将任务分解到11个设区市，分别组织御寒衣被的筹集发送工作。九江市在两天内共捐赠价值85万元全新棉被3800床、棉衣4700件。上饶市捐赠价值76.78万元的棉被5600床、衣裤7400件。截至10月中旬，江西省共调拨新棉被10万床、新棉衣10万件，并于10月20日前全部发送小金县。

第二节　捐赠活动

一　党政机关及直属单位捐赠活动

江西省委、省政府于5月12日向四川灾区捐助500万元；15日，江西省首批价值1321万元的救灾物资由专列运往四川。在汶川地震抗震救灾捐赠活动中，江西省委、省人大常委会、省政府、省政协领导和机关干部职工带头捐赠资金130万元（参见图139）；省直部门和单位积极响应省委、省政府号召，踊跃捐赠款物。全省公安系统捐赠300万元，教育系统捐赠8720万元，交通厅机关捐赠101.33万元，省广播电视局捐赠100万元，省农村信用社捐赠300万元。省经贸委、省民政厅、省药监局、省水利厅、省通讯管理局、南昌市政府通力协作，捐赠总价值2221万元的汽车40辆、发电机198台、帐篷700顶、冲锋舟50艘

图139　5月22日，江西省省长吴新雄在江西省举办的“为了我们的兄弟姐妹”大型赈灾义演晚会现场带头向汶川地震灾区捐款

（江西省民政厅　提供）

及药品、医疗器材等救灾物资。截至10月14日，省直机关单位捐赠11535.6万元。

江西省委组织部组织收缴“特殊党费” 5月18日，中组部下发《关于做好部分党员交纳“特殊党费”用于支援抗震救灾工作的通知》。20日，江西省委常委、组织部部长弘强主持召开有省委、省人大常委会、省政府、省政协和省委组织部、省委宣传部、省直机关工委有关人员参加的会议，专题部署全省党员交纳抗震救灾“特殊党费”工作。21日上午，省委机关党员共交纳“特殊党费”285万元；下午，省政府办公厅开展交纳“特殊党费”支援灾区活动，党员交纳“特殊党费”40余万元。23日，省民政厅机关和下属单位党员交纳“特殊党费”37.15万元。泰和县95岁高龄的老红军、原西路军妇女独立团团长王泉媛，坐着轮椅到现场交纳“特殊党费”2000元。景德镇市下岗职工党员汪松华，交纳“特殊党费”1000元。高安市离休党员干部王宝祥得知地震灾情后，马上召开家庭会议，带领全家祖孙三代10名党员交纳“特殊党费”2万元。万安县在外务工的212名流动党员采取多种方式，向党组织交纳“特殊党费”2.9万元。截至9月8日，江西省85.8万名党员自愿交纳“特殊党费”25453.42万元。

江西省委宣传部组织募捐活动 江西省委宣传部部署全省宣传文化系统单位和演职人员，参加义演、义卖等多种形式的募捐活动，支援灾区。5月15日，新余市民政局、新余交通广播电台等单位共同举办“众志成城、抗震救灾、我们在一起——交通广播赈灾活动”，共接收捐赠资金99013元。14—16日，北京奥运会圣火在井冈山传递，省红十字会主动联合奥组委和当地政府开展募捐活动，现场募集资金和物资折价1600余万元。16日晚，上饶市委宣传部、市民政局、市电视台等单位共同举办“万众一心抗震赈灾”募捐公益晚会，现场募集资金和物资折价300余万元。22日，省委宣传部、省民政厅、省文化厅、省广播电视局、省电视台、省慈善总会、省红十字会联合举办“为了我们的兄弟姐妹——江西省支援抗震救灾重建家园大型募捐活动”，吴新雄到场讲话并带头捐款，现场募集资金和物资折价5.45亿元，其中募集物资折价9672万元。23日晚，都昌县委宣传部、县文化广播电视局、县慈善会、县红十字会举办“情满人间、共建家园”赈灾义演活动，现场募集资金370万余元。当晚，上饶市委宣传部、上饶军分区政治部、市民政局、市红十字会联合举办“伸出双手心系震区”赈灾募捐文艺晚会，现场募集捐赠资金和物资折价2129.7万元。24日，九江市委宣传部举办“支援灾区、共建家园”赈灾晚会，187家单位和个人捐赠3318.7万元。25日，新余市委宣传部、市总工会、团市委、市妇联、市文联、市文化局、市广电局、市慈善总会联合举办“爱的奉献——大型赈灾文艺演出”，现场募集120余万元。27日晚，南昌市民政局与市委宣传部、市委统战部、市文化局、市广电局等单位联合举行“倾注我们的情、奉献我们的爱”南昌市支援“5·12”地震灾区共建家园大型募捐活动，募集资金和物资折价共计5795万余元。

5月17日晚，抚州市举办“爱心无限”义卖赈灾慈善晚会，共募集资金5.96万元。5月22日、6月22日，市委宣传部、市红十字会、市书法（美术）家协会、市个私经济协会联合主办“书画名家赈灾义卖”活动，现场拍卖作品共募集资金22万元。5月28日下午，抚州华艺服装有限公司举办“抗震救灾、奉献爱心”活动，现场募集资金4.98万元，捐赠服装价8万元。31日，九江市庐山云雾茶产区碧绿茶场、北山茶场等16家产业企业开展赈灾义卖活动，现场捐赠资金2.15万元。

江西省卫生厅组织义务献血活动 5 月 14 日，江西省卫生厅、共青团江西省委、省青少年志愿者协会和省血液中心，号召义务献血，志愿者纷纷参加。至 18 日，报名参加的青年志愿者突破 3 万人，无偿献血 600 万毫升。

二 各市捐赠活动

江西省各设区市党委、政府贯彻执行省委、省政府抗震救灾捐赠的工作部署，充分发挥机关单位捐赠的榜样作用、企业捐赠的示范作用，为抗震救灾募集了大量款物。（参见图 140）截至 10 月 14 日，江西省各设区市接收捐赠资金和物资折价共计 43747.76 万元，其中资金 38069.32 万元、物资折价 5678.44 万元（见表 40）。

图 140 5 月 15 日，九江市委、市政府党政机关和企事业单位等向四川地震灾区踊跃捐款捐物

（江西省民政厅 提供）

江西省各设区市接收汶川地震抗震救灾捐赠资金物资情况统计表

表 40　（截至 10 月 14 日）　单位：万元

单　位	资金额	物资折价	小　计
南昌市	7945.69	3266.00	11211.69
景德镇市	1651.94	91.00	1742.94
萍乡市	1900.00	—	1900.00
九江市	6118.61	1143.17	7261.78
新余市	1865.73	93.47	1959.20
鹰潭市	1033.70	—	1033.70
赣州市	5924.20	—	5924.20
宜春市	5123.70	—	5123.70
上饶市	1895.05	704.80	2599.85
吉安市	3350.70	380.00	3730.70
抚州市	1260.00	—	1260.00
合　计	38069.32	5678.44	43747.76

说明：表中数据由江西省各市民政部门提供

三　人民团体、社会组织捐赠活动

江西省人民团体捐赠活动　江西省工会响应全国总工会开展抗震救灾捐赠的号召，组织开展救灾募捐活动，募集资金和物资折价 2344.69 万元。其中，会员募集资金和物资折价 343.87 万元，社会各界募集资金和物资折价 1980.19 万元，工会经费捐赠 20.63 万元。

共青团省委开展支援四川地震灾区紧急募捐活动，团省委机关 110 人共交纳“特殊党费”1.3 万元。全省团员青年募集资金和物资折价 5100 余万元，其中团省委募集资金 330 万元、书籍 3.5 万册，省属高校学生捐赠资金 14.21 万元、物资 28713 件。

江西省妇联响应全国妇联的号召，广泛开展抗震救灾捐赠活动。省妇联系统募集捐赠资金和物资折价 2915 万元。

江西省社会组织捐赠活动　江西省红十字会募集资金和物资折价 20700 万元，其中资金 17200 万元、物资折价 3500 万元。省慈善总会募集资金和物资折价共计 59200 万元，其中资金 54400 万元、物资折价 4800 万元。省青基会募集资金和物资折价共计 155.4 万元。

江西省宗教界捐赠活动　江西省宗教界积极开展募捐活动，踊跃向灾区捐款捐物。5 月 18 日，庐山铁佛寺住持释妙乐大师捐赠资金 100 万元及价值 50 万余元的物资（见图 141）。

图 141　庐山铁佛寺住持释妙乐向小金县教育局捐款 100 万元，捐赠物资折价 50 万余元
（江西省民政厅　提供）

四　企业捐赠活动

江西省各类企业积极捐赠款物。5 月 13 日，仁和药业捐赠价值 300 万元药品并运抵四川地震灾区。14 日，江铃汽车集团捐赠价值 936 万元的救护车 40 辆，汇仁集团捐赠价值 400 万元的药品，南昌立健药业公司捐赠资金和物资折价 112.88 万元，江西民生集团捐赠 155 万元，信华集团捐赠 116 万元，联盛股份有限公司捐赠 50 万元，新光集团捐赠 50 万元，浙江太康药业集团新余公司捐赠价值 57.95 万元的药品，沃得集团捐赠价值 400 万元的装载机 20 台，中绿集团奉新公司捐赠价值 60 万元的玉米方便面。江西剂民可信集团有限公司捐赠 1700 万元，江西江中制药（集团）有限责任公司捐赠 1000 万元，新余钢铁有限责任公司捐赠 1000 万元，洪都集团捐赠 500 万元，江西中烟工业公司捐赠 500 万元，江西省电力公司捐赠 500 万元，江西锡业集团有限公司捐赠 500 万元，萍乡钢铁有限公司捐赠 500 万元，江铃汽车股份有限公司全体员工捐赠 50 万元，江西煤炭集团公司捐赠 460 万元，国盛证券有限公司捐赠 350 万元，昌河集团捐赠 300 万元，江西恒茂房地产开发有限公司捐赠 300 万元，江西省建材集团公司捐赠 300 万元，江西特康科技有限公司捐赠 212.64 万元，江西省冶金集团公司捐赠 207.37 万元，江西国际信托投资股份有限公司捐赠 200 万元，中国移动江西有限公司捐赠 200 万元，南昌钢铁有限责任公司捐赠 200 万元。

五　社会民众捐赠活动

江西省各界踊跃捐款，支援地震灾区。

5 月 13 日 8 时，抚州市政协退休干部崔宽到市慈善总会捐款 4000 元。临川酒业董事长杨灿龙个人捐赠 10 万元。奥华混凝土有限公司董事长唐江奇个人捐赠 6 万元。九江市军队干休所一所离退休老同志到市慈善总会秘书处捐赠 1.05 万元。张超纲以企业名义捐赠 10 万元后，又代其子女捐赠 20 万元，共捐赠 30 万元，为九江个人捐款最多者。16 日，一位坐在轮椅上的残疾老人赶到捐赠现场为汶川地震灾区捐款（图 142）。

图 142　5 月 16 日，江西省一位残疾老人坐着轮椅到捐赠现场为汶川地震灾区捐款
（江西省民政厅　提供）

上饶师范学院学生张涛将获得的奖学金 8000 元捐赠灾区。5 月 19 日，宜春市农资公司下岗再就业女工章丽霞捐出一个月收入 800 元；袁州区 95 岁的市民宋庆福行走不便，委托女儿捐款 400 元。万载县保洁女工、残疾人鲍小兰捐款 1000 元。樟树市一位瘫痪在床的烈属郭志明捐款 2000 元。靖安县一位卖茶叶蛋的 80 余岁老太太捐款 300 元不留名。宜春市烟草专卖局温娓媛捐款 1000 元，捐赠新运动裤 600 条。21 日，江西赛维 LDK 太阳能高科技有限公司董事长彭小峰个人捐赠 150 万元。同日，萍乡市戒毒所的 128 名学员从电视上得知汶川地震后，将从事养猪、养鸡、种菜、做工等劳动所得 1 万余元捐赠灾区。萍乡市湘东区麻山镇刘胜强专程到四川灾区捐赠 3 万元。上栗县上栗镇柳本明等 10 余名群众自发组织向汶川灾区捐赠价值 10 万元的食品及衣被。

第三节　捐赠资金拨付与捐赠物资调运

一　资金拨付

截至 10 月 14 日，江西省接收社会各界捐赠资金共计 126575.48 万元，其中财政性资金 22181.38 万元、社会各界捐赠资金 78940.68 万元、“特殊党费” 25453.42 万元；上划中央有关部门 25666.6 万元（含 “特殊党费”25453.42 万元），拨往灾区 65992.92 万元，本级使用 1691.7 万元；结存 33224.26 万元，结余资金转入财政账户，列为对口支援专项资金。

二　物资调运

截至 10 月 14 日，江西省接收抗震救灾捐赠物资折价共计 11303.45 万元，调拨灾区物资折价 11303.45 万元，捐赠物资无结余。

5 月 14 日 14 时 30 分，江西省民政厅调拨价值 140 万元的一车皮食品和一车皮新棉被，经铁路发往四川灾区。同日，东航紧急调配 3 架飞机，运输 403 人、行李 168 件、救援物资 7565 公斤至四川灾区。

5 月 15 日晚，江西省支援灾区重建家园领导小组紧急调拨价值 2221 万元的救护车 40 辆、发电机 198 台、帐篷 700 顶、冲锋舟 50 艘、药品和医疗器材等物资，经铁路和航空运往四川灾区。

5 月 17 日，赣州市政府调拨救灾物资 32 个车厢（皮），经铁路运往四川灾区。

5 月 18 日 18 时 23 分，江西省救灾领导小组调运省军区 14 箱防毒面具，经江西民航空运四川地震灾区。

5 月 26 日，江西省救灾领导小组调运价值 622 万余元的棉被 1 万床、帐篷 500 顶、食品和药品一车皮，经铁路运往小金县。抚州市慈善总会调拨棉被 8000 床和衣服 8000 件，经铁路发往商洛灾区。省民政厅根据民政部《关于请有关省级民政部门向灾区提供物资的通知》的精神，调拨棉被 18810 床，由汽车运往四川灾区。

第十五章　山东省赈灾活动

第一节　组织领导

一　组织机构

5 月 13 日，山东省委、省政府成立山东省支援四川地震灾区抗震救灾工作协调领导小组，明确省委副书记、省长姜大明任组长。省公安厅、省政府办公厅、省委宣传部、省武警总队、省发展改革委、省经贸委、省民政厅、省财政厅、省交通厅、省卫生厅、省食品药品监督管理局、省地震局、省红十字会、济南铁路局、山东电力集团公司、山东机场有限公司、山东航空集团有限公司等单位负责人为成员。协调领导小组下设办公室，办公室设在省民政厅，由省民政厅厅长张国琛兼任办公室主任。办公室下设物资救灾、医疗防疫救援、捐赠、综合 4 个小组，之后又增设后勤保障组、灾后重建规划组。各市也相继成立组织领导机构，全面负责当地支援四川地震灾区抗震救灾工作。

二　组织发动

地震发生后，山东省委书记姜异康和省长姜大明迅速作出批示，要求全力支援抗震救灾工作。当晚，山东省委、省政府给四川省委、省政府发出慰问电，同时要求省民政厅部署救灾物资应急准备工作。13 日上午，民政厅党组召开紧急会议，研究部署支援地震灾区工作；民政厅公布省救灾捐赠办公室账号。

5 月 13 日 8 时 30 分，山东省委召开常委会议，通报四川地震灾情，研究部署紧急支援四川地震灾区工作。会议要求，财政部门准备好抗震救灾专项资金，民政、慈善、红十字会等部门做好物资的应急准备，交通、铁路、航空等部门确保救灾物资快速转运，各级、各部门要以最快的速度开展支援地震灾区抗震救灾各项工作。同日，省委办公厅、省政府办公厅下发《关于全力以赴支援四川等灾区抗震救灾工作的通知》，要求全省各级党委、政府和各有关部门全力做好抗震救灾各项工作，保证要人有人、要钱有钱、要物有物，做到一切为了灾区、一切为了抗震救灾；抗震救灾的捐款要以省为单位，由民政部门统一管理，有序进行。

5 月 14 日，山东省政府办公厅下发《关于做好向地震灾区捐款工作的通知》，要求向地震灾区捐助活动以捐款为主，明确各地、各单位捐款由省救灾捐赠办公室（设在省民政厅）统一接收、汇总；号召全省各界迅速行动起来，向灾区人民奉献爱心，踊跃捐款捐物。省民政厅、省慈善总会、省红十字会立即在电视、报纸、网络等媒体上公布了接收捐赠账户和账号，全面部署救灾捐赠工作。

5 月 19 日，姜异康到山东省民政厅捐赠办公室、省慈善总会、省支援四川地震灾区抗震救灾工作协调领导小组办公室，慰问工作人员，勉励大家再接再厉、尽职尽责、努力工作（见图 143）。省委、省政府召开紧急会议，研究对口支援绵阳灾区工作，决定派出工作组，由省政府一名副秘书长带队，奔赴四川地震灾区前线。同日，省支援四川抗震救灾协调领导小组办公室下发《关于支援四川地震灾区抗震救灾有关捐赠物资和救援人员调运工作的通知》，对协调、组织捐赠物资和救援人员调运工作作出具体规定。

5 月 22 日，山东省纪委、省监察厅、省民政厅、省财政厅、省审计厅下发《关于加强对抗震

图 143　5 月 19 日，山东省委书记姜异康（右二）到山东省民政厅检查指导救灾捐赠工作
（山东省民政厅　提供）

救灾捐赠资金物资监管的通知》，对建立健全支援灾区抗震救灾捐赠资金和物资管理的规章制度、提高救灾捐赠款物管理使用效益和公开透明度、强化对救灾捐赠款物的跟踪审计监督、加强救灾款物管理使用情况的纪律检查等提出了明确要求。

5月26日，山东省政府召开常务会议，研究对口援建北川羌族自治县工作，强调要抓好救灾物资的筹备，按照“宜篷则篷、宜房则房”的原则，做好帐篷和活动板房的生产、运输和安装；调集全省最好的医疗资源，全力做好伤员接治工作，安排好伤员及其家属的生活；加强对救灾捐赠资金和物资的监管，保证救灾捐赠款物全部用于解决受灾群众日常生活、恢复生产和重建家园。

5月28日，姜大明主持召开山东省支援四川地震灾区抗震救灾工作协调领导小组会议，强调协调领导小组要树立一切为了灾区、一切为了前线、一切为了夺取抗震救灾全面胜利的观念，发扬连续奋战、不怕疲劳的精神，更加有力有序有效地开展工作。

7月4日，山东省政府办公厅下发《关于全省抗震救灾捐赠款物管理使用的指导意见》，对捐赠款物管理使用的基本原则、捐赠款物接收管理的规范、合理有效使用捐赠款物、完善统计和信息公开制度以及建立部门协调的监督检查机制等作出明确规定。

9月28日，经山东省政府同意，省民政厅、省监察厅、省财政厅、省审计厅联合下发《关于进一步规范抗震救灾捐赠资金物资管理使用的意见》，明确要求将所有非定向抗震救灾捐赠资金纳入财政专户管理，捐赠款物全部统筹用于支援北川恢复重建；定向捐赠款物要在尊重捐赠人意愿的基础上尽可能用于援建北川；各级机关、事业单位和人民团体以抗震救灾名义开展的募捐活动接收的全部款物要在10月底前移交民政部门，资金直接缴入同级财政专户。

10月20日，山东省委、省人大常委会、省政府、省政协、省纪委等省级领导机关举行为地震灾区捐赠棉衣被活动。省和各市都下发了“为地震灾区捐赠棉衣被活动”的通知，省民政厅和各级民政部门把捐赠衣被的接收、管理工作列入工作重点，与宣传、工商、质检、物价等部门密切协作，加大质量验收力度。截至11月21日，山东省共接收捐赠棉衣48.72万件、棉被31.88万床、毛衣毛毯等衣物139.6万件，分别调运至四川、甘肃、贵州等地震灾区。

第二节　捐赠活动

为支援四川地震灾区抗震救灾，山东省社会各界和广大人民群众踊跃参与社会捐赠，积极奉献爱心。截至9月30日，山东省累计接收捐赠款物416985.36万元，其中社会捐赠资金307552.35万元、物资折价37795.56万元、“特殊党费”71637.45万元；在所接收的款物中，省本级单位机构接收捐赠款物64856.06万元，包含资金49846.41万元、物资折价4157.28万元、“特殊党费”10852.37万元。

一　党政机关及直属单位捐赠活动

山东省委、省政府分别于5月12日、13日和19日，向四川灾区捐助300万元、300万元和1000万元。在汶川地震抗震救灾捐赠活动中，山东省委、省人大常委会、省政府、省政协、省纪委等领导和机关干部职工带头捐赠款物；省属各部门单位积极响应省委、省政府号召，踊跃捐赠款物，支援地震灾区。截至9月30日，省直机关143个部门和单位共捐赠1863.1万元。

山东省委组织部组织收缴“特殊党费”　按照中组部部署，山东省委先后召开两次常委会议和两次专题会议，研究部署交纳“特殊党费”工作，明确要求各级党员领导干部率先垂范，迅速行动。5月19日，33名省级党员领导干部，各自自愿交纳一个月工资，共交纳“特殊党费”34.5万元。省委组织部先后多次下发通知，对交纳“特殊党费”有关具体问题作出规定，要求按照“自觉自愿、量力而行”的原则，尊重和鼓励党员自愿交纳“特殊党费”。省委组织部确定5人负责“特殊党费”的收缴管理工作。各级党委组织部门设立“特殊党费”专用账户，对交纳“特殊党费”的党员建立电子台账，并对交纳千元以上“特殊党费”的单独建账，及时通报各级党组织交纳“特殊党费”的情况。截至9月30日，山东省共有3662311名党员交纳“特殊党费”71637.45万元。

山东省委宣传部组织募捐活动　山东省委宣传部部署全省宣传文化系统单位和演职人员，积极参加义演义卖等活动，募集资金和物资支援灾区。5月15日晚，省委宣传部、省文化厅在山东剧院举办“万众一心、众志成城”赈灾义演，现场募集资金37万余元。17日晚，省慈善总会、山东电视台联合举办“万众一心、众志成城”慈善抗震救灾特别节目，山东大学、省卫生厅、省国土资源厅、曲阜师范大学附属中学和附属小学等20余家单位参加，现场募集资金4156万元。20—23日，省委宣传部、大众报业集团、省文化厅、省广电局、省新闻出版局、山东出版集团、省社科院、省社科联、省文联、省作协、中国孔子基金会、省记协和省慈善总会等13个单位联合山东电视台、《齐鲁晚报》《生活日报》、省有线电视中心举办“鲁川血脉情、帮灾区人民建个家”系列活动，共募集款项4.19亿元。这些活动包括：20日，省慈善总会与山东电视台联合发起“帮灾区人民建个家”活动，倡议社会各界爱心人士为数万无家可归的绵阳灾区受灾群众援建活动板房、帐篷，提出“2500元可为灾区人民捐一个棉帐篷、1500元可为灾区人民捐一个单帐篷、7000元可为灾区人民建一个20平方米的板房”。22日上午，省慈善总会、省国资委、山东电视台联合举办山东省国有企业“帮灾区人民建个家”捐助活动，收到34家国有企业捐款（物）1.65亿元。22日晚，省慈善总会与山东电视台公共频道联合举办“心相印、骨相连——山东绵阳一家人”抗震救灾大型直播活动。23日晚，省委宣传部等部门举办全省宣传文化系统大型赈灾义演募捐活动，义演活动现场募集资金2.64亿元，山东省文学艺术界、新闻出版界、社会科学界的艺术家、作家、主持人、知名专家代表100余人参加捐款，个人最高捐赠资金额达20万元；大众报业集团、山东广播电视总台、山东出版集团现场捐赠200万元，明天出版社向灾区孩子捐赠价值100万元的儿童读物20万册；全省191个文明单位、文明机关、文明社区共捐赠5915.76万元；全省国有企业、集体企业、民营企业以及外资企业和台资企业近300家主动捐款，捐赠100万元以上的企业有70家，捐赠300万～500万元的企业有11家，捐赠1000万元以上的企业有6家。

此外，山东省文化厅组织开展“爱心图书”捐助活动，帮助灾区建设爱心图书馆（室）。孔子文化基金会发起捐书助学活动，组织有关单位向灾区“帐篷学校”捐赠课外读物。省出版集团捐赠资金800万元和价值200万元的少儿图书。山东电视台捐赠140万元，山东省福利彩票发行中心捐赠200万元。

山东省委台湾事务办公室组织捐赠活动 5月13日，全省10个市台湾同胞投资企业协会和广大台商开展为地震灾区捐款捐物活动。全国台湾同胞投资企业联谊会副会长、济南市台湾同胞投资企业协会会长王克璋向驻鲁台商、台资企业发起为地震灾区捐款倡议，得到济南、烟台、潍坊、淄博等地台湾同胞投资企业协会的积极响应，纷纷发动当地台胞台商捐款。同日，青岛市台湾同胞投资企业协会向全体会员发出向灾区捐款的倡议书。全省广大台商和台资企业为汶川地震灾区捐赠资金和物资折价共计1768万元。

山东省侨务办公室组织捐赠活动 5月14日，山东省侨务办公室、省海外交流协会通过山东侨网、传真、电子邮件等向山东省籍海外侨胞、归侨侨眷以及驻鲁侨商发出倡议，呼吁山东省籍华侨华人、归侨侨眷以及驻鲁侨商积极参加“侨爱工程——抗震救灾温暖行动”捐赠款物，全省侨界、港澳同胞捐赠资金和物资折价8420.2万元。21日，韩国锦源石油化学株式会社社长朴赞求在日照捐赠5万元。PUPLO精工株式会社向省慈善总会捐赠50万日元；PUPLO山东有限公司向省红十字会捐赠10万元。22日，韩国GS加德士株式会社向省红十字会捐赠500万元。28—30日，韩国京畿道华城市市长崔永根在访问威海时捐赠3万美元；韩国济州特别自治道政府通过山东黄岛口岸转赠天然矿泉水103.68吨，日本山口县梅光学园和野田学园通过省友协转赠价值50万元的桌椅600套。5月29日至6月1日，日本妙香园株式会社共捐赠50万日元。日本山口县县厅职工自发向省慈善总会捐赠92.4万日元。6月5—8日，奥地利上奥州议会会员、州妇女联合会主席杨恩等向省慈善总会捐款1150欧元。11日，韩国京畿道河南市市长金晃植和河南市企业协会捐赠1.65万元。22日，荷兰卡尔迪克有限公司捐赠10万元，山东联科卡尔迪克白炭黑有限公司捐赠10万元。

二 各市捐赠活动

在救灾捐赠活动中，济南、青岛、淄博、枣庄、东营、烟台、潍坊、济宁、泰安、威海、日照、莱芜、临沂、德州、聊城、滨州、菏泽等市委、市政府广泛发动，动员机关、企事业单位和社会各界积极参与捐赠，奉献爱心。截至9月30日，各市共捐赠资金和物资折价共计352129.3万元，其中接收捐赠资金257705.94万元，接收“特殊党费”60785.08万元，接收捐赠物资折合33638.28万元（见表41）。

山东省各市接收汶川地震抗震救灾捐赠资金物资情况统计表

表 41　（截至 9 月 30 日）　单位：万元

单　位	捐赠款物合　计	捐赠资金					特殊党费	捐赠物资折款
		小　计	民政部门	红十字会	慈善总会	其他社会组织和基金会		
济南市	30184.75	20980.57	8844.99	3755.17	7776.61	603.80	5912.63	3291.55
青岛市	60906.83	45510.29	8902.68	24134.34	11940.71	532.56	9028.49	6368.05
淄博市	24439.55	18643.45	0.00	2330.56	15924.64	388.25	4266.16	1529.94
枣庄市	9872.91	7427.03	100.00	523.13	6467.72	336.18	2211.80	234.08
东营市	15485.80	12125.86	0.00	922.48	11036.72	166.66	2321.68	1038.26
烟台市	45071.72	36278.17	24982.25	1303.04	9814.47	178.41	6647.78	2145.77
潍坊市	33162.25	19947.91	45.32	1097.58	18572.50	232.51	8176.36	5037.98
济宁市	21399.99	17094.79	8069.13	1193.39	7832.27	0.00	2870.34	1434.86
泰安市	14755.46	9839.00	4964.00	194.00	4410.00	271.00	3623.46	1293.00
威海市	20648.71	16440.36	100.00	3128.44	13117.04	94.88	608.06	3600.29
日照市	9706.20	6872.96	2739.00	1630.04	2472.53	31.39	2402.99	430.25
莱芜市	5018.02	3360.91	99.15	525.06	2691.98	44.72	1148.34	508.77
临沂市	16899.30	11592.40	72.00	1590.68	9929.72	0.00	3662.56	1644.34
德州市	11887.31	8500.01	22.32	621.56	7780.81	75.32	1802.30	1585.00
聊城市	10494.39	6811.46	0.00	590.56	5906.34	314.56	2920.13	762.80
滨州市	13056.83	9734.49	8200.50	1408.19	0.00	125.80	1918.90	1403.44
菏泽市	9139.28	6546.28	264.01	328.94	5867.41	85.92	1263.10	1329.90
合　计	352129.30	257705.94	67405.35	45277.16	141541.47	3481.96	60785.08	33638.28

说明：各地直接捐赠灾区 1447.29 万元、通过中央单位转赠灾区 14335.55 万元，共计 15782.84 万元，不在此表统计范围之内

三　民主党派、工商联、人民团体、社会组织捐赠活动

山东省民主党派捐赠活动　山东省各民主党派响应山东省委、省政府的号召，开展救灾募捐活动，支援地震灾区。民革山东省各级组织和广大党员捐赠资金和物资折价 310.05 万元。民盟山东省各级组织和广大会员捐赠 524 万元。民建山东省各级组织和广大会员捐赠资金和物资折价

2931.3万余元，为灾区提供就业岗位600余个。民进山东省各级组织和广大会员捐赠404.06万元。农工党山东省各级组织和广大党员捐赠资金和物资折价332.6万元。致公党山东省各级组织和广大党员捐赠资金和物资折价465.17万元。九三学社山东省各级组织和广大会员捐赠资金和物资折价293.36万元。

山东省工商联捐赠活动 山东省工商联成立了“赈灾捐助·奉献爱心”活动领导小组，向全省非公有制经济人士发出了“向四川等地震灾区奉献爱心”的倡议。全省17个市、140个县（市、区）工商联分别召开了支援抗震救灾动员会，开展抗震救灾社会捐赠工作。全省广大民营企业家和工商联机关工作人员向地震灾区捐赠资金和物资折价共14.03亿元，其中资金8.7亿元、物资折价5.33亿元。

山东省人民团体捐赠活动 山东省工会系统开展救灾募捐活动，募集资金和物资折价1760万元。

山东省妇联组织动员各级妇联组织开展救灾捐赠活动，募集资金和物资折价201万元。11月，省妇联在省直机关和济南市组织“恒爱行动——为北川儿童编织毛衣”活动，共发放由恒源祥集团有限公司提供的爱心毛线1000公斤，回收编织爱心毛衣、围巾、手套1458件，接收捐赠毛衣、毛裤及棉衣9000件，于12月中旬全部发往北川。

山东省残疾人联合会同青岛市残联协助北京奥组委、中国残联等部门在青岛举办“走进残奥·共享激情·情系灾区·奉献关爱”大型公益演出，现场募集资金1200万元。

山东省社会组织捐赠活动 山东省各级慈善总会募集资金181101.73万元，其中省慈善总会募集39560.26万元。各级红十字会募集资金48220.53万元，其中省红十字会募集2943.37万元。

山东省文联与省美术家协会、省书法家协会，在省图书馆举办“山东省美术家、书法家大型赈灾义卖笔会”，共募集资金100余万元。

山东省各宗教团体，发扬宗教界“扶危济困”的传统美德，为灾区人民捐款捐物。全省宗教界共捐赠资金2046.94万元，其中佛教界捐赠187万元、道教界捐赠38万元、伊斯兰教界捐赠1030万元、天主教界捐赠59万元、基督教界捐赠732.94万元。

四　企业等捐赠活动

震后，山东省企业积极捐赠资金物资，支援地震灾区，发挥了企业在救灾捐赠中的主力军作用。

5月14日，山东省国资委下发《关于做好向四川等省地震灾区捐款工作的紧急通知》，紧急部署省管企业开展抗震救灾捐赠工作，要求各省管企业迅速行动，积极发动干部职工开展救灾捐赠活动。全省各类企业积极捐款捐物，28日，中国重汽集团举行向四川灾区捐赠抗震救灾车辆仪式（见图144），省委常委、常务副省长王仁元出席。截至9月30日，山东省捐赠资金100万元以上的企业等有270余家。（参见表42）

图 144　5 月 28 日，中国重汽集团举行向四川灾区捐赠抗震救灾车辆仪式

（山东省政府办公厅　提供）

山东捐赠汶川地震抗震救灾资金 100 万元以上企业等统计表

表 42　（截至 9 月 30 日）　单位：万元

捐款单位	金　额	捐款单位	金　额
山东省救灾办公室接收		淄博矿业集团有限责任公司	500.00
山东省农村信用社联合社	500.00	山东省商业集团	500.00
新汶矿业集团	500.00	济南圣泉集团股份有限公司	300.00
兖矿集团有限公司	496.00	山东京博控股发展有限公司	300.00
肥城矿业集团有限责任公司	300.00	山东魏桥创业集团有限公司	300.00
淄博矿业集团有限责任公司	262.00	南山集团公司	300.00
临沂矿业集团有限责任公司	200.00	山东亚太森博浆纸有限公司	300.00
龙口矿业集团有限公司	120.00	山东海化集团有限公司	200.00
山东省鲁信投资控股集团有限公司	100.00	烟台张裕葡萄酿酒股份有限公司	200.00
山东东山矿业有限责任公司	100.00	山东时风（集团）有限责任公司	200.00
山东黄金矿业股份有限公司	100.00	山东晨鸣纸业集团股份有限公司	200.00
山东黄金集团有限公司	100.00	山东省盐业总公司	200.00
齐鲁证券有限公司	100.00	龙口煤电有限公司	200.00
山东省慈善总会接收		山东山水水泥集团有限公司	200.00
日照钢铁控股集团有限公司	3000.00	莱芜钢铁集团有限公司	1800.00

续表 42

捐款单位	金　额	捐款单位	金　额
中国烟草总公司山东省公司	1400.00	山东省电力集团公司	200.00
济钢集团有限公司	1300.00	山东机场有限公司	200.00
华电国际电力股份有限公司	1176.00	中国移动山东有限公司	200.00
山东高速公路股份有限公司	1100.00	山东出版集团	200.00
潍柴控股集团有限公司	1000.00	山东拓能工程咨询有限公司	150.00
枣庄矿业（集团）有限责任公司	1000.00	中铁十四局集团有限公司	127.00
临沂江鑫钢铁有限公司	1000.00	日照港有限公司财务预算部	120.00
信发集团有限公司	1000.00	山东桑乐太阳能有限公司	101.00
兖州煤业股份有限公司	1000.00	山推工程机械股份有限公司	100.00
齐鲁证券有限公司	1000.00	中国工商银行山东省分行	100.00
山东黄金集团有限公司	1000.00	乐金电子部品（烟台）有限公司	100.00
山东中烟工业公司	1000.00	山东新北洋信息技术股份有限公司	100.00
山东省鲁信投资控股集团有限公司	1000.00	滨化集团股份有限公司	100.00
山东省国有资产投资控股有限公司	500.00	威高集团有限公司	100.00
海尔集团财务有限公司	500.00	山东渤海油脂工业有限公司	100.00
青岛港（集团）有限公司	500.00	山东东阿阿胶股份有限公司	100.00
临沂矿业集团有限责任公司	500.00	山东恒通化工股份有限公司	100.00
华电国际电力股份有限公司	500.00	山东石横特钢集团有限公司	100.00
华鲁控股集团有限公司	500.00	济南炼油厂工会职工技术服务部	100.00
山东省农村信用社联社	500.00	山东丛林集团有限公司	100.00
山东沂州能源股份有限公司	100.00	青岛汉缆股份有限公司	100.00
山东百年电力发展股份有限公司	100.00	**青岛市接收**	
山东东明石化集团有限公司	100.00	青岛港（集团）有限公司	2711.00
莱芜市商业银行	100.00	海尔集团	1700.00
济南轻骑铃木摩托车有限公司	100.00	青岛钢铁有限公司	1488.00
中国农业银行山东省分行	100.00	青岛啤酒股份有限公司	1100.00
中国建设银行山东省分行	100.00	太平洋恩利食品有限公司	1000.00
山东铝业公司	100.00	海信集团有限公司	600.00
新华人寿保险股份有限公司山东分公司	100.00	青岛双星集团有限责任公司	300.00
临沂金锣糖尿病康复医院有限公司	100.00	青岛即发集团控股有限公司	300.00
山东省红十字会接收		利群集团股份有限公司	201.60
中国银行山东分公司	100.00	青岛海湾集团	200.00
济南市接收		青岛交运集团公司	196.00
山东明水大化集团	360.00	济南圣泉集团股份有限公司	300.00
山东山水集团有限公司	347.37	田园山庄房地产开发公司	300.00
山东省经济开发投资公司	200.00	九阳股份有限公司	270.89

续表 42

捐款单位	金　额	捐款单位	金　额
济南烟草专卖局（公司）	206.06	青岛山海天置业集团公司	147.50
山东省商业集团（系统）	205.23	青岛丽可医疗器械有限公司	146.00
山东丰汇集团有限公司	160.00	青岛黄海制药有限公司	139.00
济南东方集团有限责任公司	154.50	青岛捷能汽轮机集团股份有限公司	133.13
中国重型汽车集团（系统）	154.07	青岛饮料集团有限公司	129.00
济南钢铁集团公司	150.00	中国人民解放军第 4808 工厂	120.00
济南辛甸实业公司	150.00	青岛三龙城市建设综合开发有限公司	120.00
章丘市东风集团	140.00	青岛大统纺织开发有限公司	115.38
济南庚辰钢铁有限公司	132.25	青岛永元体育用品有限公司	114.60
山东南丰房地产发展有限公司	131.44	青特集团股份有限公司	110.00
济南玫德铸造有限公司	120.00	青岛朗讯科技通讯设备有限公司	107.70
章丘日月化工有限公司	120.00	青岛纺织机械股份有限公司	103.88
济南轨道交通装备有限公司	106.95	青岛银盛泰房地产开发有限公司	100.00
济南长兴建设集团有限公司	106.00	青岛流亭国际机场	100.00
济南西周实业有限公司	105.00	青岛耐克森轮胎有限公司	100.00
山东中润置业有限公司	102.00	山东中烟青岛卷烟厂　颐中烟草集团公司	100.00
济南钢铁集团闽源钢铁有限公司	100.00	青岛渤海农业发展有限公司	100.00
山东省汇丰机械集团总公司	100.00	青岛六和集团有限公司	100.00
济南章丘电力有限公司	100.00	青岛电业房地产开发股份有限公司	100.00
济南发祥置业有限公司	100.00	山东海丰国际航运集团有限公司	100.00
济南鲁新新型建材有限公司	100.00	春雨集团	109.00
南益地产集团有限公司	100.00	玲珑集团	108.00
山东港基建设集团	100.00	烟台东方不锈钢工业有限公司	105.00
山东平安建设集团	100.00	烟台万华集团	102.40
华电青岛发电有限公司	100.00	恒丰银行	102.27
南车青岛四方机车车辆股份有限公司	100.00	天健投资担保有限公司	102.00
山东金岭铁矿	100.00	喜旺食品有限公司	100.00
淄博市接收		烟台鲁宝钢管有限公司	100.00
南金兆集团有限公司	297.83	青岛凯悦置业集团有限公司	100.00
淄博鲁泰纺织股份有限公司	200.00	微尘爱心市民群体	100.00
山东中轩生物有限公司	150.00	青岛企业股权登记托管中心	100.00
山东博汇纸业股份有限公司	150.00	青岛天泰股份有限公司	100.00
山东淄博傅山企业集团有限公司	150.00	蓬莱市黄金总公司	100.00
青岛澳柯玛股份有限公司	190.12	山东北金集团	131.68
山东省房地产开发集团青岛公司	150.80	淄博齐翔石油化工集团有限公司	125.96
青岛第一百盛有限公司	150.00	山东汇丰石化有限公司	105.28

续表 42

捐款单位	金　额	捐款单位	金　额
淄博矿业集团有限责任公司	100.00	潍坊市接收	
淄博市华联矿业有限公司	100.00	潍柴控股集团有限公司	264.00
齐鲁石油化工公司	100.00	孚日集团	215.00
山东中润集团淄博置业有限公司	100.00	山东海化集团有限公司	200.00
枣庄市接收		歌尔声学股份有限公司	200.00
枣庄矿业集团有限公司	500.00	诸城市桑莎集团	200.00
华电国际十里泉发电厂	120.00	山东高密银鹰化纤有限公司	132.00
滕州辰龙能源集团	108.00	潍坊高新区沃华医药科技有限公司	120.00
枣庄烟草公司	100.00	青州市尧王制药有限公司	100.80
东营市接收		山东潍坊烟草有限公司	100.00
华泰集团	230.00	山东海龙股份有限公司	100.00
万达控股集团	100.00	潍坊市农村信用合作社联合社	100.00
烟台市接收		山东晨鸣纸业集团股份有限公司	100.00
山东省招金集团	694.00	福田公司诸城汽车厂	100.00
斗山工程机械（中国）有限公司	617.79	诸城市得利斯集团有限公司	100.00
烟台烟草专卖局（烟草有限公司）	298.33	山东矿机集团股份有限公司	100.00
烟台园城企业集团股份有限公司	236.00	潍坊新富房地产开发有限公司	100.00
烟台市万光城建开发有限公司	200.00	山东潍柴华丰动力有限公司	100.00
招金矿业股份有限公司	190.00	山东海王医药有限公司	100.00
中矿金业股份有限公司	152.00	济宁市接收	
上海通用东岳汽车有限公司	137.54	济宁矿业集团有限公司	610.00
山东珠玑集团有限公司	120.00	兖州煤业股份有限公司	600.00
南山集团公司	500.00	山东省兖州市大统煤矿有限公司	500.00
山东鲁花集团有限公司	378.00	淄博矿业集团	300.00
龙大食品集团有限公司	300.32	枣庄矿业集团有限公司	200.00
山东登海种业股份有限公司	127.81	鲁中矿山冶金集团公司	184.00
山东丛林集团有限公司	125.28	山推工程机械股份有限公司	160.00
山东百年电力发展股份有限公司	118.17	华电国际邹县发电厂	140.00
济宁碳素工业总公司	118.06	山东如意毛纺织股份有限公司	125.60
山东鲁泰煤业有限公司鹿洼煤矿	113.75	山东盛德泰食品有限公司	120.00
龙口港集团有限公司	100.68	山东泰山钢铁集团	100.00
临沂矿业集团	100.00	莱芜垂阳铁矿有限公司	100.00
肥城矿业集团梁宝寺能源有限责任公司	100.00	临沂市接收	
山东汇洋食品有限公司	100.00	金锣集团	1500.00
烟台龙源电力股份有限公司	100.00	济宁汇源开泰房地产有限公司	100.00
		兖矿集团有限公司	100.00

续表 42

捐款单位	金　额
泰安市接收	
肥矿集团工会委员会	200.00
泰开电气集团有限公司	109.60
威海市接收	
山东安然纳米实业发展有限公司	518.00
华夏集团有限公司	311.10
鑫山冶金有限公司	210.00
威海市金猴集团有限公司	200.00
文登市西楼联合总公司	197.00
文登市电业总公司	165.00
威建集团	108.30
文登市森鹿制革有限公司	106.00
宇王集团有限公司	101.60
乳山市长城住宅开发有限公司	100.00
贝卡尔特（山东）钢帘线有限公司	100.00
寻山集团有限公司	100.00
威海海光旅游开发有限公司	100.00
日照市接收	
日照兴业集团有限公司	139.05
日照君泰房地产（集团）有限公司	110.00
莱芜市接收	
莱芜钢铁集团	824.00
山东太阳纸业股份有限公司	500.00
莱商银行	400.00
山东裕隆矿业集团有限公司	300.50
华盛江泉集团	1260.00
临沂久泰能源科技有限公司	218.00
天元建设集团有限公司	137.70
临沂佳和房地产公司	100.00
金信皮革公司	100.00
蒙凌工程机械股份有限公司	100.00
德州市接收	
山东中茂实业集团有限公司	112.00
山东华鲁恒升集团有限公司	100.00
滨州市接收	
山东魏桥创业集团有限公司	600.00
山东铁雄能源集团有限公司	510.00
京博集团	410.00
滨化集团股份有限公司	150.00
群星纸业有限公司	150.00
山东香驰粮油有限公司	100.00
山东渤海油脂工业有限公司	100.00
西王集团有限公司	100.00
聊城市接收	
山东信发集团	1200.00
鲁西化工集团	300.00
东阿东昌集团	160.00
山东时风（集团）有限责任公司	128.00
菏泽市接收	
曹县圣奥化工集团有限公司	500.00
菏泽交通集团	118.00

说明：5 月 15 日，日照钢铁控股集团有限公司通过中国医药卫生事业发展基金会捐赠 1000 万元，16 日通过全国工商联捐赠 1 亿元

五　社会民众捐赠活动

在抗震救灾捐赠活动中，山东省社会公众积极捐款捐物奉献爱心，支援地震灾区。（参见图 145）

济南市安安特殊儿童康复中心校长王卫红，代表 26 名患自闭症孩子转赠捐款 2235 元，其中

图 145　5 月 18 日，德州人民广播电台在市中心广场举行“情系灾区我们在行动”大型直播活动，市民踊跃捐款

（冀小兵　摄）

许多是 5 角、1 元、5 元的零钞。5 月 14 日，山东省妇联离休党支部 9 名老党员捐款 6200 元。一名 92 岁老人由两名儿童推着轮椅到捐赠现场捐款 1000 元。山东第一女子劳教所 600 余名学员捐赠 45020 元。济南市王萍捐出勇士杨涛生前最后两个月的工资 1000 元。即墨市 103 岁老人付吴氏，从“百岁老人”生活补助费中捐献 1200 元。枣庄市薛城区 72 岁老人张幼兰，从每月仅 700 元的退休金中捐出 500 元。东营市一位不留姓名的女士到民政局捐赠 10 万元。烟台市一名不愿透露姓名的 65 岁老人在捐献 500 元后，又代 93 岁的母亲捐款 500 元。老伤残军人杨志明捐款 5000 元，一名残疾农民卖掉耕牛后捐款 3000 元，一名村民以“温童斐”的名义捐赠 3 万元。济宁市 69 岁村民商登云靠捡废品维持生活，自愿捐款 300 元。78 岁的赵丙强老人乘坐公交车行程 20 余公里捐款 1000 元。自幼患小儿麻痹症的丁传木因行动不便，打电话要求工作人员上门接收捐款 2000 元。英雄青年李培增于 2008 年 4 月 22 日凌晨，在与歹徒搏斗中光荣牺牲，其父亲自愿捐款 5000 元。威海市周军夫妇将结婚时父母陪送的桑塔纳轿车变卖，把所得 4.5 万元车款捐赠灾区，宋天义捐赠一辆价值 35 万元的内设发电机、切割机、电焊机、空压机及车顶照明设备的成套工程抢险车。一位 80 岁的老人从所卖蒜薹款 300 元中捐出 200 元，一位 70 余岁的老人将变卖家中 10 个鸡蛋所得的 5 元钱投入募捐箱。1947 年在支前火线上入党的老党员王玉英，在儿媳和孙女的搀扶下捐款 100 元。滨州市一位 82 岁老人骑自行车到市红十字会，以老伴的名义捐款 3000 元。85 岁的抗日老战士周振祥捐款 1000 元。鲁北地区最大的回族群众聚居地阳信县刘庙村穆斯林群众，捐赠 10 万余元。菏泽市农民刘金全捐出一天卖西瓜款 200 余元。

第三节　捐赠资金拨付与捐赠物资调运

一　资金拨付

截至 9 月 30 日，山东省共募集汶川地震抗震救灾资金 379189.8 万元，其中社会捐赠资金 307552.35 万元、“特殊党费” 71637.45 万元。支出资金总额 272538.35 万元，其中社会捐赠资金支出 200900.9 万元（包括上划中央有关部门 1707.32 万元，直接拨付灾区 17977.07 万元，用于应急抗震救灾支出 60131.65 万元，用于灾后重建 89413.22 万元），结余资金转入省财政混账专户，列入对口支援专项管理；“特殊党费” 71637.45 万元，按照中组部的要求，全部汇缴中组部抗震救灾专户。

二　物资调运

截至 9 月 30 日，山东省接收救灾捐赠物资折价共计 37795.56 万元，捐赠物资全部发至地震灾区。

为支持物资调运，有关部门全力作好运力保障工作。5 月 12 日，山东航空集团有限公司运行指挥中心设立抗震救灾指挥席位，在成都、重庆两地设立灾区支援工作组，负责运力调配，共安排飞机执行救灾飞行任务 96 架次，运送救灾物资 453 吨、救援人员 2424 人次。从 13 日起，山东省与四川省、绵阳市、北川羌族自治县及其他地震灾区积极联系，与民政部及时沟通，根据灾区的实际需求和国家调拨指令，及时筹集、生产和调运灾区急需物资，最大限度保障灾区物资需求。（参见图 146）17 日，省交通厅组织 4 个运输保障大队、3 个中队、2 个区队及各类运输车辆 1337 辆，投入人员 4114 人次、应急运力 3843 车次，运输救灾物资 35752.2 吨，对救灾车辆 23557 车次减免通行费 493.52 万元。铁路部门向灾区装运抗震救灾物资 1378 车、总重量 19889.47 吨，运送灾区伤员 216 名。

5 月 13—20 日，物资调运以生命救援和基本生活保障类物资为主。13 日，山东省民政厅调运棉衣棉被 4 万件（床），空运至四川地震灾区。16 日 10 时，省民政厅应四川省民政厅要求，向济南、淄博、临沂三市筹集食品、饮用水、牛奶、火腿肠等受灾群众生活急需物资，于当日 19 时发运 4 车皮和 2 个航班运往四川灾区。17 日，省民政厅调拨帐篷 3000 顶，经铁路运往四川灾区。19 日，省民政厅调运帐篷 3100 顶、食品饮料 141 吨、净水消毒剂及毛巾、毛毯等 100 吨共 17 车皮物资，经铁路运往绵阳灾区。14 日，省红十字会调运价值 90 万元的药品、手电筒等物资，经铁路运往四川灾区。15 日，省红十字会调运 23 吨价值 21 万元的食品，经铁路运往四川灾区。16 日，省红十字会调运价值 105 万元的食品、水、喷雾器等物资，经铁路运往四川灾区。17 日，省红十字会调运价值 759.3 万元的物资，经铁路运往四川灾区。23—25 日，省红十字会调运价值

图 146 5 月 16 日，山东省紧急向灾区调拨救灾物资。图为山东省救灾物资储备管理中心满载救灾物资的运输车辆整装待发
（山东省民政厅 提供）

37.62 万元的救灾物资，经铁路运往四川灾区。31 日，济南市调运矿泉水 8050 箱、牛奶 8240 箱、肌肤生（药品）3000 盒、药品 24 箱、棉衣被 1000 件（床）、食品 670 箱、工作服 1.5 万件等物资，经铁路运往四川灾区。青岛市调运价值 972 万元的药品、冷藏箱、服装、帐篷、挖掘机等物资，经铁路运往四川灾区。淄博市调运价值 184 万元的药品、方便面、手电筒、呼吸机、40 吨复合型聚合硫酸铁等物资，经铁路运往四川灾区。枣庄市调运食品 5500 箱等物资，经汽车运往四川灾区。东营市调运价值 254.84 万元的食品、饮用水、药品、衣被、移动厕所、防雨照明等物资，经铁路运往四川灾区。烟台市调运价值 532 万元的药品、苹果 100 吨、大米 20 吨、帐篷 50 顶以及食品 60 吨、垃圾压缩清运车 1 辆等物资，经铁路运往四川灾区。潍坊市调运价值 246 万元的急救药品和棉衣被 4 万件（床）、价值 90 万元的防雨彩条布等物资，经铁路运往四川灾区。济宁市调运价值 140 万元的药品、消毒杀虫药品 80 吨、推土机 8 台、挖掘机 4 台、衣被服装 40235 件（床）、救灾帐篷 150 顶等物资，经铁路运往地震灾区。泰安市调运衣物 2 万件和棉被 2 万床等物资，经铁路运往甘肃灾区；调运帐篷 1000 顶、矿泉水 4000 箱、火腿肠 2000 箱、方便面（面条）4203 箱、咸菜 999 箱、果汁 1775 箱、大米 90 吨等物资，经铁路运往四川灾区。威海市调运价值 35 万元的工程车、全钢子午胎 1000 套、斜交卡车胎 1500 套、轮胎 450 套以及价值 579.5 万元的衣物、食品、卫生用品和近百吨的午餐肉罐头等物资，经铁路运往四川灾区。日照市调运食品 2 车皮和棉被、衣服等物资，经铁路运往四川灾区。临沂市调运手动喷雾器 1 万台、钢镐 6 万把、断线钳 400 副、手套 100 万副、电筒 1.87 万副、彩条布 17 吨等物资，经铁路运往四川灾区。德州市调运价值 110 万元的救援物资 100 吨，经铁路运往四川灾区。聊城市调运价值 100 万元的食品等物资，经铁路运往四川灾区。滨州市调运价值 150 余万元的生活用品转交省救灾物资储备中心，调运价值 370.68 万元的衣服、食品等转交省红十字会。菏泽市调运价值 185 万余元的药品、食品等物资 13 车和价值 216 万元的远红外理疗贴 200 箱，由汽车运往四川灾区。

5 月 20 日至 10 月，物资调运以调拨受灾群众生活安置和灾后恢复重建物资为主。济南市调拨价值约 330 万元的活动板房 818 套，用汽车运至北川羌族自治县擂鼓镇。青岛市 12 次调拨活动板房及彩条布 400 条、帐篷及板房配套用品 1400 顶，用汽车运往擂鼓镇。淄博市调拨活动板房 1250 套、板房门窗 1250 套、门窗包边 900 套、帐篷 1340 顶、水泥 240 吨、桌椅 800 套、教具 12 套、照明电器 800 套、全膜法净水设备 4 台、二氧化氯消毒液 260 箱和价值 50 余万元灶具、餐具等物资，用汽车运往北川灾区。枣庄市调拨价值 26.5 万元的食品、日用品等 24 吨物资，用汽车运往省抗震救灾前线指挥部；调拨防雨布 26 吨、活动板房 2075 套，用汽车运往北川灾区。东营市分 17 批调拨价值 450 万元的帐篷 204 顶、彩条布 3 万平方米、活动板房及配套用品 3000 套，用汽车运往四川灾区。烟台市调拨冲锋舟 5 艘、卫星电话 5 部、大米 20 吨、给水软管 5000 米、食盐、衣物 6.56 万件、食品 263.72 吨、帐篷 1050 顶、活动板房 2142 套，用汽车运往四川灾区。潍坊市调拨价值 35 万元的防雨彩条布、价值 512 万元的活动板房和配套生活用品、价值 307 万元的电器电缆等电器材料、课桌椅 350 套、黑板 96 张等物资，用汽车运往四川灾区。济宁市调拨大蒜 100 余吨、活动板房 24 套、发电机 3 台及工具等物资，用汽车运往北川；调拨价值 80 余万元的药品和其他生活用品、大米 30 吨，用汽车运往北川羌族自治县马槽乡。泰安市分 12 批调拨照明、彩条布等物资 60 吨，活动板房 1063 套，用汽车运往四川灾区。威海市调拨价值 234.4 万元的药品等物资，用汽车运往四川灾区；调拨厨房用品 50 套、垃圾点建筑设施 13 个以及配件 20 余吨，用汽车运往大邑县安置点；调拨课桌 300 套及医疗器械 432 件，用汽车运往北川羌族自治县青片乡小学。日照市调拨板房 1001 套和帐篷 30 顶，用汽车运往四川灾区。临沂市调拨价值 180 万元的装载机 6 台，用汽车运往北川羌族自治县擂鼓镇；调拨帐篷 1000 顶、活动板房 523 套、彩条布 64 吨以及板房配套用品 4000 套，用汽车运往北川羌族自治县通口镇；调拨方便面 1100 箱、饼干 335 箱、水果罐头 1000 箱、火腿肠 100 箱等物资，用汽车运往四川灾区。聊城市调拨帐篷 550 顶、活动板房 1500 套、太空棉被 1200 床、双人床 200 张，用汽车运往四川灾区。滨州市调拨帐篷 1650 顶、活动板房 1015 套、大米 50 吨，用汽车运往北川羌族自治县禹里乡；调拨板房 341 套，用汽车运往北川羌族自治县禹里乡民族学校；调拨桌椅 100 套、棉被 1800 床，用汽车运往省对口援建灾后恢复重建工作领导小组办公室。菏泽市调拨救灾物资 100 余吨，用汽车运往四川灾区；调拨课桌凳 660 套，用汽车运往北川羌族自治县都坝乡、贯岭乡。

第十六章　河南省赈灾活动

第一节　组织领导

一　组织机构

河南省援川抗震救灾指挥部　5月23日，河南省政府决定成立河南省援川抗震救灾指挥部，副省长宋璇涛任指挥长。指挥部下设前线协调小组、群众生活组、卫生防疫组、基础设施保障和灾后重建组、生产恢复组、宣传组和办公室。指挥部办公室设在省民政厅，厅长杨云任办公室主任，办公室负责承办指挥部会议，负责统一收集、汇总、分析、报送、发布重要信息；负责指挥部议定事项的督促落实；做好与有关省辖市、前方指挥部以及有关方面的沟通、联络和协调，完成省委、省政府交办的其他事项。群众生活组还负责社会捐赠救灾款物的统一协调、管理和调拨。

河南省民政厅援川抗震救灾工作指挥部　5月21日，根据河南省委、省政府抗震救灾工作部署，省民政厅成立援川抗震救灾工作指挥部，杨云任指挥长，分管副厅长任副指挥长，指挥部下设综合协调组、监督监察组、材料宣传信息组、捐赠接收资金调度组、物资筹备调运组、“三孤”（孤老、孤残、孤儿）人员接收安置组和前线协调组7个组。指挥部承担指导全省救灾捐赠、接收捐赠款物、组织协调发运捐赠物资、收缴全省民政系统捐赠资金物资等工作。

二　组织发动

5月12日，河南省委、省政府全面部署抗震救灾工作，动员全省力量支援四川抗震救灾。

5月13日下午，河南省委、省政府召开支援四川省抗震救灾工作会议，贯彻落实12日中共中央政治局常委会议精神和胡锦涛、温家宝的重要指示精神，研究部署支援四川省抗震救灾有关工作。省委副书记陈全国、副省长宋璇涛要求：全力以赴做好支援灾区抗震救灾各项工作；省直各有关部门要按照职责分工，制定应急预案，做好各项准备；公安、交通、铁路、民航、通信等部门明确责任、加强协作、搞好服务，确保赴灾区抗震救灾的人员、物资运输在河南安全通行、畅通无阻；各级党组织和广大党员要充分发挥战斗堡垒作用和先锋模范作用，组织动员全省人民发扬“一方有难、八方支援”的精神，积极行动起来，捐赠款物，支援灾区；省直工委要组织省直机关干部职工捐款，带动全省广大党员干部、人民群众向灾区捐款捐物。同日，省民政厅转发民政部《关于组织开展向地震灾区捐赠工作的通知》，要求全省各级民政部门积极响应中共中央和国务院的号召，切实组织好向地震灾区捐赠活动。各级民政部门和慈善机构向社会公布支援地震灾区捐款账号和捐赠热线电话，动员全省人民积极向灾区捐赠救灾款物。

5 月 14 日下午，河南省委召开常委扩大会议，学习贯彻中共中央政治局常委会议精神，安排部署支援四川抗震救灾工作。省委书记徐光春要求各级各部门要牢固树立全国一盘棋的思想，坚持要物给物、要人给人、要钱给钱，坚决按照中央要求和灾区需要，做好各种物资，特别是灾区人民生活急需的食品、饮用水、药品、帐篷等物资的组织、调运工作，要求动员社会各界力量奉献爱心，捐款捐物，支援灾区。

5 月 19 日下午，徐光春主持召开河南省委、省政府紧急会议，传达国务院抗震救灾总指挥部的重要指示，安排部署向绵阳灾区对口捐赠帐篷和活动板房工作。代省长郭庚茂对有关工作进行了部署安排。徐光春要求，立即清仓查库，将现存的帐篷和活动板房紧急调往灾区；立即发动全省，征集零散的帐篷和活动板房，集中调运灾区；立即组织运力，做到铁路、公路、航空三路并进，在最短的时间内将筹集到的帐篷和活动板房运往灾区；立即在媒体发布公告，动员社会各界积极行动起来，筹集帐篷和活动板房支援灾区；立即成立专项工作领导小组，省委、省政府主要领导直接指挥，有关副省长牵头负责，发展改革委、民政、铁路、交通、民航、宣传、建设等部门参与，组织好落实好这项工作任务。同日晚，省民政厅以省救灾工作领导小组名义向社会发布《关于紧急征集救灾帐篷和木板房的公告》，号召全社会向灾区捐赠帐篷和活动板房。同时，要求全省各级民政部门做好帐篷和板房的接收工作，每日向民政厅报告帐篷和板房接收进展情况。各地各部门积极响应。驻马店市当夜调集帐篷 300 顶，信阳市连夜募集帐篷 100 顶，洛阳市拆下建筑工地使用的帐篷捐赠并运往四川灾区。20 日，省旅游协会的“驴友”捐赠旅游帐篷 116 顶。几天时间内，全省募集各类帐篷 8970 顶发往四川灾区，部分活动板房生产企业按公告要求连夜把板房材料装车直接送往四川灾区。

5 月 21 日，河南省委办公厅、省政府办公厅下发通知，明确民政部门、红十字会、慈善总（协）会和青少年发展基金会作为此次救灾捐赠的接收单位。通知要求，各接收单位办理捐赠接收手续，对接收的捐赠款物实行登记造册、专账管理；接收的捐赠款物，全部用于四川抗震救灾。民政部门、红十字会、慈善总（协）会、青少年基金会（希望工程办公室）严格按照省委、省政府的要求，依法、依规统一调拨使用救灾捐赠款物，以系统、部门、单位名义组织的救灾捐赠款物都要及时上交上述 4 个接收单位，以便省委、省政府统一安排对灾区的支援。

5 月 23 日，宋璇涛主持召开河南省抗震救灾工作指挥部第一次会议，部署全省抗震救灾工作。6 月 3 日，宋璇涛主持召开省政府抗震救灾指挥部第二次全体会议，传达国家有关部委会议精神，通报当前抗震救灾工作情况，部署下一阶段抗震救灾工作。

5 月 25 日，河南省民政厅下发紧急通知，强调各捐赠接收单位要统一思想认识，强化领导责任，明确统计口径，规范报送内容。

8 月 8 日，河南省政府办公厅下发通知，要求各级民政、红十字会、慈善总（协）会、青少年基金会等部门、单位接收的社会捐赠资金统一用于支援江油市恢复重建。省民政厅、红十字会、慈善总会、青少年基金会接收的捐赠资金统一存入省财政厅设立的对口支援江油市恢复重建资金专户，由省对口支援江油市恢复重建工作领导小组统筹安排使用。

9 月 12 日，河南省民政厅下发通知，要求各省辖市民政局上缴捐赠资金，由民政厅统一汇入省财政厅对口支援江油市恢复重建资金专户。

10 月，河南省各级民政部门按照民政部、中宣部、铁道部、交通运输部和解放军总政治部联合下发《关于开展 2008 年全国“送温暖、献爱心”——向汶川地震灾区捐赠衣被活动的通知》的要求组织抗震救灾工作。省民政厅及时将民政部下达的棉衣 10 万件和棉被 10 万床任务分配到 18 个设区市。10 日，省民政厅会同省直机关工委下发通知，对省直和中央驻豫单位的捐赠活动进行安排部署。省直各单位迅速开展“捐赠衣被、温暖灾区”捐赠衣被活动。13 日，省民政厅与省委宣传部、郑州铁路局、省交通厅、省军区政治部联合下发《关于开展 2008 年全省“送温暖、献爱心”——向汶川地震灾区捐赠衣被活动的通知》。29 日、30 日，省民政厅在火车郑州东站把当日接收的 23.28 万件（床）衣被发往对口支援的江油市。此次活动，河南省共接收并向江油市发送捐赠衣被 47.3 万件（床），其中棉被 14.39 万床、棉衣 32.91 万件；接收捐赠资金 1482.83 万元，列入救灾专用账户。

第二节 捐赠活动

一 党政机关及直属单位捐赠活动

河南省委、省政府先后于 5 月 13 日、16 日向四川灾区捐助 500 万元、1000 万元。在汶川地震抗震救灾捐赠活动中，河南省委、省人大常委会、省政府、省政协领导和机关干部职工带头捐赠资金共计 813 万元（参见图 147），省直部门单位积极响应省委、省政府号召，踊跃捐款捐物，支援地震灾区。省政法系统组织了 3 次捐赠活动，募集资金 3000 余万元。截至 5 月 16 日，省直和中央驻郑州 121 个单位捐赠 2100 多万元。

河南省委组织部组织收缴“特殊党费” 河南省委组织部下发文件和召开会议，部署各级党组织和广大党员交纳“特殊党费”工作。汝州市农民企业家党员王国奇在向灾区捐赠 115.8 万元后，27 日又到汝州市委组织部交纳“特殊党费”100 万元。省人口计生委离休干部、老红军王太

图 147　5 月 14 日，河南省委书记徐光春在省委机关抗震救灾捐赠仪式上带头捐款
（河南省民政厅　提供）

钧在汶川地震发生后，先后 3 次交纳“特殊党费”共 1.53 万元。截至 10 月 14 日，全省党员共交纳“特殊党费”48624.99 万元。

河南省委宣传部组织募捐活动　河南省委宣传部组织部署全省宣传文化系统单位和演职人员，积极参加救灾捐赠义演义卖等活动，募集资金和物资支援灾区。5 月 17 日，省红十字会与河南电视台“武林风”栏目组联合开展爱心赈灾募捐活动，正弘置业、平煤集团、郑州大学、新乡市瑞丰化工有限公司等单位现场捐款，省红十字会常务副会长代表省红十字会接收捐赠，并呼吁社会各界积极踊跃为灾区捐赠资金。“武林风”栏目组全体人员捐赠 2.8 万元。现场共募集资金 900 余万元。17 日下午，洛阳市委宣传部、市红十字会在洛阳市东周王城广场举行赈灾义演，众多市民积极参与，一个多小时现场募集资金 16 万余元。

5 月 18 日，河南省红十字会与“梨园春”栏目组组织演艺名家联合举办“抗震救灾、众志成城——‘梨园春’大型赈灾义演晚会”。晚会中，河南戏曲界的老中青艺术家、曲艺界演员代表、“梨园春”明星擂主纷纷登台献艺并捐款，现场募集资金和物资折价共 3182 万元。19 日，省委宣传部、河南日报报业集团、省文化厅、省广播电影电视局、省新闻出版局、省文联联合举办河南省宣传文化系统暨百名艺术家赈灾募捐义演活动，现场募集资金 716.98 万元。

5 月 15 日，河南省慈善总会与大河网、《河南商报》联合在紫荆山广场举行赈灾募捐活动，7 岁的小女孩韩怡潆踮着脚尖把 500 元压岁钱一张一张塞进捐款箱。此次活动现场募集资金 52.4 万元。省慈善总会与省人民广播电台在金博北大门广场举办“生离死别、心系汶川”抗震救灾捐款活动，许多群众和出租车司机听到广播后到现场捐赠 9.82 万元。22 日，焦作市委举办“心手相牵、我们同在焦作市”赈灾募捐晚会，现场共募集资金 1632 万元。

二　各市捐赠活动

在河南省开展救灾捐赠活动中，郑州、三门峡、洛阳、焦作、新乡、鹤壁、安阳、濮阳、开封、商丘、许昌、漯河、平顶山、南阳、信阳、周口、驻马店、济源等设区市市委、市政府广泛发动，动员机关、企事业单位和广大市民积极参与救灾捐赠活动，奉献爱心。

三　人民团体、社会组织捐赠活动

河南省人民团体捐赠活动　河南省总工会响应全国总工会救灾捐赠的号召，在全省工会系统开展抗震救灾捐赠活动，募集资金和物资折价 38012.24 万元。

河南省妇联响应全国妇联的号召，在全省各级妇联组织开展抗震救灾捐赠活动，募集资金和物资折价 2915 万元。

河南省社会组织捐赠活动　截至 10 月 14 日，河南省红十字会接收捐赠资金和物资折价 40596.89 万元，其中资金 32194.38 万元、物资折价 8402.51 万元。省慈善总会接收捐赠资金和物资折价 6216.61 万元，其中资金 5642.01 万元、物资折价 574.6 万元。省青少年发展基金会接收捐赠资金和物资折价 1400.6 万元，其中资金 1329.2 万元、物资折价 71.4 万元。

四　企业捐赠活动

河南省各类企业心系灾区，踊跃捐赠。（参见图 148）

5 月 13 日，双汇集团向中国红十字会捐赠 100 万元，同时安排在灾区的绵阳双汇供应商向灾区捐赠价值 100 多万元的肉类制品；17 日，双汇集团向民政部捐赠 1050 万元；27 日，双汇集团捐赠 60 万元援建绵阳市过渡安置房；截至 10 月 14 日，双汇集团为四川灾区捐赠资金和物资折价累计达 1500 万元。5 月 13 日 15 时，许昌市民营胖东来商贸集团有限公司董事长于东来，组织 139 名志愿者，携带捐赠资金 100 万元和价值 50 万元的方便面、棉被、帐篷、药品，驾驶 13 辆车，

图 148　郑州市中铝公司组织各分厂员工捐款
（河南省民政厅　提供）

赴四川救灾，14 日 9 时抵达绵阳，向绵阳市抗震救灾指挥部捐赠 100 万元，向安县县政府捐赠价值 50 万元的救灾物资后，该集团再次捐赠 500 万元。15 日，濮阳市宏丰实业股份有限公司捐赠价值 200 多万元的物资。27 日，河南省国资委系统各单位和近 50 万干部职工捐赠 3258 万元，其中永城煤电集团有限责任公司捐赠 612.7 万元、平顶山煤业集团有限责任公司捐赠 445.5 万元、安阳钢铁集团有限责任公司捐赠 400 万元、河南煤业化工集团焦煤公司捐赠 296.75 万元、一拖集团捐赠资金和物资折价 235.04 万元、义马煤业集团股份有限公司捐赠 215 万元、郑州煤炭工业集团有限责任公司捐赠 200 万元、白象食品集团（河南）面业有限公司捐赠 150 万元、鹤壁煤业集团有限责任公司捐赠 108 万元、中国神马集团有限责任公司捐赠 105 万元。10 月，新乡市华兰生物工程有限公司向四川省卫生厅捐赠价值 3600 万元的流感免疫疫苗，用于灾区人民的免疫接种。

五　社会民众捐赠活动

在抗震救灾捐赠活动中，河南省社会公众积极捐款，奉献爱心，支援地震灾区。

5 月 13 日，开封县李郑庄村村民李明前、李明胜、侯红军、侯五、侯传奇、侯传明、李玉玺、李明全、李明军、李风记等 10 人，用一辆货车装载着 604 箱方便面和 98 箱矿泉水，凭一张地图从郑州沿高速公路连夜向汶川方向进发。他们靠事先准备的两箱方便面和两箱矿泉水充饥，日夜兼程。14 日深夜，他们将救灾物资送到刚设立不到 10 分钟的成都市全国抗震救灾物资捐赠点，成为全国第一批将救灾物品送到四川灾区第一线的人。成都市抗震救灾指挥部给他们开具了“0001 号”的接受捐赠证明。

在救灾捐赠活动中，广大伤病军人、复员退伍军人纷纷捐款，奉献爱心（见图 149）。南阳市宛城区 95 岁的冯三秀看到地震灾区的新闻，坐在电视前流泪，吃不好饭，睡不好觉。5 月 15 日，在郑州工作的儿子回南阳接他，临行前老人到市募捐机构捐赠 2 万元。到郑州后，冯三秀要捐出子女们给他的买药治病资金，在儿孙的簇拥下，到省红十字会捐款 100139 元。

图 149　5 月 14 日，河南省复员老军人向地震灾区捐款（河南省民政厅　提供）

第三节　捐赠资金拨付与捐赠物资调运

一　资金拨付

截至10月14日，河南省共接收救灾捐赠资金121559.4万元，其中省民政厅接收救灾捐赠资金74113.06万元。已支付17519.96万元，其中支付采购灾区急需的帐篷585万元，支付购买活动板房资金15856.2万元，支付四川灾区来豫伤员医疗费1078.76万元；结余104039.44万元，结余资金转入省财政账户，列为对口支援专项资金。另外，省委组织部共收缴“特殊党费”48624.99万元，已全额上缴中组部，无结余。

二　物资调运

截至10月14日，河南省接收物资折价共计15914.16万元，其中省民政厅接收物资折价6128.97万元。向灾区调运物资折价10597万元（不包括应急采购物资），物资包括食品、药品、消毒用具、帐篷、衣被、图书以及灾区群众急需的生产资料等。捐赠物资无结余。

5月16日，河南省民政厅调拨第一批食品、药品等物资，经铁路发送“抢”字号专列运往成都。

5月20日，河南省红十字会调拨价值260余万元食品、药品、消毒设备及部分生活用品等物资，经航空运绵阳。

5月21日，河南省红十字会调拨价值489.7万元的食品、药品、饮用纯净水等90余吨的物资装19节车厢，经铁路运往安县灾区。

6月5日，郑州市政府在绿城广场举行发车仪式，调拨价值444万元的救灾物资，组织车队运往安县灾区。

其他各市、各单位也向灾区调运了大量物资。

第十七章　湖北省赈灾活动

第一节　组织领导

一　组织机构

5 月 22 日，湖北省成立抗震救灾援建指挥部，副省长张岱梨任指挥长，指挥部下设办公室，省政府副秘书长李元江任办公室主任，省民政厅厅长谢松保任常务副主任。办公室下设综合协调组、新闻宣传组、资金筹措组、项目建设组、交通运输协调组、卫生防疫组，分别由省民政厅、省委宣传部、省财政厅、省发改委、省建设厅、省经委、省卫生厅分管领导任组长，其中资金筹措组负责统筹社会各界抗震救灾捐赠资金的调度安排等工作。各市（州）、县（市、区）也相继成立了抗震救灾工作领导小组。

二　组织发动

5 月 12 日 16 时 47 分，根据湖北省委书记罗清泉、省长李鸿忠的指示，省政府启动湖北省地震应急预案。13 日，省政府发出应对汶川地震全省进入非常状态的通知。省委、省政府向四川省委、省政府发去慰问电，捐赠资金 500 万元。同日，罗清泉在全省县域经济会议上传达中共中央关于做好当前抗震救灾工作的指示精神，部署支援四川地震灾区工作。同日，省民政厅召开专题会议，紧急启动救灾应急响应措施，抽调 40 余人成立救灾捐赠机构，负责灾害信息搜集、救灾物资调运、接收救灾捐赠、对外宣传协调等工作，迅速动员部署全省各级民政部门，开展支援地震灾区救灾捐赠活动。《湖北日报》《楚天都市报》、湖北电视台、湖北广播电台、湖北慈善网及武汉热线等多家媒体分别公布了省民政厅、省慈善总会、省红十字会接收捐赠方式、账号及捐赠电话。

5 月 14 日，湖北省民政厅下发通知，要求各级民政部门积极响应中共中央、国务院关于开展抗震救灾的号召，发扬“一方有难、八方支援”的中华民族优良传统，积极为灾区捐赠救灾款物。

5 月 17 日，湖北省委、省政府派省政府副秘书长王永高带队赴四川灾区慰问，并向四川地震灾区捐赠价值 1740 万元的救灾物资。

5 月 18 日，湖北省委组织部转发中组部关于交纳“特殊党费”的通知，对全省党员交纳“特殊党费”有关事项作出明确规定。

5 月 20 日，湖北省委副秘书长段运明、省政府副秘书长李元江率省委办公厅、省政府办公厅及省民政厅、省建设厅、省卫生厅有关部门负责人赴灾区了解灾情，接洽对口支援救灾工作。

5 月 24 日下午，受罗清泉、李鸿忠的委托，副省长张岱梨赴湖北省对口支援的汉源县，深入重灾区查看灾情，代表省委、省政府向汉源县捐赠 1000 万元，并听取当地党委、政府对援建工作的要求。

6 月 17 日，湖北省政府办公厅下发通知，明确民政部门是政府负责组织指导救灾捐赠工作的职能部门，以政府名义接收救灾捐赠款物；各有关部门可接收本系统的捐赠款物；红十字会、慈善总会等具有救灾宗旨的公募基金会可以救灾名义向社会开展募捐活动，接收救灾捐赠款物。

6 月 24 日，罗清泉、李鸿忠率队抵达汉源县，听取四川省有关领导关于灾情及抗震救灾工作情况介绍和湖北省援建办公室关于对口援建汉源情况汇报（见图 150）。

6 月 24 日，湖北省民政厅下发通知，要求全省支援四川地震灾区接收捐赠款物的统计汇总和信息发布工作，统一归口民政部门负责。

图 150　6 月 24 日，湖北省委书记罗清泉（左二）、省长李鸿忠（中）到汉源县查看灾情，了解受灾群众需求

（湖北省民政厅　提供）

第二节　捐赠活动

一　党政机关及直属单位捐赠活动

湖北省委、省政府多次向灾区捐助款物。（参见《大事记》有关记述）在汶川地震抗震救灾捐赠活动中，湖北省委、省人大常委会、省政府、省政协领导和机关干部职工积极捐款捐物；省直部门单位积极响应省委、省政府号召，踊跃捐赠款物，支援地震灾区。省交通厅捐赠 152.4 万元。省公安厅先后向汉源县公安局捐赠资金和物资折价 500 多万元，其中资金 200 万元。

湖北省委组织部组织收缴“特殊党费”　5 月 18 日，湖北省委组织部召开专题会议部署缴纳“特殊党费”工作。6 月 22 日，省委组织部下发《关于认真做好抗震救灾“特殊党费”收据发放等工作的通知》，明确了“特殊党费”收据的发放及“特殊党费”的收缴程序。截至 8 月 20 日，湖北省有 148.8 万名党员交纳“特殊党费”共 2.28 亿元。

湖北省委宣传部组织募捐活动　湖北省委宣传部部署全省宣传文化系统单位和演职人员，积极参加义演义卖等形式的救灾捐赠活动。省广播电视总台举办“我们心连心”赈灾晚会，并捐赠 100 万元。湖北长江出版传媒集团有限公司共捐赠资金 461.85 万元，捐赠价值 25.04 万元的衣物 657 件和图书 12742 册。5 月 17 日晚，省慈善总会在武昌光谷举办赈灾募捐活动，现场募集资金 32.62 万元。18 日晚，在汉阳举行“人间有情、爱心捐助”现场募捐活动，募集资金 65.71 万元。22 日晚，省委宣传部、省民政厅等 16 个部门共同在武昌洪山礼堂举办“我们心相连——湖北省抗震赈灾晚会”，湖北电视台进行直播，省内众多艺术家通过朗诵、歌唱的形式，表达对灾区人民深切的祝福，现场募集资金 1.14 亿元（见图 151）。

图 151　5 月 22 日晚举行的“我们心相连——湖北省抗震赈灾晚会”现场（湖北省民政厅　提供）

图 152　5 月 29 日，武汉奥运火炬手为地震灾区捐款

（湖北省民政厅　提供）

5 月 27 日晚，湖北省妇联联合省精神文明建设委员会办公室、省广播电视总台在湖北电视台演播厅举办“我们手拉手——湖北省‘六一’儿童节特别晚会”，现场筹集资金 10 多万元。

湖北省委宣传部共组织 3 次捐赠活动，捐赠价值 50 万元图书给汉源县，捐赠新闻应急处理车 1 台给汉源县委宣传部。省文化厅捐赠资金 138.75 万元，捐赠新棉被 100 床、小轿车 1 辆给汉源县。省广电局捐赠价值 40 万元的电视采访摄像设备 20 套给四川省。5 月 31 日至 6 月 2 日，奥运圣火在武汉、宜昌、荆州 3 个城市传递过程中，有关部门在沿途设置募捐箱，募集资金 1 亿多元（见图 152）。省红十字会先后与家乐福、麦德龙超市、中铁科工集团、中国银行、湖北电信、湖北移动等多家企业联合开展募捐活动，募集资金 46 万元。各大专院校大学生志愿者在校内外募集资金 15 万元。

5 月 16—18 日，湖北省慈善总会组织志愿者在武汉万达广场、鲁巷广场、光谷步行街募集资金 35.96 万元。17 日，省慈善总会联合省书画研究会、省直机关鹰台书画院、高校招生杂志社，在武昌水果湖步行街开展支援四川抗震救灾大型书画义卖活动，募集资金 1.24 万元。17—18 日，省电影公司直属湖北银兴影院发起“看一场电影、献一份爱心”活动，武汉市内 6 家影城从每张电影票中提取 1 元钱捐赠四川地震灾区，两天共募集资金 7968 元。省美术院的画家积极参加省文史馆、省美术家协会等单位组织的书画赈灾义卖活动，共捐献书画作品 20 余件。

湖北省委统战部组织捐赠活动　湖北省委统战部召开统战部机关及省各民主党派、省工商联、省台联、湖北中华职教社、省黄埔同学会、省社会主义学院等负责人参加的救灾捐赠会议，募集资金 2094.69 万元。省政协常委、香港丝宝集团董事长梁亮胜通过省海外联谊会捐赠 50 万元，支援四川省洪雅县止戈镇青杠坪村建设“丝宝中心小学”。

湖北省侨务办公室、港澳办公室组织捐赠活动　湖北省侨务办公室和省侨商协会启动“抗震救灾”侨心工程，向全省侨资侨属企业发出“心系灾区、抗震救灾”倡议书。中国侨商会常务理事、湖北省侨商协会会长谢俊明，中国侨商会常务理事、湖北省侨商协会副会长杨孝梁等 11 位侨商和武汉亚洲大酒店、武汉亚洲心脏病医院、纵横集团、武汉威廉规划设计有限公司等侨资企业先后向省、市红十字会、慈善会捐赠 150.1 万元。

湖北省卫生厅组织捐赠活动　湖北省卫生厅直属系统全体干部职工捐赠 107.77 万元。武汉亚洲心脏病医院通过各种途径，先后 6 次向灾区捐赠 116 万余元、捐物折价 20 万元，全体员工捐赠 13.98 万元用于重建都江堰市聚源中学。

湖北省教育厅组织捐赠活动　湖北省教育厅积极部署全省教育系统开展捐赠活动，厅机关及直属单位干部职工捐赠158.48万元。28所普通高等学校和8所普通高校独立学院捐赠2831.5万元，其中教职工7.75万人捐赠1217.9万元，学校捐赠37.9万元，41.9万名学生捐赠663.7万元，5.33万党员交纳“特殊党费”701万元，其他捐赠资金211万元。

二　各市州捐赠活动

在汶川地震抗震救灾捐赠活动中，湖北省各级党委、政府，坚决贯彻省委、省政府的决策部署，广泛发动部门单位、企业、社会各界开展救灾捐赠。截至10月14日，17个市（州）、省直管市、神农架林区募集资金和物资折价85867.61万元，其中资金77983.88万元、物资折价7883.73万元。

三　民主党派、人民团体、社会组织、宗教界捐赠活动

湖北省民主党派捐赠活动　湖北省各民主党派响应中共湖北省委、省政府的号召，募集款物，支援灾区。截至10月14日，民革湖北省各级组织和党员募集资金和物资折价100余万元。民盟湖北省委会募集资金213.31万元，募集价值150万元的药品、棉被和帐篷等物资。民建湖北省各级组织和会员募集资金和物资折价2472万元，其中湖北省政协常委、民建湖北省委会副主委、武汉当代科技产业集团公司总裁周汉生捐赠资金230万元、价值1060万元的药品。民进湖北省委会组织全省会员募集资金125万元。农工党湖北省委会组织各级组织和党员募集资金171万元。致公党湖北省委会组织各级组织、党员募集资金和物资折价149.37万元。九三学社湖北省各级组织和个人募集资金134.31万元。湖北省各级台盟组织、盟员募集资金和物资折价9.03万元。

湖北省人民团体捐赠活动　湖北省总工会响应全国总工会开展救灾捐赠的号召，截至9月1日，共募集捐赠资金和物资折价12014.25万元。其中，会员捐赠资金和物资折价1540.6万元，社会各界募集捐赠资金和物资折价10179.15万元，工会经费捐赠294.5万元。

共青团湖北省委、湖北省青少年发展基金会与《楚天都市报》联合开展“心系汶川灾区——希望工程紧急行动”，推出“500元资助一名受灾学生、1万元资助一个受灾家庭、2.5万元援建一间抗震希望教室、50万元援建一所永久性抗震希望小学”的资助项目，42家捐赠单位及个人代表积极认捐，截至10月14日，共募集资金和物资折价918.7万元。

湖北省妇联积极开展救灾捐赠活动，截至9月28日，共募集资金和物资折价148395元。

湖北省社会组织捐赠活动　截至10月14日，湖北省红十字会募集资金和物资折价6075.54万元，其中资金2444.54万元、物资折价3631万元。省慈善总会共募集资金18628.96万元。省教育基金会与湖北长江商报社、湖北省广播电视总台楚天交通体育广播FM92.7联合开展“重建校园、你我同行——援建四川灾区‘抗震小学’”等活动，募集资金113.4万元。

湖北省青少年发展基金会募集资金和物资折价1933.92万元，其中资金1540.57万元、物资折价393.35万元。省晋商联合会捐赠5万元。省旅游协会发动会员单位捐赠23万元。省总商会

动员民营企业和非公有制经济人士捐赠资金和物资折价 2230 多万元。省河南商会动员会员企业捐赠资金 190 万元、物资折价 10 万余元。省广东商会捐赠 480 万元。省个体私营协会组织募集资金和物资折价 3345.7 万元。省广告协会捐赠资金和物资折价 1288.66 万元。截至 6 月 5 日，湖北省社会团体、民办非企业单位募集资金 6.5 亿元。

湖北省宗教界捐赠活动 截至 10 月 14 日，湖北省宗教界募集资金和物资折价 1594 万元，其中佛教界募集 1300 万元、道教界募集 90 万元、伊斯兰教界募集 26 万元、天主教界募集 30 万元、基督教界募集 148 万元。省佛教协会副会长、黄梅妙乐寺方丈释妙乐法师到地震灾区捐赠资金和物资折价 770 万元。十堰张湾佛教协会和武当山道教协会分别举行为灾区群众祈祷法会暨献爱心捐款仪式，筹集资金 20 余万元。

四 企业捐赠活动

湖北省各企业，积极响应省委、省政府号召，踊跃捐赠款物。5 月 14 日，省国资委向中央在鄂有关企业和省国资委所属企业下发《向汶川地震灾区捐款倡议书》，呼吁各企业向灾区人民开展捐赠活动，积极组织各企业参加“我们心相连——湖北省抗震赈灾晚会”。22 日举行的晚会上，39 个单位捐赠 6146.56 万元（见图 153）。归口省国资委管理的 41 个企业 177957 党员交纳“特殊党费”3546.42 万元，单位捐赠 3753.28 万元，个人捐赠 57038.76 万元，捐赠棉被 41085 床、棉衣 18350 件、帐篷 965 顶、板房 3140 平方米、钢材 2.7 万吨、药品 5 吨、施工机械 256 台、车辆 175 台、饮料食品 2462 箱、大米 21.3 吨、千斤顶 1500 个、漂粉精 5 吨、女性卫生用品 700 箱及

图 153　5 月 22 日，中央驻鄂企业、单位和湖北省国有企业在赈灾晚会现场向地震灾区捐款
（湖北省民政厅　提供）

通信设备、电力设备、水泥构件等救灾物资。中国建筑第三工程局捐赠资金693万元、物资折价340万元。东方汽车公司捐赠620万元。省经委组织企业捐赠资金物资折价2417.44万元，其中捐赠帐篷1.31万顶。知音集团公司捐赠100万元。劲牌有限公司捐赠600万元后，动员控股企业捐赠200万元。九州通医药集团有限公司紧急调集价值220万元药品直接送抵四川灾区医院。

五　社会民众捐赠活动

湖北省广大群众心系灾区，捐赠款物，支援地震灾区。（参见图154）5月14日上午，一对中年夫妇到省民政厅捐赠10万元，留下“一个老共产党员”的签名。很多捐款者留下的姓名是“5·12”。黄石市第一医院一对即将结婚的新人，将租婚车费用2000元捐赠灾区，16日，新郎骑自行车迎娶新娘，举行简单的结婚仪式。50多岁的盲人李良山摸索着走了4个多小时的路，到黄冈市慈善总会捐款1000元。通城县麦市镇李光明2008年年初因雪灾房屋倒塌，家中钱全部用于建房，仅存有1吨中稻。他同老伴反复商量，决定留点口粮，卖掉其余稻谷，将所得资金作为捐款。20日上午，老两口将500公斤稻谷运至集市出售，将所得800元捐赠灾区。仙桃市新生社区居民余玉党，1998年下岗，家中3名子女在校读书，家里生活困难。经过几天的思想斗争，他于27日清早到市捐赠接收点捐款200元。

武汉市百步亭社区怡和苑70多岁的梠德坤，身患癌症，与老伴李万琨相扶到居委会捐款200元。5月20日下午，随州市城区的75名盲人、聋哑人、肢残人相互搀扶着，到市残联捐款7065元。武汉钢铁公司职工陈晓捐赠12万元。

图154　5月17日，保康县过渡湾镇中心小学学生纷纷为灾区捐款

（湖北省民政厅　提供）

第三节　捐赠资金拨付与捐赠物资调运

截至10月14日，湖北省接收抗震救灾捐赠资金和物资折价共计151232.4万元。17个市（州）、省直管市、神农架林区及省慈善总会、省备灾中心、省红十字会、省青少年发展基金会和省教育基金会接收抗震救灾捐赠资金106716.7万元、物资折价19647.88万元（见表43）；省委组织部接收“特殊党费”22800万元；省总工会通过“重建家园、再献爱心”活动募集资金1971.82万元、捐赠物资折价96万元。

湖北省接收汶川地震抗震救灾捐赠资金物资情况统计表

表43　（截至10月14日）　单位：万元

单　位	捐赠总额	1. 捐款总额	定向捐赠数	境外捐款数	2. 捐物折价
武汉市	29907.00	25652.00	6455.00	—	4255.00
十堰市	3883.73	3509.10	—	—	374.63
襄樊市	5768.16	5216.56	42.10	—	551.60
荆门市	2805.92	2795.67	—	—	10.25
孝感市	4195.70	3962.81	817.32	—	232.89
黄冈市	5261.44	5104.49	1023.00	—	156.95
鄂州市	1382.00	1277.00	45.00	—	105.00
黄石市	5792.56	5537.66	15.00	—	254.90
咸宁市	2677.51	2651.93	—	—	25.58
荆州市	7851.40	6849.79	1914.30	—	1001.61
宜昌市	8405.96	7748.79	—	—	657.17
随州市	2176.05	2176.05	—	—	—
恩施土家族苗族自治州	3244.51	3226.99	—	—	17.52
仙桃市	844.62	791.92	74.00	—	52.70
天门市	633.52	588.52	—	—	45.00
潜江市	802.85	659.92	—	—	142.93
神农架林区	234.68	234.68	173.97	—	—
湖北省慈善总会	18628.96	18628.96	4809.80	—	—
湖北省备灾中心	13745.15	6005.35	4.60	4.60	7739.80

续表 43

单　位	捐赠总额	1. 捐款总额	定向捐赠数	境外捐款数	2. 捐物折价
湖北省红十字会	6075.54	2444.54	—	—	3631.00
湖北省青少年发展基金会	1933.92	1540.57	833.77	—	393.35
湖北省教育基金会	113.40	113.40	—	—	—
合　计	126364.58	106716.70	16207.86	4.60	19647.88

说明：组织部门接收的“特殊党费”、省总工会通过“重建家园、再献爱心”活动募集的资金、物资，未纳入统计范围

一　资金拨付

截至 10 月 14 日，湖北省共接收救灾捐赠资金 131488.52 万元；支出 60699.76 万元，其中转其他受捐单位 37418.96 万元（包括政府转捐 12994 万元、上缴中组部“特殊党费”22800 万元、上缴全国总工会 1000 万元、工会拨付灾区等费用 624.96 万元），直接支出 23280.8 万元；救灾捐赠资金结余 70788.76 万元，其中工会结余 346.86 万元，结余资金转入省财政厅专户，列入对口支援专项管理。

二　物资调运

截至 10 月 14 日，湖北省共接收救灾捐赠物资折价 19743.88 万元，调运物资折价 19702 万元，结余捐赠物资折价 41.88 万元，结余物资随后调运灾区。

5 月 12 日 20 时 30 分，湖北省民政厅接到民政部《关于向四川灾区紧急调运救灾帐篷 1 万顶的通知》后，立即组织力量连夜装载物资，于 13 日 3 时 20 分调拨帐篷 1 万顶，经铁路发运四川灾区。

5 月 13 日、15 日，湖北省民政厅接到民政部关于调运救灾帐篷的通知后，组织力量连夜装载物资，分别于 14 日零时 45 分和 16 日 2 时 28 分，先后紧急调运帐篷 5300 顶和 2100 顶，经铁路第二、三趟“抢”字头专列发往四川灾区。

5 月 17 日 10 时 50 分，湖北省民政厅调运棉被 10 万床、棉衣 5 万件、帐篷 400 顶、药品 312 箱、饮用水、方便食品等装载 27 节车皮，经铁路第四趟“抢”字头专列发往四川灾区。

5 月 18 日 10 时 30 分，湖北省民政厅调拨衣服 6.79 万件、棉被 3000 床和帐篷 120 顶，经铁路第五趟救灾专列发往四川灾区。

5 月 19 日，湖北省政府接到回良玉的命令，要求湖北省必须在规定期限内完成向四川灾区援建过渡安置房 6 万套（后又追加到 8.5 万套）任务，务必在 3 天内筹集帐篷 2 万顶运往对口支援地区雅安市。罗清泉主持召开专题会议，向武汉、襄樊、宜昌、黄石、孝感、荆门六市下达筹集

帐篷的指令，同时要求葛洲坝集团、中建三局、中铁十一局等单位迅速提供活动板房。罗清泉连夜与受领任务的有关市和企业负责人联系，协调解决具体困难。

5 月 20 日，湖北省长李鸿忠、副省长张岱梨连夜赶赴武昌流芳火车站，参与抢运救灾帐篷，发往四川灾区（见图 155）。

5 月 21 日 6 时 20 分，湖北省政府调运帐篷 1 万顶，经铁路发往雅安。

5 月 22 日 18 时 10 分，湖北省政府调运救灾帐篷 1.33 万顶、衣服 9188 件、方便食品 2019 箱、病床及床垫 250 套、药品 603 箱、活动房材料 1000 平方米，共 29 节车皮，经铁路运往四川灾区。

截至 5 月 23 日，湖北省先后发送 7 个专列 128 节车皮，向四川灾区紧急调运中央储备和湖北省援助救灾帐篷 4.09 万顶、活动板房 13138.4 平方米、棉被（毛毯）10.3 万床、衣服 12.7 万件、病床和床垫 250 套、药品 915 箱、方便食品和饮用水 2.52 万箱。

图 155　5 月 20 日夜，湖北省领导现场研究抢运救灾帐篷方案

（湖北省民政厅　提供）

第十八章　湖南省赈灾活动

第一节　组织领导

一　组织机构

湖南省支援地震灾区抗震救灾工作协调小组　5月12日，湖南省委书记、省人大常委会主任张春贤，省委副书记、省长周强紧急研究部署支援抗震救灾工作，决定向四川省捐助500万元、向甘肃省捐助200万元。5月13日，省委紧急召开常委扩大会议，传达中共中央政治局常委会议精神，研究部署支援四川受灾地区抗震救灾工作，号召在全省组织开展救灾募捐活动。省政府决定成立省支援地震灾区抗震救灾工作协调小组，省委常委、常务副省长于来山任组长，省政府一位副秘书长任副组长，省地震局、省财政厅、省民政厅、省建设厅、省交通厅、省水利厅、省安监局、省公安厅等单位有关负责人为小组成员。领导小组下设办公室，办公室设在省政府应急办公室，省政府副秘书长兼任办公室主任。协调小组负责协调组织全省抗震救灾工作。

湖南省赈灾募捐办公室　5月13日，湖南省民政厅党组召开紧急会议，厅长余长明传达民政部和省委、省政府抗震救灾的会议精神，部署全省民政系统抗震救灾工作，并成立了湖南省赈灾募捐办公室。余长明为主任，厅办公室、救灾处、慈善总会、低保局、基层政权建设处、财务处等单位负责人为成员。办公室设综合协调组、赈灾宣传组、赈灾款物接收组、物资运输保障组。救灾处处长为综合协调组组长，全面协调社会赈灾日常事务；计划财务处处长为赈灾款物接收组组长，负责社会赈灾资金和物资接收工作；省慈善总会办公室主任为物资运输保障组组长，负责赈灾物资的接收、储存、调运等工作；省赈灾募捐办公室负责全省民政系统赈灾募捐工作。

二 组织发动

5 月 12 日 15 时，湖南省红十字会紧急召开会议，研究抗震救灾工作，紧急呼吁湖南各界捐款赈灾，救助受灾群众。省红十字会会长代表湖南省红十字会向四川省红十字会发出慰问信，并向四川地震灾区捐赠 10 万元。同时开通全省各级红十字会募捐电话，公布账号，设立募捐箱，印发宣传册，开展街头劝募等形式多样的活动，广泛发动社会捐款捐物。团省委、省青少年发展基金会联合省内主要媒体，共同启动“湖南希望工程紧急救灾劝募行动”，发出倡议，动员社会捐款，救助灾区学生，援建灾区毁损学校。

5 月 13 日，湖南省委办公厅、省政府办公厅下发《关于切实做好支援灾区抗震救灾工作的通知》。各市（州）、县（市、区）党委、政府分别在 13 日、14 日召开会议，传达中共中央和省委、省政府有关会议精神，动员各级各部门和全社会积极支援地震灾区。

5 月 13 日，湖南省民政厅转发民政部通知，要求各级民政部门、慈善组织立即组织专职人员，负责抗震救灾捐赠活动，切实管好用好捐赠款物；省赈灾募捐办公室向社会公布募捐地址、电话、银行账户。赈灾募捐办公室每日通过新闻媒体、网站向社会公布捐赠款物接收和使用情况，确保整个捐赠活动公开透明。

5 月 14 日，湖南省赈灾募捐办公室举行第一场抗震救灾捐赠仪式，接收省国防科工办捐赠资金 50 万元。15 日，省赈灾募捐办公室联合湖南卫视、湖南经视举办“我们都是一家人”赈灾义演。16 日上午，张春贤到省民政厅听取支援抗震救灾工作情况汇报，强调要弘扬“大爱无疆、勇于担当”的精神，继续全力支援四川地震灾区抗震救灾。17 日晚，张春贤、周强召开专题会议，研究决策支援灾区抗震救灾工作中的重大问题，对支援抗震救灾工作作出具体安排。同日，省民政厅召开党组会议，决定成立湖南省民政厅支援四川灾区工作领导小组。省民政厅下发《关于认真做好支援四川震区抗震救灾募捐工作的紧急通知》。21 日，省民政厅召开厅长办公会议，专题研究做好抗震救灾工作的具体措施。

5 月 22 日上午，周强主持召开省政府常务会议，专题研究部署援助四川受灾群众过渡安置房建设工作，要求坚决保质保量按时完成中央下达的过渡安置房 4 万套建设任务。24 日，省民政厅召开党组会议，研究审定落实民政部《关于对口支援四川汶川特大地震灾区的紧急通知》的对口支援方案。

5 月 26 日，湖南省政府办公厅下发通知，要求各级各部门要进一步组织动员开展募捐活动，进一步组织动员全社会各方面力量捐赠抗震救灾资金和物资。通知明确，湖南省社会各界捐赠的抗震救灾资金和物资，由省支援地震灾区抗震救灾工作协调小组根据国务院抗震救灾总指挥部的部署，并结合捐赠者的意愿，统筹安排。

5 月 30 日，湖南省赈灾募捐办公室、省建设厅在常德举行建设系统为四川灾区建设过渡性简易住房电视捐赠晚会。常德市建设系统各企业、单位和个人共捐赠 2049.9 万元。

6 月 11 日，周强主持召开省政府第九次常务会议，研究落实中央有关部署，对口帮扶四川灾区重建。会议要求，要精心组织，认真实施，坚决确保按时保质完成临时安置过渡房 4 万套的建设任务。会议明确，采取由各市州对口帮扶灾区乡镇方法，完成对口支援理县灾后重建任务。

6 月 14 日，湖南省委召开常委扩大会议，进一步研究部署汶川地震灾后恢复重建对口支援工作。

6 月 16 日，湖南省政府办公厅下发通知，强调各级民政部门负责以政府赈灾募捐办公室的名义开展抗震救灾募捐活动；各级慈善会、红十字会及具有救灾宗旨的公募基金会，可以以救灾名义向社会开展募捐活动；其他任何单位和个人均不得以救灾名义在社会上开展募捐活动。

第二节　捐赠活动

一　党政机关及直属单位捐赠活动

5 月 14 日，湖南省委办公厅举行向四川地震灾区募捐仪式，省委、省人大常委会、省政府、省政协领导和机关干部职工带头捐赠款物（参见图 156）；省直部门单位也积极响应省委、省政府的号召踊跃捐款捐物，支援地震灾区。

湖南省委组织部组织收缴“特殊党费”　5 月 18 日，中组部下发关于交纳“特殊党费”通知后，张春贤批示，全省各级党组织和党员要积极响应，认真做好支援地震灾区的交纳“特殊党费”活动。23 日，省委、省人大常委会、省政府、省政协等省级领导带头交纳“特殊党费”，省

图 156　5 月 14 日上午，湖南省委办公厅举行向四川地震灾区募捐仪式，湖南省委书记张春贤带头捐款（湖南省民政厅　提供）

委办公厅及直属单位1000多名党员交纳“特殊党费”77.94万元。全省各地各部门党员积极响应，交纳“特殊党费”。截至9月30日，湖南省共收缴“特殊党费”17082.96万元。

湖南省委宣传部组织募捐活动 湖南省委宣传部及时部署全省宣传文化系统开展抗震救灾义演义卖等多种形式的募捐活动，募集资金支援灾区。5月15日19时，湖南经视、湖南卫视联合主办“我们都是一家人”大型抗震救灾募捐义演晚会（见图157）。歌唱家李谷一等赶赴湖南义演。台上的演员和台下的观众踊跃捐赠。一位在家收看电视的大姐穿着拖鞋乘出租车赶到演播厅，代表一家人捐赠10万元。3个多小时的晚会共筹集资金1亿多元。16日晚，湖南卫视举办“真情相守、共度时艰”赈灾晚会，特邀在此次灾害中为保护学生献出生命的衡阳籍教师谭千秋的亲属出席，现场募集资金和物资折价5015.05万元，其中资金2848.05万元、物资折价2167万元。17日晚，湖南卫视现场直播抗震救灾特别节目“用心拥抱、坚强同行”赈灾晚会，募集救灾款物。至17日20时，湖南卫视联合湖南省赈灾募捐办公室募集资金和物资折价11279.73万元，其中资金7004.33万元、物资折价4275.4万元。

图157 5月15日，“我们都是一家人”大型抗震救灾募捐义演晚会现场

（湖南省民政厅 提供）

5月13日22时12分，教师谭千秋的遗体在废墟中被发现。他双臂张开趴在课桌上护着身下几名学生的英雄事迹传到家乡后，张春贤评价：“谭千秋身上所体现的是我们湖南人勇于担当的精神，也是湖湘文化的精神。家乡人民为有这样的湘籍英雄而自豪和骄傲，让我们把谭老师所在的那所学校建起来吧，就叫它‘千秋中学’。”共青团湖南省委、潇湘晨报社联合向全社会倡议援建“千秋中学”。至25日，省青少年发展基金会共接收援建“千秋中学”捐赠资金

172.58万元。17日14时，湖南电视台娱乐频道启动“国有难、湘人在——给地震孤儿一个家”募捐活动，计划将接收的捐赠资金全部用于救助地震孤儿。募捐活动在长沙沿江大道风帆广场正式启动，湖南娱乐频道主持人呼吁社会共同努力，与灾区人民共渡难关。20日下午，团省委、省青联联合湖南卫视“勇往直前”栏目共同举办“孩子，我们爱你”湖南“希望工程”抗震救灾特别节目，现场募集物资折价1525万元，募集意向捐赠资金3507万元，募集资金用于地震灾区希望学校的建设。截至9月30日，湖南省宣传文化系统募集救灾捐赠资金和物资折价129043.7万元。

湖南省委统战部组织捐赠活动 5月14日，湖南省委统战部下发紧急通知，要求全省各级统战部门和统战系统各单位，落实省委、省政府的部署，迅速行动，捐款捐物。全省广大统一战线成员积极行动开展募捐活动。至16日，全省统战系统募集资金和物资折价7300余万元。

湖南省卫生厅组织献血活动 5月14日，由共青团湖南省委、省卫生厅、省红十字会、长沙血液中心、湖南交通频道在长沙血液中心联合发起“一腔热血献灾区——抗震救灾特别行动”。600多万长沙市民积极参加无偿献血活动，每个献血点的队伍都长达一二百米，当日献血市民有3000人。至24日，献血人数达8700多人，共献出鲜血300万毫升，预约献血人数已排到25日之后。

二 各市州捐赠活动

湖南各市州坚决贯彻湖南省委、省政府开展抗震救灾捐赠工作部署，纷纷掀起捐赠高潮。截至9月30日，全省14个市（州）捐赠资金和物资折价共计85299.6万元，其中资金77673.95万元、物资折价7625.65万元。

三 人民团体、社会组织捐赠活动

湖南省人民团体捐赠活动 湖南省总工会响应全国总工会关于开展救灾捐赠的号召，按照省委、省政府抗震救灾的工作部署，组织动员全省各级工会组织和会员开展救灾捐赠活动。截至9月底，全省工会系统募集资金和物资折价共21820.8万元。

共青团湖南省委坚决贯彻执行省委、省政府抗震救灾的决策部署，发动全省团员青年积极参加抗震救灾捐赠活动。全省共青团系统募集资金500多万元。

湖南省妇联响应全国妇联的号召，贯彻执行省委、省政府抗震救灾工作部署，组织动员广大妇女开展救灾捐赠活动，募集资金和物资折价共1923.14万元。

湖南省社会组织捐赠活动 湖南省红十字会系统共募集资金16219.68万元，其中省级红十字会组织募集5476.97万元，市级红十字会组织募集8661.3万元，县级红十字会组织募集2081.41万元。省慈善总会系统共募集资金63305.2万元，其中省级慈善组织募集5187.68万元、市级慈善组织募集16018.11万元、县级慈善组织募集42099.41万元。省青少年发展基金会系统共募集资金5212.67万元，其中省本级募集4317.08万元、市级募集895.59万元。

四　企业捐赠活动

湖南省各企业积极响应省委、省政府的号召，踊跃募集款物支援地震灾区。截至5月20日，中央驻湘企业及省内企业共捐赠5300余万元。

中联重科集团捐赠价值2000万元的机械设备，有色控股集团捐赠100万元，湘投控股集团捐赠100万元，长丰集团捐赠100万元，建工集团捐赠100万元，华菱集团捐赠100万元，泰格林纸业捐赠100万元，湘煤集团捐赠100万元，涟钢集团捐赠100万元。

三一集团捐赠资金和物资折价1800万元，其中捐款300万元，捐赠挖掘机、起重机价值1500万元。山河智能公司向四川地震灾区捐赠价值500万元工程机械设备。湖南忘不了服饰有限公司捐赠300万元。步步高连锁股份有限公司捐赠价值100万元的物资。湖南胖哥食品有限公司捐赠价值100万元的物资。香港加加酱油（长沙）有限公司捐赠价值100万元的物资。陈克明面业有限公司捐赠价值100万元的物资。

五　社会民众捐赠活动

湖南省广大社会公众情系受灾群众，奉献爱心，捐款捐物，支援灾区。

5月13日，残疾人欧阳恩成专程从隆回县七江乡到湖南省赈灾募捐办公室，代表七江乡十里山希望小学300多名学生捐款328.5元。长沙市区个体经营者黎晓凤，从电视里看到从废墟中救出孩子的情景，当即到省赈灾募捐办公室捐款500元。在她的影响下，店里的3位女员工分别请她代捐50元。新邵县残疾青年刘琦拄着拐杖辗转4个小时、乘车300多公里赶到省红十字会捐款2000元。在嘉禾县组织的抗震救灾义演现场，在2008年年初因抗击低温雨雪冰冻灾害牺牲的烈士肖建华的妻子肖被良，含泪走上捐赠台捐赠1万元。在2008年年初因抗击低温雨雪冰冻灾害牺牲的烈士罗海文的妻子谢志红，到省慈善总会捐款5000元。资兴市何家山乡百嘉村88岁村民刘才通，4个子女中3个女儿远嫁他乡，儿子早年因公牺牲，老伴去世已久，20多年里都是一个人生活。2006年7月，“碧利斯”台风引起的特大洪水席卷资兴，老人一间住房被冲塌，沦为重灾户，但他把多年积储的养老粮2500公斤和1000元捐给政府，支援抗洪救灾斗争。汶川地震发生后，他又捐出近年省吃俭用积攒的5000元。在他的感召下，何家山乡230多户受灾群众克服困难，向四川地震灾区捐赠2.6万元。

5月19日，湘潭市双腿残疾、靠拄着拐杖捡拾废品维持生计的高孝春老人，到捐赠点捐款50元。李春积老人靠在家务农的儿子供养，生活困难，但他仍将平时省吃俭用的200元捐款灾区。衡阳市8名年逾花甲的老村民不顾山高路远，跋涉30公里到市慈善总会捐款5000元，不留姓名。邵阳市九旬老人魏克孝在老伴的陪伴下，到隆回县慈善总会将儿孙们准备为他办90大寿的1万元钱捐赠四川灾区。娄底市下岗职工毛济民得知地震消息后，到市民政局捐款500元。

第三节　捐赠资金拨付与捐赠物资调运

一　资金拨付

截至9月30日，湖南省募集抗震救灾资金194759.36万元。其中，财政性资金73525.12万元；救灾捐赠资金103960.74万元，包括省赈灾募捐办接收8979.6万元、慈善总会接收64248.69万元、红十字会系统接收20617.06万元、省青少年基金会系统接收5262.83万元、工会系统接收1379.25万元、工商系统接收1485.72万元、光彩基金会接收520.67万元、其他部门接收1466.92万元；省委组织部共接收“特殊党费”17082.96万元，利息收入190.54万元。拨付灾区107913.28万元（包括直接对口支援灾后重建支出73959.65万元），用于省内抗震救灾支出4304.29万元，上交中央有关部门18173.6万元。结余资金转入财政混账专户，列入对口支援专项资金管理。

湖南省支出财政性捐助资金55872.27万元，其中用于德阳市活动板房建设21000万元，拨付四川灾区500万元、甘肃灾区200万元、云南灾区100万元，省内帮扶服务支出1824.11万元，转入理县援建工作队专户32248.16万元；结余资金转入财政专用账户，列入对口支援专项资金管理。

湖南省委组织部收缴的“特殊党费”全部上缴中组部。

二　物资调运

截至9月30日，湖南省共募集捐赠物资折价19056.4万元，其中慈善总会系统接收捐赠物资折价8229.18万元，红十字会系统接收捐赠物资折价6848.32万元，省青少年基金会接收捐赠物资折价1504.44万元，其他单位接收捐赠物资折价2474.46万元。向灾区调运物资折价19012.23万元，其中调运四川省物资折价18463.24万元，调运甘肃省物资折价185.64万元，调运省内救灾物资折价363.35万元；结余物资折价44.17万元，待发运四川灾区。

5月14日13时40分，湖南省政府调运长沙市血液中心第一批100袋血液共3万毫升，经航空运往四川灾区。

5月16日，湖南省政府调运湘西土家族苗族自治州紧急采购的食品100吨、饮用水100吨，经铁路运往四川灾区。

5月19日，湖南省民政厅调拨社会捐赠的毛巾被10万床、衣服10万件，分装13个车皮，经铁路运往四川灾区。

第十九章　广东省赈灾活动

第一节　组织领导

一　组织机构

广东省支援四川灾区抗震救灾工作领导小组　5月12日，广东省委、省政府成立支援四川灾区抗震救灾工作领导小组，省委副书记、省长黄华华任组长，副省长李容根任副组长，省政府办公厅、省民政厅、省财政厅、省地震厅、省卫生厅、省教育厅等相关单位负责人为成员。领导小组下设办公室，省政府秘书长兼任办公室主任，办公室设在省政府应急办。各市、县都成立了支援四川灾区抗震救灾工作领导小组，迅速启动救灾救助应急预案。6月14日，经省委常委会议决定，将省支援四川灾区抗震救灾工作领导小组更名为省对口支援地震灾区灾后恢复重建工作领导小组，负责灾后恢复重建工作，黄华华任组长。领导小组负责全省的抗震救灾工作。

广东省民政厅支援四川灾区抗震救灾工作领导小组　5月19日，广东省民政厅成立支援四川灾区抗震救灾工作领导小组，负责全省民政系统的抗震救灾工作。厅长刘洪任组长，分管副厅长任副组长，厅办公室主任、救灾处处长、低保处处长、机关服务中心主任、省救灾物资储备中心主任、慈善总会秘书长为成员，领导小组下设综合办公室等8个工作组，负责开展支援四川灾区抗震救灾和承担捐赠活动的组织管理工作。

二　组织发动

5月12日晚，中共中央政治局委员、广东省委书记汪洋、省长黄华华对抗震救灾工作作出批示，进行了统一部署。省红十字会向社会各界发出向四川灾区捐款捐物的紧急呼吁。13日，省委、省政府向四川灾区发出慰问电，并捐赠资金200万元及价值250万元的救援物资。广州市委、市政府也向灾区人民发出《慰问信》，并发出《告全市人民书》，倡导全市人民积极参与抗震救灾工作。省劳动保障厅下发紧急通知，要求各地劳动保障部门全力做好四川地震受灾地区在粤务工人员的劳动保障救助工作。凡灾区在粤务工人员，确需返乡救灾的，企业应安排其带薪假期并保证返岗就业岗位。省政府应急办网站开设《广东人民全力以赴支援四川灾区抗震救灾》专题。

5月13日，广东省委办公厅、省政府办公厅下发《转发中共中央办公厅、国务院办公厅〈关于四川省汶川县发生强烈地震情况和全力做好抗震救灾工作的通报〉的通知》，部署民政、卫生、公安等部门全力做好救援人员的动员和救援物资的准备工作，呼吁各界伸出援手、奉献爱心、捐款捐物。省民政厅下发紧急通知，在全省范围内发动社会各界广泛开展捐赠活动，积极为灾区捐款捐物。省慈善总会在各大报刊、电视、广播等新闻媒体向社会各界发出《关于开展向地震灾区捐赠活动的公告》。同日，羊城晚报报业集团连同南方广播影视传媒集团、广东省工商联，迅速在《羊城晚报》头版发出“紧急呼吁”，号召各界行动起来，向灾区伸出援手。省工商联也迅速发出《紧急通知》，呼吁全省广大民营企业和非公有制经济人士全力支持灾区人民渡过难关。广东企业家积极响应中央和省委号召，在各地工商联、光彩事业促进会及各商会协会引导下，积极捐款捐物。

5月14日上午，汪洋主持召开广东省援助四川抗震救灾工作协调会。下午，黄华华主持召开广东支援四川灾区抗震救灾工作会议，部署抗震救灾工作。

5月15日，广东省委办公厅、省政府办公厅下发《关于进一步做好支援四川抗震救灾工作的通知》《关于及时上报支援四川灾区抗震救灾工作情况有关问题的紧急通知》。当日下午，汪洋主持召开省委常委会议，贯彻落实中共中央政治局常委会议精神，专题研究抗震救灾工作，进一步部署支援灾区工作。同日，省政协召开主席会议，号召全省政协委员向四川地震灾区捐款捐物。

5月16日，广东省委、省政府向中共中央、国务院上报《我省落实党中央国务院部署，立即行动全面展开支援四川地震灾区抗震救灾工作的情况报告》；向四川省委、省政府发出《广东人民全力以赴支援四川抗震救灾》电报，表达广东省将根据灾区需要，要人派人，要物送物，要钱出钱，要血献血。同日，省政府成立四川抗震救灾后勤保障中心，有关人员乘飞机赶赴成都开展工作。省政府安排驻成都办事处支援四川人民抗震救灾专用资金100万元。团省委、省青联发出《致全省青少年书》，号召广大共青团员以交纳“特殊团费”的形式为抗震救灾捐款。

5月17日，经广东省政府授权，省民政厅每天经权威媒体向社会发布全省抗震救灾捐赠资金物资接收、救灾资金调拨和救灾物资发运情况，接受社会监督，并引导新闻媒体把握正确的舆论导向，动员和鼓励全省人民群众继续广泛开展救灾捐赠活动。18日，广东省向甘肃、陕西、重庆、云南等省（市）发出慰问电，并捐赠慰问金5400万元。

5月19日，广东省政府办公厅下发《关于统一及时划转社会捐款的通知》。通知要求，明确权限，实行统一汇省、专账管理、由省援建办公室统一安排使用的捐赠款物管理制度，切实加强救灾捐赠款物管理。

5月20日，共青团广东省委在成都召开广东援川志愿服务工作会议，成立广东青年志愿者抗震救灾成都工作站。22日下午，省政府新闻办举行全省支援四川灾区抗震救灾工作进展情况通报会，省经贸委、省公安厅、省民政厅、省财政厅、省建设厅、省卫生厅、省地震局、省红十字会、南航、广铁集团等单位负责人，向中央驻粤主要新闻单位和省内主要媒体介绍广东省支援四川灾区抗震救灾工作情况。

5月30日，汪洋发给全省少年儿童一封信，希望广东省的小朋友们用自己的手拉起灾区小伙伴的手，向祖国宣誓："我们一定能战胜今天的灾难，我们一定会建设美好的未来"。

5月31日上午，汪洋考察广东省美术界为纪念四川汶川地震创作的《地恸·重生》暨《"5·12"表情》巨幅史诗油画创作现场，与广东省主要新闻媒体负责人座谈抗震救灾工作。

6月1日，汪洋在碧桂园控股有限公司董事局主席杨国强及其女儿杨惠妍《致汪洋书记的函》上作出批示，高度评价该公司接收四川灾区学生异地复课的善举。5日下午，汪洋主持召开广东省赴川抗震救灾救援前线工作汇报会，黄华华出席并讲话，赴川参加抗震救灾的救援队伍、青年志愿者队伍和新闻记者的代表在会上发言。

7月1日，广东省财政厅下发《关于建立支援汶川地震灾后恢复重建资金保障机制的通知》，要求加强救灾捐赠资金管理，统一用于支援地震灾区恢复重建。

8月29日，广东省财政厅、省民政厅、省审计厅、省红十字会联合下发《广东省支援汶川地震抗震救灾捐赠资金物资管理暂行办法》，明确救灾捐赠款物的管理原则、使用方向、拨付程序和管理职责，确保充分发挥援建效果。

10月7日，广东省民政厅、省委宣传部、广铁集团、省交通厅、省军区政治部转发民政部、中宣部、铁道部、交通运输部、解放军总政治部《关于开展2008年全国"送温暖·献爱心"——向汶川地震灾区捐赠衣被活动的紧急通知》，广东省首批"暖冬计划"物资运抵汶川。省慈善总会、中国移动广东公司、亿朗科技有限公司在汶川县映秀镇举行"暖冬行动"启动仪式，向汶川县1960名教师捐赠羽绒服。26日，省委常委、常务副省长黄龙云在汶川县出席中国移动广东公司"暖冬计划"捐赠仪式、广州市对口援建汶川县人民医院奠基仪式、珠海市对口援建绵虒小学奠基仪式。截至11月17日，广东省已向汶川灾区运送冬衣18.92万件，棉被、毛毯15.31万床，取暖炉具1.4万台及电热毯等防寒物资；深圳市向甘肃省、青海省运送棉衣被43万多件（床）（含每年冬天民政部组织对口援助的物资）。根据广东省委、省政府的部署，有关部门在汶川当地采购1000多万元的藏式暖炉发给受灾群众。全省接收社会捐赠的冬衣74万件、棉被18万床、取暖炉具1.4万台以及毛毯、电热毯等防寒物资已运抵四川灾区。

10月10日，广东省抗震救灾资金物资监督检查领导小组下发《广东省抗震救灾资金物资监督检查工作制度》，建立领导小组会议制度、监督检查工作制度、重大项目监督检查制度、信息公开制度、调查研究制度，加强对抗震救灾资金物资监督检查，确保全省抗震救灾资金物资监督检查工作有序、有效地进行。

第二节　捐赠活动

一　党政机关及直属单位捐赠活动

在抗震救灾捐赠活动中，广东省委、省人大常委会、省政府、省政协领导和机关干部职工带头捐赠 190 余万元。省直部门单位积极响应省委、省政府号召，踊跃捐赠款物，支援地震灾区。仅省政协系统通过各种渠道捐赠资金和物资折价就达 14.16 亿元。

广东省委组织部组织收缴“特殊党费”　5 月 19 日，广东省委组织部下发《关于做好党员缴纳“特殊党费”用于支援抗震救灾工作的通知》。省委办公厅、省政府办公厅、省人大常委会机关党委、省政协党组迅速组织全体党员开展“缴纳特殊党费向灾区献爱心”活动。省委办公厅机关党员交纳“特殊党费”31.91 万元，省人大常委会机关党员交纳“特殊党费”24.1 万元，省政协机关党员交纳“特殊党费”9.39 万元，省总工会机关党员交纳“特殊党费”6.64 万元。20 日，广州市荔湾区 94 岁的老红军党员刘坚老人交纳“特殊党费”1 万元。截至 7 月 31 日 17 时，广东省共接收党员交纳的“特殊党费”5.68 亿元。

广东省委宣传部组织募捐活动　广东省委宣传部部署全省宣传文化系统积极开展义演义卖等活动，募集资金，支援灾区。5 月 17 日 16 时，省委宣传部、省民政厅、省广电局等单位联合举办“川粤同心、众志成城——广东省抗震救灾大型募捐义演”（见图 158）。省委常委、省委宣

图 158　5 月 17 日，“川粤同心、众志成城——广东省抗震救灾大型募捐义演”现场
（湛华国　摄）

传部部长及省公安厅厅长、省人大常委会副主任、副省长、省政协副主席等领导出席募捐义演活动。晚会新创作的抗震救灾歌曲和抗震救灾新闻片段多次让观众感动得落泪。义演现场设立募捐热线 100 部，在广州天河广百广场设立现场募捐点。省民政厅厅长刘洪在义演现场接受广州碧花园房地产开发有限公司、祈福集团、广东湖南商会及省高尔夫球协会等企业和团体捐赠资金 360 万元。活动现场共募集资金 1.77 亿元。

5 月 13 日，汕头市潮阳区在区党政办公楼举行向地震灾区献爱心捐赠仪式，募集资金 430 万元。14 日晚，汕头市红十字会在南国商城广场举办大型文艺晚会和募捐活动，现场募集资金 92 万元。18 日晚，汕头市慈善会在林百欣会展中心广场，举办“我们都是一家人”大型慈善义演晚会，义演一小时募集资金 34 万多元。19 日，潮南区政府举办大型义卖活动，筹集资金 5 万多元。24 日晚，汕头市红十字会在林百欣会展中心举办募捐晚会，150 个单位和个人捐赠资金都在 10 万元以上，举牌认捐资金和物资折价共 5000 多万元。

5 月 17 日晚，佛山市红十字会、市慈善会、佛山传媒集团联合举办“汶川地震、情牵佛山——佛山社会各界大型赈灾义演”活动，现场筹集资金 1.2 亿元，募集物资折价 2200 万元。

广东省卫生厅组织献血活动　5 月 15 日，广东省卫生厅、广东省青年志愿者协会和广州市青年志愿者协会联合举办广东青年志愿者“热血援灾区”无偿献血活动，青年志愿者、机关干部、大学生、企业员工及社会群众 200 余名参与为灾区无偿献血（见图 159），当日共献血 5 万毫升。广东省参加北京奥运会、残奥会的 10 名志愿者无偿献血。至 21 日 16 时，全省共有 2.3 万人参加无偿献血。在血站容量达到饱和时，全省仍有预约献血单位 1663 个、预约献血者 35 万余人。

图 159　5 月 15 日，广东省社会各界志愿者义务献血场景

（广东省民政厅　提供）

二　各市捐赠活动

在广东省救灾捐赠活动中，21 个设区市市委、市政府响应省委、省政府的号召，广泛动员机关、企事业单位和广大市民积极参与社会捐赠活动，奉献爱心。截至 12 月 14 日，各市共接收资金和物资折价 555743 万元，其中资金 504413 万元、物资折价 51330 万元。

三　人民团体、工商联、社会组织捐赠活动

广东省人民团体捐赠活动　广东省总工会贯彻执行省委、省政府抗震救灾工作部署，广泛开展救灾捐赠活动，募集捐赠资金和物资折价 45806.06 万元。其中，会员捐赠资金 5034.54 万元，社会捐赠资金和物资折价共 40443.39 万元，工会经费捐赠 328.13 万元。

5 月 18 日晚，共青团广东省委、省青联举办向地震灾区传递爱心行动晚会，共募集资金 1414 万元、物资折价 756.1 万元，捐赠希望小学 3 所，为救援人员投 25 万元人身保险额。组建广东青联地震灾区急需物资援助队，运送价值 317 万元的急需药品和物资至四川灾区（见图 160）。至 23 日，团省委共接收“特殊团费”719.5 万元。共青团中山市委、中山市青年志愿者协会募集资金和物资折价共 228 万元。共青团云浮市委募集资金和物资折价共 336.1 万元。截至 6 月 2 日，全省各级共青团组织共募集资金和物资折价共 8267 万元。

图 160　广东省青年联合会地震灾区急需物资援助队准备出发运送救灾物资

（广东省民政厅　提供）

广东省妇联响应全国妇联的号召，积极开展救灾捐赠活动，全省妇联系统共募集资金和物资折价 4552 万元。

广东省工商联系统广泛开展救灾募捐活动，募集资金 6 亿元、300 万美元。

广东省社会组织捐赠活动 广东省红十字会募集资金 9.7 亿元。省慈善总会募集资金和物资折价 4.59 亿元。省青少年基金会设立“希望工程 · 汶川地震救助基金”，募集资金 1400 万元。省光彩事业促进会募集资金 1.5 亿元。

四 企业捐赠活动

在抗震救灾捐赠活动中，广东省各类企业积极捐赠、奉献爱心。截至 10 月 30 日，广东省各类企业捐赠资金和物资折价共计 43.12 亿元，其中资金 37.79 亿元、物资折价 5.33 亿元。

6 月 23 日，中国移动广东公司向省慈善总会捐赠 5000 万元；截至当日，广东移动联合公司及其所属部门单位、合作伙伴共向灾区捐赠 1.5 亿元。雅居乐地产公司副主席陈军贤捐赠 1 亿元，广东碧桂园控股有限公司董事长捐赠 3300 万元后，又捐赠 1 亿元供养 200 名灾区孤儿、接收 1500 ~ 2000 名四川灾区中小学生到碧桂园教育集团所属学校就读直至灾区学校重建完成，捐赠 1000 万元义购广州美术学院为赈灾创作的作品支援灾区。

珠江地产公司向灾区孤儿捐赠价值 1 亿元的精装住宅 100 套，广州海外联谊会、广东合力汽车贸易有限公司向四川地震灾区捐赠价值 36.56 万元的汽车 2 辆。广州民营企业家纷纷向汶川灾区捐赠资金援建学校，其中民营企业家黄文仔捐赠 3090 万元，用于建设灾区示范性学校。

五 社会民众捐赠活动

广东省广大社会民众心系灾区，纷纷捐款捐物，涌现出许许多多感人的事例。在广州市越秀区华乐街道抗震救灾募捐现场，一名身患残疾、无法直立行走的乞讨者，将他身上仅有的 10 元硬币和纸币投进募捐箱。龙川县 78 岁的老党员胡火庆捐出养老金 1 万元。

第三节 捐赠资金拨付与捐赠物资调运

一 资金拨付

截至 10 月 31 日，广东省共接收救灾捐赠资金 53.99 亿元；列支 17.09 亿元，其中省委组织部上缴中组部“特殊党费”5.68 亿元；结余 36.9 亿元，结余资金转入省财政混账专户，列入对口支援灾区专项管理。

二 物资调运

截至10月14日，广东省共接收捐赠物资折价7.61亿元，全部调运至地震灾区。

空中运输 为确保抗震救援的人员、设施设备和物资快速运抵灾区，南航集团专门动用备份飞机20架、飞行员100名和地面人员800名，组成“抗震救灾突击队”，日夜待命，随时起飞，执行航班救援任务。5月13日上午，广东省支援四川灾区抗震救灾工作领导小组协调南航运送省公安厅公安特警队员476名、省公安边防总队突击队员220名至四川灾区，实施救援。同日晚，南航运送省6支医疗救援队111人赴成都转汶川县映秀镇，开展医疗救援；运输价值324万元的药品和30万毫升血浆至四川灾区；运送省地震局组织的地震紧急救援队和省公安消防总队队员407名至成都。13日晚，工作领导小组协调深圳市东海航空公司将高尔夫球会、半岛城邦地产3家公司捐赠的食品、帐篷、奶粉等物资空运至成都。14日凌晨，工作领导小组协调航空公司调运深圳市帐篷、毛毯、药品、救灾器械等救灾物资至成都灾区。18—19日，工作领导小组协调南航3架直升机在四川共6次空投救灾物资3.4吨。19日上午，工作领导小组协调深航无偿提供的波音747型货机调运价值800万元的救援物资至四川灾区。21日，南航运送伤员6名至金河电站。至22日10时，南航出动飞机138架，共执行救灾航班276架次，其中成都221架次（含货机14架次）、绵阳32架次、九寨沟16架次、重庆6架次、昆明1架次，累计飞行736小时，运送解放军、武警部队官兵和消防、医疗救助人员7908人，救灾物资1532吨，行李7043件，从成都往外运送17880人；同时，取消航班185架次，为抗震救灾支出7859万元。

铁路运输 在铁道部统一指挥下，广铁集团迅速启动应急预案，下发专门电报和调度命令，对救灾物资优先受理、优先承运、优先装车、优先发运，争分夺秒抢运物资。5月14日下午，广东省民政厅组织的第二批价值500万元的棉衣、棉被、矿泉水等物资，经铁路运往四川灾区。14日晚，领导小组组织的医疗防疫人员180名、医疗防疫救援车辆72辆，经铁路专列运往四川灾区。15日晚，广东省民政厅组织的第三批价值1800万元的救援物资，经铁路运往四川灾区。20日晚，领导小组组织的卫生防疫和卫生监督人员259名、消杀和卫生监督车42辆及价值250万元的药品14吨，经铁路专列运往四川灾区。至22日6时，广东省发运抢运救灾物资专列785辆，其中开行全趟救灾专列10列368辆、零装救灾专列61列417辆；运送柴油140辆6270吨、汽油100辆5500吨、帐篷23辆1.15万顶、衣物67辆、食品86辆、矿泉水122辆45万件、救护车40辆、军品15辆、医疗器械39辆、棉被8辆、药品7辆、其他集装箱138辆。

公路运输 5月15日，广东省交通厅报请广东省政府同意，发出紧急通知，从16日零时起，对省民政厅或省红十字会统一组织的整车装载运送救灾物资的车辆，一律免费、优先通过全省各公路收费站。21日清晨，省政府在白云机场国际会议中心广场举行广东支援四川抗震救灾活动板房发车仪式，副省长林楠出席仪式并讲话，32辆货车装载广州创钢结构工程有限公司组织的6000平方米活动板房，从广州出发运往四川汶川灾区。

第二十章　广西壮族自治区赈灾活动

第一节　组织领导

一　组织机构

汶川地震发生后，广西壮族自治区党委书记郭声琨、自治区政府主席马飚迅速召开自治区党委常委会议，部署支援四川抗震救灾工作。5 月 12 日 16 时，自治区常务副主席李金早受郭声琨委托，主持召开有关部门单位负责人参加的紧急会议。会议根据自治区党委常委会议的决议，迅速成立自治区应对四川地震灾害工作领导小组，李金早任组长，自治区政府副秘书长庞栋春任副组长，自治区党委宣传部和自治区政府办公厅、应急办、民政厅、商务厅、地震局及广西军区等负责人为成员。领导小组下设办公室，办公室设在自治区政府应急办，庞春栋兼任办公室主任。领导小组负责全自治区抗震救灾工作。

二　组织发动

5 月 13 日，广西壮族自治区党委、政府向四川省委、省政府发出慰问电，同时向四川省运送价值 500 万元的救援物资。14 日，自治区党委召开常委扩大会议，郭声琨要求坚决贯彻落实中央的各项决策部署，竭尽所能做好支援抗震救灾工作。自治区党委、自治区政府决定向四川省捐赠救灾资金 500 万元。同日下午，郭声琨与深航协调联系，深航派出一架波音 747 货机运送方便食品至成都。同日，自治区民政厅转发民政部通知，部署全区各级民政部门向地震灾区的捐赠工作。自治区社会捐助接收工作站、广西慈善总会、广西红十字会在主要新闻媒体上向社会公布募捐电话和接收捐赠账号，接收社会各界捐赠。自治区各级政府迅速成立救灾捐赠组织机构，负责支援汶川地震救灾捐赠的组织发动和协调管理工作，民政部门代表政府接受救灾捐赠。各地通过印发文件、召开会议、发布募捐倡议书、举行广场募捐活动、义演义卖、设立街头流动募捐点、流动募捐箱等形式，为灾区募捐款物。

5 月 15 日 16 时，广西壮族自治区政府召开会议，具体研究落实自治区党委常委会议精神，部署支援四川抗震救灾工作的工作。

5 月 19 日，广西壮族自治区党委组织部下发《关于做好党员交纳“特殊党费”支援灾区抗震救灾工作的通知》，规定党员自愿缴纳抗震救灾“特殊党费”的工作程序。自治区教育厅下发通知，号召全区教育系统开展向四川地震灾区捐款捐物活动，帮助灾区孩子重返校园。14 日、19 日、23 日、26 日，自治区总工会分别举行抗震救灾捐赠活动。自治区妇联先后在广西妇女网、自治区儿童少年基金会网设立支援灾区捐款平台，公布捐款电话，并在自治区儿童少年基金会和农业银行等地设了 7 个爱心基金站，接收抗震救灾捐款。各民主党派广泛动员和组织各界力量，支援灾区抗震救灾。民革广西区委会向全区每一位民革党员寄发《关于为抗震救灾献计出力的倡议书》，民盟广西区委会转发民盟中央《灾后重建家园爱心汇成希望倡议书》，民进广西区委会、农工党广西区委会、致公党广西区委会、九三学社迅速发出通知，号召全区各级组织和会员参与救灾捐赠，全力支援灾区。

5 月 21 日 15 时 30 分，马飚主持召开广西壮族自治区政府十一届六次常务会议，部署支援四川抗震救灾工作，要求调拨帐篷 1500 顶，捐赠活动板房 5000 ~ 10000 套，做好接收四川灾区伤病员治疗工作，派出医疗、防疫救援队伍，组织食品、药品支援四川，组织动员全社会捐款捐物支援灾区。24 日，自治区党委办公厅、自治区政府办公厅下发《关于进一步加强支援四川抗震救灾工作的通知》，要求继续做好抗震救灾物资的筹集、生产和运输，尽最大努力满足灾区要求；切实加大捐赠工作力度，利用各种形式开展捐赠活动，多渠道、全方位募集救灾资金物资；做好黑水县的对口支援工作。

5 月 23 日，广西壮族自治区政府办公厅下发通知，明确和规范各级各单位抗震救灾捐赠资金汇缴和捐赠物资管理规定。

5 月 25 日，马飚主持召开广西壮族自治区政府十一届七次常务会议，专题部署对口支援黑水县抗震救灾的具体工作。

6 月 23 日，广西壮族自治区政府办公厅下发《广西壮族自治区支持四川省抗震救灾款物管理办法》，明确规定对救灾捐赠资金和物资的筹集、使用、管理、分配和审批办法，全区救灾捐赠资金纳入自治区设立的抗震救灾财政专户，实行收支两条线管理。

6 月 30 日，广西壮族自治区政府办公厅下发《关于做好统一汇缴全区社会各界捐助抗震救灾资金工作的通知》，要求各地对当地接收捐赠的账户进行全面清理，对尚未拨付和使用的救灾资金逐级上缴，规范各地救灾捐赠接收、上缴工作程序。

7 月 9 日，郭声琨、马飚带领广西慰问团赴四川慰问，向四川省转交捐赠资金 2.6 亿元。7—

8日，自治区党委副书记陈际瓦带领广西慰问团赴重庆慰问，向重庆市捐赠2000万元。10日，自治区政协主席马铁山带领广西慰问团赴陕西慰问，向陕西省捐赠2000万元。12日，马铁山带领广西慰问团赴甘肃慰问，向甘肃省捐赠3000万元。

第二节　捐赠活动

一　党政机关及直属单位捐赠活动

在汶川地震抗震救灾捐赠活动中，广西壮族自治区党委、人大常委会、政府、政协领导和机关干部职工带头捐赠41.54万元。自治区直属各部门单位积极响应自治区党委、政府号召，踊跃捐赠款物，支援地震灾区。

广西壮族自治区党委组织部组织收缴“特殊党费”　5月19日，广西壮族自治区党委组织部下发《关于做好党员缴纳“特殊党费”支援灾区抗震救灾工作的通知》。自治区党委、人大常委会、政府、政协机关党员共交纳“特殊党费”11.3万元。在全区交纳“特殊党费”的党员中，既有机关干部党员、国有企事业单位职工党员、离退休党员、农民党员、军人党员，也有非公有制企业职工党员和业主党员、下岗失业职工党员、流动党员和领取最低生活保障金的党员。截至9月28日，全区有120万名党员交纳“特殊党费”共13334.4万元。

广西壮族自治区党委宣传部组织募捐活动　广西壮族自治区党委宣传部组织部署全区宣传文化系统单位和演职人员举办抗震救灾义演65场、义卖活动19次，募集大量资金物资支援地震灾区。5月16日20时，自治区党委宣传部、自治区广电局、广西日报社等单位联合举办“我们在一起——广西支援地震灾区募捐晚会”，自治区党委宣传部、人大常委会和政协领导出席晚会并带头捐款，现场募集资金8746万元。同日晚，玉林市举办“抗震救灾、奉献爱心”义演，现场募集资金3.2万多元；桂林市举办“桂林异地商（协）会情系四川灾区爱心晚会”，现场募集资金100万余元。17日晚，南宁市举办“能帮就帮、我们在行动——抗震救灾募捐晚会”，现场募集资金5360多万元。同日晚，贺州市举办“抗震救灾、众志成城”赈灾募捐义演晚会，50多家企业代表和观众2000名参加，现场募集资金8.18万元，企业认捐215万元。18日16—23时，广西电台经济广播台、广西红十字会和广西梦之岛（集团）联合举办“爱在人间——广西音乐人赈灾募捐演唱会”，当晚暴雨倾盆，但全体参演人员坚持演出，观众冒雨观看和捐款，晚会共募集资金10万余元。22日上午，北海市举办为四川灾区妇女儿童献爱心募捐义演，现场募集资金33万多元。22日20时，贵港市举办“风雨同舟、真情奉献——统一战线及社会各界支援四川灾区募捐晚会”，现场募集资金141万多元。24日晚，红豆社区、河池网在河池市文化广场举办“心系汶川、众志成城”大型网友义演募捐晚会。26日17时30分，北海市举办“爱的奉献——众志成城、抗震救灾募捐”晚会，现场募资金18万多元。

5 月 18 日，梧州市总工会在市政府广场举行为四川地震灾区募捐及产品义卖等活动，现场募集资金 59.76 万元。同日，桂林人民广播电台调频 FM88.3 频率启动“5 月 18 日全天收入捐赠灾区”爱心活动，倡议出租车司机将 18 日全天收入捐赠灾区。众多司机积极响应，活动期间共募集资金 17.53 万元。25—26 日，南宁市红十字会、广西四川商会、广西高校学友会联合举行捐赠义卖活动，共募集资金 1.8 万多元。30 日下午，桂林慈善会和桂林中国画院在漓江大瀑布饭店举办抗震救灾书画作品义卖活动，现场筹集资金 32.64 万元。6 月 13 日，贵港市书画界在市区国际大酒店举办书画义卖活动，现场筹集资金 8.73 万元。26 日，漓江画派促进会在广西艺术学院美术馆举办“漓江画派抗震救灾捐赠作品展”，自治区政协副主席、致公党广西区委会委员、漓江画派促进会会长黄格胜携近百位画家踊跃捐献书画作品 118 幅，由南宁东信房地产有限公司收藏，所得资金 100 万元全部用于援建灾区一所“希望小学”。

广西壮族自治区党委统战部组织捐赠活动 抗震救灾期间，广西壮族自治区党委统战部、自治区工商联、自治区体育局联合举办首届“泰富黄金杯”广西非公有制企业运动会。5 月 14 日，组委会决定将原定的闭幕式改为举行“向四川地震灾区捐赠仪式”。自治区党委统战部向广大非公有制经济人士发出“向四川地震灾区捐赠救援”的号召。广西泰富黄金矿业开发有限公司董事长陈大光在捐赠仪式上代表广西民营企业家发出向灾区“捐款捐物支援抗震救灾”倡议。参加捐赠仪式的自治区党委统战部机关干部、参赛队队员、非公有制经济人士共 800 多人，现场捐赠资金、物资折价 2390 万元。截至 6 月 6 日，全区非公有制经济企业及人士通过各种渠道捐赠资金 8192.75 万元、物资折价 1792.64 万元。

广西壮族自治区侨务工作办公室组织捐赠活动 广西壮族自治区侨务工作办公室协调侨联向全区侨联和归侨、侨眷发出全力支援灾区的倡议。5 月 19 日，自治区侨联举行“众志成城、抗震救灾——广西侨联向四川汶川地震灾区爱心捐款仪式”。侨联机关工作人员、广西华商会秘书处、在邕的广西华商会部分会员、南宁市部分归侨和侨眷、海外侨胞代表踊跃捐赠款物。广西林业系统安置归侨林场捐赠 88 万多元。截至 10 月 31 日，自治区各级侨联系统和归侨侨眷捐赠资金和物资折价共计 600 多万元。

广西壮族自治区卫生厅组织献血活动 广西壮族自治区卫生厅动员组织全区向灾区无偿献血。5 月 13 日，南宁市献血屋（点）共接待献血者 700 多人，献血量突破南宁市单天献血纪录。14 日，《南国早报》与南宁献血办公室联合举办“储血救灾，爱在血液中流淌”活动。当日上午，空军 95072 部队获悉灾区急需医疗用血时，迅速组织 100 余名官兵捐献灾区急需的 AB 型和 O 型血 3.6 万毫升。自治区文化厅组织 30 名青年职工献血。贺州市市民 85 人参加义务献血，献血量达 2.41 万毫升。13—14 日，玉林市献血 512 人次，献血量达 12 万多毫升。15 日下午，桂平市在城区中心文化广场举办“桂平市情系四川灾区无偿献血活动”，全市干部职工 600 多人献血共 10.83 万毫升。16 日，南宁消防支队 200 名消防官兵无偿献血共 6 万毫升。17 日，贺州市教育局发出“拯救生命，献出热血，帮助灾区渡过难关”倡议书，市直教育系统干部职工 38 人献血 8880 毫升。23 日，玉柴玉林宾馆员工 96 名无偿献血共 2.5 万多毫升。玉柴销售公司组织 61 名员工献血共 1.82 万多毫升。

二　各市捐赠活动

广西壮族自治区辖各市委、市政府积极响应自治区党委、政府号召，全面开展抗震救灾捐赠活动，募集款物，支援灾区。截至9月28日，全区14个设区市接收救灾捐赠资金和物资折价共计45019.49万元（见表44），其中资金43783.5万元、物资折价1235.99万元。

广西壮族自治区各设区市接收汶川地震抗震救灾捐赠资金物资情况统计表

表44　（截至9月28日）　单位：万元

单　位	民政部门	红十字会	慈善会	行政事业单位	人民团体社会组织	其　他	小　计
南宁市	2902.86	3380.93	657.07	—	181.31	17.11	7139.28
柳州市	—	3207.12	3351.18	271.16	402.80	887.67	8119.93
桂林市	3720.07	1748.07	896.95	4.18	71.35	1.00	6441.62
梧州市	1562.53	486.17	79.87	—	82.12	—	2210.69
北海市	—	580.62	1043.20	—	—	—	1623.82
防城港市	—	683.06	210.14	—	38.00	98.37	1029.57
钦州市	414.78	985.06	801.82	68.23	74.98	—	2344.87
贵港市	1921.81	277.41	—	—	65.30	—	2264.52
玉林市	2733.38	253.97	—	—	81.75	9.53	3078.63
百色市	2949.23	167.13	7.52	—	127.01	—	3250.89
贺州市	299.78	542.64	342.75	—	68.14	—	1253.31
河池市	1086.85	805.50	498.94	42.11	127.14	222.31	2782.85
来宾市	1447.80	354.01	251.96	—	55.97	—	2109.74
崇左市	511.84	187.33	632.56	—	38.04	—	1369.77
合　计	19550.93	13659.02	8773.96	385.68	1413.91	1235.99	45019.49

三　民主党派、人民团体、社会组织、宗教界捐赠活动

广西壮族自治区民主党派捐赠活动　广西壮族自治区各民主党派积极响应中共广西壮族自治区党委、政府号召，募集资金支援地震灾区。民进广西区委募集资金13万余元。

广西壮族自治区人民团体捐赠活动　广西壮族自治区总工会共募集资金和物资折价3321.77

万元，其中工会会员募集捐赠资金和物资折价共 1245.99 万元，社会各界捐赠资金和物资折价共 2048.98 万元，工会经费捐赠 26.8 万元。

共青团广西区委会同自治区少工委、广西青联等 5 家社会组织，向全区青少年发出抗震救灾募捐活动倡议书，募集资金和物资折价共 3906.48 万元，其中资金 3666.03 万元、物资折价 240.45 万元。

广西壮族自治区妇联与广西儿童少年基金会联合发出抗震救灾倡议书，截至 9 月 28 日，募集资金和物资折价共计 2516.77 万元。

广西壮族自治区侨联向全区侨联和归侨侨眷发出支援地震灾区的倡议，募集资金和物资折价 600 多万元。

广西壮族自治区社会组织捐赠活动　广西红十字会募集资金和物资折价共 2.09 亿余元，其中资金 18952.31 万元、物资折价 1972 万元。广西慈善总会、自治区救助站募集资金 6656.36 万元、物资折价 18824.6 万元。全区 8720 家社会组织共募集资金和物资折价 11620.16 万元，其中李宁基金会捐赠 1060 万元。

广西壮族自治区宗教界捐赠活动　广西宗教界组织各宗教团体募集资金和物资折价 500 多万元。

四　企业捐赠活动

汶川地震发生后，广西壮族自治区国资委系统响应自治区党委、政府开展救灾捐赠的号召，积极开展捐赠活动。国资委管理的 13 家企业捐赠 2416 万元，其中广西大锰锰业有限公司捐赠 220 万元，广西北部湾国际港务集团有限公司捐赠 205 万元，广西投资集团有限公司捐赠 83.07 万元。广西梦之岛（集团）在水晶城广场举办“心系四川地震灾区捐款仪式”，5000 余名员工捐赠 17.7 万元。广西丰林木业集团股份有限公司捐赠 70 万元。广西盛天集团捐赠 50 万元。

地震发生后，南宁市外商投资企业及员工通过各种渠道向灾区捐款捐物。广西嘉和置业集团公司、广西丰林木业集团股份有限公司、南宁澳华房地产有限公司、广西博科药业有限公司、南宁华威制衣有限公司、广西大象信息科技有限公司、广西南宁汶中房地产开发公司、广西桂台房地产有限公司、南宁哈利玛化工有限公司、南宁泰格金属制品有限公司等 60 多家外商投资企业踊跃向地震灾区捐款捐物，全市外商投资企业捐赠资金和物资折价 610 余万元。玉柴集团还捐赠价值 800 万元的发电机组 100 台、小型挖掘机 10 台和垃圾处理车 1 台。

柳州市企业向地震灾区捐赠起重机、挖掘装载机、汽车、救护车、发电机组、药品、食品等物资，其中柳州五菱集团与自治区红十字会、上汽通用五菱联手，捐赠五菱医疗专用救护车 36 辆，支援阿坝藏族羌族自治州（见图 161）。柳州市运天运输有限公司（原柳钢汽运公司）捐赠价值 40 万元的柳汽乘龙自卸车 2 辆。广西柳工集团有限公司捐赠价值 200 多万元的装载机 2 台、挖掘机 2 台。桂林市天和药业、桂林三金、桂林高邦、桂林优利特集团等 10 多家医药企业捐赠资金 20 万元及价值 750 多万元的药品。河池市 10 个大型企业捐赠资金和物资折价 1222.81 万元。北海市 808 家企业捐赠 600 多万元。

图 161　7 月 19 日，广西红十字会、柳州五菱集团、上汽通用五菱举行向四川汶川地震灾区捐赠医疗救护车交车仪式

（广西壮族自治区民政厅　提供）

五　社会民众捐赠活动

在救灾捐赠活动中，广西壮族自治区社会各界群众踊跃捐赠款物，奉献爱心，支援地震灾区。

5 月 14 日，南宁市 98 岁老人陈翠华坐着轮椅到广西慈善总会，捐出 300 元。贵港市一对 50 多岁夫妻靠拉人力三轮车维持生活，夫妻俩到广场赈灾晚会现场，以“何益添”的名义，将长年积攒的 1 万元捐赠灾区。

玉林市侨联海外顾问、马来西亚侨胞吕天保、浦金德，发动 44 名马来西亚侨胞捐赠 22.3 万元，委托玉林市侨联转交。北海赤江华侨陶器厂 80 多岁的侨胞何珍兰，身患重病数年，5 月 15 日，他在北海市人民医院透析后由家人搀扶着到陶器厂捐款 50 元。容县一位 1950 年回国的泰国侨胞封祖暹，长期患重病，因治病花钱多，已债台高筑，但仍于 16 日清早到县侨联捐款 300 元。20 日，象州县罗秀镇朋容村“五保户”谢国济、谢国柄各捐款 10 元。谢国济是村里的特困户，每月靠 80 元的抚恤金维持生活，谢国济说：“我已留够这个月的口粮了，便把剩余的 10 元钱全捐了”。

22 日，在来宾市兴宾区募捐活动现场，三五乡古灯村民小组长转交全组村民的捐款 1 万元。一位不愿透露姓名的女士将一个贴有红色心形标志的信封投进募捐箱，信封上写着："每个人的爱心都是微小的一滴水，当无数滴水积在一起时，一定会变成爱的海洋。"署名为"一滴水"。兴业县葵阳镇菜农吴道成靠耕种几亩菜地维持生活，22 日，他捐出 7 天的卖菜款 560.5 元。广西麻风康复村 600 多名康复者尽管生活困难，仍捐款 5657 元。

第三节　捐赠资金拨付与捐赠物资调运

一　资金拨付

截至 9 月 28 日，广西壮族自治区共接收社会各界捐赠资金 52787.81 万元，使用 45585.83 万元，其中拨付四川灾区 37495.43 万元、陕西灾区 2020 万元、甘肃灾区 3020 万元、重庆灾区 2000 万元、青岛红十字会 8.14 万元、中船集团 10 万元，上划红十字总会、全国总工会等中央单位 927.82 万元，支付广西赴四川灾区医疗队及救治四川伤病员开支、物资调运费用开支、制作电视宣传片开支等 104.44 万元；结余 7201.98 万元，结余资金转入自治区财政厅混账专户，继续用于灾区恢复重建。

二　物资调运

截至 9 月 28 日，广西壮族自治区接收捐赠物资折价 6647.7 万元，已向四川灾区调拨物资折价 6573.07 万元，上划中央物资折价 74.63 万元。捐赠物资无结余。捐赠物资通过航空、铁路、公路等运往灾区。

航空运输　5 月 13 日 17 时 30 分，广西壮族自治区领导小组协调自治区商务厅采购救灾物资，商务厅两小时内将采购的救灾食品送达南宁吴圩机场。当晚，翡翠航空波音 747 货机抵达南宁机场，承担广西救灾物资运输任务，由于南宁吴圩机场不能满足波音 747 飞机全载量飞行，民航广西空管分局紧急与民航中南航空公司协调，在保证其他航班安全飞行的同时，保证救灾物资运输飞机紧急起飞空运至成都。14 日，郭声琨与深航联系，协调深航派出一架波音 747 飞机免费运送救灾物资。当日 12 时，郭声琨、李金早等领导到南宁机场会同武警 400 名官兵装载救灾物资，空运至四川灾区（见图 162）。15 日，由中信海洋直升机公司湛江基地派出前往四川地震灾区的 3 架救灾直升机落地柳州白莲机场加油休整，柳州白莲机场员工半小时内完成对每架直升机的加油及相关服务工作，确保救灾直升机安全迅速地再次出发。20 日，柳州市红十字会调运帐篷、药品和消毒水经柳州机场快速通道，仅用 20 分钟就办理了货物托运和安全检查手续，将物资空运至成都。（参见图 163）

图162　5月14日，广西壮族自治区党委书记郭声琨（右二），自治区党委常委、自治区常务副主席李金早（右一）在南宁机场同武警战士一起搬运救灾物资
（广西壮族自治区民政厅　提供）

铁路运输　5月12日，广西壮族自治区党委、政府调运价值1000万元的棉被1.5万床、羽绒服1.5万件和矿泉水、方便食品等物资600多吨，从南宁经铁路发专列运往成都。12日20时39分，自治区民政厅接到民政部在24小时内调运帐篷1万顶起运成都的通知，领导小组协调民政厅、广西备灾中心、南宁铁路局等单位，连夜组织100余名专业搬运工搬运帐篷1万顶、担架5000副，共装了18个车皮，于13日10时经铁路发“抢”87618次专列运往成都。13日16时，自治区民政厅接到民政部要求将南宁救灾物资储备库储存的9100多顶帐篷调至四川的通知，领导小组紧急协调武警某支队调集官兵220多名和军车20辆，装载14个车皮，于14日11时经铁路发专列运往成都。

5月16日11时7分，广西壮族自治区政府接到国务院抗震救灾总指挥部群众生活组关于紧急帮助四川省解决衣物10万件和被子10万床的通知。当日17时，领导小组召集民政、财政、商务、经委、应急、交通、铁路、民航、军队等部门和单位负责人会议，部署物资采购和装载工作。17日20时19分，各部门完成采购和装载棉被6504床、水鸟被21720床、毛毯28995床、毛巾被42781床、衣物12万件、白糖180吨任务，于当晚经铁路发运“抢”903次专列运往成都。

5月17日19时，广西柳工集团有限公司接到上级有关部门指令，要求立即调运装载机100台、挖掘机30台至成都投入救灾。公司立即协调南宁铁路局，从各处紧急调集运输车皮驰援柳工铁路专用线，公司组织员工火速赶往火车站协助装载人员捆扎、固定挖掘机，并检查每台车辆，于18日9时将救灾装备物资经铁路发运什邡。此后，公司30多名员工又清点整理价值68.5

图 163　柳州机场工作人员正向飞机上装运救灾物资

（广西壮族自治区民政厅　提供）

万元的装载机配件 109 种 4686 件，办理了托运手续。19 日，他们将重达 6.4 吨的配件装上旅客列车，运往成都地震灾区。

5 月 22 日晚，广西壮族自治区民政厅调运价值 450 多万元的棉帐篷 1500 顶、快餐面 1300 件、瓶装矿泉水 1300 件、药品 300 件，经铁路发运成都。

5 月 28 日，广西壮族自治区民政厅调运价值 47.5 万元的大米、食用油、棉被、帐篷等物资，经铁路发运成都，转运黑水灾区。此外，南宁、柳州、桂林、河池、梧州、来宾等市都组织大批救灾物资，通过铁路和公路以最快速度运往黑水县。

截至 10 月 14 日，广西壮族自治区共组织开行“抢”字头抗震救灾专列 147 列，突击装运抗震救灾物资 1410 车。

公路运输　汶川地震发生后，广西壮族自治区交通厅成立抗震救灾交通保障工作领导小组，召开 5 次紧急会议研究部署抗震救灾运输应急处置工作，派出公路工程抢险突击队赴灾区抢险救援，做好运送救灾物资车辆通行服务工作。广西公路交通部门为抗震救灾车辆开设“绿色通道”，自治区内外运送赴川抗震救灾物资的车辆，通过广西范围内的所有公路、渡口、收费站，一律免收通行费，确保救灾车辆优先、快速通行。在有运送救灾物资或救援机械的车队通过时，收费站员工立即打开紧急通道，让车辆及时通行；救援车队遇到路况不熟等情况时，收费站及时联系路政人员给予协助，减少在途时间。

5 月 13 日至 10 月 14 日，来宾市 3 次组织救灾应急运输队货车 24 辆，运送救灾物资到都江堰市、黑水县。5 月 16 日，桂林市派出由副市长粟增林率领的慰问团赶赴绵阳，向绵阳市捐赠资金130万元和价值26万元的救灾物资。21日，梧州市派出红十字会领导带队的救灾物资车队，调集价值111.32万元的医疗物资运往四川灾区。25日下午，桂林市第二次组织救灾物资车队，调集价值400万元的药品等物资运往绵阳。30日，防城港市组织4辆大货车，调集彩条布6吨、食用油10吨和学生用品1000多份运往彭州市。6月14日，河池市副市长战明国带领车队调集价值101.06万元的棉被3000床、面条100吨、大米40吨等运往黑水县。在支援四川地震灾区的行动中，全区道路运输行业共组织投入货车3019辆、客车65辆，抢运救灾物资1700多吨，优先装卸货物15.5万吨。全区共免费放行抗震救灾物资运输车辆3.3万辆次，共减免通行费195万元。

部队运输　5月12—25日，95072部队保障各类救灾飞机飞行20余架次。13—22日，武警广西壮族自治区总队第一支队先后3次共派出官兵800多人次，出动车辆50多台次，协助广西救灾物资储备中心将灾区急需的帐篷、羽绒服等物资装运到南宁机场和南宁火车站。17日上午，95072部队出动运输车辆10台、官兵100人，为地方政府运送救灾物资14车1500包。5月19日至6月24日，武警广西壮族自治区总队运输队协助自治区工商联运送价值200多万元的药品至绵阳。5月21日，武警梧州市支队派出官兵6名和运输车2台，紧急运输价值111万元的救灾药品。25日，武警广西壮族自治区总队紧急派出官兵43名、车辆17台，运送价值130多万元的救灾物资至黑水县。8月20日，广西军区机关出动官兵186人、车辆80台次，协助广西备灾中心运送救灾物资300余吨到南宁火车站。抗震救灾期间，参与抗震救灾运输的驻桂部队和广西公安边防总队共出动官兵4200多人（次）、车辆540余台（次）。

第二十一章　海南省赈灾活动

第一节　组织领导

一　组织机构

5月13日下午，海南省委副书记、省长罗保铭主持召开专题会议，研究部署支援四川抗震救灾工作。省委常委、常务副省长方晓宇、副省长姜斯宪出席会议。会议决定成立海南省支援四川抗震救灾工作办公室。

5月13日，海南省委、省政府决定向四川地震灾区提供紧急援助金300万元。16日下午，省政府秘书长徐庄主持召开省援川救灾办工作会议。会议明确省政府秘书长兼任办公室主任，副秘书长兼任办公室副主任，省政府办公厅一处、三处、五处、六处、新闻信息处、应急管理办公室主要负责人为成员，办公室具体负责支援四川抗震救灾工作的组织、协调、联络等工作，实行24小时值班制。

二　组织发动

5月13日上午，海南省委书记、省人大常委会主任卫留成主持召开省委常委会议，紧急部署抗震救灾工作。会议要求各有关部门提前准备救灾物资和救援力量，按照中央的统一部署，积极为灾区群众提供强有力的援助。省卫生厅负责支援四川地震灾区有关药品和医疗队伍的组织工作；省民政厅负责社会各界支援四川地震灾区捐款和物资的组织、协调工作；省红十字会负责红十字会系统捐赠支援四川地震灾区款项和物资的组织工作；省委宣传部负责有关援助四川地震灾区的新闻报道工作；海南航空集团有限公司负责做好支援四川地震灾区人员、物资的空中运输工作。

5月13日，海南省红十字会召开抗震救灾募捐工作紧急会议，并通过各种媒体向社会发出紧急救灾募捐呼吁。同日，省慈善总会紧急启动“抗地震、献爱心”接收社会捐赠行动，号召社会各界和仁爱人士积极行动起来，踊跃捐款，为灾区贡献一份力量。15日，省青少年希望基金会与共青团海南省委、省青年联合会、省青年企业家协会联合下发《关于启动“希望工程紧急救灾劝募行动”的紧急通知》，要求全省各级团组织迅速组织开展抗震救灾助学活动，并与当地新闻媒体合作，及时向社会公布劝募救助标准、捐款方式和行动进展情况，开通救灾捐款电话，迅速打开奉献爱心、助学救灾的渠道。

5月14日，海南省民政厅、省属机关工委、省双拥办联合下发紧急通知，在全省广泛开展抗震救灾募捐活动，为灾区提供资金援助，帮助灾区群众渡过难关。通知要求，各级党员领导干部要带头捐款，精心组织，周密部署；各市县和各单位要认真动员部署，营造良好舆论氛围，迅速掀起捐款热潮；要坚持自愿和量力而行的原则；要严格管理，规范操作。同日，省民政厅根据《民政部办公厅关于建立经常性社会捐助公示制度的通知》，要求加强对捐赠款的管理；接收捐赠的资金，要专人负责、登记造册、专款专用；各市县、各单位接收的捐款于20日前上交省民政厅，由民政厅统一汇总后捐赠灾区。

5月17日上午，罗保铭主持召开省政府专题会议，研究部署支援四川抗震救灾工作。会议决定，全力以赴支持支援四川抗震救灾，各地、各部门要按照中共中央、国务院的要求和省委、省政府的工作部署，把全省支援抗震救灾工作统筹好、协调好、安排好，举全省之力支援灾区，体现大特区的精神风貌，体现海南省对抗震救灾工作的强烈责任感和对灾区人民的深厚感情；加强全省统筹协调，由省支援四川抗震救灾工作办公室负责，切实抓好全省援川工作的统筹、协调、组织、部署、调度和信息收集及报送，有条不紊地抓好援川救灾各项工作；加强同公安部消防局、民政部、卫生部以及四川抗震救灾指挥部等部门的沟通与协调，按照国务院的统一部署和四川灾区的具体要求，做好全省援川人员、物资和资金的安排调度；特别要加强与四川抗震救灾指挥部和四川相关部门的联系，切实做好赴川救援队伍的后勤保障工作；加强新闻宣传报道，由省委宣传部牵头，省援川救灾办协助，海南日报社、海南广播电视台等单位参加，策划、组织好全省援川救灾的新闻报道，特别要重点宣传报道全省援川救灾的感人事迹和全省社会各界对抗震救灾的激情、责任和感情；加强援川救灾款物的监督管理，由省援川救灾办牵头，民政厅、审计厅和红十字会等部门参加，做好援川救灾款物的筹集、安排和管理工作；由民政厅、红十字会分别负责社会各界和红十字会系统救灾款物的筹集和统计；由财政厅负责，根据所筹款项和需求，做好救灾资金的预算安排；由审计厅负责，做好救灾款物的监督、审计工作，所有救灾资金、物资的安排和调配，由省援川救灾办根据灾区的需求和国家抗震救灾的统一部署，提出意见报省政府审批后实施；宣传部门要把全省安抚工作、资助家庭受灾学生的情况在媒体上集中宣传报道，教育部门要将有关信息及时报四川省相关部门，做好持续开展抗震救灾的各项准备；由省援川救灾办组织协调省委宣传部、公安厅、民政厅、财政厅、卫生厅、审计厅、地震局、红十字会、海航集团等单位，为四川灾区下一步的伤员救治、疾病防疫和重建家园，提前做好人员、资金和物资上的准备；要听从中共中央、国务院的号令，根据四川抗震救灾指挥部的要求，随时提供援助。

5 月 24 日 16 时，卫留成听取徐庄关于援川救灾工作情况汇报，要求倾全省之力做好对口支援工作，明确任务和对口支援灾区的需求，保证航线和公路路线畅通。

5 月 27 日，海南省纪委、省监察厅、省民政厅、省财政厅、省审计厅联合转发中央纪委、监察部、民政部、财政部、审计署联合下发通知，要求各市县、省直有关部门和有关单位切实加强对抗震救灾款物的监督管理。

6 月 23 日上午，海南省政府召开专题会议，研究重点支援宝兴县灾后重建工作。24 日上午，省政府主持召开省长专题会议，研究援川救灾资金和物资管理问题，部署近期海南支援四川灾区灾后重建的具体工作。25 日，省民政厅副厅长苏远洋率海南省重点支援重建工作协调组前往宝兴考察援建项目。全省捐助 1.5 亿元帮助宝兴县重点建设教育、卫生、防洪防灾工程和农村房屋受灾户重建家园等项目。

7 月 5 日，海南省住房城乡建设厅援建灾区过渡安置房工程指挥部在邛崃举行海南援川过渡安置房 4330 套开工仪式。

8 月 24 日，海南省政府办公厅下发《海南省援川抗震救灾资金和物资管理办法》，明确规定抗震救灾资金和物资筹集、接收、管理、使用程序，要求各市、县民政局、红十字会严格根据民政部《救灾捐赠管理办法》和民政部办公厅《关于建立经常性社会捐助公示制度的通知》要求，对抗震救灾捐赠款物实行专人负责，登记造册，专账管理，将各级接收的捐赠款全部上缴省民政厅和省红十字会的救灾捐赠专户。

10 月，根据中宣部、民政部等五部委通知，海南省各级民政部门积极组织开展救灾捐赠活动，共接收捐赠资金 520.74 万元，接收过冬衣服 33801 件、棉被 8194 床、其他物资 5727 件，并按民政部要求将过冬物资发运四川地震灾区。

第二节　捐赠活动

一　党政机关及直属单位捐赠活动

在汶川地震抗震救灾捐赠活动中，海南省委、省人大常委会、省政府、省政协领导和机关干部职工带头捐款捐物；省直各部门各单位积极响应省委、省政府号召，踊跃捐款捐物，支援地震灾区。省公安厅将公安部嘉奖的 150 万元特殊奖金捐赠四川地震灾区（见图 164）。省农垦总局干部职工和所属单位共为四川地震灾区捐赠 1398.13 万元。

海南省委组织部组织收缴“特殊党费”　5 月 19 日，海南省委组织部转发中组部关于交纳“特殊党费”的通知。21 日，省委、省人大常委会、省政府、省政协党员领导带头交纳“特殊党费”。省委办公厅、省委组织部的党员举行交纳“特殊党费”活动（见图 165）。省委组织部机关党员

图 164　5 月 21 日，海南省公安厅将公安部嘉奖的 150 万元特殊奖金全部捐给四川灾区
（海南省民政厅　提供）

干部交纳“特殊党费”20.27 万元。22 日，省人大常委会机关、省政府各部门党员开展支援灾区抗震救灾交纳“特殊党费”活动，共交纳“特殊党费”27 万余元。23 日，省纪委、省监察厅机关党员交纳“特殊党费”29 万元。省人民检察院党员交纳“特殊党费”36 万元。各市、县党委发动广大党员交纳“特殊党费”，支援灾区抗震救灾，全省 18 个市、县共交纳“特殊党费”1817.01 万元。截至 10 月 14 日，海南省 256451 名党员共交纳“特殊党费”4085.91 万元。

图 165　5 月 21 日，海南省委办公厅举行“特殊党费”交纳仪式
（海南省民政厅　提供）

海南省委宣传部组织募捐活动 海南省委宣传部部署全省宣传文化系统单位和演职人员开展义演、义卖等各项募捐活动，募集资金，支援地震灾区。5 月 15 日，海南日报报业集团捐赠 20 万元，并组织所属各经营单位、子报子刊和全体员工向四川地震灾区捐款。省文化广电出版体育厅捐出广电总局奖励的全国先进集体奖金 50 万元。21 日，海口市委、市政府在海口市人大会堂举办“血脉相连、共渡难关——椰城人民情系灾区捐助活动”，现场向受灾的海口“友好城市”成都市和绵阳市分别捐赠 500 万元。

5 月 16 日晚，定安县举行赈灾义演募捐文艺晚会，现场募集资金 40 多万元。

5 月 18 日，海南省红十字会、海口市红十字会、海南省广播电视总台、海南明珠广场股份有限公司、武警海南省总队政治文工团在海口市举办“情系灾区、爱在急行”赈灾义演，现场募集资金 30.1 万元。24 日晚，保亭黎族苗族自治县在七仙岭文化广场举办“有爱就有希望”赈灾晚会，现场募集资金 104 万元。

5 月 24 日，共青团海南省委、海南省卫生厅、海南省文明办、海南省青年志愿者协会等联合在海口市宜欣广场举办“抗震救灾、我们在行动”海南省企业界和青少年向四川地震灾区捐款仪式暨南国食品大型义卖活动，募集资金 100 万元。24—25 日，省红十字会联合海南明珠广场股份有限公司在海口市明珠广场举办爱心义拍义卖活动，筹集资金 10 万元。

5 月 25 日上午，海南省青少年希望基金会在海口市万绿园举办“让奥运火炬传递爱和希望”爱心活动，现场募集资金 7 万元。31 日，天涯社区、海南在线、《海南特区报》、直播海南等新闻媒体举办以“为灾区孩子送一份儿童节礼物”为主题的“天涯爱心直通车”活动，志愿者前往宝兴县中坝小学，给学生们捐赠价值 5 万余元的文具用品、课外读物、儿童玩具、体育用品、海南特色礼品等儿童节礼物。6 月 3 日上午，海南各界和四川媒体共同在三亚市凯宾斯基大酒店举办“奥运火炬爱心义拍”活动，现场筹集资金 315 万元。

5 月 27 日晚，海南省委宣传部和海口市委宣传部、海口广播电视台举办“牵挂汶川、捐助灾区”——盛中国·濑田裕子小提琴钢琴公益音乐会，现场募集资金 377 万元。省青少年希望基金会在 15 天内，共举办 4 场募捐晚会，共筹集资金 180 多万元。

海南省侨务办公室、港澳事务办公室组织捐赠活动 汶川地震后，海南省侨务办公室、港澳事务办公室积极联系海外琼属华侨华人和港澳同胞开展各种赈灾活动，共募集资金和物资折价 433 万元。

海南省商务厅组织捐赠活动 汶川地震后，海南省商务厅积极组织全省“双百市场工程”试点企业及商贸流通重点企业开展捐赠活动，全省农产品流通企业紧急向四川灾区调运新鲜瓜菜 4297.37 吨（见图 166）。

海南省教育工作委员会组织捐赠活动 海南省教育工作委员会紧急部署全省教育系统抗震救灾工作，指导各学校开展抗震救灾捐款捐物活动。5 月 27 日晚，海南大学、海南师范大学举办“不屈的脊梁”——情系灾区专场晚会，现场募集资金 41 万多元。截至 10 月 14 日，海南省各高校、省教育厅直属学校募集 260 余万元。省教育工委和学校系统党员交纳“特殊党费”130 余万元。省教育工委对家庭受灾的地震灾区 1006 名学生补助 101.58 万元，各学校对家庭受灾的学生减免学费 300 万元。

图 166　5 月 19 日，海南省商务厅举行向四川灾区捐运瓜菜发车仪式
（海南省民政厅　提供）

二　各市、县捐赠活动

汶川地震后，海南省各市、县党委、政府积极响应省委、省政府号召，深入宣传动员，组织开展形式多样的社会募捐活动，全省 18 个市、县民政部门共接收捐赠资金 12739.25 万元。

三　民主党派、人民团体、社会组织捐赠活动

海南省民主党派捐赠活动　海南省各民主党派响应中共海南省委、省政府的号召，募集款物，支援灾区。其中，民革海南省委会捐赠 12 万元，民建海南省委会捐赠资金、物资折合 369.4 万元，民进海南省委会捐赠 19.39 万元。

海南省人民团体捐赠活动 海南省总工会根据全国总工会抗震救灾捐赠工作部署，积极组织工会系统开展救灾捐赠活动。全省工会系统募集资金和物资折价 542.87 万元。

共青团海南省委积极动员广大共青团员以实际行动支持灾区抗震救灾。全省共青团系统共募集资金 84.46 万元。

海南省妇联协调省妇女联合会基金会、省红十字会基金会广泛开展救灾捐赠活动，全省妇联系统共募集资金和物资折价 110.28 万元，其中资金 56 万元、物资折价 54.28 万元。

海南省社会组织捐赠活动 海南省红十字会共募集捐赠资金和物资折价 9358.29 万元，其中资金 6825.65 万元、物资折价 2532.64 万元。省慈善总会募集资金 118.09 万元。

海南省青少年希望基金会共募集资金 392.39 万元及价值 20 余万元的图书。

四 企业捐赠活动

海南省内各企业积极捐赠资金和物资，支援地震灾区。

海南航空集团有限公司发动广大员工捐赠 2000 余万元。海南省商务厅组织全省商务企业捐赠资金和物资折价 140 多万元。5 月 15 日，省食品药品监督管理局组织全省医药行业近 70 家企业捐赠价值 1100 万元的药品。海南辖区证券期货行业捐赠 918.69 万元。海南省海马汽车集团捐赠价值 120 万元的普力马小汽车 10 台。海南矿业联合有限公司捐赠 100 万元，职工及家属捐赠 22 万元。海南电网公司捐赠 162.5 万元。中国移动海南公司紧急购买 200 部能够长时间待机的品牌手机，捐赠海南省赴四川灾区救援队开展抗震救援工作。22 日，省住房城乡建设厅联合省房地产协会召开房地产开发、物业管理、房地产估价、房屋拆迁等房产企业支援地震灾区过渡安置房建设动员大会，号召全省房地产行业、企业等相关机构积极行动起来，帮助受灾群众重建家园，共募集资金 2100 余万元。23 日，省政协委员、海南广安堂药业有限公司董事长刘成才捐赠价值 50 万元的药品。

五 社会民众捐赠活动

汶川地震后，海南人民积极捐赠款物支援灾区人民抗震救灾。

5 月 20 日，海口市一位姓林的大学生到海南省红十字会捐出出国留学费 10 万元。21 日，一位 90 岁的“五保”供养对象在他人的搀扶下到省红十字会办公室，捐出所有积蓄 300 元。一位 60 岁的老大爷到省红十字会办公室，捐赠了家中最好的棉被，并捐款 200 元。海口市得胜沙步行街服装批发市场的摊主捐赠价值 200 余万元重达 10 吨的新衣物。6 月 16 日，海南省广播电视总台新闻主播赵宇瑛，捐出她在奥运火炬传递活动中所持火炬拍卖款 75 万元，援助宝兴县教育事业。

第三节　捐赠资金拨付与捐赠物资调运

一　资金拨付

截至10月14日，海南省共接收捐赠资金31399.14万元；支出11915.2万元；结余资金19483.94万元，结余资金列入省救灾专用账户，其中1.5亿元用于支援宝兴重建7个项目，其余用于支持灾区其他项目重建。

二　物资调运

截至10月14日，海南省共接收社会各界捐赠物资折价2903.32万元，采购物资折价284.82万元，调运物资折价3188.14万元。救灾捐赠物资无结余。

第二十二章　贵州省赈灾活动

第一节　组织领导

5 月 12 日晚，贵州省委书记、省人大常委会主任石宗源指示贵州省有关领导抓紧制定和全力落实支援四川地震灾区方案。

5 月 13 日，贵州省政府办公厅下发通知，要求迅速组织力量，支援汶川地震灾区；动员社会各界捐款捐物，支援灾区人民抢险救灾，重建家园。

5 月 13 日，贵州省民政厅下发《关于开展向汶川地震灾区捐款捐物活动的紧急通知》，通过贵州电视台、贵州人民广播电台公布省救灾捐赠接收办公室、省慈善总会、省红十字会等捐赠机构的联系电话、联系人、地址、开户银行、账号。省救灾捐赠接收办公室开始紧张工作：建立 24 小时值班制度，负责社会捐赠信息收集、报送；协调中国工商银行贵州省分行省新分理处工作人员，每日 17 时到省民政厅办理社会捐赠资金的收储和汇划手续；协调民航、铁路、交通部门和武警贵州省总队、省公安消防总队向灾区调运食品、帐篷、药品、衣被。省救灾物资仓储中心确定 11 名工作人员，负责救灾物资的消毒、包装、存放和转运工作。

5 月 13 日，贵州省直属机关工委、省委组织部、团省委、省国资委党委、省教育工委、省国防科工办、省总工会、省卫生厅、省交通厅等省直机关各部门、各大系统分别紧急召开会议，动员捐款捐物，支援汶川地震灾区。13—14 日，全省 9 个市（地、州）党委、政府（行署）和 88 个县（市、区）党委、政府分别召开紧急会议，安排支援汶川地震灾区的抗震救灾工作，动员广大党员和干部群众捐款捐物。

5 月 13—20 日，贵州省的省、市、县三级红十字会制作悬挂赈灾标语、横幅 7000 条（幅），印发赈灾宣传单 8 万多份，联合新闻媒体报道赈灾信息 460 多条。在全省各地设立募捐站（点）

117个，派出流动募捐组33个，开通捐赠热线电话57部，并协助卫生部门在14个点开展采血活动。

5月14日，贵州省政府召开由省民政厅、省水利厅、省教育厅、省卫生厅、省安监局等部门负责人参加的会议，明确支援汶川地震灾区的社会捐赠事宜由省民政厅统筹，支援汶川地震灾区的医疗和献血事宜由省卫生厅统筹，支援汶川地震灾区的抢险救援队伍事宜由省安监局统筹。同日，省政府召开省慈善总会会长、秘书长会议，明确慈善总会要向社会各界发出慈善捐赠倡议，组织开展救灾捐赠行动。省慈善总会与《贵州都市报》联合发出《关于向汶川地震灾区捐款捐物倡议书》，同时开通捐赠电话，开辟直接向全省慈善机构捐赠、通过邮局寄往省慈善总会、通过贵阳市商业银行市北路支行汇款、由慈善总会派人上门接收4种途径，引导社会各界捐赠。同时，省慈善总会与中国农业银行贵州省分行、中国工商银行贵州省分行联手，在贵阳市云岩区、南明区、小河区、清镇市的50多个分理处设置募捐箱，在位于贵阳市的沃尔玛、星力百货、云岩广场、大昌隆等超市和人员流动较多的地段设置捐赠点，派出专人在捐赠点服务。

6月11日，贵州省民政厅下发通知，明确各级民政部门是救灾捐赠归口管理部门；在救灾捐赠工作中，不得在捐赠资金中列支管理费用；省监察厅、省审计厅加强对救灾捐赠款物管理使用的监督检查，建立部门监管协调机制。

6月23日，贵州省民政厅下发通知，规定各级民政、红十字会、慈善总会接收的捐赠款物，必须做到手续完备、专账管理、专人负责、账款相符、账目清楚，确保捐赠款物快捷有效地用到汶川地震灾区；各级审计、监察部门要加强对救灾捐赠款物的跟踪审计监督，对贪污私分、截留克扣、挤占挪用的，要迅速查办，从重从严处理。

8月1日，贵州省政府办公厅下发通知，要求加强捐赠资金管理，尽快将结余的捐赠资金汇往灾区；完善统计和信息公开制度，增强救灾捐赠工作透明度；建立部门协调机制，加强对救灾捐赠工作的监督检查。

贵州省各级公安部门严格布控，严厉打击捐赠活动中的欺诈行为。5月14日、15日，贵州警方与上海警方密切配合，在黔西县打掉以募捐为名进行诈骗的10人诈骗团伙。

第二节　捐赠活动

一　党政机关及直属单位捐赠活动

贵州省委、省政府于5月14日向四川灾区捐赠1000万元及价值700余万元的物资。在汶川地震抗震救灾捐赠活动中，贵州省委、省人大常委会、省政府、省政协领导和机关干部职工带头捐赠30.76万元。省直部门单位积极响应省委、省政府号召，踊跃捐赠款物，支援地震灾区。省交通厅组织厅机关和直属单位捐赠 200 万元。省住房城乡建设厅所属院所单位和职工捐赠资金和物资折价 148.75 万元。省政法系统捐赠 1309.39 万元。省直属机关工委在省委广场举行捐赠活动，现场接收 82 个单位捐赠的资金 1000 多万元。省国防科工委系统干部职工捐赠 2027.35 万元。

贵州省委组织部组织收缴“特殊党费”　5 月 19 日，贵州省委组织部发出通知，要求各级组织部门要认真贯彻中组部《关于做好部分党员交纳“特殊党费”用于支援抗震救灾工作的通知》的精神，在全省范围内开展交纳抗震救灾“特殊党费”活动。全省各市（地、州）和各县（市、区）党委组织部、省直机关工委等单位安排部署本地区、本系统、本单位“特殊党费”的接收工作。广大党员积极捐款。躺在病床上的贵州省财经学院原党委书记、71 岁的胡太华向儿女们交代，将自己省吃俭用积攒下的 1 万元钱作为“特殊党费”捐给汶川地震灾区群众；第二天，老人便离开了人世。省委组织部离休老党员、79 岁老干部黄仕娥，老伴去世多年，一个儿子下岗，两个孙子的学费基本上由她承担，房屋已居住了 20 多年，因资金困难未维修。20 日，她得知交纳“特殊党费”的消息后，取出积蓄的 1 万元交纳“特殊党费”。省检验检疫局机关服务中心主任、党支部书记郑世洪将省委、省政府奖给他的奖金 6000 元交纳“特殊党费”。22 日，在外务工的绥阳县风华镇进化村党支部书记文国强和党员杨少勇、艾泽举、杨大利，得知风华镇党委开展交纳“特殊党费”活动后，专程从外地驱车回镇交纳“特殊党费”，文国强交纳 1 万元，其他 3 人各交纳 1000 元。23 日，遵义光勋绿色产业有限公司负责人、汇川区高坪镇仁江村党总支书记卢光勋交纳“特殊党费”10 万元。截至 9 月 11 日，贵州省 67.59 万名党员共交纳“特殊党费”1.07 亿元，其中交纳 1000 元以上的有 3.11 万人、1 万元以上的有 91 人。

贵州省委宣传部组织募捐活动　贵州省委宣传部部署全省宣传文化系统单位和演职人员积极开展赈灾义演义卖活动，募集款物，支援灾区。省、市赈灾机构和宣传、广电、文明办、共青团等单位先后在贵阳、遵义、安顺、凯里、兴义、都匀、毕节等地举办了 30 多场（次）义演、义卖活动，为汶川地震灾区募集款物。5 月 14 日，贵阳市委、市政府在金阳新区行政中心广场举办“伸援手、献爱心”捐赠活动，现场募集资金 281.5 万元，募集物资折价 50 多万元。16 日，《贵阳晚报》“爱心版面”认购签约仪式在贵阳晚报社举行，14 家企业现场认购并签约 131.32 万元捐赠灾区。同日，贵阳市文明办、贵阳市团委、贵阳电视台等 8 个单位在贵阳市人民广场联合举办“血脉相连、心手相牵”心系绿丝带大型赈灾义演活动。现场 68 个团体、企业捐赠资金 275 万元，捐赠物资折价 89 万元。17 日，安顺市举办“我们与灾区人民同在”大型赈灾义演，现场募集资金 161.48 万元。20 日，都匀市在市人民广场举办“让世界充满爱——都匀市情系灾区大型募捐义演”，现场募集资金 227 万元。22 日，贵州省红十字会、贵阳市红十字会、贵阳电视台、贵阳人民广播电台在贵阳人民广场举办“手牵手、献爱心”大型义演活动，现场募集资金 556 万元。同日，黔东南苗族侗族自治州在凯里市行政中心举办“苗乡侗寨心系灾区”大型义演，干部、职工、民营企业家、市民近 2000 人参加，现场募集资金 220 万元。29 日，贵州省慈善总会与贵州电视台举办“我们血脉相连——满意在贵州绿丝带行动”特别节目。瓮福磷矿集团携部分经销商捐赠 600 万元。30 日，黔西县在县城东山剧场举办抗震救灾义演活动，现场募集资金 403 万元。

5 月 26 日，贵州省红十字会、《贵州都市报》《贵阳日报》《贵阳晚报》、贵阳电视台在贵阳喜来登贵航酒店举办“大爱无疆——地震扶孤助学专项人道救助”大型义卖活动，贵州省文化艺术界老中青三代艺术家捐出近百幅书画作品进行拍卖，募集资金 184.9 万元，现场接收 30 多家企业、社会组织、知名人士及刚从汶川地震灾区一线归来的武警、消防官兵等捐款 1266.7 万元。

贵州省卫生厅组织献血活动 汶川地震后，贵州省卫生厅、省血液中心召开紧急会议，根据省委、省政府抗震救灾的工作部署，启动《贵州省血液应急预案》；省红十字会启动《中国红十字会总会自然灾害等突发公共事件应急预案》一级响应，呼吁社会各界捐款献血。5 月 14 日，在贵阳市人民广场采血点，一名抱着婴儿的妇女冒雨登上献血车献血，急切地对工作人员说：“我想输血，为灾区人民献上一片心意”。到了中午，献血队伍排到街道中间，有的司机把车停在路旁加入献血队伍。15 日，在贵阳市云岩区环北办事处采血点，古兴社区低保户李玉琴、黄庭会等 10 名献血者说：“虽然我们经济不宽裕，但我们身体好，能够献点血，算是我们对灾区的一点心意”。至 16 日，贵阳市各采血点有 5 万多人领取无偿献血登记表，近 2000 人献血共 39.34 万毫升。黔西南布依族苗族自治州有献血志愿者 1365 名，共献血 34.19 万毫升（见图 167）。安顺市 1391 名献血志愿者共献血 37.91 万毫升。毕节城区市民于 14 日自发到毕节地区中心血站、献血点，排成长队为灾区献血，毕节市何官屯镇卫生院医生蒲先举已经有 7 次献血经历，采血人员劝他献 200 毫升，他说：“这次是特殊情况，抽 400 毫升吧！”直到 400 毫升鲜血流入采血袋，他才欣慰地离开。当日，毕节地区中心血站采血点共有 175 人献血 3.68 万毫升。在凯里市，报名献血志愿者有 3000 多人，有 400 多人共献血 8 万毫升。遵义市中心血站与遵义市团委开通 4 部热线电话，报名献血的人络绎不绝。仅 14 日一天，遵义市碱厂就有 400 多人到采血点报名献血。据统计，在开展向汶川地震灾区伤员义务献血的活动中，贵州省报名献血的有 10.85 万人，献血的有 5.5 万人，共献血 1581.05 万毫升。

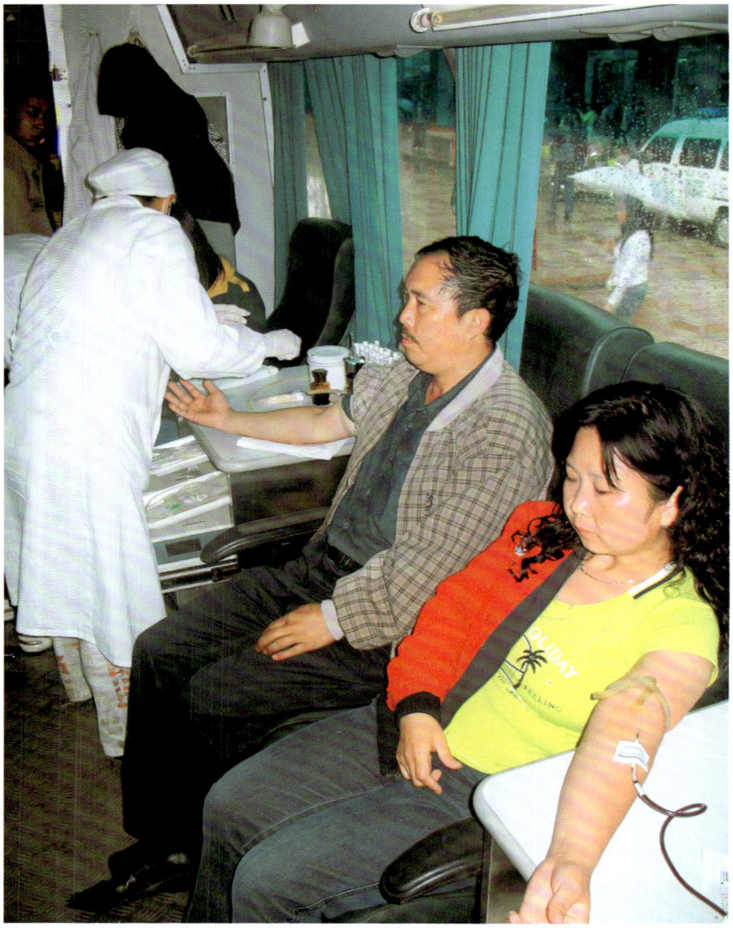

图 167 黔西南布依族苗族自治州中心血站医务人员正在为献血志愿者采血

（贵州省黔西南布依族苗族自治州民政局 提供）

二　各市（地、州）捐赠活动

截至 9 月 28 日，贵州省 9 个市（地、州）、88 个县（市、区）的党政机关、企事业单位、社会团体捐赠资金和物资折价共计 36328.26 万元，其中资金 32744.11 万元、物资折价 3584.15 万元（见表 45）。

贵州省各市（地、州）接收救灾捐赠资金物资情况统计表

表 45　　（截至 9 月 28 日）　　单位：万元

单　位	捐赠资金	捐赠物资折价	小　计
贵阳市	8716.78	1116.54	9833.32
六盘水市	3001.44	—	3001.44
遵义市	4784.92	1588.00	6372.92
安顺市	2814.40	370.00	3184.40
黔东南苗族侗族自治州	3055.72	87.92	3143.64
黔南布依族苗族自治州	2591.31	124.16	2715.47
黔西南布依族苗族自治州	1974.09	270.00	2244.09
毕节地区	3894.13	—	3894.13
铜仁地区	1911.32	27.53	1938.85
合　计	32744.11	3584.15	36328.26

三　人民团体、社会组织、宗教界捐赠活动

贵州省人民团体捐赠活动　贵州省总二会部署全省工会系统的救灾捐赠活动，全省工会会员积极捐赠，捐赠资金和物资折价 475 万元；开展“重建家园、再献爱心”等活动，募集社会捐赠资金 1153.67 万元。

共青团贵州省委组织全省广大共青团员交纳“特殊团费”291.63 万元，募集资金和物资折价 487.6 万元。

贵州省妇联在抗震救灾捐赠活动中，募集资金和物资折价 6.13 万元。

贵州省社会组织捐赠活动　贵州省红十字会募集捐赠资金和物资折价 4223.17 万元，其中资金 1034.25 万元、物资折价 3188.92 万元。省慈善总会募集捐赠资金和物资折价 1920.5 万元，其中资金 847.5 万元、物资折价 1073 万元。省个体劳动者协会和私营企业协会募集资金 1678.68 万元。

贵州省宗教界捐赠活动 贵州省宗教团体共募集资金和物资折价 347.96 万元。其中，各级宗教机构及干部职工捐赠资金 30 万元，佛教团体和寺院募集资金 171.66 万元、物资折价 15 万元，道教团体和宫观募集资金 2.7 万元，伊斯兰教团体和清真寺募集资金 10.6 万元，天主教团体和教堂募集资金 33 万元，基督教团体和教堂募集资金 35 万元，信教群众自发捐赠资金 50 万元。

四 企业捐赠活动

贵州省各企业积极响应省委、省政府号召，募集款物，支援地震灾区。

5 月 12 日晚，瓮福磷矿集团公司捐赠资金和物资折价 893.85 万元，其中资金 863.85 万元、物资折价 30 万元。13 日，茅台集团捐赠 500 万元。随后，茅台集团又在企业内启动“情系震后同胞”活动，再次捐赠 412.97 万元；茅台集团习酒有限责任公司捐赠 100 万元。省机场集团捐赠 100 万元。贵州益佰制药股份有限公司捐赠资金 123 万元及价值 100 万元的药品。航天科工集团〇六一基地捐赠 336.7 万元，集团职工捐赠 116 万元。省交通厅所属企业单位捐赠 300 万元，并安排大型客车 105 辆、大型货车 102 辆到汶川地震灾区为抢险救灾服务。贵州电网公司捐赠资金 360 万元、物资折价 2370 万元。贵州赤天化集团公司及职工、家属捐赠 200 万元。贵州青利集团捐赠 160 万元。贵州世纪金源集团及所属五大子公司、十大发电厂员工捐赠 1433 万元。贵航集团两次共捐赠资金 840 万元及价值 30 万元的物资。龙里非公有制企业捐赠价值 336 万元的药品。百江燃气集团捐赠价值 150 万元的燃气灶具 3000 套。省经贸系统企业捐赠资金 163.38 万元及价值 437.48 万元的物资，组织大货车 40 辆前往汶川地震灾区为抢险救灾服务。中铝贵州分公司单位和职工家属捐赠 406.46 万元。省烟草专卖局（公司）捐赠 300 万元，职工捐赠 216 万元。省农村合作信用社组织驻 9 个市（地、州）的办事处开展捐赠，88 个县（市、区）农村信用联社职工捐赠 238 万元。中国农业银行贵州省分行捐赠 100 万元。贵州西电电力股份有限公司捐赠 126.94 万元。盘江煤电集团公司捐赠 372.9 万元。省盐业集团有限责任公司捐赠 100 万元，盐业集团系统职工捐赠 32.5 万元。水城矿业（集团）有限责任公司及所属单位职工捐赠 200.21 万元。水城钢铁（集团）有限责任公司捐赠 158 万元。六枝工矿业（集团）有限责任公司捐赠 108.97 万元。贵州开磷（集团）有限责任公司捐赠 305.7 万元。苏宁电器集团捐赠 500 万元。国美电器集团捐赠 150 万元。恒大房地产集团捐赠 1000 万元。贵州龙蓝波湾房地产开发有限公司捐赠 100 万元。北京福海福樱石新材料科技发展有限公司捐赠价值 900 万元的建房新材料。完美（中国）日用品有限公司 5 次共捐赠资金 1300 万元及价值 1000 万元的医疗营养品。益海嘉里捐赠 2000 万元。可口可乐中国公司捐赠 500 万元。贵州华新焦化制气有限公司及职工捐赠 150 万元。贵州百灵集团捐赠 100 万元。省乡镇企业局组织全省乡镇企业捐赠资金和物资折价共 229.9 万元。贵阳利海集团捐赠 100 万元。中国电信贵州公司捐赠资金 100 万元、捐赠大型柴油发电机 100 台和其他价值 34 万元的物资。中国工商银行贵州省分行捐赠 145 万元。保利贵州公司捐赠 128 万元。贵州省各保险公司、保险中介机构、贵州监保局共捐赠 107 万元。中国振华集团捐赠 100 万元。拉法基瑞安水泥有限公司捐赠 1500 万元。省国资委管理的企业和职工捐赠 1275 万元。贵州省送变电公司捐赠 113 万元。遵义钛业集团捐赠 124 万元。

五　社会民众捐赠活动

贵州省各界群众积极捐款捐物。开阳县农妇袁安惠将出售4只羊所得款1000元捐赠地震灾区。14日，印江土家族苗族自治县土家族下岗工人张华与爱人谭泽霞，将做小生意积蓄的1万元汇寄中国红十字会。

5月15日下午，松桃苗族自治县蓼皋镇南门、平块两社区居委会的工作人员清点捐赠箱内5角、5元、10元捐款时，不禁流下了热泪。大部分捐款者都是低保户，当他们得知汶川地震的消息后，将省吃俭用节余的一点钱向灾区人民献上一份爱心，其中南门社区募集资金7259.5元、平块社区募集资金4805元。

5月16日，身患红斑狼疮的贵州毕节地区公安局民警马晓勤，为了支援灾区，不顾其丈夫、儿子和医生的反对，坚持谢绝对自己的治疗，劝说丈夫："别在我身上浪费了，把钱捐给灾区，或许能救治更多的生命"。夫妻抱头痛哭，将准备治病的6000元钱全部捐赠给灾区。

5月16日15时，在兴义市"情系地震灾区"赈灾义演募捐现场，两位下肢完全瘫痪、身高1米左右的父子，双手撑着自制的小木手凳从台下的募捐人群中靠近捐款箱，父亲从贴身的衣兜中掏出一小叠1元、5角、1角的钱币投入募捐箱后，儿子从口袋里掏出2元纸币投入募捐箱。江口县漆树坪羌族村村民胡政兴，儿子身患白血病，家庭生活困难。17日，他将出售15个鸡蛋所得的7.5元捐赠灾区。19日，在都匀市阳和水族乡捐赠现场，70多位水族农民走20多里山路赶来捐款，共捐3745元，其中74岁的退休老党员韦德崇捐出卖猪所得的1000元。20日上午，一位中年男子到贵阳市人民广场的捐赠点，掏出5万元投进捐赠箱后转身离去。工作人员追上去问他的名字，他说："你就写'唐山'吧"。22日，安顺监狱的服刑人员捐款7758元。在遵义市，一位取名"关注社会，点燃希望"的QQ群网友在市中心丁字口搭起募捐台，主动配合市红十字会募捐。家住募捐现场附近的老人倪德群看到动人的捐赠场面后，在家人搀扶下到现场捐款2000元。当日，QQ群网友募集资金8万元、物资折价30.5万元。

第三节　捐赠资金拨付与捐赠物资调运

一　资金拨付

截至9月28日，贵州省接收抗震救灾捐赠资金63270.49万元；列支资金63270.49万元，其中上缴中央有关部委15503.61万元（包括省救灾捐赠接收办公室汇民政部2300.46万元、省委组织部汇中组部"特殊党费"10702.8万元、省总工会汇全国总工会1153.67万元、驻黔部队汇解放军总部和武警总部1346.68万元）；拨付地震灾区47766.88万元。救灾捐赠资金无结余。

二 物资调运

截至9月28日，贵州省共接收救灾捐赠物资折价8225.5万元，调运灾区物资折价8225.5万元，救灾捐赠物资无结余。

5月13日，贵州省政府在政府大院举行“携手人道、抗震救灾——省红十字会‘5·12’地震救援启动仪式”，紧急调运价值209万元的救灾物资，经公路运往都江堰市。省红十字会先后协调调拨7批总价值3115.74万元的帐篷、衣物、棉被、药品、医疗器械、饮用水和食品，经航空、铁路、公路发运成都转运都江堰、德阳、绵阳、安县、青川、什邡、广元、江油等地震灾区。16日，遵义市将捐赠资金1568万元和折价600万元的救灾物资发往四川省民政厅。同日，应四川省民政厅请求，贵州省民政厅紧急采购并调运价值86万元的方便面、矿泉水、熟食品，协调武警贵州省总队派出26辆大卡车、志愿者组织派出3辆大卡车，于17日将物资运送转交四川省民政厅（见图168）。

5月15日9时，安顺市工商联组织24辆货车运输车队，调拨价值160余万元的380吨救灾物资运往北川、彭州、都江堰等地。25日，贵州省民政厅紧急采购调运价值199万余元的波波糖、大米、饼干、矿泉水、棉被、药品等物资300余吨，送往德阳市旌阳区。省慈善总会通过民航、铁路、公路部门，调拨9批价值共1073万元的药品、帐篷、食品、矿泉水、衣被等物资，送往成都、绵阳等地灾区。

图168 贵州省政府运送支援汶川地震灾区救灾物资的车队

（赵卫东 摄）

第二十三章　西藏自治区赈灾活动

第一节　组织领导

一　组织机构

5 月 13 日，西藏自治区党委书记张庆黎在《中共中央办公厅、国务院办公厅关于四川省汶川县发生强烈地震情况和全力做好抗震救灾工作的通报》上作出批示，要求自治区发扬“一方有难、八方支援”的精神，积极支援抗震救灾。自治区党委副书记、人大常委会主任列确，自治区党委副书记、自治区政府主席向巴平措等自治区领导也作出批示，并对做好社会赈灾工作作出具体安排部署。同日，自治区民政厅党组紧急召开专题会议，决定成立西藏自治区民政厅四川汶川特大地震救灾捐赠工作领导小组，厅长任组长，分管副厅长任副组长，厅办公室、救灾处、计划财务处等单位负责人为成员。领导小组负责自治区民政系统的抗震救灾捐赠工作。领导小组下设接收捐赠办公室。办公室下设综合信息报道组、接收捐赠资金组、接收捐赠物资组。接收资金、物资组由自治区民政厅分管副厅长负责，综合信息报道组由民政厅办公室主任负责。为加强力量，民政厅抽调办公室、纪检监察室、计划财务审计处、救灾处、民间组织管理局的相关人员开展接收捐赠工作。

5 月 14 日，拉萨市委、市政府，日喀则、山南、林芝、昌都、那曲、阿里地委和行署，区（中）直各委、办、厅、局，自治区人民政府驻北京、成都、西安、格尔木办事处，也分别成立了以主要负责人为组长，由民政、组织、宣传、财政、纪检、审计、教育、红十字会等相关部门负责人为成员的社会赈灾领导小组，组织和发动本地市的抗震救灾捐赠工作。

二 组织发动

5 月 13 日，西藏自治区党委办公厅、自治区政府办公厅下发《关于向四川地震灾区群众开展捐款活动的紧急通知》，要求认真做好社会赈灾的组织发动工作，扎实开展救灾捐赠活动，确保社会稳定。通知明确要求，各地各部门捐赠款项统一送交自治区民政厅社会捐助接收工作站，个人捐助者直接送交当地民政部门，单位和个人捐款亦可通过银行汇款或转账方式移交民政厅。地市民政局和红十字会设立专门的组织和管理机构，设立募捐点，安排专门人员，配备相应工作设备，开展向汶川地震灾区救灾赈灾的组织、发动、宣传、捐赠款物接收以及管理、分配等工作。同日，民政厅党组、西藏慈善总会下发《中国共产党西藏自治区民政厅党组关于在全区动员社会力量对汶川地震灾害开展慈善募捐活动的实施方案》，方案确定集中全区社会力量开展慈善募捐活动的指导思想、募捐宣传、募捐方式、慈善管理、保障措施等。

5 月 14 日后，西藏自治区民政厅先后转发民政部《救灾捐赠管理办法》等一系列文件，规范救灾捐赠活动，加强对救灾捐赠款物的接收、分配和使用管理，要求全区各级民政部门和慈善会，严格按照《救灾捐赠管理办法》的规定，救灾捐赠受赠人应当对救灾捐赠款指定账户专项管理，对救灾捐赠物资分类登记造册，应当向社会公布其名称、地址、银行账号等；接收救灾捐赠款物后，应当向捐赠人出具凭证；救灾捐赠情况由县级以上人民政府民政部门向社会公布，切实加强对捐赠款物接收、登记、管理、分配、使用各个环节的监管；对缴入救灾专户的各类捐赠资金，各级民政、财政部门全部实行专账核算、专户管理，执行“收支两条线”管理规定，对救灾捐赠资金实行专人管理，确保专款专用；各级民政部门、慈善会和红十字会的工作人员都要严格按照接收捐赠程序，认真进行清点、分类、登记并向捐赠人开具收据。

5 月 15 日，西藏自治区民政厅下发《关于成立接收捐赠办公室的通知》，分别在西藏电视台、拉萨电视台、西藏人民广播电台、《西藏日报》《西藏商报》《拉萨晚报》发布公告，公布接收汶川地震捐赠的办公地址、接收捐赠账户、账号、开户行、募捐电话、联系人、联系电话、传真电话等。此后，西藏慈善总会、西藏红十字会相继通过西藏电视台、《西藏日报》《拉萨晚报》等媒体发布倡议书或公告。拉萨市委、市政府，日喀则、山南、林芝、昌都、那曲、阿里地委和行署以及各地市民政部门、慈善分会和红十字会分别在当地电视台发布倡议书或公告，同时发布本地区、本部门接收四川汶川地震捐赠办公室的地址、接收捐赠账户、账号、开户银行、募捐电话、联系人、联系电话、传真电话等信息。

与此同时，西藏自治区民政厅、拉萨市民政局、西藏慈善总会在《拉萨晚报》第六版上刊登《自治区民政部门提醒广大市民，爱心捐赠要走正规渠道》的文章，进一步提醒市民不要轻信骗人短信和不法网站，以免上当受骗，再一次公布自治区民政厅接收捐赠办公室、拉萨市民政局、西藏慈善总会和西藏红十字会的接收捐赠账户、账号、联系地址、电话等信息。

5 月 21 日，根据中组部通知精神，西藏自治区党委组织部下发《关于在全区机关事业单位党员中开展缴纳“特殊党费”积极支援灾区抗震救灾活动的通知》和《关于转发中央组织部〈印发关于抗震救灾“特殊党费”收缴、使用和管理的暂行办法的通知〉的通知》，号召全区党员积极缴纳“特殊党费”，支援灾区抗震救灾。通知明确规定，全区党员缴纳的“特殊党费”统一通过银行汇至党费专用账户，由自治区党委组织部负责接收、登记、建账、汇总并统一上缴至中组部抗震救灾“特殊党费”专用账户，同时将党员姓名、现工作单位、联系方式等有关情况传真至中组部。

三 慰问受灾群众

汶川地震不仅给灾区人民的生命财产造成重大损失，同时也给西藏自治区家住受灾省市干部职工、离退休人员以及驻川各机关、企事业单位和办事处人员的生命财产造成较大损失。对此，自治区党委、政府高度重视，作出关于尽快对西藏在内地工作、安置的干部职工因汶川大地震受灾情况开展调研的指示。自治区民政厅紧急下发《关于调查了解西藏自治区干部职工因灾受损情况的紧急通知》，对全自治区各地市、各区（中）直机关、企事业单位和驻内地办事处的干部职工、离退休人员在汶川地震灾害中的人员伤亡、财产损失情况进行调查摸底。经调查，在汶川地震灾害中，西藏自治区家住四川、陕西、甘肃、重庆、云南、河南、宁夏、湖南、山西等 9 个省（区、市）的干部群众受灾 3797 户，因灾死亡 27 人、受伤 76 人、失踪 8 人；1045 户房屋倒塌和严重受损，2665 户房屋轻度受损。根据调研摸底情况和自治区政府指示精神，自治区民政厅制定了《西藏自治区联合工作组赴四川地震灾区慰问西藏自治区受灾干部职工及核灾工作实施方案》。6 月 25 日和 29 日、7 月 3 日，自治区党委、政府召开自治区民政厅、党委老干部局、劳动和社会保障厅、建设厅、财政厅、发展改革委、国资委、总工会等部门负责人参加的专题会议，成立西藏自治区家住受灾省（区、市）干部职工、离退休人员受灾情况调查工作组。自治区政府副秘书长为组长，自治区政府办公厅、民政厅、党委老干部局、财政厅、劳动和社会保障厅、建设厅、交通厅、昌都地区行署、日喀则地区行署以及自治区政府驻成都办事处人员为成员，于 7 月 10 日至 8 月 1 日赴四川地震灾区开展慰问及核灾工作。

工作组分为 3 个小组。第一组由工作组组长、自治区政府副秘书长戴建国，工作组副组长、自治区民政厅副厅长杨国义，工作组副组长、日喀则地区行署副专员欧珠卓玛带领，实地走访成都市区、都江堰、彭州、崇州、大邑、郫县、双流七地。第二组由工作组副组长、自治区劳动和社会保障厅副厅长葵宜田，工作组副组长、自治区政府驻成都办事处巡视员詹裕康带领，实地走访广元市及所辖剑阁县，德阳市及所辖什邡市，绵阳市及所辖安县等市、县。第三组由工作组副组长、昌都地区行政公署副专员永吉带领，实地走访雅安市、眉山市、天全县、汉源县，阿坝藏族羌族自治州及所辖理县、茂县、汶川县、小金县，甘孜藏族自治州及所辖丹巴县等市（州）、县。

在慰问、核灾工作中，工作组按照点面结合、集中与分散相结合的原则，采取实地慰问、查看灾情，集中慰问、核实灾情和电话慰问、询问灾情等 3 种方式，在余震不断、交通不便的情况下，跋山涉水，走村串巷，不畏酷暑，奔波于地震废墟之间，深入到受灾户家中和临时过渡安置房里，共实地走访四川省的成都、广元、德阳、绵阳、雅安、甘孜、阿坝等 8 个市（州）及其所辖的 28 个县（市、区）、96 个乡（镇）、189 个村，行程 8300 余公里，重点看望和慰问了自治区

图 169　西藏自治区政府副秘书长戴建国（左）向驻都江堰的日喀则地区办事处受灾离退休老同志发放慰问金（西藏自治区民政厅　提供）

跨省安置的离退休严重受灾人员和在职干部职工。（参见图 169）工作组共慰问受灾干部职工、离退休人员 2717 户，其中入户慰问 1032 户，对其中 759 户按每户 1000 元的标准发放慰问金 75.9 万元；电话慰问及询问灾情 931 户；委托当地部门慰问 17 户；到各单位集中安置点慰问 737 户。

第二节　捐赠活动

一　党政机关及直属单位捐赠活动

西藏自治区党委、政府于 5 月 13 日向四川灾区捐赠 300 万元；18 日，向甘肃、陕西、重庆、云南各捐赠 100 万元；19 日，向四川灾区运送价值 1236 万元的物资。在汶川地震抗震救灾捐赠活动中，西藏自治区党委、人大常委会、政府、政协领导和机关干部职工带头捐赠 22.63 万元。（参见图 170）区直部门单位积极响应自治区党委、政府号召，踊跃捐赠款物，支援地震灾区。自治区工商行政管理局干部职工捐赠 3.33 万元，自治区工商系统干部职工捐赠 38.93 万元。自治区地勘局干部职工捐赠 43.7 万元。自治区气象局 1000 多名干部职工共捐赠 59.26 万元。自治区司法系统捐赠 45.3 万元。自治区国土资源系统干部职工捐赠 12 万元。截至 8 月 31 日，西藏自治区机关单位共捐赠 1095.71 万元。

西藏自治区党委组织部收缴“特殊党费”　5 月 19 日，西藏自治区党委组织部下发《关于组

图 170　西藏自治区党委书记张庆黎（右一）等参加向四川汶川地震灾区捐款活动（西藏自治区民政厅　提供）

织动员党员缴纳“特殊党费”支援抗震救灾工作的通知》。22 日，自治区党委办公厅 295 名党员交纳“特殊党费”26.98 万元，其中 101 名党员交纳“特殊党费”1000 元以上。21—27 日，昌都地区 6778 名党员交纳“特殊党费”共 272 万元，其中 895 名党员交纳“特殊党费”1000 元以上。

截至 8 月 31 日，西藏自治区有 10.59 万名党员交纳“特殊党费”共 4053.5 万元。

西藏自治区党委宣传部组织募捐活动　西藏自治区党委宣传部部署全区宣传文化系统单位和演职人员开展义演、义卖等多种形式的捐赠活动，为地震灾区募集款物。5 月 25 日，拉萨市文艺团体和共青团拉萨市委在拉萨市少年儿童活动中心举办“情系四川地震灾区暨‘六一’义演活动”，参演的演职人员积极捐款，现场募集资金 6445 元和 12 美元。自治区广播电影电视系统募集资金 56 万元。

西藏自治区教育厅组织捐赠活动　5 月 14 日，西藏自治区教育厅下发开展抗震救灾捐赠活动的通知，部署全区教育系统捐赠工作。至 21 日，全区教育系统募集款物折价 615.35 万元，其中教育厅捐赠 20 万元，高职学院捐赠 12.34 万元，拉萨中学捐赠 6.51 万元，拉萨师范高等专科学校捐赠 6.7 万元，日喀则地区教育系统捐赠 120.19 万元，林芝地区教育系统捐赠 32.17 万元，昌都地区教育系统捐赠 28.23 万元，西藏大学捐赠 25.81 万元，西藏大学农牧学院捐赠 20.86 万元，西藏民族学院捐赠 127.4 万元，拉萨市教育系统捐赠 135.88 万元，山南地区教体局及地直学校捐赠 58 万元。

二　各地市捐赠活动

在西藏自治区开展的救灾捐赠活动中，全区 7 个地（市）党委、政府加强领导，组织发动广大市民积极参加救灾捐赠活动，奉献爱心。截至 8 月 31 日，各地市共接收捐赠资金 5207.44 万元（见表 46）。

西藏自治区各地市接收汶川地震抗震救灾捐赠资金情况统计表

表 46　　（截至 8 月 31 日）　　单位：万元

单　位	民政部门	红十字会	其他社会组织和基金会	组织部门	小　计
拉萨市	839.80	—	—	520.21	1360.01
那曲地区	392.04	—	—	—	392.04
昌都地区	492.00	—	—	272.00	764.00
林芝地区	359.70	5.24	53.78	303.74	722.46
山南地区	440.69	—	—	—	440.69
日喀则地区	780.10	26.75	—	569.65	1376.50
阿里地区	151.74	—	—	—	151.74
合　计	3456.07	31.99	53.78	1665.60	5207.44

三　人民团体、社会组织、宗教界捐赠活动

西藏自治区人民团体捐赠活动　西藏自治区总工会募集捐赠资金和物资折价 197.93 万元，其中会员捐赠 31.73 万元，社会各界捐赠 38.64 万元，工会经费捐赠 127.56 万元。共青团自治区委机关干部职工捐赠 1.52 万元。自治区妇联系统募集捐赠资金和物资折价 227 万元。自治区残联机关干部职工捐赠救灾资金 1.28 万元。

西藏自治区社会组织捐赠活动　西藏红十字会募集资金和物资折价 897.31 万元，其中资金 657.45 万元、物资折价 239.86 万元。西藏慈善总会募集资金 24.53 万元。拉萨市志愿者协会募集资金 79 万元。西藏证券协会募集资金和物资折价 1855 万元。援助西藏发展基金会募集资金 3.2 万元。

西藏自治区宗教界捐赠活动　洛扎县洛卓沃龙寺捐赠 5 万元，甘丹寺捐赠 2.5 万元（见图 171），洛卓沃龙寺住持噶玛显培活佛、僧人捐赠 5 万元。

图 171　西藏甘丹寺向四川汶川地震灾区捐款
（西藏自治区民政厅　提供）

四　企业捐赠活动

在抗震救灾捐赠活动中，西藏自治区企业履行社会责任，踊跃捐赠资金物资。截至 8 月 31 日，全区企业捐赠资金和物资折价 3706.2 万元。

5 月 13—14 日，中国联通西藏分公司和

图 172　民航西藏自治区管理局组织干部职工开展“献爱心”支援灾区人民捐款活动
（西藏自治区民政厅　提供）

各地市分公司员工捐赠 6.8 万余元，其中自治区分公司和拉萨市分公司的捐赠资金 5.6 万余元直接汇往四川灾区，六地（市）分公司的捐赠资金 1.2 万余元交当地民政局。中国人民银行拉萨中心支行捐赠 28.24 万元，并委托拉萨中心支行成都办事处采购 10 万元食品捐赠四川灾区。民航西藏自治区管理局干部职工捐赠 27.32 万元，单位捐赠 60 万元，向灾区运输帐篷等各类物资 15 吨（见图 172）。西藏天路股份有限公司捐赠 100 万元。西藏矿业股份有限公司捐赠 100 万元，交纳“特殊党（团）费”42.4 万元。自治区建设系统部分企业捐赠 47.5 万元。自治区农牧生产加工企业紧急筹集价值 75.58 万元的物资运往四川灾区。西藏堆龙古荣郎孜糌粑有限公司捐赠物资折价 10.34 万元。西藏龙湖实业有限公司捐赠价值 3 万元的 2.5 吨物资。西藏雪山矿泉水有限公司捐赠物资折价 3.78 万元。

5 月 19 日，西藏巨龙铜矿有限公司捐赠 200 万元。奇正藏药股份有限公司捐赠 608 万元。西藏诺迪康药业股份有限公司捐赠 253 万元。西藏中凯矿业股份有限公司捐赠 210 万元。西藏银河科技发展股份有限公司捐赠 200 万元。西藏证券经纪有限责任公司捐赠 200 万元。

五　社会民众捐赠活动

在救灾捐赠活动中，西藏各界群众积极捐赠款物，支援地震灾区。

5 月 20 日，拉萨市民晶辉代表全家到自治区民政厅接收捐赠办公室捐赠 10 万元。这是西藏开展向地震灾区捐赠活动以来，接收捐赠办收到的个人捐款数额最大的一笔资金。拉萨中学2000多名学生向灾区捐赠6.28万元。西藏大学退休教师扎西次仁向都江堰市聚源中学捐赠3万元（见图173）。21日，扎西次仁到捐赠办转交尼玛卓嘎、格桑夫妇（尼泊尔籍）委托捐赠的2万元。尼木县退休干部白玛格列从电视里得知地震灾情之后，专程到捐赠办捐款300元。6月11日，一位中国福利彩票“双色球”二等奖获得者，领取奖金后到捐赠办捐款500元。

图173　西藏大学退休教师扎西次仁向都江堰市聚源中学捐赠3万元
（西藏自治区民政厅　提供）

第三节　捐赠资金拨付与捐赠物资调运

一　资金拨付

截至10月31日，西藏自治区共接收救灾捐赠资金12043.97万元（包括“特殊党费”4053.5万元），支付12043.97万元。救灾捐赠资金无结余。

西藏自治区民政厅共接收抗震救灾捐赠资金5397.99万元；支付资金5397.99万元，其中汇往四川省2100万元、甘肃省600万元、陕西省400万元、云南省100万元、重庆市100万元，支付西藏安置在汶川地震灾区的企业受灾职工和企业离退休人员生活补助资金945万元，支付昌都地区运输集团公司在天全县因灾受损户的房屋恢复重建资金523.35万元，支付日喀则地区在都江堰退休基地因灾房屋损毁家庭的恢复重建资金108万元，政府购买救灾物资资金321.08万元，支付购买救灾医疗用品支出95万元，支付慰问安置在汶川地震灾区的西藏受灾干部职工和离退休人员经费 75.9 万元，支付专列物资运输费用 28.96 万元，支付汽车运输物资运费 7000 元。救灾捐赠资金无结余。

西藏红十字会募集资金 657.45 万元，全部上缴中国红十字会总会，无结余。

西藏自治区党委组织部接收党员交纳的“特殊党费”4053.5 万元，全部上缴中组部，无结余。

西藏自治区部分企业和社会组织直接向灾区捐赠资金 1445.01 万元，已由企业汇捐灾区，无结余。

西藏自治区各地市、各部门定向向灾区捐赠资金 490.02 万元，已由各地市、各部门汇捐灾区。捐赠资金无结余。

二　物资调运

截至 8 月 31 日，西藏自治区共接收捐赠物资折价 1527.49 万元，调拨灾区物资折价 1527.49 万元。（参见图 174）其中，自治区民政厅接收捐赠物资折价 1287.63 万元，调运灾区物资折价 1287.63 万元，救灾捐赠物资无结余。西藏红十字会接收救灾捐赠物资折价 239.86 万元，调运灾区物资价值 239.86 万元，救灾捐赠物资无结余。

图 174　5 月 19 日，满载着救灾物资的专列从拉萨火车站驶出

（西藏自治区民政厅　提供）

第二十四章　青海省赈灾活动

第一节　组织领导

一　组织机构

5月12日晚，青海省委副书记、省长宋秀岩主持召开省政府支援四川省地震灾区抗震救灾工作紧急会议，部署全省抗震救灾和社会捐赠工作。省民政厅根据省政府抗震救灾的工作部署，召开厅党组紧急会议，决定成立省民政厅抗震救灾指挥部，厅长更阳任总指挥，副厅长景占荣任副总指挥。指挥部下设宣传报道组、组织动员组、款物接收组、监督审计组、款物统计组。宣传报道组，由机关党委和办公室负责；赈灾组织动员组，由人事教育处和机关党委负责；赈灾款物接收组，由救灾处、救灾物资储备中心和计划财务处负责；监督审计组，由监察处和计划财务处负责；救灾款物统计组，由计划财务处和办公室负责。

二　组织发动

5月12日晚，宋秀岩主持召开青海省政府支援四川省地震灾区抗震救灾工作紧急会议，听取省地震局关于汶川地震的情况汇报，研究部署支援汶川地震灾区工作。会议要求，全省坚决贯彻中共中央、国务院指示，大力发扬“一方有难、八方支援”精神，从人员、物资、救援组织等方面做好必要准备，认真做好支援四川地震灾区相关工作，并号召社会各界为灾区奉献爱心，捐款捐物，积极帮助灾区人民抗震救灾，渡过难关。

5月12日晚，青海省红十字会召开紧急执行委员会（扩大）会议，立即启动省红十字会应对自然灾害和突发事件预案。会议确定，为灾区募捐工作由省红十字会党组书记、常务副会长尼玛负总责，设立劝募组、收款组、报道组、秘书组、保障组、物资接收组，紧急动员布置，迅速开展救灾捐赠，并公布省红十字会的开户银行、账号和捐赠电话。

5 月 13 日，青海省慈善总会成立抗震救灾捐赠办公室，副会长兼秘书长乔忠民任办公室主任，办公室设宣传报道组、救灾捐赠组，救灾捐赠组负责开展救灾捐赠工作。同日，省慈善总会向全省发出紧急开展抗震救援行动的公告，公布开户银行、账号和捐赠电话。

5 月 15 日，青海省红十字会在青海省政府办公楼前举行救灾捐赠仪式，并受省委、省政府委托，代表全省各族群众，向四川灾区汇捐 300 万元。副省长、省红十字会会长马顺清出席捐赠仪式并接受媒体采访。

5 月 16 日，青海省委书记、省人大常委会主任强卫看望省红十字会工作人员和捐款群众（见图 175），号召全省上下弘扬爱国主义精神和中华民族传统美德，全力支援四川抗震救灾工作。强卫勉励大家继续努力工作，把青海各族干部群众的爱心和牵挂及时带给灾区人民。强卫看到一位古稀老人前来捐款，拉着老人的手说："老人家，您这么大岁数还来捐款，关心着灾区的群众，谢谢您！"强卫要求青海省各新闻媒体发挥自身优势，及时报道灾情和抗震救灾工作进展情况，广泛宣传报道全省各族人民关心支持灾区的热情和行动，努力营造万众一心抗震救灾的良好舆论氛围。

5 月 19 日，青海省委、省政府再次向四川省捐赠 700 万元，向甘肃、陕西地震灾区各捐赠 60 万元。

图 175　5 月 16 日，青海省委书记、省人大常委会主任强卫（中）看望青海省红十字会募捐点工作人员（青海省民政厅　提供）

5 月 19 日，青海省政府在西宁市中心广场举行青海省救灾捐赠仪式，省直各厅局和社会各界群众 2000 余人参加，马顺清出席捐款仪式并讲话。当日下午，陕西省政府举行救灾捐赠接受仪式，青海省政府副秘书长李宁代表青海省政府向陕西省政府捐赠 60 万元。甘肃省政府举行接受救灾捐赠仪式，青海省政府副秘书长马骥代表青海省政府向甘肃省政府捐赠 60 万元。

5 月 21 日，更阳发表视频会议讲话，进一步部署青海省民政系统支援灾区工作。22 日，青海省民政厅发布通告。通告指出，民政部门是政府主管救灾捐赠的职能部门，负责组织救灾捐赠事宜。红十字会和慈善总会是具有救灾宗旨的慈善团体，应大力组织开展赈灾募捐活动。除民政部门、红十字会、慈善会 3 家机构外，未经批准，其他任何单位和个人不得以任何名义向社会开展募捐活动和在公共场所设立募捐箱。

5 月 23 日，强卫主持召开青海省委常委会议，听取全省开展抗震救灾工作汇报，进一步研究部署支援灾区抗震救灾工作。

6 月 20 日，青海省政府办公厅下发通知，要求各地区、省直各有关部门和单位、社会团体等，对本地区、本部门、本系统或公开向社会募集抗震救灾捐赠资金，在充分尊重和体现捐赠人意愿基础上，及时转交省民政厅、省红十字会或省慈善总会，并由三部门转入省财政厅抗震救灾资金专户（不包括“特殊党费”），以加强对捐赠资金的管理，统一支援灾区抗震救灾和恢复重建工作。

7 月 22 日，青海省政府办公厅下发通知。通知指出，各地区、省直有关部门和单位、社会团体等在本地区、本部门、本系统或公开向社会募集和接收到的抗震救灾捐赠未拨资金（不含“特殊党费”），务必于 7 月底以前转入省财政厅抗震救灾捐赠资金账户，严禁滞留挪用和违规使用抗震救灾捐赠资金。

第二节　捐赠活动

一　党政机关及直属单位捐赠活动

5 月 13 日，青海省委、省人大常委会、省政府、省政协领导及机关干部职工带头向地震灾区捐款捐物。省直各部门各单位响应省委、省政府号召，积极募集款物，支援地震灾区。

青海省委组织部组织收缴“特殊党费”　5 月 20 日，青海省委组织部转发中组部《关于做好部分党员交纳“特殊党费”用于支援抗震救灾工作的通知》，部署全省交纳“特殊党费”工作。全省各级各地党组织和广大党员积极响应。19 日下午，西宁市城东区党委在全国哀悼日默哀活动结束后，组织全区机关党员为地震灾区交纳“特殊党费”，15 名县级党员领导干部和 480 名党员交纳“特殊党费”8.98 万元；省委党校党员交纳“特殊党费”4.1 万元。20 日，西宁市民政局离休干部闵洪升到民政局交纳“特殊党费”1000 元。省纪委离休党员干部张生交纳“特殊党费”

4800 元。乐都县雨润镇 73 岁老党员祁彩林，汶川地震发生后，向中组部交纳党费 1111 元；在镇党委组织党员交纳“特殊党费”活动中，他又交纳“特殊党费”1111 元。21 日，青海省石家庄第一干休所离休党员干部刘若筠、李芬蕾夫妇，向干休所党组织交纳“特殊党费”5000 元。大通回族土族自治县黄家寨镇下陶村党员刘兴元，将平时省吃俭用积攒的 2000 元交纳“特殊党费”。截至 10 月 14 日，青海省党员共交纳“特殊党费”3709.8 万元。

青海省委宣传部组织募捐活动　青海省委宣传部部署全省宣传文化系统单位和演职人员开展赈灾义演、义卖等项活动，募集资金物资，支援灾区。5 月 25 日下午，青海省宣传文化系统举办“抗震救灾、重建家园”赈灾义演，省委宣传部部长、省政府领导出席并捐款。各市（地、州）和省直宣传文化单位及全省多家文化单位参加，现场募集资金 368.9 万元。

5 月 18 日，青海省老干部书画协会在西宁市新宁广场开展义卖捐赠活动。活动接收书画家捐赠的书法作品 395 幅和美术作品 119 幅。

二　人民团体、社会组织、宗教界捐赠活动

青海省人民团体捐赠活动　青海省总工会响应全国总工会抗震救灾捐赠的号召，开展救灾募捐活动。省总工会本级募集捐赠资金和物资折价 146.42 万元，各地级工会共募集资金 428.46 万元。

共青团青海省委组织动员全省各级组织和青少年开展救灾捐赠活动（见图 176），共募集资金 68.45 万元。

图 176　5 月 16 日，共青团青海省委等组织团员青年开展江源献爱心——支援灾区捐款活动

（青海省民政厅　提供）

青海省妇联系统募集资金和物资折价 31 万元。省妇联还协调企业定向捐赠价值 72 万元的物资，运至陕西、甘肃灾区。

青海省社会组织捐赠活动 青海省红十字会共募集捐赠资金和物资折价 7853.24 万元，其中资金 7162.05 万元、物资折价 691.19 万元。

青海省宗教界捐赠活动 青海塔尔寺募集资金 30 余万元（见图 177），黄南藏族自治州 31 座寺院募集资金 8.34 万元、捐赠面粉 3 吨，久治县德合隆寺院、宁友寺院、觉囊寺院募集资金 9517 元，省伊斯兰教协会、西宁东关清真大寺募集资金 114.6 万元。湟中县大才回族乡回族群众张成英家族捐款 200 万元。

图 177　5 月 14 日，青海塔尔寺僧人向地震灾区捐款活动现场
（青海省民政厅　提供）

三　企业捐赠活动

青海省内各企业积极响应省委、省政府号召，捐赠款物，支援地震灾区。

5 月 13 日，格尔木藏格钾肥有限公司向四川省财政厅“抗震救灾资金归集专用账户”汇款 1000 万元；之后 3 日内，该公司全体职工又捐赠 24 万元。浙江东阳第三建筑公司青海分公司震后立即调集民工档案，到各个工地调查四川灾区籍民工情况，提前给 400 余名四川灾区籍民工核算工资 70 多万元，当日支付受灾严重地区的民工工资 20 多万元；14 日，在银行的支持下，公司兑现四川灾区籍民工工资 60 万元，帮助他们踏上回乡路。

5 月 14 日，青海奥凯煤业集团公司 100 多名员工在西宁经济开发区管理委员会大楼前广场上打出“奥凯煤业集团与灾区人民心连心”横幅，自发捐赠 4.46 万元。青海庆华矿冶煤化集团有限公司员工捐赠 30 万元，公司捐赠 200 万元。15 日，省国资委举行青海省大中型企业为四川地震灾区抗震救灾捐款仪式（见图 178），24 家国有企业捐赠 576.24 万元，其中省国资委监管的 16 家企业捐赠 312.69 万元，中央驻青海 6 家企业捐赠 241.55 万元，省国资委党委代管的 2 家企业捐赠

图 178　5 月 15 日，青海省国资委举行青海省大中型企业为四川地震灾区抗震救灾捐款仪式
（青海省民政厅　提供）

22 万元。同日，省工商联、省商会、省光彩事业促进会在青藏民族城举行“省民营企业家为四川地震灾区抗震救灾捐赠仪式”，青海久美藏药药业有限公司、青海天露乳业有限责任公司、西宁三田实业集团、青海晶珠藏药高新技术产业股份有限公司等 24 家民营企业、周边商户及群众纷纷捐款，现场接收捐赠资金 138.5 万元。中国石油青海油田公司捐赠 285.6 万元，公司 43 个基地和单位、23097 名员工捐赠 384 万元，全公司共捐赠 669.6 万元。西宁特殊钢集团有限责任公司和员工捐赠 563 万元。

中国水利水电第四工程局有限公司捐赠资金和物资折价共 693.8 万元。青海盐湖工业集团股份有限公司捐赠 194.93 万元。西宁经济技术开发区管理委员会募集资金和物资折价共 538 万元，其中东川工业园区企业 163 万元、甘河工业园区企业 38.6 万元、生物科技产业园区企业 295 万元、南川工业园区企业 33.2 万元、西宁经济技术开发区管理委员会 8.2 万元。

西部矿业股份有限公司向四川省军区民兵预备役部队捐赠资金 100 万元及价值 178.9 万元的抗震救灾大型机械设备、柴油发电机、帐篷等物资。西部矿业集团有限公司和西部矿业股份有限公司捐赠资金和物资折价 3000 万元。青海高德威生物保健品有限公司（民营企业）员工从电视、报纸上看到灾区抗震救灾第一线的解放军、武警官兵身体极度疲劳，于 5 月 24—29 日昼夜加班生产出价值 20.3 万元的保健产品——冬虫夏草含片，通过省慈善总会转交给四川灾区抗震救灾第一线部队官兵。

四　社会民众捐赠活动

青海省各界群众积极响应省委、省政府号召，捐款捐物，支援灾区。

5月13日，西宁市城东区先进村村委会通过广播向全村发出募捐倡议，村民卢明良捐赠1万元，村委会成员捐款2000元，一位不愿留下姓名的经营商捐款1000元。14日，西宁市古城敬老院组织捐款活动，双目失明、无亲无故的93岁的包奶奶捐款20元，敬老院其他24位老人共捐款180元。德令哈市蓄集乡伊克拉村村民傲斯日，除捐款1000元外，还捐赠了价值1万余元的崭新帽子800顶和布鞋40双。化隆回族自治县群科镇村民马吾买，在东莞市开拉面馆，捐款5000元。湟中县多巴镇扎麻隆村王凤琴到县血站为灾区人民献血，但被告知由于身体原因不能献血后，她回家赶做了16双婴儿鞋，捐赠省红十字会转交灾区孩子们。互助土族自治县第一中学的贫困学生王霞，从贫困生资助金中捐出100元。平安县第二小学一年级学生李玉霄，将自己几年积攒的压岁钱2600元捐赠地震灾区。乐都县中岭乡中岭村村民余万存，40多天前因骨折刚做完手术，行动不便；18日，他拄着双拐到省红十字会募捐大厅，捐出全家积蓄1.5万元。天峻县花土沟镇曹柏军捐赠2万元。

5月17日，西宁市出租车司机闫立平义务送一位乘客去兰州。这位乘客从四川到西宁打工，地震中，他的母亲、妻子、孩子不幸遇难。在载客途中，闫立平尽力开导他；到达兰州火车站时，闫立平不但没有收费，还给他买了方便面、矿泉水等，并送给他100元现金。返程时闫立平已无钱给车加油，在兰州市的哥、的姐的帮助下才返回西宁。21日下午，青海庆华集团董事长霍庆华携爱人周亚芹，向四川地震灾区捐赠1000万元，这是青海省个人捐赠数额最大的一笔捐款。

第三节　捐赠资金拨付与捐赠物资调运

一　资金拨付

截至12月30日，青海省共接收社会捐赠资金和物资折价19338.77万元，其中资金18226.05万元。通过省抗震救灾资金专户拨付灾区6800万元，各捐赠单位直接拨往灾区资金7549.95万元，支付赴灾区各种救援队费用508.38万元，上划中央各部门1008.61万元；结存资金2359.11万元，其中省抗震救灾资金结存2274.36万元、团省委结存84.75万元，结存资金转入财政混账专户，继续用于支持灾区恢复重建工作。

青海省委组织部共接收“特殊党费”3709.8万元。其中，汇中组部3364.1万元，汇阿坝藏族羌族自治州州委组织部32.03万元，汇四川省慈善总会0.7万元，汇四川省委党校0.15万元；在青海省的中央企业上交总部或集团公司“特殊党费”311.79 万元，缴省捐赠资金专户 1.03 万元。“特殊党费”无结余。

二　物资调运

截至 12 月 30 日，青海省共接收救灾捐赠物资折价 1112.72 万元；调拨灾区物资折价 957.51 万元，其中调拨四川省物资折价 777.51 万元，调拨甘肃省物资折价 180 万元。省红十字会结存物资折价 155.21 万元。

5 月 16 日上午，青海省商务厅根据省委、省政府安排，调拨价值 450 万元的救灾帐篷 1000 顶空运至成都。

5 月 17 日，省委、省政府调拨价值 2250 万元的救灾帐篷 5000 顶，经铁路发往四川灾区。青海省民政厅、省慈善总会根据灾区需要，采购价值 120 万元的牛肉干 4 吨、矿泉水 1000 箱、奶粉 15 吨等物资，经铁路发往四川灾区。

6 月 4 日，青海省民政厅根据省委、省政府安排，调拨价值 450 万元的救灾帐篷 1000 顶，经铁路发往陕西灾区。

第二十五章　宁夏回族自治区赈灾活动

第一节　组织领导

一　组织机构

宁夏回族自治区支援地震灾区抗震救灾指挥部　5月13日，宁夏回族自治区党委紧急召开常委会议，传达中共中央政治局常委会议精神，部署区内抗震救灾工作，动员全区各族人民，支援灾区抗震救灾。会议决定成立支援地震灾区抗震救灾指挥部，自治区政府副主席李锐为总指挥，主席助理田明为副总指挥，自治区政府办公厅、民政厅、财政厅、卫生厅、教育厅等30个单位负责人为成员。指挥部下设办公室，办公室设在自治区民政厅，厅长马廷礼兼任办公室主任。办公室下设秘书组、捐赠接收组、统计组、宣传信息组、协调与后勤保障组。自治区民政厅抽调人员在自治区抗震救灾指挥部办公室工作。

宁夏回族自治区民政厅抗震救灾工作领导小组　5月13日，宁夏回族自治区民政厅紧急召开厅长办公会议。会议决定立即成立民政厅抗震救灾工作领导小组，厅长马廷礼任组长，分管副厅长任副组长，救灾处、减灾中心、财务处、慈善办公室负责人为成员。会议决定成立3个灾情核查组，分别负责固原、西吉、中卫等地核实灾情，指导抗震救灾工作。领导小组下设救灾捐赠接收组、捐赠物资调运组，救灾捐赠接收组负责全区救灾捐赠接收管理工作，捐赠物资调运组负责全区救灾物资的调配和运输。

二　组织发动

5 月 12 日 20 时，根据宁夏回族自治区党委、政府对抗震救灾工作的部署，宁夏红十字会召开紧急会议，启动《宁夏红十字会突发公共事件和自然灾害应急预案》，成立地震灾害救助领导小组，负责指导全区红十字会系统募捐救援工作。

5 月 13 日，宁夏回族自治区民政厅和宁夏红十字会通过新闻媒体向社会公布捐款账号，发动全区党政机关、企事业单位和社会各界向地震灾区捐款捐物。同日，宁夏红十字会开通 5 部捐赠电话，在工商银行、建设银行、农业银行、宁夏银行开设募捐专用账户，在红十字会驻地和市、县的街道、商业网点设立募捐点接收救灾捐赠，实行 24 小时值班，保证募捐渠道畅通。15 日，宁夏红十字会与宁夏广电总台联合举行“为四川地震灾区捐款”活动（见图 179）。

图 179　5 月 15 日，宁夏红十字会与宁夏广电总台联合举行“为四川地震灾区捐款”活动

（宁夏回族自治区民政厅　提供）

5 月 14 日，宁夏回族自治区政府办公厅下发《关于做好抗震救灾工作的紧急通知》，要求全区各级组织、机关单位，积极响应中共中央、国务院的号召，发扬“一方有难、八方支援”的精神，支援地震灾区工作，为地震灾区抢险救援、恢复发展做出贡献。19 日，自治区政府办公厅下发《关于加强对四川地震灾区捐助和救援活动管理的通知》，明确规定了全区救灾捐赠活动的组织、管理和资金物资的使用范围。

5月15日上午，宁夏回族自治区党委书记陈建国主持召开专题会议，研究全区进一步支援灾区抗震救灾事宜，决定进一步动员全社会力量捐款捐物，筹集赈灾物资，根据灾区需要随时发送。

5月16日，宁夏回族自治区党委宣传部召开新闻单位负责人会议，肯定了新闻单位对抗震救灾工作准确、及时的报道，部署了下一阶段的抗震救灾新闻宣传工作。

5月19日上午，宁夏回族自治区政府召开紧急会议，进一步安排部署全区支援地震灾区抗震救灾工作。同日，自治区民政厅下发《关于组织开展向地震灾区捐款工作的通知》，通知要求各级民政部门要加强领导，广泛动员社会民众发扬“一方有难、八方支援”的传统美德，参加救灾捐赠活动，帮助地震灾区恢复生产、重建家园。

6月5日，宁夏回族自治区民政厅下发《关于切实加强对地震灾区社会捐助活动管理的通知》，明确全区各级民政部门接收的救灾捐款要及时汇入民政厅指定账户，实行统一管理、集中使用。11日，自治区民政厅下发《关于上交抗震救灾捐助资金的紧急通知》，要求各地按规定上交捐赠资金。

第二节　捐赠活动

一　党政机关及直属单位捐赠活动

宁夏回族自治区政府于5月13日向四川灾区捐款100万元。在汶川地震抗震救灾捐赠活动中，宁夏回族自治区党委、人大常委会、政府、政协领导和机关干部职工带头捐赠23.8万元。区直部门和单位积极响应自治区党委、政府号召，踊跃向灾区捐款捐物、奉献爱心。

宁夏回族自治区党委组织部组织收缴“特殊党费”　5月19日，宁夏回族自治区党委组织部转发中组部《关于做好部分党员交纳“特殊党费”用于支援抗震救灾工作的通知》，并下发文件，号召全区各级党组织，动员党员交纳“特殊党费”。广大党员纷纷响应。自治区在职、离退休的省级领导交纳“特殊党费”22.9万元。23日，躺在病榻上的87岁老红军、离休老干部李占荣在电视中看到中组部号召党员交纳“特殊党费”的新闻后，当即委托亲属向党组织交纳“特殊党费”2000元，当日22时50分，老人去世。中央“博士服务团”成员捐赠资金和交纳“特殊党费”2.72万元。自治区工商联原副会长、老党员杨兴义交纳“特殊党费”1万元。吴忠市兴元供热公司顾汉木、银川市长相忆宾馆总经理马胜方、长城电器集团宁夏销售公司总经理郑巨平3位私营企业主分别交纳“特殊党费”5000多元。身患癌症多年的宁夏报业集团党员、退休职工梅辛凤，临终前托付儿女在她去世后交纳“特殊党费”500元。她女儿按照她的遗愿，在她去世后，代她向党组织交纳了500元“特殊党费”。宁夏地矿局矿调所党员、退休职工姚春宝交纳“特殊党费”1万元，而他仅租住在不足50平方米的6层楼顶层，室内设施最“奢华”的是一台18英寸彩电，已连续两个冬天没有开通暖气。他说："现在我每月领取退休生活费1000多元，基本生活得到了保障，我很满足，从心底里感谢中国共产党。国家有难，匹夫有责，作为一名共产党员，理所应当尽自己的微薄之力，为国家分忧解难。"

贺兰县党代表、习岗镇沙渠村党支部书记赵万银交纳"特殊党费"1万元，成为贺兰县党员交纳"特殊党费"金额最高的个人。银川市金凤区丰登镇西新村党员马伏珍，自身家庭经济困难，仍到金凤区组织部交纳"特殊党费"500元。中宁县恩和镇恩和村69岁党员谭兴亚将"压箱底"的积蓄4000元交纳"特殊党费"。他说："13亿人都出点力，四川同胞就能少受点罪，灾区的重建速度也能加快些。"银川市兴庆区银古路街道高台寺村村支部书记马新华交纳"特殊党费"2万元。截至2009年4月，宁夏回族自治区有209901名党员交纳"特殊党费"4337.99万元。

宁夏回族自治区党委宣传部组织募捐活动　宁夏回族自治区党委宣传部部署全区宣传文化系统单位和演职人员组织和开展救灾捐赠义演、义卖活动，募集资金物资，支援地震灾区。5月16日晚，吴忠市委宣传部、文明办、民政局和广电局等单位举办赈灾募捐文艺晚会。市教育系统、市建设系统、市人民医院、商贸流通协会、宗教界人士等180多个单位和数百名群众，现场捐赠197.4万元。21日，应社会各界的强烈要求，吴忠市政府再次组织开展社会各界集中捐款活动，有51家单位和个人现场捐赠595.6万元（见图180）。

图180　5月21日，吴忠市举行为四川地震灾区捐款募捐活动
（宁夏回族自治区民政厅　提供）

二 各市捐赠活动

宁夏回族自治区区辖各市，积极响应自治区党委、政府的号召，开展救灾捐赠活动。截至12月31日，5个市接收抗震救灾捐赠资金8878.82万元，其中民政部门接收6844.39万元、红十字会接收2034.43万元（见表47）。

宁夏回族自治区各市接收汶川地震抗震救灾捐赠资金情况统计表

表47　　（截至12月31日）　　单位：万元

单位	民政部门	红十字会	小计
银川市	1819.20	445.71	2264.91
石嘴山市	1896.18	155.13	2051.31
吴忠市	1857.91	182.13	2040.04
固原市	561.98	210.85	772.83
中卫市	709.12	1040.61	1749.73
合计	6844.39	2034.43	8878.82

三 人民团体、社会组织捐赠活动

宁夏回族自治区人民团体捐赠活动 宁夏回族自治区总工会响应全国总工会救灾捐赠的号召，组织全区各级工会开展抗震救灾捐赠活动，募集捐赠资金和物资折价277.68万元。

宁夏回族自治区妇联响应全国妇联的号召，组织全区各级妇联开展抗震救灾捐赠活动，募集捐赠资金和物资折价13万元。

宁夏回族自治区社会组织捐赠活动 宁夏红十字会募集捐赠资金和物资折价5619.36万元，其中资金4814.49万元、物资折价804.87万元。

四 企业捐赠活动

宁夏回族自治区各类企业响应自治区党委、政府的号召，积极参加救灾捐赠活动，支援地震灾区。5月13日，宁夏亘元房地产开发公司向宁夏红十字会捐赠10万元。22日，宁夏庆华集团董事长霍庆华向吴忠市民政局捐赠500万元，总经理郭敬华捐赠50万元。6月5日，日本山崎马扎克集团捐赠200万元。

五　社会民众捐赠活动

在救灾捐赠活动中，宁夏回族自治区社会各界群众情系受灾群众，踊跃捐款捐物，支援灾区。

5 月 12 日 16 时 30 分，宁夏回族自治区民政厅收到第一笔个人捐款——银川市市民宋宇捐赠 1 万元。当日 20 时，宁夏红十字会收到银川市市民陈奕情的捐款 1 万元。13 日，吴忠市红寺堡区一位姓邓的回族老人，到区民政局捐出他和老伴准备朝觐的资金 1 万元。银川市个体工商户田舍到宁夏红十字会捐款 5020 元。银川市一位不愿留下姓名的人士到宁夏红十字会捐赠 50 万元。14 日，在吴忠市街心广场捐赠点，两位四川籍老人捐赠 2 万元。中卫市社会福利院组织向地震灾区捐款活动，71 岁的刘明祖老人带头捐款 1000 元，其他老人也都纷纷捐款。同日，中卫市沙坡头区蒿川乡浪水村 60 多岁的回族低保户金玉清，走 15 公里山路到乡政府，从层层包裹着的手帕中拿出 65 元钱，交给乡民政助理员，请他转交灾区。银川市金凤区牛奶收购专业户陈涛捐款 6000 元，并积极动员卖牛奶的村民捐款 4000 元。银川市农民王正良到市红十字会请工作人员到本组村民家中组织募捐，他说："我以前是村民组长，现在虽然不是了，但身上仍有一份责任"。他顾不上吃中午饭，便抱着捐款箱到各家各户募捐，共募集资金近 7000 元。以拾卖废品为生的 86 岁老人邓世福，在社区的募捐点捐出现金 100 元。同日，一名刚满 4 岁的小女孩在妈妈的带领下，抱着存钱罐到红十字会捐款点，将全部积蓄 11.2 元投进捐款箱。

5 月 14 日，银川市低保户老人刘月霞到宁夏红十字会捐款处捐出平时积攒的 200 元钱（见图 181）。15 日，西部影视城董事长张贤亮捐赠 10 万元。16 日清晨，一位老人把家里省吃俭用省下的 1 万元捐赠灾区。19 日上午，银川市原招标局 90 岁干部张振亚，平时生活非常节俭，身上的裤子补丁叠补丁，在保姆的搀扶下到区招标局捐出节省的 5000 元。盐池县中心敬老院"五

图 181　5 月 14 日，银川市低保户刘月霞从低保金中挤出 200 元捐给四川地震灾区
（宁夏回族自治区民政厅　提供）

保”老人蔡贤捐出节省的100元，其他“五保”老人也踊跃捐款。盐池县经贸局离休干部田培在临终前，叮嘱家属为灾区捐款100元。21日是银川市市民丁振师50岁的生日，他提出生日当天到红十字会捐款，全家人到宁夏红十字会捐赠1万元。

银川市低保户刘杨子是一个贫困户，有病无工作，6月2日下午，带着两个孩子到宁夏红十字会，将制作的一幅剪纸捐给灾区，她的两个孩子将仅有的10元钱投入募捐箱。中宁县沪海立博爱小学学生捐出积攒的零花钱662.85元。银川二中西校区的学生捐出零花钱共1.5万元。

第三节　捐赠资金拨付与捐赠物资调运

一　资金拨付

截至2009年4月30日，宁夏回族自治区共接收抗震救灾捐赠资金18768.72万元，支付资金18768.72万元。救灾捐赠资金无结余。

宁夏回族自治区民政系统共接收资金9616.24万元，支付资金9616.24万元。其中，拨付四川省3455.64万元、甘肃省2891.64万元、陕西省1070万元；支付甘肃省过渡安置板房建设资金1200万元，支付支援四川省、陕西省、甘肃省物资采购费598.86万元，支付本地南部地震灾区重建资金400.1万元（定向捐款）。救灾捐赠资金无结余。

宁夏红十字会系统接收资金4814.49万元，支付资金4814.49万元。其中，拨付四川省2496.88万元、甘肃省717.61万元，支付甘肃省过渡安置板房资金1000万元，支付本地南部山区倒房重建资金600万元（定向捐款）。救灾捐赠资金无结余。

宁夏回族自治区党委组织部接收“特殊党费”共4337.99万元，全额上缴中组部，无结余。

二　物资调运

截至2009年4月30日，宁夏回族自治区共接收抗震救灾捐赠物资折价1015.34万元，调拨物资折价1015.34万元。其中，自治区民政系统共接收捐赠物资折价210.47万元，调拨四川灾区物资折价128.36万元，调拨甘肃灾区物资折价82.11万元；自治区红十字会系统接收捐赠物资折价804.87万元，调拨四川灾区物资折价236.37万元，调拨甘肃灾区26.25万元，调拨陕西灾区531.72万元，调拨宁夏灾区10.53万元（定向捐赠）。救灾捐赠物资无结余。

5月14日，宁夏回族自治区政府在政府大院举行支援四川地震灾区紧急救灾物资发送仪式（见图182），紧急调拨价值27.3万元的帐篷100顶、棉衣2000件、棉被2000床、毛毯500床、绒衣绒裤1000套，自治区卫生厅紧急调拨价值5.1万元的急需药品。深航无偿提供两架波音737-800型飞机，将这批物资运往成都。

图 182　5 月 14 日，宁夏回族自治区政府举行支援四川地震灾区紧急救灾物资发送仪式
（宁夏回族自治区民政厅　提供）

5 月 14 日 15 时，吴忠市在行政中心门前举行“向地震灾区捐款献爱心”捐赠活动启动仪式，调拨面粉 15 吨，经公路运往四川灾区；16 日，调拨大米 100 吨，经公路运往四川灾区。

5 月17 日，宁夏红十字会紧急调拨价值200 万元的救灾物资，调用8 辆卡车将物资运往青川县。

5 月 18 日，宁夏红十字会调拨价值 26.25 万元的棉被 5000 床，经公路运往陇南灾区。

5 月 19 日 16 时，宁夏回族自治区民政厅获悉青川县回族乡镇急需清真食品，立即紧急调拨价值 28.6 万元的清真方便面 701 箱、牛肉肠 3300 箱、馍片 281 箱、矿泉水 568 箱、大米 20 吨、牛奶 2040 箱，由车队运往青川灾区。当回族受灾群众领到清真食品时，大家高呼：“感谢共产党！感谢宁夏人民！”（见图 183）

5 月 20 日，宁夏回族自治区金融办公室和宁夏邮政中邮物资公司筹款 111.1 万元采购应急药品，由宁夏邮政公司调用大吨位全封闭箱式邮政车 10 辆运往四川灾区。

5 月 22 日，中卫市委、市政府得知绵阳、青川等地震灾区缺少新鲜蔬菜等生活物资的消息后，迅速组织车辆 27 台、装卸人员 30 余名，连续奋战 10 余个小时，调运新鲜蔬菜 324 吨运往绵阳灾区。从 22 日开始，神华宁煤集团每天向江油发电厂运送电煤 3000 吨。

5 月 23 日，宁夏红十字会紧急调拨价值 101 万元的药品运抵绵阳，调拨价值 531.72 万元的应急物资运往宁强、南郑灾区。中国石油西北销售公司宁夏分公司发运成品油专列 58 车至四川灾区。

图 183　5 月 20 日，宁夏支援灾区的清真食品顺利交到青川县回族受灾群众手中
（宁夏回族自治区民政厅　提供）

6 月 3 日，宁夏回族自治区民政厅组织 36 台货车将 300 套活动板房和部分新鲜蔬菜运往德阳东汽。盐池县委、县政府得知四川地震灾区缺少蔬菜的情况后，协调本县花马池镇菜农连夜采摘价值 25 万元的辣椒 70 吨，并筹集大米 5 吨、矿泉水 5000 瓶，组织大卡车 5 辆，由县领导带队，连夜运往北川羌族自治县擂鼓镇。

武警宁夏回族自治区总队先后出动 6 批运输队和 1 个生活保障分队，出动官兵 1410 人次、车辆 182 台次，输送物资 860 多吨，行程 35.8 万多公里，战地伙食保障 21220 人次。7 月 16 日至 8 月 14 日，宁夏军区分 20 批次组织 68611 和 68612 部队、银川警备区、石嘴山和吴忠军分区，动用兵力 697 人次、车辆 271 台次，累计行程 49 万余公里，运送过渡安置房 888 套至四川、甘肃等地震灾区。

第二十六章　新疆维吾尔自治区赈灾活动

第一节　组织领导

一　组织机构

新疆维吾尔自治区支援地震灾区工作领导小组　5月13日，新疆维吾尔自治区党委、政府召开会议，安排部署支援地震灾区工作，启动救灾应急机制，全面展开支援汶川地震灾区工作。26日，根据中共中央政治局委员、自治区党委书记王乐泉和自治区党委副书记、自治区主席努尔·白克力的指示精神，自治区党委、政府成立自治区支援地震灾区工作领导小组。自治区党委常委、纪检委书记符强任组长，自治区副主席贾帕尔·阿比布拉任副组长，自治区政府办公厅、自治区党委宣传部和自治区民政厅、财政厅、卫生厅、交通厅、药监局、公安厅、审计厅、监察厅、统计局及民航新疆管理局、乌鲁木齐海关检验检疫局、乌鲁木齐铁路局、新疆红十字会为成员单位。领导小组下设办公室，办公室由自治区政府办公厅、民政厅、财政厅、监察厅、红十字会、卫生厅、审计厅、统计局等成员单位的9人组成，负责督促落实领导小组安排部署的各项工作任务。办公室设在自治区政府办公厅，自治区政府副秘书长帕尔哈提·贾拉勒兼任办公室主任；办公室下设生活救助组、卫生防疫组，组长分别由自治区民政厅党组书记莫涓、自治区卫生厅党组书记殷宇霖兼任。领导小组负责全区支援地震灾区工作。

新疆维吾尔自治区民政厅救灾捐赠工作领导小组　5月13日，新疆维吾尔自治区民政厅召开党组会议，成立民政厅救灾捐赠工作领导小组，厅长吾买尔江·米孜艾合买提任组长，分管救灾工作的副厅长任副组长。领导小组下设救灾捐赠协调组、救灾款物接收组、宣传报道组、捐赠信息统计组、后勤保障组。22日，民政厅下发《关于调整自治区民政厅捐赠工作领导小组的通知》，成立以厅党组书记、副厅长莫涓任组长，厅长吾买尔江·米孜艾合买提任常务副组长的民政厅捐赠工作领导小组。领导小组下设综合协调组、捐赠组、物资组、宣传组、后勤组、信息组和监察审计组。全区各级党委、政府和各有关部门，按照自治区党委政府和支援地震灾区工作领导小组的统一部署，分别成立了本级本部门支援地震灾区工作领导小组。各级民政部门都成立了救灾捐赠工作领导小组，负责本级和本地区的抗震救灾捐赠工作。

二　组织发动

5月13日，新疆维吾尔自治区党委办公厅、自治区政府办公厅下发《关于组织开展向四川地震灾区献爱心捐款活动的通知》，部署全区抗震救灾和社会捐赠工作。同日，自治区民政厅下发《关于组织开展向四川地震灾区捐款活动的通知》，向社会发出《向四川地震灾区捐款活动的公告》。民政厅开通捐赠电话，调配70多人参加组织救灾捐赠活动。通过广播、电视、报纸等新闻媒体和发布紧急募捐倡议书、街头悬挂宣传标语等形式对捐赠进行宣传，号召社会各界向灾区人民奉献爱心，同时，公布救灾捐赠账号和电话。民政厅在办公楼一层大厅设立了救灾捐赠接收点，接收单位、团体和个人的捐赠，并按规定向捐赠单位和个人填发捐赠证明、感谢信、荣誉证书等相关凭证。

5月13日，新疆慈善总会向社会各界发出倡议，开通捐赠电话，发布捐赠公告，实行24小时工作制度，接收社会各界的捐赠。同日，新疆红十字会转发中国红十字会下发《关于印发中国红十字会“5·12”地震救援呼吁的通知》和“携手人道、抗震救灾”的《呼吁书》，并联合新疆慈善总会在《新疆日报》《新疆消费晨报》、新疆人民广播电台、新疆电视台等新闻媒体发布《为四川汶川地震灾区抗震救灾募捐呼吁书》，公布救灾捐赠账号、汇款地址、邮政编码、24小时救灾募捐电话；协调中国移动新疆分公司专门开通了特服号为10658288的手机短信募捐平台，募集捐赠资金。

5月13日，共青团新疆维吾尔自治区委成立支援四川地震抗震救灾领导小组，下发《关于组织动员广大团员青年积极投身抗震救灾工作的紧急通知》，要求各级团组织认真做好抗震救灾工作，动员全区各级团委、青联、青企协、学生联合会和广大团员、少先队员向灾区捐款，支援灾区。同日，自治区交通厅召开会议，启动应急预案，部署交通系统应急保障工作，要求确保通往甘肃的过省干线公路畅通，为救灾物资运输提供保障；要求开辟救灾物资绿色通道，所有运送抗震救灾物资的车辆一律优先并免费通行；要求各公路管理部门单位要主动在国道服务区为救灾车辆提供全方位服务，及时为救灾运输车辆提供餐饮、加油和维修服务；要求各级交通部门和企事业单位迅速做好救灾物资、工程设备、技术人员赶赴灾区执行救灾抢通任务的准备；要求组织开展厅机关及直属单位救灾捐赠活动；要求主动解决四川籍民工返乡实际困难，积极开展四川籍在疆农民工、学生的慰问工作。

5月14日，新疆维吾尔自治区民政厅、民政厅救灾捐赠办公室在媒体上发布《关于向四川地震灾区捐款的活动公告》，在民政厅设置捐款接收点，与救灾捐赠办公室工作人员同时接收社会捐赠。同时，他们先后派出54批共108人次上门捐赠服务工作。16日上午，民政厅举行了“社会各界代表向四川地震灾区捐赠仪式”，自治区党委领导出席仪式并讲话。

5月19日，新疆维吾尔自治区党委组织部下发《关于转发中组部〈关于做好部分党员交纳“特殊党费”用于支援抗震救灾工作的通知〉的通知》，要求各地按照党员自觉自愿、量力而行的原则，做好部分党员交纳“特殊党费”工作。自治区妇联通过新疆电视台、新疆人民广播电台、《新疆日报》《新疆经济报》向全疆各族妇女发出“情系灾区、奉献爱心”倡议书。自治区总工会向各地工会先后下发《关于进一步做好为地震灾区捐款工作的紧急通知》《中华全国总工会关于组织开展“重建家园、再献爱心”大型活动的通知》《关于全区各级工会抗震救灾捐款情况的通报》《关于转发国务院农民工工作联席会议办公室〈关于做好抗震救灾期间农民工工作的紧急通知〉的通知》等文件，组织动员社会捐赠、支援抗震救灾等各项工作。

5月23日，新疆维吾尔自治区政府办公厅下发《关于进一步加强接收社会捐赠工作的紧急通知》，明确全区救灾捐赠工作由自治区民政厅具体负责、统一组织管理，自治区救灾捐赠办公室及新疆慈善总会、新疆红十字会为自治区接收捐赠部门。各级民政部门负责组织管理本区域内的救灾捐赠工作，各级救灾捐赠办公室、慈善总会、红十字会为本级接收社会捐赠的部门。

5月28日，新疆维吾尔自治区支援地震灾区工作领导小组办公室召开工作会议，安排部署对口支援地震灾区的工作。6月2日，自治区支援地震灾区工作领导小组召开第二次工作会议，研究自治区支援地震灾区抗震救灾有关工作，确定支援地震灾区工作领导小组由符强负总责，具体负责涉及卫生防疫、过渡安置房建设等方面的工作。贾帕尔·阿比布拉协助组长工作，具体负责涉及民政部门的工作。领导小组办公室具体负责督促落实领导小组的安排部署，及时通报工作进展情况和存在的问题，协助领导小组处理日常业务，加强与国务院抗震救灾总指挥部和灾区联络工作。

6月3日，新疆维吾尔自治区支援地震灾区工作领导小组办公室下发《关于做好全区抗震救灾募捐款物审计工作的紧急通知》，要求自治区审计系统要切实做好对地震灾区捐款捐物的审计工作。

7月10日，新疆维吾尔自治区民政厅下发《民政部转发国家档案局关于做好抗震救灾工作文件材料收集归档工作的通知》，要求各级民政部门认真做好抗震救灾工作文件材料收集归档工作。截至10月14日，自治区支援地震灾区工作领导小组办公室先后将自治区接收捐赠款物数额、上缴捐赠专户、捐款到账、使用情况和支援灾区一线医疗防疫防病、协助国外援助等工作情况编写了19期简报，及时向自治区党委、政府主要领导汇报，并向国务院抗震救灾总指挥部群众生活组报送3期《关于新疆对口支援地震灾区工作进展情况汇报》。

第二节　捐赠活动

一　党政机关及直属单位捐赠活动

5 月 14 日，新疆维吾尔自治区向四川灾区捐款 400 万元。15 日，向甘肃灾区捐款 200 万元。6 月 2 日，在连续两次分别向陕西省捐赠 500 万元、4000 万元后，再次向陕西地震灾区捐赠 6500 万元。在汶川地震抗震救灾捐赠活动中，新疆维吾尔自治区党委、人大常委会、政府、政协和机关干部职工带头捐赠资金共 46.35 万元。自治区直属部门单位积极响应自治区党委、政府号召，踊跃捐赠款物，支援地震灾区。

新疆维吾尔自治区党委组织部组织收缴"特殊党费"　5 月 18 日，根据中组部《关于做好部分党员交纳"特殊党费"用于支援抗震救灾工作的通知》，王乐泉作出批示："党员通过缴纳'特殊党费'的方式支援灾区是党与人民群众同呼吸、共命运、心连心的具体体现，是发挥共产党员先锋模范作用的有效载体，各级党组织和广大党员应积极参与"。20 日，自治区党员交纳"特殊党费"活动全面启动，王乐泉带头交纳"特殊党费"，自治区党委组织部 160 名党员交纳"特殊党费"20.1 万元，全区各级组织部门党员干部交纳"特殊党费"220 余万元。额敏县委组织员阿尔达克·哈米提汗双腿股骨坏死，已用医疗费 3 万多元，因为家里经济困难，他仅换了右腿股骨，左腿股骨没有换。在医院得知党员交纳"特殊党费"支援灾区的消息后，他毅然交纳"特殊党费"1100 元。年近 90 岁、有 56 年党龄的离休老党员孙德荣，不顾重病住院，交纳"特殊党费"5000 元。福海县阔克阿尕什乡牧民党员布汗，骑马两天到乡党委交纳"特殊党费"1000 元。阿图什市松他克乡园艺场农民党员阿比丁·海力皮提交纳"特殊党费"1200 元。乌恰县大红山铁矿经理、党员曹样根，在 14 日捐赠 10 万元后，21 日又交纳"特殊党费"1 万元。

6 月 27 日，新疆维吾尔自治区党委组织部召开自治区"特殊党费"收据填发工作部署会，明确要求交纳抗震救灾 1000 元以下"特殊党费"的收据由自治区党委组织部用维吾尔、汉、哈萨克 3 种文字分别统一印制。1000 元以上的"特殊党费"收据由中组部发放。至 7 月 1 日，全区发放"特殊党费"收据共 800873 张，其中中组部发放 41606 张（包括中央金融单位驻新疆分支机构收据 695 张），自治区党委组织部发放 759267 张（包括中央金融单位驻新疆分支机构收据 1621 张）。截至 10 月 24 日，新疆维吾尔自治区党员交纳"特殊党费"11300.58 万元。

新疆维吾尔自治区党委宣传部组织募捐活动　新疆维吾尔自治区党委宣传部部署全区宣传文化系统单位和演职人员，开展各种形式的募捐活动，支援地震灾区。5 月 17 日，新疆慈善总会、乌鲁木齐国家高新区、新疆 990 新闻音乐广播电台在广汇美居物流园举办"抗震救灾、众志成城"赈灾义演活动，共募集资金 70.2 万元。新疆慈善总会在银都大酒店举行赈灾义演活动，接收厦门金龙联合汽车工业有限公司捐赠资金 10 万元。新疆慈善总会、929 城市广播、新疆红十字会、四川省人民政府驻疆办事处、新疆四川企业联合会等单位共同举办"我们都是一家人"抗震救灾赈灾义演，现场募集资金 129.77 万元、物资折价 23.65 万元。18 日，新疆慈善总会与乌鲁木齐 974 交通广播电台在人民广场共同举办“真情涌动、爱在心中”赈灾义演活动，“慈善大使”夏米力、青年歌手肖开提到场献艺，现场募集资金和物资折价共 40.37 万元。23 日，新疆电视台、新疆人民广播电台、新疆慈善总会联合举办“万众一心——新疆援助四川汶川地震灾区爱心行动”募捐晚会，募集资金和物资折价共 1183.07 万元。

5 月 24 日，新疆慈善总会、新疆大漠画廊联合新疆教育学院艺术分院、新疆丝路书画院等单位联合发起“名家书画义拍赈灾活动”，对百幅捐赠艺术品进行无底价方式义卖竞拍，募集资金 43.03 万元。5 月 31 日至 6 月 2 日，新疆慈善总会、乌鲁木齐市文联、市美术家协会在乌鲁木齐南湖广场“五千年画廊”举办“情系灾区——大西北的儿子张平”专场赈灾义卖画展，义卖资金 9.25 万元捐赠地震灾区。6 月 23—25 日，乌鲁木齐市餐饮协会举办“跨越天山的爱——川疆连心”餐饮业义卖大型募捐活动，12 家餐饮企业现场义卖募集资金 9088.2 元。

二　各市（地、州）捐赠活动

新疆维吾尔自治区各市（地、州）积极响应自治区党委政府的号召，开展救灾捐赠活动。截至 9 月 30 日，各市（地、州）接收捐赠资金和物资折价共 26368.26 万元，其中资金 24800.83 万元、物资折价 1567.43 万元。

三　人民团体、社会组织捐赠活动

新疆维吾尔自治区人民团体开展捐赠活动　新疆维吾尔自治区各级工会组织和广大职工会员积极为抗震救灾捐赠款物。截至 10 月 14 日，全区工会系统共募集 1508.39 万元，其中市（地、州）工会募集 855.68 万元，中央驻疆单位工会募集 120.01 万元，产业工会募集 455.59 万元，企业集团工会募集 26.81 万元，自治区总工会募集 50.3 万元。

共青团新疆维吾尔自治区委组织开展抗震救灾捐赠活动，募集资金和物资折价 945.38 万元。

新疆维吾尔自治区妇联发布倡议书，号召全疆各族妇女为地震灾区捐赠款物，共募集资金和物资折价 42 万元。

新疆维吾尔自治区社会组织开展捐赠活动　新疆红十字会共募集捐赠资金和物资折价 2318.97 万元，其中资金 1072 万元、物资折价 1246.97 万元。新疆慈善总会共募集资金和物资折价 2475.06 万元，其中资金 2468.06 万元、物资折价 7 万元。新疆青年联合会、新疆青年企业家协会募集资金 660.5 万元。自治区科协募集资金 48.9 万元。全区社会组织系统（不包括红十字会、慈善总会、总工会）共募集资金 1010 万元，募集物资折价 1120.92 万元。

四　企业捐赠活动

在抗震救灾捐赠活动中，新疆维吾尔自治区各企业踊跃捐赠资金物资（见图 184）。捐赠

图 184　5 月 16 日，新疆部分企事业单位在自治区民政厅向四川地震灾区捐款
（新疆维吾尔自治区民政厅　提供）

10 万～100 万元的企业有：新疆化工（集团）有限责任公司捐赠 10 万元，新疆天川毛纺织（集团）有限责任公司捐赠 10 万元，新疆德克士食品开发有限公司捐赠 10 万元，新疆轻工商场有限公司捐赠 10 万元，新疆紫金矿业有限责任公司捐赠 10 万元，新疆东昱洁净煤技术有限公司捐赠 10 万元，新疆金谷房地产开发有限公司捐赠 10 万元，新疆雪峰民用爆破器材有限责任公司捐赠 10 万元，厦门金龙客车有限公司捐赠 10 万元，新疆汇嘉百货有限公司捐赠 10 万元，新疆新万佳国际家居有限公司捐赠 10 万元，新疆英奥房地产开发有限公司捐赠 10.2 万元，新疆德蓝科技有限公司捐赠 10.46 万元，新疆双华钢铁有限公司捐赠 10.47 万元，新疆康泰投资集团公司全体员工捐赠 12 万元，新疆名家古玩玉器有限公司捐赠 15.17 万元，新疆新化化肥有限责任公司全体员工捐赠 19.9 万元，新疆七一酱园综合购物有限公司捐赠 20 万元，广东珠光集团新疆分公司乌鲁木齐鑫鹏旅游开发公司捐赠 20 万元，新疆建材设计研究院（有限公司）捐赠 20 万元，华融国际信托有限责任公司捐赠 20.02 万元，平安人寿新疆分公司捐赠 21 万元，新疆机场集团有限责任公司工会捐赠 21 万元，中国电信新疆公司捐赠 21.82 万元，中盐自治区盐业有限公司捐赠 21.92 万元，新疆天阳房地产开发有限公司捐赠 30 万元，中国石化西北油田分公司捐赠 30 万元，华电新疆发电有限公司捐赠 32.27 万元，新疆信达银通置业有限公司捐赠 50 万元，新疆国际实业股份有限公司捐赠 50 万元，中国移动新疆有限公司捐赠 50 万元，新疆西域春乳业有限责任公司捐赠 50 万元，新疆新北化肥有限公司捐赠 50 万元，新疆中泰化学股份有限公司捐赠 50 万元，新疆风能有限责任公司捐赠 54.14 万元，新疆金浩源投资有限公司捐赠 54.6 万元，潞安新疆煤化工（集团）有限公司（工会委员会）捐赠 60 万元，新疆建工（集团）有限责任公司捐赠 77 万元。

捐赠资金和物资折价共 100 万元（含 100 万元）以上的企业有：新疆维吾尔自治区烟草公司捐赠 100 万元，新疆华源实业（集团）有限公司捐赠资金和物资折价 100 万元，杉杉集团捐赠价值 100 万元的服装，美克集团捐赠 100 万元，宝钢集团新疆八一钢铁有限公司捐赠 100 万元，新疆通嘉房地产有限公司捐赠 108 万元，天山农牧业发展有限公司捐赠价值 111.62 万元的童装，新疆天润乳业生物制品股份有限公司捐赠价值 128.42 万元的食品，新疆西域春乳业有限责任公司捐赠价值 150 万元的奶片，广东溢达纺织有限公司捐赠价值 200 万元的衣物，新疆康泰投资集团有限责任公司捐赠 200 万元，新疆天发集团捐赠价值 400 万元的通信设备，新疆有色金属工业（集团）有限责任公司捐赠 600 万元，新疆广汇实业投资（集团）有限责任公司捐赠 1000 万元。

五　社会民众捐赠活动

新疆维吾尔自治区各族群众齐心协力捐赠款物，支援地震灾区。（参见图 185）

5 月 13 日，乌鲁木齐市 5 岁的小朋友王文昭在妈妈张婷带领下，到自治区民政厅救灾捐赠点捐款 200 元。5 岁半的小朋友张皓博，平时卖废品积攒零花钱。14 日起床后，他就拉着父亲到救灾捐赠点，捐出积攒的 10 元钱。新疆德汇个体商户王怀兰捐赠资金 200 元及价值 1000 多元的童装。23 日，小童星阿尔法在新疆支援灾区爱心晚会上捐赠 5 万元。喀什市老人柯传书去世次日，子女按照他的遗嘱到喀什地区救灾捐赠办公室捐赠 1 万元。“低保户”阿依夏木・玉素甫，丈夫因车祸残疾，她刚刚开了一家服装店，为捐款特意停业，到救灾捐赠办公室捐款 100 元。

中共十七大代表、全国优秀共产党员、巴楚县琼库尔恰克乡吐格曼贝西村党支部书记达吾提・阿西木，带头捐款 1000 元，并表示要将上级发给自己的一年 16872 元补贴捐赠给地震灾区。曾荣获“特等爆破英雄”称号、其所在连队曾被王震将军命名为“钱志友连”的 81 岁老战士钱志友，捐款 5000 元。在新疆红十字会接收的 3498 人次捐款捐物中，个人捐赠 1 万元以上的有 24

图 185　5 月 21 日，克拉玛依市第二小学学生为汶川地震灾区捐出自己的零用钱

（新疆维吾尔自治区民政厅　提供）

人，其中罗林捐赠 10 万元，一位不愿留姓名的人士捐赠 97198 元，许多捐款 1 万元以上的人士署名时只留下“爱心”两个字。

第三节　捐赠资金拨付与捐赠物资调运

一　资金拨付

截至 9 月 30 日，新疆维吾尔自治区社会各界为汶川地震抗震救灾捐赠资金 33766.73 万元，其中上缴中央对口单位 1061.9 万元，直接划拨灾区 30507.92 万元，本级使用 1939.16 万元（用于物资运费 348.38 万元，用于和静县巴音乌鲁镇发生 5.3 级地震灾后重建工作 1590.78 万元）；结存 257.75 万元，结余资金转入自治区财政混账专户，继续用于支持灾区恢复重建。

另外，新疆维吾尔自治区党委组织部共接收“特殊党费”11300.58 万元，全额上缴中组部。“特殊党费”无结余。

此外，据不完全统计，截至 9 月 30 日，新疆维吾尔自治区部分市（地、州）和单位直接向灾区捐赠 1639.48 万元。其中，自治区团委向四川省捐赠 20 万元；自治区妇联向四川省妇联捐赠 24.25 万元；自治区教育厅向四川省教育基金会直拨捐赠资金 15 万元；自治区公安厅向四川省公安厅直拨捐赠资金 207.87 万元；自治区计生委向甘肃省计生委直拨捐赠资金 10 万元；乌鲁木齐市教育局向成都市教育基金会直拨捐赠资金 20 万元；新疆公安消防总队向四川省直拨捐赠资金 20 万元；全区扶贫系统及扶贫龙头企业向四川省直拨捐赠资金 24.36 万元，向甘肃省直拨捐赠资金 24 万元、向陕西省直拨捐赠资金 24 万元；克拉玛依市向都江堰市直拨捐赠资金 260 万元；新疆红十字会向四川省红十字会直拨捐赠资金 58 万元，向甘肃省红十字会直拨捐赠资金 50 万元；乌鲁木齐市红十字会向四川省直拨捐赠资金 300 万元，向甘肃省直拨捐赠资金 100 万元；昌吉回族自治州政府向四川省直拨捐赠资金 80 万元；巴音郭楞蒙古自治州向四川省直拨捐赠资金 210 万元；喀什地区向四川灾区直拨捐赠资金 42 万元；特变电工股份有限公司向四川省直拨捐赠资金 130 万元；自治区农业厅向绵阳市农业部门直拨捐赠资金 20 万元。以上单位共向四川省直拨捐赠资金 1431.48 万元，向陕西省直拨捐赠资金 24 万元，向甘肃省直拨捐赠资金 184 万元。

二　物资调运

截至 9 月 30 日，新疆维吾尔自治区接收社会各界捐赠物资折价 4269.7 万元，其中直接调拨灾区物资折价 4106.87 万元，本级使用物资折价 162.83 万元。捐赠款物无结余。

根据国务院抗震救灾总指挥部群众生活组办公室、外交部欧亚司等部门《关于协助做好境外捐赠物资转运工作的通知》精神，在新疆维吾尔自治区党委、政府的领导下，自治区民政厅救灾捐赠工作领导小组与民航、铁路、交通、外事等部门积极协调，确保周边 6 个国家的 16 批次捐助救灾物资快速通关起运，及时发往甘肃地震灾区。

国际捐赠物资接收调运　5月21日至6月14日，新疆维吾尔自治区民政厅分别在乌鲁木齐国际机场、红其拉甫口岸、伊尔克什坦口岸、阿拉山口口岸接收了乌兹别克斯坦、巴基斯坦、塔吉克斯坦、吉尔吉斯斯坦、哈萨克斯坦、格鲁吉亚共6个国家政府捐赠给地震灾区的救援物资，含各种救灾帐篷15050顶、床垫2500个、棉被5500床、褥子10980床、枕头2.76万个、枕套4.21万个、床单3.2万条、衣物11716件、饮用水81.5吨、板材6200张、玻璃1000块、汲水净水设备2套、各种钢筋（钢管）59.8吨。其中，接收乌兹别克斯坦捐赠49.27吨的40人用帐篷10顶、20人用帐篷10顶、4人用野营帐篷1000顶、棉制床垫2000件、化纤床垫（190厘米×90厘米）500件、枕头2500件、饮用水1000包装件；接收巴基斯坦5次捐赠救灾帐篷共1.35万顶；接收塔吉克斯坦捐赠的帐篷150顶、棉被1500床、饮用水20吨；接收吉尔吉斯斯坦两次捐赠的帐篷20顶、板材6200张、玻璃1000块、汲水净水设备2套、D–28型钢筋15吨、D–18型钢筋5吨、D–12–16型钢筋8.8吨、D–325–375型钢管28吨、D–350型钢管3吨、饮用水8100箱；接收哈萨克斯坦捐赠的40人用冬季帐篷300顶、枕头2.51万个、被子5000床、枕套4.21万个、床单3.2万条、衣物11716件、褥子10980床、牛肉罐头267808听；接收格鲁吉亚捐赠救灾帐篷60顶。按照国务院抗震救灾总指挥部的要求，自治区支援灾区物资运送办公室、喀什地区民政局和克孜勒苏柯尔克孜自治州民政局、博尔塔拉蒙古自治州民政局分别将接收的物资转运至乌鲁木齐、喀什、阿拉山口3个火车站，并在最短的时间内组织装载，分16批次共48个车皮，及时转运至灾区。

新疆维吾尔自治区党委、政府集中资源，全力组织灾区急需物资的生产和供应。各级民政部门积极与灾区联系，了解灾区需求，并与铁路、民航、交通部门密切合作，先后将7批救灾物资及时运往地震灾区。

航空运输　5月17日，新疆维吾尔自治区支援地震灾区工作领导小组调运食品、药品31.5吨，经专机运往成都（见图186）。同日10时5分，工作领导小组调运棉被1万床，由新疆军区某陆航团派出抗震救灾第二梯队直升机4架，从甘肃榆中编队起飞12架次将棉被空运至舟曲县。至17日15时30分，新疆军区派出直升机7架，在甘肃执行救援任务4天，共起落58架次，飞行51小时55分钟，运送受灾群众66人，其中重伤员17人；空运救灾物资22吨。

图186　5月17日，在乌鲁木齐国际机场即将起飞、运送救灾物资前往四川地震灾区的专机
（新疆维吾尔自治区民政厅　提供）

铁路运输 铁路部门共发运救灾物资 2031 车皮，其中帐篷 42 车皮 21551 顶、衣被 8 车皮 60789 件（床）、食品 8 车皮 86767 件、饮用水 3 车皮 10426 件、航煤 426 车皮 19503 吨、成品油 976 车皮 45604 吨、粮食 9 车皮 526 吨、液化气 65 车皮 1061 吨、其他物资 494 车皮。同时，还完成发运国外捐赠的救灾物资 57 车。5 月 16 日 2 时 8 分，新疆维吾尔自治区支援地震灾区领导小组调运 2 列液化气 1064 吨和 5 列 2128 吨成品油，经乌鲁木齐铁路局紧急组织“抢”87664 次列车发往四川灾区。21 日，自治区支援地震灾区工作领导小组调运救灾帐篷 5000 顶，经铁路运往四川灾区。至 26 日，铁路局开行“抢”字头专列 31 列，运送航空油、汽油、煤油、食品、液化气等救灾物资。6 月 7 日，工作领导小组调拨价值 1218.82 万元的救灾帐篷 1000 顶和大米、面粉、衣物、篷布、日常用品等物资 325 吨，装载 10 车皮运往陕西灾区（参见图 187），贾帕尔 · 阿比布拉、帕尔哈提 · 贾拉勒及民政厅领导出席并参加发送仪式。7 月 26 日，工作领导小组调拨价值 426.76 万元的生活物资，经铁路发往甘肃灾区。

公路运输 新疆维吾尔自治区交通部门组织运输保障车 26 辆，协助民政、卫生、电力等单位运输救灾物资，并为紧急运送救灾物资的 50 多辆车提供免费通行。5 月 14 日，自治区民政厅紧急调运帐篷 3000 顶，经公路运往甘肃灾区；16 日，调运牛奶 1500 箱、罐头 500 箱、馕饼 2.3 万个、火腿肠 500 箱、帐篷 550 顶等物资，经公路运往四川灾区。同日，哈密地区民政局接到自治区民政厅向四川灾区提供食品馕饼的通知，于 21 时 30 分派 3 辆工作车到哈密市花园乡、陶家宫乡、火箭农场的打馕户中预定馕，次日交馕。打馕人员不顾 35 摄氏度的高温完成任务。17 日 24 时，哈密地区民政局组织车队打包装车。18 日 1 时 45 分，车队满载馕饼 2.3 万个、鲜牛奶 1500 箱、火腿肠 500 箱、罐头 500 箱的物资，在哈密地区民政局领导带队下运往四川灾区。

此外，据不完全统计，截至 9 月 30 日，新疆维吾尔自治区部分单位直接运送至地震灾区的物资折价 1811.75 万元，其中市（地、州）运往四川省物资折价 1524.65 万元，运往甘肃省物资折价 287.1 万元。自治区团委运送价值 30 万元的物资至四川灾区；自治区交通厅向阿坝藏族羌族自治州捐赠价值 899.95 万元的大型筑路机械设备 17 台；自治区卫生厅和食品药品监管局捐赠价值 800.3 万元的医疗器械、药品至四川、甘肃灾区，其中运往四川省的器械药品价值 513.2 万元，运往甘肃省的器械药品价值 287.1 万元；哈密地区运送价值 81.5 万元的奶粉至德阳、绵阳、广元灾区。

图 187 6 月 7 日上午，新疆维吾尔自治区政府有关领导和自治区民政厅干部职工一起在乌鲁木齐火车北站装运救灾物资

（新疆维吾尔自治区民政厅 提供）

第二十七章　新疆生产建设兵团赈灾活动

第一节　组织领导

一　组织机构

新疆生产建设兵团抗灾救灾综合协调领导小组　汶川地震发生后，新疆生产建设兵团迅速成立了抗灾救灾综合协调领导小组，由兵团司令员华士飞任组长，兵团副司令员胡兆璋、兵团副政委雪克莱提·扎克尔、兵团党委常委兼秘书长宋健业、兵团军事部部长李玉良任副组长，兵团副秘书长、办公厅主任以及民政局、发展改革委、国资委、财务局、农业局、水利局、国土局、建设环保局、交通局、商务局、科技局、教育局、党委宣传部、卫生局、统计局、外事局、军事部、公安局和武警兵团指挥部、兵团中华联合保险控股股份有限公司等部门或单位负责人为成员。领导小组下设兵团抗灾救灾综合协调办公室，办公室设在兵团民政局。宋健业兼任办公室主任，兵团副秘书长阿布孜·尼雅孜、兵团民政局局长刘钢任副主任。

兵团抗灾救灾综合协调领导小组负责研究制定兵团抗震救灾工作的方针、政策、规划，组织开展重大救灾活动，指导协调各师和有关部门开展抗震救灾工作。兵团民政局负责领导小组日常工作，负责制定救灾捐赠工作方案和捐赠工作的组织、管理，拟订捐赠资金款物分配方案，经兵团领导批准后实施。

新疆生产建设兵团抗震救灾综合办公室　新疆生产建设兵团抗震救灾综合办公室负责管理兵团的救灾捐赠工作，拟定兵团抗震救灾规划实施，启动抗震救灾应急预案；组织全兵团救灾捐赠工作，接收汇总和管理兵团捐赠款物，监督检查使用情况；综合协调全兵团的救灾工作，会同兵团有关部门统筹安排、分配使用救灾资金物资；发布救灾捐赠款物接收、分配使用等抗震救灾信息。

新疆生产建设兵团接收捐赠机构 新疆生产建设兵团救灾捐赠工作站负责接收各单位集中组织的捐赠款物。各级兵团组织采取自下而上的方式，由各单位民政部门接收社会捐赠款物后集中转交兵团救灾捐赠工作站。

新疆生产建设兵团慈善总会、新疆生产建设兵团红十字会立足兵团，面向社会各界募捐款物，接收社会团体和个人的捐赠。

新疆生产建设兵团青少年发展基金会，接收青少年捐赠的“特别团队费”。

二 组织发动

汶川地震发生后，新疆生产建设兵团党委要求兵团干部职工立即行动起来，捐款捐物，支援灾区抗震救灾工作。

5月13日，新疆生产建设兵团办公厅召开抗震救灾工作协调会，统一部署兵团的抗震救灾工作，决定由兵团民政部门牵头，组织兵团的抗震救灾捐赠工作。同日，兵团党委办公厅、兵团办公厅转发新疆维吾尔自治区党委办公厅、自治区政府办公厅紧急通知，要求各部门、各单位发扬“一方有难、八方支援”的优良传统，认真贯彻中央和自治区党委、政府有关通知精神，在党员干部和群众中组织开展向四川地震灾区捐赠活动；各级民政部门要按照有关要求切实做好向四川地震灾区捐赠活动的组织和协调工作。凡兵团所属各单位和单位集中组织的捐赠资金，采取自下而上的方式，由各师民政部门交兵团救灾捐赠工作站；凡社会团体和个人的捐款，直接交兵团慈善总会。当日，兵团救灾捐赠工作站和慈善总会开通了捐赠电话和捐赠专用账户。

5月14日，新疆生产建设兵团团委、兵团少工委下发通知，号召兵团各师团委、少工委、各院（校）团委等单位，在兵团共青团、少先队组织中开展为地震灾区交纳“特殊团费”活动。同日，兵团党委办公厅在兵团机关，组织兵团机关及兵团驻乌鲁木齐市各单位，举行向地震灾区捐赠活动的启动仪式（见图188）。此后，兵团各级各单位全面开展抗震救灾捐赠活动。

5月17日，新疆生产建设兵团政委、司令员召开由兵团办公厅、宣传部、民政局、卫生局、财务局等部门负责人参加的向地震灾区捐赠款物的紧急会议，决定进一步加大支援地震灾区捐赠活动的力度。兵团党委办公厅、兵团办公厅、兵团民政局下发通知，部署兵团抗震救灾捐赠工作。

5月20日，新疆生产建设兵团党委组织部转发中组部关于交纳“特殊党费”通知，要求兵团党员自愿交纳“特殊党费”。

5月24日，新疆生产建设兵团党委组织部转发中组部《关于进一步做好抗震救灾“特殊党费”收缴等有关工作的通知》。兵团党委组织部决定统一印制抗震救灾“特殊党费”收据，发给每位交纳“特殊党费”的党员。

图 188　5 月 14 日，新疆生产建设兵团组织支援地震灾区捐赠活动现场
（新疆生产建设兵团民政局　提供）

6 月 10 日，新疆生产建设兵团党委组织部转发中组部《关于抗震救灾“特殊党费”收缴、使用和管理的暂行办法》，要求党员交纳“特殊党费”坚持自愿交纳、量力而行、不定标准的原则。

第二节　捐赠活动

一　新疆生产建设兵团本级及直属单位捐赠活动

5 月 14 日，新疆生产建设兵团党委办公厅举行向地震灾区捐赠活动启动仪式，兵团政委等领导带头捐款，现场捐赠 49.36 万元。兵团卫生局捐赠价值 190 万元的药品，兵团机关捐赠价值 42.35 万元的物资。15 日，兵团医院和石河子大学医学第一附属医院分别举行抗震救灾社会捐赠活动，兵团医院募集资金 2.64 万元，石河子大学医学第一附属医院募集资金 10.81 万元。17 日，兵团红十字会与恒安集团新疆分销售部合作，在乌鲁木齐市和平都会门前开展赈灾义卖募捐活动，现场募集资金 4800 元。

5 月 14—19 日，新疆生产建设兵团本级捐赠 150 万元，石河子大学捐赠 37.98 万元，塔里木大学捐赠 19.6 万元，新疆农垦科学院捐赠 9.51 万元，222 团捐赠 9.3 万元，新天国际技术合作（集团）有限公司捐赠 14.27 万元。19 日，兵团各医院捐赠价值 107 万元的药品。新疆赛里木农业股份有限公司捐赠价值30万元的清油50吨，向灾区汇捐资金300万元，其中向四川省汇捐200万元、向甘肃省汇捐100万元。

截至5月29日，新疆生产建设兵团本级捐赠714.5万元，222团捐赠14.2万元，石河子大学捐赠60.4万元，塔里木大学捐赠23.8万元，新疆农垦科学院捐赠19.6万元。30日，兵团中华联合财产保险公司捐赠价值14.95万元的物资，兵团国资甘肃天康集团捐赠价值43.5万元的物资，兵团交通局捐赠价值150万元的装卸机5台。10月15日，兵团办公厅转发民政部、中宣部、铁道部、交通运输部、总政治部下发的《关于开展2008年全国“送温暖、献爱心”——向汶川地震灾区捐赠衣被活动的通知》。兵团各单位积极响应，广大干部和职工迅速捐赠新棉被、毛毯、棉衣裤、大衣、羽绒服、毛衣裤、绒衣裤等。截至11月4日，兵团直属机关及所属47个事业单位、1700多人捐赠衣被6309件（床）。

截至10月8日，新疆生产建设兵团机关和直属单位捐赠1680万元，其中兵团机关捐赠518.29万元（见表48）、兵团直属单位捐赠1161.71万元（见表49）。兵团机关和直属单位党员9769人，交纳“特殊党费”共319.74万元，其中989人交纳1000元以上。此外，兵团妇联接收捐赠款物折价123万元。

新疆生产建设兵团机关捐赠汶川地震抗震救灾资金情况统计表

表48　　（截至10月8日）　　单位：万元

单　位	资金额	单　位	资金额
党委办公厅、兵团办公厅	21.46	国土资源局	3.04
保密局	0.59	水利局	3.64
机要局	1.20	交通局	150.44
信访局	0.83	建设环保局	5.27
机关事务管理局	2.71	商务局	5.50
档案局	1.03	劳动和社会保障局	11.31
史志办	1.37	科技局	2.41
纪检、监察局	7.06	教育局	52.77
组织部	6.87	卫生局机关和卫生监督所	0.44
老干部局	1.37	人口与计划生育委员会	1.71
宣传部	15.30	外事局（旅游局、侨务办、侨联）	7.92
统战部	2.61	公安局	8.16
民政局	3.29	检察院	26.87
政法委	12.73	自治区高级法院兵团分院	7.68
党委政研室	2.48	司法局	3.06
机构编制委员会	1.14	监狱管理局	12.24
发展和改革委员会	12.20	工会	88.90
财务局	5.86	共青团委	1.55
审计局	1.90	文联	4.64
统计局	1.93	工商业联合会	0.95
国有资产监督管委会	4.07	残疾人联合会	0.99
农业局（畜牧局、林业局）	10.80	合　计	518.29

新疆生产建设兵团直属单位捐赠汶川地震抗震救灾资金情况统计表

表 49　　（截至 10 月 8 日）　　单位：万元

单　位	资金额	单　位	资金额
医　院	51.59	新疆农垦科学院	22.90
机关门诊部	2.51	勘测规划设计研究院	45.45
疾病预防控制中心	1.39	日报社	23.00
中心血站	0.42	电视台	4.28
第一干休所	1.62	歌舞团	6.05
第二干休所	3.63	秦剧团	2.44
党委党校	10.11	豫剧团	4.02
石河子大学	102.50	供销合作总公司	30.71
塔里木大学	38.66	新天国际经济技术合作（集团）有限公司	78.06
警官高等专科学校	7.31	新疆中基实业股份有限公司	46.02
广播电视大学	3.49	中华联合保险控股股份有限公司	569.90
财经学校	0.30	投资有限责任公司	37.89
农业广播电视学校	0.95	新疆通用航空有限责任公司	7.49
民族师范学校	1.78	工程咨询中心	2.13
第一中学	12.96	兵直 222 团	14.87
第二中学	25.04	合　计	1161.71
第三中学	2.24		

二　新疆生产建设兵团各师捐赠活动

5 月 14 日，新疆生产建设兵团各师组织广大干部职工群众开展捐赠活动。农 1 师捐赠 77.82 万元，农 2 师捐赠 50 万元（参见图 189），农 3 师捐赠 72.16 万元，农 4 师捐赠 200 万元，农 5 师捐赠 62.7 万元，农 6 师捐赠 26 万元，农 7 师捐赠 11.6 万元，农 8 师捐赠 600 万元，农 9 师捐赠 51.4 万元，农 10 师捐赠 92.6 万元，农 11 师捐赠 14.1 万元，农 12 师捐赠 79.7 万元，农 13 师捐赠 60 万元，农 14 师捐赠 62.2 万元。截至 10 月 8 日，兵团各师共捐赠 6484.06 万元。

5 月 18 日，农 2 师捐赠价值 24.29 万元的大米 35 吨、面粉 20 吨、清油 60 吨。华士药业公司捐赠价值 100 万元的药品。永兴供销有限公司捐赠价值 123.18 万元的衣服和网套。19 日，农 1 师捐赠价值 22.06 万元的大米共 60 吨。30 日，农 12 师乳业公司捐赠价值 128.43 万元的乳制品。

图 189　5 月 14 日 19 时，新疆生产建设兵团民政局接收农 2 师金三角商贸城部分商户捐款活动现场

（新疆生产建设兵团民政局　提供）

截至 10 月 8 日，新疆生产建设兵团 14 个师 150349 名党员共交纳“特殊党费”2393.71 万元，其中有 4410 人交纳 1000 元以上。

第三节　捐赠资金拨付与捐赠物资调运

一　资金拨付

截至 10 月 8 日，新疆生产建设兵团共接收救灾捐赠资金 9622.82 万元，其中兵团救灾捐赠工作站接收捐赠资金 5703.1 万元、兵团红十字会接收捐赠资金 322.5 万元、兵团慈善总会接收救灾捐赠资金 653.61 万元、兵团党委组织部接收“特殊党费”2900 余万元。实际到账 9589.32 万元，已向灾区汇捐 9062.54 万元。兵团指定账户捐款账面实际结余 526.78 万元，其中捐赠工作站 249.42 万元、慈善总会 50.61 万元、红十字会 20.86 万元、团委特别团队费 19.34 万元、组织部“特殊党费”18.49 万元。结余资金根据灾区重建需要，继续汇往地震灾区。

拨付四川灾区　截至 10 月 13 日，新疆生产建设兵团共划拨四川省捐赠资金 1325.91 万元。

其中，5 月 13 日，兵团财务划转四川省慈善总会 100 万元；15 日，农 1 师青松建化集团划转四川省红十字会 27.66 万元，农 1 师阿拉尔益盛公司划转四川省慈善总会 5 万元，阿拉尔洪瑞批发市场划转四川省红十字会 0.63 万元，农 1 师塔建集团廖洪云划转四川省红十字会 1 万元，农 1 师绿洲园林绿化公司划转四川省红十字会 0.44 万元，农 1 师一中划转四川省红十字会 0.12 万元，农 1 师职业技术学校划转四川省红十字会 3.44 万元；18 日，兵团建工集团划转四川省红十字会 150 万元，兵团救灾捐赠工作站划转四川省慈善总会 100 万元；20 日，兵团工会划转四川省工会 10 万元，划转四川省妇联 3 万元，兵团红十字会划转四川省红十字会 5 万元；21 日，兵团救灾捐赠工作站划转四川省慈善总会 410 万元；22 日，农 8 师天业集团划转四川矿山机器公司 100 万元，兵团政法委划转四川省政法委 10.5 万元，兵团检察院划转四川省检察院 10 万元，农 1 师检察院划转都江堰市检察院 6 万元，农 3 师公安局划转彭州市公安局 1 万元，中华联合财产保险公司划转四川分公司等单位 362.66 万元，兵团审计局划转四川省其他单位 19.46 万元。

拨付甘肃灾区　截至 10 月 13 日，新疆生产建设兵团划拨甘肃灾区捐赠资金 4650.3 万元。其中，5 月 18 日，兵团财务划转甘肃省民政厅 50 万元，兵团慈善总会划转甘肃省民政厅 50 万元；21 日，兵团慈善总会划拨甘肃省民政厅 50 万元；7 月 22 日，兵团救灾捐赠工作站划转甘肃省民政厅 4500 万元。此外，5 月 14 日，喀什市联邦进出口公司划转康县 3000 元。

拨付陕西灾区　截至 10 月 15 日，新疆生产建设兵团拨付陕西省捐赠资金 511.4 万元。其中，5 月 28 日，兵团救灾捐赠工作站划转陕西省救灾捐赠办公室 500 万元；6 月 5 日，兵团检察院划转陕西省检察院 11.4 万元。

拨付其他单位　截至 10 月 28 日，新疆生产建设兵团拨付其他单位捐赠资金 2574.93 万元。5 月 15 日，新疆维吾尔自治区质量技术监督局兵团分局划拨中国特种设备检验协会 5 万元；农 1 师 13 团陈绪龙向中国红十字会汇捐 1 万元；农 1 师一中划转中国红十字会 8300 元。18 日，兵团建工集团划转西藏自治区交通厅 34 万元，划转国际红十字会 1 万元；农 3 师叶尔羌律师事务所划转中国红十字会 2200 万元。20 日，兵团工会划转全国总工会 72 万元；同日，兵团团委划转中国青少年发展基金会 50 万元，为汶川地震灾区建一所“兵团抗震希望小学”；划转 15 万元资助两所大学中灾区贫困家庭学生 456 人；划转甘肃省青少年基金会 66.1 万元，其中 30 万元捐建一所“兵团抗震希望小学”，36.1 万元用于资助灾区 100 名大学新生；划转陕西地震灾区 30 万元，一次性资助小学生 100 名（每人 3000 元）。22 日，农 8 师划转新疆维吾尔自治区民政厅 100 万元，由民政厅转地震灾区。

截至 6 月 10 日，新疆生产建设兵团党委组织部累计汇往中组部“特殊党费”2184.12 万元，由兵团民政局救灾捐赠工作站划转捐赠甘肃灾区“特殊党费”741 万元。

二　物资调运

截至 12 月 15 日，新疆生产建设兵团共接收救灾捐赠物资折价 699.4 万元，其中兵团红十字会接收物资折价 107 万元；已调拨物资折价 699.4 万元，捐赠物资无结存。兵团民政局共调运价值 128.43 万元的物资，经公路运往新疆慈善总会。

调运四川 截至10月15日，新疆生产建设兵团调运四川灾区物资折价289.68万元。其中，5月16日，兵团民政局调拨价值19.17万元的救灾物资，经公路运往四川灾区；18日，兵团卫生局调拨价值190万元药品，供兵团赴川医疗救援队在四川使用和捐赠；20日，兵团民政局调运价值22.06万元的大米共60吨，经铁路运往四川灾区；22日，兵团民政局调运价值14.95万元的救灾物资经公路运往四川财产保险分公司，调运价值43.5万元的物资经公路运往四川省动物防疫监督总站。

调运甘肃 截至12月15日，新疆生产建设兵团调运甘肃灾区捐赠物资折价281.29万元。其中，5月19日，兵团民政局调运价值24.29万元的大米35吨、面粉20吨、清油60吨，经铁路运往陇南灾区（见图190），调运价值150万元的装载机5台，经铁路运往甘肃灾区；兵团卫生局调运107万元的药品，经公路运往甘肃灾区。

图190 5月19日，新疆生产建设兵团民政局调运救灾物资，经铁路运往陇南灾区

（新疆生产建设兵团民政局 提供）

第七篇

港澳台同胞、海外侨胞赈灾活动

在汶川特大地震抗震救灾中，港澳台同胞、海外侨胞，急灾区群众之所急，帮灾区群众之所需，捐赠了大量的资金物资，为保障受灾群众的基本生活、支援灾区恢复重建做出了重要贡献。

香港特区政府获悉汶川地震消息后，向国务院抗震救灾总指挥部发慰问电，并派出特区政府代表团和特区政府立法代表团赴灾区考察灾情，慰问受灾群众。特区政府捐赠资金3亿港元及价值510万港元的救灾物资，同时建立赈灾救济应急机制，动员社会各界捐助资金物资，从速拨付资金和调运物资支援地震灾区。香港各类社会组织开展多种形式的募捐活动，募集大量款物用以支持灾区抗震救灾和灾后恢复重建工作。

澳门特区政府于5月13日向四川省政府发慰问电，并派出特区政府代表团深入灾区考察灾情，慰问受灾群众。当日，特区政府向四川省捐赠1亿澳门元，同时动员社会各界捐赠资金物资。澳门各类社会组织和广大群众满怀骨肉深情，踊跃捐赠资金物资，支援抗震救灾和灾后恢复重建。澳门各界通过中央人民政府驻澳门特别行政区联络办公室（以下简称澳门中联办）、外交部驻澳公署、民政部、中国红十字会总会、中华慈善总会等渠道，捐赠资金和物资折价共约5亿多元。

汶川地震发生的当天下午，中国国民党和新党分别致电中共中央和中央台办表示慰问，派出党派代表团及民间组织到灾区了解灾情，慰问受灾群众。台湾地区候任领导人马英九，呼吁各市县和民间社团参与灾害救援。台湾地区社会组织开展了多种形式的募捐活动。台湾企业和个人积极捐赠款物，支援地震灾区。

汶川地震发生后，遍布世界各地的华侨社团纷纷致电国侨办和四川省政府，对灾区人民表示亲切慰问。众多华侨华人社团成立赈灾机构，动员和组织华侨华人通过义演、义卖、集会、餐会等形式，募集资金物资，支援灾区，为夺取抗震救灾的胜利做出了积极贡献。

第一章　香港特别行政区赈灾活动

第一节　香港特别行政区政府捐赠

香港立法局于 1993 年 12 月设立香港赈灾基金，并于 1994 年 2 月成立香港赈灾基金咨询委员会。赈灾基金咨询委员会负责审定有关部门和单位关于拨款的申请，赈灾基金负责实施拨款。

2008 年 5 月 13 日，香港特区政府行政署联络救援机构向香港赈灾基金咨询委员会及其所属的香港赈灾基金申请拨款，为地震灾区提供紧急救助。赈灾基金咨询委员会同意香港特区政府行政署及救援机构的申请，决定向国务院抗震救灾总指挥部捐赠 3 亿港元，并设立特别捐赠机制，加快处理赈济拨款申请。

5 月 14 日，香港特区行政长官曾荫权致函国务院抗震救灾总指挥部，对受灾同胞表示慰问。同日，经香港特区立法会批准，特区政府拨付赈灾资金 3.5 亿港元，注资到赈灾基金。根据赈灾基金咨询委员会的决定，直接汇入四川省财政厅赈灾捐赠专用账户 3 亿港元，剩余的 5000 万港元，列入香港“赈灾专项基金”，供香港慈善和救助机构申请赈灾基金咨询委员会批准后用于抗震救灾。

5 月 15 日，香港特区行政署、赈灾基金咨询委员会从赈灾基金中向香港红十字会拨款 750 万港元、向爱德基金会拨款 350 万港元，用于赈济四川灾区群众。20 日，从赈灾基金中向香港世界宣明会拨款 500 万港元，用于赈济四川灾区群众。22 日，从赈灾基金中向香港食物环境卫生署拨款 80 万港元，全额采购 N95 口罩、护眼罩、黑胶靴、黑胶手套、生化衣及消毒用漂白粉，空运至四川灾区。27 日，从赈灾基金中向香港世界宣明会拨款 700 万港元，用于赈济四川、甘肃、陕西等地震灾区。29 日，从赈灾基金中向物流服务署拨款 370 万港元，全额采购帐篷 2500 顶，于 6

月2—10日分批空运至四川灾区。

6月5日，香港特区行政署、赈灾基金咨询委员会再次向物流服务署拨款60万港元采购帐篷，于10—17日分批将帐篷空运至四川灾区。11日，从赈灾基金中向乐施会拨款351万港元、向施达基金会拨款74万港元，用于赈济四川、甘肃、陕西等地震灾区群众。

6月27—29日，曾荫权率领香港特区政府代表团赴彭州灾区考察。代表团在彭州市小鱼洞镇大楠村安置点看望灾区群众，听取小鱼洞学校关于学校灾害损失和恢复教学的情况汇报，考察了崩塌的山坡、倒塌的房屋和已成废墟的古镇。随后，代表团又到都江堰考察，深感灾区灾后重建任务艰巨，立即与四川省政府商定参与四川灾区重建。当晚，正在灾区指导救灾工作的国家副主席习近平会见曾荫权等香港代表，对香港各界积极参与抗震救灾及灾后重建工作表示感谢。

7月3日，香港特区行政署、赈灾基金咨询委员会从赈灾基金中向中国福音事工促进会拨款70万港元，用于赈济四川灾区群众。

7月4日，由香港特区立法会主席范禄丽兼任团长，立法内务委员会主席刘健仪、财务委员会主席谭耀宗任副团长的香港特区政府立法会代表团一行16人，赴都江堰及汶川县映秀镇、漩口镇等重灾地区走访受灾群众，了解赈灾物资的发放情况。

8月13日，香港特区行政署、赈灾基金咨询委员从赈灾基金中又向中国福音事工促进会拨款79万港元，用于赈济四川灾区群众。

第二节　香港社会组织捐赠

一　香港红十字会捐赠

汶川地震发生后，香港红十字会共募集资金7亿元，支援地震灾区建设。5月13日，香港红十字会在香港多家银行设立“中国赈灾基金户口”，并派员赶赴重灾地区都江堰市、绵阳市，向两市红十字会捐赠食品、药品、帐篷、棉被、卫生包、医疗设备等救灾物资，还到北川、安县、平武、江油等灾区发放物资和了解灾情。17日，香港红十字会代表又到什邡、旌阳、罗江等县（市、区），捐赠帐篷800顶、棉被4000床，同时捐款4760万港元，用于永久性住房援建项目。同日，受香港红十字会委托，香港红十字会青年义工事务总主任陈锦全、国际及赈灾服务管理委员吴常乐赴重灾区陇南市考察灾情。28日，香港红十字会向陇南市武都灾区捐赠价值20万元的物资。

6月1日，香港红十字会向甘肃省红十字会捐赠160万元。10日，香港红十字会会长曾鲍笑薇到四川考察灾情，派员到德阳调查受灾群众的生产生活情况，捐赠4800万元，援助什邡市皂角、湔氐和绵竹市九龙、孝德4个镇（街道）建立卫生院2所、村卫生站22个、学校及幼儿园3所以及敬老院等公益设施。30日，香港红十字会林传芃一行3人到陇南市的成县、礼县考察灾情，捐赠7223.14万元。其中，捐赠成县3374.98万元，援建民房1283户、卫生院2所、学校5所；捐赠礼县3848.16万元，援建民房1552户、卫生院3所、村卫生室72所、学校1所。7月1日，香港红十字会捐赠1202.48万元，援建成县镡坝小学、土蒿小学、宋坪学校、南康小学。

9月5日，香港红十字会向德阳市捐赠价值55.9万元的医疗设备。8日，香港红十字会与绵阳市政府在绵阳市王子大酒店举行援助绵阳市地震灾后重建项目签字仪式，香港红十字会捐赠1.1亿元，援建安县、平武、江油3个县（市）的卫生院、敬老院、小学、幼儿园等服务项目。16日，香港红十字会向绵阳市捐赠价值87万余元的迈瑞数字化B超、半自动生化仪、心电图机、血球分析仪、血气分析仪、X光机等医疗设备。2009年3月19日，香港红十字会向甘肃灾区捐赠价值89万余元的工作用车4辆，用于省、市、县红十字会开展灾后重建工作。

二　其他社会组织捐赠

5月22日，香港慈善机构"苗圃行动"捐赠335万元，计划援建环县6所中小学校。

5月28日，香港乐施会向文县捐赠价值100万港元的救灾物资。截至10月14日，香港乐施会向甘肃省捐赠600万元，其中向陇南市武都区、文县捐赠300余万元。

6月7日，香港慈恩基金会联系陈慧琳儿童基金、郑裕彤慈善基金、小平教育基金、香港健行杏社、香港轩辕教育星火基金会等单位，协商向灾区捐赠事宜，共捐赠111万港元和150万元人民币，援建环县小学2所、宁县小学2所、华池县小学4所，以及天水市秦州区小学4所、华亭县小学6所、静宁县小学3所。

7月25—29日，香港中文大学校友会向天水市的秦安县、张家川回族自治县、清水县、秦州区、麦积区5个县（区）的40所中小学校捐赠价值17.6万元的图书。

8月5日，香港中华民族友好协会在金川县举行"投资援建阿坝州大骨节病医疗救助项目签字仪式"，意向性投资3000万元，援建阿坝扶贫开发和综合防治大骨节病医疗救助中心。

8月7日，香港慈善机构"救世军"为德阳市旌阳区28所受灾学校捐赠价值428万元的设施设备，为德阳市第二人民医院捐赠救护车1辆，并签订为该医院提供第二辆救护车的援助协议。香港"救世军"援建罗江县72个村卫生站、绵竹市157个村卫生站和什邡市68个村卫生站。每个卫生站造价11万元。"救世军"援助德阳市灾后重建项目资金总额达3764万元。

香港郭氏基金会向中央统战部捐赠2300万港元，香港百仁基金捐赠810万港元及价值500万港元的物资，用于保障灾区群众生活和灾后重建。

香港惩教社基金会捐赠12.6万港元。香港中国和平统一促进会捐赠20万港元；香港展翔助学基金会捐赠29.1万元，救助环县52名贫困大学生。香港逸夫基金会捐赠204万元，援建礼县城关镇东关小学。香港慈辉基金会捐赠100万港元。香港董氏慈善基金捐赠600万港元。香港工会联合会会长郑耀棠带领香港游客400名赴四川开展"爱心之旅"，捐赠100万港元，并将自己编织的围巾1万多条捐给灾区儿童。香港广东社团总会通过香港中联办捐赠1140万港元。香港侨界社团联合会通过中国侨联向北川中学捐赠1581.96万元。香港郑郭如基金会向甘肃省捐赠2000万元。香港道德会捐赠100万港元，委托重庆市扶贫办代为采购应急物资，运往四川灾区。香港大地慈善基金会向安县捐赠价值 21.93 万元的生活餐具。

香港佛教界捐赠 630 万港元。香港道教界捐赠 750 万港元。

第三节　香港企业及个人捐赠

汶川特大地震发生后，香港企业家及各界人士心系地震灾区，积极捐赠款物，捐赠资金和物资折价共约 8.1 亿元。

5 月 13 日，华润集团分别向成都市、遂宁市、德阳市、绵竹市等地政府捐赠资金 500 万元、物资折价 6500 万元；另捐赠资金 1000 万元，用于修建彭州市小鱼洞公路桥。

5 月 13 日，世茂集团紧急向地震灾区捐赠 1000 万港元。27 日，世茂集团在北京通过中央统战部向地震灾区捐赠 1 亿元，援建地震中受灾最严重地区的医院 100 所。经与有关部门协商，世贸集团援建的医院被统一命名为“世茂爱心医院”。6 月 19 日，世茂集团在四川省政协举行援建四川地震灾区“情动中华、爱满人间——世茂爱心医院”启动仪式，首批 20 家“世茂爱心医院”分别建于阿坝、德阳、绵阳、广元、雅安 5 个重灾市（州），由四川省工商联负责全省“世茂爱心医院”的选址、规划和建设监理工作。

5 月 13 日，长江实业（集团）有限公司与和记黄埔集团董事长李嘉诚个人捐赠 1000 万元，旗下基金捐赠 3000 万元，其子李泽楷捐赠 2000 万元，旗下长江实业及和记黄埔集团捐赠 500 万元（见图 191），和记黄埔集团董事、总经理霍建宁以个人名义捐赠 500 万港元。随后，李嘉诚又追加捐赠 1 亿元。

图 191　5 月 13 日，李嘉诚基金会向四川地震灾区捐助 3000 万元。图为香港中联办主任高祀仁（右）与李嘉诚之子李泽钜在支票递交仪式上

（卢炳辉　摄）

英皇集团全体员工共捐赠 103.21 万港元，英皇集团主席杨受成亦配合员工同时捐出等额善款 103.21 万港元。

5 月 14 日，香港赛马会通过香港中联办向四川地震灾区捐赠 3000 万港元（见图 192）。截至 2009 年 5 月 13 日，赛马会共募集资金 10.3 亿港元，用于支援地震灾区重建。

5 月 15 日，香港爱国人士邵逸夫及夫人邵方逸华向教育部捐款 1 亿港元，援助灾区重建校舍。

5 月 20 日，协鑫（集团）控股有限公司

图192　5月14日，香港赛马会向四川地震灾区捐款3000万港元（国务院港澳办　提供）

捐赠资金800万港元，援建北川小学。

6月3日，来宝集团向重庆市捐赠350万元，援建梁平县礼让小学。

8月4日，香港文汇报社在四川驻京办举行“援建眉山市丹棱县何场中学签字仪式”，捐赠400万港元，新建的何场中学更名为“文汇中学”。

华人置业集团董事长刘銮雄以集团名义捐赠500万港元，名下基金会捐赠1000万港元。恒基兆业集团向四川地震灾区捐赠1000万港元。香港莱利集团所属公司向中央统战部捐赠100万港元。

香港特区捐赠资金达10万元以上（含港元）的个人还有：钟官革捐赠13万港元，刘百行捐赠34万港元，顾兆敏、谢咏琴、康文海共捐赠64万港元，邝美云捐赠210万元，何崇本两次捐赠共267.58万元，董建华及其夫人捐赠244.21万元，杨孙雨、高敬德、施子倩、卢文瑞共捐赠600万元，曾宪梓捐赠1000万港元，陈君实捐赠3000万港元。

还有大批香港同胞也捐赠了款物。6月1日，来自内地（大陆）和港澳台的演艺界人士在香港举行“5·12”关爱行动大会演，为灾区筹款3000多万港元。一位70多岁的阿婆将女儿给的3000港元生活费，捐给因掩护学生而牺牲的教师谭千秋的家属。5岁的黄静琳和她9岁的哥哥一起，将积攒多年的6785港元压岁钱全部捐出。

第二章　澳门特别行政区赈灾活动

第一节　澳门特别行政区政府捐赠

5 月 12 日汶川特大地震发生后，澳门特区政府立即向受灾省政府驻广州办事处了解地震灾区情况，表达对灾区的关心和慰问，并表示将全力支援灾区的抗震救灾工作。

5 月 13 日，澳门特区行政长官何厚铧致函四川省委、省政府领导，对受灾同胞表示慰问。同日，澳门特区政府向四川省捐赠 1 亿元，直接汇入四川省财政厅汶川地震抗震救灾捐赠专户。特区政府呼吁广大市民和团体，进一步积极支持和参与赈灾工作。同日，特区卫生局捐赠药物 41 箱，由特区政府安排包机将药物和其他救灾物资空运至成都。

6 月 27—29 日，何厚铧率澳门特区政府代表团赴成都市的极重灾区考察。其间，国家副主席习近平会见了何厚铧一行。

8 月 1—4 日，全国青联副主席、澳门特区立法会议员、澳门金龙集团董事长陈明金率澳门地区全国青联委员代表团一行 22 人，赴广元市的青川县红光村、利州区宝轮镇回龙村等地慰问受灾群众，考察永久性住房重建工作。

9 月 2—6 日，澳门特区政府组织“澳门同胞关爱四川之旅”活动，由特区旅游局局长安栋梁率旅游局、澳门旅游发展辅助委员会、澳门旅游商会、澳门旅游业议会、澳门旅行社协会以及澳门航空的代表一行 60 人，赴四川了解灾区情况，支持、协助当地制定恢复旅游业重建规划。

第二节 澳门红十字会捐赠

5月12日，澳门红十字会紧急召开会议，决定从澳门红十字会赈灾基金中捐款50万元给四川省红十字会紧急救灾，并发出紧急募捐呼吁。

5月13日，澳门红十字会会长黄如楷主持召开特别会议，部署赈灾工作。澳门红十字会向社会发出紧急募捐呼吁，筹集善款和救灾物资。同日，澳门红十字会理事长曹国希带领赈灾人员到极重灾区北川羌族自治县进行灾情评估，并将灾情信息和实际需求反馈澳门红十字会，为救助工作提供依据。

5月14日，澳门红十字会与澳门街坊会联合总会协作，共同筹划和组织募集首批紧急救灾物资，并通过特区政府协调澳门航空提供免费舱位，调运总价值125万澳门元的医疗器材、方便食品、奶粉、衣物、蚊帐、手电筒等约13吨救灾物资空运至成都。同时，澳门红十字会根据对灾区灾情的判断及灾区同胞临时安置的紧急需要，快速反应，立即派员赴广东省各地采购赈灾物资，如救灾帐篷、防潮充气垫、流动厕所等。面对灾区运输条件恶化、成都机场和火车站救灾物流阻塞等实际情况，澳门红十字会及时与四川省政府驻广州办事处合作，开辟了一条点对点公路运输“绿色通道”，通过汽车运送的方式先后从广东省各地直接向四川省的阿坝、绵阳、德阳、都江堰、广元和卧龙自然保护区等重灾地区及甘肃省的陇南灾区抢运100吨大米、5800顶帐篷、1592张防潮床垫、80座流动厕所和2000个便携式坐厕等灾区紧缺物资。

5月15—18日，澳门红十字会募集奶粉、饼干等方便食品和衣服、毛巾被、手电筒等物资940公斤，经澳航NX198航班空运至成都。

6月2日，澳门红十字会再次与澳门街坊会联合总会合作，在澳门社会各界筹集总价值约1090万澳门元的奶粉、口罩、手套、毛毯、风褛、毛巾被、干粮等40吨灾区急需的生活物资，同时，紧急购置灾区医院紧缺的床边X光机、血液透析机、手提超声波机、心电图机、心电监护仪、检验室仪器、放射CR系统、麻醉机、麻醉监护仪、麻醉气体监护仪、除颤机等45吨医疗设备、防护用品及消耗性物资，连同澳门卫生局捐赠的41箱药物，通过包机运往地震灾区。

6月3日，澳门红十字会得知赴灾区救援的“中德红十字会野战医院”急需医疗器材，便紧急调运心动监护器、呼吸机、心脏超声波机等医疗器材和风扇20台、流动厕所8座等生活物资，及时解决了“中德红十字会野战医院”进行医疗救护中的困难。同日，澳门红十字会理事长曹国希一行5人到达都江堰灾区，了解“中德红十字会野战医院”医疗物资的接收情况，核查澳门援助德阳、绵阳、广元及青川等地救灾物资的发放情况。

截至6月14日，澳门红十字会共募集资金6300万澳门元，协调组织通过公路运往四川灾区的物资达10批次、共280吨，物资总价值达550万元。

7—9月，澳门红十字会分别向甘肃省捐赠6000万元，援建陇南市武都区、文县及甘南藏族自治州舟曲县学校、卫生院和农民住房；向四川省捐赠4000万元；援建陕西省石泉县卫生院和学校。

2009 年 4 月 11 日，澳门红十字会在舟曲县正式签约援建甘肃灾区重建项目，捐赠 599.54 万元，援建文县、舟曲县农村学校 2 所、乡镇卫生院 4 所。12 日，澳门红十字会捐赠 104.8 万元，援建舟曲县城关镇博爱小学。

第三节　澳门其他各界捐赠

汶川特大地震发生后，澳门各界积极捐赠款物，支援地震灾区。5 月 13 日，澳门万国控股集团董事长刘雅煌代表该集团通过国侨办向四川省捐赠 50 万元。14 日，刘雅煌从澳门乘飞机赶至重庆，再连夜乘车赶赴都江堰灾区慰问受灾群众，并向都江堰市捐赠资金 20 万元、帐篷 3000 顶和一批收音机。吴坤林捐赠 20 万澳门元。卢德华、枸静纯捐赠 25 万港元。此外，澳门廉政公署、审计署和立法会公务人员为灾区筹集资金 90 万澳门元。

5 月 13 日，澳门基金会向国务院抗震救灾总指挥部捐赠 1000 万元。21 日，澳门功德林住持戒晟法师赴四川灾区捐赠 60 万元。截至 5 月 31 日，澳门道教界已向澳门中联办捐赠 46.3 万澳门元。6 月 3 日，澳门道教界向四川省捐赠棉被 700 床、帐篷 178 顶；7 月 14 日，澳门佛教总会会长健钊大和尚发起、由澳门菩提禅院等佛教界人士倾力募集的 100 万港元，汇至彭州市龙门山镇，用于修复龙门山镇受损寺庙及援建桂花镇一所养老院。23 日，澳门建筑机械工程商会会长林汉辉率团赴梓潼捐赠 185 万元，援建梓潼县东石小学教学楼和宏仁乡卫生院。澳门中华海外联谊会通过澳门特区政府驻北京办事处，向地震灾区捐赠 1000 万澳门元，又通过中央统战部向地震灾区捐赠 1276 万港元。澳门地区全国青联委员代表团捐赠 150 万元。澳门中华总商会捐赠 30 万元。

6 月 13 日，澳门“川澳同心”委员会举办“川澳同心、抗灾解困——四川地震灾后重建家园慈善筹款晚会”，共募集 6000 余万澳门元，全额捐赠中华慈善总会，帮助受灾群众重建家园。澳门粤剧曲艺总会发起粤曲筹款晚会，澳门兰艺会发起的国兰、洋兰义卖，澳门“澳大‘粽’动员”赈灾活动，共筹集 3600 多万澳门元。

第三章　台湾同胞赈灾活动

第一节　台湾政界慰问和捐赠

5 月 12 日，汶川特大地震发生后，中国国民党中央委员会致函中共中央委员会，对四川汶川地震灾区表示慰问。同日，亲民党主席宋楚瑜致电胡锦涛，对四川遭受严重震灾表示慰问。13 日，中国国民党荣誉主席连战致电胡锦涛，表达对四川汶川等地遭受地震灾害的关切。同日，新党主席郁慕明致函国台办，代表新党向四川地震灾区表示慰问。

5 月 12 日，台湾地区候任领导人马英九在获悉汶川发生地震灾害后，呼吁各市县与民间社团发扬人道主义精神，向灾区提供物资及专业救援。马英九致电台北市消防局与红十字组织，在能力所及范围内主动协调救灾资源。海峡交流基金会致函海峡两岸关系协会，对地震灾区表示慰问和救助之意。13 日，马英九以个人名义捐赠 20 万元新台币，并再次呼吁民众先以捐款以及捐助药品、帐篷、毛毯等物资方式帮助救援，表达对灾区人民的关怀。宋楚瑜以“宋友会”名义捐赠 100 万元新台币。17 日，连战以个人名义捐赠 1000 万元新台币和羽绒服 1 万件。金门县政府捐赠 313 万元新台币。台中市政府捐赠 153.14 万元新台币。

5 月 28 日，中国国民党主席吴伯雄率团到北京访问，再次对灾区表示慰问。胡锦涛会见了吴伯雄，并对中国国民党中央及台湾其他党派、台湾社会各界、广大台湾同胞支持抗震救灾的爱心和善举表示感谢。

第二节　台湾社会组织捐赠

汶川特大地震发生后，台湾媒体及时报道了汶川地震的严重灾情。5 月 12 日，台湾红十字组织表示，时刻待命参加救援活动。13 日，台湾红十字组织向地震灾区捐赠 30 万美元，同时公布邮政划拨账号、银行转账账号、信用卡捐款等 3 种捐款方式，并告知民众捐款时注明“四川赈灾”字样，呼吁全社会向四川灾区捐款。社会各界组织积极响应，纷纷开展赈灾活动。台湾法鼓山慈善基金会、慈济慈善基金会等宗教、慈善团体在岛内设立捐款账户，在街头设立“赈灾善款”筹款箱，动员民众参与赈灾。台湾民众慷慨解囊，纷纷捐款捐物，为灾区群众生活和恢复重建贡献力量。

5 月 12 日，台湾佛光山与“国际佛光会”世界总会捐赠 1000 万元新台币。13 日，台湾佛教会理事长净良长老发函致台湾各市县，号召广大佛教人士为地震灾区捐款捐物。同日，台湾中台寺惟觉老法师组织该寺法师及护法会居士赈灾募捐，共募集资金 1100 万元新台币。台湾十方禅林住持首愚法师向海内外佛教三宝弟子发出呼吁，共筹集资金 3600 万元，募集物资 50 吨。14 日，台湾慈济慈善基金会捐赠毛毯 4 万条、生活袋 1.02 万个等物资运往四川灾区。17 日，台湾“国际佛光会”捐赠资金 1100 万元、物资折价 1500 万元。台湾台北指南宫捐赠 20 万元新台币。6 月 6 日，台湾佛教正觉同修会理事长张公仆将台湾佛教界募集的 1863 万元新台币，委托国家宗教局转交四川灾区用于灾区学校重建、受损庙宇修缮以及抚恤等事项。台湾地区道教界共捐赠 2200 多万元新台币。

法鼓山慈善基金会捐赠物资折价 1200 万元新台币。台湾联合劝募会、台湾儿童家庭辅助基金会捐赠 200 万元。台湾财团法人慈善基金会向中国老基会捐赠 900 多万元，援建重灾地区大中小学校校舍。

5 月 18 日，台湾电视公司、中天电视公司、台北经纪人交流协会与台湾红十字组织在台北举行“把爱传出去”赈灾募款晚会，台湾知名艺人和多家演艺团体参与赈灾演出，台湾民众和企业积极响应，现场募集善款 2.2 亿多元新台币。23 日，台湾创价学会理事长林钊捐赠 100 万元新台币。6 月 1 日，台湾生命电视台台长海涛法师在重庆华岩寺组织开展赈灾募捐活动，现场募集资金 60 万元。2 日，台湾佛光山佛光会在四川省宗教局举行签订援助四川地震灾区恢复重建项目协议仪式，援建江油、青川等地初级中学、小学、医院项目。

6 月 5 日，“两岸同心、重建家园”主题晚会在北京举办，台商、台资企业和台胞在晚会上共为灾区捐建学校 128 所，捐建款项共计 6400 万元。

6 月 27—29 日，台湾红十字组织救灾部长一行到西和县考察灾情，捐赠 9300 万元，援建西和县学校 21 所、卫生院 19 所，另捐赠 11.15 万元救助贫困学生 213 名。台湾同学会捐赠 1 万元。瑞福家族基金会捐赠 103.83 万元。两岸和平发展基金会向中央统战部捐赠 219.4 万元。

第三节　台湾企业及个人捐赠

5 月 12 日，鸿海集团及企业中的大陆与台湾员工向四川灾区捐赠 6000 万元。

5 月 13 日，全国台湾同胞投资企业联谊会发出倡议书，号召会员企业向受灾群众献爱心，用实际行动帮助受灾群众恢复生产，重建家园；当晚，联谊会共募集资金 670 万元。富士康科技集团向地震灾区捐赠 6000 万元。

5 月 14 日，顶新集团捐赠 3000 万元，同时采购价值 45 万元的图书和体育器材捐赠天水市。台塑集团通过中央统战部捐赠 1 亿元。远东集团捐赠 1000 万元。台湾会馆国际旅行社捐赠 1 万元。台达集团捐赠 775 万元。润泰大润发公司捐赠 6000 万元。旺旺集团捐赠 500 万元及价值 500 万元的食品。统一集团捐赠 500 万元及价值 500 万元的物资。华新丽华集团捐赠 300 万元。金钱豹（中国）控股有限公司捐赠 120 万元。润台集团捐赠 1000 万元新台币。金门酒厂实业股份公司捐赠 1003 万元。烨联钢铁股份有限公司捐赠 2000 万元。群光电子股份有限公司捐赠 2000 万元，用于保障灾区群众生活，援助陇南、甘南、天水等地震灾区学校重建。

此外，润泰集团总裁尹衍梁以个人名义捐赠 2000 万元。旺旺集团董事长蔡衍明个人捐赠 1000 万港元。

台湾社会各界群众也捐赠了大量的救灾款物。

第四章　海外侨胞赈灾活动

第一节　亚洲侨胞捐赠

一　阿富汗侨胞捐赠

截至 5 月 14 日 10 时，中国驻阿富汗大使馆接收阿富汗华商协会等华侨华人捐赠资金约 2 万美元。

二　阿塞拜疆侨胞捐赠

5 月 14 日，中国驻阿塞拜疆大使馆接收阿塞拜疆华商捐赠的 3100 美元。15 日，大使馆接收阿塞拜疆部分华商组织、公司代表及侨胞个人捐赠资金 4000 美元。至 19 日，大使馆共接收侨胞捐赠资金 3.06 万美元。

三　文莱侨胞捐赠

5 月 14 日，中国驻文莱大使馆接收一对侨胞夫妻捐赠的 0.2 万文莱元；17 日，接收文莱斯市中华总商会捐赠资金 6.1 万文莱元；6 月 30 日，接收文莱福建会馆主席林成国及 20 余名会馆理事捐赠资金 6.16 万文莱元。

四　柬埔寨侨胞捐赠

5 月 16 日，中国驻柬埔寨大使馆接收华侨华人及其社团捐赠资金约 23.93 万美元、8.6 万元、409 万柬埔寨瑞尔。21 日，大使馆接收柬埔寨中国商会会长高华等人转交的捐赠资金 4.45 万美元。26 日，大使馆接收柬埔寨华人理事总会会长、柬埔寨中华文化发展基金会理事长杨启秋转交的捐赠资金 23.03 万美元，接收柬埔寨中国港澳侨商总会会长任瑞生转交的捐赠资金 30.1 万美元。31 日，大使馆接收旅柬中国台湾商会会长江永兴等转交的旅居柬埔寨的台湾省籍侨胞捐赠资金 3.23 万美元。至 26 日晚，大使馆共接收柬埔寨侨界捐赠资金 116.3 万美元。

五　格鲁吉亚侨胞捐赠

截至 5 月 16 日，中国驻格鲁吉亚大使馆接收华侨华人捐赠资金约 22 万元。19 日，格鲁吉亚华侨华人纷纷前往大使馆吊唁在地震中的遇难者。

六　印度侨胞捐赠

印度华侨华人积极为灾区捐款。5 月 19—20 日，中国驻孟买总领事馆接收孟买侨胞代表侯美华转交的捐赠资金 16 万印度卢比。25 日，中国驻加尔各答总领事馆接收华侨华人捐赠资金 301.75 万印度卢比。

七　印度尼西亚侨胞捐赠

汶川地震的消息传到印度尼西亚，中国驻印尼大使馆接到华侨华人的大量捐款，支援地震灾区抗震救灾。

八　以色列侨胞捐赠

截至 5 月 18 日，中国驻以色列大使馆共接收华侨华人捐赠资金 3 万多美元。

九　日本侨胞捐赠

汶川地震发生后，日本华侨华人采取多种形式为灾区募捐（见图 193），大力支援抗震救灾。5 月 13 日，旅日华侨华人、留学生及日本友人向中国驻日本大使馆捐赠 3000 万日元。14 日，华联旅行社、龙通贸易会社、江苏同乡会、日本国际徽商协会、中国企业协会等捐赠 300 多万日元。15 日，日本中华总商会向大使馆指定募捐账户汇捐 500 万日元。26 日，日本中华总商会接收 80

图193　华侨华人在日本街头为汶川地震受灾同胞募捐
（国侨办　提供）

余家企业和个人捐赠资金超过 1000 万日元。截至 2009 年 8 月 31 日，中国驻日本大使馆共接收旅日华侨华人及其社团捐赠资金共计 7638 笔、106962.29 万日元。

中国驻大阪总领事馆接收华侨华人捐赠　5 月 13 日，大阪华人企业家祝洪波捐赠 100 万日元。神户华侨总会、大阪华侨总会、西日本新华侨华人联合会等侨团负责人到中国驻大阪总领事馆捐款。华侨林全南捐赠 100 万日元，留日中国生命科学协会会长、大阪大学蛋白质研究所准教授赵欣等人捐赠 72.2 万日元。至 21 日，中国驻大阪总领事馆接收捐赠资金和物资折价共计 8000 万日元。

中国驻福冈总领事馆接收华侨华人捐赠　5 月 15 日，华丽太极拳联合会会长王殿钧、曹亚钢水墨艺术学院院长曹亚钢等旅日华侨华人到中国驻福冈总领事馆捐款。熊本县华侨总会捐赠 346.5 万日元。

中国驻札幌总领事馆接收华侨华人捐赠　中国驻札幌总领事馆接收方氏实业公司总经理方世海捐款 100 万日元。北海道新华侨华人联合会发起募捐活动，募集帐篷 200 顶、睡袋 400 个。北海道华侨华人联合会捐赠 230.12 万日元。截至 5 月 29 日，中国驻札幌总领事馆接收捐赠资金 1500 多万日元。

中国驻长崎总领事馆接收华侨华人捐赠　5 月 19—21 日，长崎华侨华人前往中国驻长崎总领事馆吊唁并捐款。

中国驻名古屋总领事馆接收华侨华人捐赠　5 月 14 日，中国驻名古屋总领事馆接收华侨华人各团体代表捐款。27 日，日本中部华侨华人旅行业协会捐赠资金近 60 万日元。6 月 27 日，东海日中贸易中心、日中文化协会及名古屋地区 8 家华侨华人团体举行“乡音乡情——中国四川大地震复兴支援慈善音乐会”，门票收入 220 万日元全部转交中国驻名古屋总领事馆捐赠灾区。

十　哈萨克斯坦侨胞捐赠

截至5月16日，中国驻哈萨克斯坦大使馆接收华侨华人捐赠资金1.37万美元、500元人民币和1.2万坚戈。

十一　朝鲜侨胞捐赠

截至5月27日，中国驻朝鲜大使馆接收旅朝侨胞捐赠资金约12万余元。

十二　科威特侨胞捐赠

5月13日晚，科威特华人华侨协会召开理事会议商讨募捐事宜。会后，侨胞臧凤即向协会主席董泰康捐出一个月的工资400科威特第纳尔。15—16日，中国驻科威特大使馆接收3名侨胞捐款300科威特第纳尔、科威特华侨协会捐款近600美元。至20日，中国驻科威特大使馆接收当地华侨华人、外国友人捐赠资金折合12.47万元。

十三　老挝侨胞捐赠

汶川地震发生后，老挝各地中华理事会、中国商会组织动员各界人士捐款捐物。老挝华人、老挝世界集团董事长陈克齐所属陈氏兄弟公司继在法国向汶川地震灾区捐赠100万元后，又于5月19日到中国驻老挝大使馆追加捐赠1.5万美元。

十四　马来西亚侨胞捐赠

中国驻马来西亚大使馆接收华侨华人捐赠　5月13日，马中友好协会署理会长、完美日用品集团主席古润金和马中友好协会秘书长、海鸥集团董事经理陈凯希捐赠20万令吉。马来西亚中华大会堂总会会长林玉唐捐赠10万元。14日，马来西亚南洋报业集团执行主席梁祺祥到中国驻马来西亚大使馆转交捐赠资金20万令吉；马来西亚最大华人政党——马来西亚华人公会（以下简称马华公会）宣布发起赈灾捐款活动，并向大使馆转交捐赠资金5.5万令吉。15日，马华公会举行向中国四川地震灾区捐款仪式，公会总部捐赠10万令吉，马华联邦直辖区和雪兰莪州支部妇女组各捐赠1万令吉，万能集团和《星报》集团各认捐10万令吉。16日，马来西亚全国校长职工会在全国华文小学发动“中国四川大地震，一人一元赈灾筹款运动”。26日，马来西亚南洋报业基金向大使馆转交捐赠资金100万令吉，马来西亚卫生部长暨马华公会青年团总团长廖中莱、教育部副部长暨马华青年团总秘书魏家祥率马华公会青年团中央委员一行15人到大使馆吊唁，并捐赠10万令吉。27日，马来西亚大马女篮筹集资金1万令吉，新山中华公会联合8家华团举行“天地无情、人间有爱”义演，募集资金40万令吉；东方日报社捐赠12万令吉，光华日报社捐赠50万令吉。29日，马华公会柔佛州联委会举行赈灾捐款仪式，筹集资金250万令吉。30日，马来西亚中华工商联合会、中华大会堂总会、马中商务理事会、马中友好协会、马中经贸总商会、七大乡团协调委员会、马来西亚华校董事联合会总会、马来西亚华校教师会总会等联合举办“地震无情、大马有爱”赈灾募款晚会，募集资金700万令吉。马来西亚986所华文小学进行“一人一元”赈灾活动，共筹集资金413.08万令吉，此款于6月4日转交大使馆。6月11日，南洋报业集团属下南洋商报社、中国报社和生活出版社热心读者及职工向大使馆转交捐赠资金480万令吉。21日，马来西亚华人文化协会举行“帝皇篇”赈灾义演音乐会，音乐会演出票款全部捐赠四川灾区，华人文化协会向大使馆转交书画义卖资金8万令吉。23日，马来西亚台湾商会联合总会会长向大使馆转交捐赠资金17.45万令吉。30日，柔佛州新山、士古来、古来和昔加末四地向大使馆转交捐赠资金39.63万令吉。7月4日，南洋报业集团下属中国报社向大使馆转交捐赠资金302万令吉。28日，马中友好协会、中国人民对外友好协会共同举行“为了灾区的孩子——中国四川灾区校园重建慈善大会演”，募集资金10万令吉。8月15日，IPC（马来西亚）购物服务公司举办“群星育苗815慈善演唱会”，募集资金250万令吉。10月8日，马来西亚佛教总会募集资金203.88万令吉。30日，光华日报社向大使馆转交捐赠资金54.65万令吉，光华日报社先后向大使馆转交捐赠资金共404.65万令吉。截至10月30日，中国驻马来西亚大使馆接收华侨华人及马来西亚捐赠资金共计7028.65万令吉。

马来西亚华侨华人向地震灾区捐赠帐篷 5月23日，马华公会妇女组署理主席周美芬向中国驻马来西亚大使程永华转交马华公会党志工团购置的价值20万令吉的帐篷1895顶。26日，马来西亚侨界捐赠帐篷4625顶，由马来西亚航空公司MH376航班运至广州后转运灾区。28日，“地震无情、大马有爱”赈灾晚会工委会向生产厂家定制10～15人的帐篷600顶，吉隆坡永强帐篷有限公司向大使馆转交帐篷50顶。截至10月30日，中国驻马来西亚大使馆共接收华侨华人捐赠帐篷11522顶。

马来西亚星洲媒体集团捐赠活动 地震发生后，马来西亚星洲媒体集团（华文媒体）以较大篇幅快捷、翔实地报道此次灾害。5月15日，星洲媒体集团与“国际佛光会”合作组成的星洲媒体佛光救援队，携带价值50万元的食物、水、药品和发电机等物资，赴青川县木鱼镇展开救援行动。星洲媒体集团定制了总价值100万元的帐篷300顶送往灾区。7月3日，星洲媒体集团捐赠1000万元，援建雅安市的荥经县、芦山县5所小学。星洲媒体集团还承诺捐赠青川县木鱼初级中学重建资金1300万元。8日，国侨办主任李海峰在北京会见星洲媒体集团董事长张晓卿，该集团代表《星洲日报》读者通过国侨办“侨爱工程——抗震救灾温暖行动”向地震灾区捐赠2000万元，支持四川、甘肃、陕西等地学校灾后重建，款项直接汇往灾区。星洲媒体集团通过灾区政府转交捐款，用于在地震灾区建设学校36所。

中国驻古晋总领事馆接收华侨华人捐赠 截至5月24日，中国驻古晋总领事馆接收华侨华人捐赠资金折合30万美元、10万多令吉。

十五　蒙古侨胞捐赠

截至 5 月 19 日，中国驻蒙古大使馆接收旅蒙华侨华人捐赠资金折合 5 万元。蒙古中华总商会直接向灾区捐赠 33.3 万元。

十六　缅甸侨胞捐赠

截至 5 月 21 日，中国驻缅甸大使馆接收缅甸中文补习班的 23 名师生捐赠资金 58.5 万缅元。

十七　尼泊尔侨胞捐赠

中国驻尼泊尔大使馆接收巴穷本等数十名旅尼华侨华人捐赠资金 33 万尼泊尔卢比。

十八　巴基斯坦侨胞捐赠

5 月 13 日，中国驻巴基斯坦大使馆接收巴基斯坦华侨华人捐赠资金约 6800 元。

十九　菲律宾侨胞捐赠

5 月 13 日，菲律宾华商联合会、菲华商总会、菲华各界联合会等十几个华侨华人社团向地震灾区发出慰问电（函），向灾区人民表示亲切慰问。菲律宾侨界踊跃捐款，菲华商联总会捐赠 600 万菲律宾比索；菲华工商总会捐赠 100 万菲律宾比索；菲华各界联合会、菲华联谊会、菲华各校友会联合会与菲律宾华文媒体《世界日报》共同发起捐款活动，各捐赠 100 万菲律宾比索。许多华侨华人前往中国驻菲律宾大使馆捐款，陈本显捐赠 200 万菲律宾比索。菲律宾中国商会捐赠 200 万菲律宾比索，菲华商联总会募集捐赠 1800 万菲律宾比索。截至 6 月 19 日，中国驻菲律宾大使馆接收菲华商联总会捐赠资金共计 9502.87 万菲律宾比索。

截至 6 月 3 日，中国驻宿务总领事馆接收华侨华人及其社团捐赠资金 1400 万菲律宾比索。

截至 5 月 26 日，中国驻拉瓦格领事馆接收华侨华人捐赠资金 170 万菲律宾比索。

二十　沙特阿拉伯侨胞捐赠

中国驻沙特阿拉伯大使馆于 5 月 17 日，接收旅居沙特的部分华商捐赠资金 5 万多沙特里亚尔；19 日，接收沙特阿拉伯华侨华人和中资机构捐赠资金 12 万元。至 25 日，中国驻沙特阿拉伯大使馆接收华侨华人捐赠资金折合人民币 28 万余元。

二十一　新加坡侨胞捐赠

5月13日，新加坡天府会紧急召集理事会发起赈灾捐款活动，10多天内筹集资金23.46万新加坡元。新加坡金鹰国际集团主席陈江和捐赠100万元。19日，陈江和购买便携式K18离子刻蚀膜过滤器4000套捐赠灾区。20日，陈江和代表该集团再次捐赠1000万元，用于为灾区采购帐篷。25日晚，新加坡罗敏娜控股、东方天蝎控股以及Unusual制作私人有限公司与报业控股集团华文媒体联合举办“温情无国界，让爱川流不息”电视慈善义演，现场募集资金685万新加坡元。新加坡宗亲会馆联合总会宗乡总会捐赠60万新加坡元。6月16日，新加坡中华总商会向中国驻新加坡大使馆捐赠40万新加坡元。至16日，中国驻新加坡大使馆接收华侨华人捐赠4万人次，接收捐赠资金1836万新加坡元。四川省政府直接接收新加坡华侨华人及新加坡社会各界捐赠物资18批次47吨。

二十二　韩国侨胞捐赠

中国驻韩国大使馆接收华侨华人捐赠　5月15日，年逾七旬的中国侨联海外顾问、韩华靳氏慈善基金会会长靳泽田到中国驻韩国大使馆捐赠500万韩元。汉城华侨协会议政府分会长、议政府华侨小学董事长金育安、议政府华侨小学校长孙德山到大使馆捐赠250万韩元。16日，韩国中国商会到大使馆捐赠3950万韩元。17日，汉城华侨协会会长杨从昇等到大使馆转交捐赠资金3000万韩元。6月5日，汉城华侨小学董事会董事长隋象勤到大使馆转交捐赠资金1660余万韩元。10日，韩国忠清道华侨联谊会举行创立15周年庆祝大会暨为四川地震灾区捐款活动，募集资金3000万韩元，转交大使馆。13日，韩国《华侨商报》会长薛荣兴、社长谭永发及汉城华侨中学师生代表到中国驻韩大使馆转交捐赠资金2200余万韩元。21日，韩华中国和平统一促进联合总会、中国在韩同乡会联谊总会、韩国首尔中国侨民协会在新东阳饭店联合举行“救汶川震灾、献侨胞爱心”募捐活动，现场募集资金464万韩元。7月10日，水原华侨协会会长王昭杰代表水原华侨协会和水原华侨小学转交捐赠资金628.31万韩元。

中国驻釜山总领事馆接收华侨华人捐赠　5月14日，刚刚做完手术从麻醉中苏醒的釜山华侨协会顾问李永山躺在病床上，急切地向前来看望的中国驻釜山总领事馆官员询问地震灾情，表示捐赠资金200万韩元。19日，总领事馆降半旗哀悼死难者，前来吊唁的华侨华人、韩国各界人士捐赠资金1200多万韩元。至25日，总领事馆接收各界捐赠资金32150万韩元。

中国驻光州领事办公室接收华侨华人捐赠　5月19日，光州、全州、群山、济州、益山、丽水、井邑、木浦、金堤、顺天等地华侨赶到中国驻光州领事办公室，向遇难者致哀并捐款。20日，光州华侨协会会长王同皋等多位侨领到驻光州领事办公室，代表光州地区华侨向遇难同胞敬献花圈并捐赠1000万韩元。群山、济州等地华侨协会以及光州全南中国和平统一促进会等侨团侨社捐款并献花圈。

二十三　斯里兰卡和马尔代夫侨胞捐赠

5 月 16 日，中国驻斯里兰卡兼驻马尔代夫大使馆接收旅居斯里兰卡、马尔代夫华侨华人捐款。华人李书英捐赠 100 万斯里兰卡卢比。

二十四　塔吉克斯坦侨胞捐赠

截至 5 月 22 日，中国驻塔吉克斯坦大使馆接收华侨华人捐赠资金 3.95 万美元、1.01 万索莫尼、500 元人民币。

二十五　泰国侨胞捐赠

中国驻泰国大使馆接收华侨华人捐赠　汶川地震发生后，泰国中华总商会募集资金 1929.75 万泰铢、1000 美元。5 月 15 日，泰国华侨报德善堂董事长胡玉麟捐赠 100 万元。16 日，泰国华人青年商会到中国驻泰国大使馆捐赠 100 万泰铢。22 日，泰国中华总商会捐赠帐篷 2000 余顶（见图 194），该批帐篷于 26 日运抵四川灾区。6 月 3 日，泰国中华总商会与大使馆联合举办“激情迎奥运、爱心献灾区”文艺晚会，现场募集资金 500 余万泰铢。4 日，大使馆接收泰国华文媒体

图 194　5 月 22 日，泰国中华总商会捐助四川地震灾区帐篷 2000 余顶

（国侨办　提供）

中华日报社社长陈正向大使馆转交该报员工和读者捐赠资金 55 万泰铢。华文媒体世界日报社社长黄根和、台湾省籍侨胞社团代表捐赠 1000 万泰铢。

中国驻清迈总领事馆接收华侨华人捐赠　截至 6 月 19 日，中国驻清迈总领事馆接收泰北台商会会长陈坤福等华侨华人捐赠资金 1028.62 万泰铢、6500 元。

中国驻宋卡总领事馆接收华侨华人捐赠　截至 5 月 20 日，中国驻宋卡总领事馆接收泰南合艾市侨团联合会捐赠资金 300 万泰铢。

二十六　土耳其侨胞捐赠

5 月 19—21 日，土耳其华侨华人纷纷到中国驻土耳其大使馆悼念四川地震罹难者并为灾区捐款。截至 6 月 1 日，中国驻伊斯坦布尔总领事馆接收华侨华人捐赠资金 4 万美元，接收捐赠帐篷 120 顶。

二十七　阿拉伯联合酋长国侨胞捐赠

阿拉伯联合酋长国 600 多家中国商户举行“龙城商户向汶川地震受灾群众捐款大会”，捐款近 30 万阿联酋迪拉姆。5 月 17 日晚，阿联酋中国商会、温州商会、台州商会、华人社区中心和龙城商贸中心等团体举行阿联酋华侨华人抗震救灾募捐晚会，近千名侨胞捐赠资金 144 万元。截至 6 月 3 日，中国驻迪拜总领事馆接收华侨华人捐赠资金 420 万元。

二十八　乌兹别克斯坦侨胞捐赠

5 月 13 日，乌兹别克斯坦华侨华人纷纷到中国驻乌兹别克斯坦大使馆，对汶川地震的受灾群众表示慰问并捐款。76 岁的华人教师盖素娥每月退休金不足 30 美元，仍带病到大使馆捐款 150 美元。年近七旬的华人教师董富华，到大使馆捐款 50 美元。

二十九　越南侨胞捐赠

5 月17 日，越南中国商会胡志明市分会组织募捐活动，100 多名会员向地震灾区捐款。20 日，新华集团总裁蔡冠深到中国驻胡志明市总领事馆吊唁并捐赠 1 万美元。台商冼文举前往总领事馆吊唁并捐赠 2 亿越南盾，胡志明市辉龙阁中餐馆捐赠 1 万多美元。生活贫困、年逾百岁的华人叶秋到总领事馆捐出她辛苦售卖彩票所得的 19 万越南盾。6 月 6—20 日，总领事馆接收越南永隆省祖国阵线副主席、越中友协主席关洪永率当地华人代表捐赠的 2100 万越南盾，接收胡志明市华人越侨企业协会代表捐赠的 6000 万越南盾，接收越南香港商会举办义卖活动所得资金近 8 亿越南盾、4300 美元、1700 元人民币，接收香港源丰国际矿业有限公司捐赠的 1800 美元。

第二节　非洲侨胞捐赠

一　贝宁侨胞捐赠

5 月 13 日，中国驻贝宁大使馆接收中国—贝宁发展协会主席林卫平捐赠 1 万美元。17 日，贝宁华侨华人联合会举行募捐活动，40 余名华侨华人捐赠 7900 美元。

二　博茨瓦纳侨胞捐赠

5 月 13 日，中国驻博茨瓦纳大使馆接收博茨瓦纳中华福建同乡会副会长柯志坚转交的捐赠资金 16 万普拉。至 20 日，中国驻博茨瓦纳大使馆接收博茨瓦纳华侨华人总商会等侨团及侨胞捐赠资金共计 110 万元。

三　喀麦隆侨胞捐赠

截至 5 月 16 日晚，中国驻喀麦隆大使馆接收喀麦隆华侨华人捐赠资金 2277 万中非法郎、2900 美元。

四　佛得角侨胞捐赠

5 月 18 日，中国驻佛得角大使吴元山在大使馆接收旅居佛得角华侨华人向四川地震灾区的捐款。

五　乍得侨胞捐赠

5 月 18 日，中国驻乍得大使馆接收旅乍华侨华人捐赠资金 100 美元、247 万非洲法郎。

六　埃及侨胞捐赠

截至 5 月 18 日，中国驻埃及大使馆接收埃及华侨华人捐赠资金 5 万多美元。年近 70 岁的华侨马承源到大使馆捐款 500 美元，并代外孙穆罕默德和艾哈迈德捐款 200 埃及镑。

七　赤道几内亚侨胞捐赠

截至 5 月 19 日，中国驻赤道几内亚大使馆接收赤道几内亚的华侨华人捐赠资金折合 50 万元。

八　埃塞俄比亚侨胞捐赠

5 月 17 日，中国驻埃塞俄比亚大使馆接收埃塞俄比亚中国商会捐赠资金约 12.3 万美元。

九　加蓬侨胞捐赠

截至 5 月 16 日，中国驻加蓬大使馆接收加蓬华侨华人捐赠资金 6.42 万欧元。

十　加纳侨胞捐赠

中国驻加纳大使馆于 5 月 19 日接收加纳中华工商总会会长苏跃华捐款 4 万余美元，接收加纳华侨华人捐赠资金折合 109.98 万元。6 月 13 日，中国驻加纳大使馆接收加纳中华工商总会首任会长、名誉顾问朱亦念捐赠资金 5000 美元。

十一　肯尼亚侨胞捐赠

5 月 17 日，中国驻肯尼亚大使馆接收肯尼亚华侨华人联合会暨和平统一促进会、肯中经贸协会募集资金 10 万美元。至 21 日，中国驻肯尼亚大使馆接收旅居肯尼亚华侨华人捐赠资金折合 14 万美元。

十二　莱索托侨胞捐赠

5 月 15—19 日，中国驻莱索托大使馆接收莱索托台湾商会会长陈美娟转交捐赠资金 10 万兰特，接收旅居莱索托华侨华人及台商捐赠资金 30 余万兰特。至 28 日，中国驻莱索托大使馆接收华侨华人捐赠资金折合 100 万元。

十三　马达加斯加侨胞捐赠

截至 6 月 4 日，中国驻马达加斯加大使馆接收马达加斯加华商总会募集的资金 2200 万阿里亚里，接收世界顺德联谊会马达加斯加首都分会会长陈兆昌、副会长伦永坤捐赠资金 366 万阿里亚里。

十四　马拉维侨胞捐赠

截至5月17日，中国驻马拉维大使馆接收马拉维首都利隆圭的60多名华商捐赠资金1.5万美元。

十五　马里侨胞捐赠

截至5月20日，中国驻马里大使馆接收旅居马里华侨华人捐赠资金近1469万西非法郎。

十六　毛里塔尼亚侨胞捐赠

截至5月28日，中国驻毛里塔尼亚大使馆接收毛里塔尼亚华侨华人、中资机构、援外人员捐赠资金1.09万美元、23.8万元。

十七　毛里求斯侨胞捐赠

截至5月30日，中国驻毛里求斯大使馆接收毛里求斯华侨华人捐赠资金折合400万元。其中，关帝庙协会刘国宪捐赠30万毛里求斯卢比，侨领林检祥及全家捐赠20万毛里求斯卢比，毛里求斯仁和会馆捐赠170多万毛里求斯卢比，毛里求斯华人社团联合会会长邓旭升等人捐赠90多万毛里求斯卢比。

十八　摩洛哥侨胞捐赠

截至5月19日，中国驻摩洛哥大使馆接收旅摩华侨华人捐赠资金5.6万元。

十九　莫桑比克侨胞捐赠

汶川地震发生后，莫桑比克中国和平统一促进会、莫桑比克中华协会发出开展赈灾捐赠活动倡议，当地中国商会、华侨华人积极参与募捐。5月15日，莫桑比克中国商会将第一笔捐款转交中国驻莫桑比克大使馆。

二十　尼日利亚侨胞捐赠

截至6月16日，中国驻拉各斯总领事馆接收领区华侨华人捐赠资金751.36万元。

二十一　刚果（布）侨胞捐赠

截至5月18日，中国驻刚果（布）大使馆接收刚果（布）华侨华人捐赠资金351万中非法郎、1900美元。

二十二　卢旺达侨胞捐赠

中国驻卢旺达大使馆接收旅居卢旺达华侨华人向地震灾区的捐款。

二十三　塞内加尔侨胞捐赠

截至5月19日，中国驻塞内加尔大使馆共接收华侨华人捐赠资金28万余元。

二十四　塞舌尔侨胞捐赠

5月19日14时28分，中国驻塞舌尔大使王卫国率全体馆员、塞舌尔华侨华人代表、驻塞舌尔中资机构代表约60人向地震遇难同胞默哀，并踊跃捐款。

二十五　南非侨胞捐赠

中国驻约翰内斯堡总领事馆接收华侨华人捐赠　5月14日，南非近20个侨团组织举行南非全球赈济四川震灾动员大会，现场募集资金16万兰特，认捐118万兰特。至21日，中国驻约翰内斯堡总领事馆接收领区侨界捐赠资金500万兰特。

中国驻德班总领事馆接收华侨华人捐赠　5月13日，中国驻德班总领事馆接收夸祖鲁—纳特尔省（以下简称夸—纳省）中华联合总会会长马荣发捐赠1万兰特，夸—纳省中国和平统一促进会副会长庄先生捐赠4万兰特，在德班经商的林某捐赠5万兰特，赵某捐赠1万兰特。全非洲中国和平统一促进会夸—纳省分会、夸—纳省中华联合总会、南部非洲福建同乡总会夸—纳省分会、夸—纳省华人警民合作中心及夸—纳省华人女企业家工商联合会，在商氢、林上票、陈克义、高美珠、齐绍伶等侨领组织下，开展"支援汶川地震灾区"夸—纳省全侨募捐活动，募集资金20余万兰特。夸—纳省台湾省籍华侨华人林资益、黄世杰、郭峰瑜、林文毓、薛燕福及崔毓芬等捐赠7.2万兰特。截至6月23日，中国驻德班总领事馆共接收领区夸—纳省华侨华人捐赠资金62.05万兰特。

中国驻开普敦总领事馆接收华侨华人捐赠　5月15日，中国驻开普敦总领事馆接收开普敦和平统一促进会名誉会长陈清、会长雷健钧转交侨胞捐赠资金27.4万兰特。

截至5月16日，中国驻南非各使领馆共接收侨团和华侨华人、中资机构捐赠资金近100万兰特。

二十六　苏丹侨胞捐赠

截至5月16日，中国驻苏丹大使馆接收苏丹华侨华人、驻苏维和部队官兵、援苏医疗队、驻苏中资机构捐赠资金近60万元。

二十七　坦桑尼亚侨胞捐赠

截至5月18日，中国驻坦桑尼亚大使馆接收坦桑尼亚中华总商会捐赠资金5万多美元。

二十八　多哥侨胞捐赠

中国驻多哥大使馆接收旅居多哥华侨华人捐赠资金9.8万元。

二十九　乌干达侨胞捐赠

截至5月19日，中国驻乌干达大使馆接收乌干达华侨华人和各界人士捐赠资金折合42万元。

三十　赞比亚侨胞捐赠

5月14日，中国驻赞比亚大使馆接收旅赞华侨华人捐赠资金4900美元。

三十一　津巴布韦侨胞捐赠

截至5月28日，中国驻津巴布韦大使馆接收津巴布韦华侨华人、中资机构、企业和个人捐赠资金8.5万美元。

第三节　欧洲侨胞捐赠

一　阿尔巴尼亚侨胞捐赠

5月17—18日，阿尔巴尼亚华侨华人举行“心系祖国、情系灾区”捐款活动，华侨华人踊跃向灾区捐款，捐赠资金折合15万元，交中国驻阿尔巴尼亚大使馆。

二　奥地利侨胞捐赠

5月15日，中国驻奥地利大使馆接收奥地利华人旅游协会会长张成代表该会捐赠资金2000欧元。16日，旅奥华侨华人向中国驻奥地利大使馆捐赠约3600欧元。21日，大使馆接收各旅奥侨团代表捐赠资金17万欧元。至30日，中国驻奥地利大使馆接收华侨华人捐赠资金35.19万欧元、3300元，接收捐赠帐篷26顶、睡袋9个。

三　比利时侨胞捐赠

5月13日，比利时华商时报社社长杨鸿倡议比利时侨界设立“抗震赈灾特别基金”，集聚旅比华侨华人社团的力量，为四川地震灾区捐建一所学校。比利时华侨华人陈笑媚、白品洲全家23人捐赠2.1万欧元。至20日，中国驻比利时大使馆接收比利时华侨华人捐赠资金折合300余万元。

四　波斯尼亚和黑塞哥维那侨胞捐赠

截至5月28日，中国驻波黑大使馆接收波黑华侨华人捐赠资金2.63万欧元、2.83万可兑换马克。

五　保加利亚侨胞捐赠

截至5月16日，中国驻保加利亚大使馆接收保加利亚侨社代表捐赠资金约6.5万欧元。

六　克罗地亚侨胞捐赠

截至6月10日，中国驻克罗地亚大使馆接收克罗地亚华侨华人捐赠资金4.54万欧元、12.25万库纳、1200元。

七　塞浦路斯侨胞捐赠

截至5月22日，中国驻塞浦路斯大使馆接收华侨华人和当地各界人士捐赠资金1.73万欧元、800美元。

八　捷克侨胞捐赠

5月13日，中国驻捷克大使馆接收捷克中国和平统一促进会、旅捷青田同乡会、旅捷华侨华人妇女联合会等华侨华人社团及侨胞个人捐赠资金 40 万捷克克朗。至 25 日，中国驻捷克大使馆共接收华侨华人及捷克各界捐赠资金 486 万捷克克朗。

九　丹麦侨胞捐赠

5 月 19 日，中国驻丹麦大使馆接收旅丹华人工程师协会、丹麦中华工商联合协会、上海同乡会、飞扬爱华协会、华谊协会等侨团、侨胞捐款 20 多万丹麦克朗，接收丹麦华人工商总会组织捐赠资金 34 万多丹麦克朗。截至 6 月 18 日，中国驻丹麦大使馆共接收华侨华人捐赠资金 115 万丹麦克朗。

十　爱沙尼亚侨胞捐赠

5 月 25 日，爱沙尼亚近 70 名华侨华人举行“支援同胞、抗震救灾”募捐活动，现场募集资金 2.5 万爱沙尼亚克朗。至此，驻爱沙尼亚大使馆接收捐赠资金达 17.83 万爱沙尼亚克朗。

十一　芬兰侨胞捐赠

截至 6 月 6 日，中国驻芬兰大使馆共接收旅芬华侨华人、中国留学生捐赠资金 7.7 万欧元。

十二　法国侨胞捐赠

中国驻法国大使馆接收华侨华人捐赠　5 月 13 日，中国驻法国大使馆接收法国陈氏兄弟国际集团董事长陈克威、总经理陈克光捐赠资金 9.5 万欧元，接收法国华侨华人会捐赠资金 20 万元，接收华侨华人会名誉主席周世义捐赠资金 20 万元，接收法华寺捐赠资金 8 万欧元，接收法国广东会馆会长黄健成捐赠资金 1 万欧元，接收法国华商会第三届会长团成员捐赠资金和物资折价共约 60 万元，接收华侨华人会中文学校的学生每人向地震灾区捐款 1 欧元。15 日，法国华侨华人社团代表 50 多人参加由中国驻法国大使孔泉举行的抗震救灾情况通报会，各侨团积极捐款，其中潮州会馆捐赠 100 万元、华裔互助会捐赠 50 万元、青田同乡会捐赠 6 万欧元、温州商会捐赠 5 万欧元。16 日，法国华侨华人向中国驻法国大使馆转交捐赠资金 40 万元（见图 195）。19 日，中国驻法国大使馆接收华侨华人郑金标、周则斌等 117 人捐赠资金 6.68 万欧元，里尔市的 4 名华人妇女捐赠资金 2.2 万欧元，法国青田同乡会再次捐赠资金 120 万元，法国华侨华人妇女联合会捐赠资金 50 万元。6 月 3 日，中国驻法国大使馆接收法国华人服装业总商会捐赠资金 26 万欧元、胡振国及家族全体成员捐赠资金 11 万欧元。国侨办收到法国 5 家华人社团为灾区捐赠的资金 29.67 万欧元，其中法华工商联合会捐赠 4.1 万欧元，温州七都中学 81/82 届在法同学会捐赠 4 万欧元，法中文化交流协会捐赠 4.83 万欧元，中法友谊互助协会捐赠 3 万欧元，法属圭亚那华侨公所捐赠 13.74 万欧元。4 日，中国驻法国大使馆接收旅法寮国（老挝）他曲互助会会长林楚电捐赠资金 2.66

万欧元，法国外籍兵团退伍华人战友会捐赠资金 5 万欧元，华人胡振国再次捐赠资金 1 万多欧元。12 日，正在巴黎出席援助阿富汗国际会议的中国外长杨洁篪专程到中国驻法国大使馆会见旅法华侨华人代表。杨洁篪说，旅法华侨华人向地震灾区捐赠资金超过 3300 万元，创法华社会赈灾史上的一个新纪录，“你们这种身在海外、心系故土的精神令我非常感动，我今天来就是要向大家表示敬意”。

中国驻马赛总领事馆接收华侨华人捐赠　法国南方（马赛）华人总商会捐赠 4.02 万欧元。截至 6 月 1 日，中国驻马赛总领事馆接收法国马赛地区华侨华人、中资机构和留学生捐赠资金 110 多万元。

中国驻斯特拉斯堡总领事馆接收华侨华人捐赠　东方华人协会会长汤育三、阿尔萨斯华人联谊会会长冼燕香分别向中国驻斯特拉斯堡总领事馆转交捐款共 14.3 万元。

中国驻里昂总领事馆接收华侨华人捐赠　中国驻里昂总领事馆接收里昂地区华侨华人捐赠资金 23.5 万元。

图 195　5 月 16 日，旅法华侨华人向中国驻法国大使孔泉（中）转交捐款

（国侨办　提供）

中国驻帕皮提总领事馆接收华侨华人捐赠　中国驻帕皮提总领事馆接收帕皮提地区华侨华人捐赠资金 24.85 万元。

十三　德国侨胞捐赠

中国驻德国大使馆接收华侨华人捐赠　5 月 16—30 日，中国驻德国大使馆接收华侨华人捐赠资金 6 万欧元，接收柏林华德中文学校 500 多位师生捐赠资金 1500 欧元，接收德国青田同乡会捐赠资金 6.73 万欧元。31 日晚，德国华侨华人和留学生 400 余人举办“中国加油”赈灾义演晚会，募集资金 9900 欧元，汇捐中国红十字会。截至 7 月 1 日 18 时，中国驻德国大使馆接收华侨华人及德各界友人捐赠资金 6500 笔，共约 112.25 万欧元、1.42 万美元。

中国驻法兰克福总领事馆接收华侨华人捐赠　截至 5 月 16 日，中国驻法兰克福总领事馆接收德国华侨华人商贸总会捐赠资金 2 万欧元、欧洲温州同乡会德国分会捐赠资金 5000 欧元、Dreieich 中国商贸城商会及当地华侨华人捐赠资金约 1 万欧元。19 日晚，德国西部 120 名华侨华人举办为四川地震灾区大型募捐活动，募集资金9.67万欧元，送交总领事馆。22日，德国中部200多名华侨华人代表举办募捐活动，现场募集资金3.3万欧元，送交总领事馆。至23日，该总领事馆领区内中资机构及华人企业通过商务部、总领事馆及其他途径捐赠140万余元。5月底，总领事馆接收波恩中文学校捐赠资金1万欧元。旅德上海华侨华人募集资金20万元，通过上海市侨办转交地震灾区。

中国驻汉堡总领事馆接收华侨华人捐赠　6月1日，汉堡中文学校全体师生及家长募集资金4000欧元。25日晚，汉堡中国新生代艺术家基金会主办“花样年华”四川地震赈灾慈善音乐会，募集资金1300欧元。截至7月14日，中国驻汉堡总领事馆接收华侨华人及当地各界捐赠资金13.2万欧元、1.34万美元、1200元人民币。

中国驻慕尼黑总领事馆接收华侨华人捐赠　5月25日，慕尼黑中华文化中心等12家侨界机构联合举办“心系汶川、募捐灾区”赈灾义演活动，现场募集资金8000欧元。29日，巴伐利亚华商会和纽伦堡华商会捐赠1.7万欧元。至31日，中国驻慕尼黑总领事馆共接收捐赠资金15.45万欧元。

十四　希腊侨胞捐赠

5月14—15日，中国驻希腊大使馆接收旅希华侨华人捐赠资金6200欧元。希腊华侨华人妇女联合总会、希腊华侨华人华商总会成员厉青道、杨声、许小容、陈爱琴、林永华、吴晏尔、李和平、徐丽、翁丽佩等华侨华人转交募集资金2.43万欧元。26日，中国驻希腊大使馆接收旅希华侨华人捐赠资金4.26万欧元。

十五　荷兰侨胞捐赠

5月17—23日，旅荷华侨华人社团联合成立了“全荷慈善筹款援助中国大地震行动委员会”，并举行抗震救灾筹款大会，筹集资金10万欧元，其中荷兰东区华人、荷兰浙商联合会、欧洲杭州联谊会共捐赠3万欧元，海牙中文学校师生捐赠2000欧元。旅荷华侨华人、中资机构、中国留学生捐赠帐篷208顶（由南航CZ346航班运至四川灾区）。24—29日，荷兰青田同乡会、荷兰华人经济技术发展中心、荷兰华人青年联合会、荷兰华人艺术团、荷兰东方美食广场举办了“情系四川、抗灾救援”赈灾义演，募集资金8万欧元；海牙华商协会、荷中友好交流协会举行“众志成城、抗震救灾”义演活动，募集资金3.33万欧元；荷兰文成同乡会、乌特勒支中文学校在乌特勒支举行“悲情与爱心”义演活动，募集资金2.4万欧元。6月1—3日，荷兰费氏武术学院在海牙市歌舞院举办了“中华国粹赈灾义演”活动，募集资金6900欧元；荷兰华人高尔夫球协会举办赈灾活动，募集资金2.09万欧元；鹿特丹侨界举办了“鹿特丹区四川地震赈灾慈善晚会”，募集资金6.8万欧元；福建同乡会捐赠1.5万欧元。截至8月5日，中国驻荷兰大使馆共接收旅荷华侨华人、中资机构、留学生及当地各界人士捐赠资金88.37万欧元。

十六　匈牙利侨胞捐赠

5 月 14 日，华商企业匈牙利布达佩斯银河集团捐赠 5.02 万欧元。截至 11 月 29 日，中国驻匈牙利大使馆接收匈牙利华侨华人及其社团捐赠资金折合 400 万元。

十七　冰岛侨胞捐赠

汶川地震发生后，冰岛华侨华人协会在其网站开展募捐活动，募集资金 54.93 万冰岛克朗、2500 美元。5 月 22 日，冰岛华侨华人协会会长沈文瑾将该会所接收的捐赠资金 1.4 万美元汇捐国侨办。截至当日，中国驻冰岛大使馆共接收侨胞捐赠资金 1700 美元、5.9 万冰岛克朗。

十八　爱尔兰侨胞捐赠

5 月 19 日，爱尔兰华夏商会捐赠 2.03 万欧元。25 日晚，由爱尔兰 13 个华人协会及两大中文报社组成的全爱华人赈灾委员会组织“烛光追思善款筹集会”，现场募集资金 6.6 万欧元。28 日，全爱华人赈灾委员会向中国红十字会汇捐 10.59 万欧元。

十九　意大利侨胞捐赠

中国驻意大利大使馆接收华侨华人捐赠　5 月 12—15 日，中国驻意大利大使馆接收罗马华侨华人联合总会募集的捐赠资金 8000 欧元，接收罗马华侨华人联谊总会等侨团代表和部分华侨华人捐赠资金 18.3 万欧元。罗马一位华侨取消新生儿百日庆生会，捐出筹办酒席款 1500 欧元。截至 6 月 3 日，中国驻意大利大使馆接收捐赠资金 72.4 万欧元。

中国驻佛罗伦萨总领事馆接收华侨华人捐赠　5 月 14—24 日，中国驻佛罗伦萨总领事馆接收意大利普拉托华侨华人联谊会、意大利福建华侨华人同乡总会、意大利华侨华人佛教总会、普拉托华商会等侨社捐赠资金 4.3 万欧元。随后，普拉托华侨华人联谊会募集资金 20 万欧元，普拉托华侨华人联谊会等举办“爱的奉献”大型赈灾义演活动，募集资金 7000 欧元，普拉托华侨华人联谊会中文学校捐赠 4 万欧元。截至 6 月 1 日，中国驻佛罗伦萨总领事馆接收领区华侨华人捐赠资金近 100 万欧元。

中国驻米兰总领事馆接收华侨华人捐赠　中国驻米兰总领事馆接收威尼斯华侨华人联合总会捐赠资金 5000 多欧元，接收正在意大利考察的杨俊来等 4 位唐山人捐赠资金 17 万元，接收那不勒斯华人社团捐赠资金 4 万多欧元。截至 5 月 16 日，中国驻米兰总领事馆接收领区内侨团、慈善组织和华侨个人捐赠资金 11 万欧元。

意大利海滨城市里米尼的亚德里亚华侨华人联谊会向当地侨胞募集资金 10 万欧元。

截至 6 月 3 日，中国驻意大利各使领馆接收旅意华侨华人捐赠资金折合 200 万欧元。

二十　罗马尼亚侨胞捐赠

5 月 15 日，中国驻罗马尼亚大使馆接收旅罗华侨华人捐赠资金逾 10 万美元，其中包括旅罗华商妇女联合会和旅罗文化协会募集的 5000 美元。截至 6 月 26 日，中国驻罗马尼亚大使馆共接收旅罗华侨华人和中资公司捐赠资金 4.12 万欧元、2.07 万美元和 9.05 万列伊。

二十一　拉脱维亚侨胞捐赠

5 月 19—21 日，拉脱维亚华侨华人、中资企业代表及当地民众前往中国驻拉脱维亚大使馆吊唁并捐款。

二十二　马耳他侨胞捐赠

5 月 19 日，中国驻马耳他大使馆接收旅马华侨华人联合会会长徐瑞松、常务副会长胡汉邦转交该会首批捐款。21—25 日，旅马华侨华人联合会在首都瓦莱塔举行募捐活动，募集资金 4800 欧元；由马耳他中国留学生发起、中国文化中心举行的“爱心点亮生命”赈灾义演活动，募集资金 1700 欧元，全部送交中国驻马耳他大使馆转赠地震灾区。

二十三　黑山侨胞捐赠

中国驻黑山大使馆于 5 月 14 日接收黑山华商会名誉主席沈立言捐赠资金 5700 欧元。15—27 日，中国驻黑山大使馆接收黑山华侨代表转交的捐赠资金 7500 欧元，接收旅居黑山华侨华人、黑山中国友好协会及其他黑山友好人士捐赠资金 6800 欧元、500 美元。

二十四　挪威侨胞捐赠

截至 5 月 20 日，中国驻挪威大使馆接收旅挪华侨华人捐赠资金 68.31 万挪威克朗、1.2 万元、6200 美元和 50 欧元。

二十五　波兰侨胞捐赠

5 月 21 日，中国驻波兰大使馆接收波兰华侨华人捐赠资金折合 99.36 万元。25 日，接收波兰华侨华人联合会和福建同乡会捐赠资金 1.96 万兹罗提、2300 美元、70 欧元。至 26 日，中国驻波兰大使馆接收华侨华人、留学生和中资机构捐赠资金折合 110.49 万元。

二十六　葡萄牙侨胞捐赠

5 月 13—16 日，中国驻葡萄牙大使馆接收葡萄牙国际龙商会会长陈王斌及其他侨胞捐赠资金 2.94 万欧元。17—18 日，旅葡华侨华人总会募集资金 8 万多欧元。19—20 日，中国驻葡萄牙大使馆接收葡萄牙中华总商会、华大利慈善基金会捐赠资金 1.5 万欧元，接收里斯本中文学校学生捐赠资金 1600 欧元。

旅葡华侨华人与葡萄牙友好人士为支援四川的抗震救灾，成立“四川地震援助会”，开展募捐活动。6 月 24 日，葡萄牙四川地震援助会、葡萄牙中华总商会等侨团共同举办了支援四川抗震救灾慈善晚会，众多华侨华人出席并捐款。晚会共募集资金 36 万余欧元，全部送交中国驻葡萄牙大使馆转送地震灾区。

二十七　立陶宛侨胞捐赠

汶川地震发生后，立陶宛华侨华人踊跃向灾区捐赠款物。6 月 5 日，中国驻立陶宛大使馆举行招待会，感谢立陶宛华侨华人、中资机构和中国留学生对抗震救灾工作的支持。

二十八　俄罗斯侨胞捐赠

中国驻俄罗斯大使馆接收华侨华人捐赠　5 月 14 日，由俄罗斯中国总商会牵头，旅俄华侨华人组织开展向灾区同胞献爱心捐款活动，募集捐款折合 12.34 万美元。15 日，旅俄华侨华人华商举行赈灾群众大会，募集资金 12.04 万美元。浙江诸暨商会和部分华侨华人捐赠 3 万多美元。18 日，莫斯科伊兹马依洛沃集装箱市场从事商贸活动的华商和华侨华人再次举行“抗震救灾、众志成城”募捐活动，募集资金 34 万余美元（见图 196）。19 日，莫斯科中国北方华人商会 100 多名

图 196　5 月 18 日，莫斯科伊兹马依洛沃集装箱市场华商和华侨华人为四川地震灾区捐款
（国侨办　提供）

中国员工再次捐赠 1.5 万美元。截至 6 月 11 日，中国驻俄罗斯大使馆共接收旅俄华侨华人和当地人士捐赠资金 80.12 万美元。

中国驻叶卡捷琳堡总领事馆接收华侨华人捐赠 截至 5 月 18 日，中国驻叶卡捷琳堡总领事馆共接收华侨华人联合会、华商会捐赠资金 127 万卢布。

中国驻哈巴罗夫斯克总领事馆接收华侨华人捐赠 截至 5 月 20 日，中国驻哈巴罗夫斯克总领事馆共接收当地华侨华人及留学生捐赠资金 36.5 万元。

中国驻圣彼得堡总领事馆接收华侨华人捐赠 截至 5 月 22 日，中国驻圣彼得堡总领事馆接收领区华侨华人和当地人士捐赠资金 127.66 万卢布和 3.62 万美元。

二十九 塞尔维亚侨胞捐赠

5 月 18 日，中国驻塞尔维亚大使馆接收塞尔维亚华商总会和中国和平统一促进会捐赠资金 8.63 万欧元。

三十 斯洛伐克侨胞捐赠

5 月 14 日，中国驻斯洛伐克大使馆接收斯洛伐克华侨华人联合会会长季新炎转交的捐赠资金 4.24 万美元、斯洛伐克奥利克国际贸易有限公司董事长叶竹民转交的捐赠资金 5000 美元。截至 6 月 6 日，中国驻斯洛伐克大使馆共接收华侨华人捐赠资金 9 万美元。

三十一 斯洛文尼亚侨胞捐赠

汶川地震发生时，贾庆林率代表团正在对斯洛文尼亚进行正式友好访问。5 月 13 日，贾庆林在会见中国驻斯洛文尼亚大使馆工作人员、华侨华人和留学生代表时，悲伤难抑，潸然泪下。他介绍了地震灾害和中共中央、国务院组织开展抗震救灾工作的情况，殷切希望全体中华儿女以实际行动支持国内抗震救灾工作。19 日，斯洛文尼亚华侨华人和留学生纷纷到使馆吊唁罹难同胞，并捐赠 3 万欧元。

三十二 西班牙侨胞捐赠

中国驻西班牙大使馆接收华侨华人捐赠 5 月 13—19 日，中国驻西班牙大使馆接收旅西北京同乡联谊会等多个西班牙华侨华人组织捐赠资金 63.2 万欧元。21—31 日，大使馆接收当地华文媒体《欧华报》捐赠资金 1.3 万欧元，接收西班牙侨团和华侨华人代表捐赠资金 23.15 万欧元。6 月初，驻西班牙使馆接收西班牙广东（粤港澳）同乡总会和青田同乡会捐赠资金共 1.32 万欧元、西班牙华人基督教会 17 个分堂捐赠资金 8.26 万欧元。12 日，为响应国侨办为灾区捐建 100 所学校和 100 所医院的号召，西班牙长城龙集团董事长李汝龙捐赠 10 万欧元汇至四川省侨办账户，用于援建广元市利州区嘉陵小学。18日，西班牙华商协会捐赠12.53万欧元，通过大使馆转交广安市侨办，用于武胜县初级中学重建。20日，西班牙北京同乡会捐赠1万欧元，用于北川中学重建。至此，中国驻西班牙大使馆接收的旅西华侨华人捐赠资金超过179万欧元。

中国驻巴塞罗那总领事馆接收华侨华人捐赠　5月13日，中国驻巴塞罗那总领事馆接收西班牙浙江同乡会、西班牙经济开发总会、巴塞罗那华侨华人联谊总会、巴塞罗那华侨华人协会、巴塞罗那中国侨民联合会、西华妇女工商会、西班牙中华妇女联合会等侨团捐赠资金1.72万欧元，其中西班牙经济开发总会捐赠1.15万欧元。截至6月27日，中国驻巴塞罗那总领事馆接收领区华侨华人捐赠资金38.53万欧元。

三十三　瑞典侨胞捐赠

中国驻瑞典大使馆接收华侨华人捐赠　5月15日，中国驻瑞典大使馆接收瑞典青田同乡会捐赠资金30.24万瑞典克朗。26日，瑞典华人联合会筹委会募集资金23.7万瑞典克朗，通过四川省侨办捐往平武县涪江小学。6月8日，中瑞两国艺术家在斯德哥尔摩艾斯塔教堂举行赈灾慈善音乐会，门票收入及募集资金折合26万元，全部用于支援平武县涪江小学重建。

中国驻哥德堡总领事馆接收华侨华人捐赠　截至6月10日，中国驻哥德堡总领事馆接收哥德堡、马尔默、隆德和哈尔姆斯塔德地区华侨华人及华人社团捐赠资金60.85万瑞典克朗。

三十四　瑞士侨胞捐赠

中国驻瑞士大使馆接收华侨华人捐赠　5月18日，中国驻瑞士大使馆接收瑞士潮州同乡会捐赠资金2.65万瑞士法郎、日内瓦中文学校师生捐赠资金0.64万瑞士法郎和200元。6月13日，中国驻瑞士大使馆接收瑞士华侨华人联合总会会长柯国强和巴塞尔联友互助会陈文通、梁天源等人转交的捐赠资金2.37万瑞士法郎。至16日，中国驻瑞士大使馆接收瑞士华侨华人及其社团、华商公司捐赠资金17万瑞士法郎。

中国驻苏黎世总领事馆接收华侨华人捐赠　5月23日，中国驻苏黎世总领事馆使用瑞士华侨华人、中国留学生及瑞士友人赈灾捐款紧急购买帐篷170顶，发运中国地震灾区。截至6月20日，中国驻苏黎世总领事馆接收华侨华人、中国留学生、瑞士及列支敦士登友人捐赠资金9.82万瑞士法郎、4800美元、1500欧元。随后，中国驻苏黎世总领事馆又接收旅瑞华侨华人和瑞士各界定向援助绵竹市什地镇红社村小学重建资金7.8万瑞士法郎。

三十五　乌克兰侨胞捐赠

5月15—16日，中国驻乌克兰大使馆接收华侨华人捐赠资金2万多美元。

乌克兰敖德萨华侨华人联合会、浙江浦江同乡会、福建同乡会等侨团和许多华侨华人纷纷为地震灾区捐款。截至5月22日，中国驻敖德萨总领事馆建馆小组接收华侨华人、留学生捐赠资金折合人民币约16.47万元。

三十六　英国侨胞捐赠

中国驻英国大使馆接收华侨华人捐赠　5月12日，英国众多华侨华人社团纷纷致电中国驻英国大使馆，了解灾情，询问向灾区捐款方式，部分侨胞表示希望捐献血浆、特种滤水器以及组织专业人员赴四川参与救援等。从13日起，旅英华侨华人开始通过中国驻英国大使馆或国内捐款银行账号捐款。15日，英国华人社团联合总会、伦敦华埠商会等侨界社团发起成立全英华侨华人抗震救灾临时委员会，成立现场收到捐赠资金5.65万英镑。18日，全英华侨华人抗震救灾临时委员会举办首场大型赈灾募捐活动，募集资金6.5万英镑，其中福建某同乡会捐赠1.2万英镑。至6月11日，中国驻英国大使馆接收华侨华人、中资机构捐赠资金170.44万英镑。英国华人企业和兴食品有限公司捐赠2.14万英镑。截至9月16日，中国驻英国大使馆接收英国华侨华人和留学生捐赠资金200万英镑。

中国驻曼彻斯特总领事馆接收华侨华人捐赠　5月19日，中国驻曼彻斯特总领事馆接收普雷斯顿及邻区华人联合会、留学生捐赠资金2200英镑。

中国驻爱丁堡总领事馆接收华侨华人捐赠　6月3日晚，由中国驻爱丁堡总领事馆与爱丁堡大学共同主办，中国民族器乐学会、爱丁堡中国文化协会协办，苏格兰高地传媒有限公司和爱丁堡艺术节花车游华人筹委会联合举行“情系汶川”大型赈灾义演活动，募集资金1.76万英镑。

第四节　北美洲侨胞捐赠

一　安提瓜和巴布达侨胞捐赠

截至5月21日，安提瓜和巴布达华侨华人及社会各界向灾区捐赠了大量资金物资。

二　巴哈马侨胞捐赠

中国驻巴哈马大使馆接收巴哈马华侨联谊会捐赠资金5.11万美元。

三　巴巴多斯侨胞捐赠

5月19日，巴巴多斯中资机构、华侨华人捐赠资金6725美元。

汶川地震发生后，巴巴多斯华侨华人开设“中国地震赈灾基金”账户，接收华侨华人和社会各界捐款，转交灾区。

四　加拿大侨胞捐赠

中国驻加拿大大使馆接收华侨华人捐赠　5月16—19日，中国驻加拿大大使馆接收部分华侨华人和留学生代表捐赠资金8.8万加元。渥太华华人在汶川地震发生后成立了四川汶川地震救灾委员会，并于6月7日举办了“血脉相连、爱心奉献”大型赈灾义演，募集资金16万加元。6月20日，中国驻加拿大大使馆接收总部设在美国纽约的北美首家华人网络电视台——麒麟电视董事长王嘉廉捐赠资金8.52万美元。9月18日，蒙特利尔华人联合总会主席邵礼平致函大使馆表示，该会成立的汶川地震捐款委员会决定，将所募集捐款中的15万加元用于援建四川省西充县金源乡小学，校名为“加拿大蒙特利尔白求恩纪念小学”；29日晚，蒙特利尔市侨界举办欢庆中华人民共和国国庆暨神舟七号载人航天飞行任务圆满成功晚会，邵礼平代表蒙特利尔侨界向中国驻加拿大大使馆转交捐赠资金15万加元。

中国驻多伦多总领事馆接收华侨华人捐赠　5月12日晚，多伦多加拿大四川同乡会、成都同乡会、重庆协会以及四川大学、西南大学等校友会和四川乡亲组成的“加拿大四川地震赈灾委员会”，组织开展赈灾募捐活动，指挥部设在青山理工学院。当日，中国驻多伦多总领事馆接收加拿大河南同乡会捐赠资金10万美元，接收加拿大中国总商会捐赠资金100万元。13日，全加华人联合会与加拿大四川同乡会召开“中国四川地震赈灾”新闻发布会，成立“中国四川地震救助基金”，开通捐款账户接收捐款（该基金后经加拿大联邦税务局正式批准为注册慈善机构，捐款人可得到减税收据）。加拿大四川地震赈灾委员会向加拿大社会发出赈灾捐款紧急救助倡议书，介绍地震灾情，筹募捐款。陕西同乡会、河南同乡会、黑龙江同乡会、加拿大华人IT协会、加拿大浙江商会等团体和个人先后加入该委员会并捐款。16日，大多伦多中华文化中心、太古广场商户及多伦多华语电台举办12小时的“爱心传千里、四川赈灾大行动”，筹集资金10万加元；加拿大重庆协会举办“心系中国地震烛光哀思晚会”，募集资金2.32万加元。至16日，中国驻多伦多总领事馆接收华侨华人和侨团捐赠资金40万加元。

5月17日，加拿大四川地震赈灾委员会、加拿大中国青年联合会、台湾慈济会等多个侨界公益团体的百余名志愿者分十几个小组在多伦多各超市、商场设立捐款点，分发呼吁书。密西沙加市华商会和国语联谊会等机构分别组织志愿者队伍在元明超市门前募捐。以送报为生的董志刚每日辛苦奔波，生活窘迫，但他却毫不犹豫地捐了50加元。同日晚，加拿大华人常青高尔夫球会举办筹款餐会，募集资金8000加元。多伦多佛光山寺与多伦多国际佛光会发动会员和信徒捐赠10万加元。18日，他们又举行“为中国四川大地震祈福超荐法会”，募集资金1万加元，转交加拿大红十字会。李德伦基金会联合数十家赞助单位，举办了“抗震救灾、迎奥运音乐会”，为灾区募捐。19—21日，许多华侨华人到总领事馆吊唁地震罹难者并捐款。17—20日，中国驻多伦多总领事馆接收多伦多华侨华人及其社团汇捐15.89万加元。

5 月 23 日晚，加拿大四川同乡会、多伦多华人团体联合总会、加拿大中国专业人士协会等 50 余家团体共同举行“血脉相连、情系四川——多伦多华人大型抗震救灾义演”活动，华侨华人和各界人士 1000 多人参加活动并捐赠 10.6 万加元。24 日下午，加拿大四川地震赈灾委员会举行赈灾筹款活动新闻发布会，中国驻多伦多总领事朱桃英出席并接收加拿大 APOTEX 药品公司、加拿大四川地震赈灾委员会捐赠的价值 32.78 万加元的急救药品。27 日，多伦多小肥羊火锅店将该店从 19 日起一周的午餐义卖款项 8400 加元捐赠给加拿大爱心教育基金，用于四川地震灾区赈灾。至 27 日 16 时，中国四川地震赈灾基金在中国银行（加拿大）账户接收捐赠资金 65 万加元。28 日，加拿大四川地震赈灾委员会接收捐赠资金 50 万加元。31 日，加拿大四川地震赈灾委员会、全加华人联合会及近百个华人团体举行“生死不离——多伦多大型赈灾义演”活动，加拿大联邦多元文化部长康尼、朱桃英与近千名华侨华人、留学生顶风冒雨观看演出，并以捐款等各种形式支援地震灾区。6 月 12 日，加拿大文华餐饮公司通过加拿大红十字会向四川地震灾区捐赠 11.3 万加元；多伦多麦亨丽公司捐赠价值 5 万加元的鹅毛被、绒毯 800 床。6 月 24 日至 10 月 14 日，中国驻多伦多总领事馆接收多伦多大学、四川地震赈灾委员会捐赠资金 5.25 万加元，接收多伦多华侨华人及社团捐赠资金 5700 加元。

中国驻卡尔加里总领事馆接收华侨华人捐赠　地震后，卡尔加里华侨华人通过多种方式向受灾群众表示慰问。6 月 26 日晚，埃德蒙顿市侨界在珠碧丽剧场举办“枫叶情——重建灾区小学募捐义演”，1700 多华侨华人及当地各界人士出席并捐款。

中国驻温哥华总领事馆接收华侨华人捐赠　加拿大四川联谊会会长吴冰积极联络旅居温哥华的 4000 余名四川乡亲，公布捐款倡议书和捐款热线，还联合海河联谊会等近 20 个侨团，共同组织“至爱无疆”赈灾大行动，举行义卖“爱衫”、中医义诊等活动，为灾区募捐。温哥华中华会馆、大温哥华中华文化中心、温哥华华埠商会等六大侨团组成“赈济四川地震受灾群众筹款委员会”，采用多种形式，为灾区筹款。5 月 14 日，中国驻温哥华总领事馆设立汶川特大地震专门捐款账户，至 20 日收到捐赠资金 30 多万加元。20—30 日，中国驻温哥华总领事馆接收了多笔华侨华人及其社团的捐款捐物：慈济基金会捐赠 200 万加元，温哥华华侨华人捐赠 30 多万加元，温哥华华商冯锐及其公司 Silver Corp Metals Inc. 和 New Pacific Metals Corp. 捐赠总价值近 4 万加元的帐篷 21 套（由国航 CA992 航班运抵北京），侨胞邵晓妹捐赠价值约 3 万加元的帐篷、照明灯、保鲜冰箱、简易座椅等救灾物资，加拿大中国工商联合会会长滕达同该会部分代表捐赠 5 万加元，加拿大协和国际投资有限公司负责人 Zhang Kun、Wang Shengcheng 夫妇捐赠 50 万美元用于灾区小学重建。一位福建籍华商捐赠 3 万余加元。

6 月初，加拿大中国专业人士协会（CPAC）教育基金会与多个社区组织，联合发起“重建校园筹款计划”，为灾区学校重建筹款。麦克马斯特大学中国教授协会及学生学者联谊会捐赠资金折合 2 万加元，加拿大多元文化交流基金会捐赠 1 万加元，般若讲堂和禅武中心捐赠 1 万加元，辽宁协会捐款 4000 加元。7—10 日，中国驻温哥华总领事馆接收温哥华北京中文学校全体师生及家长捐赠资金 2100 加元，加拿大华人服务联合总会、加拿大云南联合会、温哥华华人妇女协会、张宝群会计师事务所以及阳光皇家传媒集团等社团代表捐赠资金 3.8 万加元。

五 多米尼克侨胞捐赠

截至5月26日，中国驻多米尼克大使馆接收多米尼克华侨华人捐赠资金2.83万东加勒比元、3600元人民币、30美元。

六 多米尼加侨胞捐赠

获悉汶川地震的消息后，旅多米尼加华侨华人成立募捐委员会，分组挨家挨户动员华侨华人捐款。5月23日，中国驻多米尼加贸易发展办事处接收旅多华侨华人捐赠资金22万余美元。29日，中国驻多米尼加贸易发展办事处接收多米尼加侨界捐赠资金23.63万美元。7月29日，中国驻多米尼加贸易发展办事处接收多米尼加侨胞捐赠资金4400美元。

七 格林纳达侨胞捐赠

5月21日，格林纳达华侨华人捐款820美元、6430东加勒比元。

八 海地侨胞捐赠

5月19—21日，海地华侨华人和中国第六支赴海地维和警察防暴队、民事警队、中资公司代表前往中国驻海地贸易发展办事处吊唁汶川地震罹难者并捐款。

九 洪都拉斯侨胞捐赠

洪都拉斯华侨总会向中国驻墨西哥大使馆发出慰问信，并转交洪都拉斯华侨华人捐赠资金6.57万牙买加元。

十 牙买加侨胞捐赠

中国驻牙买加大使馆接收旅居牙买加华侨华人以及牙买加友人捐赠资金20多万牙买加元。

十一 墨西哥侨胞捐赠

5月13—20日，墨西哥华侨华人社团联合总会通过举行“旅墨华侨华人为汶川灾区捐款献爱心”活动，募集资金15.37万墨西哥比索，墨西哥中华会馆主席陈创国、秘书长朱惠湖代表该会馆转交捐赠资金7.7万美元。中国驻墨西哥大使馆根据灾区救灾工作的需要，使用墨西哥华侨华人捐赠资金15万美元，紧急采购帐篷886顶发往灾区。21—28日，中国驻墨西哥大使馆接收墨西哥台商联合会捐赠资金16万多墨西哥比索，接收墨西哥华侨华人社团联合总会第二笔捐赠资金2.4万美元，接收墨西哥中华会馆第二笔捐赠资金1.4万余美元。居住在克雷塔罗地区的华侨华人，驱车数百公里赶到墨西哥城捐款。墨西哥西北部的南、北下加州与索诺拉州侨社发起捐款活动，蒂华纳市1063名华侨华人捐赠49.64万墨西哥比索。截至6月30日，中国驻墨西哥大使馆接收墨西哥华侨华人捐赠资金折合363.66万元。

十二　尼加拉瓜侨胞捐赠

尼加拉瓜与中国未建立外交关系，筹措款项通过中国驻墨西哥大使馆转交。5月22日，尼加拉瓜的中国台资企业年兴纺织股份有限公司华侨华人职工捐赠9100美元，汇捐中国驻墨西哥大使馆转交四川灾区。截至6月6日，中国驻墨西哥大使馆共接收尼加拉瓜华侨华人捐赠资金折合1.11万美元。

十三　巴拿马侨胞捐赠

汶川地震发生后，旅巴华侨华人成立捐款筹备委员会，开展募捐活动。5月19—26日，中国驻巴拿马贸易发展办事处接收巴拿马华侨华人代表捐赠资金25万美元。巴拿马中华总会捐款30万美元，用于重建宝兴县明礼乡中心小学、汉源县片马彝族乡中心小学。

十四　萨尔瓦多侨胞捐赠

萨尔瓦多华侨华人在中华商会组织下开展募捐活动，为地震灾区募集善款。在当地交通不便的情况下，中华商会会长耿耀军自费专程将捐款送到北京。

十五　特立尼达和多巴哥侨胞捐赠

5月14日，中国驻特立尼达和多巴哥大使馆接收当地华侨华人社团中华总会及惠东安会馆捐赠资金4300美元。6月8日，特立尼达和多巴哥华侨华人在圣费尔南多举行赈灾义卖活动，募集资金折合50万元。截至8月3日，中国驻特立尼达和多巴哥大使馆接收华侨华人及当地社会各界捐赠资金折合150万元。

十六　美国侨胞捐赠

中国驻美国大使馆接收华侨华人捐赠　5月13日，大华盛顿地区华侨华人社团纷纷举办各种活动，纪念地震遇难者并积极募捐。四川、广东、福建、海南等多个同乡会及中国旅美科协等当即开始网上赈灾募捐行动，梁康之、刘平中、张丽清、林民跃、袁祝光等侨领各捐款1000美元。夏祥波代表华盛顿四川同乡会认捐1万美元，华盛顿海南同乡会会长黄大代表社区捐款1600美元。14日晚，由美国福建同乡联合会和美中工商联合会共同组织举行四川大地震赈灾募捐活动，41名福建籍华侨华人捐赠2.1万美元。17—18日，华府中文学校捐赠16万美元。20日，中国驻美国大使周文重接收华盛顿同乡协会、华盛顿华人专业团体联合会等侨团捐赠资金12万美元。至此，中国驻美国大使馆接收华盛顿地区华侨华人捐赠资金35万美元。

中国驻旧金山总领事馆接收华侨华人捐赠　5月14日，旧金山湾区华侨华人社团、高校学者学生联谊会和一些华侨华人自发组织募捐活动，募集资金20万美元。17日晚，旧金山湾区50多个社团以及文艺界人士分别在南湾的帕洛阿图和东湾的佛利蒙举行"救助四川5·12大地震义演晚会"和"旧金山湾区文艺界四川赈灾晚会"，共筹集资金9.3万美元。18日，美国华商总会发起、旧金山湾区中国统一促进会以及各界四川地震赈灾委员会举办"旧金山湾区各界支持四川地震赈灾筹款大会"，现场募集资金11.61万美元。23日，硅谷清华联网发起的网上募捐活动接收30个国家和地区捐赠资金逾129万美元，其中的60万美元分3次电汇至中国红十字会，其他资金交中国驻旧金山总领事馆。至31日，中国驻旧金山总领事馆接收旧金山地区华侨华人捐赠资金150万美元，接收社会各界捐赠的价值120万美元的物资60批，其中帐篷7104顶，睡袋、棉被和毛毯2.21万件（床），还有折叠行军床、口罩、急救包等物资。这些物资分5批经旧金山和洛杉矶空运至四川灾区。

中国驻洛杉矶总领事馆接收华侨华人捐赠　5月12日，美国南加州华侨华人联合会、全美大西南同乡联合会等华侨华人及其社团举行捐款仪式，发出紧急赈灾倡议，呼吁华侨华人向四川灾区捐赠，部分侨领现场捐赠1万美元。14日，美国华裔精英组织"百人会"与"亚洲基金会"旗下机构Give2Asia合作设立"中国四川赈灾基金"专用账号，开展募款活动。15日，南加州华侨华人举行为四川地震赈灾义演活动，现场募集资金21万余美元。17日，他们冒着38摄氏度以上的高温举行募捐活动，募集资金逾40万美元。世界越柬华人集团联合会捐赠50万美元。20日，洛杉矶范杜拉县康谷华人协会捐赠资金折合3.07万美元。22—23日，罗省中华总商会、国泰银行和洛杉矶粤语广播1430电台共捐赠40万美元，罗省中华会馆举办洛杉矶全侨抗震救灾筹款晚会，募集资金24万美元。截至8月5日，中国驻洛杉矶总领事馆接收华侨华人和社会各界捐赠资金583.2万美元，接收帐篷、医疗设备等捐赠物资折价数百万美元。

中国驻纽约总领事馆接收华侨华人捐赠　5月12日，纽约华人社团联席会召开捐款会议，募集资金5.1万美元，纽约侨界当日捐款7万美元。13日，纽约中华公所捐款近万美元，美国福建公所募集资金3万多美元，纽约温州同乡会募集资金2万多美元，美国华人妇女会筹款3000美元，纽约华人社团联席会的成员走上纽约法拉盛街头募集资金2000美元，"中华佛教会"募集资金1.5万美元。至16日，美国福建同乡会募集资金28万美元、美国福建公所募集资金10万多美元、美国华裔会长联盟募集资金折合6万美元、美国华商会募集资金折合5万美元、纽约华人社团联席会募集资金4.6万美元、北京同乡会募集资金3万美元、大鹏同乡会募集资金2万多美元、美国林则徐基金会募集资金1.5万美元、美国福州侨联总会募集资金1.3万美元。18日，美中商贸总会、中美商会和湖北、广西、河南、河北、山东、天津等地的同乡会，共同举办"众志成城——纽约华侨华人各界为四川汶川地震赈灾义演"，募集资金10万多美元。19日，中国驻纽约总领事馆接收亚洲文化传媒集团捐赠资金 3.9 万多美元，接收方襄城、赵景伦等侨胞在纽约拉法盛街头募集的资金 12 万余美元。25 日，由麻省理工学院学生学者联合会主办、其他 88 家侨学组织共同协办，举行“波士顿各界华人赈灾义演”活动。31 日下午，美东地区侨界、商界和学界近千人举办“手牵手，让爱传递；心连心，风雨共济”大型赈灾募捐助学集会为灾区捐款，美东华人社团联合总会共同主席梁冠军捐赠 11 万美元。6 月 2—4 日，总领事馆接收 15 名费城侨界代表捐赠资金 35 万美元。朱丽亚音乐学院 16 位华裔预科生举办“童心爱之声”音乐会，筹集资金 1.33 万美元。北美首家华人网络电视台——麒麟电视董事长王嘉廉捐赠 30 万美元。6—11 日，总领事馆接收美国福建同乡会及下属侨团捐赠资金 20 多万美元，接收罗得岛州赈灾委员会叶超、陈和栋等 5 名侨领转交的捐赠资金 25 万美元。17 日，总领事馆接收旅美四川籍同胞和美国友人联合创立的“旅美四川地震赈灾基金会”捐赠资金 1.8 万美元。7 月 22 日，多元文化传播集团总部举行“抗震救灾，华语心连心”捐款仪式，中国驻纽约总领事彭克玉现场接收此项活动募集的捐赠资金 7.3 万美元。至 26 日，中国驻纽约总领事馆接收侨界社团或机构 800 多家、侨胞 1.12 万余人次的捐款，捐赠资金总额 1036 万美元、5600 元人民币。

中国驻休斯敦总领事馆接收华侨华人捐赠 5 月 16 日，中国驻休斯敦总领事馆接收休斯敦越棉寮华裔联谊会、潮州会馆、海南会馆、玉佛寺、潘丽平舞蹈学校、奥斯汀潮州同乡会等侨团和组织代表捐赠的资金 12 万美元。17—19 日，总领事馆接收大休斯敦地区侨学界通过举行抗震救灾募捐大会募集的捐款 12.5 万美元。31 日晚，驻休斯敦总领馆接收亚特兰大华侨华人通过举行“亚特兰大赈灾慈善晚会”筹集的捐赠资金 43.43 万美元。6 月 1 日，总领事馆接收大休斯敦地区休斯敦中国人活动中心、四川海外发展促进会等社团通过举办“孩子，别哭”大型赈灾义演募集的捐赠资金 6.65 万美元。截至 11 月 3 日，中国驻休斯敦总领事馆接收休斯敦华侨华人捐赠资金 168.64 万美元。

中国驻芝加哥总领事馆接收华侨华人捐赠 5 月 14—16 日，侨社芝城中华会馆举行筹款赈灾紧急会议，参事团体代表捐赠 8000 美元。至 25 日，大芝加哥地区华侨华人捐赠 102.6 万美元。底特律华侨社团积极开展赈灾活动，募集资金超过 69 万美元。7 月 22 日，中国驻芝加哥总领事馆举行华人团体向四川灾区捐建学校通报会，得到热烈响应。由芝加哥华侨华人联合会、芝加哥中国大西南旅美华人协会、华人咨询服务处、芝加哥华商会等 90 多个侨界团体组成的芝加哥四川地震赈灾委员会募集资金 38 万余美元，用于援建彭州市北君平中学与青川县青溪镇中心小学。

第五节 南美洲侨胞捐赠

一 阿根廷侨胞捐赠

5 月 13 日晚，阿根廷中国和平统一促进会获悉汶川地震消息后，召集阿根廷华侨华人 14 家社团举行支援中国抗震救灾紧急会议，决定在中国街设立募捐箱，开展全侨捐款活动。该会会长袁建平、副会长王庆苍以及华人餐饮业公会副会长王命达、王征仁，当场各认捐1万阿根廷比索。截至6月5日，中国驻阿根廷大使馆接收阿根廷华侨华人、中资企业、留学生捐款193.05万阿根廷比索、3.75万美元。

二 玻利维亚侨胞捐赠

截至5月18日，中国驻玻利维亚大使馆接收玻利维亚拉巴斯华侨华人总会等侨团、华侨华人捐赠资金1.6万美元。

三 巴西侨胞捐赠

中国驻巴西大使馆接收华侨华人捐赠 5月14日，中国驻巴西大使馆召集巴西利亚华侨华人协会侨领举行灾情及抗震救灾情况通报会，募集资金折合4万元。

中国驻圣保罗总领事馆接收华侨华人捐赠 5月13日，中国驻圣保罗总领事馆接收了80岁侨胞周云鉴的捐款1000美元，接收巴西中华总商会捐赠资金2万雷亚尔。14日，巴西温州同乡会监事长诸士林、秘书长赵松强在捐款的路上，遇到4名持枪劫匪的拦阻抢劫。他们不顾个人安危，奋力搏斗，甩脱了劫匪，赶到总领事馆向灾区转交捐赠资金10多万元。20日，总领事馆接收巴西华侨华人和平统一促进会、南美洲台湾同胞联谊会、巴西中华妇女联合会等侨社和华侨华人转交的捐赠资金11.95万雷亚尔。至21日，中国驻圣保罗总领事馆接收华侨华人捐赠资金折合人民币约400万元。

中国驻里约热内卢总领事馆接收华侨华人捐赠 5月13日，中国驻里约热内卢总领事馆接收巴西华人文化交流协会通过举办捐款活动募集的资金2万美元，接收巴中和平工商仲裁总会捐赠资金2.7万雷亚尔。至20日，中国驻里约热内卢总领事馆接收领区华侨华人捐赠资金81万元。

四 智利侨胞捐赠

5月14日，智利江苏商会以及其他旅智华侨华人捐赠资金折合15.8万元。智利中华会馆、伊基克华商会等侨团积极募捐，圣地亚哥青年华侨华人利用互联网宣传为四川灾区募捐，他们还身着统一募捐服装走街串巷募集资金1411.15万智利比索。至22日，中国驻智利大使馆接收旅智华侨华人捐赠资金折合22.66万美元。

五 哥伦比亚侨胞捐赠

5月24日，中国驻哥伦比亚大使馆接收驻哥中资企业代表及中文教师和留学生捐赠资金10

万多美元。哥伦比亚华侨华人共捐赠 11 万多美元。

六　厄瓜多尔侨胞捐赠

截至 5 月 26 日，中国驻厄瓜多尔大使馆接收当地华侨华人捐赠资金 9.6 万美元。

七　圭亚那侨胞捐赠

5 月 14 日，中国驻圭亚那大使馆接收圭亚那中华会馆会长黄浦源捐赠资金 20 万圭亚那元，圭亚那侨界、中资企业、援圭医疗队、青年志愿服务队、教练组等捐赠资金 1.74 万元、500.1 万圭亚那元。旅圭华侨华人共捐赠 40 万元。21 日，圭亚那华侨华人再次捐赠 140.65 万圭亚那元、8.1 万美元。

八　秘鲁侨胞捐赠

5 月 18 日，秘鲁中华通惠总局举行“抗震救灾、有你有我”赈灾筹款晚会，筹集资金 20 万美元。6 月 27 日，秘鲁若望二十三世中文学校校长安赫拉·莱昂捐赠 1.02 万美元。这些捐款都通过中国驻秘鲁大使馆转交地震灾区。

九　苏里南侨胞捐赠

截至 5 月 30 日，中国驻苏里南大使馆接收苏里南华人赈灾委员会募集的资金折合人民币 260 万元。

十　乌拉圭侨胞捐赠

截至 6 月初，中国驻乌拉圭大使馆接收乌拉圭华人协会捐赠资金 1.66 万美元、2.25 万元。

十一　委内瑞拉侨胞捐赠

5 月 14 日，委内瑞拉全国华侨华人联合总会发出紧急倡议书，号召为四川地震灾区捐款。至 15 日，华恋社中华会馆和马拉凯华联会接收华侨华人捐赠资金 6 万玻利瓦尔。17 日，委内瑞拉华侨华人联合总会在马拉凯市召开支援四川抗震救灾募捐现场会，募集资金 40 多万美元。20 日，中国驻委内瑞拉大使馆接收 5 名华侨青年代表当地 90 多名华侨捐赠资金 4.2 万玻利瓦尔。截至 6 月 4 日，中国驻委内瑞拉大使馆接收旅委华侨华人捐赠资金折合 200 余万美元。

第六节　大洋洲侨胞捐赠

一　澳大利亚侨胞捐赠

中国驻澳大利亚大使馆接收华侨华人捐赠　5月15日，新南威尔士州红十字会举办慈善午宴为地震灾区募捐，一位侨胞捐赠4万澳元。16日，由澳大利亚各州12个华人专家学者团体组成的全澳华人学者专家联合会发起建立“北川地震幸存学生教育基金”，并发出募捐筹款倡议。23日，中国驻澳大利亚大使馆组织旅澳学者赴重庆大学“春晖计划”服务团，在渝期间捐赠3500元。24日，悉尼华人妇女组织慧贤会、新南威尔士州红十字会和金唐集团联合举办四川地震赈灾募捐活动，募集资金23万澳元。25日，北领地地区华侨华人社团在达尔文举办支援四川地震灾区筹款晚会，募集资金6万多澳元。27日，南澳地区侨界开展赈灾活动，270多名侨胞募集资金21万多澳元。6月2日晚，澳大利亚首都地区华人团体联合会举办为四川地震灾区赈灾筹款晚会，募集资金2.3万澳元。截至9月1日，中国驻澳大利亚大使馆共接收华侨华人、留学生和各界捐赠资金99.37万澳元。

中国驻悉尼总领事馆接收华侨华人捐赠　5月13日，悉尼中国和平统一促进会、澳大利亚华人公益金、福建社团等华侨华人社团通过不同方式组织筹款活动。15日，澳大利亚华人公益金、澳洲中国和平统一促进会、澳洲华人团体协会、潮州同乡会等60多个侨团和组织举办赈灾募捐新闻发布会，介绍汶川地震灾害情况，悉尼侨界同日举办“众志成城·四川震灾·悉尼民间大行动”筹款活动，收到新南威尔士州华人农业协会和部分华人企业捐款4万澳元。同日，澳团结党、悉尼四邑同乡会、澳洲中山同乡会等侨团组织发起赈灾活动。澳洲中国和平统一促进会举办赈灾筹款活动，募集资金70万澳元。17日，当地华侨华人、留学生举行“众志成城、抗震救灾——悉尼华侨华人留学生为四川地震灾区捐款晚会”，募集资金13.5万澳元。18日晚，悉尼地区留学生、华侨华人近千人在悉尼市中心贝尔摩公园举行烛光守夜募捐活动，募集资金3.6万澳元、800美元。澳大利亚中国和平统一促进会组织力量，紧急购买总重约50吨的帐篷2100顶，国航、东航、南航驻悉尼代表机构承担运输帐篷任务并免除全部运输费用。截至7月2日，中国驻悉尼总领事馆共接收华侨华人捐赠资金421.15万澳元、9.49万美元、1.18万元人民币、1200港元。

中国驻布里斯班总领事馆接收华侨华人捐赠　地震发生后，阳光华人社区向华侨华人和旅澳留学生发出中国地震捐款倡议书，昆士兰州中国人协会成员踊跃捐款，80多岁的陈辉、黄薇芬夫妇捐款1000澳元。5月14日，中国驻布里斯班总领事馆设立抗灾捐助专用账户。18日，澳大利亚昆士兰州侨界在布里斯班森尼班克枫林酒楼联合举办赈灾捐款晚会，募集资金15万余澳元。6月1—2日，澳大利亚昆华网举行“赤子的奉献”昆州华人赈灾音乐会，募集资金4.64万澳元；黄金海岸华人举行为四川大地震赈灾筹款晚会，募集资金3万澳元；澳大利亚昆士兰州华侨华人通过义演、义卖等方式，募集资金80万澳元。

中国驻珀斯总领事馆接收华侨华人捐赠　5月13—25日，中国驻珀斯总领事馆接收西澳华人中国地震救灾基金组织捐赠的资金8000澳元，接收西澳华人中国地震救灾基金组织“祈福零八、平安中国”大型捐款活动募集的捐赠资金6.1万澳元。6月1日，3位西澳华裔少年在西澳大学Callaway音乐演奏厅举办钢琴演奏会，为四川地震灾区募集资金6700澳元、300元人民币。至6日，中国驻珀斯总领事馆接收西澳华侨华人捐赠资金超过20万澳元。

二　斐济侨胞捐赠

截至5月29日，中国驻斐济大使馆接收斐济侨胞捐赠资金7.56万斐济元、2.32万美元。

三　巴布亚新几内亚侨胞捐赠

截至5月19日，中国驻巴布亚新几内亚大使馆接收华侨华人捐赠资金19.84万基那。

四　新西兰侨胞捐赠

中国驻新西兰大使馆接收华侨华人捐赠　5月17日晚，由惠灵顿维多利亚大学中国留学生会倡议，华侨华人及留学生200多人在惠灵顿植物园举行“为罹难者哀悼、为受困者祝福”祈福捐款活动，募集捐赠资金折合8000新西兰元。截至6月17日，中国驻新西兰大使馆接收华侨华人、留学生和新西兰友好人士捐赠资金折合30万新西兰元。

中国驻奥克兰总领事馆接收华侨华人捐赠　在5月19—21日中国全国哀悼日期间，中文《先驱报》等华文媒体及华侨华人社团共同发起“爱心救生命”赈灾捐款活动，新西兰北岛佛光会、华人基督教联合会举办了祷告和筹款活动。截至6月11日，中国驻奥克兰总领事馆共接收华侨华人、留学生和当地各界人士捐赠资金221.08万新西兰元、1.56万美元、6.28万元人民币、1.39万港元、500澳元。

五　汤加侨胞捐赠

截至5月15日，中国驻汤加大使馆接收汤加华人联合会会长陈恩伟等人转交该会募集的捐赠资金4.09万美元。

六　瓦努阿图侨胞捐赠

5月20日，中国驻瓦努阿图大使馆接收瓦努阿图华侨华人社团通过在维拉港举行赈灾募捐活动募集的资金340万瓦图，接收瓦努阿图桑托岛中国和平统一促进会会长梁威麟转交的当地华侨华人捐赠资金90.65万瓦图。

第八篇

国际社会慰问援助

汶川特大地震发生后，外国政府以及社会各界、联合国相关机构、国际组织，纷纷采取多种形式支援中国抗震救灾工作。5 月 19—21 日，在全国哀悼日期间，160 多个国家和国际组织的领导人、政要和驻华使节前往中国外交部和中国驻外外交代表机构吊唁，表达对中国政府和人民的慰问和支持。一些国家的驻华使馆也降半旗志哀。秘鲁政府宣布 19 日为“全国哀悼日”，当日，秘鲁全国所有政府机关、军事设施、警察机构及秘鲁驻外机构降半旗志哀。朝鲜平壤市于北京时间 19 日 14 时 28 分，拉响防空警报，汽车轮船等停运鸣笛，哀悼遇难者。来自日本、韩国、新加坡和俄罗斯的 4 支救援队和来自俄罗斯、日本、意大利、德国、古巴、英国、法国、巴基斯坦、印度尼西亚、美国 10 支医疗队，在四川、甘肃灾区开展了救援行动。同时，国际社会向中国捐赠了大批救灾物资，支援中国抗震救灾。据不完全统计，截至 10 月 14 日，有 170 个国家和地区及有关国际组织，通过外交部、民政部、体育总局、中国红十字会、中华慈善总会等机构，向地震灾区捐款折合人民币约 23.69 亿元。国际社会的积极援助，为灾区群众的生活保障和受灾地区的灾后恢复重建做出了重大贡献。此篇侧重于记述国际社会对中国政府和人民的慰问，关于捐赠、参与抢险救灾等内容，分见《总述》《大事记》《抢险救灾志》《灾区生活志》《灾区医疗防疫志》《灾后重建志》等卷及本卷前面有关篇章，此篇所记并非汇总。

第一章　外国政府及其社会各界慰问援助

第一节　亚洲国家地区慰问援助

一　阿富汗慰问援助

5 月 13 日，阿富汗总统卡尔扎伊代表阿富汗人民向中国人民表示深切同情和慰问，向遇难者家属表示慰问，相信友好的中国政府和人民能尽早渡过难关。阿富汗政府及其社会各界向中国援助物资折价 21.67 万元。

二　亚美尼亚慰问援助

5 月 14 日，亚美尼亚总统谢尔日·萨尔基相、外长纳尔班江致电中国政府，向遇难者家属表示深切慰问，祝愿受伤人员早日康复，相信中国人民有足够的能力克服灾难造成的损失，以坚定的意志战胜灾难，亚美尼亚愿向中方提供必要协助。19 日，亚美尼亚总理季格兰·萨尔基相、议长托罗相等高官前往中国驻亚美尼亚大使馆吊唁。亚美尼亚政府向中国援助资金 70 万元，社会各界援助救灾物资折价 73.96 万元。

三　阿塞拜疆慰问援助

5 月 14 日，阿塞拜疆总统阿利耶夫致电中国政府，向遇难者家属及全体中国人民表示深切慰问，祝受伤人员早日康复。20 日，阿塞拜疆副总理沙里福夫到中国驻阿塞拜疆大使馆吊唁。阿塞拜疆政府及其社会各界向中国援助物资折价 56.87 万元。阿政府出资 72.6 万美元在灾区援建一所学校。

四　巴林慰问援助

5 月 13 日，巴林首相哈利法、王储萨勒曼、协商会议主席萨利赫、外交大臣哈立德和外交部助理次大臣阿齐兹向中国政府和人民致以诚挚慰问，向遇难者表示深切哀悼。巴林坚定支持中国政府和人民战胜自然灾害，重建家园，愿提供力所能及的帮助，相信伟大的中国人民一定能取得抗震救灾的最后胜利。巴林政府及其社会各界向中国援助救灾物资折价 1.9 万元。

五　孟加拉国慰问援助

5 月 20 日，孟加拉国看守政府宣布 21 日为全国哀悼日，悼念中国四川汶川地震遇难者。28 日，孟加拉国政府向中国援助帐篷 60 顶和一些药品、医疗器械，总重 9.5 吨，由孟方空军运抵四川。其社会各界援助毛毯等救灾物资折价 29.61 万元。

六　文莱慰问援助

5 月 13 日，文莱苏丹哈桑纳尔·博尔基王表示，文莱人民对中国人民遭受的痛苦感同身受，支持中国为克服困难所做的努力。文莱政府向中国援助资金 770 万元，社会各界援助救灾物资折价 415.23 万元。

七　柬埔寨慰问援助

5 月 13 日，柬埔寨国王西哈莫尼、柬埔寨太皇西哈努克致电中国政府，向灾区人民表示慰问，相信在中国共产党和中国政府的果断领导下，中国人民一定能够战胜自然灾害，重建家园。柬埔寨政府向中国援助资金 70 万元，社会各界援助物资折价 979.78 万元。此外，西哈努克以个人名义通过中国驻柬埔寨大使馆向灾区捐赠资金 5 万美元。

八　东帝汶慰问援助

5 月 13 日，东帝汶副总理、代外长古特雷斯向中国政府和人民表示最诚挚的慰问，向遇难者表示沉痛的哀悼，向遇难者家属表示最深切的同情。东帝汶政府向中国援助资金 50 万美元，社会各界援助救灾物资折价 26.7 万元。

九　格鲁吉亚慰问援助

5 月 14 日，格鲁吉亚总统萨卡什维利致电胡锦涛，对遇难者表示深切哀悼，对受灾人员表示亲切慰问，祝愿中国政府和人民尽快渡过难关。20 日，格鲁吉亚外长特克舍拉什维利到中国驻格鲁吉亚大使馆吊唁。格鲁吉亚政府向中国捐助帐篷 60 顶，社会各界援助物资折价 41.97 万元。

十　印度慰问援助

5 月 14 日，印度总理辛格致电中国政府表示，在灾难面前，印度人民和中国兄弟感同身受，坚信坚韧不拔的中国人民将渡过这次难关，印度愿意随时提供必要帮助。印度政府向中国援助了价值 500 万美元的物资、帐篷 1515 顶，社会各界援助了毛毯、睡袋、食品、药品等救灾物资。

十一　印度尼西亚慰问援助

5 月 16 日，印度尼西亚总统苏西洛致电胡锦涛表示慰问。印度尼西亚政府向中国政府援助帐篷 215 顶，社会各界捐助食品、药品等物资折价 3589.13 万元。23 日，由印度尼西亚政府提供的包括帐篷、食品和药品等约 36 吨人道主义救援物资从雅加达起运（见图 197），运往中国四川地震灾区。31 日，印度尼西亚 20 人医疗队抵达甘肃省文县开展救灾工作。

图 197　5 月 23 日，在印度尼西亚首都雅加达哈利姆军用机场，一名机组人员正在整理拟运往中国四川汶川地震灾区的救援物资
（张军　摄）

十二　伊朗慰问援助

5 月 14 日，伊朗总统艾哈迈迪·内贾德、第一副总统达乌迪、外长穆塔基致电中国政府，对四川发生地震灾害深感悲痛，向中国政府和人民以及罹难者家属表示诚挚慰问，祝愿中国政府和人民抗震救灾工作取得成功。伊朗政府向中国援助帐篷 2684 顶，社会各界援助救灾物资折价 8.41 万元。

十三　伊拉克慰问援助

5 月 16 日，伊拉克总统塔拉巴尼向胡锦涛表示慰问。14—26 日，伊拉克总统塔拉巴尼、议长迈什哈达尼、外长兹巴里致信中国政府，就中国四川发生地震灾害造成重大人员伤亡和财产损失，向中国人民表示慰问。伊拉克驻华使馆向中国捐赠 1 万元。

十四　以色列慰问援助

5 月 12—22 日，以色列总统佛雷斯、议长伊奇克、第一副总理兼外长利夫尼致信中国政府，对四川地震灾害造成重大伤亡深感悲痛，向中国人民及遇难者家属表示诚挚慰问。为支持中国的抗震救灾工作，以色列政府向中国援助帐篷 250 顶及毛毯、睡袋、发电机、医疗设备等救灾物资共折价 1431.5 万元。

十五　日本慰问援助

5 月 12 日，日本首相福田康夫分别致函胡锦涛和温家宝，对汶川县遭受严重地震灾害表示诚挚慰问，希望灾区人民生活早日恢复稳定，重建家园。日本政府向中国提供 500 万美元及 12740 顶帐篷；社会各界还援助了食品、纯净水等救灾物资，折价 1.56 亿元。

十六　约旦慰问援助

5 月 13 日，约旦国王阿卜杜拉二世对中国四川汶川地震遇难者表示最沉痛的哀悼，对遇难者家属表示最诚挚的慰问。约旦政府向中国援助帐篷 54 顶，社会各界援助救灾物资折价 92.02 万元。

十七　哈萨克斯坦慰问援助

5 月 14 日，哈萨克斯坦总统纳扎尔巴耶夫致信胡锦涛，对中国四川发生地震灾害深感悲痛，向所有遇难者家属和受灾群众表示诚挚慰问，表示哈萨克斯坦随时准备尽力向中方提供帮助。16 日、23 日，哈萨克斯坦议会上院议长托卡耶夫、总理马西莫夫亦分别致信吴邦国、温家宝，表示慰问。随后，哈萨克斯坦政府向中国援助帐篷 300 顶及食品、药品等物资，社会各界援助物资折价 95.51 万元。

十八　朝鲜慰问援助

5 月 14 日，朝鲜劳动党总书记、朝鲜国防委员会委员长金正日向中国共产党、中国政府和灾区人民表示深切同情和慰问，希望在中国共产党的领导下，中国人民早日克服灾害影响，战胜灾害。北京时间19日14时28分，朝鲜平壤市拉响防空警报，汽车轮船等停运并鸣笛，哀悼在汶川地震中的遇难者。朝鲜政府向中国援助资金70万元，社会各界援助救灾物资折价33.75万元。

十九　科威特慰问援助

5月14日，科威特首相谢赫纳赛尔亲王致电中国政府，向中国人民表示慰问，向遇难者表示哀悼，相信中国人民一定能克服困难，战胜灾难，早日开始重建。科威特政府及其社会各界向中国援助物资折价23.03万元。科威特红新月会通过中国红十字会向四川地震灾区捐款10万美元。

二十　吉尔吉斯斯坦慰问援助

5月13日，吉尔吉斯斯坦总统巴基耶夫向胡锦涛致信慰问。14日，吉尔吉斯斯坦议长马杜马罗夫、总理丘季诺夫分别向吴邦国、温家宝致信慰问。同日，吉尔吉斯斯坦驻华大使萨尔巴耶夫向中方表示诚挚深切的慰问。吉尔吉斯斯坦政府向中国援助137吨物资（包括帐篷、汲水净水设备、建材等），社会各界援助救灾物资折价29.78万元。

二十一　老挝慰问援助

5月13日，老挝人民革命党中央委员会总书记、国家主席朱马利和政府总理波松·布帕万联名，代表老挝党、政府和人民向中国共产党、中国政府和人民表示深切同情和诚挚慰问，相信中国人民在中国共产党和中国政府的领导下，一定能克服地震灾害造成的损失，早日恢复正常的生产生活。19日，波松·布帕万到中国驻老挝大使馆吊唁汶川地震遇难者。老挝政府捐赠了价值50万美元的1000立方米木材，社会各界向中国援助救灾物资折价237.04万元。

二十二　黎巴嫩慰问援助

5月16日，黎巴嫩总理西尼乌拉、议长贝里致信中方表示慰问。黎巴嫩政府向中国援助资金52.5万元，社会各界援助救灾物资折价4.95万元。

二十三　马来西亚援助

为支持中国的抗震救灾工作，马来西亚政府向中国援助资金150万美元、帐篷8104顶，社会各界援助毛毯、床垫、药品、医疗器械等救灾物资折价16318.91万元。

二十四　马尔代夫慰问援助

5 月 13 日，马尔代夫总统加尧姆向中国政府和人民表示深切同情，向遇难者表示诚挚的哀悼。马尔代夫政府向中国援助资金 35 万元。

二十五　蒙古慰问援助

5 月 14 日，蒙古总理巴雅尔向中国政府和受灾群众表示深切慰问。蒙古政府向中国援助资金 35 万元，社会各界援助救灾物资折价 251.69 万元。

二十六　缅甸慰问援助

5 月 14 日，缅甸国家和平与发展委员会主席丹瑞、总理登盛和外长吴年温对中国四川发生地震灾害深感悲痛，向灾区人民和遇难者家属表示深切同情和诚挚慰问，愿受灾群众早日恢复正常生活。缅甸政府及社会各界向中国援助救灾物资折价 216.4 万元。

二十七　尼泊尔慰问援助

5 月 15 日，尼泊尔首相柯伊拉腊向中国政府表示诚挚慰问和同情，衷心祝愿灾区早日恢复重建，对中国政府和人民在抗灾中表现出的坚强决心表示敬佩。尼泊尔政府向中国援助资金 67.9 万元，社会各界援助救灾物资折价 34.73 万元。

二十八　阿曼慰问援助

5 月 15 日，阿曼外交事务主管大臣阿拉维致电中国政府，向遇难者家属表示诚挚的慰问，希望中国人民坚强面对困难，战胜这一灾难。阿曼政府向中国援助资金 100 万美元，援助帐篷 1050 顶；阿曼社会各界还援助其他救灾物资折价 35.58 万元。2009—2011 年，阿曼共向中国援助 3362 万元，用于在广元建造民宅、学校、医院等，建设“阿曼捐建村”。

二十九　巴基斯坦慰问援助

5 月 13 日，巴基斯坦总统穆沙拉夫、总理吉拉尼致电中国政府慰问，表示相信百折不挠的中国人民一定能在最短的时间内重建家园，巴基斯坦人民将全力支持伟大的中国人民。20 日，吉拉尼前往中国驻巴基斯坦使馆吊唁汶川地震遇难者。巴基斯坦政府向中国援助资金 547.39 万元及国家战略储备库库存帐篷 26760 顶。21 日，巴基斯坦捐助中国地震灾区的 6480 顶帐篷由 2 架运输机和 16 辆大卡车分别由空中和陆路运往中国。

三十　巴勒斯坦慰问援助

5 月 16 日，巴勒斯坦民族权力机构主席阿巴斯致电胡锦涛表示慰问。巴勒斯坦政府及驻华外交官向中国援助资金 3 万元。

三十一　菲律宾慰问援助

5 月 16 日，菲律宾总统阿罗约致电胡锦涛表示慰问。菲律宾政府向中国援助资金 67.9 万元，社会各界援助物资折价 3742.01 万元。

三十二　卡塔尔慰问援助

5 月 12 日，卡塔尔埃米尔哈马德、王储以及首相分别致电胡锦涛表示慰问。卡塔尔政府向中国援助帐篷 3500 顶及一批生活物资，社会各界援助救灾物资折价 23.18 万元。

三十三　沙特阿拉伯慰问援助

5 月 15 日，沙特阿拉伯国王阿卜杜拉、王储苏尔坦致电胡锦涛表示慰问。沙特阿拉伯政府向中国援助资金 3.5 亿元，援助帐篷 3520 顶；社会各界援助毛毯、雨衣、食品等救灾物资折价 121.17 万元。10 月 22 日，沙特阿拉伯援建的活动板房交付甘肃省。

三十四　新加坡慰问援助

5 月 13 日，新加坡总理李显龙致电中国政府表示，中国政府已迅速展开救灾行动，相信中国能战胜灾害，新加坡政府愿向中方提供一切可能的帮助。14 日，新加坡总统纳丹致电胡锦涛，表示对地震造成重大人员伤亡深感痛心，高度赞扬中国政府对灾害反应迅速、毫不懈怠，相信中国将克服灾难造成的影响，灾区将尽快恢复正常。新加坡政府向中国援助帐篷 500 顶，社会各界援助资金及救灾物资折价 18125.84 万元。

三十五　韩国慰问援助

5 月 13 日，韩国总统李明博致电胡锦涛，对灾害遇难者表示深切哀悼，对其家属及伤员表示慰问，希望有关抗震救灾工作早日顺利完成。李明博还于 30 日前往地震灾区慰问。韩国政府向中国援助资金 500 万美元、帐篷 11254 顶；社会各界援助了毛毯、粮食、药品、呼吸机、生活日用品等救灾物资，折价 3223.86 万元。

三十六　斯里兰卡慰问援助

5 月 14 日，斯里兰卡代理外长巴伊拉表示，在这场巨大灾害的考验面前，斯里兰卡坚定地同中国政府和人民站在一起，坚信随着救援和抗灾工作的迅速开展，灾区人民将渡过难关。16 日，斯里兰卡总统贾帕克萨致电胡锦涛表示慰问。斯里兰卡政府向中国援助帐篷 1277 顶，社会各界援助茶叶、药品、医疗器械等救灾物资折价 71.12 万元。

三十七　叙利亚慰问援助

5 月 13 日，叙利亚总统巴沙尔向胡锦涛表示慰问。叙利亚政府向中国援助帐篷 500 顶，社会各界援助救灾物资折价 2.35 万元。

三十八　塔吉克斯坦慰问援助

5 月 13 日，塔吉克斯坦总统拉赫蒙就中国四川汶川地震向胡锦涛致信慰问。16 日，塔吉克斯坦议会下院议长海鲁耶夫、总理阿基洛夫就汶川地震分别向吴邦国、温家宝致信慰问。20 日，塔吉克斯坦外长扎里菲前往中国驻塔吉克斯坦大使馆，吊唁汶川地震遇难者。塔吉克斯坦政府向中国援助资金 70 万元、帐篷 150 顶等物资，社会各界援助救灾物资折价 32.54 万元。

三十九　泰国慰问援助

5 月 14 日，泰国国王普密蓬・阿杜德致电胡锦涛，向中国人民及遇难者家属致以深切慰问，祝愿受伤者早日康复。哇集拉隆功王储捐赠价值 64 万元救灾物资，诗琳通公主先以个人名义捐款 10 万元，后又捐赠 1000 万元援建一所小学。泰国政府向中国援助资金 350 万元、帐篷 5341 顶，社会各界援助救灾物资折价 5990.14 万元。

四十　土耳其慰问援助

5 月 14 日，土耳其总统居尔致电中国政府，向中国人民表示诚挚慰问，向罹难者表示深切哀悼，愿伤者早日康复。土耳其政府向中国援助资金 1400 万元、帐篷 120 顶，社会各界援助救灾物资折价 209.59 万元。

四十一　土库曼斯坦慰问援助

5 月 16 日，土库曼斯坦总统别尔德穆哈梅多夫向胡锦涛表示慰问。土库曼斯坦政府及其社会各界经外交部转交捐款 800 元。

四十二　阿拉伯联合酋长国慰问援助

5 月 16 日，阿拉伯联合酋长国总统哈利法致电胡锦涛表示慰问。阿联酋政府向中国援助资金 3.5 亿元，捐助帐篷 400 顶；社会各界组织援助毛毯、净水设备等物资折价 583.04 万元。

四十三　乌兹别克斯坦慰问援助

5 月 20 日，乌兹别克斯坦外长诺罗夫前往中国驻乌兹别克斯坦大使馆吊唁汶川地震遇难者。乌兹别克斯坦政府向中国援助帐篷 1020 顶，社会各界援助救灾物资折价 32.88 万元。

四十四　越南慰问援助

5 月 19 日，越南共产党中央政治局委员、政府总理阮晋勇到中国驻越南大使馆，代表越南党、国家、政府和人民吊唁汶川地震遇难者。他在吊唁簿上写道："越南党、国家、政府和人民对汶川地震遇难者感到无比悲痛，并向中国共产党、国家和人民及遇难者家属致以深切慰问。我们相信，兄弟的中国人民一定会迅速克服地震灾害，早日恢复生产和生活。"越南政府向中国援助资金 140 万元，社会各界援助物资折价 951.18 万元。

四十五　也门慰问援助

5 月 15 日，也门总统萨利赫向胡锦涛致电表示慰问。20 日，也门外长致函中国外交部，就地震表示慰问。27 日，也门副总统哈迪向习近平致电表示慰问。也门政府及社会各界向中国援助救灾物资折价 7.92 万元。

第二节　非洲国家慰问援助

一　阿尔及利亚援助

阿尔及利亚政府向中国援助资金 700 万元，社会各界援助救灾物资折价 70.94 万元。

二　安哥拉慰问援助

5 月 13 日，安哥拉总统多斯桑托斯致函胡锦涛，向中国人民和罹难者家属表示深切同情和诚挚慰问。同日，安哥拉外长若昂·德·米兰达致函慰问。安哥拉政府及其社会各界向中国援助物资折价 601.03 万元。

三　贝宁慰问援助

5 月 13 日，贝宁总统亚伊致电中国政府，向中国人民致以诚挚慰问，向遇难者家属表示深切同情和坚定支持，祝愿伤者早日康复，灾区人民尽快恢复正常生活。贝宁政府向中国援助资金 7.56 万欧元，社会各界援助物资折价 30.38 万元。

四　博茨瓦纳慰问援助

5 月 13 日，博茨瓦纳总统卡马致函胡锦涛表示慰问。20 日，博茨瓦纳副总统梅拉费、外长斯凯莱马尼前往中国驻博茨瓦纳使馆吊唁。博茨瓦纳政府向中国援助资金 106.02 万元，社会各界援助物资折价 174.36 万元。

五　喀麦隆慰问援助

5 月 16 日，喀麦隆总统比亚、总理伊诺尼致电中国领导人，向中方表示慰问，相信在中国政府的领导下，中国人民一定能够战胜地震灾害，重建家园。喀麦隆政府及其社会各界向中国援助物资折价 55.85 万元。

六　佛得角慰问援助

5 月 13 日，佛得角总统皮雷斯致函胡锦涛，向中国人民表示最诚挚的慰问，向死难者家属致以最沉痛的哀悼，相信中国政府将不遗余力地开展救援工作，减少受害者家庭的损失。23 日，佛得角政府宣布该日为全国哀悼日，悼念中国四川汶川地震遇难者。佛得角政府及其社会各界向中国援助物资折价 35.73 万元。

七　中非慰问援助

5 月 14 日，中非总统博齐泽、总理图瓦德拉致电中国政府，向中国政府和人民表示慰问，表示中非人民将与中国人民患难与共，相信勇敢的中国人民具有百折不挠的力量。中非政府及其社会各界向中国援助物资折价 4900 元。

八　乍得慰问援助

5 月 16 日，乍得总统代比致电中国领导人，对地震造成重大人员伤亡和财产损失深感悲痛，向灾区人民表示深切慰问和坚定支持。乍得政府及其社会各界向中国援助物资折价 14.8 万元。

九　科摩罗慰问援助

5 月 13 日，科摩罗总统桑比、外长贾法尔分别致函、致电胡锦涛和杨洁篪，向中国政府和人民及遇难者家属表示同情和慰问，科摩罗将致力于加强两国和两国人民的关系。22 日，科摩罗政府宣布该日为全国哀悼日，悼念中国四川汶川地震遇难者。科摩罗政府及其社会各界向中国援助物资折价 9.08 万元。

十　科特迪瓦慰问援助

5 月 16 日，科特迪瓦总统巴博致电胡锦涛，向中方表示深切同情和诚挚慰问，相信中国政府和人民将团结一致，战胜灾难。20 日，巴博赴中国驻科使馆吊唁地震遇难者。科特迪瓦国防部长阿马尼、外长巴卡约科对中方表示同情和慰问，相信中国政府有能力妥善处理地震灾害，尽快进行重建。科特迪瓦政府及其社会各界向中国援助物资折价 23.9 万元。

十一　刚果（金）慰问援助

5 月 14 日，刚果（金）总统卡比拉致电中国政府，向中国人民转达刚果（金）人民的深切同情。刚果（金）政府及其社会各界向中国援助物资折价 85.35 万元。

十二　埃及慰问援助

5 月 14—28 日，埃及总统穆巴拉克、议长苏鲁尔、总理纳齐夫、外长盖特分别致电或致信中国政府表示诚挚慰问。埃及政府向中国捐赠约 50 吨救援物资，包括帐篷、毛毯、奶粉、药品等，分装 4 架专机运抵成都；社会各界援助的救灾物资折价 49.96 万元。

十三　赤道几内亚慰问援助

5 月 16 日，赤道几内亚总统奥比昂致电胡锦涛，向中国人民表示坚定的支持与深切的同情，向受灾家庭表示最诚挚的慰问。16 日，赤道几内亚外长米查致电中国外长杨洁篪，向罹难者表示沉痛哀悼，向中国政府和人民表示诚挚慰问。赤道几内亚政府向中国援助资金 100 万欧元，社会各界援助物资折价 68.76 万元。

十四　厄立特里亚慰问援助

5 月 13 日，厄立特里亚总统伊萨亚斯、外长奥斯曼分别致电胡锦涛和杨洁篪，对地震灾害给中国人民造成的生命财产损失深感悲痛，向遇难者家属致以深切慰问。厄立特里亚政府向中国援助资金 35 万元，社会各界援助物资折价 4.77 万元。

十五　埃塞俄比亚慰问援助

5 月 13 日和 19 日，埃塞俄比亚总统吉尔马、总理梅来斯分别致函胡锦涛和温家宝，对地震导致重大人员伤亡和财产损失向中国政府和人民表示诚挚慰问，并致以最深切的同情。

埃塞俄比亚政府及其社会各界向中国援助物资折价 12.27 万元。

十六　加蓬慰问援助

5 月 16 日，加蓬总统邦戈致电中国政府，向中方表示慰问，向罹难者家属表示同情和支持。加蓬政府向中国援助资金 350 万元，社会各界援助物资折价 97.01 万元。

十七　加纳慰问援助

5 月 13 日，加纳总统库福尔致电胡锦涛，向中国政府和人民特别是遇难者家属，表示最深切的同情和慰问。加纳政府及其社会各界向中国援助物资折价 58.42 万元。

十八　几内亚慰问援助

5 月 12 日，几内亚总统兰萨纳·孔戴致电胡锦涛，向中国政府和人民特别是遇难者家属表示最沉痛的哀悼和最深切的同情。几内亚政府及社会各界向中国援助物资折价 23.24 万元。

十九　几内亚比绍慰问援助

5 月 13 日，几内亚比绍总统维埃拉、外长卡布拉尔分别致电胡锦涛和杨洁篪表示，几内亚比绍人民对兄弟的中国人民怀有特殊感情，在此悲痛时刻，向中国人民表示诚挚的慰问和支持。几内亚比绍政府及其社会各界向中国援助物资折价 3.51 万元。

二十　肯尼亚慰问援助

5 月 13 日，肯尼亚总统齐贝吉和外长韦坦古拉分别致函胡锦涛和杨洁篪，对汶川地震导致重大人员伤亡表示悲痛和同情，向中国政府和人民表示诚挚慰问。肯尼亚政府及其社会各界向中国援助物资折价 11.13 万元。

二十一　莱索托慰问援助

5 月 16 日，莱索托国王莱齐耶三世致电胡锦涛表示慰问。莱索托政府向中国援助资金 451 万元，社会各界援助物资折价 87.58 万元。

二十二　利比里亚慰问援助

5 月 12 日，利比里亚总统埃伦·约翰逊·瑟利夫致电胡锦涛表示诚挚慰问，并赴中国驻利比里亚使馆吊唁，对遇难者家属遭受的损失深表哀悼。利比里亚政府向中国援助资金 17.5 万元，社会各界援助物资折价 12.66 万元。

二十三　利比亚慰问援助

5 月 16 日，利比亚领导人卡扎菲致电胡锦涛表示慰问。利比亚政府及其社会各界向中国援助物资折价 3.32 万元。

二十四　马拉维慰问援助

5 月 19 日，马拉维总统宾古·瓦·穆塔里卡致函胡锦涛表示诚挚慰问。马拉维政府及其社会各界向中国援助物资折价 39.93 万元。

二十五　马里慰问援助

5 月 15 日，马里总统杜尔致电胡锦涛表示慰问。马里政府向中国援助资金 84.5 万元，社会各界援助物资折价 23.22 万元。

二十六　马达加斯加慰问援助

5 月 16 日，马达加斯加总统拉瓦卢马纳纳、外长兰杰瓦分别致电胡锦涛和杨洁篪，向中国人民表示诚挚慰问，马达加斯加人民和中国人民感同身受，支持中国政府和人民的抗震救灾努力。马达加斯加政府向中国援助资金 62.22 万元，社会各界援助物资折价 38.27 万元。

二十七　毛里塔尼亚援助

毛里塔尼亚政府及其社会各界向中国援助物资折价 177.54 万元。

二十八 毛里求斯慰问援助

5 月 14 日，毛里求斯总统贾格纳特、总理拉姆古兰致电中国政府，向遇难者家属表示深切同情和诚挚慰问，相信中国人民定能战胜此次重大自然灾害。毛里求斯政府向中国援助资金 210 万元，社会各界援助物资折价 280.52 万元。

二十九 摩洛哥慰问援助

5 月 20 日，摩洛哥新闻大臣前往中国驻摩洛哥大使馆吊唁四川汶川地震遇难者。摩洛哥政府向中国援助资金 700 万元，社会各界援助物资折价 29.3 万元。

三十 莫桑比克慰问援助

5 月 12 日，莫桑比克总统格布扎致函胡锦涛，对地震造成重大人员伤亡和财产损失深表悲痛，对中国政府救灾的迅速反应深表敬佩，对遇难者家属表示深切同情和慰问。莫桑比克驻华使馆代表政府向灾区捐款 4 万元。莫桑比克政府及其社会各界向中国援助物资折价 43.06 万元。

5 月 16 日，莫桑比克议长穆伦布韦致函吴邦国表示慰问。

三十一 纳米比亚慰问援助

纳米比亚总统、人民组织党党主席波汉巴、开国总统努乔马及国民议会议长古里拉布均发来慰问函。波汉巴还专门召见中国驻纳米比亚大使任小萍，了解地震灾情，并向灾区群众表示慰问。

纳米比亚政府及其社会各界向中国援助物资折价 84.78 万元。

三十二 尼日尔慰问援助

5 月 13 日，尼日尔总统坦贾、外长明达乌杜分别致函胡锦涛、杨洁篪表示慰问。22 日，尼日尔总理奥马鲁致函温家宝表示慰问。尼日尔政府及其社会各界向中国援助物资折价 17.23 万元。

三十三 尼日利亚慰问援助

5 月 14 日，尼日利亚总统亚拉杜瓦向胡锦涛致电慰问。尼日利亚政府向中国援助 1354.58 万元，社会各界援助物资折价 1166.77 万元。

三十四　刚果（布）慰问援助

5月14日，刚果（布）总统萨苏、外长伊奎贝致电胡锦涛，对中国四川汶川发生地震灾害表示慰问。刚果（布）政府向中国援助资金684.87万元，社会各界援助物资折价31.93万元。

三十五　卢旺达慰问援助

5月13日，卢旺达总统卡加姆向中国人民表示衷心慰问，向遇难者表示深切哀悼。卢旺达政府及其社会各界向中国援助物资折价45.17万元。

三十六　塞内加尔慰问援助

5月12日，塞内加尔总统瓦德致函胡锦涛，向遇难者家属和友好的中国人民表示诚挚慰问，为逝者祈祷，祝伤者早日康复。塞内加尔向中国援助资金354.9万元，社会各界援助物资折价34.64万元。

三十七　塞舌尔援助

塞舌尔政府及其社会各界向中国援助物资折价26.25万元。

三十八　塞拉利昂慰问援助

5月12日，塞拉利昂总统科罗马致电胡锦涛，对地震造成重大人员伤亡深感悲痛，向中国政府和人民表示深切的同情。塞拉利昂政府及其社会各界向中国援助物资折价19万元。

三十九　南非慰问援助

5月15日，南非总统姆贝基向胡锦涛致函慰问。此前，南非外长祖马发表声明，代表南非政府和人民向中国政府和人民表示慰问，向死难者表示哀悼。南非政府通过国际红十字会向中国援助资金135万元，社会各界向中国援助物资折价960.93万元。

四十　苏丹慰问援助

5月14日，苏丹总统巴希尔致电中国政府，表示对地震造成重大人员伤亡和财产损失深感悲痛，向中国政府和人民及遇难者家属表示深切慰问。苏丹政府向中国援助资金175万元，社会各界援助物资折价149.06万元。

四十一　坦桑尼亚慰问援助

5 月 14 日，坦桑尼亚总统基奎特致电胡锦涛，对地震灾害造成重大人员伤亡和财产损失深感悲痛，向中国政府和人民表示衷心慰问，向罹难者家属表示深切同情。坦桑尼亚政府及其社会各界向中国援助物资折价 59.8 万元。

四十二　多哥慰问援助

5 月 14 日，多哥总统福雷致函胡锦涛，向中国人民表示深切同情和坚定支持，向遇难者家属表示最诚挚的慰问，祝愿伤者早日康复、受困群众尽快获救。多哥政府及其社会各界向中国援助物资折价 13.18 万元。

四十三　突尼斯慰问援助

5 月 13 日，突尼斯总统本·阿里致电中国政府，表示值此悲痛时刻，向遇难者家属和中国人民表示最诚挚的慰问。突尼斯政府向中国援助帐篷 500 顶，社会各界援助救灾物资折价 2.82 万元。

四十四　乌干达慰问援助

5 月 14 日，乌干达总统穆塞韦尼致电胡锦涛，向中国人民表示真诚慰问，乌干达人民将与中国遇难者家属一起，哀悼他们失去的亲人。16 日，乌干达总理恩西班比致电，向中国政府和人民表示诚挚慰问。乌干达政府及其社会各界向中国援助物资折价 55.53 万元。

四十五　赞比亚慰问援助

5 月 13 日，赞比亚总统姆瓦纳瓦萨及赞比亚开国总统卡翁达分别致函胡锦涛，向中国表示慰问，相信在中国政府的领导下，中国人民能战胜灾难。赞比亚政府向中国援助资金 7 万元，社会各界援助物资折价 92.77 万元。

四十六　津巴布韦慰问援助

5 月 13 日，津巴布韦总统穆加贝向胡锦涛致函表示慰问。津巴布韦政府及其社会各界向中国援助物资折价 35.28 万元。

四十七　南部非洲发展共同体援助

5 月 21 日，南部非洲发展共同体驻华使团向中国援助资金 10 万元。

四十八　西非国家经济共同体援助

5 月 27 日，西非国家经济共同体驻华使团向中国援助资金 12 万元。

第三节　欧洲国家慰问援助

一　阿尔巴尼亚慰问援助

5 月 16 日，阿尔巴尼亚总理贝里沙致电中国政府表示慰问。阿尔巴尼亚政府向中国援助资金 28 万元，社会各界援助物资折价 18.44 万元。

二　奥地利慰问援助

5 月 16 日，奥地利总统菲舍尔致电胡锦涛，对中国遭受严重地震灾害表示慰问。奥地利政府向中国援助帐篷 520 顶，社会各界援助救灾物资折价 168.01 万元。奥地利红十字会向灾区提供一套可解决 1.5 万人饮水问题的大型饮用水设备，并派遣 4 名技术人员随设备赴华工作。

三　白俄罗斯慰问援助

5 月 12 日晚，白俄罗斯总统卢卡申科致电胡锦涛，向遇难者家属表示深切慰问。21 日，白俄罗斯国家监察委员会主席洛马奇前往中国驻白俄罗斯大使馆吊唁汶川地震遇难者。白俄罗斯政府及国防部向中国援助物资 25 吨，社会各界援助救灾物资折价 2.27 万元。

四　比利时慰问援助

5 月 13 日，比利时首相莱特姆致信温家宝，向遇难者家属表示深切同情和慰问，并通过联合国开发计划署捐款 75 万美元，资助灾区农民发展农业和种植业。14 日，比利时外交大臣德古赫特致电中国政府，表示对四川发生地震灾害深感悲痛，愿随时向中方提供援助。德古赫在 5 月中旬访华期间于 19 日到中国外交部吊唁地震遇难者。比利时政府向中国援助帐篷 2100 顶，其他社会各界援助毛毯、发电机等救灾物资折价 538.03 万元。

五　波斯尼亚和黑塞哥维那慰问援助

5 月 16 日，波斯尼亚和黑塞哥维那主席团轮值主席西拉伊季奇、议会代表轮值主席洛赞契奇、部长会议主席什皮里奇分别致电中国领导人，波黑外长阿尔卡拉伊致电中国外交部，对地震灾区表示慰问。波黑政府及其社会各界向中国援助物资折价 45.88 万元。

六　保加利亚慰问援助

5 月 13 日，保加利亚国民议会议长皮林斯基、总理斯塔尼舍夫、副总理兼外长卡尔芬分别向中国领导人致慰问信。6 月 17 日，保加利亚政府提出愿拨款 10 万欧元邀请地震灾区儿童赴保度假疗养。8 月 4 日，来自重庆梁平的 43 名中小学生在 7 名工作人员的陪同下赴保加利亚疗养，受到热情接待。保加利亚政府及社会各界援助款物折合 84.1 万元。

七　克罗地亚慰问援助

5 月 14 日，克罗地亚总统梅西奇致电中国领导人，向中方表示深切同情和慰问，相信中国人民一定能举国同心，妥善应对，早日缓解灾情。克罗地亚政府向中国援助资金 20 万欧元、帐篷 750 顶，社会各界援助救灾物资折价 63.23 万元。

八　塞浦路斯慰问援助

5 月 19 日，塞浦路斯代总统、议长卡洛扬到中国驻塞浦路斯大使馆，就汶川地震向中国政府和人民表示深切的同情和诚挚的慰问。塞浦路斯政府向中国援助资金 88.12 万元，社会各界援助物资折价 56.99 万元。

九　捷克慰问援助

5 月 16 日，捷克总统克劳斯、参议长弗尔切克、总理托波拉内克分别向中国领导人致慰问信。捷克和摩拉维亚共产党主席菲利普致电胡锦涛表示慰问。19 日，捷克政府向四川地震灾区提供价值约 70 万捷克克朗的救灾药品。捷克政府及社会各界向中国援助款物折合 224.8 万元。

十　丹麦慰问援助

5 月 14 日，丹麦首相拉斯穆森向中国人民特别是遇难者家属和其他受震灾影响的人民致以深切慰问。丹麦政府通过双边、多边渠道向中国援助资金 350 万丹麦克朗；丹麦红十字会提供的大本营 ERU（国际联合会救灾装备）为红十字会救援人员搭建了临时办公室和生活营地，作为大型手术室和救援人员宿舍。

十一　爱沙尼亚慰问援助

5 月 14 日，爱沙尼亚总统伊尔维斯致电中国领导人，爱沙尼亚外长帕依特致电中国外交部，向罹难者表示哀悼，向受伤人员表示慰问。议长爱尔玛前往中国驻爱沙尼亚大使馆吊唁。爱沙尼亚政府向中国援助资金 35.2 万元，社会各界援助物资折价 13.76 万元。

十二　芬兰慰问援助

汶川地震灾害发生后，芬兰总统哈洛宁致信胡锦涛表示慰问。总理万哈宁赴中国驻芬兰大使馆吊唁。芬兰政府为地震灾区提供 50 万欧元及价值约 215 万欧元的帐篷等救灾物资。

十三　法国慰问援助

5 月 13 日，法国总统萨科齐致信胡锦涛，对地震灾害表示最深切的悲痛，强调法国和他本人支持中国人民，相信中国有能力应对此次严重灾难。19 日下午，萨科齐专程赴中国驻法国大使馆吊唁遇难者。法国总理菲永、参议长蓬斯莱、国民议会议长阿夸耶、外长库什内分别致函慰问。阿夸耶与库什内还赴中国驻法国大使馆吊唁遇难者。18 日，法国政府在原拟向中方提供价值 25 万欧元救灾物资基础上追加价值 13 万欧元的物资，运抵成都；随后，法国政府和企业先后向中国提供 1.6 亿元援助。

十四　德国慰问援助

5 月 12 日，德国总理默克尔、副总理兼外长施泰因迈尔致电中国政府，向中国表示慰问。德国政府和汉堡市政府、黑森州政府、北莱茵—威斯特法伦州政府及有关企业捐助物资折价 8862 万元。其中，德国政府向中国援助资金 250 万欧元、帐篷 8816 顶，社会各界援助物资折价 1982.86 万元。德国政府还派遣一支 12 人组成的医疗队，在都江堰建立中德红十字野战医院，共诊治伤病员 17675 人。

十五　希腊慰问援助

5 月 13 日，希腊外长芭戈雅妮致电中国外交部，表示希腊政府和人民不会忘记中国在希腊 2007 年遭受森林火灾时伸出援助之手，愿对中国提供任何力所能及的帮助。14 日，希腊总统帕普利亚斯、总理卡拉曼利斯分别致电，向遇难者家属和受灾群众表示诚挚慰问。在这一危难时刻，希腊人民与中国人民的心紧紧相连。卡拉曼利斯赴中国驻希腊大使馆吊唁。希腊政府向中国援助资金 497.98 万元及救灾物资，社会各界援助物资折价 526.99 万元。

十六　荷兰慰问援助

5 月 13 日、14 日，荷兰女王贝娅特丽克丝、首相鲍肯内德分别向胡锦涛致电、向温家宝致信慰问，对遇难者表示哀悼，对灾区人民表示慰问，愿向中方提供帮助。荷兰外交大臣费尔哈根打电话表示慰问。荷兰政府向中国援助资金 50 万欧元、帐篷 2000 顶，鹿特丹市提供 10 万欧元援助，社会各界援助救灾物资折价 869.23 万元。

十七　匈牙利慰问援助

5 月 13 日，匈牙利国会主席西里、总理久尔查尼分别向中国领导人致慰问信。21 日，正在中国访问的匈牙利前总理麦杰希向国务委员戴秉国提出，匈牙利政府愿接待 50 名地震灾区中小学生赴匈疗养，并承担他们四川至匈牙利往返路费及在匈食宿交通费用。8 月 4 日，来自都江堰、彭州两市共 50 名中小学生在 7 名工作人员的陪同下赴匈牙利疗养，受到匈方热情接待。匈牙利社会各界捐助款物折合 367.5 万元。

十八　冰岛慰问援助

5 月 14 日，冰岛总统格里姆松、总理哈尔德致信中国领导人，向中国人民表示最深切的同情和支持，冰岛人民牵挂中国灾区人民，祝愿他们有美好的未来，冰方愿向中方提供捐助。冰岛政府向中国抗震救灾捐助 780 万冰岛克朗（约合 10 万美元）。

十九　爱尔兰慰问援助

5 月 13 日，爱尔兰总统麦卡利斯、外长马丁分别致电中国政府表示慰问。15 日，爱尔兰总理科恩、外长马丁赴中国驻爱尔兰大使馆吊唁。爱尔兰政府宣布向中国政府提供 100 万欧元现汇援助，并通过欧盟民事保护机制向中方提供价值约 11 万欧元的物资援助（含 180 顶帐篷和 6000 条毛毯）。爱尔兰社会各界捐款约 29 万欧元，并援助医疗急救包等救灾物资折价 500 多万元。

二十　意大利慰问援助

5 月 12 日，意大利总统纳波利塔诺、总理贝卢斯科尼、外长弗拉蒂尼分别向胡锦涛、温家宝、杨洁篪致电，向中国表示深切哀悼和诚挚慰问。14 日，意大利众议院议长菲尼致电吴邦国，向遇难者及家属表示深切哀悼和诚挚慰问。意大利政府向中国提供了336.5万欧元的现金及410顶帐篷等物资援助。

二十一　拉脱维亚慰问援助

5月14日，拉脱维亚总统扎特列尔斯、总理戈德马尼斯、议长达乌泽致电中国政府，向中方表示慰问，支持中国抗震救灾，重建家园。拉脱维亚政府及其社会各界向中国援助物资折价4.75万元。

二十二　立陶宛慰问援助

5月13日，立陶宛总统阿达姆库斯致电胡锦涛，议长尤尔舍纳斯致电吴邦国，表示面对地震灾害的严峻挑战，立陶宛人民与中国人民团结一致，祝愿中国政府和人民以坚强的意志和力量战胜灾难。立陶宛政府向中国援助资金20万立特，社会各界援助物资折价5.05万元。

二十三　卢森堡慰问援助

5月12日，卢森堡副首相兼外交大臣阿瑟伯恩致信中国政府，向中国表示同情和慰问，向遇难者表示哀悼。13日，卢森堡首相容克致信温家宝，转达卢森堡人民对中国人民的患难真情。卢森堡政府向中国援助救灾资金5万欧元、帐篷2150顶，并通过国际红十字会、联合国儿童基金会、Caritas基金会等组织提供25万欧元援助。

二十四　马其顿慰问援助

马其顿总统茨尔文科夫斯基向中国政府和人民致以最诚挚慰问，向遇难者家属表示深切同情。马其顿政府及其社会各界向中国援助物资折价34.87万元。

二十五　摩尔多瓦慰问援助

5月13日，摩尔多瓦总统沃罗宁致电胡锦涛，向中国人民表示同情和支持，向遇难者家属表示诚挚的慰问。20日，沃罗宁赴中国驻摩尔多瓦大使馆参加吊唁活动。摩尔多瓦政府向中国援助资金10万美元，社会各界援助物资折价12.72万元。

二十六　马耳他慰问援助

5月13日、14日，马耳他议长加利亚、总统阿达米分别致电中国领导人表示慰问。16日，马耳他副总理兼外长博奇致电杨洁篪表示慰问。马耳他总理冈奇、议长加利亚、副总理兼外长博奇还分别赴中国驻马耳他大使馆吊唁。26 日，马耳他政府决定向中国援助价值 3.5 万欧元的帐篷 100 顶。其社会各界捐款折合人民币 4 万余元，捐赠救灾物资折价约合人民币 17 万元。

二十七 摩纳哥慰问援助

5 月 27 日，摩纳哥元首阿尔贝二世亲王致函胡锦涛表示慰问，相信中国人民的团结与信念一定会帮助受灾群众战胜灾难。摩纳哥政府通过世界卫生组织及国际红十字会向中方提供 15 万欧元的紧急援助。

二十八 黑山慰问援助

5 月 14 日，黑山副总理拉佐维奇致函，对中国政府抗震救灾工作表示赞赏，坚信中国人民将尽一切努力战胜困难。黑山政府捐赠价值 20 万欧元的物资，其中帐篷 6 顶、睡袋 2500 个、毯子 6000 条、睡垫 3000 个。黑山红十字会向中方捐赠 10 顶帐篷、400 条毯子、400 条睡袋、防雨夹克等价值 3.3 万欧元（免税后）的物资和 1000 欧元的现金。

二十九 挪威慰问援助

四川汶川发生特大地震灾害后，挪威国王哈拉尔五世致信胡锦涛表示慰问，首相延斯·斯托尔滕贝格等赴中国驻挪威大使馆吊唁。挪威通过红十字会等渠道为中国抗震救灾捐款约 400 万美元以及帐篷等救灾物资。

三十 波兰慰问援助

波兰总统卡钦斯基、总理图斯克、外长西科尔斯基于 5 月 12 日，参议长博鲁塞维奇于 13 日，众议长科莫罗夫斯基于 14 日分别致电，向中国遇难者家属表示诚挚慰问，祝受伤人员早日康复。波兰政府向中国捐款 10 万美元，波兰国防部援助帐篷 160 顶；社会各界援助救灾物资折价 170.25 万元。

三十一 葡萄牙慰问援助

5 月 13 日、15 日，葡萄牙总统席尔瓦、总理苏格拉底分别致电胡锦涛、温家宝表示慰问，并向中国政府、人民致以深切哀悼和诚挚慰问，葡方愿为救灾提供帮助。葡萄牙政府向中国援助帐篷 60 顶，社会各界援助毯子、电筒、急救箱等救灾物资折价 495.72 万元。

三十二　罗马尼亚慰问援助

罗马尼亚总统伯塞斯库、参议长沃克罗尤、众议长奥尔泰亚努、总理特里恰努分别向中国领导人发慰问信。正在国外访问的伯塞斯库在第一时间打电话给中国驻罗马尼亚大使刘增文表示慰问。罗马尼亚主要领导人均赴中国驻罗马尼亚使馆吊唁。6 月初，罗马尼亚政府向四川地震灾区提供价值 86 万美元的物资援助。9 月，罗马尼亚政府向甘肃地震灾区提供价值 4127 万元的灾后重建物资。罗马尼亚红十字会在全国发起募捐活动，社会各界向地震灾区捐款 30.8 万美元。

三十三　俄罗斯慰问援助

5 月 13 日，俄罗斯总统梅德韦杰夫致电中国领导人，对中国四川发生地震深表同情，对遇难者家属致以诚挚慰问，祝所有受伤人员早日康复。总理普京对遇难者家属及受灾人员致以诚挚慰问，表示俄方愿为抗震救灾工作提供必要协助。俄政府先后派出专机 21 架次，向中国灾区运送物资达 542 吨，价值超过 7600 万元，援助物资主要为灾区急需的大型帐篷 2830 顶和被褥、发电机、药品、野战厨房、卡车等。俄罗斯社会各界援助被子、毛毯、食品、发电机等救灾物资折价 865.24 万元。俄方邀请地震灾区中小学生赴俄疗养，总数达 1570 名。俄方还派出救援队赴灾区救助，搜救出一名被困幸存者；派直升机和机组人员直接参与救灾抢险。

三十四　塞尔维亚慰问援助

5 月 14 日，塞尔维亚总理科什图尼察致电中国政府，对中国遭遇重大地震灾害表示最诚挚的慰问，对地震造成重大人员伤亡和财产损失深感悲痛，向遇难者家属表示深切慰问，塞尔维亚愿提供任何力所能及的援助。塞尔维亚政府向中国援助帐篷 155 顶，社会各界援助救灾物资折价 140.43 万元。

三十五　斯洛伐克慰问援助

5 月 13 日，斯洛伐克总统加什帕罗维奇、总理菲佐分别向中国领导人致慰问信。20 日，斯洛伐克政府决定向四川地震灾区提供价值约为 2900 万斯洛伐克克朗的人道主义救援物资。21 日，斯洛伐克外长库比什前往中国驻斯使馆吊唁，向灾区人民和遇难者家属表示深切慰问和同情。斯洛伐克社会各界捐助物资折价 77.5 万元。

三十六　斯洛文尼亚慰问援助

斯洛文尼亚总统图尔克、总理扬沙和外长鲁佩尔分别就四川汶川地震灾害向中国致函慰问。

斯洛文尼亚政府向中国提供10万欧元的紧急援助。斯洛文尼亚还捐赠500条毯子、1000条睡袋、1000具担架、30顶帐篷。斯洛文尼亚社会各界援助救灾物资折价49.82万元。

三十七　西班牙慰问援助

5月12日，西班牙外交部发表新闻公报，对中国地震灾害造成重大人员伤亡深表悲痛，向遇难者家属表示哀悼和同情。13日，西班牙国王卡洛斯一世、首相萨帕特罗、外交大臣莫拉蒂诺斯分别向胡锦涛、温家宝、杨洁篪致电，向中国表示诚挚慰问和衷心支持，愿提供任何必要的援助。西班牙政府向中方提供了100万欧元紧急援助及价值近43万欧元的物资援助。

三十八　瑞典援助

瑞典政府及其社会各界向中国援助310万美元、帐篷1064顶，社会各界援助救灾物资折价319.96万元。

三十九　瑞士慰问援助

5月16日，瑞士联邦主席库什潘致电胡锦涛表示慰问。瑞士政府及其社会各界向中国援助物资折价714万元。

四十　乌克兰慰问援助

5月14日，乌克兰总理季莫申科致电中国政府领导人，对四川汶川地震灾害深表同情，向遇难者表示深切哀悼，相信中国人民能克服困难恢复正常生活，乌方愿向中方提供帮助。21日，乌克兰国防部长叶哈努罗夫等前往中国驻乌克兰使馆吊唁。乌克兰政府和国防部向中国援助物资近80吨，包括帐篷、棉被、医疗救援设备等；社会各界援助棉被、睡袋、药品、医疗设备等救灾物资折价119.36万元。

四十一　英国慰问援助

5月12日，英国外交大臣米利班德发表声明对中方表示慰问，称英国愿随时准备向中国受灾地区提供帮助。16日，首相布朗向中国领导人表示慰问。布朗等英方政要还分别赴中国驻英国大使馆吊唁，正在美国访问的米利班德赴中国驻美国大使馆吊唁。英国政府向中方提供了100万英镑现金援助、价值100万英镑的帐篷和卫星通信设备，并派遣专业医疗队赴灾区救援。英国社会各界援助了折价100万英镑和3825.71万元的救灾物资。

第四节　北美洲国家地区慰问援助

一　安提瓜和巴布达慰问援助

5 月 12 日，安提瓜和巴布达总理斯潘塞致电温家宝表示慰问。安提瓜和巴布达副总理、司法部长、众议员等及其社会各界向中国援助物资折价 16.7 万元。

二　巴哈马援助

巴哈马政府及其社会各界向中国援助物资折价 38.41 万元。

三　巴巴多斯慰问援助

5 月 13 日，巴巴多斯总理汤普森致电温家宝，对地震造成重大人员伤亡深感悲痛，对遇难者家属表示同情，相信中国人民必将战胜灾难，表示巴巴多斯政府和人民坚定不移地支持中国政府和人民。巴巴多斯政府及其社会各界向中国援助物资折价 6.3 万元。

四　加拿大慰问援助

汶川地震发生后，加拿大总督米夏埃尔·让、总理哈珀分别向胡锦涛发来慰问信。哈珀在 5 月 19 日中国全国哀悼日发表声明，对中国受灾表示慰问。13 日，加拿大外长贝尼耶和国际合作部长小田发表联合声明，对中国汶川地震造成重大人员伤亡感到悲痛，加方愿随时向中方提供协助。加拿大政府向中国援助资金 100 万加元、帐篷 770 顶，社会各界援助净水装置、药品等救灾物资折价 1582.43 万元。加拿大安大略省政府援助资金 100 万加元。

五　哥斯达黎加慰问援助

5 月 16 日，哥斯达黎加总统阿里亚斯致电胡锦涛，向中国人民表示诚挚慰问，相信中国人民一定能以坚强的意志克服困难，尽快重建家园，哥方愿向中方提供帮助。哥斯达黎加外交部发表新闻公报，向遇难者家属和受灾群众表示深切同情和慰问。哥斯达黎加政府向中国援助帐篷 160 顶，社会各界援助毛毯等救灾物资折价 131.62 万元。

六　古巴慰问援助

5 月 13 日，古巴国务委员会主席兼部长会议主席劳尔·卡斯特罗致电胡锦涛、温家宝，古巴全国人民政权代表大会主席阿拉尔孔致电吴邦国，对遭受严重地震的中国人民表示慰问。古巴政府及其社会各界向中国援助物资折价 18.59 万元。古方还派遣医疗队赴灾区参与救治伤员。

七　多米尼加援助

多米尼加政府及其社会各界向中国援助物资折价 168.53 万元。

八　多米尼克慰问援助

5 月 13 日，多米尼克总统利物浦、总理斯凯里特分别致电胡锦涛、温家宝表示慰问。多米尼克政府及其社会各界向中国援助物资折价 81.08 万元。

九　格林纳达慰问援助

5 月 13 日，格林纳达总理米切尔致电胡锦涛表示慰问。格林纳达政府及其社会各界向中国援助物资折价 2.88 万元。

十　海地援助

海地政府及其社会各界向中国援助物资折价 9100 元。

十一　牙买加慰问援助

5 月 12 日，牙买加总理戈尔丁致电温家宝，对中国政府和人民表示最诚挚的慰问，对地震造成的重大损失和人员伤亡深感痛惜，支持中国政府的抗震救灾工作，向中国人民致以良好的祝愿。牙买加政府及其社会各界向中国援助物资折价 211.04 万元。

十二　墨西哥慰问援助

5 月 13 日，墨西哥总统卡尔德龙致电胡锦涛，表示相信在中国政府的坚强领导下，灾区人民一定能够早日重建家园。墨西哥政府向中国政府援助资金 10 万美元，社会各界援助物资折价 286.23 万元。

十三 巴拿马援助

巴拿马政府及其社会各界向中国援助物资折价 4.17 万元。

十四 美国慰问援助

5 月 12 日，美国总统布什发表声明，向在汶川地震中的遇难者表示哀悼，向遇难者家属和受伤人员表示慰问，向中国人民表示同情。布什表示，美国随时准备向中方提供帮助。布什还赴中国驻美国大使馆吊唁汶川地震遇难者。美国国务卿赖斯赴灾区慰问。美国政府向中国政府援助资金 200 万美元、帐篷 11512 顶，美国红十字会向中国提供 2000 万美元援助，社会各界还援助发电机、毛毯、药品、金属工具等救灾物资折价 15630.8 万元、390 万美元。18 日，美国军方向中国四川汶川地震灾区提供的价值 70 余万美元的赈灾物资运抵成都双流机场，国防部外事办公室副主任关友飞代表中方对美方的紧急人道主义物资援助表示感谢（见图 198）。

图 198　5 月 18 日，美国军方向中国四川汶川地震灾区提供的价值 70 余万美元的赈灾物资运抵成都双流机场，中方人员在机场迎接

（王建民　摄）

十五 特立尼达和多巴哥援助

特立尼达和多巴哥政府及其社会各界向中国援助物资折价 152.24 万元。

第五节　南美洲国家地区慰问援助

一　阿根廷慰问援助

5 月 16 日，阿根廷总统克里斯蒂娜致函胡锦涛表示慰问。阿根廷政府向汶川地震灾区提供 35 顶帐篷和 530 公斤药品，社会各界向中国援助物资折价 488.66 万元。

二　玻利维亚慰问援助

5 月 12 和 13 日，玻利维亚总统莫拉莱斯和外长乔克万卡分别致函胡锦涛和杨洁篪表示慰问。玻利维亚政府及其社会各界向中国援助物资折价 17.54 万元。

三　巴西慰问援助

5 月 12 日，巴西总统卢拉致电胡锦涛，对地震造成的破坏深感悲痛，对遇难者家属表示慰问，对受伤人员和财产损失表示同情。巴西政府向中国捐赠价值 20 万美元的救灾物资，包括棉被、帐篷和食品等；社会各界援助救灾物资折价 788.04 万元。

四　智利慰问援助

5 月 13 日，智利总统巴切莱特致函胡锦涛，称赞中国的社会团结和中国政府的组织能力是战胜灾害挑战的两大法宝，智利政府和人民坚定支持中国政府和人民。智利参议院、众议院分别通过决议向中国人民表达同情。智利政府及其社会各界向中国援助物资折价 223.06 万元。

五　哥伦比亚慰问援助

5 月 12 日，哥伦比亚总统乌里韦致函胡锦涛表示慰问。哥伦比亚外交部发表新闻公报，向中国人民表示同情和慰问，向罹难者家属表示哀悼。哥伦比亚政府及其社会各界向中国援助物资折价 122.92 万元。

六　厄瓜多尔慰问援助

汶川地震发生后，厄瓜多尔外交部发表声明，对地震灾害中的罹难者表示深切的哀悼。5 月

19日，厄瓜多尔副总统莫雷诺致函习近平、20日总统科雷亚致函胡锦涛，分别对地震灾害造成的人员伤亡和财产损失向中国人民表示慰问。厄瓜多尔政府及其社会各界向中国援助物资折价147.03万元。

七　圭亚那慰问援助

5月15日，圭亚那总统贾格迪奥致电胡锦涛，对遭受地震灾害的中国人民表示慰问。圭亚那政府及其社会各界向中国援助物资折价38.99万元。

八　秘鲁慰问援助

5月16日，秘鲁政府颁布最高政令，宣布5月19日为“全国哀悼日”，以悼念在中国四川汶川大地震中的遇难者。这是秘鲁第一次为外国遇难者设立“全国哀悼日”。19日上午，秘鲁总统加西亚到中国驻秘鲁大使馆吊唁汶川地震遇难者。同日，秘鲁所有政府机构、军事设施、警察机关以及驻外机构都降半旗志哀。秘鲁政府向中国援助资金315.23万元，其他社会各界援助物资折价1698.76万元。

九　苏里南慰问援助

5月15日，苏里南总统费内希恩致电胡锦涛表示慰问。苏里南政府及其社会各界向中国援助物资折价259.25万元。

十　乌拉圭慰问援助

乌拉圭总统巴斯克斯致电胡锦涛表示哀悼和慰问。乌拉圭政府及其社会各界向中国援助10万美元的净水设备及价值16.27万元的其他物资。

十一　委内瑞拉慰问援助

汶川地震发生后，委内瑞拉外交部5月13日发表公报，钦佩中国领导人在灾害面前展现的魄力和勇气，表示愿向中方提供捐助，坚信中国人民将战胜不幸灾难。同日，委内瑞拉全国代表大会通过决议，对汶川发生重大地震灾害深表关切，代表委内瑞拉议会和人民对中国人民和地震遇难者表示同情和慰问。16日，委内瑞拉总统查韦斯致电中国政府，对地震灾害中的罹难者表示深切哀悼，相信中国人民一定能战胜悲痛，委内瑞拉愿提供一切协助。委内瑞拉政府及其社会各界向中国援助物资折价1698.76万元。

第六节 大洋洲国家地区慰问援助

一 澳大利亚慰问援助

5 月 14 日，澳大利亚总督杰弗里致电中国政府，向中国人民和遇难者家属表示同情和慰问，祝愿伤者早日康复，相信中国政府和人民一定能够战胜困难，澳大利亚愿提供力所能及的帮助。澳大利亚政府向中国援助资金 555 万澳元，社会各界援助救灾物资折合 5519 万元。

二 库克群岛慰问

5 月 15 日，库克群岛驻新西兰高级专署向中国驻库克群岛大使张援远转发库总理马鲁雷致胡锦涛的慰问电，向中国人民表示深切同情。

三 斐济援助

斐济政府向中国援助资金 11.72 万元，社会各界援助物资折价 44.03 万元。

四 巴布亚新几内亚慰问援助

5 月 14 日，巴布亚新几内亚总督马塔内致电中国领导人，向中国政府和灾区人民表示诚挚慰问，坚信在中国政府的领导下，中国人民一定能够战胜灾害，重建家园。巴布亚新几内亚外交、贸易与移民事务部秘书长佩普森也向中方表示慰问。巴布亚新几内亚政府向中国援助资金 363.13 万元，社会各界援助物资折价 149.7 万元。

五 密克罗尼西亚联邦慰问援助

5 月 14 日，密克罗尼西亚联邦总统莫里致电中国政府，对地震灾害造成的重大人员伤亡和财产损失深感悲痛，向中国人民表示深切同情，支持中国政府和人民抗震救灾的努力。密克罗尼西亚联邦政府及其社会各界向中国援助物资折价 23.67 万元。

六 新西兰慰问援助

5 月 13 日，新西兰总理克拉克和代总理卡伦分别对四川发生地震灾害表示深切同情和慰问，相信中国完全有能力应对灾情，新方愿提供帮助。新西兰政府向中国援助资金 85 万新西兰元，社会各界援助 4000 顶帐篷等各类救灾物资折合约 1154.7 万元。

七　纽埃慰问援助

5 月 16 日，纽埃代总理皮希格亚致电中国驻纽埃大使张援远，对四川地震造成重大生命财产损失表示深切同情和慰问。纽埃政府向中国援助资金 2.64 万元。

八　萨摩亚慰问援助

5 月 14 日，萨摩亚总理图伊拉埃帕致电中国政府，向中国灾区人民致以最深切的同情和慰问，萨摩亚人民心系灾区人民，祝救灾工作迅速取得成功。萨摩亚政府向中国援助资金 70 万元，社会各界援助物资折价 19.49 万元。

九　汤加慰问援助

5 月 16 日，汤加国王图普五世向胡锦涛表示慰问。汤加政府及其社会各界向中国援助物资折价 70 万元。

十　瓦努阿图慰问援助

5 月 14 日，瓦努阿图总理利尼致电中国政府，对强烈地震造成重大人员伤亡和财产损失深感悲痛，向中方表示深切慰问和同情，相信中国人民将成功战胜灾难，灾区人民的生活将恢复正常。瓦努阿图政府向中国援助资金 500 万瓦图，社会各界援助物资折价 56.38 万元。

第二章　联合国相关机构及其他国际组织慰问援助

第一节　联合国相关机构慰问援助

5 月 12 日下午，联合国秘书长潘基文向中国政府致电表示慰问。联合国驻日内瓦办事处等其他机构通过中国驻国际组织有关机构表达对灾区人民的慰问。19—21 日，中国政府为汶川特大地震遇难者举行悼念活动，联合国驻维也纳办事处宣布 20 日为四川地震灾害遇难者悼念日，并降半旗志哀。秘书长潘基文、副秘书长奥尔忠尼启则等相关机构负责人前往中国驻国际组织有关机构吊唁。

5 月 15 日，中国红十字会总会通过红十字会与红新月会国际联合会正式向国际社会发出 2000 万瑞士法郎的紧急呼吁后，联合国东亚地区代表团团长与中国红十字会负责人多次会晤，协调国际社会救济事宜。

5 月 24 日，潘基文等人赴四川灾区考察，了解受灾情况，慰问灾区群众（见图 199）。

6 月 22 日，红十字会与红新月会国际联合会派员到安县灾区慰问受灾群众，了解检查安县接收和发放联合国及国际组织援助救灾帐篷和物资情况。

7 月 11—12 日，红十字会与红新月会国际联合会救灾代表希娜、项目干事李政等 3 人会同中国红十字会总会人员、新闻记者一同到德阳、绵阳，跟踪红十字会与红新月会国际联合会捐赠帐篷的发放过程和使用情况。

地震发生后，民政部接收联合国中央应急基金会援助资金 800 万美元，联合国儿童基金会驻华代表处援助资金 200 万港元，联合国开发计划署援助资金 10 万美元、捐赠帐篷和被褥等救灾

图 199　5 月 24 日，联合国秘书长潘基文在汶川县映秀镇漩口中学查看灾情
（外交部　提供）

物资折价 50 万元，联合国难民署捐赠帐篷 1.5 万顶，该署职员捐助资金 6 万美元，联合国教科文组织援助资金 5 万美元，联合国人口基金会援助器械折价 50 万元，联合国儿童基金会驻华代表处援助物资折价 30 万美元。外交部也接受了联合国相关机构援助的资金和物资。截至 2009 年 9 月，联合国机构向中国四川汶川地震灾区援助资金 4500 万美元。联合国有关机构还采取各种形式支援灾区。联合国粮食及农业组织、国际劳工组织援助受灾的单位和个人恢复生产和发展。联合国开发计划署对 20 个贫困村 6000 多户村民进行了技能培训，提高了村民的生存和发展能力。联合国教科文组织援助少数民族文化建设，支持恢复和保护灾区世界文化遗产，组织应急教育培训等。联合国儿童基金会和世界卫生组织援助灾区医院和社区医疗中心恢复必要的医疗功能，支持受灾省份的麻疹免疫工作，并将突发病监察和减灾技术支持纳入“安全医院”行为。

第二节　其他国际组织慰问援助

汶川特大地震发生后，许多国际组织纷纷向中国政府和地震灾区表示慰问。5 月 13 日，国际奥委会主席罗格向中国国家主席胡锦涛发来慰问电，并代表国际奥委会向中国受灾地区捐赠 100

万美元；22日，世界跆拳道联盟向体育总局和中国跆拳道协会致慰问电。19—21日，中国政府为汶川地震死难者举行悼念活动，国际移民组织总干事麦金利及国际减灾战略、国际电信联盟、世界气象组织、世界知识产权组织等负责人前往中国驻有关国际组织机构吊唁。

在赈灾活动中，许多国际组织发扬人道主义精神，关注灾情，关心受灾群众，多措并举，为灾区募集资金。据统计，截至6月30日，外交部、民政部、卫生部、中国红十字会、中华慈善总会等接收国际组织捐助的资金和物资折价共计2.7亿元。

5月12日，欧盟轮值主席国斯洛文尼亚就汶川震灾发表声明，向中国人民表示哀悼。13日、14日、19日，欧盟委员会主席巴罗佐、欧洲议会议长波特林及欧洲议会欧中友好小组主席德瓦分别致信温家宝表示慰问。30日，欧盟委员会科学与研究委员波托奇尼克致信国务委员刘延东表示慰问。14日，欧盟委员会对外关系委员瓦尔德纳分别致信国务委员戴秉国、外长杨洁篪表示慰问。16日，欧盟委员会驻华代表团团长安博大使致信外交部部长助理吴红波表示慰问。22日，欧洲委员会议会议长德·皮伊格致信吴邦国表示慰问。6月14日，欧盟委员会消费者保护事务委员库内娃受巴罗佐委托，赴四川地震灾区访问。

欧盟人道主义援助办公室向中方捐资200万欧元，主要用于向受灾最严重的地区提供帐篷、被服、食品和净水设备等。欧盟还通过其公民保护机制监控信息中心（MIC）派遣4名专家到中国协助完成救灾工作，并向中方提供高清晰的光学和雷达卫星数据。

无国界医生组织派出13名心理专家赴灾区，开展心理支持工作。

第九篇

志愿者服务

汶川特大地震发生后，全国各地各部门各行业各单位的志愿者，纷纷参加抗震救灾志愿服务活动。他们中有党政机关公务员，有军队和武警部队的军官士兵，有国有企业干部职工，有非公有制企业业主员工，有农民和农村在外务工人员，有大学、中学、小学的教师和学生，还有众多的社会群众。据不完全统计，国内先后以各种方式参加抗震救灾的志愿者达上千万人。

开展抗震救灾的数千支志愿服务队伍，分别执行抢险救援、医疗救护、卫生防疫、心理援助、款物接收、物资运输、医疗陪护、生活保障、恢复重建、技术帮扶、产业扶持等各项任务。他们不怕困难，不畏艰险，不计报酬，为灾区人民群众提供方方面面的优良服务，受到灾区政府和群众的高度称赞。

与此同时，国际社会的一支支救援队、一个个志愿者也不远千里万里，赶到灾区，直接参加抗震救灾行动，彰显了伟大的国际人道主义精神。

第一章 中央部门单位志愿者服务

第一节 志愿者服务工作部署

民政部、共青团中央、全国总工会，认真贯彻中共中央和国务院关于抗震救灾的工作部署，组织中国社会工作协会（以下简称中国社工协会）、中国青年志愿者协会、各地工会组织，积极开展抗震救灾志愿服务活动。

一 民政部部署志愿者服务工作

5月13日，民政部组织指导中国社工协会，紧急发出《致全国广大志愿者加入到抗震救灾中来的倡议书》《关于向四川汶川地震灾区捐款的倡议》《社工协会致社区工作者和志愿者抗灾救灾倡议书》，倡议全国856个城区、33570个乡（镇）、7000个街道、611万个村民委员会、8万个居民委员会、2000多万名城乡社区志愿者，积极投入到抗震救灾的队伍中，支援抗震救灾。

5月15日，中国社工协会召开抗震救灾紧急会议，研究志愿者在抗震救灾工作中应该发挥的作用及救灾途径，号召会员单位做好志愿者队伍的动员和组织工作。会议根据抗震救灾进展情况，确定了抗震救灾志愿者行动的工作重点，决定在全国广泛开展志愿者招募工作。17日，中国社工协会志愿者工作委员会成立救灾工作领导小组——救灾志愿者协调服务小组。小组分设前方工作组和后方工作组。前方工作组进驻灾区，负责收集掌握地震灾区救援需求信息，与其他社会组织协作负责现场志愿者的分配、联络与保障服务；后方工作组驻守北京，负责接受志愿者报名、登记注册、组织志愿者培训，加强与前方的联系，根据抗震救灾第一线的需求派遣志愿者。

为更好地引导广大志愿者有序高效地参与抗震救灾工作，中国社工协会及时通过网络、报纸、广播、电视等媒体，宣传抗震救灾志愿服务工作。5 月 21 日至 6 月 21 日，中国社工协会就接到志愿者报名咨询电话 1 万多个，收到报名邮件 6000 余封，其中报名成功的救灾志愿者达 6689 人，中国社工协会网站的点击总量达到 519865 次。志愿者可提供服务的项目涵盖抗震救灾和灾后恢复重建等各个方面，其中可提供灾后支教 3812 人、心理辅导 2302 人、组织管理 1687 人、交通运输 1651 人、医疗服务 1102 人。此外，还有部分志愿者表示可以为地震灾区提供法律援助、维修服务、土木工程服务等。

为提高志愿者的救灾专业技能，避免救灾志愿服务的盲目性，增强志愿救灾的成效，中国社工协会开展了救灾志愿者培训工作。协会针对灾区民众的特殊心理，组织编写了专门教材，分别在北京、成都举办培训班，共分期培训 5000 名心理志愿者，提高了心理援助志愿者的心理危机干预技能和方法。这些经过培训的骨干志愿者深入灾区，为受灾群众开展心理辅导工作，协助灾区民众消除思想负担，振奋精神，自救互救，重建家园。

二　共青团中央部署志愿者服务工作

5 月 13 日上午，共青团中央书记处第一书记陆昊主持召开书记处扩大会议，专题研究抗震救灾工作。按照团中央书记处统一部署，团中央青年志愿者工作部（以下简称志工部）、中国青年志愿者协会发出通知，号召广大青年及社会公众以志愿服务方式投入到抗震救灾工作中去。通知要求四川、甘肃、陕西等受灾地区的团组织、志愿者组织要在当地党委政府的统一领导下，迅速建立抗震救灾志愿服务工作协调联络机制；广泛动员青年志愿者开展自救互救、医疗卫生、后勤保障等志愿服务；有西部计划、研究生支教团志愿者服务的受灾地区，要迅速准确地了解上报志愿者的安全情况，对有需要帮助的志愿者及时提供救助。通知强调，非受灾省（区、市）团组织、志愿者组织，要通过定向招募、社会招募等形式，迅速组建一支具有一定专业水准和抗震救灾经验、以青年医疗卫生志愿者为主体的抗震救灾服务队，按照灾区各级党委政府的统一部署和救灾工作的需要，有计划地开展工作；通过广泛发动、集中组织青年志愿者在各地开展义务献血、捐款捐物等活动，共同帮助灾区人民渡过难关。14 日，团中央书记处召开专题会议，研究和安排共青团组织参与抗震救灾有关事项和工作流程，强调要进一步充分发挥青年志愿者和青年突击队在抗震救灾工作中的积极作用。

5 月 15 日，团中央书记处成立团中央抗震救灾工作联合办公室，团中央书记处书记卢雍政任联合办公室主任。联合办公室由办公厅、宣传部、城市青年工作部、学校部、少年部、统战部、权益部、志工部、中国青少年发展基金会、中国光华科技基金会等单位组成。其主要职责是：负责落实书记处关于抗震救灾工作的决策部署；负责团中央相关部门和各地团组织参与抗震救灾的协调、联络工作；负责提出共青团组织开展抗震救灾工作的相关计划；负责及时报送共青团组织开展抗震救灾工作的相关信息，协调相关宣传报道；负责落实团中央书记处交办的相关工作任务。

联合办公室成立后，召开抗震救灾工作会，要求各级团组织树立“灾情就是命令、时间就是生命”的意识，部署青年志愿者尽快开展医疗救护、心理调适、思想安抚、特困人群护理工作。

5月15日，志工部紧急下发《关于组建派遣青年医疗卫生志愿者抗震救灾服务队的有关事项的通知》，要求相关省（区、市）团委、志愿者协会接到通知后迅速行动，面向社会广泛发布招募信息，开展招募报名工作。通知要求，第一批队伍要在16日前完成组建任务，队伍组建后准备待命，等候统一调遣。青年医疗卫生志愿者抗震救灾服务队以具有一定专业水准和抗震救灾经验的青年医疗卫生志愿者为主体（可以招募部分医疗卫生专业的高年级学生），一次派遣规模在20人左右为宜。通知指出，各省（区、市）抗震救灾志愿者服务队领队必须由团省委处级以上干部担任，负责服务队管理、协调工作。队长、副队长由服务队中具有较高专业水准或较丰富抗震救灾经验的人员担任；成员要考虑医疗、护理、防疫等方面合理搭配；要制定工作、安全、健康、纪律等制度，加强团队管理和建设，安排专人负责队伍的后勤保障、对外联络、反馈信息等工作。通知强调，各志愿者服务队在就地待命期间，有条件的可结合抗震救灾和队员实际情况开展一定培训。要本着不给灾区增加任何负担的原则，自行承担服务队所有费用，着重做好必要的动员、集训和筹备工作，筹集服务队所需经费，采购必要物品，并与志愿者签订服务协议、办理保险；要根据服务队人员数量和航空（铁路）运输物品尺寸规定，自行携带适量帐篷，自带雨具、手电筒、方便食品及服务队开展救治必要的设备、药品、器械，有条件的自带摄影、摄像、无线上网等设备。各服务队的旗帜由各队自制，颜色统一为红色，需有青年志愿者心手标志，文字内容为“××省（区、市）青年医疗卫生志愿者抗震救灾服务队”。

5月19日，卢雍政主持召开团中央第一次抗震救灾工作联合办公室会议，进一步研究确定各成员单位职责。会议明确团中央权益部负责落实“12355灾区青少年心理康复援助专家志愿团”及各省（区、市）分团赴四川等灾区服务的相关工作；借助各地“12355”平台，为广大青年和社会各界有序参与抗震救灾工作进行咨询，提供捐款捐物、参与志愿服务等工作的相关渠道和联系方式等信息。志工部负责组织动员广大志愿者有序参与抗震救灾工作；落实各省（区、市）青年医疗卫生志愿者抗震救灾服务队赴四川等灾区服务的相关工作；协调、支持四川等灾区团省委开展抗震救灾志愿服务行动；汇总各地青年志愿者参与抗震救灾工作的信息，并配合宣传部做好相关宣传报道；推动建立青年志愿者参与抗震救灾的多层次、立体化工作体系。

全国青年志愿者服务，极大地激发了全国青年抗震救灾、报效国家的激情。6月16日，浙江林学院西部计划抗震救灾志愿者给温家宝写信，信中说：“在国家出现困难之际，作为一名应届大学毕业生应该好好工作，同时，要关心帮助灾区的人民，尽自己所能向灾区人民敬献爱心。我们响应了党和共青团的号召，积极报名参加了西部计划、抗震救灾计划，我们都愿意为中国最普通的老百姓做自己力所能及的事。我们愿意帮助需要帮助的人，我们愿意用我们的手温暖因地震而受伤害的人。我们中许多人放弃了已经找到的好工作，放弃了优越的生活环境，投身到祖国更需要我们的艰苦环境中”。7月9日，温家宝在来信上批示：“请浙江省委转告来信的同学们，读了他们的信，非常高兴，也深为他们志愿到祖国需要、环境艰苦的地方努力创业的精神所感动。作为新一代的青年人，他们是大有希望的。谨向他们致意，并向全校师生问候”。

5 月 26 日，陆昊到四川灾区，看望战斗在救灾一线的团员青年和青年志愿者。在了解灾区的实际情况以及团组织开展的主要工作后，陆昊对共青团如何在下一步的抗震救灾工作中继续发挥作用提出要求，希望各级团组织要认真学习贯彻中共中央、国务院对抗震救灾工作的指示精神，根据救灾工作的需要，既要冲锋在前，又要把自己承担的任务实实在在做好，为灾区群众多做有益工作。27 日，卢雍政主持召开团中央抗震救灾工作联合办公室第二次会议，提出要在充分认识抗震救灾工作艰巨性、紧迫性、专业性和长期性的基础上，根据缓急程度不同，有计划、有重点、分步骤地重点思考、研究和谋划共青团组织参与抗震救灾和灾后重建工作的若干问题。

在各级团组织的广泛发动、积极引导下，青年志愿者成为抗震救灾中一支重要的力量。英国《泰晤士报》5 月 19 日发表评论说："中国新的人民大军（青年志愿者）源源不断帮助抗灾，成为救援工作的重要组成部分。"据团中央抗震救灾工作联合办公室统计，截至 6 月底，全国共青团系统共有 491.4 万名志愿者参与抗震救灾，形成了社会各界广泛参与、青年为主体，专业与非专业相结合，本地服务与赴灾区服务相呼应的抗震救灾志愿服务工作局面。四川省各级团组织累计组织近 130 万人次（不含献血志愿者）的志愿服务。在已统计的抗震救灾志愿者中，35 岁以下青年有 378.1 万人（包括 171.1 万名在校大学生），占总人数的 77%。在抗震救灾斗争中，团中央和各级共青团组织共组织引导约 338.7 万名志愿者到地震灾区和所在省份参与志愿服务。青年志愿者在抗震救灾中的突出表现，得到党和国家领导人的充分肯定。胡锦涛、吴邦国、温家宝、贾庆林、李克强等中央领导同志在四川指导抗震救灾工作期间，都曾亲切慰问和勉励青年志愿者。由于在抗震救灾中出色的组织工作，10 月 7 日，团中央青年志愿者行动指导中心（工作部）被中共中央、国务院、中央军委授予"全国抗震救灾英雄集体"称号。

三　全国总工会部署志愿者服务工作

汶川地震发生后，全国总工会根据中共中央和国务院抗震救灾工作部署，不断动员全国工会系统采取多种方式支援灾区，为抗震救灾贡献力量。6 月 2 日，总工会主管的中国职工技术协会制定发布支援灾区技术职工帮扶方案，在全国开展帮扶行动。13 日，总工会正式启动"抗震救灾、重建家园"十大帮扶志愿行动，即资金帮扶、物资帮扶、技术帮扶、信息帮扶、生活帮扶、就业帮扶、助学帮扶、医疗帮扶、法律帮扶、文化帮扶。同时，总工会组织劳模技术服务队，为抗震救灾工作服务。26 日，劳模技术服务队赴四川灾区启程仪式在京举行，首批劳模技术服务队赶赴四川灾区。第一支"劳动模范志愿者技术服务队"以上海机电工会、上海李斌技术学院、齐齐哈尔第一和第二机床厂及北京机电公司的高技能工人志愿者为主体，由全国劳模李斌任队长。王兆国出席启程仪式，为奔赴灾区的劳模技术服务队授予"'抗震救灾、重建家园'工人先锋号"旗帜和"劳模技术服务队李斌分队"队旗，并发表讲话。各级工会组织非灾区技术实力领先的企业和灾区企业结成帮扶对子，对口开展技术帮助。广大会员和职工，积极主动开展技术志愿活动，为抗震救灾做贡献。

第二节　中央部门单位系统志愿者服务

汶川特大地震发生后，中央各部门单位系统及时组织大批志愿者，开展形式多样的志愿服务活动，为抗震救灾做贡献。

一　体育系统志愿者服务

5 月 13 日，体育总局部署全国体育系统抗震救灾工作，动员体育系统部门单位和社会组织，积极开展抗震救灾和心理救援志愿服务。

5 月 13 日，体育总局主管的中国航空运动协会，组织会员单位开展志愿服务。会员单位成都创翼飞行俱乐部组成抗震救灾志愿服务队，携带两架动力悬三角翼和一具动力伞，紧急赶赴都江堰参加抗震救援工作。同日，成都创翼飞行俱乐部服务队飞行员在气流强、空域狭小、余震不断的危险条件下，以精湛技术在深山峡谷进行低空飞行，拍摄了大量的地震灾区图片，为抗震救灾指挥部实施正确决策提供了依据。14 日，中央电视台记者乘坐动力三角翼对都江堰等地区实施灾情航拍，及时向海内外播出了地震灾区画面。四川电视台、成都电视台等媒体也使用动力三角翼航拍，对灾情进行及时播报。同日，中国航空运动协会会员单位、四川省航空运动学校也组建了抗震救灾志愿服务队。服务队按照测绘局、国土资源部的要求，于 14 日对都江堰、汶川映秀、北川、绵阳、江油等余震不断的灾区作遥感监测。他们选拔出优秀飞行员驾驶赛斯纳 208 型飞机，共飞行 14 架次、30 个小时，及时为抗震救灾提供了珍贵的灾情资料。

5 月 17 日，体育总局主管的《心理月刊》杂志组织心理专家团赴四川地震灾区，发放心理自助宣传单 2 万份，为灾区群众进行灾后心理干预，帮助灾区群众树立生活信心。他们还募集资金 20 万余元，与北京市民政局共同制作心理自助手册 50 余万份，发放到灾区群众手中，帮助调整灾区群众的心理状态。

地震导致灾区通信中断。5 月中旬，中国红十字会协调体育总局电模中心所辖的中国无线电运动协会，开展抗震救灾应急通信志愿服务。电模中心组成由 6 名无线电爱好者参加的抗震救灾应急通信服务队，自费乘飞机迅速赶赴四川灾区，建立起无线电指挥中心，恢复了灾区部分中断的通信。中国无线电运动协会发出通知，要求全国各地无线电爱好者参与应急通信，实施无线电信号静默并全天候收听，为抗震救灾传递信息，恢复灾区的无线电通信。

二　质检系统志愿者服务

5 月 14 日上午，北川受灾群众被陆续转移到绵阳市九洲体育馆。绵阳检验检疫局和绵阳市质量技术监督局系统部分干部职工立即赶到九洲体育馆，加入绵阳市临时救护中心志愿者服务队，主要负责搭建帐篷，分发食物，为灾区群众提供心理抚慰等工作。来自北川中学的幸存学生，年龄都在 12 ~ 15 岁之间，经历了与父母、同学、老师的生死离别，情绪极不稳定。志愿者们从生活上关心他们，思想上开导他们，使他们很快稳定情绪，产生对生活的希望。

5 月 14 日，绵阳市涪城区质监局组建一支 10 人服务队，局长任组长，进入南河体育中心临时接待站 M 区，负责灾区群众接待工作。服务队实行每日 24 小时轮流服务，除按时给灾区群众发放生活物资，协助医疗人员发放药品和预防知识手册，进行卫生防疫、疾病治疗外，还负责 24 小时监控开水锅炉的安全运行，保证满足受灾群众的开水供应。

5 月 21 日中午，资阳市质监局接到资阳市抗震救灾指挥部《关于动员具有推土机、挖掘机、装载机操作资格的人员赴灾区参加抢险救灾工作的紧急通知》，要求他们于 22 日 15 时前，在全市征集 50 名场车司机志愿者赴灾区参加抢险救灾。资阳市质监局负责人立即组织成立人员摸底组、技术服务组、报名咨询组开展工作。人员摸底组迅速提交了全市取得场车作业资格司机名单，交资阳市抗震救灾指挥部；技术服务组对场车驾驶安全操作规程进行整理，印制了安全操作指南 50 余份，并及时与资阳机车有限公司联系，抽调专业教师负责技术服务工作；报名咨询组 24 小时接受志愿者报名和咨询工作。22 日 15 时前，50 名场车司机志愿者在雁江区武装部大院集结后，资阳市质监局技术服务组人员现场讲解了场车安全操作知识，分发安全操作指南。当晚，50 名志愿者开赴汶川县映秀镇执行抢险救灾工作。

5 月 24 日，四川检验检疫局共青团支部，组织全局 24 名志愿者到成都市红十字会救灾物资物流中转站，帮助转运帐篷等救灾物资。同日，雅安市质监局组成由 40 名党员、团员志愿者参加的服务队，赶到市救灾物资转运点执行装卸任务，仅一上午就完成了向汉源县、石棉县转运消毒液 1000 余箱、矿泉水 1580 箱、棉被 12300 床、帐篷 500 顶的装载任务。

江苏省扬州阿珂姆公司是帐篷生产企业。5 月 22 日，胡锦涛在浙江考察救灾帐篷生产并召开座谈会时，扬州阿珂姆公司作为会议唯一的企业代表发言，立下按时、保质、保量、在 6 月 20 日前完成 12 万顶帐篷生产任务的“军令状”。会后，该公司组织全体员工昼夜加班赶制帐篷。在公司缺少包装搬运人员时，江苏检验检疫协会组织扬州市检验检疫局 20 多名干部职工，会同 50 多名来自扬州地区各会员企业的志愿者，乘车赶到阿珂姆公司做义工。仅一天时间，70 多名志愿者就打包整理近万份帐篷配件。

在汶川地震救援中，全国质检系统部分志愿者，以多种服务形式，支援地震灾区。

湖南检验检疫局国际旅行卫生保健中心医务工作者秦娟放弃探亲假，报名参加共青团湖南省委组织的青年志愿者抗震救灾服务队。5 月 23 日，她随队进入广元市一个 700 多人的安置点，每日对 20 余名因地震造成心理恐慌、急性心理应激反应的受灾群众进行心理安抚，提供心理帮助，缓解心理危机。她还随队到彭州市龙门山镇，对居住在帐篷里的 30 多名儿童进行心理康复援助。29 日，志愿者服务队带领 39 名灾区孩子回到长沙，同长沙 30 多位爱心家庭孩子“一对一”过六一儿童节，秦娟做了大量服务工作，后被湖南省青年志愿者协会授予“抗震救灾优秀志愿者”荣誉称号。

深圳龙岗检验检疫局心理干预方面的博士研究生隋双戈，曾接受世界卫生组织关于灾害心理社会援助的专业训练，他主动利用业余时间为紧急心理援助志愿者义务培训 3 批 80 人次，并为家庭受灾的川籍务工人员提供心理援助10余人次。6月2—7日，隋双戈被任命为深圳市第三批青年义工突击队副队长，赴四川开展心理辅导工作，为绵竹、汶川等地的学生、成人进行心理辅导300多人次。

四川省大英县质监局计量所职工李春将刚满10个月的孩子放到父母家里，参加抗震救灾志愿者队伍，到四川大学华西第二医院新生儿护理室，参与灾区伤病员的护理、救护工作。李春与大学生志愿者承担起该院11楼10名孕产妇的物品领用、搀扶排便、送开水和为5名新生儿换尿布、兑奶粉等工作。她还向医院里的受灾伤病群众捐赠了价值2000多元的奶粉、米粉、衣服等物品。

三　邮政系统志愿者服务

汶川地震发生后，国家邮政局组织动员局机关以及中华全国集邮联合会、中国速递协会开展救灾捐赠和志愿服务。5月20日，中国速递协会会员单位顺丰速运公司在网络中发布招募志愿者通告，报名员工达2300余名。顺丰公司挑选了80名志愿者，分3批派遣到灾区开展爱心食堂餐饮服务。24日，公司紧急采购可供3500人使用的帐篷310余顶，安排货车将帐篷运送至绵竹市广济镇、土门镇。志愿者们开展了帮助灾区群众搭建帐篷、插秧等多项服务活动（见图200）。

图200　5月29日，顺丰速运公司的志愿者帮助绵竹市孝德镇福田村受灾群众插秧

（国家邮政局　提供）

第三节　中央企业志愿者服务

汶川特大地震发生后，国资委协调中央各企业开展救灾捐赠和抗震救援活动。中央各企业充分发挥国有企业在抗震救援工作中的主力军作用，调集救援设备，组织救援力量，火速奔赴地震灾区，开展抢险救援、医疗救护、心理援助、灾后重建等志愿服务。

一　灾害救援服务

5 月 12 日晚，攀枝花钢铁（集团）公司组建首批由 12 人组成的抗震救灾服务队前往攀钢集团江油长城特殊钢有限公司（简称“攀长钢”）参加救援。13 日，公司团委制定下发《关于组织动员广大团员青年积极投身抗震救灾工作的通知》。14 日，公司招募 450 余名青年志愿者赴攀钢集团成都钢铁有限责任公司（简称“攀成钢”）青白江医院参加救护工作。志愿者协助搭建帐篷、转送伤员，并登记病人需要的衣物、食品等生活物资，协调有关部门解决。据统计，攀成钢、攀长钢每天都有 1000 ~ 1500 余名青年志愿者参与抗震救灾工作。

5 月 12 日晚，中国中铁八局团委迅速组成抗震救灾青年志愿者总队。总队先后 19 次组织青年志愿者共 1200 多名，参与完成彭州市小鱼洞大桥桥梁架设和彭州火车站站台搭建等抗震救援工作，为打通灾区生命线、营救受困群众赢得了时间。13 日上午，总队负责人游刚，带领 26 名机关青年志愿者火速前往都江堰，与驻地中铁八局二分队队员，共同抢救李冰中学被压埋的学生。志愿者们积极配合武警、消防人员，开展救援，维护现场秩序，指挥调配机械设备，并请中铁八局紧急增派挖掘机 7 台支援搜救工作。15 日 17 时许，服务队从一栋 6 层坍塌楼废墟中，成功解救出一名 50 多岁的男子。温家宝赶赴都江堰指挥抗震救灾工作时，国务院抗震救灾总指挥部决定将中铁八局正在承建的都江堰市体育中心工程工地作为温家宝的临时指挥部。中铁八局抗震救灾青年志愿者总队立即调集承建单位四分队 20 多名队员，帮助搭建抗震救灾指挥部，累计平整场地 2 万多平方米，铺设地板 1.2 万多平方米，提供电脑和打印机等办公设备数十台，同时全力保证水电畅通和指挥部的清洁卫生。中央电视台“焦点访谈”栏目称赞道：“中铁八局是好样的。”17 日、18 日，由中铁二院土建一院负责成都西城体育场救助点的 600 多名受灾群众两天六顿的膳食工作。土建一院团总支组成 72 名志愿者队伍加班加点，每日按时为救助点受灾群众提供三餐饭菜，圆满完成指挥部交给的任务。14 日下午，中铁四局五公司武广二标轨枕场工、班长孟闯到四川省红十字会和共青团成都市委报名，发起组成“老兵突击队”上灾区前线。在灾区的 6 天时间里，他带领突击队先后在都江堰市幸福镇和彭州市桂花镇、汶川县漩口镇、江油市雁门镇、什邡市湔氐镇参与搜救，成功救出被地震废墟压埋的群众 6 名，上交从废墟中挖出的现金 6 万多元，搬运救灾物资数十吨。23 日，孟闯和老兵们自费购买价值 4000 元的食品、药品和矿泉水送到什邡市湔氐镇湔氐中学。中铁八局青年志愿者的事迹被中央电视台、四川电视台、新华网、人民网等多家媒体报道，后荣获全国总工会授予的“抗震救灾重建家园‘工人先锋号’”称号。

5月12日，中国二重组建抗震救灾志愿突击队，各生产分厂、管理部室职工踊跃报名参加。公司吊车司机曾庆红等3名志愿者，在汉旺救灾前线连续奋战10多个昼夜，配合救援部队搜救出多名生还者和遇难者遗体。挖掘机司机杜国旗在重灾区连续工作15天，清除了一倒塌油库的水泥房顶，抢运出30多桶油。锻造厂职工经大富放弃回老家北川寻访被唐家山山体滑坡压埋的亲人的机会，加入抢险队伍。截至6月12日，中国二重有500余人参加极重灾区绵竹市汉旺镇的救援，其中直接参加一线抢险救援的志愿者有240余人。

5月13日至6月24日，中国南车资阳公司组成抗震救灾抢险队，先后派出驾驶员28名，出车155车次，运送各种救灾物资752吨。5月15日，资阳公司成立灾区伤员救助站，接收来自绵竹、彭州等重灾地区的受伤群众24名。17日，资阳公司组织30人的抗震救灾抢险队奔赴安县沸水镇、花荄镇进行抢险救灾。至21日，抢险队共拆除危房20余处共700多平方米，帮助受灾群众抢出现金23.5万元、粮食3.9吨、化肥1.5吨和大量家具及衣物。中国南车成都公司12名党员组成抗震救灾应急指挥中心抢险分队，紧急疏散危房中的群众，连续30天全天候在危房区警戒、守护，确保该区群众的安全。

5月13日，中国华电四川宝珠寺水力发电厂，在恢复本厂生产的同时，接到都江堰紫坪铺电厂求援通知，当即组成党员干部志愿抢修突击队前往救援。突击队冒着余震、山体塌方的危险，先后3次奔赴重灾区红叶二级电站和薛城电站，完成对两个电站所有设备的检修恢复工作。四川华电攀枝花发电公司发出招募志愿者的通知后，立即有大批党员和职工报名，参加救援和献血行动的志愿者229名。14日，公司安排两名驾驶员和一辆货车，前往地震灾区运送救灾物资。5月29日至7月6日，公司安排6名财务和电脑专业的青年志愿者，到四川省红十字会参加志愿者服务，负责查询、统计捐款、回寄票据和感谢信。中国华电内江发电总厂，先后派出4名职工参加四川省红十字会组织的青年志愿者行动，负责统计捐款，核对捐款人姓名、捐款人地址、回寄票据等工作。19日，中国华电又派出3名焊工前往都江堰参加危房拆除等现场清理工作。

5月13日，中国石油四川销售公司300余名员工组成加油援助队、设备抢修队和前线供油突击队3支志愿者队伍，驾驶移动加油车50台，分11个供油小分队奔赴重灾地区，为现场抢险设备供油，做到救援力量在哪里，油料就供应到哪里。至31日，服务队出动车辆2000余次，累计行程3万公里，为救援现场供油1500余吨。

冀东油田公司退休员工魏学明、吴云波等12人，于5月15日12时从河北唐山自驾3辆汽车赶赴四川灾区，17日零时30分到达都江堰后立即投入抢险救灾工作，先后参与开展清理紫坪铺水库大坝现场、帮助抢挖被埋车辆、搜寻受灾群众、卸载救灾物资、搭建帐篷等工作，于21日返回唐山。

长庆油田公司职工景跃武，5月15日采购价值3000多元的药品、睡袋和帐篷，从西安坐火车奔赴四川灾区。17日到达灾区，向受灾群众分发了所带物品后，报名参加志愿者队伍，在广元市王家营搬运救灾物资。9月14日，又前往受灾最重的青川县木鱼镇，将自费购买的100多份月饼赠送当地受灾群众，并向多名孤儿和孤寡老人赠送慰问金3000余元。

5月17日，中国冶金成都工程集团公司第一批由16名志愿者组成的抗震救灾服务队，从成都出发赴广汉市高坪镇，负责高坪镇救助服务站的管理工作。服务队到达后立即对该站进行全面摸底，掌握实际情况，制定《高坪镇救助服务站管理办法》，划分区域、设立区长。23日，公司第二批6名志愿者组成的抗震救灾服务队抵达高坪镇，与第一批志愿者配合。他们与每个受灾群众谈心，为孩子们讲课，并召开全站大会，成立救助站管理委员会，使受灾群众实现自我管理。该站管理模式被作为救助站的典范推广到广汉市的其他安置点。24日，中冶集团华冶资源开发有限责任公司120名青年志愿者组成青年突击队，从河北邯郸出发连夜赶赴四川，27日下午到达崇州市三郎镇天国村，立即投入过渡性安置房的安装工作。至6月16日，青年突击队完成援建过渡安置房479套，提前超额完成邯郸市援建灾区过渡安置房前方指挥部下达的援建任务。此外，还完成制作混凝土8350平方米、平整道路1500平方米、铺设便道3800平方米、平整场地1.1万平方米的任务，该突击队被崇州团市委、崇州市工会授予“青年突击队”“工人先锋号”称号。

5月17日下午，成都建中锂电池有限公司得知成都双流机场货运场积满各地支援灾区的物资、急需人力装卸的消息后，该公司组织50余名志愿者连续7天在双流机场参与抢运救灾物资。24—25日，建中核燃料元件有限公司建中户外俱乐部组成25人的抗震救灾服务队，在双流机场装卸来自国际国内的帐篷、药品、医疗设备、矿泉水、毯子、手套、手电、水桶、水管、塑料布、消毒剂、洗手液等物资，共计37车160吨。

地震发生后十几天内，核工业西南物理研究院青年志愿者组成的服务队不顾余震危险，在成都西区医院、中核集团成都核工业四一六医院护理灾区伤员23人，参加护理的志愿者达80余人次。

5月23日，中粮集团前线抗震指挥部现场组组长、中粮营销及中粮金帝总经理陈刚率领27名先遣队员赴彭州，沿途向受灾群众分发食品、巧克力、饮用水等物资。在通济镇，先遣队和救援部队一起搭建“中粮之家”帐篷区，安排受灾群众吃住。

5月26日，中煤集团和中煤一建公司组成两支219人的赴川援建队，先后赴剑阁、崇州、成都等地开展援建工作。援建队克服饮用水缺乏、天气炎热、余震不断等困难，累计安装建设活动板房893套，铺设室外管线2700米，整修小区主干道路1800平方米和便道4100平方米，拆除危房30多万平方米，清理平整场地10多万平方米，清运建筑垃圾6.5万立方米，清理拆除水泥柱和房屋横梁114根，修筑道路3公里，受到住房城乡建设部的通报表扬和灾区干部群众的高度赞誉。

6月1日，中铁二十三局集团四公司为帮助灾区群众从地震阴影中尽快解脱出来，组织了一支电影放映队，到都江堰市经济开发区滨河社区居委会放映《男儿本色》。

中国铁建系统组成35支抢险队和30多个小分队，调集人员7786人次，出动设备1044台参加抗震救灾，部分职工参加了灾区抗震救灾志愿者队伍。

地震发生后，国机集团中海航中信海直公司紧急征调直升机12架，国机集团建设德阳分公司调集汽车16辆、大型吊车2辆和一批切割机参加抗震救灾。国机集团还派出义务收割服务队，调用2台新型“新疆—2”小麦联合收割机为灾区农民抢收小麦。

中国石油西南油气田公司职工廖尕，主动放弃休假，参加对彭州市200余名幼儿园儿童的安全转移工作，对安置在自家院内的近200名受灾群众提供帮助和照顾饮食。

长庆油田公司矿区服务事业部职工郑丽娟、胡全红夫妻，驾驶自家货车，将自费采购的价值10万元的150顶帐篷和食品运抵广元灾区。

二　医疗救护服务

5月15日，国药集团所属四川抗生素工业研究所，在开展自救和恢复生产的同时，组成两批50名志愿者参加抗震救灾。中国医疗器械工业公司派出由董庆鹏、龚军松等6名工程师组成的技术支持组，前往灾区一线进行医疗设备安装调试。支持组根据四川省卫生厅救灾指挥部门的指示，奔波在成都机场、四川省卫生厅、急救中心和各医院之间，并深入重灾地区都江堰、绵阳、彭州等地，不分昼夜紧张工作。至23日，他们除完成灾区医院医疗设备安装、调试外，还清理了道路上的障碍物，为受灾群众送水送饭。23日，中冶集团第十七冶建设有限公司医院外科主治医师徐长生、护士郭雅琴，作为安徽省首批抗震救援医疗队队员赶赴青川，连续工作15天，参与抢救治疗伤员达600余人。

5月15日，中核集团成都核工业四一六医院团委成立青年志愿者服务队，在医院内搭建帐篷，设立志愿者服务队指挥所，维护正常医疗秩序。公司团委利用网络平台和电视台发布招募志愿者信息，招募各类青年志愿者近2000名，并对志愿者进行岗前心理学和护理学基础培训。中国核动力研究设计院云克药业青年志愿者小分队20余人，采购价值1000余元的纸尿库、成人护理垫、卫生纸巾等日用品，运抵四川省人民医院，并帮助搬运、清点、发放物资和护理伤员。

地震发生后，中国东方航空集团公司共投入飞机98架次，执行抗震救灾飞行260余班，并改装一架A300大型宽体客机作为“空中病房”，运送伤员560余名。东航还在全公司发起“爱心使者”活动，组织志愿者赴灾区为伤员提供医疗护理和心理咨询服务；选拔心理素质好，具备一定护理、心理咨询知识和技能的45名志愿者，分3批前往四川大学华西医院，为20余名伤病员提供专业护理和心理抚慰服务。

5月31日至6月18日，大港油田公司所属总医院组建抗震救灾医疗队赶赴灾区，为天津援建灾区过渡房的员工和灾区群众进行义诊，并参与当地卫生防疫工作。在灾区17天时间里，医疗队深入农村、工地，行程逾千公里，接诊500余人次，实施缝合手术13台，使100多名受灾群众及援建工人得到医疗救护。

5月13日，中铁十三局集团三公司组建医疗队奔赴灾区，医院院长霍孝成安排采购4个急救箱和部分药品，到都江堰为受灾群众提供医疗服务。医疗队到达紫坪铺水库大坝后，派出一名医生乘冲锋舟进入汶川县映秀镇，并往外运送伤员。两名医生留守大坝接收运送出来的伤员，医生吴代平对2名重伤员和50多名轻伤员进行了伤口处理。

6月21日，航天科工集团061基地团工委，获悉四川灾区部分伤员将转送遵义就医后，立即向基地驻遵义片区各单位团委发出倡议，招募志愿者49名到遵义医学院，负责30余名灾区伤病员的陪护工作。

地震后，中航集团西南分公司圆满完成上级下达的从灾区往外地运送伤员的任务。他们紧急

图 201　中航公司西南分公司残疾旅客升降车在抢运伤员中大展身手
（中航公司西南分公司　提供）

改装两架 B757 飞机运输伤员，启用为北京残奥会特别引进的西南首台残疾旅客升降车，以缩短运送时间、减少运送过程中的颠簸，使受重伤坐担架的病人平稳顺畅登机（见图 201）。为减轻航行过程中伤员的伤痛，B757 机组尽量避免大的机动飞行，着陆时以较小的载荷接地，客舱服务部挑选经空中医疗救护培训的乘务组执行任务。西南分公司向所属各机关单位发出成立志愿者队伍的倡议。5 月 22 日，各机关单位成立接送伤员志愿者服务队，协助分公司地面服务部运送伤员。服务队员在地面服务部统一指挥下，身穿统一印有“众志成城、抗震救灾”和国航股份标记的文化衫，每日定时进入成都双流机场机坪运送伤员。队员在医生指导下，从救护车中抬出伤员，抬上舷梯，再放到机舱内特殊担架上，每一个动作都小心翼翼。21—29 日，中航公司西南分公司共执行转运航班 24 个，抢运 827 名灾区重伤员至广州、珠海、济南、烟台、福州等地救治，同时随机运送伤员家属及医护人员 977 名。（参见图 202）

辽宁锦州石化公司职工赵强，带着自己购买和募捐的 10 箱药品，与一位护士朋友从锦州坐火车到安县晓坝镇灾区群众安置点，配合医护人员往返于成都与晓坝镇之间，调配医疗器械、药品和生活用品，为受灾群众提供医疗服务。

图 202　志愿者冒雨往机上抬运伤员
（中航公司西南分公司　提供）

中核集团中国核动力研究设计院反应堆运行与应用研究所职工赵艳华，随同四川大学华西医院眼科中心抗震救灾医疗队前往绵阳，会同当地万江眼科医院 26 名医务人员，为青川、北川、汶川及绵阳等地受灾群众免费进行眼病检查和发放眼药水，发放预防眼病宣传资料，购买救灾药品折价 5000 余元，救助灾区群众 3000 余名。

中铁十五局集团公司医院原妇产科护士长欧桂碧，会同来自全国各地具有医师资格的 20 余名志愿者，在绵阳组成红十字救助队，为受伤群众提供医疗救助。救援队 10 天内向 5000 多名受灾群众提供了医疗服务。灾区医疗救助工作的重点转为疫情防治后，她被推举为救助志愿队队长，带领队员坚守在抗震救灾第一线近两个月，后被评为“河南省女职工标兵”。

三　应急通信服务

5 月 14 日，中国电信重庆公司传输局抽调 13 名技术人员，组建抢修通信光缆的青年突击队，赴四川地震灾区开展抢修光缆恢复通信援助工作。20 日，中国电信发出倡议，在成都以及各灾区安置点聚集区招募志愿者 1200 人，深入医院、各大安置点，携手号码百事通，收集受灾群众的信息，将平安的喜讯尽早传递给他们的亲人。广大志愿者积极响应，截至当日 15 时，通过 028-114 热线报名 125 人，通过号码百事通门户网站 www.118114.cn 报名 1378 人，志愿者招募页面点击率 2.08 万次。当日，全国各地的群众纷纷拨打所在地的“报平安、寻亲人”热线，呼叫量达到 91287 次。至 21 日，中国电信重庆、贵州、陕西、云南、上海、江西、湖北、甘肃等公司的志愿者到达四川公司有 270 人。他们开展应急通信、传输、交换等专业服务，服务队共出动车辆 70 余辆，并装载熔接机、OTDR、油机发电机、模块接续机、光功率机等抢险所需的通信抢险设备，深入到通信受阻的 5 个重灾区乡镇抢险救灾。

中国移动四川公司先后组织了 1460 名青年志愿者深入彭州、都江堰、什邡、北川、汶川等地震灾区，开展了 11 次“爱心在传递、我们在行动”青年志愿者活动。中国移动甘肃公司组建 300 人志愿者队伍，赴陇南灾区开展流动服务，为抗震救灾人员和灾区群众提供免费充电服务达 6.7 万人次。中国移动陕西公司在通往四川灾区高速公路的沿线服务区设置爱心服务站 32 处，为过往的抗震救灾人员提供通信和生活类免费服务。7 月 26 日，中国移动 50 名志愿者赴彭州市龙门山镇开展志愿活动，赴胥家沟开展泄洪道清理工作，赴宝山村受灾群众安置点开办临时服务点，为灾区群众现场提供移动通信业务咨询、办理有关业务，为群众提供免费拨打亲情电话等服务，并赠送灾后心理救助知识手册。8 月 2 日，中国移动 40 名青年志愿者到什邡市受灾群众安置点，帮助群众搬入新建板房，开展现场移动业务办理和咨询服务。

第二章　民主党派、人民团体、社会组织及宗教界志愿者服务

第一节　民主党派、工商联志愿者服务

一　中国国民党革命委员会志愿者服务

汶川地震发生后，民革中央部署各级组织和民革党员积极参加抗震救灾志愿者服务活动。5月12日晚，德阳市体育馆馆长、民革德阳市委会秘书长李夏，对自发到体育馆广场避难的群众和东汽中学60多名师生予以妥善安置。在接到有关部门下达的安置受灾群众的任务后，他带领志愿者昼夜转移和安抚受灾群众，为婴儿提供专门房间，联系防疫部门为婴儿接种疫苗。德阳市民革党员、绵竹市华盛房地产公司董事长文国华，带领全体员工开设“爱心食堂”，每天坚持为受灾群众免费提供“爱心饭”，安排救助车参与震后救助受伤的群众上千人次；搬运矿泉水、方便面、饼干等救灾物资上千箱。在公司院内搭建临时澡堂，出资安装大容量太阳能热水器，解决受灾群众临时洗澡困难。雅安市民革党员、城市规划和建设局高级工程师王勇，主动报名参加极重灾区绵竹市汉旺镇抢险救援、抢救伤员、搬运遇难者遗体等工作。

河北省唐山市路北区政协委员、唐山私立天一医院院长、国家二级注册心理咨询师、民革党员曲建英，参加唐山心理干预志愿者服务队到都江堰市聚源镇开展心理救援。他除在聚源中学开展心理救援外，还走进该镇普星村、导江村、羊桥村、五龙村等受灾群众安置点，进行个体心理

干预400余人，进行团体心理干预4000多人。

辽宁省抚顺顺意清真食品有限公司董事长、民革党员马宗奇，携带价值3万元的救灾物资赶赴四川灾区，在都江堰加入来自全国各地志愿者组成的苹果志愿者服务队，制作一批署名辽宁人的条幅，悬挂在四川大学华西医院等成都各大医院顶楼，上面书写"别怕！辽宁人民来了！全国人民来了！"，"携起手来共渡难关！"，"我们是一家人，团结就是力量"。马宗奇还协助解放军转移受灾群众，包扎伤员340余人。抚顺市第二中学专职心理辅导教师、民革党员白云阁，受抚顺市教育局委派，前往北京参加"1＋1心联行动"，后被派往灾区。在灾区的10天内，他共为400多名师生提供团体心理训练服务，还通过短信、电话及面对面个体咨询等多种方式，为30多名师生提供了个体心理支持。

江苏省民革党员、专业心理咨询师李磊同其他3位志愿者，筹集价值2万多元的医药物资，赴绵阳为灾区群众提供医疗救助。民革太仓市委会副主委、太仓市规划建设局副局长黄浩忠，组织49名志愿者赴绵竹参与安置房重建工作，建安置房近100套。

湖南省民革党员史铁尔，率长沙民政学院21名师生组成湖南援川社会工作义务服务队，深入理县四镇六乡的17所中小学开展义务服务。服务队为甘堡村66名学生办起"帐篷学校"，在杂谷脑镇和甘堡乡进行灾情实地调查，为湖南省政府和理县政府制定社区重建决策提供信息支持。

贵州省贵州白志祥骨科医院院长、民革党员白贵春，5月12日得知地震消息后，号召医护人员参加医疗队赴灾区救援。他个人捐赠100万元，并将价值8万元的骨伤药品和2辆救护车连夜运送到广汉。他带领医疗小分队10天内开展救治手术60台次、400多人次。22日上午，国务院副总理回良玉得知是白贵春带领的专家团队在余震不断的情况下，连夜为危重伤员孙学保做截肢手术使其转危为安的情况后，向白贵春表达了感谢。

二　中国民主同盟志愿者服务

在汶川地震抗震救灾工作中，民盟中央积极组织所属各级组织、盟员以及社会各界开展抗震救灾志愿服务。

民盟四川省委会招募专业心理咨询志愿者400多名，成立心理救助小组，深入灾区为灾区群众开展心理咨询服务。

民盟成都市委会组织由17名心理专家组成的服务小分队，于5月18日在副主委周浩的率领下，赴彭州市致和、九尺、西郊、天彭、濛阳、升平等地的11个救助点，采取团体心理辅导和个别咨询的方式对受灾群众、学校师生、医务人员进行心理援助。盟员李红、吴万芳、何立新等和其他专家不畏困难，到达现场后立即投入工作，开展团体心理辅导57次、个案心理咨询25人次，受益人群约1500人。

民盟盟员、四川君合律师事务所副主任肖佑嘉募集手套、口罩1万件送往绵竹，募集价值30多万元的药品3000盒，送往四川省红十字会。盟员刘刚连夜组织购买了价值2万余元的食品运赴灾区，随后又组织6车救灾物资前往都江堰、绵竹，把物资发放给灾区民众。盟员李放将筹集到的 10 车物资先后送往都江堰、绵竹。

民盟盟员、重庆中医少林堂传承人刘光瑞自筹 3 万余元组织救护队，召集十几位志愿者，自备预防感冒的中成药和治疗骨伤的止痛药、外敷药、膏药等价值约 2 万元的物品、几百个自制的“中药卫生口罩”，并购买多种药品、食品和矿泉水、桶装纯净水等，赶到灾情最为严重的北川羌族自治县擂鼓镇，克服种种困难，共对 300 名受灾群众进行救治，给 1000 多人发送了各种药品和食物。

民盟中央常委、清华大学教授王光谦带领清华大学水利系师生赶赴灾区为肖家桥堰塞湖抢险提供全面技术支持，为唐家山堰塞湖抢险提供水文预报和决策咨询。

民盟唐山师范学院支部盟员董惠娟，不顾刚做完手术一个多月，身体仍虚弱，毅然报名参加唐山市抗震救灾心理咨询志愿服务队，用灾害心理学方面的专业知识和自己的亲身经历，赴地震灾区安抚失去亲人的孤儿。

民盟盟员、南京市第一医院副主任医师曹志刚，志愿加入江苏医疗救援队，赶赴极重灾区北川羌族自治县参加救援。从 5 月 13 日晚到 15 日晚，他和其他救援人员连续奋战两天两夜，抢救受伤群众。

民盟福建省疾控中心支部主委王灵岚，跟随福建省首批援川卫生防疫队于 5 月 19 日进入江油。他带领防疫队全体队员冒着生命危险，克服种种困难，出色地完成了任务。

湖南省张家界市民盟盟员赵勇，地震后自发组织了 15 人的医疗小分队，先奔赴重庆，然后开车赶赴接近震中的都江堰虹口进行救援。

汶川地震后，广东诺臣律师事务所主任、民盟广州市委会委员、广东狮子会副会长雷建威，参加由 47 名心理咨询专家、心理工作者组成的心理救援队伍，奔赴灾区实施心理救援。5 月 18—24 日，他在都江堰、绵阳、德阳等地灾区，先后举办心理危机干预知识讲座多次，培训 3.3 万多人，进行团体心理辅导 3000 多人，进行个案心理干预近 1000 多人。从灾区回到广州后，他又做了 4 场“面对灾难、拯救心灵”专题讲座，呼吁全社会为灾区重建出力。

国际象棋棋后、民盟盟员谢军放弃无锡国际象棋联赛分站赛的比赛，于 5 月 20 日赶赴灾区参与救援。

三　中国民主建国会志愿者服务

在汶川地震救援活动中，民建中央动员各级组织和社会各界，开展抗震救灾志愿服务。

民建会员、退伍军人、天津银座集团董事长王贵武 5 月 31 日得知成都军区某陆航团的一架直升机在执行抗震救灾任务时不幸失事的消息后，毅然决定认养 5 位遇难机组人员的母亲为自己的母亲。从 6 月 19 日至 7 月 1 日，王贵武驱车近 6000 公里前往四川成都和山东滕州，分别同 5 位烈士的母亲见面。每见到一位母亲，王贵武都对她说：“我会替我的战友为您尽孝”。他给每位老人带去天津特产和慰问金，并表示下一步要给两位烈士母亲购买或重新修建房屋，给两位身体不好的母亲治病，每月固定给老人们送上生活费和必需品，让她们安度晚年。

地震后，河南长通物流有限公司董事长、民建会员杨志萍，一边发动员工向灾区捐款，一边与救灾指挥部联系，申请到一线参加抗震救灾。得到批准后，杨志萍挑选36名技术精湛的医护人员组成河南长通医疗救援队。5月14日，救援队携带员工捐赠资金90720元，分别搭乘载满食品、药品和棉被的4辆大货车奔赴四川灾区。15日凌晨，救援队到达青川县木鱼镇开展救援工作。他们在青川救出一名待产妇女，并冒着余震滑坡的危险，派车将产妇送到广元市医院。在灾区，他们对伤员做截肢手术4例，诊疗上百次，对4个乡（镇）35个村进行了消毒防疫。在救援期间，救援队吃自带的馒头，喝自带的矿泉水，每天工作到天黑。无帐篷居住，队员们就睡在路上、车上。

5月14日，广东省江门市中心医院支部主任、民建会员、作家姚淑蕾，参加广东省第一支医疗队赴地震灾区，先后到达江油、北川、绵竹等10多个地区，开展运送伤员、消毒器具、分发药物、卫生防疫工作，连续奋战20日，行程3000多公里，护送重伤员18人，对15个行政村进行了防疫消毒，运送防疫人员42人。

全国政协委员、民建会员、重庆市餐饮商会会长、重庆陶然居董事长严琦，接收绵阳安县灾区100名青年到陶然居免费学厨师。组织两批餐饮服务队携带大米、面粉190.5吨和价值150多万元的原辅材料，分赴汶川、江油、北川、安县、都江堰、绵竹等灾区，设立“粥棚”，为灾区供应饭菜。

地震发生时，南充市宏城建筑公司总经理、民建会员、伤残退伍军人刘朝贵，正在山西太原组织施工。当得知山西组建首批援川突击队到都江堰援建活动板房的信息后，马上请战参加。得到批准后，刘朝贵立即停下正在建设的工程，带领30多名精兵强将赶到都江堰，投入到崇义镇和青城山镇的建设中。在10余个日日夜夜里，75岁的刘朝贵既当指挥员，又当战斗员，协调材料、调配管理、技术指导、检查验收，道道工序严格把关，一丝不苟，被称为身残志坚、年龄最大、最“牛”的志愿者。

四川大洋硅业有限公司在汶川县水磨镇投资兴建的企业，在地震中化为一片废墟。公司董事长、民建会员六以方冒着山体滑坡和多处泥石流的危险，组织员工600多人转移到公司空旷安全地带，搭建临时避难场所，稳定员工情绪。随后，他组织员工参与当地救援行动，成功救出两名儿童。村民们因房屋倒塌无家可归，六以方就安排他们到公司避难，并提供食宿。他还组织公司员工在不断发生的余震中冒着生命危险抢运食品粮油，解决了千余村民的吃饭问题；保住了6000立方米的存水池，确保了千余村民的饮水问题。公司还腾出钢架原料棚4000平方米，解决村民的住宿问题；购买几百吨的木炭，解决村民的取暖问题。

江油市马记酒店集团在地震中直接经济损失达千万元。5月13日，集团董事长、民建会员马远学和几位自愿留下的厨师搭起简易土灶，架起铁桶铁锅，办起赈灾食堂，为500多名受灾群众、救援部队官兵和志愿者免费送饭送菜。人们每天都能见到他在厨房系着围裙炒大锅菜的身影，群众和官兵们称他为“永远的后勤部长”。

四　中国民主促进会志愿者服务

在抗震救援活动中，民进中央积极组织所属各级组织和会员以及社会各界开展抗震救灾志愿服务活动。

北京、山西、辽宁、吉林、上海、浙江、江西、重庆、贵州等省（区、市）民进组织、民进会员、医疗卫生界会员，有的奔赴灾区一线抢救伤员、开展卫生防疫工作，有的坚守本职岗位，救治转来的灾区伤员。北京市卫生局第八批赴四川抗震救灾医疗队队长王广发、吉林大学二院医务科科长郑万平和骨科教授王亚军、吉林省医院普外科主任李晨玉、上海长宁区中心医院内科副主任医师陈惠萍、浙江大学医学院第二附属医院脑重症监护室主任胡颖红、江西省上饶市皮肤性病防治所副主任医师阎海洋、江西省卫生防疫站副主任医师周炳华、南昌市第三医院青年医生张江华及贵阳市第四医院医护人员龙浩、王洋、徐嘉莉、陈晶等一批民进会员，赶赴灾区为群众看病治病，出色地完成了任务，得到灾区群众的充分肯定与赞扬。

5 月 13 日，内江市第二人民医院骨科主任、民进会员余华伟赶赴德阳灾区，7 天内做了 48 例手术。北川中学一名患有气性坏疽的伤员被转到重庆医科大学第一附属医院，民进会员、骨科副主任黄伟与骨科副教授余学东，冒着被传染的危险，果断细心地为这名伤员做了清创手术，全力进行抗感染、抗坏死治疗，最终保住了这名学生的伤肢。

民进山西省委会主委、山西大学第二附属医院副院长卫小春，带领全省民进组织和广大会员投入抗震救灾斗争。他发挥自己骨科专业优势，为多名灾区转来的病人实施手术，以其精湛的医术为伤员解除痛苦。

辽宁省民进会员马晓英主动请缨赴灾区参加救援和防疫工作，并一再推迟撤离时间，在抗震救灾一线奋战 27 天。

5 月 23 日，受民进中央的委托，民进中央副主席朱永新，组织苏州新教育研究院 6 人医疗救援小组赶赴绵阳灾区，深入“帐篷学校”，为灾区孩子进行心理辅导，并全面负责北川地区灾后教师的培训工作。

民进河南省委会组织“震区移豫学生心理援助专家团”，对到北大附中河南分校学习的 100 名四川地震灾区学生进行心理援助。民进南阳市委会副主委葛宝岳奔赴灾区一线进行为期一个月的心理援助。

五　中国农工民主党志愿者服务

在抗震救灾活动中，农工党中央组织动员各级农工组织、党员、社会各界，积极参加抗震救灾志愿服务。

5 月 17 日，湖北省襄樊农工医院院长、农工党员张文仲，组织由医院农工党员组成的医疗志愿服务队携带大量医疗器具和药品，长途跋涉 1500 余公里，于 17 日凌晨到达绵阳，立即投入绵阳肿瘤医院医疗救助工作。

5 月 18 日，农工党中央举办了“与你同心——灾后心理援助行动”广播节目，首次通过中央人民广播电台与中国国际广播电台向各地播出有关心理救助的知识，为灾区群众提供心理干预救助。26 日，由心理救援行动专业人员对数百名心理援助志愿者进行专业心理培训，按灾区的需求派出心理援助志愿者分赴四川各地区，对灾区群众开展心理抚慰及心理援助工作（见图 203）。

图203　5月26日，数百名心理援助志愿者在成都接受“与你同心——灾后心理援助行动”专业心理培训（农工党中央　提供）

地震导致民营医院都江堰兴开骨伤专科医院严重受损，大部分医疗资源遭损坏。院长、农工党员周兴开不顾个人安危，带领医院全体医护职工立即抢救伤员，并在医院旁边的公交站台上搭起临时篷屋，挂起“骨科医院临时急救点，通宵免费服务”的牌子，收治伤员。在周兴开的带领下，急救站平均每天接诊伤员200余名，转院重伤员10余名，免费救治伤员1000多名。

农工党宁夏回族自治区平罗县支部主委、县卫生监督所办公室主任张惠忠，被任命为宁夏青年医疗志愿者服务队秘书长，带领服务队赴四川参加抗震救灾。在10天的救灾工作中，张惠忠与13名志愿者先后在什邡、绵竹二市四镇的11个行政村，为3600余户1.4万名灾区群众实施心理援助，并开展卫生防疫和灾后常见病治疗工作。

六　中国致公党志愿者服务

在抗震救灾活动中，致公党中央组织各级组织、党员，开展抗震救灾志愿服务活动。

致公党中央委员、江苏黄埔再生资源利用有限公司董事长陈光标，5月12日14时33分在武汉召开董事会。得知地震消息后，他立即将董事会变成了抗震救灾部署会。当日下午，他组织由120人及60台吊车、推土车、挖土机等大型机械组成的救援车队分别从江苏、安徽向四川进发。次日中午，救援队伍陆续到达灾区并开始营救工作，先后从都江堰、什邡、北川、茂县、汶川等地救出生还者131人，搜寻出遇难者遗体数千具。14日，温家宝在北川救援现场亲切会见了陈光标，称赞他是一个“有良知、有灵魂、有道德、有感情、心系灾区的企业家”。18日下午，陈光标和救援队在汶川县映秀镇农村信用社附近挖出近60万元现金，当场上交政府有关部门。

5月16—22日，致公党四川省委会委员、四川大学华西公共卫生学院教授张建新，克服膝关节退行性病变行走不便的困难，拄着拐杖带领学院部分学生及志愿者赶赴都江堰灾区，向受灾群众发送有关卫生防疫宣传资料，到城区和部分乡镇开展水源、垃圾、粪便等取样分析工作。至22日，他们对都江堰市区及乡镇的210个聚居点进行现场调查，涉及聚居点179773人、帐篷19528顶、垃圾446处、水源508处、供水784处，并针对存在的环境污染、疫情隐患等问题提出意见建议，部分建议被卫生防疫部门采纳。58岁的致公党辽宁省党员陈松蒲是位身高不足1.5米的残疾人，2003年创办了以收养残疾人和老年人为主的沈阳松蒲博爱护养中心。地震发生后，她9次捐款4200元，并两次自费前往地震灾区，为伤员们进行心理辅导。9月，陈松蒲作为沈阳市的单亲母亲代表，再次赴安县参加“巾帼慈爱行动”，结对救助单亲妈妈。在川期间，她作了4场题为“母亲的责任与榜样”的报告，介绍自己的成长经历，鼓励、启迪灾区的单亲妈妈们摆脱困境。

辽宁省致公党员金辅中是一位收养教育孤残儿童的民间志愿者，地震后，3次入川为灾区送去捐赠资金和物资，往返行程2万多公里。他冒着地震滑坡等危险，历经五昼夜，带着9名安县因灾失学的中学生顺利返回沈阳，并安排他们入学。他凭着多年的教育经验，尽其所能帮助这些孩子度过震后心理障碍期，让他们学会正视地震造成的伤害，重新燃起对美好生活的憧憬。后来，8名孩子返回四川和父母亲人团聚，1名孩子自愿留在他家继续学习和生活。

七　九三学社志愿者服务

5月12日下午，九三学社四川省委会主委、成都理工大学副校长、四川省抗震救灾地质灾害应急顾问专家组成员黄润秋组建8支抗震救灾专家组奔赴各个重灾地区。他在救灾第一线核实排查重大地质灾害隐患20余个，参加或主持中央、省、市灾情会商、协商15次，及时向中央和四川省提交重大考察报告、意见和建议10余份，为成都市高校做地震知识专题讲座5次，接受了中央电视台科学教育频道采访，讲解抗震救灾及灾后重建中如何预防和治理地质灾害知识。

九三学社社员、中国地质科学研究院研究员杨农、副研究员雷伟志、博士施炜等3名地质专家，5月13日随国土资源部专家组奔赴四川灾区，考察地震灾害及由地震引发的次生地质灾害，并向当地群众宣讲预防次生地质灾害知识。

九三学社成都市委会社员、外科整形女专家张世嘉身患癌症，经过几次化疗，身体已经非常虚弱，但她瞒着丈夫，忍着剧烈的病痛跟随医疗救援队踏上抗震的路途。在灾区，张世嘉几天几夜不眠不休地救治伤员，完全不顾自己的病情可能加剧的危险。第一次执行完任务回家后，她又主动请缨再次前往灾区。面对亲人和朋友的劝说，她说：“至少我还活着，与其等死，还不如多救助几位伤员，前线需要我这样的医生”。5月27日上午，相关部门公开招募救灾社会监督员，张世嘉成为中国整形界首位参与报名的整形医生，又奔赴救灾现场，参加救助服务。

医疗卫生系统战线的九三学社社员踊跃参加抗震救灾医疗队，增援灾区一线的医疗救护工作。九三学社广东省委会抗震救灾医疗队是一支由11名社员组成的医疗队。医疗队组建不到24小时便踏上征程，奔赴一线。到灾区后，医疗队先后进入都江堰市虹口乡、向峨乡，绵竹市九龙镇，彭州市小鱼洞镇、宝山村等地震重灾区以及绵竹市受灾群众集中安置地，做了大量的巡诊和卫生防疫宣传工作，共检查和救治伤员近500名，分发《地震灾后防病必备常识》2万多册。医疗队还带去了灾区急需的价值5万余元的药品，除部分发给各地伤员外，全部捐赠给药品奇缺的绵竹市九龙镇帐篷卫生院。

九三学社社员、重庆交通大学博士生导师、岩土所所长陈洪凯做客重庆卫视，结合汶川地震，为公众讲解了公路灾后重建及日常养护知识；九三学社社员、乐山师范学院心理系教授汪红烨做客乐山广播电台、乐山电视台，对市民进行灾后心理预防与保护知识的普及讲座，消除群众紧张、恐惧、焦虑的心理；九三学社社员、北京友谊医院副院长谢苗荣主编《灾害及紧急医学救援》和《急诊传染病防治手册》，由北京科学技术出版社出版并捐赠灾区；九三学社福建省委委员、福州市地震局副局长戴黎作客福州市人民广播电台介绍汶川地震情况、讲解地震科普知识并现场解答市民提问，还制作了防震减灾科普宣传专栏；九三学社社员、北京大学医学部公共卫生学院社会医学与健康教育系教授钮文异，受卫生部疾病预防控制局和北京大学公共卫生学院的委托，仅用3天时间就编写出图文并茂的心理自助宣传册，印制后送发灾区。九三学社福建省三明市永安支社副主委、三明市第二医院副主任医师刘桂康承担着“中国移动12581”四川灾区心理援助热线专家咨询任务。他每周热线咨询6个小时，咨询对象多为来自四川、陕西、甘肃等地的受灾群众。

八　中华全国工商业联合会志愿者服务

地震发生后，工商联组织动员民营企业积极参加抗震救灾志愿行动。

5月12日，四川省工商联按四川省委、省政府领导的紧急部署，迅即组织了500名民营企业志愿者突击队，由省工商联负责人带队分赴成都双流机场和太平寺机场抢运救灾物资。在15天中，突击队装卸救灾物资3684吨。地震发生后，四川三友集团所属成都市西区医院院长郝士权，立即组建急救治疗小组和后勤保障小组，将院内230位病人全部转移到安全地区。在接到成都市120急救中心支援灾区的指令后，西区医院早已进入待命状态的救护车组立即出发，先后赶到都江堰市聚源中学现场、彭州市白鹿镇灾区开展营救，收治了大批伤病员。截至6月17日，西区医院共救治来自都江堰、彭州、绵阳、大邑、汶川等灾区的伤病员458人，无偿提供物资和医疗救助费用共160多万元。

5月12日下午，四川成都创奇金属制品有限公司35名志愿者组成抢险救援队，以最快的速度奔赴聚源中学抢险救人，队员们顾不上吃一口饭、喝一口水，一直奋战到次日5时。12日，成都东冠实业有限公司副总经理陈岩，驱车到都江堰参加抢险救援行动。当晚，他在成灌高速公路上往返7次，将几十名受伤群众送到成都。在随后80多个小时中，他用自己的专业经验协同国家地震灾害紧急救援队从废墟里救出10多名学生，其间他只睡了5小时。此后，他又转战都江堰、绵竹、北川等地，五天五夜从废墟里救出20多个孩子。13日上午，成都大型超市集团——成都互惠集团董事长潘世伟部署全体员工抗震救灾。此后，潘世伟联系了100多辆货车，满载集团筹集的各类急需物资运抵灾区。

5月13日，山西振东集团总裁李安平得知地震消息后，立即从太原赶赴振东集团重庆分公司看望慰问员工，随即组织员工赶往都江堰灾区，以志愿者身份加入救援队伍，从废墟中救出8名

图 204　光彩数字电影抗灾爱心宣传队为灾区群众及救援部队官兵放映电影现场
（全国工商联　提供）

人员。当得知抢救伤员急需抗生素等药品时，李安平又迅速返回集团总部采购了价值 1000 余万元的急救药品，于 20 日包专机将药品专程送往灾区医院。

全国工商联、中国光彩事业促进会发动的“光彩数字电影院线”和来自国内外的 119 位志愿者和志愿者企业，共同成立“光彩数字电影抗灾爱心宣传队”，于 5 月 27 日分头赴四川各灾区开展免费公益减灾及心理抚慰电影放映活动。宣传队在四川地震灾区历经 60 多天，克服余震不断、山高路险等困难，背负沉重的影视器材，自带干粮，途经数百个灾区乡镇，往返于受灾群众安置点、“帐篷学校”和救灾部队临时军营，放映电影近 7000 场（见图 204）。

第二节　人民团体志愿者服务

一　全国总工会志愿者服务

在抗震救灾中，全国总工会组织动员各省（区、市）总工会，组织志愿者赴地震灾区开展抗震救灾、重建家园、技术帮扶等帮扶志愿服务，为抗震救灾做出了贡献。

6 月 2 日，总工会组织全国 9 个省 10 支技术帮扶队支援灾区。13 日，总工会经济技术部中国机冶建材工会及中国职工技术协会，组成技术服务部，到东汽帮助恢复生产，重建家园。随后第一批技术服务队由上海机电工会、上海李斌技术学院、齐齐哈尔第一和第二机床厂、北京机电公司的劳动模范和高技能志愿者组成。26日，总工会在京举行劳模技术服务队赴四川灾区启程仪式，王兆国出席启程仪式，要求服务队为受灾企业多做贡献。技术服务队一到东汽，就立即与公司总机械师和装备资源处的机修工程技术人员接洽，共同制定技术帮扶方案。6月28日至7月20日，技术服务队按帮扶方案开始对东汽进行技术指导，对职工进行技术培训，还现场调研，解决了设备修复和安装调试中的技术难题。第二批劳模技术服务队由一汽集团、武汉重型机床集团、桂林机床厂、齐齐哈尔重型数控等机械制造单位技术骨干组成，由全国劳模李黄玺任队长。他们7月28日到东汽后，先后帮助解决了电热处理、焊接、数控等工种问题。第三批劳模技术服务队由东风汽车集团、大连起重集团、沈阳液压机等10家国内企业技术骨干组成，高级技师李建华任队长。第三批劳模服务队从9月18日至10月2日，为东汽提供技术咨询、受损设备评估、调试维修、技术培训援助，为东汽恢复生产做出重要贡献。

沈阳市自来水公司24名志愿者组成抗震抢险突击队，于5月26日晚赶到大邑县，在大邑至汶川道路中断情况下，突击队按中国自来水协会的部署，在大邑开展供水抢险。工作3天，巡查检修管线33.8公里，检查阀门200多个，查出明漏7处、暗漏7处。30日，突击队按上级指示赶赴汶川，由于道路被塌方和泥石流堵塞，他们绕行800公里于31日下午到达汶川后，立即展开工作，找水源、电源、电线，更修水泵，自制吊装设备，抢修供水水管，完成供水抢险任务，被誉为“供水抢险铁军”。

二　全国共青团组织志愿者服务

地震发生后，共青团中央迅速部署和组织全国各地青年志愿者开展抗震救灾。各省（区、市）和新疆生产建设兵团团组织按要求组织青年志愿者赴地震灾区，参加抗震救灾。同时，团中央向四川等地震灾区派出工作组，与当地团组织协调各地抗震救灾志愿者服务队的服务地点、服务保障，保证志愿服务工作迅速展开。

5月13日，根据团中央的工作部署，贵州、上海、河北、广东、山东、湖北等省（市）团组织立即通过公开招募、自愿报名的方式，向社会招募医疗卫生志愿者，并分别组织救援队开赴灾区抗震救灾。

5月16日，贵州、山东、深圳、广州等地第一批青年医疗卫生志愿者抗震救灾服务队到达绵竹、都江堰等灾区开展工作。服务队不畏艰难，深入灾区一线积极开展医疗救治、卫生宣传和防疫工作。

5月17日15时30分，河北省青年医疗卫生志愿者抗震救灾服务队在绵竹市金花镇玄郎村一个坍塌的房屋中，发现了一对受伤的父子。由于伤病加上长时间没有进食，两人已经非常虚弱。服务队立即展开急救，并自制担架步行两小时将父子俩送到山下进行救治，成功挽救了这对被困121小时的幸存者。

5月21日15时，北京市青年志愿者医疗服务队由内科、外科、骨科、心理干预、消毒等专业医师21人组成。服务队进驻绵阳市九洲体育馆，为临时安置的2万多受灾群众服务。至23日中午，共救治病人200余名，消毒防疫面积3000多平方米，发送《预防肠道传染病和食物中毒》《夏天防署知识》《地震健康知识手册》《抗震救灾心理自助》《灾难心理援助》等手册3000余册。

在团中央统一协调下，5月15—20日，已有22个省（区、市）24支青年医疗卫生志愿者抗震救灾服务队约700人到四川灾区开展医疗救助，服务一个月，救助1.2万人，陪护1.3万人。

为帮助受灾青少年渡过难关，勇敢面对生活和未来，团中央决定组建“12355”灾区青少年心理康复援助专家志愿团（以下简称专家志愿团），分3批赴地震灾区开展工作。

“12355”灾区青少年心理康复援助第一批专家志愿团　5月16日，团中央维护青少年权益部以在12355青少年服务团备案的心理专家为基础，面向全国公开招募心理专家志愿者，招募信息发出后，先后有1200余名心理专家报名。经挑选，最终确定由来自首都医科大学、北京林业大学、中国政法大学、中国人民大学、同济医科大学、北京回龙观医院、北京胸科医院等单位长期从事青少年心理学和创伤心理医疗的专家、青少年工作者和随团工作人员共20人组成团中央第一批专家志愿团。志愿团设团长一名、副团长两名、领队一名。20日晚，专家志愿团分两路前往绵阳、绵竹集中安置点开展工作。在绵阳，专家志愿团通过向已经在当地开展工作的重庆专家志愿团了解情况和走访集中安置受灾群众的九洲体育馆，完成了对灾区青少年心理基本情况的初步评估。随后，专家志愿团分为4个组，每组带4～5名成都理工大学的志愿者前往九洲体育馆，对青少年开展“一对一”心理辅导工作。专家志愿团还对当地志愿者进行培训，每天辅导当地志愿者骨干80名。22日晚，专家志愿团成员、心理学家杨凤池为驻地480名武警官兵举行专场讲座，帮助战士们普及心理知识，克服心理障碍。在绵竹，专家志愿团对受灾群众集中安置点以及绵竹市人民医院的青少年情况进行初步排查，了解受灾地区青少年的总体心理状态和面临的突出问题，制定了工作方案。专家志愿团随后对西南财经大学、深圳义工联合会以及当地的志愿者进行培训，共培训志愿者骨干约150人。专家志愿团河北分团、河南分团共30人，于20日抵达都江堰市、彭州市受灾群众集中安置点开始工作。河南专家志愿服务团分成成人组、中学组和少儿组，深入各受灾群众安置点，针对不同年龄段的青少年开展心理康复援助服务。其中，少年组专家根据当地村民提供的线索，挨家挨户通知都江堰市聚源镇中学和聚源镇小学的学生们到聚源镇小学进行心理康复治疗。60名孩子被集中到学校操场后，专家引导他们做增强信心和安全感的心理暗示，用深呼吸、呐喊、拥抱、结识新朋友、听音乐、做游戏等方式进行心理疏导，改善震后青少年恐惧、紧张的心理状态。河北省分团的15名心理咨询专家在彭州市濛阳镇濛阳中学、彭州实验小学、彭州延秀小学，为1200多名师生做了震后心理康复援助。服务队队长、河北省心理协会常务理事马宏伟给200多名教师进行了心理干预和有关知识培训。其他专家到各个班和同学们进行面对面的互动交流。在灾区服务期间，河北分团共为317名重度心理疾病患者进行心理咨询，为1万余名灾区青少年开展集体心理干预，为当地培训心理干预志愿者233名。

“12355”灾区青少年心理康复援助第二批专家志愿团　5月26日，由团中央统一派遣的第二批专家志愿团10个分团陆续抵达四川，接替第一批心理专家志愿团，继续为灾区青少年提供心理辅导服务。天津、江苏、上海、福建、辽宁、安徽、湖北、山东、广西、陕西等省（区、市）团委共派出215名专家及相关工作人员赴德阳、绵竹、广元等地，对灾区青少年心理危机进行干预，培训当地志愿者。上海专家志愿团由20名志愿者组成。在灾区10天时间里，他们发放宣传资料3000余份、心理健康问卷调查1200余份，开展心理干预个案137个、团体培训26场，培训志愿者及当地教师、青少年工作者237人，为灾区2608名学生及群众开展心理学知识宣讲。此外，还会同德阳市广播电台合作制作了心理咨询直播节目5期。共青团广西区委和南宁团市委组织20人的专家志愿团在绵阳市九洲体育馆受灾群众安置点开展工作。心理康复志愿者本着“主动出击、尊重互助”的态度，努力帮助受灾群众走出震灾的阴霾。广西专家志愿团在灾区服务期间，共开展个人心理咨询或访谈250多人次，为“九洲帐篷学校”的90名学生上心理健康辅导课，做团队心理辅导11次。共青团陕西省委专家志愿团，由15名心理康复咨询师组成。27日，陕西专家志愿团奔赴广元灾区，进行为期7天的心理援助服务工作。专家志愿团深入各个医院和受灾群众救助点，针对情况比较严重的个案，帮助99名青少年缓解心理危机，减轻心理压力。专家志愿团先后设计、组织开展符合青少年需求的团体康复活动32个，组织培训当地志愿者、中小学教师和青少年工作者等148人。

“12355”灾区青少年心理康复援助第三批专家志愿团 6月3日，由宁夏、湖南、福建、内蒙古、黑龙江、甘肃等6个省（区）组建的第三批专家志愿团先后抵达什邡、温江、都江堰、绵竹等受灾地区，对当地青少年心理危机进行干预，对当地心理志愿者进行培训。第三批专家志愿团根据救灾工作的整体进展，借鉴前期各团队积累的经验，进一步细化心理康复援助的工作规程，在加强个案辅导的同时加强团体培训的力度，收到较好的效果。内蒙古专家志愿团于2日到达德阳，当日就与先期到达的上海专家志愿团进行工作交接，马上开始工作。专家志愿团根据受灾群众信息不畅的实际情况及受灾群众的一些特殊心理，自制展板以图片的形式向受灾群众展示中共中央、国务院对灾区的高度重视、全国人民对灾区人民的关心和关注、解放军及各地志愿者援助灾区的感人画面。专家志愿团还与德阳电台合作开辟了一条心理服务热线，在每日23时播出，采用听众提问、专家解答的互动方式，进行电话咨询，帮助市民解决一些心理问题。黑龙江专家志愿团进驻成都市温江区“万春温馨家园”“树人中学”临时安置点开展工作。10名志愿团成员克服种种困难，每天工作16小时以上，为一年级到高中二年级的300余名青少年做了24场团体心理辅导，对30位心理问题严重的青少年做了个体危机干预，对120名成年受灾群众进行了心理疏导。汶川地震发生后，重庆、广东、河南、河北、天津、江苏、上海、福建、辽宁、安徽、湖北、山东、广西、陕西、宁夏、湖南、内蒙古、黑龙江、甘肃等省（区、市）先后派出26支专家志愿团赴成都、广元、绵阳、德阳等地开展工作，累计派出心理康复援助专家377人，共进行心理个案干预2648人，培训当地志愿者、教师及青少年工作者6000多人，培训心理志愿者1200多人，专家举行多场心理学知识讲座，听众人数达1.4万余人次。

大学生志愿服务西部计划抗震救灾专项行动 为落实中共中央、国务院关于抗震救灾和灾后重建工作的有关精神，团中央与教育部、财政部、人力资源社会保障部紧急协调，共同组织实施大学生志愿服务西部计划抗震救灾专项行动（以下简称抗震救灾专项行动）。6月4日，全国大学生志愿服务西部计划项目办下发《关于开展2008年大学生志愿服务西部计划抗震救灾专项行动的通知》，决定在西部计划原有实施规模和内容的基础上，开展2008年抗震救灾专项行动，号召志愿者“到灾区去，到祖国和人民最需要的地方去”，在地震灾区开展为期一年的抗震救灾志愿服务，协助当地团组织、志愿者组织参与灾后重建工作。西部计划抗震救灾专项行动在原计划招募人数基础上，增加招募志愿者1090人，其中向四川省派遣1000人、向重庆市派遣60人、向甘肃省派遣 30 人、向陕西省派遣 50 人。招募对象为 2008 年本科及本科以上学历应届毕业生和在读研究生。19 日，全国大学生志愿服务西部计划项目管理办公室下发《关于切实做好西部计划抗震救灾专项行动工作的通知》，要求各地要严格把好志愿者审核选拔关，切实做好灾区服务岗位的申报和对接工作，坚持“三个要到”，即志愿者要到一线工作、志愿者要到乡镇工作、志愿者要到基层工作的总体岗位申报原则，尽量将志愿者安排在受灾严重的乡镇、灾区中小学校、受灾群众集中安置点开展政务辅助、支教、医疗、农技服务等工作。同时要做好志愿者培训工作，加强专项行动日常管理，切实发挥志愿者在灾后重建中的作用。从 4 日发出通知到 20 日报名结束，全国共有 920 余所高校的 19698 名大学生报名。通过资格审核和严格的选拔工作，实际招募志愿者 1143 人，录取比例近 17∶1，录取的志愿者政治素质好，党员比例近三成；学历层次高，均为本科及本科以上学历；专业对口性强，心理学、建筑学、医学、教育学等灾区急需专业较多。同时，还启动希望小学教师的选拔工作，从在四川的全国项目和地方项目志愿者中，按每所希望小学配置 1 ~ 2 名的原则，选定志愿者 27 人到中国青少年发展基金会在四川西部计划服务县捐建落成的 27 所希望小学，从事支教和数字电影放映工作。

6 月 29 日，全国大学生志愿服务西部计划项目管理办公室下发《关于做好 2008 年大学生志愿服务西部计划培训派遣工作的通知》，要求各省项目办要积极协调高校、受援县和有关单位，做好大学生志愿服务西部计划（以下简称西部计划）的培训、派遣工作，更好地帮助大学生掌握开展志愿服务的基本知识和技能，安全顺利抵达服务地，尽快适应当地环境投入工作，以确保大学生志愿者的服务质量和西部计划的顺利实施。各地大学生志愿服务西部计划项目管理办公室尤其是西部计划四川省项目办公室，精心组织，深入探索实施抗震救灾专项服务的工作方法，逐步建立健全工作机制。7 月 13 日，抗震救灾专项志愿者 1000 人在四川师范大学集结，接受集中培训。15—18 日，志愿者们全部抵达四川省 36 个县（市、区）抗震救灾专项受援地。截至 7 月 18 日，根据志愿者专业和用人单位实际需求，各受援县项目办全面完成志愿者工作岗位对接分配工作。四川省项目办要求下属各级项目办坚持实施定期思想工作汇报制度、定期考评通报、工作联系制度、回访交流制度、安全管理制度、档案管理工作制度，建立健全志愿者安全、健康零事故月上报制度和突发事件及时通报制度，并与受援单位签订《志愿者安全、健康管理责任书》，确保志愿者安全健康。志愿者队伍成立了临时党团支部，将分散到各个岗位的志愿者紧密联系在一起，强化了志愿者自我管理、自我服务。通过开通四川志愿服务网（www.zyzsc.com），将各地开展的抗震救灾、灾后重建的活动情况、工作经验、志愿者先进事迹一一上传到网上供大家学习交流，及时将相关文件传达到各县项目办。

6 月，西部计划全国项目办根据四川、重庆、甘肃、陕西等省（市）需求，按照“对口支援、定向招募”的方式，招募应届本科毕业生抗震救灾志愿者 1150 人，同时，将原四川西部计划志愿者调整为1000 人（其中省外招募550 人、省内招募450 人）作为抗震救灾志愿者，共计2150 人，在四川、重庆、陕西、甘肃的地震灾区开展为期一年的志愿服务，协助当地团组织、志愿者组织参与灾后重建工作。截至 7 月，实际到岗 2116 人。到 2008 年年底，在岗人数 1753 人，其中四川省 6 个市（州）的 36 个受灾严重的县（市、区）1553 人，重庆市梁平县 60 人，陕西省宁强县、凤县 50 人，甘肃省陇南市武都区、文县、舟曲县 90 人。

抗震救灾专项志愿者中，多数是学习心理学、建筑学、医学等抗震救灾急需专业的本科毕业生或在读研究生。他们到服务单位之后，按照四川省项目办的要求，主动深入农村、企业、学校，了解当地县情、民意和灾情，开展志愿服务。在青川服务的志愿者根据自身优势，先后成立计算机服务组、助耕助农服务队、科技宣讲组、医疗卫生服务组等，积极开展“植造志愿者林”“用行动见证誓言，建设美丽青川”、青少年心理健康咨询、义诊义治等丰富多彩的志愿服务活动。到极重灾区什邡、绵竹、北川等地的志愿者，工作生活条件十分艰苦，在乡镇特别是重灾乡镇的志愿者初期只能在帐篷里办公，他们忍受高温酷暑，坚守服务岗位，毫无怨言，认真细致地完成了组织交给的各项任务，成为当地党政工作的得力助手。在当地党委政府组织实施的“暖冬”行动、“爱心助孤”行动和城乡环境综合治理行动中，志愿者主动配合有关部门开展工作。特别是在“帐篷新生活”行动中，安县、九寨沟、小金、松潘等地的志愿者勇挑重担，踊跃参与帐篷调运工作。彭州市志愿者积极协助乡镇及单位团委做好青少年阵地重建、基层团组织建设、青年就业创业、关爱留守学生、青少年教育、志愿者管理、组建青年突击队等方面工作，推动灾区共青团工作的开展。北川羌族自治县曲山镇志愿者积极筹备青少年服务中心建设，重点做好“12355 心灵驿站”的工作，制定发展规划，并联系心理咨询专家到驿站做志愿者。志愿者在任家坪板房安置点的工作站与西南财经大学、香港浸会大学合作成立北川社会工作站，积极引导和培训志愿者参与到社会工作中来，通过开展个案咨询和团体辅导等活动，缓解干部、群众心理压力。首批抗震救灾专项志愿者于 2009 年 7 月底结束服务期，其中申请延长服务期的志愿者共有 343 人。2009 年，抗震救灾专项行动更名为“灾后重建专项行动”继续实施。行动仍采取对口支援的方式进行招募，根据灾区灾后重建的要求，继续从 23 个省（区、市）和深圳市招募选拔 783 名基础教育、心理咨询、医疗卫生、农业科技、计算机、公共事业管理类的应届本科及本科以上高校毕业生、在读研究生到四川、甘肃、陕西灾区服务。加上前期到灾区工作延长服务期的志愿者，继续服务地震灾区的志愿者有 1000 多人。

大学生暑期“三下乡”活动　6 月 24 日，中宣部、中央文明办、教育部、共青团中央、全国学联联合下发《关于开展 2008 年全国大中专学生志愿者暑期文化科技卫生“三下乡”社会实践活动的通知》，动员大中专学生利用暑期组成服务团志愿到灾区服务。7 月 3 日，团中央下发《2008 年暑期“大学生志愿者灾区服务团”实施方案》，对各服务团赴地震灾区开展支教支医等志愿服务活动做出全面部署，要求各服务团队发挥专业优势，围绕支教培训、卫生防疫、心理调适等志愿服务内容，开展“一团对一校”的定点服务和基地化、长期化的对口帮扶工作。通知下发后，全国各高校积极响应，广大学生踊跃报名。来自全国 22 个省（区、市）168 所高校的 189 支服务队和来自四川高校的 350 支服务队共计 8500 余名大学生奔赴四川、甘肃、陕西灾区第一线，深入开展支教培训、医疗卫生服务、心理援助、灾区规划、灾区调研等多项志愿服务。其中，北京市有 55 支团队赴汶川、成都、绵阳等地开展各种形式的灾后志愿服务活动。四川大学共组建 50 支“三下乡”灾区服务队，深入什邡、都江堰、彭州等地开展灾后重建规划评估、疾病预防控制、支教等服务。

团中央对首批“三下乡”灾区服务队开展相关培训，明确灾区服务“三个充分结合”的原则。一是充分结合相关部门的抗震救灾方案开展灾区服务。此次灾区志愿服务的设计过程中，团中央根据国务院制定的对口支援方案，采取定点包片、流动服务的方式开展工作。中国农业大学、北京林业大学等首都高校的大学生科普志愿者小分队，将中国气象学会印制的《抗震救灾减灾气象实用手册》发放到灾区人民手中。二是充分结合当地灾后重建的实际需要开展灾区服务。四川师范大学志愿者帮助当地村民搭建帐篷、收麦插秧、消毒防疫和心理安抚，还协助当地政府下乡进行灾情统计。华北水利水电学院结构工程专业志愿者协助江油市房管局，做好房屋安全鉴定工作。三是充分结合专业特点，开展有特色、有成效的灾区志愿服务。本次实践活动遵循“按需设项、据项组团”的原则，各团队在与服务点充分沟通并全面了解当地具体需求后，有针对性地选拔了相关专业的学生和指导老师参加，并事先进行相关知识培训和演练。湖南大学在了解到灾区许多家庭希望有专业队伍帮助鉴定房屋受损程度时，该校土木学院的9名志愿者，带上专业检测设备赴服务地帮助灾区人民检测砖混结构房屋的受损程度，受到群众欢迎。

在为灾区服务过程中，各地各大专院校的服务团队为灾区提供了多项志愿服务工作。据统计，有337支团队开展支教培训服务工作，139支团队开展灾后心理援助服务工作，97支团队开展灾后重建规划调研工作，194支团队开展卫生防疫宣传教育工作，还有多支团队提供灾区房屋安全检测、生态考察等专业要求高、灾区需求大的志愿服务工作。在近一个月的志愿服务期间，大学生志愿者走访农户30113户，开展医疗服务74476人次，开展医疗卫生宣传2378次，开展心理帮扶11352人次，培训当地支教学生70672人，支教培训124620课时，人均参加生产劳动超过125小时。以本次志愿服务活动为开端，各高校共计279支队伍和当地政府签下协议，在灾区确定一批稳定的“三下乡”社会实践基地，作为今后长期服务灾区、支援灾区的阵地依托，同时建立“一对一”（即一所高校对应一所灾区中小学校）的定点帮扶和志愿服务接力机制。复旦大学服务队利用在校期间筹集资金2万元，在都江堰市聚源中学建立“聚源复旦书阁”，并将在聚源中学建立长期的社会实践基地。浙江大学在北川启动了“情系灾区爱心圆梦活动”，与北川签订了结对帮扶协议书，计划与北川中学形成长期结对帮扶关系。四川师范大学与安县睢水镇签订校镇合作协议，通过大学生志愿者顶岗实习，让当地教师到四川师大学习，对受援学校灾后重建进行软硬件支持等，多途径帮助受援学校提高教学水平、改善教育环境。北京航空航天大学宇航学院与北川民族中学建立长期友好援助关系，启动“心连心、一帮一”活动，帮助灾区学生健康成长。灾区服务团的志愿服务活动产生了广泛的社会影响。

三　中华全国妇女联合会志愿者服务

全国妇联及各级妇联组织，动员社会力量，组成灾害救助、情感关爱、心理救护等多种形式的志愿服务团队，赴地震灾区开展志愿服务。

全国妇联发挥家庭志愿服务工作的优势，组织动员广大家庭志愿者开展以情感抚慰和心理救助为主，辅以一定物质帮助的全国家庭志愿者“同心牵手”情感关爱行动。5月18日，全国妇联宣传部依托中国妇女网搭建网络平台，展开家庭志愿者网上征集工作，报名家庭达1万多个。在此基础上，全国妇联宣传部建立家庭志愿者信息资源库，为开展情感关爱行动奠定基础。22日，全国妇联宣传部与四川省妇联、成都市妇联到都江堰、彭州等重灾地区，开展情感关爱行动调研。7月2日，全国妇联宣传部在彭州市小鱼洞镇开展全国家庭志愿者地震灾区“同心牵手”情感关爱行动示范活动，霍尼韦尔公司和洁能国际投资有限公司的家庭志愿者团队与小鱼洞镇37户困难家庭结成帮扶对子。在灾情相对稳定后，全国妇联推动各地组建家庭志愿者队伍，通过自愿选择和以市包县、包镇等方式，与灾区家庭建立区域间对口帮扶关系，对灾区孤儿、孤老、失亲妇女、残缺家庭等进行长期持续的关爱。在妇联的组织推动下，福建、湖南、吉林、浙江等省的家庭志愿者纷纷与灾区家庭建立起对口帮扶机制，通过一对一的对口帮扶，帮助灾区群众坚定信心、重建家园。

全国妇联法律帮助中心发动社会志愿者组成全国妇联“12338”心系灾区心理专家志愿者服务团，参与灾后心理咨询、法律帮助和社会救助活动。6月，由全国妇联法律帮助中心组织来自财政部、中国包装总公司、清华大学、华夏心理教育机构的志愿者400多人，先后两次赴都江堰、江油、安县、汶川、北川等地开展心理救助活动。全国妇联法律帮助中心还为灾区妇女、儿童及家庭捐赠《心理援助手册》20万册。志愿者服务团还集资1万多元为灾区儿童购买学习用品和智力玩具，于5月30日捐赠给“帐篷学校”及幼儿园的孩子们。

四　中华全国归国华侨联合会志愿者服务

汶川地震发生后，中国侨联组织动员各地各级侨联和海外华侨社团参加抗震救灾志愿服务，支援地震灾区恢复重建。

地震发生后，成都市金牛区侨联副主席、成都鑫牛线缆有限公司董事长陈湖南，得知位于绵竹市汉旺镇的东汽受灾严重后，立即安排公司员工组成抗震救灾志愿服务队，兵分几路采购救援物资。5月13日凌晨，陈湖南带着满载饼干、矿泉水、牛奶等物资的车队，赴东汽进行救助。

四川省侨联常委、成都汇融集团有限公司董事长薛水和，组织志愿者参加抗震救灾、献血及慰问工作，调派冷藏车参加运输救灾药品，安排工程专业人员参加灾区房屋检测，积极响应中国侨联“侨商心系灾区、襄助万人就业”的倡议，为灾区群众提供工作岗位100个，并为成都军区陆航团烈士邱光华机组家属送去慰问金10万元。

党员、江油市侨联经济开发部部长彭明建，冒着生命危险带领机关干部到超市购买和搬运食品，装卸救灾物资，送往灾区，分发救灾食品，为受灾群众搭建救灾帐篷。他深入各乡镇各部门，动员和指导各基层党组织成立了由800余支党员干部组成的服务队、突击队、救灾队、自救队等，广泛开展为受灾群众服务活动。他临危受命就任九岭镇党委书记。在他的带领下，九岭镇活动板房、过渡房的建设进展顺利，救灾款物及时发放到位，受灾群众得到妥善安置，蔬菜基地设施得到及时修复，生产资料、资金补助及时到位，主导产业生产迅速恢复。他还帮助企业解决实际困难，使其尽快开工生产。他还组织修复3座震损病险水库及震损道路、沟渠等。

5月13日，四川省人大常委、中国中铁二局副总经理、中铁二局侨联委员崔江利，带领中铁二局抢险队员奔赴抗震救灾第一线，夜以继日地在绵竹灾区奋战8个昼夜，搜救出71人。13日凌晨，平武县侨联负责人向远木冒着余震的危险，向灾区实施救援，沿途多次遭遇山体滑坡，险些坠入山崖。他先后步行100多公里深入到联络中断的山区村镇了解灾情，及时向县委、县政府报告受灾情况。全国"侨界十杰"、中科院院士、86岁的马来西亚归侨吴孟超带领专家组，借助现代医疗仪器，为远在四川灾区的伤病员进行远程会诊。

上海侨报社5月13日主动请缨，发起"'心之桥'汶川地震心理援助志愿者行动"。23日，23名首批沪、川"心之桥"心理援助行动志愿者抵达四川，在绵阳市的江油市、开发区、武都镇、太白中学等4个受灾群众安置点，开展震后青少年心理安抚工作。

5月14日11时，澳大利亚侨胞罗凯文，组织贵阳凯文房地产有限公司30多名员工到贵阳市人民广场采血点义务献血，由于义务献血的人员多，该公司的员工一直排队至当日16时才全部献血完毕。

成都市侨联办公室干部袁宇翔，2005年获得国家二级心理咨询师的资格。地震发生后，他组织华西心理卫生中心的同学，利用业余时间自发到灾区开展活动。他同四川省人民医院的医生多次到德阳市第二人民医院为受伤的孩子做心理疏导，到绵竹、什邡、都江堰青城后山等重灾地区的医院、学校和受灾群众聚集点开展心理危机干预。他还与同学、朋友前往灾区捐钱捐物，协助其他志愿者团队开展活动。

5月19日，归国侨胞、唐山电大副校长贾林得知唐山市开展"唐山妈妈为四川灾区儿童营造爱心港湾"活动，正在招募"爱心家庭"和"爱心妈妈"的消息后，立刻向市妇联提出申请。经过组织筛选，她成为唐山市9名首批接受来自四川灾区孩子的"爱心妈妈"之一。为迎接安县晓坝镇的12岁男孩张瑞到她家，她提前为孩子准备好房间和衣服、袜子以及学习用品。为消除张瑞的陌生感，尽快让孩子适应新的生活环境，她及时与孩子的父母联系沟通，了解张瑞性格和生活习惯，让张瑞每天与父母通电话，还学着做张瑞喜欢吃的川菜。为给张瑞一个宽松、平静的生活和学习环境，她谢绝了所有媒体的采访和宣传。

5月29日，重庆市侨联副主席、市政协委员、重庆大学城市建设与环境工程学院院长李百战，组织科研团队夜以继日地完成了"中国汶川地震灾区家园重建建设管理信息平台"网络版的研发。30日，李百战作为国家减灾委员会抗震救灾专家组专家，参加"建筑安全诊断与重建"小组的工作，承担灾后重建手册编写以及国外救灾重建资料的收集和整理工作。6月10日，他组织完成了"中国汶川地震灾区家园重建建设管理信息平台"单机版的研发，并交付建设部进行日常使用。

唐山市侨商会理事单位——侨资玉田银河中学，解决了安县晓坝镇近300名儿童异地就学问题。学校免除四川灾区学生在银河中学就读期间的全部学费、住宿费、外教费，免费为学生提供床、被褥、服装、洗漱用品、课桌、文具等学习、生活用品，并承担聘请20名教师的费用。经初步测算，玉田银河中学接收灾区近300名学生共需投入经费300多万元。

五　中国残疾人联合会志愿者服务

中国残联认真贯彻落实中共中央和国务院关于抗震救灾工作的指示精神，全面部署汶川地震伤残人员的救治工作，动员全社会开展抗震助残志愿者服务。截至6月5日，中国康复研究中心、广东、辽宁、上海、浙江、江苏、福建、山东、河南、山西、陕西、甘肃等省（市）12支国家康复医疗队和残疾人辅助器具服务队分赴地震灾区开展康复医疗救护志愿服务。

5月20日，卫生部商请中国残联组派一批抗震救灾国家康复医疗队，作为国家抗震救灾第八批医疗队，赴四川抗震救灾一线开展康复医疗工作。22日下午，中国残联党组书记、国家康复医疗队领队王新宪同由中国康复研究中心和上海市、辽宁省、广东省残联组建的4个国家康复医疗分队带着药品和仪器设备相继抵达成都，国家康复医疗队由中国残联副理事长程凯担任总队长。23日，康复医疗队抵达四川省人民医院开展康复医疗工作。他们按照专业把医疗队分为脊髓损伤康复组、骨关节康复组、神经康复组，根据专业特点确立工作流程及工作方案，分次分批地进行有针对性的专业知识讲座及健康教育，对63名地震伤员进行伤情检查（参见图205），对83名因地震导致骨折患者进行康复训练。3个组的临床医生、护士、PT、OT、心理治疗师共同对伤员进行康复评价，制订全面康复治疗计划。24日，医疗队在安县塔水镇医疗中心，查看患者40余人，并向秀水镇中心医院赠送部分医用物资。

5月23日，国家康复医疗队上海分队赴德阳开展康复医疗服务。分队分两组分赴德阳市第二人民医院和旌阳区中医院。在旌阳区中医院的4位医疗队员，对88名伤员进行调查摸底，对有康复需求的病人及时给予康复医疗指导。在德阳市第二人民医院开展康复工作的4位队员，对35例地震中受伤病人进行康复筛查，其中脊柱损伤9例、骨折26例。24日，康复医疗队对有需求的157例伤员开展针对性康复服务。康复医疗小组与该院外科、骨科等临床医师紧密结合，对18例胸腰椎骨折、2例四肢骨折、3例偏瘫、1例软组织挫伤、1例截肢的伤员共同制定康复治疗方案，并进行康复服务与训练指导。还为一例左足第五跖骨骨折的病人制作足托，使病人当时就能够下地。医疗分队根据患者康复需求，上海康复医疗队捐赠辅助器具96件，其中腰围19个、颈胸支架2个、弹力绷带5个、肩袖带12个、男女接尿盆40个、颈托11个、踝足矫形器6个。25日，

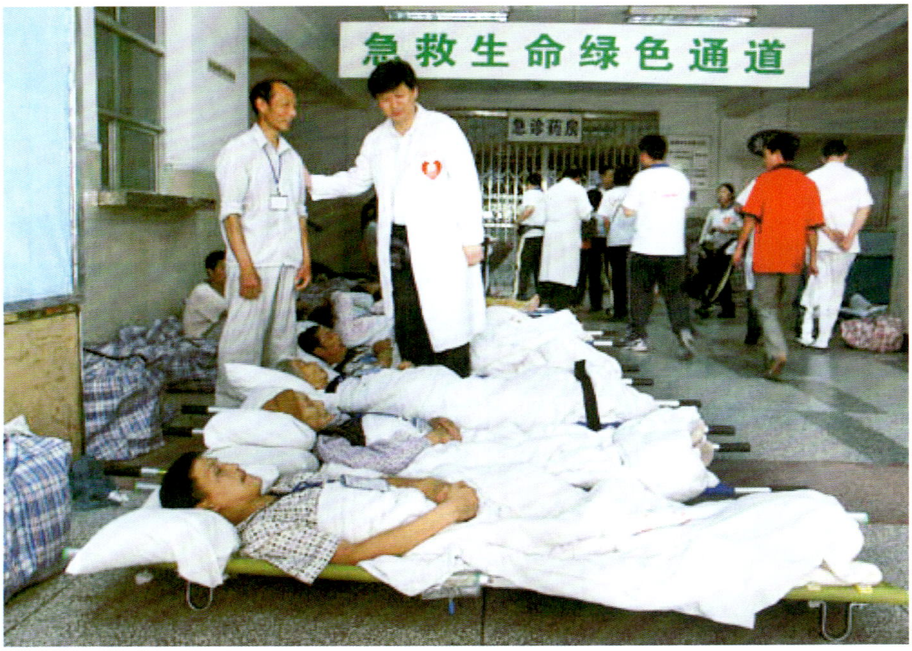

图205　中国残联康复医疗队在四川省人民医院医疗工作现场
（中国残联　提供）

在旌阳区中医院，医疗队为 11 名病员提供康复服务。其中，邱崇会左锁骨骨折术后第五天，肩部只用纱布吊带，手背肿胀很明显。康复小组立即为她配置合适的肩袖吊带，指导其做全范围的关节活动，并给予轻微阻力，以避免肩周围肌群力量下降，还指导她用左手背进行向心性按摩，以促进血液循环，减轻肿胀。在德阳市第二人民医院的康复医疗小组，对 42 例地震受伤病人进行康复筛查、康复指导。来自绵竹市板桥镇的陈锡富，在地震中因大木板砸中颈部致第 2 颈椎压缩性骨折，医疗小组为他安装了颈胸支架，通过 4 天的康复训练，病人在骨折后第 16 天能够站立。

5 月 23 日 8 时，抗震救灾国家康复医疗队辽宁分队抵达绵阳，在绵阳市九洲体育馆、绵阳中医惠民医院、绵阳市残联办公楼和绵阳市残疾人康复中心了解地震伤员的医疗救治情况，研究下一阶段抗震救灾工作。同时，向安县县医院捐赠赈灾食品、医用物资 2 吨，诊察伤员 30 人，康复指导 6 人。25 日，在安县睢水镇医疗中心、永安镇中医骨科医院、桑枣镇医疗中心，诊治病人 100 人。27 日，医疗分队捐赠安县秀水镇医疗中心轮椅 5 辆、拐杖 20 副、《地震伤残康复与护理》手册 600 本及医用物资。

5 月 24 日 8 时，抗震救灾国家康复医疗队广东分队的 15 名队员抵达成都市第三人民医院，对 139 名地震伤员进行筛查和评估。25 日，进行康复指导 44 人次，康复个别训练 22 人次，制作矫形器 2 件，测量伤员矫形器数据 3 项。27 日，向医院捐赠 10 张低温热塑板及配件价值 5000 元。28 日上午，广东分队到彭州市通济镇红山村，向红山村捐赠价值 4000 元的药品和消杀用品。在开展巡回医疗时，听说山上麻柳村卫生所在地震中完全毁坏，广东分队立即驱车赶往该所，临时调来两顶帐篷，帮助麻柳村重建卫生所，并捐赠价值 2 万元的常用药和生活物资。

5 月 14 日，陕西省残联组派由省博爱医院 23 名医护保障人员组成的陕西省第十紧急医疗队，筹集价值 30 万元的简易手术设备、救助药品、发电机、帐篷、对讲机等医疗、后勤保障物资，由副院长张正湘带队赶赴四川抗震救灾。16 日，医疗队赴广元地震灾区进行紧急医疗救助，并捐赠价值 7 万元的物资。

7 月 27 日至 11 月 28 日，抗震救灾国家康复医疗队浙江、上海、广东、辽宁四省（市）分队再次入川实施康复支援，先后收治伤员 158 人，康复出院 114 人，指导训练 196 人次，传统康复 134 人次，心理治疗（干预）7204 人次，理疗（磁疗）8015 人次，频谱 3124 人次，蜡疗 8147 人次，康复咨询 386 人次，开展骨科内固定取出 23 例，康复有效率 100%，同时开展康复知识讲座 60 余次，培训当地康复技术人员 830 多人次。

在地震救援中，全国各地许多残疾人自发到灾区开展志愿服务，支援地震灾区。

什邡市蓥华初中三年级学生张强，是左手不能伸展、右脚被截肢的残疾人学生。地震发生后，他冒着余震危险，用弱小残疾的四肢，徒手与其他师生一起救出 4 名同学。5 月 13 日，张强参加志愿者队伍，在什邡市各个受灾群众安置点服务，找到 40 名失散的同学。

5 月 16 日，江苏省常州市残疾人、西湖茶叶公司总经理汪小龙和周岐南、严春荣、李柯芝每人捐款 2.5 万元，采购价值 10 万元的物资赶赴四川灾区。18 日，他们又在成都购置灾区急需的食品、棉被、衣物、清洁剂，由四川省民政厅用两辆卡车送到都江堰灾区群众手中。

5 月24 日，内蒙古自治区呼和浩特市平安利达运输公司董事长、残疾人张忠捐赠大客车 4 辆，4 辆大客车可载客 168 人，车内装配柴油发动机，适合在山区行驶。大客车既能当学生的“移动教室”，又可作为“移动帐篷”，还可作为残疾受灾群众的休息场所和救援人员的临时办公地点。公司的司机刘钢祥、张良、冀建军、张君、曹文林驾驶4辆大客车，42小时行程2600公里后到达成都，将4辆全手续、全保险的大客车捐赠北川、都江堰、彭州、大邑4个县（市）残联，还将价值2万多元的矿泉水、方便面、饼干等救灾物资捐赠灾区。

中国残联直属机关团委副书记闫洪丰具有国家心理咨询师资质。地震发生后，他主动申请赴四川地震灾区进行心理救助。经残联党组批准，他于5月28日至6月1日，随中国残联特别报道组在四川重灾地区一边开展宣传报道工作，一边对受地震影响较大的残疾人和残疾人工作者开展心理危机干预工作。在灾区期间，他共对30名残疾人工作者和6名因地震截肢的残疾人及其家属，进行专业心理快速筛查和诊断，进行心理危机干预和治疗。地震中，都江堰市聚源中学女学生郭婷婷和同学一起被压在教学楼废墟中，郭婷婷获救后左小腿截肢，存在着比较严重的心理创伤应激反应。闫洪丰采用心理稳定性技术，通过心理想象训练进行心理危机干预，增强其内心的安全感和对周围情景的可控制感，取得明显的心理康复治疗效果。

武汉市人董明，6岁学跳水，9岁时摔成高位截瘫，在床上躺了10年，后经治疗和训练，可以坐轮椅行走，其坚强感染了每个接受心理抚慰的人，被人们誉为“轮椅天使”。在四川的20天里，董明坐在轮椅上，在爸爸妈妈的帮助下，从一个重灾区奔波到另一个重灾区，从一间病房到另一间病房。她一遍遍地讲述着自己的经历，用残疾人特殊的感受引导残疾伤员走出阴影。董明先后辅导了40多位重伤员，使他们由沉默不语到开口说话，开始积极面对生活。

中国狮子联会抗震救灾小分队，先后组织20批400人次奔赴四川灾区。5月15日，第一支抗震救灾小分队一行16人赴四川灾区，立即投入抗震救灾。广东、深圳、北京、大连等地的会员到达灾区后，为受灾群众搭帐篷、建流动厕所、分发食物和药品及其他物资。广东、深圳狮子会心理救援工作队，累计对受灾群众进行心理辅导达4万人次。广东狮子会和深圳狮子会分别为绵阳市魏城小学和彭州市集贤小学搭起了帐篷和活动板房，使孩子们能够在遮风避雨的教室里上课。深圳狮子会在地震发生后的一个月内，分5次向灾区捐赠价值1500万元的救灾物资。八一建军节前夕，狮子联会大连会员将价值100万元的营养品，发送到在四川的抗震救灾部队。狮子联会北京会员管理委员会筹集帐篷100顶送到甘肃灾区，帮助苇子沟小学的老师和福利工厂的残疾人解决临时居住问题。广东的会员将采购的帐篷2700顶、流动厕所100多个、大批药品和食品、妇婴用品等灾区急需物资近200吨运往灾区。

第三节　社会组织志愿者服务

一　中国红十字会总会志愿者服务

5月26日，中国红十字会总会发出《关于进一步做好抗震救灾红十字志愿服务工作的通知》，各地红十字会根据总会通知精神和抗震救灾实际，纷纷组织多种形式的志愿者服务活动。

汶川地震发生后，绵阳市以李建强、陈荟颖、任宏彬、臧志远等为骨干的绵阳无线电爱好者半小时内就抢修好了绵阳市无线电通信设备，并紧急启动应急通信，联络各车友俱乐部会员，几天内就组织了一支由500余人、400余台各型车辆组成的红十字志愿者车队。车队在余震不断、交通路况极其复杂、危险的情况下，奔赴北川、平武、安县、江油等重灾地区，运送救灾人员、志愿者、新闻记者，转运伤员，把各类救灾物资直接送到灾区人民的手中。短短10多天，他们累计行程10余万公里，出车4000余台次，圆满完成了指挥部交给的各项抢险救灾运输任务。

5月12日晚，四川省红十字会理事、四川省红十字会医护志愿大队队长、成都市锦江区人民医院业务副院长唐建华，带着救护车赶往都江堰实行紧急救援。当晚，他往返成都和都江堰两次，转运伤员。13日，唐建华带领省红十字医护志愿大队赶到北川中学的废墟上抢救人员。他们在废墟中发现几乎完全被压埋的初二学生李家庆（音）快坚持不住了，便用手拿掉压在家庆头上的石头，刨掉他身边的石块，铲开他身上厚厚的压埋物。两小时后，大家终于将李家庆周围清理干净。这时，他们看到，李家庆的腿被几个遇难同学的身体死死地裹压着。为了延续李家庆的生命，他们让体重较轻的护士应晓寒左脚靠后踩在水泥板上，右脚靠前轻轻地踩在遇难者身上，抓住家庆的手消毒扎针输液。23时，被压埋33个小时的李家庆终于被成功救出。13日深夜到14日清晨，唐建华带领省红十字会医护志愿大队又配合部队官兵陆续救出17个孩子，还对抢救出来的伤员进行初步手术治疗。14日10时，温家宝考察灾情，经过医护志愿者大队工作现场时，和每个志愿者亲切握手，问候并鼓励大家。

5月16日，重庆市红十字会抗震救灾志愿者突击队组建，全队共65名成员，张洪为队长，王英（当过医生）、徐晓亮（退伍军人）为副队长。他们随行押运装满20辆大货车的救灾物资赶往四川地震灾区，当日下午抵达成都，要求四川团省委协调部安排他们到灾情最严重的地方，奔赴绵阳、德阳。17日2时，重庆市红十字会志愿者突击队到达什邡。当夜，为了不给当地政府和群众增加负担，队员们用纸箱铺就床位，露宿街头。同时，张洪等人找到当地抗震救灾指挥部，要求到灾区第一线抢救伤员。指挥部当即特批一张通行证，并派一辆大卡车协助突击队运送救灾物资上山。17日，突击队到达红白镇，迅速展开救援工作。一路上，先后又有来自贵州、北京、上海、安徽、深圳、浙江等13个省（市）的志愿者加入到重庆市红十字会志愿者突击队中，并在指挥部的统一安排下展开救援行动。部分队员配合部队官兵从废墟中抢救出10余名伤员，协助广州军区武汉总医院、野战医院处理了50余名伤员的外伤。突击队还先后赴蓥华镇、红白镇和德阳，掩埋遇难者遗体180余具，运送救灾物资300余吨。19日中午，突击队获悉什邡市金花镇响水沟墙岩磷矿一带可能有幸存者，队员徐晓亮、陈泽、谢青松、曾毅4人背着急救药品、水和食物徒步进山，于20日8时到达磷矿，立即展开探寻。他们协助95969部队搜救小分队救援濒临死亡的幸存者赖元平，迅速对其作简单急救处理，用一副简易担架把赖元平送出山外，抬上直升机。突击队为灾区群众送去大量药品、食品、衣服、帐篷，但自己却没在帐篷里睡过，没用过一件救灾物资。在余震不断的情况下，他们最长的一次行军时间长达三天三夜。

辽宁省红十字志愿者联合会秘书长胡成刚，于5月17日、18日组织400多名志愿者，在沈阳中街繁华商业区举行义卖和募捐活动。胡成刚和同伴排成一字长队，唱爱心歌曲，做手语表演，从9时到19时，歌声几乎没停过。短短两天时间，他们募集了21万元。20日16时，胡成刚得知省红十字会为地震灾区筹措的2508顶帐篷、1.1万床棉被等220吨物资将通过21日凌晨2时的飞机运往成都。为保证把这批救灾物资按时装机，胡成刚组织志愿者们迅速赶往位于沈阳市郊的红十字备灾中心帮忙。救灾物资单件重达50公斤，装运工作极需体力和耐力。胡成刚带领大家与在场的解放军战士一起喊号子、拉歌，比着干、争着干。晚上，下起冰雹雷雨，搬运工作依然有序进行，直到物资被全部装运完毕。

汶川地震发生后，贵州省心理工作者协会在贵州省红十字会的大力支持下，在一周时间内，共招募了400多名红十字心理援助志愿者。5月23日，在协会会长刘秀琴的带领下，45名志愿者先后分4批前往灾区一线。在一个多月的时间里，贵州省红十字心理援助志愿者们自筹资金10万余元，深入彭州、什邡宏达安置点，深入洛水、广汉、红白镇、蓥华镇和石门村等重灾区开展上门心理援助，先后为地震灾区学生和遭受心理创伤的群众提供咨询和帮助5000余人次。

在山西医科大学一院护理专业实习的河南开封22岁女大学生孟丽学，志愿陪护从灾区转送来的伤病员。她陪侍的是右股骨头骨折的86岁老奶奶和头部挫裂伤的75岁老大娘。除了正常的喂饭和帮助老人处理大小便外，她每天坚持为两位老人进行两遍全身按摩和擦洗，还想着法子逗老人开心，毫不犹豫地用手指为老人抠出粪便。

云南省红十字会志愿服务队450多名志愿者投入到昆明市6个街头募捐点参加赈灾募捐宣传工作。他们不顾风雨侵袭，不怕烈日暴晒，每天都工作10个小时以上，始终以主动热情、认真负责的精神状态，接待来自社会各界的爱心捐赠人士，共接待社会各界捐赠者10多万人次，募集赈灾资金800多万元。

二　中华慈善总会志愿者服务

汶川地震发生后，中华慈善总会及时招募、组织志愿者队伍开展抗震救灾服务。

5月12日，中国工商银行北京西城支行安排银行志愿者到中华慈善总会协助接收善款的工作。银行志愿者每日提前上班，直到办理完最后一个捐款者的收款事宜并做到日清日结后才离开。中华慈善总会每次组织大型慈善活动，志愿者们都负责维持会场秩序、引导参加慈善活动人员、清理活动场地卫生、组织宣传报道、资料整理等，做了大量工作。中华慈善总会对参加各项慈善活动的志愿者及时颁发荣誉证书。

抗震救灾中，中华慈善总会与世界物流发展促进组织一起成立中国慈善与公益物流领导小组，并紧急招募物流志愿企业以及志愿者，为救灾物资顺利运抵灾区提供了有力保障。5月15日，中华慈善总会接到内蒙古自治区赤峰市红山区的捐赠电话，红山区捐赠的价值82.7万元的牛奶、饼干等55吨物资，计划次日运抵北京，请总会帮助把这批物资转运四川灾区，总会立即协调有关部门的志愿者予以支持。21日清早，原定装车时间为9时，不到8时就有志愿者等候在物资仓库门口。装货开始时，已有近百人的志愿者赶来，其中有解放军总装备部某部官兵40人、北京回龙观社区志愿者30余人、鉴宝杂志社总经理带领的员工，还有不愿意透露姓名的公司职员、政法大学学生等。随着第一辆长17米的拖挂车在仓库门口停稳，志愿者开始分组传运装货。至13时，4辆满载赈灾物资的运输车驶向四川灾区。

5月18日下午，志愿者将恩吉利公司捐赠的55吨天然冰河水、诺华制药公司捐赠的价值千万元的药品，搬运上由TNT华宇物流公司安排的汽车，免费运往灾区。20日，北京回龙观的志愿者到中华慈善总会救灾物资搬运点搬运物资。他们从10时30分开始装运，至16时，把长17.5米、宽3米、载重20吨的货车装得满满的。6月10日下午，由中华慈善总会“黄丝带”组织招募的60名志愿者，用3个多小时将40吨食用油和重30吨的345顶军用帐篷装上运往灾区的汽车。

5月31日，由中华慈善总会、中国教育学会、中国医师协会共同发起，中国青艾工程办公室组织的第一支专家志愿者团队赴四川。专家团由北京回龙观医院副院长、中国精神卫生学界第一位博士后邹义壮任团长，成员包括矫正和治疗类的临床医师、教育类的心理教师和心理咨询师等，主要为安置在成都市温江区的3594名高三学生及329名老师提供心理援助。据了解，这3594名学生除有失眠、噩梦、怕响动、焦虑、抑郁等一般性情绪反应外，还面临着高考的压力。他们中的许多人，包括震前最活跃的学生也变得不爱说话。志愿者团队和同学、老师们在一起，以团体咨询的方式帮助师生们战胜“心理灾害”。6月7日，在临时组建起的都江堰市第四中学的课堂里，志愿团队队员、中央电视台节目主持人白岩松给学生做心理辅导，讲述自己少年时期艰难的生活历程，以此鼓励这批特殊的高三学生。

三　中国儿童少年基金会志愿者服务

根据全国妇联的部署，中国儿童少年基金会积极开展抗震救灾志愿活动。全国妇联副主席莫文秀带领杨澜、邓婕等40名各界名人及专家，3次奔赴灾区开展救助，对受灾孩子们进行心理疏导。

5月21—26日，中国儿童少年基金会组织128名心理专家组成心理救援团，在歌唱家宋祖英的带领下，奔赴绵阳、绵竹、彭州、都江堰等重灾地区，通过开展讲座、培训、个别心理辅导的形式，对灾区群众进行心理援助和心理疏导。在6天的心理救护行动中，救援团共对4.5万余名灾区群众进行心理抚慰，培训灾区心理援助志愿者1000多人，心理援助个体咨询达6200多人次，组织开展心理关怀主题活动27场。22日10时35分，救援团到达彭州的一个受灾群众聚集地，此处由于灾情严重，对受灾群众的心理造成严重创伤。专家根据不同群众心理创伤的程度做一对一心理安抚。其中，有一位不到两岁的小女孩，地震时亲眼看见了一瞬间房倒屋塌的景象，她被埋在废墟中，是奶奶提着她的小脚把她硬生生地拽了出来。巨大的恐怖使小女孩从此进入自闭状态，嘴里一个劲地重复念叨“房子倒了、人都死了”，不会说其他的话，心理创伤十分严重。专家在听完小女孩的情况介绍后，很快跟小女孩进行沟通，让小女孩画画、吹哨子，帮助她减轻心理负担。慢慢地，小女孩的情绪渐渐放松，在地震后第一次尝试与别人沟通。到心理辅导结束时，小女孩还主动跟心理专家说再见。

第四节　宗教界志愿者服务

一　佛教界志愿者服务

在抗震救灾中，佛教界弟子积极组织参加抢险救灾、医疗救护等志愿者服务活动。

5 月 12 日，彭州市龙门山镇回龙沟景区因地震多处崩塌，13 日又普降大雨，发生泥石流。沟内尚有受困村民和游客 45 人处于危险之中。14 日，龙门寺住持宏永带领由 12 名四众弟子组成的救援队，不顾余震和落石，迂回绕路，徒步进入沟内，分批带领 45 名被困群众转移。在返回途中，救援队遭遇较大余震，山石崩塌，宏永法师冒险跳河，带领群众转移到安全地带。

彭州市银厂沟莲池寺法师弘法，出家前毕业于北京医科大学外科专业，曾任某医院副院长。5 月 12 日地震后，银厂沟通往龙门山镇的公路全部损毁，弘法法师立即组织弟子和附近村民将一批老人从陡峭的山壁上背下来。她还组织大家从废墟中挖出药箱，为陆续逃出的伤者治疗。西药用完了，她就自己配制中药。在配制跌打、消炎的中药成分中，由于有些中药带有毒性，使弘法双手十指指甲溃烂，但她忍着疼痛，坚持配制中药，为受灾群众治伤。没有帐篷，弘法法师连日露天为受灾群众施救。16 日，彭州公路修通至莲池寺，她得知修路工人们两天没吃饭时，组织弟子为工人烧水煮饭。某空军救援部队指挥部设在莲池寺后，弘法每日为部队战士看病发药，还配制中成药分发战士和群众，预防疫情。

在汶川地震中，什邡市 9 座佛教寺院中有 6 座被夷为平地。罗汉寺内的大殿、祖师殿、东西罗汉堂等建筑梁断脊塌、砖瓦震落。地震发生后，住持素全法师带领全体僧众奋力抗震自救，并倾其所有，安置受灾群众 1000 余人，每日为数家医院伤员及受灾群众 3000 余人提供饭食和饮用水。

5 月 15 日 10 时，江苏灵山慈善基金会会长吴国平带领救灾小组，乘机飞抵成都，赶赴遭受重灾的什邡罗汉寺，捐赠帐篷 240 顶、被子 100 床和牛奶、奶粉、饼干等物资。在了解到罗汉寺内收留多名待产孕妇和受伤群众的情况后，救灾小组随行的一名妇产科医生、两名外科医生在罗汉寺设医疗点，接诊 200 余人次，发放药品价值逾万元。16 日，救灾小组兵分两路，一路到什邡广场给受灾群众发放食物，一路冒着余震的危险，把救灾物资送到受灾严重的什邡市蓥华镇和红白镇，帮助受灾群众搭设帐篷。当得知什邡中学高三学生返校复课急需帐篷时，他们又立即运送帐篷 20 顶到学校。当晚，他们还给部分无房居住的受灾群众送去棉被。17 日，他们为什邡敬老院临时居住的 500 多名灾区群众发放食品后，又到八角镇分发救灾物资。灵山慈善基金会先后捐赠价值 200 多万元的物资，其中包括价值 80 万元的活动板房 100 套。

5 月 15 日，河北唐山几位法师组成救援队，携带矿泉水和药品抵达地震极重灾区都江堰市虹口乡，参加救援服务。为不增加救灾指挥中心负担，救援队用几个降落伞和布料在半山上搭帐篷过夜，在灾区工作数日。

5 月 16 日，北京龙泉寺仁爱基金会组织发起“感恩的心”抗震救灾联合行动，组成抗震救灾先遣队赴四川灾区，17 日抵达绵竹市九龙镇和武都地区实施救援。先遣队在绵竹受灾群众安置点开设“爱心粥棚”，发放爱心粥，为汉旺、遵道、广济等镇发放帐篷、防雨布等救灾物资。19 日上午，先遣队与连日奋战在抗震救灾一线的各地志愿者召开沟通会，就如何共同合作、协助政府安置受灾群众、发放救灾物资等进行交流，达成共识。此外，他们还在灾区开办了多所“仁爱学堂”和“仁爱学村”，帮助学生复课。

深圳市佛教协会、弘法寺先后组织两批工作组赴四川灾区，在成都昭觉寺建立人员和物资中转大本营，帮助转运物资；在绵竹、彭州、都江堰等重灾地区，以寺院为中心各设立了一个受灾群众救助点，分发物资，供应米粥，消毒熬药，协助医护人员做简单医疗护理等医疗救助工作。5 月 27 日，深圳市佛教协会、弘法寺又组织一支 22 人志愿队奔赴四川灾区，补充到 4 个受灾群众救助点开展赈灾工作。29 日，弘法寺印顺法师赶赴绵竹、都江堰等 5 个重灾地区的佛协救助点，为受灾群众熬药施粥、分发物资，进一步组织协调深圳佛协抗震救灾志愿服务。

二　伊斯兰教界志愿者服务

在汶川地震抗震救灾中，伊斯兰教界迅速开展自救互救、抢险救援、医疗救护等抗震救灾志愿活动。

青川县蒿溪回族乡青光村党支部书记闵生平（回族），在地震发生后意识到学校最需要救助，立刻赶往学校。当时，几百名师生被困于操场中，前后两幢教学楼随时可能倒塌而威胁师生安全。闵生平果断地带领部分老师推倒一面围墙，组织学生向安全的外操场转移。随后，他又骑上摩托车，同其他村民一起到各村组织转移被困群众。青光村接收安置其他村受灾群众 200 多人，闵生平多方筹措篷布，帮助搭建临时住所，组织服务队解决群众饮用水问题，接收、分发救灾物资。闵生平一心救灾，而他岳父一家 4 人有 3 人在地震中遇难，他却没能去看望一下。

5 月 17 日，辽宁省伊斯兰教第六次代表会议代表、抚顺市清真食品有限公司总经理马宗奇（回族）妻妹在吉林举办婚礼，邀请他参加，他婉言谢绝。他只身从沈阳飞抵成都，采购价值 3 万余元的食品，租车赴都江堰配合解放军参加抢险救灾的“苹果志愿者服务队”，救助受灾群众。

5 月 19 日，河北省伊斯兰教协会副秘书长、唐山回族企业家李淑香，得知灾区急需清真食品的消息，立即带领法立德清真食品企业的全体员工加班加点，不分昼夜，赶制清真肉制品 1 吨多，并特地采购载货量 1 吨多的低温冷藏运输车，将清真肉制品送往四川灾区。唐山遵化回族农民企业家李大利，得知灾区急需发电机组等物资信息后，于 14 日晚捐赠电机组 10 套，用两辆卡车将发电机组运到唐山抗震纪念广场，同其他救援物资一道运往灾区。李大利表示：“30 多年前的唐山大地震，是全国人民帮助了唐山，这是血浓于水的亲情。面对汶川地震灾情，我所做的只不过是一点小事。”

5 月 27 日，石家庄市穆斯林张淑贞，得知四川灾区伤员到石家庄治疗的消息后，不顾自己刚做完胆结石手术身体虚弱，到石家庄市第一医院和河北省胸科医院昼夜陪护几位穆斯林伤员。她还利用《古兰经》和“圣训”中的道理开导他们，帮助他们尽快从悲痛中恢复过来。

三　基督教界志愿者服务

汶川地震发生后，基督教界积极开展志愿服务活动，帮助灾区开展自救互救，恢复生产，重建家园。

5 月 13 日，彭州市基督教会冒着余震的危险，将做好的饭菜、药品等生活急需物资送到受灾群众和游客手中。同日，他们开始向白鹿镇、红白镇、磁峰镇等山区运送救助物资，每日运送 2 ~ 3 次，直到灾情稳定。（参见图 206）

5 月 13 日，广元市基督教会得知青川灾区群众急需食品和饮用水的消息后，先后两次用两辆大卡车把干粮和水送到青川，分发到灾区群众手中。他们每天主动为一所医院的 100 多名医患人员提供午餐。德阳市基督教会采购了价值 7 万多元的食品和水，在两个医院门前设立“基督教赈灾救助点”，向灾区群众发放物资。15 日，他们又转赴极重灾区绵竹市，将生活必需品分发到受灾群众手中。广汉市基督教会将价值 2000 多元的食品、药品送到绵竹灾区群众手中。江油市基督教会在空旷地带搭建简易棚，让教堂周边的居民居住。许多基督教会教徒积极参与受灾群众的各种救助工作，每天只休息 2—3 小时。

图 206　彭州市基督教会崇德堂内存放的救灾物资
（中国基督教协会　提供）

第三章　省（区、市）及新疆生产建设兵团志愿者服务

第一节　灾区省（区、市）志愿者服务

一　四川省志愿者服务

四川省民政系统开展志愿者服务　在汶川地震救援工作中，四川省对志愿者服务坚持省内志愿者“以条组织、以块管理”、省外志愿者“省级安排、属地接收”的原则进行管理，保证了志愿者服务工作健康有序开展。

2006年，四川省民政系统开始推行社区志愿服务项目建设，采取多方式、多渠道面向社会广泛招募社区志愿者。到2008年年初，四川省拥有社区志愿者组织9024个，社区志愿者人数72万余人。在汶川地震赈灾行动中，四川省民政系统运用已建成的社区志愿者组织网络，组织15万人的社区志愿者直接为灾区群众提供少儿服务、家访慰问、物资捐赠与调配、灾情调查、应急安置和技术培训活动，成为赈灾行动和灾后重建中的重要力量。

2007年5月，由四川省委组织部、省民政厅、省人事厅、省教育厅、省财政厅联合组织实施“社工人才百人计划”，从2007年全日制普通高校社会工作专业及相关专业应届毕业生中招募110名志愿者到全省各地社区、基层民政服务机构从事为期两年的社会工作志愿服务。四川省民政厅先后拨款200万元支持“社工人才百人计划”的实施，使社区工作志愿者队伍不断壮大。汶川地震发生后，四川省民政厅将灾区“社工人才百人计划”志愿者的工作重点转向救灾赈灾和灾后恢复重建工作。5月24日，非重灾市州“社工人才百人计划”志愿者经过应急培训后，及时介入成

都市救助站、成都市第二社会福利院、都江堰市“幸福人家”、彭州市通济镇等受灾群众安置点，对灾后群众普遍出现的恐慌、焦虑、无助等情绪开展心理治疗、情绪疏导、认知行为矫正等专业治疗，并借助个案分析、小组辅导等工作方式，有效缓解和解除受灾群众心理障碍，帮助其重拾生活信心。四川省“社工人才百人计划”志愿者在地震灾害发生后的半个月里，为灾区群众开展心理抚慰疏导服务1000余人次。之后，省民政厅在北川羌族自治县擂鼓镇、安县桑枣镇、平武县南坝镇设立3个社工服务站，依托“社工人才百人计划”志愿者在三镇板房集中安置点开展为期4个月的灾区干部群众和学校师生、“三孤”（孤老、孤残、孤儿）人员心理疏导专业服务。社工志愿者走家串户，主动配合当地政府社区做好工作，与其他志愿者队伍整合资源，有效开展受灾群众心理服务，促进了灾区社会和谐稳定。

共青团四川省委开展志愿者服务　5月13日，共青团四川省委向全省青年及青年组织发出倡议书，号召青年志愿服务队深入灾区一线，开展各类志愿服务。同时，开通招募热线、“96000”声讯台和“114”报名绿色通道，24小时接受志愿者报名。至14日，四川省各级团组织招募志愿者逾5万名。为加强对志愿者的管理和服务，团省委立即成立了四川省应急志愿服务工作领导小组，在省、市、县三级建立志愿服务指挥中心，构建立体化、多层次的志愿服务体系。团省委派往灾区的志愿者队伍由各市州抗震救灾指挥部统一指挥、调遣、安排。团省委负责与各市州抗震救灾指挥部接洽和协调，并负责志愿者队伍的交通保障、后勤补给工作。各市州团委组织招募的志愿者参与本地抗震救灾工作，同时，将医护志愿者、救援志愿者名单报团省委备案。灾情较轻的市州自行招募的志愿者就近就便赶赴灾情较重的市州参与抗震救灾。志愿者的管理服务工作主要有：开展“团旗插在安置点、支部建在帐篷里”活动，建立起临时团支部、志愿服务工作站、手拉手红领巾书屋“三位一体”工作阵地；统一制发志愿者服务证明，跟踪调查志愿者服务质量；成立志愿者培训领导小组，负责对新招募的志愿者进行为期一周的集中培训；设立志愿者心理咨询站，为志愿者开展心理咨询服务；在团省委抗震救灾专题网站上开设专页，转载志愿者服务日记、宣传报道志愿者服务的先进事迹；通过电台、电视台向志愿者发出感谢信；动员新闻媒体关注支持抗震救灾志愿服务工作。

黄丝带行动。5月13日，共青团四川省委、四川青年志愿者协会、四川省青年联合会、四川省学生联合会联合发出公告，面向社会公开招募志愿者，发起“我们在一起——四川青年志愿者抗震救灾‘黄丝带行动’”（黄丝带寓意为祈盼亲人平安）。同时，成立四川青年志愿者抗震救灾“黄丝带行动”工作领导小组，团省委书记张彤任组长，办公室设在团省委志愿者工作部，具体负责志愿者招募、联络、培训、派遣的日常工作。各市州团委成立相应的领导小组。是日，“黄丝带行动”工作领导小组办公室组织3支医护、救援志愿者服务队共300人赶赴都江堰、彭州、江油，会同当地志愿者一道开展志愿赈灾服务工作。

西部计划抗震救灾专项行动。6月4日，四川省大学生志愿服务西部计划项目管理办公室转发全国大学生志愿服务西部计划项目办下发的《关于开展2008年大学生志愿服务西部计划抗震救灾专项行动的通知》，在四川省西部计划招募选拔专项工作的基础上，增设1000个“抗震救灾志愿服务”岗位（其中省外招募550名、省内招募450名）。至19日15时，全省共有5101人参加网上报名，其中本科生4945人、硕士生153人、博士生3人，报名人数居全国首位。

7 月 14 日，团省委联合省教育厅、财政厅、人事厅在四川师范大学对 2000 多名西部计划志愿者进行集中培训。次日，大学生志愿者 1000 人统一乘车出发，奔赴 82 个受灾县（市、区）开展赈灾服务工作。

大学生赈灾活动。地震发生后，四川大学招募华西医疗卫生救护队队员、优秀青年教师、学生 70 人组成抗震救灾青年志愿者，奔赴都江堰、绵阳灾区开展抗震救灾。西南交通大学抽调国防生 30 人赶制了 6000 份早餐送到都江堰工商职业学院支援受灾师生。西南民族大学组织 600 名学生志愿者志愿献血。四川大学锦城学院组织 50 名志愿者奔赴郫县中医院开展医护志愿服务。西华大学后备军官学院组织首批 31 名国防生奔赴都江堰灾区参与抗震救灾工作。成都中医药大学组织 200 多名临床、护理、药学、检验等专业的学生到四川省人民医院、四川大学华西医院和都江堰、彭州、什邡、绵竹、温江等地医院参加医疗志愿服务。成都医学院成立 180 余人的大学生医疗救护小组前往新都附属医院和成都军区总医院开展救护、医疗工作；成立流动医疗队定点援助驻都江堰的四川省工商职业技术学院、四川省水利职业技术学院。西南科技大学国防科技学院的 100 余名志愿者组成青年志愿者抗震救灾医疗服务分队，分别前往绵阳市第二医院、绵阳市中心医院协助医护人员救护伤员。

共青团四川省委将热心消防公益事业的青年志愿者组建成服务队，经公安消防部门基本的消防专业知识培训后，深入到灾区集中安置点、学校、医院和社区，配合公安消防部门组建、训练群众义务消防队，组织群众开展灭火疏散演练，张贴、散发消防安全知识宣传单，运用报刊、广播、电视、网络、手机短信等形式开展消防安全宣传，组织由医务工作者、红十字会医疗志愿者、医疗卫生行业的先进青年、青联委员组成卫生医疗志愿服务队，通过流动服务、定点包片等方式，为灾区群众开展义务诊疗、送医送药，进行卫生和健康知识宣传、疾病防治等志愿服务。各级团组织牵头，卫生行政管理部门配合，组建卫生防疫知识宣传队伍，深入灾区群众集中居住区，开展卫生防疫知识培训。共青团组织大学生志愿者张贴、发放由卫生行政管理部门编印的卫生防疫知识宣传资料。

四川省红十字会开展志愿者服务　汶川地震发生后，四川省红十字会招募具有行医资格和经省红十字会应急自救互救培训的志愿者组建四川省红十字会救援大队。省红十字会通过媒体和网络向全国招募志愿者，并将红十字会应急救护培训中心组建为四川省红十字会抗震救灾指挥部应急救援组，统一指挥志愿者和救援队。红十字志愿者设总队、大队、分队。总队设报名管理组、服务工作联系组、服务派遣组、后勤组、宣传组、教务组，负责志愿者的招募、登记报名、培训、组织、任务派遣、表彰等事宜。根据志愿者的不同特长，经过应急救护培训，组成青年突击大队、心理救援大队、医疗救援大队、爱心车队大队、特种救援大队、大学生救援大队、综合救援大队（负责组织、宣传、会计、通讯、网络等）专业服务队伍。所有登记和组织的志愿者经过心理救援、心肺复苏、创伤救护、紧急避险等应急救护培训，考试合格后发中国红十字急救员证书和志愿者证书。

红十字会救援大队。5 月 13 日，四川省红十字会抗震救灾指挥部应急救援组组织 150 余人的救援大队赶往极重灾区彭州、北川、都江堰、安县等地参与救护和物资运输。14 日，省红十字会应急救护中心派出 100 人组成的救援大队奔赴绵阳，救治和运送伤病员约 1000 人。15 日，省红十字会派出 4 支志愿者救援队前往平武、安县、北川、汉旺协助当地政府和官兵维持秩序、转运伤员、发放食品、开展卫生消毒和安抚受灾群众。16 日，省红十字会抗震救灾指挥部应急救援组派出志愿者救援队伍 150 余人，奔赴受灾严重的汉旺、北川、安县转移受灾群众约 3000 人。17 日，省红十字会抗震救灾指挥部应急救援组派出 8 支志愿者救援队，前往什邡、安县、北川、绵竹等县（市）与当地救援队通力合作，转移受灾群众约 2000 人，治疗救助受灾群众 700 多人。至 29 日，省红十字会抗震救灾指挥部应急救援组共派出 75 支救援队约 6546 名志愿者奔赴彭州、北川、都江堰、绵竹、平武、什邡、安县等 30 余个重灾地区，救护伤员 7200 余人，治疗 1.2 万人，转移救助 12.1 万人，接待和安排送往灾区的国内外专业医疗队 15 支。

红十字会老兵救援队。老兵救援队由海军、陆军、空军、武警部队返川探亲的战士和退伍老兵共 28 人组成，接受四川省红十字会抗震救灾指挥部应急救援组领导。5 月 16—20 日，救援队在汶川县映秀镇、阿坝铝厂、漩口镇转移受灾群众，运送食物、药品、帐篷，清理废墟、消毒防疫，掩埋尸体 2000 多具。21 日，老兵救援队前往绵竹、什邡搬运帐篷和消毒防疫，协助医疗部门处理尸体，营救出被堰塞湖围困的受灾群众 17 人。在绵竹救灾期间，救援队还开展心理抚慰援助工作。

红十字会医疗志愿者大队。5 月 13 日，四川省红十字会组织的 600 余名抗震救灾医疗急救志愿者和外科专家，陆续奔赴北川、都江堰、绵竹、青川、彭州等重灾地区抢救伤员。13—14 日，他们在废墟中救出伤员 246 人，其中孩子 17 人。

红十字会第一搜救队。5 月 13 日，四川省红十字会第一搜救队组织志愿者赶赴极重灾区安县，参与救灾物资发放。14 日，搜救队在安县千佛镇救助受灾群众 8000 多人，转移伤员 400 多人，发放救灾物资折价 60 多万元。

四川省各市州开展志愿者服务 地震发生后，四川省各重灾市州立即动员和组织志愿者，开展抗震救灾志愿服务。

共青团成都市委建立志愿者服务协调中心，设置志愿者招募、项目派遣、车辆保障、后勤保障、秩序维护等工作小组。同时，通过广播、电视、报纸、网络等新闻媒体向全市团员青年发出投身抗震救灾志愿服务倡议书，号召志愿者在各地抗震救灾指挥部的协调下，积极投入救灾工作。截至 10 月 28 日，成都市 20 个县（市、区）各级团组织累计接受抗震救灾志愿者报名登记 17.74 万人，派出志愿者 11.37 万人次，主要开展搬运物资、抢收农作物、劝募和帮助寻亲、运送护理伤员、心理抚慰等志愿服务工作。在调运救灾物资行动中，团市委组织志愿者到雅驰工业园、科伦集团、保税物流、火车成都北站和东站以及市内各大捐赠点、物流中心开展救灾物资的运输、搬运、保管与分发，协助做好抗震救灾的后勤保障工作；在医疗护理服务中，团市委组织医护专业志愿者到 120 急救中心、市三医院、市九医院、儿童医院等成都市的各大医院为受灾群众开展救治和辅助救治、医疗护理、心理调适和精神抚慰。在劝募和帮助寻亲服务中，团市委组织志愿者到社区开展向灾区群众劝募活动，通过媒体和网络等形式帮助受灾群众寻找亲人，并对孤寡老人和儿童实施救助。成都市妇联在家庭志愿者地震灾区“同心牵手”情感关爱示范活动中，率先开展“结对关爱”帮扶活动，通过动员和组织家庭志愿团体和个人，结对帮扶灾区特困家庭和贫困儿童，帮助群众重建家园。市妇联党组将招募的 1500 余名志愿者组成 5 支群众工作小分队，分赴都江堰、彭州、崇州遭受重灾的8个乡（镇）72个村和21个社区3762户家庭开展服务工作，通过需求走访，排查出100多个重点家庭、伤亡家庭，有针对性地开展工作，回访率达92%。郫县组织义务献血4204人次（见图207）。崇州市组织接送救灾物资人员和车辆，装卸救灾物资，包装消毒水，为安置点发放救灾物资，打扫卫生，维护秩序，开展心灵抚慰。青羊区组织1000人次维护受灾群众安置地公共秩序，为受灾群众安置点生活服务。温江区组织志愿者2000人负责受灾群众安置点前期的准备工作和后期的接待服务工作。邛崃市每个受灾群众安置点每天都有2～20名志愿者参与医疗、整理捐赠物、清理衣物等多项服务。

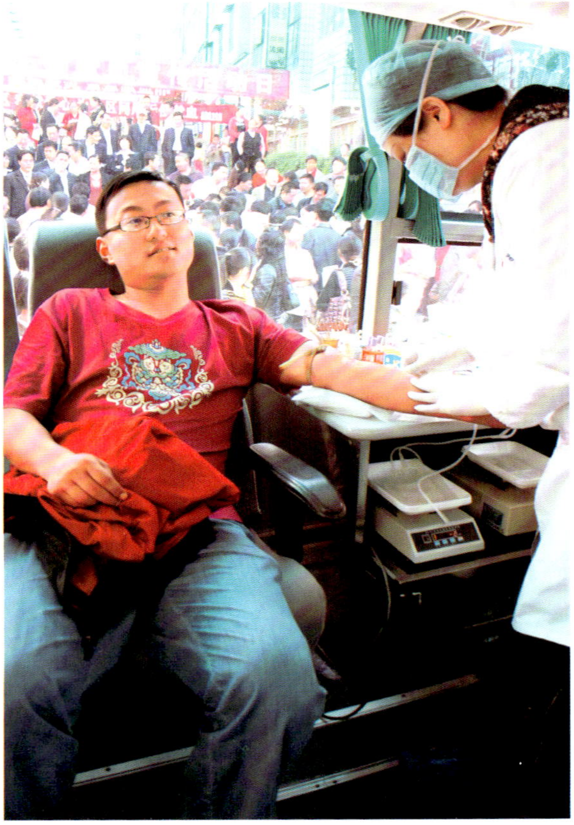

图207　郫县青年志愿者踊跃献血现场
（四川省民政厅　提供）

共青团广元市委招募青年志愿者1.1万余人，并将885义工协会、775网络社团组织纳入抗震救灾志愿者队伍。5月25日，团市委将50名青年志愿者组成“抗震抢收”突击队，深入利州区龙潭乡青龙村开展灾后助农抢收行动，带动全市5000人次青年志愿者参与，帮助灾区农户收割农作物70公顷左右。7月26日，团市委组织的“广元市团干部、志愿者助农灾后建房爱心行动”，出动2000余人次，帮助困难农户灾后建房。抗震救灾期间，团市委共组织青年突击队10支、青年志愿者队伍120余支，在各救灾物资接收点、受灾群众集中安置点、板房区、医院等地搬运救灾物资，协助医护人员开展护理、消毒、分发食物、打扫卫生、街头宣传抗灾自救等志愿服务。志愿者累计服务人次达5万余人次，救助伤员3000余人次，搬运救灾物资5000余吨。

共青团绵阳市委按照团中央和四川省委、省政府的工作部署，积极招募青年志愿者，组织开展志愿活动。绵阳市先后组织抗震救灾志愿者5万余人，在城区各个受灾群众安置点和21个乡（镇）设立志愿者服务站34个，出动车辆2500余次，完成搬运物资、搭建帐篷、转移受伤群众、抢收抢种、分发宣传资料、维护清洁卫生等各项任务1600余件（次）。绵阳市志愿者协会为了让灾区孩子早日重返校园，派出志愿者队伍在15所“帐篷学校”建立红领巾图书室8个、青少年活动中心3个，协助援建单位搭建“活动板房学校”6所，帮助灾区学生重返课堂。5月12日，绵阳市中医药高等专科学校首批150名志愿者赶赴城区各大医院开展志愿服务。13日，团市委组织60名医疗志愿者携带医药物资跟随救援队伍奔赴北川中学救治伤员，组织600余名志愿者赶赴受灾群众集中安置点——九洲体育馆，协助政府部门安排从灾区转移来的受灾群众食宿。团市委在市火炬广场设立志愿者服务点，现场招募志愿者参与抗震救灾工作，并在各县（市、区）团委以及九洲体育馆、南河体育中心等受灾群众安置点设立志愿者服务点，现场招募志愿者参与抗震救灾工作。在抗震救灾期间，绵阳市共招募抢险志愿者、医护志愿者、关爱志愿者、献血志愿者、心理咨询志愿者近10万人，参与志愿服务40万人次，调动志愿应急服务车辆5200余车次。

共青团德阳市委组织招募6万余名志愿者，分别组成物资搬运、医疗救护、心理调适、卫生防疫、生产救助等多支志愿者服务分队。先后共派出志愿服务车辆9000余车次，搬运救灾物资2万余吨，服务灾区群众60余万人次，发放各类宣传资料近100万份。德阳市尖峰户外俱乐部登山队队长王炤在地震发生后组织50多名志愿者成立尖峰户外俱乐部志愿者服务队，先后在德阳市区、绵竹汉旺、什邡开展抢运伤员、搭建帐篷、搬运救灾物资和药品等志愿活动。德阳市区律师出动32台车辆，组成德阳律师志愿队，赶赴绵竹、什邡等地医院，抢运380多名重伤员到四川大学华西医院、成都市第六人民医院救治。共青团广汉市委分别在市职业中专学校、市人民医院、市二医院、市四医院、骨科医院建立志愿者服务站，出动志愿者7000人次，每天安排车辆50余车次，搭建医疗帐篷1000余平方米，搭建救灾帐篷600余顶，铺设临时病床1200余张，救助床1500余张；转移伤病员1000余人次，护理伤病员300余人次；转运、装卸药品2000余吨，发放宣传资料5000余份，协助民政等部门募集资金878万元。中江县青年志愿者抗震救灾服务队开展志愿服务128次，出动人员1342人次，发放抗震救灾各类宣传单1万余份，向社会募集各类救灾物资折价8万余元。

共青团雅安市委于5月12日协调雨城区委、区政府和天全县委、县政府组织首批400余人青年应急救援志愿者连夜奔赴绵竹参与抗震救灾。15日，团市委组织公安、交警、卫生等单位和各县区抗震救灾志愿者1000余人，在成雅高速多营出口、碧峰峡出口及省道210线沿途设立青年志愿服务点30个，为通过境内210线“生命通道”开赴汶川的抗震救灾队伍提供道路疏通、车辆维修及饮水、食品、医疗药品等志愿服务。汉源县1600余人组成的青年志愿者抗震救灾突击队，7天时间为受灾群众搭建救灾帐篷600余顶、临时教室50余间、活动板房500余平方米，搬运、安装课桌3500余套，装卸救灾物资3车，搬运床铺50余张。团市委从市医院、市红十字医院挑选260余名医护专业人员组成抗震救灾志愿队，奔赴德阳、绵阳等重灾地区抢救出生还者199人，救治转移伤病员1060人，转移被困群众5617人，挖出遇难者遗体733具，清理废墟1.26万平方米，装卸发放救灾物资1.64万吨，抢救东汽价值9200多万元的重要装备，抢救出被埋的银行现金600多万元、受灾群众价值300多万元的贵重物品，在重灾地区消毒、面积105万平方米。

共青团阿坝藏族羌族自治州委积极组织青年志愿者活动。共青团汶川县委组建受灾群众救助站7个、青年突击队13支、志愿服务工作站15个，参与抢运伤员、搬运救灾物资、安置受灾群众、关爱儿童、开设“帐篷学校”、开展社区文化活动、卫生防疫和消防宣传等活动达8000余人次。理县团委从300名志愿者中挑选20名身体素质好的男青年组成突击队，搬运食品、药品等救灾物资40余车。茂县在县城设置4个志愿者服务站，190名坚持从事志愿服务的志愿者帮助受灾群众搭建临时住房、清理垃圾、运送病人、搬药送药等，共开展志愿服务3万余次。松潘县组织青年志愿者在群众聚集的松州广场维持现场秩序并为广场群众提供热水等服务，团县委组织志愿者服务队为因地震而滞留的1000余名旅客提供热水食品、咨询服务。九寨沟县先后派出志愿者7批277人赴茂县、理县、汶川、平武等地搬运救灾物资59车。金川县出动“巾帼志愿者”1000余人次，在救助站为受灾群众和救援车辆驾驶员服务2.5万人次，冲洗车辆3000余台次。小金县围绕“一线六点”（即抢救生命的第一线、县内设立6个受灾群众安置点），组织4支志愿者流动服务队，为受灾群众提供救灾服务。马尔康县出动青年志愿者6168人次，转运救灾物资1.14万吨，装卸帐篷488顶、彩条布3万平方米，协助疏散受灾群众2.8万人。红原县组织38名志愿者分赴都江堰、汶川映秀开展救援工作，组织医疗卫生人员22人分赴汶川、理县、茂县开展医疗救助，并在重要路口设立服务点，做好为过境救援车辆和行人的服务工作。

地震发生后，一般受灾市州和非受灾市州分别组织志愿者捐款捐物（参见图208），并赴重

图208　大竹县志愿者踊跃为汶川地震灾区捐款

（四川省民政厅　提供）

灾地区，开展应急救援、转移安置受灾群众、开展医疗和心理救助、到受灾群众集中安置点助困助学等项服务，有关情况参见表50。

四川省部分一般受灾市州和非灾市州志愿者服务情况一览表

表50　（截至12月31日）

市　州	志　愿　者　赈　灾　活　动
自　贡	市委组织34名志愿者先后到北川、安县、江油、什邡等灾区参与现场救治、消毒杀菌、环境卫生整治、伤病员转移、开展心理抚慰等，救治病人2352人次，转运病员665人次，义诊1300余人次，消毒遇难遗体1000余具，消毒掩埋动物尸体2000余具，清理垃圾30余吨，实施卫生监督1.85万户次，心理安抚3万余人次；捐赠急救药品价值16.76万元、医用材料18.36万元，协助发放饮用水、食品5.7万余件、肉食及蔬菜4吨；市卫生系统分两批派出疾病控制应急抢险队员143人，自带药品、器械、消毒液和价值5万元的应急物资，赶赴北川、安县、绵阳、彭州开展现场消毒、环境卫生整治和医疗救治工作
攀枝花	团市委召集青年志愿者义务献血6万毫升，并招募献血、关爱、医护和支教志愿者1650余人；省机电技术职业学院100名大学生赴灾区开展心理辅导工作，100名攀枝花大学生志愿者募集捐款50万元及衣物支援灾区；举办“风雨彩虹”大型公益活动，100余名志愿者陪同灾区儿童开展结对帮扶支援服务
泸　州	团市委组织泸州医学院、市卫校20名青年志愿者以定岗、结对服务方式，照料灾区到泸州治疗的55名伤员。组织志愿者服务队对100名到泸州生活学习的灾区少年儿童开展心理疏导和生活学习帮扶活动；龙马潭区卫生局组织9支医疗救治和疾病防控志愿者共54人，分赴北川、江油、安县、绵竹和彭州灾区开展医疗救助；古蔺县由19辆客货运输车辆组成的应急车队，到北川救援，共运送救灾物资700多吨，转运受伤群众1200多人；泸县红十字会招募40余名医疗卫生志愿者，赴灾区开展医疗救治、疾病控制和卫生监督工作
遂　宁	团市委招募医护、救援、关爱志愿者35人，到绵阳灾区开展医疗和心理救护；团市委组织四川职业技术学院20名青年教师志愿者到灾区开展为期一周的赈灾救助工作；市红十字会派出志愿者卫生防疫救援队赴北川羌族自治县擂鼓镇、陈家坝乡开展赈灾工作
内　江	团市委先后派出两批共50余名青年志愿者赴安县灾区为永安镇、晓坝镇转交价值10余万元的救灾物资，并积极参加防疫消毒、装卸物资、医疗救助、帐篷搭建等服务工作；市红十字会组织志愿者在内江城区设置6个固定募捐点和3个流动募捐点开展募捐活动，内江顺达、红马出租车公司志愿者队每天为市红十字会提供5辆出租车作为赈灾宣传车；隆昌县红十字会组织19人参加的志愿者医疗救援队赴都江堰、汶川县映秀镇、北川羌族自治县禹里乡救治伤员7000余人
南　充	团市委组织30名青年志愿者厨师专业队伍赴灾区受灾群众安置点服务7天，为受灾群众提供热菜热饭；顺庆区团委组织280余名青年志愿者向灾区献血；阆中市团委组织志愿者开展房屋整修、垃圾清理等义务劳动21次，发放疾病防治资料5万余份、灭鼠药500公斤，参与义务劳动支援服务2000人次；营山县城南镇68岁的残疾医生侯方杰，自购6000多元药物为县内受灾乡镇巡回义诊
宜　宾	团市委组织“青年黄丝带志愿者”招募活动，3万余名青年志愿者登记献血；翠屏区组织志愿者车队向灾区运送救灾物资

续表 50

市　州	志　愿　者　赈　灾　活　动
广　安	团市委招募献血志愿者 500 余名、医护志愿者 180 余名、关爱志愿者 1220 余名、救援志愿者 560 余名，先后分 3 批赴绵阳、什邡、汶川参加现场救助和心理抚慰工作，向灾区献血 3 万余毫升，与灾区青少年学生结对帮扶；市红十字会组织 220 多人次参与赈灾募捐宣传和募捐物资清理工作；邻水县石滓乡由文方德等 16 名农民工组成的志愿者队伍，每人筹集 1000 元，自备 2 辆长安车、1 台拖拉机和 1 台挖掘车赴都江堰灾区开展救助
达　州	365 名义工分组协助市区红十字会开展募捐活动，募集资金 8 万余元、矿泉水 200 件、方便面 200 件；5 月 12 日下午地震刚停止，在汶川县映秀镇医院新楼工地务工的 30 名达州农民工组成志愿者队伍，从医院里抢救出 100 多名幸存者和 30 多箱药物
眉　山	市红十字会组织 100 多名志愿者清点登记捐赠款物，分发搬运救灾物资，照顾从重灾区转至眉山的伤病员；丹棱县红十字会志愿者印制、发放宣传资料 2 万余份，并派出 13 名疾控、卫生监督技术员到青川灾区开展病防工作
资　阳	团市委组织 40 名青年志愿者为医院搬运医疗设备，救治伤病员；派出 9 名卫生防疫人员到汶川开展防病救援工作
甘　孜	州团委“黄丝带”志愿者向灾区捐款 34.51 万元，自购灾区急需物资 89 件，募集救灾物资 200 余件；泸定县青年志愿者岳霞、杨定建等 12 人，向茂县灾区捐赠价值 32.98 万元的救灾物资。由 17 人组成的医疗应急救援队在茂县累计治疗病患 2900 余人次，发放药品价值 10 余万元，转送伤病员 21 人次，静脉用药 200 余人次；康定县志愿者医疗队为茂县灾区诊治病人 500 余人次，发放药品价值 3 万余元，现场抢救伤员 3 人，消毒 3 次。康定民族师范专科学校志愿者坚持在甘孜至阿坝地震区的公路上为途经的车辆和受灾群众提供无偿服务；九龙县医疗救护志愿者队伍赴绵竹市汉旺镇为 7 个村 30 个组开展巡回医疗救护和防疫消毒，救治伤员 4 人，转运伤员 2 人，为 7000 余人次作防疫知识演讲
凉　山	州团委组织 8 批次近 1000 名志愿者赴成都、德阳、绵阳、广元、雅安、阿坝灾区参与物资运送、伤员护理、义务献血、心理抚慰等志愿服务；冕宁县志愿者陈兆江带领 20 余人自费到汶川县映秀镇等灾区开展救援，并捐赠价值 5 万余元的救灾物资

在汶川地震救援活动中，四川省许多志愿者自发赴灾区开展志愿服务，支援地震灾区。

5 月 13 日，成都海关 27 人自发组成突击队，赴极重灾区都江堰市救援，当日 21 时从废墟中掘出一具遗体，抢救出一名被压埋的幸存者。至 15 日，突击队在多处垮塌的楼房废墟中清理出遗体 12 具，救出生还者 2 人。成都海关 76 名女关员自发组成周末志愿服务队，利用双休日主动到市区医院、孤儿院、受灾群众安置点开展义务服务活动。

地震发生后，隆昌县胡家镇付家桥预制板厂厂长范嗣良和乡村医生李强组织隆昌县乡村医生红十字志愿者医疗救援队，自带 1.5 万元现金和价值 2000 多元的药物器械，于 5 月 13 日赴都江堰灾区，在一个较为安全的空旷地带开展救治工作。从 13 日 17 时至 14 日 9 时，他们共急救伤病员 560 人。都江堰救灾指挥中心将他们安排到都江堰幸福大道受灾群众安置点工作，并为他们配备一顶专用帐篷作为救助站。救援队不仅担负着受灾群众的医疗救治防病工作，还负责安置点援救物资的收发工作。16 日，李强等 10 人翻山越岭赶赴极重灾区汶川县漩口镇和映秀镇开展救治工作。在13—16日的救援工作中，他们共救治受伤受灾群众700余人，救治受伤解放军官兵300余人。

5月13日，在成都从事建筑施工的曹华伟，告别怀孕3个月的妻子，自带干粮和简单的工具，带领几十个工人奔赴都江堰灾区抢救伤员。见受灾群众缺少蔬菜，他便迅速到广安、内江等地，自费购买了51吨蔬菜，转交抗震救灾指挥部统一发放给灾区群众。

5月13—26日，四川东成建设有限公司总经理陈兆江，带领20余人组成的志愿者队伍在汶川县映秀镇等地参加救援抢险，并向灾区捐赠价值5万余元大米、方便面、蔬菜和矿泉水等食品。

5月14日，绵阳市游仙区松垭镇村民刘俊，只身乘长途客车赶到安县永安镇，再徒步3小时赶到北川羌族自治县曲山镇。当他听到4名逃生出来的当地居民说曲山幼儿园废墟里还有小孩子的哭喊声，便快速赶到已经塌陷的曲山幼儿园。顺着哭喊声，看到一名小女孩被压埋在废墟里，他赶紧找到来自江苏省的武警部队搜救队，协助武警战士救出那位小女孩及另外两名小孩。

5月15日，泸州市龙马潭区居民自发组成的医疗救援队和疾病控制应急队到达北川中学后，从废墟中挖出遇难者遗体44具。疾病控制应急队在彭州灾区乡镇开展消毒灭菌面积近10万平方米，向受灾群众发放卫生防病宣传资料2万余份；处理遇难者遗体11具、动物尸体10具，进行厨房和厕所消毒158间次、饮用水消毒1100余吨，清理垃圾堆175个，为1.1万余人次进行健康教育和心理咨询。

德阳市50余名私家车车主自发组成志愿者“众爱运输车队”，深入灾区村社收集第一手灾情资料，再以最快速度将救灾信息报告给指挥部；按指挥部的指令将救灾物资运送到灾区，并协助发放到受灾群众手中。在抢险救人车辆紧缺的情况下，车队承担了伤病员急运、受灾群众转移及新闻采访等保障任务。在抢险救灾期间，车队共出动车辆1000余台次。

二　甘肃省志愿者服务

共青团甘肃省委开展志愿者服务　5月19日，由共青团甘肃省委组建的心理调适志愿服务队赴灾区开展心理健康热线服务。团省委组建的“12355青少年维权和心理健康热线”的工作人员、社会心理志愿者先后4次赴陇南、甘南重灾县工作20多天，进行团体心理辅导70余场，培训4800余人，接待心理个案咨询2000余例，整体覆盖人群6000余人。团省委邀请北京、台湾专家对受灾市州的100多名团干部、心理咨询师、教师和学生进行了心理调适专项培训。

共青团甘肃省委组建35支2600多人参加的支教、支医、支农等灾区重建志愿服务小分队，到灾区开展医疗服务，进行健康普查3万余人次，举办各类讲座、咨询、展览180余场，授课3500余学时（参见图209），发放房屋重建设计等各类资料13万份，举办文艺演出90余场，捐赠图书4万余册。团省委组织兰州、酒泉、嘉峪关、张掖、金昌、武威6个市与文县等4个重灾县结成“手拉手”帮扶对子。团省委为灾区捐建红领巾书屋50个，赠送图书5万册；编印发放《少年儿童自然灾害避险常识》10万册，组织开展了全省“情系灾区小伙伴书信大赛”活动。此外，团省委联系协调陕西省电子信息学校等6所学校，为灾区贫困学生分别提供学费、免除部分

图209 兰州理工大学学生志愿者在文县中庙乡的“帐篷学校”为灾区学生上课（甘肃省民政厅 提供）

学费、勤工俭学等优惠政策，招收陇南、甘南地震灾区贫困学生812人到学校上课。

共青团甘肃省委还发动全社会资助灾区贫困学生3371人，资助金额共397万元。其中，资助灾区2008年参加高考并被全日制普通高校录取的应届高中毕业生771人，资助金额267万元；资助18所高校受灾家庭经济困难学生600人，资助金额30万元；资助灾区家庭经济困难小学生2000人，资助金额100万元。

汶川地震发生后，甘肃省青年志愿者协会、甘肃省志愿者指导中心立即成立抗震救灾志愿者招募工作办公室，设立24小时报名电话，通过电视、广播、报纸、网络等新闻媒介向社会发布志愿者招募信息，动员广大团员青年及社会各界人士以志愿服务形式投身到抗震救灾工作当中，报名参加的志愿者逾2万人。

由甘肃怡欣心理咨询中心招募的心理学志愿者组成的心理救助志愿服务队，为灾区中小学生及受灾群众进行心理救援。从5月25日起，服务队赴陇南市武都区各个镇村中小学和受灾群众安置点做心理辅导。6月1日，服务队在武都区汉林乡三家地村，通过心理游戏、绘画、放飞愿望等方式给140多名孩子过了一个特殊的儿童节，并发放了文具和书包。7月14日，服务队到达文县，利用暑期开设心理咨询师培训班。20日，文县石鸡坝初中顾满平等16名教师，到平凉市泾川县参加由香港活知识力群社和甘肃怡欣心理咨询中心举办的NLP心理培训。8月5日，香港活知识力群社的心理专家和参加泾川NLP心理培训人员，在文县一中多功能厅举办培训班，对教师进行心理辅导。

甘肃省红十字会开展志愿者服务 汶川地震发生后，甘肃省红十字会招募青年志愿者6000多人，投入红十字会人道主义志愿服务，开展救灾捐赠、物资运输等志愿服务。

5月13—30日，甘肃省红十字会在兰州设立18个募捐点，有750多人次大专院校红十字志愿者参与服务。他们向每一位将捐款投入募捐箱的市民深深地鞠躬，真诚地说一声“谢谢”。不少志愿者每天工作 9 ~ 22 个小时，累得双腿都不能弯曲了。志愿者王玉娥，曾是一位企业职工，内退后在一家单位务工，有 20 多年的财务工作经验。当她在报纸上了解到招募救灾捐赠财务志愿者信息后，立即到省红十字会募捐处报名，成为一名救灾捐赠财务志愿者，负责接收捐赠资金。有 30 多年财务工作经验的李淑清，自愿报名到省红十字会做救灾捐赠财务志愿者。她每天既要清点大量现金入账，还要通过网络、邮政、银行转账等方式统计管理，向捐赠人开具每一笔捐款收据，给捐赠人填写感谢信，每天连续工作 13 小时，没有节假日。

从 5 月 13 日起，甘肃省红十字会机关的电话就一直不停地响起。值守电话的志愿者从早到晚一刻不停地接听电话，面带微笑耐心地为所有来电市民服务，几乎没有空闲的时间，腿麻木了，站不起身；嘴唇干裂了，却没有时间喝水；饭菜凉了，也顾不上吃一口，甚至连上卫生间都没有时间，坚持热情服务。兰州市安宁区兰州职业技术学院学生范彦霏，每日 6 时起床，乘坐一小时的公交车赶到省红十字会负责接听募捐热线电话。电话多的时候喝不上水，电话少的时候还要帮助前来捐款的家长照顾小孩，奔波于货场与各募捐点之间，帮助搬运物资。

从 5 月 13 日起，每天汇集而来的既有企业团体捐赠的成批的食品、药品、衣物、帐篷等救灾物资，也有普通市民捐助的零星衣物。这些物资需要大量人手整理搬运、入库或装车，甘肃省红十字会志愿者组成的物资运输服务队承担着这项繁重的工作。他们中大多是大专院校的教师、学生，在家中很少干重活，但在搬运现场却争着抢着干重活，肩膀上都勒出了血印子；中午躺在包裹麻袋上小憩一会，下午又继续工作。

甘肃省各市州开展志愿者服务 酒泉市红十字会志愿者协会于 5 月 13 日在酒泉电视台、《酒泉日报》发出紧急募捐呼吁书，公布捐赠电话和捐赠账号，开展募捐活动。市红十字会组织志愿者 20 多人走企业、访个体、进机关、到学校，进行广泛的救灾募捐宣传。至 26 日，募集资金 3107855 元，募集价值 35 万元的药品和衣被 81 件（床）。

共青团平凉市委在灾情发生后立即组织青年志愿者 120 人，协助市红十字会在平凉城区设立募捐点，面向社会开展劝募活动，截至 5 月 26 日，共募集资金 7.13 万元。

6 月 13 日，共青团白银市委联合市卫生局、市红十字会，在万盛公园门前举办“定期献血、关爱生命”无偿献血青年志愿者活动启动仪式，来自市区的注册志愿者 400 多人参加了活动，60 多人义务献血，部分志愿者进行捐赠造血干细胞的登记、采样工作。市青年志愿者协会组织 17 名志愿者赴文县铁楼、碧口、范坝、中庙等地开展拆除危房、消毒防疫和心理咨询等工作，还捐赠了价值 2 万余元的药品、方便面、被褥、帐篷等救灾物资。

共青团天水市委组建抗震宣传、青年师生支教、医疗卫生、科技支农、心理咨询、青年志愿者服务小分队，深入灾区开展青少年心理调适、就业培训、“手拉手”结对帮扶等活动。团市委在抢险救灾阶段，还组建了医疗卫生、公路抢修、物资转运、心理咨询等 5 支志愿者队伍，深入灾区开展帮扶工作。

共青团庆阳市委将全市受灾学校的照片和有关文字资料，分别发给香港苗圃行动、甘肃省青基会等国内外慈善团体、单位和部分市青联委员，并在庆阳团市委网站上刊登受灾学校相关信息，受到社会各界高度关注。7 月，香港苗圃行动工作组先后 4 次赴西峰、镇原、庆城、环县、宁县等地 22 所农村学校实地查看灾情，经苗圃行动董事局同意后，按照 50% ~ 80%的资助比例，确定资助庆城县土桥乡王塬小学等8所乡村小学灾后重建。据统计，2008年香港苗圃行动共在庆阳市捐建希望小学10所，资助金额413.59万元。

共青团陇南市委面向社会广泛招募青年志愿者。全市由志愿者2400多人组建的75支青年志愿者突击队，深入武都、文县、康县等县（区），印发抗震救灾知识宣传资料1.2万余份，制作大量避震知识宣传展板，帮助青少年和受灾群众提高自我防护意识，消除紧张情绪；深入市医院看望慰问受伤学生，为伤员捐赠衣物、送饭送菜，护理病人；帮助群众拆除危房130多间，搭建帐篷100多顶，修建临时厕所6处，搬运救灾物资400多吨；派遣交通、治安协管1200多人次，开展社区调查访问500多人次，组织30多人帮助群众抢收小麦、油菜近1公顷。共青团武都区委机关干部和青年志愿者57人到市中心血站义务献血7100毫升。团市委成立救灾募捐办公室，发出“众志成城、抗震救灾”倡议，广泛动员社会各界为受灾群众募集资金157.75万元。团市委看望和慰问内蒙古、西藏、北京以及省内市州青年志愿者服务队，为外地至陇的志愿者做向导、搭帐篷、搞宣传、运物资，得到外地志愿者的好评。团市委还组织12批160多人青年志愿者组成的心理援助服务队赴灾区，开展心理抚慰工作，帮助受灾群众树立生活信心。

共青团舟曲县团委动员全县各级团组织、广大团员青年开展向受灾群众捐款献爱心活动，组织青年志愿者100余人奔赴大川镇、峰迭乡、城关镇、江盘乡等乡（镇）开展抗震自救、夏粮抢收、物资运输、心理抚慰等工作。

在汶川地震灾害救援活动中，甘肃省许多志愿者自发赴灾区开展服务，支援地震灾区。

庆城县农民徐进仓，与该县60岁的陈万仁、党员任国君、党员李志乾及环县党员王建锋商定赴四川灾区做志愿服务。5月13日8时，他们打车至西安乘火车到广元后，购买400元的方便面、面包、火腿肠、矿泉水和常用的纱布、消毒剂、消毒液、止痛片、手电筒等，租车到安县。14日17时，5位农民长途跋涉32个小时，赶到北川中学。他们来不及吃干粮、喝水，开始寻找生命迹象。23时，任国君从废墟的缝隙里看见一个人的背部，经过一个多小时的努力，救出一名高中女生；15日凌晨1时许，救出一名男生。15日10时，他们会同其他救援人员一起救出两名妇女。15时左右，在北川羌族自治县政府附近又救出两名男同志。15—17日，他们共救出灾区群众6人，资助受灾群众60多人，包扎伤口50多人。从18日上午开始，他们在北川指挥部安排下搬卸救灾物资。22日下午，温家宝在指挥部会见了他们。24日11时，中共中央政治局委员、中共中央书记处书记、中组部部长李源潮会见了陈万仁和徐进仓等。28日，徐进仓、陈万仁、王建锋3人离开北川指挥部，赶赴广元报名当志愿者。此时他们已无资金，便派徐进仓回家卖了12只羊，向亲友借款1000多元，于6月5日赶到广元会合。8—25日，他们赴青川参加青川县活动板房建设志愿团，在乔庄镇等地帮助群众灾后重建，在制药厂从事装卸救灾物资。中央电视台在“众志成城、抗震救灾”节目中连线直播了5位农民志愿者的事迹（见图210）。

敦煌市个体医务人员王文、王莉、夏玉芸，5月13日自发组队赴陇南灾区参与医疗救助，先后在武都区卫生局、人民医院、疾控中心进行看护病人、防疫消毒、转运伤员、心理疏导等服务，并分别向3个单位捐款1000元、500元、500元。王文后被授予“甘肃省红十字会系统抗震救灾工作优秀志愿者”称号。

图210 汶川地震后奔赴四川救灾的庆城县农民志愿者。从左至右依次为任国君、王建锋、徐进仓、陈万仁、李志乾
（庆阳市民政局 提供）

灵台县个体工商户仇小琼、曹唯，采购2020元的方便面60箱、矿泉水6箱，于5月14日10时30分，开着出租车从灵台县城出发，15日到达都江堰，将物资捐赠给都江堰市救灾物资接受点。

渭源县会川镇永安宾馆总经理李刚，个人向甘肃省民政厅捐赠3万元；5月15日，自费从临洮县租车，装载价值6万元的锅盔、方便面、矿泉水赴四川灾区；16日赶到北川，挂出“渭源人民向四川灾区同胞慰问”的横幅，把带来的物资分发给受灾群众；17日，又奔赴平武，将救灾物资分送到当地群众手中；23日，带着在临洮定做的价值6万元的点心和方便面，再次赶到绵阳灾区捐赠给受灾群众。

5月15—31日，陇西县职业摄影家李军，自费辗转奔波于川、甘两省13个县的50多个受灾乡（镇），拍摄作品1万余张。31日，李军受邀参加甘肃省摄影家协会举办的甘肃抗震救灾大型纪录摄影展，有15幅作品入选，被组委会评为“全省抗震救灾先进摄影工作者”。返回陇西后，李军挑选了具有代表性的摄影作品216幅举办“‘5·12’汶川大地震李军大型新闻纪实摄影巡回展”，在全县企事业单位、中小学、医院、街道社区义务巡回展出200余次。

岷县茶埠镇甫里村农民谈卯成，在镇上租房开理发店，地震发生后，从300公里外的岷县赶到陇南市武都区马街镇蒿坪村当志愿者，为部队官兵和受灾群众理发。

三 陕西省志愿者服务

共青团陕西省委开展志愿者服务 汶川地震发生后，共青团陕西省委、陕西电力公司、陕西省血液中心志愿者组成陕西省抗震救灾志愿服务队，运用各种形式，服务抗震救灾工作。5月16日下午，团省委举行向省电力公司、航空公司、西航发动机公司、庆安公司、西安秋林公司、省团校等10支志愿服务队授旗仪式，并当场组织500余名志愿者献血。从21日开始，四川灾区伤员分批转入陕西省医疗救治，团省委发起“传递温暖传递爱”主题志愿服务活动，得到广大青年和社会各界的积极响应，近千名志愿者纷纷通过电话、电子邮件等方式，到各招募点咨询和登记。30日下午，由团省委、省少工委、第四军医大学志愿者协会、少年月刊杂志社、陕西师范大学附属小学组成慰问团到第四军医大学西京医院，慰问到陕西治疗的灾区受伤少年儿童，并为他们送去节日的问候和祝福。陕西师范大学附属小学5名少先队员代表带着同学们精心制作的100张爱心祝福卡及真挚的祝福赶到医院，与到陕治疗的四川地震灾区小朋友一起过六一儿童节。在爱心病房里，5位小朋友为四川地震灾区小朋友表演了精心准备的文艺节目。

地震发生后，西安铁路局直属机关、西安电务段、西安东车辆段、西安供电段等青年志愿者100人组成抗震救灾志愿服务队。5月21日，当四川首趟转运灾区伤员的列车抵达西安车站后，志愿服务队在车站进、出口引导救护车辆通行、抬担架运送伤员、维持秩序，整个站台上到处都闪动着服务队员忙碌的身影。此外，当西安铁路局团委得知奋战在宝成铁路109隧道抢险一线的广大青工急需药品的情况后，立即购置价值3000余元的感冒药、消炎药、外伤用药及防暑药剂等药品，迅速送到抢救现场，为参战人员提供后勤医疗保障。

5月15—25日，共青团陕西省委、汉中团市委和陕西省十大杰出青年、陕西伟志集团董事长向炳伟组织志愿者抗震救灾小分队，赴青川开展志愿服务活动。小分队向灾区捐款3.3万元，捐赠折价8万元的帐篷40顶、棉被50多床、矿泉水1.2万瓶和食品3.5万件。当灾区食品极度匮乏时，向炳伟立即派人返回汉中购买9万多个馒头和大饼，于17日凌晨赶赴青川分发给受灾群众和救援部队官兵。20—21日，灾区余震不断，普降大雨。小分队冒雨将棉被4000床、奶粉1000余袋、卫生巾2000多包及价值10万元的彩条布，送抵青川县竹园镇和凉水镇。23日，小分队在广元市人民医院装卸救灾物资30吨，转运物资2000余件。24—25日，小分队除向灾区转运救灾物资外，还在医院、学校开展心理抚慰活动。

6月1日，共青团西安市委、西安市广电局在西京医院骨科楼大厅联合举办“托起明天——与灾区孩子共庆六一活动”。活动结束后，西安市“十佳少年”陪同灾区的孩子，乘坐25辆义务服务的出租车游览了钟楼、大雁塔和曲江海洋世界。

陕西省妇联开展志愿者服务　在抗震救灾活动中，陕西省妇联组织各级妇联、社会各界开展抗震救灾志愿服务活动。

5月14日，陕西省妇女理论婚姻家庭研究会等10家妇女民间组织共同成立陕西NGO赈灾联盟志愿服务队。18—27日，联盟志愿服务队第一批志愿者与贵州、北京志愿者组成“聚爱义工小组”，赴灾区协助开展评估灾情、了解受灾群众需求、看望受伤儿童、协助发放物资、开展卫生防疫等工作。5月30日至6月6日，联盟志愿服务队第二批志愿者赴绵竹市遵道镇，对50多名3～5岁遇难孩子的亲属进行情感安慰和心理疏导，帮助搭建大棚住房36座、2130平方米，使128户、545人的住房条件得到改善。志愿者与周边几个村的小朋友共同庆祝六一儿童节。6月11日，联盟第三批志愿者赴遵道镇，在马跪村6组开设了儿童活动中心，并联系哈佛校友会代表为中心的孩子捐赠了玩具和图书。截至7月30日，联盟志愿服务分队协助该村完成过渡房搭建任务。

5月30日，陕西省妇联在西安市大雁塔小学举办以“心系灾区、传递爱心、迎接奥运”为主题的陕西省庆祝六一国际儿童节道德实践活动。“六一”前后，省妇联还组织30多名专家和志愿者开展了抗震救灾家庭宣传、咨询活动，与省新闻工作者协会联合下发《震区儿童采访报道指南》，要求新闻媒体在采访中正确引导社会舆论，保护儿童心理免受再次伤害。7月9日，省妇联启动“结对帮扶恢复重建新增务村（宝鸡市凤翔县）暨全省灾后家庭关爱行动”，行动围绕助孤解困、母亲安居、爱心助学、美好家园、志愿者关爱5个子活动展开。另外，省妇联向汉中、宝鸡灾区500名贫困母亲及“三孤”人员每人补助1000元，向灾区家庭发放儿童服装8000套，向新增务村提供了灾后恢复重建资金。

5月16日，陕西省红凤志愿者服务协会开通“红凤工程”网站，向在川、渝就读的“红凤工程”受助学生发出慰问信，鼓励她们踊跃参加当地志愿者队伍。17日、18日、24日，协会分别对70名高校和社区志愿者进行了“抗震救灾、自救互救、心理辅导、志愿服务”等培训。6月1日，协会与西部网、爱卡车友协会陕西分会、西安丰宝泰贸易有限公司的志愿者，赶赴汉中市宁强县黄坝驿中心小学、县幼儿园，与孩子们共庆六一儿童节。7月12日，协会副会长班理渝与北京“西部阳光”支教志愿者宁强小分队共同赴宁强县高桥中学开展支教活动。13日，协会对陕西高校农村支教工作志愿者团队进行了培训。培训后的志愿者纷纷深入灾区中小学校，帮助进行灾后教育工作。

9月8—12日，陕西省妇女健康促进会组织5名大专院校教授组成“灾后心理辅导志愿者小组”，对汉中市各级妇女干部、女企业家、医务工作者、卫校师生、中小学师生等1100多人进行心理辅导，对受到地震心理创伤的农村妇女进行心理辅导和治疗。促进会还为宁强县广坪镇金山寺村党支部书记、抗震救灾英雄王显勤患有心脏病的妻子冯翠芳置换了心脏瓣膜，组织4支医疗队免费为灾区1149名妇女进行了妇科病检查。7月22日至8月5日，西安市基督教女青年会组织大学生志愿者44人，在略阳县郭镇镇开展为期14天的“灾后妇女青少年关爱行动”，走访受灾农户600户，建立心理档案397份，对600余名妇女、1000余名青少年进行了心理辅导和疏导。

地震后，西安市妇联组织巾帼志愿者200人，与灾区孩子进行结对帮扶。市妇联、新城区妇联、灞桥区妇联、长安区妇联到第四军医大学西京医院和唐都医院慰问灾区伤员。灞桥区妇联向唐都医院提供了273名志愿者名单及其联系电话，请他们如有需要可直接联系志愿者，以提供紧急医疗护理服务。10月，市妇联组织灞桥区、周至县等6个县（区）妇联参加省妇联举办的“爱心妈妈”活动，组建了137人的爱心妈妈队伍，为灾区儿童编织爱心毛衣毛裤255件。

陕西省各市开展志愿者服务 陕西省各市委、市政府、团市委积极组织部署抗震救灾志愿服务活动，为抗震救灾做贡献。

共青团宝鸡市委于5月12日晚通过新闻媒体发出招募志愿者倡议，向社会招募宣传、募捐、慰问、文艺、抢险、医疗、治安、心理辅导等8个小分队的青年志愿者。在5天时间里，报名者达4000余人。报名者中，既有机关干部、退伍军人、个体工商户、企业职工、医生、司机，也有民工、学生，年龄最大的53岁、最小的16岁。15日，团市委对首批招募的200名志愿者进行培训并颁发证书。随后，志愿者走上街头，奔赴农村，向群众发放防震救灾手册，开展募捐款物、慰问受灾群众、治安联防等志愿服务活动。灾后心理援助志愿服务队深入灾区查看灾情，了解群众心理，做受灾群众的思想工作，解除了不少群众的心理困惑。医疗志愿者分别到市中心医院和第二人民医院等医疗单位，帮助搭建帐篷、转移病人、照顾病人。地震灾害发生后，由于109隧道塌方，宝成铁路一度中断，川陕公路运力饱和，5000 余名亟待回家探望灾情的川籍旅客滞留在宝鸡火车站、汽车站。团市委组织志愿者 160 人，在站前广场临时候车大棚设立爱心服务区，从 14 日起每日安排两组三班志愿者为旅客提供开水、豆浆、绿豆汤、稀饭等防暑降温食品，协助车站工作人员耐心解答旅客提出的各种问题，及时提供震情和交通信息，开展心理疏导。志愿者配合交通运输部门做好返川旅客转运工作，帮助老弱病残孕旅客提运行李，帮助司乘人员检修车辆。据统计，在各个车站参与服务的志愿者人数累计达 1000 余人，服务旅客 2 万余人。团市委组织志愿者 850 人组成宣传和维护治安队伍，向市民通报权威地震信息，发放宣传资料 6 万余份，开展较大规模的宣传活动 40 余次。由近百人组成的维护公共秩序小分队，在社区、街道和市区主干道，配合公安干警执勤，夜间进行治安巡防，维护交通秩序。市妇联开展“爱心妈妈”志愿活动，对受灾妇女进行感情沟通、心理疏导和物资救助。

共青团汉中市委向各级团组织和团员青年发出抗震救灾志愿服务倡议，成立各类青年志愿者服务队 117 支，设立青年志愿者服务点 146 个，有 2596 名青年志愿者开展查灾救灾、医疗服务等活动，服务受灾群众 30 余万人次。5 月 13 日，团市委在民主街广场设立可容纳 20 人过夜的老弱病残临时休息处，建立青年志愿者服务站，以转播电台消息、播发抗震公告、宣传《广场公约》、提供卫生医疗咨询等服务。团市委组织 40 余人的“汉中青年志愿者突击队”，先后 4 次赴青川、宁强、略阳，累计向灾区运送价值 2 万多元的食品、饮用水和药品。14 日，团市委公布志愿者招募电话，设立招募点，累计招募医疗、教育、建筑等行业志愿者 1000 余人。5 月 16 日至 6 月 27 日，团市委在市政广场设立志愿者爱心服务站，免费为户外滞留的避震群众提供矿泉水、常用药品，组织志愿者 100 余人参加防震知识和公共卫生防疫知识宣传。团市委还在汉中市广播电台开通地震和高考心理咨询服务热线电话，开展震后心理疏导等志愿服务活动，接听心理咨询热线电话 100 余个，服务群众近万人。中国移动汉中分公司团委招募志愿者组成 7 个服务队，为过往救灾车队人员免费提供电话、手机充电及方便面、西瓜、饮用水等食品和常用药品等，帮助车辆加水、冲洗挡风玻璃、更换刹车片等，累计服务抗震救灾车辆 4379 辆，服务抗震救灾人员 12218 人。26 日，汉中市红十字会成立汉中红十字会志愿者服务队，首批 26 名队员佩戴统一制作的标志太阳帽、T 恤、蓝丝带，身穿胸前印制红十字标识的黄色 T 恤参加志愿活动。6 月 1 日，市红十字会志愿服务队分两批赴宁强县、南郑县及汉台区集中安置点，慰问帐篷中的少年儿童。

西安市政府部门单位和人民团体，积极组织志愿者服务活动，支援地震灾区。市卫生局组织 5 支 123 人的医疗（防疫）队，赴广元、广汉和宝成铁路 109 隧道等地开展医疗救护服务。其中，3 支医疗队在灾区实施手术 254 例，为受灾群众检查身体 1686 人次，抢救危重病人 224 人次，医疗护理 4555 人次，转送接运重症伤员 156 人次。另两支医疗防疫队执行消毒任务，消毒面积 231 万平方米，消毒场所 22203 个，消毒人畜尸体 329 具，应急接种各类疫苗 830 人份，培训当地卫生防疫人员 2659 人次。第四军医大学各医院除在西安救治四川转陕伤员外，还派出由 20 多个科室、220 名医务人员组成的 7 支医疗队，于 5 月 14 日赴四川灾区，开展医疗救护服务。西安市红十字会有志愿者 5000 余人。地震发生后，他们有的到西安市红十字会机关帮助搬运救灾物资，有的在街头募捐劝捐，有的在捐赠点接听电话、接收捐款，经常工作至深夜。志愿者还先后 4 次协助市红十字会及时将救灾物资运往广元、汉中和宝鸡灾区。共青团西安市委、西安青年企业家协会组织60名志愿者赴略阳，把他们捐赠的2万元、价值21万元的药品、鸭绒被等款物发放给受灾群众。团市委、市志愿者协会招募医疗、护理、心理辅导等专业志愿者60人，为46名灾区重伤病员提供了30日的全天24小时陪护服务。市总工会从市中心医院、红十字会医院抽调医疗骨干和专家，驾驶防疫车，携带价值百万元的医疗器械、药品等救灾物资，赴地震灾区开展医疗救治工作。西安必肯科技发展有限公司组织救援小组，携带公司研发的“SJ-3000搜救雷达”赴灾区开展救援。从西安交通大学毕业的100多名中小企业家，组成交大校友会，在会长孙毓红等带领下，于15日捐赠价值10万元的食品、饮料、衣物、帐篷、药品，并运抵绵竹东汽。17日，会长孙毓红、副会长张琪、徐皓祯组织志愿者50余人，在交通大学思源培训中心开展抗震救灾募捐活动，30分钟募集资金20.9万元。

地震发生后，共青团延安市委、延安市青年联合会紧急招募志愿者，成立了由医务工作者、退役军人、检察院系统工作人员等20人参加的青年志愿者服务队，分批赴灾区参与救援。5月17日，首支16人青年志愿者服务队，由市青联委员、延安嘉丰房地产开发有限公司总经理马建雄带队，装载4车价值20万元的矿泉水、食物、药品等物资赶赴四川灾区。他们日夜兼程30个小时，于19日抵达成都，把带去的物资分发给受灾群众。在救援期间，服务队共协助搬运救灾物资1000件，装卸食物等2000箱，并在都江堰市受灾群众安置点为受灾群众义务治疗，开展心理疏导。27日，延安市宝塔区检察院4名干部组成第二支志愿者服务队，深入宁强灾区，将价值5万元的物资和募集的1万元善款发放给受灾群众，并帮助宁强县人民检察院恢复受损房屋、开展工作。

共青团安康市委招募医疗卫生志愿者120余人、心理干预志愿者23人、义务服务志愿者240余人，开展志愿服务工作。从5月28日开始，志愿者轮流护理从四川灾区转送来的重伤员，直至伤员康复出院。宁陕县青年志愿者赵汝军参加抗震救灾驾驶类志愿服务队，购买了价值4000余元的药品、输液器和方便面、矿泉水等物品，自驾车运抵四川灾区，并参与志愿服务。

共青团咸阳市委组织78支抢险救灾青年志愿者服务队，分别赴灾区抗震救灾。团市委组织非受灾地区团组织和青年志愿者“一对一”“一助一”对口帮助受灾地区青少年。团市委开展“青春黄丝带行动”，招募应急志愿者130人，陪护志愿者900人，心理抚慰志愿者120人，为到咸阳接受救治的灾区伤员提供志愿服务。咸阳团市委还组织注册应急献血志愿者5300余人，准备随时为灾区受伤群众义务输血。

在汶川地震救援中，陕西省许多志愿者自发赴灾区开展服务，支援地震灾区。

汉中金都抗震救灾救援队，由汉中金都房地产开发公司职工白智黎、卢贵锋、王国君、白红卫、白华君、苗玉田、白红波等7人自发组成。救援队携带切割机、千斤顶等救援工具，于5月13日赴绵阳灾区，在当地政府安排下，于14日凌晨赶赴安县睢水镇抢救群众。到达现场后，救援队发现在一辆被巨石和泥沙压埋、只露出圆桌大小车顶的客车里，一名妇女还有呼吸，但腿被座椅卡死，车顶上压着石头，情况十分危急。救援队移开车顶巨石，用切割机割开车顶，历经11个小时，于当日21时成功救出这名妇女。

西安君昂户外抗震救援队，由西安君昂户外运动俱乐部有限公司董事长李强、领队李锋、教练王鹏飞等人组成，于5月15日自费前往四川灾区救援。出发前，救援队以最快的速度筹集药品、物品，并复制了北川羌族自治县地图。在途经漩坪乡时，他们解救了被滑坡泥石流围困的群众30多人，安全转移群众4200人。在救援中，他们还拍摄图片500余张，将灾情信息和受灾群众需求送到北川羌族自治县抗震救灾指挥部，为救援部队提供了重要的信息。10月，李强被陕西团省委命名为"陕西省青年突击标兵"。

西安市部分退伍老兵组成志愿突击队。5月19日，经西安市抗震救灾办公室和四川省民政厅同意，在队长司刚（邮政职工）的带领下，突击队奔赴绵阳，绵阳市委副书记接待了他们，并任命司刚为绵阳市抗震救灾志愿者临时协调委员会副总指挥。突击队在距绵阳市区30公里的紧急物资储备中心驻扎，承担北川等多个灾区重要物资的管理、装卸、转运和发放任务。队员们曾在3小时内卸下了几十吨矿泉水，个个累得口干舌燥、嗓子冒烟，但没有一人喝装卸的矿泉水。搬卸帐篷一般都是两个人抬，为了加快速度，队员们一人扛一顶。他们每天连续工作10多个小时，累得休息时往水泥地上一躺就睡着了。在6天时间里，突击队完成物资转运、装卸300车次，货物总量近万吨。绵阳市抗震救灾指挥部以绵阳市政府名义向突击队发出嘉奖令，向每位队员颁发了荣誉证书。

地震发生后，西安市长安区的妇女组成爱心服务队，自费组织采购布匹和棉絮，缝制棉被。每条街道、每个胡同，都有大妈大婶们为灾区缝制棉被的忙碌身影。74岁的薛芳兰大妈采购了质量上乘的新网套、新被面和新被里，然后分发给村里60多名妇女。大家从家里拿来针线，在街道上铺开凉席、彩条布，缝制棉被。她们共缝制了200床棉被送往地震灾区。

洛川育兴有机苹果专业合作社理事长张育珍在地震发生后，决定赴四川慰问灾区群众。5月20日16时，张育珍一行6人驱车装载自产的苹果200箱、4.7万元现金及干吃面、矿泉水从洛川赴四川，历经18个小时，行程1000公里，于21日10时到达绵阳，把苹果转交给有关部门。次日，张育珍一行到江油市郊区，看望一位3个儿子都在地震中遇难的老大娘，除捐款200元外，还承诺赡养老人安度晚年。23日上午，在北川羌族自治县陈家坝乡，他们帮助一户房子倒塌的羌族人家整理器具，承诺资助其小女儿上学至大学毕业。在返回的路上，张育珍遇到一位从外地赶回家乡的打工男子。地震夺走了这名男子的父母及其他亲人的生命，只有他和在绵阳打工的妹妹幸存。张育珍给他留下200元钱，并承诺他今后若有困难，他们会全力提供帮助。24日，他们在重庆儿童医院看望受伤的十几名绵阳儿童，并捐款4000元。张育珍在地震灾区救助期间，岳母去世，他忍着悲痛，完成了在重庆铜梁和四川成都、广元、江油、北川、汶川等地的慰问活动。

四　重庆市志愿者服务

重庆市委、市政府贯彻执行中共中央、国务院抗震救灾指示精神，全面部署全市抗震救灾志愿服务工作，组织开展了各种形式的志愿活动。

共青团重庆市委开展志愿服务　5月13日，共青团重庆市委下发《关于动员全市各级团组织和广大团员青年积极投身抗震救灾工作的紧急通知》，并通过重庆电视台、大渝网、重庆广播电台等媒体向社会征集志愿者。信息发布后，一日内就有400余人到团市委报名，3600余人在各区县团委报名，200余人在10余所大专院校报名。重庆市文明办和重庆市志愿者协会联合向全市200万各类志愿者发出紧急通知，要求全市各行各业志愿者立即行动起来，采取多种方式参加抗震救灾志愿服务行动，向地震灾区送去温暖、献出爱心，帮助灾区人民共渡难关。至26日，赴灾区志愿者达4377人。

汶川地震发生后，共青团重庆市委从报名人员中挑选了心理咨询师60多人，组建起“12355”重庆抗震救灾心理疏导服务团队，服务队中有心理咨询师、心理服务工作者、心理学专业的大学生，其中心理咨询师均取得了国家三级及以上心理咨询师资格证书，是具有专业知识的学校教师或心理咨询所专家。5月17日始，服务队分3批赴绵阳市九洲体育馆开展心理咨询、心理危机干预、心理辅导服务20天。服务队在九洲体育馆帮助1000多名受灾群众特别是青少年缓解心理压力，抚慰心理创伤，树立生活信心。服务队还前往重庆市儿童医院、玛瑙学校，对到重庆治疗的伤员开展心理疏导，帮助他们走出地震阴影。

5月22日，共青团重庆市委、市志愿者协会联合市红十字会、市希望工程促进会、慈善总会，共同组织经过培训后的心理援助志愿者150人赶赴灾区参加医疗救助。重庆市卫生局组织心理危机干预知识培训4期，600余人次参训。23日，重庆市教委组织调集教师志愿者140人，为在医院接受治疗的受伤学生辅导功课。重庆全市共有志愿者2600余人在各区县人民医院、中医院、急救中心等医院对800余名四川转渝伤员进行陪护照顾。

汶川地震发生后，重庆市志愿服务工作指导中心面向全市招募伤员陪护志愿者，照顾失去亲人、无依无靠的转渝伤员。他们针对不同伤情的伤员进行不同时段的陪护。陪护志愿者上岗前接受统一培训，工作期间接受医院的统一考评。5月22日，首支重庆志愿者伤员陪护服务队组建动员暨培训在重庆市第三人民医院老年病区6楼学术厅举行，53名陪护志愿者接受培训，并于当日投入伤员陪护工作。陪护志愿者主要承担伤员生活护理工作，包括对伤员个人清洁卫生、饮食、睡眠、大小便、床位环境的护理。同时，陪护志愿者还协助医护工作者做好病人心理和医药护理，以及重症病人的看护工作。

参加陪护工作的志愿者有机关干部、企业的管理者、单位员工、下岗职工、农民、在校大学生等，也有心理咨询师、卫校毕业生等专业人员。接受陪护的伤员对志愿者的细致耐心给予高度赞扬。共青团重庆市委为保证灾区伤员在转移过程中的安全健康，迅速筹建灾区伤员运送志愿服务预备队。长寿区、铜梁县等相继组建了灾区伤员运送志愿服务队，58名志愿者投入相关工作。潼南团县委招募了专业志愿者32人，为转运的48名灾区伤员开展心理抚慰和陪护服务工作，并成立志愿者工作站，开通爱心专线。5月17日，志愿服务工作指导中心组建了由42人参加的重庆市灾区伤员转运志愿者服务队。次日，服务队参加了重庆客运段铁路职工的医疗救护知识培训。随后，开始对转渝治疗的伤病员进行转运服务。

5月19日下午，载有206名四川地震灾区伤员的专列抵达重庆北站，伤员运送志愿服务队队员参与运送转移伤员。他们根据伤员的受伤状况，将伤员科学平稳地移至相应的担架，并认真细致地用绷带将伤员一一固定，全力协助铁路职工抬送伤员。经过一个多小时的艰苦奋战，将全体伤员分别转送至市二院、市三院、巴南区医院等10家医院。志愿者们无私奉献的精神和一丝不苟的工作态度，给全体参与伤员运送人员留下深刻的印象，并受到了铁道部和卫生部有关领导的高度评价。

5 月 24 日，在共青团重庆市委的组织下，重庆千叶眼镜连锁有限公司抽调技术精湛的特级装配师、特级验光师，组成重庆市青年志愿者——“光明”志愿者服务队，赶赴绵竹开展服务。在灾区，服务队为急需配备眼镜的群众进行免费医学验光、免费维修和配备眼镜（见图 211），赠送总价值 80 多万元的眼镜 3000 余副，成为全国第一支送“光明”到灾区的志愿服务队。服务队还随车捐赠了价值25万元的抗生素、止血止痛类药品以及生活必需品。

图 211　5 月 25 日，重庆市“光明”志愿者服务队队员在绵竹为受灾群众免费配眼镜

（重庆市民政局　提供）

重庆市直部门单位开展志愿服务　重庆市卫生局动员全市卫生系统各级团组织组成青年突击队，赴市内几所医院对灾区转运的伤员进行心理援助 130 人次，赴梁平、铜梁等地进行心理抚慰 70 人次。重庆市公安局团委组织特警总队青年团员组成救灾突击队赶赴灾区，协助消防官兵将救出的幸存者护送到安全救护营地接受治疗。为了及时安抚受灾群众情绪，维护受灾群众心理健康，卫生局组织专人对患有“创伤后应激障碍”等心理疾病的群众和儿童进行震后心理危机救援工作。重钢集团团委组织了 15 支青年突击队，以“一对一”的方式为重钢总医院接收的 37 名灾区伤病员和 60 名受灾家属进行心理安抚和后勤服务等工作。每支突击队负责对 1 ~ 2 名伤员和 2 ~ 3 名家属进行帮扶、慰问，他们还为伤员和家属购买必要的洗漱用品和换洗衣服，提供了必要的生活保障。

5 月 12 日晚，重庆市卫生系统组织 101 名医疗志愿者赶赴四川灾区，开展医疗救护服务。至 26 日，全市有 15 批医疗卫生志愿救援队 899 人，分别在汶川、都江堰、什邡、彭州等地开展医疗救援、疾病防疫及卫生服务工作。志愿者累计救治伤员 1.39 万余人次，其中动手术 600 余人次，抢救危重伤员 400 余人次，消杀卫生防疫面积超过 354.24 万平方米，查验 661 种救灾食品共计 248.62 吨，登记发放救灾食品、饮用水 125.7 吨，进行卫生防疫宣传 7.68 万人次。重庆市 16 个车友会的 3671 位私家车车主组织志愿服务队赶赴四川灾区运送伤员、群众和物资，特别是越野车友会的 101 位私家车车主全部自费加油、自带干粮从都江堰、绵阳运送伤员到成都（见图 212），5 天时间里，他们每天休息不到 3 小时，运送伤员 3561 人。19 日，重庆鑫源越野车队一行 17 人与近 20 名医护人员组成重庆市越野摩托车志愿救护队，赴青川救援。救护队在道路状况恶劣，汽车、常规摩托车不能通行的情况下，参与转运伤员、运送子弟兵和医务人员到灾区急需现场，以及转运急需物资等行动。这支摩托车队为抢险队员争取了到达现场的时间，为伤员救治赢得了时间。重庆建设摩托专业售后服务志愿者携带维修配件和工具，与消防官兵一道奔赴灾区协助救援。

图 212 5 月 21 日，重庆市 101 位越野车车主自带帐篷、干粮，整队前往四川灾区参与救援
（重庆市民政局 提供）

5 月 21—22 日，重庆城市管理职业学院组织社会工作志愿救助队，赴梁平县开展心理救助行动。他们运用叙事疗法、重构社会支持网络法等个案辅导策略和小组工作策略，通过开展心理危机评估、专家讲座、小组辅导、个体辅导、专家后续追踪危机干预辅导五位一体的立体心理干预体系，帮助受灾师生摆脱悲痛，树立信心，重返校园。

5—6 月，重庆市教委指导和支持西南大学心理健康教育研究中心、教育科学研究所与重庆市社会心理学会、市妇联共同组建“重庆心理援助队”，赴绵阳市九洲体育馆、德阳市开展心理援助，发放心理自助宣传材料 1 万份，进行个体心理咨询 500 余人，开展了 10 场小团体辅导，对灾区学校开展了团体辅导、个案追踪、心理档案、课外心理支持等系列工作。

5 月中旬至 6 月 5 日，由专业心理咨询师和非专业志愿者 100 多人，按抚慰对象年龄特征分成青少年组、中青年组、老年组 3 个大组，深入灾区为群众进行心理疏导共计 5700 人次。同时，还有数百名志愿者每天熬好鸡汤送到病房，为被转移到重庆治疗的伤员提供心理安抚，帮助他们抚平伤痛。

7 月 23—26 日，由翁红、刘孜、陈明、黄佩霞等影视歌明星组成的明星妈妈服务队，由重庆师范大学、重庆医科大学女教授组成的爱心妈妈服务队，由重庆市道德模范和民营企业主组成的健康妈妈服务队，分别赴北川、安县、绵竹、什邡等地，对在“板房学校”里坚持学习的儿童和福利院儿童进行慰问和心理辅导。

汶川地震发生后，重庆市交通委员会系统组织了 10 支志愿者队伍，及时为灾区运送物资，做好社会秩序维护工作。截至 5 月 26 日，市交委系统共组织志愿者 2332 人，出动车辆 1146 辆，义务护送全国各地前往四川灾区的救援车队 295 个、车辆 6499 辆，向救灾人员免费送水 1028 桶、方便面 564 箱、饼干 3 箱，发放灾区交通示意图 1.03 万份。重庆市高速公路执法总队志愿者在高速公路路口设立 34 个交通救灾支援服务点，免费为救灾车辆提供维护、补胎、加气等服务。共青团大渡口区委由 17 名机关干部、青联委员和青年志愿者组成的赈灾青年突击队，分乘 5 辆救灾物资车，行程近 1400 公里，向灾区的医务人员和受灾群众救助中心送去价值 14 万余元的药品、棉被、食品、牛奶、饮用水等救灾物资。5 月 16 日，受重庆市红十字会的委托，李涛带领志愿者 16 人，将募集和紧急采购的价值约 50 万元、四大卡车的救灾物资运抵安县灾区。重庆山外山科技有限公司董事长高光勇组织志愿者服务队，携带公司员工捐款 100 万元和灾区急需的雨衣、电筒、食物等物资赴四川重灾地区。西南大学、重庆大学、西南政法大学、重庆邮电大学、重庆师范大学、南方翻译学院、巴蜀中学、求精中学等 100 多所大、中学的志愿者，在绵阳市救灾物资转运站轮流搬运和装卸救灾货物 2500 多吨。

5 月 14 日，重庆市建委组织重庆建工集团和城建集团志愿者 160 多人，将起重挖掘机等大型设备 120 多台送往青川、北川、安县等灾区，成功抢通青川县凉水镇进镇救援道路，抢通凉水镇至胜利村 6 公里、凉水镇至茅坝乡 5.8 公里长的救援道路，使在此受阻的上海、济南医疗救援队伍顺利到达目的地并开展施救工作。至 30 日，重庆市建委先后组织突击队员 54 人和各类设备 183 台（套），赶赴四川灾区参与救援。

5 月 22 日，重庆市水利局组织 3 支重庆市消除地震水利隐患青年突击队，赴青川灾区抢修水库，排除隐患。

重庆市社会组织开展志愿服务 5 月 13 日，重庆市慈善总会组织 30 余名大学生组成志愿者服务队，积极参与抗震救灾捐赠接收工作。团市委、市志愿者协会联合重庆市红十字会、市希望工程促进会组织青年志愿者近 200 人走上街头，在解放碑、沙坪坝、观音桥和南坪等人口集中区域举行了为期一周的支援地震灾区募捐活动。在捐赠点服务的志愿者，年龄最大的 80 多岁、最小的 5 岁。在“苍天无情、红尘有爱”“‘地殇’影像志赈灾专刊义卖”“‘国殇’抗震救灾图片展”“众志成城，我和你在一起”明星爱心赈灾晚会、“周杰伦慈善募捐演唱会”等大型活动中，都有大批慈善志愿者参与并开展募捐，分发爱心贴、黄丝带、宣传资料等活动。

重庆市企业及其他单位开展志愿服务 汶川地震发生后，重庆中交二航局二公司组建 26 人的抗震救灾突击队。突击队携带装载机 2 台、挖掘机 2 台、推土机 1 台、25 吨吊车 1 台快速抵达四川灾区，投入抢险救灾。重庆交旅集团团委挑选经验丰富的工程师 10 余人，组成抗震救灾道路工程应急青年突击队，配置现代挖掘机 2 台、装载机 2 台、平板运输车 4 辆等工程设备，赴四川灾区抢修断路桥点。

震后，重庆网通公司团委组成“心连心关爱突击队”和“通信保障突击队”，赶往灾区各机房，对机房及其室内设备、线路逐一检查，对存在安全隐患的，进行排除、维护和整改，确保通信畅通。同时，他们还实施“心连心、报平安”等服务工作，向灾区人民提供免费拨打可视电话。

震后，重庆市级主要新闻媒体先后派出 122 名记者深入所有重灾地区，克服种种困难及时报道抗震救灾情况。团市委、市地震局联合组建重庆市防震减灾志愿服务宣讲队，在 40 个区（县）和高校内分组设立宣传点，宣传地震科普知识，发放《防震减灾知识宣传册》。全市各社区志愿者共 20 万人纷纷走上街头，宣传防震减灾知识，做好稳定人心工作。

在汶川地震救援中，重庆市许多非公有制企业、个体经营户等各类志愿者自发赴灾区开展服务，支援地震灾区。

5月15日，重庆市“少林堂”名中医刘光瑞召集医疗志愿者20多人，组成中医医疗志愿服务队，携带价值约6万元的急救中成药和应急食品，赴绵阳灾区，为救灾部队官兵发放了自主发明的“中医卫生口罩”1000副，为救灾部队官兵和受灾群众看病治病。因灾区防疫任务重，“少林堂”医疗队又紧急组织生产了数千个“中医卫生口罩”和其他急救药品、食品，一同送往抗震救灾第一线。

5月16日，由重庆垫江富力酒店经理郑启书等14家非公经济业主共50多名志愿者组成重庆垫江富力服务队，自备价值数千元的食品，自驾车赶赴都江堰市玉堂镇实施救援服务。

由重庆市巴南区南泉镇维阳食品厂厂长胡二允、广财食品厂厂长曾广财等人组成的重庆巴南服务队，自备车辆，携带总价值7万元的矿泉水100箱、方便面200箱、牛奶200箱、被子50床、帐篷100顶、饼干50箱，于5月16日奔赴四川灾区，向受灾群众分发食品，并参与救援群众。

5月16日晚，由重庆市北碚区供电局党员胡容田等10人组成的重庆北碚供电服务队，携带价值15万元的水、食品和药品等物资，驱车赴北川、安县，将生活物资捐赠给灾区群众，并开展电力保障服务。

5月23日至6月5日，由侨属王厚中等15名志愿者组成重庆市璧山县服务队，驾驶挖掘机2台，赶赴北川灾区，参与抗震救援工作。

科瑞公司营销志愿者服务队赴青川、德阳、绵阳灾区，协同武警官兵、医务人员装卸药品，帮扶病人。

五　云南省志愿者服务

5月15日，云南团省委、省青联、省学联、省少工委联合发布《心手相连——向四川地震灾区捐款献血的倡议书》，呼吁云南省团员青年同心协力，携手并肩，危难中托起爱的方舟。18日，云南团省委出台《云南抗震救灾志愿服务工作方案》，组织动员广大团员青年积极行动起来，迅速组建康复陪护志愿服务队、爱心志愿家庭服务队、心理健康志愿服务队、应急事务志愿服务队、医疗救援志愿服务预备队5支队伍，采取各种措施，为抗震救灾做贡献。4000多名志愿者报名参加服务队伍。

5月22日，首批243名灾区伤员转移到云南省。有2001名志愿者为伤病员提供服务，其中护理759名、心理咨询170名、应急事务524名、医疗救援298名，通过其他方式参与服务的志愿者250名。

5月24日20时，“云南青年情系四川灾区大型赈灾义演”在云南大剧院举行。演出得到云南省20多位老中青艺术家的鼎力支持，共有400多名演职人员志愿参与演出，为灾区募集了一批资金物资。

5月25—29日，云南团省委领导带领志愿者服务队，赴昭通灾区为受灾群众提供服务，并为627名品学兼优、家庭受灾的大、中、小学学生发放云南希望工程特别助学金。

第二节　非灾区省（区、市）及新疆生产建设兵团志愿者服务

在汶川特大地震抗震救灾活动中，全国26个非灾省份和新疆生产建设兵团，组织大批抗震救灾志愿者参与募集资金、调运物资、医疗救助、卫生防疫、心理干预、紧急救援、灾后重建等工作，为抗震救灾的胜利做出突出贡献。

一　北京市志愿者服务

汶川地震发生后，北京市红十字会组织成立抗震救灾红十字志愿者服务队，协助组织募捐、搬运物资，还会同市救援队赶赴灾区救援。一些单位党委、团委主动组织本单位人员自带食品到市红十字会参与志愿服务。北京网通公司组建应急通信队赶赴都江堰参与抗震救灾。北京市移动公司组建抗震救灾抢修突击队，分别赴青川、汶川、德阳等地进行救助。地震发生后，北京市优秀青年突击队、北京住房建设总集团魏育涛青年突击队，立即赴成都市万年场实验学校开展抢修工作。中国中铁电气化局迅速组织由500多人组成的青年抢险救援突击队，赶赴宝成铁路被地震震塌的地段进行抢修。北京市自来水集团组成抗震救灾支援小分队，赴大邑帮助恢复当地生活饮用水。北京市优秀青年突击队、中国水电二局林胜强青年突击队冒着余震和山体滑坡的危险，开车将饮用水、食品、药品等急需救灾物资送到都江堰市青城山镇泰安村。北京市学生联合会组织40余所高校的近5000名大学生参加了抗震救灾无偿献血活动，在各高校开展大学生志愿者诗歌朗诵追思会、大学生哀悼祈福活动等。北京市少年工作委员会在少年儿童中广泛开展“五个一”活动，即制作一张爱心卡或写一封祝福信、许下一个对生命的承诺、写一篇成长日记、制作一份宣传抗震救灾知识的少先队简报、学会一项自护自救小技能。

共青团市委协调北京操作者俱乐部组织了一支由18名业余无线电志愿者组成的应急通信保障队。5月15日，保障队驾驶8辆私家车从北京出发，于16日19时抵达成都。他们与成都市红十字会取得联系后，于当晚利用车载超短波电台的技术优势，冒着余震的危险，经过18小时连续工作，以最快时间探明了进入青川县姚渡镇道路，护送第一批救灾物资和医务人员进入灾区，并把山区寻找道路时所记载的数据转交给当地政府有关部门，为尽快打通通往姚渡镇的道路、组织更大规模的救援提供了第一手资料。随后，保障队深入青川、德阳、绵阳、什邡、汶川、彭州等地，建立业余无线电移动网络，完成了山区道路开拓及人员搜救、护送医务人员和运送救灾物资等任务。

5月19日至6月2日，北京市社会生活心理卫生咨询服务中心先后组织心理咨询师11人，赴绵竹、都江堰、什邡等地震灾区，用爱和专业心理知识，为灾区群众提供及时的心理援助。

8月13—18日，“我们在一起”北京、什邡红十字青少年夏令营在北京举办，来自北京、什邡的近70名青少年进行了交流。同时，针对受灾群众心理创伤症状日渐显现的情况，北京市红十字会启动了心理援助项目。他们针对1045名医务人员及伤残人员的心理创伤，提供了500小时的筛查服务工作，进行了51场、约195小时的各类普及型和专业型的心理健康辅导讲座，面向130人进行了316小时的团体（小组）咨询，对90名重度心理障碍患者提供了约840小时的个体咨询治疗。

5月20日，北京市由26名医疗专业人员组成的青年医疗卫生抗震救灾志愿服务队赶赴四川，在绵阳市九洲体育馆为受灾群众开展服务。服务队借鉴应对“非典”的医疗工作经验，在极短的时间内总结探索出灾后应急医疗救治、卫生防疫、心理援助“三结合”的工作模式。对此，卫生部驻绵阳专家组和绵阳抗震救灾指挥部予以高度评价，将它命名为“绵阳模式”（亦称“九洲模式”），并作为示范经验在灾区各医疗点中推广。同时，服务队还深入极重灾区北川羌族自治县擂鼓镇，为当地居民巡诊送药，对镇中心小学的23名孤儿和45名老师进行心理干预。24日，由心理、教育等专业人员11人组成的支教抗震救灾志愿服务队奔赴绵阳，与先期到达的医疗卫生志愿服务队会合。他们针对灾区青少年的心理状况，对其进行及时有效的疏导和辅导。两支志愿服务队累计接诊受灾群众300多人次，外出巡诊1万多人次，开展个体心理治疗120人次、集体心理治疗500多人次、心理巡诊2600多人次，开展医疗卫生宣传1万多人次，发放卫生防疫和心理治疗材料2万份。（参见图213）

5月25日，共青团北京市委、北京志愿者协会联合有关单位推出“捐出500小时·北京志愿者支援灾区接力计划”，面向社会招募志愿者，要求应招的志愿者每人每年捐出不少于100小时、总计超过500小时的志愿服务时间。活动旨在号召广大团员青年和志愿者发扬“奉献、友爱、互助、进步”的志愿服务精神，为灾区恢复重建提供包括支医、支教、支农、文化、科技等内容的志愿服务，以帮助灾区群众渡过难关、重建家园。截至2009年3月，接力计划已先后派出22

图213　5月28日，北京市副市长丁向阳（左二）到北京西站慰问灾区转来的伤员和随队归来的医护人员

（曹欣　摄）

支300余人专业志愿者队伍，赴灾区开展医疗救助、卫生防疫、心理援助、就业创业、文化传播、信息平台建设、志愿者管理、抢收抢种等志愿服务活动，积极为抗震救灾和灾区重建贡献力量。

二　天津市志愿者服务

6月，共青团天津市委、天津市教育厅决定从全市18所高校招募大学生志愿者30人，赴四川开展为期一年的抗震救灾志愿服务。招募信息发布后，南开大学、天津大学、天津师范大学等高校大学生踊跃报名。南开大学制定专项招募方案，重点招募心理学、医学、教育学等专业学生，并邀请参加抗震救灾的专家对志愿者进行选拔和培训。

5月上旬，天津市塘沽区某企业组织医疗等部门职工旅游团到四川旅游。汶川地震发生时，旅游团刚刚结束旅行，正在成都双流机场等候返航班机。他们目睹一批批志愿者从全国各地赴川帮助抗震救灾，决定留在四川灾区参与救灾，并立即联系成都市志愿者组织。经协调，他们赶赴灾情严重的绵竹市板桥镇双和村施救。他们在山路上徒步行进7个小时，到达双和村开展辅助治疗工作。他们每天背着药箱挨家挨户询问伤者，为受伤者提供治疗，使重伤病者7人转危为安。在灾区7个昼夜里，他们无固定的居住场所，哪里需要就到哪里，走到哪里就临时搭一个简易帐篷休息。

从5月12日开始，天津市有志愿者1500余人到市红十字会报名参加赈灾志愿服务。他们中有机关干部、退伍军人、医生、大学生、教师和退休工人。志愿者分别从事接收捐款、票据清点、物资运送、接听电话、文字宣传等工作。服务队还创办了全国第一家红十字志愿者网站，将自己在市红十字会参与志愿服务的所遇所感发帖于网上，呼唤更多有志者加入志愿者队伍。

地震发生后，到天津市慈善协会服务的志愿者达150余人。在志愿者中，有把孩子独自留在家里的母亲，有请事假的公司职员，有暂时放弃经营的个体商人，有利用课余时间的大学生，有放弃休息的退休人员，有受过资助的孤儿，有市慈善协会工作人员的家属，有企事业单位的人员。国信倚天会计师事务所、中国银行、天津电视台、天解搬家公司、上海歌华公司等单位派员到市慈善协会轮流做义工，在值守电话、接收善款、物资搬运、安全保卫、伙房帮厨等工作岗位上辛勤工作。志愿者同市慈善协会工作人员一样，每天工作15～16个小时，时常顾不上吃饭。塘沽区组织新村街社区的优秀母亲、和谐家庭、文明市民代表组成"巾帼志愿者服务队"，开展"伸手传递爱心送温暖"活动，一针一线缝制棉被100床，捐给四川地震灾区。

汶川地震发生后，天津市许多志愿者自发赴灾区开展服务，支援地震灾区。

天津大港医疗服务队，由大港区7名医务志愿者组成。他们经联系四川省志愿者协会，参加了四川省"志愿者抗震救灾黄丝带行动"。5月15日，他们自费购买价值4000元的药品及消毒剂，紧急驱车奔赴四川。16日晚到达德阳后，德阳市药监局又为其配备上万元的药品，让他们到灾区一线施救。他们立即赶赴受灾严重的什邡，被编入成都军区陆军预备役某团，负责接送转运伤员及沿街义诊。服务队每日接诊300多人次。18日，部队搜救工作由城镇转向山区村组，服务队兵分两路随部队官兵翻山越岭7个多小时，到达什邡市红白镇木瓜坪，同部队官兵一起救出村民5人。

国信倚天会计师事务所副所长刘琳先后率人员20多人，协助天津市慈善协会参与市级大型救灾现场募捐的组织和统计工作。中国银行天津士英路支行行长石英带领工作人员到慈善总会，负责收款、清点入库和日常保安工作，缓解了慈善协会工作中的困难，保证了捐款的安全。

5月13日，天津市某企业的女职员缴子玲在慈善协会捐款时见工作人员的繁忙情景，遂将公司的日常事务委托给他人，主动留下当志愿者，每日工作达16小时。市民石海英从新闻中得知汶川地震消息后，把年幼的孩子留在家里，立即到慈善协会帮助接听电话。

5月14日下午，天津市西青区辛口村居民杨绍立等7人驾驶3辆货车，满载价值50余万元的药品，日夜兼程，不顾灾区道路塌方和山体滑坡的危险，在24小时内将消炎、治疗跌打损伤的药品送到青川灾区。

天津市武清区王庆坨镇万方彩钢公司总经理赵殿刚向灾区捐赠了价值120万元的1300平方米的彩钢板房。5月20日，赵殿刚带领22名工程技术人员赴绵阳市板房搭建现场，组装彩钢板房。

三　河北省志愿者服务

汶川地震发生后，河北省委、省政府全面部署抗震救灾工作，省直部门单位、企业及社会各界开展多种形式的抗震救灾志愿服务活动，支援地震灾区。

5月13日2时，在河北省卫生厅的组织协调下，由来自河北省人民医院和河北医科大学第二、三、四医院的40名医疗人员组成2支省级医疗卫生服务队，由河北医科大学第一医院的20人组成第三支省直医疗卫生服务队，由各地市级医院254人组成11支市级医疗卫生服务队。每支医疗队由一名院领导带队，队员由普外科、神经外科、骨外科、胸外科、麻醉科的医生和6名护士组成。全省共组织了16支共计314人的医疗队，配备1400余万元的药品、器械和生活物资，24小时待命准备奔赴灾区。

5月13日，河北省疾控中心和11个区（市）疾控中心的144人组成卫生防疫队，进行培训和物资准备后，于16日赶赴四川灾区工作。20日，组建卫生监督队赶赴灾区（见图214）。25日，第12支防疫监督队抵达崇州，协同当地卫生监督机构对灾区的食品卫生、饮用水卫生等进行监

图214　河北省首批赴川抗震救灾卫生防疫监督队举行出征仪式
（河北省民政厅　提供）

督，检查水源是否被污染、供水是否达到卫生标准等工作。从 26 日起，防疫监督队到受灾群众安置点、聚集点及集中就餐点进行卫生防病知识宣传。崇州市乡镇分布较散，特别是鸡冠山乡比较偏僻，村民居住分散。山体滑坡和不断的余震给队员进入山村造成了极大的困难，但队员们不畏艰险，毅然深入各村为村民讲解有关食品卫生常识、食物加工、存放、食用等重要环节的注意事项以及消毒药品的使用方法等。

5 月 13 日，河北网通公司启动紧急通信保障预案，组建 22 人的应急队伍，携带 60 千瓦车载柴油发电机组、车载 1000 线程控交换机、短波电台、背负式电台、海事卫星电话等救援物资，于当日 23 时乘坐 8 辆载有通信设备的车辆，日夜兼程奔赴四川灾区救援。14 日，河北省政府办公厅在石家庄、邯郸、邢台组建了 4 支共计 460 人的应急供电突击队，紧急调运 7 台总容量 1616 千瓦的发电车，奔赴灾区应急发电。14 日下午，团省委领导带头组织团省委机关、河北青年报社全体干部职工和近千名青年，在石家庄火车站等数个献血点，开展了大规模的献血活动。社会各界群众自愿排队，争先恐后献血的场面十分感人（见图 215）。

图 215　5 月 14 日，在石家庄市文化广场献血屋前，市民自发排成数十米的长队献血（河北省民政厅　提供）

5 月 14—29 日，河北省卫生厅派出两批医疗队共计 161 人赴德阳，进驻德阳市人民医院、第二医院、第五医院、中西医结合医院、旌阳区中医院展开医疗救援。15 日 17 时 30 分，医疗队到达德阳不到一小时，就开始第一例手术。到当晚，医疗队共诊治伤员 1000 余人，实施重症手术 14 例。16 日，医疗队成立德阳指挥部，指挥部提出“确保工作效率，确保医疗质量，积极维护和展现河北形象”的工作原则和目标，并向各支队下达救治伤员“零死亡”的命令。震后的最初几天，是抢救伤员的最佳时间，队员们夜以继日、不怕疲劳，一个接一个地诊治病人，一例接一例地进行手术。至 17 日 18 时，河北医疗队累计诊治伤病员 1376 人，抢救危重病人 406 人，实施手术 138 例。在做好住院伤员救治工作的同时，指挥部还组织小分队巡诊。队员们冒着山体滑坡、泥石流、滚石等危险，深入绵竹、什邡等重灾地区查看受灾群众、诊治伤员。经过 43 个日日夜夜艰苦奋战，医疗队诊治伤员 9419 名，完成手术 436 台，无一例死亡。河北医疗队被当地誉为“技术力量最强、救护设备最全、救治伤员最多、治疗效果最好、对灾区要求最少”的医疗队。

5 月 16 日，河北省建设厅紧急组建河北建设抗震抢险救援队。救援队员由建设厅和全省 10 家大型建筑施工企业 77 名技术青年组成，携带 15 台大型抢险机具设备赴川，于 18 日 6 时 45 分到达德阳进行救援。至 29 日，救援队共参加救援行动 102 次，投入救灾车辆 171 台次、人员 827 人次，参加生命救援 3 次，帮助灾区群众从废墟中清理出存折、现金及贵重物品等个人财产价值 200 余万元、粮食 30 吨，帮助东汽修建厂房，抢救倒塌后压在设备上的钢架屋顶、断壁，从瓦砾中清理出数控机床、机械设备、涡轮叶片成品及毛坯件等物品，总价值 8000 余万元，帮助当地电力部门吊装恢复变压器 47 台，埋设安装电线杆 100 余根，帮助恢复交通 3.4 公里，平整灾区安置场地10万平方米，吊运各类救灾物资130余吨，清除危险建筑物12处，清理建筑物废墟5000立方米，疏通清理被倒塌的大型建筑物件阻塞的河道3处。

5月26日，太平洋财险河北分公司，从58名志愿者中筛选出40人，组成救灾查勘理赔突击队奔赴灾区，分别在绵阳、德阳、广元、巴中、乐山、眉山等地灾区查勘定损。同日，沧州市组建抗震救灾应急车队，包含货车200辆、客车30辆、职工480人（司机460人、维修工10人、安全员5人、车辆调度5人），向灾区运送救灾物资。至31日，应急车队共调运客车29辆次、货车268辆次，运送救援人员800余人。

7月5日，河北省测绘局从省第一、二测绘院抽调生产技术人员40人，组成援建测绘队奔赴平武，历时15天，绘制出平通、豆叩、古城、水晶、马村、坝子、南坝7个乡（镇）11个测区3.43平方公里的1:1000大比例尺地形图，并提交相关部门，为当地灾后重建提供了科学依据。

5月13日凌晨，唐山大地震的幸存者、唐山市集川药业董事长蒋跃勇，同总经理刘亚辉一起，组建由18名退伍军人参加的唐山志愿者抢险救援队，满载自备的急救药品、救灾物资赴四川灾区，于15日到达绵阳市。16日，救援队将救灾物资分发给受灾群众后立即返程，再装载价值226万元的急需药品送抵四川灾区。从5月13日至7月28日，这支抢险救援队在唐山至四川之间往返6次，共运送约价值1000多万元的救灾物资。

5月13日，唐山开滦矿山救援队、马家沟矿山救援队、唐钢集团救援队等33人组成唐山抢险救援队紧急赶赴四川。同日，邢台市100多人的抢险救援队也赶赴四川，于15日凌晨进入青川展开抢险救援工作。

5月14日上午，成都市殡仪馆电告石家庄市殡仪馆，因遇难人员太多，职工处于超负荷工作状态，请求支援。石家庄市殡仪馆馆长牛东明当即请示上级领导，在最短的时间内，挑选政治过硬、技术最全面的人员，组织抗震救灾志愿服务队赴成都支援。在河北省民政厅和石家庄市民政局的指导下，石家庄市殡仪馆立即组织市殡仪馆和辖区8个县殡仪馆的职工报名组队。经过层层筛选，确定由张波带队，由梁海军、张玉惠、张仕温等8人组成抗震救灾殡仪志愿服务队，连夜奔赴成都市殡仪馆，支援处理遇难遗体工作。在成都的6天里，服务队帮助整容遗体300多具，火化遗体1800多具。

5月15日，共青团唐山市委书记刘金柱带领由14人组成的“抗震救灾专家心理咨询支援服务队”开赴北川、绵竹灾区。队员平均年龄为40岁，其中有唐山大地震中的孤儿2人。服务队在灾区18天里，共开展干预心理个案317件，举办群体辅导294场。16日，胡锦涛到北川考察时，亲切会见了唐山心理咨询志愿服务队成员，并说：“32年前唐山遭遇了大地震，当时全国人民都去支援你们，这次你们来到四川支援灾区，你们要把唐山的抗震经验介绍出来，发挥你们的优势，把心理辅导工作做好。唐山还来了十几名农民志愿者，这很好！”15日，唐山市丰润区皇甫工贸救援队39名队员携带帐篷100顶和喷雾器100台开赴四川，把救灾物资转交都江堰市抗震救灾指挥部后，参加都江堰救援，并在都江堰啤酒广场垮塌现场挖出遗体20具。

5月19日，石家庄市未成年人心理救护中心、市第一中学、市第四十一中学、河北师大附属中学等单位成立灾区青少年心理康复援助专家志愿团。20日，志愿团赶赴彭州灾区，在医院、学校和安置点开展心理咨询。至27日，志愿团共培训彭州实验中学、延秀小学等8所学校教师

1089人，培训志愿者70人，开展个体咨询170人次，团体辅导学生4150人次。河北省妇联成立了由780名爱心妈妈参加的“情系灾区·爱心妈妈志愿团”，请河北师范大学心理学教授根据灾区儿童的实际需要，对“爱心妈妈”们开展如何减轻灾难带给孩子的心理伤害、如何帮助孩子摆脱灾难带来的心理阴影正确面对失去亲人后的生活、如何在生活中的细节之处逐渐树立孩子的安全感和自强信念等方面的培训。接受培训后的“爱心妈妈”对在石家庄翻译职业学院学习的24名四川儿童开展心理辅导和帮助活动。

汶川地震发生后，河北省许多志愿者自发赴灾区开展志愿服务，支援地震灾区。

5月13日，玉田县东八里铺宋志永等13人，自发组成志愿者服务队赶赴北川灾区抢险救人。服务队同解放军、武警战士一起，从废墟下抢救出被压埋人员25人，挖出遇难者遗体近60具，并登山搜救出受困群众30多人。6月5日，在安县晓坝镇，宋志永加入中国共产党。唐山人民像当年各地支援唐山一样，热心支援地震灾区，赶赴灾区的唐山志愿者队伍多达50支。

5月14日，平山县温塘镇北马冢村村民杨军会，通过村里的喇叭广播招募志愿者。15日，这支由21人组成的救援队到达什邡，立即投入救灾工作。20日晚，该村又有志愿者8人赶到什邡与首批救援队会合。行唐县退伍军人王振敏等5人自发组成志愿抢险队奔赴绵竹市汉旺镇参加抢险救灾。此后，自发参加到这支队伍的各地退伍军人志愿者最多时达32人。23日，温家宝到汉旺镇看望受灾群众，得知王振敏等人是坚持抢险救灾的退役军人时，握住他们的手说：“你们辛苦了”。

5月14日，藁城市岗上村赵吉祥、郑丰年、周朝红、李艳华等14人，组成抗震救灾小分队，携带价值万元的药品和医疗器械自驾车奔赴四川灾区。18日到达绵阳，小分队将药品、医疗器械和自带的部分食品、饮用水捐赠绵阳市民政部门后，又投入到装卸药品、帐篷、食品等工作中。

地震时，武强县豆村乡岔河村陈巧荣，正在郫县参加全国性的食用菌会议。散会后，她决定留在灾区做志愿者。5月14日，她和其他志愿者一道，向重灾地区运送食品、矿泉水、药品，并紧急采购鸡蛋5000枚，煮熟后，一路辗转，于傍晚时送到北川中学。

5月15日凌晨，石家庄市学雷锋车队队长贾德利、石家庄市市民谷岳潘，驾驶出租车满载7000元的食品和药品奔赴四川灾区，于16日抵达广元市抗震救灾指挥部报到后，把物资转运到青川，在青川县木鱼镇和茅坝乡参与救灾。当茅坝乡女乡长贾红梅介绍全乡90%以上的房屋倒塌，老百姓急需的食品、物资无运力保证时，贾德利马上与石家庄志愿者组织联系。19日，由石家庄市5名志愿者组成的小分队，押送一卡车食品赶赴茅坝乡，将捐赠资金15450元、方便面1万包（盒）、饼干1万袋和矿泉水、消毒液等救灾物资，转交乡政府分发给灾区群众。

陈明瑞等16名退伍军人组成“邢台市老兵救援突击队”，于5月21日到达江油市，与江油市抗震救灾指挥部联系后，参加搭建仓库和搬运救灾物资工作。

四　山西省志愿者服务

地震发生后，根据国务院抗震救灾总指挥部的工作部署，灾区重症伤员陆续被送往全国各地治疗。为做好灾区伤员的治疗服务工作，山西省红十字会与《山西晚报》联合发起招募“服务四川灾区伤员爱心陪护志愿者”活动，3天内报名人数达2000余人。爱心陪护志愿者来自社会各行各业，有“80后”青年，有携手相爱的夫妻，有经历过唐山大地震的老军人等。团体报名的有山西省煤运公司省外公司、山西省第二热电厂工会、山西类风湿医院等。志愿者到有关医院，给地震灾区的伤员提供生活和精神上的帮助，抚慰他们心灵的创伤。志愿者王燕是省电力公司高培中心（党校）退休党支部书记，她陪护灾区伤病员4名，陪护时间累计达456小时。山西省各市、县红十字会都积极组织志愿者参加抗震救灾工作。太原市红十字会报名登记志愿服务人数逾千人，近500名志愿者直接参与募捐活动中的电话咨询、接收款物、物资运输、信息统计以及24小时值班等。各市、县组织进行心理援助、爱心陪护、社会赈灾等服务项目的志愿者奔赴四川灾区，开展志愿服务。阳城县红十字会先后组织两批志愿者赴四川灾区捐赠消毒药品、食品，并参加其他援助工作。中国大唐集团太原第二热电厂工会女工委员会女职工志愿者62人组成爱心陪护志愿服务队，在山西省中西医结合医院陪护灾区伤员10余天，给伤员喂水、喂药、喂饭、端屎、端尿、擦身、洗头、洗衣，热情周到，无微不至。

太原市教育局、《太原晚报》组织70多名有心理援助经验的志愿者组成心理援助志愿服务队，对来自北川、江油、绵阳、青川、什邡、安县、都江堰等重灾地区的130名中小学生进行了一对一心理援助服务。由山西省心理健康咨询专业委员会副秘书长、运城学院心理咨询专家卜文智等心理工作者组成的心理援助志愿服务队，赶赴什邡市实验中学和洛水镇开展工作。在灾区的10多天时间里，他们针对不同人群采用不同方法进行心理危机干预，对60名老师进行了3场培训，对实施心理救助的志愿者开展了5场强化培训，对受灾群众进行心理抚慰和干预工作。

太原市广播交通107车友俱乐部是有5000名会员的群众性组织。地震发生后，107车友俱乐部500余人加入山西省红十字志愿者行列。苗栋等5名志愿者放弃自己的业务，在省红十字会志愿服务230余小时。他们到捐赠单位运输捐赠物资，深夜在高速公路服务区接卸救灾物资、到火车站货场发运救灾物资，无偿提供交通服务512车次，帮助发运救灾物资34车皮。

地震发生后，临汾市安达圣购物中心董事长港天敏，主动到市救灾物资储备和社会捐助中心、市红十字会请战，并派出企业员工集体加入公益志愿者队伍。5月13日11时，安达圣购物中心举办“请让我来关心你，就像关心我自己；请让我来帮助你，就像帮助我自己”为主题的参加公益志愿队伍仪式。此后，购物中心每天都派员工参加红十字会为四川灾区的募捐活动，参加市救灾物资储备和社会捐助中心接收捐赠款物等各项服务工作，先后派出收银员、保安员、后勤人员等志愿者330余人。

汶川地震发生后，山西省许多志愿者自发赴灾区开展志愿服务，支援地震灾区。

震后，太原市美容院经理刘晋芳背起背包，带上压缩饼干、消炎药品和资金7.5万元，乘火车到达四川灾区，开展救助服务。她每见到一个受灾群众，都捐赠一定资金。5月23日，她在绵竹市汉旺镇的受灾群众安置点搭建了一顶帐篷，办起了“手拉手红领巾书屋”。为筹集图书，她回太原关掉美容院，卖掉股票，并取现30万元，在成都购买课本、教辅书、历史书、励志书。缺书架，她就用砖头和塑料板搭起一个平台，摆书摊供孩子们选看，自愿当起图书管理员兼辅导员。她先后在灾区新建图书屋4个。地震发生一年以后，大量志愿者陆续撤离灾区，她仍留在绵竹市的安置板房区，坚守着她的4个图书馆，为灾区孩子们服务。

5 月 16 日，同煤集团忻州有限公司职工李政乘飞机到达成都，与其他志愿者一起前往绵竹调查灾情并运送物资。17 日 6 时左右返回成都后，又运送救灾物资至青川县姚渡镇。19—25 日，他又加入由休假军官、退伍老兵和工人、农民、华侨、商人、医务人员、青年学生组成的老兵志愿者突击队，前往绵竹市汉旺镇武都村开展救援工作。李政利用以前所学的医学专业知识，和医疗组其他 5 人与当地卫生所一同负责治疗伤病员、分配药物、清创及缝合伤口，还同其他组的老兵帮助当地居民挖掘被埋的粮食物资等，搭建帐篷、消毒和掩埋尸体，帮助当地一所道观、两所寺庙（吉祥寺、云悟寺）进行文物抢救工作。25 日，老兵志愿者突击队完成阶段性任务后返回成都。李政又加入山西省心理危机干预医疗队，前往什邡市实验中学开展心理干预工作。

5 月 18 日，运城市盐湖区陶村镇赵棠庄青年金定、赵军强乘火车赶到成都后，拦乘一辆开往青川县乔庄镇送药的救灾车奔赴灾区，下车后立即参与搬运货物、为受灾群众发放药品、清扫街道、撒漂白粉防疫等工作。19 日，赵军强到绵阳市救灾指挥部报到后，被分配到绵阳市抗震救灾物资中转站执行装卸物资任务，因表现突出被众人推选为山西志愿者小分队队长。22 日，他们随驻绵阳某部 300 多人奔赴安县高山区负责救援转移重伤员。当日 19 时，部队行进到安县至高川途中，因山体滑坡受阻，汽车不能前进，他们连夜步行 7 个小时到达目的地，一刻没休息就抬担架将重伤员转移至山下。由于山区道路崎岖，居民分散，有时转运一个伤员要一昼夜时间，但他们不叫苦、不叫累，最终把高山区的重伤员全部抬下山。完成任务后，赵军强见灾区极缺日常生活用品，便返回运城，四处奔走筹集资金 3000 元，购买脸盆、香皂、洗洁精等日常生活用品，运到四川地震灾区分发给受灾群众。

薛旭虎是运城鑫源美饰家“广东藤匠坊”经理，张建军是运城安利日用有限公司员工，张军是运城北郊长安汽车修理厂厂长。5 月 20 日，3 人每人捐款 5000 元在南风日化厂购买消毒液 36 箱、方便面 50 箱以及大批急救药品。运城市救灾捐赠管理中心又委托 3 人转赠四川地震灾区罐头 200 箱、毛毯 100 多条和大量的日用卫生品。3 人驾驶 3 辆标有“山西运城爱心车队”字样的面包车，经过 20 多个小时、1300 公里的长途跋涉，于 21 日中午赶到绵阳市红十字会报到。红十字会派 3 名工作人员用他们的车将部分救灾物资送到灾情严重的北川羌族自治县擂鼓镇卫生院。在驱车返回北川途中，3 人见到许多受灾群众从北川向绵阳转移，又用车将 30 多名受灾群众送到绵阳市救灾指挥部予以安置。此后，3 人在绵阳市救灾物资集散地又连续工作 30 多个小时，直到 25 日才返回运城。26 日晚，张建军又自费采购 7000 余元的日常生活用品，再次驾车运抵绵阳发放给灾区群众。

5 月21日，万荣县青年高勇乘火车到成都后，参加了由13名退伍军人组成的“老兵突击队”，负责押运医疗救灾物资。高勇负责押运的救灾物资运送车队先后到绵竹、雅安、阿坝、茂县、理县、雅安、汶川、绵阳、什邡等地。他有时一人押运七八辆救灾物资车，有时则押运 10 多辆，尤其是在赴阿坝地区时，一人竟押运着 25 辆救灾物资车，在余震不断的山间道路上盘绕。一次，突发的山体滑坡把押运队伍截为两段，所幸无人受伤，车辆物资也未损坏。他与 25 名司机下车清理道路，6 个小时后才又继续前行。由于路途远，他们历时两昼夜才完成这次押运任务。“老兵突击队”解散后，高勇再次到成都团市委请求任务，被编入“兄弟爱心连”，到什邡市湔氐镇救助灾区群众。

5月22日，阳泉市志愿者张明乘火车到达绵阳，在抗震救灾指挥部协助武警官兵搬运物资。他发现部队官兵由于长时间的行走、搬运物资，许多人的鞋子都磨坏了，便购买了修鞋机和修鞋材料，先后在绵阳火炬大厦、九洲体育馆为灾区群众义务修鞋、修包、修雨伞。随后又到抗震救灾部队和“帐篷小学”为军人和学生修鞋，每天工作十几个小时。在此期间，因女儿生病他暂返阳泉，7月16日又再次到青川、文县等地，先后为兰州军区某师官兵服务。7月底，张明离开灾区时，将修鞋工具捐赠给文县中庙乡一所“帐篷小学”会修鞋的老师。

5月24日，永济市凯通印染有限公司董事长杨建桥在网上看到抗震救灾第一线的解放军将携带的食品、饮用水送给生活困难的群众，自己却连续五天没吃上米饭和蔬菜，尤其是15名子弟兵分吃一个苹果的消息和图片，感动得热泪盈眶。杨建桥在向党组织交纳1万元“特殊党费”后，自带大卡车，满载价值15万元的优质苹果和大蒜，同永济市人武部领导一起将物资运抵广元，送上他对灾区人民的一片爱心。

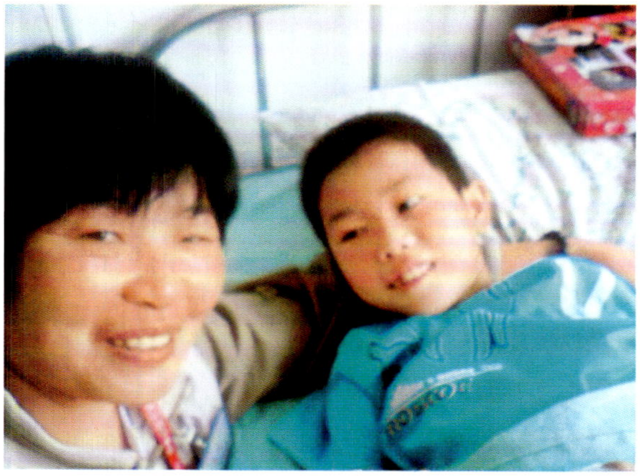

图216 志愿者卢玥如在四川地震灾区抚慰小朋友

（山西省民政厅 提供）

5月26日，长治市高级心理咨询师卢玥如自费乘车赶赴四川地震灾区，在当地政府安排下，分别到成都市西体育路城北体育场安置点、成都儿童医院、龙泉北方汽修学校安置点，对安置、住院的小朋友进行心理救助。在10天的时间里，她每天工作12小时，对60多名青少年实施心理治疗，帮助他们走出地震阴影（见图216）。

地震后，临汾市尧都区郭振江自费2万余元购置放映设备，自驾车到绵竹市汉旺镇、遵道镇、武都村等乡村，参与抗震救灾活动。他白天参加援建工程劳动，晚上为援川工人和灾区人民放电影。

地震后，临猗县郇阳市场经营户王建平只身前往四川灾区当志愿者，参加共青团成都市委组织的老兵突击队。在灾区17天里，他与解放军某部队一道，辗转4000余公里，先后在成都市龙泉区、新都区救灾物资仓库装卸发放救灾物资，克服余震不断、山体滑坡、道路艰险等重重困难，连续作战，出色地完成往灾区运送救灾物资的任务。

五　内蒙古自治区志愿者服务

5月15日，内蒙古自治区团委、青年志愿者协会向全区发出招募医疗卫生和心理干预专业青年志愿者的公告，全区有4000多名青年志愿者报名。经自治区青年志愿者协会严格审核，确定首批选派志愿者23人。这些志愿者所从事的职业涉及临床医学、预防医学和心理学专业。24日，自治区团委、青年志愿者协会接到团中央抗震救灾工作联合办公室的批复，正式批准自治区志愿者服务队赴陇南灾区开展工作。服务队25日凌晨出发，驱车18个小时，于21时许抵达陇南市武都区。27日，服务队兵分两路，5名心理咨询专业队员对受灾群众进行心理危机干预，其他队员赶赴武都区汉王镇，会同当地卫生院建立服务营地。服务队对每位患者笑脸相迎，精心诊治，还穿着厚重的防护服，背着几十斤重的药筒进行消毒防疫。此后，队员们自带药品和医疗设备，用两天时间冒险进入高山深处的陈龙村、大坪山村、杨庞村治病发药。在灾区期间，服务队诊治伤病员500多人，免费发放价值8万多元的药品，消毒面积达4万多平方米，开展心理危机干预达1600多人次。26日，内蒙古自治区交通厅由公路技术人员93人组成公路抢通保通队赶赴四川灾区。27日下午，抢通保通队一行5人抵达成都，向四川省交通厅捐赠红岩12吨双桥自卸车6台，会同四川省交通厅研究灾区公路抢通保通工作方案。28日上午，他们按抢通方案，驱车奔向对口支援的黑水县，经5天120小时、2000余公里的长途跋涉，到达黑水县，于31日凌晨完成宿营地搭建工作。第二天，他们全部进入抢通保通施工现场。截至6月15日，公路抢通保通队累计抢通通往50个行政村的乡村公路52条，抢通里程达509公里，覆盖人口达2.1万人，累计清理阻断点900余个，清理土石22.4万余立方米，累计投入资金近千万元，把黑水县因地震阻断的乡村公路全部抢修贯通。6月15日，内蒙古公路抢通保通队撤离灾区时，将随队的价值260万元的机械设备和价值15万元的帐篷、生活用具、衣被、食品捐赠灾区。

自5月13日开始，来自内蒙古医学院、内蒙古农业大学、内蒙古大学、内蒙古师范大学等高校和机关企事业单位的志愿者800多人，在自治区红十字会登记，准备随时为抗震救灾提供服务。13日上午，呼和浩特万民大药房的负责人到自治区红十字会捐款，见红十字会工作人员少，立即派出6名工作人员和一辆车，帮助接收捐款、引领群众、接听热线、外出设置募捐箱。他们加班加点，并自行解决吃饭问题。该单位司机靳志民承担车辆服务任务，每日往返市区主要街道，运载红十字会工作人员、收捐款、送募捐箱，顾不上照顾自己怀孕已7个月且面部神经麻痹需要每日针灸的爱人。大学生志愿者封雪，将所有业余时间都投入抗震救灾志愿服务中。她在红十字会负责物资接收、登记、发运，做到记录准确、标记清晰、仓储记录完整。全区在各级红十字会参加服务的志愿者达5963人次。

汶川地震后，赤峰市慈善总会积极向中华慈善总会申请成立义工服务队赴灾区，帮助当地受灾群众和部队抢险救灾。5月20日，申请获得批准，赤峰市慈善总会开始向社会招募志愿者。21日，报名者就达300多人，使慈善会组建一支10人队伍的计划变为组建25人的队伍。22日9时，赤峰市赴灾区慈善义工服务队带着价值600多万元的物资驱车奔赴四川灾区。25日，服务队抵达绵竹。他们根据当地政府的安排，将价值63万元的衣物发给受灾严重的煤矿公司矿工后，又赴市郊东北镇，会同某部搭建帐篷，安置受灾群众。至27日清晨，搭建起一个由400顶救灾帐篷组成的蓝色阵营。29日，服务队赶到什邡市九里埂村慰问受灾群众。队员们把携带的衣服、被褥、现金和全队唯一一顶帐篷都捐赠给他们，还为村里10个受灾严重家庭的孩子送去衣服、棉被、药品和4000元生活费。

内蒙古自治区国土资源厅地质环境监测院、地调院、测绘局及内蒙古地勘局所属地勘公司、水勘二院、水勘四院共6个单位的46名专家组成地质灾害应急排查队，于6月1—2日，先后到文县，对玉垒、铁楼、堡子坝、城关、舍书、梨坪、尖山、桥头、口头坝等乡（镇）进行地质灾害排查和评估。根据文县乡镇整体分散、局部集中的特点，他们分成两个分队，分别进行排查评估工作，于13日前完成对11个乡（镇）地质灾害的排查和评估工作，并整理、归档资料，移交甘肃省地质环境监测院。通过排查，共发现文县地质灾害隐患点231处，其中崩塌127处、滑坡86处、泥石流10处，对排查出的重大灾害点，他们向当地政府提出了防范要求，对重要受灾居民区重建提出了选址建议。

汶川地震后，包头市女企业家陈欣组织15名心理咨询师组成心理危机干预医疗队，赶赴四川灾区，开展灾后群众的心理危机干预救助活动，帮助灾区群众特别是妇女儿童尽快恢复生活自信，增强重建家园的信心。

六　辽宁省志愿者服务

汶川地震发生后，辽宁省志愿者在第一时间加入到抗震救灾工作中。5月26日，辽宁省红十字会接到中国红十字会总会通知，紧急组建志愿者救援队赴灾区开展救援工作。省红十字会迅速通过电视台、电台即时发布信息，启动志愿者招募工作，当日20时，组建辽宁省红十字志愿者救援队。胡成刚、杨东文、赵连鹏等作为辽宁省红十字会的骨干志愿者，从13日起就一直参加红十字会救灾工作。28日，志愿者救援队到达德阳和绵竹，立即投入到支援服务工作。救援队分成两组，分别在绵竹和德阳进行志愿服务。绵竹分队在8天内走遍了绵竹市34个乡（镇）、127个行政村，每天接受、装卸及发放救灾物资7～8车，约100吨左右，累计达800吨。王成带领的德阳小队，到达后迅速开展工作，圆满完成200余吨抗震救援物资的装卸及转运工作，物资的品种包括生活用品、医疗用品、食品、书籍等，总计达80余种。救援队深入到绵竹市土门镇、汉旺镇、邓林村、石团村、新乐村、乐民村和什邡市洛水镇等重灾区，还深入到绵竹市精神病医院、土门镇卫生院发放物品、了解灾情。志愿服务工作以救灾物资的接收、转运、发放为主，每个队员根据自身特点发挥特长：在药品的保管上，医生发挥专业知识，依据药品的性质摆放到合理位置（把药品摆放到通风、密闭处），协助药监部门对药品进行抽样检查；在公安部门工作的志愿者，对仓库制定了出入人员管理办法，并在堆放易燃物品处摆放消防设备及消防警示标牌，每日离库前均进行安全检查，确保救灾物品的防火防盗安全；做文字工作的志愿者还对每件进出库物资设计了电子档案，保证物资进出库记录清晰、详细，便于日后留档、工作交接；心理咨询师还对两名受灾群众进行心理疏导。

5月11日，即地震的前一天，中国创造学会理事、沈阳创新教育研究所所长周梅华自费到四川为一所高中的孩子们做考试心理讲座，第二天地震发生。在危险面前，已经62岁的她选择留下来做志愿者，成为在四川灾区服务时间最长的志愿者之一。在地震灾区期间，周梅华的主要工作就是为北川中学和绵竹市南山中学的学生做考前心理调整和成功激励。周梅华这样解释："我是学心理学的，这里的孩子需要我，我要尽一位知识分子的责任，最主要的是我已经退休了，自己一个人生活，女儿在国外，我没什么可牵挂的，奉献一点是应该的，晚年生活也充实了。"在四川，周梅华自己租房子住，她说其实苦点累点没什么，她是想兑现自己的承诺："当初赶上地震，在给要参加高考的孩子们做心理辅导的时候，我就默默许下诺言，要留在这里3年，直到这批学生们真的从地震的阴影中走出来，我才放心”。另外，她还希望在北川中学新校舍建成时，领着孩子们去那里上一堂课。

七 吉林省志愿者服务

5月18日，共青团吉林省委选拔的30名抗震救灾专项行动大学生志愿者，到四川地震灾区开展志愿服务。20日，吉林团省委选派由16名志愿者组成的吉林省青年抗震救灾抢险服务队，携带药品、食品、矿泉水、帐篷等物资赶赴四川灾区，到北川羌族自治县桂溪乡提供医疗救助和心理咨询300多人次，发放了价值20余万元的救灾物资和药品，于29日返回吉林（见图217）。

图217 5月29日，吉林省青年抗震救灾抢险服务队凯旋（吉林省民政厅 提供）

5月19日，吉林市15位出租车司机自发组成志愿者服务队，驾驶6辆出租车，历时四昼夜，深入因地震受损严重的青川县，将吉林市部分企事业单位和个人捐赠的药品、物资、捐款，捐赠给灾区群众。17日，四平市民王国庆自发组织6人志愿者救援队，赴都江堰抢险救灾。19日，长春鼎庆（经贸）集团有限公司董事长李万升，自发组织12人的“农民工志愿者”服务队赴四川地震灾区救灾。在灾区的11天里，服务队先后在都江堰、北川参与救灾物资装卸、分装、发放和卫生消毒等工作。

八 黑龙江省志愿者服务

汶川地震发生后，大庆中油庆瑞石油科技有限公司董事长孙利尧紧急召开公司班子成员会议，决定赴灾区救灾。公司成立了由副总经理王平凡和孙旭、李春江、厉耀东、白家利、周振国、黄宜春和副主任医师王琦（女）组成的庆瑞公司党员抗震救灾突击队。王琦于5月14日抵达成都后，被编入SOSEQ救援队，到安县千佛镇五福村协助救助转移受灾群众2600多人。孙利尧还让王平凡在四川购买了价值180万元的挖掘机和装载机各一台，于16日赶到都江堰，在都江堰市中医院、国家消防研究所家属住宅楼和平义二巷奋战7天，挖掘出遇难者遗体27具。17日，孙利尧得知地震灾区缺少转运设备的信息后，立即停止自己公司正在施工的两台转运车，派公司党总支书记厉耀东带领两名员工驾车，历时四昼夜，行程4000公里，赶到四川参加救援。地震使汶川县映秀镇通往都江堰市龙池镇的公路被泥石流和塌方阻断，突击队主动向指挥部请战，克服路面狭窄、山体滑坡、滚石、余震不断等困难，打通这条通往重灾地区的生命之路，加快了抢险增援队伍的前进速度，保证了救援物资的及时运输，此后这条路被当地命名为"大庆路"。龙池镇政府向庆瑞公司赠送了"奋战灾区鱼水情、久久难忘大庆路"的锦旗。经过45天奋战，服务队共打通6条通往重灾地区的"生命线"，平整过渡安置板房场地2万多平方米，除塞排洪3处，铲运土石方42万立方米（见图218）。同时，服务队辅导学生功课50余人次，心理辅导70余人次，还帮助受灾群众收割农作物。3名队员被大庆市委组织部特批火线入党。队长王平凡被成都市评为"抗震救灾优秀志愿者"。王琦被中国红十字会总会评为"红十字志愿者之星"，被人口计生委评为"抗震救灾先进个人"。10月7日，庆瑞公司党员抗震救灾突击队被中共中央、国务院、中央军委授予"全国抗震救灾英雄集体"荣誉称号；8日，孙利尧在北京人民大会堂参加全国抗震救灾总结表彰大会并受到党和国家领导人的集体会见。

图218　大庆中油庆瑞石油科技有限公司党员抗震救灾突击队在灾区进行挖掘工作
（黑龙江省民政厅　提供）

5月13日，由大庆家代粮油有限公司经理周家代等3人组成服务队，携带近7万元现金和豆油300桶、挂面1250公斤、大米1250公斤、面粉1250公斤及铁锹、铁镐、斧子等救灾物资，驱车赴汶川。车队经过理县米亚罗镇时，骤降瓢泼大雨，发生一次大的余震，造成山体滑坡，一块块石头向公路砸来，有一块大石头砸中后车厢，车厢瘪了，轮胎爆裂。服务队没有犹豫，加大油门冲出险段。经过五昼夜长途跋涉，他们于18日中午到达汶川县抗震救灾指挥部，把米、面、油等救灾物资捐赠给当地政府。此后，服务队帮助运送救灾的解放军战士和救灾物资，武警战士们亲切地称他们为"编外战士"。6月10日，服务队又同其他30余人组成"爱心传递志愿队"和"大庆铁人志愿队"赴汶川开展恢复重建工作。10月7日，周家代被中共中央、国务院、中央军委表彰为“全国抗震救灾模范”。

牡丹江市妇联开通“情系灾区、爱心妈妈”热线，招募牡丹江市女干部、女职工、女企业家、女农民等志愿者317人组成“爱心妈妈”志愿服务队。从5月19日起，“爱心妈妈”志愿服务队开展“大手拉小手，生命征程一起走”活动，对灾区孤儿开展一对一的救助，以情感支持与心理抚慰的方式，让灾区儿童感受到社会的关怀和家庭的温馨。六一儿童节期间，“爱心妈妈”志愿服务队为灾区孩子邮寄700个书包，总价值7万多元。每个书包都装有“连心卡”和书籍、文具等学习用品，“连心卡”上写着妈妈们的心里话，激励孩子战胜困难、乐观面对人生，使孩子们重获家庭的温暖，感受博大的母爱。

5月20日，哈电集团从职工医院中抽调12名骨科、外科和内科骨干医护人员组成医疗救援小分队，带着价值10万元的44箱医疗器械和防疫药品，赶到四川，把医疗物资捐赠给东方电气集团后，立即在东汽医院旁搭建起两个醒目的白色医疗帐篷，展开紧张的救治工作。至29日，小分队共诊治患者1400余人次。

5月22日，大庆石化炼油厂职工李立新和其他10人组成大庆立新服务队，带着黑龙江省康麦斯制药有限公司捐赠的100箱药品和永城财产保险公司大庆中心支公司、中国联通大庆分公司等捐赠的价值100多万元药品，经过5天的奔波，于26日晚到达都江堰，将物资捐赠给都江堰市抗震救灾指挥中心。27日起，服务队投入搬运清理救灾物资、搭建帐篷等工作。28日14时，四川省麝香研究所人员向李立新求援，请他们帮助挖掘被废墟埋压的珍贵资料。李立新立即带领队员驱车一个多小时赶到研究所，用锹挖、用手刨，站着挖不到的地方就趴在地上挖，最终挖出了研究所两大袋珍贵的研究资料。

6月7日，应四川省妇联求助，由黑龙江省心理咨询师协会6名心理咨询专业人员组成的心理救援服务队，赴都江堰、绵竹等重灾地区，先后开展心理疏导3000余人次，开展心理危机干预讲座4次，发放震后心理危机干预书籍千余册。

汶川地震发生后，黑龙江省许多志愿者自发赴灾区开展志愿服务，支援地震灾区。

5月13日，鹤岗市龙跃米业有限责任公司经理陶相臣不顾企业经营困难的局面，组织员工连夜加工价值10万余元的优质大米30吨，又出资3万元租用两名司机和一辆载重大货车，亲自带车，历经三昼夜，行程近5000公里，将粮食送到广元、德阳、成都等地。在给村民送粮时，遇到损坏不能通行的公路，他就扛着米袋爬坎过沟把粮食送到受灾群众手中。送粮结束后，他与来自北京等地的3名志愿者编成一组，参与救灾物资的分发和灾区群众的引导工作。

黑龙江预备役步兵师某团通信股原股长刘广懿，是部队已决定转业待安置的军队干部。地震发生后，他于5月14日赶到汶川县城，立即找到救灾部队的领导加入抗震救灾突击队。部队领导决定由他带领15名志愿者组成救援小分队，随部队开往映秀镇。小分队白天向受灾群众分发食品，转移受灾群众，夜间维护灾区秩序。20日，小分队被当地抗震救灾指挥部抽调到救灾一线，配合救援队挖掘并搬运遇难者遗体。至27日，他带领的救援小分队接收发放救灾食品8吨，发放帐篷300余顶，接送受灾群众及志愿者7000余人次，转移受灾群众4000余人次，发放心理辅导书籍3000多册，协助医疗队转运伤病员500多人。

北安市计划生育局计生服务站副主任医师王琦参加大庆庆瑞公司抗震救灾突击队，并于5月

14日23时55分抵达成都救援，被成都市红十字会分配到医疗救援队。15日，她随医疗队在安县千佛镇半山处，为从山上转移下来的受伤群众检查身体和处理伤口。每当部队官兵从山上护送下受伤群众时，王琦总是第一个冲在前面为获救群众检查身体和处理伤口。她每天仅睡2～3个小时，用凉水泡方便面吃，冒着余震频发、山上不断滑落石块的危险抢救伤员。19日返回在都江堰抢险的突击队后，她又随队参加在都江堰市区附近村镇及龙池救援，清理遇难者遗体，开展疫情防治工作，直到6月30日才返回北安。

正在昆明旅游的北安市退役士兵马云飞得知汶川地震消息后，于5月15日中午乘飞机赶到成都，经四川团省委分配，同20多名现役和复员军人到彭州抢运救灾物资。从当日13时至次日4时，他们卸下22辆加长货车的救灾物资。16日，他们协助彭州市民政局安抚受灾群众，救治伤员。17日早，马云飞听说都江堰市虹口乡需要多名志愿者运送物资的消息后，立即带领队员11人赶往都江堰。到达虹口乡救灾指挥部后，指挥部安排他们向山上运送4顶重200多公斤的救灾帐篷和两大包药品。他将队员分成3个组，抬着帐篷和药品向目标进发。山路陡峭，坡度都在60度以上，他们手脚并用，艰难行进，8公里的山路走了5个多小时，于次日1时多才到达目的地。由于无处休息，他们围坐在一个院子里相互依偎着靠体温取暖。这天深夜，发生了5.9级余震，大地颤抖，又下起倾盆暴雨，他们的衣服都被淋湿了。18日6时，他们开始从虹口乡撤离。余震和大雨造成的滑坡和泥石流把进山的路完全封闭，他们只能辨别大致方向往山外走，有的地方只能爬行才能勉强通过。当翻越最后一座山时，又遇5.8级余震，来时走过的地方又被石头压埋了。此时，他们又累又饿，路旁山村的一位老大妈得知情况后，将家中仅有的小半碗米和两个冬瓜拿出来为他们熬粥，他们感动地流下眼泪。18日，他们被派往绵竹开展防疫消毒工作。他们每人背着30公斤重的消毒药箱，冒着30多摄氏度的高温，每日3次对近7公里长区域的受灾群众安置点进行消毒，每天到晚上时都已累得直不起腰来。（参见图219）此后，他们又被分配到极重灾区

图219　志愿者在救援间隙短暂休息（黑龙江省民政厅　提供）

绵竹市汉旺镇、什邡市参加防疫消毒。因业绩突出，马云飞后被共青团四川省委授予“优秀志愿者”称号。

哈尔滨市黑龙江政法管理干部学院2005级法律事务班学生刘子富，2007年因病休学在家，汶川地震发生时，他在北京检查身体。听到地震的消息后，他决定到灾区服务。5月15日，他给北京一位朋友留下遗书，上面写道：“做志愿者是我自己的决定，一切后果都由我自己来承担。亲爱的爸爸妈妈，对不起，我不孝。但做人要有良心，有担当，去灾区帮助那些受灾的同胞是我的责任……”他带着仅有的1000多元钱乘火车赴成都。在车上，他结识并加入河北邢台“抗震救灾老兵突击队”。17日3时，刘子富随“抗震救灾老兵突击队”到江油参加抗震救灾物资转运和发放工作。他们每天只休息3～4个小时，至少负责10个车皮的物资转运工作，每个车皮装的物资重量都在30吨左右。在一次搬运帐篷时，刘子富的右脚踝被砸伤。为了不耽误工作，他用绷带紧紧地把脚踝缠住，坚持搬运。晚上他解开绷带时，右脚已失去知觉。第二天，右脚红肿疼痛，几乎不能走路，但他缠上绷带后又继续工作。

5月16日，牡丹江市血栓病专科医院骨科医生孙林云携带价值6万余元的药品自费到四川灾区，深入汶川、理县、茂县、青川等重灾地区，冒着生命危险向一线运送急需的药品、食品、医疗器械、帐篷以及净水设备。在27天的志愿服务中，孙林云完成了押送10批物资、100多台次车辆的任务，被四川省委、省政府授予“四川省抗震救灾模范”荣誉称号。

哈尔滨市物价局转业干部朱旭东在部队时学习过骨科和心理救助相关知识。5月17日，他向亲友借款2万元，请假乘飞机赴四川灾区。在飞机上，他结识了自发到灾区的6名志愿者。他们组成一个小组，朱旭东被推选为组长。19日1时，他们到达成都机场，乘出租车到绵阳市九洲体育馆受灾群众安置点，被分配到装卸组。当日，他们装了4卡车、重20余吨的救灾物资。空余时间，他们为受伤群众和复课学生做心理治疗。而后，他们被安排在成都市第四人民医院广场驻扎，朱旭东以哈尔滨心理危机干预组组长的身份，负责一个小组的工作，对伤病员进行心理干预。26日，经朱旭东协调，由哈尔滨市物价局、北京仁爱慈善基金会、四川大学共同合作成立都江堰天源仁爱学堂，招收从灾区转调出来的学生480人，朱旭东担任负责人。经过几天的紧张准备，27日10时，仁爱学堂正式开学。

哈尔滨市信托房产经营公司物业站站长陈龙，向单位请了年假，带上积攒的8000多元现金，购买了登山鞋、雨衣及背包、手电筒和常用药品，乘飞机奔赴四川灾区。5月19日，他赶到安县黄土镇安置点，帮助搭建帐篷、挖排水沟、平整场地和修路。20日，陈龙和几名志愿者到绵阳市人民医院转运伤员，中午赶到北川羌族自治县擂鼓镇司法局受灾群众安置点，搭建帐篷、修路、修排水渠、建厕所和救助安置点周围受灾群众。此后，他又主动承担起临时公厕的清理和安置点的消毒工作。他每天到4公里外的山间小溪中取水配药，身背15公斤重的喷药器具连续工作6个多小时，休息时为灾区小朋友讲故事。由于假期已满，陈龙于25日离开灾区，后被四川省委、省政府授予“四川省抗震救灾模范”称号。

5月19日，哈尔滨市道里区共乐街道办事处民桥社区个体经营者周刚赴灾区做志愿者，被成都市红十字会安排在四川大学华西医院住院处9～10楼负责接送、护理病人，每天都工作到深夜。28日，他又报名到什邡灾区，帮助农户恢复大棚生产。每到一处，他都向当地受灾的孩子赠送一些水果和文具。

牡丹江林业中心医院保卫科干事施永，请假到灾区当志愿者。5月20日，他带上多年积攒的6万元钱赶赴灾区。他向绵竹市红十字会捐赠资金5万元，又购买了7000多元的食品、药品和日用品，随北京谦益和中医药研究院的志愿者前往绵竹市九龙镇。22日傍晚，他们到达九龙镇的一个受灾村，用手电筒照明为受伤群众处理伤口，分发食品、药品。听说九龙镇有一座寺庙被滚落的山石压倒，还有人亟待救援。施永和一名山东志愿者马上带着救援工具步行上山，经过近一小时的施救，救出一名小男孩。次日开始，施永和那名山东志愿者先后到汶川、什邡八角等地参加救援工作。六一儿童节期间，施永购买文具送给灾区的孩子。6月5日，施永返回牡丹江市后，找当地媒体宣传报道灾区灾情，并多方为灾区筹措物资。在他的努力下，牡丹江市总工会向九龙镇捐赠救护车1台，林业中心医院向九龙镇捐赠价值2万多元的药品，一些单位还捐赠棉衣棉被7000件（床）。15日，施永又携带捐赠物资送到灾区。后施永被中国红十字会授予“中国志愿者之星”、被四川省红十字会授予“抗震救灾英雄”、被四川省委省政府授予“抗震救灾模范”、被黑龙江省卫生厅授予“抗震救灾先进个人标兵”称号。

5月22日，哈尔滨铁路局鸡西车务段恒山站制动员孙志强赶赴四川灾区，23日凌晨到达成都后，加入“老兵抗震救灾突击队”临时党支部第一党小组，到绵竹市汉旺镇武都村筹建“帐篷小学”。在灾区的10天里，孙志强先后参与消毒深埋遇难者遗体、防疫消毒、搭建救灾简易房、转移粮食、搬运救灾物资、抢救文物、募集灾区急需物资等。孙志强后被共青团中央授予“抗震救灾优秀志愿者”称号。

九　上海市志愿者服务

5月12日18时，新闻晚报车友会为地震灾区人民准备了大量的水、食品、药品，并于当夜启程，行车36个小时后抵达四川灾区，向灾区分发救援物资并立即参加救援。同日，南码头社区“阳光驿站”四川籍流动党员任俊得知汶川地震的消息后，立即与丈夫于当晚乘飞机奔赴四川，加入志愿者队伍。他们在北川、青川等重灾地区开展救援，为灾区的孩子们送粮食、买鞋，帮助转移伤员。17日，上海市登山运动协会的5名救援志愿者将自己筹集的一批矿泉水、牛奶等生活必需品送到受灾严重的北川、绵竹、什邡等地。25—27日，奉贤区政协委员陈存华发起赈灾倡议，联合浙江温州商会的3位民营企业家，组成民营企业慰问队，采购了价值40余万元的牛奶、文具、药品及灾区紧缺的生活必需品，再用车送往北川灾区。

5月14日上午，上海市卫生局组织首批由100余人参加的医疗救援队，由市卫生局分管领导带队赴川。同日，市卫生局又组织30辆救护车及急救人员60人紧急赶赴四川灾区实施救援。此后，上海市卫生系统又陆续派遣多支医疗卫生队入川开展医疗救治、病人转运、救灾防疫、卫生宣教、心理干预等工作。在抗震救灾期间，上海市医疗系统共派遣医疗防疫人员1280余人，救治伤员60665人次，实施手术1157人次。16日，上海青年医疗卫生志愿者抗震救灾服务队共20人赴德阳开展志愿服务。16日，上海市建设交通委组建了3支建筑工程救助队伍深入灾区，从事桥梁、隧道等建筑物抢修。上海市安全生产监管局组建了2支安全生产救援队伍，到灾区从事消防、危化、起重作业。上海市环保局组建了2支环境监测队伍深入灾区，从事环境和核辐射监测。上海安畅汽车牵引有限公司组建了3支城市道路清障队伍，在灾区从事吊车、照明、牵引等工作。19日，上海市民防地震救援保障分队5人乘两台民防救援车启程赴灾区实施救援。19日下午，上海水务供水抢修队先遣组一行5人飞抵灾区，开展灾区供水工作。22日，上海市质量技术监督局组建一支由23人参加的抗震救灾特种设备技术服务队飞赴成都，深入地震灾区执行抗震救灾任务，承担电梯、锅炉、压力容器等特种设备的安全检验、检测、监察等工作。24日，上海市有关部门组织69名队员组成抢修队，携带相关物资、装备前往德阳开展抢修工作。

5月15日9时，上海市金山区红十字志愿者宣传服务队的队员20多人身穿红马夹、胸带挂牌、手捧红十字爱心募捐箱出现在街头。他们在石化城区的乐购、石化百货、瑞鑫百货、农工商超市、易初莲花超市5个固定点设置了红十字爱心捐赠点，另配备了两个流动募捐箱。连续5天的街头募捐，共募集资金22.5万元。张欣秋是一名工程师，地震发生后，她就参加了红十字志愿服务工作并多次为灾区捐款。身边的家人、同事和朋友在她的感召下，也纷纷加入为灾区人民献爱心的队伍。22日，张欣秋转交捐赠资金58万余元，其中一笔5.12万元，是为了纪念5月12日汶川地震而特别募集的。

5月15日中午，上海林紫心理咨询中心的首批心理专家3人，作为上海首个民间心理专家团队抵达都江堰开展心理救援工作。19日，“刘博士心理阳光工作室”的心理工作者自发组建的“手牵手”心理危机干预志愿者服务队，乘机赴四川灾区开展心理安抚工作。22日中午，被誉为“上海爱心奶奶”的沈翠英老人与10余位刚从教育岗位退休的“上海奶奶”一行15人，搭乘飞机前往四川灾区，给灾区的孩子们带去大白兔奶糖、上百本书籍和汇师小学学生们折的数百只千纸鹤，祝福灾区的孩子们。24日，一支由东方电视台生活时尚频道和心理咨询人员组成的“橙色心理救援行动”服务队抵达四川，在成都及各受灾县市医院开设公益诊所，为需要援助的人员进行心理疏导和心理咨询。29日，由上海市星星港关爱服务中心22人组成的特殊精神救援队奔赴灾区，为灾区“失去孩子的父母”和“失去父母的孩子”提供危机干预和精神援助。6月2日，教育报刊总社组成由7名记者参加的采访慰问团奔赴四川，开展采访、慰问和牵线支援等活动。8月，华东师范大学选派专家团心理教师25人，奔赴都江堰对当地学校班主任和德育教师1500人进行为期3天的心理疏导和学校安全教育培训。

5月15日，同济大学3名老师作为中国地震局紧急组织的应急灾评组成员，飞赴四川，深入都江堰、绵阳等地震灾害现场开展抽样调查工作，进行地震灾害分布分析。16日，同济大学成立一支包括30多名专家教授、博士、硕士在内的上百人的志愿服务队，赴四川灾区参加救灾援助工作。18日，同济大学土木工程学院6名专家由教授吕西林带队，赴广元开展房屋勘测和评估工作。

为更好地服务灾区人民，在上海团市委的关心和上海各大学的支持下，114号码百事通特意招募了一批四川籍的在沪大学生，组成志愿者服务队，赴四川灾区抗震救灾。5月16日，团市委协调市血液办，组建上海青年抗震救灾献血志愿者预备队，招募献血志愿者4000多人。25日，12355灾区青少年社会工作及心理康复援助专家志愿团上海分团成员20人，赴德阳开展服务工作。24日，由具有国家心理咨询资质的志愿者22人组成的上海志愿者抗震救灾心理援助服务队，赴绵阳灾区开展心理援助志愿服务。从6月2日起，共青团上海市委发起上海青年志愿者亲情陪护行动，青年志愿者800余人为上海收治的307名灾区伤员提供亲情陪护和心理援助志愿服务。10日，上海市希望工程办公室成立上海希望工程赴川援建抗震希望小学小分队，奔赴都江堰，援建上海首所抗震“希望小学”。7月11日，首批上海大学生西部计划抗震救灾专项行动志愿者20人，赴灾区参与灾后重建和志愿者管理工作。7—8月，上海市高校组建11支上海大学生暑期抗震救灾服务队，赴都江堰、德阳等灾区开展支教、医疗卫生、心理援助、建筑规划等实践服务行动。

5月20日，上海社工灾区援助团专家先遣队一行12人抵达绵阳，开展灾后社会工作服务需求评估。25日，上海社工灾后重建服务团的第一支队伍——华东理工大学服务队进驻都江堰市“勤俭人家”安置点，开展社会工作专业服务。29日，上海社会工作者协会组织6名专家进驻都江堰，开展社会工作服务。7月24日，上海社工灾后重建服务团3支服务队——复旦大学服务队、阳光上海·师大服务队和浦东新区服务队进驻都江堰市3个安置点，开展灾后重建服务。9月2日下午，温家宝专程到都江堰市最大的安置社区——“勤俭人家”考察灾后社会工作服务与管理的情况，充分肯定了华东理工大学社工服务队为灾后社会重建做出的贡献。

十　江苏省志愿者服务

从5月14日开始，江苏青年志愿者协会连续15天组织志愿者在江苏省社会募捐办公室、慈善机构、红十字会备灾救灾中心参加搬运物资和各项服务工作。据统计，仅省红十字会就有志愿者300多人参与抗震救灾捐赠工作，服务时间长达1万多小时。南通市红十字会发出征集志愿者的通知，来自各行各业的志愿者纷纷到市红十字会报到，被分配到募捐点协助收款、接听电话、街头劝募、散发倡议书、分类捆扎捐赠物资等。南通市卫生监督所、南通大学、多邦保险公司等单位的志愿者直接参与接待来访、接听热线电话。江苏银行南通分行和卫生系统的财务人员在接收点协助接收捐款捐物。

5月14日，共青团南京市委、南京市志愿者协会征集了10名卫生防疫专业人员和10名心理危机干预专业人员，组成抗震救灾志愿服务队，携带共青团南京市委配备的价值30万元的帐篷、消杀用品、药品、食品等物资，赴德阳开展救灾志愿服务。6月1日，共青团中央书记处第一书记陆昊到绵阳市体育场受灾群众安置点亲切慰问南京志愿者，特别赞扬南京志愿者队伍有组织、有专业、有保障的工作特点，他叮嘱南京志愿者要用不怕苦、不怕累的行动来践行志愿者精神（见图220）。

扬州市建扬监理公司总经理曹岚和户外俱乐部的“驴友”10人组成扬州户外俱乐部志愿服务队，于5月16日携带数万元资金、帐篷和药品，驾车到什邡市红白镇，会同救灾的部队官兵焚烧垃圾，整理环境，帮助搬运、分发物资。当得知红白镇1000多名受灾群众和解放军救援部队缺水的情况后，服务队员们背着数十根PVC管道爬上山顶，成功引下山泉水。

5月17日，共青团江苏省委组成由团省委副书记沈海斌和南京、苏州、张家港、常熟等市骨伤、推拿、疾病防疫、护理、心理咨询专业的医生20人参加的抗震救灾志愿服务队赴四川灾区救援。

图 220　6 月 1 日，共青团中央书记处第一书记陆昊（右二）在绵阳灾区看望南京志愿者
（江苏省民政厅　提供）

5 月 17 日，《中国少年报》江海少年通讯社和南通市旅游职业高级中学的同学组成义卖志愿服务队，自制捐赠箱走上街头，义卖编辑部的报刊，并将卖报刊的资金捐赠南通市慈善会（见图 221）。

常州市吴琴英和来自民政、教育系统的 7 名工作人员组成心理干预志愿服务队，于 5 月 20—28 日赴四川，对灾区的儿童、老人及救援者开展心理辅导和抚慰，为当地培训心理服务人员。

地震发生后，由共青团江苏省委征集医疗卫生人员志愿者组成省医疗卫生志愿服务队，深入什邡市湔氐镇村组开展卫生防疫、医疗诊治、中小学课程辅导等 9 项服务，每日服务 200 余人次。

图 221　5 月 17 日，南通市旅游职业高级中学的同学们自制捐赠箱，走上街头为灾区募捐
（江苏省民政厅　提供）

5 月 22 日，志愿服务队根据灾区的实际需求和服务队专业特点，开始向受灾群众发放预防肠道和呼吸道的药剂及解毒防病香囊 3600 包，开展震后的心理调适和灾后防疫、卫生等宣传教育活动，为 10 余名小学生做心理辅导，受到灾区群众的一致好评。

地震发生后，江苏爱德基金会与中国扶贫基金会、中国青少年发展基金会联合发出“中国民间组织抗震救灾自律承诺”，倡议更多民间组织参与救灾工作，并将抗震救灾活动中的相关信息进行公布，自觉接受社会、舆论监督。爱德项目管理人员 2 人、南京高校社工专家 6 人和医生 1 人组成爱德基金会社工志愿服务队，于 5 月 23 日晚到达绵竹，在绵竹市体育场受灾群众安置点了解情况，开展灾后心理危机干预工作。29 日，爱德基金会社工志愿服务队在绵竹开设“爱的学堂”，针对单亲妈妈和孤寡老人的心理进行干预工作。9 月 16 日，由江苏爱德基金会和南京瑞海博康复医院相关医生、专家组成的康复志愿服务队一行 6 人奔赴绵竹市人民医院，开展志愿服务。

地震发生后，江苏省由大学生志愿者 30 人组成“西部计划”抗震救灾专项行动志愿服务队。7 月 11 日，服务队在四川师范大学接受两天的培训后，开赴灾区。17 日，服务队赴绵竹进行为期一个学期的支教。28 日，盐城师范学院由师生 10 人组成的支教团队，赴绵竹市富新学校进行 20 天的支教活动。支教期间，他们对经历地震后的灾区师生进行心理健康辅导。

7 月 23 日，由江苏大学医学专业研究生 2 人、本科生 6 人组成的江苏大学青年志愿者先锋服务团，赴绵竹市新市镇，为灾区受伤村民提供术后检查、康复训练及防疫知识宣传等服务。8 月 11 日，江苏大学团委在绵竹市设立江苏大学爱心助学驿站绵竹工作站，通过发放爱心助学基金卡，为灾区的特困学生提供每人每月 200 元的生活补助，同时在志愿者服务团中选派心理咨询专业的研究生，作为西部计划四川专项志愿者，为灾区贫困学生提供一年的心理咨询及辅导服务。18 日，共青团扬州市委青年创业服务中心、扬州大学的学生志愿者组织的“震后阳光、扬帆启程”心理拓展训练营，为来自四川灾区德阳东汽技校的 39 名学生进行为期一天的心理素质训练。

地震发生后，南京泰誓工贸有限公司董事长何烈胜采购价值 100 多万元的药品、价值 100 万元的棉被运抵灾区，并在灾区成立南京子谷川救援队。在灾区，何烈胜又采购价值 46 万元的食品，救济灾区群众近 8 万人。

十一　浙江省志愿者服务

地震发生后，浙江省富阳工商公益义工王向东辞去工作赴青川灾区，帮助灾区人民搭建房屋，收割农作物，开展对贫困学生的援助，组织学生夏令营活动。

5 月 18 日，浙江省温州市地税公益义工周选慈自费到灾区，将自己经营装潢公司多年积攒的资金捐赠灾区，并全力投入灾区灾后重建工作。

地震发生时，浙江省地税局原公益义工组负责人魏钧正在贵州省关岭县开展贫困学生救助活动。5 月 21 日，他从贵州坐火车抵达青川，经有关部门的分配，带领义工团队为灾区学校建设板房，消毒防疫，开展学生心理辅导，走访贫困学生，募捐学生用品，开展贫困助学活动。

十二　安徽省志愿者服务

地震发生后，安徽省红十字会及时组织志愿者参加抗震救灾。5月12日，省红十字会安排专人与合肥工业大学、安徽大学和安徽中医学院的志愿者骨干联系，动员大学生志愿者积极参与抗震救灾工作，众多大学生积极报名；同时通过网站发布招募红十字会志愿者信息人。安徽省红十字会根据募捐工作特点，将参加志愿服务的志愿者组成3支小分队。第一支小分队负责各募捐点款物接收、捐赠热线接听、捐赠数据统计、后勤保障工作，第二支小分队负责各个募捐点义捐义卖宣传活动，第三支小分队负责大型赈灾晚会志愿服务工作。省红十字会对志愿者进行了文明用语的使用、款物接收注意事项、收据和证书开具知识培训。从5月中旬到6月初，省红十字会共组织800多名志愿者参与志愿服务工作，累计服务达1000多小时。

5月12日，安徽省公安边防总队军官马子军，正与爱人孙莉莉在四川旅行结婚，地震中幸免于难。看到严重的灾情，他们决定留在灾区参加抗震救灾工作。马子军被安排在救援队进行搜救和清理废墟工作，孙莉莉被分配到后方炊事班做后勤保障和照顾伤员的工作，两人一干半个月，28日才返回。马子军被公安部边防局荣记一等功，先后获得安徽省抗震救灾优秀共产党员、“心动2008年度新闻人物”、安徽省“爱心慈善捐赠个人”和安庆市“十大文明市民特别奖”等称号。

5月12日，安徽柳工起重机有限公司员工组成柳工抗震救灾志愿服务队。服务队10天内先后派出大型吊车5台和操作手10人奔赴汶川救灾，费用由公司承担。

5月13日，临泉县农民侯文峰、马广东、曾庆功、马申、侯德功、马磊等6人自发组成抗震救灾志愿服务队，到灾区做志愿服务。马广东的儿子马磊当时年仅16岁，由于骨盆骨折休学在家，听说到灾区救援，坚决要求随父同行。当日下午，侯文峰一行6人开车出发，日夜兼程，于15日晚到达都江堰灾区后立即加入抢险救人行列。5月20日，在汶川县映秀镇，他们参与救出被埋在废墟下179小时的马元江后，侯文峰激动得泪流满面。

5月14日、15日和21日，铜陵市卫生局、市红十字会分别派出3支抗震救灾医疗防疫队奔赴绵阳、广元、德阳灾区，开展医疗救援和卫生防疫工作。

5月14日，界首市个体出租车司机王利赶到四川抗震救灾指挥部报名参加青年志愿者突击队，被指挥部指派为突击队队长。至16日，王利和队友顽强奋战19个小时，救出幸存者30多人。19日，唐家山堰塞湖出现险情，中国移动德阳分公司为保证抢险通信的需要，向王利所在的青年志愿者突击队提出把一批通信器材送到海拔5000多米的青平山上的请求。王利及队员20人随即组建“通信抢险突击队”，每人背着44公斤重的电信器材，冒着余震，翻山越岭，经过5个多小时艰苦跋涉终于完成任务。王利在灾区奋战53天，贡献突出。德阳市抗震救灾指挥部、德阳市政府授予其“抗震救灾英雄”称号，德阳市公安局授予其“见义勇为模范”称号，中国移动德阳分公司授予其“通信抢险英雄”称号，德阳市志愿者协会授予其“当代青年的典范、抗震救灾的楷模”称号。温家宝在绵竹市汉旺镇救灾现场看望青年志愿者时，和王利亲切握手。

地震发生后，怀远县马城镇郭城口村刘兆水、刘兆本、刘兆刚、刘兆安四兄弟组成兄弟抗震救灾志愿服务队，于5月14日携带价值400多万元的特种挖掘机2台，经过30多个小时2100公里的长途跋涉，于17日凌晨抵达绵阳灾区，连夜参与打通陈家坝乡通往北川县城的公路。接着，四兄弟又连续作战两昼夜，参与打通省道105线曲桂段。22日晚，他们接到参与抢通北川垭都公路的任务后，经过五昼夜奋战、数十次爆破，于27日中午打通“生命线”通道。在灾区奋战20天，服务队耗资40多万元，吃的是方便面，喝的是矿泉水，睡过石板路。他们不顾日晒雨淋、身体受伤，夜以继日地为灾区群众抢通多条“生命通道”。从北川返回蚌埠后，他们依然牵挂着灾区，全家人又为灾区捐赠价值6万元的新棉被400床。

5月15日，淮南市电脑维修部店主廖和顺同妻子房慧携带家里全部积蓄和借来的2000元钱，自备干粮踏上赴川的列车，先后在成都市和四川省红十字会，装卸搬运救灾物资，接送伤员。他们获得四川省红十字会颁发的志愿者荣誉证书。

5月16日，淮北市居民周杰、贺少朋等人，连夜驾车到成都，加入四川省红十字会组织的老兵救援队。10天时间内，他们在汶川县映秀镇和其他救援队一起搜救并处理遇难者遗体100多具。他们还先后在安县千佛镇协助开展喷洒消毒液和防疫宣传工作。

5月17日，亳州市谯城区安溜镇群众王宗峰，以志愿者身份奔赴灾区参加抗震救灾。8天内，他随解放军某部医疗队先后转战都江堰市虹口乡10多个村庄和社区，喷洒消毒剂20余吨，卫生防疫面积20多平方公里。

5月18日，霍邱县个体医生谢文杰、朱磊、赵以年、陈金星、邸颖等人，自发组成医疗救援服务队，携带几家商铺捐赠的价值2万元的药品，赴川参加抗震抢险救灾。他们先后在安县等地，帮助搭建帐篷、抢救伤员、搬运分发救灾物资等。

5月18日，来安县水口镇村民张平一家4人组成家庭抗震救灾服务队。他们用自家房产作抵押，筹集20万元购买了一台中型挖掘机赴四川灾区。21日凌晨到达青川后，他们连续奋战七昼夜，打通道路，抢救人员。在救灾过程中，张平一家累计投入资金120多万元。7月14日，经党组织批准，张平父子同日入党。

宿州市灵璧酒厂下岗工人李敬芹牵头组织了抗震救灾志愿小分队，协助宿州市红十字会开展募捐活动。5月20日清晨，她自备灾区必需药品和日用品乘火车前往成都。列车上聚集了来自全国各地的20名志愿者，李敬芹建议大家组成抗震救灾志愿小分队，并被推选为队长。到灾区后，李敬芹和她的队员们被安排到四川省储备局437处协助接收和分发救灾物资。7天内，小分队共收发和护送救援物资56扎、103万件、2000吨，无任何差错。

5月20日，蚌埠烟酒经营业主徐国军采购价值7万余元的方便面850箱、矿泉水550箱、压缩饼干100箱，与好友3人自驾车于22日抵达成都，赶赴极重灾区北川羌族自治县陈家坝乡，参与抗震救灾、发放救灾物资等工作。

5月22日，由六安市人民医院、市中医院、市第二人民医院35名医务防疫人员组成抗灾救灾志愿服务队，赴崇州、什邡灾区参加救援。30多天里，服务队进村入户巡诊50次，义诊10多次，诊治患者3400人次，抢救危重患者10余人次。服务队走访卫生室100多个，走访居民700多户，随访腹泻病人10余人，集中培训乡村干部、卫生防疫员、医生、消杀员近200人次，发放、张贴宣传单1500多份，集中消毒、杀虫面积5万多平方米，采集测定饮用水水样200多个。

5月23日，安徽师范大学教育科学学院的60名大学生，在市区的11个捐赠接收点提供志愿服务，开展慈善募捐活动，帮助接收救灾捐赠。

地震发生后，安徽省省立医院团委招募志愿者1000人，组成抗震救灾青年医疗卫生志愿服务队，开展“用青春传递温暖、用关爱抚平创伤”活动。5月25日，省立医院接收灾区运送来的地震灾区伤员36人，来自临床、医技、护理、行政等部门的青年志愿者50多人分成若干接诊小组，每个小组负责一个伤病员。他们协助病人下飞机、上救护车，入住爱心病房，配合病区医护人员把病人稳妥安置到病床上。伤病员住院治疗期间，省立医院团委每周开展一次共青团义工志愿服务日活动，组织志愿者为伤员理发，陪伤员聊天，还组织伤病员家属观看黄梅戏演出。6月19日下午，省立医院团委组织由医师、护师、药师等组成的志愿者服务队与第一批准备出院的伤员一起游览合肥。驻合肥解放军第105医院收治四川地震灾区伤病员35人，医院团委组织志愿者50人参与献血、陪护等志愿服务工作。合肥市多家医院的医疗卫生防疫、心理专家和相关人员37人组成省青年抗震救灾志愿服务队，于5月26日，自带救灾车辆，行程3000公里，深入绵竹市2个受灾群众集中安置点、5个乡（镇）、12个行政村，开展心理辅导、医疗救助、卫生防疫等志愿服务，发放价值20万元的医疗物资，治疗伤病人员1100多人，开展心理干预个案3000人次，面向1.2万余人开展防疫知识宣讲，发放防疫手册1万多份和“爱心结对卡”2000余份。

5月28日，金寨县个体私营业主杜方银、余道喜、张全照3人自发组成抗震救灾服务队，带大型挖掘机3台和重型卡车3辆赴四川支援灾区。6月2日，他们根据绵竹市抗震救灾指挥部的统一安排，投入遵道镇的救援工作。他们配合92057部队抢修九洪公路13.5公里，又连续奋战20余天，协助完成绵运河汉旺段河道排障。他们还先后参加老熊沟公路和九龙镇、九香春酒厂、土门镇、老泉镇、齐天镇救灾抢险工作。绵竹市交通局赠送杜方银一面“千里奔程救灾为民、八方汇泉鱼水情深”锦旗。

7月14日，淮北市煤炭师范学院生物科学、音乐、艺术设计、学前教育、应用心理、体育教育、新闻、化学、政法和英语等10个系的在校大学生14人组成“薪火”义务支教队，赴略阳县徐家坪药木院小学进行为期一个月的支教活动。

十三　福建省志愿者服务

5月13日至6月12日，福建省红十字会组织青年志愿者积极参与省红十字会开展的募捐活动；福州市红十字会根据红十字志愿者的不同专长进行科学安排、合理调度，使他们到灾区能更好地发挥作用；厦门市红十字志愿者自发协助市红十字会开展捐赠引导、救灾物资整理等工作，协助募集资金600多万元；漳州市参与红十字会赈灾活动的志愿者达5000多人次。5月14日，福建省红十字会组建灾后心理危机干预志愿服务队，赴四川灾区开展心理援助活动；6月2日，首批地震灾区伤员到福州接受救治，省红十字会组织两支志愿者服务队，连续15天为伤员提供生活护理以及心理辅导服务。

地震发生后，福建省慈善总会招募福州大学、福建师范大学、福建农林大学、福建医科大学等大专院校的志愿者300多人，在福州市闹市区、公园门口、商业街开展募捐活动。福建省妇联组织“巾帼志愿者”、社区家庭志愿者与灾区结对帮扶，帮助灾区妇女儿童和家庭共渡难关。福建献血服务志愿者之家与福建省血液中心、福建省红十字会、福州市红十字会、福州爱心义演联盟共同主办“别害怕，我们永远在一起”“携手人道、抗震救灾”“巴蜀同行”和“一方有难、八方援助”等系列募捐活动，共募集资金100多万元，报名参加应急献血的志愿者达1000多人。福州市妇联招募爱心志愿者464人，对到福州治疗的灾区伤病员和家属开展心理疏导和结对帮扶服务。5月13日，晋江市青联、青商会、青年志愿者协会发出《抗震救灾、晋江有爱》呼吁书，开展募捐活动；至19日，青年商会及其会员企业募集捐赠资金和物资折价共计1348.44万元。17日、18日，福州市青年志愿者协会和福建义工俱乐部组织青年志愿者600多人开展募捐活动，募集资金近20万元。22日，福州市团委、福州市青年志愿者协会联合举办首期“关爱四川地震灾区伤病员”志愿者培训班，参加培训的志愿者500多人。厦门市成立青少年心理康复志愿服务队，与地震灾区32个家庭结成对子，对灾区青少年进行有针对性的救助。漳州市农业银行、电信、税务、高校师生等部门单位200多名志愿者，历时60日，与灾区伤员结对帮扶，从事伤员护理和心理治疗工作。

5月14日，龙岩市海德馨汽车有限公司组成15人救灾支援小组，组织移动应急发电车2辆，前往地震灾区开展抗震保电服务。

5月15日，邵武市个体私营协会副会长吴夏云，自费赴地震灾区，加入四川大学华西医院志愿者服务队，先后在彭州市通济镇、绵竹市兴隆镇等灾区，为受灾群众运送食品、药品，对轻伤员进行常规护理。

5月19日，共青团福建省委决定组建和派遣3批青年志愿者赶赴灾区开展心理康复援助工作。当日晚，招募志愿者的消息在福建省电视台播出后，一天内省青年志愿服务指导中心就接到网络报名和热线电话400多个。报名者中具备国家二级心理咨询师及心理学硕士以上学历的有73人，其中还有青少年心理学和创伤心理医疗专家。25日，由19人组成的福建省青年志愿者心理援助服务队成立，福建省青年志愿服务指导中心副主任杨德林任领队，福州科技职业技术学院党委书记、福建中医学院心理咨询中心主任林榕发担任专家队队长。社会各界对服务队给予大力支持，厦门航空集团为队员免除到灾区的往返机票费用，阳光集团为服务队提供赞助。26日，服务队到达都江堰后即开展心理康复援助工作。服务队在青城桥安置点创办心理康复学校，在安置点内开展心理辅导活动，并对50多名青少年进行团体训练，还培训志愿者和当地教师9名。服务队抽调部分专家组成心理哀伤治疗小组，对在灾难中失去亲人、朋友的群众和抗震救灾人员进行心理辅导和治疗。截至6月5日，服务队为灾区群众进行个案心理治疗47例，举办心理健康讲座3场，为受灾群众开展心理辅导800多人次，为武警部队官兵、机关干部等进行团体心理疏导570多人次。6月5—15日，福建省由15人组成的第二批志愿者服务队赶赴都江堰开展心理援助服务。他们开办心理援助分校2所，共接待处理心理辅导个案62例，为部队官兵、机关干部、学生开展心理讲座和团体心理辅导。15—30日，福建省第三批志愿者服务队在灾区举办健康辅导讲座7场、共200多人次听讲，开展个案心理治疗41例，为132名青少年开办了心理康复课程，为受灾群众和部队官兵组织团体心理辅导3场，培训青年志愿者41人、心理辅导教师3人。（参见图222）

5月20日，武平县成龙双语幼儿园（私立）园长石细英，自带7万元现金，赴北川、绵阳、都江堰等灾区，连续6天对十几位幼儿进行心理疏导，并将6万元捐赠给安置在绵阳市体育馆的

图 222　福建省心理康复服务队在对地震灾区小学生进行团体心理康复辅导
（福建省民政厅　提供）

受灾群众。

5 月 24 日至 7 月 17 日，福建盛辉物流集团主动承运对口援建彭州市活动房 2.48 万套及各类救灾物资 1728 车、11670 吨，受到全国总工会的表彰。

福州市烹饪协会联合福州市红十字会、《福州晚报》和福州聚春园集团，组织志愿者厨师奔赴安县受灾群众安置点，设立“福州爱心食堂”（见图 223），为受灾群众免费提供饮食 20 天，日提供饭菜 3000 多人次，累计提供饭菜 7 万多人次，受到中国红十字会总会的高度评价。

图 223　福州志愿者在安县灾区设立“福州爱心食堂”
（福建省民政厅　提供）

十四　江西省志愿者服务

5月13日，共青团江西省委、江西省青年志愿者协会下发《关于招募抗震救灾志愿者援助服务队的通知》，向社会公开招募医疗、救护、搜救、心理抚慰等专业志愿人员，报名者超过4000多人；14—29日，团省委、省青年志愿者协会向社会招募义务献血志愿者，报名参加献血的青年志愿者突破3万人。16日，团省委、省青年志愿者协会培训招募第一批志愿者30人。19日上午，团省委在南昌火车站举行首支“江西青年志愿者抗震救灾服务队”出征仪式。20日18时，服务队到达什邡市蓥华镇，开始进行卫生防疫和救助救治工作。为了保护环境，他们向当地抗震救灾指挥部提出集中清理垃圾、集中消毒、集中焚烧的卫生防疫方案，被当地政府采纳。26日，江西第二批服务队到达什邡，两支服务队伍会合在一起，同时开展工作。服务队先后喷洒消毒水近3.9吨、消杀面积20余平方公里，诊治受灾群众和部队战士3600余人，接待心理咨询1500多人次，并创办灾区“志愿者帐篷希望学校”，接收学生300余人。

5月14日，共青团九江市委组成由公安、供电、医疗、水务等部门18名青年志愿者参加的服务小分队，携带价值7万元药品赴广元。按照江西省医疗总队的安排，小分队2人在广元市医院救治重症患者，其他16人赴青川县木鱼镇，随部队进行现场医疗救护。15日15时，九江供电公司一支由45名青年组成的突击队到达绵阳，帮助修复绵阳北部地区一座110千伏遭损毁的变电站设施。新余市团委组织电力部门志愿者携带帐篷8顶到灾区，进行为期半年的电力设施抢修工作。

江西省红十字会先后组建两支应急救援队奔赴四川灾区，参与为期30天的红十字会与红新月会国际联合会公共卫生应急行动。7月15日，首支公众卫生应急队赴绵竹市九龙镇灾区，展开救援工作；8月2日，第二支应急队赴德阳灾区。他们克服余震不断、气候异常等恶劣条件，对4个镇16个村306个应急厕所进行检查、维修，确保应急厕所的正常安全使用，为2个镇36个供水点每天提供干净饮用水约50吨。服务队还深入社区、受灾群众临时定居点、军队、学校，了解当地公共卫生情况和灾区群众的生活起居习惯，搜集公共卫生信息。针对灾区公共卫生条件差、临时居住点条件简陋的特点，队员们重点加强对临时集中居住点受灾群众防病防疫知识的宣传，倡导健康卫生的生活习惯，较好地维护了社区的公共卫生。

抚州市红十字会招募志愿者100人组成心理救援服务队。5月19日，服务队赶赴都江堰、安县、茂县等灾区，开展心理辅导3000余人次，对4所学校近2000名师生做心理普查，建立心理档案近万份。他们还协同北京、福建、台湾的3支心理团队，开展数次专业心理辅导活动，得到灾区群众的好评。19—31日，服务队8名队员在四川大学华西医院护理4名脑伤病人，直到他们伤情好转转院。5月22日至6月30日，服务队在都江堰市教育局、都江堰开发区管委会、武警某部协同下，创办了都江堰开发区安置点的第一所抗灾“帐篷学校”，辅导中小学生近1000人次。服务队还向安县、茂县山区乡村运送帐篷4顶和食品、粮食、学习用品等，搭建2所村级“帐篷小学”，受到当地群众的赞扬。

抚州市个私协会副会长满江生自费赴都江堰灾区，与来自北京、上海、广东等地的志愿者组成“阳光独立团”，为孩子提供心理辅导，帮助他们尽快从地震的阴影中摆脱出来。

抚州市卫生系统医务人员姜茗、姜苇、姜勇三兄弟，都赴灾区从事志愿服务。5 月 13 日，姜茗、姜苇赶赴青川县茅坝乡开展卫生防疫工作。19 日，姜勇赶到什邡市蓥华镇，为受灾群众提供医疗救助、卫生防疫等志愿服务。

十五　山东省志愿者服务

5 月 12 日，山东省各地紧急招募志愿者开展救灾捐赠活动。志愿者在各级红十字会、慈善组织接听电话、收缴款物、搬运物资，大街小巷到处都可以看到志愿者忙碌的身影。山东大学来自荷兰、澳大利亚、英国、巴基斯坦等国的 5 名留学生也加入山东省红十字志愿者队伍，参与搬运物资。泉城义工与济南市慈善总会等单位联合开展抗震救灾义卖等活动，募集资金 6 万余元，600 多人无偿献血。青岛市招募救灾捐赠志愿者 800 人，志愿服务总计 6000 小时以上。济宁市慈善义工集中上街宣传劝募，累计出动 7000 多人次，散发倡议书 11 万多份，募集资金 34 万多元。聊城市红十字爱心互助会、麦田计划聊城志愿者社、记录一生聊城工作站 3 个志愿组织，在市区繁华地段设置募捐站，发放宣传材料，接收群众捐赠，募集资金和物资折价 60 余万元。

5 月 13 日，淄博市才子男装总经理朱华自驾车赴四川，冒着生命危险穿梭于四川灾区，参与救援，运送伤员。

莒县洛河镇东皂湖村刘中明、刘光波、刘中富、刘中停、刘中彩、刘守华、刘守秋、刘守欣、刘守贵、刘光瑞等 10 位农民，组成莒县农民救灾志愿队。因担心前往四川的火车、飞机不通，他们决定自驾农用三轮车前往，并凑了 3000 元钱，置备 38 件矿泉水、50 箱方便面、50 公斤煎饼、一大袋子榨菜、蒜薹以及自家的铁锨、铁镐和被褥等，于 5 月 14 日 1 时，驾乘三轮车一路颠簸、日夜兼程，历经四天三夜，行程 3000 多公里，于 17 日到达广元灾区，后又到安县救援。他们在安县救助站、永安镇等安置点，搭建帐篷，挖排水沟，装卸救灾物资。（参见图 224）莒县农民救灾志愿队被中共中央、国务院、中央军委授予“全国抗震救灾英雄集体”荣誉称号。

5 月 16 日下午，山东广播电台、齐鲁电视台发布山东省红十字会急需搬运救灾物资人员和车

图 224　山东省“莒县农民救灾志愿队”成员在四川灾区群众安置点
（山东省民政厅　提供）

辆的消息，近千名志愿者迅速赶到省红十字会，半小时内装载物资6000多件。泉城义工青年党员突击队将4大卡车的救灾物资，运往绵阳市抗震救灾指挥部。19日，山东半球集团抗震救灾志愿队将30吨价值6.6万元的挂面运往广元。23日，东营市驰中集团抗震救灾志愿队将10吨价值20万元的果蔬脆片系列产品运往绵阳。

5月16—27日，共青团山东省委、山东省青年联合会、山东省青年志愿者协会组织28人的山东省青年医疗卫生抗震救灾服务队，赴绵竹灾区为群众提供定点救助、巡回医疗、陪护转院、救护咨询等服务，共救治受灾群众3000多人，抢救重伤（病）受灾群众89人，陪护转院26人次，发放卫生防疫宣传单5000份，并捐赠价值30万元的药品。

震后，泉城义工孙博文、程宗瑞等人会同医疗工作者4人组成救助队赴四川参加救灾。5月20日，他们步行6个多小时，翻过一个坝高70多米、长150多米的堰塞湖，成功解救6岁女童刘然。

5月27日，山东省“12355”青少年心理康复专家志愿团到北川羌族自治县、绵阳市九洲体育馆安置点，开展心理康复援助，累计进行心理个案干预323个，培训志愿者及教师、心理工作者136人，向783名灾区学生及群众宣传心理学知识，捐赠了价值15万元的帐篷等物资。地震灾区伤员转到山东治疗后，山东省采取一对一、多对一的形式，安排志愿者对伤病员开展医疗救助、心理调适、精神安抚、医疗护理、生活帮助等服务。同时，招募一批具备国家心理咨询师资格的志愿者，重点开展针对灾区14岁以下伤病员以及抵鲁复学中小学生心理调适、应急疏导和思想引导等工作。29日，得知灾区42名伤员转移到济南市中心医院治疗后，济南时报泉城义工80多人走进伤员病房，每日6—21时，分三班轮流陪护。青岛市妇联招募志愿者485名，为四川灾区转鲁伤员提供心理疏导和医院陪护服务。

震后，济宁市公安局交警支队二大队五中队民警宫治华放弃休假时间，只身赴四川灾区参加救援，在汶川县漩口中学、国家电网映电总厂等地废墟中抢救出群众4人，后荣获“全国抗震救灾模范”荣誉称号。

震后，菏泽市人王德山自费驾车赴四川灾区开展志愿服务。从四川返回后，又向灾区捐款1.54万元，并帮扶了21名灾区学生，后荣获全国“汶川地震抗震救灾优秀志愿者”称号。

震后，烟台打捞局退休医务工作者刘京娥携带灾区急需药品只身从烟台赶往四川灾区，接诊上千名北川羌族受伤受灾群众，被灾区儿童亲切地称为“烟台妈妈”。

震后，由潍坊市人杨金光等志愿者55人组成的“众志成城山东支援团”，分4批奔赴灾区，在安县黄土镇、永安镇等重灾区参与救援工作。

震后，高密市青年志愿者杜志远联合志愿者8人组成赴川青年志愿者小队，赴彭州市龙门山镇安置点开展应急救援，后又随部队徒步进山，解救山里受灾群众及游客。

高唐县退伍军人陈强，组织由25名退伍军人组成“山东退伍军人抗震救援队”，在灾区参加了13天的救援工作。

十六　河南省志愿者服务

汶川地震发生后，河南省红十字会招募志愿者1万余名，在红十字会机关、街头、商店和广场开展社会募捐活动，在救灾物资存储仓库接收发运捐赠物资，参与红十字会抗震救灾募捐活动，清点、搬运捐赠物资等。

5 月 12 日晚，洛阳市农民刘轩锋、刘干锋、刘帅卫、冯怀敏等人，驾车从洛阳出发，14 日清早到达安县永安镇后，徒步赶往北川施救，当日救出幸存者 6 人。他们听说在一座倒塌的家属楼废墟下埋着一名幸存者，便和来自江苏的救援队一起扒开废墟救人。经过半小时的救援，救出一名 10 多岁处于昏迷状态的女孩，他们立刻用担架将她抬到城边空地，移交救援部队官兵。而后，他们再次返回救人，又救出幸存者 3 人。16 日下午，刘轩锋正在北川中学废墟上清理砖头，有个人从身边走过，刘轩锋连忙拉住他的胳膊，以防他进入前面十分危险的废墟口。抬头一看，他拉的人竟是中共中央总书记胡锦涛！胡锦涛勉励刘轩锋说："你们一定要连续作战，不怕疲劳，坚持到底！"当晚中央电视台"新闻联播"播出了胡锦涛勉励刘轩锋的画面。

5 月 13 日 15 时，河南冷王冷藏运输有限公司高速公路救援队志愿者 13 人，组成河南抗震救灾志愿车队。他们驾驶价值 270 多万元的吊车、清障车，装载价值 6 万元的救灾物资向四川进发，历时 10 多个小时到达绵竹。绵竹市救灾指挥部安排志愿车队到汉旺镇跟随部队展开搜救。他们不怕艰险，努力工作，直至 19 日完成救援任务才返回河南。

5 月 13 日，洛阳强辉土石方有限公司董事长李顺卿，同公司 24 人组成支援抗震救灾抢险队，携带 50 多万元现金，驾驶总价值 400 多万元的 10 余台挖掘机、推土机、翻斗车等赶赴四川灾区，于当日 22 时 40 分到达都江堰。抢险队在断水断电、食物极度缺乏、余震不断的恶劣环境下展开救援，每天连续工作 20 个小时。16 日，抢险队与某部官兵并肩作战，清理出遇难者遗体 19 具。17 日，经过 4 个多小时的紧张救援，抢险队在坍塌的 7 层楼中，成功救出一名 20 多岁的男子。

震后，由 40 多名志愿者组成河南省民间户外救援队，分成 4 个梯队赴灾区救援。5 月 13 日，由 7 人组成的户外救援队第一梯队出发，于 14 日赶到绵阳，被绵阳指挥中心指派到北川护送水利、地质等专家勘察堰塞湖。14 日，由无线电爱好者、医务人员等 32 人组成的第二梯队，携带物资和救援设备赶赴北川，开展无线电、医疗救护等工作。20 日，由医疗、防疫、心理辅导为主要成员组成的第三梯队赶赴灾区实施救援。26 日，第四梯队将河南户外爱好者捐赠的价值 4 万元的物资送到灾区，发放给灾区群众。截至 10 月 14 日，救援队赴灾区人数达到 83 人，成功完成护送专家、救助伤员、分发物资、建立无线电中转站等任务。

5 月 15 日至 6 月，河南中光学集团专用车公司派出由 5 辆野营淋浴车和 10 名保障人员组成的志愿队伍，紧急奔赴汶川、理县、什邡、茂县、都江堰等重灾地区，克服重重困难，建立起多个临时洗浴点，解决了部分灾区人民和救援人员当时无法正常洗浴的困难（见图 225）。

震后，河南省由 15 名青年心理康复咨询师组成抗震救灾医疗服务队，河南卫生防疫志愿者组成 12355 灾区青少年心理康复救援专家志愿团。两个救助团体于 5 月 21 日抵达都江堰开展工作。服务队分为成人组、中学组和少儿组，先后前往青城桥受灾群众安置点、四川农业大学都江堰分部受灾群众安置点、聚源镇小学和聚源镇中学，直接面向青少年开展心理康复救援工作，指导培训当地心理康复工作骨干。他们边工作边摸底，掌握灾区青少年心理方面的实际状况和一手资料，为进行长期的心理康复援助工作提出建议。至 22 日 20 时，志愿团共为 300 多名青少年和群众提供心理咨询和团体咨询。河南省青年志愿者抗震救灾医疗服务队还在平武灾区开展医疗防疫工作。

图 225 灾区群众在河南中光学集团专用车公司志愿队建立的临时洗浴点排队洗浴（河南中光学集团 提供）

震后，河南省妇联招募 33 名救灾心理咨询志愿者组成心理援助团，对受灾群众开展心理关爱和情绪疏导等“情感关爱”行动。5 月 29 日，救灾心理援助团到郑州女子监狱对家乡遭受地震灾害的四川籍服刑人员以及其他服刑人员进行心理关爱和情绪疏导，与 72 名服刑人员交流和沟通，有效缓解她们因大地震造成的紧张、不安和恐惧等心理创伤和复杂的情绪困扰，排解她们的不良情绪，使她们能坦然、积极、勇敢地面对挫折。6 月 26 日，救灾心理援助团走进河南省劳教戒毒所，为在那里戒毒的四川籍学员开展心理咨询服务，进行心灵沟通与健康咨询。四川伤员在豫住院治疗期间，救灾心理援助团进入郑州市各大医院对伤员进行心理抚慰。

7 月 11 日，共青团河南省委面向全省应届大学毕业生招募志愿者 30 人，参与大学生志愿服务西部计划抗震救灾专项行动，奔赴江油市的偏远乡镇，开展为期一年的抗震救灾志愿服务。

十七　湖北省志愿者服务

5 月 12 日，武汉地区 24 名高校大学生自发组成救援队，前往灾区开展志愿者服务。以全国著名信访干部吴天祥为首的“吴天祥小组”志愿者队伍，到绵竹灾区参与抗震救灾。17 日，驻广水某部退伍战士曾庆宝、孙吉光，得知原部队已赴绵竹市汉旺镇执行抗震救灾任务后，连夜启程，辗转找到原部队投入抢险救灾行列。18 日，黄石市工商局下陆分局转业干部聂争光前往地震灾区，加入原部队抗震救灾。22 日，聂争光在垮塌的北川原县委办公楼顶部打开一个缺口，钻进去搜寻生还者和历史资料。里面漆黑一片，仅靠手电筒根本分辨不清，他一边摸着被压埋者的身体，一个一个确定是否有生命体征，一边大声询问：“下面还有人吗？”久久没有回答。他确认这里已没有生还者后，就开始抢救档案资料。他与救援官兵用大型装备在办公楼隔墙打开一个切口，进入机要室和档案室，将档案资料全部搬出，放置在新搭建的专用帐篷里。在灾区救援的 7

图 226　张华自费办起的“帐篷学校”，吸引了大批孩子前来就读
（湖北省民政厅　提供）

天时间里，聂争光仅睡了 13 个小时。24 日，利川市张华赶赴四川灾区，自费办起“帐篷学校”。几天后，这所“帐篷学校”的学生由最初的 10 多人增加到 400 多人。张华和其他几名志愿者精心计划、精心安排、精心组织，使学校成为灾区最好的民办“帐篷学校”之一（见图 226）。

5 月 13 日，湖北移动公司紧急从武汉调集最新式卫星电话 10 部至成都，还向地震灾区增派配备 50 台柴油发电机的通信救援队伍。15 日清晨，首批救援人员抵达汶川，徒步 7 个小时，进入重灾区开展救援，所带的海事卫星电话成为当地抗震救灾指挥部与外界联系的唯一通信渠道。神农架林区移动公司职工卢洲跟随湖北移动公司抗震救灾突击队 35 个日夜，先后转战绵竹、青川等重灾地区抢修基站。从 5 月 20 日至 6 月 1 日，中国电信湖北分公司通信抢修突击队，在灾区巡查 12 芯光缆 99.174 公里、4 芯光缆 25 公里，抢修 4 芯光缆 1 处、光缆接头 8 个，布放 12 芯光缆 900 米和 4 芯联络光缆 5 处 210 米，布放尾纤 20 对，布放 100 对用户电缆 500 米，抽除 300 米 50 对电缆 2 根，排查南坝村村通基站 3 公里光缆障碍点，安装综合柜 4 个、AG 设备 5 套、传输设备 2 架，安装其他传输交换设备 4 套，成功开通平武东线、西线、北线的光缆通路，为恢复灾区通信做出贡献。

湖北省国有企业根据单位特点和灾区所需，派出抗震救灾服务队和志愿者队伍，帮助地震灾区抢救生命，预防疾病，恢复生产，重建家园。企业干部、职工和离退休人员自发组成志愿者队伍前往灾区开展救助活动。湖北省国资委所管理的企业，共派出抗震救灾志愿者 4214 人次，援建活动板房 180460 平方米，铺设、架设光缆 896 公里，整理传输线路 66 公里。5 月 13 日至 8 月 28 日，武汉铁路局先后派出 8 批 362 人组成的抗震救灾突击队，分赴四川达州、成都、德阳、绵阳、南充，甘肃天水、兰州及陕西灾区参与抗震救灾，执行铁路运输和警卫任务。5 月 19 日，湖北省属中铁十一局紧急从武汉和重庆组织活动板房 2000 平方米支援汉源县。20 日，十一局五公司第一批 28 人援建小分队，从重庆赶到汉源县临时医院建设工地，搭建活动板房；29 日，第一批搭建好的5栋48套共1000平方米活动板房交付使用。5月21日至8月5日，中建三局先后3次派出援建人员共1130人，分赴汉源抢建活动板房7775套；组织志愿者41人次，赴灾区担负救援和服务伤病员工作，先后从废墟中救出被困群众6人。6月7日，武钢建工集团援建突击队赴雅安执行过渡安置房安装施工任务。他们在汉源县萝卜岗安装板房492套，为石棉县石棉中学安装高考校舍板房606套，在安顺场等乡镇义务帮助安装板房150套。武钢还先后组织3批共计38人次的医疗小分队，奔赴灾区救助群众。东风汽车公司派出5支服务队前往灾区开展救援服务工作。湖北电力公司派出437人奔赴灾区第一线展开救援工作，帮助抢修被损坏的电力线路。

5月13—30日，湖北省红十字会组织志愿者60多人，分3批赴灾区开展救灾、救护、防病知识的宣传、运送救灾物资和心理辅导等工作。17日，省红十字会分别派出4批专职干部和专业技术人员赴灾区工作，时间最长的达105天。

5月14日下午，武汉大学人民医院6名医务人员和武汉大学中南医院7名医务人员组成医疗服务队，分别进驻什邡市第二人民医院和什邡市人民医院，开展医疗服务。什邡市人民医院住院部损坏严重，随时有坍塌危险，服务队在院子里搭建帐篷作为临时治疗室，为一位髌骨骨折的伤员实施手术。地震发生后，由襄樊农工医院院长张文仲等多名农工党员组成的医疗队，携带价值6万元的医疗器具和药品，长途跋涉1500余公里，于17日凌晨到达绵阳，并立即赶到绵阳肿瘤医院投入抗震救灾工作，为多名伤病员实施医疗救治服务。湖北省卫生厅组建医疗卫生服务队，于16日赴绵竹灾区，连续工作15个日夜，共诊治重病伤员312人、病人785人，转送受灾群众及伤病员1500人次，捐赠价值14万元的药品、器械、睡袋等物资，与有关部门、村镇签订协议资助5个儿童，签订协议领养孤儿2人。8月6日，由来自黄石中医院、大冶市人民医院、阳新县人民医院及黄石磁湖医院的16名工作人员组成的医疗服务队，到达汉源开展救援。他们共完成门诊5000余人次、手术110台、医疗大查房8次，为危重病人查房460人次，抢救危重伤员12人次，检查口腔科病人、耳鼻喉科病人、妇产科病人587人次，为5名产妇接生，免费送药折价2680元，发放医疗知识宣传资料200余份，培训当地医疗人员1085人次。

5月15日上午，天门市6名从事危房鉴定专业技术人员赴新津县支援抗震救灾。他们深入新津县12个乡（镇），鉴定危房达1000多栋。5月28日至6月12日，由中国地质大学（武汉）构造地质学、地震地质、工程地质、地质灾害防治、应用地球物理、遥感地质、水文地质与环境保护地质等学科7名专家组成的科技赈灾专家组赴四川地震灾区，为灾区过渡安置房选址、重建规划提供科学服务。专家组走遍四川地震灾区12个县（市），行程3500多公里，收集和实地测量了大量后期重建所必需的数据，及时预查预报了15处具有次生灾害隐患的地方，为当地政府和驻地部队排除险情提供依据。8月10日，由土木工程与建筑学院、道路桥梁与结构工程湖北省重点实验室、武汉理工大设计研究院等3个单位的9名专家组成的灾害考察暨志愿服务小组，赴都江堰、彭州、汉源，对当地建筑物、大坝及地质灾害点等进行为期6天的实地考察，并开展防灾知识宣传、灾后重建咨询等志愿服务活动。

武汉市由16名癌症患者组成的生命之歌艺术团，不顾自身病痛，与由省直单位退休人员组成的“快乐朋友”女子合唱团一起，协助湖北省慈善总会接听热线电话，接收登记捐赠款物。湖北省民政厅志愿者及部分干部职工家属12人利用周末休息时间，冒着酷暑，与生命之歌艺术团、

“快乐朋友”女子合唱团志愿者一起，到汉口万达广场、武昌鲁巷广场、水果湖步行街等地协助组织现场募捐。潜江市自发组织志愿者400多人，深入街道、社区、乡镇，开展赈灾宣传发动工作。江汉艺术学院组织师生100多人采取多种方式，开展募捐活动。5月23日，由华中师范大学心理健康教育中心心理咨询专家4人组成的华中师范大学心理援助小分队，抵达绵竹体育中心居民安置点，开展援助工作。他们走访帐篷350余个，走访群众4000人以上，对重点人群开展深度访谈并回访，深度访谈个案达80个。服务队还利用体育中心广播台，宣传心理援助知识，开展绘画治疗，帮助儿童稳定情绪、振奋精神。

6月5—15日，武汉理工大学组织大学生西部计划抗震救灾专项行动志愿者招募活动，并从报名的志愿者中选出雷辉、连丽梅、秦豹和严莎参与灾后重建工作。8月3日，雷辉等4人抵达汉源县宜东镇汉源三中，开展为期一年的抗震救灾志愿服务行动。他们用学校发给他们的生活补助费1000元购买练习本、笔和其他文具四大箱，送给汉源三中50名家庭经济困难的学生。武汉理工大学又组建武汉理工大学灾区实践队，前往受灾较为严重的汉源县九襄镇第一小学，进行为期一个月的心理疏导和支教服务工作，组织开展健康有益的文体活动。7月15日，由“全国道德模范”、武汉市奥运火炬手黄来女和武汉大学医学专业的学生干部，组成“医疗服务灾区、奥运传递梦想”赴四川地震灾区志愿服务队，到安县花荄镇京安小区服务点开展活动。队员们在灾区相继开展医疗服务的同时，还开展了奥运火炬见面会、趣味运动会等丰富多彩的活动，活跃受灾群众文化生活。据统计，湖北省36所高等学校共组建志愿者队伍27支，志愿者服务人数达2550人。

十八　湖南省志愿者服务

5月12日下午，慈利县的王玉兰及乡镇医院优秀护士长14人赶赴灾区救援。在乘车从茂县县城赶往乡镇时遇上大余震，垮塌的山体和泥石流阻断了道路，她们被困在茂县叠溪镇。虽然身临险境，但她们勇敢地出现在余震未断的废墟旁，投入当地救援行动中，积极帮助抢救伤员，进行伤口清洗、包扎、止血，救护叠溪镇伤员12人。

5月12日下午，长沙县星沙镇土桥村桎木湾村民组宋卫兵等12位村民，组成抗震救灾支援服务队，决定去灾区救援。南县个体司机沈付喜和浏阳市吴广良、袁诺权也加入志愿队伍。服务队自备快餐面4箱、矿泉水6箱和饼干1箱，日夜兼程，于15日17时到达绵阳。按绵阳市红十字会安排，服务队卸下物资后又赶赴北川，参与部队架桥、修路等工作。当得知由于地震引发的山体滑坡，彭州市小龙塘村16户人家几乎全部被埋的情况后，队员们随部队从龙门山镇步行4个多小时赶到小龙塘村，用手扒、肩扛，搬开砖头和石块，奋战2个多小时，清理出村里所有遇难者遗体。在灾区的4天里，服务队奔波于德阳、彭州市龙门山镇和银厂沟等地，帮助转移受灾群众，抢挖地震中的电视机、衣物、棉被等物品，还为受灾群众搭建帐篷。

震后，有多支“郴州志愿者”队伍赴川抢险，他们自带食品等生活物资，不给灾区人民添麻烦。5月13日下午，郴州市的“孔明灯”（网名）等10名野外生存能力较强的网友携带药品、食品、棉被等物资，自驾车奔赴都江堰、绵竹、北川等重灾地区，参与救人、搬运物资，干最苦最累最脏的活。一位开着资兴市牌照货车的志愿者，将自费购买的价值40万元的药品和火腿肠运到绵阳市受灾群众安置点，发给受灾群众。当新闻记者问他名字时，他说："我们是一群感恩的湖南人"。

5月15日，湖南省红十字会组织34名志愿者组成医疗救护服务队，赶赴什邡开展医疗救护工作。3个多月内，湖南省红十字会共派出救援队8批、队员210余人、救护车44台，分别在在灾区开展医疗救治、心理咨询、ERU供水及后勤服务，在什邡市红白镇、蓥华镇、湔氐镇等灾区进行巡诊,4次送医到偏远山村，接诊灾区伤病员6110人次。服务队还派出心理咨询人员22人，在洛水等6个镇（街道），走访受灾群众197户，重点心理干预受灾群众246人，为210名中小学生上心理辅导课26学时，采集受灾群众心理访谈问卷359份。在奥地利援助的ERU供水基地，供水队员除每天参与制水近20吨外，还主动与周边村民联系，利用所学知识，为他们做水质分析，帮助他们在帐篷里搭建小自来水、小淋浴装置。服务队还先后组织2批27人参与"爱心帐篷学校"的组建；筹集善款，援建红白镇中心幼儿园；动员200人次，为湔氐镇重灾户抢收木耳，修复木耳大棚等。

震后，共青团湖南省委征集专业卫生防疫志愿者11人、野外生存志愿者5人，组成湖南省青年医疗卫生志愿者服务队，由团省委一名工作人员带队，于5月19日乘飞机赶赴青川进行医疗救护服务。在灾区的7天里，服务队在什邡市洛水、八角、蓥华、师古、隐丰等重灾镇开展救援，接待治疗近千名受伤人员，圆满完成卫生防疫、治病救灾、安抚受灾群众等任务。

震后，娄底市20名残疾人志愿者自发组织了一支特殊心理援助志愿服务队。服务队加入到国际华人医学心理学家联合志愿队，组成国际中华残疾人心理援助联盟湖南娄底大队。6月7日，服务队赶赴四川省人民医院、四川大学华西医院、四川省假肢康复中心及什邡、彭州等地，开展残疾人心理援助工作。截至10月26日，服务队对396名伤残人员实施心理援助，救助受灾群众数千人，举行义演6次。

十九　广东省志愿者服务

汶川地震发生后，共青团广东省委迅速行动，号召全省青年和青年志愿者行动起来，参与抗震救灾，并迅速组建了由中山大学附属医院等医疗单位医护人员组成的广东青年志愿者抗震救灾医疗服务队、广东大学生心理援助志愿者服务队、广州抗震救灾心理援助志愿者服务队、深圳青年义工突击队，赴灾区抗震救灾，提供医疗及心理支援。同时，广东团省委积极实施大学生志愿服务西部计划抗震救灾专项行动，向灾区派遣优秀的大学生人才，协助灾后重建。截至5月28日，广东省支援四川灾区抗震救灾救援队伍达1689人。

5月12日，广东省司法厅援藏干部朱铁从西藏返回广州途经成都双流机场时，汶川地震发生。他先乘了一段车，而后徒步11个小时到达汶川县映秀镇，开展救助工作。他将身上仅有的5000元捐给受灾群众，自己靠5包方便面和2根黄瓜度过了4天。他与其他救援人员一起，救出3名学生，挖掘出12具遗体。返回广东后不久，6月1日，他又带着自费为受灾群众购买的食物和药品再次前往汶川，参与救援工作，并在几个受灾乡镇拍摄照片700多张，为援建工作提供了第一手资料。

由于受地震灾害影响，四川汶川等部分地区的 114 话务台已经无法正常工作。按照有关部门紧急部署，广东省号码百事通 114 查询台承接完成了四川部分地区的 114 台服务工作。5 月 14 日，广东省青年志愿者协会通过高校招募了近百名四川籍大学生志愿者，成立了亲情话务志愿服务队，协助中国电信广东分公司为灾区提供话务服务。灾后每天都有近两万个电话询问地震灾区受灾情况，亲情话务志愿服务队的参与，有效缓解了查询台的工作压力，及时传递了抗震救灾信息。

深圳市国贸物业管理有限公司职工唐顺泉，原籍什邡。5 月 16 日他赶回家一看，房子损毁，姐姐受伤。他简单安排好家人后，立即投入救灾。17 日，他得知深圳特警支队救援队正在当地救灾，便向亲友借了一辆面包车，主动要求为救援队伍提供交通和后勤保障服务，奔赴彭州、绵竹、什邡等灾区日夜运送救灾人员。18 日，他又让爱人刘辉蓉从深圳飞到灾区，承担起为深圳特警救灾队伍买菜、做饭等后勤保障工作。

震后，共青团广东省委、共青团广州市委组织由中山大学心理咨询研究中心研究员吴慧琼、心理学博士张曼琳等 8 名心理专家组成的心理援助志愿服务队，赴武警四川总队成都医院受灾群众安置点为受灾群众开展心理救护工作，每天工作超过 15 小时。5 月 16 日，共青团深圳市委、深圳市义工联从 200 多报名志愿者中，挑选出具有丰富心理咨询工作经验的资深义工 17 人，组成深圳青年义工突击队，赴绵竹开展震后青少年学生心理危机干预和思想疏导工作。同时，共青团深圳市委建立了志愿者预备队，150 人每隔 10 天以接力形式分批进入灾区救援。17 日，华南师范大学派出国际分析心理学会心理分析师、博士生导师申荷永和联合国儿童基金会特聘专家、国家级心理督导师高岚，带领志愿者 10 余人，赴德阳灾区，采用专业的心理分析技术，每日进行“心理互助团体活动”2 次，开设面向数百人的专题互动讲座，播放可供千人观看的电影，服务灾区群众。19 日下午，华南师范大学又派出副校长莫雷、博士生 3 人、硕士生 22 人及其他专业人员等共 31 人，组成华南师大心理辅导志愿服务队奔赴四川地震灾区。18 日上午，共青团广州市委组织来自全市各专业咨询机构、医院心理专业医师等志愿者 56 人，奔赴新都、双流、都江堰等地，为当地的中小学教师提供心理咨询培训、传授相关知识和经验、治疗心理创伤等心理服务，帮助他们恢复对灾后重建家园和直面生活的勇气和信心。19 日，共青团广东省委组织专业心理辅导志愿者 14 人，组成广东大学生心理援助志愿者服务队，于 20 日赴成都灾区，开展心理援助服务。

共青团广东省委、广东省卫生厅、羊城晚报集团、广东省妇女联合会共同开展了“粤川连心、生命接力”——广东关爱灾区伤员志愿者行动，通过媒体面向全省招募关爱灾区伤员的护工志愿者、心理辅导志愿者和爱心志愿者，动员社会各界为转粤治疗的灾区伤员捐赠衣物等日常生活用品。5 月 29 日，经培训的爱心志愿者分批进驻南方医院、珠江医院等部分收治灾区伤员的医院，开展志愿服务。

6 月 16 日，深圳市社会工作者协会在文县设立深圳社工文县工作站，建立心理抚慰室和深圳社工文县义工队等临时性专业机构和队伍，抚慰受灾群众心灵、帮助心理重建，化解社会矛盾。他们还根据灾区重建的需要，与慈善会等社会组织共同实施援建灾区的“贫苦学生救助计划”“学校重建计划”“家园重建援助计划”等多个项目，共协助市慈善会核实灾区 762 名中小学生的受灾资料，向慈善会提供 100 名左右需要紧急救助的学生名单，核实了 365 所学校、33 座医院以及 305 所村卫生室的名单及受灾资料，有针对性地开展救助工作。

按照共青团中央部署，共青团广东省委在全省开展2008年大学生志愿服务西部计划抗震救灾专项行动，面向全省招募西部计划特别行动志愿者40名，赴地震灾区开展为期一年的志愿服务活动，其中对口支援汶川30人、陇南10人。志愿者到达汶川后，建立了广东志愿者和广东共青团挂职干部联络站，积极筹备各种装备物资，添置办公室设备，建立党、团支部，完善各项规章制度，积极开展工作。10月，共青团广东团省委再次招募7名在校本科生和研究生，分赴汶川县银杏、漩口、水磨、威州等乡（镇），开展为期3个月的新闻宣传、办公文秘、后勤保障等志愿服务。

震后，广东省青基会联合《南方日报》共同设立“希望工程·汶川地震救助基金”，募集资金2100万元，于8月上旬结对救助灾区学生215人，给每名学生一次性发放慰问金1000元，帮助他们克服生活困难。

二十　广西壮族自治区志愿者服务

5月13日，广西柳工集团有限公司派遣由工程机械维修人员参加的第一支柳工维修志愿者队伍，携带公司捐赠灾区的挖掘机4台赶赴都江堰、彭州，对被困同胞进行现场救援，为参加抗震救灾单位提供机械技术维修服务保障。维修服务队到达成都当天，就对成都某空降兵部队英雄连队进行产品操作维护保养培训。之后，服务队又随部队分赴都江堰、北川、青川、什邡、映秀、平武等地清理废墟、修复道路，共参加和协助完成300余部工程机械的抢救抢修任务，培训维修技术人员100余人次。柳工机械驾驶员不顾余震不断的恶劣环境，争分夺秒协助救援，5天内成功救出生还者3人。他们在都江堰市荷花池市场的一栋职工宿舍楼废墟里，救出被埋70多小时的22岁女青年乐刘会。18日，柳工集团派出第二支志愿救援队，数十名操作机手携带30台柳工生产的装载机、挖掘机、起重机、挖掘装载机，赴绵竹市剑南、拱星、九龙、汉旺、遵道、金花等10多个镇，帮助受灾单位和群众抗震救灾。5月18日至6月12日，柳工机械救援志愿服务队累计出动救援机械200余台次，拆除危房500多处，疏通市区道路4条3000多米，清除镇、乡、村受阻通道263处，挖掘装载倒塌房屋瓦砾4万多立方米，清理平整受灾群众安置点场地15万平方米，帮助受灾群众和单位挖掘财物价值700多万元，还为总装备部紧急调运的130台柳工救灾设备提供维修服务和人员培训。

5月14日，广西民间志愿者阿迪，自发组织志愿者到都江堰市虹口乡、绵竹市汉旺镇等地参加营救任务，救出多名老人等重伤员。在绵竹市清平灾区，阿迪和救援队接到任务，到一个交通中断的村庄，为部队空投物资做地理定位，统计受灾人数。当时余震不断，沿途塌方落石不断，阿迪和队员们不畏艰险四进四出，从灾区带回多种信息，呈交执行搜救任务的海军陆战队员，为营救受灾群众打下基础。

5月15日，化学灌浆行业专家、桂林科达化学灌浆有限公司董事长邓敬森，深入灾区，与同行业数十家企业结成“爱心集结号”，运用专业技术，义务抢救病险建筑物与历史文物。

5月15日，玉林市玉州区卜一峰、陆川县吴清铨等人，会同广西户外爱好者组成抗震救灾山地搜救队，携带一批救援装备，自费赴绵竹市汉旺镇和青川县红光乡执行搜救，成功营救村民32人，受到汉旺镇抗震救灾总指挥部的赞扬和海军抗震救灾专项指挥组领导的亲切会见。

5 月 16 日至 6 月 6 日，桂林市红十字会从广西师范大学、桂林理工大学等院校招募了 200 多名志愿者，加入市红十字会开展的“为援助地震灾区我献血我捐款”和“圣火传递”募捐活动；志愿者协助红十字会开展抗震救灾募捐活动，从事开票收款、宣传统计和保障协调工作。15 日，桂林市卫生学校青年志愿者 400 多人捧着捐款箱走上街头，向市民群众劝募，当日募集资金 55.69 万元。17—18 日，北海市红十字会联合北海民间志愿者协会、北海 365 网站、北海川渝同乡会志愿者上街为灾区募捐，200 多人身穿“志愿·北海”的红马甲，捧着红十字募捐箱，走街串巷开展募捐，两天募集资金 31 万多元。

5 月 17 日，共青团广西壮族自治区委、自治区卫生厅、广西青年志愿者协会和《南国早报》联合发布招募赴四川灾区的青年志愿者公告，要求医疗护理志愿者须从医学院校毕业、且具备医务工作经历，防疫志愿者要有防疫知识和从业经历，关爱志愿者要能开展心理抚慰、照顾孤残等志愿服务，有心理咨询工作经验。志愿者年龄须在 40 岁以下，身体健康。公告公布后，一天时间内报名人数即超过 1000 人。18 日，经自治区卫生厅、团区委等有关部门审核，确定由专业医护防疫人员 20 人、心理咨询师 2 人、经验丰富的驾驶员 5 人和后勤保障人员 6 人组成服务队，领队由团区委常委、宣传部部长周玉能担任。21 日，服务队到达什邡，分 4 个小组，带着医疗器械、消毒水和药品，深入灾区，进行医疗卫生、防疫、心理疏导等服务。21 日 14 时 10 分，服务队转战绵竹，开展巡诊医疗、心理健康抚慰和卫生防疫工作。据统计，20—30 日，服务队在什邡、绵竹两市共巡诊 6 个乡（镇）、18 个行政村、2 个社区、8 个受灾群众集中安置点，寻访受灾群众 7000 多户，诊治伤员 2000 多人，抚慰 670 多人次，服务受灾群众 2.6 万人次。此外，他们还向灾区捐赠价值 103 万元的帐篷、衣服、食品、药品等，在绵竹市土门镇双龙村和山溪寺受灾群众集中安置点建立了 2 所“广西青年志愿者帐篷学校”，队员每人捐款 100 元购买学习用品和书本分发给灾区 60 多名学生。

5 月 18 日 15 时，南宁市同济医院迅速组织了一支以开展外科手术为主的医疗救援队，由参加过唐山大地震医疗救治工作的该院外科副主任医师吕敬熙担任队长，队员由眼科、骨科、急诊科、麻醉科、手术室等医务人员 10 人组成。救援队赴绵竹后，到市人民医院、成都军区第 404 医院在绵竹市体育馆开设的临时野战医院，开展救治伤员工作。

5 月 18 日，玉林市玉州区人陈词，自费赴四川灾区参加救援和医疗工作。至 6 月 9 日，先后到青川县木鱼镇和乔庄镇组建“帐篷学校”。7 月 25 日，他与其他志愿者在青川县沙州镇三堆村李家坝成立“爱心蚂蚁”国际志愿者学校，用 7 间竹篱笆房作校舍，开设小学一年级至初中三年级的课程和心理辅导课，在校学生达 245 人。9 月 1 日，陈词到青川县支教。

5 月 19 日，柳州市人杨东，乘车到四川团省委报名当志愿者，并出示国家三级按摩保健师证书。他被分配到广西特警赴川抗震救灾工作队当“队医”，用中医手法为救灾队员和受灾群众治病。

5 月 19 日，鹿寨县黄冕乡司法助理冯文才，请假从广西背着行李和食物到江油帮助转移安置病人。26 日，他随其他志愿者到绵阳市文联、火车站仓库等地装卸救灾食品、药品、医疗器械、衣物棉被等物资，发放病情防疫宣传材料，搭建帐篷等。

5 月 19 日，北流市梁践、韦德等人，到成都团市委报到做志愿者，被分配至救灾物资调配中心参与物资发配工作。20日，他们随山东天地志愿者队深入绵竹市广济镇进行救护伤员、抢救财产和消毒防疫等工作。

5月22日，南宁市仁心中医学校教师谢子文一行10人，坐火车从南宁到成都。他们特意携带了两箱防治肠道疾病的保剂丸、藿香正气液和艾条，发给伤病员治病。他们还购买中药材熬制药水发放给受灾群众，用中医推拿和针灸技术，为当地伤员服务。

5月23日，共青团广西区委组织招募和培训了200多名专业志愿者，参加“桂川同心助康复”志愿服务行动，承担四川灾区转运至南宁、柳州两地238名伤员的生活护理工作。为使志愿服务规范有序进行，保证伤员和家属们能得到优质高效的服务，共青团广西区委牵头发起了“一所高校结对一所医院”志愿服务活动，活动在广西大学、广西民族大学等多所驻邕高校开展。

5月23日，象州县骨伤中医胡斯居与爱人、女儿、亲戚和工友6人组成民间医疗小分队，自筹经费10多万元，携带可救治1000例骨伤患者的药品，赴四川灾区开展无偿医疗救治工作。

5月25日，广西师范大学派出心理学博士、国家心理咨询师培训师、广西心理卫生协会常务理事廖昌荫和谢履羽等师生30人组成的服务队，赴四川灾区进行心理干预服务。

北流义工协会联合玉林市红豆义工协会，组织由10名具有教学和心理辅导经验的志愿者组成服务队。服务队于7月10日赴绵竹市广济镇开展心理重建工作。队员们在绵竹广济学校开展“心理重建拓展夏令营”活动，深入土门镇各村临时教学点开展心理拓展辅导，参与受灾群众重建家园义务劳动。8月2日，服务队完成任务后离开四川灾区。

广西民族大学文学院、政法学院、商学院学生自愿组成“抗震救灾爱心小队”，于7月13日至8月13日，在安县千佛镇开展为期一个月的支援抗震救灾和灾后重建志愿服务。

二十一　海南省志愿者服务

5月19日，共青团海南省委与海南省卫生厅联合行动，从海南省人民医院、海口市人民医院和海南省疾病预防控制中心等单位抽调了医疗及防疫专业人员25人，组建海南省首支“青春携手援灾区”青年医疗卫生志愿者抗震救灾服务队。20日下午，服务队奔赴绵阳开展抗震救灾医疗工作（见图227）。

图227　5月20日，海南省首批青年医疗卫生志愿者开赴四川灾区
（海南省民政厅　提供）

7 月 15 日，共青团海南省委组织的西部计划志愿服务队由本科生 19 人、硕士生 1 人组成，赴宝兴县水利局、规划和建设局、卫生局等部门开展为期一年的志愿服务。

二十二　贵州省志愿者服务

5 月 12 日晚，共青团贵州省委、贵州省志愿者协会、贵州省志愿者行动指导中心，决定在全省紧急招募专业志愿者 100 人，成立贵州省青年志愿抗震救灾医疗救援队。招募信息发布后，13 日登记在册符合要求的报名人数超过 1000 人。15 日上午，在共青团贵州省委副书记马雷及贵州省青年志愿者队长杨霞的带领下，贵州省青年志愿者抗震救灾医疗救援队 130 人，组成 30 余辆装满食品、药品、医疗器械的车队启程奔赴四川灾区。救援队当晚到达德阳后，即赶往绵竹市遵道、九龙、汉旺等乡（镇）参加医疗救护，并在玉泉、九龙、遵道三镇设立了 3 个固定救助站，向受灾群众分发救灾物资。救援队以玉泉为大本营，分成几个小组向周边村寨进发，寻找和救治伤员。3 天时间里，救援队共救治受灾群众 6000 余人。18 日下午，贵州青年医疗卫生志愿者抗震救灾服务队在绵竹市遵道、汉旺两镇开展医疗救援中，发现灾区农民卫生防疫知识贫乏，自救互救技能欠缺。服务队队员、遵义元顺房地产开发公司总经理张罡连夜从绵竹赶赴重庆，组织印制灾区卫生防疫手册 10 万份，并于第二天运抵灾区，发给受灾群众。队员们在收费站、加油站等处发放卫生防病手册 7 万余份，还手持话筒深入受灾群众中宣传灾后防病知识。服务队还购买喷雾器 20 台、消毒液 80 件，分成 4 个小组深入九龙镇、汉旺镇 50 平方公里范围开展消毒防疫工作，受益受灾群众达 5000 余人。其后，贵州省青年志愿者抗震救灾医疗救援队荣获第七届“中国十大杰出志愿服务集体”称号，荣获人力资源社会保障部、共青团中央“全国抗震救灾英雄志愿服务集体”称号。

六盘水户外运动协会会员组成抗震救灾志愿服务队，谢春伟为队长。5 月 13 日和 6 月 15 日，服务队两次赴安县、绵竹、北川、汶川参加救援。救援队员冒着被石头砸伤的危险，穿越悬崖峭壁，到安县千佛镇了解情况，发现千佛镇被困 3 天的 8000 多名村民缺水、缺粮、缺衣被，便立即徒步返回安县县城向县抗震救灾指挥部报告，又根据指挥部的安排，参与解救千佛镇被因受灾群众。在汶川县，救援队主动参加搜寻成都部队失事直升机工作。

贵州省红十字会与贵州省心理工作者协会的专家学者启动“心在一起——‘5·12’灾后心理援助行动”，招募了一批具有心理辅导资质的志愿者，分 3 批赴四川进行心理援助。5 月 13 日，第一批由 11 人组成的援助队赴彭州开展心理抚慰服务。6 月 14 日，第二批救援队赴什邡开展心理抚慰服务，20 日第三批救援队赴什邡开展心理抚慰服务。

5 月 16—17 日，贵阳市民政局、贵阳日报社发起“贵阳妈妈爱心行动”，以“养一名孤儿、资助一名孤儿的学业以及打一个亲情电话、寄一张亲情贺卡、送一份亲情礼物、献一份亲人的关爱”为主要内容，结对帮扶在汶川地震中失去亲人的孤儿。19 日，“贵阳妈妈”志愿者报名 2600 人（见图 228）。23 日，民政局从报名者中选定“贵阳妈妈”志愿者 40 人，携带一大车书籍、学习用具、童装，到绵阳高新区实验小学临时搭建的小学校舍，帮助来自北川羌族自治县漩坪、曲山、擂鼓等六乡（镇）学校儿童 2000 多人。“贵阳妈妈”分成 12 个组分别和孩子们交流。她们

图 228　贵阳妇女报名争当“贵阳妈妈”（贵州省民政厅　提供）

通过多种方法给孩子们带去安慰和欢乐。离别时，许多孩子和“贵阳妈妈”拉着手依依不舍。30日，姜文月、杨玲玲等 51 名志愿者，陪护来自德阳、绵阳、江油、成都等重灾地区的儿童 21 人，帮助他们在贵阳森林野生动物园临时安置点度过了美好的一天。6 月 1 日，回到贵阳的“贵阳妈妈”们到贵州省人民医院、贵阳医学院附属医院、解放军第 44 医院，为住院的灾区孩子送去书籍、玩具，带着能活动的孩子游览黔灵山公园，观赏猴群、坐观光车、吃汉堡包，让孩子们快乐过节。此外，贵阳市民政局、教育局、妇联、电视台还组织开展了“贵阳妈妈”“爱心家庭”助养灾区儿童活动。27 日，贵阳市妇联、电视台组织人员到绵竹接收 51 名广济镇、土门镇等受灾群众家庭暂时无力抚养的孩子，转交贵阳市 51 个“贵阳妈妈”“爱心家庭”抚养。8 月 16 日，“贵阳妈妈”牵手地震灾区伤残儿童夏令营在上海外国语大学贵阳外国语试验学校开营。来自什邡市洛水镇的 13 名伤残儿童与 13 名“贵阳妈妈”结成“一帮一”对子，在贵阳度过一个快乐的暑假。

根据国务院抗震救灾总指挥部安排，贵州省政府研究决定接收转黔治疗的伤员 288 人，分别由遵义医学院附属医院收治 100 人、贵州省人民医院收治 76 人、贵阳医学院附属医院收治 69 人、解放军第 44 医院收治 43 人。5 月 21 日，贵州省文明办、贵州团省委、贵州省卫生厅共同发起“满意在贵州——绿丝带·爱心守护”志愿公益活动，贵州省红十字会、贵州省心理工作者协会、民建贵州省委也发起招募心理辅导志愿行动，招募为转黔治疗的伤员提供陪护、护理、心理辅导服务的志愿者。贵州全省 2 万多人报名争当“爱心守护志愿者”。贵阳医学院请心理学、护理学专家对志愿者进行医疗救助、心理调适、思想安抚、生活护理等基础知识培训。22 日，灾区伤员 288 人抵达贵州。伤员被分配到各医院后，爱心守护志愿者热心服务，责任护理到人。伤员李正良伤势严重，又是“五保户”，没有家属陪护，志愿者每天为她擦洗身体、翻身、按摩，老人感动地说：“你们这些孩子们都是我的亲人”。在解放军第 44 医院，除有志愿者 188 人参加转运伤

图229　贵阳市小朋友鼓励来自四川灾区的小朋友
（贵州省民政厅　提供）

员外，还有来自贵州省地税局、中国建设银行贵州省分行、贵阳火车站、贵阳海关等 18 个单位的志愿者 70 人参加伤员护理。105 岁的吴梦麟老人，一个床位一个床位地抚慰伤员。医务人员怕老人累坏了，劝她休息，老人却说："我是医院退休的，学过心理干预知识，伤员们需要我"。贵阳市南明区教育局组织 13 名来自小学的志愿者，对在贵州人民医院治疗的小伤员进行"一帮一"活动。他们每天在病床前给伤员小朋友讲故事、唱歌，千方百计消除地震在小朋友心灵中造成的阴影（见图 229）。南明区西湖路街道办事处为在贵州省人民医院治疗的 76 名伤员和家属发放了价值 2 万元的衣服。每天早、中、晚，由两名办事处干部到医院和伤员家属住宿点，了解他们的需求，帮助他们克服生活困难。南明公安分局西湖派出所、水口寺派出所安排保安人员 24 小时值班，确保伤员家属居住安全。贵阳市公交出租公司挑选了 1200 名志愿者、586 辆出租车为住在贵阳市 3 所医院的伤员提供 24 小时免费服务。贵阳"好一多"乳业公司为到当地治疗的伤员和家属每人每天提供一盒鲜牛奶，为义务献血者和采血的工作人员提供鲜奶 100 盒，为伤员提供收音机 145 台。共青团遵义市委从报名的志愿者中挑选了 3000 人，头戴贴有"中国志愿者"和"青春遵义"标志的小红帽，在遵义医学院为伤员服务。团市委还从登记注册的抗震救灾志愿者中挑选司机 164 人驾驶 82 辆出租车组成"抗震救灾亲情车队"，车队制作了写有司机联系电话的"亲情车队联系卡"发给伤员和陪护家属，24 小时免费接送伤员和亲友。贵州信息通信技术服务公司志愿者 42 人组成服务队，开通了 85 部免费"爱心电话"。

5 月 20 日，遵义市慈善总会发布信息，招募驾驶员 3 人向灾区运送物资。农民个体运输户杨宗近等司机 3 人主动报名参加，组建了救灾物资志愿服务车队。遵义市黄先生得知他们向四川运送救灾物资后，特地赶来捐赠 6000 元，作为志愿者运输队的部分油费。22 日，杨宗近等 3 人将遵义市慈善总会的救灾物资运抵江油。

在黔南、黔东南、黔西南三州及六盘水市、遵义市、安顺市、铜仁地区、毕节地区，共青团、志愿者协会组织青年、团员参加志愿者队伍，协助当地慈善机构、红十字会开展募捐、献血等活动，做了大量的工作。

在抗灾救灾中，贵州省志愿者自发组织了 15 支 150 人的救援队积极主动地开展救灾物资运输、抗震救灾捐赠服务等。

5 月 15 日，贵州省王武监狱警察王长江请公休假赴四川救灾。在贵阳至成都的列车上，他通过广播寻找到前往灾区的贵州 14 名志愿者，组成救灾服务队，王长江被推荐为队长。到达灾区后，他们与来自重庆市红十字会的志愿者队伍整合，王长江担任副领队兼救灾前线总指挥。17 日，王长江带领由 20 辆车组成的志愿者车队，冒着余震不断的危险艰难行进，抵达什邡市红白镇。此时红白镇的抗震救灾工作已由抢救生还者向防疫阶段转变。当地气温升高，许多遇难者遗体已开始腐烂。王长江带领队员主动请战，承担环境消毒工作。他把服务队分为抢险、救援、搬运、消毒防控、掩埋、机动、后勤等 7 个分队，展开各项救灾行动。在王长江的带领下，服务队配合救灾部队先后解救被困群众 3 人，抢运伤员数名，掩埋遇难遗体 180 余具，搬运装卸救灾物资 40 多车 300 多吨。服务队还配合成都武警、深圳特警治安执勤 10 多次。王长江在红白镇一直奋战到 25 日，穿烂了两套警服，体重减轻了 5.5 公斤。

5 月 15—20 日，六盘水市人刘显兵自费到四川灾区，随当地援救组辗转于北川、绵竹、安县等山区危险地带组织受灾群众转移。一次，刘显兵正带领受灾群众撤离，突然发生余震，下落的石头擦着他的头发往下掉，但他没有退缩。在救援现场，志愿者们每天每人只能分到一瓶矿泉水、一小袋葡萄糖粉和一些压缩饼干，可他每天只吃一块饼干，余下的则送给受灾群众。大慈寺是成都市红十字会救灾指挥协调处所在地，每天各地的捐赠物资源源不断地运来。刘显兵和志愿者排成一列，组成人工传送带，不停地转运救灾物资。

5 月 19 日，开阳县双流镇 15 名农民组成服务队，驾车携带该镇农民捐赠的价值 4.7 万元的药品、食品、矿泉水赶赴灾区；经过 13 小时长途奔波，于 20 日 10 时抵达都江堰，把抗震救灾的物资赠给灾区。在之后的 4 天时间里，队员们冒着随时可能被飞石砸中、隧道坍塌埋压的危险，先后到汶川县映秀镇、郫县安德镇等重灾乡（镇），为受灾群众从废墟中挖出谷物、衣物、现金，为灾区群众搭建避难住房，为受灾群众送蔬菜、家电、衣物。贵阳市花溪区久安乡农民周希荣、周希金等突击收割自产的蔬菜，装了满满两汽车送往四川。

二十三　西藏自治区志愿者服务

5 月 13 日以后，拉萨市志愿者协会先后组织拉萨师范高等专科学校志愿者 25 人，参与为灾区募捐活动。他们向路人介绍灾情，用真诚的心和具感召力的语言让更多的人捐款。西藏红十字会也通过多种形式募捐，至 14 日，共筹集资金 137 万元。

5 月 17 日，西藏自治区气象局、拉萨市红十字会、共青团拉萨市委，组织青年在拉萨街头设立社会募捐点，向市民发放倡议书，为捐赠者赠送“抗震救灾、爱心捐助”爱心贴，并组织义卖活动募集资金。17—18 日，共青团拉萨市委、拉萨市志愿者协会联合西藏红十字会等多家单位，在赛康百货前举行“伸出友爱手、爱心助灾区”西藏各族各界同胞为四川地震灾区大型募捐活动；全市各行各业120余名志愿者参加街头募捐，志愿者们为每一位捐助者贴上了象征“爱和平安”的爱心贴。社会各界纷纷捐款，此次募捐活动共募集资金79万元，其中志愿者现场义卖活动募集15.5万元。

5月20日上午，根据环境保护部办公厅下发的《关于调集便携式色谱质谱联用仪赴四川参加地震后应急监测的紧急通知》，西藏自治区立即组成由环境监测中心站副站长孙自杰带队的检测服务组，于21日赴四川，随国家环境监测队一起到安县开展监测工作。至28日，他们对安县两个饮用水源地和33个饮用水供水点进行样品分析，获得约53种挥发性有机物，分析数据结果共计1600多个，完成了对重点灾区的饮用水源水质有机物跟踪调查监测任务，使环保部门及时掌握了安县灾后饮用水源水质状况。

5月24日，昌都人民医院9名业务骨干组成抗震救灾医疗服务队，携带急救药品、简易医疗器械抵达成都，参加成都医学院附属一医院（新都区）医疗救援工作。服务队员参与手术10余台，协助该院转移伤病员210人至浙江治疗。

二十四　青海省志愿者服务

青海金跃电器有限公司是青海省唯一一家生产电流互感器的福利企业，残疾人职工占职工总数的90%。5月12日晚，公司总经理潘金跃看到汶川大地震新闻后，立即打电话与四川省电力物流集团公司配送管理中心联系，要求为灾区生产急需电器。在取得对方同意后，潘金跃组织职工加班加点，赶制了不同型号的低压电流互感器312台。18日下午，潘金跃派人驾车将价值3.6万元的电器送抵四川灾区，并于22日将物资转交四川电力公司。

5月15日，青海省社会科学界联合会、青海省心理咨询协会招募了7名来自公检法系统和高等院校的专业心理咨询师，组成青海省赴四川灾区心理援助志愿服务队。17日，服务队到达德阳市汉旺受灾群众安置点开展服务。服务队将工作站命名为“心灵花园”，设置了沙盘治疗工作室。在灾区，服务队心理援助服务家庭30多户，服务800余人。

5月19日，中国石油青海油田公司接到中国石油《关于协调解决救灾帐篷的紧急通知》后，立即动员各方力量，采购帐篷200顶，并组织志愿者11人和货车5辆，成立了赈灾物资运输小组，在公司领导王志学带领下，于20日从格尔木市出发，23日将价值44.45万元的200顶帐篷运抵成都，由西南油气田公司送到江油灾区。

西宁市玉带桥清真寺管理委员会得知青川灾区回族群众较多、清真食品十分紧缺的情况后，组织穆斯林群众开展捐赠活动。5天内，募集资金60万元，采购大量大米、食用植物油、挂面、方便面等物资，组织货车10辆、志愿者30人，于5月23日将物资运达广元，通过广元市救灾指挥中心，将物资交给青川县伊斯兰教协会并协助分发（见图230）。

震后，西宁沙力海美食餐饮城、西宁恒欣火锅城、西宁泰鑫食品公司、西宁糊涂香餐饮有限公司的年轻穆斯林自发捐款22.8万元，采购帐篷、矿泉水、大米、方便面等大量物资，组织志愿者18人、货车8辆，由西宁沙力海美食餐饮城经理马沙力哈带队，于5月23日从西宁出发，26

图230　5月23日，西宁市玉带桥清真寺管理委员会工作人员在四川地震灾区，向穆斯林受灾群众发放清真食品和救济款
（青海省民政厅　提供）

日将捐赠物资运抵德阳，把清真食品分发给灾区伊斯兰群众。

6月12日，青海省红十字会组织由志愿者20人、货车14辆组成的救灾物资运输队，向四川灾区运送价值达400万元的药品、食品等救灾物资，向甘肃灾区运送价值达180万元药品。救灾物资运输车队分两组，一组由省政府副巡视员张永吉及省红十字会党组书记、常务副会长尼玛率领志愿者10人、货车7辆前往四川地震灾区，经过1800多公里长途跋涉，于15日1时到达成都，将救灾物资转赠四川省政府。另一组由省政府副秘书长马骥率领志愿者10人、货车4辆前往甘肃灾区，于13日19时，历经塌方、泥石流、山体落石等险状，将救灾物资运至文县灾区，并转赠文县县政府。

二十五　宁夏回族自治区志愿者服务

地震发生后，宁夏邮政公司紧急调拨“全电子化流动服务车”15辆、投递专用车3辆和作风优良、技术过硬的驾驶员、营业和技术人员106人，组成“全电子流动邮政局”，分4批奔赴地震灾区，与当地电子化支局系统、邮政储蓄系统和电子汇兑系统对接。在此之前，宁夏邮政公司派出信息技术人员先期到达成都，与四川省邮政公司信息技术人员对流动服务车进行运行前的调试，使“全电子化流动邮局”到达灾区后，能即刻开展工作。流动邮局先后到广元、绵阳、德阳、成都、阿坝等地震灾区的受灾群众临时安置点，提供邮政服务。每到一个安置点，邮政车刚停下，当地群众就立即过来办理业务。北川、安县的邮政通信恢复后，从全国各地和海外寄来的邮件不断增加，邮局虽然延长了工作时间，不断增加投递频次和班次，但仍不能将堆积如山的包裹尽快投递出去。宁夏邮政公司突击队从流动服务车上抽出人员与北川、安县邮局人员一同开展邮件投递工作，并主动承担起特大包裹、特重包裹、路途特远包裹的投递工作。据统计，服务队协助当地邮局向县委、县政府、抗震救灾指挥部、学校、民政部门、机关单位等投递包裹近7000件，投递报刊、信件万余份。截至8月31日，宁夏邮政电子化流动邮局在四川各地共办理函件18.42万件，快递包裹9312件，办理特快专递7802件，储蓄13.8万笔计3.51亿元，汇兑3808笔计53.23万元。

5月12日18时，宁夏地震局副局长金延龙带领由17名专业技术人员组成的地震现场工作队，赴甘肃灾区，13日凌晨到达隆德。根据甘肃省地震局的请求，工作队留下2人开展灾情调查，15人赴灾区救灾。当日17时，第二支现场工作队到达隆德，与第一支现场工作队留下的2人会合，在隆德开展灾害调查工作。15日4时，宁夏又派出由155人组成的紧急救援队，乘飞机赶赴四川灾区，16时到达北川陈家坝后即刻投入救援工作。18日，部分工作队员又赴青川等县开展灾害评估工作。工作队先后行程 1.8 万公里，完成甘肃文县、礼县、西和、武都、陇西、岷县、会宁、通渭、渭源、漳县和四川青川、平武、松潘、南坝等受灾地区的现场调查、损失评估工作，编写了调研评估报告。24 日，宁夏地震局又派出第三支地震现场工作队，分两组对隆德、彭阳、西吉、泾源、原州、海原开展灾害详查、损失评估工作。30 日，宁夏地震灾害损失评定委员会对现场工作队提交的《关于汶川 8.0 级地震宁夏灾害损失情况的报告》进行评审，并将评估意见上报中国地震局。

5 月 12 日，彭阳籍农民工程队负责人郭昊东率领施工队在北京刚完成施工任务准备转战天津滨海新区建设工地。当他从电视上看到地震场景后，立即安排好队里的工作，携带 10 万元资金，带领彭阳籍员工 25 人，星夜兼程赶赴四川灾区。他们于 16 日下午抵达成都后，立即到四川省红十字会请求安排工作。由于当时要求去灾区一线的志愿者人数众多，直到 18 时，他们还没有领到一项任务。郭昊东在人群中大声喊道：“我们是从奥运建设工地来的农民工代表，是特意来帮助四川父老乡亲的，快给我们派活吧，我们一定能干好！”四川省红十字会的领导被他的话感动了，安排他们去受灾严重的什邡市湔氐镇白虎头村开展救援工作。17 日 7 时，服务队购买 2 万多元的食物、饮用水和部分救灾帐篷，乘坐由四川省红十字会提供的专用车到达指定地点（见图 231），立即开始清理废墟，寻找和救援生还者。郭昊东用自己打工挣到的钱给当地每户受灾群众发放救助款 300 元。18 日，服务队又主动承担起运送救灾物资的任务。郭昊东自费为 3 辆卡车、2 辆越野车加满油料，及时把全国各地捐赠的价值 30 万元物资和服务队购置的 2 万多元物品送到广元市受灾群众手中。19 日，郭昊东在得知安县千佛镇、高川乡、千佛山景区一带因地震导致多处大面积山体滑坡和房屋倒塌，2 万多人被困山区的消息后，立即带领救援队向千佛镇进发。在即将到达千佛镇时，救援队的车辆被山上滑下来的巨石挡住了去路。队员们背着物资徒步行走 30 多公里，把食物及时分发到受灾群众手中。在返回途中，他们绕经一个山谷时又发现被困村民 140 人，历经两天一夜奋战，将这批受困群众安全转移出来。

图231　5月17日，彭阳县草庙乡郭昊东等志愿者在什邡地震灾区发放救灾物资（宁夏回族自治区民政厅　提供）

5月14日，宁夏回族自治区卫生厅组成医疗卫生志愿服务队，并为服务队筹备了价值数十万元的药品和物资。服务队15日清早出发，21时抵达青川，22时开始对驻地帐篷医院的26名伤员进行巡诊并实施救治。此后，服务队分成两个小组，对青川县城两个医疗点的60名伤病员进行诊治。服务队利用自带器具对7名骨折病人做了外固定，对5名病人及时进行了清创缝合，避免了伤口感染和相关病症的发生。18日，广元市卫生指挥部要求他们将危重病人转往成都四川大学华西医学中心附属医院救治。他们紧急组织救援队，冒着倾盆大雨，克服山体滑坡、道路阻塞和余震不断等困难，驱车30多个小时，将危重病人安全运至指定医院。19日，服务队转到旺苍县开展救护工作。他们在县城诊疗受伤群众200余人，免费发放价值5万元的药品。随后，服务队对旺苍县29个乡（镇）306个村庄约42万人进行巡诊，为受灾群众免费送医送药（见图232）。服务队还向该县医疗卫生机构捐赠了数十万元的医疗设备和消毒（杀）药品，协助灾区建立卫生医疗服务点27个，培训乡村医生4242人次，开展心理咨询100余人次。30日早，银川市第一人民医院派妇产科、儿科、外科医护人员5人组成第二批医疗救护小分队，昼夜兼程抵达青川，在大院回族乡搭建卫生医疗应急救助点，开展医疗救治工作，累计治疗群众300多人次，处置紧急病例10余起。5月14日至6月30日，宁夏先后派遣3批8支96人的医疗卫生服务队，在青川、旺苍开展医疗卫生防疫救援工作，累计出车千余次，行程5万多公里，徒步行走5000余公里，圆满完成了医疗救治、紧急救援、卫生防疫任务。

图232　宁夏医疗卫生志愿服务队在广元向受灾群众发放药品（宁夏回族自治区民政厅　提供）

西吉县农民杨虎，5月15日下午与朋友马小军驾驶摩托车经静宁、秦安、天水、礼县、武都、文县、九寨沟、平武一路奔向青川，辗转两夜一天，行程1920公里。一路上，人们听说他们是从千里之外的西北只身骑摩托车来救灾的，都免费给他们修车、加油、提供餐饮。到达青川后，青川县政府安排他们到木鱼镇抢险救援。

5月16日，中国工商银行宁夏分行志愿者为宁夏红十字会各募捐点提供清点爱心捐款的服务（见图233）。

图 233 5 月 16 日，中国工商银行宁夏分行志愿者清点宁夏红十字会各募捐点爱心捐款

（宁夏回族自治区民政厅 提供）

5 月 17 日 5 时，宁夏电力公司 40 名专业技术人员组成宁夏电力保障抗震救灾突击队。突击队乘越野车 30 辆，赶赴成都参加抢险救灾，于次日清晨抵达成都后，编成 6 个小分队，分赴安县、绵竹、什邡执行紧急救援和运送伤员任务。在 15 天的抗震救灾中，宁夏电力公司共派出大功率发电车 2 辆、越野车 32 辆。队员们不畏艰险，不顾疲劳，连续奋战，在 67 小时内绕行 2000 多公里，抢救出受困电力职工 30 人。此外，宁夏电力公司根据自治区指挥指令，承担天水市秦州区 71 所学校和 2 个医疗点共 2000 套 37980 平方米过渡安置房的生产、运输和安装任务，占宁夏援建总任务的 40%。由 600 多人组成的 6 支电力援建队经过 40 个昼夜的艰苦奋战，圆满完成安置房建设任务，一次验收全部合格，于 8 月 18 日交付使用。

汶川地震发生后，共青团宁夏回族自治区委招募了医疗防疫志愿者 14 人，组成宁夏医疗卫生志愿服务队。服务队于 5 月 20 日，奔赴什邡、绵竹两市的 5 个乡（镇）、13 个村，开展应急救援服务工作。在 10 天的救援中，服务队进行卫生防疫 3900 余户、心理辅导 1.6 万人，发放价值 6 万余元的药品，对 300 多名心灵创伤严重的灾区群众进行了“一对一”心理干预，帮助 12 户村民抢修房屋。宁夏 12355 灾区青少年心理康复援助志愿者服务队，赴灾区进行 10 天救援。他们深入绵竹市受灾群众安置点的每一户帐篷，帮助受灾群众缓解心理危机，抚平心理创伤，先后培训灾区心理志愿者 267 人次，团体辅导青少年 2000 余人。由宁夏回族自治区卫生厅、自治区人民医院、宁夏医科大学附属医院、自治区及银川市疾病预防控制中心和卫生监督所的医疗卫生人员组成的卫生防疫志愿服务队，也赶赴灾区，进行医疗救治、紧急救援、卫生防疫多项服务。

5月22日，宁夏移动公司组织6名专业技术人员组成宁夏移动通信应急分队，于当日6时携带小型卫星应急车，启程奔赴四川灾区。他们3天行驶3000余公里，到达重灾区理县朴头乡。朴头乡此前一直处于断电、断通信状态，分队队员不顾路途劳累，到达后立即对卫星车进行调试。正当他们抢修通信设施时，青川县又发生6.4级强余震，并伴有大雨。队员们不顾个人安危，冒着大雨和余震的危险，在没有电力供应的情况下，使用应急通信车自备油机发电，于25日当日调试并开通应急车，保障了灾区的应急通信。通信应急分队一面设立报平安电话服务点，一面利用油机为乡政府发电，保证政令畅通。分队队员还自发捐款为一所临时“帐篷学校”购买了50套书包、文具等学习用品，并分别担任该校的物理、英语、数学、音乐教师，为灾区孩子们辅导功课。他们还调配出一辆车作为紧急服务车，帮助转运伤员和老弱病残群众；会同部队官兵为当地群众从废墟中抢出粮食2.5吨。宁夏移动应急分队辗转理县朴头乡、甘堡乡等地，保障当地至马尔康“生命线”公路及周边灾区通信畅通，免费为当地群众以及抗震救援队提供移动通信服务1万多人次。后全国总工会授予宁夏移动公司抗震救灾小分队“抗震救灾重建家园‘工人先锋号’”称号。

二十六　新疆维吾尔自治区志愿者服务

5月14日，新疆通信建设总公司从全疆维护中心抽调技术人员10人组成新疆移动通信抗震救灾抢险队。抢险队于15日抵达四川，先后在都江堰、什邡、平武、青川等重灾地区抢险救灾。30多天里，抢险队员跨越8个县（市）、61个乡（镇），行程共1.1万余公里，配合布放光缆38.95公里，寻找障碍点35处，接头106个，接续1016芯，制作成端75处，熔接终端804芯，中继段测试88段，开通基站93个，接通基站90个，开通营业厅1个，为抢通四川灾区移动通信做出重要贡献。

5月16日，新疆维吾尔自治区电信局抽出6名专业电信技术人员，组成新疆电信抗震救灾应急通信保障分队，携带75套VSAT卫星站设备、10套PHS基站、6台海事卫星、6套仪表工具，深入灾区，为灾区架设开通了11套数据VSAT、6套应急VSAT（其中3套可传2M），还为灾区培训使用海事卫星人员100余人，为灾区通信提供了优质的通信保障服务。

5月17日，巴音郭楞蒙古自治州红十字会、团委、青联、青年志愿者协会组成红十字青年志愿者突击队，奔赴川甘陕灾区抗震救灾。他们到灾区后，捐赠资金39.12万元，捐赠价值19.62万元的帐篷30顶，接诊受灾群众3500余人，提供心理咨询200人次，建立“帐篷学校”2所，帮助200余名受灾学生复课，慰问受灾群众20余户。

5月18日，新疆红十字会和新疆砾石野外俱乐部21人组成环塔救援队，赴成都救灾。他们被安排随两支武警救援队赴安县千佛镇开展救援。在灾区的11天中，救援队用帐篷为绵阳、安县部分重灾区搭建学校9所、儿童心理辅导站1所、婴儿救助站1所、幼儿园4所，使700多名失学儿童走进了搭建的学校和幼儿园。

5月18日，由新疆卫生医疗系统171人组成医疗卫生防疫救援队赴茂县，开展医疗、防疫、护理服务。救援队共诊治伤病员11031人，手术62人，转院32例；共向茂县捐赠发放各类消毒药品20余吨，各类杀虫药物5吨，消毒水源360余次，消毒和杀虫、灭蚊、灭蝇、灭鼠900余万平方米，发放各类防病宣传单48495份，进村走访16889户，配合中国疾控中心开展疫苗接种3246人，采集水样31份，开展健康教育覆盖69872人次。救援队所负责的四乡两镇，没有发生一起食物中毒等突发公共卫生事件，无一例传染异常疫情。服务队还向灾区捐赠了价值1100万元的救灾物资和药品。

5月25日，墨玉县芒来乡布都休克村维吾尔族农民党员买买提明·日吉甫，拿出多年打工的积蓄，带着父亲捐赠的六大箱干果，奔赴四川灾区救灾。由于道路不通，买买提明·日吉甫冒着余震不断的危险，绕道马尔康到达汶川，将捐款和六大箱干果全部捐给汶川灾区，并参加汶川救灾志愿者队伍，为灾区装卸救灾物资。

5月27日，共青团新疆维吾尔自治区委、新疆青年联合会招募志愿者11人，组成支援抗震救灾工作服务队，赴绵竹市剑南镇、玉泉镇及什邡市洛水镇等地，用3口大锅为当地受灾群众做新疆抓饭、火锅肉等特色饭菜，受益群众达2.5万人次。10月7日，中共中央、国务院、中央军委联合授予新疆维吾尔自治区团委、青联支援抗震救灾工作服务队“全国抗震救灾英雄集体”荣誉称号。

震后，新疆维吾尔自治区地震局组织4名专业技术人员组成地震现场工作队，参加四川汶川地震现场灾评工作。其中，1人参加中国地震局汶川抗震救灾指挥部地震灾评工作，3人被编入西北地区地震应急联运协作区现场工作队，参加甘肃灾区灾评工作。新疆维吾尔自治区建设厅和新疆建工集团建筑施工专家7人组成建筑施工专家工作队，于6月12日前往甘肃、陕西，参与支援灾区重建工作。

塔城市个体协会党支部副书记、副会长、“明生中西医门诊”个体户医生彭明生，以志愿者的身份赴北川羌族自治县擂鼓镇小学，任医务室负责人。他先后为5名孤儿做心理辅导，为全校师生讲述卫生疗养课4次，为灾区群众进行防疫体检510人次，治疗各类轻伤患者600余人次，巡诊100余人次，还为全校调配防疫药水1吨，组织师生进行卫生防疫。

二十七　新疆生产建设兵团志愿者服务

汶川地震发生后，新疆生产建设兵团紧急调动部分师医疗卫生机构的人员组成应急医疗卫生救援队，总领队由兵团卫生局局长王国建担任，队员由10个单位的62人组成，其中有医疗卫生行政领导3人、医疗卫生技术人员40人、司机15人及兵团电视台记者4人。随队配备急救车7辆、大卡车1辆，装载价值190万元的药品、医疗器械、清毒器械等医疗救灾物资。5月18日11时20分，救援队第一批队员正式出发，于18日17时抵达成都后，王国建立即请求四川省抗震救灾指挥部安排工作。19日上午，救援队与新疆维吾尔自治区医疗救援队一同前往茂县。救援队从成都乘汽车出发，经雅安、宝兴，翻越夹金山、梦笔山。在翻越海拔4700余米的雅克夏雪山时，遇到暴风雪和冰雹，道路泥泞，塌方、飞石、泥石流时有发生，车队行进艰难。一段18公里的路，行驶4个多小时才走完。到茂县后，他们即刻投入救助工作。第二批救援队由兵团卫生局办公室主任殷泰平带队，携带指挥车1辆、救护车6辆、满载救灾物资的大卡车1辆，于18日下

图 234　5 月 21 日，新疆生产建设兵团应急医疗卫生救援队队员不畏山高路险、余震不断，赶赴灾区

（新疆生产建设兵团　提供）

午从乌鲁木齐出发，历时 66 个小时，长途跋涉近 3000 公里，于 21 日 14 时 30 分到达茂县，与先期到达的救援队会师，一起开展救助工作（见图 234）。

5 月 22 日 6 时，新疆生产建设兵团救援队前线指挥部召开会议，分配工作任务。第一队队长史晨辉、副队长李凡卡及队员 9 人，配车辆 2 台、司机 3 人，在白溪乡、洼底乡实施救助。第二队队长袁德安、副队长陈荣辉和队员 9 人，配车辆 2 台、司机 3 人，在回龙乡、飞虹乡实施救助。第三队队长彭心宇、副队长程青虹及队员 11 人，配车辆 1 台、司机 1 人，在渭门乡、沟口乡实施救助。各救援队按照当地指挥部“管水、管粪、管饮食、管病人，宣传防病知识”的工作方针，逐村逐户进行医疗服务，在 6 个乡、35 个村全面开展医疗救治、卫生防疫、卫生宣传、消毒杀菌工作，不留空白点，使所负责的乡村无疫情发生。截至 6 月 29 日，兵团救援队共救治伤病员 5200 人，消毒杀菌面积 20 万平方米，举办专题培训班 32 期、培训 1180 人，发放宣传单 1.64 万张，制作宣传展板 5 块，受教育 1.36 万人次。

5 月 17 日，农四师 70 团个体女医生邹英自费乘飞机到四川，同来自湖南省的志愿者 3 人、当地心理学研究生 14 人一起组成一支医疗小分队，进驻彭州进行医疗救援。她和另两名志愿者医生，担负内外科、儿科、妇科患者的诊治工作，每天接诊 300 多人次。

第四章　港澳台同胞、海外侨胞志愿者服务

汶川特大地震发生后，香港、澳门、台湾同胞及海外侨胞在积极向灾区捐款捐物的同时，还组织开展形式多样的志愿服务活动，支持抗震救灾工作。

第一节 港澳台同胞志愿者服务

一　香港同胞志愿者服务

汶川地震发生后，香港许多民间机构和爱心人士纷纷志愿赴灾区救援。

6 月 3 日，香港理工大学医疗及社会科学 15 名学者组成工作小组到四川地震灾区，开展先期调查及评估工作，目的是在前线救灾人员撤离后，为受灾民众提供长期的专业护理，助其恢复正常生活，重点放在居于临时住屋的民众。经调查评估，他们确定 4 类最需要服务的对象，包括长者、儿童、长期病患者及丧失子女的家长。随后，学院与 9 个护理学会达成合作共识，召集儿科、产科及精神科等不同专科义工，同时筛选学院内具有专业背景的师生于暑假赴四川灾区开展医疗救助和心理干预工作。

8 月 15 日，香港世界华裔骨科学会“站起来”计划行动组负责人罗尚尉带领香港 11 名骨科康复治疗专家到四川省人民医院，指导地震伤员的康复工作。“站起来”计划行动组治疗了包括截肢、安装假肢等在内的 150 多名地震伤员。行动组还携带 15 个临时假肢、20 个助行器等各种康复辅助器具，在四川省人民医院建立了小规模假肢安装中心，帮助伤员们安装、调整假肢。

二　澳门同胞志愿者服务

汶川地震发生后，澳门特区政府组织志愿者医疗救援队，分3批前往四川协助进行紧急救援工作。医疗救援队共由56位来自仁伯爵综合医院和镜湖医院的医护人员组成。

5月23日，澳门特区政府在520多名志愿者中选派出首批10名医生和10名护士组成的志愿者医疗队搭乘澳航包机，前往成都市第三人民医院参与救援。20名医疗队员分别来自澳门卫生局、仁伯爵综合医院、卫生中心及镜湖医院的内科、骨科、肾科、急诊、手术室等不同科室，医疗队队长由仁伯爵综合医院急诊部主任兼深切治疗及烧伤科主任李伟成担任，副队长由镜湖医院骨科医生李卫平担任。在一周多的时间内，他们救治了大批伤病员。6月1日，澳门医疗队18名队员还到彭州市受灾严重的乡镇巡诊探访，协助诊治病人，并把部分由澳门带来的药物转送当地卫生站。

6月10日，由澳门仁伯爵综合医院、卫生中心及镜湖医院的10名医生和10名护士组成的特区政府第二批志愿者医疗队乘包机抵达成都，随后立即赶往南充川北医院进行医疗救援工作。该批医疗队由仁伯爵综合医院院长陈惟茜任领队，骨科主任刘怀烈任队长，镜湖医院骨外科医生陈子杰任副队长。在此期间，医疗队共诊治病人480人次，参与手术86例，护理240人次，查房65次，会诊27人次，病案讨论34例，巡诊33次，学术交流11次。

7月21日，澳门特区政府第三批15人志愿者医疗队到达都江堰市中德红十字会野战医院参与救援工作。领队为澳门红十字会理事长曹国希，队长为仁伯爵综合医院妇产科主任唐蕴莹，副队长为镜湖医院儿科副主任宋冬其，其他8名医生和4名护士分别来自仁伯爵综合医院、卫生中心及镜湖医院的儿科、妇产科、外科、内科、急诊、骨科。医疗队紧张工作，抢救伤员，医治病人。

三　台湾同胞志愿者服务

5月14日，台湾慈济慈善基金会先后组织两批志愿者赴灾区，开展心理咨询、分发救灾物资等服务。15日，法鼓山副住持率领包括医生和专业人员在内的15人救援队前往四川，并随机携带帐篷、医疗用品等物资。15位救援人员先后在都江堰、安县、平武等地开展救援活动。19日，台湾“国际佛光会”组织台湾和香港两地20名医护人员携带600公斤药品飞往成都灾区，为灾区受伤患病群众实施救治。据统计，台湾慈济慈善基金会、法鼓山慈善事业基金会等民间组织共向大陆灾区先后派遣30多批次、1000余名医疗人员深入灾区提供帮助。

5月16日，由22名队员和1条搜救犬组成的台湾红十字救援队抵达成都。17日上午，救援队前往绵竹市汉旺镇，开展救援工作。经过3天搜救，虽未救出生存人员，但搜出许多遇难者遗体，先后送交有关部门。台湾救援队员还对废墟进行标记，以便日后进行清理工作。

5月20日，由47名各科专家组成的台湾红十字医疗队，携带3.5吨医疗用品抵达成都，并即刻赶往伤病员集中的广汉市高坪镇，在灾区群众安置点提供医疗服务，救治伤员。21—24日，台湾红十字医疗队在广汉市多个灾区群众安置点诊治病人476名，对数十名老弱患者进行体检，实施气胸手术1例、骨折手术2例及外伤缝合手术1例。

第二节　海外侨胞志愿者服务

汶川特大地震发生后，许多国家的华侨华人纷纷通过多种形式，为灾区人民群众提供志愿服务。

一　俄罗斯侨胞志愿者服务

5 月下旬，俄罗斯卫生部外科诊所神经内科医生、25 岁的华裔青年干俊达随另外 66 名俄罗斯救助队队员抵达彭州灾区开展志愿医疗救助。干俊达与俄罗斯同伴在彭州搭建一所战地移动医院救治伤员，并负责救援队的医学翻译工作。干俊达生于成都，6 岁随父母移居俄罗斯，得知俄罗斯将组派医疗队援助四川灾区后即向俄罗斯紧急情况部提出申请："成都是我长大的地方。我是一名医生，要去汶川灾区，能帮多少就帮助多少，尽全力去救治灾区伤员"。在灾区，干俊达和同事为受灾群众提供了大量医疗救助。

二　加拿大侨胞志愿者服务

5 月 17 日，由 5 名志愿者组成的加拿大首个医疗辅助队（以下简称 C-MAT）携带逾 500 磅（约合 227 公斤）的医疗设备和药品自费乘机经上海转往成都投入救灾工作。C-MAT 成员中包括来自安大略省的华裔医生蒋曹阳和徐海波。C-MAT 抵达绵阳后即前往九洲体育馆开展医疗救助。20 日，加拿大医疗辅助队撤出时，蒋曹阳、徐海波留在绵阳继续工作。他俩每天仅睡几个小时，其余时间均投入伤员救治工作中。蒋、徐二人返回加拿大后，将灾区急缺心理咨询服务人员的情况告知加拿大中国移民紧急援助中心。该援助中心随即招募了 20 余名志愿者，紧急培训后，于 29 日前往四川地震灾区从事志愿服务。

加拿大红十字会派出的首名华裔协调员张云红震后赶赴北京，协助统筹救援的后勤工作，协调采购应急物品、物资调运等。

6 月 4 日，加拿大联邦自由党列治文选区国会议员陈卓愉和两位华裔医生 Kan Li 和陈满堂携带 7 箱专业医药包前往什邡灾区进行医疗支持服务。他们在什邡市洛水镇、八角镇、蓥华镇及市内 3 个社区为灾区群众提供医疗服务。

三　美国侨胞志愿者服务

美籍华人医疗救护专家陈浩于地震发生数天后抵达北川灾区参与搜救。他与其他志愿者携手成功救助多人。5 月 23 日，由美国人医会、仁爱医疗集团和嘉惠尔医院 10 名华裔医师组成的医疗赈灾小组飞往四川灾区参加救援。小组成员包括骨科医师林元清、精神科医师王炘、脑神经科医师林宗义和许明彰、外科医师陈福民等。总部设在纽约的国际华人医学家心理学家联合会成立"5·12"灾后心理援助小组，制订了对四川灾区的5年心理援助工作计划。他们在其心理援助中心网站上开设"灾后心理干预：重建心灵家园"专栏并提供24小时心理援助电话热线服务，把"地震后的学校心理辅导——教师手册"和地震后心理干预（辅导、咨询）建议及有关英文资料提供给在四川抗震救灾一线的心理咨询专业人员和中小学教师。该联合会还加入由中华慈善总会、中国教育学会、中国医师协会等联合发起的1+1心联行动（儿童青少年灾后心理援助联合公益行动）。26日，首批20名在美留学生志愿者飞赴四川开展救援工作。

5月26日，美国华裔教授学者协会监事会长、南加利福尼亚州巴斯托学院教授姜镇英抵达四川，前往都江堰、什邡市红白镇等地开展十余天的灾后心理援建指导和培训。6月18日，旅美画家李自建一行赴理县桃坪羌寨慰问灾区儿童。

8月16日至9月6日，经中国驻美国大使馆推荐，美国北卡罗来纳州华人联谊会与杜克大学医疗中心组建的联合志愿医疗队到什邡市红白镇开展心理及精神医疗救助工作。

四　马来西亚侨胞志愿者服务

5月15日，马来西亚星洲媒体集团与"国际佛光会"合作组成的星洲媒体佛光救援队前往青川县木鱼镇开展救援行动，同时输送价值50万元人民币的食物、水、药品和发电机等救灾物资。

五　日本侨胞志愿者服务

留日中国人生命科学协会理事、大阪府立大学施海潮博士5月16日抵达成都，志愿前往安县千佛镇等重灾地区参加医疗抢险救助，并指导当地医疗救援和疫情防控工作。

6月17—19日，日本华人歌手李广宏一行先后到都江堰"天府阳光帐篷学校"、德阳市经济技术开发区的"帐篷学校""什邡市外国语帐篷学校"和位于绵阳市长虹培训中心的北川中学临时学校演出，慰问灾区学生。

7—8月，日本新华侨华人会会长吴智深、在日中国科学技术者联盟会长杨克检、中部日本新华侨华人会会长葛汉彬等一批地震工程、建筑、地质等方面的旅日专家前往四川，为地震灾区重建提供技术援助并捐建学校。

六　印度尼西亚侨胞志愿者服务

一位印度尼西亚侨胞筹集500万元的现金和物资，组建了一支由50名志愿者组成的医疗服务队，在四川、甘肃灾区，参与抢险救灾。

第十篇

捐赠资金物资的监督管理

汶川特大地震发生后，全国各族人民、港澳台同胞、海外华侨华人和国际社会，向中国捐赠了大量资金物资。截至 2009 年 9 月 30 日，全国接收救灾捐赠资金和物资折价共计 797.03 亿元，其中资金 687.9 亿元、物资折价 109.13 亿元。

中共中央、国务院高度重视抗震救灾捐赠资金物资的使用与监督管理。胡锦涛要求各级党委政府和有关部门要“向人民群众交一本明白账”。吴邦国要求建立健全救灾资金和物资分配使用制度，严格管理程序，增强透明度，从制度、源头上防止救灾钱物被挪用、侵占和私分。温家宝要求建立严格的监管制度，确保廉洁救灾。贺国强要求切实把监督检查工作贯穿抗震救灾资金物资管理使用的全过程，使救灾资金物资真正用于灾区和受灾群众。

根据中央领导同志的指示和救灾捐赠款物监管工作的实际，中央成立抗震救灾资金物资监督检查领导小组，中央有关部门、各省（区、市）及新疆生产建设兵团，都分别成立监督管理机构，出台相关政策法规，采取一系列管理监督的有效措施和办法。与此同时，各地各部门派出大量监督检查工作组，深入有关单位，深入基层，深入灾区，对救灾捐赠款物的管理使用情况进行认真细致的监督检查，对违法违纪行为，予以严肃查处。社会各界和新闻媒体也通过信访举报、问题报道等多种形式，对救灾捐赠款物的使用和管理予以监督，保证救灾捐赠资金物资全部用于抗震救灾。

地震发生后，港澳台和一些国家向中国派出了救援队，国际社会向中国捐赠了大量救灾物资。各地海关根据国务院抗震救灾总指挥部有关通知精神，认真落实海关总署的统一部署，对进关人员和货物进行了严格的监管，保证了境外救援队和援赠物资的快速入关和安全。

地震发生后，全国各地救灾物资源源不断运往灾区。为保障救灾物资的质量，质检总局多次召开会议、下发通知，部署加强各类救灾物资质量监督的具体措施。各地质检部门积极增加人员，增加设备，切实加强对捐赠物资的质量监督管理。

在抗震救灾中，广大新闻媒体、社会各界群众通过多种方式方法，对救灾捐赠资金物资的接收、分配、使用、管理进行全方位全过程的监督，发挥了不可替代的重要作用。

第一章　中央抗震救灾资金物资监督检查领导小组监管

第一节　做出部署

5月28日，中央纪委、监察部、民政部、财政部和审计署五部门召开抗震救灾资金物资监管工作汇报会。会上，贺国强做出7点部署。第一，经中央同意，成立抗震救灾资金物资监督检查领导小组，中央书记处书记、中央纪委副书记何勇任组长，中央纪委副书记、监察部部长马馼和审计署审计长刘家义任副组长，中央纪委、监察部、民政部、财政部、审计署分管领导为领导小组成员，具体负责对抗震救灾资金物资监管工作的领导；领导小组办公室设在监察部，中央纪委常委、监察部副部长王伟兼任办公室主任。受灾地区要层层建立相应的领导机构，各省（区、市）、中央各有关部门和单位也要建立健全各自领导机构；抗震救灾资金物资监督检查领导小组要按中央决策部署工作，履行职责，加强组织协调，迅速开展工作。第二，建立健全规章制度。在严格执行已有规章制度的同时，要根据新情况，有针对性地尽快制定出台一批新的规章制度。第三，对抗震救灾资金物资管理使用情况进行全方位监督。纵向上，要把监督贯穿于抗震救灾资金物资募集、分配、拨付、管理、使用等每一个环节；横向上，要覆盖到所有涉及抗震救灾资金物资募集和管理使用的地区、部门和单位，确保不留死角。第四，开展专项审计，确保抗震救灾资金物资及时拨付、有效使用。要定期向社会公布阶段性审计情况，发现违规问题要责令有关部门和单位及时整改。第五，组织专项检查，及时发现和纠正抗震救灾资金物资管理使用过程中出现的问题。要对中央和国家机关有关部门、接收捐赠的民间组织和社会团体以及四川省抗震救灾资金物资管理使用情况进行认真检查，重点对涉及受灾群众基本生活、资金物资集中、社会公众关注程度高、容易发生问题的领域和环节进行检查。第六，把公开透明原则贯穿抗震救灾款物管理使用的全过程。第七，严格执行纪律，要从快从严从重处理抗震救灾资金物资管理使用中的违纪违法行为，对在抗震救灾款物管理使用中玩忽职守、贻误工作的，也要严肃追究相关人员的责任。

第二节　开展工作

6月6日，中央抗震救灾资金物资监督检查领导小组在北京召开第二次会议，何勇在会上要求各部门进一步加强监督检查工作力度，突出监督检查的重点，及时发现和纠正存在的问题；灾区纪检监察机关要加强对抗震救灾物资分配、拨付和发放的监督检查，加大查办案件的力度，重视对群众举报问题和新闻媒体揭露问题的查处；审计机关在审计工作中发现的重大违法违纪线索，要及时移送纪检监察机关和有关部门进行查处；各成员单位要各司其职，加强沟通协调。

7月30日，中央抗震救灾资金物资监督检查工作领导小组在北京召开第三次会议，何勇在会上讲话强调，领导小组各成员单位要把抗震救灾资金物资监督检查工作作为当前最重要任务之一；随着灾后恢复重建工作的展开，加强抗震救灾资金物资监督检查面临的情况将更加复杂，领导小组成员单位要进一步健全抗震救灾资金物资监督检查工作体系，明确分工，把责任落实到具体部门、单位和个人；要从实际出发，对受灾省市、对口支援省市救灾款物管理使用监督检查工作进行分类指导，同时对没有承担对口支援任务地区捐赠款物的监管提出明确要求；要严格执行已经出台的规章制度，突出检查重点，对前一阶段检查、审计以及调研中发现的问题，要督促有关地区和部门认真整改和纠正，对国（境）外捐赠资金物资，要强化监管，规范使用；要继续严肃查处抗震救灾资金物资管理使用中的违纪违法行为；要坚持公开透明，加强宣传和舆情分析，及时消除误解、澄清是非。

9月4日，中央抗震救灾资金物资监督检查领导小组在北京召开扩大会议。贺国强在会上发表讲话。他指出，从检查了解的情况看，抗震救灾资金物资管理情况总体上是好的，基本做到款物专用、账目清楚、公开透明，但是也还存在一些问题：捐赠资金移交的有关规定在一些部门尚未得到落实，抗震救灾资金物资分配使用在个别地区存在结构性不平衡和积压现象，捐赠款物使用情况的公示还不够全面及时，少数地方存在夸大灾情、虚报冒领以及截留挪用抗震救灾款物等问题。他要求，各级抗震救灾资金物资监督检查领导小组要加强组织协调，督促参与恢复重建的地方、部门和单位切实抓好职责范围内的监管工作，建立抗震救灾资金物资监督检查常态工作机制和对口衔接机制，建立健全援建资金划拨、物资采购等方面的规章制度；要突出重点，深入开展专项监督检查，针对检查出来的问题，督促有关地方和部门认真整改；要把公开透明贯穿于抗震救灾资金物资管理使用的全过程，严格执行物资采购、工程建设等方面规定，充分接受社会各界的监督。对违纪违法行为要严肃处理；要重视人民群众信访举报工作，注意从社会热议和媒体关注的问题中发现违纪违法线索，认真排查核实。

根据中央抗震救灾资金物资监督检查领导小组的要求，各地各有关部门和单位，出台政策，采取措施，加强了对救灾资金物资的监督力度。

第二章 纪检监察监管

第一节 中央纪委监察部监管

5 月 13 日，中央纪委监察部发出通知，要求“切实保证救灾资金物资用于受灾群众，一经发现有贪污、私分、截留、挪用的，要从严处理，对触犯刑律的要移送司法机关”。20 日，中央纪委、监察部、民政部、财政部、审计署联合印发《关于加强对抗震救灾资金物资监管的通知》，要求各地各部门加强对抗震救灾资金物资的监管。29 日，中央纪委办公厅下发《关于印发贺国强同志在抗震救灾资金物资监管工作汇报会上的讲话的通知》，要求各单位要认真贯彻执行文件精神。同日，中央纪委、监察部制定《抗震救灾款物管理使用违法违纪行为处分规定》，对在抗震救灾过程中非法募捐，截留、挤占或者无故迟滞拨付、发放抗震救灾款物，虚报灾情或者骗取、冒领抗震救灾款物，利用职权徇私发放或者有偿发放抗震救灾款物，擅自扩大抗震救灾款物使用范围，账目不实，贪污抗震救灾款物等行为提出纪律要求和惩戒措施；对违反上述规定案件隐瞒不报、压案不查、包庇袒护的，要严肃追究相关人员的责任。

5 月 14 日上午，贺国强在北京主持召开中央纪委常委会，要求纪检监察机关和纪检监察干部要认真履行职责，加强对中央关于抗震救灾各项决策部署贯彻执行情况的监督检查，确保政令畅通；加强对抗震救灾款物管理使用情况的监督检查，保证以最快速度使救灾款物用于受灾群众；对贪污、私分、截留、挪用抗震救灾款物的行为，严惩不贷。23 日，全国贯彻落实《建立健全惩治和预防腐败体系 2008—2012 年工作规划》电视电话会议在北京召开，贺国强在会上发表讲话，要求各地要认真贯彻中央纪委等五部委的通知精神，加强对抗震救灾资金物资管理使用情况的监督检查，使受灾群众及时得到救助，坚决查处贪污、私分、挪用、截留救灾资金物资的行为。6 月 17 日，贺国强在北京主持召开中央纪委常委会，研究进一步加强抗震救灾资金物资监督检查工作。他指出，抗震救灾资金物资数额巨大，社会各界十分关注，各级纪检监察机关和广大纪检监察干部要提高对抗震救灾资金物资监督检查工作重要性的认识，制定抗震救灾款物监管工作的总体工作方案，分阶段组织实施，突出重点，公开透明，主动向社会公开抗震救灾款物的来源、数量、种类和去向，接受社会监督；对在抗震救灾款物管理使用中玩忽职守、贻误工作的，要严肃追究相关人员的责任。20日，何勇在北京听取中央纪委、监察部赴四川省、中央有关部门及群众团体、社会组织专项检查组的工作汇报，要求抓紧督促受灾地区建立健全监督检查工作体系，承担对口支援任务的19个省（市）要成立监督检查领导机构，中央纪委、监察部有关派驻纪检组监察局也要加强监督检查，督促各有关地区和部门建立严格的责任制，建立健全常态工作机制和工作方法，坚持公开透明；针对新情况新问题，要完善各方面的规章制度，严肃查处违纪违法行为；要善于从新闻媒体揭露的问题中发现案件线索，会同和督促有关部门搞好案件线索的移送工作；要加强调查研究和政策研究，及时发现监督检查工作中的突出问题，提出解决办法。

与此同时，中央纪委、监察部加强监督检查的实际工作力度。截至5月30日，中央纪委、监察部共派出两批5个专项检查组，赴四川、甘肃、陕西三省和中央有关部门、社会组织、群众团体，对款物监管工作机构的设置和运行，国内外社会捐赠款物的管理使用，因灾困难群众临时生活救助金、救济粮和“三孤”（孤老、孤残、孤儿）人员基本生活费发放以及住房建设补助的执行情况开展专项检查。同时，设立举报投诉电话或信箱，及时查办在抗震救灾中失职渎职和截留侵占、违规使用抗震救灾资金物资的案件。

5月30日，王伟带领专项检查组分别到中国红十字会总会、中华慈善总会等单位听取汇报，实地检查红十字会财务部门和捐赠现场，深入了解有关问题。同日，中央纪委驻国侨办纪检组组长林文肯专题听取国侨办接收抗震救灾捐赠款物使用情况的汇报。31日，马馼带领专项检查组抵达成都，会同刘家义，听取四川省有关部门对抗震救灾款物管理使用监督检查情况的汇报，研究确定检查工作方案，指导、督促四川省有关部门建立抗震救灾资金物资监督检查领导机构和工作机制。

6月3日，王伟率专项检查组赴全国妇联检查募捐赈灾工作。全国妇联直属单位中国儿童少年基金会和妇女基金会领导就资金和物资的募集、资助以及管理等情况做了详细汇报，得到检查组肯定。12日，中央抗震救灾资金物资监督检查组到中国侨联，检查侨联的救灾工作，听取中国华侨经济文化基金会救灾款物管理使用情况的汇报，对赈灾情况予以肯定。13—15日，中央纪委驻交通运输部纪检组组长杨利民在四川灾区慰问抗震救灾一线交通干部职工，调研抗震救灾资金物资的发放和使用情况。23日，中央纪委副书记李玉赋一行，到甘肃省指导抗震救灾和灾后恢复重建工作。从7月7日起，赴中央有关部门和社会组织专项检查组先后对民政部、外交部、商务部和中国红十字会总会、中华慈善总会接收的国外抗震救灾资金物资管理使用和监管情况，以及有关部门和单位移交捐赠资金的情况进行检查。8日，赴甘陕专项检查组抵达陕西，对汉中、宝鸡等受灾地区和省直有关部门抗震救灾资金物资管理使用情况进行检查。

7月16日，李玉赋率专项检查组到四川开展检查工作。24日，中央纪委监察部专项检查组到汶川检查指导工作。8月25日，中央纪委监察部派驻民政部纪检组召开工作座谈会，民政部有关人员就抗震救灾资金物资管理使用的监督检查情况作了介绍。26日，中央纪委、监察部召开会议，听取赴川甘陕专项检查组开展抗震救灾资金物资管理使用情况专项检查工作的汇报。何勇要求，要深入开展抗震救灾资金物资监督检查，实施全程跟踪监督，有效整合监督力量。

对群众举报的违规违纪案件，各级纪检监察部门都进行了及时、认真、严肃的查处。截至8月29日，各级纪检监察机关共接到群众投诉举报15746件，已核查10151件；对查实有违纪行为的186人给予党纪政纪处分，其中县处级以上领导干部16人，受到撤职以上处分20人。

第二节　地方纪检监察部门监管

各地纪检监察部门特别是灾区纪检监察部门，在中央纪委、监察部和地方党委、政府的领导下，制定出台政策，接受群众举报，认真查处案件，确保捐赠款物的合理合法使用。

一　受灾地区纪检监察部门监管

四川省纪检监察部门监管　5月13日，四川省纪委、监察厅下发《关于严肃纪律，确保抗震救灾工作的紧急通知》《关于严肃纪律，加强对抗震救灾资金物资监督检查的紧急通知》，界定抗震救灾中的违法违纪和渎职行为以及效能责任追究行为。17日，省救灾资金物资检查组检查省民政厅、省慈善总会、省卫生厅、省红十字会、团省委、省总工会、省妇联开展接收发放捐赠款物工作的情况。5月，省纪检监察机关建立网络舆情监督组，规定救灾资金物资监管重要信访举报案件的范围和办理时限。11月17—23日，省纪委监察厅分成3个小组，赴成都、德阳、绵阳开展灾后重建项目招投标情况监督检查工作，并会同省发展改革委对6个重灾市（州）灾后重建的重大项目进行专项检查，现场纠正出现的问题；督促灾区与18个对口支援省（市）建立监督协调机制，明确责任主体与监督职责。截至11月23日，全省纪检监察机关接到有关抗震救灾资金物资管理使用的信访举报5045件，核查3809件，查实575件，给予党纪政纪处分116人，组织处理71人，移送司法机关1人。

甘肃省纪检监察部门监管　甘肃省抗震救灾资金物资监督检查领导小组办公室设立了3个督察组，由省监察厅3名副厅长任组长，分片包干负责受灾地区的监督检查工作，将监督检查工作纳入常态化管理。5月13日，省监察厅会同省地震局对重点单位落实地震应急预案的情况进行检查。19日，重灾区陇南市组成4个监督检查组，对救灾资金物资的发放使用实施全程监管。督察组深入乡镇、村社，采取自下而上、随机抽查的方式，查看受灾户领取救灾款物的品种、数量、时间，并将村社发放救灾款物的公示内容与发放花名册、款物台账进行对照，督察组还对各县区政府及有关部门救灾款物管理使用情况进行全程检查。20日，省纪委2个督察组到受灾最重的文县实地检查救灾资金物资的发放工作。全省采用组成监督检查组、聘请特邀监督员、盯紧重要部门3种形式，全面加强对全省抗震救灾资金物资的监管工作。6月11日，由省纪委、监察厅领导带队的4个督察组深入重灾区文县、康县、舟曲、临潭，进行现场检查。为了加强监察力度，省纪委、监察厅在纪检监察机关系统内部，跨地区调动调整纪检干部支援受灾地区，组织特邀监察员分批次进行重点巡查。11—14日，省纪委主要负责人带领检查组，到重灾区陇南、天水的10多个乡（镇）、村组和企业，检查每一个发放点的原始记录和公示情况。截至6月10日，甘肃省纪委受理群众举报124件（次），在对重点线索直接组织力量核查的同时，省纪委责成各地纪检监察机关逐件进行查处。截至10月27日，全省各级抗震救灾资金物资监督检查工作办公室共受理各类信访举报1987件，核查1847件，核实116件，给予13人党纪政纪处分，给予52人组织处理。

陕西省纪检监察部门监管　汶川地震发生后，陕西省纪委、监察厅等部门成立抗震救灾资金物资监督检查领导小组，对捐赠款物的发放、使用进行全面全程的监督管理。各市、县还根据本地区本单位实际，采取多种方式加大对捐赠款物的监督管理。5月30日，为确保救灾款物公平、透明、正确使用，宁强县纪检部门派出两辆车，作为救灾款物发放信访流动举报站，接受群众投诉。截至6月11日，宁强县纪检部门共接待群众145人次，其中举报类10件（次）、已现场处理，咨询类135人次。

重庆市纪检监察部门监管　6月30日，重庆市纪委下发《关于对抗震救灾资金物资管理使用情况开展专项检查的通知》，要求在全市范围内开展抗震救灾资金物资管理使用情况的专项检查，各区县、各部门要按照通知要求，认真组织开展自查自纠。重庆市抗震救灾资金物资监督检查领导小组办公室相继派出检查组，对梁平、璧山、合川等区（县）接受救灾资金物资的使用情况进行检查，对市民政局、市红十字会、市慈善总会的资金物资接受情况进行检查，对经委、建委、卫生等救灾物资重点采购部门进行检查。检查中发现了抗震救灾资金物资管理中存在的一些薄弱环节：对抗震救灾捐赠款物的公开公示不到位，有的公示出错、张冠李戴，造成群众的不信任；存在多头筹集款物的情况，有的企业反映，主管部门、工商、税务、协会、街道都在向他们筹集捐款，增加了企业负担；有的筹集捐款不切合实际，部分学校向幼儿园、小学的学生筹集捐款；对采购救灾物资的监督比较薄弱，需要进一步规范。针对发现的问题，检查组责成相关单位及时整改，督促相关部门健全有关管理制度。市纪委、市监察局通过报纸、电视、电台和网站，向社会公布抗震救灾资金物资监督检查领导小组办公室举报电话，接受人民群众的意见、建议和举报。其间，共接到抗震救灾资金物资方面的信访举报15起，都逐件进行了调查处理。

二　非灾区纪检监察部门监管

非灾区省份纪检监察部门也分别召开会议，传达中央领导的有关讲话精神，传达中央纪委、监察部文件精神，下发关于加强监督管理的通知，协助相关单位制定救灾款物接收管理规章制度，派出检查组对抗震救灾捐赠资金物资的接收、分配、使用进行全面全程的监督检查。

第三章 民政监管

第一节 民政部监管

民政部会同纪检、监察、审计、财政等有关部门，紧急制定救灾捐赠款物监督管理的规章制度，组织检查监督小组，深入有关部门单位，深入灾区，开展专项检查，加强对各级民政部门监督管理工作的指导，保障了救灾捐赠款物的高效合理使用。

一 监管捐赠款物

5 月 20 日，民政部会同中央纪委、监察部、财政部和审计署等部门，联合发出《关于加强对抗震救灾资金物资监管的通知》，明确了抗震救灾资金物资筹集、分配、拨付、发放、使用等管理办法。

5 月 25 日，民政部派员参加财政部纪检组组织的联合检查组，赴四川灾区对中央下拨的救灾款和救灾捐赠款物管理使用情况进行检查，重点检查救灾捐赠款物的接收、登记、拨付和管理情况。为加强对抗震救灾款物的监管，民政部公布了接受社会举报的 3 条渠道：网上举报、信访举报、通过热线电话进行举报。中央纪委驻民政部纪检组、民政部监察局对接到的反映救灾捐赠款物的问题，迅速进行调查核实，严肃处理。

5 月 31 日，民政部印发《关于开展帐篷生产情况和抗震救灾款物管理使用情况自查工作的紧急通知》，要求各地民政部门对帐篷生产和保障情况、抗震救灾资金物资管理使用情况进行一次全面自查。自查内容包括抗震救灾资金和物资管理使用情况，重点自查救灾款物使用方向、采购物资的价格、监督机制，其中救灾捐赠款物使用情况检查主要包括 4 个方面：一是接受捐赠的渠道、数量、转赠、拨付情况；二是捐赠款物使用范围、主要流向及监督情况；三是用捐款购买物资的程序，采购种类、数量、价格和采购方式，采购物资去向；四是救灾捐赠管理使用中的困难和措施。

6月1日，民政部印发《关于印发〈汶川地震抗震救灾生活类物资分配办法〉的通知》，要求抗震救灾生活类物资应当根据受灾区域大小、受灾程度、人口密度、灾区群众需求进行分配，保证重点，确保及时、快捷、高效、公开、公平、公正发放。通知强调，要建立责任制度，做到手续完备，专账管理，专人负责，账物相符，严禁物资发放中的优亲厚友、性别歧视、年龄歧视和孤残歧视行为，在保障需求的同时，避免浪费。通知还强调，定向捐赠的物资，由接收单位按照捐赠者意愿安排使用。为充分发挥物资使用效益，在捐赠物资过于集中某一地区或某一项目的情况下，接收捐赠单位与捐赠人协商并经捐赠人书面同意后，按有关规定调剂分配。各有关部门、社会组织根据抗震救灾工作的统一规划和灾区需要，在当地政府的统筹安排下，参照本办法，依据相关法律法规及政策规定，自行安排使用接收的捐赠物资，同时报民政部门备案。通知要求，灾区乡镇政府必须严格执行收发制度，实行收发实名制，物资收发单以及存档记录应当由负责人签字，妥善保管。

6月1日，民政部印发《关于印发〈汶川地震抗震救灾资金物资管理使用信息公开办法〉的通知》，要求进一步加强对汶川地震抗震救灾资金和物资的管理使用，保障相关信息的公开、透明，加强社会监督，提高包括社会捐赠资金物资在内的抗震救灾资金物资的使用效益。通知指出，需公开抗震救灾资金和物资管理使用信息的主体包括4个方面：一是地方各级政府及其相关部门；二是各级红十字会、慈善会等具有救灾宗旨的社会团体；三是经民政部门批准开展募捐活动的其他公募基金会；四是向上述部门和单位移交接收捐赠款物的其他社会组织。通知明确，民政部负责对中央各有关部门、地方各级民政部门、红十字会总会、中华慈善总会等具有救灾宗旨的社团组织、其他经民政部批准开展募捐活动的公募基金会接收的救灾捐赠资金物资的汇总统计，报国务院抗震救灾总指挥部。通知要求，地方各级人民政府及其相关部门应当主动向社会公开接收抗震救灾捐赠资金的来源、数额、分配去向、用途、使用结果以及发放流程。通知还指出，接收捐赠的部门和单位应当安排专人负责做好捐赠人和社会对抗震救灾捐赠款物发放管理和使用情况询问的答复工作，主动接受审计、监察等部门、社会各界和新闻媒体的监督。

6月2日，民政部成立由副部长姜力任组长、纪检组组长刘光和任副组长，以救灾司、财务和机关事务司、驻部监察局、法制办公室主要负责人为成员的民政部抗震救灾资金物资监督检查领导小组。同日，民政部下发《关于认真贯彻落实贺国强同志在抗震救灾资金物资监管工作汇报会上重要讲话精神的紧急通知》，要求各级民政部门要严格执行国务院办公厅《关于加强汶川地震抗震救灾捐赠款物管理使用的通知》和国家有关救灾资金物资管理使用的规章制度，认真落实五部委下发的《关于加强对抗震救灾资金物资监管的通知》、民政部颁布的《救灾捐赠管理办法》《汶川地震抗震救灾生活类物资分配办法》《抗震救灾资金物资管理使用信息公开办法》等有关规定，结合本地区实际情况制定有关规章制度和实施办法，管好、用好救灾款物，定期公开资金物资的分配和使用情况。各省尤其是四川等受灾省份的市、县、乡镇都要向社会公开救灾资金物资的来源、管理、分配、使用和发放情况，自觉接受社会各界和新闻媒体的监督。各级民政部门安排使用救灾款物，要严格遵循和坚持“专款专用、重点使用”的原则，对上级下拨和社会捐赠的抗震救灾款物，认真进行登记和统计，积极配合审计和纪检监察等部门的监督检查，对检查中发现的问题要及时整改。四川等受灾省份要把这次抗震救灾资金物资作为2008年救灾款物专项执法监察的重要内容，民政部适时派出工作组，对灾区使用救灾资金物资情况进行监督检查。

6月6日、10日，民政部在民政部网站上分别对《汶川地震抗震救灾生活类物资分配办法》《汶川地震抗震救灾资金物资管理使用信息公开办法》进行解读。

6月14日，民政部、财政部、住房城乡建设部联合发出《关于进一步做好汶川地震灾区救灾款物使用管理的通知》，指出在救灾款物的使用管理方面，不同程度存在着资金滞留基层较多、捐赠款物与灾区需求脱节、捐赠款物统计和管理不够规范、救助政策不够细化、临时安置方式不够灵活等问题。为进一步做好汶川地震灾区救灾款物使用管理工作，通知要求，要及时审核拨付各项救灾资金。为了防止资金过多滞留在基层政府及有关部门，提高资金的使用效益，各级财政部门要积极会同有关部门，认真分析资金滞留的原因，有针对性地采取措施，尽快将资金拨付出去。对于准备用于灾后恢复重建的资金，要尽快制定整体规划，提前做好资金测算，对政府应承担的资金作出必要的安排。要切实加强抗震救灾捐赠款物的使用管理。为了提高救灾捐赠款物的使用效益，避免由于捐赠物资适用性不强造成积压浪费、定向捐赠资金过于集中导致重复投入现象发生，各级民政部门要会同有关部门按照国务院办公厅《关于加强汶川地震抗震救灾捐赠款物管理使用的通知》要求，在各级人民政府的统一协调下合理使用管理救灾捐赠款物。一是要建立捐赠款物信息管理系统，民政部门统一负责对捐赠款物的统计报告工作，定期发布接收捐赠款物情况，并核实前期接收捐赠款物情况，做到账目清楚，数据准确，避免重复统计和漏报、错报。二是要及时发布灾区最新需求信息，以利于支援省份根据灾区实际需求提供救灾物资，尽量引导捐赠人采用捐款方式支援灾区恢复重建，避免造成救灾物资浪费。三是对于过于集中在一些部门和项目上的定向捐赠款物，灾区民政部门和社会组织应根据实际情况，在征得捐赠人同意前提下，统筹安排，尽量调剂使用，确保捐赠款物发挥最大效益。四是对于灾区不适用或者过剩的救灾捐赠物资，可以由县级以上民政部门按规定组织变卖，变卖所得资金全部作为救灾捐赠款管理使用。通知要求，进一步加强救灾款物的监督和管理，灾区各级民政、财政、住房城乡建设部门要在当地党委、政府的领导下，加强协作，积极配合，按照科学化、精细化管理的要求，尽快建立健全抗震救灾款物使用管理的规章制度，规范管理。要加强对救灾款物使用管理情况的监督检查，重点查处不认真履行职责、造成救灾款物滞拨滞留、随意分配、优亲厚友、贪污私分、挤占挪用等问题，确保各项救灾款物使用安全、合规、有效。要建立健全信息公开制度，把公开透明贯穿于抗震救灾款物管理使用的全过程，尤其要提高捐赠款物使用管理的透明度。要严格执行纪律，对抗震救灾款物使用管理中存在的违法违规行为，一经查出，从严从重处理。

7月24日，民政部发出《关于印发〈救灾物资回收管理暂行办法〉的通知》，要求灾区县级以上人民政府及有关部门要做好救灾物资的使用管理及回收、清理和登记工作。通知规定，回收的生活类物资移交民政部门储备管理，作为各级救灾物资储备。其中，帐篷和活动板房，回收后要分别作为中央和地方救灾储备。通知明确，作为地方储备的回收物资，其调运和储备费用，由地方财政负担。回收的救援、医疗、通信、供电类等物资移交灾区原采购部门、受援单位或受赠单位，纳入国有资产管理，统筹安排使用。通知还明确，红十字会、慈善会等各级各类社会组织，要参照本办法管理好救灾物资回收利用工作。

8 月 12 日，民政部办公厅印发《关于可以开展汶川地震救灾募捐活动的基金会参与汶川地震灾后恢复重建工作有关问题的通知》，指出国家正在抓紧制定汶川地震灾后恢复重建规划，规划出台后将充分尊重社会需要和公众意愿，首先由社会力量认建有关重建项目，以确保捐赠款物最大限度地发挥功能和效用，届时民政部将协调有关基金会参与灾后重建项目，为此，要求暂缓拨出尚未使用的抗震救灾捐赠款物，待国家规划发布及中央捐赠资金使用协调指导机制建立后，根据恢复重建工作重点和有关文件要求再进行安排使用。

10 月 20 日，民政部、发展改革委、财政部、教育部、卫生部共同印发《关于汶川地震抗震救灾捐赠资金使用有关问题的意见》的通知。通知明确了捐赠资金使用的原则和范围，指出救灾捐赠资金的管理和使用要做到合理、守法、公开、透明，要把尊重捐赠者意愿和政府引导相结合，符合国家灾后恢复重建规划的要求。各级政府及其部门一律不得在捐赠资金中列支管理费用，严格控制采购和运输救灾物资等开支，杜绝浪费现象发生。各有关方面要主动配合审计、监察部门的监督检查。对定向捐赠资金，要按照捐赠人意向优先安排使用。对非定向捐赠资金，要突出使用效果，根据国家灾后恢复重建规划及相关专项规划安排使用，主要用于灾区农村居民住房、中小学校、县乡两级医疗卫生机构、社会福利、文化等公共服务设施及配套设备，以及农村道路和桥梁等重建，安排使用金额不低于非定向捐款总数的 80%。通知对定向捐赠资金的调整和使用作出规定，指出对超过项目重建需要的定向捐款，由受援地县级以上人民政府与捐款管理单位根据国家灾后恢复重建规划共同提出调整意见，商捐赠人同意后统筹安排。对于难以联系到捐赠人的由受援地县级以上人民政府提出调整方案报省级人民政府批准后分配使用，并按资金拨付渠道逐级反馈，由接收捐款部门向社会公告说明。定向捐赠资金的使用要遵循先捐者优先的原则，注重保护捐赠人积极性和发挥资金使用效益。为避免因项目投资规模和建设标准不一出现相互攀比以及捐赠资金过于集中于一些学校、医院等项目现象，通知指出，由教育部、卫生部会同发展改革委等部门按照国家灾后恢复重建规划研究提出统一的学校、医院重建指导标准，超出标准的资金，可按上述办法调整使用，防止资金浪费和豪华建设。通知对捐建项目的冠名问题予以明确，指出本次捐建项目原则上不冠名，可尽量采取立碑等方式留名纪念。对捐赠人单独出资或主要由其出资捐建的重建项目，如捐赠人提出冠名要求，应征得受益人同意，并根据《公益事业捐赠法》《地名管理条例》等有关法律法规规定，报县级以上人民政府批准。其中，涉及境外捐赠人要求项目冠名或留名的，报省级人民政府批准。通知对捐赠资金统计和使用情况反馈作出规定，要求各地区、各有关部门和捐赠接收机构，严格执行民政部、财政部、统计局印发的《汶川地震抗震救灾捐赠款物统计办法》，尽快使用“5·12 汶川特大地震抗震救灾捐赠信息管理系统”，抓紧规范整理各类捐赠资金信息，及时汇总上报统计结果，密切跟踪捐赠资金拨付使用情况。要做好捐赠资金使用情况的反馈，在资金逐级向下拨付的同时，将有关信息逐级向上反馈，并由捐赠接收机构负责向捐赠人反馈捐款使用情况。民政部和中国红十字会总会、中华慈善总会等全国性社会组织以及各省（区、市）要定期（每月不少于一次）向社会公告捐赠资金拨付使用情况。

通知还要求，中央有关部门和单位要及时将捐赠资金接收和使用情况报民政部、财政部，并将现存捐赠资金集中到中央财政汇缴专户。民政部等部门要及时向社会公布中央部门和单位接收捐赠资金的汇缴情况。中央部门和单位接收的捐赠资金，可按照捐赠人的意愿，根据国家灾后恢复重建规划及相关专项规划，商灾区省级人民政府，确定具体的重建项目。民政部、财政部要按照确定的捐赠资金使用方向，及时拨付捐赠资金。关于地方接收捐赠资金的管理使用问题，通知要求，承担国家对口支援任务的省份接收的定向捐赠资金，按照捐赠者意愿落实具体援建地区和项目；接收的非定向捐赠资金，按照上述非定向捐赠资金使用办法，用于对口支援受援县市的恢复重建。受援地区要向支援省份及时、准确反馈捐赠资金使用情况。未安排对口支援任务省份接收的非定向捐赠资金，可按照国家灾后恢复重建规划直接用于受灾省份重建项目，也可以集中到中央财政汇缴专户，统一安排使用。各受灾省份要尽快建立健全捐赠资金使用指导协调机制，进一步加强和规范捐赠资金的管理使用，全面掌握各类捐赠资金的来源和使用方向，实行专账管理，及时妥善处理捐赠资金使用中出现的问题。关于全国性社会组织接收捐赠资金的管理使用问题，通知要求，经批准的全国性社会组织所接收的捐赠资金，原则上可由其根据捐赠者意愿及国家灾后恢复重建规划，在民政部、发展改革委、财政部、教育部、卫生部等部门组成的汶川特大地震抗震救灾捐款使用指导协调小组指导下，自行与灾区政府协商安排使用并报民政部备案。捐赠资金的使用要兼顾地区之间、项目之间投资规模和建设标准基本平衡。

二　捐赠统计与信息公开

6 月 1 日，民政部下发《汶川地震抗震救灾资金物资管理使用信息公开办法》，规定民政部负责对中央各有关部门、地方各级民政部门、红十字会总会、中华慈善总会等具有救灾宗旨的公募基金会、其他经民政部批准开展募捐活动的公募基金会接收的救灾捐赠资金物资的汇总统计，报国务院抗震救灾总指挥部，由国务院抗震救灾总指挥部统一发布。

6 月 9 日，民政部发布公告，明确红十字会、慈善会等具有救灾宗旨的社会团体和经批准可以开展救灾募捐的其他公募基金会，要按照属地管理原则将救灾捐赠款物的接收和分配使用情况报同级民政部门汇总统计。中国红十字会总会、中华慈善总会和经批准可以开展救灾募捐的其他全国性公募基金会，应将捐赠款物的接收和分配使用情况于每日中午 12 时前报民政部。

7 月 14 日，民政部、财政部、统计局共同发出《关于印发〈汶川地震抗震救灾捐赠款物统计办法〉的通知》，进一步明确民政部门为抗震救灾捐赠款物综合统计汇总单位，民政部负责统计汇总中央级单位（中央和国务院各部门、各单位、各人民团体及各类全国性社会组织）和省级民政部门汇总上报的救灾捐赠款物信息。地方各级民政部门负责统计本区域内同级社会接收捐赠机构（党委、政府组成部门、人民团体和民政部门批准的各类社会组织）的捐赠信息和直接下级民政部门汇总的捐赠信息。按照谁接收、谁统计的原则，实行在地化统计管理。同时，通知还明确了统计内容、统计对象、报送渠道、报送时间、填报要求、统计时点和频率，指出抗震救灾捐赠综合统计信息由民政部门管理并对外公布。

7 月 21—22 日，民政部在河南郑州举办汶川地震抗震救灾捐赠款物信息统计研讨班，对各省市救灾捐赠统计人员进行培训，推动《汶川地震抗震救灾捐赠款物统计办法》实施。

7 月 25 日，民政部开发的“5·12 汶川特大地震抗震救灾捐赠信息管理系统”正式投入应用。该系统具有捐赠信息录入、款物支付使用、数据批量导入导出和统计报表自动生成等多种功能，可向捐赠者提供已捐款物去向的查询和捐赠凭证在线申请功能。捐赠者登录中国捐助网（http://www.donation.gov.cn）便可查询了解捐赠款物去向，并在线申请捐赠凭证。民政部要求各单位尽快使用，并指导受灾省份进一步完善和细化救灾物资发放制度和办法，切实加强对救灾物资的接收、分配和使用的管理。

在地震发生后的两个多月内，民政部坚持每日向社会发布灾情和救灾工作情况。通过报刊、电视、网络等载体，及时公布接收捐赠款物的情况。为接受社会各界监督，民政部适时召开新闻发布会，接受记者采访，回答记者提问，回应社会关切。

5 月 19 日上午，民政部有关负责人接受新华社等 10 家媒体记者集体采访，介绍了民政部开展的救灾募捐情况以及接收捐赠的渠道、捐赠款物的使用、监管等方面的工作，回答了记者提出的问题。

5 月 23 日下午，民政部有关负责人接受新华社等 16 家媒体记者集体采访，介绍了救灾帐篷生产下拨运输分发的流程和措施。

5 月 27 日，民政部新闻发言人就定向捐赠和非定向捐赠的区别、捐赠款物的接收、下拨的依据及流程等问题答记者问，并对监察部门参与监督、接受和处理各类社会举报以及审计部门跟踪审计捐赠款物使用等问题，进行详细介绍。

6 月 6 日，民政部举行新闻发布会，救灾司司长王振耀介绍了救灾款物分配和信息公开的情况，并答记者问。

与此同时，民政部还先后多次出席了国新办组织举办的新闻发布会，副部长姜力和救灾司司长王振耀、副司长邹铭、副司长庞陈敏等分别在会上介绍了不同阶段全国救灾捐赠情况和救灾款物分发使用情况。

民政部还及时发布公告，通报接受和拨付救灾捐赠款物的情况。先后于 2008 年 12 月 5 日、2009 年 3 月 9 日、2009 年 5 月 12 日、2010 年 1 月 18 日，发布了第 128 号公告、第 135 号公告、第 140 号公告、第 167 号公告，先后 4 次对不同阶段抗震救灾捐赠款物接收及拨付使用信息予以公开。

第二节　地方民政部门监管

灾区省份和非灾区省份民政部门都根据国家有关方针政策、当地党委政府有关要求和民政部有关通知精神，成立监管组织，制定具体措施，加强对救灾捐赠款物的监管。

四川省各级民政部门建立健全了救灾捐赠款物规章制度，省、市、县、乡各级按照有关制度，加强对捐赠款物的接收、调运、发放等环节的监管。5月18日，四川省民政厅抗震救灾领导小组制定了捐赠物资接收、调运、管理暂行办法，确定捐赠物资接收、调运实行统一领导、分组负责的工作模式。四川省民政厅接收捐赠组、物资分配调运组分别承担捐赠物资的接收管理和分配运送工作，重要物资的分配运送报经四川省抗震救灾指挥部批准后实施。捐赠物资分配由分管厅长签批发货手续。调运坚持单随货行，责任到人。各捐赠接收站点专人接收入库物资，登记造册。各市、县级民政部门每月向四川省民政厅和四川省慈善总会报告分配使用情况，建立救灾款物分配发放使用名册档案。26日，四川省民政厅下发通知，要求接收国际及境外捐赠的款物，也要通过新闻媒体和互联网公示，接受捐赠者和社会的监督检查。对定向捐赠款物，按照捐赠人的捐赠意向，由分管领导审核，主要领导审批后拨付。对非定向捐赠款物，有关部门要根据捐赠款物数量、受灾地区灾情和重点使用方向提出分配方案，逐级报分管省长审批后拨付。拨付到各市州的救灾款物，由市州分配到县级，县级分配到乡镇，乡镇分配到村和受灾群众手中，不越级分发。接受救灾捐赠物资，要有接收捐赠函、捐赠意向、货物清单、提货单。下拨捐赠物资要有物资调拨单、派车单、物资收据等。采购救灾物资要有需求清单、采购清单（发票）、分配清单和收据，账目清楚。6月21日，四川省民政厅下发文件，要求村（居）委会对救灾款物发放要实行"七公开"，即公开款物总额、发放条件、灾后恢复重建规划、享受补助标准、受助名单、定向捐赠名单、资金物资发放审计情况。7月11日，四川省民政厅组成检查组，对受灾群众补助金、救济粮、"三孤"基本生活费、遇难人员抚慰金、过渡安置房等资金物资的分配、发放、使用等环节进行督察。

甘肃省民政厅先后建立健全了救灾物资分配发放管理、抗震救灾资金物资监督管理、抗震救灾捐赠资金接收管理操作规程等20项制度，规范救灾物资接收、调拨、发运、入库等工作流程，并派出督察组，对各个环节进行检查，保证各项制度的落实。对查出的个别违规违纪的问题，立即进行纠正，严肃处理有关干部职工。

陕西省民政厅建立了捐赠款物管理使用责任制，成立捐赠资金组、物资接收组，负责救灾捐赠资金物资的接收管理工作，接收使用情况及时通过媒体向社会公示，增强捐赠工作的透明度。5月25日、7月1日，陕西省民政厅先后两次下发文件，对救灾捐赠款物的使用作出规定，明确捐赠款物的使用范围。同时，陕西省民政厅先后5次派出由救灾、财务、监察3个业务处室组成的工作组到灾区，检查捐赠资金的拨付使用情况。

重庆市民政局下发了《加强"5·12"抗震救灾款物监督工作的意见》，要求民政局抗震救灾工作领导小组所属的捐赠接收组、物资运输组、受灾群众救助组、救灾救济组等工作组健全制度，规范程序，严密组织，建立公示制度，提高救灾捐赠款物管理使用透明度。强化监督，加强对各级贯彻落实救灾款物使用情况的监督检查，对检查中发现的违规违纪问题，要按照中央纪委、监察部下发的《抗震救灾款物管理使用违法违纪行为处分规定》，迅速查办，严肃处理。

其他省份的民政部门也采取有效措施，加强了对救灾捐赠款物的监督管理。

第四章　审计监督

第一节　工作部署与领导机构

一　工作部署

汶川地震抗震救灾工作开始后，审计署党组决定，要迅速开展对救灾款物的审计监督。5 月 14 日，审计署下发《关于做好当前抗震救灾工作的通知》，要求各省（区、市）、新疆生产建设兵团和计划单列市审计厅（局）、署机关各单位、各特派员办事处、各派出审计局，要积极做好救灾款物管理使用情况的审计监督。15 日，审计署下发《2008 年汶川地震救灾资金和物资审计工作方案》，要求四川省、陕西省、甘肃省审计厅，成都、西安、兰州特派员办事处（以下简称特派办），发展计划、贸易、社会保障、卫生药品、地震气象审计局，对财政投入及各类社会团体接受的国内外捐赠的救灾资金和物资的分配、拨付、使用和管理情况组织审计。16 日，审计署党组书记、审计长刘家义召集审计署办公厅、法制司、社保司、财政司、行政事业司，及发展计划、贸易、社会保障、卫生药品、地震气象审计局等单位主要负责人，召开汶川地震救灾资金和物资审计动员会议，全面布置审计工作。

5 月 19 日，审计署发出第一批审计通知书，要求对四川、甘肃、陕西和民政部、财政部、商务部、卫生部、发展改革委、中国红十字会总会、中华慈善总会、气象局等 11 个部门和单位的救灾资金和物资进行审计。29 日，审计署发出第二批审计通知书，要求对外交部、侨办、中央统战部、共青团中央、海峡两岸关系协会、全国总工会、全国妇联、中国宋庆龄基金会、中国扶贫基金会、中国教育发展基金会等 10 个中央级部门和单位投入或接收的汶川地震救灾资金和物资进行审计。20—28 日，江苏、浙江、湖北、湖南、江西、广西、辽宁、内蒙古、天津、新疆、河南、青海、上海、西藏、宁夏、山西、北京、海南、福建、广东、重庆、贵州、安徽、云南、吉林、黑龙江、河北、山东等省（区、市）和新疆生产建设兵团审计厅（局）先后发出审计通知书，对辖区内救灾款物的筹集、拨付、管理和使用情况进行跟踪审计。从20日开始，各审计组陆续进点审计。全国各级地方审计机关迅速调整力量，就地开展救灾款物审计，1.2万余名审计人员陆续投入审计工作，全国性的抗震救灾款物审计工作全面展开。

5月31日，审计署调整工作计划，取消了2008年所有原定的在四川省开展的审计项目及审计署驻成都特派办在外地的审计项目；将原定9月份开展的社会保障资金管理使用情况专项审计调查项目推迟至11月份进行；对有关派出审计局的审计计划作部分调整；从审计署驻昆明、云南特派办紧急抽调30名业务骨干充实到四川重灾区审计组。

二　领导机构

为加强审计机关抗震救灾款物审计工作，5月28日，审计署下发《关于成立抗震救灾款物审计工作领导小组的通知》，成立了由审计长刘家义任组长、副审计长董大胜和余效明为副组长的审计署抗震救灾款物审计工作领导小组，主要职责是审计抗震救灾款物，制定工作原则，提出指导意见，决定重大事项，协调解决抗震救灾款物审计工作中的重要问题。领导小组下设办公室，主要职责为承担领导小组的日常工作，研究提出完成抗震救灾款物审计工作的建议，负责制定并组织实施各项具体工作计划，保证领导小组的议定事项得到落实。社会保障审计司司长王中信兼任办公室主任。至30日，四川、甘肃、陕西三省分别成立了审计署驻成都、西安、兰州特派办和四川、陕西、甘肃审计厅主要负责人共同领导的抗震救灾款物审计领导小组，其他各省（区、市）、新疆生产建设兵团都分别成立了由审计厅（局）主要负责人领导的抗震救灾款物审计工作领导小组。

第二节　工作制度

全国性的抗震救灾款物审计工作全面开始后，审计署建立了一系列工作制度。

审计情况定期报送制度。5月20日，审计署会同中央纪委、监察部、民政部、财政部共同下发《关于加强对抗震救灾资金物资监管的通知》，要求有关省级审计机关要定期向审计署报告救灾款物审计情况。23日，审计署下发《关于进一步加强四川汶川地震抗震救灾资金和物资审计工作的紧急通知》，要求各省（区、市）、新疆生产建设兵团审计厅（局），成都、西安、兰州特派办定期上报阶段性审计情况，建立定期报送审计情况的工作制度。

审计情况定期公告制度。5月20日审计署会同中央纪委、监察部、民政部、财政部共同下发的《关于加强对抗震救灾资金物资监管的通知》，要求审计署定期向社会公布阶段性审计情况。

救灾工作全面结束后，审计署向社会公告救灾款物管理使用的最终审计结果。审计署随后建立了定期公告阶段性审计情况、随时公告审计发现的重大问题、审计结束后全面公告审计结果的审计公告制度。

群众举报核查制度。审计工作开始后，审计署向社会公布救灾款物审计举报电话和网址，随后又增加了4条免费举报电话专线，并安排专人24小时接听，专人记录。对举报情况，形成了每日专人整理、每日上报群众举报情况、根据领导批示进行核查的群众举报核查制度。

严明纪律约束制度。5月29日，审计署制定下发了《关于严格四川汶川地震抗震救灾资金和物资审计纪律的若干规定》，要求各审计组必须严格执行审计署《关于加强审计纪律的规定》和各项廉政纪律，不得以任何方式与被审计单位发生任何形式的经济利益联系；必须落实参加审计单位一把手责任制，不得推卸责任，玩忽职守；必须服从统一安排和调遣，不得以任何理由拖延和拒绝执行任务；必须处理好审计与救灾工作的关系，不得因抗震救灾而延缓、放松审计或影响抗震救灾工作的正常进行；必须依法认真处理群众举报，不得敷衍塞责、推诿扯皮；必须确保审计质量和效率，对重大问题要一查到底，查深查透，不得因遇到困难和阻力而回避、退缩和放弃；必须及时、如实报告审计情况，不得拖延、隐匿和瞒报；必须坚持实事求是，定期、统一公告审计结果制度，不得擅自传播不准确的审计信息。

第三节　审计

一　审计范围

此次审计的范围不仅包括19个中央政府部门及有关单位，而且包括地方政府有关部门及事业单位，还包括各级红十字会、慈善会及有关社会捐赠的各类社团组织及团体机构；不仅包括四川、甘肃、陕西3个重灾区省份，而且包括重庆、云南等轻灾区省份，还包括北京、江苏等20余个非灾区省份；不仅涵盖各级政府投入的财政资金，而且涵盖国内外社会捐赠资金，还涵盖党员自愿交纳的“特殊党费”。截至9月底，全国各级审计机关共对19个中央部门和单位、31个省（区、市）和新疆生产建设兵团的1289个省级部门和单位、5384个地级部门和单位、24618个县级部门和单位进行了审计，延伸审计了四川、甘肃、陕西、重庆、云南5个省（市）的3845个乡（镇）、9526个村，并到76709户受灾群众家里进行了调查。

二　审计重点

各审计机关结合当地抗震救灾工作实际情况，根据灾区和非灾区的不同特点，分别确定各地救灾款物审计工作重点，并根据抢险救灾和受灾群众安置阶段的不同特点适时对审计重点进行调整。

在抢险救灾阶段，中央部门单位、非灾区和云南、重庆两个轻灾区的审计机关在救灾款物审计中，重点关注社会捐赠款物的筹集情况，重点揭示规章制度不健全、收拨渠道混乱、统计口径不统一等方面存在的问题，重点查处滞留、挪用救灾款物的违规违纪问题。重灾区审计机关在救灾款物审计中除关注上述问题外，还重点把握救灾资金和物资的总体情况，掌握救灾款物的分配使用去向，揭示救灾款物在分配、管理和使用中存在的违规违纪问题，发现救灾款物管理使用的政策和制度方面的问题，促进政策制度的完善，加强管理。

在受灾群众安置阶段，对非灾区和轻灾区审计工作重点关注：一是国务院及有关部门已出台的社会捐赠款物的筹集和管理使用规定的落实情况和存在问题；二是社会捐赠资金的分配、结存和汇缴情况，理清结存在各级、各单位的社会捐赠资金规模，查处私分、隐匿捐赠资金等问题，同时关注社会捐赠物资库存积滞问题；三是使用救灾资金采购救灾物资情况，查处违规、高价采购等问题；四是对口支援资金的来源结构和安排情况，关注过渡安置房建设等对口援助项目运作中存在的问题。对中央部门单位审计工作重点关注：一是国务院及有关部门已出台的救灾款物筹集和管理使用规定的落实情况；二是前一阶段审计公告或反映的有关问题的整改落实情况；三是救灾款物的分配下拨情况，重点关注流向重灾区的数量、部门、用途；四是大宗救灾物资采购情况及救灾物资积滞问题。对重灾区审计工作重点关注：一是对照国务院及有关部门已出台的抗震救灾款物管理使用的规范性文件，检查贯彻执行情况和存在问题；二是前一阶段审计公告或审计组反映问题的整改落实情况；三是受灾群众临时安置政策、临时救助补贴发放、过渡安置房建设情况和存在的问题；四是围绕救灾款物使用效益，关注库存物资积滞和不易长期保存物资情况及其处置处理效果，大宗物资采购情况，救灾款物沉淀在县、市、省和有关部门的情况，群众举报线索核实等情况，以及在这些方面发现的损失浪费、以权谋私、违法违纪等问题。

三　审计方式

本次审计，将审计定位为抗震救灾工作的组成部分。为确保救灾款物不出或少出问题，防止发生大问题，这次审计改变事后监督、结果评价的常规模式，采取提前介入的全过程跟踪审计模式。具体方法是：审计关口前移，提前介入。于救灾款物的筹集、管理、分配、使用之初，提前介入于有关规章制度的建立完善过程之中，深入到救灾款物运行的各个环节，对救灾款物接受、登记、分配、调拨、运送、发放、管理、使用实行全过程、同步骤的“嵌入式”跟踪审计，既监督又服务，寓监督于服务之中，发现苗头及时预警，发现问题及时纠正，做到边审计、边整改、边规范、边提高。为了使新的审计模式更加适应抗震救灾工作大局，各级审计机关从实际工作需要出发，突破常规，特事特办，将审计程序、规范、依据与抗震救灾实际相结合，简化了部分审计程序及内部控制程序。

四　审计组织

在审计署统一指挥下，署机关部分业务司及派出局采取统一方案、分别编组、同步实施、定期报告的方式，分别对财政部、民政部、中国红十字会总会、中华慈善总会等19个中央部门和单位实施跟踪审计；对四川、甘肃、陕西3个重灾区则采取特派办和地方审计机关统一方案、统一编组、统一实施、统一报告的联合审计模式，即在审计署统一制定的工作方案的指导下，由审计署特派办和地方审计机关共同派员组成审计组，共同实施审计，审计结果由特派办和地方审计机关共同形成审计报告上报；其他省（区、市）、新疆生产建设兵团各级地方审计机关，按照审计署统一要求就地同步开展审计；对重大事项和群众举报，审计署派出业务骨干直接前往灾区进行核查。

第四节　审计督导

为加强审计工作，刘家义于5月21日前往四川，实地查看地震灾情，看望和慰问坚守在抗震救灾审计一线的审计人员，现场检查指导审计工作，并召集审计署成都特派办、四川省审计厅负责人研究、部署抗震救灾审计工作。刘家义要求各级审计机关要高度重视抗震救灾审计工作，明确目标，抓住重点，全程跟踪审计，保证救灾款物合理、合法、有效地使用。

6月5—6日，刘家义先后到陕西省的宝鸡市陈仓区、汉中市宁强县广坪镇以及略阳县徐家坪镇、县城受灾群众集中安置点、救灾物资仓库及发放点、县审计局的临时办公地点及乡镇审计点，现场检查指导审计工作，看望审计人员。5日晚，刘家义在汉中市召开会议指出，这次审计最根本的目标，就是督促保证救灾款物不出问题、少出问题、至少不出大问题，促进救灾款物规范管理、及时拨付、合理有效使用；对审计发现的带有普遍性的问题，要认真研究，提出加强管理的意见和建议。他强调，各级审计机关要严格执行审计署关于抗震救灾资金物资审计工作的有关纪律，给人民交上一份满意的答卷。

6月6—9日，刘家义赴甘肃省的陇南、天水等地震灾区，检查当地救灾资金物资的接收、发放、管理、监督等流程。他指出，援助地震灾区的国内外救灾资金物资的发放、管理和使用，备受全社会关注。救灾资金物资的审计是一次全覆盖、跟踪式的非常规审计，审计工作要从救灾资金物资的来源抓起，最后跟踪到救灾资金物资发放的最末端。审计结果要公开透明，定期向全社会公示，一旦发现有贪污、挪用、私分、克扣等问题，要坚决一查到底，查个水落石出，严肃处理。他强调，审计人员要清正廉洁，严格要求自己，审计工作中一定要做到“只为民、不扰民”，要严格遵守有关工作纪律。

6月15日，刘家义陪同贺国强前往四川检查指导抗震救灾资金和物资监管工作。审计署成都特派办特派员李勇库代表四川汶川地震救灾资金和物资联合审计组汇报了审计工作情况，贺国强、刘家义对抗震救灾审计工作给予肯定。

审计署党组副书记、副审计长令狐安及副审计长余效明等审计署领导也先后到四川、甘肃、陕西等地震灾区，检查指导抗震救灾审计工作，慰问审计干部。

审计署自 6 月 1 日起，还先后派出由社会保障司司长王中信，副司长秦萌、丁时勇及副司级审计员曾黎带队的审计督导组，分别赶赴四川、陕西、甘肃三省审计一线，就地督导审计工作。

第五节　审计报告

审计期间，19 个中央部门和单位审计组，非灾省（区、市）27 个审计厅（局），云南、重庆两个轻灾省（市）审计厅（局），四川、陕西、甘肃 3 个重灾省审计厅，先后于 5 月 31 日、6 月 10 日、6 月 15 日、7 月 23 日、10 月 5 日向审计署上报阶段性审计情况。审计署及时将审计情况向国务院报告。

截至 9 月底，全国抗震救灾资金和物资折价共计 1518.26 亿元，其中财政性资金 887.86 亿元、捐赠款物折合 630.4 亿元；支出共计 727.31 亿元，其中财政性资金 544.34 亿元、捐赠款物 182.97 亿元；转入灾后恢复重建 790.95 亿元，其中财政性资金 343.52 亿元、捐赠款物 447.43 亿元；中央资金 57.8 亿元，省级资金 358.69 亿元，市、县级资金 374.46 亿元。另外，全国共有 4557.89 万名党员交纳“特殊党费”97.3 亿元。

审计情况表明，在中共中央、国务院的坚强领导下，各级党委、政府反应迅速，措施有力，工作透明，及时调集各种有效资源，保证了抗震救灾工作的顺利开展；民政、财政等部门努力筹措救灾款物，加强组织调配，及时出台有关政策和制度，规范了救灾款物的管理、分配和使用；纪检、监察、审计等部门及时介入，加强监管，促进了救灾款物的安全有效和各项救灾政策的落实。审计中没有发现重大违法违规问题。抗震救灾款物的筹集、管理和使用基本做到了严格管理、严格制度、严格法纪、严格监督和规范有序、公平公正、公开透明，救灾款物的及时拨付和有效使用保障了灾区急需和受灾群众的基本生活，广大人民群众比较满意，达到了中共中央、国务院提出的给人民群众交一本明白账、放心账的要求。但审计中也发现在救灾机制、制度等方面还存在一些需要引以重视和研究解决的问题。

存在的主要问题　一是应急机制不健全，应急预案缺乏操作性。各级政府部门普遍制定了应对突发事件的应急预案，在抢险救灾、受灾群众救助安置等方面发挥了重要作用，但还存在两个突出问题：其一是应急管理中缺少救灾款物监督检查的规定。国家应急救灾预案中没有对救灾款物监督检查工作的具体规定，抗震救灾组织机构中也没有包含监察、审计等监督部门。其二是应急预案的部分措施不够具体，操作性不强，责任未细化。如在应急预案中规定了相关部门负责救灾物资的组织供应，但对应急状态下救灾物资的筹集、分配、运输、接收、仓储等各个环节的工作程序和要求没有具体规定，造成抗震救灾初期救灾物资从分配到接收等各个环节上出现手续不齐、计量单位标准不统一、折价不规范等问题；又如财政应急保障预案只对资金快速拨付、保障抢险救灾提出了明确要求，但没有对资金下拨后的管理使用作出明确规定，使得一些基层财政部门对救灾款项结算不及时；一些管理救灾款物的部门怕承担“滞留”责任，将救灾款物急切层层下拨，造成大量救灾款物沉淀于基层，形成闲置和保管压力。

二是有的救助政策规定过于原则，影响执行效果。汶川地震发生后，国家临时出台了生活救助、遇难者家属抚慰金、住房过渡性补贴、生活困难人员后续救助等一系列救助安置政策，保障了受灾群众的基本生活，但这些政策及其执行中存在一些问题：其一是有的政策规定过于原则，执行中各地理解和掌握不一，造成地区之间、单位之间实际救助标准出现较大差异，引发相互攀比和发放不公，群众产生不满情绪。其二是安置政策“一刀切”，不适应城乡的不同需求，如能够满足城镇受灾群众安置需要的活动板房集中过渡安置办法，在一些山区农村使用，就不适应那里的地理条件和生活方式要求，造成建造成本高、集中管理难度大和大量占用耕地等问题。其三是有的地方出现将几项政策“捆绑”“打折”和设置附加条件来执行，以及“搭车”收费、平均发放等问题，导致一些政策不能及时、完全落实。四是地震灾害救助政策与其他灾害救助政策之间衔接不够，造成同等灾情损失下的地震灾害救助标准高于其他灾害造成的救助标准。

三是救灾款物管理法规不完善，不利于规范管理。抗震救灾款物管理中出现的新情况和新问题，反映出现行救灾款物管理法规的一些欠缺之处：其一是关于社会捐赠款物使用和管理的规定，在相关法律和部门规章中都不够明确，而且相关法律和部门规章之间的某些规定不尽相同。如《中华人民共和国公益事业捐赠法》和财政部《关于加强政府非税收入管理的通知》都规定，定向捐赠要按照捐赠人意愿安排使用，但对定向捐赠都没有作明确界定；捐赠法和通知中对政府部门接受的非定向社会捐赠的管理使用规定不一致，捐赠法规定政府部门可以将接受的非定向社会捐赠转交给公益性社会团体或者公益性非营利的事业单位，用于公益事业，而通知中则要求政府部门要将接收的非定向货币捐赠纳入政府非税收入及时足额上缴国库或财政专户。以上不明确和不一致的问题，在一定程度上导致一些单位和部门将非定向捐赠资金转为定向捐赠资金，以便自行管理和使用，形成了捐赠资金分散管理、多头使用、难以统筹的状况。其二是缺乏救灾款物管理使用的通用性法规。近十多年来，洪涝灾害、低温雨雪冰冻、地震等重大自然灾害后，国家相关部门以通知、意见、办法等形式临时出台了一些救灾款物管理的规范性文件，但这些规范性文件因事而立，一事一立，而且存在很多不尽完善的问题，如《财政部关于加强汶川地震救灾采购管理的紧急通知》中对紧急采购范围、采购价格等未做具体规定或规定过于笼统，一定程度上导致四川、陕西等地均出现了采购不急需物资及高价采购等现象；《关于加强汶川地震抗震救灾捐赠款物管理使用的通知》中要求公募基金会尽可能少提或不提取管理费用，但对提取管理费用的比例未做规定，特别是对不提取管理费的基金会所发生的救灾物资运费等必要费用如何列支也未明确，造成了各单位所发生的大量费用挂账等现象。

四是信息沟通机制不完善，影响国家决策，造成损失浪费。在抗震救灾过程中，由于地区与地区之间、部门与部门之间及相互之间缺乏信息沟通机制，协调沟通不够，造成灾区上报的伤亡、“三无”人员数和经济损失额，以及地方、部门、单位上报的接收社会捐赠款物等一些基础性数据不够准确，据此安排和拨付给灾区的救灾款物在一定程度上与灾区的实际需要不符，在一些地方出现了粮食、药品、帐篷等救灾物资的结构性过剩。对活动板房的需求量预计过高，导致部分地区已建成的活动板房也有过剩，同时带来土地、原材料和生产设备的闲置和浪费。

审计公告　审计署先后于6月12日、6月24日、8月4日、12月31日对审计情况进行了4次公告。

6月12日，审计署发布《关于汶川地震抗震救灾资金物资审计情况公告（第1号）》，公告了河南省安阳县工商业联合会主要负责人擅自将27.11万元捐赠资金用于购买救灾物资，其中涉嫌以权谋私；中国工商银行绵阳涪城支行用“抗震救灾特别费”为本行职工购买名牌运动鞋；在一些地方发生涉嫌利用手机短信骗取赈灾募捐款的问题等3起违法违规事件。

6月24日，审计署发布《关于汶川地震抗震救灾资金物资审计情况公告（第2号）》，公告了截至6月12日的救灾款物审计情况。一是中央及地方财政安排救灾款物和社会捐赠救灾款物的总体情况；二是审计发现的有些地方在抗震救灾初期对捐赠款物的管理等工作不够规范、少数捐赠物资存在质量问题、个别部门接受的非定向捐赠资金未纳入专户管理等问题及其相关部门整改情况。

8月4日，审计署发布《关于汶川地震抗震救灾资金物资审计情况公告（第3号）》，公告了6月13日至7月18日对救灾款物审计情况。一是救灾款物筹集、使用和结存的基本情况和“特殊党费”基本情况；二是社会捐赠款物结存于多级和多个部门、单位以及个别地区抗震救灾物资存在积压或不适用的情况、少数地方和个别单位在发放补助时存在搭车收费和自行提高标准的现象、个别地区活动板房建设与灾区实际要求衔接不够等问题；三是有关地方人民政府和部门、单位采纳审计建议并积极整改的情况。

12月31日，审计署发布《关于汶川地震抗震救灾资金物资审计情况公告（第4号）》，公告了自5月14日至11月底的总体审计情况。一是救灾款物筹集、使用和结存的基本情况和“特殊党费”基本情况；二是8月4日前审计情况公告中反映救灾款物管理使用问题的整改情况；三是8月4日至10月底，审计发现的个别地区灾情上报不准确、少数地区救灾资金拨付使用不及时、部分单位接受物资未入账核算、部分采购物资价格偏高等问题以及整改情况。

黑龙江、宁夏、浙江、江苏、福建、广东和云南等地也陆续公告了当地审计中发现的问题。

江苏省审计厅、苏州、无锡、连云港、常州、淮安、镇江、徐州、盐城、南通、泰州、宿迁等地审计机关先后向社会进行了73次公告；重庆市审计局11月10日将审计结果向社会进行了公告；厦门市审计局分别于6月5日、7月2日、8月2日将审计结果向社会进行了公告；海南省审计厅于7月10日将审计结果向社会进行了公告。

在跟踪审计救灾款物过程中，各级审计机关从消除问题隐患、避免损失浪费的角度出发，将发现的倾向性、苗头性问题或其他地区和单位已经暴露的问题，及时向被审计部门和单位提出预警，防患于未然。这次审计，审计署和各级地方审计机关共向各级政府和相关职能单位提出了3640多条审计建议，各级政府采纳整改2940多条，根据审计建议出台规定或完善制度560多项。审计期间，审计机关共移送纪检、监察和司法机关案件146起，涉案人员162人。

审计署通过典型案例披露、重要问题公告、违法违规问题查处等措施，发挥了警示和威慑作用。调查发现，5月15日，河南省安阳县工商业联合会、安阳县红十字会接收到河南利源焦化公司等3家企业的捐赠资金共60万元，安阳县工商联负责人未经其领导班子集体研究，擅自将这批资金中的27.11万元用于购买物资。其中，17.95万元由该负责人经办，购买服装、火腿肠、矿泉水、方便面和棉被，购买的4.15万元服装全部是在其弟为法人代表的安阳市北关区罗蒙服饰专卖店（该店营业执照已于7月被该区工商分局注销）经销，部分衣物是他人定做的服装和旧服装。该店所出具的销售发票为假发票；从另一家商店购买的9.5万元火腿肠，所出具的销售发票也是假发票。上述物资，按照河南省红十字会和四川省红十字会商定的发往地点，已于5月16日直接发往广元市红十字会。审计调查清楚后，安阳县工商业联合会主要负责人被依法免除职务，引起社会公众强烈反响，一天之内网民评论达到上万条，促进各级普遍加强了监督检查，有效阻止了类似问题的发生。强有力的审计监督检查力度，震慑了不法分子，有力地规范了救灾款物的管理和使用，保障了救灾款物的安全。

第五章　海关监管

第一节　进口货物监管

汶川特大地震发生后，成都海关业务现场坚持正常开展工作。至5月13日17时，成都海关共审核验放进出口货物53批、货值282万美元，监管验放飞机12架次，验放进出境人员1000余人次，验放快件158件。

5月12日20时30分，赴汶川采访的香港有线电视台一行8人乘港渝班机到达重庆机场，一位记者对携带的卫星通信采访设备无法出具相关的许可证明。重庆海关立即请示海关总署，经海关总署与港澳办联系，港澳办保证为该设备退运出境以及该名香港记者补办相关手续，重庆海关对该卫星通信设备予以放行。

5月13日，北京首都机场海关快速办理了首批进口救灾物资的通关手续。该批物资系国务院要求中国交通通信中心为部署四川汶川地震救灾工作而紧急进口的总价值27.5万欧元的100台海事卫星电话。

5月21日，国家口岸管理办公室快速协调有关部门办理外国援助物资的放行手续。巴基斯坦政府向中国运送救灾物资（帐篷）的两架军用飞机（C—130）飞抵兰州中川机场，海关到现场为其办理入关手续。同日，国家口岸管理办公室协调临时开放四川省广汉民航学院机场，使香港特区政府特别服务队运送救灾物资的两架飞机直接飞抵，海关派专人前往飞机降落地办理了监管手续。6月24日，日本海上自卫队“涟”号导弹驱逐舰载运毛毯、食物、罐头、医疗绷带等救灾物资到达湛江，海关总署指示湛江海关快速验放。随着运送救灾物资出入境飞机的增多，国家口岸管理办公室同意7月15日前运送援助灾区物资的飞机可在兰州航空口岸入出境。

为支持受灾企业的灾后重建，海关对确因地震造成资料不齐、不能及时办理注册或换证的企业，先予办理注册或换证手续，确保企业能及时办理进出口业务。5 月 26 日，成都海关与东汽签订第一份灾后生产自救担保验放责任书，对该企业因震灾无力支付在口岸滞留货物的关税和增值税实行担保验放，支持企业组织生产自救，保证企业生产能顺利开展。

截至 8 月 26 日，全国海关快速验放进境救灾物资 1097 批，快速验放来自 61 个国家和中国香港、澳门、台湾地区的援助救灾物资及境外搜救人员、医疗人员 824 批。这 61 个国家是：俄罗斯、日本、韩国、巴基斯坦、美国、新加坡、菲律宾、西班牙、英国、荷兰、意大利、沙特阿拉伯、法国、印度、丹麦、捷克、瑞士、澳大利亚、约旦、伊朗、马来西亚、比利时、卢森堡、奥地利、乌克兰、德国、土库曼斯坦、乌兹别克斯坦、以色列、芬兰、泰国、加拿大、越南、印度尼西亚、古巴、塔吉克斯坦、吉尔吉斯斯坦、斯里兰卡、阿拉伯联合酋长国、斯洛伐克、哈萨克斯坦、挪威、叙利亚、克罗地亚、白俄罗斯、墨西哥、新西兰、埃及、罗马尼亚、土耳其、匈牙利、葡萄牙、波兰、瑞典、阿曼、突尼斯、哥斯达黎加、马耳他、卡塔尔、老挝、黑山。快速验放进口的救灾物资，主要有海事卫星电话、一次性注射器、直升机零件、机动医疗车、发电机组、呼吸机、血液透析机、水质分析仪、通信设备、破碎机、挖掘机、千斤顶、车载电台、毛毯、帐篷、食品、睡袋、喷雾消毒器、天然气压缩机组、急救呼吸机、手持式切割机、病员监护仪、被子、玩具、口罩、成品柴油、药品、担架、卫生杀虫剂等生活和救援物品。8 月 26 日后，随着抗震救灾形势的整体推进，抗震救灾工作由应急阶段转为恢复重建阶段，进口救灾物资通关验放工作亦相应由应急处置转变为常态化工作。

地震发生后，中信海洋直升机股份有限公司根据中共中央、国务院的紧急会议精神和民航局《关于征用直升机参加抗震救灾行动的紧急通知》要求，调集该公司的部分直升机赴四川灾区执行抗震救灾任务。由于灾区地形复杂和天气恶劣等原因，致使其中免税进口的一架 AS332L1 超美洲豹直升机（民航注册号：B—7960）在执行任务中损毁。考虑到此直升机是由国家征用执行抗震救灾任务并经海关同意，且已经有关保险公司鉴定为全损等情况，2009 年 4 月 9 日，海关总署同意对该架损毁的直升机办理解除监管手续并免予补缴税款。

第二节　保税货物监管

5 月 15 日，海关总署规定对于出口加工区企业捐赠用于抗震救灾的加工贸易货物，可由企业向主管海关提出申请，主管海关简化手续，先登记放行，事后凭民政部救灾司、全国妇联办公厅、中国红十字会总会、中华慈善总会或各省（区、市）民政厅出具的证明函及救灾捐赠物资清单按规定补办相关入关手续。

5 月 15 日，厦门海关为厦门进雄企业有限公司紧急验放他们捐赠的价值 63.87 万元的帐篷、睡袋等加工贸易制成品 2182 件。16 日，青岛辖区加工贸易企业向灾区捐赠了价值 25 万元的帐篷

4200顶、粉丝汤料货物4500箱，青岛海关为其快速办理了放行手续。同日，江门两家加工贸易企业捐赠了价值约74337美元的用于抗震救灾的加工贸易制成品，包括新会发达运动器材厂申请向四川灾区捐赠的价值64337美元加工贸易保税成品橡胶垫1万张，台山信昌塑料制品有限公司申请向四川灾区捐赠价值1万美元的4000顶帐篷顶布，江门海关特事特办，快速检验放行。同日，拱北中山市元菱成衣有限公司捐赠价值120915美元的57264件加工贸易服装，拱北海关为其提供通关便利，快速放行。19日，厦门海关上门验放出口加工区企业为地震灾区捐赠价值45万元的救灾毛毯4220条。

第三节　许可证监管

根据《关于救灾捐赠物资免征进口税收的暂行办法》（财政部、国务院关税税则委员会、税务总局、海关总署财税字〔1998〕98号发布）的规定，有关部门和单位接受的捐赠物资，按国家规定属配额、特定登记和进口许可证管理的商品，应向有关部门申请配额、登记证明和进口许可证，海关凭证验放。5月12日，海关总署发布通知，要求全国海关对进境的救灾物资，可凭民政部、地震局及省级有关部门出具的证明先予登记放行，后补办手续。14日，经与外交部、民政部等有关部门协商，海关总署进一步明确了进口直接用于救灾的捐赠物资等可由进口地海关先凭民政部等部门或各省（区、市）民政厅出具的有关证明函及救灾捐赠物资清单特事特办，先登记放行，后补办相关海关手续。

6月25日，海关总署抗震救灾指挥部下发《关于做好抗震救灾物资进口有关工作的通知》。通知规定，对单证齐全的捐赠物资，海关优先办理，快速验放；对暂时无法提供有关单证的直接用于救灾捐赠的进口物资和加工贸易货物，可先凭民政部救灾司、妇联办公厅、中国红十字会总会、中华慈善总会或各省（区、市）民政厅（局）出具的证明函并附救灾捐赠物资清单，简化通关手续，登记放行，事后由接收单位按规定补办相关手续。进境的救灾捐赠物资属许可证件管理的，海关原则上应凭有效许可证件办理验放手续。紧急情况下经请示总署可先登记放行，后由接收单位按规定补办相关手续并提交相应的许可证件；进境物资涉及货物通关单的，由出入境检验检疫机构出具货物通关单，海关凭货物通关单办理验放手续；进境物资涉及药品通关单的，由口岸药品监督管理局出具进口药品通关单，海关凭进口药品通关单办理验放手续。无法及时出具进口药品通关单的，由口岸药监部门出具相关证明后办理海关手续，进口药品通关单后补。对应急通信设备、医疗器械、工程抢险设备、消防器材和防疫设备等救灾工作急需的新机电产品，海关先登记放行，后补办有关手续。对进口的用于抗震救灾的海事卫星电话，进境地海关先登记放行，后由接收单位按规定补办相关手续并提交相应的自动进口许可证。从海关特殊监管区域进口的救灾捐赠物资，比照进境捐赠物资管理规定执行。

6月25日，海关总署就涉及进口抗震救灾物资减免税和许可证件问题向国务院请示，反映在特定时期，如果严格根据现行法律法规以及《暂行办法》的规定，许多进口的捐赠物资将无法享受税收减免的待遇；而且由于进口救灾物资需提交许可证件和通关证明文件才能通关，势必造成大量进口救灾物资滞留口岸，无法及时运往灾区，建议放宽对抗震救灾捐赠进口物资的税收优惠范围；临时放宽进口抗震救灾物资的许可证件。同时，考虑抗震救灾工作的重点将转入灾后重建阶段，进口救灾物资的紧急程度逐渐降低，由海关视情况确定一个时间，恢复按照现行有关规定办理货物验放手续。

第四节　禁止进口货物监管

6 月 24 日，海关总署就如何处理捐赠货物为禁止进口货物等问题向国务院请示。25 日，海关总署抗震救灾指挥部下发《关于做好抗震救灾物资进口有关工作的通知》。通知规定，其他机电产品，包括旧机电产品进口时，海关按照相关规定办理。海关在为捐赠物资提供通关便利的同时，要注意审核捐赠物资中是否包含禁止进口货物；如发现有以捐赠物资名义申报进口禁止货物的，应及时做好解释工作并办理货物退运手续。

8 月 28 日，经国务院批准，海关总署对外发布关于抗震救灾进口物资税收政策及相关问题的公告，明确规定对在 5 月 12 日至 8 月 12 日期间，进口直接用于抗震救灾的各类物资（包括食品、药品、医疗器械等）、加工贸易企业捐赠的直接用于抗震救灾的加工贸易货物所用的进口原材料、零部件，以及随境外救援队、医疗队或包机进境的旧机电产品、旧汽车、旧医疗器械等，需要提交相关许可证件、通关证明文件或加工贸易内销批准证的，经海关核实确实用于抗震救灾后，准予免予提交有关证件，由海关直接作核销结案处理。

为加强对进口捐赠救灾物资的管理，自 8 月 13 日起，海关全面恢复执行《关于救灾捐赠物资免征进口税收的暂行办法》的相关规定。

第五节　指定口岸监管

按照当时国家有关规定，汽车、药品等只能从指定的口岸进境。由于抗震救灾任务紧急，经国务院批准，对在 5 月 12 日至 8 月 12 日期间进口直接用于抗震救灾的汽车、药品等物资，由非指定口岸进口的，准予在进口口岸办理入关手续。从 8 月 13 日起，全面恢复执行《关于救灾捐赠物资免征进口税收的暂行办法》的相关规定，同时恢复执行现行的各项进口政策法规。

第六节　进出境人员监管

5 月 14 日，赴四川省九寨沟旅游的香港旅客到达西安咸阳机场乘机返港，西安海关积极协助地方有关部门疏导旅客，保持良好通关秩序。受地震影响，部分境外记者多选择由重庆机场入境，重庆海关按照有关规定，积极协助。至 14 日，重庆海关通过设立专用通道为 40 多名赴灾区采访的境外记者提供便利通关服务。15 日凌晨 4 时，成都机场海关快速验放搭乘 CA428 航班入境的首批救援队伍，该批救援队伍由香港特区政府组织，由保安局、消防处和卫生署 21 位专业人士组成。同日，北京首都机场海关快速验放赴四川协助救灾的日本首批国际救援队 31 人，该救援队携带价值 100 余万元、重 1208 公斤的搜救设备器材和救援物资。16 日，在地震中获救的 636 名台胞从重庆乘坐直航包机直接返台，重庆海关实行连续不间断开闸验关的方式，为台胞提供登机便利。17 日，北京海关为荷兰民间人士及所携搜救犬入境、为英国外交部应急处置小组人员入境提供通关便利。

6 月 25 日，海关总署抗震救灾指挥部发布《关于做好抗震救灾物资进口有关工作的通知》，规定对进出境的救援队、医疗队以及携带的搜救、医疗设备提供通关便利，加速验放。对个人携带或邮寄进境的海事卫星电话，除按照规定要求外，还须验凭国家无线电管理机构核发的无线电频率使用许可证登记放行。对进境人员以个人名义救灾携带的搜救、医疗设备，应由省级接待或接收单位出具证明并附清单后登记放行；对进境人员以个人名义救灾携带的少量药品，由地市级以上接待单位出具证明后登记放行，不再验核进口药品通关单。同时，海关对无线电通信器材、卫星接收转播设备等重点管理品种，坚持做到 100% 核对，对境外媒体运进的无线电通信器材、卫星接收转播设备等，认真做好进境登记和出境核销等工作。

第七节　查缉走私

全国海关在严格按照有关通知要求努力做好救灾捐赠物资进口工作的同时，采取措施防止违禁物品入境，防止不法企业假借捐赠名义进行走私等违法行为。强化监管，严防不符合相关标准的物资进境。5 月 13—15 日，深圳海关在罗湖口岸查获一批大肆渲染地震灾情、歪曲救援报道的境外非法报刊 95 公斤。6 月 3 日，成都海关查获一批不符合相关标准的境外捐赠药品和医疗用品。13 日，大连海关在丹东口岸查获来自日本的关于“汶川大地震”题材非法出版物 120 份。15—16 日，上海海关在从台湾进境的邮件中连续查获涉及汶川地震的非法出版物 800 余份。16 日，北京海关从邮递渠道查获从韩国进境的借汶川地震攻击我国政府的非法出版物 80 份。20 日，北京海关从进境印刷品监管现场查获非法组织利用汶川地震攻击我国政府的反动光盘640张。这些进口非法出版物的收件人地址主要为四川、重庆、甘肃等地灾区。23日，隶属大连海关的丹东海关在邮递渠道查获来自日本的关于汶川大地震、“藏独”题材非法出版物162份。25日，大连海关在邮递、空港旅检渠道和丹东公路口岸分别查获来自日本、香港地区的有关汶川地震题材的非法出版物105份。

第八节　后续监管

对于境外捐赠物资的管理，海关对暂时进境的无线电通信器材、卫星接收转播设备等重点管理品种，坚持做到100%核对，对境外媒体运进的无线电通信器材、卫星接收转播设备等，认真做好进境登记和出境核销等工作。

实行减免关税的货物，只能用于特定地区、特定企业或者特定用途，未经海关核准并补缴关税，不得移作他用。抗震救灾期间，境外捐赠物资进境时采取登记放行的特殊通关方式，抗震救灾工作结束后，海关总署对登记放行的救灾物资进行专项清理，并纳入H2000系统进行管理。一是由接收方按照本部门抗震救灾物资接收清单向海关办理进口申报手续，提交减免税申请；海关以接收方提供的接收清单为依据接受申报并办理减免税审批。二是对于有品名、数量、价格的救灾物资，海关按接收清单接受申报；对于仅有品名、数量而没有价格的救灾物资，由海关合理评估确定价值；对没有进口舱单的救灾物资，为满足H2000系统申报要求，申报时运输方式填报为“9（其他）”，结关后由海关统计部门修改为实际运输方式；对于有舱单数据但与接收方申报数据不符的，采用强行核销舱单的方式结关；上述进口物资均应在报关单备注栏注明“5·12抗震救灾物资”，结关后列入2008年度海关统计，从而有力地保证了海关统计数据的完整性，为海关和各级政府掌握捐赠进口物资的来源地、物资种类等总体情况提供了翔实、可靠的信息资源。对于接收方确实无法列明商品品名、数量、价格的救灾物资，以接收方提供的接收清单为准，由海关登记存档备查，不纳入H2000系统管理。对抗震救灾期间海关登记放行的物资清单，由海关建立专门档案，存档备查。

第九节　移交侵权货物

根据《中华人民共和国知识产权海关保护条例》的规定，海关可以将被没收的侵犯知识产权货物用于社会公益事业。地震发生后，海关总署于5月15日紧急下发通知，要求全国海关尽快对已结侵权案件的货物进行清理，本着特事特办的原则，对灾区人民急需的生活及救灾物资，遵照《中华人民共和国知识产权海关保护条例》《中华人民共和国海关关于〈中华人民共和国知识产权海关保护条例〉的实施办法》以及《海关总署、中国红十字会总会关于将没收的侵权货物用于社会公益事业的合作备忘录》的相关规定，从速从快将已结侵权案件的物资运往灾区。据不完全统计，全国海关转交并实际运抵灾区的物资包括服装 17.25 万件、鞋 19.9 万双、袜子 4.52 万双、手电筒 57.83 万支、应急灯 4000 台、旅行袋（包）9615 个、发电机 750 台、电饭煲 4966 个、水泵 1648 台、轮椅 193 辆、助行器 516 件、铁椅 150 张、羽绒被 1050 床等。全国海关转交的侵权货物有力地支持了灾区政府恢复生产生活秩序，保障了灾区部分群众的基本生活，为保证灾区人心安定和社会稳定发挥了积极作用。

第六章 质检监管

第一节 国内捐赠物资质量监督

质检总局组织全国质检系统对国内捐赠的食品、衣物、建材等物资进行监督检查，并从源头上杜绝不合格产品作为捐赠物资流入灾区，保证救灾捐赠物资的安全。

一 检查食品

各灾区质检部门集中组织执法力量开展食品质量安全巡查，对方便面、饼干、酱卤肉制品和酱腌菜等重点食品进行集中检查和整治。

5 月 14 日，陕西省质监局在全省范围内确定 30 家规模较大、市场占有率较高、荣获名牌称号的优秀食品生产企业，作为抗震救灾期间食品保障供应特许企业。该局加强检验检测力量，严把食品安全关口，重点对米、面、油等基本生活用品，以及香肠、方便面、饼干等救灾急需的方便食品实施专项抽查；对食品生产加工企业和食品小作坊，质监局组织力量提供必要的帮助，全力支持企业早日恢复正常生产能力和质量水平。为保证供应灾区食品的质量，西安市质量技术监督局派专人驻守生产加工企业，帮助企业严把产品出厂质量关。

5 月 17—19 日，重庆市质监局对向灾区提供方便食品的相关生产企业实施 24 小时驻厂监督和技术服务，主要检查原辅材料进厂索证、品种、批次以及成品出厂检验情况。5 月，该局对向灾区提供的重点产品每两天进行一次抽样检查，并实施全项目检验，共完成糕点抽样检验 47 批次、方便面抽样检验 21 批次，累计检验各类方便食品 18 万盒。

5 月 20 日，四川省质监局与卫生、农业、工商、药监等相关部门建立了抗震救灾食品质量检查机制，对救灾食品进行全面检查。截至 6 月 30 日，四川省质监局对四川省龙潭寺储备库、四川省备灾中心、四川省民政厅、四川省红十字会机关、中国储运仓库高新西区库 5 个地点 38305 件（箱、袋）救灾食品进行检查，发现一批奶粉无 QS 标识，其他产品均检验合格。四川省质监系统 24 辆食品快速检测车共检验检测样品 1121 批次（参见图 235）。所检样品中，合格 1079 批次，不合格 42 批次。对不合格食品，及时通知有关部门和单位停止食用。

图 235　5 月 17 日，四川省质监局执法人员检查救灾方便面产品质量安全

（质检总局　提供）

在救灾物资的检查中，质检总局组织对酱卤肉制品和酱腌菜进行监督检查，共抽查了北京、河北、山西、上海、江苏、浙江、安徽、陕西、四川、山东 10 个省（市）76 家企业生产的 100 种酱卤肉制品（不涉及出口产品），产品实物质量抽样合格率 97.3 %。抽查中发现的主要质量问题为个别产品中防腐剂山梨酸和重金属镉含量超标。酱腌菜的监督检查共抽查了北京、天津、河北、上海、江苏、浙江、安徽、山东、河南、陕西、福建、广东、四川、重庆 14 个省（市）68 家企业生产的 80 种产品（不涉及出口产品），抽样合格率 99.8 %，个别产品甜味剂和防腐剂超标。

重庆市质监系统共监督检查食品生产企业和小作坊 250 家，检查食品商店 13 家、超市 4 家；监督抽查糕点 47 批次、方便面 21 批次、乳制品 43 批次、儿童食品 43 批次，查处无证生产企业 41 家，立案查处 16 起。

二　检查饮用水

四川、甘肃、陕西、重庆等省（市）质监部门采取有效措施，切实抓好灾区群众饮用水监测工作，保障灾区饮用水安全。地震发生后，四川省质监局根据四川省政府安排，迅速对成都市自来水六厂、自来水五厂、自来水二厂抽样检验，并请中国检验检疫科学研究院的专家协作解决检测中的技术问题。检测结果表明，成都各大水厂的水源水质和自来水水质均符合国家标准。5 月 20 日，四川省质监局成立瓶（桶）装饮用水监督领导小组，对饮用水实行全部免费检测和上门服务。截至 6 月底，四川省质监局对 600 余家瓶（桶）装饮用水生产企业进行现场质量监督，抽检样品 1200 批次，对不合格饮用水，及时通知有关部门和单位停止饮用。5 月中下旬，重庆市质监局对全市瓶（桶）装饮用水生产企业开展专项监督检查，共抽查江北区、巴南区、九龙坡区、沙坪坝区、合川区、渝北区、北碚区、南岸区、潼南县 9 个区（县）的 37 家企业生产的 51 个批次的产品，合格 46 批次，合格率 90.2 %。质监局对不合格产品发出整改意见书，要求存在问题的企业限期整改。

三　抽查帐篷、篷布

为确保提供给灾区的帐篷和板房质量合格，5 月 29 日，质检总局发出《关于对过渡安置房、救灾帐篷质量开展专项监督服务和执法打假的紧急通知》，要求紧急开展对帐篷板房产品质量专项监督检查，保障产品质量安全，加强技术服务，严惩违法行为。6 月 4—5 日，质检总局分别在广东、上海召开板房、救灾帐篷质量监督服务现场会。会后，上海、江苏、浙江、广东等主要生产地区的质监部门和检验机构立即开展救灾帐篷以及帐篷用布、帐篷支架等原材料，活动板房以及彩钢板、人造板、泡沫板、五金配件等零部件的专项监督抽查，切实保障生产源头产品质量安全。四川、甘肃、陕西、重庆、云南等受灾地区质监部门立即开展抗震救灾及恢复重建重点产品质量监督专项检查工作。辽宁省专门制定灾后重建入川物资的检验工作特别流程；黑龙江、宁夏、山东、山西等省（区）重点加强对过渡安置房、救灾帐篷所用原材料和零部件的检查力度。其他地方质监部门也根据本地情况，开展了专项监督检查。截至 7 月 10 日，全国各专业纤检机构共检验救灾用帐篷 50 多万顶、篷布近 6 万包，主要涉及省（市）有山东、江苏、浙江、青海、四川、上海、重庆、陕西、安徽等。内蒙古自治区锡林郭勒盟质监局组织全盟检验检测机构对锡林郭勒盟生产捐赠的 20 多套蒙古包进行全程跟踪检验服务和义务把关；呼和浩特市质监局深入际华五三零三工厂，通过严格检查，真诚帮扶，使该厂生产的 2000 顶救灾帐篷经检验合格后及时运到灾区。江苏省纤检局在此次检查检验中，共检验救灾帐篷 45.7 万顶，检验篷布 5 万包。浙江省纤检局抽调技术人员，进驻浙江中强实业有限公司、宁波余姚治丰公司等生产企业，检查面料生产各个环节。对民政部和宁波市民政局定点生产帐篷的宁波普鲁司旅游用品有限公司、浙江长青控股集团有限公司、宁波枫缘休闲用品有限公司、宁波贝来旅游用品有限公司 4 家企业进行认真走访和检查，共检查检验 22 次，出动人员 65 人次，涉及相关企业单位 27 家，检查检验帐篷约 4.22 万顶。5 月 26 日，山东省纤检局发出通知，要求全省纤检机构迅速行动，对帐篷生产企业进行检查；截至 7 月 10 日，山东省帐篷生产企业累计生产帐篷 4.04 万顶，抽验帐篷样品 26 批，检验出不合格的 5 批，对不合格帐篷依法进行了处理。5 月 27 日，重庆市纤检所副所长黄胜带领质监人员对市内帐篷生产企业进行质量检查。在对渝北区金阳帐篷厂进行质量检查时，发现这家工厂成品库房存放的 125 顶帐篷无质量标识、生产厂名及厂址，按照相关规定对这些帐篷予以登记封存。青海省纤检局组织对西宁地区生产帐篷较为集中的场所进行实地检查，对一家为灾区生产帐篷企业所用的 50 卷帐篷毡进行加急检验。

四　检查板房

为保障救灾板房的安全可靠，全国质监部门组织人力，先后共检测板房约 80 万套（间）。6 月 26 日，质检总局组织对绝热用模塑聚苯乙烯泡沫塑料、铝合金建筑型材、土工合成材料等 6 种板房相关产品进行了国家监督专项抽查。

五　抽查日用纤维制品

5 月 28 日，全国各地纤检机构建立了救灾用絮用纤维制品免费检验统计日报制度，每天向质检总局报送相关信息。截至 7 月 10 日，全国各专业纤检机构共检验各类救灾用纤维制品约 368.71 万件，检出不合格品 28.95 万件，并对不合格品进行了处理。9 月 25 日、11 月 11 日，中国纤检局先后下发《关于切实加强秋冬季絮用纤维制品质量监督管理，确保絮用纤维制品质量安全有关工作的通知》《关于开展赈灾救济用絮用纤维制品专项检查的通知》，要求切实严把灾区衣被质量关，组织开展专项检查。截至 2009 年 3 月底，全国专业纤检机构共检验救灾用纤维制品约 1383.36 万件，查出不合格絮用纤维制品 35.78 万件，对此期间发生的质量违法行为，有关部门依法从快从严予以查处。（参见图 236）

图 236　6 月 15 日，河北省纤检局的执法人员正在检查救灾用棉大衣

（质检总局　提供）

六　检查衣被

5 月 13 日至 7 月 10 日，全国各地专业纤检机构针对救灾衣被等物资进行检验。5 月 13 日，甘肃省纤检局共检测救灾衣被 14.8 万件（床），出具检测报告 124 份。14 日，陕西省纤检局承接

红十字会和民政部门委托，检验救灾棉被等产品10.6万床。重庆市纤检所共出动42人次，检查重庆市床上用品生产厂家33家。市纤检所积极为重庆市民政局采购的1.08万床棉被、棉衣提供了快速检测。针对抽查中反映出的主要问题，市纤检所严格按照《产品质量法》的规定，对产品质量不合格的生产企业依法进行处理，两批不合格棉被全部更换。6月5日，四川省纤检局查获黑心棉①被100床，依法予以销毁。在历时一个月赈灾用絮用纤维制品专项检查中，吉林、河北、安徽、山东、河南、湖北、湖南、云南、四川、青海10个省共出动执法人员1967人次，对69个市（州）的256个民政部门和红十字会存放有赈灾救济用絮用纤维制品的场所进行检查，检查棉衣、棉被（垫）等赈灾救济用絮用纤维制品910.39万床，查出不合格絮用纤维制品12.42万件，查获劣质絮用纤维制品6.83万件，均依法依规进行了处理。

七　检查建筑材料

汶川地震发生后，四川省质监局将人造板、装饰材料、钢材、水泥、电线、电缆等主要产品纳入重点产品专项整治内容，组织8个组深入11个建材产区加强质量监督。6月，甘肃、陕西、重庆灾区也开展了建材产品质量专项整治，确保质量。

八　专项质量抽查

6月6日晚，质检总局接到中国红十字会总会《关于组织对为汶川地震灾区紧急采购170万顶救灾蚊帐进行质量检验服务的函》后，立即部署北京、河北、浙江、江苏、广东、四川、辽宁、深圳8个质监部门对11家供货企业迅速开展有关检测和技术服务工作。7—8日，首件检测工作全面开展（首件检测也称为“首检制”，是指在生产开始时或工序因素调整后，对制造的第一或前几件产品进行的检验）。7月3日，质监部门为中国红十字会总会紧急采购的第一批10万顶救灾专用蚊帐出具检验报告16份。7日，又完成了为中国红十字会总会追加生产的第二批15万顶救灾蚊帐原材料进行质量检验的任务。截至9月底，中国红十字会总会170万顶蚊帐全部检验完毕运抵灾区，质检总局各纤检机构完成了相应检测工作。在救灾蚊帐质量检验中，各地纤检局发挥了积极作用。四川省纤检局迅速成立救灾蚊帐质量检验小组；5月23日查验物资56.25万件（套），其中蚊帐1万件；6月7日接受四川省质监局对中国红十字会总会采购的救灾专用蚊帐进行质量检验技术服务的工作任务，共出具检验报告32份。河北省纤检局先后8次到针棉织品、篷布生产企业进行抽样，共抽取并检验样品13批，完成26万顶救灾蚊帐的检验技术服务工作。江苏省连云港市纤检所到市民政局和灌云县民政局实施现场检测，现场检测工作服600套、蚊帐2100顶。安徽省纤检局对捐赠灾区的纤维及纺织品实施质量检验，共检验蚊帐1万件。

① “黑心棉”是指制作絮用纤维制品所禁止使用的原料，主要指纤维性工业下脚料、医用纤维性废旧物、再生纤维状物质、废旧服装及其他废旧纤维制品等。这些物质均有危及人体健康的不合理因素，一律严禁用于生产加工絮用纤维制品，包括以絮用纤维为填充物的床上用品。

第二节 国际援赠物资检验检疫

国际社会密切关注四川汶川特大地震灾情，及时援助中国大量救灾物资。5 月 13 日，质检总局要求各有关出入境检验检疫机构严格按照“两快一免”（快速检测、快速放行、免收进境捐赠物资的检验检疫费用）的要求，保证国际援赠物资检疫查验的安全性和时效性。同时，严格把关，防止不合格的物资入境。

根据国家质检总局要求，各出入境检验检疫机构实行 24 小时值班制度，保证国际援赠物资随到随检，并根据抗震救灾不同阶段的具体情况，采取不同措施。在应急援助阶段，按照特事特办的原则，对国际援赠物资的检验检疫，简化程序，给予通关便利。对援赠货物的木质包装，根据应急通关的不同需求，分阶段实施不同管理措施。对涉及灾区群众安全、卫生、健康的物资，经过感官检验合格并抽取样品后放行，随后对样品进行实验室快速检测，一旦发现存在问题的货物，立即上报，快速处理。

截至 8 月 31 日，成都、上海、北京、广州、深圳等 17 个口岸检疫查验国际援赠物资 873 批次。对不合格物资，均按规定作了相应处理。

一 启动应急机制

5 月 13 日，质检总局与民政部、外交部、海关总署就做好国际救灾援赠物资的检验检疫和通关便利工作进行沟通协调后，下发《关于做好震后国际援赠物资检验检疫相关工作的紧急通知》，要求各地检验检疫机构建立 24 小时值班制度，及时报告情况，保障通关顺畅，严防传染病传入，严格把好国际救灾援赠物资质量安全关，重点做好援赠食品、医疗器械等检验检疫监管工作，保证灾区人民的救治和生产生活必需品安全及时到位。14 日上午，民政部召集接受国际救灾援赠物资部际协调会，研究接受国际救灾援赠物资的工作协调机制。会议决定，由民政部、质检总局和海关总署，提出急需援助和应予婉拒的物资清单，交由外交部发给驻外使（领）馆，供接受援赠或婉拒外国政府援助时参考。会后，质检总局通关司司长李元平迅速组织人员拟定中国明令禁止进口的物资清单，在征求质检总局检验监管司、卫生检疫监管司、动植物检疫监管司、进出口食品安全局等有关司局意见的基础上，于 15 日向外交部提交“中国禁止携带入境的产品清单”。列入该清单的产品分为两大类。其一，动物产品类。产自口蹄疫、古典猪瘟、非洲猪瘟及日本脑炎疫区的肉类，禁止入境。禁止 71 个国家和地区生产的牛肉进口，这 71 个国家和地区分布情况为亚洲 27 个、欧洲 24 个、非洲 10 个、美洲 10 个；禁止 65 个国家和地区生产的羊肉进口，这 65 个国家和地区分布状况为亚洲 26 个、欧洲 17 个、非洲 12 个、美洲 10 个；禁止整个非洲和亚洲、欧洲、美洲的 48 个国家和地区生产的猪肉进口，这 48 个国家和地区分布状况为亚洲 27 个、欧洲 13 个、美洲 8 个；禁止 64 个国家和地区（禽流感或新成疫疫区）的禽蛋、禽肉及其制品入境，这64个国家和地区分布状况为亚洲23个、欧洲26个、非洲11个、美洲4个。其二，植物产品类。“地中海实蝇”发生的国家和地区中，78个国家和地区的茄子、辣椒、番茄果实禁止入境，80个国家和地区的新鲜水果禁止入境。

5月15日，质检总局下发《关于做好国际救灾援赠物资出入境检验检疫相关工作的补充通知》，要求各出入境检验检疫机构采取有效措施，特事特办，简化程序，给予国际援赠物资入境检验检疫通关便利，并保证援赠物资质量安全；要求各检验检疫机构设立专门的国际救灾援赠物资报检窗口，实行24小时受理报检服务。抽调人员，加强口岸一线现场查验力量，做到随到随检，快速受理，快速验放。对国际救灾援赠物资，在口岸现场查验批次、货证是否相符，感官检验物资包装标识是否完整，质量是否合格，是否超过保质期或有效期。经感官检验合格的，在做好物资流向以及接受单位联系人、联系方式登记后立即放行。食品等涉及人身安全、卫生、健康的物资，感官检验合格并抽取样品后先放行，随后立即对样品进行实验室快速检测。如检测不合格，立即通知接收单位停止使用。通知规定对国际救灾援赠的生物制品、血液制品中的人血清白蛋白入境时，口岸检验检疫机构凭国家食品药品监管局出具的进口药品注册证受理报检，可免除办理入境特殊物品卫生检疫审批手续，但需查验其名称、批号、规格、数量、包装、输出国和生产厂家等项目。经查验合格的，予以快速放行；经查验不合格的，予以封存、退回或销毁。口岸查验人员必须将上述查验项目、查验结果，以及进口药品注册证的注册号上报直属检验检疫局卫生检疫监管处备案。无法提交进口药品注册证的生物制品、血液制品，禁止入境。通知强调，在对国际救灾援赠物资实施快速验放的同时，各相关检验检疫机构要严防不法企业、机构利用国际捐赠名义从事非法活动。对违法行为，一经发现，严厉打击。

鉴于我国正处于抗震救灾特殊时期，灾区急需援赠物资的特殊情况，为既快速通关，又防止有害生物随进境货物的木质包装进入我国，5月15日，质检总局动植物检疫监管司下发《关于做好抗震救灾动植物出入境检验检疫工作的紧急通知》，对援赠货物的木质包装，分阶段实施不同管理措施。在抗震救灾工作前期，国际援赠物资使用木质包装的，对有IPPC标识经现场查验检疫合格的，立即放行；对无IPPC标识，由检验检疫机构做外表检疫处理后出具《木质包装检疫处理告知书》，在货物到达地作无害化处理。在抗震救灾工作后期，随着援赠物资陆续转至货站海关监管库，应急通关需求减缓，援助物资木质包装检疫工作恢复为常态监管，明确对无IPPC标识、检疫不合格的木质包装必须现场拆解作销毁处理。

二 快速通关检验

根据质检总局通知精神，各检验检疫局迅速启动应急预案，24小时值班，对入境国际援赠物资实施快速检疫查验，快速通关。同时严把质量关，保障援赠物资的质量安全。

为确保援赠物资的质量和安全，各检验检疫局严格对入境援赠物资的质量安全把关工作，尤其是对于食品、药品、医疗器械等涉及灾区群众人身健康、安全、卫生的物资，检验检疫人员更是细致查验。一旦发现问题，立即逐级上报，快速处理。经全国各口岸查验检疫检验，国际救援物资合格批次占全部检验批次的比率为97%。

截至8月30日，各检验检疫部门检验国际捐赠物资批次如下：北京检验检疫局查验国际援赠物资82批次，天津检验检疫局验放国际援赠物资8批，辽宁检验检疫局验放国际援赠物资1批，上海检验检疫局验放入境国际援赠物资109批，江苏检验检疫局验放国际援赠物资2批，浙江检验检疫局验放国际援赠物资4批，宁波检验检疫局验放国际援赠物资1批，福建检验检疫局验放援赠物资4批，厦门检验检疫局验放援赠物资6批，山东检验检疫局验放国际援赠物资1批，广东检验检疫局验放入境援赠物资6批，珠海检验检疫局验放国际援赠物资1批，深圳检验检疫局验放国际援赠物资21批，重庆检验检疫局累计抽样检测及查验放行运送境外援赠物资的飞机10架次，查验运载货物共计60吨。四川检验检疫局在成都双流机场检疫查验放行国际援赠物资516批、总重1.15万吨，在陆运中岸查验援赠物资88批。陕西检验检疫局检验放行国际援赠物资1批、总重1.13吨。甘肃检验检疫局共检验检疫运载国际援赠物资的入境飞机5架次、国际专列4列31节。

第三节　处理国内外捐赠物资质量问题

5月18日晚，四川江油攀钢集团长钢总医院在接收宝鸡市一家企业送来的救灾物资时，发现300床棉被有严重质量问题。当地抗震救灾总指挥部立即将该批棉被原车装载退回并报告宝鸡市政府抗震救灾指挥部，并逐级反映给质检总局，质检总局就此事专门发出《重要案件查处督办通知》，责成宝鸡市质监局立即进行查处。同日22时，宝鸡市质监局在第一时间调集12名执法人员，与有关部门12人组成24人的联合调查组，由该局法制科科长带队，连夜对销售、加工点进行突击检查，当即查封涉案加工点的所有加工设备、工具和原料。经调查，生产这批有严重质量问题棉被的厂家是宝鸡一家公司。17日，该公司采购员在位于宝鸡市汉中路的“李阳劳保店”里购买了300套被褥，发往灾区。21日，宝鸡市质检局执法人员将被退回的300床棉被全部扣押。经抽样检验，判定该批被褥属于“黑心棉”制品。宝鸡市质监局从严从重对当事人进行了行政处罚。根据最高人民法院发出的《关于依法做好抗震救灾期间审判工作切实维护灾区社会稳定的通知》，宝鸡市质监局将此案移送司法机关追究刑事责任。21日，天津市纤检所检查出一批不合格产品（见图237），并进行严肃查处。

图237　5月21日，经天津市纤检所检查出的不合格产品

（质检总局　提供）

5月22日，吉林省质监局纤维检验处接到举报，称有一批用于四川灾区救灾的抗震救灾物资存在质量问题。该局初步检查，这批被举报的抗震救灾物资系存放在吉林省民政厅救灾物资储备库的救灾棉被褥，涉嫌存在质量问题。

该局立即通知省民政厅，在正式质量检验结果出来之前，该批棉被褥不得发往灾区。23日，质量技术监督局纤维检验处立即对这批物资进行追查。检验结果表明，存放在民政厅救灾物资储备仓库中的棉被褥，及白城、四平、长春三市民政局采购的被褥均不合格。由于涉案物品涉及吉林省三市民政局的抗震救灾物资，且货值均超过15万元，问题重大，吉林省质监局迅速将案件情况向吉林省政府、中国纤维检验局报告。吉林省政府纠风办立即成立由纪检、质监、工商、公安参加的联合调查组对此事进行调查。经调查，白城市民政局采购的5000床棉被，系从黑龙江省双城市周家大市场购进，进价48元/床；四平市民政局购进的5000床棉褥，系从沈阳军星、军成军人服务社采购，进价40元/床；长春市民政局购进的3800床棉被从长春3504厂采购，购进价160元/套。根据有关规定，吉林省质监局将案件移交司法部门，司法部门随即进行侦查、审理，当事人被依法追究刑事责任。

5月28日，质检总局下发《关于严厉打击在抗震救灾中制假售假违法行为的通知》，要求各省（区、市）及副省级城市质监局，要严厉打击在抗震救灾中制假售假的违法行为。通知指出，为杜绝假冒伪劣纤维制品流入灾区，确保灾区人民用上放心的产品，确保灾区重建的产品质量安全，全国质检系统要全力落实质检总局工作部署，按最高人民法院通知精神，对供应灾区的伪劣产品案件一律移送司法机关追究刑事责任；要积极联系救灾部门，全力做好执法打假五项服务；要充分利用“12365”热线举报平台，快速查处假冒伪劣；要完善联动工作机制，联手协查违法案件；要加大执法检查力度，确保抗震救灾和灾区重建产品质量安全。

5月29日，质检总局副局长支树平在国务院新闻发布会上表示，供应灾区的大量救灾絮用纤维制品等物资，绝大多数质量过关，但在个别地方确实发现不合格产品，对抗震救灾中的质量违法行为将进行严厉处罚。

6月中旬，安徽省纤检局在对安徽省救灾减灾中心仓库检查时发现，由六安市裕安区民政部门捐赠的187床棉被、金安区地税局捐赠的500床棉被，涉嫌存在质量问题。经抽样检测，结果均为不合格品。17日，安徽省纤检局派出执法人员赶到六安追查供货源头。在六安市质监局、六安市纤维检验所的配合下，安徽省纤检局执法人员到六安市民政局和金安区地税局进行调查，查实供货商为裕安区俊平军品专卖店、赵昌勤军品店。随即，执法人员对涉案的这两家店进行执法检查，发现俊平军品专卖店正在销售的195床棉被、144件大衣，赵昌勤军品店正在销售的26床棉被、3件大衣，均涉嫌质量问题。安徽省质监局依法对两起违法行为进行了严肃查处。

四川省纤检局在震后对纺织品服装、絮用纤维制品、再加工纤维生产企业以及絮棉制品专卖店进行质量巡查和专项执法检查。该局共出动车辆40余台（次）、人员86人次，共检查、排查企业、商场、店铺50多家，检查生产原料4500余吨，检查制品3.5万余床，查封劣质絮棉5000多床、棉裤20余条、劣质军用被近百床、军大衣8件，对5家存在质量违法行为的企业按规定进行处理，端掉非法生产窝点2个。

5月21日14时15分，深圳湾检验检疫局在对一辆装载有境外援赠物资的货车现场查验中，发现一个写有“新毛毡”字样的包装纸箱中装有数条旧毛毯。旧毛毯属废旧生活用品，极有可能携带病媒生物及致病微生物，具有极高的疫情隐患，是国家严格禁止进境的物品。这些旧毛毯外观陈旧，气味难闻，部分毛毯上还粘有不明毛发。经工作人员严格查验，查获同类旧毛毯8箱。该局立即将该批毛毯查扣，并按规定作销毁处理。

5 月 23 日，北京检验检疫局对两批医疗器械进行检疫查验。这两批物资由中国残疾人福利基金会进口，发往四川省的广元、叙永、宣汉等 10 个市、县的人民医院。在现场审查文件时，检验检疫人员发现一览表中同一厂商的两种产品的品名不同而型号却一样，随即询问收货人和外商代表。经过核实，其中一台“数字胃肠诊断系统”错发为“数字拍片机”，这是北京检验检疫局首次在捐赠物资中发现货、证不符问题。经核实，北京检验检疫局依法为中国残疾人福利基金会出具相关索赔证书。检验检疫人员进一步查验发现，这两批物资中部分医疗器械无中文铭牌、警示标识和中文说明书，其中一台呼吸机内包装的倾斜标志已经变红。对于上述情况，检验检疫人员要求有关单位及时对不合格情况进行整改，并迅速派出工程师对呼吸机进行测试，在确保这批货物品质和安全性能未受影响后，予以放行。

5 月 29 日 5 时，一辆装载 60 多吨国际援赠物资的国际专列到达天水车站。甘肃检验检疫局副局长王德强率领工作小组赶到万达公司物资转运站，对两个车皮的援赠物资展开核对货物清单、消毒等工作。在检疫查验过程中，检验检疫人员发现，所列物资与提供的货物清单不符，机电设备均系使用过的旧机电，且存在安全隐患等问题，检验检疫人员出具查验报告，按照规定予以封存，并迅速向天水市抗震救灾总指挥部汇报。之后，将其予以销毁处理。

5 月 31 日，某国捐赠的一批援赠物资抵达成都双流机场。四川检验检疫局机场办事处货检科杜珏等人随即赶到货物存放点进行检疫查验，发现 393 箱货物中大部分纸巾、卫生巾、纸尿布等均裸露存放，不符合卫生检疫标准。检疫人员随即暂扣这批货物，之后进行了销毁处理。

5 月 31 日 14 时，四川省民政厅到四川检验检疫局机场办事处报检已经进入监管区的援赠物资。办事处副主任王奕在审单时，发现清单中有“used clothing”（旧衣服）的字样，她意识到这批货物中很可能有国家禁止入境的货物，立刻前往 4 公里外的监管库查验，将一箱箱货物从架上搬下并仔细核对，从这批货物中查到 6 箱旧衣物、1 箱装满有污渍的童鞋和玩具。她判断这是一批国家严禁入境的废旧物资，立即通知货检科，一起封存该批货物，将其暂扣在监管库，同时向接受单位出具国外捐赠物品截留通知单，最终进行销毁处理。

6 月 1 日，由国外捐赠给四川省的一批救急物资（帐篷 10704 顶、折叠床 1100 个、医用手套 11.25 万副）运抵成都双流机场。四川检验检疫局工作人员立即对该批货物实施检验检疫。经查验，发现 88 个木托盘大部分无 IPPC 标识，并且相当多的木托盘已经出现绿色霉斑。四川检验检疫局遂将该批货物暂扣、细查。经开箱查验，货物品名与清单相符。根据查验结果，四川检验检疫局对该批货物的 88 个木托盘进行了销毁处理，对于其他货物，于当日放行。

6 月 3 日，四川检验检疫局工作人员在查验邮寄进境的援赠物资时，发现一批某国慈善总会组织捐赠的旧服装、鞋等物品 17 箱、重 310 公斤，还发现一批某地区市民捐赠绵阳市红十字会的旧儿童衣服和床单 5 箱、重 117 公斤。旧服装是国家明令禁止进境的物品，四川检验检疫局对两批货物作了退运处理。

截至 8 月 31 日，四川检验检疫局在成都双流机场共暂扣处理 5 批无进口药品注册证的生物制品、血液制品，销毁旧衣物 4 批，销毁无 IPPC 标识木质托盘 5 批；在陆运口岸（公路、铁路、邮局进境），退运处理旧衣物 12 批，销毁过期奶粉 1 批、不符合卫生要求的旧睡袋和衣物 1 批、无 IPPC 标识木质包装 1 批。

第七章　社会监督

第一节　媒体监督

汶川特大地震发生后，从中央到地方，从灾区到非灾区的报纸、电台、电视台、网络等各种媒体，对捐赠款物的接收、保管、分配、调运、使用等作了大量报道，对其中存在的各种问题进行了揭露曝光，促进了救灾捐赠款物合理公正的使用。

5 月 22 日下午，人民日报社记者赴成都市大慈寺路 17 号成都市红十字会采访。该处是红十字会向灾区输送物资的 20 个集中点之一，记者在现场看到，红十字会收到的每一笔钱除现场登记、开收据发票、送感谢信外，还要在四川省红十字会网站公示。网站上公示的捐赠明细下有时间、代码、凭证号、捐赠人、金额。最大一笔捐款是 1500 万元，最小一笔是 1 元。记者在四川省红十字会赈济部看到，电脑上显示《2008 地震灾害接受捐赠物资明细表》上，都注明了批次、日期、捐赠单位、物资名称、数量、价值金额、去向等内容。12 日至 22 日上午，他们已经收到 847 批次捐赠，开具收据留的存根就有 180 多公斤。为迅速把大量通过航空、火车转运的救灾物资送到一线，四川省红十字会在机场、火车站设立提货运输组，签收物资后直接运往灾区，整个流程按要求输入其信息中心数据库。如不能联系上受灾地红十字会，成都市红十字会就与当地应急指挥中心联系，请他们代收。把物资送到受灾乡、村的任务，则由志愿者车队运送。无论哪种方式，全程都有红十字会工作人员跟踪，并由接受单位或个人签收（见图 238）。

记者发现，中国红十字会总会每接收一笔款物都有 10 张制式表格记录，包括接收、入库、分配、下发接收、基层入库、受益人签字等一系列环节。5 月 23 日，人民日报社记者拿到一份中国红十字会救灾工作报表，上面显示，21 日日本红十字会支援的 8000 顶帐篷运抵成都，四川省红十字会接收后当日即发送灾区，表格上显示了接收帐篷的数量、单位、单价、总价、分配去向

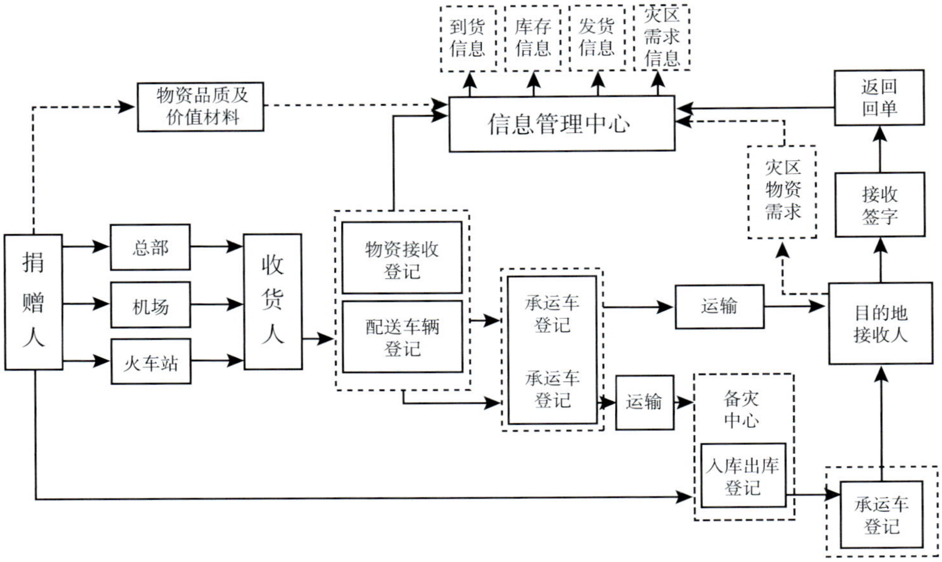

图 238　四川省红十字会接收发放物资流程图

（绵阳、阿坝、德阳）等项目。

5 月 21 日，在《成都商报》社区金版的论坛中，有人发帖：“全搜索捉鬼行动，缉拿挪用救灾帐篷者（全城征集线索中）”。帖子称，用作救灾的帐篷出现在成都一些小区，并随后粘贴大量网友举报。图中展示，在成都市区内万科城市花园、万年场沙河公园、上河城附近、锦官新城西区会所、四川省委党校、成都航空仪表公司社区操场等 15 个地方均出现印有“中华人民共和国民政部监制”的救灾专用帐篷，还出现印有“科威特红新月”标志的帐篷。该贴被网友转载到天涯社区，点击率很快就超过 5 万次，上千网友回帖。成都全搜索网站在 22 日 11 时成立“成都全搜索特别行动组”，并通过 110 报警电话与当地公安部门联系，共同组织人员分别到成都市上东阳光小区、万福桥头、万科城市花园查寻搜索。此时，一些帐篷已撤离。当日 12 时 48 分，组织检查人员在上东阳光小区找到一顶救灾专用帐篷，并在物业管理人员配合下，对这个救灾专用帐篷进行拆除，将其交到省红十字会，送往灾区第一线。网友“fanciful”提议：“请成都网友继续通缉，也希望民政局和政府彻查救灾物资挪用的事实。”该提议得到众多网友的赞同。此信息得到民政部和四川省民政厅高度重视。22 日，有关部门组成调查组就此事展开调查。同日，财政部下发紧急通知，要求各级财政部门加强抗震救灾资金物资的监管。29 日，成都市政府下发《关于迅速对该市非受灾群众集中安置点使用赈灾帐篷和睡袋进行依法查处的紧急通知》。由于社会化网络媒体及时有效的监督，形成强大的舆论力量，使成都市区一些人占用救灾帐篷的歪风很快被刹住。

6 月 19 日，央视网站发布消息，称有网民针对商务部网站发布的捐赠款物“一览表”中个别企业捐赠承诺后未予兑现提出质疑。商务部回应，地震发生后许多外资企业都做出积极捐款捐物的承诺，但一些企业的捐赠要选择适当的具体对象和捐赠渠道，企业所承诺的款物也需要一定的时间才能逐步落实到位。同时，也存在部分企业的承诺捐赠完成后，未向有关部门通报，有关部门未在“一览表”中显示，致使个别网民对有关企业产生误解。商务部有关单位将根据企业的捐赠信息，及时更新有关数据。商务部新闻办公室公布的《外商投资企业、跨国公司和港澳台企业向灾区捐款捐物表（据不完全统计）》显示，至 13 日，共有 11 家企业共计承诺捐款 1.9545 亿元，实际到账只有 1553.45 万元。这 11 家企业是：沃尔玛（中国）投资有限公司、谷歌中国、德州仪器、联合利华（中国）有限公司、贝塔斯曼集团、玫琳凯（中国）化妆品有限公司、美国礼来公司、欧尚集团、山西海鑫集团、台湾中钢集团和卓越置业集团。民政部有关人员在 5 月 30 日国新办召开的新闻发布会上说，按《救灾捐赠管理办法》规定，承诺捐赠应该将承诺捐赠的资金物资如实、及时划拨到受赠机构，如不交付，接收机构有追缴权利，同时以适当方式告知社会。

5 月 23 日，有媒体称，红十字会采购的帐篷 1 万元一顶，有利用捐赠资金采购救灾物资之机谋私之嫌。中国红十字会总会当即调查。24 日 14 时，中国红十字会总会常务副会长江亦曼就汶川地震募捐管理和使用等话题与强国论坛网友在线交流。她说，12—20 日，中国红十字会总会共向四川、甘肃、陕西、重庆等省（市）发放帐篷 5 批 18510 顶，从未采购 1 万元一顶的帐篷。据她介绍，依据国家标准，中国红十字会用于抗震救灾的帐篷规格是一个帐篷 12 平方米，单帐篷价格在 1200 元左右，棉帐篷 1900 多元。向灾区发放的帐篷由于种类不同，价格有所区别，总价值约 2175 万元。江亦曼说，中国红十字会总会在全国有 6 个区域性备灾中心储备有救灾物资，首批救灾物资是 12 日 16 时向四川发出的，主要是单帐篷 1057 顶，价值约合 124.5 万元；13 日向四川发出 330 顶价值 69.3 万元的棉帐篷；19 日向四川、陕西、甘肃、重庆、云南和贵州调拨帐篷 11727 顶，价值约 1346 万元。19 日，根据四川省需求，在当地采购帐篷 1580 顶，共支付资金 150 万元。20 日，从备灾仓库四川灾区发放棉帐篷、单帐篷和拉纤式帐篷 3816 顶，规格分别为 18 平方米和 30 平方米，价值约 484 万元，这 5 次中只有第四次动用救灾款紧急采购，西安当地企业将 1300 元 / 顶的报价定为每顶 950 元（见图 239 ~ 241）。除此之外的帐篷均是 2007 年的采购，储存在该会备灾中心。江亦曼指出，在成都出现不法商人用红十字会名义贩卖救灾帐篷一事和红十字会无关。

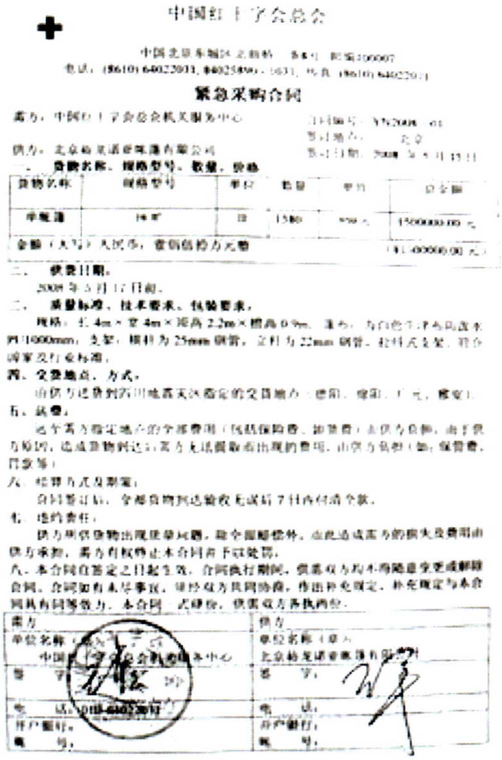
中国红十字会总会

紧急采购合同

需方：中国红十字会总会机关服务中心

一、货物名称、规格型号、数量、价格

货物名称	规格型号	单位	数量	单价	总金额
单帐篷	[illegible]	顶	1580	[illegible]	[illegible]

二、供货日期：

2008 年 5 月 17 日前。

四、交货地点、方式：

六、结算方式及期限：

合同签订后，全部货物到达验收无误后 7 日内付清全款。

七、违约责任：

需方	供方
单位名称（章）：	单位名称（章）：
签　字：	签　字：
电　话：	电　话：
开户银行：	开户银行：
帐　号：	帐　号：

图 239　中国红十字会总会购买救灾帐篷的合同

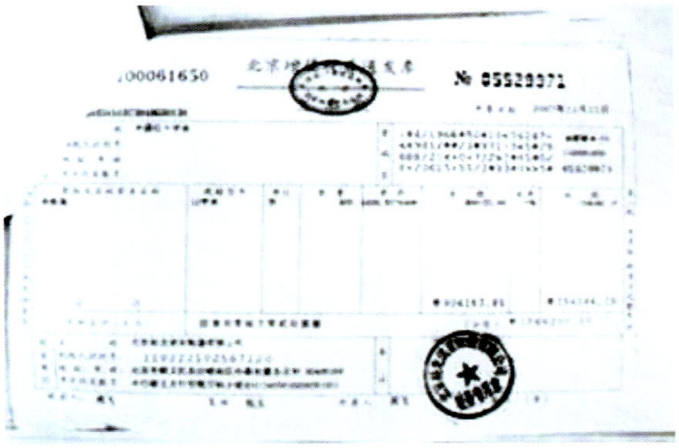

图 240　中国红十字会总会购买救灾帐篷的发票（1）

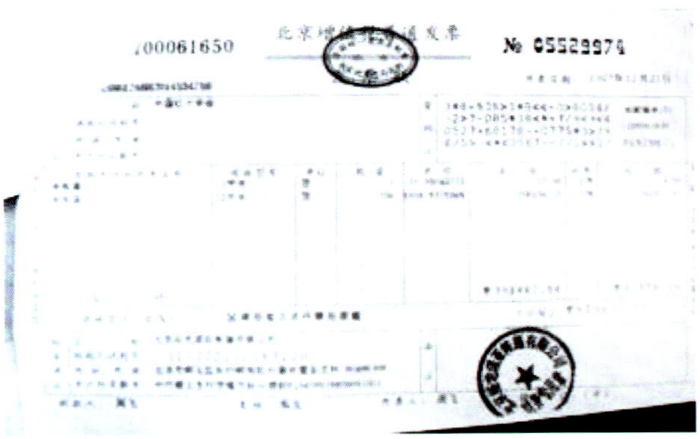

图 241　中国红十字会总会购买救灾帐篷的发票（2）

第二节　群众监督

在抗震救灾期间，广大人民群众成为对捐赠款物监督的重要力量。截至 6 月 20 日，中央纪委、监察部和四川、甘肃、陕西等省的纪检监察机关共收到群众举报 10804 件，反映违法违纪行为 1178 件，各级纪检监察机关对查实有违纪问题的 43 人给予党纪政纪处分，其中有 12 人受到撤职以上处分。截至 11 月底，审计署共接到群众举报 1962 件，其中有 176 件有较明确的问题线索，审计署机关核查 168 件，转地方政府处理 8 件。

抗震救灾初期，四川省罗江县有群众举报，武装部民兵训练基地聘用人员王某借工作之便，将可乐、八宝粥、方便面等救灾物品交到他女友所开办的店铺销售。经查实，王某被刑事拘留，训练基地主要领导被停职。

有群众举报，河南省安阳县工商业联合会主要负责人擅自将 27.11 万元捐赠资金用于购买救灾物资，涉嫌以权谋私。审计署和河南省委、省政府立即对安阳县工商业联合会主要负责人进行联合审计调查。审计署在 6 月 12 日发布的《关于汶川地震抗震救灾资金物资审计情况公告（第 1 号）》中对此事进行了披露。

汶川地震发生后，陕西省西乡县有 6000 余户房屋发生倒塌或成为危房，2 万余人受灾。5 月 15 日，该县紧急采购了 33.63 万公斤粮食，按民政部有关规定向受灾群众每人每天发放 0.5 公斤大米。23 日，马家湾乡有群众反映，政府发给他们的救灾粮斤数不够。西乡县粮食局、民政局接到举报后，当即进行检查，发现发给群众的救灾粮确实存在缺斤少两问题，于 24 日对没领够救灾粮的群众进行了补发，共补发 150 公斤粮食。26 日，西乡县纪委又接到群众举报，称白勉峡乡同样存在类似问题。28 日，西乡县纪委再次进行调查。经查，西乡县 23 个乡（镇）中，有 10 个乡（镇）发放的第一批救灾粮存在短斤少两问题，共缺少粮食 13803.5 公斤、价值 45551.55 元。经进一步查实，这批救灾粮由西乡县粮食局指定的两家企业提供，其中一家私营企业西乡县板桥粮油加工厂业主刘某某指使其工作人员，在给受灾群众发放的标识为 10 公斤 / 袋的救灾粮中，实际装量只有 8.5 ~ 9.5 公斤。有关部门对刘某某进行刑事拘留。经西乡县委常委会研究决定，对在此次救灾粮发放过程中负主要领导责任的县粮食局局长王某予以停职检查处分，并责成粮食局让该局宏观调控股股长张某停职检查。陕西省副省长景俊海作出批示，要求省粮食局针对西乡县救灾粮发放过程中暴露出的问题，认真研究分析，拿出有力举措，确保以后各级各类救灾粮发放透明、及时、畅通，严防个别工作人员以权谋私。省粮食局发出紧急通知，对全省救灾粮供应工作进行了全面检查。

陕西省略阳县法院工作人员朱某、略阳县城市监察大队工作人员杜某，抢领十分紧缺的帐篷为己私用，被民众现场举报。组织调查核实后，有关部门分别给这两人予以行政警告处分。略阳县中药材技术推广处主任姚某（试用期）抢领7顶帐篷，被民众举报后受到党内警告处分，并被终止试用期，免去试任职务。

6月3日20时，兰州市有群众通过甘肃省纪委值班电话举报："兰州市一个体商店门口，有一辆拉运救灾物资的卡车在卸载大批矿泉水"。省纪委立即组织检查人员赶到现场查验，发现该车虽然悬挂运输抗震救灾物资标志，但运输的货物是该商店雇车采购的商品，不是救灾物资。检查人员责令该车司机现场摘掉悬挂在车上的抗震救灾物资的标志，并对其进行批评教育。

6月15日，四川省抗震救灾指挥部聘用的6名社会监督员，得知将有一批境外物资运抵成都，决定对这批捐赠物资进行全程监督核查。17日清早，6名社会监督员便赶到此批境外物资存放地航空港黄河中路149号四川中邮物资公司。经核实，此批物资共有1200顶帐篷，其中200顶指定捐赠给中邮集团公司用于灾区临时营业点，600顶捐赠给绵阳灾区，400顶捐赠给德阳灾区。他们向省民政厅了解得知，指定捐赠给绵阳的600顶帐篷由绵阳市民政局接收，指定捐赠给德阳的400顶帐篷由德阳市民政局接收。民政厅于当天下午将这两车帐篷分别发往绵阳市和德阳市相关单位。23日，6位社会监督员赶到绵阳市，抽查捐赠帐篷的发放情况。绵阳市抗震救灾指挥部给他们提供了境外捐赠物资的全部清单。经核查，这批帐篷已全部发往安县灾区。随后，他们又赶到安县核查，追踪到600顶帐篷已全部发往塔水镇。下午，他们到达塔水镇抗震救灾指挥部，经核查，该批帐篷分配给浮萍村400顶、白庵村100顶、柑子村66顶、蚕丝村34顶。他们随后到浮萍村进行抽查，发现该400顶帐篷分配给了17个村民组。随后他们前往5组和7组进行抽查，见帐篷已全部分发给受灾群众。其中7组30顶（转了2顶给5组，实收28顶），5组20顶（实际收到22顶，有1顶配件有损不能使用，其中有7组转来的2顶），5组组长出示该批物资的发放清单，领取帐篷的该组村民均在清单上签了字。7组组长也提供了该组村民的申领签字清单。6名监督员对损坏的帐篷也进行了核实，对领取帐篷的村民使用帐篷情况进行实地抽查核实并拍照记录。至此，6位社会监督员对这批物资发放所涉及的各个环节都进行了全程监督核实，认为这批物资发放有序，账目清楚，发放结果真实无误。

5月18日上午，广东省佛山市公安局顺德分局接群众报警，称顺德区大良街道青少年宫门前路边有人擅自为灾区募集善款。顺德分局迅速出警，在青少年宫附近抓获罗某、刘某两名可疑募捐者。经审查，两人供认制作了一个贴有"红十字会募捐"字样和红十字图案的募款箱，并印制了募捐宣传单，假借赈灾名义向过路行人行骗的事实。两人受到法律制裁。武汉市公安局网监处接到举报，称有人假冒中国红十字会总会名义诈骗。警方立即开展侦查，在一网吧内将作案者朱某抓获。初步查明，朱某，21岁，重庆人，震后第二天，他从网上找到中国红十字会总会公布的救灾公告、捐款账号，并从网站复制了捐赠公告，将其中捐款账号篡改为自己的邮政储蓄账号后发布，以骗取社会的捐赠。朱某受到应有的法律制裁。

第八章　各省（区、市）及新疆生产建设兵团监管

在抗震救灾捐赠活动中，各省（区、市）、新疆生产建设兵团都成立了救灾捐赠款物的检查监督机构，纪委、监察、民政、财政、审计、海关、质检等部门高度负责，分工合作，加大对救灾捐赠款物的检查力度，及时发现、指出、纠正了一些违规违纪的问题，保障救灾捐赠款物的安全。

第一节　灾区省市监管

一　四川省监管

在抗震救灾中，根据中共中央、国务院和四川省委、省政府对抗震救灾资金物资监管的要求，结合救灾工作的实际需要，四川省相关部门相继下发《关于进一步加强抗震救灾资金物资监督检查的通知》《关于进一步加强救灾款物发放工作的紧急通知》《关于加强救灾资金物资监督管理工作的通知》《"5·12"汶川地震捐赠物资接收调运管理暂行办法》等10余个规范性文件。针对抗震救灾捐赠款物接收面广量大的情况，四川省民政厅、财政厅、统计局按照"谁接收、谁统计"的原则，实行属地统计管理，各级接收捐赠款物机构（单位）及时向社会公布接收捐赠款物的信息。从6月中旬起，四川省建立了党员交纳"特殊党费"情况日报制度和银行日对账制度，

由各级组织部门负责统计和监管。5 月 20 日，四川省财政厅、监察厅、审计厅联合下发了《关于切实加强抗震救灾款物管理使用与监督检查工作的通知》。5 月底，成立了四川省抗震救灾资金物资监督检查领导小组，领导小组在纪检监察、民政、财政、审计系统抽调干部职工 330 人，向成都、德阳、绵阳、广元、雅安、阿坝、南充、巴中等 8 个市（州）、39 个极重灾和重灾县（市、区）的 392 个重灾乡（镇），派出 87 个抗震救灾资金物资监督检查工作组进行督察工作，还选拔社会监督员 308 人在 6 个市（州）抗震救灾指挥部开展监督工作。6 个重灾市（州）及其所属受灾县（市、区）、乡（镇）也成立了相应领导机构。6 月，四川省财政厅组织调查组跟踪调查预拨抢修公路资金和粮食调运专储资金的使用情况。7 月，四川省财政厅抽调 100 名干部长驻彭州、绵竹、安县等重灾乡镇，现场监管救灾资金的使用。10 月，四川省财政厅与财政部驻川专员办组成联合检查组，赴北川、汶川、茂县、理县、绵竹、什邡等 15 个重灾县（市）的 60 多个乡（镇）和部门，边检查、边纠正、边处理救灾资金使用中的问题，确保救灾资金的安全使用。全省各级宣传部门积极整合新闻资源，把社会捐赠信息纳入公开报道范围。四川省委宣传部安排四川电视台、四川广播电台、四川新闻网、四川在线等媒体开设“来自指挥部的最新信息”专栏，成都、绵阳、德阳、广元、阿坝等市（州）宣传部门在当地党报中创办重灾县（市、区）抗震救灾每日专版（页），及时刊发当地抗震救灾工作信息。四川省民政厅在四川省新闻发布会上介绍了灾情和捐赠物资接收发放情况，接受社会监督。成都市配合《人民日报》《中国纪检监察报》和中央电视台，于 6 月 18—29 日连续刊播本市救灾款物管理使用情况。从 7 月 31 日起，由成都市纪委、市委宣传部和成都电视台联合制作，反映救灾款物监管工作的电视公益广告在电视台滚动播放。8 月 3 日，在《成都日报》《成都商报》《成都晚报》和成都电视台刊播抗震救灾资金物资监管的“成都办法”。全市 19 个县（市、区）在当地媒体开办救灾款物监管新闻专栏，以各种形式广泛开展救灾款物监管的宣传。在监管中，四川省民政厅纪检组、省监察部门提前介入，关口前移，参与抗震救灾资金、物资筹集管理的各个环节，做到源头监督、全程监督。他们按照“监督不缺位、监督不添乱”“在参与中监督、在监督中协助”的思路，建章立制，注重预防，及时调查处理了网友反映的救灾帐篷使用、什邡救灾物资分配、绵竹遇难人员遗体处理等方面的问题。

二　甘肃省监管

5 月 15 日，甘肃省政府办公厅下发了《关于切实加强抗震救灾捐助款物管理使用工作的通知》。19 日，甘肃省政府办公厅批转监察厅、财政厅、民政厅、审计厅联合制定的《甘肃省抗震救灾资金和物资管理办法》，对抗震救灾款物的筹集、接收、使用、管理、发放、公示的全流程进行规范，明确规定抗震救灾款物要“一站到户”，由乡镇直接发放给受灾群众，村社不得代领。甘肃省还通过组织村级纪检员、驻村干部、党员村民代表参与的方式，加强对救灾物资发放的监督。全省 3813 个资金物资发放点都各有 1 名以上的监督员进行现场监督，保证救灾款物接收、发放公开透明和有序进行。《甘肃省抗震救灾资金和物资管理办法》规定建立抗震救灾资金物资的筹集、管理、使用、发放的行政监督机制，按照“谁主管、谁负责”的原则，确定各行政主管部门的监管职责。纪检监察机关负牵头责任，把监督工作纳入党风廉政建设责任制考核的重要内容。发展改革部门负责灾后重建项目和对口援建项目的规划和管理，审计部门负责灾后重建和对口援建资金物资管理使用效果的跟踪审计，民政部门负责做好援建资金物资监管工作，财政部门负责财政专项资金包括援建资金的安排、调度和监管，建设部门负责重建和援建工程质量的监督，物价部门负责重建物资价格的监督。6 月 16 日，陇南市人大常委会主任会议决定组织部分市人大代表对全市抗震救灾资金物资发放工作进行考察。6 月 24 日至 7 月 15 日，陇南市人大常委会组织 19 名市人大代表，并邀请 14 名县（区）人大代表，考察了武都区、文县、康县、徽县、礼县 5 个县（区）的 10 个县直部门 16 个乡（镇）21 个村和 112 户受灾户的抗震救灾款物发放工作，召开 5 次座谈会，分别对市政府和 5 个县（区）政府提出建议。甘肃省民政厅会同省纪委、监察厅、审计厅等部门，先后两次组成五路工作组，对陇南、甘南、天水 3 个市（州）的 15 个县（区）进行专项检查。对发现的不按规定使用救灾帐篷和救灾物资公示不到位等问题，责成有关县区和部门及时纠正和整改。抗震救灾期间，甘肃省委外宣办、省政府新闻办及时组织甘肃省抗震救灾新闻发布会、通报会 20 场次，及时发布救灾捐赠资金使用情况。5 月 21 日，甘肃省抗震救灾总指挥部决定在指挥中心设立 24 小时举报电话，接受社会各界和广大群众对抗震救灾工作的投诉举报。26 日，甘肃省纪委、省民政厅、省慈善总会、省红十字会举行抗震救灾发布会，再次发布救灾资金物资监督使用情况。6 月 3 日，甘肃省抗震救灾资金物资监督检查领导小组从省内捐赠者中公开招募了一批义务监督员，参与救灾资金物资监督工作。13 日，甘肃省抗震救灾总指挥部下发通知，要求省民政厅、省红十字会定期通过甘肃卫视和《甘肃日报》等主流新闻媒体向社会公布救灾捐赠款物的接收、分配去向、用途和数额，并在甘肃民政信息网站上公开物资接收、发放的情况，以及社会捐赠的明细。7 月 18 日，甘肃省民政厅举行抗震救灾物资管理调拨使用情况通报会，面向社会各界介绍捐赠资金物资的发放、分配、使用情况。19 日，甘肃省红十字会举行接收社会捐款捐物管理使用情况通报会。省内各级政府建立健全信息公开制度、账目公示制度、网上招投标制度、网上采购制度，对重建和援建资金物资实行全方位、全过程的公开，接受全社会监督。

三　陕西省监管

陕西省政府多次召开专题会议进行研究，明确常务副省长赵正永具体负责捐赠资金协调管理工作。陕西省成立了由省纪委、监察厅、审计厅、民政厅、财政厅组成的领导小组，负责捐赠资金的监管工作。5 月 23 日，陕西省民政厅、省财政厅下发通知，规定应急时期的救灾应急资金主要用于解决灾害发生过程中，受灾群众紧急抢救、转移安置所需要的费用，重点解决在紧急转移安置阶段受灾群众的临时吃、穿、住等生活困难。通知要求，各级民政、财政部门要按照规定，做好救灾款物的发放管理工作。6 月 16 日，陕西省抗震救灾指挥部召开会议，专题研究部署进一步加强抗震救灾款物管理使用工作，下发《关于切实做好救灾资金管理使用监督的通知》，要求各级政府要统筹安排各项救灾资金，要按照“渠道不乱、用途不变、捆绑使用、各记其功、公开透明”的原则，在省抗震救灾指挥部的统一领导下，统筹安排使用救灾款物。通知同时明确，各地各部门和各社会团体所接受的捐赠款物，应主动交省募捐中心统一管理调度，除慈善总会、红十字会外，任何部门不经省抗震救灾指挥部同意，不得随意使用所接收的捐赠款物。要尊重捐赠人定向捐赠的意愿，切实用好捐赠资金和物资。8 月 26 日，陕西省政府召开全省抗震救灾捐赠资金物资监督管理工作会议，监察厅、民政厅、财政厅、审计厅四部门联合下发了《陕西省抗震救灾捐赠款物监督管理办法》，健全抗震救灾捐赠款物监管制度。陕西省纪检监察等部门先后向省民政厅、省红十字会、省慈善总会派出抗震救灾资金物资监察专员，对救灾款物接收、拨付、储运、分配、发放、使用情况进行跟踪监督。对外公布了 3 部专线举报电话，并要求各市、县开通 12388 举报电话，广泛接受群众举报，从而做到把群众信访举报受理在基层，把群众反映的问题解决在基层。

四　重庆市监管

5 月 16 日，重庆市财政局、民政局下发《关于加强“5·12”抗震救灾捐赠款物管理有关问题的紧急通知》。通知明确，全市“5·12”抗震救灾捐赠资金实行“全市统筹、统一划拨”，规定各级各部门要及时将捐赠资金分别划入市政府社会捐助办、市红十字会和市慈善总会，规范捐赠渠道。27 日，重庆市纪委、监察局、民政局、财政局、审计局联合制定下发《关于严肃纪律，强化对抗震救灾资金物资监督管理的通知》，要求各级纪检监察机关和有关部门要加强对抗震救灾款物管理使用情况的监督检查，严厉惩处违法违纪行为。重庆市每天均在《重庆日报》《重庆晨报》《重庆晚报》等相关媒体和市政府公众信息网、市民政局公众信息网上向社会公布捐赠款物接收的相关数据。6 月 18 日、9 月 18 日，重庆市政府两次召开新闻发布会，市民政局、市红十字会、市慈善总会负责人分别向社会各界公布捐赠款物接收、支出和管理情况，接受记者的现场提问。重庆市政府社会捐助接收办公室、市红十字会、市慈善总会分别于 6 月 26 日、27 日、30 日及 7 月 25 日在《重庆日报》上对抗震救灾捐赠款物接收情况进行了公示。对捐赠资金物资的分配使用情况，也在《重庆日报》等相关媒体和重庆市政府公众信息网上进行公示，主动接受社会各界和新闻媒体的监督。同时，对每笔捐赠款物的分配使用去向，都逐一向捐赠单位和个人进行信函通报。由重庆市政府新闻办和四川省政府新闻办联合主办，华龙网和腾讯大渝网承办开通的大型抗震救灾专题网站“川渝一家亲、重庆在行动”，把救灾款物的管理使用作为重要内容及时编发，市民可在该网站上获得有关捐赠款物使用的信息。两江论坛、大渝 Q 吧等社区论坛，成为网民监督举报的重要阵地。网民通过社区论坛，向有关部门举报发现的问题，大多得到妥善解决。大渝网还 3 次抽调人员随运送救灾物资的车队前往灾区一线，报道救灾资金物资发放过程。重庆市委外宣办召开 3 次网站负责人会议，下发网络宣传提示 300 余条次，实行 24 小时值班，加强网络新闻、论坛博客的管理，及时向有关部门反映群众通过网站反映的问题，促进问题的解决。

五　云南省监管

5 月 15 日，云南省政府办公厅下发《关于进一步规范救灾捐赠资金和物资工作的通知》，规定了救灾捐赠资金的接收单位、管理原则、分配公示程序。云南省纪委、监察厅、民政厅、财政厅、审计厅等部门相互协调配合，积极做好社会捐赠款物的监督管理工作。23日，云南省纪委、监察厅、民政厅、财政厅、审计厅联合下发《关于加强对抗震救灾资金物资监管的通知》，对各项救灾工作规章制度的落实、救灾款物的合理使用及监督公开等提出明确要求。同日，财政部驻云南省财政监察专员办事处、云南省财政厅和民政厅向受灾市昭通市下发《督察通知》，督察抗震救灾资金拨付、使用情况。27日，云南省抗震救灾领导小组组成工作组，赴灾区督察抗震救灾资金拨付情况。28日，云南省财政厅、财政部驻云南省财政监察专员办事处下发通知，进一步明确救灾资金的管理、筹集、安排等规定。6月19日始，云南省相继成立社会捐赠款物管理领导小组和监督检查领导小组，全面负责监督检查工作。7月3日，云南省民政厅、财政厅、建设厅下发通知，对各相关部门拨付救灾资金、捐赠款物等工作提出明确要求。31日，云南省财政厅、财政部驻云南省财政监察专员办事处发出通知，结合云南救灾工作实际，提出抗震救灾资金监督管理的具体意见。同时，云南省监督检查领导小组协调组织相关部门，组织人力，深入有关部门和单位，深入灾区，对捐赠款物的使用进行认真督察。

第二节　非灾区省（区、市）及新疆生产建设兵团监管

非灾区省（区、市）和新疆生产建设兵团，都分别成立了抗震救灾捐赠资金物资检查监督领导机构，制定有关政策规定，派出大批工作组、检查组，深入有关部门、单位和募捐机构，加强对抗震救灾捐赠资金物资的监督管理，总结和推广先进经验，及时发现和纠正违规违纪问题，保证捐赠资金物资被公平公正地分配使用，为夺取抗震救灾的胜利做出了重要贡献。

文献辑存

民政部关于印发
民政部自然灾害救助应急
工作规程的通知

（民发〔2008〕35号）

各省、自治区、直辖市民政厅（局），计划单列市民政局，新疆生产建设兵团民政局，各司（局），全国老龄办，直属事业单位：

现将修订后的《民政部自然灾害救助应急工作规程》印发你们，请遵照执行。

二〇〇八年三月十三日

附件一

民政部自然灾害救助应急工作规程

根据2005年5月14日国务院颁布的《国家自然灾害救助应急预案》，按照突发性自然灾害的危害程度，国家设定四个应急响应等级，国家减灾委员会（以下简称“减灾委”）为国家自然灾害救助应急综合协调机构，减灾委办公室和全国抗灾救灾综合协调办公室设在民政部，具体承担国家应急响应的组织协调工作。为进一步明确民政部应急响应的工作职责，确保紧急救援工作高效、有序进行，制定工作规程如下：

一、四级响应

（一）灾害损失情形

1. 某一省（区、市）行政区域内，发生水旱灾害，台风、冰雹、雪、低温冷冻、沙尘暴、高温热浪等气象灾害，山体崩塌、滑坡、泥石流等地质灾害，风暴潮、海啸等海洋灾害，森林草原火灾和重大生物灾害等自然灾害，一次灾害过程出现下列情形之一的：

（1）死亡 30 人以上，50 人以下；

（2）紧急转移安置 10 万人以上，30 万人以下；

（3）倒塌房屋 1 万间以上，10 万间以下。

2. 发生 5 级以上破坏性地震，出现下列情形之一的：

（1）死亡 20 人以上，50 人以下；

（2）紧急转移安置 10 万人以上，30 万人以下；

（3）倒塌和严重损坏房屋 1 万间以上，10 万间以下。

3. 干旱灾害造成缺粮或缺水等生活困难，需政府救助人数占农牧业人口 15% 以上，或 100 万人以上。

4. 事故灾难、公共卫生事件、社会安全事件等其他突发公共事件造成大量人员伤亡、需要紧急转移安置或生活救助，视情况启动本预案。

5. 对敏感地区、敏感时间和救助能力特别薄弱的“老、少、边、穷”地区等特殊情况，上述标准可酌情降低。

6. 国务院决定的其他事项。

（二）启动程序

按照以下工作流程，启动四级响应（见流程图 1）。

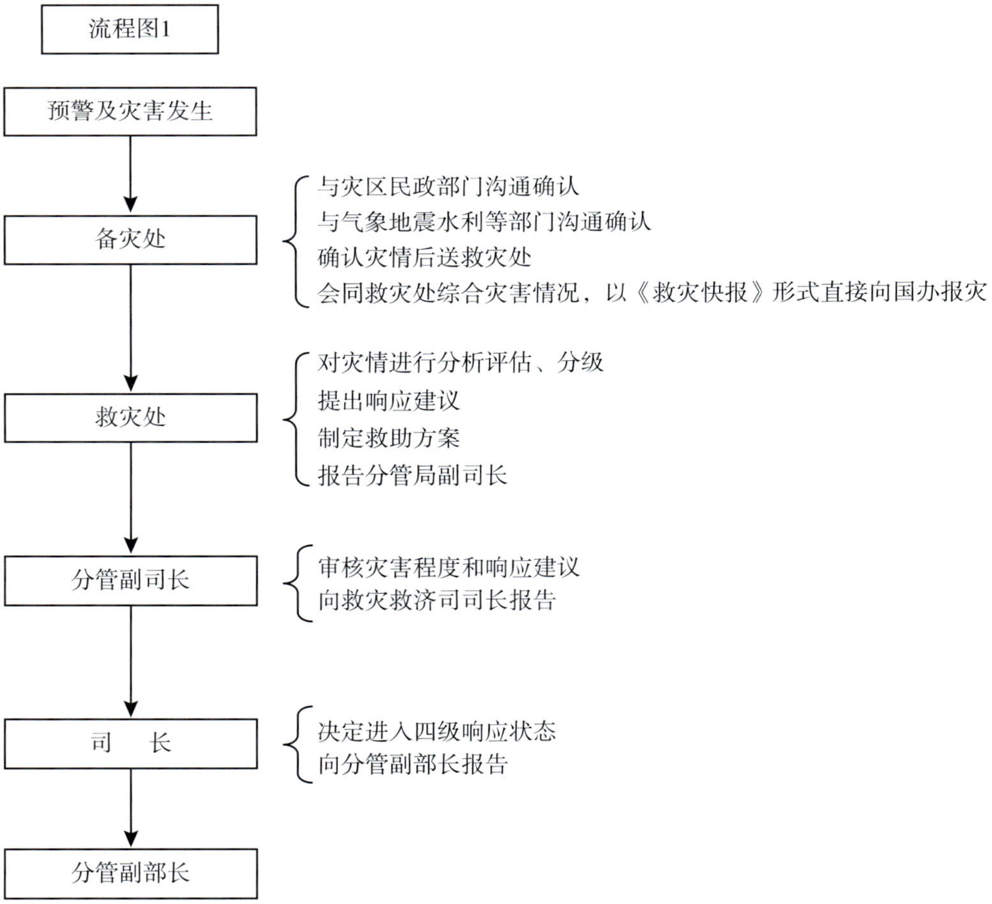

（三）响应措施

1. 人员值班保障。

响应等级确定后，立即启动响应机制，向分管副部长、部长报告，向财政部等相关部门通报，救灾处、备灾处 24 小时待班。

2. 灾情信息管理。

由备灾处处长负责，具体工作是：

（1）从灾情发生开始，每日 12 时（根据《国家自然灾害情况统计制度》中零报告制度的时间要求）前要求灾区省级民政部门上报灾情动态信息，必要时可直接与受灾地级或县级民政救灾部门联系，直到灾情基本稳定。

（2）接到灾情信息 2 小时内编发《救灾快报》通过办公厅加密专网报中办、国办，同时报民政部部长、副部长、党组成员，发送发展改革委、财政部、农业部、教育部、卫生部、地震局、水利部和气象局等国家减灾委各成员单位。

（3）当因灾死亡人口超过 20 人时，灾情发生后 48 小时内编发《中国灾情信息》，报救灾救济司领导签发，分送民政部新闻办、民政部外事司和联合国开发计划署驻京办事处以及外国驻华使领馆等机构，并在民政部网站发布。

3. 启动紧急救助。

由救灾处处长负责，具体工作是：

（1）灾情发生后 24 小时内，派出由减灾委办公室、全国抗灾救灾综合协调办公室（救灾救济司）领导带队工作组赶赴灾区慰问受灾群众，核查灾情，了解救灾工作情况，了解灾区政府的救助能力和灾区需求，指导地方开展救灾工作。

（2）根据灾区省级政府或民政和财政部门申请，在灾情发生后 48 小时内制定中央救灾应急资金补助方案并商财政部，按照程序及时下拨到灾区。

（3）灾情发生后 48 小时内协调备灾处完成向灾区紧急调拨中央救灾储备物资工作，协调落实有关救灾物资的调拨。

（4）监督基层救灾应急措施的落实和救灾款物的规范使用。

（5）灾情基本稳定后，根据受灾省份报告，结合灾情评估报告，制定中央恢复重建资金补助方案并商财政部，按照程序及时下拨到灾区。

4. 灾情评估。

由救灾处处长负责，具体工作是：

（1）会同备灾处及时组织有关专家和工作人员赶赴灾区进行现场灾情和需求评估，必要时向国务院报告情况。

（2）灾情基本稳定后，会同备灾处组织召开灾情评估会，通报相关部门。

5. 综合协调。

由救灾处处长负责，具体工作是：

（1）及时与国务院救灾相关部门联系，沟通灾害信息；根据国务院指示或受灾省份请求，通过召开抗灾救灾综合协调会或发函形式，研究支持灾区抗灾救灾的意见。

（2）必要时以全国抗灾救灾综合协调办公室名义向灾区派出联合工作组，指导地方抗灾救灾。

6. 实时工作报告。

由救灾处处长负责，会同备灾处完成。

启动应急响应后，实时向国务院报告救灾工作情况。

（四）响应的终止

灾情基本稳定和救灾工作基本转入常态后，由救灾处提出建议，救灾救济司司长确定四级响应终止，并报告分管副部长、部长。

二、三级响应

（一）灾害损失情形

1. 某一省（区、市）行政区域内，发生水旱灾害，台风、冰雹、雪、低温冷冻、沙尘暴、高温热浪等气象灾害，山体崩塌、滑坡、泥石流等地质灾害，风暴潮、海啸等海洋灾害，森林草原火灾和重大生物灾害等自然灾害，一次灾害过程出现下列情形之一的：

（1）死亡 50 人以上，100 人以下；

（2）紧急转移安置 30 万人以上，80 万人以下；

（3）倒塌房屋 10 万间以上，15 万间以下。

2. 发生 5 级以上破坏性地震，出现下列情况之一：

（1）死亡 50 人以上，100 人以下；

（2）紧急转移安置 30 万人以上，80 万人以下；

（3）倒塌和严重损坏房屋 10 万间以上，15 万间以下。

3. 干旱灾害造成缺粮或缺水等生活困难，需政府救助人数占农牧业人口 20% 以上，或 150 万人以上。

4. 事故灾难、公共卫生事件、社会安全事件等其他突发公共事件造成大量人员伤亡、需要紧急转移安置或生活救助，视情况启动本预案。

5. 对敏感地区、敏感时间和救助能力特别薄弱的“老、少、边、穷”地区等特殊情况，上述标准可酌情降低。

6. 国务院决定的其他事项。

（二）启动程序

按照以下工作流程，启动三级响应（见流程图 2）。

流程图2

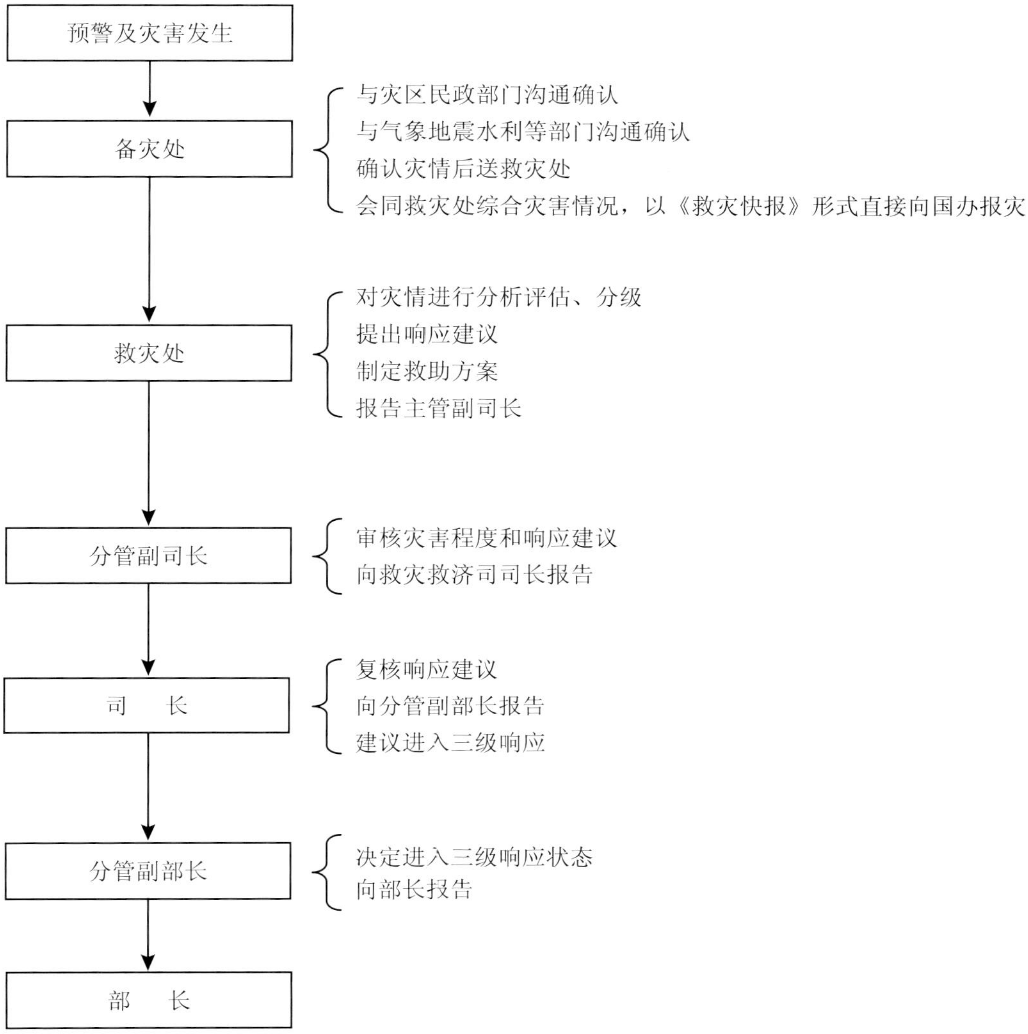

（三）响应措施

1. 人员值班保障。

响应等级确定后，立即启动响应机制，向部长报告，向财政部等相关部门及减灾委正副主任通报，救灾救济司取消休假，实行 24 小时值班，部视频通信系统保证与灾区省份的畅通，以备急需。

2. 灾情信息管理。

由备灾处处长负责，具体工作是：

（1）从灾情发生开始，每 4 小时与灾区省级民政救灾部门联系一次，每日 12 时（根据《国家自然灾害情况统计制度》中零报告制度的时间要求）前要求灾区省级民政救灾部门上报灾情和救灾工作动态信息，必要时可直接与受灾地级或县级民政救灾部门联系，直到灾情基本稳定。

（2）接到灾害信息后2小时内编发《救灾快报》通过办公厅加密专网报中办、国办，同时报民政部部长、副部长、党组成员，发送发展改革委、财政部、农业部、教育部、卫生部、地震局、水利部和气象局等国家减灾委各成员单位。

（3）当因灾死亡人口超过20人时，灾情发生后48小时内编发《中国灾情信息》，报救灾救济司领导签发，分送民政部新闻办、民政部外事司和联合国开发计划署驻京办事处以及外国驻华使领馆等机构，并在民政部网站发布。

（4）会同救灾处和部新闻办不定期组织召开新闻发布会，对外通报灾情和救灾信息。

（5）组织有关部门和专家，分析、评估灾害损失情况，对灾情的发展趋势进行预测。

3. 启动紧急救助。

由救灾处处长负责，具体工作是：

（1）灾情发生后24小时内，建议派出由副部级领导带队，相关部门参加的工作组赶赴灾区慰问受灾群众，核查灾情，了解救灾工作情况，了解灾区政府的救助能力和灾区需求，指导地方抗灾救灾工作。

（2）根据灾区省级政府或民政和财政部门申请，在灾情发生后48小时内制定中央救灾应急资金补助方案并商财政部，按照程序及时下拨到灾区。

（3）灾情发生后48小时内协调备灾处完成向灾区紧急调拨中央救灾储备物资工作，协调落实有关救灾物资的调拨。

（4）监督基层救灾应急措施的落实和救灾款物的规范使用。

（5）灾情基本稳定后，根据受灾省份报告，结合灾情评估报告，制定中央恢复重建资金补助方案并商财政部，按照程序及时下拨到灾区。

4. 灾情评估。

由救灾处处长负责，具体工作是：

（1）会同备灾处及时组织有关专家和工作人员赴灾区进行现场灾情和需求评估，必要时向国务院报告情况。

（2）灾情基本稳定后，会同备灾处组织召开灾情评估会，通报相关部门。

5. 综合协调。

由救灾处处长负责，具体工作是：

（1）及时与国务院救灾相关部门联系，沟通灾害信息；根据国务院指示或受灾省份请求，通过召开抗灾救灾综合协调会或发函形式，研究支持灾区抗灾救灾的意见。

（2）及时落实国务院有关抗灾救灾协调工作。

6. 启动救灾捐赠。

由社会捐助（综合）处处长负责，具体工作是：

（1）每2日向社会公布灾情和灾区需求情况。

（2）公布接受捐赠单位和账号，主动接受社会各界的救灾捐赠。

（3）必要时设立救灾捐赠热线电话，受理捐赠事宜。

（4）及时下拨捐赠款物，对全国救灾捐赠款物进行调剂。

（5）定期公告救灾捐赠款物的接收和使用情况。

7. 实时工作报告。

由救灾处处长负责，会同备灾处完成：

（1）按照国务院要求，定期向国务院报告救灾工作的开展情况。

（2）救灾工作结束后，向国务院报告灾害总体情况和救灾工作开展情况。

（四）响应的终止

灾情基本稳定和救灾工作基本转入常态后，由救灾救济司建议，分管副部长确定三级响应终止，报告部长。

三、二级响应

（一）灾害损失情形

1. 某一省（区、市）行政区域内，发生水旱灾害，台风、冰雹、雪、低温冷冻、沙尘暴、高温热浪等气象灾害，山体崩塌、滑坡、泥石流等地质灾害，风暴潮、海啸等海洋灾害，森林草原火灾和重大生物灾害等自然灾害，一次灾害过程出现下列情形之一的：

（1）死亡 100 人以上，200 人以下；

（2）紧急转移安置 80 万人以上，100 万人以下；

（3）倒塌房屋 15 万间以上，20 万间以下。

2. 发生 5 级以上破坏性地震，出现下列情况之一：

（1）死亡 100 人以上，200 人以下；

（2）紧急转移安置 80 万人以上，100 万人以下；

（3）倒塌和严重损坏房屋 15 万间以上，20 万间以下。

3. 干旱灾害造成缺粮或缺水等生活困难，需政府救助人数占农牧业人口 25% 以上，或 200 万人以上。

4. 事故灾难、公共卫生事件、社会安全事件等其他突发公共事件造成大量人员伤亡、需要紧急转移安置或生活救助，视情况启动本预案。

5. 对敏感地区、敏感时间和救助能力特别薄弱的“老、少、边、穷”地区等特殊情况，上述标准可酌情降低。

6. 国务院决定的其他事项。

（二）启动程序

按照以下工作流程，启动二级响应（见流程图 3）。

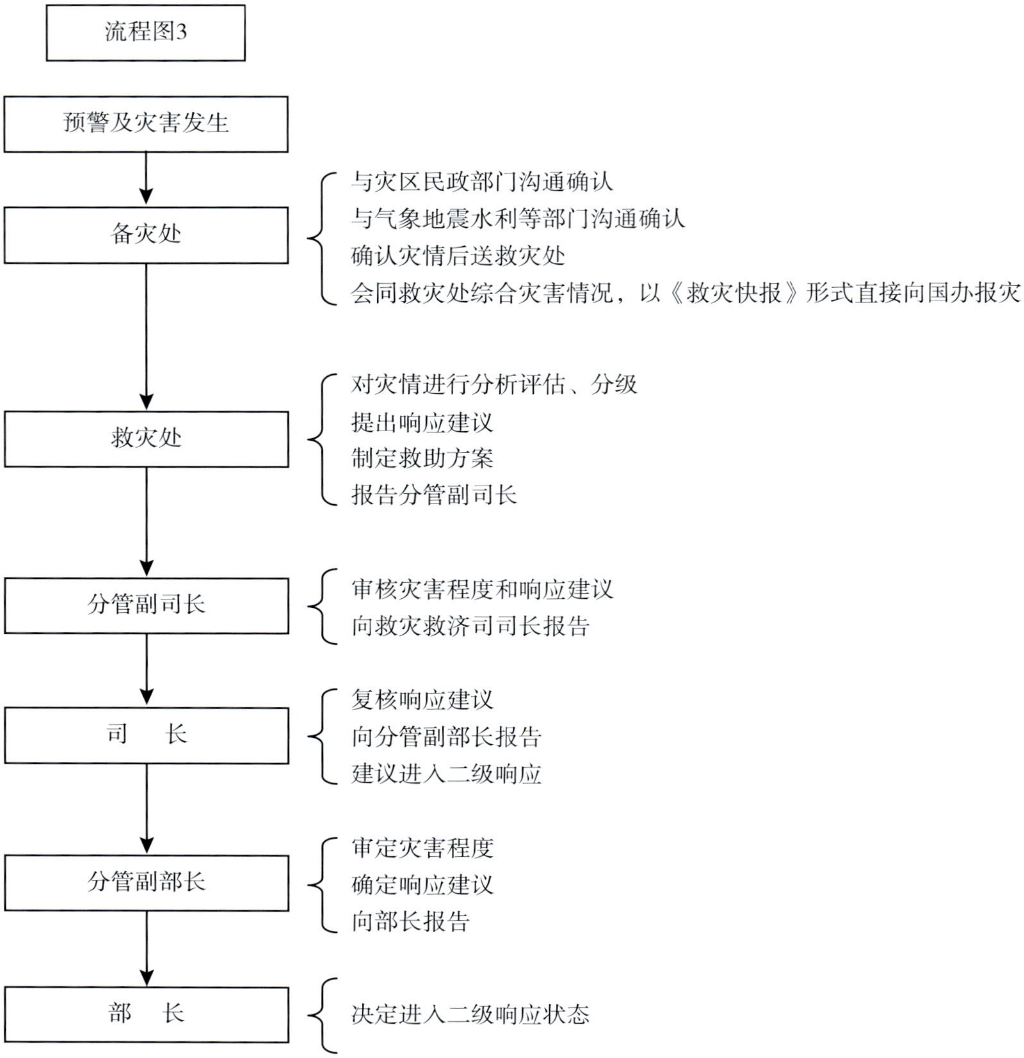

（三）响应措施

1. 人员值班保障。

响应等级确定后，立即启动响应机制，向财政部等相关部门及减灾委正副主任通报，民政部有关司（局）取消休假和一般性出差，实行联合办公。民政部成立救灾应急指挥部，统一组织抗灾救灾工作。民政部视频通信系统保证与灾区省份 24 小时在线，专人值守。

2. 灾情信息管理。

由灾害信息组负责，具体工作是：

（1）从灾害发生开始，每 2 小时与灾区省级民政救灾部门联系一次，要求灾区省级民政救灾部门每日 12 时（根据《国家自然灾害情况统计制度》中零报告制度的时间要求）前上报灾情和救灾工作动态信息，必要时可越级与受灾地级或县级民政救灾部门联系，直到灾情基本稳定。

（2）接到灾害信息后 2 小时内编发《救灾快报》通过办公厅加密专网报中办、国办，同时报民政部部长、副部长、党组成员，发送发展改革委、财政部、农业部、教育部、卫生部、地震局、水利部和气象局等国家减灾委各成员单位。

（3）当因灾死亡人口超过20人时，灾情发生后24小时内编发《中国灾情信息》，报救灾救济司领导签发，分送民政部新闻办、民政部外事司和联合国开发计划署驻京办事处以及外国驻华使领馆等机构，并在民政部网站发布。

（4）会同救灾处和新闻办不定期组织召开新闻发布会，对外通报灾情和救灾信息。

（5）组织有关部门和专家，分析、评估灾害损失情况，对灾害的发展进行预测。

3. 启动紧急救助。

由紧急救援（综合）组负责，具体工作是：

（1）组织协调向灾区派出救灾应急工作组（或救援队），协助灾区政府做好灾害抢险救援工作。

（2）根据灾区省级政府或民政和财政部门申请，在灾情发生后24小时内制定中央救灾应急资金补助方案并商财政部，按照程序及时下拨到灾区。

（3）灾情发生后48小时内协调备灾处完成向灾区紧急调拨中央救灾储备物资工作，协调落实有关救灾物资的调拨，协调铁路、交通、民航等部门紧急调运救灾物资。

（4）监督基层救灾应急措施的落实和救灾款物的规范使用。

（5）灾情基本稳定后，根据受灾省份报告，结合灾情评估报告，制定中央恢复重建资金补助方案并商财政部，按照程序及时下拨到灾区。

（6）及时落实国务院关于保民生等方面的指示。

4. 灾情评估。

由灾害信息组负责，具体工作是：

（1）及时组织有关专家赴灾区进行现场灾情和需求评估，向国务院报告评估结果，向有关部门通报评估情况。

（2）灾情稳定后，组织召开灾情评估会通报相关部门。

5. 综合协调。

由紧急救援（综合）组负责，具体工作是：

（1）灾情发生后24小时内，派出由民政部部级领导带队的抗灾救灾联合工作组赶赴灾区慰问受灾群众，核查灾情，了解救灾工作情况，了解灾区政府的救助能力和灾区需求，指导地方抗灾救灾工作。

（2）视情况建议国务院派出由国务院领导带队的国务院抗灾救灾工作组赴灾区，现场指导抗灾救灾工作。

（3）及时与国务院救灾相关部门联系，沟通灾害信息；根据国务院指示或受灾省份请求，及时召开抗灾救灾综合协调会，研究支持灾区抗灾救灾的意见。

（4）及时落实国务院有关抗灾救灾协调工作。

6. 启动救灾捐赠。

由救灾捐赠组负责，具体工作是：

（1）向社会发布接受救灾捐赠的公告，组织开展跨省（自治区、直辖市）或全国性救灾捐赠活动。

（2）报国务院批准，向国际社会发出救灾援助呼吁。

（3）公布接受捐赠单位和账号，设立救灾捐赠热线电话，主动接受社会各界的救灾捐赠。

（4）每日向社会公布灾情和灾区需求情况。

（5）及时下拨捐赠款物，对全国救灾捐赠款物进行调剂。

（6）定期向社会公告救灾捐赠款物的接收和使用情况。

7. 实时工作报告。

由紧急救援（综合）组负责落实，具体工作是：

（1）按照国务院要求，及时、定期向国务院报告救灾工作情况。

（2）救灾工作结束后，向国务院报灾情评估报告和救灾工作情况。

8. 新闻报道。

由宣传报道组负责，具体工作是：

（1）与国内各大新闻媒体联系，及时审核发布灾情。

（2）宣传各项救灾工作。

（3）宣传有关防灾、抗灾、救灾的知识和灾后卫生防疫常识。

9. 后勤保障。

由后勤保障组负责，具体工作是：

（1）保障公文运转高效畅通。

（2）保障救灾工作用车、通讯畅通，以及救灾工作人员值班时的餐饮等服务工作。

（3）其他后勤保障工作。

（四）响应的终止

灾情基本稳定和救灾工作基本转入常态后，由救灾救济司建议，分管副部长审核，部长确定二级响应终止。

四、一级响应

（一）灾害损失情形

1. 某一省（区、市）行政区域内，发生水旱灾害，台风、冰雹、雪、低温冷冻、沙尘暴、高温热浪等气象灾害，山体崩塌、滑坡、泥石流等地质灾害，风暴潮、海啸等海洋灾害，森林草原火灾和重大生物灾害等自然灾害，一次灾害过程出现下列情形之一的：

（1）死亡 200 人以上；

（2）紧急转移安置 100 万人以上；

（3）倒塌房屋 20 万间以上。

2. 发生 5 级以上破坏性地震，出现下列情况之一：

（1）死亡 200 人以上；

（2）紧急转移安置 100 万人以上；

（3）倒塌和严重损坏房屋 20 万间以上。

3. 干旱灾害造成缺粮或缺水等生活困难，需政府救助人数占农牧业人口 30% 以上，或 250 万人以上。

4. 事故灾难、公共卫生事件、社会安全事件等其他突发公共事件造成大量人员伤亡、需要紧急转移安置或生活救助，视情况启动本预案。

5. 对敏感地区、敏感时间和救助能力特别薄弱的“老、少、边、穷”地区等特殊情况，上述标准可酌情降低。

6. 国务院决定的其他事项。

（二）启动程序

按照以下工作流程，启动一级响应（见流程图 4）。

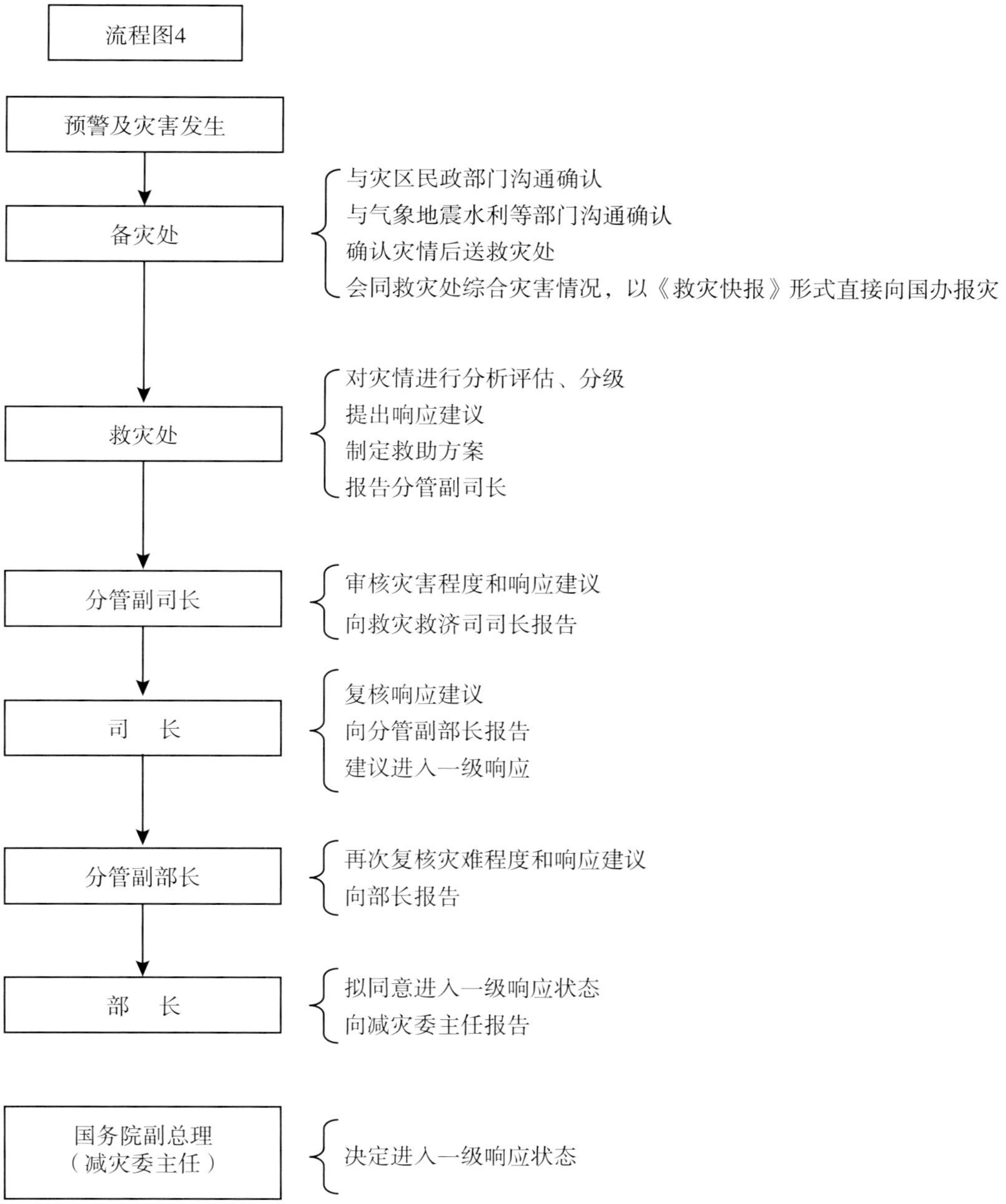

（三）响应措施

1. 接到灾害发生信息后，立即启动响应机制，2 小时内向国务院和减灾委主任报告，之后及时续报有关情况。响应等级确定后，及时向财政部等有关部门，及减灾委正副主任通报，民政部成立救灾应急指挥部，统一组织抗灾救灾工作，民政部全员参加灾害救助工作。民政部视频通信系统保证与灾区省份 24 小时在线，专人值守。

2. 灾情发生后 24 小时内，派出由民政部部级领导带队的抗灾救灾联合工作组赶赴灾区慰问受灾群众，核查灾情，了解救灾工作情况，了解灾区政府的救助能力和灾区需求，指导地方抗灾救灾工作。建议国务院派出由国务院领导或减灾委主任、副主任带队的国务院抗灾救灾工作组。

3. 灾害发生后 24 小时内商财政部下拨中央救灾应急资金，协调铁路、交通、民航等部门紧急调运救灾物资。

4. 建议由减灾委主任主持会商，减灾委成员单位参加，对灾区抗灾救灾的重大事项做出决定。

5. 及时收集、评估、报告灾情信息，每日向减灾委主任报告一次灾情和救灾工作动态信息，重大情况随时报告。

6. 每日 16 时前汇总减灾委成员单位提供的灾害信息，向国务院报告。

7. 组织开展跨省（自治区、直辖市）或者全国性救灾捐赠活动，统一接收、管理、分配国内、国际救灾捐赠款物。

8. 建议以减灾委名义对外通报灾情，呼吁国际救灾援助。

9. 协调发展改革、财政、金融等部门，确保抗灾救灾资金及时到位，协调气象、地震、海洋、水利、国土资源等部门负责灾害的监测、预报，协调发展改革、商务、粮食等部门协助做好灾区粮食、食品等救灾物资的筹措工作，协调铁路、民航、交通等部门负责抗灾救灾人员交通和物资运输，协调卫生部门负责灾区的防疫治病，协调解放军、武警部队等武装力量参加抢险救灾，协调信息产业部门提供通讯保障，协调外交、商务等部门协助做好对外通报信息和国际救灾援助工作，协调公安部门负责灾区社会治安，协调红十字会协助开展灾区医疗和生活救助工作。

10. 及时协调落实党中央、国务院关于抗灾救灾的指示。

（四）响应的终止

灾情基本稳定和救灾工作基本转入常态后，部长提出建议，减灾委主任（国务院副总理）确定一级响应终止。

五、工作规程的修订和完善

本工作规程由救灾救济司根据实际工作开展和人员变动情况进行修订并报分管救灾工作的副部长审定，由部办公厅发布。

附件二

民政部救灾应急指挥部职责、人员组成和联系电话

民政部成立救灾应急指挥部，下设办公室、综合组、紧急救援组、灾害信息组、救灾捐赠组、宣传报道组和后勤保障组。

一、民政部救灾应急指挥部成员及联系电话（电话略）

指 挥 长：李学举　部长
副指挥长：李立国　副部长
成　　员：陈传书　办公厅主任
王振耀　救灾救济司司长
孙建春　人事教育司司长
康　鹏　外事司司长
宋志强　财务和机关事务司司长
朱朝英　驻部监察局局长
刘良玉　机关服务中心主任
邹　铭　救灾救济司副司长

二、民政部救灾应急指挥部办公室成员

主　　任：王振耀　救灾救济司司长
副 主 任：邹　铭　救灾救济司副司长
庞陈敏　救灾救济司副司长
宋继华　救灾救济司巡视员
柳永法　救灾救济司巡视员
李全茂　救灾救济司副巡视员
王杰秀　民政部国家减灾中心副主任
闫志壮　民政部国家减灾中心副主任
冯金社　民政部国家减灾中心副主任
方志勇　民政部国家减灾中心副主任
李京民　民政部国家减灾中心总工程师
成　　员：李保俊　救灾处处长
高玉成　备灾处处长
张晓宁　减灾处（减灾办秘书处）处长

郑远长　社会捐助（综合）处处长

孙浩荃　救灾处副处长

三、各工作组职责

紧急救援（综合）组：负责灾区群众生活安排和各项应急措施的制定与实施；拨付救灾应急资金，调配救灾储备物资；要求地方启动救灾应急预案，检查和督促地方受灾群众生活应急安排措施的落实，对地方的紧急救援工作提出指导意见；综合汇总灾情、救灾及捐赠等情况；向国务院报告救灾工作开展情况；负责制定相关政策、措施和工作建议；组织召开救灾综合协调会，协调解决救灾工作中出现的相关问题；检查督促地方开展各项抗灾救灾工作。

灾害信息组：负责按规定时限掌握灾情，汇总各项灾情数据，并进行初步分析评估；承担专家组赴灾害现场评估灾情和召开灾情损失评估会的组织工作；编发各类灾情和救灾工作信息，向国务院报告并向有关部门通报灾情，对外发布灾情。

救灾捐赠组：负责国内、国际救灾捐赠工作。提出国际救灾援助的对策和建议；与有关部门和单位协调设立捐助热线电话，解答接受救灾捐赠方面的有关问题；接收境内外救灾捐赠款物；就有关捐赠问题，与外交部、商务部及我驻外使领馆进行协调，与联合国有关机构和其他国际组织、外国驻华使馆进行联络；接待外方捐赠者和有关人士，举办各种形式的捐赠仪式；分配和公告救灾捐赠款物。

宣传报道组：负责接待新闻单位及记者。组织新闻单位对灾情、救灾工作及捐赠工作进行报道；审查新闻宣传报道材料，适时组织召开新闻发布会。

后勤保障组：负责调配开展工作的办公场所，供应办公设备及用品。制定办公室值班日程和值班人员计划；办公室运转的其他后勤保障事务。

四、各工作组人员组成及联系电话（电话略）

紧急救援（综合）组：由救灾救济司、办公厅及国家减灾中心有关人员组成。

组长：李保俊

灾害信息组：由救灾救济司、办公厅及国家减灾中心有关人员组成。

组长：高玉成

救灾捐赠组：由救灾救济司、财务和机关事务司、外事司、监察局和国家减灾中心有关人员组成。

组长：郑远长

宣传报道组：由救灾救济司和部新闻办人员组成。

组长：李全茂

后勤保障组：由救灾救济司和部机关服务中心有关人员组成。

组长：孙浩荃

五、各地值班

每年6月15日至9月15日，各地民政部门进入24小时汛期值班，向民政部报告值班电话和联系方式。

中华人民共和国民政部令

第35号

《救灾捐赠管理办法》已经2007年10月26日第二次部务会议原则通过，现予公布，自公布之日起施行。

部长　李学举

二〇〇八年四月二十八日

救灾捐赠管理办法

第一章　总　则

第一条　为了规范救灾捐赠活动，加强救灾捐赠款物的管理，保护捐赠人、救灾捐赠受赠人和灾区受益人的合法权益，根据《中华人民共和国公益事业捐赠法》和《国家自然灾害救助应急预案》，制定本办法。

第二条　在发生自然灾害时，救灾募捐主体开展募捐活动，以及自然人、法人或者其他组织向救灾捐赠受赠人捐赠财产，用于支援灾区、帮助受灾群众的，适用本办法。

本办法所称救灾募捐主体是指在县级以上人民政府民政部门登记的具有救灾宗旨的公募基金会。

第三条　本办法所称救灾捐赠受赠人包括：

（一）县级以上人民政府民政部门及其委托的社会捐助接收机构；

（二）经县级以上人民政府民政部门认定的具有救灾宗旨的公益性民间组织；

（三）法律、行政法规规定的其他组织。

第四条　救灾捐赠应当是自愿和无偿的，禁止强行摊派或者变相摊派，不得以捐赠为名从事营利活动。

第五条 救灾捐赠款物的使用范围：

（一）解决受灾群众衣、食、住、医等生活困难；

（二）紧急抢救、转移和安置受灾群众；

（三）受灾群众倒塌房屋的恢复重建；

（四）捐赠人指定的与救灾直接相关的用途；

（五）经同级人民政府批准的其他直接用于救灾方面的必要开支。

第六条 国务院民政部门负责管理全国救灾捐赠工作。

县级以上地方人民政府民政部门负责管理本行政区域内的救灾捐赠工作。

第七条 对于在救灾捐赠中有突出贡献的自然人、法人或者其他组织，县级以上人民政府民政部门可以予以表彰。对捐赠人进行公开表彰，应当事先征求捐赠人的意见。

第二章 组织捐赠与募捐

第八条 国务院民政部门可以根据灾情组织开展跨省（自治区、直辖市）或者全国性救灾捐赠活动，县级以上地方人民政府民政部门按照部署组织实施。

经同级人民政府批准，县级以上地方人民政府民政部门组织开展本行政区域内的救灾捐赠活动，但不得跨区域开展。

在县级以上地方人民政府民政部门开展的救灾捐赠活动中，同级人民政府辖区内的各系统、各部门、各单位在本系统、本部门、本单位内组织实施。

第九条 开展义演、义赛、义卖等大型救灾捐赠和募捐活动，举办单位应当在活动结束后30日内，报当地人民政府民政部门备案。备案内容包括：举办单位、活动时间、地点、内容、方式及款物用途等。

第十条 具有救灾宗旨的公募基金会，可以依法开展救灾募捐活动，但在发生自然灾害时所募集的资金不得用于增加原始基金。

第三章 接受捐赠

第十一条 县级以上人民政府民政部门接受救灾捐赠款物，根据工作需要可以指定社会捐助接收机构、具有救灾宗旨的公益性民间组织组织实施。

乡（镇）人民政府、城市街道办事处受县（县级市、市辖区）人民政府委托，可以组织代收本行政区域内村民、居民及驻在单位的救灾捐赠款物。代收的捐赠款物应当及时转交救灾捐赠受赠人。

第十二条 救灾捐赠受赠人应当向社会公布其名称、地址、联系人、联系电话、银行账号等。

第十三条 自然人、法人或者其他组织可以向救灾捐赠受赠人捐赠其有权处分的合法财产。

法人或者其他组织捐赠其自产或者外购商品的，需要享受税收优惠政策的，应当提供相应的发票及证明物品质量的资料。

第十四条 救灾捐赠受赠人接受救灾捐赠款物时，应当确认银行票据，当面清点现金、验收物资。捐赠人所捐款物不能当场兑现的，救灾捐赠受赠人应当与捐赠人签订载明捐赠款物种类、质量、数量和兑现时间等内容的捐赠协议。

捐赠人捐赠的食品、药品、生物化学制品应当符合国家食品药品监督管理和卫生行政等政府相关部门的有关规定。

第十五条　救灾捐赠受赠人接受救灾捐赠款物后，应当向捐赠人出具符合国家财务、税收管理规定的接收捐赠凭证。

第十六条　对符合税收法律法规规定的救灾捐赠，捐赠人凭捐赠凭证享受税收优惠政策，具体按照国家有关规定办理。

第四章　境外救灾捐赠

第十七条　国务院民政部门负责对境外通报灾情，表明接受境外救灾捐赠的态度，确定受援区域。

第十八条　国务院民政部门负责接受境外对中央政府的救灾捐赠。

县级以上地方人民政府民政部门负责接受境外对地方政府的救灾捐赠。

具有救灾宗旨的公益性民间组织接受境外救灾捐赠，应当报民政部门备案。

法律、行政法规另有规定的除外。

第十九条　救灾捐赠受赠人接受的外汇救灾捐赠款按国家外汇管理规定办理。

第二十条　境外救灾捐赠物资的检验、检疫、免税和入境，按照国家的有关规定办理。

第二十一条　对免税进口的救灾捐赠物资不得以任何形式转让、出售、出租或者移作他用。

第五章　救灾捐赠款物的管理和使用

第二十二条　救灾捐赠受赠人应当对救灾捐赠款指定账户，专项管理；对救灾捐赠物资建立分类登记表册。

第二十三条　具有救灾宗旨的公益性民间组织应当按照当地政府提供的灾区需求，提出分配、使用救灾捐赠款物方案，报同级人民政府民政部门备案，接受监督。

第二十四条　在国务院民政部门组织开展的跨省（自治区、直辖市）或者全国性救灾捐赠活动中，国务院民政部门可以统一分配、调拨全国救灾捐赠款物。

第二十五条　国务院民政部门负责调拨的救灾捐赠物资，属境外捐赠的，其运抵口岸后的运输等费用由受援地区负担；属境内捐赠的，由捐赠方负担。

县级以上地方人民政府民政部门负责调拨的救灾捐赠物资，运输、临时仓储等费用由地方同级财政负担。

第二十六条　县级以上人民政府民政部门根据灾情和灾区实际需求，可以统筹平衡和统一调拨分配救灾捐赠款物，并报上一级人民政府民政部门统计。

对捐赠人指定救灾捐赠款物用途或者受援地区的，应当按照捐赠人意愿使用。在捐赠款物过于集中同一地方的情况下，经捐赠人书面同意，省级以上人民政府民政部门可以调剂分配。

发放救灾捐赠款物时，应当坚持民主评议、登记造册、张榜公布、公开发放等程序，做到制度健全、账目清楚，手续完备，并向社会公布。

县级以上人民政府民政部门应当会同监察、审计等部门及时对救灾捐赠款物的使用发放情况进行监督检查。

捐赠人有权向救灾捐赠受赠人查询救灾捐赠财产的使用、管理情况，并提出意见和建议。对于捐赠人的查询，救灾捐赠受赠人应当如实答复。

第二十七条　对灾区不适用的境内救灾捐赠物资，经捐赠人书面同意，报县级以上地方人民政府民政部门批准后可以变卖。

对灾区不适用的境外救灾捐赠物资，应当报省级人民政府民政部门批准后方可变卖。

变卖救灾捐赠物资应当由县级以上地方人民政府民政部门统一组织实施，一般应当采取公开拍卖方式。

变卖救灾捐赠物资所得款必须作为救灾捐赠款管理、使用，不得挪作他用。

第二十八条　可重复使用的救灾捐赠物资，县级以上地方人民政府民政部门应当及时回收、妥善保管，作为地方救灾物资储备。

第二十九条　接受的救灾捐赠款物，受赠人应当严格按照使用范围，在本年度内分配使用，不得滞留。如确需跨年度使用的，应当报上级人民政府民政部门审批。

第三十条　救灾捐赠款物的接受及分配、使用情况应当按照国务院民政部门规定的统计标准进行统计，并接受审计、监察等部门和社会的监督。

第三十一条　各级民政部门在组织救灾捐赠工作中，不得从捐赠款中列支费用。经民政部门授权的社会捐助接收机构、具有救灾宗旨的公益性民间组织，可以按照国家有关规定和自身组织章程，在捐赠款中列支必要的工作经费。捐赠人与救灾捐赠受赠人另有协议的除外。

第三十二条　救灾捐赠、募捐活动及款物分配、使用情况，由县级以上人民政府民政部门统一向社会公布，一般每年不少于两次。集中捐赠和募捐活动一般应在活动结束后一个月内向社会公布信息。

第六章　法律责任

第三十三条　捐赠人应当依法履行捐赠协议，按照捐赠协议约定的期限和方式将捐赠财产转移给救灾捐赠受赠人。对不能按时履约的，应当及时向救灾捐赠受赠人说明情况，签订补充履约协议。救灾捐赠受赠人有权依法向协议捐赠人追要捐赠款物，并通过适当方式向社会公告说明。

第三十四条　挪用、侵占或者贪污救灾捐赠款物的，由县级以上人民政府民政部门责令退还所用、所得款物；对直接责任人，由所在单位依照有关规定予以处理；构成犯罪的，依法追究刑事责任。

依照前款追回、追缴的款物，应当用于救灾目的和用途。

第三十五条　救灾捐赠受赠人的工作人员，滥用职权，玩忽职守，徇私舞弊，致使捐赠财产造成重大损失的，由所在单位依照有关规定予以处理；构成犯罪的，依法追究刑事责任。

第七章　附　则

第三十六条　在境外发生特大自然灾害时，需要组织对外援助时，由国务院民政部门参照本办法组织实施社会捐赠，统一协调民间国际援助活动。

第三十七条　自然灾害以外的其他突发公共事件发生时，需要组织开展捐赠活动的，参照本办法执行。

第三十八条　本办法自发布之日起施行。2000 年 5 月 12 日民政部发布的《救灾捐赠管理暂行办法》同时废止。

民政部关于组织开展向地震灾区捐赠工作的通知

（民电〔2008〕66号）

各省、自治区、直辖市民政厅（局），新疆生产建设兵团民政局：

5 月 12 日下午 2 时 28 分，四川省汶川县发生 7.8 级强烈地震灾害，波及陕西、甘肃、云南、重庆等省（市）。本次地震灾害损失十分严重。根据党中央、国务院的总体部署，为帮助灾区做好抗震救灾工作，现就做好救灾捐赠工作通知如下：

一、请各地积极响应党中央、国务院关于开展抗震救灾工作的号召，动员党员、干部带头，发扬“一方有难、八方支援”的中华民族优良传统，积极为灾区捐赠救灾款物。

二、各地民政部门要根据《救灾捐赠管理办法》（民政部令第 35 号）的要求，具体负责组织和协调本地区开展救灾捐赠活动。

三、由于灾区道路受阻，目前鼓励以捐赠资金为主，并适当接收必要的生活类救灾物资，主要是：棉衣、绒衣、棉被、雨衣、雨具、帐篷、毛毯、净水器、手电筒、塑料布等（最好为新品）。

四、各地应及时将捐赠款物送往灾区，并于每天下午 4:00 前将当日的捐赠情况及款物拨付灾区情况报我部救灾救济司，我部将视情况统筹调拨救灾捐赠款物。

二〇〇八年五月十三日

民政部关于进一步做好抗震救灾工作的紧急通知

（民电〔2008〕75号）

各省、自治区、直辖市民政厅（局），计划单列市民政局，新疆生产建设兵团民政局：

5月12日下午，四川省汶川县发生7.8级地震，造成重大人员伤亡和巨大经济损失，四川、甘肃、陕西、重庆、云南、湖北等地均受到灾害影响。灾害发生后，在党中央、国务院和地方各级党委、政府的坚强领导下，灾区各级民政部门全力以赴，积极参与抗震救灾工作，较好地保障了受灾群众的基本生活。全国民政系统紧急行动，采取有力措施，全力支援灾区。目前，抗震救灾各项工作正在有力有序有效进行。同时，必须看到，灾区大部分地区交通通讯、供电供水尚未全面恢复，群众帐篷、食品、衣被、饮用水等生活必需品的供应还十分紧张，受灾群众基本生活保障还面临着较大困难。

人民利益高于一切，群众生命重于一切。当前，抗震救灾正处于关键阶段，灾区各级民政部门及广大干部职工要继续全力以赴地奋战在抗震救灾第一线，急灾区群众之所急、办灾区群众之所需、解灾区群众之所难，扎实做好抗震救灾各项工作。全国民政系统要进一步大力发扬“一方有难、八方支援”的精神，万众一心、众志成城，迎难而上、百折不挠，坚决打胜抗震救灾这场硬仗。为进一步做好当前抗震救灾的各项工作，现将有关事项紧急通知如下：

一、充分认识抗震救灾工作的长期性、艰巨性和紧迫性

此次地震灾害重灾区面积超过10万平方公里，影响范围广，人员伤亡多，抢救难度大，损失十分严重。据初步统计，截至5月16日14时，已造成22069人死亡，168669人受伤，遇难人数估计在5万人以上。随着时间的推移，余震有可能引发次生和衍生灾害，损失有可能进一步加大。地震灾区特别是重点市、县，伤亡群众的妥善处理和救治、受灾群众生活救助和灾区倒房恢复重建等任务极其繁重。同时，地震灾害也给灾区民政机关造成严重损失，基层民政力量严重不足，抗震救灾工作面临严峻挑战和困难。各级民政部门必须清醒认识当前抗震救灾工作的长期性、艰巨性和复杂性，把抗震救灾作为当前最重要最紧迫的任务，务必高度重视，切实加强领导，统筹安排，毫不松懈，全力以赴，千方百计克服各种困难，切实做好各项抗灾救灾工作，夺取抗震救灾的全面胜利。

二、切实履行民政部门抗灾救灾综合协调职能，全面落实各项救灾工作部署

为贯彻落实5月12日中央政治局常委会议精神，根据国务院抗震救灾总指挥部的部署，已由民政部牵头，联合外交、发展改革、财政、商务和红十字总会等部门（单位）联合成立群众生活组，主要负责协调解决当前灾区受灾群众转移、安置、生活安排，群众生活必需品保障，救灾物资紧急采购、调运以及救灾捐赠等重大问题，确保灾区群众的基本生活。受灾地区各级民政部门要以对人民群众高度负责的态度，切实履行职责，充分发挥综合协调作用，认真做好抗震救灾的各项工作。属民政部门职责任务范围内的，要立即采取有力措施解决；属有关部门职责任务的，要主动与有关部门沟通协调，迅速解决问题；如地方解决确有困难的，要按照问题的归属关系，及时由本省主管部门向国务院主管部门或由民政部门牵头，及时向国务院抗震救灾总指挥部生活保障组报告。

灾区各级民政部门要在当地党委、政府的统一领导下，全力配合人民解放军、武警部队和有关部门做好被困群众救援工作，尽快把有生还希望的群众抢救出来；要继续全力以赴做好受灾群众生活保障工作，根据灾区群众基本生活需求，继续筹措和调运灾区急需的食品、饮用水、衣被、帐篷等物资，并在重灾区广泛设立民政救助站点和受灾群众安置点，及时从重灾区和边远灾区把受灾群众转移出来，妥善安置，发放救灾物资，切实解决好受灾群众的吃饭、饮水、穿衣、住宿等问题，有效保障受灾群众的基本生活；要进一步做好灾情和救灾信息的统计、分析和报送工作，采取有效措施，切实保证灾情和救灾工作信息及时、准确上报，为领导决策提供参考；要及早筹划受灾群众倒房恢复重建工作。此次地震灾害导致灾区房屋倒塌损坏严重，而且倒房比较集中，恢复重建压力非常大。各地民政部门要在地方党委、政府的领导下，抓紧牵头研究受灾群众倒房恢复重建工作，尽快制定受灾群众倒房恢复重建方案。要及时抽调和组织人员支援重灾县（市、区）和重点乡镇，充实灾区一线工作力量，确保各项工作落实到位。

三、扎实做好各项军供保障工作

为做好抗震救灾工作，根据党中央、中央军委的决策部署，一大批解放军和武警部队迅速从各地赶往四川等地震灾区，全力投入抢险救援。军供站承担着为过往部队和武警官兵提供饮食饮水、盥洗休整、临时住宿和日常生活物资供应等保障职能。扎实做好各项军供保障工作，对于夺取抗震救灾全面胜利具有重要意义。各有关地区民政部门，要切实加强对军供工作的组织领导，及时通报供应任务，指导各军供站做好救灾部队、武警官兵的饮食供应和其他保障任务；要加强与有关部门的沟通和协调，及时解决工作中遇到的经费、运输、供应等方面的实际困难，为完成军供任务提供必要条件；沿途和灾区军供站要制定有力措施，及时启动应急供应预案，加强设施设备检修，补充物资食品储备，认真做好持续供应和应急保障工作。

四、精心组织救灾捐赠工作

四川汶川地震发生后，社会各界积极响应党和政府的号召，踊跃捐款捐物，全力支援灾区。各地民政部门大力发扬“一方有难、八方支援”的精神，迅速进行社会动员，募集了大量救灾资金和物资，有力地支援了受灾地区的救灾工作。截至5月17日12时，全国共接收海内外捐赠款物60.23亿元（其中捐款51.83亿元），其中接收国内捐助款物49.05亿元（其中捐款41.85亿元）、接收国外20个国家政府和4个国际机构捐助款物折合人民币11.18亿元（其中捐款9.98亿元）。各级民政部门要按照党中央、国务院的部署和要求，根据《救灾捐赠管理办法》（民政部部长令第35号）的规定，进一步加大工作力度，精心组织和协调好本地区的救灾捐赠活动，积极动员社会各界参与救灾捐赠，为抗震救灾提供重要支持；要按照“公开、透明”的要求，加强对捐赠物资和资金的管理，采取有效措施，及时将捐赠款物尽快发放到受灾群众手中，杜绝发生挤占、挪用等违法违纪行为。

五、充分发挥城乡基层政权组织、群众性自治组织和社会组织在抗震救灾中的重要作用

城乡基层政权组织、群众性自治组织和社会组织是党和政府联系人民群众的桥梁和纽带，是参与抗灾救灾和灾后恢复重建的重要力量。各级民政部门要认真组织和鼓励城乡基层政权组织、群众性自治组织和社会组织积极参与抗震救灾的有关工作，充分发挥其在抗震救灾中的重要作用。灾区各级民政部门要组织城乡基层政权组织和群众性自治组织在当地党委、政府的统一领导下，充分发挥其自身优势，协助做好被困群众的搜救工作、遇难群众的善后工作和遇难群众家属的安抚工作，协助有关部门加强灾区社会治安管理和防范控制；引导城乡基层政权组织和群众性自治组织广泛动员志愿者参与抗震救灾工作，为灾区群众提供各种志愿服务，积极组织灾区群众开展自救和互救工作，促进灾区恢复重建；各级民政部门要鼓励社会组织充分发挥各自专长，利用自身在动员力量、整合资源、扩大服务等方面的优势，主动配合各级党委和政府，规范、有序地为抗震救灾提供专业服务；要围绕抗震救灾的具体需要，引导和规范公益慈善类组织积极动员广大会员和社会力量向地震灾区捐款捐物，帮助灾区人民共渡难关；要组织专业社会工作人才，发挥其专业和技能优势，认真做好受灾群众尤其是孤儿的心灵抚慰和心理康复工作。

六、认真做好地震灾区有关社会福利和社会事务工作

以人为本、认真做好地震灾区有关社会福利和社会事务工作，是抗震救灾工作的重要内容，是维护灾区社会稳定、促进灾区恢复重建的基本要求。灾区各级民政部门要在各级党委和政府的领导下，准确把握政策，切实做好遇难群众的善后工作，妥善做好遇难人员遗体处理、遇难群众

家属的安抚工作，确保灾区社会稳定，人心安定；要充分发挥社会福利机构的重要作用，妥善安置因地震灾害失去亲人的孤儿、孤老；要及时研究因灾致孤未成年人的救助保护问题，采取有效措施，确保他们的生活和学习早日恢复正常；适时逐步依法开展地震灾区孤儿的收养工作，使符合法定条件的收养申请人依法收养灾区孤儿；各地民政部门要积极指导救助管理机构参与抗震救灾的有关工作，努力维护社会稳定。

七、积极做好抗震救灾信息和宣传工作

各级民政部门要进一步加强抗震救灾信息和宣传工作，为抗震救灾工作的顺利推进提供重要保障。要按照民政部有关文件要求，切实加强对抗震救灾信息工作的领导，围绕救灾工作大局，提高政务信息质量，完善信息报送手段，保证信息报送时效，确保抗震救灾信息及时、准确上报民政部；要进一步加强与宣传部门和新闻媒体的沟通协调，组织新闻媒体尤其是民政媒体大力宣传党中央、国务院关于抗震救灾工作的决策部署，全面报道各级民政部门开展抗震救灾的重要举措，及时宣传民政系统在抗震救灾中涌现出来的典型人物，广泛报道社会各界支援灾区的感人事迹，不断增强人民群众战胜灾害的信心，为开展抗震救灾工作创造良好的社会环境和舆论氛围。

二〇〇八年五月十七日

中国红十字会总会关于切实做好“5·12”地震募捐款物管理、使用工作的通知

（红总字〔2008〕39号）

各省、自治区、直辖市红十字会，新疆生产建设兵团红十字会，铁路、商业系统红十字会：

“5·12”地震发生以来，全国乃至国际社会给予了广泛关注，全国红十字系统也在第一时间行动起来，广泛开展募捐工作，向灾区提供援助，在此次地震灾害救援工作中发挥了重要的作用，受到了党和政府以及社会各界的好评。

此次地震灾害损失惨重，社会影响极大，公众捐助热情很高，各级红十字会在积极发动社会募捐的同时，要进一步加强对救灾资金和物资的使用管理，根据《中华人民共和国红十字会法》以及《中国红十字会灾害救助规则》有关规定，现将有关问题通知如下：

一、继续做好募捐动员工作

目前地震灾区的救援工作还在紧张进行，灾区在紧急阶段及灾后重建阶段的需求十分巨大，仍需要我们进一步动员社会各界，向灾区捐款捐物，支援灾区救援和建设工作。

二、切实加强捐赠款物的管理和使用

社会各界高涨的捐赠热情对于灾区救援和重建工作十分有利，但同时对红十字系统是一次极大的考验，各级红十字会要本着对灾区人民负责，对捐赠人负责的态度，切实提高维护红十字会形象和信誉的意识，做好捐赠款物的管理和使用。

（一）做到专款专用

对于捐赠资金的使用要结合灾区需求并尊重捐赠者意愿，用于紧急救助阶段的资金要及时拨付使用，用于重建阶段的资金要妥善保管，待重建项目阶段立即执行。总会再次强调，公众为此次地震灾害所捐赠的款物必须专款专用，严禁以转入备灾基金等名义扣留、挪用、截留或用作其他事项。对于捐赠物资要做好登记和接收工作，在征得灾区红十字会同意后及时运抵灾区。

（二）做好使用计划

此次地震灾害社会捐赠资金量大，各地要根据救灾工作进展切实安排好资金使用。“5·12”地震捐款可根据捐赠者意愿用于紧急阶段和重建阶段，紧急阶段可用于救灾物资的采购以及灾区救援队的保障。鉴于震区的重建工作需求量十分巨大，各地要安排一定比例的捐款用于灾后重建，各受灾省红十字会要积极争取将红十字会的重建项目纳入政府重建计划之内，可由政府交任务或分区域，由红十字会依法独立执行。

（三）监督与审计

各级红十字会要及时向社会公布募捐情况及资金物资使用情况，提高透明度，同时要自觉接受和配合审计部门的审计工作。

对于救助款物在接收、分配、使用等环节产生的文件、票据及相关资料等，应妥善保存，随时做好接受审计准备。

任何组织和个人不得侵占、截留、贪污、挪用救灾款物，不得违反采购规定和纪律，不得徇私舞弊和玩忽职守，违者依法惩处，追究相关责任。

近期以来，各级红十字会面对极其严重的灾情，不畏艰险，忘我工作，为地震灾区救助工作作出了积极的努力。当前，正处于地震灾区救助的关键时期，各级红十字会要再接再厉，进一步发扬“人道、博爱、奉献”的红十字精神，增强责任感和使命感，充分发挥政府人道领域助手的作用，切实把救灾工作作为当前的首要任务抓紧、抓实、抓好，为夺取地震救助工作的全面胜利做出应有的贡献。

二〇〇八年五月十八日

中国红十字会总会关于加强“5·12”地震捐赠款物管理的紧急通知

（红总字〔2008〕42号）

各省、自治区、直辖市红十字会，新疆生产建设兵团红十字会，铁路、商业系统红十字会：

“5·12”地震发生后，总会向国内外发出紧急呼吁，得到全国及国际社会的广泛响应，各级红十字会已收到大量的捐赠款物，为切实加强捐赠款物的管理，提高抗震救灾资金的使用效益，现就有关要求通知如下：

一、切实加强捐赠款物的接收管理工作，各级分会收到捐款后，必须向捐赠者提供表明物资数量、规格和价值等相关信息的捐赠函，并尽可能取得物价部门的认定。

二、尊重捐赠者意愿，严格按照指定用途管理使用捐赠款物，各级分会接收的“5·12”地震捐赠，要全部用于抗震救灾工作，严禁以转入红十字基金等名义扣留、挪用或用作其他事项，不得随意改变款物用途，如确需改变用途的，应当征得捐款者的书面同意。

三、各级红十字会接收的“5·12”地震捐款，可用于救助物资的采购、运输、分发，购建灾民临时性住房，重建灾民永久性住房、学校、卫生院站，志愿工作者招募，红十字救援队（含医疗队、救护服务队、心理救援服务队）等支出。有直接捐赠意向的款物要按照捐赠者意愿进行定向救助。不得在“5·12”地震灾害捐款中提取管理费。

四、严格救灾物资接收、采购、分配及日常管理和监督。紧急阶段的物资采购，可按照“急事急办、特事特办”的原则，快速拨付救灾资金，并及时完善采购审批文件。重建项目的物资采购，要严格执行《中华人民共和国政府采购法》，规范采购行为，提高采购资金的使用效益。

五、积极维护红十字会的公信力，各级分会要及时向社会公告接受捐款的收支情况，方便捐赠者了解捐赠款到账和使用情况，对捐赠方要求提供单独财务报告或接受单独审计的项目资金应进行分账明细核算，妥善保存相关的救灾文件、合同及会计资料等，保证档案的真实、完整，接受社会监督，配合政府部门的专项审计工作。

各级红十字会要认真贯彻落实上述各项要求，规范捐赠款物管理，确保“5·12”地震捐赠款物全部用于抗震救灾工作，执行中发现的问题，请及时反馈总会。

二〇〇八年五月二十二日

财政部关于社会捐赠资金购建过渡安置房有关问题会议纪要

为落实国务院抗震救灾总指挥部第11次会议关于统筹考虑财政补助资金和社会捐赠资金用于汶川地震灾区群众过渡安置房建设的精神，加快过渡安置房建设进度，2008年5月27日和28日，财政部社会保障司召集住房城乡建设部综合财务司、民政部财务和机关事务司、中国红十字会总会办公室、中华慈善总会等单位有关人员在财政部召开两次会议，专题研究使用社会捐赠资金为汶川地震灾区购建过渡安置房问题，会议确定了如下事项：

一、社会捐赠资金用于购建过渡安置房的初步安排

截至5月28日，接受社会捐赠的部门、组织和单位同意用于购建过渡安置房的社会捐赠资金合计10.92亿元，其中中国红十字会总会5亿元、民政部4.92亿元（含定向用于甘肃灾区的1亿元）、中华慈善总会1亿元。中国红十字会总会、中华慈善总会等表示，今后将根据募集的社会捐赠资金情况，继续支持汶川地震灾区过渡安置房购建工作。

二、社会捐赠资金购建过渡安置房的办法

（一）中国红十字会总会安排的5亿元，由总会拨付给上海、广东两省（市）红十字会分会各2.5亿元，再由上述两省（市）根据本省（市）有关规定统筹用于过渡安置房建设。财政部已要求广东、上海两省（市）财政部门协助当地红十字会分会拨付资金。

（二）民政部安排的4.92亿元，由于此前已作为预算外资金由财政部财政专户核拨民政部，由民政部直接划拨给北京市和浙江省民政厅（局），其中北京市2.92亿元、浙江省2亿元，再由上述两省（市）根据本省（市）有关规定统筹用于过渡安置房建设。财政部已要求北京、浙江两省（市）财政部门同当地民政部门衔接好。

（三）中华慈善总会安排的1亿元，具体操作方式比照中国红十字会总会执行。

三、会议确定的其他事项

（一）关于捐赠资金用于购建过渡安置房标识问题。为体现社会捐赠资金对过渡安置房建设的支持，将在过渡安置房上印制有关标识，其中在所有配套小学、医疗诊所的适当位置，悬挂标有中国红十字会总会徽标和“中国红十字会总会援建”字样的标牌；在所有配套中学的适当位置，悬挂标有“民政部接收社会各界捐款援建”字样；在所有配套商店的适当位置，悬挂标有中

华慈善总会徽标和“中华慈善总会援建”字样的标牌。住房城乡建设部承诺负责落实此事。

（二）与会各方一致决定，将两次会议的内容形成纪要，民政部、中国红十字会总会和中华慈善总会将据此向有关省（市）下发文件拨付资金，并对资金使用提出要求。

财政部经济建设司
住房和城乡建设部综合财务司
民政部财务与机关事务司
中国红十字会总会办公室
中华慈善总会
二〇〇八年六月二日

民政部公告

（2008年第108号）

为贯彻落实国务院办公厅《关于加强汶川地震抗震救灾捐赠款物管理使用的通知》（国办发〔2008〕39号）和中央纪委等五部委《关于加强对抗震救灾资金物资监管的通知》（中纪发〔2008〕12号）要求，现就办理社会组织在此次抗震救灾中开展救灾募捐活动和接收救灾捐赠款物转交有关事项公告如下：

一、没有救灾宗旨的公募基金会以救灾名义开展募捐活动，应经同级民政部门批准。未经批准已经开展募捐活动的公募基金会在本公告发布7日内，到同级民政部门补办审批手续。全国性公募基金会持有关材料到民政部民间组织管理局办理审批手续。具体办理程序登录中国社会组织网查询或电话咨询民间组织管理局（咨询电话：58123056、58123055）。

二、其他社会组织接收的救灾捐赠款物应当在本公告发布后15日内，转交给县级以上人民政府民政部门或其委托的社会捐助接收机构、红十字会、慈善会等具有救灾宗旨的公募基金会。

三、红十字会、慈善会等具有救灾宗旨的公募基金会和经批准可以开展救灾募捐的其他公募基金会，要按照属地管理原则，将救灾捐赠款物的接收和分配使用情况报同级民政部门汇总统计。中国红十字会总会、中华慈善总会和经批准可以开展救灾募捐的其他全国性公募基金会，应将捐赠款物的接收和分配使用情况每日中午12:00前报民政部。

四、红十字会、慈善会等具有救灾宗旨的公募基金会和经批准可以开展救灾募捐的其他公募基金会，要主动向社会公布捐赠款物的接收和分配使用详细情况，接受社会监督。

五、各级社会组织登记管理机关，在进行2008年年度检查时，将重点检查社会组织开展救灾募捐情况。

二〇〇八年六月九日

民政部、财政部、住房和城乡建设部关于进一步做好汶川地震灾区救灾款物使用管理的通知

（民发〔2008〕82号）

四川、甘肃、陕西、云南、重庆五省（直辖市）民政厅（局）、财政厅（局）、建设厅（建委）：

汶川地震发生以来，各地民政、财政、住房和城乡建设部门在国务院抗震救灾总指挥部的统一领导下，迅速拨付救灾资金，全力组织帐篷和活动板房等的采购、生产和调运，抓紧出台灾区困难群众临时生活救助政策，广泛发动社会捐助，有力保障了灾区群众的基本生活，促进了灾区社会的稳定，极大地鼓舞了灾区人民战胜灾难、重建家园的信心和勇气。由于此次灾害突如其来，破坏性之强、波及范围之广、救灾难度之大实为历史罕见，致使抗震救灾工作遇到不少新情况，特别是救灾款物的使用管理方面，不同程度存在着资金滞留基层较多、捐赠款物与灾区需求脱节、捐赠款物统计和管理不够规范、救助政策不够细化、临时安置方式不够灵活等问题。根据国务院领导的指示精神，为进一步做好汶川地震灾区救灾款物使用管理工作，现就有关问题通知如下：

一、及时审核拨付各项救灾资金

汶川地震发生后，各级财政部门按照“急事急办、特事特办”的原则，陆续向灾区调度和预拨各项资金，为抗震救灾提供了应急资金保障。为了防止资金过多滞留在基层政府及有关部门，提高资金的使用效益，各级财政部门要积极会同有关部门，认真分析资金滞留的原因，有针对性地采取措施，尽快将资金拨付出去。一是对于有指定用途和项目的资金，要按规定的项目和用途尽快予以落实。二是对于由灾区政府统筹安排使用的资金，要结合救灾工作的需要和专项资金的安排情况，拾遗补阙，保障重点，尽快安排支出项目。三是对于因灾害损失和补助对象等基础数据不清而暂未拨付资金的，要抓紧审核，登记造册，并据此按补助标准核拨资金。四是对因政策不够细化，操作困难而影响资金拨付的，如临时生活救助等，抓紧细化政策，尽快将补助金和救济粮发放到人、发放到户。五是对于救灾应急期间有关部门和单位配置设备、物资等尚未结算的支出，要抓紧审核，据实清算。六是运输、保管和发放救灾物资发生的费用，由灾区政府有关部门从财政资金和救灾捐赠资金中统筹安排。七是对于准备用于灾后恢复重建的资金，要尽快制定整体规划，提前做好资金测算，对政府应承担的资金作出必要的安排。

目前，抗震救灾工作已经进入新的阶段，灾区财政部门要按照中央统一部署，把安排好受灾群众生活、恢复生产和灾后恢复重建工作作为重中之重，给予资金支持，决不能因资金问题影响救灾工作正常开展。

二、切实加强抗震救灾捐赠款物的使用管理

汶川地震发生后，抗震救灾工作受到全社会的广泛关注，灾区接收到大量的救灾捐赠款物。为了提高救灾捐赠款物的使用效益，避免由于捐赠物资适用性不强造成积压浪费、定向捐赠资金过于集中导致重复投入现象发生，各级民政部门要会同有关部门按照《国务院办公厅关于加强汶川地震抗震救灾捐赠款物管理使用的通知》（国办发〔2008〕39号）要求，在各级人民政府的统一协调下合理使用管理救灾捐赠款物。一是要建立捐赠款物信息管理系统，民政部门统一负责对捐赠款物的统计报告工作，定期发布接收捐赠款物情况，并核实前期接收捐赠款物情况，做到账目清楚，数据准确，避免重复统计和漏报、错报。二是要及时发布最新需求信息，以利于支援省份根据灾区实际需求提供救灾物资，尽量引导捐赠人采用捐款方式支援灾区恢复重建，避免造成救灾物资浪费。三是对于过于集中在一些部门和项目上的定向捐赠款物，灾区民政部门和社会组织应根据实际情况，在征得捐赠人同意前提下，统筹安排，尽量调剂用于同类的其他救灾项目，确保捐赠款物发挥最大效益。四是对于灾区不适用或者过剩的救灾捐赠物资，可以由县级以上民政部门按规定组织变卖，变卖所得资金全部作为救灾捐赠款管理使用。

三、切实做好因灾失去住所群众的临时安置工作

灾区民政、住房和城乡建设等部门要因地制宜，统筹做好因灾失去住所群众的临时安置工作。要尊重群众意愿，鼓励自力更生，采取分散安置和集中安置相结合等多种方式解决受灾群众的临时安置问题。一是对适用于帐篷安置的，要及时提供帐篷，并组织力量帮助运输、搭建。特别对山区、边远地区要突击抢运，尽快使受灾群众有较为安全的栖身之所。二是活动板房要优先用于重灾区学校、医疗点等公共服务设施和需要异地安置的受灾群众，以及倒塌房屋在短期内难以恢复重建的重灾户，特别是遇难者家庭、孕妇、婴幼儿、孤儿、孤老、残疾人员。三是对自行搭建临时住所的，要按当地政府的有关规定予以补助。四是对具备恢复重建永久性住房条件的，要统筹规划，抓紧组织实施恢复重建工作。对于灾区过渡安置期结束后不再使用的帐篷、活动板房等物资，灾区民政、财政、住房和城乡建设部门要按规定做好有关资产登记、管理和回收工作。

四、进一步做好受灾群众临时生活救助和抚慰金发放工作

灾区民政、财政部门要进一步细化受灾困难群众临时生活救助政策，制定具体实施方案。一是实施临时生活救助应坚持属地管理原则，将符合救助条件的本地户籍及滞留本地的外地户籍受灾困难群众全部纳入救助范围，统筹做好分散安置、临时集中安置和投亲靠友人员的临时救助工作。二是对因灾投亲靠友到外地符合救助条件的受灾群众，原则上也应由户口所在地县（市、区）民政部门负责发放其临时生活补助。三是灾区民政、财政等部门在制定困难群众临时生活救助具体实施方案时，要对符合临时生活救助条件的城乡低保对象给予照顾。受灾地区要在做好受

灾群众临时生活救助工作的基础上，积极采取以工代赈、组织外出务工、开展生产自救等措施，帮助受灾群众增加收入，尽快恢复正常的生产生活。

此外，各地要切实做好遇难人员抚慰金的发放工作。在灾区遇难的所有人员，包括户籍在本地和外省（市、县）籍人员，其家属应在遇难地县级民政部门领取抚慰金。省（直辖市）民政、财政部门要制定全省统一的抚慰金标准和发放程序，市、县不得擅自调整抚慰金发放标准。

五、进一步加强救灾款物的监督和管理

灾区各级民政、财政、住房和城乡建设部门要在当地党委、政府的领导下，加强协作，积极配合，按照科学化、精细化管理的要求，尽快建立健全抗震救灾款物使用管理的规章制度，规范管理。要加强对救灾款物使用管理情况的监督检查，重点查处不认真履行职责、造成救灾款物滞拨滞留、随意分配、优亲厚友、贪污私分、挤占挪用等问题，确保各项救灾款物使用安全、合规、有效。要建立健全信息公开制度，把公开透明贯穿于抗震救灾款物管理使用的全过程，尤其要提高捐赠款物使用管理的透明度。要严格执行纪律，对抗震救灾款物使用管理中存在的违法违规行为，一经查出，从严从重处理。

二〇〇八年六月十五日

民政部公告

（2008年第110号）

依据民政部公告（第108号），经审查，我部已同意下列基金会提出的补办开展汶川大地震有关救灾募捐活动审批手续的申请：

中国老龄事业发展基金会　　中国宋庆龄基金会
中国光华科技基金会　　中国残疾人福利基金会
中国人口福利基金会　　中国青少年发展基金会
中国儿童少年基金会　　中国少数民族文化艺术基金会
中华思源工程扶贫基金会　　中国绿化基金会
中国光彩事业基金会　　中国红十字基金会
中国教育发展基金会　　中国健康促进基金会
中国妇女发展基金会　　中华环境保护基金会

二〇〇八年七月二日

民政部公告

（2008年第112号）

2008年5月12日14时28分，四川汶川发生里氏8级特大地震，给灾区人民生命财产造成重大损失。大灾之后，全国各族人民、港澳台同胞、海外华侨华人踊跃向灾区捐赠款物。许多外国政府、国际组织、其他机构和个人向中国政府和人民表达了深切同情，并提供了多种形式的宝贵援助。国内外社会各界的援助和支持，极大地鼓舞了灾区人民战胜灾害的信心和勇气，对帮助灾区人民克服困难，重建家园发挥了重要作用。在此，我们代表灾区人民对所有关心和支持抗震救灾的政府、组织和热心人士表示崇高的敬意和衷心的感谢！

这次抗震救灾捐赠是中华人民共和国成立以来捐赠款物数量最大、来源最广、响应速度最快的一次。无论捐款捐物，还是志愿服务，无论捐多还是捐少，无论早捐还是晚捐，无论机构还是个人，灾区人民都将永远铭记在心！

党中央、国务院高度重视捐赠款物的管理使用，中央和地方有关部门出台了一系列规章制度，审计、监察等部门采取有效措施，进行严格监督。民政部门、红十字会、慈善会和其他组织正依据捐赠人意愿和灾后恢复重建规划，抓紧把捐赠款物用于受灾群众生活安排和灾后恢复重建，并将及时向社会公示使用情况，接受社会各界监督。

二〇〇八年七月十日

民政部、财政部、国家统计局关于印发汶川地震抗震救灾捐赠款物统计办法的通知

（民发〔2008〕102号）

各省、自治区、直辖市民政厅（局）、财政厅（局）、统计局，计划单列市民政局、财政局、统计局，新疆生产建设兵团民政局、财务局、统计局：

经国务院抗震救灾总指挥部同意，现将《汶川地震抗震救灾捐赠款物统计办法》印发你们，请遵照执行。

特此通知

二〇〇八年七月十四日

汶川地震抗震救灾捐赠款物统计办法

第一条　根据《国务院办公厅关于加强汶川地震抗震救灾捐赠款物管理使用的通知》(国办发〔2008〕39号)、《国务院办公厅关于汶川地震抗震救灾捐赠资金使用指导意见》(国办发〔2008〕51号)和中央纪委等五部委《关于加强对抗震救灾资金物资监管的通知》(中纪发〔2008〕12号)通知要求，为规范汶川地震抗震救灾捐赠信息统计工作，制定本办法。

第二条　本办法适用于所有已经接收救灾捐赠款物的单位，包括中央和国务院各部门、各单位、各人民团体及各类全国性社会组织和地方各级党委、政府组成部门、人民团体和民政部门批准的各类社会组织。

第三条　民政部门为汶川地震抗震救灾捐赠款物综合统计汇总单位。民政部负责统计汇总中央级单位(中央和国务院各部门、各单位、各人民团体及各类全国性社会组织)和省级民政部门汇总上报的救灾捐赠款物信息。地方各级民政部门负责统计本区域内同级社会接收捐赠机构(党委、政府组成部门、人民团体和民政部门批准的各类社会组织)的捐赠信息和直接下级民政部门汇总的捐赠信息。

第四条　按照谁接收、谁统计的原则，实行在地统计管理。中央和国务院各部门、各单位、各人民团体及各类全国性社会组织，只统计本级实际接收到的捐赠款物及其分配、使用情况；地方各级党委、政府组成部门、人民团体和民政部门批准的各类社会组织，也只统计本级实际接收到的捐赠款物及其分配、使用情况。

第五条　统计内容。本办法统计调查内容为汶川地震抗震救灾社会捐赠款物信息。有关部门和单位使用财政性资金支援灾区的，作为财政投入，不作为救灾捐赠进行统计；进入财政专户的救灾捐赠资金，财政部门回拨给民政部门时，不再统计为财政投入。

第六条　统计对象。包括已经接收抗震救灾捐赠款物的各级党委、政府组成部门、人民团体及各类社会组织。

第七条　报送渠道。中央和国务院各部门、各单位、各人民团体及各类全国性社会组织接收捐赠情况直接报送民政部；地方党政机关、人民团体以及各类社会组织，将接受捐赠信息报送同级民政部门。

地方民政部门按照本办法，逐级汇总统计本行政区域内各接收单位的捐赠信息并上报，由省级民政部门汇总统计后报民政部。中央垂直管理单位也按照在地统计原则，向所在地本级民政部门报送资料。

为避免重复，已经将接收的捐赠款物全部转交给其他捐赠接收机构并不再接收救灾捐赠的，不用报送捐赠统计信息。

第八条　报送时间。凡是已经接收救灾捐赠的党政机关、人民团体及各类社会组织，均需详细填写有关信息，及时报送同级民政部门。中央级单位和省级民政部门在每日10时前，将截至前一天12时的接收捐赠信息报民政部。

第九条　填报要求。捐赠款物按来源分直接接收的捐赠和间接接收的捐赠统计。直接接收的捐赠是指接收捐赠机构直接接收的社会各界单位和个人捐赠的款物，间接接收的捐赠款物是指其他接收捐赠机构转来的捐赠款物。直接接收的捐赠款物和间接接收的捐赠款物要分别填报，以避免重复统计和错报、漏报。

直接支出捐赠中的现金支出应按照国办院办公厅《关于汶川地震抗震救灾捐赠资金使用指导意见》（国办发〔2008〕51号）要求，分项目填报。

第十条　统计时点和频率。汶川地震抗震救灾捐赠信息统计起始日期为2008年5月12日，统计周期为日报，统计时点为截止到每日中午12点整。捐赠款物数量为累计数。民政部可以根据救灾捐赠工作进展情况，适时调整统计周期和报送时间。

第十一条　抗震救灾捐赠综合统计信息由民政部门管理并对外公布。依照谁接收、谁公开的原则，各捐赠款物接收机构要通过网络等载体，及时公布本机构接收捐赠款物的有关情况，包括捐赠资金来源、规模、捐赠者意愿以及捐赠款物拨付等信息，确保每一个捐赠人都可以查询到自己的捐赠信息。

第十二条　各有关机构要指定人员负责填写“汶川地震抗震救灾捐赠款物统计表”（见附件1）并及时报送，确保将本机构接收的捐赠款物，按照要求报送同级的民政部门。民政部在此基础上，建立汶川地震抗震救灾捐赠款物使用管理信息系统，并推广使用。

附：1. 汶川地震抗震救灾捐赠款物统计表

2. 汶川地震抗震救灾捐赠款物统计有关指标解释

附件一

汶川地震抗震救灾捐赠款物统计表

填报单位：

代码	指标名称	计量单位	数额	代码	指标名称	计量单位	数额
A0000	一、捐赠收入情况			B0000	二、捐赠支出和转移情况		
A1000	（一）直接接收捐赠情况			B1000	（一）捐赠直接支出情况		
A1100	1. 捐赠款总额	万元		B1100	1. 现金支出	万元	
A1110	其中：定向捐赠合计	万元		B1110	其中：重建民房	万元	
A1111	其中：重建民房	万元		B1120	重建学校	万元	
A1112	重建学校	万元		B1130	重建医院	万元	
A1113	重建医院	万元		B1140	重建福利设施	万元	
A1114	重建福利设施	万元		B1150	其他	万元	
A1115	其他	万元		B1200	2. 采购救灾物资支出	万元	

续表

代码	指标名称	计量单位	数额	代码	指标名称	计量单位	数额
A1120	其中：境外捐赠款数	万元		B2000	（二）转到其他受赠单位情况		
A1200	2. 捐赠物资折价合计	万元		B2100	1. 转出捐赠款数额	万元	
A1210	①捐赠衣被数量	万件（床）		B2110	其中：转入四川	万元	
A1211	捐赠衣被价值	万元		B2120	转入甘肃	万元	
A1220	②捐赠其他物资数量	万件		B2130	转入陕西	万元	
A1221	捐赠其他物资价值	万元		B2140	转入重庆	万元	
A2000	（二）间接接收捐赠（其他接收捐赠部门转入）情况			B2150	转入云南	万元	
A2100	1. 捐赠款数额	万元		B2200	2. 转出捐赠物资合计	万元	
A2200	2. 捐赠衣被价值	万元		B2210	①转出衣被价值	万元	
A2210	捐赠衣被数量	万件（床）		B2211	转出衣被数量	万件（床）	
A2211	其中：棉衣被	万件（床）		B2220	②转出其他物资价值	万元	
A2300	3. 捐赠其他物资价值	万元		B2221	转出其他物资数量	万件	

单位负责人： **填表人：**

注：本表钩稽关系：

A1000 ＝ A1100+A1200，A1110 ＝ A1111+A1112+A1113+A1114+A1115

A1200 ＝ A1210+A1220，A2210 ≥ A2211

B1000 ＝ B1100+B1200，B1100 ＝ B1110+B1120+B1130+B1140+B1150

B2100 ＝ B2110+B2120+B2130+B2140+B2150，B2200 ＝ B2210+B2220

附件二

汶川地震抗震救灾捐赠款物统计有关指标解释

1. 直接接收捐赠：指累计救灾捐赠款（物），即指本行政区域内民政部门或其他部门、社会组织接收国内外社会各界捐赠的现金（物资折价）总计，各接受单位只统计接收的第一次捐赠，彼此之间的捐赠现金（物资）往来不重复统计。

2. 定向捐赠：指捐赠人有特定意愿的捐赠。包括定向捐赠恢复重建民房、学校、医院、福利设施以及其他项目。

3. 捐赠衣被数量：指报告期内各级民政部门或其他部门、社会组织从社会各界直接接收的棉被、衣服总数。各接受单位只统计接收的第一次捐赠，彼此之间捐赠衣被的往来不再重复统计。

4. 捐赠物资折价：指报告期内各级民政部门或其他部门、社会组织从社会各界直接接收的物资折合人民币的价值。

5. 间接接收捐赠（其他捐赠接收机构转入）：指其他捐赠接收机构（统计单位）转入的社会捐赠款累计数，即指上级部门下拨、下级部门上交或其他机构转入的捐赠款数。非统计单位转入的捐赠则为直接接收捐赠数。例如，×× 省残联将接受的捐赠款物转交给 ×× 省慈善总会，如 ×× 省残联已是统计单位，对于 ×× 省慈善总会来讲，上述所转入的款物为间接接收捐赠；如 ×× 省残联不是本办法所属统计单位，则对于 ×× 省慈善总会来讲，上述所转入的款物为直接接收捐赠数。

6. 捐赠直接支出情况：指接收捐赠机构直接拨付，用于重建民房、学校、医院、福利设施等方面，以及发放给受灾群众或直接用于采购救灾物资的资金。

7. 转到其他受赠单位情况：指接收捐赠机构拨付灾区或转交其他接收捐赠部门的款物。

民政部、国家发展改革委、财政部、教育部、卫生部印发关于汶川地震抗震救灾捐赠资金使用有关问题的意见的通知

（民发〔2008〕150号）

各省、自治区、直辖市人民政府，国务院各部委、各直属机构：

《关于汶川地震抗震救灾捐赠资金使用有关问题的意见》已经国务院同意，现予印发，请遵照执行。

二〇〇八年十月二十日

关于汶川地震抗震救灾捐赠资金使用有关问题的意见

为贯彻落实《国务院办公厅关于加强汶川地震抗震救灾捐赠款物管理使用的通知》（国办发〔2008〕39 号）、《国务院办公厅关于汶川地震抗震救灾捐赠资金使用指导意见》（国办发〔2008〕51 号）等有关要求，切实加强捐赠资金的规范管理和有效使用，现就汶川地震抗震救灾捐赠资金管理使用有关问题提出以下意见：

一、捐赠资金使用的原则和范围

救灾捐赠资金的管理和使用要做到合理、守法、公开、透明，尊重捐赠者意愿和政府引导相

结合，符合国家灾后恢复重建规划的要求。各级政府及其部门一律不得在捐赠资金中列支管理费用，严格控制采购工具、运费等开支，杜绝浪费现象发生。各有关方面要主动配合审计、监察部门的监督检查。

对定向捐赠资金，要按照捐赠人意向优先安排使用。对非定向捐赠资金，要突出使用效果，根据国家灾后恢复重建规划及相关专项规划安排使用，主要用于灾区农村居民住房、中小学校、县乡两级医疗卫生机构、社会福利、文化等公共服务设施及配套设备，以及农村道路和桥梁等重建，安排使用金额不低于非定向捐款总数的80%。

二、定向捐赠资金的调整使用

对超过项目重建需要的定向捐款，由受援地县级以上人民政府与捐款管理单位根据国家灾后恢复重建规划共同提出调整意见，商捐赠人同意后统筹安排。对于难以联系到捐赠人的由受援地县级以上人民政府提出调整方案报省级人民政府批准，并按资金拨付渠道逐级反馈，由接收捐款部门向社会公告说明。定向捐赠资金的使用要遵循先捐者优先的原则，注重保护捐赠人积极性和发挥资金使用效益。

为避免因项目投资规模和建设标准不一出现相互攀比，以及捐赠资金过于集中于一些学校、医院等项目，由教育部、卫生部会同国家发展改革委等部门按照国家灾后恢复重建规划研究提出统一的学校、医院重建指导标准，超出标准的资金，可按上述办法调整使用，防止资金浪费和豪华建设。

三、捐建项目的冠名

本次捐建项目原则上不冠名，可尽量采取立碑等方式留名纪念。对捐赠人单独出资或主要由其出资捐建的重建项目，如捐赠人提出冠名要求，应征得受益人同意，并根据《公益事业捐赠法》《地名管理条例》等有关法律法规规定，报县级以上人民政府批准。其中，涉及境外捐赠人要求项目冠名或留名的，报省级人民政府批准。

四、捐赠资金统计和使用情况反馈

各地区、各有关部门和捐赠接收机构，要严格执行民政部、财政部、统计局印发的《汶川地震抗震救灾捐赠款物统计办法》，尽快使用“5·12汶川特大地震抗震救灾捐赠信息管理系统”，抓紧规范整理各类捐赠资金信息，及时汇总上报统计结果，密切跟踪捐赠资金拨付使用情况。

要做好捐赠资金使用情况的反馈，在资金逐级向下拨付的同时，将有关信息逐级向上反馈，并由捐赠接收机构负责向捐赠人反馈捐款使用情况。民政部和中国红十字会总会、中华慈善总会等全国性社会组织以及各省（区、市）要定期（每月不少于1次）向社会公告捐赠资金拨付使用情况。

五、中央部门和单位接收捐赠资金的汇缴和使用

中央有关部门和单位要及时将捐赠资金接收和使用情况报民政部、财政部，并将现存捐赠资金集中到中央财政汇缴专户。民政部等部门要及时向社会公布中央部门和单位接收捐赠资金的汇缴情况。中央部门和单位接收的捐赠资金，可按照捐赠人的意愿，根据国家灾后恢复重建规划及相关专项规划，商灾区省级人民政府，确定具体的重建项目。民政部、财政部要按照确定的捐赠资金使用方向，及时拨付捐赠资金。

六、地方接收捐赠资金的管理使用

承担国家对口支援任务省份接收的定向捐赠资金，按照捐赠者意愿落实具体援建地区和项目；接收的非定向捐赠资金，按照上述非定向捐赠资金使用办法，用于对口支援县市的恢复重建。受援地区要向支援省份及时、准确反馈捐赠资金使用情况。未安排对口支援任务省份接收的非定向捐赠资金，可按照国家灾后恢复重建规划直接用于受灾省份重建项目，也可以集中到中央财政汇缴专户，统一安排使用。

各受灾省要尽快建立健全捐赠资金使用指导协调机制，进一步加强和规范捐赠资金的管理使用，全面掌握各类捐赠资金的来源和使用方向，实行专账管理，及时妥善处理捐赠资金使用中出现的问题。

七、全国性社会组织接收捐赠资金的管理使用

经批准的全国性社会组织所接收的捐赠资金，原则上可由其根据捐赠者意愿及国家灾后恢复重建规划，在民政部、国家发展改革委、财政部、教育部、卫生部等部门组成的汶川特大地震抗震救灾捐款使用指导协调机制指导下，自行与灾区政府协商安排使用并报民政部备案。捐赠资金的使用要兼顾地区之间、项目之间投资规模和建设标准基本平衡。

省级人民政府可根据国办发〔2008〕39 号、51 号文件及本《意见》，制定捐赠资金管理使用的具体实施办法。

编纂始末

为全面、客观、系统地记述汶川特大地震灾害和抗震救灾工作，总结经验，存史资鉴，2008年11月6日，国务院在北京召开汶川特大地震抗震救灾志编纂委员会成立大会暨第一次全体会议，正式启动《汶川特大地震抗震救灾志》的编纂工作。《汶川特大地震抗震救灾志·社会赈灾志》(以下简称《社会赈灾志》)是《汶川特大地震抗震救灾志》中的第八卷，由民政部牵头组织编纂，主要记述汶川特大地震发生后，全国社会各界发扬“一方有难、八方支援”的精神，开展社会捐赠和志愿者服务活动，国际社会给予积极援助，帮助灾区开展抗震救灾和恢复重建工作。

根据全志编委会有关指示精神，民政部与有关部委、省(区、市)、新疆生产建设兵团协商，并报全志编委会批准，成立了《社会赈灾志》编纂委员会及其办公室，编委会成员单位51个。2009年2月17日，《社会赈灾志》编纂委员会召开了成立大会暨第一次全体大会。会议明确了编纂的指导思想和编纂原则，对如何做好编纂工作进行动员和部署，提出了明确要求。这次会议的召开，标志着《社会赈灾志》编纂工作全面启动。

经过4年的努力，《社会赈灾志》终于付梓出版。在全志编委会及其办公室的统一指导下，志书的编纂工作大体经历了6个阶段。2009年2—4月，为工作启动和准备阶段。民政部抽出专门人员，组建编纂工作室，落实工作经费，腾出办公用房，购置办公设备，聘请方志专家和编纂人员，建立承编单位联系人制度，制定编纂方案，开展编纂人员业务培训工作。2009年5—12月，为拟订篇目和资料收集阶段。编纂室根据志书编纂要求和赈灾工作实际，进行了30余次讨论修改，并征求各承编单位和专家意见，拟订了志书基本篇目，报全志办审批同意。根据基本篇目，民政部部署各承编单位进行资料收集、整理工作。2010年1—6月，为编写资料长编阶段。各承编单位采取边培训、边学习、边试写的方式编写资料长编，并将资料报送编纂室。编纂室又将各单位报送的资料进行统一整理编纂，形成资料长编。2010年7月至2011年3月，为编纂志书初稿阶段。在资料长编的基础上，各承编单位开展了初稿的编纂工作，将约1000万字的初稿资料报送编纂室。编纂室编纂人员在专家的指导下，完成约200万字的志书初稿。2011年4月至2012年7月，为初审和修改阶段。全志办组织专家对编纂室提供的初稿进行了初审，一致同意通过初审，并提出进一步修改的意见。编纂室根据初审意见，组织力量，集中时间，对涉及政治、宗教、数字、图表等方面的问题进行校对审改，删减了部分交叉重复的段落，形成复审稿，报全志办审核同意后进行复审。同时，在已经两次征求各承编单位意见的基础上，又征求了20个主要承编单位的意见。9月7日，志稿通过复审。2012年9—10月，志稿进入终审阶段。全志办组织抽调有关省市方志专家，对各分卷进行审读并提出审读意见，再结合各承编单位返回的意见，认真仔细地进行修改，形成终审稿，并通过终审。整个编纂工作于 2013 年 2 月结束。

《社会赈灾志》涉及的内容丰富，范围广泛，包括中央党政军机关、人民团体、宗教界的赈灾工作，各省（区、市）的赈灾工作，港澳台同胞和遍布世界各地的华侨华人的赈灾工作，联合国相关机构、国际组织和 170 多个国家、地区的援助工作。仅各承编单位经过挑选后报送编纂室的资料（初稿）就达 1000 多万字，组织难度之大，编纂任务之重，实属罕见。编纂室之所以能在比较短的时间内，较好地完成如此浩大艰巨的任务，得益于多方面的支持和帮助。一是国务院领导、全志编委会及其办公室的正确指导和大力支持。国务委员马凯、全国政协副主席陈奎元关于编纂工作的重要讲话以及全志编委会编发的实施方案、行文规范等系列文件，在编纂工作中发挥了重要作用。全志编委会办公室主任田嘉、副主任邱新立以及全志办其他同志多次到《社会赈灾志》编委会办公室指导工作，保障了整个编纂工作顺利进行。二是民政部发挥了重要的组织、协调、保障作用。在整个编纂工作中，部领导经常听取汇报，了解情况，提出意见，指出下一步编纂工作的努力方向。各相关司局根据编纂工作的需要，积极主动给予配合。救灾司作为《社会赈灾志》编委会办公室，做了大量的具体组织工作，先后组织举办 7 次由各承编单位编纂人员参加的不同类型的培训班，组织 50 多次志稿撰写研讨会，数千次就编纂工作与各承编单位协商沟通，统一编纂思想，交流编纂经验，规范编纂工作，核实编纂内容，保障了编纂工作紧张、有序、高效进行。三是各承编单位的积极配合，共同努力。参加《社会赈灾志》的编纂单位，有中央有关部、委、办、局，有各民主党派、工商联，有各人民团体，有全国性较大的社会组织，有灾区、非灾区的省（区、市），共 120 多个单位。各单位把编纂抗震救灾志作为一项重要工作列入议事日程，在自身工作忙、任务重、经费紧的情况下，抽出人力，提供设备，拨出经费，保障了编纂工作的较快开展。许多单位的领导在繁忙的工作中挤出时间听取编纂工作汇报，了解编纂工作进度，做好编纂工作人员的思想工作，帮助解决编纂工作中遇到的困难，而且亲自审稿、改稿，在编纂工作中发挥了关键性的作用。四是编纂人员认真负责，勇于奉献，努力协作。为了尽快高质量做好编纂工作，他们有的顾不得照顾病重住院的亲人，有的顾不得关照刚刚入学的儿孙，有的顾不得去检查治疗自己越来越重的病情，全身心地投入编纂工作。许多同志经常加班加点、夜以继日地工作，连双休日、节假日也不休息，体现了胸怀大局、勇于奉献、高度负责、不怕吃苦的抗震救灾精神。此外，陈泽泓、齐家璐、赵庚奇、梅森、周慧、段育达、姜昆阳、谭烈飞、罗保平、李云、张东升等方志专家，通过多种方式对《社会赈灾志》的编纂给予精心指导，各有关部委、各省（区、市）也聘请了部分志书编纂专家，帮助开展编纂工作。

在完成《社会赈灾志》编纂工作之时，有五点需要说明：

其一，发生在四川汶川的特大地震，是中华人民共和国成立以来破坏性最强、波及范围最广、救灾难度最大的一次地震，围绕这次特大地震所展开的社会赈灾活动，也是中国历史上动员范围最广、参与人员最多、捐赠数量最大的一次社会赈灾活动，仅直接和间接参与抗震救灾志愿者服务的人员就有上千万人，捐款捐物的干部群众数以亿计，而《社会赈灾志》容量有限，不能把所有参与赈灾活动同志的先进事迹都记入志中，敬请各有关单位和参与抗震救灾的广大干部群众谅解。

其二，在入志例子的选取上，我们也曾想以不同的捐赠数量设定一个标准，按标准选取入志的人物和事例。但中国地域辽阔，人口众多，且东部、中部、西部经济发展水平不平衡，人民群众贫富程度差距较大，捐赠100万元的不一定比捐赠1万元的难度大，捐赠100元的不一定比捐赠1000元的爱心小，很难用一个数字、一个标准来衡量决定入志的人物事例、标准。因此，只能从各承编单位报送来的资料中进行比较，尽量选取比较典型的例子。

其三，在这次抗震救灾斗争中，救灾捐赠点多面广，社会各界特别是港澳台同胞，在多地多单位，采取多种形式，通过多种渠道纷纷向灾区捐款捐物。受当时统计力量和统计条件所限，有些捐赠可能未被统计，有些捐赠可能被重复统计，这就造成有关部门和单位的统计数字以及新闻媒体发布的数字不尽一致。因此，本志在统计数字的使用上，以政府职能部门统计的数字为准。

其四，在领导人图片入志方面，我们根据中央办公厅有关规定和全志办统一要求，均没有使用中央领导同志的照片。省部级领导干部的图片，基本是根据各单位报送的图片使用，没有报送的则从略。为兼顾地区、部门及单位之间的平衡，有的单位所报送的领导图片较多，我们进行了删减。拍摄质量不合要求的图片，未予使用。

其五，在捐赠款物统计截止日期方面，由于捐赠活动的多样性，捐赠工作的持续性，各单位组织捐赠活动结束时间的不一致性，造成许多单位实际统计时间的不一，有的超出了本志规定的时间下限，这是实际工作造成的。如果硬性拉齐捐赠款物统计的时间，就会造成与事实的不符。因此，本志在捐赠款物统计的截止日期上，基本上尊重了各单位报送的材料，不一致之处，在所难免。

编纂《社会赈灾志》，是一项颇有新意的工作，编纂室的许多同志又是第一次接触志书编纂工作，缺乏编纂经验，再加上水平有限，尽管下了功夫，用了力气，但志书中可能还存在着这样那样的疏漏和失误，我们真诚地欢迎各位领导、各位专家和广大读者提出批评意见，以使我们在今后的编纂工作中不断改进提高，编纂出更多更好的志书。

《汶川特大地震抗震救灾志·社会赈灾志》
编纂委员会办公室
二〇一三年二月

汶川特大地震抗震救灾志　卷八　社会赈灾志

编　　者：《汶川特大地震抗震救灾志》编纂委员会
责任编辑：徐　宏

出 版 人：冀祥德
出 版 者：方志出版社
　　　　　地址　北京市朝阳区潘家园东里 9 号（国家方志馆 4 层）
　　　　　邮编　100021
　　　　　网址　http://www.fzph.org
发　　行：方志出版社发行中心
　　　　　电话　（010）67110500
经　　销：各地新华书店
设　　计：北京古涧文化艺术传播有限公司
排　　版：北京中文天地文化艺术有限公司
印　　刷：北京华联印刷有限公司

开　　本：889 × 1194　　1/16
印　　张：60
字　　数：1532 千字
版　　次：2015 年 8 月第 1 版　2015 年 8 月第 1 次印刷
印　　数：0001 ～ 5000 册

ISBN　978-7-5144-1577-3　　　　定价：878.00 元